ISBN 978-0-260-63735-2
PIBN 10961154

This book is a reproduction of an important historical work. Forgotten Books uses
state-of-the-art technology to digitally reconstruct the work, preserving the original format
whilst repairing imperfections present in the aged copy. In rare cases, an imperfection in
the original, such as a blemish or missing page, may be replicated in our edition. We do,
however, repair the vast majority of imperfections successfully; any imperfections that
remain are intentionally left to preserve the state of such historical works.

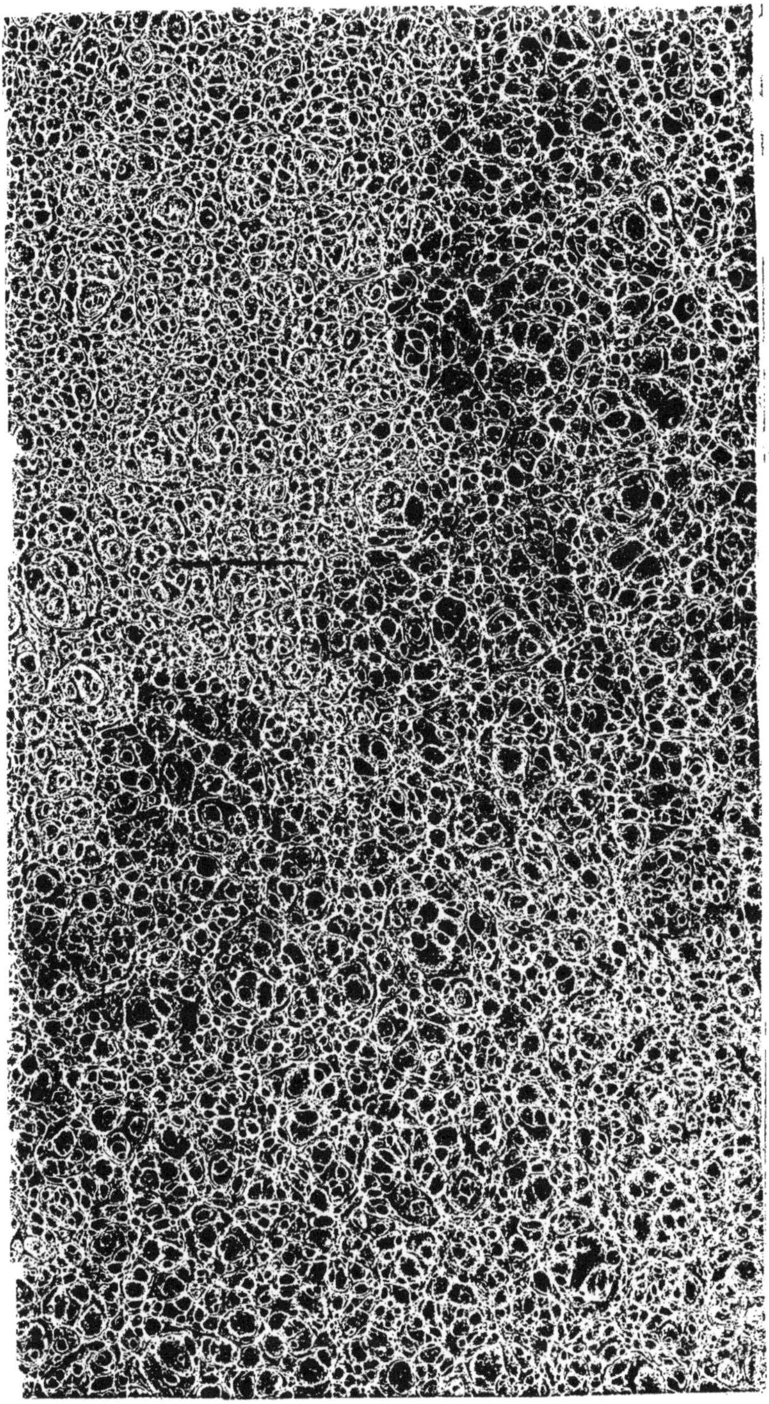

REVUE

DES

DEUX MONDES

XXXVe ANNÉE. — SECONDE PÉRIODE

TOME LVII. — 1er MAI 1865.

IMPRIMERIE J. CLAYE
RUE SAINT BENOIT 7

PARIS

REVUE

DES

EUX MONDES

XXXVe ANNÉE. — SECONDE PÉRIODE

TOME CINQUANTE-SEPTIÈME

PARIS

BUREAU DE LA REVUE DES DEUX MONDES,

RUE SAINT-BENOIT, 20

RÉCITS

DE L'HISTOIRE ROMAINE

AUX IVᵉ ET Vᵉ SIÈCLES

III.

UN PÈLERINAGE EN PALESTINE ET EN ÉGYPTE. — 386-387

I.

Le départ de Jérôme, accompagné de circonstances si douloureuses, confirma plus que jamais les résolutions de Paula (1); elle fit avec calme les préparatifs du sien, distribua entre ses enfans une partie de ses biens, fréta un navire au port de Rome et quitta cette ville avant les gros temps de l'hiver. Eustochium, qui n'avait point voulu se séparer d'elle, la suivait en appareil de voyage. Ses enfans, son frère, ses parens, ses amis, l'escortèrent jusqu'au port, essayant de la retenir par des caresses, des conseils ou de tendres reproches. Paula les écoutait sans répondre ; l'œil sec et attaché sur la voûte du ciel, elle semblait y chercher la force de remplir jusqu'au bout ce qu'elle croyait la volonté de Dieu. La fermeté

(1) Voyez, sur le départ de Jérôme pour l'Orient et sur les circonstances qui l'accompagnèrent, la *Revue* du 15 novembre 1864; voyez aussi la première partie de cette étude dans la *Revue* du 1ᵉʳ septembre de la même année.

qu'elle avait montrée tout le long de la route ne l'abandonna point
d'abord sur le navire; mais lorsque le vent commença à gonfler les
voiles et que, les rameurs frappant la mer avec effort, le vaisseau
s'ébranla pour gagner le large, Paula se sentit défaillir. Elle ne put
soutenir ni la vue du petit Toxotius, qui lui tendait les bras du rivage, ni celle de Rufina, qui, silencieuse et immobile, semblait lui
adresser ce reproche à travers les flots : « O ma mère, que n'at-
tends-tu que je sois mariée! » La douleur qu'elle éprouva fut insupportable. « Son cœur se tordait, dit l'historien de cette scène, et
semblait vouloir s'élancer hors d'elle, tant ses battemens étaient
violens. » Elle détourna les yeux pour ne pas mourir. Eustochium,
placée à son côté, la raffermissait du regard et de la voix : c'était
le jeune arbre qui servait de support à cette fragile plante.

Eustochium emmenait à sa suite une petite troupe de jeunes
filles, recrutées à Rome dans toutes les conditions et vouées comme
elle à la virginité. Elle les destinait à former le noyau d'un monastère de femmes qu'elle et sa mère voulaient fonder en Palestine. Leur vue ne parvint point à distraire Paula, qui ne sortit de sa
torpeur qu'en entendant, en face des côtes de Campanie, signaler
l'archipel des îles Pontia. La principale de ces îles était célèbre
dans l'histoire de l'église. C'est là qu'au 1er siècle de notre ère une
parente de l'empereur Domitien, Flavia Domitilla, avait été reléguée sous l'accusation de christianisme. De la mer on pouvait voir
se dessiner, au milieu d'une campagne fraîche et ombragée, les
cellules creusées dans le roc où la chrétienne avait passé de longues années d'exil, avant que la mort vînt couronner son martyre.
Ce spectacle ranima, comme un puissant cordial, la fille des Scipions, reléguée volontaire aux bornes du monde romain. Les temps
avaient bien changé depuis Flavia Domitilla. La religion persécutée
siégeait maintenant sur le trône; césar et ses préfets ne déportaient
plus les chrétiens dans des îles désertes, c'étaient eux qui, sur l'inspiration de leur foi, s'arrachaient à leur famille, à leurs richesses,
à leur patrie, à eux-mêmes, pour aller mener bien loin une vie incertaine ou misérable. Cependant le vent ne soufflait que faiblement, et le navire dut prendre terre dans le port de la petite ville
de Scylla, au-dessous du rocher de ce nom et à l'entrée du détroit
de Sicile.

C'est là que le navire de Jérôme avait relâché quelques mois
auparavant, et que les voyageurs prenaient habituellement terre
quand ils devaient faire voile ou vers l'Égypte ou vers la Syrie. Le
fameux rocher de Scylla, jadis si redouté des navigateurs, n'était
plus pour eux maintenant qu'un vain épouvantail, ou plutôt un objet
de risée; mais les habitans de la ville savaient mettre à contribution

la crédulité des passagers en leur racontant, comme des faits réels, les fables les plus incroyables des poètes. Ils affirmaient que le chant des sirènes et l'aboiement des chiens de Scylla se faisaient toujours entendre la nuit dans leurs parages, et plus d'un étranger, tenté par ces mensonges, consentait à séjourner parmi eux. Les Scylléens avertissaient encore les voyageurs en route pour l'Orient qu'ils avaient à choisir entre deux directions, suivant le motif de leur voyage : la première tendait vers les colonnes de Protée et l'Égypte, c'était le chemin des exilés, des fugitifs, de ceux en un mot qui avaient quelque chose à démêler avec leur conscience; la seconde allait droit sur la Palestine par Joppé, c'était celle des gens tranquilles avec eux-mêmes et avec les autres. Ces contes dont s'amusaient les passagers n'offrirent aucun intérêt à Paula, dont la route était marquée d'avance et qui voulait gagner Antioche en passant par l'île de Chypre, où l'évêque Épiphane l'attendait. Cependant le calme le plus contrariant semblait s'acharner à la poursuivre. Quand elle entra dans les eaux de l'Adriatique, le vent tomba tout à fait, la mer devint plane comme la surface d'un étang, et le navire était menacé de rester en panne, lorsqu'à force de bras il atteignit l'escale de Modon.

Brisée par cette longue et fastidieuse traversée, Paula prit quelques jours de repos, puis son navire alla reconnaître le cap Malée, longea les rochers de l'île de Cythère, et, laissant à sa gauche Rhodes et la côte lointaine de Lycie, entra dans le port de Salamine. Épiphane accourut pour la recevoir, heureux de lui rendre un peu de cette magnifique hospitalité qu'il avait reçue d'elle à Rome. Paula salua le vieil évêque en se prosternant à ses pieds, suivant un usage oriental qui commençait à prévaloir en Occident. Épiphane, ainsi que nous l'avons dit dans notre précédent récit, était un grand promoteur de la vie cénobitique, et l'île de Chypre s'était couverte de monastères fondés ou protégés par lui. Il fallut qu'Eustochium et Paula, par devoir d'hospitalité, les visitassent l'un après l'autre. Les nobles Romaines d'ailleurs étaient curieuses de voir fonctionner en réalité ces établissemens monastiques dont Rome ne leur avait offert que l'ombre et pour ainsi dire la fiction : elles laissèrent partout où Épiphane les conduisit des marques de leur abondante charité. Dix jours se passèrent ainsi en courses pieuses et en conversations sur l'état religieux de l'Orient, dont Épiphane était l'interprète à la fois le plus intéressant et le plus authentique, puis les voyageuses reprirent la mer. Après une courte navigation, elles allèrent toucher à Séleucie, qui était le port maritime d'Antioche. Un service de bateaux partait de cette ville pour l'embouchure de l'Oronte, qui ne portait pas de gros navires en toute saison. Paula et ses compagnes remontèrent le fleuve en une journée, et, sans avoir éprouvé le moindre accident, elles débarquèrent dans la grande métropole de Syrie.

Elles y étaient attendues avec plus d'impatience encore qu'à Salamine. Tous leurs amis de Rome se trouvaient là pour les recevoir : Jérôme, le prêtre Vincent, Paulinien, frère de Jérôme, et les moines romains qui avaient consenti à le suivre en Orient. L'évêque Paulin réclama l'honneur de loger la descendante des Scipions à son palais épiscopal. Les nobles Romaines eurent bientôt vu tout ce qui pouvait les intéresser dans une ville provinciale, fût-elle magnifique comme Antioche, fût-elle, comme Antioche, le type le plus accompli des villes d'Asie : ce n'était pas pour si peu qu'elles avaient fui Rome. Un seul vœu s'échappait de leur cœur, un seul cri sortait de leur bouche : « Jérusalem ! » Vainement Jérôme et Paulin objectaient qu'on n'était encore qu'au milieu de l'hiver, que le froid sévissait dans les montagnes avec une rigueur inaccoutumée, et que les pentes du Liban se trouvaient encombrées de neige ; Paula voulut partir. Il fallut organiser une caravane en toute hâte, car, alors comme aujourd'hui, on ne voyageait guère que par troupe dans les contrées qui avoisinent l'Arabie et le Liban. Tous les Occidentaux en devaient faire partie, et probablement aussi quelques amis orientaux de Jérôme, mais non pas Paulin, qui, chargé de soins et d'années, fut contraint de rester dans Antioche.

Deux routes menaient de cette ville aux frontières de la Palestine : l'une, remontant le cours de l'Oronte, suivait dans sa longueur cette grande vallée concave que les Grecs appelaient Cœlé-Syrie, c'est-à-dire « Syrie creuse, » puis, se bifurquant dans deux directions, se portait à gauche sur Damas, à droite sur la Phénicie et Béryte, par les vallées transversales du Liban ; l'autre gagnait directement Béryte en côtoyant la Méditerranée. La première était la plus commode assurément, au moins dans une partie de son étendue ; mais, malgré les villes importantes et les postes de troupes échelonnés de distance en distance sur l'Oronte, elle offrait aux voyageurs moins de sécurité. De temps à autre, surtout dans le voisinage de l'Arabie, les caravanes voyaient apparaître à l'improviste des bandes de Sarrasins montés sur des chevaux ou des dromadaires, la tête enveloppée de linges, le corps nu sous un manteau traînant, un lourd carquois sur l'épaule et une longue lance en main, qui, se jetant sur le convoi, pillaient les bagages et emmenaient les voyageurs prisonniers. Il y avait à peine quelques années qu'une caravane de soixante-dix personnes, hommes, femmes et enfans, avait été ainsi enlevée et conduite dans le désert pour y être rançonnée ou réduite en captivité. La route du littoral était plus sûre, mais difficile à parcourir : la chaussée étroite et sinueuse, presque toujours taillée dans le roc, était ravinée par les torrens et en plus d'un endroit minée par la mer, très violente dans ces parages; Paula fit choix de celle-ci, qui était la route ordinaire des pèlerins, tandis que l'autre était celle des marchands. Les voyageurs prirent congé de l'évêque Paulin, qu'ils ne devaient plus revoir, et sortirent d'Antioche du côté de Daphné, ce bourg fameux par ses impurs mystères, et que nos pèlerins ne traversèrent qu'avec horreur. Les hommes s'étaient munis de montures à leur guise, chevaux, ânes ou chameaux; les jeunes filles étaient probablement portées en litière. Quant à Paula, elle avait choisi un âne, malgré la dureté de l'allure. « C'était merveille, dit l'historien de ce voyage, qui n'est autre que Jérôme lui-même recueillant ses souvenirs en face d'Eustochium, c'était merveille de voir assise et trottant sur ce rude animal la matrone délicate qui ne marchait naguère que soutenue sur les bras de ses eunuques. »

Ils traversèrent rapidement la Syrie maritime. En Phénicie, Béryte ne les arrêta pas : quelle chose pouvait leur plaire dans cette colonie romaine, école trop fameuse de jurisconsultes persécuteurs du Christ? La première étape de leur pèlerinage chrétien fut, au-delà de Sidon, la tour de Sarepta, plantée, comme un observatoire, au-dessus de la mer. Cette tour avait été jadis la retraite du prophète Élie pendant une longue famine, et c'est là que la pauvre veuve louée par l'Écriture avait nourri l'homme de Dieu d'un gâteau de farine et d'huile qui se renouvelait chaque jour. A leur arrivée à Tyr, les voyageurs coururent d'abord sur la plage où l'apôtre Paul s'était agenouillé avec ses frères quand il débarqua de Tarse pour se rendre à Jérusalem : ils s'y prosternèrent aussi en pressant de leurs lèvres le sable sanctifié. Ptolémaïs, que les Syriens appelaient Acco, et qui porte encore aujourd'hui le nom d'Akka ou Acre, leur présenta d'autres souvenirs de l'apôtre Paul, parti de cette ville pour les prisons de Jérusalem : ils ne la purent laisser qu'à regret. Ils côtoyèrent ensuite la mer autour du promontoire boisé que projette dans la Méditerranée la grande montagne du Carmel. Ce mont fameux était chez les poètes israélites le symbole de la fécondité en opposition à la stérilité, qui avait pour image le désert. « Un jour viendra, disait Isaïe dans un de ses chants prophétiques, où le désert prendra la beauté du Carmel et revêtira les roses de Saron. » Du pied de la montagne qu'ils longeaient, ils purent distinguer, au milieu des pâturages entourés de forêts, les grottes blanches qui avaient servi de retraite au prophète Élie, et les saluèrent sans doute avec respect. L'antique ville de Dor, au midi de cette chaîne, leur présenta des ruines devant lesquelles

Paula s'arrêta muette d'étonnement : l'ancienne cité chananéenne, l'ancienne forteresse des Juifs contre les rois de Syrie, ne se rappelait plus à la mémoire que par l'énormité de ses débris.

Césarée, jadis la Tour de Straton, les reçut enfin dans ses murs. La ville syrienne grécisée avait fait place à une ville toute romaine, construite par Hérode en l'honneur d'Auguste et devenue, par ses palais de marbre et par son port, une des plus belles cités de l'Asie. Siège du gouvernement de la province après la destruction de Jérusalem par Titus, Césarée était, au ive siècle, la résidence du clarissime consulaire qui avait sous sa main les trois subdivisions appelées première et seconde Palestines, et Palestine salutaire. La hiérarchie ecclésiastique étant calquée presque toujours sur la hiérarchie civile, l'église de Césarée tenait aussi le premier rang parmi les églises de la Palestine. Plusieurs évêques célèbres l'avaient illustrée, entre autres le confident de Constantin, Eusèbe, qui, originaire de la province, en avait éclairé l'histoire par ses ouvrages. Jérôme, sans faire grand cas du caractère d'Eusèbe, estimait du moins ses livres, car il traduisit, en l'annotant, le traité de l'évêque grec sur les lieux renommés de la Judée, et il le suivait presque toujours comme un guide certain. Césarée, par suite de circonstances diverses, était alors le centre des études chrétiennes en terre sainte, comme Tibériade, dont nous parlerons plus loin, y était le centre des études hébraïques. Origène avait habité Césarée au iiie siècle, et la bibliothèque de cette ville conservait comme un trésor un manuscrit de ses *Hexaples* qui passait pour la meilleure édition de ce grand livre. Jérôme sans nul doute profita de l'occasion pour le consulter et en recueillir les variantes principales. Nous verrons que c'était le procédé ordinaire du savant voyageur, qui savait faire servir ses pèlerinages à la science autant qu'à la piété : « Voyager, disait-il souvent, c'est apprendre. »

Le nom d'Hérode, qui se lisait en pompeuses inscriptions sur les plus beaux monumens de la Palestine, était attaché aussi à bien des ruines. Ce grand constructeur de villes et de palais, qui tuait tantôt ses femmes, tantôt les prophètes censeurs de ses femmes, et ne ménageait pas plus ses enfans, avait la prétention d'être aussi bon fils que mauvais père. Il avait dédié à la mémoire de son père Antipater, à quelques milles de Césarée, la ville d'Antipatris, que Jérôme et ses amis visitèrent sans y remarquer autre chose que des signes de destruction. Au reste, c'était l'accompagnement douloureux d'un voyage en Judée; on n'y marchait qu'à travers des débris : débris des guerres juives contre la Syrie et l'Égypte, débris des guerres romaines contre les Juifs, ravages non effacés des rigueurs de Titus, ravages vivans de celles d'Adrien. Aucune terre n'avait été plus remuée par le fer, ni plus trempée de sang. La nature elle-même semblait avoir pris sur ce sol aride un aspect de tristesse que Jérôme remarque, et que les pèlerins trouvaient en harmonie avec l'idée qu'ils apportaient d'une terre maudite. Toutefois, il jaillissait de ce sol tant de grands souvenirs, sacrés pour toute âme chrétienne, qu'ils communiquaient une vie et une beauté sans pareilles aux ruines des hommes et à la nature inanimée.

Après avoir visité la maison du centurion Corneille, changée en église, et les chambres des trois filles de Philippe, « prophétesses pour prix de leur virginité, » Paula et sa caravane quittèrent Césarée. Ils cheminaient maintenant en pleine terre promise ; c'était les deux Testaméns à la main qu'il leur fallait voyager, mais ils connaissaient si bien l'un et l'autre que toute réminiscence d'un fait biblique leur était aussitôt présente. Les champs de Mageddo leur rappelèrent d'abord le trépas de Josias, ce dernier bon roi de la race de David. Ils se le figurèrent au milieu de cette plaine et sur son char de combat essayant d'arrêter le roi d'Égypte Néco dans sa marche vers la Syrie, mais tombant transpercé par un trait que le dieu de Néco avait lui-même dirigé. Les suites désastreuses de cette mort pour le royaume de Juda, la pompe des funérailles royales, la douleur du peuple, les lamentations des filles d'Israël, tout ce récit touchant de la Bible les occupait peut-être encore lorsqu'ils arrivèrent à Joppé.

Joppé, aujourd'hui Jaffa ou Iaffo, était la cité la plus hébraïque qu'ils eussent encore rencontrée, et tout à la fois le port le plus fréquenté de la Palestine et une des plus anciennes villes du monde. La tradition juive en plaçait la fondation avant le déluge, et la mythologie orientale lui accordait une part dans ses fables. C'est là que Jonas s'était embarqué « pour fuir de devant la face du Seigneur ; » c'est là aussi qu'Andromède, exposée nue sur un rocher, en pâture aux monstres de la mer, avait été délivrée par Persée. On montrait aux curieux, d'un côté du port, la plage où les marchands ciliciens avaient pris à leur bord le malencontreux prophète, et de l'autre un grand écueil à pic où le flot se brisait avec violence : c'était le rocher d'Andromède. On y pouvait voir encore la trace des chaînes où la captive avait été attachée et la carcasse du monstre envoyé par Neptune pour la dévorer. Le squelette pourtant n'était pas entier, car un général romain, Marcus Scaurus, en avait enlevé jadis et apporté à Rome une partie qui figura parmi les merveilles de son édilité. Ce poisson en effet était miraculeux; au dire de Pline, il ne mesurait pas en longueur moins de quarante pieds romains; ses côtes étaient plus hautes qu'un éléphant indien, et son épine dorsale avait un pied et demi d'épaisseur. Ce qui en restait, après le vol de Scaurus, paraissait encore monstrueux. Si la première pensée de nos pieuses Romaines avait été pour Jonas, on n'en saurait guère douter, la seconde fut certainement pour Andromède. L'aventure d'une jeune beauté persécutée, et sauvée par un jeune guerrier, qu'elle soit de la fable ou de l'histoire, aura toujours le don d'intéresser les femmes. Il y avait aussi « tout proche de la mer, » suivant le mot des *Actes des Apôtres,* un lieu qui intéressait nos voyageurs, la maison du corroyeur Simon, où saint Pierre, dans une vision symbolique, avait reçu de Dieu l'ordre de catéchiser les gentils. L'échoppe s'était changée en une élégante chapelle que visitaient toujours les pèlerins : les nôtres n'y pouvaient manquer. Du haut du coteau dont la ville couvrait les pentes, ils purent assister à un spectacle magnifique. L'œil embrassait de là le grand massif des monts de la Judée, s'élevant par assises superposées, comme les gradins d'un amphithéâtre, jusqu'aux montagnes de Jérusalem, qui en formaient le point culminant. Le voyageur y prenait, pour ainsi dire, une possession anticipée de la ville sainte; cette vue dut communiquer à Paula et à ses compagnons un désir violent de repartir.

Quittant Joppé, ils traversèrent la plaine de Saron, dont les roses sont célébrées par l'Écriture; mais l'hiver ne faisait que finir, et Saron n'avait point encore ses parfums. Deux endroits renommés se présentèrent d'abord sur leurs pas : à droite Arimathie, patrie de l'homme juste qui mérita l'honneur de donner son tombeau au Christ; à gauche, Nobé, plus sépulcre que ville, suivant le mot de Jérôme, ancienne bourgade lévitique dont le roi Saül, dans une de ses fureurs, avait fait passer au fil de l'épée tous les habitans parce qu'ils se déclaraient pour David. La petite caravane ne s'y arrêta pas : Diospolis au contraire la retint. Diospolis, ou plutôt Lydda, pour lui rendre son nom hébraïque, possédait dans ses murs un de ces trésors que Jérôme cherchait avec passion, et qu'il ne quittait qu'à regret quand il l'avait trouvé : c'était un Juif instruit qui pût le guider dans la connaissance des lieux qu'il parcourait et répondre à toutes ses questions. Le rabbin qui habitait Lydda était estimé de ses compatriotes non moins pour son caractère que pour son savoir. Jérôme se lia avec lui et le fit venir plus tard à Bethléem pour lire ensemble le livre d'Esther; mais le Juif ne donnait pas gratuitement ses leçons, et Jérôme se plaint d'avoir payé un peu cher le profit qu'il en tira. Ce qu'il fit à Lydda, il le répéta tout le long de la route. Quand il ne trouvait pas de savans, il s'adressait aux habitans et aux guides. Lui-même nous raconte avec une joie naïve que, sur les indications d'un « certain Hébreu, » il découvrit la vraie position d'un village sur lequel les commentateurs de la Bible avaient longtemps disputé. Chemin faisant, il prenait des notes qui lui servirent plus tard et auxquelles il dut dans la discussion des textes sacrés ce caractère de certitude qui fonda son autorité; mais aussi quel voyageur que Jérôme, et quel charme que ce voyage pour ses savantes amies!

La caravane, ayant repris sa marche, atteignit le bourg d'Emmaüs, où Jésus ressuscité s'était manifesté à ses disciples dans la fraction du pain. Un peu plus loin, l'étroit vallon de Gaas leur montra Bethoron, échelonnée en villes haute et basse sur le versant d'un coteau : c'était une fondation de Salomon, « renversée, dit Jérôme, par la tempête des guerres. » Ils entrèrent de là sur le théâtre des exploits de Josué contre les Chananéens, lorsque, pour exterminer cinq rois et leurs peuples, le chef des Hébreux arrêta le soleil et la lune. Nos voyageurs cherchèrent à se représenter le miracle en contemplant Aïalon et Gabaon, qui se dessinaient sur leur droite. Ils se remémorèrent aussi le sort des perfides Gabaonites, devenus les porteurs d'eau et les bûcherons du peuple d'Israël, en punition de leur alliance violée. La route les conduisait à Gabaa. Ils ne foulèrent pas sans horreur le sol où avait commencé l'affreuse tragédie du lévite d'Éphraïm par le viol et le meurtre de sa concubine; mais ils devaient en parcourir plus tard toutes les scènes pied à pied, et traversèrent celle-ci rapidement; le temps d'ailleurs leur manquait. Ils laissèrent à gauche sans songer à le voir le mausolée d'Hélène, reine des Adiabéniens, qui, après avoir fourni du blé aux Juifs pendant une famine, n'avait demandé pour sa récompense qu'une sépulture en Judée. Enfin parut devant eux la ville tant désirée, qui s'appelait, dans la nomenclature officielle de l'empire et dans l'histoire profane, Ælia-Capitolina, mais qui, pour tout cœur chrétien ou juif, n'avait pas d'autre nom que Jérusalem.

Une troupe d'appariteurs les attendaient à la porte. Le proconsul gouverneur d'Ælia, informé de l'arrivée de Paula, dont il connaissait la famille, envoyait au-devant d'elle une escorte d'honneur, avec invitation de se rendre au prétoire où son logement était préparé. Paula refusa l'avance gracieuse du proconsul; il lui sembla plus conforme aux sentimens d'humilité qui avaient dicté son voyage de fuir les dignités et le luxe, et elle choisit pour elle et ses amis une maison modeste, située probablement dans le voisinage du saint-sépulcre.

II.

Jérusalem, primitivement Jébus-Salem, avait subi bien des transformations depuis le jour où le grand roi David, après l'avoir con-

quise sur les Jébuséens, y avait fixé le siège d'une fédération des
tribus hébraïques et le centre religieux de tout Israël, en y transportant l'arche d'alliance. Cette Jérusalem juive, glorieuse et prospère sous ses premiers rois, déclina bientôt, par une longue et lamentable suite de malheurs et de crimes, de discordes politiques et
d'apostasies religieuses, de défaites au dehors et d'esclavage sous
tous les rois de l'Orient, jusqu'au jour où les flammes allumées par
Titus la dévorèrent avec son temple. Elle se releva, mais pour retomber plus bas, après une nouvelle révolte sous Adrien. Ce fut sa
fin. Des colonies d'étrangers remplacèrent la population juive, chas-
sée et dispersée, et le sol même fut bouleversé. Disciple des so-
phistes grecs et sophiste lui-même, Adrien avait compris que la
vitalité de cette ville, tant de fois détruite et toujours renaissante,
tenait à la religion, et il l'attaqua dans les deux cultes dont elle
était le double sanctuaire, et qu'il détestait lui-même également, le
culte juif et le culte chrétien. Pour le premier, il profana jusqu'aux
ruines du temple de Salomon, en faisant dresser sur l'emplacement
du saint des saints deux de ses statues divinisées. Pour le second,
il souilla le Calvaire et les autres lieux témoins de la passion du
Christ. Le Golgotha, situé hors de l'ancienne enceinte, comme lieu
de supplice, fut réuni à la nouvelle et nivelé; la caverne sépulcrale
où le corps du Sauveur avait reposé avant sa résurrection, et la
citerne où les Juifs avaient jeté précipitamment sa croix à l'approche du jour du sabbat, furent enfouies sous un amas de décom-
bres, et sur le terre-plein formé par ces ruines s'élevèrent deux
temples et deux autels, l'un au Jupiter du Capitole, l'autre à Vénus,
patronne des césars. Tandis que la ville s'étendait ainsi vers le
nord et l'ouest par l'adjonction du Golgotha, elle recula vers le
midi, laissant en dehors le mont Sion, cité de David, et le mont
Moria, cité de Salomon et emplacement du temple. La ville sortie
de cette transformation s'appela, du nom de l'empereur et du nom
du dieu auquel l'empereur la dédiait, Ælia-Capitolina-Adriana;
les Juifs en furent exclus sous peine de mort : ce fut la Jérusalem
païenne.

Cette profanation du culte chrétien dans son plus révéré sanctuaire dura près de deux siècles : Constantin la fit cesser, et s'empressa de rendre aux fidèles les saintes reliques, dont ils n'approchaient plus qu'avec horreur. Les dieux païens furent balayés du
Calvaire avec leurs temples. Le terre-plein, fouillé et déblayé, laissa
à nu la caverne du sépulcre, le jardin dans lequel elle était primitivement située et l'emplacement de la croix : la masse de pierre tirée
de ces fouilles fut si considérable, dit-on, qu'elle suffit pour la construction d'un avant-mur au côté nord de la cité. La croix elle-même

fut retrouvée : l'impératrice Hélène s'était chargée de la recherche et s'était fait guider soit par l'évêque de Jérusalem, soit par de savans Juifs qui avaient conservé la tradition de leur patrie. Après cette restauration des lieux sanctifiés par la mort et la résurrection du Christ, Constantin fit construire une immense basilique qui les renferma tous dans une même muraille. Elle devint le centre d'un quartier chrétien qui envahit peu à peu les quartiers environnans, et le signe du Dieu crucifié par les Juifs brilla sur cette troisième Jérusalem, d'où le mont Sion et le temple étaient exclus.

Au moment où Jérôme et Paula la visitèrent, la Jérusalem chrétienne avait atteint son plus haut degré de prospérité et de développement. La libéralité des princes successeurs de Constantin, le concours des pèlerins venus de toutes les parties de la terre, l'affluence des dons envoyés, même des contrées non romaines (car c'était la ville de la chrétienté), y avaient créé une richesse énorme; mais la licence y marchait de pair avec la richesse. La présence de ce peuple d'étrangers sans cesse renaissant entretenait dans Ælia-Capitolina, moitié chrétienne, moité païenne, une agitation inexprimable. Au sein de cette société mêlée de toutes les classes, de tous les rangs, de toutes les nations, où le barbare coudoyait le Romain, le plébéien le consulaire, où l'homme libre était confondu avec l'esclave, la courtisane avec la matrone, le prêtre orthodoxe avec l'hérétique, il n'y avait ni ordre, ni règle, et sous un semblant de liberté évangélique chacun pouvait impunément braver la loi civile. On eût cru que la ville sainte s'était faite le repaire des voleurs, des meurtriers, des prostituées de tout l'Orient. Les contemporains sont d'accord pour nous en tracer le plus lamentable tableau, et voici en quels termes s'exprimait un grand évêque qui y séjourna quelque temps, Grégoire de Nazianze : « Bien loin de trouver purgée des mauvaises épines cette terre qui a reçu l'empreinte de la vraie vie, écrivait-il, je la trouve infectée de toutes les impuretés imaginables. Là règnent la malice, l'adultère, le larcin, l'idolâtrie, les empoisonnemens, l'envie et surtout le meurtre. Les hommes s'y entr'égorgent comme des bêtes féroces pour un peu d'argent, et grâce au relâchement de tous les liens sociaux l'homicide s'y commet plus facilement qu'en aucun lieu du monde. » Ce que Grégoire disait de la morale pouvait s'appliquer à la foi, qui n'était pas moins corrompue que les mœurs. L'arianisme y avait implanté ses poisons, la persécution, l'exil, la révolte contre les autorités légitimement constituées, et le schisme y faisait la loi. Un de ses grands évêques, Cyrille, que l'église romaine dénonçait injustement comme un évêque intrus et tyrannique, avait passé sa vie à batailler dans l'enceinte de Jérusalem et au dehors contre des concurrens appuyés ou suscités par l'hérésie, et n'avait rendu la paix à son malheureux troupeau qu'à force de

persévérance et de fermeté. Ce prélat militant venait de mourir ou
était près de quitter le monde quand Jérôme et Paula arrivèrent :
on verra plus tard ce que cette perte entraîna de malheurs pour
l'église de Jérusalem, et d'ennui pour nos voyageurs.

Des pèlerins de leur condition, quelque soin qu'ils prissent de
s'effacer, ne pouvaient se soustraire à la curiosité publique, et la
fille des Scipions s'en aperçut bien, lorsque, dans son pieux enthousiasme, elle courut avec ses compagnes à la basilique de Constantin. Toute la ville les y attendait.

Il ne faut aller chercher, dans l'église actuelle du Saint-Sépulcre,
ni la grande et célèbre basilique dont nous parlons ici, ni même
une simple idée de ce que pouvait être au ive siècle l'œuvre du premier empereur chrétien, construite sur ses plans par les plus habiles architectes et ornée avec une prodigalité vraiment impériale.
Rien n'y ressemble de ce qu'on voit aujourd'hui, et qui a traversé
deux ou trois destructions successives; mais les contemporains nous
ont parlé avec tant de détail de la fondation première, qu'il nous
est permis de la recréer par la pensée avec une presque certitude.
La basilique où se rendaient Jérôme et Paula était un vaste enclos
de murs, tourné d'occident en orient, à l'inverse des autres basiliques chrétiennes, et renfermant dans son enceinte les trois monumens principaux de la passion du Christ : la croix, le Calvaire, témoin de la mort, et le sépulcre, de la résurrection. Elle se divisait
en trois parties, consacrées chacune à un de ces grands mystères,
et portant son nom, ce qui la faisait appeler tantôt le Saint-Sépulcre, tantôt le Golgotha, et tantôt l'église de la Croix. Elle contenait,
outre deux églises et un baptistère destiné à l'immersion des enfans, deux préaux ou *atria* et de nombreux portiques.

A l'extrémité occidentale de l'enclos et au chevet de la basilique,
on trouvait la chapelle du *Sépulcre*, édicule construit au-dessus
de la caverne dépositaire du corps du Christ. Elle était de forme
ronde, et le toit posait sur des colonnes monolithes de la plus
grande beauté. Constantin avait voulu en outre que les parois intérieures, également en marbre, fussent incrustées d'une multitude
de pierres précieuses les plus éclatantes, afin d'offrir aux yeux par
leur rayonnement, nous dit un contemporain de cet empereur,
comme une image des splendeurs de la résurrection. La caverne
occupait le milieu, complétement isolée de l'édifice et couverte
dans son contour d'un revêtement de marbre. Le vestibule, appendice ordinaire des sépultures juives, en avait été retranché, de
sorte qu'on pénétrait directement dans le tombeau. La dalle dont
nous parle l'Évangile, que Joseph d'Arimathie avait roulée à l'entrée
de la caverne, que l'ange avait enlevée au moment de la résurrection, et sur laquelle les femmes le trouvèrent assis en vêtemens

blancs « au matin du sabbat, » était déposée à quelques pas plus loin, brisée en deux.

Au sortir de la chapelle du sépulcre et à l'orient, on entrait dans un préau quadrangulaire, long et large de vingt pas ou d'un jet de pierre et pavé d'une riche mosaïque. Un grand portique l'enfermait dans son pourtour, excepté du côté de l'orient, où il attenait au chevet de l'église de la Croix. Cet atrium carré s'appelait le *Calvaire*, et aussi le *Jardin*, parce qu'il était un reste des jardins qui séparaient, suivant le récit de saint Jean, le Calvaire du sépulcre du Christ. On y montrait une énorme roche fendue comme avec un coin : c'était, disait-on, la roche dans laquelle la croix avait été implantée. Cette division de la basilique devait au souvenir particulier qu'elle consacrait la dénomination de *Golgotha*. Elle était assez spacieuse pour que les fidèles pussent s'y rassembler en nombre et les évêques y tenir leurs catéchèses.

Venait ensuite à l'orient de l'atrium une église bien plus vaste que celle du sépulcre et construite au lieu même de l'invention de la croix : aussi en portait-elle le nom. Si les ordres de Constantin et les soins de la pieuse Hélène ne restèrent point sans effet, ce monument dut être le plus beau du monde chrétien. Constantin le voulait ainsi et n'avait rien négligé pour que son désir fût accompli : choix des marbres et même des simples pierres, couverture, dessin de l'intérieur, il avait tout prévu, tout ordonné avec une libéralité sans réserve. Ce que nous en savons, c'est que l'édifice se terminait à l'abside par une rotonde de douze colonnes de marbre surmontées d'énormes vases en argent ciselé, que la nef, également formée de colonnes de marbre, soutenait un plancher peint et doré qui représentait le firmament, et que la couverture était de plomb. A l'extérieur, la pierre des murs était d'un grain fin et poli qui rivalisait avec le marbre. Deux lignes de portiques accompagnaient les faces latérales. Les portes d'entrée, au nombre de trois, donnaient sur un second préau entouré de galeries comme le premier, et débouchant sur le principal marché de la ville. Une église souterraine, construite sous le pavé de celle-ci, en reproduisait les divisions et s'étendait jusque sous les portiques extérieurs.

C'est dans le sol de cette crypte qu'avait eu lieu, sous la recherche de l'impératrice Hélène, l'invention de la croix ; c'est là aussi qu'on la gardait. Le bois en était bien diminué depuis le jour où cette mère croyante et aimante en faisait renfermer la moitié dans la statue de son fils, au haut d'une colonne de porphyre dominant Constantinople, afin qu'elle y fût un palladium pour la ville et pour l'empereur; depuis le jour aussi où elle faisait jeter un des clous de la croix dans l'Adriatique pour en calmer à jamais les tem-

pêtes. L'imprudente libéralité des évêques de Jérusalen avait grandement diminué la moitié qui leur avait été laissée, quoique, suivant
une croyance superstitieuse répandue dans la chrétienté et admise
même par Paulin de Nôle, les parcelles enlevées du saint bois s'y
reformassent d'elles-mêmes miraculeusement. Ce qui restait était
renfermé dans un étui d'argent dont l'évêque seul eut d'abord la
clé, et qui fut placé plus tard sous la garde d'un prêtre de haut
rang, responsable du sacré trésor. Une fois par an, à des époques
qui varièrent, l'étui était porté avec pompe dans l'église supérieûre,
et le bois offert à l'adoration des fidèles : c'est ce qu'on appelait la
fête de l'*exaltation*; mais il arrivait aussi qu'en dehors des jours
officiellement consacrés, la faveur de voir et d'adorer le monument
du salut des hommes était accordée exceptionnellement à des personnages de distinction : on pense bien que Jérôme, Paula et leurs
amis furent du nombre des privilégiés.

Dans l'église de la Croix, Paula, prosternée en face du bois sauveur, éprouva un de ces ravissemens extatiques qui accompagnaient
chez elle les violentes émotions de l'âme. La parcelle de bois impré-
gnée du sang de la rédemption disparut à ses yeux; c'était la croix
elle-même qu'elle voyait, c'était le Christ percé de clous, bafoué,
meurtri, rendant le dernier soupir, et elle ressentait tous les déchiremens de son agonie. « La ville entière de Jérusalem, nous dit
Jérôme, fut témoin de ses larmes, de ses gémissemens, de l'effusion
de sa douleur : le Seigneur, qu'elle priait, en fut aussi témoin. »
Dans l'église du Sépulcre, elle se précipita sur la pierre qui avait
fermé l'entrée du tombeau, l'enserrant de ses bras, et on ne pouvait plus l'en arracher; mais lorsqu'elle eut pénétré dans la chambre sépulcrale, que ses genoux sentirent le sol qu'avaient touché les
membres du Sauveur, que ses mains pressèrent la banquette de
pierre où le corps divin avait reposé, elle défaillit. On n'entendait
au dehors que le bruit entrecoupé de ses sanglots; puis, reprenant
ses forces, elle couvrit de baisers ces reliques inanimées; elle y attachait ardemment ses lèvres comme sur une source désaltérante
et longtemps désirée : on eût cru qu'elle voulait dissoudre ce rocher
à force de baisers et de larmes.

Chaque station dans la ville sainte fut pour Paula le théâtre d'é-
motions pareilles. « Chaque lieu la retenait tellement, nous dit le
narrateur de ces scènes, qu'elle ne consentait à le quitter que pour
courir à un autre. » Lorsqu'ils eurent tout vu dans Jérusalem, les
voyageurs en sortirent pour gravir au midi la colline de Sion et
passer des douleurs de la nouvelle alliance aux splendeurs de l'ancienne; mais quelles splendeurs présentait alors cette Sion tant célébrée par le roi-prophète! L'enceinte de murailles n'existait plus,
et on n'y pénétrait qu'à grand'peine, à travers les buissons et les

ruines. Arrivés à la principale porte, dont quelques pans étaient encore debout, surmontant des monceaux de cendres et de pierres, nos pèlerins s'arrêtèrent avec un étonnement douloureux. Ils semblaient se demander si c'étaient bien là ces portes de Sion « que le Seigneur chérissait par-dessus tous les tabernacles de Jacob, » et contre lesquelles l'enfer ne devait point prévaloir; mais ce moment de doute et d'anxiété ne dura pas. L'un d'eux, Jérôme vraisemblablement, répondant à leurs secrètes pensées, se hâta d'expliquer « qu'ils n'avaient sous les yeux que la Sion terrestre, passagère et périssable comme les hommes qui l'avaient faite, tandis que l'Écriture parlait de la Sion spirituelle, œuvre de Dieu, inaltérable comme son auteur. » Sur la plate-forme de la montagne, ils n'aperçurent que la désolation du désert. Plus de palais, plus de forteresse de David: le palais d'Hérode même avait disparu : la charrue avait passé sur leurs fondemens. A leur place s'étendaient des terres en friche et quelques jardins dont les clôtures étaient formées des débris de ces demeures royales. C'était la prophétie d'Isaïe réalisée : « la citrouille fleurira où resplendissait naguère le luxe des rois. » Des sept synagogues qu'avait renfermées Sion, il en restait une encore, mais déserte et délabrée. Seul debout au milieu de cette solitude, un monument de la foi nouvelle semblait braver les destructions du temps et des hommes : cette maison à deux étages où Jésus avait fait la pâque avec ses apôtres, et où, cinquante jours après sa résurrection, cent vingt disciples reçurent le Saint-Esprit, le Cénacle, comme on l'appelait, avait été transformé en église et attirait un grand concours de fidèles. Les voyageurs s'y rendirent, et purent voir au péristyle la colonne à laquelle, suivant la tradition, Jésus avait été flagellé : on y montrait même des gouttes de sang.

Descendirent-ils de Sion pour remonter à Moria et visiter, après la cité de David, celle de Salomon et les ruines du temple? On peut le supposer, quoique Jérôme n'en parle point, car c'était la tournée habituelle et en quelque sorte obligée des pèlerins. Ils purent alors contempler ces ruines recouvrant des ruines, et les deux statues d'Adrien dominant le saint des saints, comme le génie de la profanation. Les guides faisaient remarquer à un endroit situé entre l'autel et le parvis le sang du prêtre Zacharie, resté vermeil, dit l'*Itinéraire de Bordeaux*, comme s'il eût été versé le jour même. On montrait aussi une grande pierre percée que les Juifs venaient oindre chaque année et sur laquelle ils se lamentaient et déchiraient leurs vêtemens, droit qu'ils achetaient fort cher des magistrats de la ville. Entre autres curiosités recherchées des étrangers, on leur faisait visiter, dans les soubassemens de l'ancien temple, une prison souterraine où Salomon renfermait les démons et les torturait pour

les rendre plus souples à sa volonté. Cette croyance superstitieuse,
en pleine vigueur au ive siècle, existait déjà au ier, d'après le témoignage de l'historien Josèphe. Les contes orientaux sur la magie
du plus sage des rois avaient commencé de bonne heure.

III.

Bethléem et la crèche les appelaient, — le mystère de la nativité
après ceux de la mort et de la résurrection. Ils voulaient aussi, une
fois au midi de Jérusalem, dans l'ancien royaume de Juda, en parcourir les lieux les plus renommés. C'était un voyage long et pénible, qui exigeait des préparatifs sérieux; la petite caravane se
réorganisa donc, et sortit de la ville, nous pouvons le supposer,
dans le même attirail qu'elle y était entrée.

Sa première halte fut à un mille et demi d'Ælia, au tombeau de
Rachel, situé un peu à droite du chemin de Bethléem. C'est là que
l'épouse infortunée de Jacob avait quitté la vie en la donnant à
son dernier né, cet enfant qu'elle nomma *Bénoni*, « le fils de ma
douleur, » mais que le père, dans un élan de sainte confiance en
Dieu, voulut appeler *Benjamin*, « l'enfant de ma droite. » Il y eut
là sans doute pour la mère si durement éprouvée un moment de
retour cruel vers le passé : Jérôme nous la peint debout et silencieuse devant cette tombe qui pouvait répondre à tant de souvenirs.
Après quelques instans d'arrêt, donnés à cette muette douleur,
Paula reprit sa route, et ils arrivèrent à Bethléem.

La patrie de David, autrefois ville florissante, n'était plus alors
qu'un gros village, placé sur la pente d'une colline dont le sommet
et le revers opposé avaient été jadis couverts de bois. Ces bois étaient
entremêlés de cavernes qui, suivant un usage général en Orient,
servaient d'étables aux habitans pour leur bétail, et de retraite, soit
aux bergers des environs, soit aux voyageurs attardés. Ce fut dans
la plus spacieuse de ces grottes que, durant la nuit qui ouvrit pour
le monde l'ère du salut, Joseph et Marie se réfugièrent, ne trouvant
pas d'hôtellerie dans la ville, et que naquit le Rédempteur. La
caverne de Bethléem resta pour les chrétiens, dès les premiers
temps de la prédication évangélique, un objet de vénération et de
pieuses visites, jusqu'à ce que l'empereur savant en profanations,
Adrien, consacrât les bois et la caverne aux mystères d'Adonis. La
grotte qui avait vu naître le Dieu de pureté devint alors le sanctuaire d'un des cultes les plus impurs du paganisme. Il arriva pour
la crèche ce qui s'était passé pour le Calvaire : Constantin purifia ce
qu'Adrien avait souillé, et l'impératrice Hélène, rendant au culte
chrétien la grotte de la nativité, comme elle lui avait rendu celle
de la mort, fit construire au-dessus une église qui rivalisa de ma-

gnificence, sinon de grandeur, avec la basilique de Jérusalem. Suivant le procédé déjà employé pour cette dernière, la grotte servit de crypte à l'église de Bethléem, un escalier tournant y conduisit de chaque côté de l'autel, et elle fut mise en communication avec les cavités environnantes par des corridors pratiqués dans le roc. C'est à cette crypte que couraient d'abord les pèlerins; Jérôme, Paula, Eustochium, tous enfin furent bientôt en prière devant la crèche.

Peindre ici, d'après le témoin oculaire qui nous les transmet, les émotions de notre héroïne, comme je l'ai déjà fait à propos du saint-sépulcre, c'est encore écrire une page d'histoire; ces naïves manifestations du cœur en disent plus sur l'état moral d'un siècle que les plus ingénieuses dissertations philosophiques. Prosternée sur la pierre de Bethléem, tout entière à la contemplation du grand mystère dont le théâtre parlait à ses yeux, Paula éprouva, comme au saint sépulcre et à l'église de la Croix, un de ces états d'exaltation violente qui tiennent le milieu entre la vie réelle et la vision. « Je vous jure, disait-elle à Jérôme, agenouillé près d'elle, que je vois l'enfant divin enveloppé de ses langes : le voici; la Vierge-mère le prend dans ses bras; de quelle tendre sollicitude l'entoure son père nourricier! J'entends son premier vagissement, et là-bas retentissent le pas des bergers et le chant des anges. » Elle voyait aussi les mages, leurs présens, l'étoile miraculeuse rayonnant sur l'étable; puis la scène changeait. Au lieu de la joie, c'était du sang et des larmes : Hérode furieux ordonnait le massacre de tous les enfans, et des soldats, l'épée en main, les arrachaient du sein de leurs mères; Joseph et Marie fuyaient en Égypte. Elle pleurait, elle souriait, elle priait en même temps. Tout à coup on l'entendit s'écrier : « Salut, Bethléem, justement appelée « maison du pain (1), » car c'est ici qu'est né le vrai pain de la vie! Salut, Ephrata « la fertile (2), » fertile en effet, car Dieu lui-même a été ta moisson! » — Tous les passages prophétiques de l'Écriture se présentant alors à sa mémoire, elle les citait en latin, en grec, en hébreu, comme ils lui venaient, et ses pieuses compagnes faisaient assaut de mémoire avec elle. A propos du bœuf et de l'âne, elles se rappelèrent le verset d'Isaïe : « le bœuf a reconnu son maître, et l'âne la crèche de son Seigneur, » et cet autre aussi : « heureux celui qui sème sur les eaux, où le bœuf et l'âne enfoncent leurs pieds! » A ces mots du psalmiste : « voici que nous avons appris qu'il était dans Ephrata, et nous l'avons trouvé au milieu des bois, » Paula, qui les avait cités, s'arrêta, et s'adressant à Jérôme : « Vous remarquerez, lui dit-elle, que j'ai traduit *il* et non pas *elle*, αὐτόν

---

(1) C'est la signification du mot hébreu Beth-léhem.
(2) C'est également la signification du mot Ephrata ou Efrata.

et non pas αὐτήν (elle citait en grec), c'est-à-dire Jésus et non sa
mère, car il y a en hébreu zo, qui est bien le signe du masculin,
comme vous me l'avez enseigné; vous voyez que je n'ai pas oublié
vos leçons (1). » Ainsi la science chez ces admirables pèlerins avait
droit de se mêler aux élans de la dévotion la plus enthousiaste.

Les amis de Paula eurent peine à l'arracher de ces lieux où un
secret pressentiment semblait l'enchaîner. On eût dit que sa destinée se dessinait tout entière à sa vue, quand on l'entendit s'écrier
avec un accent prophétique : « Quoi! misérable pécheresse que je
suis, j'ai été jugée digne de baiser la crèche où mon Seigneur a
poussé son premier cri! J'ai été jugée digne de prier dans cette
caverne où une Vierge-mère a enfanté mon Dieu! J'établirai ici ma
demeure, parce que mon Sauveur y a placé la sienne, et la patrie
de mon Dieu sera aussi le lieu de mon repos! » La noble étrangère,
venue des collines du Tibre, ne croyait pas si bien dire : le repos
éternel devait commencer pour elle à Bethléem et y peser longtemps sur ses os.

L'impatience les aiguillonnait cependant; ils partirent, et traversant l'endroit appelé la tour d'Ader, où furent les pâturages de
Jacob, et où les bergers veillant dans la nuit de la Nativité entendirent l'hymne de réconciliation entre le ciel et la terre, ils gagnèrent l'ancienne route qui menait à Gaza. Bethsora leur fournit une
station près de la fontaine où l'eunuque de la reine Candace, Juif
prosélyte, converti au christianisme par Philippe, avait « changé
de peau spirituelle, » comme disait Jérôme. Ce lieu était d'une rare
beauté. La source sortie d'un roc tombait d'abord dans un bassin
large et profond où Philippe et l'eunuque avaient pu descendre tous
deux pour le baptême par immersion; elle s'en échappait ensuite
par nappes pour aller se perdre dans les fissures des rochers voisins.
L'ancien pays des Philistins, avec Gaza, sa capitale, leur offrait des
monumens des guerres hébraïques et du fort Samson, le héros
traditionnel de la contrée : ils visitèrent les plus curieux, puis, se
détournant à l'est, ils suivirent le *vallon de la grappe*, Escole, dont
ils admirèrent en passant les vignobles. C'est là que les explorateurs envoyés par Moïse dans la terre promise cueillirent ce cep et
cette grappe fameuse que deux hommes eurent peine à porter sur
leurs épaules en les suspendant à un bâton. Des raisins aussi mira-

(1) « Zo enim sermo hæbraïcus, ut te docente didici, non Mariam matrem Domini,
hoc est αὐτήν, sed *ipsum*, id est αὐτόν significat. » Hier. ep. 86. *Epitaph. Paul.* — Ce
passage est très altéré dans les manuscrits de saint Jérôme. J'ai admis le texte suivi
par les Bénédictins et l'interprétation qu'ils donnent aux paroles de Paula. La distinction qu'elle établit roule sur le pronom démonstratif *zo, zu, zoth;* il paraît qu'il y avait
déjà controverse parmi les commentateurs des psaumes sur l'explication du verset :
Paula suit l'opinion de son maître.

culeux ne se retrouvaient plus, mais les vignobles d'Escole méritaient toujours leur renom de fertilité. D'Escole, ils passèrent dans la grande vallée de Membré, antique résidence d'Abraham et à jamais célèbre par les récits de la Genèse.

Un respect, universel en Orient, entourait ce berceau de la plupart des peuples orientaux : on venait le visiter, non-seulement de toute la Judée, mais des contrées païennes au-delà du Jourdain, de l'Idumée, de l'Arabie, des déserts habités par les Ismaélites, et le respect avait de bonne heure dégénéré en superstition. L'arbre traditionnel de Membré, sous lequel Abraham avait reçu ses hôtes divins se rendant à Sodome, devint, par la suite des temps, l'objet d'un véritable culte; ses rameaux étaient perpétuellement chargés d'offrandes et d'*ex-voto*; on l'adorait comme une idole. L'empereur Constance crut faire cesser l'idolâtrie en abattant l'arbre et faisant construire à la place une église chrétienne; mais l'idolâtrie ne prit point le change, elle se transporta sur un arbre du voisinage. Au reste, celui de Membré avait maintes fois changé d'espèce et de lieu depuis les jours du premier patriarche. Au temps d'Abraham, c'était un chêne, au temps de l'historien Josèphe un térébinthe, et ce fut encore un térébinthe que Constance sacrifia à ses scrupules religieux; maintenant on montrait aux étrangers un chêne, et Jérôme put raconter sous son ombrage, aux amis qui l'accompagnaient, les détails que je viens de donner et que j'ai tirés de ses livres. Ils ne quittèrent point Membré sans aller visiter « la caverne double » achetée par Abraham pour y déposer le corps de Sara, et, gravissant une montagne assez escarpée, ils entrèrent dans la ville d'Hébron. Hébron, une des plus anciennes cités des Chananéens, portait en hébreu le surnom de Cariath-Arbé, « la ville des Quatre-Hommes, » parce qu'elle renfermait les tombeaux d'Abraham, d'Isaac et de Jacob, celui du grand Adam, le père du genre humain, quoiqu'une autre tradition place sa sépulture sous la montagne même du Calvaire. Abraham, Isaac et Jacob y avaient à leurs côtés, dans le même monument, Sara, Rébecca et Lia, leurs femmes; on ne dit pas qu'Ève y fût près d'Adam. Le monument d'ailleurs, orné de marbres précieux, était une œuvre des Juifs; les chrétiens y avaient ajouté une église. Nos pèlerins admirèrent sur les flancs de la vallée les bassins creusés jadis par Othoniel pour l'irrigation des arides terrains de la plaine. C'était un indice remarquable de l'art des premiers Hébreux et du soin qu'ils apportaient à l'agriculture; nos voyageurs voulurent y voir aussi, tant l'interprétation mystique excitait leur imagination, un symbole du baptême, dont les eaux ont porté la vie dans les stérilités de l'ancienne loi.

Le lendemain de cette course aux bassins d'Othoniel, Paula voulut partir de grand matin pour la *Ville de la Bénédiction* (*Caphar-Barucha*), lieu où le patriarche Abraham, pour dernier acte d'hospitalité, avait conduit les messagers divins, qui pouvaient de là découvrir Sodome. Nos voyageurs arrivèrent au sommet du coteau quand le soleil était déjà levé. Un spectacle à la fois triste et magnifique frappa leurs regards. Ils dominaient de là le bassin de la Mer-Morte, et l'emplacement ou plutôt le tombeau des villes maudites, Sodome, Gomorrhe, Adama et Séboïm. A leurs pieds se dessinait Engaddi entouré de ses champs d'aromates, que Salomon appelait « un vignoble de baumiers. » Dans le lointain, vers le midi, et au-dessus de la périlleuse descente du Scorpion, ils apercevaient Ségor, que l'Écriture compare à une génisse de trois ans, et, plus à l'ouest, les montagnes de Séir et leur désert peuplé par les fils d'Ismaël. Que de pensées assaillirent les pieux voyageurs durant leur longue halte au théâtre des vengeances de Dieu! que de saintes réflexions sur cette justice patiente qui éclate, au moment venu, par des châtimens terribles, qui remplissent d'horreur jusqu'à la nature elle-même! Montrant au loin, près de Ségor, la caverne où Loth, enivré par ses filles, avait donné naissance à la race incestueuse de Moab, Paula disait avec émotion à ses jeunes compagnes: « Voyez ce que peut produire l'intempérance : c'est du vin que sortent les crimes les plus affreux, n'en buvez pas ! »

Leur voyage dans l'ancien royaume de Juda était terminé; ils reprirent la direction de Jérusalem par le bord de la Mer-Morte, Thécua, patrie du prophète Amos, et le torrent de Cédron, qu'ils remontèrent jusqu'à Jérusalem. Chemin faisant, ils se délassaient par des conversations d'où la gravité n'excluait pas toujours l'enjouement, et Paula, d'un caractère habituellement mélancolique, s'échappait parfois en saillies d'une douce gaîté. On lui proposait de visiter, près d'Hébron, une vieille ville située sur une montagne assez raide, et appelée en hébreu *Cariath-Sépher*, « la Ville-des-Lettres, » parce qu'elle avait été du temps des Chananéens le siège d'une sorte d'académie religieuse, et sous les Israélites une cité lévitique. Paula ne s'en souciait pas, soit qu'elle n'éprouvât aucun désir de curiosité, soit qu'elle craignît la fatigue. « La Ville-des-Lettres! dit-elle en riant, nous n'en avons point besoin. On dédaigne la lettre qui tue, quand on a l'esprit qui vivifie. » Jérôme mêlait plus d'amertume à ses plaisanteries. Lui qui avait tant souffert des persécutions du clergé romain, et qui s'élevait naguère avec tant d'énergie contre l'intempérance des prêtres et la gloutonnerie des moines, ne s'épargnait guère les allusions satiriques quand l'occasion s'en présentait. Passant un jour avec sa petite troupe d'amis dans la ville de Bethphagé, un des grands sièges du sacerdoce lévitique, il fit remarquer malicieusement que ce mot signifiait en hébreu « ville des mâchoires (1). »

Ils venaient de parcourir le midi de la Palestine; ils connaissaient déjà dans le nord la zone qui confine à la Grande Mer, il leur restait à voir le centre de la Samarie et de la Galilée, ainsi que la vallée du Jourdain jusqu'à la Mer-Morte. Ce nouveau voyage fut entrepris sans hésitation. Paula était devenue infatigable; non-seulement elle supportait les plus rudes montures, mais elle marchait à pied des heures entières et gravissait même de hautes montagnes. Les femmes qui la suivaient étaient toutes jeunes et animées d'ailleurs d'une pieuse curiosité. Il fut résolu qu'on partirait au plus tôt, mais qu'on visiterait d'abord la montagne des Oliviers, dont les sentiers étroits et rocailleux n'effrayèrent personne.

Traversant donc la vallée de Josaphat du côté gauche, dans des terrains plantés de vignes, et laissant de côté la roche sur laquelle Judas Iscariote livra son maître, ils commencèrent à gravir parmi les oliviers et quelques palmiers jusqu'au monticule d'où Jésus ressuscité s'éleva au ciel. Hélène y avait fait bâtir sous le vocable de l'Ascension une basilique dans laquelle ils entrèrent. C'était une rotonde de médiocre grandeur, mais splendidement ornée : Jérôme fit remarquer que la coupole en restait ouverte, et il raconta la tradition, accréditée depuis Constantin, qu'aucun architecte n'avait jamais pu remplir le vide dans la portion où avait passé le corps du Christ. Il exposa, avec plus de certitude, l'ancien usage juif de brûler chaque année une vache rousse sur la montagne, et d'en répandre la cendre en expiation des péchés d'Israël. Il rappela aussi que la vision prophétique d'Ézéchiel, qui avait vu les chérubins du temple de Salomon émigrer sur la montagne des Oliviers et y construire un temple nouveau, avait reçu son accomplissement dans la basilique de l'Ascension. Du haut de la montagne, le regard planait sur un des plus beaux paysages de la Judée, et on apercevait le couvent de Rufin occupant le côté opposé à la ville. Paula voulut-elle visiter ce monastère dont on lui avait fait tant d'éloges? Jérôme voulut-il revoir l'ami de son enfance, ou plutôt Rufin et Mélanie ne se trouvèrent-ils pas là pour les recevoir et faire en quelque sorte les honneurs du saint lieu où ils avaient placé leur tente? Notre historien ne prononce pas leur nom; mais son récit fut composé plus tard, quand une inimitié implacable divisait ces deux hommes, et que l'inimitié avait rejailli jusque sur Paula elle-même. Croyons que si Rufin et Mélanie, comme on n'en saurait douter, se trouvaient alors à Jérusalem, ils assistèrent à la visite de nos

---

(1) « *Bethphage, domum sacerdotalium maxillarum.* » — Hier. ep. 86. *Epitaph. Paul.* — « *Bethphage, domus oris vallium, vel domus buccæ* » Lib. nom. Hebr. Hier t. II, p. 112.

voyageurs et les guidèrent sur le mont des Oliviers. De quels précieux détails historiques ces fatales rancunes nous ont peut-être privés! Avec quel intérêt on lirait aujourd'hui les entretiens des deux savans dalmates sur qui se partageait l'attention de l'Occident, non encore portée vers Augustin! Avec quel charme on suivrait, sous la plume d'un des interlocuteurs, leurs observations, tantôt pratiques, tantôt élevées, sur l'état du christianisme en Orient et en Occident, et les progrès du monachisme dans le monde entier! Comme on aimerait à retrouver dans leurs épanchemens, après une si longue séparation, ici l'affection calme et protectrice de Rufin, là l'amitié enthousiaste et la parole animée de Jérôme; chez le premier la logique glaciale, mais puissante, chez le second l'éloquence et la passion; et, pour cadre à ce tableau, la terrasse du couvent des Oliviers, la ville de Jérusalem au-dessous, les campagnes de Bethléem au midi, celles d'Éphraïm au nord, et à perte de vue, à l'est et à l'ouest, les chaînes de montagnes s'échelonnant sans interruption entre la Grande-Mer et la Mer-Morte! Si cette entrevue eut lieu, ce fut là sans doute que Paula puisa, dans les confidences de Mélanie, revenue récemment d'Égypte, le projet du grand voyage qu'elle accomplit l'année suivante.

IV.

En quittant la montagne des Oliviers, la petite caravane fit route vers Jéricho, et s'arrêta d'abord à Béthanie, patrie de Lazare et de Marthe et Marie, ses sœurs. Paula voulut entrer dans le sépulcre du mort ressuscité et visiter la maison des deux filles douces et aimantes gracieux symbole de la vie contemplative comparée à la vie réelle. Bethphagé ne les retint pas, et ils gagnèrent, non sans un sentiment de secrète terreur, le défilé dangereux appelé *Adomim* ou le pas du sang. C'était un lieu redouté de tout temps, et que l'Évangile avait choisi pour y placer la parabole du voyageur percé de coups par des brigands, laissé sur la route par un prêtre et sauvé par un Samaritain. Quoique ce passage mal famé fût alors sous la garde d'un poste militaire romain, on ne cessait point de le regarder comme un repaire de meurtriers et de voleurs. Nos voyageurs le franchirent sans accident, mais non sans deviser longuement sur la dureté du lévite, opposée à la sainte charité de l'infidèle. Le sycomore de Zachée n'obtint d'eux qu'un coup d'œil; puis ils firent leur entrée dans Jéricho. Quel spectacle attristant y frappa leurs regards! Trois villes s'étaient succédé dans ce même lieu et y avaient superposé leurs ruines : une ville chananéenne détruite par Josué, une ville juive élevée avec les restes de la pre-

mière et détruite par les Romains, une ville romaine enfin détruite
par la guerre civile. Rien ne survivait de tout cela que de rares
maisons éparses, et à peine un village. On n'apercevait même plus
dans la campagne l'arbre qui avait fait donner à Jéricho le surnom
de ville des palmiers; la nature avait été dans ses destructions aussi
implacable que les hommes. Trois curiosités appelaient aux environs la visite des pèlerins : la maison de la courtisane Rahab, qui
reçut chez elle les espions de Josué et fut seule sauvée du massacre
des Chananéens; la fontaine amère qu'Élisée changea en source fé-
condante et douce en y jetant du sel : on montrait même un pot de
terre qui avait, disait-on, appartenu au prophète; enfin les douze
pierres enlevées du lit du Jourdain par les douze tribus comme un
monument de leur passage, et dressées dans un champ où la tradition religieuse les avait en partie préservées : Jérôme et ses compagnons s'y rendirent. Il leur restait à voir le Jourdain, dont ils étaient
encore séparés par une plaine de deux lieues, aride et brûlante.

La chaleur était excessive, et pour échapper à ses ardeurs Paula
voulut qu'on partît la nuit. Le soleil commençait à paraître lorsqu'ils atteignirent les bords du fleuve, où un spectacle émouvant
les attendait. L'astre monta en face d'eux, derrière les montagnes
d'Ammon, inondant de ses clartés l'ancien campement de Josué, le
désert de saint Jean-Baptiste et le Jourdain lui-même, qui semblait
porter à la Mer-Morte des nappes de feu. Paula se tenait debout sur
la rive, oppressée par l'admiration, et, semblable à une prophétesse
du passé, elle se mit à dérouler le tissu des merveilles dont ces
grandes scènes avaient été témoins. Ici l'arche d'alliance fendant le
courant du Jourdain et les lévites la suivant à pied sec; là le fleuve
redressant ses eaux comme deux murailles pour laisser passer Élie
et Élisée; puis le Christ lui-même, venant se courber sous cette
onde, afin que, par la vertu de son baptême, le créateur purifiât
toutes les eaux terrestres souillées des impuretés du déluge. Elle
peignit alors le vrai soleil de justice s'élevant sur le monde et
dissipant les antiques ténèbres sous des rayons mille fois plus res-
plendissans que ce soleil périssable qui éblouissait leurs regards.
Arrachés avec peine à ce beau spectacle et devançant la chaleur du
jour, ils entrèrent par la vallée d'Achor, c'est-à-dire du Tumulte,
dans les domaines de Benjamin et d'Éphraïm. Ils virent à Bethel
le lieu où Jacob, pauvre et nu, couché sur la terre nue, n'ayant
qu'une pierre pour soutenir sa tête, avait aperçu en songe l'échelle
symbolique dont Dieu tenait l'extrémité, aidant les zélés à monter,
et précipitant en bas les indifférens : ce fut du moins ainsi que Jérôme expliqua le rêve du patriarche. Beth-el, « la maison de
Dieu, » profanée par le culte du veau d'or sous le roi Jéroboam, et
devenue, comme disaient les prophètes, Beth-aven, « la maison

du crime, » n'était plus, au IVᵉ siècle, qu'une bourgade sans importance, oubliée même des itinéraires.

A leur passage par la montagne d'Éphraïm, les voyageurs saluèrent de loin le tombeau de Josué et celui d'Éléazar, fils d'Aaron. Éphraïm, Benjamin, Bethel, Rama, qu'ils traversèrent, Gabaa, qu'ils avaient déjà traversée en venant de Joppé, tous ces lieux rappelaient la sombre tragédie du lévite et son sanglant dénoûment. Chaque pas qu'ils faisaient semblait réveiller quelque incident de ce drame affreux. Là, la femme violée par les Gabaonites était morte sous les outrages; ici, le lévite avait placé le cadavre sur un âne pour l'emporter à sa maison; plus loin, il l'avait dépecé en douze morceaux envoyés aux douze tribus d'Israël, comme un appel à la vengeance. La vengeance ne s'était pas fait attendre, et sur le sol qu'ils parcouraient la tribu de Benjamin avait subi, disaient-ils, la juste extermination due à son crime. « Non, non, interrompait Jérôme, elle ne fut pas exterminée; Dieu ne le voulut pas, parce que de Benjamin rentré en grâce et régénéré devait sortir Paul, le grand apôtre des nations. » Il exposait alors comment six cents hommes échappés au massacre se réfugièrent dans le désert de Remmon, et comment, rappelés dans leur patrie, ils durent employer la violence et le rapt pour avoir dés femmes des autres tribus, aucune fille ou femme benjamite n'ayant survécu au désastre de la sienne. On leur montra en effet à Silo les ruines d'un autel près duquel deux cents jeunes filles, attirées par une fête nationale, avaient été enlevées, au milieu des danses, par deux cents Benjamites, et arrachées à leurs familles. La ressemblance de cette histoire avec celle des Sabines, enlevées aussi dans une fête, fut de la part des voyageurs un objet de savantes remarques, et peut-être alors quelque aiguillon d'orgueil mondain entrat-il au cœur des pieuses patriciennes, dont la lignée allait se perdre dans les obscurités du berceau de Rome.

Ce grave sujet les occupait probablement encore lorsqu'ils arrivèrent au puits de Jacob, puits fameux où Jésus, assis sur la margelle, fatigué et altéré, échangea avec la Samaritaine, pour un peu de l'eau qu'elle avait puisée, « la source de vie qui désaltère à jamais. » Autour et au-dessus de ce puits, creusé dans le roc à une grande profondeur, avait été construite une église en forme de croix, où les voyageurs entrèrent : l'orifice du puits, bien gardé d'ailleurs, était béant près de la clôture du chœur, et on n'en approchait qu'avec un saint frémissement. Au dehors se trouvait une piscine alimentée par la même source, et à quelques pas plus loin des platanes que la tradition faisait remonter jusqu'à Jacob. La route, en un court espace de temps, conduisait du puits à l'antique ville de Sichem, appelée sous la domination romaine Flavia Neapolis, en l'honneur de l'empereur Vespasien. Située dans une étroite vallée entre le Mont-Hébal et le Mont-Garizim, Sichem était devenue, lors de la séparation des dix tribus, la Jérusalem du schisme, et le temple bâti par les rois d'Israël sur la seconde de ces montagnes restait encore, pour ce qu'il y avait de Samaritains au IVe siècle, aussi sacré que le temple de Salomon pour les Juifs fidèles. La même destinée avait frappé d'ailleurs les deux temples rivaux : celui de Garizim n'était plus aussi qu'une ruine où l'on montait par trois cents degrés taillés dans le roc. Il n'eut point la visite de Jérôme et de ses amis, qui se contentèrent de l'observer de loin, soit scrupule religieux, soit désir d'arriver plus vite à Samarie.

Un spectacle curieux et tout nouveau les attendait dans cette capitale des rois d'Israël, dédiée à l'empereur Auguste sous le nom de Sébaste et ornée des plus splendides monumens d'Hérode. Ces magnificences étaient encore debout, au moins en partie; mais ce n'était pas ce qui piquait la curiosité ou excitait l'admiration du pèlerin chrétien. Samarie était. à proprement parler, la ville de saint Jean-Baptiste, dont elle possédait le tombeau. Par un bizarre retour des choses de ce monde, l'homme qu'Hérode avait tué comme un censeur incommode de ses cruautés et de ses débauches régnait maintenant, comme un dieu plutôt que comme un roi, dans sa ville de prédilection, et éternisait le souvenir de ses crimes. Le tombeau de Jean-Baptiste avait la vertu de chasser les démons et de guérir les possédés : nul n'eût osé mettre en doute cette vertu surnaturelle sans être traité de blasphémateur et d'incrédule. Aussi voyait-on les possédés, ou ceux qu'on croyait tels, accourir ou être amenés de toutes les parties de la Judée à Samarie pour y trouver leur guérison. Lorsqu'arrivèrent nos voyageurs, un grand nombre de ces malheureux se trouvaient réunis autour du sépulcre, attendant le moment dé paraître devant le saint et d'invoquer sa puissance. Il se passait là des choses capables de glacer de terreur les plus fortes âmes. On n'entendait que gémissemens et soupirs, cris inarticulés et sauvages; on ne voyait que contorsions et grincemens de dents, signes auxquels le démon était censé manifester dans le corps de ses victimes ses propres tortures et sa fureur. « Quelle ne fut pas la surprise de Paula, nous dit Jérôme, quelle ne fut pas son épouvante, lorsque retentirent les rugissemens de l'esprit des ténèbres, et qu'elle entendit des hommes hurler comme des loups, aboyer comme des chiens, frémir comme des lions, siffler comme des serpens, mugir comme des taureaux! Les uns faisaient pirouetter leurs têtes avec la volubilité d'une roue; d'autres la courbaient en arrière jusqu'à ce que leurs cheveux balayassent la poussière du sol. Des femmes restaient suspendues en l'air par un pied, les vêtemens rabattus sur le visage. L'aspect de ces affreuses misères émut à ce point Paula qu'elle se mit à fondre en larmes; elle pleurait et priait en même temps. » Une visite au tombeau d'Élisée l'enleva à ces tristes impressions. Elle voulut aussi gravir à pied la montagne où s'étaient cachés, dans deux grandes cavernes, les cent prophètes fidèles que Jézabel poursuivait, et qu'Abdias nourrit et sauva.

La caravane avait hâte de quitter cet épouvantable lieu; elle reprit son voyage vers le vallon calme et fleuri de Nazareth, « la nourricière du Christ, » comme disait Jérôme. Le savant Dalmate expliqua peut-être à ses compagnons, chemin faisant, ce que nous lisons dans ses livres, à savoir que le nom de Nazaréen avait passé primitivement de Jésus à ses disciples et aux fidèles, qui s'en faisaient gloire, avant d'avoir adopté celui de chrétien, mais que les Juifs et les païens continuaient à le leur appliquer par dérision et par injure. Quelles curiosités eurent-ils à visiter dans cette bourgade célèbre ? Le récit ne le dit pas; il ne parle en aucune façon d'un oratoire de la Vierge, qu'on voit figurer plus tard parmi les monumens chrétiens et se transformer en églises; l'*Itinéraire de Bordeaux à Jérusalem* n'en fait pas non plus mention. Quoi qu'il en soit, les voyageurs demeurèrent peu de temps à Nazareth, se rendirent à Cana, premier théâtre des miracles du Christ; puis, rétrogradant un peu dans leur marche, se dirigèrent vers le Thabor.

Deux grands souvenirs, l'un religieux, l'autre profane, s'attachaient à cette montagne, non moins fameuse dans la topographie que dans l'histoire de la Palestine, et qui dresse son immense cône tronqué, flanqué de forêts, au milieu de la plaine de Galilée. Jérôme en faisait le lieu de la transfiguration du Christ, quoique, suivant une indication donnée par le pèlerin de Bordeaux, une autre tradition plaçât l'événement divin au-dessus de Jérusalem, sur le monticule de l'Ascension. Paula, qui partageait volontiers les opinions de son ami, voulut aller reconnaître au Thabor l'endroit où Pierre s'écriait dans sa joie : « Seigneur, il est bon de demeurer ici, nous y dresserons trois tentes! » C'était là le souvenir religieux, bien digne du Dieu de paix; l'autre était un souvenir de la fureur des hommes. Le Thabor avait dû à sa position abrupte et isolée dans ces vastes plaines le triste honneur d'être un observatoire de guerre et une forteresse. On y rencontrait à chaque pas des traces encore récentes de la guerre. L'historien Josèphe, héroïque défenseur de la Galilée, durant la lutte contre Titus, avait lui-même construit des ouvrages avancés avec une enceinte en partie debout, et les murailles d'un château-fort occupaient le sommet du cône. La fatigue de la marche avait été si grande à travers des sentiers raboteux et escarpés, que la caravane dut faire une halte prolongée sur ces ruines. Favorable pour la guerre, l'observatoire était commode aussi pour les voyageurs qui voulaient d'un coup d'œil embrasser tout le pays de Galilée et le cours du Jourdain supérieur. Paula, que les beautés de la nature saisissaient vivement, comme toutes les âmes tendres, se fit expliquer le tableau imposant qui se déployait sous leurs yeux. Ils apercevaient à leur droite et dans le lointain, nous dit Jérôme, l'Hermon, point culminant de tout le Liban, et où le Jourdain prend sa source au milieu des neiges éternelles. Le fleuve, courant du nord au sud, apparaissait ensuite comme une ligne blanchâtre tracée à l'orient. A l'occident, on pouvait distinguer la Grande-Mer, et suivre le cours du fleuve Cison qui s'y jette, après de longs méandres, à travers la plaine de Galilée, qu'il coupe par le milieu. La campagne était parsemée de villes et de bourgades, nommées dans l'Ancien ou le Nouveau Testament. Ici on remarquait le lieu où la prophétesse Débora rendait la justice sous un palmier, et celui où par ses conseils l'armée de Sisara fut anéantie; là le bourg de Béthulie, patrie de Judith; plus loin Endor, avec son autre prophétesse et ses évocations magiques; enfin, au midi et sur la rive même du Cison, Naïm, où Jésus ressuscita le fils de la veuve, et qui était encore au IVᵉ siècle une ville assez importante. Dans le récit malheureusement trop abrégé de ce voyage, Jérôme nous retrace cependant avec complaisance les grandes lignes de ce tableau, comme s'il avait encore vivans dans la pensée sa propre émotion et l'enthousiasme de son amie.

Ils touchaient au bout de leur pèlerinage, et Jérôme en précipite le récit. « Le jour finirait plus tôt que ces lignes, nous dit-il, si je voulais énumérer tous les lieux parcourus par la vénérable Paula. » Il cite Capharnaüm, où nos pèlerins ne virent plus sur le front de la ville superbe et incrédule que le signe de son châtiment. Traversant le lac de Génézareth « sanctifié par la navigation du Seigneur, » ils visitèrent le désert témoin de la multiplication des pains : Tibériade enfin les reçut dans ses murs, où le voyage se termina.

Cette dernière de toutes leurs stations ne fut probablement pour Jérôme ni la moins agréable ni la moins fructueuse. Nous avons fait remarquer avec quel soin cet admirable voyageur, partout où il passait, recherchait les Juifs instruits pour causer avec eux, leur proposer des difficultés et s'éclairer de leurs lumières. La position exacte des endroits cités dans les Écritures, leurs noms, la signification de ces noms lui paraissaient une étude indispensable à qui veut saisir la Bible au vif et surtout la commenter. Il disait à ce sujet, que « de même que l'on comprend mieux les historiens grecs quand on a vu Athènes, et le troisième livre de l'*Énéide* quand on est venu par Leucate et les monts Acrocérauniens, de la Troade en Sicile, pour se rendre ensuite à l'embouchure du Tibre, de même on voit plus clair dans les saintes Écritures quand on a parcouru la

Judée, interrogé les souvenirs de ses antiques cités, étudié sa géographie. « Ce travail, ajoute-t-il, j'ai pris soin de le faire avec les
plus érudits des Hébreux : j'ai parcouru avec eux la contrée que
proclament toutes les bouches chrétiennes. » Or il y avait à Tibériade
plus que des érudits isolés, il y existait une société de rabbins et
une académie hébraïque. Après la ruine du temple et la dispersion
des Juifs sous Titus, tout ce qu'il y avait de docteurs à Jérusalem
et de Juifs instruits attachés à l'ancienne loi s'étaient retirés à Tibériade, où ils avaient fondé une école célèbre, celle d'où est sortie
la Mischna. Ces rabbins s'occupaient beaucoup d'interprétation biblique. Jérôme dut les rechercher avec un empressement qui sans
doute aussi fut réciproque, malgré l'opposition des croyances et la
différence des points de vue. C'est alors probablement qu'il se lia
avec le rabbin Barraban, homme admiré pour sa science, estimé
pour son caractère, et qui le servit efficacement dans ses travaux.
Le grand docteur chrétien rentra donc à Jérusalem avec un trésor
de renseignemens et de notes qu'il avait conquis sur l'ennemi,
comme jadis les vases d'Égypte, emportés par Israël. Mais le plus
précieux trésor était dans sa vaste mémoire, qui valait à elle seule
toutes les notes et toutes les bibliothèques du monde.

V.

Ils avaient vu le passé du christianisme dans son berceau; il leur
restait à le voir vivant et agissant dans un de ces grands corps cé-
nobitiques où l'esprit du siècle trouvait la perfection de la vie
chrétienne. Aiguillonnée par l'exemple de Mélanie, Paula voulait
visiter à Nitrie cette *Ville des Saints* qui n'avait pas sa pareille
dans la chrétienté, et auprès de laquelle les monastères de l'île de
Chypre n'étaient guère plus que le conventicule de Marcella auprès
des fondations d'Épiphane. Elle voulait aussi se plonger dans la
poésie mystique du désert, en contemplant ces héros du monachisme dont les légendes avaient fait tant de fois battre son cœur,
et ses désirs étaient partagés par ses jeunes compagnes. Jérôme ne
voulut point les quitter. Il trouvait d'ailleurs dans ce voyage une
occasion de continuer en Égypte le travail d'exploration biblique
qu'il avait commencé en Judée. Tous se préparèrent donc avec
joie, et la caravane, organisée pour un voyage plus long et plus
aventureux que celui qu'ils venaient d'accomplir, gagna de toute la
vitesse de ses montures la ville philistine de Gaza.

Ils ne purent cependant point passer à Socoth sans que Paula
eût la fantaisie de visiter la fontaine de Samson jaillie d'une dent
de la mâchoire d'âne, et de se désaltérer à cette eau. Marasthim lui
donna une tentation pareille, elle voulut aller prier sur le tombeau

du prophète Michée, changé en église. Gaza, qu'ils connaissaient, ne les arrêta point, et leur passage par le désert des Amalécites ne fut troublé d'aucun incident fâcheux, quoiqu'ils côtoyassent la dangereuse frontière des Iduméens et des Coréens infestée par les Arabes. Le seul désagrément de leur route fut la fatigue causée par ces sables mobiles qui se dérobaient sous le pied des montures et où s'effaçait en un clin d'œil la trace des hommes. Cheminant au plus près possible de la mer, ils tournèrent le cap et les lacs de Casius, et se trouvèrent bientôt en face du fleuve Sior, près de son embouchure pélusiaque. C'est par ce nom de Sior, qui signifiait *le bourbeux, le trouble,* que les anciens Hébreux désignaient ou ce bras du Nil ou le Nil tout entier, et nos érudits voyageurs se gardèrent bien de lui en appliquer un autre par respect pour la science. Péluse, qui n'avait point de souvenirs bibliques, ne les retint pas; ils coururent au contraire à Thanis chercher dans les roseaux du fleuve la trace du berceau de Moïse, et dans la terre de Gessen les pas des Israélites fugitifs. Chemin faisant, Jérôme observa que les cinq villes égyptiennes qu'il traversait parlaient la langue chananéenne. Il remarqua aussi que le Nil, à ses sept embouchures, était si faible qu'on pouvait presque le franchir à pied sec. « Comment, demandait-il aux Égyptiens, de si faibles eaux peuvent-elles être dirigées et utilisées pour la fertilisation d'un si grand pays, et comment les relations de ville à ville et les transports du commerce peuvent-ils avoir lieu sur un pareil fleuve? » Il apprit alors qu'un peu plus haut le Nil coulait à pleins bords entre deux digues élevées le long de ses rives; que ces digues avaient une hauteur déterminée, de telle façon que si le niveau des eaux ne dépassait pas les bords supérieurs, l'année restait stérile, et que si, par l'incurie des gardiens ou par la violence du courant, ces digues venaient à se rompre, l'inondation dévastait la terre au lieu de la féconder.

Il apprit encore que la navigation se pratiquait à la remonte au moyen d'un halage à dos d'homme, dont les manouvriers se relevaient de station en station, et qu'au nombre des stations on calculait la longueur du trajet. Il se fit renseigner sur la défense de l'empire romain du côté de l'Éthiopie, sur l'existence de la tour de Syène et le camp retranché de Philæ, sur les fameuses cataractes, en un mot sur tout ce qui regardait la configuration du pays, ses divisions, ses habitans. Il étudia tout, afin de se servir de ces renseignemens, comme il le fit en effet, dans l'interprétation de l'Ancien Testament. Coupant ainsi la Basse-Égypte en travers, d'un bras à l'autre du Nil, nos voyageurs arrivèrent enfin à sa bouche occidentale, et saluèrent de leurs acclamations la ville de Nô.

Sous ce nom d'une antique bourgade pharaonique, Nô n'était pas

moins que la grande Alexandrie, métropole de toute l'Égypte et
une des capitales du monde romain. Ce ne fut pourtant point l'admirable beauté de son port qui les intéressa le plus, ni le souvenir
du conquérant macédonien, ni celui de Pompée, de César, de Cléopâtre, dont les aventures se lisaient en même temps que leurs noms
sur tous les monumens de la ville : sans être indifférent aux choses
de l'histoire, Jérôme avait un but plus précis. Alexandrie renfermait
alors dans ses murs un docteur chrétien dont il ne connaissait que
quelques ouvrages, mais dont il avait entendu parler par ses maîtres d'Antioche, de Laodicée, de Constantinople, comme d'un rival
d'Athanase et d'un philosophe digne d'être placé assez près d'Origène : ce grand docteur se nommait Didyme, nom à présent bien
inconnu; il était aveugle. Rien n'est plus digne peut-être des sympathies de l'historien que ces gloires éphémères d'un siècle, ignorées des autres, et mortes avec le sentiment qui les avait produites,
mais qui ont à un certain moment illustré leur pays et enthou-
siasmé les contemporains. Didyme, à ce prix, mérite une mention
particulière dans nos récits.

Il était Égyptien, né de parens chrétiens et chrétien lui-même.
Un affreux malheur l'avait frappé dans sa première enfance : il n'a-
vait pas encore cinq ans et commençait à peine à connaître ses
lettres quand un mal soudain lui enleva complètement la vue. Le
magnanime enfant ne se rebuta point : il acheva d'apprendre à
lire au moyen de caractères mobiles qui lui servaient à composer
des mots et des phrases. Il sut bientôt ce que les clairvoyans pouvaient savoir, et bien plus qu'ils ne savaient : l'étude était devenue
la seule condition de sa vie. Assidu aux leçons des professeurs les
plus célèbres, il étudia tout, grammaire, rhétorique, poésie, philosophie, mathématiques et jusqu'à la musique, qui faisait alors
partie de cette dernière science. Nul n'interprétait mieux Platon,
nul ne parlait si bien d'Aristote. Ce qu'on citait surtout comme une
merveille, c'est qu'étant aveugle il sût résoudre les problèmes les
plus compliqués de la géométrie sur des figures qu'il n'avait jamais vues. Dans la science sacrée, ses prodiges surpassaient tout
cela. Didyme savait par cœur les deux Testamens, de manière à en
réciter, rapprocher, commenter les textes avec la sûreté de mémoire
que les travaux exégétiques réclamaient. Il en était de même des
autres livres chrétiens.

Alexandrie était encore le siège de cette haute école d'exégèse
où la philosophie servait d'introduction à la théologie, et Platon
d'initiateur à l'Évangile. La chaire fondée au Ier siècle par Pantène,
transmise par lui à Clément, et par Clément à un disciple qui les
éclipsa tous deux, Origène, cette chaire était maintenant occupée
par Didyme. Origène y régnait toujours dans l'enseignement de ses

successeurs : par la profondeur de sa science et la hardiesse de sa pensée, il était devenu l'âme de l'école alexandrine. Didyme l'admirait, sans le suivre dans les hypothèses aventureuses où s'était égaré son génie, et, tout en repoussant certaines erreurs sur lesquelles l'église avait prononcé et se gardant des autres, il l'aimait, il le proclamait son maître ou plutôt son oracle. Tel était Didyme, et ce fanatisme d'école ne le fit jamais dévier de la vraie foi; le courage avec lequel il défendit la cause de la consubstantialité dans les disputes de l'arianisme lui valut toute l'affection d'Athanase. Les évêques les plus éminens de la Syrie et de l'Asie-Mineure venaient se faire écoliers pour l'entendre, tant sa parole avait d'élévation et de charme, et les moines d'Égypte accouraient du fond de leurs solitudes seulement pour apercevoir ses traits. On raconte que le grand Antoine (on le qualifiait ainsi) étant venu le visiter du fond de son désert, voisin de la Mer-Rouge, Didyme l'entretint avec intérêt, car Antoine joignait un esprit droit et un cœur généreux à une foi inébranlable. Et comme il lui arriva pendant leur entretien de gémir sur sa cécité, le moine l'interrompit : « O Didyme, s'écria-t-il dans un élan d'enthousiasme, ne parle pas ainsi! Ne te plains pas du lot que le ciel t'a fait! Si Dieu t'a refusé les yeux du corps, qui sont communs à tous les hommes et même aux animaux les plus immondes, aux serpens, aux lézards, aux mouches, il t'a donné les yeux des anges pour le contempler face à face. »

On devine l'empressement de Jérôme à converser avec le savant aveugle. Il courut chez Didyme dès son arrivée et le revit ensuite presque tous les jours, car l'Égyptien et le Dalmate se prirent d'un goût mutuel l'un pour l'autre. Paula accompagnait son ami à ces conférences, où toutes les sciences de ce temps étaient passées en revue pour venir appuyer la vérité évangélique, et elle ne tarissait pas d'admiration. Ainsi jadis son ancêtre Scipion écoutait Lélius lui révélant les arts de la Grèce. Jérôme nous dit que si par hasard il oubliait l'heure de la visite, elle était la première à la lui rappeler, « n'osant pas, ajoute-t-il, se rendre seule chez Didyme de peur d'encourir le blâme de présomption ou d'importunité. » Un mois s'écoula dans ces confidences du savoir et de la piété. Jérôme en rapporta plusieurs traités devenus rares même en Orient, et l'érudit docteur voulut bien composer pour lui, et à sa demande, des commentaires sur les prophéties de Michée, d'Osée et de Zacharie. Bien des années après, Jérôme au comble de la gloire proclamait heureux entre tous les jours de sa vie ceux qu'il avait passés dans ces doux entretiens. Le nom de Didyme resta sacré pour lui, lors même qu'il se mit à combattre avec passion l'origénisme en la personne de Rufin. Il disait avec une grâce charmante de son ami d'Alexandrie, qu'il lui plaisait d'appeler son maître : « Cet aveugle

est vraiment un *voyant* dans toute la force du mot hébreu appliqué
aux prophètes. Son regard plane au-dessus de la terre. Didyme a
ces yeux que l'Écriture loue dans l'épouse du Cantique, et ceux-là
aussi que le Christ nous ordonne de lever en haut, pour voir si les
campagnes sont blanches et les épis déjà mûrs. »

Cependant le temps paraissait long aux compagnons de Jérôme
et de Paula : rien ne les intéressait plus dans Alexandrie, et la vue
de quelques solitaires établis dans les environs (car la vie monastique, sortie du désert, commençait à assiéger les villes) aiguillonnait leurs désirs : Nitrie les appelait. La caravane se remit donc
en marche, et nous la suivrons dans cette nouvelle excursion; mais,
pour l'intelligence de notre récit, nous devons exposer d'abord ce
que c'était que ce lieu fameux, dans quelle contrée de l'Égypte il
était situé, et par quels chemins on s'y rendait.

Quand on descend de la haute dans la moyenne Égypte, en suivant le cours du Nil, on voit les deux chaînes de montagnes parallèles, qui forment son lit jusque-là, se séparer à la hauteur de l'ancienne Memphis. Celle de droite, sous le nom de chaîne arabique,
se dirige obliquement vers la Mer-Rouge et l'isthme de Suez; celle
de gauche projette deux grands rameaux, le premier vers le lac
Maréotide, au midi d'Alexandrie, le second plus à l'occident, vers
la Méditerranée, à travers les sables de la Libye : c'est ce qu'on
appelle la chaîne libyque. Entre ces deux rameaux et les collines
du Nil d'un côté, les sables libyens de l'autre, s'ouvrent deux larges
vallées, dont la plus orientale renferme des terrains nitreux et plusieurs lacs salés (1), et la plus occidentale, remplie de sables et sans
végétation, semble avoir été un ancien bras du Nil, et porte encore aujourd'hui parmi les Arabes le nom de Fleuve-sans-Eau. Ces
deux vallées, séparées l'une de l'autre par un plateau de quatorze
lieues dans sa plus grande largeur, composaient les domaines monastiques de Nitrie et de Sceté. Rien de plus stérile, rien de plus
attristant que ce royaume de la solitude avec ses sombres spectacles
et ses privations pour ceux qui l'habitaient, ses périls pour les curieux ou les dévots qui venaient le visiter.

Trois routes y conduisaient en partant d'Alexandrie, routes inégalement longues, et qui présentaient chacune son caractère particulier de fatigues et de dangers. La première franchissait d'abord
le lac Maréotide et longeait ensuite la vallée, au milieu des cristal-
lisations de nitre et des marécages salins, jusqu'à la montagne qui
formait le centre des établissemens monastiques; mais le lac, soumis aux vents du large, et parfois agité comme la mer, était redouté
pour plus d'un naufrage; souvent aussi les fondrières de la vallée

(1) Elle porte aujourd'hui le nom de vallée du Natron. — Voyez les *Mémoires de l'Expédition française en Égypte.*

devenaient impraticables. La seconde route se dirigeait à l'ouest, entre la mer et le lac Maréotide, jusqu'à son extrémité, puis, tournant au midi, gravissait, à travers les sables, le contre-fort qui séparait de la vallée de Nitrie celle du Fleuve-sans-Eau. Cette route passait par un pays désolé, qui n'offrait au voyageur ni une goutte d'eau ni un brin de verdure. L'aventureuse Mélanie avait voulu la suivre pendant sa tournée en Égypte : elle faillit d'abord être enlevée avec Rufin par une bande d'Arabes embusqués près de la mer, et ne dut son salut qu'à la vitesse de son cheval; puis son escorte, mal fournie de vivres et peut-être égarée, fut sur le point de mourir de faim et de soif; il fallut qu'elle lui abandonnât ses provisions au risque d'en manquer elle-même. La troisième route enfin remontait le Nil jusqu'à Memphis ou Arsinoé, et débouchait de là dans l'une ou l'autre vallée, en les prenant à leur origine; mais on rencontrait du côté de Nitrie des flaques d'eau profondes laissées par les inondations du Nil et remplies d'animaux malfaisans. Mélanie, qui se hasarda aussi sur cette route, en éprouva les rudes inconvéniens. Une fois qu'elle traversait un de ces petits lacs mobiles, où se jouaient parmi les fleurs et les plantes aquatiques une multitude d'animaux de toute espèce, et qu'elle se récriait sur la beauté du site, sa voix réveilla des crocodiles monstrueux endormis sous des touffes de joncs, et qui accoururent vers elle la gueule béante. Elle était perdue, sans le dévouement des Égyptiens qui l'accompagnaient et sans un secours inespéré, celui de Macaire, le fameux anachorète, qui habitait sur un rocher voisin et arriva à temps pour la délivrer. Jérôme, qui avait à répondre d'une femme et de tout un troupeau de jeunes filles, n'osa affronter ni les crocodiles ni les Bédouins : il choisit la route par le lac Maréotide, comme la plus directe et la plus sûre.

La traversée fut bonne, mais avec le trajet de terre commencèrent les tribulations. Une brume épaisse et fortement salée, qui remplissait le vallon pendant la nuit, semblait se solidifier au lever du soleil, et retombait en petits cristaux comparables à du grésil. On marchait sur des aiguilles de nitre et des espèces de glaçons à pointes aiguës qui entraient dans le sabot des chevaux et perçaient la chaussure des guides. Nos voyageurs pénétrèrent bientôt dans des marécages, les uns profonds à s'y perdre, hommes et bêtes, les autres pestilentiels dès que cette boue infecte se trouvait remuée, de sorte qu'on y courait le double risque d'être englouti ou suffoqué. Il leur fallut bien du courage; mais la vue de la montagne de Nitrie, qu'ils avaient en perspective, soutenait leur force et les ranimait. Placée à peu près à mi-chemin entre Alexandrie et Memphis et détachée de la chaîne libyque, elle dominait toute la vallée. On apercevait de loin l'église qui couronnait son sommet, les cinquante

monastères qui garnissaient ses flancs et son pied, et l'ancien bourg
de Nitrie, habité par une population indigène. Cet ensemble formait ce qu'on appelait la Ville-des-Saints. Les cinquante monastères étaient tous sous la même règle cénobitique et sous le gouvernement du même abbé. Ils dépendaient en outre de l'évêque
d'Hermopolis-la-Petite, ville riveraine du Nil, à l'orient des collines
libyques. On trouvait, soit dans le bourg de Nitrie, soit dans un
endroit de la cité monastique, comme je le dirai plus loin, des bou-
langers, des bouchers, des pâtissiers, des marchands de vin, des
médecins, en un mot tout ce qui était nécessaire soit aux étrangers
en passage ou à demeure, soit aux cénobites malades.

A douze milles environ de ce chef-lieu, plus au midi, et dans les
nombreuses fissures de la chaîne libyque non moins que dans la
vallée, s'étendait le quartier des Cellules : c'est ainsi qu'on nommait plus particulièrement les retraites des anachorètes. Là régnait
la vie solitaire dans son isolement le plus farouche. Les cavernes naturelles, les cabanes de feuilles, les huttes souterraines qu'habitaient ces ermites étaient disposées de manière qu'ils ne pussent
ni s'entendre ni même s'apercevoir les uns les autres; ils ne se
recherchaient qu'en certaines circonstances et pour s'assister. Les
Cellules dépendaient de la Ville-des-Saints, et n'avaient pas d'autre
église que la sienne. Enfin, à un jour et une nuit de marche, et
probablement sur l'aride terrasse qui séparait la vallée de Nitrie de
celle du Fleuve-sans-Eau, s'élevait un monastère en comparaison
duquel les couvens de Nitrie étaient presque un Éden : c'était le monastère de Sceté, dont la seule vue faisait peser sur l'âme une tristesse mortelle. Il n'admettait que des vocations en quelque sorte
désespérées. C'est de lui surtout qu'on pouvait dire ce mot d'un religieux de Nitrie à Mélanie, qui dépassait le seuil d'un des couvens :
« Arrêtez, madame, on entre ici, on n'en sort pas ! »

L'hospitalité exercée dans la Ville-des-Saints ne manquait pas
d'une certaine grâce à l'égard des visiteurs, et quand on savait que
les arrivans étaient des gens de distinction ou des moines appartenant à d'autres pays, l'accueil redoublait d'empressement. Rufin
nous dépeint dans les termes suivans celui que reçurent Mélanie et
lui, quand ils se présentèrent sur la montagne : « Aussitôt qu'on nous
vit approcher, dit-il, et que ces saints reconnurent que nous étions
des frères étrangers, ils s'élancèrent soudain au-devant de nous,
comme un essaim d'abeilles. » C'étaient des religieux non reclus
chargés du service extérieur, car les autres se tenaient enfermés
dans des enceintes murées, gardées aussi soigneusement que des
places de guerre. « Ces frères, continue Rufin, laissèrent paraître
une vive gaîté et un grand plaisir à nous recevoir. Les uns apportaient des pains, d'autres des peaux de bouc remplies d'eau (car

l'eau de la vallée était saumâtre, mais il y avait vers le pied de la montagne une fontaine excellente). Nous fûmes conduits à l'église, puis on nous lava les pieds, qu'on essuya avec des linges, non pour nous soulager de la lassitude du chemin, mais pour ranimer dans nos âmes la force et la santé spirituelles par cet office de charité. » Telle avait été la réception de Mélanie : celle de Paula présenta plus d'appareil et de solennité. L'évêque d'Hermopolis, Isidore, informé de son départ, soit par le gouverneur d'Alexandrie, soit par Didyme lui-même, avait voulu y présider en personne. Son clergé, rangé autour de lui, était au grand complet. Il avait même convoqué une partie des anachorètes des Cellules et des cénobites des couvens : on eût dit un peuple que son chef commandait sous les ornemens épiscopaux. Dès que Jérôme, Paula et leurs compagnons, ayant mis pied à terre, commencèrent à gravir la montagne, la procession s'ébranla et descendit à leur rencontre, au chant des hymnes et des psaumes. Ce spectacle inattendu et magnifique les remplit tous d'une émotion que Paula trahissait par des larmes à peine contenues. Aux complimens de bienvenue que lui fit Isidore, elle répondit modestement « qu'elle se réjouissait de cet accueil pour la gloire de Dieu, mais qu'elle se sentait indigne de tant d'honneur. » Prenant place aux côtés de l'évêque, nos voyageurs s'acheminèrent avec lui vers l'église, tandis que la montagne et les vallons environnans retentissaient des sons de la sainte musique.

L'église, d'une architecture très simple, était assez vaste pour contenir la multitude qui s'y pressait le dimanche, car on comptait alors dans les couvens environ cinq mille cénobites, et l'empereur Valens, quelques années auparavant, en avait extrait de force un pareil nombre pour en faire des soldats et les incorporer dans ses légions. Six cents anachorètes répandus dans les Cellules n'avaient pas non plus d'autre lieu pour entendre la messe. Ils s'y réunissaient donc chaque dimanche, et les absences révélaient soit les morts, soit les maladies graves advenues durant la semaine : on courait, après l'office, vers la cellule de l'absent, pour savoir ce que Dieu avait ordonné de lui. Huit prêtres, assistés de diacres et de sous-diacres, étaient attachés au service de cette église; mais le premier d'entre eux célébrait seul les saints mystères, faisait seul les exhortations, décidait seul en matière spirituelle; les autres se tenaient au-dessous de lui dans une attitude de profonde obéissance. Arrivait-il à quelqu'un des religieux une lettre intéressant la communauté, il la montrait d'abord au prêtre, qui permettait ou non qu'elle fût lue publiquement. Jérôme admira cet ordre parfait, dont n'approchaient pas les monastères de Syrie. Ayant remarqué près de l'église trois palmiers aux branches desquels étaient suspendus trois fouets, il en demanda la raison, et on lui répondit que chacun de ces palmiers, suivant la règle de Macaire, était destiné à servir de pilori pour la fustigation de certains coupables. Le premier était réservé aux moines convaincus d'infraction à la discipline, le second aux voleurs, s'il s'en trouvait dans la contrée, le troisième aux criminels fugitifs ou aux étrangers qui tentaient d'échapper à la justice civile en se couvrant de la sainteté du lieu. On leur faisait embrasser le palmier, et on leur administrait un nombre de coups de fouet proportionné à leurs démérites.

En parcourant le plateau de la montagne, ils aperçurent sept moulins employés à moudre le grain des couvens et une maison où semblait régner une assez grande agitation. On leur apprit que c'était l'hospice ou hôtellerie des étrangers que la communauté hébergeait. La règle était qu'ils y demeurassent tant qu'il leur plairait, plusieurs semaines, plusieurs mois, et même deux ou trois années; mais à l'expiration de la première semaine on leur distribuait des tâches pour les besoins des monastères. Celui-ci était envoyé à la boulangerie, celui-là au jardin, cet autre à la cuisine. Les personnes instruites recevaient un livre avec invitation de ne point parler avant midi. La règle intérieure des monastères, qu'ils ne pouvaient voir fonctionner, leur fut également expliquée. « Ces hommes si étroitement emprisonnés, leur disait-on, mettent leur bonheur dans leur séquestration même. Quand les affaires de la communauté exigent qu'on dépêche quelque frère aux provisions ou en mission, c'est à qui s'excusera, et l'acceptant ne le fait que par obéissance. » Ainsi renseignés sur la Ville-des-Saints, ils prirent congé de l'évêque et se rendirent aux Cellules, quartier des anachorètes.

C'est là surtout que se déployait la poésie du désert sous l'originalité des inspirations personnelles, là que s'inventaient les moyens les plus ingénieux de torturer le corps pour améliorer l'âme, là que s'accumulaient les souffrances savantes comme autant de degrés pour escalader le ciel. Chaque cellule avait sa physionomie, chaque ermite son caractère particulier d'austérité. L'un vivait sur la pointe d'un roc, l'autre dans les entrailles de la terre; celui-ci s'exposait presque sans abri au soleil torride de l'Égypte; celui-là n'apercevait jamais le jour. Leur manière de vivre, leurs costumes offraient aussi les bizarreries les plus variées; mais sous une enveloppe sauvage, plus rapprochée souvent de l'animal que de l'homme, se cachaient des âmes simples et charitables, de nobles cœurs, parfois même de grands esprits. Jérôme et Paula se portèrent vers les cellules des plus célèbres, Sérapion, Arsénius, Macaire, etc., héros de ces solitudes, exilés volontaires après lesquels courait le monde.

Sérapion habitait une caverne située au fond d'un trou, où l'on descendait par un sentier abrupte à travers un fourré de broussailles. La caverne suffisait à peine pour contenir un lit de feuilles sèches

et une planche en forme de table encastrée dans une entaille du roc.
Une vieille bible déposée dessus et une croix grossièrement charpentée, appendue au rocher, formaient tout l'ameublement de la
demeure. Le maître de ce beau lieu offrit aux yeux des visiteurs
un squelette basané plutôt qu'un être vivant. Ses cheveux lui couvraient le visage et une partie des épaules, et son corps velu paraissait être celui d'une bête fauve. Cet étrange personnage avait
pourtant connu Rome, parlait bien le latin et aimait à s'entretenir
des familles patriciennes qui l'avaient accueilli au-delà des mers.
Son histoire, non moins extraordinaire que sa personne, ne tenait
pas plus qu'elle à l'humanité et semblait pour ainsi dire une fable
céleste. Durant sa jeunesse, et pendant qu'il habitait la ville éternelle, Sérapion s'était pris d'une grande compassion pour deux comédiens, l'un homme et l'autre femme, qui vivaient dans toute la
licence de leur profession, et il se mit en tête de les ramener au bien
par la vraie foi. Pour cela, il se vendit à eux comme esclave, et se
plongea à leur suite dans cette vie de désordres d'où il voulait les
retirer, comme on se jette à la mer pour sauver des gens qui se
noient. La sainte entreprise fut couronnée de succès : grâce à ses
représentations, à ses conseils, à ses prières, ses maîtres devinrent
honnêtes ; ils devinrent chrétiens, reçurent le baptême et affranchirent l'esclave qui les avait convertis. Mais Sérapion n'accepta point
cette faveur. Se présentant à eux quelques pièces d'argent dans la
main : « Mes frères, leur dit-il, au moment de courir à d'autres
aventures où Dieu m'appelle, je vous rapporte cet argent, c'est
le prix dont vous m'aviez payé, il vous appartient; moi, j'emporte le gain de vos âmes. » Après avoir longtemps songé aux autres, le saint aventurier songea à lui-même, et vint s'ensevelir dans
cette affreuse solitude, ne croyant pas que tant de bonnes œuvres
fussent suffisantes pour le sauver.

A propos du désintéressement de Sérapion, on leur raconta un
trait de Pambon, mort trois ans auparavant, et que Mélanie avait
visité. Cet homme, un des législateurs monastiques de l'Égypte,
était la simplicité même : pendant les visites qu'il recevait, il tressait des cordes avec des branches de palmier, afin de ne point rester oisif. La seule aumône qu'il acceptât était celle que son travail
avait produite. Mélanie, toujours fastueuse jusque dans son humilité, imagina de faire porter un jour dans la cellule de ce bon
moine quantité de vases et de vaisselle d'argent enfermés dans
des étuis. Elle les fit déposer à ses pieds, mais Pambon ne les
regarda seulement pas : « Prenez, dit-il au disciple qui l'assistait,
et envoyez cela à nos frères de Libye et des îles, qui ont plus
besoin que nous. » Et comme il continuait à travailler en silence,
Mélanie l'interpella par ces mots : « Savez-vous, mon père, que ces

aumônes sont de quatre cent cinquante marcs d'argent? — Dieu, qui les reçoit, répondit le moine en attachant sur elle un regard sévère, n'a pas besoin qu'on lui dise ce qu'elles pèsent; quant à moi, je ne me connais pas à ces choses-là. N'oubliez pas, ma fille, que Dieu, qui n'a pas dédaigné deux oboles offertes par les mains de la veuve, les a peut-être plus estimées que les plus grands présens des riches. » Les deux Macaire, autres Lycurgues monastiques, n'étaient pas moins célèbres que Pambon. L'un, celui d'Alexandrie, demeurait au-dessus du lac des crocodiles, et semblait avoir apprivoisé ces hideux animaux, qui ne lui faisaient point de mal; l'autre, dit l'Ancien ou l'Égyptien, avait hérité du bâton d'Antoine, à qui il avait fermé les yeux au désert de Colzim. Arsénius enfin devait à des austérités extraordinaires la réputation d'un pouvoir surhumain, et on lui avait donné le nom de Grand. Tout, dans cette contrée de l'ascétisme, était un monument de quelque saint décédé, et chaque lieu avait sa légende. On montrait l'arbre planté par tel moine, la caverne creusée par tel autre, ou l'échelle qu'il s'était fabriquée dans le roc vif. Des bêches, des pioches, des instrumens de travail, ayant appartenu aux plus illustres morts, restaient comme des reliques entre les mains de leurs disciples. Des visions, des miracles accompagnaient chaque récit, et étaient racontés avec la même foi qui les faisait écouter.

Paula, enivrée de tant de merveilles, voulait rester à Nitrie; elle parlait d'y fonder un monastère, et ses jeunes compagnes, dans un pareil mouvement d'enthousiasme, protestaient avec elle qu'elles désiraient vivre et mourir dans ce lieu béni. Il ne fallut pas moins pour détourner Paula de cette singulière idée que le souvenir des engagemens qu'elle avait pris à Bethléem. On peut croire aussi que les sages avis de Jérôme contribuèrent à lui faire abandonner ce projet qu'il ne pouvait s'empêcher d'admirer tout en le blâmant. « Incomparable ardeur, écrivait-il plus tard, et courage à peine croyable dans une femme! Elle oubliait son sexe, elle oubliait la délicatesse de son corps, et désirait habiter avec ses jeunes filles au milieu de tant de milliers de solitaires. Peut-être en eût-elle obtenu le pouvoir, tant cette résolution était sublime, si le désir des saints lieux n'eût parlé encore plus fortement à son cœur. »

Il faut le dire, ces autorisations n'étaient pas accordées légèrement par les supérieurs ecclésiastiques. Des abbés prudens, des évêques expérimentés, ne voyaient pas toujours sans appréhension l'établissement de monastères de femmes dans le voisinage des monastères d'hommes. Plusieurs blâmaient jusqu'à ces visites mondaines de matrones qui, si respectables qu'elles fussent, pouvaient laisser après elles parmi des reclus quelque ressouvenir du passé, ou quelque souffle de l'esprit tentateur. On voyait même des femmes diaboliques se faire un jeu cruel de troubler la paix des pauvres anachorètes et leur faire perdre dans un seul moment d'égarement le fruit de dures et longues victoires sur eux-mêmes. Parfois heureusement les suppôts de Satan se trouvaient pris dans leurs propres lacs, témoin la courtisane Zoé, dont tout l'Orient répétait l'histoire. Elle s'était glissée dans la cellule d'un solitaire appelé Martinien, et, sous prétexte de lui demander ses prières, elle le sollicitait au mal. Martinien allait succomber, quand tout à coup elle le vit allumer un grand feu et plonger ses jambes dans la flamme jusqu'aux genoux. « Que faites-vous là, mon père? s'écria-t-elle avec surprise. — Je veux voir, répondit-il, comment je pourrai supporter les feux de l'enfer, moi qui les brave en ce moment. » Zoé s'enfuit épouvantée jusque dans un îlot de la côte de Syrie, où elle se retira, anachorète à son tour, y finit ses jours repentante et sainte. D'autres femmes, dans une intention meilleure et restée souvent mystérieuse, se mêlaient aux solitaires sous un vêtement d'homme, et usurpaient sur leurs domaines quelque demeure sauvage. On racontait à ce sujet une aventure touchante arrivée récemment au désert de Sceté. Deux moines étrangers en visitaient les cellules, lorsque, entrés dans une caverne, ils virent un frère assis qui tressait une natte avec des cordes de palmier. Ce frère, encore jeune, ne les salua pas, ne leur parla pas, ne les aperçut même pas; son regard, comme sa pensée, semblait fixé sur un objet invisible, tandis que ses doigts travaillaient machinalement à son ouvrage. Les deux étrangers achevèrent leur tournée, et plusieurs jours après, repassant près de la même caverne, ils eurent la curiosité d'y rentrer. « Sachons, se dirent-ils, si Dieu n'aurait pas inspiré à ce frère quelque désir de nous parler. » Le frère était étendu mort sur son grabat, et en s'approchant pour l'ensevelir les étrangers reconnurent que c'était une femme. D'autres frères, accourus à leur voix, creusèrent une fosse où le corps fût déposé, et la terre recouvrit le secret de cette infortunée.

Cependant les chaleurs étaient devenues excessives : le solstice d'été approchait, et avec lui les inondations du Nil, qui allaient faire du Delta un lac immense et couper les chemins de la vallée. La caravane se remit en route pour Péluse, tandis que les passages restaient encore libres. Quant à Paula, ses forces épuisées ne lui permettant plus de retourner en Palestine par le désert, elle loua dans le port de Péluse un navire en partance pour Maïuma. La traversée fut heureuse et prompte : le navire les amena, dit Jérôme, « avec la vélocité d'un oiseau. » De Maïuma, ils prirent tous la direction de Bethléem; mais ni Jérôme ni Paula ne devaient trouver dans ce lieu si désiré la paix qu'ils avaient rêvée.

AMÉDÉE THIERRY.

LA COUPE

FÉERIE

A MON AMI ALEXANDRE MANCEAU.

> « Il y a trois choses que Dieu ne peut point
> ne pas accomplir : ce qu'il y a de plus avanta-
> geux, ce qu'il y a de plus nécessaire, ce qu'il y
> a de plus beau pour chaque chose. »
> (*Mystère des Bardes*, tr. 7.)

LIVRE PREMIER.

I.

L'enfant du prince a voulu se promener bien haut sur la montagne, et son gouverneur l'a suivi. L'enfant a voulu voir de près
les belles neiges et les grandes glaces qui ne fondent jamais, et
son gouverneur n'a pas osé l'en empêcher. L'enfant a joué avec son
chien au bord d'une fente du glacier. Il a glissé, il a crié, il a disparu, et son gouverneur n'a pas osé se jeter après lui; mais le chien
s'est élancé dans l'abime pour sauver l'enfant, et le chien aussi a
disparu.

II.

Pendant des minutes qui ont paru longues comme des heures,
on a entendu le chien japper et l'enfant crier. Le bruit descendait
toujours et toujours allait s'étouffant dans la profondeur inconnue,
et puis on a vainement écouté : la profondeur était muette. Alors
les valets du prince et les pâtres de la montagne ont essayé de descendre avec des cordes; mais ils n'ont vu que la fente verdâtre qui
plongeait toujours plus bas et devenait toujours plus rapide.

III.

Ils y ont en vain risqué leur vie, et ils ont été dire au prince ce qu'ils avaient fait. Le prince les a fait pendre pour avoir laissé périr son fils. On a tranché la tête à plus de vingt nobles qui pouvaient avoir des prétentions à la couronne et qui avaient bien certainement signé un pacte avec les esprits de la montagne pour faire mourir l'héritier ducal. Quant à maître Bonus, le gouverneur, on a écrit sur tous les murs qu'il serait brûlé à petit feu, ce que voyant, il a tant couru qu'on n'a pu le prendre.

IV.

L'enfant a eu bien peur et bien froid dans les profondeurs du glacier. Le chien n'a pu l'empêcher de glisser au plus bas; mais, le retenant toujours par sa ceinture, il l'a empêché de glisser trop vite et de se briser contre les glaces. Entraîné par le poids de l'enfant, il a tant résisté qu'il a les pattes en sang et les ongles presque arrachés. Cependant il n'a pas lâché prise, et quand ils ont enfin trouvé un creux où ils ont pu s'arrêter, le chien s'est couché sur l'enfant pour le réchauffer.

V.

Et tous deux étaient si las qu'ils ont dormi. Quand ils se sont réveillés, ils ont vu devant eux une femme si mince et si belle qu'ils n'ont su ce que c'était. Elle avait une robe aussi blanche que la neige et de longs cheveux en or fin qui brillaient comme des flammes répandues sur elle. Elle a souri à l'enfant, mais sans lui parler, et, le prenant par la main, elle l'a fait sortir du glacier et l'a emmené dans une grande vallée sauvage où le chien tout boiteux les a suivis.

VI.

Cachée dans un pli profond des montagnes, cette vallée est inconnue aux hommes. Elle est défendue par les hautes murailles du granit et par les glaciers impénétrables. Elle est horrible et riante, comme il convient aux êtres qui l'habitent. Sur ses flancs, les aigles, les ours et les chamois ont caché leurs refuges. Dans le plus profond, la chaleur règne, les plus belles plantes fleurissent; les fées y ont établi leur séjour, et c'est à ses sœurs que la jeune Zilla conduit l'enfant qu'elle a trouvé dans les flancs glauques du glacier.

VII.

Quand l'enfant a vu les ours passer près de lui, il a eu peur, et le chien a tremblé et grondé; mais la fée a souri, et les bêtes sauvages se sont détournées de son chemin. Quand l'enfant a vu les fées, il a eu envie de rire et de parler; mais elles l'ont regardé avec des yeux si brillans qu'il s'est mis à pleurer. Alors Zilla, le prenant sur ses genoux, l'a embrassé au front, et les fées ont été en colère, et la plus vieille lui a dit en la menaçant :

VIII.

— Ce que tu fais là est une honte : jamais fée qui se respecte n'a caressé un enfant. Les baisers d'une fée appartiennent aux colombes, aux jeunes faons, aux fleurs, aux êtres gracieux et inoffensifs; mais l'animal impur et malfaisant que tu nous amènes souille tes lèvres. Nous n'en voulons point ici, et, quant au chien, nous ne le souffrirons pas davantage. C'est l'ami de l'homme, il a ses instincts de destruction et ses habitudes de rapine; reconduis ces créatures où tu les as prises.

IX.

Zilla a répondu à la vieille Trollia : — Vous êtes aussi fière et aussi méchante que si vous étiez née de la vipère ou du vautour. Ne vous souvient-il plus d'avoir été femme avant d'être fée, et vous est-il permis de haïr et de mépriser la race dont vous sortez? Quand, sur les derniers autels de nos antiques divinités, vous avez bu le breuvage magique qui nous fit immortelles, n'avez-vous pas juré de protéger la famille des hommes et de veiller sur leur postérité?

X.

Alors la vieille Trollia : « — Oui, j'ai juré comme vous de faire servir la science de nos pères au bonheur de leurs descendans; mais les hommes nous ont déliées de notre serment. Comment nous ont-ils traitées? Ils ont servi de nouveaux dieux et nous ont appelées sorcières et démons. Ils nous ont chassées de nos sanctuaires, et, détruisant nos demeures sacrées, brûlant nos antiques forêts, reniant nos lois et raillant nos mystères, ils ont brisé les liens qui nous unissaient à leur race maudite.

XI.

« Pour moi, si j'ai jamais regretté de m'être, par le breuvage magique, soustraite à l'empire de la mort, c'est en songeant que j'avais perdu le pouvoir de la donner aux hommes. Autrefois, grâce à la science, nous pouvions jouer avec elle, la hâter ou la reculer. Désormais elle nous échappe et se rit de nous. L'implacable vie qui nous possède nous condamne à respecter la vie. C'est un grand bien pour nous de n'être plus forcées de tuer pour vivre, mais c'est un grand mal aussi d'être forcé de laisser vivre ce que l'on voudrait voir mort. »

XII.

En disant ces cruelles choses, la vieille magicienne a levé le bras

comme pour frapper l'enfant, mais son bras est retombé sans force;
le chien s'est jeté sur elle et a déchiré sa robe, souillée de taches
noires qu'on dit être les restes du sang humain versé jadis dans les
sacrifices. L'enfant, qui n'a pas compris ses paroles, mais qui a vu
son geste horrible, a caché son visage dans le sein de la douce Zilla,
et toutes les jeunes fées ont ri follement de la rage de la sorcière et
de l'audace du chien.

XIII.

Les vieilles ont tancé et injurié les jeunes, et tant de paroles ont
été dites que les ours en ont grogné d'ennui dans leurs tanières.
Et tant de cris, de menaces, de rires, de moqueries et d'imprécations ont monté dans les airs, que les plus hautes cimes ont secoué
leurs aigrettes de neige sur les arbres de la vallée. Alors la reine
est arrivée et tout est rentré dans le silence, car la reine des fées
peut, dit-on, retirer le don de la parole à qui en abuse, et perdre
la parole est ce que les fées redoutent le plus.

XIV.

La reine est jeune comme au jour où elle a bu la coupe, car, en
se procurant l'immortalité, les fées n'ont pu ni se vieillir ni se rajeunir, et toutes sont restées ce qu'elles étaient à ce moment suprême. Ainsi les jeunes sont toujours impétueuses ou riantes, les
mûres toujours sérieuses ou mélancoliques, les vieilles toujours
décrépites ou chagrines. La reine est grande et fraîche, c'est la plus
forte, la plus belle, la plus douce et la plus sage des fées; c'est aussi
la plus savante, c'est elle qui jadis a découvert le grand secret de
la coupe d'immortalité.

XV.

—Trollia, dit-elle, ta colère n'est qu'un bruit inutile. Les hommes
valent ce qu'ils valent et sont ce qu'ils sont. Haïr est contraire à
toute sagesse. Mais toi, Zilla, tu as été folle d'amener ici cet enfant.
Avec quoi le feras-tu vivre? Ne sais-tu pas qu'il faut qu'il respire
et qu'il mange à la manière des hommes? Lui permettras-tu de
tuer les animaux ou de leur disputer l'œuf, le lait et le miel, ou
seulement les plantes qui sont leur nourriture? Ne vois-tu pas
qu'avec lui tu fais entrer la mort dans notre sanctuaire?

XVI.

— Reine, répond la jeune fée, la mort ne règne-t-elle donc pas ici
comme ailleurs? Avons-nous pu la bannir de devant nos yeux, et
de ce que les fées ne la donnent pas, de ce que l'arome des fleurs
suffit à leur nourriture, de ce que leur pas léger ne peut écraser un
insecte, ni leur souffle éthéré absorber un atome de vie dans la

nature, s'ensuit-il que les animaux ne se dévorent ni ne s'écrasent les uns les autres? Qu'importe que, parmi ces êtres dont la vie ne s'alimente que par la destruction, j'en amène ici deux de plus?

XVII.

— Le chien, je te le passe, dit la reine; mais l'enfant amènera ici la douleur sentie et la mort tragique. Il tuera avec intelligence et préméditation, il nous montrera un affreux spectacle, il augmentera les pensées de meurtre et de haine qui règnent déjà chez quelques-unes d'entre nous, et la vue d'un être si semblable à nous, commettant des actes qui nous sont odieux, troublera la pureté de nos songes. Si tu le gardes, Zilla, tâche de modifier sa terrible nature, ou il me faudra te le reprendre et l'égarer dans les neiges où la mort viendra le chercher.

XVIII.

La reine n'a rien dit de plus. Elle conseille et ne commande pas. Elle s'éloigne et les fées se dispersent. Quelques-unes restent avec Zilla et l'interrogent. « Que veux-tu donc faire de cet enfant? Il est beau, j'en conviens, mais tu ne peux l'aimer. Vierge consacrée, tu as jadis prononcé le vœu terrible; tu n'as connu ni époux ni famille; aucun souvenir de ta vie mortelle ne t'a laissé le regret et le rêve de la maternité. D'ailleurs l'immortalité délivre de ces faiblesses, et quiconque a bu la coupe a oublié l'amour.

XIX.

« — Il est vrai, dit Zilla, et ce que je rêve pour cet enfant n'a rien qui ressemble aux rêves de la vie humaine. Il est pour moi une curiosité, et je m'étonne que vous ne partagiez pas l'amusement qu'il me donne. Depuis tant de siècles que nous avons rompu tout lien d'amitié avec sa race, nous ne la connaissons plus que par ses œuvres. Nous savons bien qu'elle est devenue plus habile et plus savante, ses travaux et ses inventions nous étonnent; mais nous ne savons pas si elle en vaut mieux pour cela et si ses méchans instincts ont changé.

XX.

« — Et tu veux voir ce que deviendra l'enfant des hommes, isolé de ses pareils et abandonné à lui-même, ou instruit par toi dans la haute science? Essaie. Nous t'aiderons à le conduire ou à l'observer. Souviens-toi seulement qu'il est faible et qu'il n'est pas encore méchant. Il te faudra donc le soigner mieux que l'oiseau dans son nid, et tu as pris là un grand souci, Zilla. Tu es aimable et douce, mais tu as plus de caprices que de volontés. Tu te lasseras de cette chaîne, et peut-être ferais-tu mieux de ne pas t'en charger. »

XXI.

Elles parlaient ainsi par jalousie, car l'enfant leur plaisait, et plus d'une eût voulu le prendre. Les fées n'aiment pas avec le cœur, mais leur esprit est plein de convoitises et de curiosités. Elles s'ennuient, et ce qui leur vient du monde des hommes, où elles n'osent plus pénétrer ouvertement, leur est un sujet d'agitation et de surprise. Un joyau, un animal domestique, une montre, un miroir, tout ce qu'elles ne savent pas faire et tout ce dont elles n'ont pas besoin les charme et les occupe.

XXII.

Elles méprisent profondément l'humanité, mais elles ne peuvent se défendre d'y songer et d'en jaser sans cesse. L'enfant leur tournait la tête. Quelques-unes convoitaient aussi le chien ; mais Zilla était jalouse de ses captures, et, trouvant qu'on les lui disputait trop, elle les emmena dans une grotte éloignée du sanctuaire des fées et montra à l'enfant l'enceinte de forêts qu'il ne devait pas franchir sans sa permission. L'enfant pleura en lui disant : « J'ai faim. » Et quand elle l'eut fait manger, voyant qu'elle le quittait, il lui dit : « J'ai peur. »

XXIII.

Zilla, qui avait trouvé l'enfant vorace, le trouva stupide, et, ne voulant pas se faire son esclave, elle lui montra où les chevrettes allaitaient leurs petits, où les abeilles cachaient leurs ruches, où les canards et les cygnes sauvages cachaient leurs œufs, et elle lui dit : « Cherche ta nourriture. Cache-toi aussi, toi, pour dérober ces choses, car les animaux deviendraient craintifs ou méchans, et les vieilles fées n'aiment pas à voir déranger les habitudes de la vie. » L'enfant du prince s'étonna bien d'avoir à chercher lui-même une si maigre chère. Il bouda et pleura, mais la fée n'y fit pas attention.

XXIV.

Elle n'y fit pas attention, parce qu'elle ne se rappelait que vaguement les pleurs de son enfance, et que ces pleurs ne représentaient plus pour elle une souffrance appréciable. Elle s'en alla au sabbat, et le lendemain l'enfant eut faim et ne bouda plus. Le chien, qui ne boudait jamais, attrapa un lièvre et le mangea bel et bien. Au bout de trois jours, l'enfant pensa qu'il pourrait aisément ramasser du bois mort, allumer du feu et faire cuire le gibier pris par son chien ; mais, comme il était paresseux, il se contenta des autres mets et les trouva bons.

XXV.

Un peu plus tard, il oublia que les hommes font cuire la viande,

et, voyant que son chien la mangeait crue avec délices, il y goûta et
s'en rassasia. Quand la fée Zilla revint du concile, elle trouva l'enfant
gras et frais, mais sauvage et malpropre. Il avait les dents blanches
et les mains ensanglantées, le regard morne et farouche; il ne savait déjà presque plus parler; las de chercher où il était, et pourquoi son sort était si changé, il ne songeait plus qu'à manger et à
dormir.

XXVI.

Le chien au contraire était propre et avenant. Son intelligence
avait grandi dans le dévouement de l'amitié. La fée eut envie d'a-
bandonner l'enfant et d'emmener le chien. Et puis elle se souvint
un peu du passé et résolut de civiliser l'enfant à sa manière; mais
il fallait se décider à lui parler, et elle ne savait quelle chose lui
dire. Elle connaissait bien sa langue, elle n'était pas des moins savantes, mais elle ne se faisait guère d'idée des raisons que l'on peut
donner à un enfant pour changer ses instincts.

XXVII.

Elle essaya. Elle lui dit d'abord : « Souviens-toi que tu appartiens à une race inférieure à la mienne. » L'enfant se souvint de ce
qu'il était et lui répondit : « Tu es donc impératrice, car, moi, je
suis prince. » La fée reprit : « Je veux te faire plus grand que tous
les rois de la terre. » L'enfant répondit : « Rends-moi à ma mère
qui me cherche. » La fée reprit : « Oublie ta mère et n'obéis qu'à
moi. » L'enfant eut peur et ne répondit pas. La fée reprit : « Je
veux te rendre heureux et sage, et t'élever au-dessus de la nature
humaine. » L'enfant ne comprit pas.

XXVIII.

La fée essaya autre chose. Elle lui dit : « Aimais-tu ta mère? —
Oui, répondit l'enfant. — Veux-tu m'aimer comme elle? — Oui, si
vous m'aimez. — Que me demandes-tu là? dit la fée souriant de
tant d'audace. Je t'ai tiré du glacier où tu serais mort; je t'ai défendu contre les vieilles fées qui te haïssaient, et caché ici où elles
ne songent plus à toi. Je t'ai donné un baiser, bien que tu ne sois
pas mon pareil. N'est-ce pas beaucoup, et ta mère eût-elle fait pour
toi davantage? — Oui, dit l'enfant, elle m'embrassait tous les jours. »

XXIX.

La fée embrassa l'enfant, qui l'embrassa aussi en lui disant :
« Comme tu as la bouche froide! » Les fées sont joueuses et puériles comme les gens qui n'ont rien à faire de leur corps. Zilla essaya de faire courir et sauter l'enfant. Il était agile et résolu, et
prit d'abord plaisir à faire assaut avec elle; mais bientôt il vit des

choses extraordinaires. La fée courait aussi vite qu'une flèche, ses jambes fines ne connaissaient pas la fatigue, et l'enfant ne pouvait la suivre.

XXX.

Quand elle l'invita à sauter, elle voulut, pour lui donner l'exemple, franchir une fente de rochers; mais, trop forte et trop sûre de ne pas se faire de mal en tombant, elle sauta si haut et si loin que l'enfant épouvanté alla se cacher dans un buisson. Elle voulut alors l'exercer à la nage, mais il eut peur de l'eau et demanda une nacelle, ce qui fit rire la fée, et lui, voyant qu'elle se moquait, se sentant méprisé et par trop inférieur à elle, il lui dit qu'il ne voulait plus d'elle pour sa mère.

XXXI.

Elle le trouva faible et poltron. Pendant quelques jours, elle l'oublia; mais comme ses compagnes lui demandaient ce qu'il était devenu, et lui reprochaient de l'avoir pris par caprice et de l'avoir laissé mourir dans un coin, elle courut le chercher et leur montra qu'il était bien portant et bien vivant. « C'est bon, dit la reine; puisqu'il peut se tirer d'affaire sans causer trop de dommage, je consens à ce qu'il soit ici comme un animal vivant à la manière des autres, car je vois bien que tu n'en sauras rien faire de mieux. »

XXXII.

Zilla comprit que la sage et bonne reine la blâmait, et elle se piqua d'honneur. Elle retourna tous les jours auprès de l'enfant, y passa plus de temps chaque jour, apprit à lui parler doucement, le caressa un peu plus, mit plus de complaisance à le faire jouer en ménageant ses forces et en exerçant son courage. Elle lui apprit aussi à se nourrir sans verser le sang, et elle vit qu'il était éducable, car il s'ennuyait d'être seul, et pour la faire rester avec lui, il obéissait à toutes ses volontés, et même il avait des grâces caressantes qui flattaient l'amour-propre de la fée.

XXXIII.

Pourtant l'hiver approchait, et bien que l'enfant n'y songeât point, bien qu'il jouât avec la neige qui peu à peu gagnait la grotte où la fée l'avait logé, le chien commençait à hurler et à aboyer contre les empiétemens de cette neige insensible qui avançait toujours. Zilla vit bien qu'il fallait ôter de là l'enfant, si elle ne voulait le voir mourir. Elle l'emmena au plus creux de la vallée, et elle pria ses compagnes de l'aider à lui bâtir une maison, car il est faux que les fées sachent tout faire avec un coup de baguette.

XXXIV.

Elles ne savent faire que ce qui leur est nécessaire, et une maison leur est fort inutile. Elles n'ont jamais chaud ni froid que juste pour leur agrément. Elles sautent et dansent un peu plus en hiver qu'en été, sans jamais souffrir tout à fait dans leur corps ni dans leur esprit. Elles gambadent sur la glace aussi volontiers que sur le gazon, et s'il leur plaît de sentir en janvier la moiteur d'avril, elles se couchent avec les ours blottis dans leurs grottes de neige, et elles y dorment pour le plaisir de rêver, car elles ont fort peu besoin de sommeil.

XXXV.

Zilla n'eût osé confier l'enfant aux ours. Ils n'étaient pas méchans; mais, à force de le sentir et de le lécher, ils eussent pu le trouver bon. Les jeunes fées qu'elle invita à lui bâtir un gîte s'y prêtèrent en riant et se mirent à l'œuvre pêle-mêle, à grand bruit. Elles voulaient que ce fût un palais plus beau que tous ceux que les hommes construisent et qui ne ressemblât en rien à leurs misérables inventions. La reine s'assit et les regarda sans rien dire.

XXXVI.

L'une voulait que ce fût très grand, l'autre que ce fût très petit; l'une que cela fût comme une boule, l'autre que tout montât en pointe; l'une qu'on n'employât que des pierres précieuses, l'autre que ce fût fait avec les aigrettes de la graine de chardon; l'une que ce fût découvert comme un nid, l'autre que ce fût enfoui comme une tanière. L'une apportait des branches, l'autre du sable, l'une de la neige, l'autre des feuilles de roses, l'une de petits cailloux, l'autre des fils de la Vierge; le plus grand nombre n'apportait que des paroles.

XXXVII.

La reine vit qu'elles ne se décidaient à rien et que la maison ne serait jamais commencée; elle appela l'enfant et lui dit : « Est-ce que tu ne saurais pas bâtir ta maison toi-même? c'est un ouvrage d'homme... » L'enfant essaya. Il avait vu bâtir. Il alla chercher des pierres, il fit, comme il put, du mortier de glaise qu'il pétrit avec de la mousse; il éleva des murs en carré, il traça des compartimens, il entre-croisa des branches, il fit un toit de roseaux et se meubla de quelques pierres et d'un lit de fougère.

XXXVIII.

Les fées furent émerveillées d'abord de l'intelligence et de l'industrie de l'enfant, et puis elles s'en moquèrent, disant que les abeilles, les castors et les fourmis travaillaient beaucoup mieux. La

reine les reprit de la sorte : « — Vous vous trompez. Les animaux
qui vivent forcément en société ont moins d'intelligence que ceux
qui peuvent vivre seuls. Une abeille meurt quand elle ne peut rejoindre sa ruche ; un groupe de castors égarés oublie l'art de construire et se contente d'habitations grossières. Dans ce monde-là,
personne n'existe, on ne dit jamais *moi*.

XXXIX.

« Ces êtres qui vivent d'une mystérieuse tradition, toujours
transmise de tous à chacun, sans qu'aucun d'eux y apporte un
changement quelconque, sont inférieurs à l'être le plus misérable
et le plus dépourvu dont l'esprit cherche et combine. C'est pour
cela que l'homme, notre ancêtre, est le premier des animaux, et
que son travail, étant le plus varié et le plus changeant, est le plus
beau de tous. Voyez ce qu'il peut faire avec le souvenir, comme il
invente l'expérience, et comme il sait accommoder à son usage les
matériaux les plus grossiers!

XL.

« — L'homme, dit Zilla, serait donc meilleur et plus habile, s'il
vivait dans l'isolement ? — Non, Zilla, il lui faut la société volontaire et non la réunion forcée. Seul, il peut lutter contre toutes
choses, et là où les autres animaux succombent, il triomphe par
l'esprit ; mais il a le désir d'un autre bonheur que celui de conserver son corps : c'est pourquoi il cherche le commerce de ses
semblables, afin qu'ils lui donnent le pain de l'âme, et le besoin
qu'il a des autres est encore une liberté. »

XLI.

Zilla s'efforça de comprendre la reine, que les autres fées ne
comprenaient pas beaucoup. Elles avaient gardé les idées barbares
du temps où elles étaient semblables à nous sur la terre, et si leur
science les faisait pénétrer mieux que jadis, et mieux que nous,
dans les lois de renouvellement du grand univers, elles ne se rendaient plus compte de la marche suivie par la race humaine dans
ce petit monde où elles s'ennuyaient, faute de pouvoir y rien changer. Elles avaient voulu ne plus changer elles-mêmes, il leur fallait
bien s'en consoler en méprisant ce qui change.

XLII.

Zilla, toute pensive, résolut de procurer à son enfant adoptif tout
ce qu'il pouvait souhaiter, afin de voir le parti qu'il en saurait
tirer. — Voilà ta maison bâtie, lui dit-elle. Que voudrais-tu pour
l'embellir ? — J'y voudrais ma mère, dit l'enfant. — Je vais tâcher

de te l'amener, — dit la fée, et, sachant qu'elle pouvait faire des choses très difficiles, elle partit après avoir mis l'enfant sous la protection de la reine. Elle partit pour le monde des hommes, en se laissant emporter par le torrent.

XLIII.

Ce torrent, qui donne naissance à un grand fleuve dont les hommes ne connaissent pas la source, sort du glacier où était tombé l'enfant du prince. Il se divise en mille filets d'argent pour arroser et fertiliser le Val-des-Fées, et puis il se réunit à l'entrée d'un massif de roches énormes qui est la barrière naturelle de leur royaume. Là le torrent, devenu rivière, se précipite dans des abîmes effroyables, s'engouffre dans des cavernes où le jour ne pénètre jamais, et de chute en chute arrive par des voies inconnues au pays des hommes.

XLIV.

Les fées, pour lesquelles il n'est pas de site infranchissable, peuvent sortir de chez elles par les cimes neigeuses, par les flèches des glaciers ou par les fentes du roc; mais elles préfèrent se laisser emporter par la rivière, qui ne leur fait pas plus de mal qu'à un flocon d'écume en les précipitant dans ses abîmes. En peu d'instans, Zilla se trouva dans les terres cultivées et s'approcha d'un village de bergers et de bûcherons où elle vit un homme étrangement vêtu, qui, monté sur une grosse pierre, parlait à la foule.

XLV.

Cet homme disait : « Serfs et vassaux, priez pour la grande duchesse qui est morte hier, et priez aussi pour l'âme de son fils Herman, qui a péri l'an dernier dans les glaces du Mont-Maudit. La duchesse n'a pu se consoler. Dieu l'a rappelée à lui. Le duc vous envoie ses aumônes pour que vous leur disiez à tous deux des prières. » Et le héraut jeta de l'or et de l'argent aux bergers et aux bûcherons, qui se battirent pour le ramasser, et remercièrent Dieu de la mort qui leur procurait cette aubaine.

XLVI.

La fée fut contente aussi de la mort de la duchesse. — L'enfant ne me tourmentera plus, pensa-t-elle, pour que je le rende à sa mère. Je vais lui porter quelque chose afin de le consoler, et, avisant un sac de blé, elle lui fit signe de la suivre, et le sac de blé, obéissant au pouvoir mystérieux qui était en elle, la suivit. Un peu plus loin, elle vit un âne et lui commanda de porter le sac de blé. Elle emmena aussi une petite charrue, pensant, d'après ce qu'elle voyait autour d'elle, que ces jouets plairaient au petit Herman.

XLVII.

Pourtant ce n'était pas ce que les hommes qu'elle avait sous les yeux estimaient le plus. Elle les voyait se battre encore pour les pièces de monnaie répandues à terre. Elle suivit le héraut qui s'en allait avec une mule blanche chargée d'un coffre plein d'or et d'argent, destiné aux libéralités de la dévotion ducale. Elle fit signe à la mule, qui suivit l'âne et la charrue, et le héraut n'y prit pas garde. La fée avait jeté sur lui et sur son escorte un charme qui les fit dormir à cheval pendant plus de quinze lieues.

XLVIII.

La fée ne se fit aucune conscience de voler ces choses. C'était pour l'enfant du prince, et tout dans le pays lui appartenait. D'ailleurs les fées ne reconnaissent pas nos lois et ne partagent pas nos idées. Elles nous considèrent comme les plus grands pillards de la création, et ce que nous volons à la nature, elles pensent avoir le droit de nous le reprendre. Comme elles n'ont guère besoin de nos richesses, il faut dire qu'elles ne nous font pas grand tort. Pourtant leurs fantaisies sont dangereuses. Elles ont fait pendre plus d'un malheureux accusé de leurs rapts.

XLIX.

Suivie de son butin, Zilla se rapprocha de la montagne, et, connaissant dans la forêt un passage par où elle pouvait rentrer dans le Val-aux-Fées avec sa suite, elle pénétra au plus épais des pins et des mélèzes. Là elle s'arrêta surprise en rencontrant sous ses pieds un être bizarre qui lui causa un certain dégoût : c'était un vieux homme grand et sec, barbu comme une chèvre et chauve comme un œuf, avec un nez fort gros et une robe noire toute en guenilles.

L.

Il paraissait mort, car un vautour venait de s'abattre sur lui et commençait à vouloir goûter à ses mains; mais en se sentant mordu le moribond fit un cri, saisit l'oiseau, et, l'étouffant, il le mordit au cou et se mit à sucer le sang avec une rage horrible et grotesque. C'était la première fois que la fée voyait pareille chose : le vautour mangé par le cadavre! Elle pensa que ce devait être un événement fatidique de sa compétence, et elle demanda au vieillard ce qui le faisait agir ainsi.

LI.

« Bonne femme, répondit-il, ne me trahissez pas. Je suis un proscrit qui se cache, et la faim m'a jeté là par terre épuisé et mourant; mais le ciel m'a envoyé cet oiseau que je mange à demi

vivant, comme vous voyez, n'ayant pas le loisir de m'en repaître
d'une manière moins sauvage. » Ce malheureux croyait parler à une
vieille ramasseuse de bois, car s'il n'est pas prouvé que les fées
puissent prendre toutes les formes, il est du moins certain qu'elles
peuvent produire toutes les hallucinations.

LII.

« Relève-toi et suis-moi, dit-elle. Je vais te conduire en un lieu
où tu pourras vivre sans que les hommes t'y découvrent jamais. » Le
proscrit suivit la fée jusqu'à une corniche de rochers si étroite et
si effrayante que l'âne et le mulet reculèrent épouvantés; mais la
fée les charma, et ils passèrent. Quant à l'homme, il avait tellement le désir d'échapper à ceux qui le poursuivaient qu'il ne fut
pas nécessaire de lui fasciner la vue. Il suivit les animaux, et, dès
qu'il eut mis le pied dans le Val-aux-Fées, il reconnut dans celle
qui le conduisait une fée du premier ordre.

LIII.

« Je ne suis pas un novice et un ignorant, lui dit-il, et j'ai assez
étudié la magie pour voir à qui j'ai affaire. Vous me conduisez en
un lieu dont je ne sortirai jamais malgré vous, je le sais bien; mais,
quel que soit le sort que me destinez, il ne peut être pire que
celui que me réservaient les hommes. Donc j'obéis sans murmure,
sachant bien aussi que toute résistance serait inutile. Peut-être
aurez-vous quelque pitié d'un vieillard, et quelque curiosité de le
voir mourir de sa belle mort, qui ne saurait tarder.

LIV.

« — Tu te vantes d'être savant, et tu es inepte, répondit Zilla.
Si tu connaissais les fées, tu saurais qu'elles ne peuvent commettre
aucun mal. Le grand esprit du monde ne leur a permis de conquérir l'immortalité qu'à la condition qu'elles respecteraient la vie :
autrement votre race n'existerait plus depuis longtemps. Suis-moi
et ne dis plus de sottises, ou je vais te reconduire où je t'ai pris. »
— Dieu m'en garde! — pensa le vieillard, et, prenant un air plus
modeste, il arriva avec la fée à la demeure nouvelle du petit prince
Herman.

LV.

Depuis un jour entier que la fée était absente, l'enfant, qui était
bon, n'avait ni travaillé, ni joué, ni mangé. Il attendait sa mère et
ne pensait plus qu'à elle. Quand il vit arriver le vieillard, il courut
à lui, croyant qu'il annonçait et précédait la duchesse. « Maître
Bonus, dit-il, soyez le bienvenu, » et, se rappelant ses manières de

prince, il lui donna sa main à baiser; mais le pauvre gouverneur faillit tomber à la renverse en retrouvant l'enfant qu'il croyait ne jamais revoir; et il pleura de joie en l'embrassant comme si c'eût été le fils d'un vilain.

LVI.

Alors la fée apprit à l'enfant que sa mère était morte, sans songer qu'elle lui faisait une grande peine et sans comprendre qu'un être soumis à la mort pût ne pas se soumettre à celle des autres comme à une chose toute naturelle. L'enfant pleura beaucoup, et dans son dépit il dit à la fée que puisqu'elle ne lui rapportait qu'une mauvaise nouvelle, elle eût bien pu se dispenser de lui ramener son précepteur. La fée haussa les épaules et le quitta fâchée. Maître Bonus ne se fâcha pas. Il s'assit auprès de l'enfant et pleura de le voir pleurer.

LVII.

Ce que voyant, l'enfant, qui était très bon, l'embrassa et lui dit qu'il voulait bien le garder près de lui et le loger dans sa maison, à la condition qu'il ne lui parlerait plus jamais d'étudier. «Au fait, dit maître Bonus, puisque nous voilà ici pour toujours, je ne sais trop à quoi nous servirait l'étude. Occupons-nous de vivre. J'avoue que je tiens à cela, et que si vous m'en croyez, nous mangerons un peu; il y a si longtemps que je jeûne! » En ce moment, le chien revenait de la chasse avec un beau lièvre entre les dents.

LVIII.

Le chien fit amitié au pédagogue et lui céda volontiers sa proie que maître Bonus se mit en devoir de faire cuire; mais les fées, qui le surveillaient, lui envoyèrent une hallucination épouvantable : aussitôt qu'il commença d'écorcher le lièvre, le lièvre grandit et prit sa figure, de manière qu'il s'imagina s'écorcher lui-même. Saisi d'horreur, il mit l'animal sur les charbons, espérant se délivrer de son rêve en respirant l'odeur de la viande grillée; mais ce fut lui qu'il fit griller dans des contorsions hideuses, et même il crut sentir dans sa propre chair qu'il brûlait en effet.

LIX.

Il se rappela qu'il était condamné par les hommes à être rôti tout vivant, et, sentant qu'il ne fallait pas mécontenter les fées, il rendit la viande au chien et y renonça pour toujours. Alors il s'en alla dehors pour recueillir des racines, des fruits et des graines, et il en fit une si grande provision pour l'hiver que la maison en était pleine, et qu'il y restait à peine de la place pour dormir. Et ensuite, craignant d'être volé par les fées, et s'imaginant savoir assez

de magie pour leur inspirer le respect, il fit avec de la terre des
figures symboliques qu'il planta sur le toit.

LX.

Mais sa science était fausse et ses symboles si barbares que les
fées n'y firent d'autre attention que de les trouver fort laids et d'en
rire. Les voyant de bonne humeur, il s'enhardit à demander où il
pourrait se procurer des outils de travail, sans lesquels il lui était
impossible, disait-il, de rien faire de bien. Elles le menèrent alors
dans une grotte où elles avaient entassé une foule d'objets volés
par elles dans leurs excursions, et abandonnés là après que leur
curiosité s'en était rassasiée.

LXI.

Maître Bonus fut étonné d'y trouver des ustensiles de toute espèce et des objets de luxe mêlés à des débris sans aucune valeur.
Ce qu'il y chercha d'abord, ce fut une casserole, des plats et des
pincettes. Il les déterra du milieu des bijoux et des riches étoffes.
Il aperçut aussi des sacs de farine, des confitures sèches, une ai-
guière et un bassin. Il regarda à peine les livres et les écritoires.
« Songeons au corps avant tout, se dit-il; l'esprit réclamera plus
tard sa nourriture, si bon lui semble. »

LXII.

Il fit avec Herman plusieurs voyages à la grotte que les fées regardaient comme leur musée, et qu'il appelait, lui, tout simplement le magasin. Ils y trouvèrent tout ce qu'il fallait pour faire du
beurre, des fromages et de la pâtisserie. Herman y découvrit force
friandises qu'il emporta, et maître Bonus, après de nombreux essais, parvint à faire de si bons gâteaux qu'un évêque s'en fût léché
les doigts. Et, dans la douce occupation de bien dormir et de bien
manger, le pédagogue oublia ses jours de misère et ne chicana pas
le jeune prince pour lui apprendre à lire.

LXIII.

La reine des fées vint voir l'établissement, et comme plusieurs
de ses compagnes étaient mécontentes de voir deux hommes, au
lieu d'un, s'établir sur leurs domaines, elle leur dit : « Je ne sais
de quoi vous vous tourmentez. Cet homme est vieux, et ne vivra
que le temps nécessaire à l'enfance d'Herman. C'est du reste un
animal curieux, et le soin qu'il prend de son corps me paraît digne d'étude. Voyez donc tout ce que cet homme invente pour se
conserver ! Mais il manque de propreté, et je veux qu'il soit convenablement vêtu. »

LXIV.

Elle appela maître Bonus, et lui dit : « Ta robe usée et les habits déchirés de cet enfant choquent mes regards. Occupe-toi un peu moins de pétrir des gâteaux et d'inventer des crèmes. Si tu ne sais coudre ni filer, cherche dans la grotte quelque vêtement neuf, et que je ne vous retrouve pas sous ces haillons. — Oui-da, madame, répondit le pédagogue, cachant sa peur sous un air de galanterie; il sera fait selon votre vouloir, et si ma figure peut vous devenir agréable, je n'épargnerai rien pour cela. »

LXV.

Mais il ne trouva point d'habits pour son sexe dans le magasin des fées, et, ne sachant que faire, il pria la vieille Milith, qui était une fée un peu idiote, ayant bu la coupe au moment où elle tombait en enfance, de l'aider à se vêtir. Milith aimait à être consultée, et comme personne ne lui faisait cet honneur, elle prit en amitié le pédagogue, et lui donna une de ses robes neuves qui était en bonne laine bise, de même que le chaperon bordé de rouge, et, ainsi habillé en femme, maître Bonus semblait être une grande fée bien laide.

LXVI.

Alors la petite Régis, qui passait, le trouva si drôle qu'elle en rit une heure; mais, tout en riant, elle lui persuada de lui amener l'enfant qu'elle voulait aussi habiller avec une de ses robes, et quand elle l'eut entre les mains, elle le lava, le parfuma, arrangea ses cheveux, le couronna de fleurs, lui mit un collier de perles, une ceinture d'or où elle fixa les mille plis de sa jupe rose, et le trouva si beau ainsi, qu'elle voulut le faire chanter et danser, pour admirer son ouvrage.

LXVII.

Herman aussi se trouvait beau, et il se plaisait dans cette robe parfumée; mais il ne savait pas obéir, et il refusa de danser, ce qui mit la petite Régis en colère. Elle lui arracha son collier, lui déchira sa robe, et, comme une fée très fantasque qu'elle était, elle lui ébouriffa les cheveux, lui barbouilla la figure avec le jus d'une graine noire, et le laissa tout honteux, presque nu, et furieux de ne pouvoir rendre à cette folle les injures dont elle l'accablait.

LXVIII.

Cependant maître Bonus, voyant la petite Régis en colère, s'était sauvé. Herman, en le rejoignant, lui reprocha d'avoir fui devant une fée si menue et de n'avoir pas plus de cœur qu'une poule.

« Je serais courageux et fort que je n'aurais pu vous défendre, répondit le pédagogue. Vous voyez bien que vous n'avez pu vous défendre vous-même. Les fées, même celles qui ne sont pas plus grosses que des mouches, sont des êtres bien redoutables, et le mieux est de souffrir leurs caprices sans se révolter.

LXIX.

« Quant à moi, qui dois être rôti à petit feu si je sors d'ici, je suis bien décidé à me prêter à toutes les fantaisies de ces dames, et si l'on m'eût ordonné de danser, j'aurais obéi et fait la cabriole par-dessus le marché. » L'enfant sentit que son pédagogue avait raison, mais il ne l'en méprisa que plus, car la raison ne conseille pas toujours les plus belles choses. Il courut trouver Zilla pour lui raconter sa mésaventure et lui montrer de quelle manière on l'avait houspillé. Zilla en rougit d'indignation et le mena devant la reine pour porter plainte contre Régis.

LXX.

« Tu as mérité ce qui t'arrive, dit la reine à Herman; tu soutiens si mal devant nous la dignité que ta race s'attribue, que personne ici n'y veut croire. Tu vis moins noblement qu'un animal sauvage, car celui-ci se contente de ce qu'il trouve, et vous autres, ton précepteur et toi, vous ne songez qu'à aiguiser votre appétit pour augmenter votre faim naturelle. Vous ne pensez pas plus à la nourriture de votre esprit que si vous n'étiez que bouche et ventre : vraiment vous êtes méprisables et ne m'intéressez point. »

LXXI.

L'enfant fut mortifié, et Zilla comprit que la leçon de la reine s'adressait à elle plus qu'à l'enfant. Elle dit à Herman que s'il voulait s'instruire, elle y mettrait tous ses soins, et, l'emmenant avec elle, elle lui choisit une tunique de blanche laine dont elle l'habilla d'une façon plus mâle que n'avait fait Régis, et puis elle lui donna un vêtement de peau pour courir dans la forêt, et de belles armes pour se préserver des animaux qui pourraient le menacer en le voyant devenu grand; mais elle lui fit jurer de ne jamais verser le sang que pour défendre sa vie.

LXXII.

Et puis elle lui donna un livre et lui dit que quand il pourrait le lire, elle se chargerait de lui apprendre de belles choses qui le rendraient heureux. Herman alla trouver maître Bonus, et d'un coup de pied vraiment héroïque il jeta dans le feu les gâteaux que le pédagogue était en train de pétrir. « Je ne veux plus être méprisé, lui dit-il; je ne veux plus faire un dieu de mon ventre, je veux être beau et fier et recevoir des complimens. Je t'ordonne de m'apprendre à lire : je veux savoir demain. »

LXXIII.

Maître Bonus obéit en soupirant; mais comme le lendemain l'enfant ne savait pas encore lire, l'enfant se dépita et lui dit : « Tu ne sais pas me montrer. Peut-être ne sais-tu rien. S'il en est ainsi, reste sous ces habits de servante qui te conviennent, fais la cuisine et appelle-toi maîtresse Bona. Je reviendrai souper et coucher à ton hôtellerie, mais j'irai chercher ailleurs l'honneur de ma race et le savoir qui rend heureux. » Et il sortit avec son chien, laissant le gouverneur stupéfait de l'entendre parler ainsi.

LXXIV.

Quand Zilla vit arriver l'enfant résolu et soumis, plein d'orgueil et d'ambition, bien qu'il répétât sans les comprendre les mots qu'il . avait entendu dire à la reine et à elle, elle s'étonna de voir la puissance de l'amour-propre sur sa jeune âme, et elle voulut bien essayer de l'instruire elle-même. Elle le trouva si attentif et si intelligent qu'elle y prit goût, et peu à peu, le gardant chaque jour plus longtemps auprès d'elle, elle arriva à ne plus pouvoir se passer de sa compagnie.

LXXV.

Lorsque le soleil brillait, elle se promenait avec lui et lui apprenait le secret des choses divines dans la nature, l'histoire de la lumière et son mariage avec les plantes, le mystère des pierres et le langage des eaux, la manière de se faire entendre des animaux les plus rebelles à l'homme, de se faire suivre par les arbres et les rochers, d'évoquer avec le chant les puissances immatérielles, de faire jaillir des étincelles de ses doigts et de causer avec les esprits cachés sous la terre.

LXXVI.

Au clair de la lune, elle lui apprenait le langage symbolique de la nuit, l'histoire des étoiles, et la manière de monter les nuages en rêvant. Elle lui enseignait à se séparer de son corps et à voir avec des yeux magiques qu'elle lui faisait trouver dans les gouttes d'eau de la prairie. Elle lui disait aussi en quoi est faite la voie lactée, et quelquefois elle le fit sortir de son propre esprit et se promener dans les espaces muets au-dessus des plus hautes montagnes.

LXXVII.

Quand le vent, la neige et la pluie menaçaient d'engourdir l'âme

de son élève, elle le conduisait dans les grottes mystérieuses où
les fées qui entretiennent le feu mystique consentaient à l'admettre
à quelques-uns de leurs entretiens. Là il apprit à converser avec
l'âme des morts, à lire dans la pensée des absens, à voir à travers
les roches les plus épaisses, à mesurer les hauteurs du ciel sans le
regarder, à peser la terre et les planètes au moyen d'une balance
invisible, et mille autres secrets merveilleux qui sont jeux d'enfant
pour les fées.

LXXVIII.

Quand Herman sut toutes ces choses, il avait déjà quinze ans, et
il était si beau, si aimable, si instruit, et toujours si agréable à
voir, que si les fées eussent été capables d'aimer, elles en eussent
toutes été éprises ; mais leurs appétits sont si bien réglés par l'impossibilité de mourir, qu'il ne leur est pas possible d'aspirer à un sentiment humain un peu profond, l'amitié même leur est interdite
comme pouvant leur causer du chagrin et troubler le parfait et monotone équilibre de leur existence.

LXXIX.

Ce qui leur reste de l'humanité est mesuré juste à la faculté de
s'émouvoir sans souffrance ou sans durée. Ainsi elles sont impétueuses et irascibles, mais elles oublient vite, et ne s'en portent que
mieux. Elles ont beaucoup de coquetteries et de jalousies, mais
étant toujours libres d'oublier si elles veulent, et de déposer leur
souci et leur dépit quand elles en sont lasses, elles s'agitent pour
rien et se réjouissent de même. Elles ne connaissent pas le bonheur
et par conséquent ne le cherchent pas ; qu'en feraient-elles ?

LXXX.

Elles ont la science et n'en jouissent pas à notre manière, car
elles ne l'emploient qu'à se préserver des malheurs de l'ignorance,
sans connaître la joie d'en préserver les autres. Quand elles eurent
instruit le jeune Herman, elles s'en applaudirent parce qu'il était
pour elles une société et presque un égal ; mais à chaque instant
elles se disaient l'une à l'autre pour s'empêcher de l'aimer : « N'oublions pas qu'il doit mourir. » Pourtant, s'il faisait un compliment
à l'une, l'autre boudait, et il lui fallait la consoler en lui faisant un
compliment plus beau.

LXXXI.

Ce qui ne prouve pas qu'elles fussent sottes ou vaines ; mais
elles s'estiment beaucoup pour avoir conquis par la science une
manière d'exister qui les rend inaccessibles à nos peines. La plus
jalouse de toutes était Zilla, parce qu'elle avait des droits sur Her-

man ou croyait en avoir, et quand il vantait la gaîté de Régis ou la
sagesse de la reine, Zilla devenait froide pour lui et se rappelait le
peu qu'un enfant des hommes était devant elle.

LXXXII.

Pourtant Herman l'aimait plus que toutes les autres, et il la regardait comme sa mère; mais il y avait en lui de la crainte et de
l'orgueil, et on parlait si peu autour de lui le langage de l'amour,
qu'il n'eût osé songer à aimer quelqu'un plus que lui-même. Il allait de temps en temps voir maître Bonus, qui continuait à inventer
des mets friands et qui ne se trouvait pas malheureux dans sa solitude, sauf que les fées s'amusaient de temps en temps à le lutiner.

LXXXIII.

Elles lui procuraient toute sorte d'hallucinations ridicules. Tantôt il se croyait femme et rêvait qu'un Éthiopien voulait le vendre
aux califes d'Orient. Alors il se cachait dans les rochers et souffrait
la faim, ce qui était pour lui une grosse peine. D'autres fois Régis
lui persuadait qu'elle était éprise de lui, et l'attirait à des rendez-
vous où il était berné et battu par des mains invisibles. Tout cela
était pour le punir de prétendre à la magie et de se livrer à de grossières et puériles incantations.

LXXXIV.

Du reste il se portait bien, il engraissait et ne vieillissait guère,
car les fées sont bonnes au fond, et quand elles l'avaient fatigué ou
effrayé, elles lui donnaient du sommeil et de l'appétit en dédommagement. Herman essayait de s'intéresser à son sort; mais lorsqu'il le voyait si égoïste et si positif, il s'éloignait de lui avec dédain. Le seul être qui lui témoignât une amitié véritable, c'était son
chien, et quelquefois, quand les yeux de cet animal fidèle semblaient
lui dire « je t'aime, » Herman, sans savoir pourquoi, pleurait.

LXXXV.

Mais le chien était devenu si vieux qu'un jour il ne put se lever pour suivre son maître. Herman, effrayé, courut trouver Zilla.
— Mon chien va mourir, lui dit-il, il faut empêcher cela. — Je ne le
puis, répondit-elle; il faut que tout meure sur la terre, excepté les
fées. — Prolonge sa vie de quelques années, reprit Herman. Tu
peux faire des choses plus difficiles. Si mon chien meurt, que de-
viendrai-je? C'est ce que j'aime le mieux sur la terre après toi, et
je ne puis me passer de son amitié.

LXXXVI.

« — Tu parles comme un fou, dit la fée. Tu peux aimer ton chien, puisqu'il faut que l'homme aime toujours follement quelque chose; mais je ne veux pas que tu dises que tu m'aimes, puisque ton chien a droit à des mots que tu m'appliques. Si ton chien meurt, j'irai t'en chercher un autre, et tu l'aimeras autant. — Non, dit Herman, je n'en veux pas d'autre après lui, et puisque je ne dois pas t'aimer, je n'aimerai plus rien que la mort.

LXXXVII.

Le chien mourut et l'enfant fut inconsolable. Maître Bonus ne comprit rien à sa douleur, et les fées la méprisèrent. Alors Herman irrité sentit ce qui lui manquait dans le royaume des fées. Il y était choyé et instruit, protégé et comblé de biens; mais il n'était pas aimé, et il ne pouvait aimer personne. Zilla essaya de le distraire en le menant avec elle dans les plus beaux endroits de la montagne. Elle le fit pénétrer dans les palais merveilleux que les fées élèvent et détruisent en une heure.

LXXXVIII.

Elle lui montra des pyramides plus hautes que l'Hymalaya et des glaciers de diamant et d'escarboucle, des châteaux dont les murs n'étaient que fleurs entrelacées, des portiques et des colonnades de flamme, des jardins de pierreries où les oiseaux chantaient des airs à ravir l'âme et les sens; mais Herman en savait déjà trop pour prendre ces choses au sérieux, et un jour il dit à Zilla : « Ce ne sont là que des rêves, et ce que tu me montres n'existe pas. »

LXXXIX.

Elle essaya de le charmer par un songe plus beau que tous les autres. Elle le mena dans la lune. Il s'y plut un instant et voulut aller dans le soleil. Elle redoubla ses invocations, et ils allèrent dans le soleil. Herman ne crut pas davantage à ce qu'il y voyait; toujours il disait à la fée : « Tu me fais rêver, tu ne me fais pas vivre. » Et quand il s'éveillait, il lui disait : « Je ne me rappelle rien, c'est comme si je n'avais rien vu. »

XC.

Et l'ennui le prit. La reine vit qu'il était pâle et accablé. « Puisque tu ne peux aimer le ciel, lui dit-elle, essaie au moins d'aimer la terre. » Herman réfléchit à cette parole. Il se rappela qu'autrefois Zilla lui avait donné du blé, une charrue, un âne et un mulet. Il laboura, sema et planta, et il prit plaisir à voir comme la terre est féconde, docile et maternelle. Maître Bonus fut charmé d'avoir à moudre du blé et à faire du pain tous les jours.

XCI.

Mais Herman ne comprenait pas le plaisir de manger seul, et après avoir vu ce que la terre peut rendre à l'homme qui lui prête, il ne lui demanda plus rien et retourna à ce qu'elle lui donnait gratuitement. La reine lui dit : « Le torrent n'est pas toujours limpide. Depuis les derniers orages, il entraîne et déchire ses rives, et là où tu te plaisais à nager, il apporte des roches et du limon. Essaie de le diriger. Tâche d'aimer l'eau, puisque tu n'aimes plus la terre. »

XCII.

Herman dirigea le torrent et lui rendit sa beauté, sa voix harmonieuse, sa course légère, ses doux repos dans la petite coupe des lacs; mais un jour il le trouva trop soumis, car il n'avait plus rien à lui commander. Il abattit les écluses qu'il avait élevées et se plut à voir l'eau reprendre sa liberté et recommencer ses ravages. « Quel est ce caprice? lui dit Zilla. — Pourquoi, lui répondit-il, serais-je le tyran de l'eau? Ne pouvant être aimé, je n'ai pas besoin d'être haï! »

XCIII.

Zilla trouva son fils ingrat, et pour la première fois depuis beaucoup de siècles elle eut un mécontentement qui la rendit sérieuse. « Je veux l'oublier, dit-elle à la reine, car il me donne plus de souci qu'il ne mérite. Permets que je le fasse sortir d'ici et que je le rende à la société de ses pareils. Tu me l'avais bien dit que je m'en lasserais, et la vieille Trollia avait raison de blâmer ma protection et mes caresses.

XCIV.

« — Fais ce que tu voudras, dit la reine, mais sache que cet enfant sera malheureux à présent parmi les hommes, et que tu ne l'oublieras pas aussi vite que tu l'espères. Nous ne devons rien détruire, et pourtant tu as détruit quelque chose dans son âme. — Quoi donc? dit Zilla. — L'ignorance des biens qu'il ne peut posséder. Essaie de l'exiler, et tu verras! — Que verrai-je, puisque je veux ne plus le voir? — Tu le verras dans ton esprit, car il se fera reproche, et ce fantôme criera jour et nuit après toi. »

XCV.

Zilla ne comprit pas ce que lui disait la reine. N'ayant jamais fait le mal, même avant d'avoir bu la coupe, elle ne redoutait pas le remords, ne sachant ce que ce pouvait être. Libre d'agir à sa guise, elle dit à Herman : « Tu ne te plais point ici, veux-tu retourner parmi les tiens? » Mille fois Herman avait désiré ce qu'elle lui pro-

posait, et jamais il n'avait osé le dire, craignant de paraître ingrat
et d'offenser Zilla. Surpris par son offre, il doutait qu'elle fût sérieuse.

XCVI.

« — Ma volonté, répondit-il, sera la tienne. — Eh bien! dit-elle,
và chercher maître Bonus, et je vous ferai sortir de nos domaines. »
Il fut impossible de décider maître Bonus à quitter le Val-des-
Fées. Il alla se jeter aux pieds de la reine et lui dit : « Veux-tu que
j'aille achever ma vie dans les supplices? Est-ce que je gêne quelqu'un ici? Je ne vis que de végétaux et de miel. Je respecte vos
mystères et n'approche jamais de vos antres. Laisse-moi mourir
où je suis bien. »

XCVII.

Il lui fut accordé de rester, et le jeune Herman, qui était devenu
un homme, déclarant qu'il n'avait nul besoin de son gouverneur,
partit seul avec Zilla. Quand ils durent passer l'effrayante corniche
de rochers où aucun homme du dehors n'eût osé se risquer, elle
voulut l'aider d'un charme pour le préserver du vertige. « Non, lui
dit-il, je connais ce chemin, je l'ai suivi plus d'une fois, et j'eusse
pu m'échapper depuis longtemps. — Pourquoi donc restais-tu malgré toi? » dit Zilla. Herman ne répondit pas.

XCVIII.

Il était fâché que la fée lui fît cette question. Elle aurait dû deviner que le respect et l'affection l'avaient seûls retenu. Zilla comprit
son fier silence et commença à devenir triste du sacrifice qu'elle
s'imposait; mais elle l'avait résolu, et elle continua de marcher devant lui. Quand ils furent à la limite de séparation, elle lui donna
l'or qu'elle avait autrefois dérobé au héraut du duc son père, et
qu'elle avait offert à l'enfant comme un jouet. Il l'avait dédaigné
alors, et cette fois encore il sourit et le prit sans plaisir.

XCIX.

« Tu ne saurais te passer de ce gage, lui dit-elle. Ici tu n'auras
le droit de rien prendre sur la terre. Il te faudra observer les conditions de l'échange. » Herman ne comprit pas. Elle avait dédaigné
de l'instruire des lois et des usages de la société humaine. Il était
bien tard pour l'avertir de tout ce qui allait le menacer dans ce
monde nouveau. D'ailleurs Herman ne l'écoutait pas, il était comme
ivre, car son âme était impatiente de prendre l'essor; mais son
ivresse était pleine d'amertume, et il se retenait de pleurer.

C.

En ce moment, si la fée lui eût dit : Veux-tu revenir avec moi?

il l'eût aimée et bénie; mais elle défendait son cœur de toute faiblesse, elle avait les yeux secs et la parole froide. Herman sentait
bien qu'il n'avait encore aimé qu'une ombre, et, se faisant violence,
il lui dit adieu. Quand elle eut disparu, il s'assit et pleura. Zilla,
en se retournant, le vit et fut prête à le rappeler; mais ne fallait-il
pas qu'elle l'oubliât, puisqu'elle ne pouvait le rendre heureux?

LIVRE DEUXIEME.

I.

Pourtant, lorsque Zilla rentra dans la vallée, il lui sembla que
tout était changé. L'air lui semblait moins pur, les fleurs moins
belles, les nuages moins brillans. Elle s'étonna de ne pas trouver
l'oubli et fit beaucoup d'incantations pour l'évoquer. L'oubli ne
vint pas, et la fée fit des réflexions qu'elle n'avait jamais faites.
Elle cacha à ses sœurs et à la reine le déplaisir qu'elle avait; mais
elle eut beau chanter aux étoiles et danser dans la rosée, elle ne
retrouva pas la joie de vivre.

II.

Des semaines et des mois se passèrent sans que son ennui fût diminué. D'abord elle avait cru qu'Herman reviendrait; mais il ne revint pas, et elle en conçut de l'inquiétude. La reine lui dit : « Que
t'importe ce qu'il est devenu? Il est peut-être mort, et tu dois désirer qu'il le soit. La mort efface le souvenir. » Zilla sentit que le
mot de mort tombait sur elle comme une souffrance. Elle s'en
étonna et dit à la reine : « Pourquoi ne savons-nous pas où vont les
âmes après la mort? »

III.

« — Zilla, répondit la reine, ne songe point à cela, nous ne le
saurons jamais; les hommes ne nous l'apprendront pas. Ils ne le
savent que quand ils ont quitté la vie, et nous, qui ne la quittons
pas, nous ne pouvons ni deviner où ils vont, ni espérer jamais les
rejoindre. — Ce monde-ci, reprit Zilla, doit-il donc durer toujours,
et sommes-nous condamnées à ne jamais voir et posséder autre
chose? — Telle est la loi que nous avons acceptée, ma sœur. Nous
durerons ce que durera la terre, et si elle doit périr, nous périrons
avec elle.

IV.

— O reine! les hommes doivent-ils donc lui survivre? — Leurs
âmes ne périront jamais. — Alors c'est eux les vrais immortels, et
nous sommes des éphémères dans l'abîme de l'éternité. — Tu l'as

dit, Zilla. Nous savions cela quand nous avons bu la coupe, l'as-tu
donc oublié? — J'étais jeune alors, et la gloire de vaincre la mort
m'a enivrée. Depuis j'ai fait comme les autres. Le mot d'avenir ne
m'a plus offert aucun sens; le présent m'a semblé être l'éternité.

V.

« — D'où te vient donc aujourd'hui, dit la reine, l'inquiétude
que tu me confies et la curiosité qui te trouble? — Je ne le sais pas,
répondit Zilla. Si je pouvais connaître la douleur, je te dirais
qu'elle est entrée en moi. — Zilla n'eut pas plutôt prononcé cette
parole que des larmes mouillèrent ses yeux purs, et la reine la regarda avec une profonde surprise; puis elle lui dit : — J'avais prévu
que tu te repentirais d'avoir abandonné l'enfant; mais ton chagrin
dépasse mon attente. Il faut qu'il soit arrivé malheur à Herman,
et ce malheur retombe sur toi.

VI.

« — Reine, dit la jeune fée, je veux savoir ce qu'Herman est
devenu. » Elles firent un charme. Zilla, enivrée par les parfums du
trépied magique, pencha sa belle tête comme un lis qui va mourir,
et la vision se déploya devant elle. Elle vit Herman au fond d'une
prison. Il avait été vite dépouillé, par les menteurs et les traîtres,
de l'argent qu'il possédait. Ayant faim, il avait volé quelques fruits,
et il comparaissait devant un juge qui ne pouvait lui faire comprendre que, quand on n'a pas de quoi manger, il faut travailler
ou mourir.

VII.

A cette vision, une autre succéda. Herman, n'ayant pas compris
la justice humaine, comparaissait de nouveau devant le juge, qui le
condamnait à être battu de verges et à sortir de la résidence ducale. Le jeune homme indigné déclarait alors qu'il était le fils du
feu duc, l'aîné du prince régnant, le légitime héritier de la couronne échue à son frère. Zilla le crut sauvé. — Justice lui sera rendue, pensa-t-elle. Il va être prince, et, comme nous l'avons rendu
savant et juste, son peuple le respectera et le chérira.

VIII.

Mais une autre vision lui montra Herman accusé d'imposture et
de projets séditieux, et condamné à mort. Alors la fée s'éveilla en
entendant retentir au loin cette parole : *c'est pour demain!* Quelque bonne magicienne qu'elle fût, elle n'avait pas le don de transporter son corps aussi vite que son esprit. Si les fées peuvent franchir de grandes distances, c'est parce qu'elles ne connaissent pas

la fatigue; mais à toutes choses il faut le temps, et Zilla comprit
pour la première fois le prix du temps.

IX.

— Donne-moi des ailes! dit-elle à la reine; mais la reine n'avait
point inventé cela. — Fais-moi conduire par un nuage rapide; —
mais ni les hommes ni les fées n'avaient découvert cela. — Fais-
moi porter par le vent à travers l'espace. — Tu me demandes l'impossible, dit la reine. Pars vite et ne compte que sur toi-même. —
Zilla partit, elle se lança dans le torrent, elle fut portée comme par
la foudre; mais, arrivée à la plaine, elle se trouva dans une eau
endormie, et préféra courir.

X.

Elle était légère autant que fée peut l'être, mais elle n'avait jamais eu besoin de se presser, et, l'énergie humaine n'agissant point
en elle pour lui donner la fièvre, elle vit que les piétons qui se
rendaient à la ville pour voir pendre l'imposteur Herman allaient
plus vite qu'elle. Humiliée de se voir devancer par de lourds paysans, elle avisa un cavalier bien monté et sauta en croupe derrière
lui. Il la trouva belle et sourit; mais tout aussitôt il ne la vit plus,
et crut qu'il avait rêvé.

XI.

Cependant le cheval la sentait, car elle l'excitait à courir, et
l'animal effrayé se cabra si follement qu'il renversa son maître. Elle
lui enfonça son talon brûlant dans la croupe, et il fournit une course
désespérée au bout de laquelle, ayant dépassé ses forces, il tomba
mort aux portes de la ville. Zilla prit le manteau du cavalier qui
était resté accroché à la selle, et elle se glissa dans la foule qui se
ruait vers l'échafaud.

XII.

Le peuple était furieux et hurlait des imprécations parce qu'on
venait de lui apprendre que l'imposteur Herman avait réussi à s'é-
vader. Il voulait qu'on pendît à sa place le geôlier, le gouverneur
de la prison et le bourreau lui-même, qui ne lui donnait pas le
spectacle attendu. Le grand chef de la police parut sur un balcon
et apaisa cette foule en lui disant : « On n'a pu encore rattraper
l'imposteur Herman, mais on va vous donner le spectacle quand
même. »

XIII.

Et des hérauts crièrent aux quatre coins de la place : « Vous allez
voir pendre sans jugement le scélérat qui a fait fuir le condamné. »
La foule battit des mains, et le bourreau apprêta sa corde. On

amena la victime, et la fée vit quelque chose d'extraordinaire. Celui qui avait sauvé Herman n'était autre que maître Bonus, qui s'avançait résigné et remettant son âme à Dieu. « C'en est fait, dit-il à la fée, qui s'approcha de lui; j'ai mal veillé jadis sur le prince, et on m'a condamné au feu. Je le sauve aujourd'hui, et voici la corde. J'accomplis ma destinée. »

XIV.

Maître Bonus, après le départ de son élève, s'était ennuyé dans le royaume des fées. Il avait eu honte de sa couardise; il s'était dit aussi que le prince Herman, étant le légitime héritier de la couronne, le sauverait du bûcher. Profitant de ce que les fées l'avaient oublié dans son désert, il était parti depuis huit jours déjà, et il avait pu pénétrer dans la ville sans être reconnu sous ses habits de femme. Là, apprenant que le prince était en prison, il avait été trouver le prince régnant.

XV.

Il lui avait juré qu'Herman était son frère, et le prince régnant lui avait permis d'essayer de le faire évader, à la condition qu'ils retourneraient tous deux chez les fées et ne troubleraient plus la paix de ses états. Maître Bonus avait sauvé Herman en lui donnant sa robe et son chaperon. Il était resté en prison à sa place, comptant qu'il serait respecté en montrant le sauf-conduit du prince régnant; mais, dans sa précipitation à changer d'habit, il avait laissé le sauf-conduit dans la poche de sa robe.

XVI.

Et, sans le savoir, Herman s'en allait avec ce papier, tandis qu'on allait pendre maître Bonus. Zilla résolut de sauver le vieillard, et, faisant claquer ses doigts, elle foudroya le bourreau, qui tomba comme ivre et ne put être réveillé par les cris de la multitude. Des gardes qui voulurent s'emparer de la fée et du patient furent frappés d'immobilité, et tous ceux qui se présentèrent pour les remplacer ne purent secouer l'engourdissement que leur jeta la magicienne.

XVII.

Elle conduisit le vieillard dans une forêt où il lui apprit en se reposant la route qu'Herman avait dû prendre sans risque, grâce au sauf-conduit. « Allons le chercher, » dit Zilla, et bien vite ils repartirent. Plusieurs jours après, ils le rejoignirent sur les terres d'un prince voisin, et ils le trouvèrent travaillant à couper et à dépecer des arbres pour gagner sa vie. En voyant apparaître ses amis, il jeta sa cognée et voulut les suivre.

XVIII.

Mais une jeune fille qui s'approchait en ce moment l'arrêta d'un regard plus puissant que celui de toutes les fées. C'était pourtant une pauvre fille qui marchait pieds nus, la servante du maître bûcheron qui avait enrôlé le prince parmi ses manœuvres. Tous les jours elle apportait sur sa tête l'eau et le pain qu'Herman mangeait et buvait à midi. Elle allait ainsi servir les autres ouvriers épars dans la forêt, et elle ne s'arrêtait point à causer avec eux.

XIX.

Elle avait à peine échangé quelques paroles avec Herman, mais leurs yeux s'étaient parlé. Elle était belle et modeste. Herman avait vingt ans, et il n'avait pas encore aimé. Depuis trois jours, il aimait la pauvre Bertha, et quand la fée lui dit : « Partons, » il lui répondit : « Jamais, à moins que tu ne me permettes d'emmener cette compagne. — Tu seras toujours un fou, reprit Zilla. Tu as à peine passé une saison parmi les hommes, ils ont voulu te faire mourir, et tu prétends aimer parmi eux.

XX.

« — Je ne prétends rien, dit Herman. Hier j'étais prêt à mourir sur l'échafaud, et je maudissais ma race : aujourd'hui j'aime cette enfant, et je sens que l'humanité est ma famille. — Ne vois-tu pas, reprit la fée, que tu vivras ici dans la servitude, le travail et la misère? — J'accepte tous les maux, si j'ai le bonheur d'être aimé. » Zilla prit à part la jeune fille et lui demanda si elle voulait être la compagne d'Herman. Elle rougit et ne répondit pas. « Songe, lui dit la fée, que son royaume est la solitude. »

XXI.

Bertha demanda s'il était exilé. « Pour toujours, dit la fée.—Mais n'êtes-vous pas sa fiancée? » La fée sourit avec dédain. « Pardonnez-moi, dit Bertha, je veux savoir s'il n'aime que moi. » La fée vit que sa beauté rendait Bertha jalouse, et son orgueil s'en réjouit; mais la jeune fille pleura, et Herman, accourant, dit à la fée : « Pourquoi fais-tu pleurer celle que j'aime? Et si tu ne veux pas qu'elle me suive, comment espères-tu que je te suivrai?

XXII.

« — Venez donc tous deux, dit la fée; mais si tu t'ennuies encore chez nous avec cette compagne, ne compte plus que je m'intéresserai à toi. » Ils partirent tous les quatre, car maître Bonus, plus que jamais, en avait assez du commerce des humains, et ils retournèrent dans le Val-des-Fées, où l'union d'Herman et de Bertha fut

consacrée par la reine, et puis les jeunes époux allèrent vivre avec
maître Bonus dans une belle maison de bois qu'Herman construisit
pour sa compagne.

XXIII.

Alors les fées virent quelle chose puissante était l'amour dans
deux jeunes cœurs également purs, et quel bonheur ces deux enfans goûtaient dans leur solitude. Maître Bonus avait repris ses habits de femme avec empressement, et ses fonctions de ménagère
avec orgueil. Bertha, simple et humble, avait du respect pour lui
et admirait sincèrement sa pâtisserie. Herman, depuis que son précepteur s'était dévoué pour lui, lui pardonnait sa gourmandise et
lui témoignait de l'amitié.

XXIV.

Il travaillait avec ardeur à cultiver la terre et à préparer les plus
douces conditions d'existence à sa famille, car il eut bientôt un fils,
puis deux, et puis une fille, et à chaque présent de Dieu il aug-
mentait sa prévoyance et embellissait son domaine. Bertha était si
douce qu'elle avait gagné la bienveillance de Zilla et de toutes les
jeunes fées; et même Zilla aimait désormais Bertha plus qu'Herman,
et leurs enfans plus que l'un et l'autre.

XXV.

Zilla ne se reconnaissait plus elle-même auprès de ces enfans.
L'ambition d'être aimée lui était venue si forte que l'équité de son
esprit en était troublée. Un jour elle dit à Bertha : « Donne-moi ta
fille. Je veux une âme qui soit à moi sans partage. Herman ne m'a
jamais aimée malgré ce que j'ai fait pour lui. — Vous vous trompez, madame, répondit Bertha. Il eût voulu vous chérir comme sa
mère, c'est vous qui ne l'aimiez pas comme votre fils.

XXVI.

« — Je ne pouvais l'aimer ainsi, reprit la fée. Je sentais qu'il regrettait quelque chose, ou qu'il aspirait à une tendresse que je ne
pouvais lui inspirer; mais ta fille ne te connaît pas encore. Elle ne
regrettera personne. Je l'emporterai dans nos sanctuaires, elle ne
verra jamais que moi, et j'aurai tout son cœur et tout son esprit
pour moi seule. — Et l'aimerez-vous comme je l'aime? dit Bertha,
car vous parlez toujours d'être aimée, sans jamais rien promettre
en retour.

XXVII.

« — Qu'importe que je l'aime, dit la fée, si je la rends heureuse?
— Jurez de l'aimer passionnément, s'écria Bertha méfiante, ou je

jure que vous ne l'aurez pas. » La fée, irritée, alla se plaindre à la reine. « Ces êtres sont insensés, lui dit-elle. Ils ne comprennent pas ce que nous sommes pour eux. Ils nous doivent tout, la sécurité, l'abondance, l'offre de tous les dons de la science et de l'esprit. Eh bien ! ils ne nous en savent point de gré. Ils nous craignent peut-être, mais ils ne veulent point nous chérir sans conditions.

XXVIII.

« — Zilla, dit la reine, ces êtres ont raison. La plus belle et la plus précieuse chose qu'ils possèdent, c'est le don d'aimer, et ils sentent bien que nous ne l'avons pas. Nous qui les méprisons, nous sommes tourmentées du besoin d'inspirer l'affection, et le spectacle de leur bonheur éphémère détruit le repos de notre immortalité. De quoi nous plaindrions-nous? Nous avons voulu échapper aux lois rigides de la mort, nous échappons aux douces lois de la vie, et nous sentons un regret profond que nous ne pouvons pas définir.

XXIX.

« — O ma reine, dit Zilla, voilà que tu parles comme si tu le ressentais toi-même, ce regret qui me consume! — Je l'ai ressenti longtemps, répondit la reine; il m'a dévorée, mais j'en suis guérie. — Dis-moi ton secret! s'écria la jeune fée. — Je ne le puis, Zilla! Il est terrible et te glacerait d'épouvante. Supporte ton mal et tâche de t'en distraire. Étudie le cours des astres et les merveilles du mystérieux univers. Oublie l'humanité et n'espère pas établir de liens avec elle. »

XXX.

Zilla, effrayée, se retira; mais la reine vit bientôt arriver d'autres jeunes fées qui lui firent les mêmes plaintes et lui demandèrent la permission d'aller voler des enfans chez les hommes. — Herman et Bertha sont trop heureux, disaient-elles. Ils possèdent ces petits êtres qui ne veulent aimer qu'eux, et qui ne nous accordent qu'en tremblant ou avec distraction leurs sourires et leurs caresses. Herman et Bertha ne nous envient rien, tandis que nous leur envions leur bonheur.

XXXI.

« — C'est une honte pour nous, dit Régis, qui était la plus ardente dans son dépit. Nous avons accueilli ces êtres faibles et périssables pour avoir le plaisir de comparer leur misère à notre félicité, pour nous rire de leur faiblesse et de leurs travers, pour nous amuser d'eux, en un mot, tout en leur faisant du bien, ce qui est le privilège et le soulagement de la puissance, et les voilà qui nous bravent et qui se croient supérieurs à nous parce qu'ils ont des enfans et qu'ils les aiment.

XXXII.

« Fais que nous les aimions aussi, ô reine! qui nous as faites ce que nous sommes. Si tu es plus sage et plus savante que nous, prouve-le aujourd'hui en modifiant notre nature que tu as laissée incomplète. Ote-nous quelques-uns des privilèges dont tu as doté notre merveilleuse intelligence, et mets-nous dans le cœur ces trésors de tendresse que les êtres destinés à mourir possèdent si fièrement sous nos yeux. »

XXXIII.

Les vieilles fées vinrent à leur tour et déclarèrent qu'elles quitteraient ce royaume, si l'on n'en chassait pas la famille d'Herman, car elles voyaient bien que sa postérité allait envahir la vallée et la montagne, cultiver la terre, briser les rochers, enchaîner les eaux, irriter, détruire ou soumettre les animaux sauvages, chasser le silence, déflorer le mystère du désert et rendre impossibles les cérémonies, les méditations et les études des doctes et vénérables fées.

XXXIV.

« S'il vous plaît de faire alliance avec la race impure, dit la vieille Trollia aux jeunes fées, nous ne pouvons nous y opposer; mais nous avons le droit de nous séparer de vous et d'aller chercher quelque autre sanctuaire vraiment inaccessible, où nous pourrons oublier l'existence des hommes et vivre pour nous seules, comme il convient à des êtres supérieurs. Quant à votre reine, ajouta-t-elle en lançant à celle-ci un regard de menace, gardez-la si vous voulez, nous secouons ses lois et lui déclarons la guerre. »

XXXV.

Les jeunes fées défendirent avec véhémence l'autorité de la reine. Celles qui n'étaient ni vieilles ni jeunes se partagèrent, et le concile devint si orageux que les daims épouvantés s'enfuirent à travers la vallée, et que Bertha dit en souriant à Herman : « Les entends-tu là-haut, ces pauvres fées? Elles grondent comme le tonnerre et mugissent comme la bourrasque. Elles ont beau pouvoir tout ce qu'elles veulent, elles ne savent pas être heureuses comme nous. Si elles continuent à se quereller ainsi, elles feront crouler la montagne. »

XXXVI.

Herman s'inquiéta pour Zilla, qu'il aimait plus qu'elle ne voulait le reconnaître. « Je ne sais pas quel mal on peut lui faire, dit-il, je ne suis pas initié à tous leurs secrets; mais je voudrais la savoir à l'abri de cette tempête. — Va la chercher, dit Bertha. Ah ! si elle pouvait comprendre que nous l'aimons ! Mais son malheur est de parler du cœur des autres comme une taupe parlerait des étoiles. Tâche de l'apaiser. Dis-lui que si elle veut vivre avec nous, je lui prêterai mes enfans pour la distraire. »

XXXVII.

« On ne prête pas aux fées, pensa Herman ; elles veulent tout et ne rendent rien. » Il s'en alla dans le haut de la montagne et entendit de près les clameurs de la folle assemblée, car ces âmes vouées au culte obligé de la force et de la sagesse avaient été prises de vertige et demandaient toutes ensemble un changement sur la nature duquel personne n'était d'accord. La reine, immobile et muette, les laissait s'agiter autour d'elle comme des feuilles soulevées par un tourbillon. Elles parlaient dans la langue des mystères ; Herman ne put savoir ce qu'elles disaient.

XXXVIII.

Dans l'ivresse de leur inquiétude ardente, elles flottaient sur la bruyère aux derniers rayons du soleil, les unes s'élançant d'un bond fantastique sur les roches élevées pour dominer le tumulte et se faire écouter, d'autres s'entassant aux parois inférieures pour se consulter ou s'exciter. On eût dit un de ces conciliabules étranges que tiennent les hirondelles sur le haut des édifices, au moment de partir toutes ensemble vers un but inconnu. Herman chercha Zilla dans cette foule, et vit qu'elle n'y était pas.

XXXIX.

Il s'enfonça dans les sombres plis de la montagne et gagna une grotte de porphyre où il savait qu'elle se tenait souvent. Elle n'était pas là. Il pénétra plus avant dans les régions éloignées où fleurit la gentiane bleue comme le ciel. Il trouva Zilla étendue sur le sol, au bord d'un abîme où s'engouffrait une cascade. La belle fée, affaissée sur le roc tremblant, semblait prête à suivre la chute implacable de l'eau dans le gouffre.

XL.

Par un mouvement d'effroi involontaire, Herman la prit dans ses bras et l'éloigna de ce lieu horrible. « Que fais-tu ? lui dit-elle avec un triste sourire ; oublies-tu que, si je cherchais la mort, elle ne voudrait pas de moi ? Et comment peux-tu t'inquiéter d'ailleurs, puisque tu ne peux m'aimer ? — Mère,... lui dit Herman. — Elle l'interrompit : Je n'ai jamais été, je ne serai jamais la mère de personne ! — Si je t'offense en t'appelant ainsi, dit Herman, c'est que tu ne comprends pas ce mot-là.

XLI.

« Pourtant lorsque je pleurais, enfant, celle qui m'a mis au
monde et que je ne devais plus revoir, tu m'as dit que tu la rem-
placerais, et tu as fait ton possible pour me tenir parole. J'ai souvent lassé ta patience par mon ingratitude ou ma légèreté; mais
toujours tu m'as pardonné, et, après m'avoir chassé, tu as couru
après moi pour me ramener. Je ne sais pas ce qui nous sépare, ce
mystère est au-dessus de mon intelligence; mais il y a une chose
que je sais.

XLII.

« Cette chose que tu ne comprends pas, toi, c'est que si mon
bonheur peut se passer de ta présence, il ne peut se passer de l'idée
de ton bonheur. Tu m'as dit souvent qu'il était inaltérable, et je l'ai
cru. Alors, ne pouvant te servir et te consoler, j'ai vécu pour ma
famille et pour moi; mais si tu m'as trompé, si tu es capable de
souffrir, de subir quelque injustice, d'éprouver l'ennui de la solitude, de former un souhait irréalisable, me voilà pour souffrir et
pleurer avec toi.

XLIII.

« Je sais que je ne peux rien autre chose. Je ne suis pas assez
savant pour dissiper ton ennui, ni assez puissant pour te préserver
de l'injustice, et si ton désir immense veut soumettre et posséder
l'univers, je ne puis, moi, atome, te le donner; mais si c'est un
cœur filial que tu veux, voilà le mien que je t'apporte. S'il n'apprécie pas bien la grandeur de ta destinée, il adore du moins cette
bonté qui réside en toi comme la lumière palpite dans les étoiles.
J'ai þien senti que tu ignorais la tendresse, mais j'ai vu que tu
ignorais aussi ce qui souille les hommes, la tyrannie et le châtiment.

XLIV.

« Et si j'ai souffert quelquefois de te voir si grande, j'ai plus
souvent connu la douceur de te sentir si miséricordieuse et infatigable dans ta protection. Et toujours, en dépit de mes langueurs et
de mes révoltes, je me suis reproché de ne pouvoir t'aimer comme
tu le mérites. Voilà tout ce que je peux te dire, Zilla, et ce n'est
rien pour toi. Si tu étais ma pareille, je te dirais : Veux-tu ma vie?
mais la vie d'un homme est peu de chose pour celle qui a vu tomber
les générations dans l'abime du temps.

XLV.

« Eh bien! puisque je n'ai rien à t'offrir qui vaille la peine d'être
ramassé par toi, vois les regrets amers de mon impuissance, et que

cette douleur rachète mon néant. Souviens-toi de ce chien que j'aimais dans mon enfance. Il ne pouvait me parler, il ne comprenait pas ma tristesse, et quand je la lui racontais follement pour m'en soulager, il me regardait avec des yeux qui semblaient me dire : Pardonne-moi de ne pas savoir de quoi tu me parles.

XLVI.

« Il eût voulu, j'en suis certain, avoir une âme pareille à la mienne pour partager ma peine; mais il n'avait que ses yeux pour me parler, et quelquefois j'ai cru y voir des larmes. Moi, j'ai des larmes pour toi, Zilla; c'est un témoignage de faiblesse qu'il ne faut pas mépriser, car c'est l'obscure expression et le suprême effort d'une amitié qui ne peut franchir la limite de l'intelligence humaine et qui te donne tout ce qu'il lui est possible de te donner.

XLVII.

« — Tu mens! répondit Zilla, j'ai demandé un de tes enfans, ta femme me l'a refusé, et tu ne me l'apportes pas! » Herman sentit son cœur se glacer, mais il se contint. « Il n'est pas possible, dit-il, qu'un si chétif désir trouble la paix immuable de ton âme. — Ah! voilà que tu recules déjà! s'écria la fée, et vois comme tu te contredis! Tu prétendais vouloir me donner ta vie, je te demande beaucoup moins... — Tu me demandes beaucoup plus, répondit Herman.

XLVIII.

« — Dis donc, s'écria la fée, que tu crains les larmes et les reproches de Bertha. Ne sais-tu pas que ta fille sera heureuse avec moi? que si elle est malade, je saurai la guérir? que si elle est rebelle, je la soumettrai par la douceur? que si elle est intelligente, je lui donnerai du génie? et que si elle ne l'est pas, je lui donnerai des fêtes et des songes de poésie aussi doux que les révélations de la science sont belles? Avoue donc que ton amour pour elle est égoïste, et que tu veux l'élever dans l'égoïsme humain.

XLIX.

« — Ne me dis pas tout cela, reprit Herman, je le sais. Je sais que l'amour est égoïste en même temps qu'il est dévoué dans le cœur de l'homme; mais c'est l'amour, et tu ne le donneras pas à mon enfant! Eh bien! n'importe; je sais que tu ne peux pas voir souffrir, et que si tu la vois malheureuse, tu me la rendras. Tu me parles des larmes de sa mère! oui, je les sens déjà tomber sur mon cœur; mais dis-moi que le tien souffre de ce désir maternel inassouvi qui te rend si tenace, et je cède.

L.

« — Ne vois-tu pas, dit la fée, que j'en suis venue à ce point de maudire l'éternité de ma vie? que l'ennui m'accable et que je ne me reconnais plus? N'est-ce pas à toi de guérir ce mal, toi qui l'as fait naître? Oui, c'est à force d'essayer de t'aimer dans ton enfance que j'en suis venue à *aimer* ton enfant! — Tu l'aimes donc? s'écria Herman. O mère! c'est la première fois que tu dis ce mot-là! C'est Dieu qui le met sur tes lèvres, et je n'ai pas le droit de l'empêcher d'arriver jusqu'à ton cœur.

LI.

« Attends-moi ici, ajouta-t-il, je vais te chercher l'enfant! Et, sans vouloir hésiter ni réfléchir, car il sentait bien qu'il promettait tout ce qu'un homme peut promettre, il redescendit en courant vers sa demeure. Bertha dormait avec sa fille dans ses bras. Herman prit doucement l'enfant, l'enveloppa dans une douce toison et sortit sans bruit; mais il avait à peine franchi le seuil, que la mère s'élança furieuse, croyant que la fée lui enlevait sa fille.

LII.

Et quand elle sut ce que voulait faire Herman, elle éclata en pleurs et en reproches; mais Herman lui dit : « Notre grande amie veut aimer notre enfant, et notre enfant, qui nous connaît à peine, ne souffrira pas avec elle. Elle n'aura pas les regrets et les souvenirs qui m'ont tourmenté autrefois ici. Il faut faire ce sacrifice à la reconnaissance, ma chère Bertha. Nous devons tout à la fée, elle m'a sauvé la vie, elle t'a donnée à moi; si nous mourions, elle prendrait soin de nos orphelins.

LIII.

« Elle est pour nous la Providence visible. Sacrifions-nous pour reconnaître sa bonté. » Bertha n'osa résister, elle dit à Herman : « Emporte vite mon trésor, cache-le, va-t'en; si je lui donnais un seul baiser, je ne pourrais plus m'en séparer. » Et quand il eut fait trois pas, elle courut après lui, couvrit l'enfant de caresses et se roula par terre, cachant sa figure dans ses cheveux dénoués pour étouffer ses sanglots. « Ah! cruelle fée! s'écria Herman vaincu, non! tu n'auras pas notre enfant!

LIV.

« — Est-ce là ta parole? dit Zilla, qui l'avait furtivement suivi et qui contemplait avec stupeur son désespoir et celui de sa femme; crains mon mépris et mon abandon! — Je ne crains rien de toi, répondit Herman, n'es-tu pas la sagesse et la force, la douceur par conséquent? Mais je crains pour moi le parjure et l'ingratitude. Je t'ai promis ma fille, prends-la. » Bertha s'évanouit, et la fée, s'emparant de l'enfant comme un aigle s'empare d'un passereau, l'emporta dans la nuit avec un cri de triomphe et de joie.

LV.

Ni les larmes, ni les caresses de la mère n'avaient troublé le sommeil profond et confiant de la petite fille; mais quand elle se sentit sur le cœur étrange et mystérieux de la fée, elle commença à rêver, à s'agiter, à se plaindre, et quand la fée fut loin dans la forêt, l'enfant s'éveilla glacée d'épouvante, et jeta des cris perçans que Zilla dut étouffer par ses caresses pour les empêcher de parvenir jusqu'aux oreilles d'Herman et de Bertha.

LVI.

Mais plus elle embrassait l'enfant, plus l'enfant éperdue se tordait avec désespoir et criait le seul mot qu'elle sût dire pour appeler sa mère. Zilla gravit la montagne en courant, espérant en vain que la rapidité de sa marche étourdirait et endormirait la petite créature. Quand elle arriva auprès de la cascade, l'enfant, fatiguée de cris et de pleurs, semblait morte. Zilla sut la ranimer par une chanson qui réveilla les rossignols et les rendit jaloux; mais elle ne put arrêter les soupirs douloureux qui semblaient briser la poitrine de l'enfant.

LVII.

Et, tout en continuant de chanter, Zilla rêvait au mystère d'amour caché dans le sein de ce petit être qui ne savait ni raisonner, ni marcher, ni parler, et qui déjà savait aimer, regretter, vouloir et souffrir. Eh quoi! se disait la fée, je n'aurai pas raison de cette résistance morale qui n'a pas conscience d'elle-même? Elle changea de mélodie, et, dans cette langue sans paroles qu'Orphée chanta jadis sur la lyre aux tigres et aux rochers, elle crut soumettre l'âme de l'enfant à l'ivresse des rêves divins.

LVIII.

Ce chant fut si beau que les pins de la montagne en frémirent de la racine au faîte, et que les rochers en eurent de sourdes palpitations; mais l'enfant ne se consola point et continua de gémir. Zilla invoqua l'influence magique de la lune, mais le pâle visage de l'astre effraya l'enfant, et la fée dut prier la lune de ne plus la regarder. La cascade, ennuyée des pleurs qu'elle entendait et qu'elle prenait pour un défi, se mit à rugir stupidement; mais les cris de l'enfant luttèrent contre le tonnerre de la cascade.

LIX.

Ce désespoir obstiné vainquit peu à peu la patience et la volonté de Zilla. Il semblait qu'il y eût dans ces larmes d'enfant quelque chose de plus fort que tous les charmes de la magie et de plus retentissant que toutes les voix de la nature. Zilla s'imagina qu'au fond de la vallée, à travers les épaisses forêts et les profondes ravines, Bertha entendait les pleurs de sa fille et accusait la fée de ne pas l'aimer. Une colère monta dans l'esprit de Zilla, un tremblement convulsif agita ses membres. Elle se leva au bord de l'abîme.

LX.

« Puisque cet être insensé se refuse à l'amour pour moi, pensait-elle, pourquoi ai-je pris ce tourment, ce vivant reproche qui remplit le ciel et la terre? S'il faut que le désir de cet amour me brûle ou que le regret de ne pas l'inspirer me brise, le seul remède serait d'anéantir la cause de mon mal. N'est-ce pas une cause aveugle? Cet enfant qui s'éveille à peine à la vie a-t-il déjà une âme, et d'ailleurs si l'âme des hommes ne meurt pas, est-ce lui nuire que de la délivrer de son corps? »

LXI.

Elle étendit ses deux bras sur l'abîme, et l'enfant, avertie de l'horreur du danger par l'infernale joie de la cascade, jeta un cri si déchirant que le cœur glacé de la fée en fut traversé comme par une épée. Elle la rapprocha impétueusement de sa poitrine et lui donna un baiser si ardent et si humain que l'enfant en sentit la vertu maternelle, s'apaisa et s'endormit dans un sourire. Zilla, joyeuse, la contemplait, mollement étendue sur ses genoux aux premières pâleurs du matin.

LXII.

Et son âme se transformait comme les nuages épars au flanc de la montagne. Son ardente volonté se fondait comme la neige, son besoin de domination s'effaçait comme la nuit. Une nouvelle lumière, plus pure que celle de l'aube, pénétrait dans son cerveau, des chants plus suaves que ceux de la brise résonnaient dans ses oreilles. Elle pensait à la douce Bertha et se sentait douce à son tour. Quand l'enfant fut reposée, elle se pencha vers ses petites lèvres roses, en obtint un baiser, et redescendit heureuse vers la demeure d'Herman et de Bertha.

LXIII.

« Voilà votre fille, leur dit-elle; j'ai voulu éprouver votre amitié. Reprenez votre bien. J'en connais le prix désormais, car j'ai senti que sa mère ne l'avait pas acheté trop cher par la souffrance. J'ai compris aussi ton droit, Herman! L'homme qui asservit et pille la terre obéit à la prévoyance paternelle; la mort est au bout de sa tâche, mais il a cette compensation de l'amour pendant sa vie. J'offenserais la justice au ciel et sur la terre, si je prétendais posséder à la fois l'amour et l'immortalité. »

LXIV.

Elle les quitta tout aussitôt pour ne pas voir leur joie et retourna dans la solitude, où elle pleura tout le jour. Elle entendit au loin l'assemblée tumultueuse de ses compagnes qui continuaient à s'agiter sur les sommets du sanctuaire; mais cela lui était indifférent. L'orgueil de sa caste immortelle ne parlait plus à son cœur attendri par de saintes faiblesses. Elle reconnaissait qu'elle n'avait jamais aimé ses nobles sœurs et que le baiser d'un petit enfant lui avait été plus doux que toutes les gloires.

LXV.

La nuit qui termina ce jour, unique dans la longue vie de Zilla, monta livide dans un ciel lourd et brouillé. La lune se leva derrière la brisure des roches désolées, et, bientôt voilée par les nuages, laissa tomber des lueurs sinistres et froides sur les flancs verdâtres du ravin. Zilla vit, au bord du lac morne et sans transparence, des feux épars et des groupes confus. Dans une vive auréole blanche, elle reconnut la reine assise au milieu des jeunes fées qui semblaient lui rendre un dernier hommage, car peu à peu elles s'éloignaient et la laissaient seule.

LXVI.

Elles allaient se joindre à d'autres troupes incertaines qui tantôt augmentaient et brillaient d'un rouge éclat dans la nuit, tantôt s'atténuaient ou se perdaient dans des foules errantes. Quelques danses flamboyèrent au bord du lac, quelques étincelles jaillirent dans les roseaux; mais tout s'opéra en silence, aucun chant terrible ou sublime n'accompagna ces évolutions mystérieuses, et Zilla se prit à s'étonner de voir s'accomplir des rites qui lui étaient inconnus.

LXVII.

Elle se souvint que, si elle aimait là quelqu'un, c'était la reine, toujours si douce et si grave. Elle voulut savoir ce qu'elle avait ordonné, et la chercha au bord du lac; mais toute lumière avait disparu, et Zilla fit retentir le cri cabalistique qui l'annonçait à ses sœurs. Ce cri, auquel mille voix avaient coutume de répondre, se perdit dans le silence, et Zilla, voyant qu'un grand événement avait dû bouleverser toutes les lois du sabbat, fut saisie d'effroi et de tristesse.

LXVIII.

Elle cria de nouveau d'une voix mal assurée, mais elle ne put dire les paroles consacrées par le rite, sa mémoire les avait perdues. En ce moment, elle vit la reine auprès d'elle. « Tout est accompli, Zilla, je ne suis plus reine. Mon peuple se disperse et me quitte; regarde!... » La lune, qui se dégageait des nuées troubles, fit voir à Zilla de longues files mouvantes qui gravissaient les hauteurs perdues dans la brume et s'y perdaient à leur tour comme des rêves évanouis.

LXIX.

Vers le nord, c'était le lent défilé des anciennes, procession de noires fourmis qui se collait aux rochers, si compacte que l'on n'en distinguait pas le mouvement insensible. Celles-là fuyaient le voisinage de l'homme, leur ennemi, et s'en allaient chercher dans les glaces, du pôle le désert sans bornes et la solitude sans retour. Vers le sud, les jeunes couraient haletantes, disséminées, ne tournant aucun obstacle, se pressant comme pour escalader le ciel. Celles-ci voulaient conquérir une île déserte dans les régions qu'embrase le soleil et la peupler d'enfans volés dans toutes les parties du monde.

LXX.

A l'orient et à l'occident, d'autres foules diverses d'âge et d'instinct prétendaient se mêler à la race humaine, lui enseigner la science occulte, la corriger de ses erreurs, la châtier de ses vices ou la récompenser de ses progrès. « Tu vois, dit la reine à Zilla, que toutes s'en vont à la poursuite d'un rêve. Dévorées par l'ennui, elles cherchent à ressaisir la puissance et l'activité qui leur échappent. Les vieilles croient fuir l'homme à jamais, elles se trompent; l'homme les atteindra partout et les détrônera jusque dans la solitude où meurt le soleil.

LXXI.

« Les jeunes se flattent de former une race nouvelle avec le mélange de toutes les races, et de changer, sur une terre encore vierge, les instincts et les lois de l'humanité. Elles n'y parviendront pas, l'homme ne sera gouverné et amélioré que par l'homme, et les autres, celles qui, en le prenant tel qu'il est, se vantent de changer les sociétés qu'il a créées et où il s'agite, ne se leurrent pas d'une moins folle ambition. L'homme civilisé ne croit plus qu'à lui-même, et les puissances occultes ne gouvernent que les idiots.

LXXII.

« Je leur ai dit ces vérités, Zilla ! J'ai voulu leur démontrer que, devenues immortelles, nous étions devenues stériles pour le bien, et qu'avant de boire la coupe nous avions été plus utiles dans la courte période de notre vie humaine que depuis mille ans de résistance à la loi commune. Elles n'ont pas voulu me croire, elles prétendent qu'elles peuvent et doivent partager avec l'homme l'empire de la terre, conserver malgré lui les sanctuaires inviolables de la nature et protéger les races d'animaux qu'il a juré de détruire.

LXXIII.

« Elles m'accusent d'avoir entravé leur élan, de les avoir forcées à respecter les envahissemens de la race humaine, à fuir toujours devant elle, à lui abandonner les plus beaux déserts, comme si ce n'était pas le droit de ceux qui se reproduisent de chasser devant eux les neutres et les stériles. En vain je leur ai dit que, n'ayant ni besoins ni occupations fécondes, ni extension possible de nombre, elles pouvaient se contenter d'un espace restreint ; elles ont crié que je trahissais l'honneur et la fierté de leur race.

LXXIV.

« Enfin elles m'ont demandé de quel droit je les gouvernais, puisque, leur ayant donné la coupe de l'immuable vie, je ne savais pas leur donner l'emploi de cette puissance, et j'ai dû leur avouer que je m'étais trompée en leur faisant ce présent magnifique dont j'avais depuis reconnu le néant et détesté la misère. Alors le vertige s'est emparé d'elles, et toutes m'ont quittée, les unes avec horreur, les autres avec regret, toutes avec l'effroi de la vérité et le désir immodéré de s'y soustraire.

LXXV.

« Et maintenant, Zilla, nous voilà seules ici... J'y veux rester, moi, afin d'essayer l'emploi d'une découverte à laquelle depuis mille ans je travaille. Ne veux-tu pas rejoindre tes sœurs qui s'en vont, ou bien espères-tu vivre calme dans cette solitude en veillant sur la famille d'Herman ? — Je veux rester avec toi, répondit Zilla ; toi seule as compris la lente et terrible agonie de mon faux bonheur. Si tu ne peux m'en consoler, au moins je ne t'offenserai pas en te disant que je souffre.

LXXVI.

« — Songe à ce que tu dis, ma chère Zilla. Si rien ne peut te consoler, mieux vaut chercher le tumulte et l'illusion avec tes compagnes. Moi, je ne suis peut-être pas ici pour longtemps, et bientôt

tu ne me verras peut-être plus. » Zilla se rappela que la reine lui
avait parlé d'un remède suprême contre l'ennui, remède dont elle
prétendait faire usage et dont elle n'avait pas voulu lui révéler le
secret terrible. Elle l'implora longtemps avant d'obtenir d'être ini-
tiée à ce mystère; enfin la reine céda et lui dit : « Suis-moi. »

LXXVII.

Par mille détours effrayans qu'elle seule connaissait, la reine
conduisit Zilla dans le cœur du glacier, et pénétrant avec elle dans
une cavité resplendissante d'un bleu sombre, lui montrant sur un
bloc de glace en forme d'autel une coupe d'onyx où macérait un
philtre inconnu, elle lui dit : « A force de chercher le moyen de détruire le funeste effet de la coupe de vie, je crois avoir trouvé enfin
la divine et bienfaisante coupe de mort. Je veux mourir, Zilla, car
plus que toi je suis lasse et désespérée.

LXXVIII.

« J'ai souffert en silence, et j'ai savouré goutte à goutte, de siècle
en siècle, le fiel des vains regrets et des illusions perdues; mais ce
qui m'a enfin brisée, c'est la pensée que nous devions finir avec ce
monde, en châtiment de notre résistance aux lois qu'il subit. Nous
avons cherché notre Éden sur la terre, et non-seulement les autres
habitans de la terre se sont détournés de nous, mais encore la terre
elle-même nous a dit : « Vous ne me possédez pas; c'est vous qui
m'appartenez à jamais, et mon dernier jour sera le vôtre. »

LXXIX.

« Zilla, j'ai vu le néant se dresser devant moi, et l'abîme des
siècles qui nous en sépare m'est apparu comme un instant dans
l'éternité. Alors j'ai eu peur de la mort fatale, et j'ai demandé passionnément au maître de la vie de me replacer sous la bienfaisante
loi de la mort naturelle. — Je ne t'entends pas, répondit Zilla pâle
d'épouvante : est-ce qu'il y a deux morts? et veux-tu donc mourir
comme meurent les hommes? — Oui, je le veux, Zilla, je le cherche,
je l'essaie, et j'espère qu'enfin mes larmes ont fléchi *celui* que nous
avons bravé.

LXXX.

« — Le maître de la vie t'a-t-il pardonné ta révolte? t'a-t-il promis
que ton âme survivrait à cette mort? — Le maître de la vie ne m'a
rien promis. Il m'a fait lire cette parole dans les hiéroglyphes du
ciel étoilé : *La mort, c'est l'espérance.* — Eh bien! attendons la
mort de la planète; ne doit-elle pas s'endormir dans la même promesse? — Elle, oui, elle a obéi à ses destinées; mais nous qui les

avons trouvées trop redoutables et qui nous en sommes affranchies, nous n'avons point de droit à l'universel renouvellement.

LXXXI.

« Et maintenant, adieu, ma chère Zilla : c'est ici que je veux demeurer pour me préparer à l'expiation. Retourne aux enivremens de la lumière, et si tu ne peux oublier ton mal, reviens partager mon sort.—J'espère, dit Zilla, que ton poison sera impuissant; mais jure-moi que tu ne feras pas cette horrible expérience sans m'appeler auprès de toi. » La reine jura, et Zilla quitta le glacier avec empressement : elle avait hâte de revoir le soleil, les eaux libres, les nuages errans et les fleurs épanouies. Elle aimait encore la nature et la trouvait belle.

LXXXII.

Elle courut à la demeure d'Herman, voulant s'habituer à la vue de son bonheur. Elle le trouva consterné. Bertha était malade; le chagrin que l'enlèvement de sa fille lui avait causé avait allumé la fièvre dans son sang. Elle avait le délire et redemandait sans cesse avec des cris l'enfant qu'elle tenait dans ses bras sans le reconnaître. Zilla courut chercher des plantes salutaires et guérit la jeune femme. La joie revint dans le chalet, mais Zilla resta honteuse et triste : elle y avait fait entrer la douleur.

LXXXIII.

Elle crut que maître Bonus s'en ressentait aussi; il ne parlait presque plus et ne pouvait marcher. « Il n'est pas malade, lui dit Herman; il n'a pas eu de chagrin, il n'a pas compris le nôtre. Il n'a d'autre mal que la vieillesse. Il ne veille plus et ne dort plus. Ses heures sont noyées dans un rêve continuel. Il ne souffre pas, il sourit toujours. Nous croyons qu'il va mourir, et nous avons tout essayé en vain pour prolonger sa vie. — Vous désirez donc qu'il ne meure pas? dit la fée.

LXXXIV.

« — Nous ne désirons pas l'impossible, répondit Herman. Nous regretterons ce vieux compagnon, et nous prolongerons autant que possible le temps qui lui reste à passer avec nous; mais nous sommes soumis à la loi que nous impose le maître de la vie. » Zilla s'approcha du vieillard et lui demanda s'il voulait qu'elle essayât de lui rendre ses forces. Maître Bonus se prit à rire et la remercia d'un air enfantin. « Vous avez assez fait pour moi, dit-il; vous m'avez sauvé du supplice. Depuis, grâce à vous, j'ai vécu de longs jours paisibles, et il ne serait pas juste d'en vouloir davantage. »

LXXXV.

Quand la fée revint le voir, il souffrait un peu et se plaignait faiblement. « J'ai bien de la peine à mourir, lui dit-il. — Tu peux hâter ta fin, lui répondit la fée. Pourquoi l'attendre, puisqu'elle est inévitable? » Maître Bonus sourit encore. « La vie est bonne jusqu'au dernier souffle, madame la fée, et la raison, d'accord avec Dieu, défend qu'on en retranche rien. — Et après? Que crois-tu trouver de l'autre côté de cette vie? — Je le saurai bientôt, dit le moribond; mais, tant que je l'ignore, je ne m'en tourmente pas. »

LXXXVI.

Zilla le vit bientôt mourir. Ce fut comme une lampe qui s'éteint. Herman et Bertha amenèrent leurs enfans pour donner un baiser à son front d'ivoire. « Que faites-vous donc là? dit la fée. — Nous respectons la mort, répondit Bertha, et nous bénissons l'âme qui s'en va. — Et où va-t-elle? demanda encore la fée inquiète. — Dieu le sait, répondit la femme. — Mais vous, ne craignez-vous rien pour cette âme de votre ami? — On m'a appris à espérer. — Et toi, Herman? — Vous ne m'avez rien appris là-dessus, répondit-il; mais Bertha espère, et je suis tranquille. »

LXXXVII.

Zilla comprit la douceur de cette mort naturelle après l'accomplissement de la vie naturelle; mais la mort violente, la mort imprévue, la mort du jeune et du fort, elle en était effrayée, et elle souhaita de consulter la reine. Cependant la reine ne reparaissait pas, et Zilla n'osait retourner vers elle. Une nuit, son fantôme vint l'appeler; elle le suivit et trouva sa grande amie paisible et souriante au fond de son palais de saphir. « Zilla, lui dit-elle, l'heure est venue, il faut que tu m'assistes.

LXXXVIII.

« Mais auparavant je veux te donner beaucoup de secrets que j'ai découverts pour guérir les maladies, panser les blessures, et tout au moins diminuer les souffrances. Tu les donneras à Herman, afin qu'autant que possible il détourne de lui et des siens la mort prématurée et la souffrance inutile. Dis-lui d'abord qu'il cherche à nous surpasser dans cette science, car l'homme doit s'aider lui-même et combattre éternellement. Ses maux sont le châtiment de son manque de sagesse et le résultat de son ignorance.

LXXXIX.

« Par la sagesse, il détruira l'homicide; par la science, il repoussera la maladie. Adieu, ma sœur. Mourir n'est rien pour qui a bien vécu. Quant à moi, j'ignore à quel supplice je m'abandonne, car j'ai commis un grand crime; mais je ne dois pas craindre de l'expier et de refaire connaissance avec la douleur. — Vas-tu donc mourir? s'écria Zilla en cherchant à renverser la coupe fatale. — Je l'ignore, répondit la reine en la retenant d'une main ferme. Je sais qu'avec ce breuvage je détruis la vertu maudite de la coupe de vie.

XC.

« Mais je ne sais pas si je vais devenir mortelle ou mourir. Peut-être vais-je reprendre mon existence au point où elle était quand je l'ai immobilisée. Alors j'aurai quelques jours de bonheur sur la terre; mais je ne les ai pas mérités, et je ne les demande pas. Ne nous berçons pas d'un vain espoir, Zilla. Regarde ce que je vais devenir, et, si je suis foudroyée, laisse ma dépouille ici, elle y est tout ensevelie d'avance. Si je lutte dans l'horreur de l'agonie, répète-moi le mot que j'ai lu à la voûte du ciel : « la mort, c'est l'espérance. »

XCI.

« — Attends, s'écria Zilla. Et si je veux mourir aussi, moi? » La reine lui donna une formule magique en lui disant : « Tu pourras composer toi-même ce poison. Je ne veux pas que tu le boives sans avoir eu le temps de réfléchir. Donne-moi la bénédiction de l'amitié. Mon âme est prête. » Zilla se jeta aux genoux de la reine et la supplia d'attendre encore; mais la reine, craignant de faiblir devant ses larmes, la pria d'aller lui chercher une rose pour qu'elle pût encore contempler une pure expression de la beauté sur la terre avant de la quitter peut-être pour toujours.

XCII.

Quand Zilla revint, la reine était assise près du bloc de glace, la tête nonchalamment appuyée sur son bras; l'autre main était pendante, la coupe vide était tombée sur le bord de sa robe. Zilla crut qu'elle dormait; mais ce sommeil, c'était la mort. Zilla avait vu mourir bien des humains et ne s'en était point émue, n'ayant voulu en aimer aucun. En voyant que l'immortelle avait cessé de vivre, elle fut frappée de terreur. Cependant elle espéra encore que cette mort n'était qu'une léthargie, et elle passa trois jours auprès d'elle, attendant son réveil.

XCIII.

Le réveil ne vint pas, et Zilla vit raidir lentement cette figure majestueuse et calme. Elle s'enfuit désespérée. Elle revint plusieurs fois. La glace conservait ce beau corps et ne permettait pas à la corruption de s'en emparer; mais elle pétrifiait de plus en plus l'expression de l'oubli sur ses traits et changeait en statue cette merveille de la vie. Zilla, en la regardant, se demandait si elle avait jamais vécu. Ce n'était plus là son amie et sa reine. C'était une image indifférente à ses regrets.

XCIV.

Peu à peu la jeune fée se fit à l'idée de devenir ainsi, et elle résolut de suivre le destin de son amie; mais quand elle eut composé le philtre de mort, elle le plaça sur le bloc de glace et s'enfuit avec horreur. Depuis qu'elle se savait libre de mourir, elle sentait le charme de la vie et ne s'ennuyait plus. Le printemps, qui venait d'arriver, semblait le premier dont elle eût apprécié l'incomparable sourire. Jamais les arbres n'avaient eu tant d'élégance, jamais les prés fleuris n'avaient exhalé de si suaves odeurs.

XCV.

Elle épiait dans l'herbe le réveil des insectes engourdis par l'hiver, et quand elle surprenait le papillon dépouillant sa chrysalide, elle tremblait en se demandant si c'était là l'emblème de l'âme échappant aux étreintes de la mort. Elle se sentait appelée par la reine dans le royaume des ombres, elle la voyait en songe et l'interrogeait; mais le fantôme passait sans lui répondre, en lui montrant les étoiles. Elle essayait d'y lire la promesse qui avait enhardi son amie. La peur de la destruction l'empêchait d'en saisir le chiffre mystérieux.

XCVI.

Elle voyait Bertha tous les jours et s'attachait plus tendrement que jamais à sa petite fille. Les autres enfans d'Herman lui semblaient beaux et bons; mais la mignonne qu'elle préférait absorbait tous ses soins. L'enfant était délicate, plus intelligente que ne le comportait son âge, et quand la fée la tenait sur ses genoux, elle commençait à parler et à dire des choses qui semblaient lui venir d'une autre vie. Elle ne regardait ni les blancs agneaux ni les fleurs nouvelles; elle tendait sans cesse ses petits bras vers les nuages, et un jour elle cria le mot *ciel*, que personne ne lui avait appris.

XCVII.

Un jour, l'enfant devint pâle, laissa tomber sa blonde tête sur l'épaule de Zilla, et lui dit : *Viens!* La fée crut qu'elle l'invitait à la mener promener; mais Bertha fit un grand cri : l'enfant était morte. Zilla essaya en vain de la ranimer. Tous les secrets qu'elle savait y perdirent leur vertu. L'âme était partie. « Ah! méchante fée! s'écria Bertha dans la fièvre de sa douleur, je le savais bien que ma fille mourrait! C'est depuis la nuit qu'elle a passée avec toi sur la montagne qu'elle a perdu sa fraîcheur et sa gaîté. C'est ton funeste amour qui l'a tuée! »

XCVIII.

Zilla ne répondit rien. Bertha se trompait peut-être; mais la fée sentait bien que cette mère affligée ne l'aimerait plus. Herman éperdu essaya en vain d'adoucir leurs blessures. Zilla quitta le chalet et courut au glacier. Elle osa donner un baiser au cadavre impassible de la reine, et elle but la coupe; mais, au lieu d'être foudroyée, elle se sentit comme renouvelée par une sensation de confiance et de joie, et elle crut entendre une voix d'enfant qui lui disait : Viens donc!

XCIX.

Elle retourna au chalet. L'enfant était couchée dans une corbeille de fleurs. Sa mère priait auprès d'elle, entourée de ses autres beaux enfans qui s'efforçaient de la consoler, et qu'elle regardait avec douceur, comme pour leur dire : « Soyez tranquilles, je ne vous aimerai pas moins. » Le père creusait une petite fosse sous un buisson d'aubépine. Il versait de grosses larmes, mais il préparait avec amour et sollicitude la dernière couchette de son enfant. En voyant la fée, il lui dit : « Pardonne à Bertha! »

C.

Zilla se mit aux genoux de la femme : « C'est toi qui dois me pardonner, lui dit-elle, car je vais suivre ton enfant dans la mort. Elle m'a appelée, et c'est sans doute qu'elle va revivre dans un meilleur monde et qu'il lui faut une autre mère. Ici je n'ai su lui faire que du mal, mais il faut que je sois destinée à lui faire du bien ailleurs, puisqu'elle me réclame. — Je ne sais ce que tu veux dire, répondit la mère. Tu as pris la vie de mon enfant, veux-tu donc aussi m'emporter son âme? — L'âme de notre enfant est à Dieu seul, dit Herman; mais, si Zilla connaît ses desseins mystérieux, laissons-la faire. — Mettez l'enfant dans mes bras, » dit la fée. Et quand elle tint ce petit corps contre son cœur, elle entendit encore que son esprit lui disait tout bas : « Allons, viens! — Oui, partons! » s'écria la fée. Et, se penchant vers elle, elle sentit son âme s'exhaler et se mêler doucement, dans un baiser maternel, à l'âme pure de l'enfant. Herman fit la tombe plus grande et les y déposa toutes deux. Durant la nuit, une main invisible y écrivit ces mots : « La mort, c'est l'espérance. »

GEORGE SAND.

Palaiseau, 10 avril 1865.

UN HIVERNAGE

CHEZ

LES ESQUIMAUX

Life with the Esquimaux, the narrative of Captain C. F. Hall; London 1864.

Il est des contrées qui nous repoussent, comme d'autres nous attirent. Autant la zone tropicale a d'attrait pour l'homme en lui promettant de loin les délices d'une existence facile et nonchalante, autant les régions polaires inspirent de répulsion, car sur une terre morne et stérile la nature ne satisfait à aucun des besoins de l'humanité; c'est par une lutte incessante contre les élémens que les voyageurs qui traversent ces contrées, les indigènes même qui les habitent, peuvent assouvir leur faim, apaiser leur soif et se prémunir contre les atteintes d'une température pour laquelle le corps humain n'a pas été constitué. Le soleil, principe de toute vitalité énergique, n'y déverse que des rayons obliques et se cache pendant une partie de l'année; ne semble-t-il point que là où la lumière fait défaut, la vie est près de s'éteindre faute d'aliment, et ne subsiste que par grâce? Qu'est-il besoin d'ailleurs de fouiller les terres polaires et d'approfondir les mystères qu'elles recèlent, tant qu'à la surface du globe il restera d'autres régions inexplorées qui ne portent pas dans leur sein un germe de mort et de désolation?

Une industrie pleine de hasards et de dangers, la pêche de la baleine, attire encore néanmoins quelques navigateurs dans les mers arctiques. La baleine franche, le plus gros des cétacés et aussi le plus productif en huile, qui descendait autrefois, dit-on, jusqu'aux côtes d'Europe et abondait dans les parages de Terre-Neuve, s'est retirée insensiblement vers les latitudes plus froides où elle est mieux abritée contre les poursuites des hommes. Ceux-ci la suivent jusque dans ces régions presque inabordables. Il n'y a pas d'année où quelques bâtimens baleiniers n'hivernent dans les glaces du détroit de Davis et de la baie d'Hudson, de préférence dans l'une des nombreuses baies découpées à l'intérieur du petit continent qui sépare ces deux bras de mer. Des pêcheurs intrépides vont même bien plus près du pôle. Parmi les plus hardis explorateurs des régions polaires, on compte des capitaines de navires armés pour la pêche de la baleine. Ces marins vivent pendant leur hivernage en contact journalier avec les Esquimaux, habitans de ces contrées stériles, mais ils s'occupent peu d'étudier leurs mœurs et leur existence; ignorant leur langue, ils se bornent en général aux rapports passagers que créent entre eux des échanges de vivres et de services.

D'autres expéditions, d'un intérêt purement scientifique, furent dirigées à diverses époques vers ces hautes latitudes. La plus célèbre, sinon par les résultats, au moins par l'impulsion qu'elle a donnée aux voyages de découvertes vers le pôle boréal, fut celle de sir John Franklin, qui avec deux navires, l'*Erebus* et la *Terreur*, quitta l'Angleterre en 1845. Aucune nouvelle de l'expédition n'étant venue en Europe depuis l'époque du départ, d'autres navires furent, on le sait, expédiés sur les traces de sir John Franklin. Grâce aux efforts empressés de l'amirauté anglaise, au concours bienveillant d'un Américain, M. Grinnell, qui fit à lui seul les frais d'une de ces campagnes, et surtout grâce au dévouement persévérant de lady Franklin, qui consacra sa fortune entière à ces entreprises, on put continuer pendant quinze ans les voyages de recherches. Si ces voyages ont été féconds en résultats géographiques, le but principal n'a par malheur pas été atteint. Quoiqu'une trentaine de navires aient parcouru les mers où Franklin s'est perdu et qu'une somme de 50 millions de francs ait été, dit-on, dépensée dans ces tentatives infructueuses, on n'a point encore de détails précis sur la dernière expédition de l'infortuné navigateur et sur l'événement qui l'a terminée. Dans le voyage fait par le *Fox* en 1858, sous le commandement de sir Leopold Mac Clintock, on a pu seulement s'assurer que Franklin, plusieurs de ses officiers et des hommes de son équipage, après avoir abandonné leurs navires emprisonnés dans les glaces, étaient morts de faim et de froid sur la Terre-du-Roi-Guillaume, vers le 68e degré de latitude. Il fut avéré aussi qu'en avril 1848 cent cinq hommes de cette expédition étaient encore vivans; plusieurs d'entre eux pouvaient donc avoir prolongé leur existence jusqu'à l'époque actuelle, en restant au milieu des Esqui-

maux qui habitent en nomades ces terres désolées. Au retour de sir
Leopold Mac Clintock, on reconnut qu'il y avait quelque espoir de
recueillir de nouveaux indices sur le sort de ces malheureux, mais
qu'il fallait tenir compte des difficultés insurmontables qui arrêtent
les navires dans des mers gelées pendant neuf mois de l'année et
suivre un plan différent de celui qui avait été adopté jusqu'alors.
Quelques hommes isolés, qui se soumettraient volontiers à la façon
de vivre des Esquimaux, qui adopteraient leurs mœurs, leur genre
d'existence, et comprendraient leur langue, devaient pénétrer avec
moins de peine dans les terres polaires et y recueillir par une fréquentation quotidienne des indigènes la tradition du séjour d'autres
hommes blancs dans les mêmes parages. Pour subsister au milieu
des glaces et y conserver la force et la santé, il est indispensable de
vivre comme les Esquimaux vivent eux-mêmes. Quand l'équipage
d'un bâtiment baleinier est attaqué du scorbut, le capitaine met les
hommes malades au régime des indigènes; nourris de viandes crues
et couchant sous des huttes de neige, ils guérissent promptement.
On s'habitue bien vite à une telle existence qui n'a rien d'incompatible avec la constitution physique de l'Européen. L'homme blanc
peut supporter sans péril les froids de l'extrême nord; il peut s'y
accoutumer et passer même de longues années sous ce climat excessif, pourvu qu'il sache modifier ses habitudes. Il est donc probable que plusieurs des compagnons de Franklin vivent encore au
milieu des Esquimaux des terres de Boothia, de Victoria et du
Prince-Albert, où l'expédition de ce célèbre navigateur est venue
misérablement échouer. Si l'on en visitait les rivages aux mois de
juillet, août, septembre, qui sont les plus doux et les plus favorables
de l'année pour voyager dans les glaces, il serait possible sans doute
de lier connaissance avec les Esquimaux qui les ont rencontrés;
peut-être les retrouverait-on eux-mêmes; au moins on pourrait découvrir les tombes de ceux qui ont succombé, réunir des débris de
l'expédition et recueillir de précieux renseignemens sur une entreprise encore enveloppée de tant de mystères.

Telles sont les pensées qui avaient inspiré M. Hall au début du
voyage qu'il a entrepris dans les mers arctiques. Le but qu'il s'était
proposé n'a pas été atteint, et l'on va voir quels événemens l'ont
empêché d'aller jusqu'au bout; mais il a préparé la voie en étudiant
à fond pendant un séjour de deux années les mœurs curieuses des
peuplades du Nord. Avant de repartir pour une nouvelle expédition
où il pourra profiter de l'expérience acquise, il a raconté les aventures de cette première et pénible pérégrination, qui ne fait que
confirmer les espérances précédemment conçues.

I.

M. Hall partit de New-London, dans le Connecticut, le 29 mai 1860, sur le trois-mâts *George Henry*, qui était expédié dans le détroit de Davis pour la pêche de la haleine, et sur lequel les armateurs lui avaient gracieusement offert le passage gratuit. Il n'était accompagné que d'un Esquimau, nommé Kudlago, qu'un baleinier avait amené aux États-Unis peu de temps auparavant et qui devait servir d'interprète. Le *George Henry* devait aller de conserve avec un autre bâtiment, le *Rescue;* 29 hommes d'équipage, sous le commandement du capitaine Budington, composaient, avec les deux explorateurs, tout le personnel des deux navires qui devaient séjourner pendant dix-huit mois ou deux ans au milieu des glaces, sans communication aucune avec le monde civilisé.

La première partie du voyage, — des États-Unis au Groënland, tout le long des côtes de Terre-Neuve, du Labrador et du Groënland méridional, — ne présente qu'un médiocre intérêt. Néanmoins on observe avec curiosité les indices successifs par lesquels, à mesure que l'on s'avance vers le nord, se révèle la nature âpre du climat. D'abord apparaissent les oiseaux des mers polaires, les mouettes et les pétrels, qui abondent dans ces régions où la mer pourvoit aisément à leur subsistance, et qui n'en sortent guère que par hasard, entre deux pontes, pour faire un court séjour dans les latitudes plus chaudes. Un peu lourds de forme, ils ne se jouent pas moins à travers les vagues et happent au passage les poissons qui leur servent de nourriture. Plus loin, on rencontre les baleines par troupes plus ou moins nombreuses; mais celles qui s'avancent ainsi vers le sud n'appartiennent pas au genre *mysticète*, ce ne sont pas des « baleines du Groënland; » c'est la *physale*, espèce plus petite, plus vive en ses mouvemens, plus dangereuse à combattre, et que les pêcheurs n'attaquent pas, parce que leurs bateaux y courraient trop de risques et que d'ailleurs elle ne fournit que peu d'huile d'assez mauvaise qualité. A mesure que le navire poursuit sa route vers le nord, le voyageur peut aussi remarquer que le crépuscule du soir s'allonge et que le ciel reste illuminé par les clartés indirectes du soleil longtemps après que cet astre a disparu au-dessous de l'horizon, phénomène qui indique que l'on approche du cercle polaire, au-delà duquel le soleil cesse de se coucher pendant plusieurs jours au solstice d'été, et s'efface tout à fait pendant une période également longue au moment du solstice d'hiver. Enfin si l'on suit avec le thermomètre les variations de température de l'eau de mer, on s'aperçoit un jour qu'elle s'abaisse bien près de zéro, ce qui dénote que les montagnes de glace ne sont pas éloignées; celles-ci apparaissent à leur tour dans le lointain, détachant leur masse d'albâtre entre la teinte grise des nuages et la teinte bleue de l'océan. Le navigateur est alors en pleine mer arctique et ne peut plus s'avancer qu'avec précaution, de peur de se heurter contre ces obstacles flottans qui descendent lentement, entraînés par les courans, vers les régions tempérées dont la chaleur les fera s'évanouir.

Le Groënland est, dit-on, la seule terre dont la vue ne réjouisse pas le marin après une longue traversée. Cela est peut-être vrai lorsque les montagnes sont toutes couvertes de neige et que les côtes escarpées ne présentent qu'un horizon de glaciers; mais il n'en saurait être de même durant la courte période de l'été, tandis que les rayons du soleil sont presque chauds et que les vallées étroites entre les montagnes, les *fiords,* se recouvrent de mousse et d'herbes qui ont mérité à ce petit continent le nom de *terre verte.* A cette époque de l'année, les brouillards sont fréquens et épais dans ces parages, ce qui contribue sans doute à donner en peu de jours à la végétation un aspect presque luxuriant. Les ports du Groënland ne sont au reste que des lieux de relâche d'une médiocre utilité pour les baleiniers, car le pays est trop pauvre pour nourrir ses propres habitans et importe du Danemark une grande partie de ce qu'il consomme.

Sur toute cette côte occidentale, — du cap Farewell, qui la termine au sud, jusqu'aux environs du 67e degré de latitude (l'étendue est d'environ 800 kilomètres), — on aperçoit de nombreux havres où les navires sont bien abrités et où la mer est si profonde qu'ils peuvent jeter l'ancre tout près du rivage. Par malheur cette terre ne produit rien, elle est presque inhabitée. Le pays est soumis au Danemark, qui a établi des gouverneurs dans les principales villes, à Julianshaab, Frederickshaab, Holsteinborg. La population totale n'atteint pas dix mille habitans, dont deux cent cinquante Européens; le reste se compose d'Esquimaux, qui sont pour la plupart de sang mêlé par les alliances des natifs avec les immigrans danois. La pêche des baleines et des veaux marins, la chasse du renne, du renard et de l'eider sont les principales occupations des indigènes, et leur fournissent les seuls objets d'échange et de commerce dont ils puissent disposer. Des médecins, des instituteurs et des missionnaires, à qui le gouvernement danois donne, outre un modique traitement, les rations de vivres nécessaires à l'existence, pourvoient aux besoins les plus indispensables de ce pauvre peuple.

Un autre motif que la stérilité du sol et la rigueur du climat s'oppose à ce que les établissemens groënlandais acquièrent plus de prospérité. Les ports ne sont pas ouverts au commerce de toutes les nations. Chaque localité est ravitaillée par un navire qui arrive tous les ans du Danemark et y laisse une provision suffisante de sucre, café et biscuit de mer, de bois et de houille. Le gouvernement surveille de près ces approvisionnemens et ne laisse introduire que ce qu'il lui convient que les indigènes achètent, prétendant que s'il permettait aux navires étrangers de commercer librement avec les natifs, ceux-ci échangeraient leurs fourrures, leur huile de baleine et leurs poissons secs contre des liqueurs fortes qui ruineraient leur santé et corrompraient leurs mœurs. A l'abri du régime restrictif auquel ils sont soumis, les Esquimaux du Groënland vivent paisibles et heureux, sans se douter que leur pays pourrait, avec un peu plus de liberté commerciale, devenir un peu plus riche et tenir un peu plus de place dans l'histoire du monde. Cependant les ports du Groënland sont sur la route naturelle des navires qui remontent le détroit de Davis pour se rendre dans les régions plus septentrionales où la baleine est abondante. Le bras de mer qui sépare le Groënland du Labrador, encombré pendant la plus grande partie de l'année par les glaces flottantes qui descendent du pôle, n'est navigable que près de la côte orientale. De l'autre côté, le climat est plus rude, les banquises s'amoncèlent, et c'est à peine si quelques pêcheries, abandonnées en hiver, ont pu être établies sur les rivages du Labrador.

Après un court séjour dans la rade de Holsteinborg, le *George Henry* n'avait plus qu'à traverser le détroit de Davis de l'est à l'ouest pour arriver dans l'une des baies de la Terre-de-Cumberland, où ce bâtiment devait séjourner, tandis que son équipage se livrerait à la pêche de la baleine. Cette traversée est toujours périlleuse, même pendant les trois seuls mois de l'année, juillet, août et septembre, où la mer est ouverte. D'immenses montagnes de glace flottent çà et là au gré des vents, et présentent toutes les formes variées que l'imagination peut concevoir, tantôt découpées en arcades gothiques comme une cathédrale, tantôt couronnées par des lignes plates et régulières comme les ruines d'un château féodal que quelque géant aurait érigé à leur sommet; mais, si l'œil s'arrête avec plaisir sur ces découpures pittoresques où rien n'apparaît de vivant que quelques troupes d'oiseaux de mer, le marin ne saurait prendre trop de précautions pour éviter que son navire ne vienne à se briser contre ces masses prodigieuses. Le danger est encore accru par des brouillards d'une intensité extraordinaire qui envahissent tout à coup l'horizon. Lorsque les brouillards s'étendent sur la mer, ce sont les jours tristes et sombres des régions arctiques. Quand au contraire le soleil brille, les glaces, les nuages,

les terres même, si désolées qu'elles soient, qui bornent la vue
dans le lointain, se revêtent des plus riches teintes de l'arc-en-ciel.
Toutes ces masses couvertes de neige se renvoient de l'une à l'autre
une lumière éblouissante, et les rayons du soleil, réfléchis en tous
sens, ne peuvent trouver nulle part de surface terne qui les absorbe
ou les éteigne. De bizarres phénomènes optiques se produisent au
milieu de ces jeux de lumière; on voit au loin des objets renversés
par le mirage, de même que dans les plaines brûlantes de l'Afrique;
la réfraction dessine des figures confuses et fantastiques sur les
bords de l'horizon, et le soleil, même après qu'il est descendu
depuis longtemps au-dessous de la limite des eaux, éclaire encore
d'une illumination vague et diffuse le sommet des montagnes et
les nuages qui les surplombent. Devant un spectacle si brillant et
si riche en couleurs, on oublie sans peine que le thermomètre est
au-dessous de zéro.

M. Hall arrivait sans encombre le 8 août 1860 dans la baie d'Oo-
kovlear, située vers le 63e degré de latitude, et à laquelle il imposa
le nouveau nom de baie Grinnell en mémoire du généreux protecteur qui avait encouragé son expédition. Dès que le bâtiment eut
jeté l'ancre, les Esquimaux du voisinage vinrent à bord sur leurs
kias, petits bateaux très étroits qu'ils manœuvrent avec une prodigieuse habileté, et le voyageur put faire connaissance avec cette
singulière race d'hommes au milieu desquels il avait projeté de
vivre pendant quelque temps.

« Les sensations que j'éprouvais, dit-il, en arrivant dans une nouvelle
contrée étaient naturellement très vives. La terre qui nous entourait, les '
habitans, les montagnes escarpées, les sommets couverts de neige, tout
portait le caractère distinctif des régions de l'extrême nord qui devaient
être le champ ultérieur de mes travaux. Ce ne fut que lorsque le vaisseau
devint immobile que je me remis de cette première émotion et que je pus
examiner nos visiteurs. Je n'oublierai jamais l'impression qu'ils produisirent tout d'abord sur moi.

« Un ingénieux écrivain a dit un jour des Esquimaux, à propos d'un livre
sur les pays arctiques dont il rendait compte, que ce sont des êtres composites, hybrides, intermédiaires entre l'Anglo-Saxon et le veau marin, qui
ont à l'intérieur la conformation de cet animal et en portent la dépouille
à l'extérieur, par-dessus leur propre peau. Une section transversale ferait
voir qu'ils sont formés, par stratification alternante, de couches successives d'homme et de veau marin, d'abord l'animal à la surface, puis au-
dessous le bipède, ensuite une nouvelle couche d'animal, de bipède, et enfin
l'animal au centre. Cependant, si singuliers d'aspect qu'ils soient, ces sauvages sont enjoués et ont une grande propension à la gaîté. Quoiqu'ils habitent des tanières, les plus froides et les moins comfortables qu'on puisse
imaginer, ils sont toujours souriants. Quand ils voient un homme blanc, ils

sourient; ils sourient encore quand ils se frottent le nez avec de la neige pour l'empêcher d'être gelé, quand ils soufflent dans leurs doigts pour se réchauffer, quand ils se frictionnent avec la graisse de phoque. Sans trop insister sur la bonne humeur permanente de ces hommes, on peut affirmer que, quels que soient leur apparence et leur mode de vivre, ils sont sans contredit hospitaliers et bienveillans. »

Plusieurs bâtimens baleiniers se trouvaient à l'ancre au même moment dans la baie Grinnell, mais chacun d'eux se choisit bientôt une station d'hivernage. Le *George Henry* et le *Rescue* vinrent un peu plus au sud s'établir dans Field-Bay, au centre d'un beau havre bien abrité, et les deux équipages prirent leurs dispositions pour se livrer à la pêche de la baleine, qui était leur but, tandis que M. Hall se familiarisait avec les mœurs et coutumes des indigènes. A cette époque de l'année, les parties basses du terrain sont débarrassées de la neige; sur la mer, il n'y a plus de glace, sauf au large, où défilent lentement les grosses masses qui proviennent des régions plus septentrionales; de petites fleurs apparaissent dans chaque fente de rocher sur la pente des montagnes; des moustiques même vous tourmentent de leurs piqûres comme dans les contrées tropicales; mais, si peu que l'on s'élève, on retrouve la glace et les neiges perpétuelles. Ce qui attriste peut-être le plus l'œil du voyageur est l'absence de tout arbre et même des plus chétifs arbustes. Cette terre a bien juste la force de produire quelques mousses et quelques graminées pendant le court été qui lui est accordé chaque année.

Quoique M. Hall eût quitté les États-Unis avec l'intention de s'avancer, soit en bateau, soit en traîneau, beaucoup plus au nord que le point où son bâtiment s'était alors arrêté, il fut bientôt forcé de renoncer pour le moment à ce projet. Il ne pouvait entreprendre ce voyage qu'en compagnie des indigènes; or tous ceux à qui M. Hall en parlait refusaient de s'engager dans cette entreprise, parce que la saison était trop avancée. Par malheur, deux mois après son arrivée dans ces parages, un coup de vent fit sombrer l'un des deux bâtimens, le *Rescue,* dont se composait la petite expédition, et en même temps le bateau construit sur un modèle spécial et qui devait servir pour le voyage à la Terre-du-Roi-Guillaume. Malgré sa ferme volonté de pénétrer jusqu'à la région où l'on peut espérer de revoir les traces de sir John Franklin, l'intrépide voyageur fut donc contraint de rester dans la contrée où il se trouvait en ce moment, sauf les petites pérégrinations qu'il pouvait entreprendre dans les mers environnantes avec les moyens que les Esquimaux avaient eux-mêmes à leur disposition. M. Hall sut du moins profiter de ce ╲

contre-temps pour étudier le pays où il était retenu et les indigènes
qui habitaient cette région.

Ces indigènes, peu nombreux et vivant en famille avec leurs
femmes et leurs enfans, se tiennent en été sur le bord de la mer
sous leurs tentes de peaux, ou bien ils émigrent dans leurs bateaux
de l'une à l'autre de toutes ces petites baies découpées dans les rivages environnans. Aussi connaissent-ils à merveille la topographie
de leur terre natale, et grâce à une mémoire remarquable chez des
êtres si dégradés ils sont capables de tracer sur le papier le contour de leurs côtes avec une surprenante exactitude. Dès qu'il arrive un baleinier, ils se mettent volontiers à son service, et, moyennant des rations de biscuit, de café et de tabac, ils se louent comme
rameurs pour les longues courses qu'il faut faire dans les baies à la
recherche des baleines. Travailleurs peu assidus d'ailleurs, rien ne
peut les retenir lorsqu'ils ont résolu d'aller à la chasse aux rennes
ou de prendre quelques jours de repos. Leur grande fête est, lorsqu'une baleine est capturée, d'en manger la peau et la chair sans
même prendre la peine de les faire cuire. Vivant en toute saison
des hasards de la chasse et incapables d'amasser à l'avance des
provisions qui ne peuvent pas au reste être conservées pendant
longtemps, ils mangent pour plusieurs jours lorsqu'il y a abondance. Un homme civilisé est alors tout étonné de la quantité d'a-
limens que leur estomac peut ingérer. Pendant la saison d'été, il
leur est assez facile de se nourrir. La mer leur fournit des poissons,
des phoques et quelquefois des baleines, et l'un de ces cétacés les
satisfait pour bien longtemps; sur la terre, ils trouvent des rennes
et des ours blancs, mais pendant l'hiver ces ressources leur échappent en partie, et ils sont alors réduits à la plus misérable condition.

Il est aisé de comprendre que l'adresse et le succès à la chasse
font la supériorité d'un homme dans un tel pays. Celui qui tue beaucoup de gibier n'est pas le plus puissant, car les rares familles qui
peuplent ces côtes vivent dans une parfaite indépendance les unes
des autres, mais il est le plus riche, et il peut à ce titre réunir autour
de lui la famille la plus nombreuse. L'un des indigènes les plus remarquables parmi ceux qui fréquentaient l'équipage du *George Henry*
était un nommé Ugarg, qui, grâce à sa force et à son habileté,
avait eu successivement treize femmes dont plusieurs étaient encore vivantes; il avait abandonné la première parce qu'elle ne lui
donnait pas d'enfans; la seconde était morte; une troisième l'avait
quitté, après lui avoir donné plusieurs enfans, pour se joindre à un
autre homme, et ainsi de suite, jusqu'aux deux ou trois dernières
qui vivaient encore avec lui; l'une de celles-ci était venue depuis

peu se mettre sous sa protection avec un enfant d'un autre mariage, parce que son premier mari, étant devenu aveugle, se trouvait incapable de subvenir à ses besoins. Quelques dangers qu'ils courent en s'aventurant en pleine mer, en hiver sur les glaces et en été sur leurs frêles embarcations, quelques privations qu'ils supportent pendant les disettes de la mauvaise saison, les Esquimaux vivent longtemps. Il n'est pas rare de voir parmi eux des vieillards qui sont centenaires, autant du moins qu'on en peut juger par la supputation imparfaite de leur âge et par leur apparence sénile. Ugarg avait alors de cinquante à cinquante-cinq ans et conservait encore une grande réputation parmi ses compatriotes. Il avait visité les États-Unis en 1854 et rappelait avec complaisance les merveilles qui avaient frappé ses yeux dans un pays civilisé.

Deux autres indigènes, Ebierbing et sa femme Tookoolito, qui furent bientôt les amis les plus dévoués de M. Hall, laissaient voir à quel point les bons exemples d'hommes plus civilisés agissent sur ces sauvages. Ils avaient été l'un et l'autre en Angleterre en 1853, avaient été présentés à la reine Victoria et étaient revenus dans leur pays natal après deux ans d'absence. Ebierbing était un bon pilote, chasseur adroit, à l'air ouvert et intelligent, connaissant au mieux les moindres recoins de la côte qu'il habitait; mais au fond il avait peu gagné au contact des hommes blancs, à peine savait-il quelques mots d'anglais. Sa femme au contraire avait conservé des souvenirs bien vivaces du milieu élégant où elle avait été admise pendant quelques jours. Elle parlait correctement l'anglais et le prononçait d'une voix mélodieuse. Soit qu'elle fût couverte de fourrures lourdes et grossièrement taillées à l'instar de ses compatriotes, soit qu'elle reprît pour un jour les vêtemens européens, les jupons empesés, les larges falbalas et le petit bonnet qu'elle avait rapportés d'Angleterre, elle avait l'air d'une *lady* gracieuse et de bonnes façons. La première fois que les marins du *George Henry* la rencontrèrent, « elle était enrhumée, et, chaque fois qu'elle toussait, elle avait soin de détourner un peu la tête et de mettre la main devant ses lèvres. » Au reste la transformation de la femme sauvage en femme civilisée ne se bornait pas à ces apparences. Tookoolito savait un peu lire; elle avait appris à tricoter et commençait à propager son savoir parmi ses compatriotes. Elle comprenait l'utilité des ablutions quotidiennes, soignait sa chevelure, et imposait peu à peu par son exemple ces habitudes de propreté aux femmes de son entourage. Si la civilisation veut étendre son empire sur les peuplades sauvages de l'extrême nord, c'est par la femme, on le voit, que doit être commencée l'initiation à des mœurs plus douces. Par malheur la femme est encore chez les Esquimaux dans un état de servitude domestique qui la rend peu propre à subir une telle transformation. Ce ne sont pas non plus des missionnaires bien in- telligens que les baleiniers qui s'aventurent seuls dans ces parages; quelques-uns traitent, il est vrai, les natifs avec douceur, mais d'autres abusent de leur force pour les maltraiter ou les dégradent par la contagion de leurs vices.

Il paraîtra sans doute surprenant que, sous un climat si rigoureux, les Esquimaux se contentent d'abris si imparfaits. Sous les tentes de peaux, *tupics,* qui leur servent d'habitation l'été, s'entassent les hommes, les femmes et les enfans autour de la lampe à huile de phoque, qui sert à la fois pour l'éclairage et le chauffage. Il faut sans doute qu'une certaine habitude ait familiarisé le voyageur avec les mœurs des Esquimaux pour qu'il soit en état de s'intro- duire sans répugnance sous ces huttes et de s'asseoir sans dégoût à côté de ces êtres frottés d'huile et vêtus de peaux de bêtes. Le sim- ple récit d'une scène d'intérieur ne laisse pas de causer un peu de répulsion.

« En me courbant jusqu'à une position horizontale, je pus entrer ma tête, puis mes épaules, et enfin le reste de mon corps. Je me trouvai alors au milieu d'une douzaine de robustes gaillards, chacun armé d'un couteau; mais il n'y avait pas lieu de s'alarmer, car ce n'étaient pas des armes de guerre. Les couteaux n'étaient destinés qu'à découper de longues tranches de phoque qui étaient englouties tout de suite entre les larges mâchoires de ces affamés. Au fond de la tente, j'aperçus mon ami l'Esquimau Koojesse, as- sis entre deux femmes assez gentilles qui faisaient honneur comme lui à un plat de sang de phoque tout chaud. En m'apercevant, Koojesse parut d'a- bord un peu humilié; mais dès que j'eus exprimé le désir de partager leur festin, une des femmes s'empressa de m'offrir une côte de phoque garnie d'un bon morceau de viande. Je m'en arrangeai très bien, et voulus alors goûter le sang. A ma grande surprise, je trouvai cette boisson excellente. La première fois que le plat me fut passé, j'hésitai un peu. Il avait fait plusieurs fois le tour des convives, et on le remplissait à mesure qu'il se vidait. L'extérieur n'en était pas trop engageant, car il paraissait n'avoir jamais été nettoyé... Voyant que j'y prenais goût, la femme qui présidait au festin me tendit une petite coupe qui avait été nettoyée, autant du moins que les Esquimaux peuvent nettoyer quelque chose, et elle la rem- plit de sang chaud que je dégustai avec autant de satisfaction que n'im- porte quelle boisson que j'aie bue de ma vie. Pour reconnaître la bien- veillance de mon hôtesse, je lui donnai un mouchoir de coton à couleurs éclatantes. Ce cadeau la rendit radieuse, et toute la compagnie se confondit comme elle en remercîmens et en expressions de dévouement. Je m'étais évidemment concilié les bonnes grâces de ces indigènes, et je résolus d'a- gir toujours de la même façon. »

S'il est vrai que la première initiation à des mœurs nouvelles est seule pénible, M. Hall eut bientôt l'occasion de se familiariser davantage avec l'existence des indigènes. Jusqu'à ce moment, le navire avait été à l'ancre au milieu de la baie, qui était encore libre de glaces, et l'on ne pouvait communiquer avec la côte que par bateau; mais le 19 novembre la surface de la baie était entièrement gelée. Le thermomètre marquait déjà 15 degrés centigrades au dessous de zéro. Cependant la glace n'était pas assez solide pou qu'on pût passer dessus. Pendant quelques jours, il y eut des alternatives de'gelée et de dégel selon la direction du vent, qui venait tantôt du súd, tantôt du nord; on ne pouvait sortir du bâtiment d'aucune manière, ni à pied sec ni en bateau, par crainte des glaçons flottans. Enfin le 6 décembre la mer était complètement prise, et le *George Henry* se trouvait enfermé au milieu des glaces pour une période de huit à neuf mois. En même temps les villages des Esquimaux avaient changé d'aspect. Tandis que la mer se couvrait de glaces, une abondante quantité de neige était tombée sur le sol. Les tentes de peaux n'étant plus un abri suffisant, chacun d'eux se construisait un *igloo*, c'est-à-dire une maison de neige, sorte de dôme formé de blocs de neige que le froid soude bientôt ensemble, avec une très petite ouverture au ras du sol, par laquelle on ne peut entrer qu'en se traînant. Dans un coin de cette tanière, sur une couche d'herbes sèches, ou, à défaut d'herbes, sur la neige bien tassée, on étend les fourrures qui servent de lit de repos. Au centre brille la lampe de pierre, le seul meuble indispensable, car il éclaire et réchauffe tout à la fois. C'est sur la lampe que l'on fait fondre la neige pour se procurer l'eau nécessaire à la boisson; c'est à la faible chaleur de cet ustensile que l'on fait sécher les vêtemens humides après une longue course en plein air. Sans sa lampe, l'Esquimau ne pourrait vivre. Aussi, lorsque l'huile vient à lui manquer, il est obligé d'aller à la chasse durant des jours et même durant des nuits entières jusqu'à ce qu'il ait tué un phoque qui lui fournisse de l'huile et des alimens. Chose bizarre, cette race d'hommes ne paraît pas comprendre que le bois ou le charbon lui fournirait aussi facilement la chaleur nécessaire à l'existence. Les débris de navires naufragés qu'ils recueillent de temps en temps sur le rivage ne leur servent que pour la confection des traîneaux ou quelquefois pour la construction de leurs huttes. On a découvert dans leurs parages des amas de houille que des navigateurs y avaient laissés depuis longtemps et auxquels les Esquimaux n'avaient jamais touché. Lady Franklin a fait déposer des provisions de charbon de terre en divers points des terres polaires où l'on supposait que son mari et ses compagnons pouvaient passer par hasard. Il est probable que ces amas seront retrouvés plus tard sans qu'aucun des indigènes qui les auront vus ait soupçonné l'usage auquel ils étaient destinés.

Dès le 8 décembre, le thermomètre était descendu à 25 degrés au-dessous de zéro, et le froid allait acquérir encore plus d'intensité. Cependant les marins n'en souffraient pas autant qu'on aurait pu le croire. La glace étant alors assez solide pour porter les hommes, on circulait aisément entre le navire et la terre ferme; néanmoins quelques craquemens se faisaient entendre qui indiquaient que l'épaisseur de la couche congelée n'était pas encore bien considérable. Les aurores boréales avec leurs magnifiques lueurs se montraient souvent au-dessus de l'horizon. Le lieu où le *George Henry* était enfermé n'étant pas tout à fait à la latitude du cercle polaire, la nuit ne devait jamais y être complète, et chaque jour, durant tout l'hiver, le soleil devait se montrer un peu au-dessus de l'horizon. Le temps était donc en somme assez supportable; seulement il fallait, pendant les courses en plein air, se frotter le nez de temps en temps avec de la neige pour empêcher qu'il ne fût gelé. Cet organe étant la seule partie du corps qu'on ne puisse préserver du froid par des fourrures, chaque compagnon de route est chargé de veiller sur le nez de son voisin et de le prévenir amicalement aussitôt qu'il s'y manifeste une teinte noire dont le patient n'a pas conscience lui-même.

Les indigènes, si habitués qu'ils soient au climat de leur terre natale, supportent peut-être moins bien que les étrangers les premières atteintes du froid. Chaque hiver débute par une ou deux semaines de transition où leur condition est vraiment misérable. Il fait déjà trop froid pour rester sous les tentes, et s'ils se réfugient sous les huttes de neige, il survient quelquefois un dégel subit qui en ronge les murailles et les fait écrouler. Les vêtemens de fourrures dont ils se couvrent ne sont pas toujours préparés à temps, dans le cas par exemple où la chasse n'a pas été assez abondante. Enfin, et c'est la plus grave souffrance à laquelle ces malheureux soient exposés, tandis que les bords de la mer sont tout encombrés de glaçons flottans et que la surface congelée n'est pas encore assez épaisse, il est impossible d'aller à la chasse du veau marin. Pas de gibier et partant pas d'alimens, pas d'huile pour la lampe, pas de chaleur ni de lumière. Heureux sont ceux qui découvrent quelques fragmens de graisse de baleine enterrés dans la neige aux jours de beau temps pour la nourriture des chiens!

M. Hall, qui songeait sans cesse à réaliser plus tard son voyage dans les terres plus rapprochées du pôle, choisit le moment de l'année le plus froid pour faire une excursion avec les Esquimaux, afin de s'aguerrir contre les intempéries de l'air et de s'habituer à la vie des indigènes. Tout habillé, à la mode du pays, de peaux de renne et de veau marin qu'il s'était procurées par échange, il se mit en route au commencement de janvier avec ses fidèles amis Ebierbing et Tookoolito. Un traîneau, attelé de dix chiens, portait toutes ses provisions, c'est-à-dire quelques fourrures pour la nuit, ses armes, et le peu de vivres que l'on pouvait emporter à l'avance. Les hasards de la chasse devaient pourvoir aux besoins de chaque jour. En cette saison, le chemin le plus facile à suivre, surtout lorsqu'on est accompagné d'un traîneau un peu chargé, est tout simplement la surface même de la mer. Sur terre, le sol est accidenté, inégal, et les montagnes encombrées de neige présenteraient souvent des obstacles insurmontables. Près du rivage, la glace, soulevée et bouleversée par les mouvemens de la marée, présente l'aspect d'une ruine et oblige à de trop fréquens détours; mais au large, à une certaine distance de la côte, la surface glacée, tour à tour recouverte par l'eau des marées et par la neige, permet au traîneau de circuler avec rapidité. Un attelage de dix à douze chiens bien dressé et bien conduit peut alors traîner plusieurs personnes avec une vitesse étonnante. Le soir venu, on campe en pleine glace; en moins d'une heure, on se bâtit une hutte avec des blocs de neige; la lampe est allumée, le souper se prépare à sa douce chaleur, et l'on s'endort sous cet abri temporaire avec autant d'insouciance que si les fondations en reposaient sur la terre ferme et non point sur la surface de l'océan solidifié. La femme veille pendant la nuit et a soin que les vêtemens humides de la journée se sèchent tour à tour au dessus de la lampe. Sous un toit de neige et avec ce modeste brasier, on passe la nuit sans danger, quoique le thermomètre descende parfois à 30 ou 40 degrés au-dessous de zéro.

Le plus grand tourment des voyageurs est, le croirait-on? la soif. Entourés d'eau de toutes parts, marchant le jour sur la glace et couchant le soir dans la neige, ils ne peuvent cependant pas toujours se procurer la petite quantité d'eau nécessaire à la boisson. Lorsque le froid est très vif, le contact de la glace sur la peau nue produit tous les effets d'une brûlure. Aussi, lorsque le chasseur a eu l'adresse d'attraper un phoque, on se hâte de le dépecer, et le sang de l'animal, mélangé avec un peu de neige fondue, est bu avec avidité par tous les voyageurs. Le phoque ou veau marin, qui est en cette saison la principale et presque la seule ressource des Esquimaux, se retire dans la mer sous la couche de glace qui recouvre les eaux; mais cet animal amphibie, ayant besoin de respirer de temps en temps, se ménage à travers cette couche des trous par lesquels il vient souffler à la surface. Les chiens ont en général une sagacité étonnante pour découvrir ces trous et les indiquer à leur maître.

Lorsque celui-ci en a reconnu la position, il se met en faction tout auprès, son harpon à la main, et, quelque intense que soit le froid, attend, s'il le faut, des journées et des nuits entières jusqu'à ce que la pauvre bête vienne s'offrir à ses coups. Le plus triste est que les malheureux Esquimaux se condamnent à ces veilles prolongées en plein air au moment même où ils sont torturés par la faim et lorsqu'ils n'ont plus aucune nourriture chez eux, lorsqu'ils n'ont plus même d'huile pour alimenter leur lampe et se réchauffer au retour d'une longue absence; mais aussi, lorsque le chasseur rentre chez lui en rapportant un phoque qui peut peser une centaine de kilogrammes, la joie et le contentement entrent dans sa maison. Il assemble toute sa famille et tous ses voisins pour partager avec eux son butin et rendre aux chasseurs malheureux l'aide qu'il en a reçue quelques jours auparavant. On ouvre la bête en mettant à part la peau, qui servira pour les vêtemens, et la graisse, qui alimentera la lampe. Le sang est recueilli avec soin pour arroser le festin. On découpe ensuite le foie, qui est partagé entre les convives et mangé cru, avec accompagnement de petites tranches de graisse en guise d'assaisonnement; puis on distribue la chair de l'animal, qui est également dévorée séance tenante, sans que personne songe à la faire cuire. Le repas continue pendant des heures entières, et chacun se dédommage d'un jeûne prolongé en consommant une quantité de nourriture dont l'estomac d'un homme civilisé s'effraierait avec raison. La lampe brille alors dans chaque hutte, et la petite colonie est à l'abri du besoin pour le moment. On ne saurait se figurer quelle imprévoyance les Esquimaux montrent en pareille occasion. Loin de mettre quelques provisions en réserve pour les jours suivans, ils vivent joyeusement sur le produit de la chasse du jour sans songer au lendemain. Le chef de famille, au lieu d'assurer l'existence de ses enfans en ménageant une partie de son butin jusqu'à ce qu'il ait rapporté un autre phoque, partage généreusement ce qu'il possède avec tous les individus qui sont campés au même lieu que lui.

Les excursions sur la glace à la recherche des phoques présentent souvent de sérieux dangers. Il arrive parfois qu'une tempête survient, la glace se brise, et le chasseur est entraîné à la dérive en pleine mer. Il n'est pas d'hiver où un événement de ce genre ne se produise. Pendant l'hiver de 1859, quinze Esquimaux qui étaient partis ensemble furent ainsi séparés du rivage sur un glaçon flottant. Ils se construisirent une hutte de neige sur cette île improvisée; cependant le froid était tellement vif que la plupart de leurs chiens périrent, et les deux qui survécurent durent être sacrifiés pour servir de nourriture à leurs maîtres. Pendant trente jours, les malheureux chasseurs furent confinés sur le glaçon qui les portait, jusqu'à ce qu'enfin, le vent ayant changé de direction, ils furent ramenés vers la terre et rejoignirent leurs familles, qui les avaient crus morts.

On peut juger d'après ces détails de l'existence singulièrement hasardeuse que mènent les habitans des terres arctiques. Qu'on ajoute aux privations de cette vie les maladies qu'engendre fatalement la rigueur du climat auquel ces hommes doivent s'exposer sans cesse, et l'on s'étonnera sans doute que les régions polaires ne soient pas désertes. Comment ces peuplades ne disparaissent-elles pas peu à peu? Pourquoi n'émigrent-elles pas vers les latitudes plus tempérées? En dépit de tant de souffrances et de privations, les hommes blancs eux-mêmes ne semblent pas éprouver trop de difficultés à séjourner dans ces parages. Non-seulement des baleiniers vont chaque année passer l'hiver au milieu des glaces, mais il n'est même pas rare que des hommes isolés, soit des déserteurs, soit des naufragés, restent seuls au milieu des natifs, partagent leur vie et prennent leurs habitudes, mangent comme eux la viande crue de leur chasse, habitent sous des maisons de neige, et rentrent dans leur pays natal gras et bien portans au bout de plusieurs années.

II.

Cependant le mois d'avril était arrivé à sa fin. Des indices de changement de temps se manifestaient déjà. L'intérieur des baies était toujours gelé, mais la température était plus douce, la glace commençait à se briser au large, et les indigènes remplaçaient par des tentes de peau, qui leur servent d'abri pendant la belle saison, les huttes de neige qui se seraient fondues sur leurs têtes. La vie allait devenir moins pénible. Seulement les excursions aux environs de la baie dans laquelle le *George Henry* était ancré étaient difficiles à cette époque de transition. Il était à peu près impossible de voyager en plein jour sur la glace ou sur les terres couvertes de neige, car le sol manquait de fermeté, et il se formait çà et là des trous recouverts d'une mince couche de glace et dans lesquels on tombait à l'improviste. La route paraît belle et solide au premier abord, et tout à coup on s'enfonce dans l'eau jusqu'aux genoux. Il est facile de comprendre comment ces trous peuvent se former. Toute substance étrangère qui se trouve par hasard sur la glace, telle que des herbes marines, des ossemens, des débris de matière organique, absorbe la chaleur solaire et fait fondre avec rapidité toute la glace environnante. Par-dessus cette cavité d'eau fondue, il se reforme ensuite au premier froid une mince couche solide

qui n'a pas assez d'épaisseur pour supporter le poids d'un homme.
Aussi les Esquimaux choisissent-ils toujours les heures de nuit pour
voyager en cette saison, et les lueurs prolongées du crépuscule sup-
pléent assez bien à la clarté du soleil pour que l'on ne coure aucun
risque de s'égarer dans l'obscurité. Malheureusement on n'a pas
non plus la ressource de se construire une maison de neige pour se
reposer au lieu où l'on juge convenable de s'arrêter; ces frêles habitations ne résisteraient pas à la chaleur de la journée; il faut donc
emporter avec soi une tente et des fourrures, à moins que l'on ne
soit informé au juste de l'endroit où l'on rencontrera le campement
de quelque famille amie, où l'hospitalité la plus large est offerte
aux voyageurs. Quant à la nourriture, on a moins à s'en occuper;
les veaux marins sortent de la mer pour se chauffer au soleil; les
canards et les autres oiseaux des régions froides se montrent en
quantités innombrables; les rennes apparaissent par troupes et ne
sont pas trop sauvages, surtout dans les plaines basses et couvertes
d'herbes, où ces quadrupèdes trouvent, dès que la neige fond, des
pâturages abondans. A l'aspect de ces plaines verdoyantes où le
passage de l'hiver à l'été semble s'opérer en un instant, le marin,
qui n'a vu pendant longtemps que les glaces de la mer ou les montagnes couvertes de neige, comprend que les premiers navigateurs
aient baptisé le Groënland du nom de *terre verte*, dès qu'ils aperçurent les herbes vivaces se dégager au printemps du linceul blanc
qui les avait recouvertes pendant les longs mois de l'hiver.

Quoique la température fût devenue chaude à mesure que le soleil s'élevait sur l'horizon, à tel point que le thermomètre marquait
35 degrés centigrades le 25 juillet, ce ne fut néanmoins qu'à la fin
de ce mois que le *George Henry* se trouva complétement libéré de
la ceinture de glaces au milieu de laquelle ce navire avait passé
l'hiver. Dans les baies ouvertes, les glaces disparaissent assez vite,
parce qu'elles sont entraînées au large par les vents et les courans
de marée; mais il n'en peut être de même dans les havres bien
abrités : toute la chaleur de l'été n'est pas de trop pour débarrasser
le rivage des banquises épaisses amoncelées par l'hiver. Durant
cette période de dégel, il est aussi difficile de circuler en traîneau
qu'en bateau, et ce n'est qu'en sautant de glaçon en glaçon que
l'on peut aborder à la côte. M. Hall, qui avait fixé au 1ᵉʳ août son
départ définitif pour les terres polaires à la recherche des compagnons de Franklin, se vit obligé de renoncer au projet qui lui avait
fait quitter l'Amérique. Ayant perdu, pendant une tempête de
l'automne précédent, le bateau dont il devait se servir pour ce
voyage, et jugeant avec raison qu'il eût été imprudent de partir
pour un si périlleux voyage sans être convenablement équipé, il

dut se borner à explorer avec plus de soin les parages où il se trouvait, heureux d'ailleurs de saisir cette occasion de se familiariser avec la vie des Esquimaux et de se préparer à des entreprises plus lointaines. Au moment où le *George Henry* levait l'ancre et s'éloignait avec l'intention de croiser tout l'été à la recherche des baleines dans les mers environnantes, M. Hall se fit mettre à terre et établit son campement provisoire sous la tente des indigènes Ebierbing et Tookoolito, avec lesquels il avait lié une connaissance plus intime. Quelques traditions très vagues, conservées par les Esquimaux, sur le séjour, à une époque très ancienne, d'hommes blancs dans l'une des baies voisines, allaient lui fournir un sujet de recherches intéressant.

Les Esquimaux sont nomades, il est vrai, en ce sens qu'ils ne restent jamais longtemps au même lieu, mais sans s'éloigner jamais d'une certaine région dont ils visitent alternativement toutes les baies. En été, ils pénètrent quelquefois à l'intérieur des terres, à la poursuite des troupeaux de rennes qui leur fournissent leurs plus belles fourrures et leurs alimens les plus délicats. En hiver, ils restent près de la mer, qui peut seule les nourrir, et ne changent de station qu'autant qu'ils y sont engagés par la rareté ou l'abondance des animaux dont ils vivent. Les familles, peu nombreuses, unies par les liens du sang et par les services réciproques qu'elles se rendent, en cas de disette, pendant la mauvaise saison, se connaissent toutes plus ou moins, et dans le cours d'une existence uniforme elles conservent longtemps le souvenir des événemens qui les ont frappées. L'une des traditions les plus vivaces chez les indigènes très âgés au moment où M. Hall visitait le pays se reportait au séjour parmi eux d'un grand nombre d'hommes blancs qui seraient venus, sur plusieurs vaisseaux, s'établir dans une île de cette contrée, y auraient demeuré plusieurs années, et auraient péri ensuite ou s'en seraient allés, vaincus par la rigueur du climat, en laissant toutefois des traces de leur établissement temporaire. Ces aventuriers étaient venus, au dire des anciens du pays, une première fois sur deux vaisseaux, la seconde année avec trois, et l'année d'après avec une flotte entière. Les hommes de cette dernière expédition, qui s'étaient fixés sur la terre arctique avec l'intention apparente d'y rester, avaient bientôt après construit un navire pour s'en retourner dans la contrée d'où ils étaient partis. Les Esquimaux racontaient même qu'il y avait eu bataille entre leurs ancêtres et ces hommes blancs, et que cinq de ceux-ci étaient restés au pouvoir des indigènes.

Or l'un des plus anciens voyages au pôle que les marines européennes aient tentés s'accorde à merveille avec ces traditions

obscures. En 1576, un Anglais, Frobisher, partit d'Europe avec
trois petits bâtimens, dont le plus gros ne jaugeait que 25 ton_
neaux. Il perdit en route, en vue du Groënland, l'un de ces navires, hasarda néanmoins de s'aventurer au milieu des glaces, et
put s'avancer, vers le nord, jusqu'à une baie appelée depuis baie
Frobisher, où il prit terre et lia connaissance avec les natifs. A cette
époque, l'Amérique était découverte depuis moins d'un siècle, et
les navigateurs qui se dirigeaient vers le nord ne pouvaient être
guidés que par deux motifs : trouver de l'or ou découvrir un passage de l'Atlantique à l'Océan-Pacifique. Les équipages de Frobisher se prirent de querelle avec les indigènes, qui firent prisonniers
cinq Anglais. Le commandant, désespérant de se les faire rendre,
repartit bientôt pour l'Angleterre en emmenant de son côté un indigène dont il s'était emparé et quelques échantillons d'une pierre
noire très pesante. Les raffineurs de Londres prétendirent, parait-
il, que cette pierre contenait de l'or. Ce fut assez pour déterminer
Frobisher à entreprendre une seconde expédition l'année d'après,
en 1577, avec trois vaisseaux. Il ne put cette fois encore retrouver
les cinq matelots qu'il avait perdus au voyage précédent; il soutint
une lutte à main armée contre les natifs, et revint, après un court
séjour, avec un chargement complet du prétendu minerai aurifère.
Enfin en 1578 il repartit de nouveau, mais cette fois avec quinze
vaisseaux et tous les approvisionnemens et les hommes nécessaires
pour fonder une colonie : il y avait des mineurs, des charpentiers,
des forgerons. Ils s'établirent dans une île à l'entrée d'un havre
qui prit le nom de la comtesse de Warwick, sous les auspices de qui
l'expédition avait été concertée; puis les navires revinrent en Europe, et on ne retrouve plus dans les chroniques du temps aucune
mention de ce qu'était devenu cet essai de colonisation prématuré
dans l'extrême nord. On ne savait même pas au juste où était située l'île de la comtesse de Warwick. Les navigateurs avaient seulement conservé le nom de détroit de Frobisher à l'une des baies
de la Terre-de-Cumberland, sur un vague soupçon que c'était là
que ce marin avait atterri pendant ses trois expéditions.

Dans de nombreuses conversations avec les Esquimaux, M. Hall
s'était fait raconter les souvenirs confus qu'ils se transmettaient
par tradition orale de génération en génération au sujet du séjour
d'hommes blancs dans ces parages à une époque très éloignée du
temps présent. Frappé de la coïncidence que ces détails assez vagues
présentaient avec la narration de Frobisher, dont il avait déjà connaissance, ii lui parut intéressant d'éclaircir cette question d'histoire et de retrouver, s'il était possible, des vestiges de la colonie
du xvi⁰ siècle. Dès que ses compagnons l'eurent laissé seul avec

les natifs, il résolut de profiter de la belle saison pour explorer avec
soin la baie de Frobisher et en particulier les îles où se trouvaient
encore, au dire des indigènes, des traces d'une occupation temporaire par les hommes blancs. Déjà habitué à la façon de vivre des
Esquimaux, dont il s'était concilié la bienveillance par des présens,
sachant se contenter de leur nourriture de chair crue, s'accommoder de leur existence imprévoyante, soigneux de ne contrarier ni
leurs coutumes ni leurs préjugés, il était en état de voyager avec
eux, et, grâce à une étude assidue de leur langue, de les comprendre
et d'être compris par eux sans interprète. Le voyage ne devait pas
au reste être bien pénible, car la saison était belle, les glaces avaient
disparu, et la mer n'est jamais bien mauvaise dans l'intérieur des
baies profondes. Il put donc se mettre en route pour une excursion
de deux mois avec un mauvais bateau qui lui avait été laissé et
un équipage composé de trois indigènes et leurs femmes. Les provisions de vivres étaient courtes; la chasse devait pourvoir à la
nourriture journalière. En été, les phoques et les morses se montrent en abondance, il ne faut que savoir les prendre. Les canards
apparaissent en troupes innombrables qui à certains momens obs-
curcissent le ciel. Les rennes ne sont pas rares et fournissent, pour
changer un peu de régime, une venaison excellente. On aperçoit
même parfois des ours blancs dont la chair grasse et succulente
peut être comparée avec avantage aux meilleures viandes de bœuf.
Sans compter quelques petits oiseaux qu'on ne s'amuse guère à
tirer, parce qu'il faut être ménager de sa poudre et qu'ils sont trop
petits pour valoir le coup de fusil qu'on leur adresserait, on trouve
encore sur la terre une certaine herbe nutritive qui, crue ou bouillie, remplit assez bien l'estomac les jours où la chasse a été malheureuse. Bref, cette contrée, si désolée en hiver que les habitans
sont souvent réduits à jeûner plusieurs jours de suite et y meurent
presque de faim, regorge de biens en été. Seulement la mer est le
principe de toute cette abondance, et l'on ne saurait s'éloigner du
rivage et pénétrer au loin dans l'intérieur des terres sans s'exposer
à périr d'inanition.

M. Hall se mit donc en route avec l'intention de pénétrer jusqu'au fond de la baie de Frobisher et de vérifier par lui-même si
cette nappe d'eau est réellement une baie, ainsi que l'affirmaient
les indigènes, et non point un détroit, comme l'indiquaient jusqu'a-
lors toutes les cartes géographiques. Il se réjouissait de parcourir
des contrées qu'aucun homme de sa race n'avait encore visitées,
plaisir facile en ces régions inhabitées, et de faire flotter le pavillon national des États-Unis sur un rivage dont aucune nation n'a-
vait encore pris possession. Tous les explorateurs de pays inconnus,

petits ou grands, arides ou fertiles, se laissent volontiers aller à cet
inoffensif accès de vanité patriotique. Le voyage était lent; les Esquimaux, les plus insoucians des hommes, sont aussi les moins-
propres à un travail régulier. Le moindre gibier qui paraît à l'horizon, ours ou veau marin, renne ou canard sauvage, était un prétexte à des détours infinis ou un motif d'arrêt pendant des journées
entières. Néanmoins la petite expédition se trouvait à la fin d'août
au fond de la baie de Frobisher, dans un pays ravissant, dont la
végétation luxuriante semblait un phénomène au milieu des côtes
habituellement arides des autres régions polaires. Peut-être faut-il
faire la part du contraste qui devait frapper un voyageur retrouvant
des plaines verdoyantes après un an de séjour au milieu des glaces.
et des neiges. Il paraît probable toutefois que le court été du pôle
fait sortir de terre une foule de fleurs, d'herbes et de saules microscopiques qui acquièrent en peu de jours tout leur développement. N'était l'absence complète d'arbres et d'arbustes, on se croirait presque dans les plaines les plus fertiles de la zone tempérée.
A part quelques familles nomades qui traînent leur tente de l'un à
l'autre rivage au gré de leur caprice ou de leurs besoins, les seuls
habitans de ces contrées sont les troupeaux de rennes qui y vivent
d'une vie plantureuse et se montrent familiers comme des bêtes qui
n'ont jamais été poursuivies, puis des lapins qui se retirent dans
leurs terriers pendant la saison d'hiver, des ours et même des loups
qui vivent aux dépens des autres animaux terrestres ou amphibies.
Les rivières sont même peuplées de saumons, comme si tout ce qui
est nécessaire à l'homme devait se trouver réuni là, sauf les céréales, que le soleil, trop avare de ses rayons, ne pourrait faire mûrir. Les Esquimaux appréciaient peu cette abondance de biens; pour
eux, le fond de l'alimentation est la chair du veau marin dont ils
ne se lassent jamais, le reste n'ayant d'autre utilité que de varier
un peu leur régime habituel. Cette excursion était seulement une
magnifique occasion de chasse dont ils profitaient pour s'approvisionner de peaux de rennes en prévision de l'hiver; les fourrures
de ces bêtes sont, à leur avis, beaucoup plus belles et plus chaudes
lorsqu'on les tue au milieu de la belle saison.

Quant aux traces de l'expédition que Frobisher avait dirigée vers
ces parages dans le cours du xvie siècle, M. Hall n'eut pas de peine
à découvrir en deux ou trois îles voisines des preuves évidentes du
séjour des Européens. Les indigènes qui avaient demeuré quelquefois dans ces îles se rappelaient tous y avoir trouvé du charbon de
terre, dont ils ne savaient pas d'ailleurs faire usage pour la cuisson
de leurs alimens, puis des fragmens de brique, dont les femmes se
servaient pour polir les ornemens de cuivre qu'elles portent sur la

tête, et enfin de lourdes masses de fer dont ils ne tiraient aucun parti. L'une de ces îles conservait encore, coïncidence frappante, le nom d'«île des hommes blancs, » *Kodlunarn*, dans le langage des Esquimaux. En examinant le terrain avec plus de soin, M. Hall put reconnaître des signes plus évidens du passage d'une colonie européenne. Une longue tranchée avait été creusée dans le roc, et ne pouvait être l'œuvre que d'ouvriers civilisés, car les natifs ne possèdent aucun outil propre à ce genre de travail. Des pierres taillées et rangées avec symétrie semblaient être les restes d'anciennes habitations, et étaient recouvertes d'une mousse épaisse comme des monumens d'un âge très ancien. Au reste, en fouillant le terrain quelques mois plus tard, il fut possible de mettre au jour des débris de poterie, de cordages, de verre, des fragmens de bois, des restes d'outils en fer rongés par la rouille, des pierres soudées par un ciment comme les ruines d'une maison. Ces objets ne pouvaient avoir appartenu à l'un de ces navires baleiniers qui depuis un siècle au plus fréquentent les baies des environs; les traditions des Esquimaux leur assignaient une ancienneté plus grande. Il n'était guère permis de douter que ce ne fussent là les restes de la colonie de 1578, dont les habitans succombèrent sans que leur sort ait été connu en Angleterre, soit qu'ils fussent tous tués par la rigueurdu climat ou que quelques-uns d'entre eux, suivant les souvenirs des natifs, aient péri en voulant s'embarquer pour retourner dans leur pays sur un petit navire qu'ils avaient construit.

La colonie fondée par Frobisher dans les régions boréales tient si peu de place dans l'histoire des expéditions aventureuses du XVIᵉ siècle qu'il y avait peu d'intérêt sans doute à savoir ce qu'elle était devenue. Aussi la découverte de ces vestiges d'un ancien établissement européen au milieu des terres polaires n'a excité la curiosité qu'en ce qu'elle indiquait à quel point les Esquimaux peuvent conserver par tradition des souvenirs exacts sur le passage d'hommes blancs dans leur pays. N'est-il pas permis dès lors d'espérer qu'en fouillant les terres arctiques on retrouvera les traces de sir John Franklin et de ses infortunés compagnons, dont le sort a suscité tant de sympathiques recherches en ces vingt dernières années? Les Européens peuvent subsister, on l'a vu, au milieu des neiges et des glaces, s'ils se résignent à vivre comme les indigènes de ces contrées : qu'y aurait-il donc d'étonnant à ce que plusieurs d'entre eux fussent rencontrés par un explorateur qui séjournerait quelque temps dans la région où l'on a déjà trouvé des indices de leur passage? Découvrir ces hommes abandonnés depuis vingt ans au milieu d'un pays désolé et recueillir au moins les souvenirs de leurs dernières pérégrinations est une œuvre difficile, mais non pas impraticable. Ce but philanthropique est peut-être le seul que puissent se proposer aujourd'hui les explorateurs des régions arctiques.

Lorsqu'à la fin du mois de septembre M. Hall revint dans la baie de Field après cette longue excursion au fond de la baie de Frobisher, il fut assez heureux pour y retrouver le *George Henry* à l'ancre dans le havre où il avait hiverné. La pêche à la baleine n'avait pas été fructueuse; néanmoins le capitaine Budington avait résolu de faire voile pour les États-Unis avant que la mer ne fût envahie de nouveau par les glaces flottantes. Ce départ ne pouvait être retardé, car le temps devenait froid, et des banquises commençaient même à se former le long du rivage. Les eaux de la baie semblaient épaisses comme si elles eussent été sur le point de se prendre en masse, et la proue d'un bateau les fendait avec peine. D'ailleurs, officiers et matelots, tous étaient fatigués d'un long séjour dans les terres arctiques et aspiraient à un prompt retour. Depuis seize mois qu'ils avaient perdu de vue le continent américain, aucun d'eux n'avait eu de nouvelles de son pays. Cependant ces espérances allaient être trompées. Un jour qu'il avait entrepris l'ascension d'une montagne voisine très élevée, tandis que l'équipage faisait ses derniers préparatifs de départ, M. Hall aperçut au large d'immenses flots de glace, et un examen plus attentif lui fit reconnaître que le détroit de Davis était déjà solidifié. L'hiver précédent s'était prolongé plus que de coutume, l'été avait été moins chaud; en somme, l'année 1860 avait été plus froide que d'habitude, et les masses de glaces flottantes qui descendent du pôle n'avaient sans doute pas interrompu leur marche un seul instant. S'aventurer au milieu des glaces dans la saison des grandes nuits avec un bâtiment endommagé par une longue navigation eût été une entreprise téméraire. Il fallait donc se résigner à passer un nouvel hiver dans ces parages et se laisser enfermer pour neuf autres mois dans la baie où l'on avait été à l'abri l'hiver précédent, résolution d'autant plus triste que les vivres dont le navire était approvisionné au départ étaient presque épuisés. Faute de bois et de charbon pour combattre le froid, on pouvait, il est vrai, brûler les carcasses des baleines que 'équipage avait dépouillées; ces ossemens sont en effet très poreux, imbibés d'huile, et donnent beaucoup de chaleur. Quant à la nourriture, il ne restait que des viandes salées qui auraient infecté l'équipage de scorbut. Il était donc nécessaire d'adopter le genre de vie des Esquimaux et de se nourrir comme eux des produits de la chasse. Les hommes de l'équipage furent répartis par groupes de deux ou trois sous les huttes des indigènes du voisinage; mais peu d'entre eux s'accommodaient de ce régime. Habitués à recevoir à bord leur ration journalière, ils ne savaient pas tour à tour s'astreindre à un jeûne forcé et se gorger de nourriture suivant que la chasse avait été productive ou infructueuse. Un Esquimau est seul capable de rester plusieurs jours sans manger et de se tenir aux aguets pendant des jours et des nuits, au milieu de la neige et par un froid de 30 à 40 degrés, au-dessus du trou d'un phoque jusqu'à ce que cet amphibie vienne respirer à la surface de l'eau. En outre la vie commune avec un peuple barbare et grossier répugnait à des hommes civilisés qui n'étaient pas encouragés, comme M. Hall, par le désir d'étudier les mœurs du pays. Tous ne savaient pas se préserver du froid, et, faute de vêtemens appropriés au climat, ils souffraient horriblement sous les huttes de neige où ils devaient rester confinés. M. Hall au contraire s'était tout à fait accoutumé à cette existence et la supportait sans dégoût et sans fatigue.

« Je vivais alors (dit-il) uniquement comme les Esquimaux. Si je donnais le détail de ce qui composait nos festins, la plupart des lecteurs en éprouveraient du dégoût; mais avec les indigènes on ne peut faire autrement, il faut bien se figurer qu'on ne peut vivre chez eux qu'en adoptant leurs mœurs et en se mettant à leur niveau. Lorsqu'un homme blanc entre pour la première fois dans un *tupic* ou un *igloo,* tout ce qu'il voit et tout ce qu'il sent lui cause des nausées, même les regards de ces bonnes créatures qui lui offrent la plus cordiale hospitalité. Prenez pour exemple la hutte où j'avais ce jour-là un excellent dîner. En entrant, vous auriez vu une réunion des êtres les plus sales étendus au milieu de viandes dégoûtantes, de chairs saignantes, d'ossemens et de peaux. Vous auriez vu au-dessus d'une large flamme une marmite de pierre enduite de suie et d'huile par un long usage et remplie jusqu'aux bords d'un brouet noir et fumant; tout autour, des hommes, des femmes, des enfans, moi-même compris, dévorant le contenu de cette chaudière, et vous auriez eu pitié des pauvres humains réduits à se nourrir de tels mets. Les plats sur lesquels la soupe était servie vous auraient soulevé le cœur, surtout à la vue des chiens qui les nettoyaient avec leur langue souple avant que les maîtres ne s'en servissent. »

N'insistons pas plus qu'il ne convient sur ces tableaux de mœurs intimes. L'auteur lui-même, si satisfait qu'il fût de son séjour parmi ses amis esquimaux, désespérerait sans doute d'entraîner à sa suite les touristes curieux de voir de nouveaux pays. Enfin le mois de juillet revint et fit fondre les glaces au milieu desquelles le *George Henry* était emprisonné. La mer s'ouvrait de nouveau, et le navire se balançait sur ses ancres en attendant le signal du départ. Tous les indigènes qui avaient lié connaissance avec l'équipage et en avaient reçu de petits présens, — grains de verroterie pour les femmes, vieux fusils, couteaux, scies pour les hommes, — se pressaient sur le pont afin de souhaiter aux voyageurs une traversée favorable. Peut-être étaient-ils satisfaits de voir partir ces étrangers qui jetaient le trouble dans leur existence monotone, mais dont le souvenir survivra sans doute longtemps parmi eux. Deux d'entre ces Esquimaux, Ebierbing et Tookoolito, qui s'étaient pris d'une affection particulière pour M. Hall, consentirent à l'accompagner aux États-Unis, sur la promesse qui leur fut faite qu'ils seraient ramenés plus tard dans leur terre natale lorsqu'une autre expédition serait dirigée dans les mers arctiques. Le bâtiment mit à la voile le 9 août; le 21, il touchait à Terre-Neuve pour se ravitailler, et ces marins absens depuis plus de deux ans apprenaient avec douleur, en remettant le pied sur le territoire américain, que leur pays était en proie à la guerre civile.

Si quelque astronome venait raconter qu'il a découvert au bout de sa lunette un monde planétaire enfoui sous des neiges perpétuelles, où l'eau est à l'état de glace pendant neuf mois de l'année, où la vie végétale se réduit à de chétives graminées, où les animaux ne peuvent vivre que recouverts d'épaisses fourrures ou protégés par une cuirasse de graisse, et sont contraints de se réfugier sous le sol ou dans les profondeurs des eaux pendant la mauvaise saison, où, faute de combustible, il n'y a pas d'industrie possible, partant pas d'outils, pas de culture, pas de constructions, on se refuserait à croire que l'homme, tel que nous le connaissons, incapable de subsister, même dans les zones tempérées, sans les ressources que la nature et l'intelligence mettent à son service, puisse vivre et se multiplier dans un monde si désolé. Des quatre élémens dont l'action se fait sentir sur le climat d'un pays, il en est trois, — l'eau, la terre et le feu, — qui manquent ici, et le quatrième, l'air, y exerce sur le corps humain une influence nuisible. C'est cependant au sein de cette nature ingrate et stérile que les Esquimaux subsistent depuis des siècles.

Ces peuplades du Nord que nous appelons Esquimaux, — ce qui signifie, dit-on, mangeurs de chair crue, — se désignent elles-mêmes sous le nom de *Innuits*. Honnêtes dans leurs rapports entre eux et avec les étrangers, confians, généreux envers leurs amis dans la détresse, les Esquimaux mènent une vie patriarcale et ont l'organisation sociale la plus simple qu'on puisse imaginer; ils ne connaissent aucune hiérarchie, aucune dépendance. Le chef de famille, responsable de la nourriture et de l'entretien de ses femmes et de ses enfans, se transporte où il lui plaît, au gré de ses caprices ou de ses goûts. Tout jeune homme qui a suffisamment d'adresse et de force pour subvenir à ses besoins se choisit une femme, l'épouse sans cérémonie et vit dès lors en une entière indépendance. La femme cependant n'est pas mise au rang d'esclave et de servante comme chez les peuples barbares des contrées tropicales. Chargée de veiller au foyer domestique, elle y tient une place plus noble et y exerce plus d'influence en raison même de la rigueur du climat et de la longueur des nuits polaires qui obligent l'homme à passer beaucoup de temps sous sa hutte. Elle est douce, bonne, affectueuse et charitable. « La femme, s'écrie M. Hall dans un accès de reconnaissance et après avoir été soigné par une Innuit pendant quelques jours de maladie, la femme est un ange en quelque condition qu'on la trouve. »

On a cherché à savoir si ces sauvages possèdent quelques notions religieuses. A part de vagues croyances à une autre vie par-delà la mort, on ne retrouve chez eux que de rares indices d'un culte. Des magiciens que l'on appelle auprès des malades pour conjurer par leurs sortilèges les progrès de la maladie prélèvent l'impôt de la crédulité sur leurs compatriotes, et vivent sans rien faire aux dépens des autres, exception rare au milieu d'une société si laborieusement occupée à se procurer la nourriture de chaque jour. Les traditions, les coutumes, les usages, ont une grande influence sur le peuple, et chacun d'eux croit justifier les pratiques les plus singulières en disant : « Nos pères ont toujours fait ainsi. »

Peut-être se demandera-t-on quel profit on peut attendre de rapports plus fréquens établis avec les Esquimaux. Le contact des hommes civilisés leur semble jusqu'à ce jour plus nuisible qu'utile. Les baleiniers, qui fréquentent seuls ces régions, y répandent, il est vrai, un peu de bien-être, car ils approvisionnent les natifs, en échange de leurs fourrures et de leur huile, de tous ces petits objets que ceux-ci ne sauraient fabriquer; le fusil et la poudre remplacent l'arc et les flèches; mais ne doit-il pas arriver souvent que les baleiniers corrompent ces natures primitives et troublent leurs habitudes paisibles en leur vendant des liqueurs fortes? Ne verra-t-on pas là, comme ailleurs, la race sauvage disparaître au contact de la race civilisée? On prétend déjà que le nombre des Esquimaux qui habitent les côtes occidentales du détroit de Davis diminue d'une façon appréciable, tandis qu'au Groënland, d'où les étrangers sont exclus, les indigènes prospèrent et se multiplient.

Y a-t-il au moins quelque intérêt pécuniaire ou commercial qui puisse attirer l'homme blanc dans les régions polaires? La baleine est le seul produit de ces contrées stériles qui soit de nature à tenter les étrangers, et de plus en plus elle se retire vers le nord, si bien qu'il est permis de prévoir qu'avant un siècle elle se tiendra toujours cachée dans les mers dont les glaces permanentes interdisent l'accès aux navires. Personne ne songe à fonder une colonie dans ces contrées; les missionnaires eux-mêmes, quoique inspirés

par les plus purs sentimens de propagande et de charité, n'ont ,
formé aucun établissement dans les terres polaires.

Ainsi toute cette partie de notre globe que l'on appelle la zone
glaciale, et qui s'étend depuis le cercle polaire jusqu'au pôle même
de la terre, paraît devoir être soustraite à l'activité humaine tant
par la sévérité du climat que par la stérilité du sol. Quelque intérêt qu'aient excité les recherches géographiques, de quelque ardeur que les voyageurs de diverses nations aient fait preuve en
explorant les parties centrales et presque inaccessibles des grands
continens, on a laissé volontairement dans l'ombre depuis plusieurs
années les régions arctiques, d'où le soleil et la vie semblent s'é-
carter. On avait été découragé sans doute par l'insuccès des nombreuses expéditions dont l'entreprise de Franklin avait été le signal.
Le voyage dont on vient de raconter les péripéties est-il destiné à
ramener l'attention vers les recherches de ce genre? Déjà M. Hall
est lui-même reparti avec l'espoir de pénétrer plus au nord que la
première fois; mais de nombreux émules vont peut-être bientôt le
suivre. Dans une séance toute récente (février 1865) de la Société
de géographie de Londres, le capitaine Sherard Osborne, de la marine royale britannique, a lu un mémoire relatif aux expéditions
arctiques. Suivant lui, aucune épreuve n'est plus utile qu'un voyage
au pôle pour former de hardis marins, qui dans cette navigation
périlleuse exercent leur énergie et développent leurs facultés. Tous
les navigateurs célèbres de l'Angleterre ont passé par cette école.
L'appui du gouvernement anglais serait donc certainement acquis à
de nouvelles entreprises qui se proposeraient de parcourir en tous
sens la zone polaire et de pénétrer jusqu'au pôle. Peut-être, après
avoir dépassé les latitudes désolées où l'on s'est arrêté jusqu'à présent, retrouvera-t-on au-delà un climat plus doux, des peuplades
plus civilisées et cette mer intérieure aux eaux tièdes que certains
savans ont annoncée, et que deux ou trois navigateurs prétendent
avoir entrevue. De même que ces cavernes dont on ne peut sonder
la profondeur et que l'imagination du vulgaire peuple de fantômes,
fées ou géans, la région arctique est le refuge des poètes et des
romanciers, qui placent dans les solitudes polaires un paradis terrestre. Pour nous, c'est une contrée morne et désolée, mais vers
laquelle l'homme sera toujours entraîné par un mobile supérieur,
par l'espoir de favoriser les progrès de la science ou de s'y former
aux rudes travaux de la vie maritime.

H. BLERZY.

LA

MONARCHIE CONSTITUTIONNELLE

DE LA RESTAURATION

Histoire du Gouvernement Parlementaire, par M. Duvergier de Hauranne. Tome VI, 1864.

On a quelquefois interdit d'écrire l'histoire contemporaine. L'entreprise est en effet hasardeuse et le succès incertain. D'abord l'impartialité est difficile à celui qui a pris une part quelconque aux événemens qu'il raconte, et plus cette part a été considérable, plus il lui faut d'efforts de conscience et de volonté pour s'élever audessus des intérêts de son parti ou de son amour-propre, pour oublier ses ressentimens, dominer ses affections, soumettre au libre examen ses convictions les plus chères; mais, outre l'impartialité, deux devoirs sont malaisés et importans à remplir : c'est la franchise et la sévérité. Tout dire et tout juger est pénible en présence des individus et des générations qui ont figuré sur la scène. On peut, avec quelque empire sur soi-même, quelque sérieux souci de la vérité, échapper aux séductions de l'esprit de parti, aux illusions des souvenirs; mais comment trouver assez de courage et d'adresse pour exprimer sans offense ou sans cruauté la vérité qui naît de l'étude des faits et prendre sur ces faits les conclusions de l'histoire? Cependant cette difficulté, la première de toutes, cesse d'être insurmontable, s'il s'est écoulé assez d'années pour que les passions aient perdu leur âpreté sans que les souvenirs aient perdu toute leur vivacité. Celui qui possède les qualités indispensables de l'historien, savoir la probité et le jugement, peut alors entrepren-

dre de raconter son temps. Il réussira, si l'art de bien dire ne lui
fait pas défaut. Voyez combien peu de plaintes sérieuses a excitées
l'œuvre immense de M. Thiers, retraçant un drame de vingt années où les événemens se comptent par centaines et les personnages par milliers. Et un écrivain qui ne peut être soupçonné de
manquer d'énergie dans ses convictions ni de franchise dans ses
allures, M. Duvergier de Hauranne, a déjà publié, dans l'intérêt
d'une doctrine politique bien déterminée, six volumes des annales
du gouvernement parlementaire en France en forçant ses plus dé-
fians adversaires, sinon à souscrire à tous ses jugemens, du moins
à en admirer la sagacité et à en confesser la modération.

Avec ceux qui savent ainsi éviter les écueils du genre, l'histoire
contemporaine reprend tous les avantages qui, selon moi, la mettent
bien au-dessus de l'œuvre laborieuse et incertaine du chercheur
attardé qui vient, après des siècles, reconstruire avec des décom-
bres le monument du passé. L'histoire faite à distance est un voyage
de nuit au milieu des ruines. La restitution de ce qui n'est plus est
nécessairement un système, et l'on a eu raison de comparer à l'esprit de prophétie la divination critique qu'il faudrait pour prêter à
cette recomposition plus ou moins arbitraire d'un ensemble brisé
en pièces l'aspect ou seulement la vraisemblance de la réalité.
Lorsqu'on songe à la difficulté de montrer sous ses vraies couleurs
et dans ses justes proportions un fait dont on a été témoin à des
gens qui ne l'ont pas vu, on peut aisément se figurer quelle doit
être la fausseté involontaire des récits faits après coup par des
écrivains forcés de tout reconstruire par l'imagination à défaut de
la mémoire. La peinture appliquée aux sujets historiques nous
donne l'idée de ce que la vérité peut devenir dans les mains de
l'art. Elle transforme les sujets antiques, et nous donne des symboles pour des portraits. Comparez les Sabines du musée du Capitole, celles de Poussin, celles de David, ou bien les divers Alexandre de Paul Véronèse, du Sodoma et de Lebrun : que de différences
entre ces figures de fantaisie! Eh bien! à la distance des siècles, les
écrivains pourraient bien n'être ni plus exacts ni plus d'accord que
les artistes; la plume n'est guère plus fidèle que le pinceau. Que
deviendrait donc la réalité des faits, s'il ne subsistait pas de témoignages rendus en présence des événemens? Que deviendrait l'histoire, si l'histoire contemporaine était proscrite? Ajoutons que ce
serait condamner en même temps les plus grands monumens du
genre. Les noms de Thucydide, de Xénophon, de Polybe, de Sal-
luste, de César et de Tacite nous enseignent que les dépositions des
témoins directs peuvent à l'autorité de la vérité réunir le prestige
de l'art et l'attrait de l'éloquence.

Quand on a assisté aux trois premiers cinquièmes de ce siècle, on en a tant vu, on a traversé des milieux si différens, qu'une vie un peu longue semble composée de plusieurs existences diverses. Les cieux et la terre ont changé, et j'ai connu plus d'une France. Aussi est-il déjà difficile de représenter au vrai tout ce qui a passé sous nos yeux. Il faut un talent peu commun pour inculquer aux jeunes esprits une idée juste et nette des faits que nous croyons connus de tous, tant ils nous sont présens encore! L'image qu'ils s'en forment, les suppositions qu'ils hasardent, les questions qu'ils adressent, tout indique déjà qu'une pénombre s'étend sur ce passé jadis si lumineux, et l'à-peu-près succède à la parfaite exactitude. On peut déjà prévoir le temps où le faux va venir, où tout au moins l'hypothèse remplacera la saine interprétation des faits. La négligence et la crédulité, la subtilité et la fantaisie, l'esprit de système ingénieux à faire mentir le passé au profit du présent, se préparent à mêler leurs arbitraires conceptions à la reproduction des réalités évanouies. Il est grand temps que les contemporains se mettent à · l'œuvre pour opposer la mémoire à l'imagination et ce qu'ils savent encore à ce qu'inventeront leurs futurs neveux.

I.

L'époque que nous désignons improprement sous le nom de la restauration, car elle comprend les quinze années qui ont suivi les deux restaurations, est une de celles qu'il était le plus pressant de retracer fidèlement et qui semblaient courir le plus de risque d'être méconnues par la postérité naissante. A quel point les souvenirs politiques se transmettent peu par la tradition est chose étrange. Peut-être, comme on écrit plus que jamais, compte-t-on sur les livres pour les conserver, sur la lecture pour les apprendre; mais en attendant il arrive que ceux qui n'ont pas suffisamment recouru à ce moyen d'instruction savent fort mal l'histoire de la révolution, de l'empire, de la monarchie de 1815, et tout à l'heure de celle de 1830. Ceux mêmes qui, grâce au nom qu'ils portent, grâce à la famille où ils ont été élevés, devraient avoir reçu de la conversation la confidence des événemens publics où furent mêlés leurs pères, laissent parfois échapper des traits d'ignorance singuliers et semblent ne pas mieux connaître leur famille que leur patrie. Je ne sais si la tristesse que doivent laisser les résultats des cinq ou six dernières périodes de notre histoire et la commémoration de nos grands mécomptes nationaux ne contribueraient pas à détourner les pères d'entretenir du passé leurs enfans. Au coin de nos foyers, le désir d'enseigner est presque aussi faible que la curiosité d'ap-

prendre : on regrétte en se taisant, on gémit sans s'expliquer, on
ignore sans se plaindre, et pour ceux-là seuls qu'une sérieuse
étude et d'austères leçons n'effraient point sont bienvenus les écrits
récens qui peuvent remplacer la tradition orale et substituer une
connaissance méthodique à l'involontaire enseignement de la conversation familière. Or ils sont rares parmi nos jeunes gens, pressés
de vivre et satisfaits d'ignorer, ceux qui consentent à donner de
leur temps si bien rempli à la recherche de ce qu'on a voulu, entrepris, achevé, manqué avant eux.

Pour connaître l'histoire de la monarchie de la restauration, les
guides pourtant ne leur feraient pas défaut. D'excellens livres ont
paru, qui semblent écrits avec l'exactitude d'un récent souvenir et
le sang-froid de la postérité. Je crois qu'à défaut d'autres monumens, ceux-là suffiraient pour léguer la vérité à l'avenir. Ce qu'il
est le plus essentiel de savoir aura été écrit de nos jours.

Deux ouvrages importans, dont le lecteur a déjà nommé les auteurs, sont en cours d'exécution, et à ce qu'ils contiennent les
écrivains de l'avenir ne pourront ajouter que des détails ou ces
jugemens nouveaux que suggère l'expérience des siècles. Un excellent résumé avait déjà précédé ces grandes compositions dans
la courte et judicieuse *Histoire de France* dont M. de Bonnechose
vient de donner la treizième édition, en étendant son récit jusqu'à la révolution de 1848. Le mérite de cet ouvrage en égale le
succès; mais il n'y faut pas chercher les développemens qui animent l'histoire d'un intérêt vraiment dramatique. Celle que M. Ray-
nald a publiée, il y a tout au plus deux ans (1), est moins sommaire. Écrit avec talent, dans un bon esprit, cet ouvrage, qui
manque peut-être d'une ordonnance justement proportionnée,
n'appartient déjà presque plus à l'histoire contemporaine. On s'y
aperçoit aisément que l'auteur est jeune, et parle de ce qu'il n'a
pas vu. Quelques traits hasardés, quelques suppositions douteuses,
montrent déjà avec quelle facilité l'exactitude du fait et le ton du
vrai doivent s'altérer par l'effet du temps, jusqu'à ce que l'un et
l'autre se perdent tout à fait et que l'histoire se change en une
combinaison d'hypothèses et en un travail d'imagination; mais provisoirement ce volume, facile à lire, qui dénote un écrivain, offre,
sans risque de grandes erreurs, une idée générale de l'ensemble
des temps auxquels il est consacré. Quelques développemens donnés à la dernière moitié du livre, plus de critique dans le choix
des anecdotes, une étude plus approfondie des caractères feraient
d'une seconde édition de cet ouvrage un excellent abrégé qui n'ef-

(1) *Histoire politique et littéraire de la Restauration,* en un volume.

fraierait pas et qui instruirait la jeunesse libérale du temps présent.

L'auteur de l'*Histoire de la Restauration*, M. de Viel-Castel, s'est présenté dans la lice plus pesamment armé. Son ouvrage est un tableau complet, tracé d'une main sûre, ferme et fidèle. La sincérité et la probité de l'historien transpirent à chaque page. On sent qu'il cherche l'exactitude parfaite, la rigoureuse équité. Son expression est toujours mesurée, son jugement est souvent sévère. Si, bien contre son gré, il venait à manquer d'impartialité, ce serait pour trop manquer de passion. Une raison froide et calme est exposée à mal saisir les passions qu'elle ignore et à trouver ainsi chez les hommes une extravagance gratuite dont elle ne se rend pas bien compte, et qui lui paraît trop absurde pour mériter qu'on l'étudie. Il faut avoir quelque chose des sentimens d'une époque pour lui rendre pleine justice, et les préjugés mêmes d'un pays ne doivent pas être trop dédaignés, car, aussi souvent que ses lumières, ils décident de ses destinées. M. de Viel-Castel connaît à merveille la France et son temps; il démêle sans peine les erreurs et les fautes des hommes de parti. Peut-être ne voit-il pas aussi bien d'où viennent ces erreurs et ces fautes; il est trop exempt d'illusions et d'entraînement. Souvent il a l'air de se demander pourquoi donc on est si peu raisonnable. Or notre siècle, comme le héros de Cervantes, veut que l'on comprenne *la raison de sa déraison*.

Il faut savoir la trouver. C'est un secret qui se révèle aisément à l'historien qui a vécu de la vie des partis, qui s'est plongé sans crainte dans la mêlée, en conservant l'esprit d'observation dans le tumulte de l'action. C'est l'avantage que possède sur ses rivaux M. Duvergier de Hauranne. En lui, une longue expérience s'unit à une sagacité supérieure. Il a vu, il à senti, il a jugé, il sait peindre. L'esprit de notre époque et de notre pays est pour lui sans mystères. Les illusions comme les mensonges ne lui en imposent pas. Il pénètre à fond tous les sophismes que des passions changeantes suggèrent à la raison trop éprouvée d'un peuple en révolution. Il a connu à l'œuvre nos vertus et nos vices sur le théâtre des événemens. Pour tout comprendre, il n'a qu'à se souvenir, et l'on peut douter que, malgré tout son esprit, il fût un si bon peintre de son temps, s'il n'en avait été le témoin. Il ne serait pas si juste, s'il n'avait jamais été passionné.

Le volume de son ouvrage que nous avons sous les yeux comprend notre histoire parlementaire de la fin de la session de 1820 à la fin de celle de 1822, c'est-à-dire presque toute la durée du second ministère du duc de Richelieu, sa chute et les débuts de l'administration de M. de Villèle. C'est le tableau d'une réaction dont

la marche fut lente, mais constante, et qui, malgré la prudence de
ceux qui l'avaient commencée, l'habileté de ceux qui l'ont continuée, devait peu à peu creuser entre la monarchie et la France, l'a-
bîme où la première devait un jour se précipiter.

Il se pourrait que pour une bonne partie de nos jeunes lecteurs
ces dates 1820, 1821, 1822 ne fussent que des chiffres chronolo-
giques qui ne rappellent ni un fait, ni un nom, ni une idée. Il faut
donc leur dire qu'au commencement de 1820 diverses causes, dont
les imprudences du parti libéral n'étaient pas les moindres, avaient
poussé le gouvernement royal à revenir sur ses pas dans la voie
d'apaisement et de progrès où depuis le 5 septembre 1816 il s'était
engagé. A la faveur d'un événement sinistre, l'assassinat du duc de
Berri, le côté droit avait obtenu le renvoi du duc Decazes, suspect à
ses rancunes, et un ministère encore modéré, mais plus docile, s'é-
tait prêté à lui faire obtenir un système électoral plus conforme à ses
vues. Cette évolution rétrograde avait provoqué dans la portion
la plus ardente de l'opposition des colères et des espérances, qui
éclataient en conspirations moitié bonapartistes, moitié républicaines. Malgré une répression tour à tour indécise ou violente, ces
complots se renouvelaient, encouragés par l'exemple de l'Espagne,
dotée d'une révolution par une insurrection militaire, et l'année
suivante cet exemple était imité à Naples et bientôt en Piémont. Cependant l'empereur expirait à Sainte-Hélène, et sa mort semblait
donner aux conspirations un nouveau caractère, quoiqu'elle n'en
ralentît pas l'activité. L'Europe, alarmée, courroucée, rassemblait à
Troppau, à Laybach, ses conseils de rois pour menacer, puis pour
frapper toutes les révolutions, surtout celles d'Italie, et le ministère français, impuissant à modérer leur victoire par une transaction constitutionnelle, se voyait contraint à tout tolérer sans tout
approuver, de même qu'à l'intérieur il irritait le parti libéral sans
contenter ses adversaires. Il avait cru inventer un nouveau juste
milieu, et, dominé de plus en plus par l'influence des royalistes, il
leur frayait la route, tout en essayant d'ajourner leurs progrès. Un
moment secondé par deux de leurs chefs à qui il avait ouvert ses
rangs, MM. de Villèle et Corbière, il s'en vit bientôt abandonné,
et à la fin de 1821 il était forcé de leur céder la place. C'est alors
que fut formé ce cabinet dont la longue administration n'a pas
réussi à naturaliser parmi nous la domination d'un parti qui aurait
voulu refaire la France au gré de ses souvenirs.

Ces deux années, riches en incidens politiques, ont été pour
M. Duvergier de Hauranne l'objet d'une étude heureuse et neuve
qui lui a permis de tout éclaircir et de tout représenter avec une
vérité persuasive. Des recherches attentives, des confidences pré-

·cieuses, des documens inconnus, l'ont mis en mesure de porter la
lumière sur toutes les parties de la scène politique. Notamment
l'histoire des congrès et toute la diplomatie du temps sont expliquées pour la première fois d'une manière aussi claire que pi-
quante. Menées parlementaires, intrigues de cour, conspirations
démocratiques, mouvemens de l'opinion, effets produits par la tribune et par la presse, tout est retracé avec ordre, exactitude et
vivacité, et le récit est aussi attachant que les réflexions sont instructives. Il faut lire ces pages excellentes, si l'on ne veut se déclarer indifférent aux destinées politiques de la France.

Les opinions de l'auteur sont connues. Il n'en est point de plus
nettes et de plus décidées. Un des mérites de son esprit et de son
talent est une lucidité parfaite. Il fuit le vague et n'atténue jamais
sa pensée. Sa vie publique a prouvé un dévouement absolu à ses
principes, et il a porté dans les affaires des convictions aussi fermes
que son caractère. Cependant ceux qui ne le connaissaient que sur
la parole de ses adversaires ont remarqué, non sans surprise, la
flexibilité d'intelligence et la modération de langage qui recom-
mandent son histoire. Avec des idées très arrêtées et qu'il n'abandonne jamais, il sait montrer cette haute impartialité qui n'envenime rien, parce qu'elle comprend tout, parce qu'elle sait que
presque toutes les erreurs ont leurs bonnes raisons, presque toutes
les passions leurs bons mobiles. Il ne cache rien de ce qu'il découvre, il ne ménage rien de ce qu'il désapprouve; mais s'il juge,
il n'offense pas : il a le langage d'un censeur et jamais d'un ennemi.

Pour moi, rien là ne m'étonne, et d'un esprit aussi droit qu'é-
tendu je n'attendais pas moins. Je comptais sur l'équité des jugemens, sur la mesure de l'expression. Aussi, en trouvant tous ces
mérites dans un historien qui m'éclaire, suis-je tenté de me demander quelquefois si, loin de manquer de bienveillance, il a toujours été assez sévère. Il me siérait peu de requérir la condamnation
de personne; mais l'auteur raconte un temps où tout a toujours fini
par mal tourner. Cette succession d'avortemens politiques ne peut
avoir pour cause unique de malencontreux hasards. Il y a eu des
accidens sans doute, et je ne suis pas de l'école qui en nie l'influence et qui prétend les rayer de l'histoire. D'autres causes cependant, des causes que le patriotisme même ne saurait absoudre ni
taire, ont déterminé les événemens. Le caractère de la nation, les
sentimens du public, la conduite des individus, voilà ce qui doit
répondre au premier chef des malheurs du pays. Il nous en peut
coûter de dévoiler des torts qui sans doute auraient été les nôtres;
mais enfin les fautes n'ont jamais été nécessaires, aucune fatalité
ne les couvre. Il faut les signaler, quand on ne veut pas qu'elles se

renouvellent. Si l'on trouve qu'une telle rigueur va mal à quiconque
a touché, si peu que ce soit, aux affaires publiques, je dirai que
l'expérience au contraire doit rendre sévère pour tous, à commencer par soi-même. Il n'est pas besoin d'avoir été le chancelier
Oxenstiern pour savoir *quelle petite sagesse* gouverne le monde. Et
encore elle ne le gouverne pas.

Comment en effet considérer l'époque que raconte M. Duvergier,
et presque tous les momens du régime de la restauration, sans voir
de tous les côtés des obstacles à peu près invincibles au maintien
pacifique du gouvernement et au triomphe du bien public? Or, je le
demande, est-ce là une situation naturelle? se peut-il qu'il n'y ait
de la faute de personne, ou plutôt qu'il n'y ait pas de la faute de
tout le monde?

§II.

J'ai dit que, de quelque côté que l'on portât le regard, on n'apercevait que des raisons de désespérer de la stabilité du gouvernement.
Partout apparaissait l'impossibilité ou du moins l'extrême difficulté
de lui assurer assiette et durée. Était-il donc condamné en naissant?
avait-il eu tort de naître? Je ne le pense pas. Après la chute de
l'empire, du moment que, par un acte monstrueux d'intervention,
l'Europe armée avait précipité l'empereur du trône, il n'y avait
pour la France de choix qu'entre la légitimité présente du roi·de
Rome et la légitimité passée du frère de Louis XVI. Contre la première s'élevait l'impopularité générale d'une régence accrue par
l'impopularité particulière de la régente. Rien de moins national
et de moins libéral que le pouvoir d'un enfant qui ne pouvait régner que sous la protection de l'Autriche. Ainsi du moins on en
jugeait alors. Le rappel des Bourbons pouvait donc paraître très
préférable, pour peu qu'ils eussent le bon sens de se regarder
comme les héritiers de la monarchie d'après et non pas d'avant 89.
Dussent-ils s'y méprendre, la France était en droit de se croire
assez forte pour les désabuser. Spontanée ou imposée, la charte
de 1814 vint favoriser ses meilleures espérances, et elle n'eût pas
tardé à les justifier toutes sans la calamité du retour de l'île d'Elbe.
Après Waterloo, tout devint sombre, incertain, sinistre. Pendant
les années qui suivirent, de très louables et de très heureux efforts
furent faits pour dissiper les nuages persistans qui obscurcissaient
l'horizon, et l'on put entrevoir les lueurs d'un ciel serein; mais la
bourrasque de 1820 ramena les orages, et c'est de ce moment qu'il
est devenu difficile, en passant en revue toute la situation du gouvernement et du pays, tous les élémens qu'offrait la composition

du pouvoir et des partis, de tirer de cet examen les garanties d'un avenir calme et assuré.

En dépit de toutes fictions constitutionnelles, c'est dans une monarchie héréditaire une chose capitale que la dynastie. Or celle qui régnait, jugée sur d'autres témoignages que ceux de ses ennemis, ne pouvait inspirer de sécurité à la prévoyance. Les publications récentes qui ont répandu un éclat si favorable sur le caractère de Marie-Antoinette, et relevé son esprit même fort au-dessus du rang où le plaçaient les contemporains, ont jeté une lumière désolante sur son parti et sur sa famille. La correspondance de la plus infortunée des reines est accablante pour l'émigration et pour ses chefs. Louis XVI lui-même sort de l'épreuve plus atteint par les aveux involontaires de sa femme et de sa sœur que par les injures de l'inimitié révolutionnaire, et il a besoin de toute la majesté du malheur pour conserver ses droits au pieux respect de l'histoire. Ses frères, à les juger sur ces lettres accusatrices, n'auraient jamais mérité de régner. Louis XVIII cependant a laissé une meilleure mémoire dans le monde que dans le souvenir de ceux qui l'ont connu. N'est-il pas depuis 89 le seul roi qui soit mort sur le trône? Il n'était dénué ni de sagesse ni de dignité. Enfin la fortune l'a bien traité, et il a régné au bon moment. M. Duvergier de Hauranne le juge avec bienveillance et en donne une idée supérieure peutêtre à celle qu'en gardaient ses serviteurs les plus éclairés; mais enfin, quoi qu'on pense de ses lumières et de sa prudence, ce prince ombrageux et vain avait besoin d'être gouverné. Il ne pouvait se passer de favori. L'empire prolongé du duc de Blacas aurait pu le perdre, l'influence du duc Decazes le sauva, et fut pour beaucoup dans le renom qu'il a laissé. On a peine à s'expliquer la confiance inattendue qu'un vieux roi, élevé à Versailles, prit en un jeune homme chez qui rien ne rappelait l'ancien régime, ni comment une intelligence infatuée des frivolités de la littérature goûta passionnément un esprit plus pratique que cultivé, plus fait pour ¡les choses positives que pour les bagatelles de la conversation. [Ces deux esprits s'accrochèrent cependant, et l'engouement n'était pas tout entier du côté du prince. Ce n'en fut pas moins une très heureuse circonstance que cette intimité fortuite. M. Decazes en usa avec habileté, et put, grâce à elle, rendre à la France des services qu'elle ne doit pas oublier. Il semble qu'il ait eu dans l'action des qualités que ses entretiens n'auraient peut-être pas laissé soupçonner. Il ne serait pas le seul parmi les hommes politiques qui aurait eu besoin, pour trouver toute sa valeur, d'avoir quelque chose à faire. Un homme d'état fort différent de lui, M. de Villèle, était un peu dans le même cas. L'homme en lui semblait inférieur au ministre.

Mais à l'époque dont nous parlons ici, après 1820, une intrigue de famille, un complot de cour et de faction avait arraché au roi le seul conseiller qu'il aimât, et la sagesse hésitante d'un vieux prince affaibli et désolé allait flotter à l'aventure, si quelque puissance nouvelle ne s'emparait de lui. Il en survint une en effet, qu'on ne sait comment qualifier, et qu'il vaut mieux désigner par allusion, sans prononcer aucun nom. Un ouvrage très peu lu, mais d'une étrange naïveté, les *Mémoires du duc de La Rochefoucauld Doudeauville*, contient sur les influences occultes qui ont dominé les trois dernières années de Louis XVIII des révélations qui dépassent tous les soupçons du public contemporain. Nous ne nous doutions pas alors des menées intérieures qui ballottaient sans cesse le gouvernement : l'opinion, si hostile et quelquefois si injuste pour la famille royale, ignorait les misères véritables de cette cour dont elle pensait tant de mal ; mais de ce qu'on supposait et de ce que l'on connaît aujourd'hui il résulte qu'il n'y avait plus rien de durable à espérer de la sagesse du monarque. Son frère tenait dans sa main le sort du ministère. La chute du duc de Richelieu fut comme une anticipation du règne de l'héritier du trône, et une notôriété pour ainsi dire prophétique présentait comme prédestiné à perdre sa couronne et sa race le prince aimable et bon qui devait s'appeler Charles X.

Ainsi point d'espérances du côté de la royauté ni de la dynastie. Y avait-il plus à compter sur les partis ? Alors, comme toujours peut-être, il en existait trois, le côté droit, le côté gauche, et entre deux le centre. Chaque parti se subdivisait en deux. Chaque côté avait sa pointe, une extrême droite, une extrême gauche, et le centre se scindait en centre gauche et en centre droit. Où donc placer, où chercher le gouvernement ? Au moment dont je parle, aucun parti n'était capable de gouverner longtemps.

Le côté gauche tendait à devenir le plus fort. C'est parce qu'on craignait qu'il ne le devînt en effet que la réaction de 1820 avait éclaté ; lui-même se croyait déjà maître de l'opinion, et si c'était une illusion, elle était bien permise, puisqu'en changeant la loi des élections, ses adversaires avouaient que, livrés à eux-mêmes, les cent mille plus imposés de France lui donnaient la majorité. Il n'était pas question alors de la démocratie, ou plutôt il en était beaucoup question ; mais c'était à cette aristocratie bourgeoise, à cette élite de l'ancien tiers-état qu'on donnait ce nom. C'était là *ce torrent qui, coulant à pleins bords dans de faibles digues qui le contiennent à peine*, effrayait M. de Serre ; mais ceux vers lesquels le portait son cours paraissaient peu capables de le diriger. Il faut se rappeler quelles circonstances avaient développé la force du côté gauche : par une erreur qui peut étonner aujourd'hui, mais si naturelle que des amis éclairés de la monarchie n'y avaient pas échappé, la restauration n'avait pas compris que son plus grand danger, sa plus mortelle faiblesse lui venaient des sacrifices qu'elle infligeait à la fierté ou, si l'on veut, à l'amour-propre national. Parmi ces sacrifices, les plus cuisans étaient la suite des fautes de l'empire; elle n'y était pour rien, mais elle en avait profité, tandis que l'empereur en souffrait comme nous. La politique la plus évidente prescrivait donc à la royauté d'en séparer sa cause avec éclat, et de les maudire avec nous, quoi qu'elle y pût gagner. Elle s'en était peu avisée; elle aurait voulu que le deuil de la France se perdît dans la fête de son retour. D'autres sacrifices nullement inévitables étaient venus s'ajouter aux rigueurs des événemens : c'étaient ceux auxquels le nom, les souvenirs, les préjugés, les amitiés d'une dynastie longtemps émigrée exposaient la France. Ceux-là, il dépendait d'elle de les épargner au pays, de s'en épargner à elle-même la funeste responsabilité. Rien n'obligeait à regarder la restauration comme le démenti de toute la révolution : la charte apparemment n'était rien moins que cela; mais tantôt la passion, tantôt la vanité, avaient rendu trop souvent le pouvoir ou son parti sourd à la politique si simple d'une réconciliation sans réserve et sans récrimination avec la société moderne. En donnant des griefs à l'opinion, la restauration avait donné des prétextes à ses ennemis. Ainsi le patriotisme et le libéralisme avaient contracté envers elle un caractère d'exigence, de défiance, de ressentiment, qui arrivait aisément à l'inimitié. Le côté gauche, interprète d'une opinion plus irritée qu'elle ne voulait le paraître et peut-être qu'elle ne le savait elle-même, demandait à la royauté plus qu'elle ne pouvait sagement ou dignement accorder. Des réclamations plausibles devenaient hostiles; des résistances motivées devenaient offensantes. Citons un exemple de la manière dont se posaient les questions. C'était assurément une chose fort simple pour le gouvernement de la France que de n'avoir pas de troupes suisses à sa solde, et l'on pouvait lui demander sans intention maligne de renoncer à toute garde étrangère : c'était une chose non moins simple que de tenir à conserver ces utiles auxiliaires et à perpétuer, par le maintien des anciennes capitulations, des rapports d'union presque défensive avec des voisins belliqueux, en diminuant d'autant l'impôt du sang levé, sur la nation; mais lorsqu'on déclarait qu'on voulait avoir des gardes suisses à cause de leur fidélité au 10 août et comme une milice utile contre Paris insurgé, il devait arriver qu'on en demandât le licenciement par ce motif-là même, et comme d'une troupe de mercenaires dressée contre le peuple. On soupçonnait le pouvoir de la conserver à mauvais dessein ; on se faisait soupçonner d'en

vouloir à mauvais dessein la suppression. La question s'envenimait
de part et d'autre; elle mettait en présence la monarchie et la révolution. Ceux qu'on accusait de vouloir armer l'une contre l'autre
ou désarmer la première devant la seconde disaient bientôt : « Et
quand cela serait? » Et de chaque côté on semblait s'attendre à la
guerre, on semblait de chaque côté se réserver des forces, ici pour
l'oppression, là pour la révolte. Cet exemple entre vingt autres
montre quel débat avoué ou quel conflit tacite s'élevait entre la
royauté et le côté gauche, comment les questions qui les divisaient
tendaient à s'envenimer, à devenir insolubles, et comment aussi le
côté gauche, docile aux suggestions de l'opinion nationale, se rendait presque forcément le gouvernement impossible.

Telle n'était pas l'intention de tous ses chefs, et si les événemens
plus favorables eussent enhardi à l'ambition et poussé au pouvoir les
principaux d'entre eux, on peut supposer qu'ils ne se seraient pas
montrés incapables d'employer, en la maîtrisant, la force de l'esprit public. Ce n'est pourtant qu'une supposition : l'épreuve était
hasardeuse; elle inspirait, non-seulement aux royalistes de la
droite, mais à ceux du centre, des craintes qui eussent engendré
des résistances et accru les périls. Les ressentimens qui animaient
une grande partie du public étaient aussi difficiles à satisfaire qu'à
contenir. A côté des griefs légitimes ou des mécontentemens inévitables, les haines invétérées, les passions ardentes, les rêves
exaltés, s'unissaient dans une coalition menaçante qui cherchait vaguement le renversement ou la vengeance; de là des conspirations
prochaines que l'extrême gauche ne désavouait pas, en sorte qu'au
temps même où le parti libéral avait paru s'approcher du point où
il pourrait se saisir du gouvernement, on le jugeait plus disposé à
le briser qu'à s'en servir, plus amoureux de l'opposition qu'épris
du pouvoir. Alors, comme à plus d'une époque, le parti libéral
manquait d'ambition; il allait être le plus fort, et ne songeait pas
assez à ce qu'il ferait de sa victoire. Il laissait dire que son gouvernement était impossible, et les choses que l'on dit longtemps impossibles le deviennent par là même.

Tournons maintenant nos regards vers le centre. Ce parti, grossi
de la masse des indifférens, peut bien être le plus nombreux : il
peut paraître le plus naturel point d'appui du pouvoir; mais il est
irrévocablement divisé. L'union ou même la confusion du centre
droit et du centre gauche a, de 1816 à 1819, produit une majorité
prépondérante. On lui doit des mesures de paix, de prospérité, de
liberté; mais c'est à la faveur de la liberté que se sont développées
la force et l'impatience de l'opinion libérale. Il faut de toute nécessité compter avec elle; il faut ou l'associer au pouvoir ou l'en écar-

ter; il faut ou la désarmer en la satisfaisant ou la comprimer en lui résistant. L'une de ces politiques est celle du centre gauche, l'autre est celle du centre droit. Tous deux sont modérés, mais tous deux veulent amener à la modération, l'un la gauche, l'autre la droite. De ces deux systèmes, il va sans dire que le premier est celui que M. Duvergier de Hauranne préfère, et c'est assurément celui dont la pratique était la plus tentante et le succès le plus désirable; mais était-ce chose praticable que cette tentative et ce succès? En inclinant au parti libéral, le centre gauche poussait à ses dernières limites l'exaspération du côté droit et les alarmes de l'autre centre. Une défiance inquiète remplaçait l'union un moment puissante des deux partis intermédiaires; peu à peu le centre gauche devait se voir relégué dans l'isolement, réduit à sa faiblesse numérique, s'il ne regagnait sur la gauche tout ce qu'il perdait sur la droite. Pendant un temps, cette situation difficile avait été ajournée, masquée par l'influence conciliatrice de M. Decazes. Dépositaire en quelque sorte de l'autorité royale, il était nécessaire à tout parti qui voulait prévaloir, et, brouillé sans retour avec la droite, il ne pouvait se fortifier qu'en s'étendant vers la gauche. De ce côté, on l'avait donc ménagé; il donnait des espérances, et obtenait de la patience en échange. D'abord il avait pu tenir ensemble les deux centres, puis faire pencher la balance vers le centre gauche; mais alors celui-ci ne paraissait plus que l'avant-garde de l'opposition libérale, et l'alarme gagnait le centre droit : elle arrêtait M. Decazes dans son mouvement et le ramenait en sens contraire. C'est ainsi que, renonçant à l'alliance de la gauche et cherchant à se replacer sur une ligne intermédiaire, il méditait une réaction vers la droite, lorsque la mort du duc de Berri avait servi d'instrument à ses ennemis pour l'abattre. Le centre gauche se trouvait donc abandonné, livré à ses propres forces, suspect à la cour, sans lien avec la royauté. C'était la moins forte fraction de la chambre élective, il ne pouvait rien à lui seul, et il aurait pu davantage, qu'on ne sait si son programme eût réussi. Exécuter franchement, hardiment la charte, développer toutes les libertés qu'elle promettait, et refuser au parti libéral d'adopter ses couleurs, d'épouser ses ressentimens, ses regrets, ses exigences, c'était une œuvre contradictoire; c'était adopter ses principes et proscrire ses sentimens. On ne pouvait attendre de lui ni la complaisance, ni le désintéressement, ni la sagesse qu'il lui aurait fallu pour se faire l'auxiliaire journellement désavoué d'un pouvoir dédaigneux. A la fois nécessaire et suspect, il n'aurait pu plier ses préjugés ni son orgueil aux conditions d'une telle alliance, pas plus que l'orgueil et les préjugés du centre gauche n'étaient disposés à fléchir pour se fondre avec lui. Professer la liberté sans tomber dans le laisser-aller révolutionnaire, soutenir la cause de la révolution sans inquiéter l'ordre public, ce fut alors, comme depuis, comme toujours, le problème à résoudre pour faire de la société française la base d'un gouvernement digne et durable.

Aucun parti ne s'est, je crois, mieux rendu raison des conditions du problème que le centre gauche de 1820; rarement un parti a été moins en mesure de le résoudre. On peut dire que celui-là se personnifiait dans M. Royer-Collard et M. de Serre, tous deux peut-être les premiers hommes de ce temps. On a beaucoup écrit sur le premier; le second est moins connu. Son éloge a été prononcé à Metz par M. Salmon (1); malgré une forme un peu académique, cette notice est très intéressante, elle est très bien faite; mais elle n'est pas assez historique faute de documens. Il est à regretter que la famille de M. de Serre n'ait pas tiré de ses souvenirs et des écrits et lettres qu'il a dû laisser les élémens d'une biographie complète qui fît revivre sous une image fidèle celui qui a illustré son nom. C'était une âme noble et courageuse, mais mobile et passionnée. Son esprit réunissait l'élévation, la vigueur et l'étendue, et n'avait à se défendre que des entraînemens d'une vive imagination. Son talent grave et animé, habile et véhément, le rendait propre à discuter avec la même supériorité les idées, les lois et les affaires. Je n'ai pas entendu d'homme plus éloquent, aussi naturellement éloquent. Malheureusement cette haute et forte raison ne résistait pas à l'empire des émotions dont la vie publique est semée, et c'est ainsi que deux choses ont manqué à l'ensemble de son caractère politique, le calme et l'unité. L'orateur en lui est resté supérieur à l'homme d'état.

Les événemens qui vers 1820 portèrent le trouble dans tant d'esprits et de situations n'avaient pu passer sans agiter cette nature inquiète et puissante. En s'efforçant de ne rien changer à ses convictions ni à ses vues générales, M. de Serre avait peu à peu quitté le centre gauche pour porter au centre droit le secours d'un talent qui devait plus d'une fois alarmer ceux qu'il venait défendre. Par son tour d'esprit hardi, impérieux et provocateur, qui perçait tous les nuages et déchirait tous les voiles, il était mal à l'aise au milieu de ses nouveaux et circonspects alliés. Une politique prudente qui se ménage, qui se plaît dans les nuances, qui cherche à tourner les difficultés plutôt qu'à les franchir, devait être par lui aussi souvent compromise que sauvée. Il arriva dans le centre droit comme un orage dans un climat tempéré.

(1) *Étude sur M. le comte de Serre,* Paris 1864.

Privé de ce grand et redoutable appui, le parti qu'il abandonnait resta sous la garde plus imposante qu'active de M. Royer-Collard. Dans cet esprit puissant, mais contemplatif, qui ne marchait pas de crainte de descendre et qui refusait de se commettre, ne voulant point s'abaisser, s'unissaient et se combattaient jusqu'à se faire équilibre la perception la plus nette des besoins de la France nouvelle et l'aversion la plus décidée pour les moyens pratiques de les satisfaire. Or l'équilibre, c'est l'immobilité. M. Royer-Collard sentait la nécessité tout entière; il l'imposait aux autres, et ne voulait point en accepter le fardeau. Dans l'armée des Grecs, il aurait préféré le rôle de Calchas à celui d'Agamemnon. Et d'ailleurs ce n'est pas avec les forces dont il pouvait disposer qu'il aurait été à cette époque en mesure de faire la loi, soit au royalisme éclairé, soit au libéralisme prudent, dont à tout prix la coalition était nécessaire pour fonder sur une ligne intermédiaire un gouvernement national et modéré.

Il semblait donc que le centre droit fût plus en position de prendre et de garder le pouvoir. Il ne satisfaisait, mais ne désespérait personne. Il ne haïssait pas les situations indécises, les doctrines mitigées, les tempéramens, les compromis : il aurait voulu résister sans irriter et dominer sans bruit; mais une dissidence trop récente et trop éclatante ne lui permettait plus de regagner ni de rechercher le concours de l'autre centre. Il ne lui restait donc qu'à tenter sur le côté droit ce que le centre gauche désespérait d'essayer sur le parti libéral. Il fallait se concilier, en le modérant, ce parti royaliste en qui la France ne voulait voir que l'armée de l'émigration. Entre le centre et le côté droits, il existait plus d'un lien. Des aversions et des craintes communes les soulevaient l'un et l'autre contre toute apparence révolutionnaire. Toute concession nouvelle aux exigences libérales leur paraissait un mortel péril. C'étaient là des bases suffisantes pour une alliance qu'un seul mot de l'héritier du trône pouvait rendre facile. Cette intervention quasi-royale permit d'exister au ministère du duc de Richelieu. Des intentions très honorables, un désir sincère de conserver les institutions en s'attachant à les affaiblir, une sagesse expectante, une dextérité prudente, la connaissance des hommes et des affaires, firent vivre cette administration tant que la réaction qu'elle venait accomplir eut besoin de modération pour triompher. Cependant, pour prolonger son existence, il lui fallait, avec l'appui du roi, la tolérance de son frère. Or le premier passa bientôt sous une influence occulte et hostile, et les traces des conseils de M. Decazes s'effacèrent avec son souvenir. En même temps le déclin de l'âge le mit davantage à la merci de son successeur, qui se lassa bientôt

d'imposer la patience à son parti. Au fait, comment exiger de ce
parti qu'il se contentât longtemps de la seconde place dans un système dont il devenait de jour en jour, et grâce aux élections nouvelles, la force principale? Le ministère Richelieu n'existait guère
que depuis un an que l'homme qui en représentait le plus fidèlement et le plus habilement la politique, parce qu'elle était chez
lui sincère, naturelle et réfléchie, M. Pasquier, était devenu le point
de mire de toutes les attaques du royalisme impatient. Il offrit sa
retraite comme gage d'union; elle eût déshonoré ses collègues sans
désarmer ses adversaires. Le moment était venu où le côté droit, au
lieu de suivre le pouvoir, devait le guider.

Plus de quarante ans se sont écoulés depuis le jour où ce parti
honorable et malheureux s'est vu décidément à la tête des affaires.
Tous les ressentimens qu'engendrent, même entre d'honnêtes gens,
les luttes de politique sont oubliés. Il ne nous en coûte point de reconnaître que l'administration à laquelle M. de Villèle attacha son
nom a été beaucoup meilleure que ses ennemis ne s'y attendaient.
Il y a une classe de ministres sensés et utiles qui peuvent manquer
de grandeur et d'éclat, et dont Robert Walpole est le type le plus
élevé. On disait de son successeur Pelham qu'il était un petit Walpole. M. de Villèle, qui ne songeait guère à les imiter, pourrait être
jugé sur ces modèles. Inférieur à Walpole pour le coup d'œil politique et la force de l'esprit, il avait quelque chose de son aptitude aux
affaires, de son jugement sain et de son sang-froid, sinon de sa fermeté. Il savait peu, mais il apprenait vite. Plus persévérant qu'énergique, il cédait souvent, mais ne se décourageait pas. Sans doute il a
fait des fautes, mais la plupart n'ont pas été volontaires; il les a subies plutôt qu'il ne les a commises. En somme, aucun parti ne pourrait regretter d'avoir produit un tel ministre, et ce n'est pas lui qui a
conduit la monarchie à sa perte. Cependant, quelque justice que
nous aimions à rendre à sa valeur personnelle, et quoique sa manière d'administrer pût paraître presque libérale aujourd'hui, l'expérience nous a confirmé dans la conviction qu'il était par situation
et par principes condamné à une politique qui ne pouvait vivre. Le
légitimisme, qui n'est plus qu'une opinion historique infiniment respectable, devait, comme dogme pratique, engendrer des conséquences fatales à tout gouvernement qui veut respirer l'air du siècle. La
France ne peut souffrir l'apparence même de l'ancien régime, et le
reste de l'Europe commence à faire comme elle. La domination du
côté droit devait en peu de temps rendre à l'opinion libérale une
popularité, une vivacité, une hardiesse que la royauté et la dynastie ne pouvaient ni comprendre ni souffrir. Tôt ou tard la rupture
devait éclater.

On raconte qu'au mois de juin 1820, le jour où le vote de la chambre des députés venait d'arrêter les bases d'un système électoral opposé comme une digue aux progrès du libéralisme, M. de Serre rentrait à la chancellerie, épuisé par les fatigues de plusieurs journées de tribune et comme insensible à la victoire que lui seul avait pu remporter. Autour de lui, on était tout à l'espérance, on le félicitait dans la joie du triomphe, et lui, il se taisait dans un morne abattement. Enfin rompant un long silence : « Oui, dit-il, nous venons de donner aux Bourbons dix ans de répit. » Son triste regard voyait dans l'avenir la marée montante de l'opinion nationale et peut-être ce flot de la démocratie qui grondait au loin. Ses paroles se sont accomplies avec la précision d'un oracle. Dix ans après, l'antagonisme qui opposait le passé au présent, la légitimité à la révolution, la royauté à la nation, devait tristement aboutir à une incompatibilité déclarée. En portant la main sur la charte, le roi Charles X ajouta l'injure grave à l'incompatibilité. Ce sont là, suivant les lois, des causes de divorce, et le divorce fut prononcé.

Nous ne voulons, en rappelant ces souvenirs, que constater un fait douloureux : c'est qu'en 1820, en plein règne des lois, en pleine prospérité, au sein d'une liberté relative, la France, pourvue des instrumens nécessaires de perfectionnement et de réforme, n'offrait pas les élémens d'un gouvernement calme et durable ; à quelque pouvoir, à quelque parti, à quelque système que l'on s'adressât, on se heurtait à des difficultés peut-être invincibles, on avait dix chances d'échouer pour une de réussir. Le mal apparemment devait venir de l'état des esprits. Il faut beaucoup imputer à des erreurs, à des travers, à des passions, que ne saurait ménager l'histoire. On ne peut donc, en étudiant cette époque, porter trop d'attention, de pénétration, de franchise dans la recherche des causes de cette sorte d'impuissance nationale qui ajourna encore cette fois le succès définitif de la révolution française. Et ce n'est pas la seule occasion où la France ait paru se faillir à soi-même, et où l'on ait pu douter que ce qui était nécessaire fût possible.

III.

Ces réflexions paraîtront-elles du pessimisme? Cependant, lorsqu'un gouvernement ou un peuple n'a pas réussi, il n'y a pas de malveillance à demander pourquoi. Quelques pages de notre histoire sont douloureuses à lire ; mais la douleur n'est pas du découragement. Lorsque M. Duvergier de Hauranne nous déroule avec tant de vérité la longue série des essais, des progrès, des retours du régime politique à l'établissement duquel il a consacré tous les

travaux de sa vie, il ne cesse pas d'en préférer la perfection compliquée à la grossière simplicité de l'absolutisme dictatorial ou démocratique, et quoiqu'il voie son récit aboutir aux plus tristes dis-
grâces pour le gouvernement parlementaire, il persiste à le regarder
comme le terme vers lequel gravitent toutes les sociétés modernes.
Pas plus que lui, nous ne désespérons de la liberté politique; nous
allons plus loin, et nous voyons dans notre histoire contemporaine
autre chose qu'un long sujet de deuil. Oui, sans doute, la France
a eu du malheur. Que de mécomptes et de revers en moins d'un
siècle! Après la mort de Louis XV et celle de Voltaire, le prince
que les fautes de l'un avaient averti, le peuple qui se croyait éclairé
par les écrits de l'autre, ont pu penser qu'ils marchaient vers un
riant et bel avenir. Louis XVI s'est entendu un jour appeler le res-
taurateur de la liberté française; le peuple a un moment rêvé qu'en
retrouvant ses droits, il avait assuré son bonheur. Quel affreux
réveil que celui des hommes de 89 voyant leur ouvrage se souiller
et se perdre dans l'opprobre des jours de démence de 93! Ceux
mêmes qui n'avaient pas fui devant les maux et les crimes, ceux
qui avaient fait aux furies du patriotisme le sacrifice de la justice
et de l'humanité, lorsqu'ils ont pu imaginer qu'une république un
peu réglée, un peu tranquille, sortirait de l'orage et que leurs efforts n'auraient pas été tout à fait stériles, ils n'ont pas tardé à voir
leur monument chanceler sur sa base fragile, et disparaître balayé
par le bras d'un soldat heureux; mais au moins ce jeune homme
entouré de tant de prestige, la glorieuse idole d'une nation guerrière, il va réaliser toutes les espérances qu'il conçoit et qu'il inspire. La victoire a divulgué son génie. A peine a-t-il touché le
pouvoir qu'il se montre fait pour l'exercer. Fondateur, législateur,
organisateur, il est tout aussi bien que capitaine; tout en lui promet au pays une grandeur incomparable. Cependant on peut déjà
dans le consul entrevoir l'empereur, l'homme fait pour tout dominer excepté lui-même. On peut discerner dans cet ardent et impétueux esprit cette impatience de l'obstacle, cette colère contre la
résistance, ces passions enfin plus grandes encore que sa fortune.
On compare Napoléon à César; voilà les fautes que César ne com-
mettait pas. De là tout au moins une grande différence : César a
réussi, Napoléon a échoué. Il n'est pas mort dans la puissance; il
est tombé deux fois, et deux fois il a laissé la France plus petite
qu'il ne l'avait reçue. Quelle fin plus cruelle, et de nos calamités
laquelle a été plus grande?

A ces fléaux de la guerre succède le bienfait de la paix que va
suivre le bienfait de la liberté. En peu d'années, une prospérité inconnue manifeste l'excellence de la société civile que la révolution

a constituée. Il semble que la restauration, paisible et régulière par nature, doive être l'époque du rapprochement des partis et du triomphe définitif de tous les principes de la civilisation moderne. Nullement. Des préjugés irritans, des rancunes vivaces, des regrets absurdes, opposent entre elles les diverses classes de la société. Le génie de la nation se réveille avec éclat; elle attire les regards du monde, mais pour se déchirer elle-même en luttes intestines, et un gouvernement pacificateur s'écroule en provoquant la guerre civile. Quelles furent les espérances de 1830? Qu'il le dise, celui qui peut se les rappeler sans une intime douleur! Encore moins est-ce à nous de dire comment l'événement les a déçues; mais enfin la monarchie de 1830 a disparu à son tour, et la France s'est laissé mettre en république. Elle n'a su ni résister ni consentir; elle n'a su ni fonder, ni conserver, ni détruire l'établissement qui du moins la rendait maîtresse d'elle-même. C'est au moment où on la proclamait unique souveraine que la nation a abdiqué. Nous nous garderons de juger le gouvernement qui a détruit la république, on nous récuserait; mais quel qu'il soit, et sans rien contester aux plus zélés de ses serviteurs, il est comme tous les biens de ce monde apparemment. Montesquieu n'a-t-il pas dit du plus grand de tous qu'il faut *en payer le prix aux dieux?* Ainsi il a fallu que la France consentît à regarder comme un rêve le droit de se gouverner elle-même, tel qu'elle l'avait compris et ambitionné pendant près de quarante ans; il a fallu qu'elle consentît à s'entendre dire qu'elle n'était pas digne de la liberté politique comme l'Angleterre, et que les institutions de la Belgique et de l'Italie n'étaient pas à sa portée. Telle est la suite des épreuves qu'a traversées la révolution française ou plutôt la nation qui l'a faite.

Voilà certes de tristes souvenirs, et nous sommes fondés à dire que nous avons eu du malheur, et ce qu'on appelle du malheur se réduit le plus souvent à des accidens qui mettent les fautes en lumière et qui leur donnent toutes leurs conséquences. Nous sommes donc bien loin de blâmer l'historien inexorable qui présentera à notre pays dans le miroir du passé l'image tristement fidèle des événemens dont nous avons souffert, des situations où nous avons failli. Nous ressentons comme lui toute l'amertume de nos grandes épreuves nationales; mais qu'on ne se hâte pas d'en conclure que nous haïssions notre siècle et que nous ayons regret à la révolution. A tout prendre, quel temps serait préférable à celui qui date de 89? Quand la société française aurait-elle mieux aimé vivre? Quand a-t-elle mieux réuni les conditions de l'activité intellectuelle et morale qui sont celles du bonheur même? Quand a-t-elle connu autant de bien-être, de progrès, de liberté même, malgré tant de

troubles, de revers et de tyrannies? Qui ne sent qu'il vit à une époque unique, grosse d'un avenir tout nouveau qui étonnera nos neveux? Cette petitesse que l'on reproche quelquefois avec complaisance aux hommes de notre temps ne vient-elle pas précisément
du contraste avec la grandeur des destinées qu'il prépare à l'humanité? N'exigeons-nous pas tant des individus, parce que nous attendons beaucoup de l'espèce, et notre découragement momentané
n'atteste-t-il pas la hauteur de nos espérances? Seulement il est
arrivé un fait qui n'est pas nouveau dans notre histoire : le progrès
social a marché plus vite que le progrès politique. Le côté faible
de l'ancienne France a toujours été le gouvernement; il en a été
quelque peu de même de la nouvelle. Cependant, sous ce rapport
aussi, plus d'un progrès s'est accompli, et il ne nous manque au
vrai que la pleine liberté constitutionnelle. Ce n'est pas peu de
chose, j'en conviens, et pour un bien si grand nul sacrifice ne doit
coûter. Qu'un jeune orateur qui n'a d'autre tort que de compromettre un rare talent et une ambition légitime par trop d'empressement à rompre avec la tradition et à s'isoler pour parvenir ait
paru se médiocrement soucier de la liberté politique, lui préférant
de beaucoup les libertés civiles comme plus essentielles, nous nous
étonnerons qu'il semble oublier que celles-ci sont inséparables de
celles-là. C'est le citoyen plus encore que l'état qui a besoin d'un
gouvernement libre. Il y va non-seulement de sa dignité, mais, je
le dis après Montesquieu, de sa tranquillité. N'ayant jamais été socialiste, nous ne sommes pas d'humeur à faire peu de cas des libertés civiles et même individuelles; mais ont-elles une autre garantie que la liberté politique? Celle-ci, je le sais bien, se confond
aisément avec le gouvernement parlementaire ; or ce dernier mot,
si cher à M. Duvergier de Hauranne, est un terme dont les gens
bien élevés ne se servent pas dans le monde officiel, et, quant à la
chose, l'orateur dont je parle n'a pas manqué de la répudier, ce
qui peut sembler étrange quand notoirement on aspire au pouvoir
par la tribune. Et pourtant comment compter sur les libertés les
plus élémentaires, sur les plus simples droits du citoyen, s'il n'existe
des pouvoirs pour y veiller, pour les défendre, et si l'autorité qui
les attaquerait n'est pas responsable de l'avoir fait? Or, dès qu'on
discute et que les ministres sont responsables, il faut de toute nécessité qu'ils aient la confiance des chambres, et le régime parlementaire n'est que cela. Ceux donc qui s'indignent du mot de parlementaire ne veulent pas de la liberté politique, et ceux qui ne
tiennent pas à la liberté politique font bon marché des libertés civiles. Ce sont tous gens qui auraient dû vivre sous l'empire romain.

CHARLES DE RÉMUSAT.

L'ÉPREUVE

DE

RICHARD FEVEREL

SECONDE PARTIE (1).

VI.

On ne peut savoir ce qui fût arrivé, si le baronnet s'était trouvé présent à la première entrevue de Ferdinand et de Miranda, c'est-à-dire de son fils et de la jeune *miss* inconnue qu'un heureux hasard avait amenée vers cette rive tapissée de fleurs et protégée contre les regards indiscrets par un épais rideau de feuillages. Notre homme, qui analysait les êtres humains avec la rigueur des procédés scientifiques, aurait peut-être vu dans cette rencontre prédestinée l'occasion d'appliquer triomphalement son fameux *système*. Pouvait-il espérer pour son fils une compagne dont la physionomie sereine attestât plus de candeur et de loyauté, dont la santé physique se révélât par une fraîcheur plus transparente et plus attrayante, dont le regard net et brillant ouvrît mieux l'accès d'une àme sincère? Sous l'épiderme fin, le sang affluait; les longs cils noirs projetaient leur ombre sur de beaux yeux bleus animés et sourians; la chevelure, ondée plutôt que bouclée, jetant çà et là quelques reflets métalliques, débordait le large chapeau de paille, et plus bas que la ceinture déroulait encore ses flots dorés. Une statue

(1) Voyez la *Revue* du 15 avril dernier.

qui vivrait de la vie des fleurs, une fleur qui emprunterait aux statues quelque chose de leur impassible majesté, donneraient une idée
approximative, sinon de la jeune fille elle-même, tout au moins de
celle que vit Richard à travers le prisme encore intact de ses printanières illusions. Il l'avait suivie jusqu'au sommet de la berge,
obéissant à je ne sais quelle attraction extatique, sans pouvoir s'expliquer comment il était à la fois si intimidé et si téméraire. L'inco-
hérence de ses paroles quand il voulut répondre aux remercîmens
embarrassés de la belle enfant l'avertit qu'il ferait mieux de se taire,
et nos deux jeunes gens restaient muets en face l'un de l'autre. Tout
à coup, avec une sorte d'alarme, Miranda s'élança au bord de l'eau.
Richard s'y trouva aussitôt qu'elle. — Mon livre! que sera devenu
mon livre? s'écriait-elle penchée sur le courant et l'interrogeant du
regard; mais, lorsqu'elle put se convaincre que Richard s'apprêtait
à plonger en quête du précieux volume : — Non, reprit-elle, non,
je vous en prie!... Et de premier mouvement, pour le mieux retenir, elle posa sa main sur le bras du jeune homme. En effet, il ne
bougea plus, comme frappé d'une secousse électrique. Miranda,
quelque peu confuse, retira sa main tout aussitôt. — Je l'avais
placé là, sur cette ronce, poursuivit-elle en désignant à Richard un
des buissons qui bordaient la rivière. Il y courut, mais sans y trouver le livre, pour lequel il eût donné sur place toute la bibliothèque de Raynham-Abbey. Il rapporta seulement un vestige de l'objet
perdu, un lambeau de papier dont les bords roussis par la flamme
indiquaient assez qu'il avait échappé à quelque incendie. La vue
de ce chiffon sembla dissiper les anxiétés de la jeune fille. — Donnez, donnez vite, dit-elle s'avançant avec empressement, c'est là
tout ce que je regrettais... Que me fait le livre à présent?... Donnez vite et ne regardez pas!

Cette dernière recommandation faite sur un ton moitié badin,
moitié sérieux, arriva malheureusement un peu tard. Les yeux de
Richard s'étaient arrêtés déjà sur ce fragment de vélin où brillait
une empreinte argentée. A sa grande surprise, il avait reconnu ses
propres armoiries, — le fameux griffon entre deux gerbes de blé,
— puis au-dessous (surcroît d'émotion!) quelques lignes de son
écriture. C'étaient les premiers vers d'une élégie adressée *aux
étoiles,* et qu'il croyait anéantie comme tous ses autres chefs-
d'œuvre.

> Dites, flambeaux du ciel, où trouverai-je celle
> Dont j'ignore le nom et que je dois aimer?

Le reste se devine, et nous n'en citerons pas davantage. L'étonnement, le ravissement de Richard étaient au comble devant cette

épave échappée au naufrage de ses poétiques ambitions. Il se garda bien d'en rien laisser paraître, et restitua le papier à la belle inconnue, ni l'un ni l'autre ne voulant provoquer d'explication sur ce curieux incident. Ils marchaient côte à côte, sans échanger une parole. Le jeune homme était trop ému, la jeune fille trop embarrassée. — Votre barque, dit-elle enfin, que va-t-elle devenir?

Ils jetèrent un coup d'œil du côté de la rivière où le frêle esquif, complétement chaviré, tournoyait, la quille en l'air, dans les remous circulaires de la chute d'eau. — Si vous n'y veillez, le courant l'emportera, reprit l'inconnue.

Mais Richard, qui la contemplait toujours, ne répondit pas tout d'abord. Elle fut obligée de répéter. — Que me fait cette barque? répondit-il alors d'une voix concentrée. Que me fait ma vie d'autrefois, semblait-il se dire intérieurement, puisque une autre existence m'invite et m'attire?

— Vous ne pouvez m'accompagner plus loin... Il faut nous séparer ici, poursuivit la belle enfant.

— Sans savoir qui vous êtes? Sans savoir comment ce papier?...

— Mais nous nous connaissons déjà, interrompit-elle, répondant à la moins embarrassante des deux questions.

— Impossible! s'écria Richard. Je ne vous aurais pas oubliée...

— Peut-être vous rappellerez-vous mieux Belthorpe?

— Belthorpe? Belthorpe?... N'est-ce pas la ferme du vieux Blaize?...

— Et le vieux Blaize est mon oncle, répliqua la jeune fille avec une révérence ironique... Il vous a nommé, je crois, les Desborough du comté de Dorset... C'est le nom de ma famille.

Rassemblant ses souvenirs épars et comme éclairé d'une lumière subite : — Vous seriez donc?... Mais cela ne se peut!... Vous seriez cette petite personne?...

Elle ne le laissa pas achever, et, continuant à plaisanter de son mieux malgré l'embarras où la jetait cet ardent regard sans cesse attaché sur elle : — Nos relations datent de très loin, comme vous voyez, reprit-elle sans oser sourire, et nous avons été régulièrement présentés l'un à l'autre.

— Vous êtes bien belle! répondit simplement Richard.

Et comme miss Desborough semblait vouloir se dérober par une prompte retraite à une si franche et si téméraire admiration :

— Vous aurais-je offensée? lui demanda-t-il avec une véritable angoisse.

Pour rien au monde, elle n'aurait voulu lui laisser cette idée, et, se retournant aussitôt, elle lui tendit la main, une main blanche, une main toute pareille à celles que ses rêves lui montraient depuis la veille, et sur lesquelles il avait déjà posé tant de baisers chimériques. Il la prit, il la garda, il la retint même, quand elle voulut s'échapper, après avoir légèrement répondu, par manière d'adieu, à l'étreinte dont il l'enveloppait. Enfin, lorsqu'il fallut se rendre aux instances réitérées de la jeune prisonnière qui redemandait sa liberté, il porta vivement à ses lèvres cette main dont il ne pouvait se séparer, et, la tête basse après un tel crime, attendit l'arrêt de mort.

Par une contradiction bizarre, la captive, une fois affranchie, ne s'éloignait pas. Cet excès d'audace, qui devait provoquer sa colère, la ramena près de Richard, dont les remords paraissaient l'attendrir. — J'espère bien, lui dit-elle, que vous ne m'en voulez pas?

Lui en vouloir! en vouloir à cet ange de pardon! Et tandis qu'il regardait encore avec une stupéfaction reconnaissante, sans la quitter des yeux, sans pouvoir prononcer un seul mot, celle qui le faisait ainsi passer en quelques secondes de la vie à la mort, de l'angoisse au délire, elle avait franchi la haie voisine et disparu au détour de l'humide sente qui se perdait dans l'épaisseur des taillis.

VII.

Sir Austin emportait à Londres une liste, dressée avec soin d'après les indications de lady Blandish et de quelques autres amis. Noms historiques, noms de parvenus, ceux-là datant de Guillaume le Conquérant et ceux-ci de James Watt, y figuraient à différens titres. En regard de chacun, la première lettre du mot « argent, » du mot « rang » ou du mot « principes » rappelait au baronnet par quel mérite particulier se recommandait à lui telle ou telle alliance plus ou moins désirable. Son avocat d'ailleurs, — M. Thompson, le père de l'ami Ripton, — et son médecin, le docteur Bairam, devaient au besoin l'éclairer de leurs conseils. Son retour dans la capitale, où il n'avait pas mis le pied depuis plusieurs années, produisit sur lui une assez pénible impression. Il aurait voulu ne pas revoir, même en passant, le magnifique hôtel de famille que de tristes souvenirs lui rendaient odieux, et il lui préféra sans peine un de ces caravansérails splendides que la mode multiplie aujourd'hui dans toutes les grandes villes du monde, institutions banales que l'aristocratie d'autrefois n'aurait jamais patronnées.

Là commencèrent bientôt à pleuvoir les cartes de visites, les invitations de toute sorte. Le docteur Bairam, l'avocat Thompson avaient discrètement averti leur clientèle, et l'arrivée de l'opulent baronnet, ses sollicitudes paternelles, l'objet de son voyage à Londres, n'étaient plus des secrets que pour les gens très mal informés.

L'éditeur des *Paperasses d'un Pèlerin* vit disparaître en quelques
jours les derniers exemplaires de cet opuscule, que s'arrachaient les
mères de famille (celles-là s'entend qui avaient des filles à marier).
Le baronnet cependant procédait à sa grande enquête avec une bonne
foi singulière. Il promenait partout la pantoufle de Cendrillon et ne
refusait à aucune jeune fille le bénéfice de l'épreuve; mais les plus
petits pieds se trouvaient moins andalous qu'il n'eût fallu, et le système avait tout juste l'élasticité d'un soulier de cristal. Sir Austin
avait une manière prévenante et souriante de poser une foule de
questions, en réalité fort indiscrètes, mais auxquelles répondaient
sans méfiance les demoiselles interrogées. Un mot imprudent les
mettait hors de concours. Celle-ci parlait avec enthousiasme d'un
roman nouveau; celle-là traduisait Métastase au crayon, dans son
lit, avant de se lever; une troisième, séduisante par sa pâleur et
son aspect poétique, se laissant aller un peu trop vivement à la conversation, sembla tout à coup perdre haleine et posa la main sur
son cœur. Il n'en fallait pas davantage pour effrayer le père de Richard; il observait, prenait ses notes, saluait et s'éloignait en bénissant le ciel de lui avoir donné un coup d'œil scientifique. Ses amis
querellaient la rigueur de ses principes; ils lui reprochaient d'a-
voir isolé son fils pour le maintenir en dehors des conditions ordinaires de l'humanité. «Un jeune homme, disaient-ils, doit jeter sa
gourme. » En général ils avaient jeté la leur, et sir Austin, souriant
toujours, s'appliquait à constater les résultats de cette théorie si
répandue. L'un avait trois filles attaquées de la poitrine, l'autre un
héritier idiot et maladif. Riches d'ailleurs et bien placés dans le
monde, ils n'en parlaient pas moins d'établir leurs enfans comme
de la chose du monde la plus naturelle. — Est-il bien possible, se
demandait sir Austin, que cette dégénérescence physique et morale
n'éclaire pas un chacun sur les terribles suites de notre indifférence
en matière de vice? Et que doit être, arrivé à la troisième génération, le développement de cette doctrine fatale qui, dès la seconde,
opère tant de ravages?

Dans le monde, où de pareilles réflexions lui eussent assigné le
caractère d'un censeur mal appris, il gardait prudemment le silence, quitte à s'en dédommager avec ses intimes, c'est-à-dire avec
le docteur Bairam ou l'avocat Thompson. Ce dernier, par manière
de contradiction, vantait la bonne conduite et les habitudes studieuses de son fils Ripton, élevé dans de tout autres conditions
que Richard. Le baronnet, avec son aménité ordinaire, voulut
complimenter immédiatement cet apprenti légiste, qui travaillait,
sous le contrôle d'un vieil employé, dans un bureau séparé du cabinet de son père. — Je ne veux pas qu'on le dérange, avait dit

sir Austin; il vaut mieux le surprendre au milieu de ses occupations. — Le premier coup d'œil fut édifiant. La tête littéralement
enfouie dans un énorme in-quarto, Ripton ne parut pas s'apercevoir de l'entrée des deux visiteurs, qu'il prenait sans doute pour
deux cliens. — Vous voyez, disait Thompson triomphant, vous voyez
comme il s'absorbe dans son travail... — Mais aux premiers accens
de la voix paternelle, avec une trépidation nerveuse que rien ne semblait motiver, Ripton ferma précipitamment le bouquin massif, dans
lequel restèrent les notes manuscrites qu'il rédigeait avec tant de
zèle et d'application. Ce mouvement par malheur mit à découvert
un autre petit volume dont le cartonnage bariolé attira aussitôt l'œil
de sir Austin. — Vous étudiez le blason? demanda-t-il amicalement
à Ripton, qui balbutia pour toute réponse quelques paroles incohérentes, et en même temps essayait de dissimuler le corps du délit;
mais Thompson, atteint en pleine sécurité par d'affreux soupçons,
voulut incontinent en avoir le cœur net. — Voyons, dit-il, voyons
ce livre... — Hélas! il n'était pas besoin de l'ouvrir : sur la couverture même s'étalait en vives couleurs l'image d'une de ces créatures qui ont le singulier privilège de passionner la jeunesse contemporaine, une demoiselle du monde bien célèbre alors par ses
excentricités. *Histoire... de... miss Random!...* tel fut le titre que
déchiffra péniblement l'avocat stupéfait. — A merveille! continua-
t-il, laissez-moi vous faire compliment sur le choix de vos lectures!
Passons maintenant à ce que vous écriviez. — Au premier coup
d'œil jeté sur le manuscrit que son fils avait essayé de dissimuler,
le visage de l'avocat se rasséréna. — Ceci vaut mieux, dit-il à sir
Austin, une lettre au rédacteur du *Jurist.*

« Monsieur,

« Dans vos récentes observations sur le grand procès en *criminal
conversation...* »

Impossible de dire comment se terminait cette première phrase,
car M. Thompson s'arrêta court, et par-dessus ses lunettes lança
un regard foudroyant à Ripton consterné. — C'est donc là, poursuivit-il, ce que vous intitulez « considérations légales?... » Croiriez-vous (ceci s'adressait au baronnet), croiriez-vous que monsieur,
parodiant les choses les plus saintes, fait suivre ceci d'un plaidoyer
en bonne forme qu'il est censé prononcer en faveur de Vulcain,
qualifié de « plaignant, » contre les « défendeurs » appelés Mars et
Vénus? Tels sont les passe-temps auxquels il consacre ses heures
de travail.

Contrarié d'avoir provoqué d'aussi vives explications, sir Austin

.se crut obligé de calmer la colère de l'avocat. — La jeunesse est la jeunesse, lui dit-il quand ils furent seuls; ne vous méprenez pas à cette légèreté qui vous indigne et vous semble un gage d'endurcissement... Si j'avais un conseil à vous donner (ici l'avocat prit une attitude recueillie et déférente vis-à-vis de son riche client), je vous engagerais,... comment dire cela?... je vous engagerais à combattre par le dégoût cette dépravation, bien incomplète encore. Ne laissez pas le vice s'infiltrer goutte à goutte, provoquez immédiatement la nausée.

— Soyez tranquille, interrompit Thompson, qui semblait ne pas comprendre, il sera châtié sévèrement.

— Nous ne nous entendons pas, Thompson, et, selon moi, vous risquez de faire fausse route... La satiété l'éloignerait de ce culte, le martyre l'y ramènera... Croyez-moi, descendez de ce piédestal que les années vous ont fait... Nouveau Mentor, montrez à votre élève, montrez-lui dans toute sa nudité, avec ses conséquences fatales, ce vice qui lui paraît si attrayant.

— Plaît-il? interrompit le vieil avocat, qui n'en croyait pas ses oreilles... Vous voulez que... Et mistress Thompson, que dirait-elle?

— Ah! c'est vrai, je n'avais pas pensé à mistress Thompson, répliqua le baronnet en haussant les épaules avec un mépris souverain.

Parmi les clientes du docteur Bairam était une dame d'une très mauvaise santé, mais d'une réputation irréprochable, descendant en ligne directe du fameux sir Charles Grandisson, pour qui elle professait une admiration sans bornes. Ne pouvant épouser son grand-père défunt, ce qui lui eût paru l'idéal de la félicité humaine, elle avait du moins voulu conserver son nom, qu'elle imposa bon gré mal gré à l'humble mortel dont elle daigna faire son mari. Sa beauté, sa fortune lui donnaient le droit de se passer de pareilles fantaisies. Ni l'une ni l'autre en revanche ne purent lui faire obtenir cet héritier mâle qu'elle demandait au ciel pour perpétuer ici-bas le nom du héros de Richardson. Huit fois de suite, obstinée en son vouloir, elle tenta l'aventure, et huit fois de suite le ciel rigoureux la dota d'une fille au lieu du garçon qu'elle attendait. A la huitième, le cœur lui manqua. D'un commun accord, elle et son mari abdiquèrent une espérance si souvent déçue. Pendant qu'il se vouait à la chasse aux renards, elle se consolait de son mieux à l'aide des pratiques dévotes et des petits chiens griffons. Le docteur Bairam, sur ces entrefaites, la berça de nouvelles espérances et lui prescrivit tant de remèdes, lui fit avaler tant de drogues, qu'il acheva de détruire une constitution déjà ébranlée; mais du sofa où

il l'étendit pour le reste de ses jours, cette femme modèle gouver-
nait sa maison et son mari avec une autorité despotique. De temps
en temps se manifestaient parmi ses filles, supérieurement élevées,
quelques velléités de résistance. En pareil cas, elle les déclarait
malades, et le docteur Bairam, convoqué sans retard, les droguait
jusqu'à soumission complète. La médecine ainsi entendue rend
d'immenses services à la puissance paternelle.

Fortement prévenue en faveur de sir Austin par tout ce qu'elle
avait entendu dire de lui, mistress Caroline Grandisson chercha
l'occasion de le voir et de lui parler. Nous ne scruterons pas de trop
près l'admiration qu'elle professait, avant de le connaître, pour un
homme « qui lui rappelait, disait-elle, son illustre aïeul. » Il se peut
que sir Miles Papworth, à qui elle s'adressa pour les mettre en rapport, et qui improvisa tout exprès un dîner d'apparat, eût quelques
motifs de faire allusion à l'immense fortune du baronnet et d'ajouter « que les qualités éminentes de son esprit et de son cœur perdraient beaucoup de leur relief s'il était réduit à 500 livres de rente.»
Cependant mistress Grandisson repoussa comme il convenait cette
insinuation vulgaire, et nous ne pouvons que lui donner acte de ses
dénégations, en ajoutant toutefois qu'elle s'intéressait déjà beaucoup à Richard Feverel, et qu'elle apprit par cœur certains passages
des *Paperasses d'un Pèlerin.* Sir Austin, placé à côté d'elle, trouva
pour la première fois chez cette femme réellement intelligente un
antagoniste digne de lui. Elle le devinait blasé par de complaisantes
approbations; aussi lui servit-elle un mélange piquant d'éloges et
d'épigrammes qui se faisaient mutuellement valoir. Elle lui concé-
dait ceci, l'arrêtait sur cela, réclamait une explication, ajoutait un
commentaire, et, au lieu de se prosterner, comme lady Blandish,
devant la supériorité de l'*aphoriste,* elle traitait avec lui sur un
pied d'égalité que les femmes anglaises savent garder à merveille.
Il ne fut pas question des huit demoiselles, si ce n'est par quelque
allusion lointaine au système d'après lequel on les avait élevées;
ce mot de *système* fit dresser l'oreille au baronnet, d'autant que
mistress Grandisson et lui s'entendaient à merveille sur plusieurs
points, et notamment sur la fameuse théorie d'après laquelle la
jeunesse doit « jeter sa gourme. » Stimulé, fasciné, curieux, il
sollicita lui-même une entrevue qu'on brûlait de lui proposer, et
qui eut lieu dès le lendemain. C'était une bataille en règle avant
laquelle mistress Grandisson passa ses troupes en revue. De son
salon furent bannies les trois sœurs aînées qui l'auraient encombré
inutilement; de même pour les chiens griffons, on n'en garda que
le nécessaire. Il y eut doute sur la question de savoir si on ferait
descendre de la *nursery* la plus jeune des huit *misses,* la petite Ca-

rola, un « vrai cheval échappé. » Venant à réfléchir que Richard
Feverel avait à peine dix-neuf ans, mistress Grandisson se décida
pour l'affirmative.

Et bien lui en prit. Ce fut justement vers Carola que les yeux de
sir Austin se dirigèrent avec le plus de bienveillance. Elle lui plaisait par sa mise enfantine, sa gaucherie un peu farouche, ses brusques allures, sa fraîcheur de pivoine. Il avait pris la main des
quatre sœurs aînées; il garda celle de Carola, que cette préférence
laissa très indifférente. — Quel âge avez-vous, ma belle enfant? lui
demanda-t-il avec une onction paternelle; mais Carola, s'obstinant
dans son mutisme, ne répondit qu'après avoir été rappelée à l'ordre par une semonce maternelle. — Treize ans, dit-elle alors d'un
ton maussade.

— Permettez-moi de vous féliciter, reprit sir Austin posant sur
son front un baiser que notre étourdie reçut avec l'impassibilité
d'une poupée de bois.

— Ordinairement, reprit mistress Caroline, rien de plus gai, rien
de plus fou que cette petite... Tant de sauvagerie m'étonne. Il faut
qu'elle soit indisposée.

— Non, maman, tout au contraire, s'écria l'enfant saisie de
frayeur. Ne vous en prenez qu'à cette odieuse potion!...

— Eh quoi! des remèdes à cet âge? remarqua sir Austin déjà
inquiet.

— Quelques petites doses de temps à autre,... les plus insignifiantes du monde, répondit la mère, comprimant du regard l'étonnement qui se manifestait sur la physionomie de ses trois plus
jeunes filles, les deux autres demeurant impassibles devant cette
pieuse fraude.

— Je n'aime pas qu'on drogue les enfans, ajouta le baronnet
avec l'accent du reproche. Mon fils ne sait pas ce que c'est qu'une
médecine.

Les jeunes *misses* regardèrent avec une sorte d'intérêt affectueux
le père de ce garçon si bien portant.

— Venez voir notre gymnase, dit vivement mistress Caroline
pour rompre une conversation mal engagée. Suivit un exposé de
principes sur la portée morale des exercices musculaires tant pour
les filles que pour les garçons. Cet exposé savant, qui trahissait
des méditations profondes, plongea sir Austin dans une sorte de
rêverie; à peine accordait-il un regard distrait aux exercices des
cinq jeunes filles, qui du reste s'en acquittaient comme à regret,
avec un mélange de lassitude et d'ennui. — Ne m'avez-vous pas
dit l'âge de votre fille? demanda tout à coup sir Austin.

— De laquelle parlez-vous?... Et, suivant la direction de son regard, elle le vit s'arrêter sur la florissante Carola... Celle-ci a treize ans... treize ans aujourd'hui même... Vous permettez que je les arrête?... Nous attendons le professeur, et il ne faut point abuser de la gymnastique après les repas.

Sir Austin manifesta son approbation par un mouvement de tête majestueux, et, s'approchant de Carola, lui donna derechef l'accolade paternelle. — Sur mon honneur, madame, dit-il ensuite à mistress Grandisson, vous êtes la première femme chez qui j'ai trouvé un si ferme bon sens et des méthodes si rationnelles... Permettez-moi de vous en faire compliment. Si l'avenir, comme on dit, nous réserve un homme perfectionné, c'est chez vous, je pense, qu'il devra venir chercher sa compagne.

— Je vous envie le bonheur d'avoir un fils, répondit très pertinemment mistress Grandisson. Puis ces deux grands théoriciens préludèrent par l'examen comparé de leurs systèmes aux futures fiançailles des jeunes gens sur lesquels étaient pratiquées leurs expérimentations scientifiques.

Pendant que sir Austin promenait ainsi de tous côtés sa pantoufle de verre, il aurait pu découvrir à deux pas de sa résidence, sous un humble toit, une charmante personne à qui cette pantoufle rebelle se fût adaptée comme le gant le plus souple et le mieux fait. Celle-là ne commentait pas Métastase et n'avait pas de romans sous son chevet; celle-là se riait de la médecine, et, les pieds dans la rosée, déjeunait de mûres au bord de l'eau. Chaque jour sur la berge fleurie, auprès de la cascade écumante, et sans autre guide que l'instinct, venait l'y rejoindre un jeune homme à qui tous les artifices des sœurs jalouses n'avaient pu déguiser le mérite et la beauté de Cendrillon. Et le jour même où le savant aphoriste, si profondément versé dans la connaissance de l'être humain, avait cru rencontrer enfin l'objet idéal de ses recherches, notre jeune «. prince » des contes de fées, aux clartés de ces étoiles qu'il interrogeait naguère, tremblant et les yeux pleins de larmes, avait obtenu de la « bergère » pressée sur son cœur l'aveu palpitant de la tendresse qu'elle lui avait vouée dès leur première rencontre, et la promesse de le suivre au pied des autels dès qu'il leur serait permis de se donner l'un à l'autre.

Ni la sagesse mondaine, ni la prescience philosophique ne gâtaient pour eux ces heures d'enchantement. Assis l'un près de l'autre sous les pures clartés de la lune, enveloppés de silence, transportés par l'extase dans ces régions où l'ivresse des sens est inconnue, ils sentaient qu'ils étaient faits pour cet Éden et bénissaient le ciel de leur en avoir ouvert les portes. Ils remerciaient leurs anges gardiens qui, dès le berceau, les protégeant et les gui-

dant l'un vers l'autre, avaient préparé cette heure à jamais sanctifiée. — Vous ne m'aviez donc pas oublié, Lucy? vous demandiez à
Dieu de nous réunir?.. Je passais quelquefois dans vos rêves et vous
étiez mienne, mienne à jamais?... Dites, répétez encore, bien à
moi, toute à moi, n'est-il pas vrai?...

Les bois se taisent, le rossignol interrompt ses chants, la lune
écoute, inclinant sa tête pâle par-dessus la cime des pins, et çà et
là bondit l'écureuil. Une branche craque, une pomme sèche tombe
sur la mousse, quelque invisible animal froisse en passant la fougère sonore, et ces menus bruits si légers, si fugitifs, suffisent néanmoins pour couvrir la voix de la jeune fille quand elle murmure à
l'oreille de son amant une réponse que lui seul peut entendre.

VIII.

Adrian Harley comptait dans la journée une heure de prédilection, celle où il étudiait en lui-même, satisfait de vivre, les phénomènes d'une digestion régulière; mais depuis quelque temps le
bien-être de cette heure contemplative était troublé par la prompte
disparition de Richard, qui s'éclipsait immédiatement après le dessert, laissant Adrian en face d'Hippias Fèverel et du « dix-huitième
siècle, » c'est-à-dire de la bonne tante Grantley, deux personnages à
la conversation desquels le « jeune homme sage » ne trouvait qu'un
attrait médiocre. La conduite de son pupille pouvait d'ailleurs sous
d'autres rapports lui paraître irrégulière; il le voyait fort distrait
de ses études, passer d'une excessive gaîté à des tristesses inexplicables, et tout ceci, joint à d'autres symptômes aussi peu équivoques, donnait à penser qu'il pourrait bien être en quête de cette
moitié de pomme que notre mère Ève se réserva au pied de l'arbre
fatal et après laquelle les fils d'Adam n'ont cessé de courir depuis
lors. En sa qualité d'homme et de philosophe, Adrian trouvait tout
naturel un pareil emploi de la jeunesse, mais il ne pouvait se dissimuler que le système du baronnet, — système qui ne lui inspirait
aucun enthousiasme, — était plus ou moins compromis par ce nouvel état des choses. Telle était néanmoins sa longanimité philosophique, telle était sa paresse tolérante qu'il ferma les yeux quelques
jours encore. Il fallut, pour le décider à prendre certaines mesures
défensives, qu'une lettre de son patron, où était racontée la visite
à mistress Grandisson, vînt le rappeler à ses devoirs. Ce jour-là,
laissant à Richard une demi-heure d'avance, il s'informa de la direction qu'il avait prise, et s'alla promener à l'issue du dîner du
côté de Belthorpe-Farm.

Un hasard favorable lui fit rencontrer en pleins champs miss

Molly Davenport, jeune personne fort avenante faisant partie du personnel féminin de l'établissement, et pour qui le « jeune homme sage » ne devait pas être un étranger, car à son aspect elle fit mine de prendre la fuite. Toutefois, rassurée par le calme austère de sa physionomie et la gravité de son attitude, — calculant peut-être aussi qu'en rase campagne et sous l'œil de tous elle n'avait pas grand'chose à craindre, — Molly crut pouvoir impunément se mettre en frais de rustiques agaceries.

— Serait-ce moi par hasard que vous cherchez? demanda-t-elle à maître Harley avec un sourire d'intelligence.

— Je ne cherche personne, répondit-il d'un ton froid et solennel; mais plus il affectait un air sévère, plus la coquette paysanne semblait disposée à lui rire au nez. Elle le connaissait évidemment de longue date, et n'acceptait ses protestations respectueuses que sous bénéfice d'inventaire.

— Bien vrai? dit-elle enfin, reprenant son sérieux quand elle vit appuyées d'une libéralité toujours bien venue les questions qu'il lui adressait au sujet de Richard; c'est du jeune *gentleman* qu'il s'agit?... On peut vous en donner des nouvelles; nous le voyons souvent par ici, et maintenant, je vous en réponds, il ne songe guère à brûler nos meules.

Une fois qu'elle eut pris l'essor, la langue de miss Molly ne s'arrêta plus. Elle parlait avec enthousiasme des deux « innocens, » de leurs entrevues quotidiennes, des parens de Lucy, de la petite dot qu'ils lui avaient laissée, des projets du vieux Blaize qui voulait la marier à son fils, du faible que, tout enfant, elle avait manifesté pour Richard. En échange d'un morceau de papier sur lequel il avait tracé quelques lignes et que s'était approprié une des domestiques de Raynham-Abbey, elle avait, le croirait-on? donné un *sovereign* d'or! Un sovereign d'or pour un chiffon à demi brûlé! Quant au fils du fermier, miss Lucy ne l'aimait nullement; les maladroites assiduités de ce jeune homme lui étaient importunes. Quoi d'étonnant à cela? Son éducation n'était pas celle d'une femme des champs. Elle s'habillait, elle lisait, elle chantait, elle jouait du piano comme « les plus huppées. »

— D'où vient, disait Adrian, que je ne la vois pas à l'église?

— C'est qu'elle n'y va jamais, répondit Molly... Elle est catholique, je crois, ou quelque chose d'approchant. Il y a un crucifix dans sa chambre... Et il faut la voir, je vous assure, à genoux dans son blanc peignoir, les yeux levés vers l'image... Un ange n'est pas plus beau.

— Je ne demanderais pas mieux que d'en juger, remarqua tranquillement Adrian.

. — Oui, mais vous n'en jugerez pas! s'écria Molly avec une familiarité railleuse; puis, se ravisant tout à coup et ramenée par une
secrète appréhension à un sentiment plus juste de leurs conditions
respectives : — Monsieur Harley, reprit-elle, vous n'abuserez pas
de ce que je vous ai dit? vous ne ferez pas de peine à ces pauvres
enfans?... De grâce! promettez-le-moi... Elle a beau être catholique, on ne vit jamais d'âme meilleure; elle m'a si bien soignée
quand j'étais malade! Pour rien au monde, je ne voudrais lui causer le moindre chagrin...

Le « jeune homme sage » ne voulut s'engager par aucune promesse trop positive; mais son austérité allait se relâchant toujours,
et Molly pouvait le croire très disposé à lui être agréable, quand un
bruit de pas sous les taillis voisins vint les forcer à se séparer brusquement. Molly Davenport prit sa course vers la ferme, insensible
au tendre appel de l'amoureux Bantam, qui cherchait de tous côtés
cette Galathée insaisissable.

Réjoui par l'idylle où son rôle de tuteur l'avait fourvoyé, ruminant d'ailleurs ce qui lui restait à faire, Adrian s'en retournait au
château lorsqu'il rencontra lady Blandish, qui venait en voiture y
passer la soirée. Elle descendit de calèche et prit le bras du jeune
homme sage, qui lui exposa naïvement et les difficultés de la situation et les scrupules dont il était assiégé. — Vous ne m'apprenez
pas grand'chose, lui dit l'aimable veuve. J'ai déjà vu la petite. Elle
est réellement très jolie, et dans un cadre plus brillant produirait
une véritable sensation. En outre elle ne s'exprime pas mal. Je ne
sais en vérité pourquoi ces gens-là élèvent leurs filles comme si
elles devaient figurer dans un salon. Celle-ci n'est pas faite pour
devenir fermière. Avant de rien savoir, je l'avais déjà remarquée.
Elle a de magnifiques cheveux: j'espère qu'elle n'ajoute rien à la
noirceur naturelle de ses cils. L'enthousiasme de Richard se comprend. Il n'en faut pas moins écrire à son père.

Adrian n'était pas tout à fait de cet avis. On ne devait pas, disait-il, grossir démesurément une bagatelle. Lady Blandish pouvait
se ménager une entrevue avec Richard, et par d'habiles insinuations
décourager sa flamme naissante. Peu à peu, brodant sur ce thème et
voyant qu'il n'était guère écouté, il mit la conversation sur d'autres
sujets. Aucun ne sembla captiver sa gracieuse interlocutrice. La
lune venait de se lever, elle regardait la lune. Les plaisanteries
d'Adrian à propos de mistress Grandisson, qu'elle détestait, et de
mistress Doria Forey, dont elle se raillait ordinairement assez volontiers, n'avaient pas ce soir-là le moindre succès. L'air était tiède,
ils longeaient les bords du grand lac formé par la rivière, en avant
de l'antique abbaye. — Une vraie soirée d'amoureux! remarqua
lady Blandish.

— Et moi, dit aussitôt Adrian, moi qui n'ai rien à aimer!... Ne vous fais-je pas un peu pitié?

Une espèce de soupir obtenu à grand'peine accompagna cette mélancolique apostrophe. Le jeune homme sage croyait, on le voit, à l'irrésistible attrait de l'herbe tendre et de l'occasion.

Lady Blandish l'arrêta court sur cette pente fatale. — Vous, aimer quelqu'un? — lui dit-elle avec un sourire trop significatif pour qu'elle eût besoin d'achever la phrase ainsi commencée. Adrian n'essaya pas de se justifier. Il se voyait percé à jour et jugeait inutile de plaider une cause perdue d'avance. — Ces veuves sont effroyablement clairvoyantes, se disait-il avec une secrète amertume; mais, saisi de respect pour l'intelligente personne qui le méprisait si bien : — Serait-il possible, se demandait-il, qu'elle aimât pour tout de bon sir Austin? Pourquoi non? C'est l'homme vertueux par excellence, et si elle en a expérimenté qui ne l'étaient pas... Notre jeune sceptique ne poussa pas plus loin son raisonnement. En face d'une question insoluble, il haussait volontiers les épaules. C'était le « que sais-je? » de Montaigne, rendu par un geste familier.

A l'autre bout du lac cependant, le long de la rive boisée et dans la zone d'obscurité qu'elle traçait sur le brillant miroir des eaux, un esquif glissait. A bord étaient deux personnes, dont l'une se tenait immobile sous un épais caban, tandis que l'autre imprimait un essor rapide au léger bateau. — Venez, avait dit Richard à sa jeune amie, venez voir le futur abri de notre bonheur, venez voir la vieille abbaye où résidèrent jadis des religieuses de votre croyance, des religieuses comme celles à qui je dois la culture de votre esprit... Je veux vous montrer la fenêtre où je m'accoude pour rêver à vous et d'où je contemple au loin les toits de Belthorpe-Farm... — Que répondre à ces instances passionnées? Malgré ses doutes, ses timidités, ses frayeurs, la jeune fille n'a pu résister aux accens impérieux et tendres de cette voix qui fait vibrer tout son être. Tandis qu'ils voguent pour ainsi dire entre deux cieux étoilés, reflets l'un de l'autre, elle chante à voix basse une de ces romances françaises qu'il aime tant, et plus tard, à sa demande expresse, un de ces vieux airs grégoriens si profondément religieux qu'on ne les entend jamais sans voir se dresser autour et au-dessus de soi les murailles épaisses, les hautes voûtes de quelque cathédrale gothique. Elle chante et de temps à autre s'interrompt. — Richard, dit-elle, votre père me fait peur. Voudra-t-il de moi? me pardonnera-t-il d'être catholique?

— Rassurez-vous, Lucy; comment ferait-il pour ne pas vous aimer, lui qui m'aime tant?... Tournez-vous, enfant, regardez là-bas!... Ces lumières que vous voyez reflétées sur le lac, ce sont les fenêtres de Raynham-Abbey!

— Avançons un peu; je veux voir celle de votre chambre.

Il la lui montre, frappée des clartés de la lune et renvoyant au loin de blancs éclairs. Elle regarde, elle se tait, abîmée dans une douce contemplation. — Que je voudrais être, dit-elle enfin, une de ces femmes qui vous entourent de leurs soins! Vous voir, vous entendre, vous servir à chaque instant du jour, que pourrais-je demander de plus?

Le bois de la nacelle a frappé le quai de l'embarcadère. L'heure de la séparation est venue : par un sentier désert, mais où Richard a posté le fidèle Tom, Lucy va regagner la ferme. Il est convenu qu'on s'écrira le lendemain matin, qu'on se verra le lendemain soir. Que de paroles fiévreuses, que d'étreintes passionnées! On se quitte, on tourne la tête, on revient l'un à l'autre. Richard enfin, la nacelle amarrée, reprend le chemin de l'abbaye, et quand le bruit de ses pas s'est éteint dans l'éloignement : — Jolie pastorale, dit Adrian, adossé à l'énorme sapin qui l'abrite de son ombre. Lady Blandish, moitié assise, moitié couchée sur le feutre épais qui se forme à la longue au pied de cette espèce d'arbre, un genou pris dans ses mains, le front sévère, les lèvres serrées, la physionomie presque dure, ne répond rien au premier abord; mais après quelques minutes de silence, mécontente d'elle-même, honteuse de son rôle, secrètement irritée contre Adrian, dont le concours ironique lui est à charge : — Il est temps, dit-elle avec effort, il est grand temps d'écrire à son père. Et maintenant, soyez assez bon pour envoyer ma voiture à la porte du parc... Je veux être seule, ajouta-t-elle, prévenant ainsi les objections d'Adrian.

Le surlendemain, l'héritier de Raynham-Abbey fut averti par un message pressant que son père l'attendait à Londres. Son premier mouvement fut de protester contre cet appel inattendu, et peut-être eût-il ouvertement résisté; mais Adrian déjoua par un calcul ingénieux cette velléité de rébellion. Sans le lui dire formellement, on laissa pressentir à Richard que la santé de sir Austin était compromise dans une certaine mesure, et quelques vagues allusions à des « menaces d'apoplexie » ne lui permirent pas d'hésiter plus longtemps. Il partit à cheval pour la station de Bellingham, et, le train devant passer trop tard au gré de son impatience, l'impétueux jeune homme continua sa route jusqu'à Londres, où on le vit arriver en moins de trois heures sur une magnifique jument à peu près fourbue. Flatté de cette prompte obéissance dont le secret motif ne lui fut pas immédiatement révélé, sir Austin accueillit son fils avec une véritable émotion. De tout ce qui venait d'arriver, il ne lui gardait aucun ressentiment. Si le *système* avait subi un échec, ce n'était pas la faute de cet adolescent livré à ses instincts naturels, mais bien celle de son guide, qui, au moment décisif, dans une passe éminemment critique, avait déserté son poste providentiel. L'émotion, l'attendrissement, égal des deux parts, donnèrent au début de la conversation le tour le plus intime et le mieux senti. Quelques remontrances indirectes hasardées çà et là par le baronnet, et qui rappelaient à son fils la sollicitude dont il avait toujours été entouré, eussent peut-être frayé la voie aux épanchemens les plus intimes sans deux circonstances particulières dont il faut tenir compte : Richard s'était naturellement promis de revenir à Raynham-Abbey aussitôt après s'être assuré de l'état de son père; une fois tranquillisé, il ne songeait plus qu'à reprendre le train du soir afin de ne pas manquer le rendez-vous quotidien. Sir Austin au contraire nourrissait le projet bien arrêté de retenir l'enfant auprès de lui; mais, au lieu de le lui dire franchement et sans détour, il prolongeait à dessein, charmé de sa propre éloquence, une allocution sur laquelle il comptait pour obtenir spontanément de son élève attendri une confession pleine et entière. Malheureusement, lorsqu'il parlait des femmes, une veine d'ironie était toujours au fond des propos de l'aphoriste, et les folies que la jeunesse commet pour elles lui inspiraient presque à son insu les plus désobligeantes railleries. Distrait d'une part, froissé de l'autre, bouillant d'impatience quand il songeait à son départ ajourné, honteux et frémissant sous les blessures que la verve paternelle infligeait à son amour-propre, Richard était dans les plus mauvaises dispositions du monde quand son père, le croyant au point où il le voulait, lui demanda, la main posée sur son épaule, s'il n'avait rien à lui dire. — Rien absolument, répliqua le jeune homme, arrêtant sur lui ses yeux grands ouverts.

Le baronnet retira sa main, frappé en pleine poitrine et en plein *système* par ce déni de confiance, et comme Richard, aux instances duquel il n'avait opposé d'abord que des objections ironiques, sollicitait de plus belle la permission de retourner à Raynham, sir Austin lui déclara qu'il préférait le garder quelques jours en ville. Le pauvre garçon, désespéré, crut démêler enfin le complot ourdi pour le séparer de sa bien-aimée. — Vous n'étiez donc pas malade? s'écria-t-il tout à coup avec une étrange amertume.

— Pas le moins du monde, répliqua sir Austin, pour qui cette question était un trait de lumière.

— Et d'où vient, reprit son fils, d'où vient qu'on s'est permis de me le faire croire?

— Vous devez le savoir mieux que personne, répliqua le baronnet, nuançant de quelque sévérité son indulgence habituelle.

Notre impatient amoureux, que dominaient à la fois ses habi-

tudes de soumission et la crainte d'un ridicule ineffaçable, eut à
subir durant trois semaines entières l'application rigoureuse du
système paternel. Les seuls hommes que sir Austin voulût fréquenter étaient des savans austères, habitués à tout classer, à tout
définir, à tout réduire dans le creuset de l'analyse. De leurs entretiens, qui tombaient sur sa fièvre comme autant de douches
réfrigérantes, l'infortuné Richard passait à des spectacles monstrueux pour lui, et qui, sans la bénigne influence de ses souvenirs
amoureux, l'eussent à coup sûr rendu misanthrope. Le *système* exigeait effectivement qu'il apprît à contempler le vice sous ses dehors les plus tristes, et, suivant les conseils qu'il donnait naguère
à l'avocat Thompson, le baronnet ne se faisait aucun scrupule de
promener son fils parmi ces enfans des ténèbres qui mènent leurs
sarabandes joyeuses sur le grand chemin de la perdition.

Richard avait été présenté chez les Grandisson, et mistress Caroline le prônait hautement comme une merveille. Ses filles, en revanche, ne savaient trop que faire d'un jeune *gentleman* toujours
silencieux, toujours boudeur. Carola seule en tirait parti. Elle le
faisait rire, malgré qu'il en eût, par sa franchise naïve, son sans-
gêne d'écolier. Il vivait avec elle sur le pied d'un bon camarade,
et quand ils galopaient ensemble dans les allées de Hyde-Park, il
n'était guère de confidences excentriques ou de projets saugrenus
dont elle ne l'entretînt volontiers. Son rôle de jeune *miss* lui pesait. — Pourquoi n'être pas née garçon? s'écriait-elle en caressant
de sa cravache les oreilles de son poney. J'aurais comblé les vœux
de ma pauvre mère,.. et je serais plus solide à cheval. N'êtes-vous
pas bien heureux, vous autres, de monter à califourchon?... Avez-
vous deviné, lui disait-elle encore, pourquoi mes sœurs, au commencement, vous détestaient?... Excepté moi, pas une qui n'ait
déjà son préféré... On s'écrit, on se répond, et cela malgré maman.
Vous êtes le seul dont elle veuille entendre parler. Elle dit que
vous serez un héros... A propos me trouvez-vous jolie?

— Vous m'amusez infiniment, répondit Richard.

— Bien vrai?... Savez-vous que j'en suis tout à fait flattée,...
car vous aimez, je pense, qu'on vous amuse?

— Sans doute, *vieille amie* (c'était le surnom qu'il lui avait
donné dès leurs premières rencontres).

— Voilà donc qui est à merveille... Quittez seulement ces airs
lugubres. Dès que vous m'aurez plu, je vous le dirai tout net... En
attendant, ne m'appelez plus Carola, le nom de Carl me va mieux;
c'est celui de Charles traduit en allemand... Du reste, si je vous
écris jamais, ne comptez pas sur de longues lettres comme celles
de ma sœur Clem à son gentil hussard, le lieutenant Papworth...

« Mon bon Richard, vous dirai-je, il me semble que nous nous convenons, et qu'il est temps de nous marier. — Signé, votre fidèle Carl... » Cela ne suffit-il pas?

Le baronnet, à qui son fils rendait exactement compte des propos ainsi échangés, admirait en s'égayant ce beau naturel, incompatible avec la moindre hypocrisie. Il ne voyait rien de mieux, en fait de jeune fille, qu'un jeune garçon comme « maître Carl. »

Pendant la première quinzaine, deux ou trois billets de Lucy vinrent consoler Richard et soutenir son courage; ensuite il n'arriva plus rien de Belthorpe-Farm. Sir Austin, en revanche, avait reçu coup sur coup deux lettres qui allaient lui permettre d'abréger son séjour à Londres. « Le terrain est nettoyé, lui écrivait Adrian. Mes démarches auprès de la belle papiste et de son oncle Blaize ont éclairci la situation. Malgré les soupirs de l'un et les jurons de l'autre, tous deux se sont montrés raisonnables. La petite est jolie, et on ne peut s'empêcher d'admirer ses magnifiques cheveux, dont elle s'habillerait, le cas échéant, à l'instar de la comtesse Godiva, la pudique héroïne de nos légendes. Régulière en ses dévotions, elle va deux fois la semaine retremper ses damnables croyances à la chapelle catholique de Bellingham. Ce sont précisément ces pèlerinages qui m'ont permis de la rejoindre et de m'expliquer avec elle à cœur ouvert. Maître Blaize lui destine pour époux son fils William, dont la niaiserie est proverbiale chez les jeunes pastourelles de Lobourne. Nous devons, ce me semble, nous en féliciter; je vous fais aussi mon compliment d'avoir découvert pour notre jeune Adam l'Ève inachevée dont la verdeur printanière vous a séduit. Dites à cet homme primitif que son tuteur salue avec joie l'espérance de le revoir bientôt. » — « J'ai rempli non sans tristesse la mission que vous aviez confiée à mon zèle, écrivait lady Blandish; la pauvre enfant qu'elle concernait n'a pas eu grand'chose à me dire de sa vie passée. Son histoire est une page presque blanche où rien d'ineffaçable n'est inscrit. Elle a voué à Richard une sorte d'idolâtrie. Pour lui, pour ce dieu qu'elle s'est fait, aucun sacrifice ne lui paraît impossible, pas même celui de son amour. Après une heure de causerie, pendant laquelle mes yeux se sont mouillés à plusieurs reprises, elle s'est livrée sans hésiter à ma discrétion et à la vôtre. — Que faut-il faire? disait-elle. Pourvu qu'on ne me demande pas d'en aimer un autre, je me soumets d'avance à tout ce qu'on pourra exiger. — L'oncle est un brave homme, animé pour elle d'une affection sincère. Il l'a réintégrée dans le couvent où elle avait reçu sa première éducation. Les religieuses l'adorent et ne demandent qu'à l'y fixer définitivement, ce qui rentrerait assez dans vos combinaisons. De ceci pourtant le vieux Blaize ne veut entendre parler

à aucun prix. Il la fera revenir au printemps pour la marier (si elle
le veut bien, car il n'est pas question de l'y contraindre) avec un
fils à lui nommé William, lourdaud s'il en fut et parfaitement indigne d'elle; mais nous saurons bien empêcher un pareil meurtre.
Vous m'y aiderez, je n'en doute pas, surtout quand vous l'aurez
vue. Elle m'a demandé s'il y avait au monde un second Richard. A
ma place, qu'auriez-vous répondu, grand philosophe? »

Le reste de la lettre, écrite sur le ton le plus affectueux et le plus
confiant, jeta le « grand philosophe » dans une véritable perplexité.
Chaque mot portait, et il fallait croire à une comédie impardon-
nable si on se refusait à la flatteuse conviction que ces agaceries
épistolaires devaient naturellement suggérer. Sir Austin lisait et re-
lisait chaque passage essentiel, en garde contre la perfidie féminine, mais se laissant aller malgré lui au charme d'une phraséolo-
gie ingénieusement caressante. De temps en temps, venant à passer
devant son miroir, il redressait d'un air avantageux sa taille encore
souple; sur ses tempes grisonnantes, il ramenait quelques boucles
épargnées par la neige, et tâchait de les masser de côté comme Richard. Cette revue de ses agrémens personnels était un symptôme
significatif de ses espérances et de ses craintes. Les premières sans
doute l'emportèrent sur les secondes, car, à la grande stupéfaction
de son fils, il décida qu'on partirait le soir même pour Raynham-
Abbey.

IX.

A l'approche des grands bois où il espérait retrouver bientôt sa
Lucy, Richard fut saisi d'une de ces fortes émotions qui ont peut-
être leur siége dans le domaine des sens, mais qui exaltent tout
l'être et semblent lui ouvrir les horizons infinis du monde supérieur. Les derniers feux du soleil, qui descendait, s'éteignant peu à
peu, derrière un rideau de noirs sapins, lui rappelaient ces longs regards attendris, tamisés en quelque sorte par les cils bruns de sa
bien-aimée, qui, dans certains momens de mutuelle effusion, le
transportaient au septième ciel. Peut-être, sous le coup d'une impression si vive, serait-il tombé dans les bras de son père, si le baronnet, mieux inspiré, eût choisi ce moment pour faire appel à sa
confiance et mettre de côté toute réserve; mais sir Austin, jaloux de
son infaillibilité, s'appliquait malheureusement, depuis la lettre de
lady Blandish, à se raidir contre les suggestions de cette lettre.
L'indulgence qu'on lui prêchait envers une « petite fille » assez
osée pour lui créer des obstacles et compromettre le succès d'une
expérience comme celle dont il s'occupait, cette indulgence lui sem-

blait hors de saison. Les éloges prodigués à cette « créature » l'in-
dignaient et le prévenaient contre elle. Comme le premier père
venu, — oubliant qu'il s'était mis en dehors des conditions normales de la paternité, — il revendiquait le droit d'employer tous
les moyens pour soustraire son fils, entraîné par les séductions d'un
joli minois, aux conséquences d'une irréparable folie. Selon lui,
rien de plus juste, de plus politique et de plus raisonnable en
même temps que de favoriser le mariage projeté par l'oncle de miss
Desborough, et il ne comprenait pas qu'on vînt lui demander, à lui,
de faire avorter cette combinaison secourable.

On voit que le père et le fils étaient fort loin de s'entendre. Une
fois sortis du wagon, il était déjà trop tard. Sous quelque vain prétexte, Richard trouva moyen d'aller rejoindre Tom Bakewell, qui
avait reçu ordre de lui amener sa jument Cassandra, dont la vitesse prêtait un merveilleux concours aux équipées amoureuses de
l'héritier de Raynham. Le fidèle *groom* était à son poste dans un
fourré bien connu de son jeune maître et de lui; mais, voyant que
Richard se disposait à courir avant le dîner jusqu'à Belthorpe-Farm,
la figure du pauvre diable s'allongea considérablement. Celle de
notre amoureux prit en revanche une expression terrifiante lorsque
Tom lui raconta le départ de Lucy, pâle et tout en larmes. — Ils
me l'ont ravie, disait-il avec une fureur concentrée... Ils m'ont
éloigné d'elle pour vaincre ses résistances... Comment l'avez-vous
laissé partir? ajoutait-il, apostrophant son malheureux serviteur.

— Que voulez-vous, monsieur (et Tom, s'excusant ainsi, se mettait en même temps hors de portée)! vous me croirez une autre
fois, quand je vous dirai que je ne suis pas un héros... Ils étaient
tous contre moi... Qu'aurait pu faire à ma place lord Nelson lui-
même?

— Était-il donc impossible de m'écrire, de la voir, au moins de
lui demander une lettre?

Si Tom eût été assez subtil pour se démêler dans les manœuvres
d'Adrian, sa justification n'aurait pas été difficile. En effet, dès que
le confident de Richard avait pu sembler à craindre, ce cousin machiavélique s'était arrangé pour ne pas lui laisser une heure de liberté. Une si savante combinaison devait naturellement échapper
au malheureux *groom*.

Remis à peine du premier choc, l'impétueux Richard, sans se
rendre compte de son aveugle élan, galopa du côté de Belthorpe.
Dans ces sentiers ombreux où ses souvenirs récens le guidaient
à défaut du crépuscule déjà effacé, quand l'odeur des clématites
l'enveloppa comme *alors,* quand, au-dessus de la muraille qui longeait le jardin, il discerna la silhouette du grand cerisier, il lui

sembla voir s'illuminer dans les ténèbres la vieille maison de briques; mais ce n'était plus, comme autrefois, le radieux prestige de l'espérance. En évoquant l'image des lieux que Lucy avait habités, en se persuadant, contre toute évidence, qu'il allait l'y retrouver encore, il obéissait à ce besoin d'illusion que nous fait éprouver une infortune poignante. Cassandra s'était arrêtée d'elle-même devant la porte, qui s'ouvrit bientôt; le vieux fermier se montra, une lanterne à la main. — C'est vous, monsieur Feverel? dit-il en arrivant près du jeune homme. Pourquoi donc n'entrez-vous pas? Le temps se gâte et la nuit nous prépare quelque bonne averse. Il m'avait bien semblé reconnaître le galop de votre belle jument.

Richard se rendit silencieusement à cette cordiale invitation. Il pénétra dans la salle basse où Lucy lui était apparue pour la première fois sans qu'il daignât l'apercevoir. Ses yeux rencontrèrent au-dessus de la cheminée un portrait qu'il n'avait jamais remarqué, celui d'un officier de marine portant l'uniforme de lieutenant. — C'est son père, dit Blaize, certain d'être compris à demi-mot. — William se leva gauchement de la table où il compulsait un vieux recueil de gravures de modes. — Singulier passe-temps, remarqua le fermier haussant les épaules; mais que voulez-vous? On s'ennuie chez nous depuis quelques jours. Voici ma meilleure distraction, ajouta-t-il, reprenant la pipe qu'il avait déposée sur un coin de la cheminée avant d'aller au-devant de son hôte. Vous permettez, n'est-ce pas? Maintenant qu'elle n'est plus là, nous fumons au salon, sans nous gêner... — Richard ne répondait guère, absorbé dans une étrange fantaisie. Ce fauteuil qu'on avait avancé pour lui était probablement le siège réservé à Lucy; involontairement il l'y replaça par la pensée, puis il lui sembla que les bras de ce meuble l'enveloppaient, l'étreignaient, le caressaient. — Pourquoi vous attrister? Pensez-vous donc que vous ne me reverrez jamais? murmurait à son oreille une voix absente.

— Vous avez bien fait de venir, dit tout à coup le vieux Blaize. Je vous en estime davantage.

Ces simples paroles firent monter une vive rougeur au front du jeune homme; elles répondaient à la pensée dont il était comme obsédé. — Où est-elle? demanda-t-il résolûment. Pourquoi est-elle partie?

— La question est de trop, reprit le fermier en secouant la tête... Vous le savez aussi bien que moi.

— Serais-je la cause de son éloignement? Pourrais-je, à quelque prix que ce soit, le faire cesser?

— Laissez-nous, William. Emportez votre livre. — Et maintenant, poursuivit Blaize, une fois débarrassé de son fils, puisque

vous abordez si franchement la question, je crois que l'on peut s'en_
tendre... Lucy reviendra dès que vous ne penserez plus à elle...
Écoutez, monsieur Feverel, ajouta-t-il vivement pour arrêter les
protestations de Richard, c'est là mon premier et mon dernier mot.
Vos amis se sont chargés de m'apprendre que vous n'êtes pas comme
les autres. On vous a donné, paraît-il, une éducation toute particulière. Votre père a mis en vous son orgueil, ce que je comprends
du reste, et ne veut pas qu'on lui parle d'un mariage au-dessous
de vous. Sur ce point, nous sommes d'accord. Lucy est ma fille
d'adoption; mais, bien que je l'estime à l'égal d'une *lady*, je reconnais qu'elle ne saurait s'imposer à votre famille. Elle et moi, nous
nous sommes engagés à vous rendre votre liberté; nous ne manquerons ni l'un ni l'autre à la parole donnée.

Richard ne put entendre de sang-froid l'arrêt de mort ainsi porté
contre ses plus chères espérances. — Non, s'écriait-il les dents serrées, je suis mon maître, il me semble... On ne se jouera plus de
moi comme on l'a fait. J'aime Lucy, je veux qu'elle soit ma femme.
Vous ne sauriez maintenant me refuser son retour. — A son grand
étonnement, Blaize accueillit par un sourire glacial cette déclaration
solennelle. Tout en félicitant son hôte du bon vouloir qu'il manifestait ainsi : — Vous êtes l'un et l'autre beaucoup trop jeunes, lui dit-
il, pour qu'on vous prenne si facilement au mot... On verra plus
tard. Prenez patience. En attendant, on a suffisamment jasé de vos
assiduités auprès de Lucy. Je n'entends plus que de tels enfantillages la compromettent.

Sur ce terrain, Blaise demeura inébranlable. Seulement, lorsque
Richard à bout d'éloquence voulut enfin s'éloigner, il aurait pu
constater dans la physionomie et l'accent de son interlocuteur une
disposition plus sympathique. William, appelé pour le reconduire
jusqu'au chemin, se garda bien de paraître, et tandis que Blaize
s'acquittait de ce soin, une main charitable, — celle de Molly Davenport, — glissa dans les doigts du jeune homme un petit paquet
dont il s'empara machinalement : il le tenait encore au moment de
remonter en selle. Le ciel dans l'intervalle s'était chargé de nuages,
la pluie commençait à tomber : — Vous ferez bien de presser le
pas, dit Blaize à son hôte. — Et Richard en effet partit au galop.

Où allait-il? Personne, pas même lui, n'aurait pu le dire. Ne le
voyant pas rentrer à l'abbaye, Tom Bakewell se mit en campagne
bien avant le jour et rencontra son jeune maître, qui s'en revenait à
pied dans la direction de Lobourne, poussant devant lui la misérable Cassandra, dont les flancs tachetés de boue attestaient une
course effrénée à travers la campagne.

. Trois jours après, on devait célébrer l'anniversaire de Richard. Sir

Austin avait donné ordre que nul dans le château ne parût prendre garde aux étrangetés de conduite que pourrait se permettre, dans des circonstances aussi particulières, le héros de cette fête de famille. Lui-même s'imposait des ménagemens inusités. Il demanda par exemple à son fils s'il lui convenait qu'on adressât une invitation à la famille Grandisson. — Ayez qui bon vous semble, — répondit Richard avec une abnégation désespérante. Les préparatifs continuèrent donc, et la fête eut lieu comme d'ordinaire malgré les sinistres présages de quelques subalternes.

Lady Blandish, placée à la droite de l'héritier présomptif, remarqua pendant le dîner que ses yeux brillaient d'un éclat extraordinaire. Sir Austin, à qui ce symptôme n'avait point échappé, ne parut pas en avoir pris ombrage, et, après le départ des convives, Adrian Harley, dont la verve railleuse s'était réveillée en face de mistress Grandisson, n'eut aucune peine à les égayer tous deux par des plaisanteries dont l'indécence était si habilement ménagée qu'il eût été peu décent de s'en offusquer. Au plus vif de cette conversation intime, le vieux sommelier Benson parut à l'improviste, et sa physionomie effarouchée n'annonçait rien de bon. Il venait prévenir le baronnet que Richard, accompagné du fidèle Tom et pourvu d'un sac de voyage, s'était secrètement glissé hors du château, une heure auparavant, par une pluie battante, alors que la confusion des adieux, le va-et-vient des équipages absorbaient l'attention des maîtres et de la domesticité. Ce que le rapport n'ajoutait pas, c'est que le fugitif, dans un état de grande surexcitation physique et morale, manifestait au moment de sa fuite une joie insensée. — Hâtons-nous, hâtons-nous! disait-il, pressant le pas dans la direction de Bellingham. Demain, demain!... Qu'en dites-vous, mes amis? Pas plus tard que demain je la verrai... — Il répétait encore ces phrases incohérentes, quand à l'entrée même de la station il se laissa tomber épuisé entre les bras de son acolyte saisi d'effroi, qui s'empressa de le transporter jusqu'à une auberge voisine. Ce fut là que sir Austin le retrouva, complètement privé de connaissance, épave inerte, à la merci de la fièvre et de ses hallucinations. Un père moins savant eût peut-être conçu quelques remords. Celui-ci, — nonobstant une inquiétude réelle que trahissait la ferveur de ses prières, — ne pouvait s'empêcher de voir dans cette crise physique un gage de victoire et d'apaisement. La robuste constitution que le *système* avait donnée à Richard devait presque infailliblement résister au mal, et le mal était une heureuse diversion, une salutaire panacée. — Vous verrez, disait le baronnet à lady Blandish, vous verrez qu'une fois remis d'un choc si terrible, il ne sera plus en butte à cette obsession. — Son sang-froid, son inaltérable sérénité,

merveilleux résultats de sa foi dans certaines idées préconçues, dominaient, fascinaient l'aimable veuve. Sans cesser de lui recommander les concessions, les atermoiemens, les demi-promesses, et
en l'accusant d'une rigidité surhumaine, elle ne pouvait se défendre
de l'admirer. Jamais le goût qu'elle avait pour lui ne ressembla
plus à une passion que dans ce moment où ils se querellaient du
matin au soir au sujet du malade près duquel ils veillaient avec une
égale sollicitude. Adrian persistait, ne les quittant guère, à dé-
tendre la situation par ses plaisanteries habituelles. — Nous le
trempons dans le Styx, disait-il en parlant de son cousin. Il en
sortira invulnérable, et on pourra impunément lui faire voir le
monde.

— Aussi le verra-t-il, répondait sir Austin. Une existence variée,
des distractions renouvelées sans cesse, voilà les remèdes indiqués
pour sa convalescence...

Les pronostics de ce profond « biologue » se réalisèrent point
par point. Après une lutte où il avait failli succomber, Richard demeura quelque temps sous le coup d'une prostration qui lui laissait
à peine le vague souvenir des choses passées. Elles ne lui appa-
raissaient plus que comme à travers un voile grisâtre, indécises,
atténuées, flottantes. De ce qui l'entourait, rien n'était changé;
mais au milieu de ces paysages connus, de ces visages familiers, il
se sentait comme un étranger venu jadis, oublié depuis lors. Il
avait honte de lui-même et de se trouver indifférent à l'affection
des autres, en dehors de leurs préoccupations et de leurs soucis,
inutile comparse dans le drame de la vie. Le voir ainsi était pour
son père un sujet de satisfaction, pour la sentimentale Blandish un
étonnement presque douloureux, surtout lorsque le baronnet lui
confia, sous le sceau du secret, que Richard, repentant de ses folies passées, lui en avait formellement demandé pardon. « Ne serait-ce point là, se disait-elle, un raffinement hypocrite?... » Mais
il lui fallut bien renoncer à cette idée en apprenant de Tom Bakewell, dont elle s'était adroitement ménagé la confiance, que son
jeune maître lui avait interdit dans les termes les plus formels de
jamais prononcer en sa présence le nom de miss Desborough. Le
baronnet hasarda bientôt des épreuves décisives. En déshabillant
son fils dans l'auberge où il avait fallu le transporter de prime
abord, on avait trouvé sur son cœur, enveloppée d'un papier sur
lequel était l'adresse du couvent de Lucy, une longue mèche de
cheveux dorés. C'était là le mystérieux paquet glissé dans ses mains
par Molly Davenport au moment où il quittait Belthorpe-Farm. Sir
Austin avait précieusement recueilli cette relique d'amour. Il l'exposa un jour comme par hasard sous les yeux de son fils, qui la

prit, la souleva, la mania un instant comme un objet quelconque plus ou moins curieux, et la replaça sur la table où on l'avait laissée traîner tout exprès. Donc il n'en fallait pas douter, le jeune homme avait survécu, mais son amour était mort. N'était-ce point l'heure de lui lâcher les rênes et de couronner, par l'étourdissement des spectacles nouveaux, les bruits du monde, les distractions les plus variées, ce traitement si bien réussi?

Adrian ne demandait pas mieux que de diriger, en qualité de pilote, cette navigation de plaisance à travers les joies terrestres, et le nouveau Télémaque ne pouvait espérer de Mentor plus indulgent; mais cette indulgence même effrayait sir Austin, qui, malgré tout, conservait encore certaines appréhensions et certains scrupules. L'oncle Hippias en revanche, dont l'âge mûr, la santé délabrée offraient de bien autres garanties, — et pour lequel, depuis sa guérison, Richard avait manifesté une compassion, une cordialité particulières, — devait être nécessairement préféré. Or, plus que jamais tourmenté par sa dyspepsie, l'oncle Hippias voulait justement, au retour du printemps, s'aller mettre dans les mains d'un novateur médical qui emplissait Londres du bruit de ses cures merveilleuses. Malgré les protestations intéressées d'Adrian, qui voyait déjà l'illustre nom des Feverel prostitué aux annonces d'un méprisable charlatan, il fut convenu que Richard partirait avec cet invalide, dont la surveillance ne pouvait guère lui sembler à craindre. Sir Austin d'ailleurs, conséquent avec lui-même, n'entendait le soumettre à aucune restriction gênante, et, tout en se chargeant de défrayer les dépenses quotidiennes des deux voyageurs, lui remit pour ses plaisirs particuliers une somme de cent livres sterling, que la bonne tante Grantley doubla sans rien dire. « Si cela ne suffit pas, ajouta-t-elle, mon petit neveu voudra bien me le faire savoir, et, s'il a le bon esprit de me prendre pour banquier, il peut compter sur une discrétion absolue. » Richard était tenté de refuser cet argent dont il n'avait que faire; mais l'excellente vieille, imbue des doctrines de ce dix-huitième siècle qu'Adrian lui avait donné pour parrain, fit valoir la nécessité de parer d'avance aux besoins imprévus. « Sait-on jamais ce qui peut arriver à un jeune homme? disait-elle à Richard avec un regard significatif; vous verrez comme l'argent s'en va quand la santé revient. » Inutile d'ajouter que la tante Grantley avait, elle aussi, son système, et que ce système était en opposition directe avec celui de sir Austin.

— Vous vous présenterez, j'imagine, chez les Grandisson. Mes bonnes amitiés à Carola. — Telle fut la dernière et presque l'unique recommandation du baronnet lorsqu'il eut installé Richard à côté de l'oncle Hippias, qui avait rempli de couvertures et de coussins le compartiment retenu pour eux. Tous deux étaient de fort bonne humeur et narguaient Adrian, qui, voulant se consoler de ne point partir, leur décochait ses épigrammes les plus acérées. Celui-ci, déconcerté par le sang-froid de ses adversaires, quitta bientôt la partie, et revenant vers son oncle, que l'extrême gaîté du jeune voyageur semblait intriguer quelque peu : — Avez-vous remarqué, lui dit-il, que la Bête va chercher la Belle?... — Par façon de commentaire à cette obscure allusion, il lui montrait William Blaize qui se pavanait, fier de son feutre neuf et de sa toilette endimanchée, à la portière d'un wagon de troisième classe.

L'oncle Hippias était endormi, et Richard songeait à son ami Ripton, à la petite Carola, aux nouveautés de ce monde qui allait s'ouvrir devant lui, quand le train s'arrêta définitivement au seuil de la capitale. Tom Bakewell vint ouvrir la portière du wagon où était son jeune maître. — Qu'y a-t-il? lui demanda celui-ci, averti de quelque chose par les airs mystérieux et significatifs de ce *groom* familier.

— Il y a William, le fils à maître Blaize, répondit Tom après avoir emmené Richard à quelque distance de l'oncle Hippias. Le voyez-vous là-bas avec ses beaux habits? Il ne sait seulement pas à quelle gare descend la personne qu'il vient chercher... Un vrai cerf lancé à travers les rues de Londres...

— Et cette personne?

— Défense de la nommer, vous savez qui je veux dire.

Richard ici détourna la tête et alla retrouver son oncle, perdu parmi les bagages; mais, comme malgré lui, sans cesse il en revenait à épier le rustique William, qui, tout effaré, prenait de son mieux un air d'assurance. Il le vit s'adresser à un charitable *policeman* qui le poussa vers un fiacre. — En route! cria Richard d'un ton d'impatience au cocher de la voiture dans laquelle ils étaient montés. Jusqu'alors au contraire il l'avait empêché de partir, sous prétexte que la rue n'était pas libre.

— Qu'avez-vous, beau neveu? lui demanda Hippias, frappé de cette conduite inconséquente.

— Rien au monde, répliqua notre jeune homme avec une parfaite désinvolture.

Il mentait : il était travaillé en ce moment par une véritable angoisse, celle du noyé qui, revenant à la vie, maudirait volontiers le sauvetage auquel il la doit. Au fond, depuis et malgré sa guérison apparente, Lucy était pour lui un objet d'effroi. Il se défendait de son souvenir comme d'un danger. La savoir là, se dire qu'il pourrait, par un simple acte de sa volonté, se retrouver en face d'elle, cette pensée ne devait-elle pas éveiller toutes les puissances de son être? — Certes non, se disait-il, je ne la verrai pas; je ne veux plus la revoir... — Puis les paroles de Tom lui revinrent à l'esprit. Il se figura son idole d'autrefois toute seule au milieu d'un débarquement tumultueux, et, grâce à la maladresse de son désastreux prétendu, livrée sans protecteur à tous les hasards de la Babylone anglaise; puis, rapprochant de ce retour à Belthorpe-Farm son départ de Raynham-Abbey, il ne fut pas longtemps à découvrir dans cette coïncidence une combinaison machiavélique, un piège tendu à sa bonne foi. — Toujours se méfier de mes intentions! toujours comploter, dissimuler, se prémunir contre des fraudes qui me sont étrangères! Eh bien! je les ferai rougir de leur duplicité...; J'irai au-devant de miss Desborough, je la tirerai d'embarras, et quand elle n'aura plus rien à craindre, je reviendrai tranquillement auprès de mon oncle... Ce sera leur punition. — Tout en formant de si beaux projets, il ne bougeait pas, effrayé lui-même des conséquences que pouvait avoir une témérité pareille, et se doutant bien que la passion renaissante faisait ainsi miroiter à ses yeux, pour l'éblouir et l'égarer, ces perspectives trompeuses. Quatre mots prononcés par l'oncle Hippias le tirèrent brusquement de sa torpeur. — Nous voici enfin arrivés! s'écria l'invalide à l'entrée de la rue où on avait retenu pour eux, dans un hôtel de premier ordre, un appartement meublé.

— J'ai besoin de parler à Tom, répondit Richard, qui se précipita hors de la voiture pour aller rejoindre son *groom*, lequel suivait dans un second fiacre chargé de bagages.

Hippias stupéfait ne le perdait pas de vue. — Voilà bien mon étourneau! se disait-il. A trente pas de l'hôtel, je vous demande un peu! — Mais une tout autre surprise lui était réservée. Le fiacre aux bagages, s'étant arrêté, toujours à trente pas de l'hôtel, tourna bride et disparut en un clin d'œil.

X.

« Cher Ripton, rendez-moi le service d'arrêter pour une dame un appartement convenable. Pas un mot de ceci à qui que ce soit. Vous viendrez me retrouver ensuite. Tom vous conduira. R. D. F. »

Ce *felfa* laconique, tombant à l'improviste au milieu des dossiers que le fils de l'avocat Thompson éventrait avec un zèle mêlé de fureur, dissipa immédiatement sa fantaisie de travail. Il s'élança dans la rue, grandi à ses propres yeux par l'importante mission qui lui était confiée. Sa curiosité du reste égalait son orgueil; mais il avait affaire à Tom, dont la discrétion farouche éludait ses questions les plus pressantes. — Une parente sans doute? disait Ripton.

Silence complet.

— Jeune?

— Point trop vieille.

— Jolie?

— Vous en jugerez vous-même.

— Elle vient?...

— De la campagne.

— Et nous l'appelons?...

— M. Richard vous le dira.

— Malepeste! quel témoin vous faites! s'écria bientôt le futur avocat; mais, tout flatteur qu'il était, ce compliment professionnel fut accueilli avec la même impassibilité obstinée. Les deux interlocuteurs arrivèrent ainsi aux limites du district de Kensington. Un hasard favorable les conduisit tout d'abord dans la maison meublée de mistress Élisabeth Berry. Cette digne matrone ruminait au coin de son feu l'espérance de quelque location future. — Signe de noces prochaines, disait-elle selon le préjugé populaire en voyant la houille ne s'allumer que d'un côté.

Justement alors parurent devant elle les deux émissaires de Richard Feverel. Le marché fut d'autant plus vite conclu que Ripton s'abstint soigneusement de débattre le prix demandé. Mistress Berry, transportée d'aise, faillit lui sauter au cou. — Une dame seule, une jeune dame! se disait-elle; pourquoi pas cette fiancée qui m'est promise?... — Mais les allures de Ripton la déroutaient. Il n'avait pas l'air préoccupé d'un futur mari; quant à la noce, on pouvait y compter, les oracles de l'âtre l'ayant annoncée.

Ce ne fut pas sans émotion que Ripton, arrivant à l'hôtel où Richard avait provisoirement abrité sa mystérieuse protégée, se crut sur le point d'être présenté à cette belle inconnue. Il s'était mis en frais d'éloquence, et tenait tout prêts deux ou trois complimens adaptés aux nécessités diverses de la situation qui allait lui être révélée; mais ses préparatifs oratoires furent absolument perdus. Entre-bâillant à peine la porte à laquelle il venait de frapper, Richard prit l'adresse gravée qu'il lui tendait en silence, et, le doigt posé sur ses lèvres, lui fit signe de s'éloigner au plus vite. Ripton n'en demeura pas moins sur le palier, soit qu'il eût mal compris ce geste, soit que la curiosité le clouât à la même place. Cette indiscrétion notoire lui valut cinq minutes plus tard le plaisir de voir filer devant lui, comme une ombre rapide, au bras de son trop heureux ami, une robe de soie noire enveloppant une taille souple et bien prise, un chapeau également noir, dont le *bavolet* un peu succinct dissimulait à peine deux lourdes nattes de magnifiques cheveux blonds; enfin une petite main gantée de gris, qui tantôt semblait trembler sur la rampe, tantôt s'y retenir, s'y cramponner en quelque sorte, comme si la belle captive protestait en silence contre l'impérieux vouloir dont elle subissait la domination. Ripton, à cette vue, se sentit pénétré de respect et de jalousie; ses amourettes d'étudiant pâlissaient quelque peu devant un pareil éclair de passion vraie. Et ce fut, ma foi, bien autre chose quand, le soir même, au sortir de l'hôtel où, pour sauver les apparences, ils avaient dîné avec l'oncle Hippias, les deux amis firent route ensemble au clair de lune. Jamais Ripton n'avait rien entendu de pareil aux délirantes effusions de Richard Feverel ébloui de son bonheur, fier d'avoir déjoué par un coup de maître les complots ourdis contre son amour, et bien convaincu qu'il avait le droit, positivement le droit, de soustraire sa Lucy à l'odieux mariage qu'on lui préparait. De temps en temps, suspendant sa marche, il lançait au ciel un éclat de rire en songeant que son père avait eu l'idée folle de lui faire épouser Carola Grandisson! — Une petite fille à moi! s'écriait-il avec un dédain superbe. Ripton le contemplait, frappé d'une véritable admiration.

S'il était permis, sans trop d'absurdité, d'afficher en certaines matières une logique rigoureuse, on pourrait quereller miss Lucy et lui remontrer que sa résistance ne fut pas suffisante. Quand elles veulent tout de bon décourager ou même désenchanter un cœur trop épris, ces dames ont mille moyens plus sûrs les uns que les autres. Si elles n'y ont point recours, il faut bien en conclure qu'elles ne sont pas tout à fait exemptes de blâme; mais, — cette maxime est tirée des *Paperasses d'un Pèlerin*, — « chaque fois que la responsabilité d'une faute pèse sur deux têtes, l'un des coupables doit être châtié d'une main légère. » Considérez plutôt l'attitude désespérée de Lucy. Encore immobile sur le siège où Richard l'a laissée, elle n'a même pas ôté son chapeau. Des larmes sans nombre ont séché dans ses yeux. Elle se lève à l'aspect de son maître, comme il sied à une esclave respectueuse. Une touchante adjuration est sur ses lèvres... Pourquoi donc, — on le devinera peut-être, — pourquoi retombe-t-elle assise, plus confuse, plus intimidée que jamais? Après un moment de silence et d'embarras, pourquoi saisit-elle la main de Richard, et sur cette main qui presse la sienne pourquoi pose-t-elle son front brûlant? Elle pleure de nouveau, elle supplie : — Pendant qu'il en est temps, il faudrait la laisser partir... Exiger qu'elle reste, c'est la perdre et se perdre... Passe encore s'il ne s'agissait que d'elle!... Comment se fait-il que des instances si sincères et si pathétiques manquent absolument leur effet? Comment Lucy, qui depuis le matin se reproche un instant de faiblesse, se retrouve-t-elle le soir plus désarmée, plus irrésolue,

plus asservie? Il serait si simple d'être froidement raisonnable, de
faire comprendre à ce jeune fou combien sa conduite est irrégulière, de ne pas baisser les yeux sous son regard enflammé, de lui
notifier avec calme des volontés péremptoires et immuables; mais
voici justement qu'il l'attire sur son cœur,... et qu'elle y reste. La
sagesse indignée, retroussant à grand bruit ses falbalas de douai-
rière, bat en retraite au plus vite. Tout compte fait, elle aurait pu
demeurer. — Oh! mon Richard! — Bien-aimée Lucy!... Un mot,
un seul et qui me rassure. — Mon ami! — Non, pas celui-là! —
Mon bien! ma vie! — Cherchez encore!... Elle hésite, elle rougit :
— Vous le disiez tantôt,... que coûte-t-il de le répéter? — Mon...
mari! — Cette fois Richard est content; mais Lucy se reprend à
verser d'abondantes larmes, plus émue et plus belle que jamais.

L'expérience du mariage (mistress Berry) et l'étude du droit
(notre ami Ripton), quand elles s'enrôlent au service d'un parti-
pris bien arrêté, peuvent lever une foule d'obstacles et faciliter
les combinaisons les plus ardues. Il s'agissait, pour Richard Feverel, d'obtenir dans la huitaine, — avant que son escapade fût
ébruitée, — la consécration religieuse des nœuds qu'il voulait rendre indissolubles. Tom Bakewell s'était chargé de retenir à Londres, sous divers prétextes et avec le concours de toute sorte de
plaisirs économiques, le fils malavisé du fermier Blaize. Quant à
ce dernier, absorbé par ses cultures printanières, il ne s'inquiétait
pas autrement du séjour prolongé que William faisait dans la capitale. Peut-être le croyait-il occupé à se ménager les bonnes grâces
de Lucy en lui montrant les merveilles de Londres et de ses environs. L'oncle Hippias, auprès de qui son neveu passait quelques
heures chaque jour, aveuglé par ses assiduités perfides, envoyait à
sir Austin les bulletins les mieux faits pour le rassurer à tous égards;
mais un pareil calme ne pouvait durer longtemps, et il fallait que
l'orage, facile à prévoir, trouvât assise sur des fondemens indestructibles la félicité des deux amans.

Lucy d'ailleurs, en proie à des inquiétudes chaque jour plus vives,
était menacée d'une fièvre que l'honnête mistress Berry combattait
à grand renfort de menus soins, faisant bonne garde autour de la
jeune fiancée, qu'elle préservait sagement de tout tête-à-tête un
peu prolongé. Les craintes de Richard le rendaient docile, puis il
avait fort à faire entre les devoirs qu'il s'imposait vis-à-vis de son
oncle et les démarches qu'il multipliait, de concert avec Ripton,
pour obtenir les licences nécessaires à la célébration du mariage projeté. Mistress Berry, à qui, — sauf le véritable nom des parties, —
on n'avait à peu près rien caché, déployait pour tous les préparatifs
de son ressort une activité merveilleuse. Ripton s'était chargé d'ap-

privoiser les gardiens très peu farouches qui veillent, dans les bureaux de *Doctors' commons*, à ce qu'on appelle en France les actes de l'état civil. Grâce à lui, les réponses évasives avaient été acceptées comme « pertinentes, » les fausses énonciations comme paroles d'Évangile; les principales difficultés étaient éludées, et les timbres dociles, les signatures complaisantes avaient fait leur office d'autant plus volontiers que les droits de toute sorte, principaux et supplémentaires, tarifés ou non tarifés, étaient soldés avec une libéralité du meilleur goût et du meilleur exemple. Le « dix-huitième siècle, » — à savoir la bonne mistress Grantley, — était bien pour quelque chose dans le succès de ces opérations menées avec tant de vigueur et d'entrain. Sous prétexte d'y venir chercher Cassandra, Tom avait reparu à Raynham, porteur d'une requête formelle qu'il remit secrètement à la grand'tante de son maître et à laquelle il fut fait droit par une lettre de crédit tirée sur un des principaux banquiers de la Cité pour une somme assez importante. Les voies et moyens de la rébellion filiale étaient désormais assurés.

Tout homme, un jour ou l'autre, se voit en passe de franchir ce qu'il peut appeler « son Rubicon, » de prendre une décision irrévocable, de trancher dans le vif de sa destinée. Au bord de la petite rivière, notre héros n'éprouvait pas les anxiétés qu'on pourrait supposer. Loin d'être déjà chauve comme César à l'époque où ce dernier marchait vers sa conquête sacrilége, le despotique amoureux sentait à peine pointer un léger duvet le long de sa lèvre supérieure. Que savait-il de lui-même, de ses instincts, de ses qualités, de ses défauts? Fort peu de chose à coup sûr. Tendu par un bras vigoureux, l'arc chasse la flèche sans que la flèche puisse dire ni quelle force la pousse, ni quel chemin elle suit. De même pour Richard. Ses subterfuges, ses mensonges ne lui laissaient pas le plus léger remords. Il ne pouvait douter qu'à la longue son choix ne fût acclamé avec enthousiasme, la fin alors justifierait les moyens; mais il ne se donnait pas même la peine d'argumenter ainsi avec des scrupules absens. Il n'éprouvait aucun besoin d'apaiser sa conscience. Sa conscience et Lucy ne faisaient qu'un.

Le printemps à Londres n'a pas souvent de ces tièdes et lumineuses matinées où l'été promis se révèle déjà dans toute sa splendeur. Les rues se peuplent tout à coup d'enfans jaseurs et d'orchestres sonores; les bouquetières étalent çà et là primevères et violettes. Les *squares*, les parcs fourmillent de promeneurs; juchés sur l'*outside* des omnibus rapides, les passagers affairés oublient un moment leur sérieux habituel et font échange, en se croisant, ou d'une saillie familière, ou d'un sourire sympathique. Richard se serait volontiers imaginé que par ces bruits joyeux, ces musiques

vibrantes, ces fleurs épanouies, ce beau soleil printanier, le ciel
bleu et la grande ville se faisaient les complices de son bonheur illi-
cite. Dès l'aurore, — afin de se prémunir contre tout hasard fâcheux, — il avait quitté l'hôtel où l'oncle Hippias dormait paisiblement sur la foi des traités. La liberté de ses mouvemens lui était
ainsi garantie jusqu'à l'heure fixée pour le mariage, — onze heures
et quart bien précises. Sa fiancée lui avait promis d'être brave et
gaie au moment décisif. Il est vrai que sir Austin devait arriver le
surlendemain, et depuis vingt-quatre heures déjà le fermier Blaize,
en quête de sa nièce, battait avec son fils les quatre coins de la ville;
mais, avant que ces puissances hostiles eussent combiné leur action, il l'aurait paralysée, annulée d'avance; irrévocable possesseur
de ce trésor que le moindre ajournement aurait pu lui ravir, il bra-
verait désormais tous les ennemis de sa félicité. Telles étaient les
riantes idées dont se berçait Richard tandis que, pour tromper son
impatience, il errait sous les hauts marronniers de *Kensington-Gar-*
dens, du côté où certaine source, dédiée à un pauvre saint fort
peu connu, offre à tout venant ses eaux ferrugineuses. Quelques
personnes y étaient groupées, et Richard, qu'une impulsion ma-
chinale avait rapproché d'elles, se trouva fort inopinément en présence de trois membres de sa famille. Sa cousine Clare fut la
première à l'apercevoir dans le moment même où il songeait à s'es-
quiver. Laissant échapper une exclamation de surprise, elle écarta
de ses lèvres le verre qu'elle venait d'y porter avec une répugnance
bien naturelle sur les injonctions réitérées de mistress Doria Forey.
Adrian escortait ces dames, qu'il était venu rejoindre la veille au
soir. Comme on peut s'en douter, la tante fit au neveu l'accueil le
plus cordial. Elle le retrouvait grandi, embelli, disait-elle, et, sans
trop s'embarrasser s'il rougissait ou non, elle le passait minutieusement en revue, ne lui épargnant aucune sorte d'éloges. — Vous
vous mettez à merveille, lui disait-elle... Cette cravate, ces gants
sont d'un goût parfait... N'est-ce pas, Clare, il est vraiment bien?
ajouta-t-elle se tournant à demi vers sa fille, qui s'était réfugiée au
bras d'Adrian.

— Richard a très bonne mine, répondit celle-ci avec un peu de
gêne.

— Je voudrais pouvoir en dire autant de vous, répliqua aussitôt
mistress Doria Forey, dont le franc parler souvent indiscret décon-
certait toutes les prévisions. Le fait est que la pauvre enfant, depuis l'apparition inattendue de son cousin, n'avait plus une goutte
de sang aux joues. — Elle est pâle ce matin, continua l'inexorable
tante, mais elle s'est beaucoup développée. Vous devez bien vous en
apercevoir au surplus. Comment la trouvez-vous, ma petite Clare?

— Charmante, répondit le jeune homme après un regard rapide; mais en effet sa physionomie exprime la souffrance.

— En tout cas, ce n'est pas faute de soins. Cette enfant me désole avec sa pâleur. Je lui prodigue le fer sous toutes ses formes. Ma vie se passe à la promener, soit aux eaux, soit aux bains de mer, soit dans les montagnes. Que voulez-vous? Rien n'y fait...

— Avez-vous reçu la lettre de Ralph Morton? interrompit Richard, penché à l'oreille de sa tante.

— Taisez-vous donc, répliqua celle-ci, lui poussant le bras. Vous figurez-vous qu'on s'arrête à de pareilles billevesées?... Le soin que vous avez pris de me les transmettre m'a étonnée au dernier point.

— Je vous assure qu'il a pour elle un attachement sérieux...

— Belle garantie! s'écria la veuve, légèrement impatientée; puis, avec un regard fixe où se peignait son anxiété maternelle : — Décidément, Richard, la vie est une longue suite de malentendus... Ah çà, mais y songez-vous? reprit-elle tout à coup sur un ton beaucoup plus vif. Où donc avez-vous appris à vivre? C'est la première fois qu'un homme s'est permis de regarder sa montre en causant avec moi.

Richard s'excusa de son mieux. Il avait voulu savoir au juste combien de minutes lui restaient pour plaider la cause de son ami Ralph. — Que sont devenus les autres? demanda sa tante, coupant court aux explications embarrassées qu'il lui donnait. Clare et Adrian, attardés un moment, les rejoignaient à grands pas. — Nous avions laissé tomber quelque chose, dit « le jeune homme sage » avec une importance affectée. La conversation, menaçant de s'éterniser, commençait à inquiéter Richard. Il voulut cependant hasarder encore quelques mots en faveur de Ralph Morton. Sa tante cette fois parut se formaliser : — Laissons là, s'écria-t-elle, ces fantaisies de sous-lieutenant. Elles témoignent, du reste je n'en disconviens point, en faveur de ce jeune homme. Il se saura gré plus tard de n'avoir pas offert les prémices de son cœur à une fille de ferme.

Ces derniers mots avaient été soulignés avec intention. Toutefois ils restèrent sans effet. Le neveu, pris au piège, ne songeait plus qu'à s'échapper, ce qui n'était pas en somme chose si facile, car sa tante paraissait peu disposée à lâcher prise. — Allons, allons, c'est chose convenue, disait-elle, vous déjeunez avec nous chez les Forey... Clare, aidez-moi donc à le retenir... Il assure qu'il est pressé... A onze heures! je vous demande un peu.

— A onze heures, insinua le cousin Harley, plus sorcier qu'il ne croyait l'être, à onze heures il peut arriver qu'on se marie... On n'est plus à temps, vous le savez, une fois midi sonné.

— Vous refusez de nous rester? ajouta Clare, qui venait de rougir, et dont la voix était mal assurée.

Je ne sais quelle intuition secrète, éveillée par ces accens émus, dicta une réponse affectueuse à l'impatient fiancé; mais comme mistress Forey faisait mine de s'en prévaloir, — et comme les minutes désormais valaient des heures, — il prit congé de ses parens avec une soudaineté bien faite pour les surprendre. — Convenons-en, disait la mère de Clare en le regardant s'éloigner à grands pas; le *système* est quelquefois en défaut... Notre prodige n'a pas encore appris à être poli...

Une demi-heure plus tard, entrant à l'improviste dans la chambre de sa fille, qu'elle croyait occupée à s'habiller pour le déjeuner, elle la surprit en contemplation devant un petit anneau d'or qui brillait sur la paume de sa main encore gantée. — Qu'est ceci? demanda la mère, toujours vigilante. Une alliance, Dieu me pardonne... D'où vient-elle?

— De *Kensington-Gardens*, répondit Clare... Je l'ai ramassée dans le sable, ce matin même, pendant que vous marchiez devant nous au bras de Richard.

Une singulière idée traversa immédiatement le cerveau de mistress Doria : — Au moins, dit-elle, ce n'est pas lui qui vous l'a donnée?

Clare ouvrit de tels yeux à cette question, que l'imprudente mère battit aussitôt en retraite. — Ah! mon Dieu, reprit-elle, les enfans sont quelquefois si absurdes... Et cet anneau, voyons, vous va-t-il?

L'alliance glissa sur le doigt effilé de la jeune *miss* absolument comme s'il eût été fait pour elle. — Mais voilà qui est décidément original, continua la veuve en riant... Gardez-la comme la prunelle de vos yeux, cette trouvaille providentielle, et quand votre cousin viendra, faites mine de la lui rendre : c'est peut-être lui qui l'a perdue.

En regardant Clare avec plus d'attention, elle aurait aperçu, au bord d'une fossette inscrite sur la joue de la belle enfant, un frémissement imperceptible.

Au déjeuner, l'alliance devint l'objet de mille plaisanteries. On n'appelait plus Clare que « la fiancée. » Son futur était-il brun ou blond? La question fut mise aux voix. Adrian renversa délibérément un flacon d'eau de fleur d'oranger pour improviser ensuite sur cet accident prétendu je ne sais quel épithalame burlesque. Tout à coup, et au milieu de la gaîté générale, la pauvre enfant qui en faisait les frais se laissa gagner par une forte envie de pleurer : déplorable faiblesse qui justifiait la sollicitude maternelle en montrant combien le fer était encore nécessaire à cette constitution in-achevée !

Dans ce moment-là même, — étrange coïncidence qui pourrait faire croire à une seconde vue magnétique, — deux beaux jeunes gens, debout au pied de l'autel, écoutaient la froide et banale exhortation de l'ecclésiastique payé pour les bénir. Derrière eux, une épaisse commère enveloppée de satin noir et un apprenti légiste déguisé en *gentleman* faisaient office de parens. La cérémonie suit paisiblement son cours jusqu'au moment où les fiancés disjoignent comme à regret « leurs droites » placées l'une dans l'autre, et où le futur est requis par le ministre de passer la bague symbolique au quatrième doigt de la future épouse. Le malheureux se fouille en vain des pieds à la tête : l'anneau fatal ne se retrouve ni dans une poche ni dans l'autre. Devant ce contre-temps imprévu, sa physionomie se décompose, ses traits s'altèrent, l'anxiété qui le dévore est écrite sur son front. Les anges souriaient naguère; maintenant les démons ricanent. Que faire, que devenir? Le ministre patiente, les yeux attachés sur sa Bible. La commère en satin noir, jusque-là fort gaie, s'attriste à vue d'œil. L'apprenti légiste interroge du regard le fiancé aux abois. Et les minutes s'écoulent. Il n'en reste que sept à courir avant que l'heure sonne; l'heure sonnée, il faudra remettre au lendemain la cérémonie incomplète. Or le lendemain est bien loin; dans les conditions particulières de ce mariage subreptice, comment se fier au lendemain? Encore quelques instans, et tous les joailliers de Londres accourus avec les milliers d'alliances qui encombrent leurs magasins ne répareraient pas l'étourderie du fiancé. Une inspiration victorieuse peut seule prévenir le désastre imminent. Va-t-il donc la demander à cette bonne femme vêtue de satin? Et pourquoi se démène-t-elle ainsi, refusant d'abord, puis domptée peu à peu, et finalement réduite à céder? En somme, l'obstacle est vaincu, le nuage passager se dissipe. Notre fiancé reparaît devant le prêtre, muni de l'indispensable anneau. *With this ring I thee wed...* Tout est dit : le ciel a prononcé. Lucy Desborough est à Richard Feverel...

Elle avait promis, elle a tenu parole. Son front candide a gardé pendant la cérémonie une auréole de sérénité; maintenant elle pleure, agenouillée devant un crucifix et assiégée de noirs pressentimens. Mistress Berry, qu'elle avait priée de la laisser seule un instant, reparaît, dépouillée de sa brillante enveloppe. La bonne femme déguise mal son désir de recouvrer la bague qu'elle a prêtée si à propos et dont ses yeux ne se détachent guère, tandis qu'elle parle de toute autre chose. Lucy, la timide Lucy, l'honnête Lucy, s'est pourtant juré de ne pas la lui rendre. — Non, dit-elle; fixez

vous-même ce qui peut vous convenir en échange... Pardonnez-
moi le chagrin que ceci paraît vous causer, mais n'insistez pas, je
vous en conjure... C'est avec cette alliance qu'il m'a épousée, cette
alliance ne quittera plus le doigt où il l'a passée lui-même... Superstition, faiblesse, puérilité, ce que vous voudrez; rien au monde
ne m'y fera renoncer, car je me croirais démariée... Ne m'en veuillez pas, ma bonne mistress Berry; excusez un procédé que je ne
saurais justifier, mais renoncez à cet anneau que je garderai désormais jusqu'à la mort.

Quelles objections faire prévaloir contre des déclarations si nettes
et une volonté si intraitable? Après avoir bien disputé le terrain, la
brave hôtesse se sentit fléchir peu à peu. — Ne craignez-vous pas,
disait-elle au moment de céder, ne craignez-vous pas que cette
bague ne vous porte malheur?... Je ne vous ai pas caché les torts
de mon pauvre Berry, la perle des hommes, mais un volage incorrigible, dont j'espère en vain le retour!... Que dira-t-il, bon Dieu!
si, venant reprendre sa place, il me retrouve dépouillée de notre
alliance?

— Bonheur ou malheur, tout ce qu'elle me donnera, je l'accepte,
soupira Lucy avec une sorte de résolution enthousiaste. Elle me
vient de Richard, et cela me suffit.

Le déjeuner de noce était servi dans l'unique salon du rez-de-
chaussée. Mistress Berry, qui se piquait de quelques talens culi-
naires, s'était surpassée ce jour-là, et la table pliait notamment
sous le poids d'un de ces énormes gâteaux (*bridal-cakes*) dont les
morceaux, répartis entre tous les amis des nouveaux mariés, perpétuent la tradition hospitalière des anciens temps. Les convives
seuls faisaient défaut au festin. Lucy n'était pas descendue; Richard,
assis à côté de Ripton, qui devait le lendemain aller porter à sir
Austin la nouvelle du mariage, lui donnait les instructions requises
pour une mission si délicate. Mistress Berry assistait Lucy en ses
préparatifs de départ, les jeunes époux devant s'embarquer le soir
même pour l'île de Wight. Ripton, partagé entre la crainte de mal
remplir son ambassade et celle de perdre une si rare occasion,
écoutait en buvant, buvait en écoutant, et se grisait bellement petit à petit. Il était « complet, » ou peu s'en faut, quand la chaise
de poste qui devait emmener le couple amoureux vint disperser les
joueurs d'orgue et les mendians groupés devant la maison. Lucy parut alors, quelque peu rassérénée, et Ripton, chez qui surnageait encore une vague notion de ce qu'exigeait la circonstance, voulut se
lever pour lui adresser le compliment d'usage; mais, une fois debout et adossé à la muraille, il comprit qu'il valait mieux se taire.
Ce silence opportun lui valut une cordiale poignée de main, accom-

pagnée d'un sourire enchanteur. Il balbutia quelques mots de « reconnaissance » et « d'espérance » que Richard se hâta d'interrompre au moment où ces vœux mal articulés allaient trahir le fâcheux état de celui qui essayait de les formuler.

Ils sont partis, semant l'or de droite et de gauche, au bruit des fouets qui claquent et des orgues qui détonnent. Depuis qu'ils ont disparu, soustrait à leur bénigne influence, le ciel est plus pâle, l'air plus froid, dirait-on, et l'immuable raison reconquiert ses droits sur l'enthousiasme éphémère. Mistress Berry se demande pour la première fois si elle ne s'est pas tant soit peu compromise en se mêlant mal à propos des affaires de ce jeune couple si intéressant. Son humanité lui a joué déjà tant de tours! Inquiète, elle retourne auprès de Ripton, qui, s'il était en proie à des soucis du même genre, a fini par les noyer dans des flots de *claret*. Il est maintenant aussi bavard, aussi communicatif que peut le souhaiter la bonne hôtesse, curieuse de savoir, et par le menu, en quoi consiste la responsabilité qu'elle a si légèrement assumée. À quel père cruel, à quel oncle barbare, à quel inexorable tuteur, devra-t-elle compte de sa conduite? Son plus mielleux sourire, sa voix la plus engageante, sont employés à questionner adroitement Ripton, dont la discrétion sournoise est restée au fond de mainte bouteille; mais à peine a-t-il prononcé en balbutiant le véritable nom du nouvel époux, que mistress Berry se renverse dans son fauteuil, les bras au ciel, plus pâle que la mort. — Richard Feverel, dites-vous, le fils de mon ancien maître, l'héritier de Raynham-Abbey!... Malheur à moi! s'écrie-t-elle avec un désespoir sincère, malheur à moi, qui, sans le savoir, ai marié mon *baby!*... Que vais-je devenir, et que deviendra ma pension?

Ripton est sourd à cette adjuration pathétique. Sous le coup du dernier *toast* qu'il a porté à l'heureux hymen de Richard Feverel et de Lucy Desborough, il est retombé sur un sofa comme une masse inerte, et mistress Berry, à qui un *gentleman* vient de faire demander audience, n'a que le temps de jeter un grand châle sur cette déplorable victime de l'intempérance. Ce nouveau-venu, devant lequel l'infortunée Bess Berry tremble et palpite, comme s'il était l'ange exterminateur, se présentait sous les dehors placides et sourians de maître Adrian Harley. Quelques mots échappés à Tom Bakewell l'ayant mis sur la piste, il venait, alléché par la curiosité, constater en personne l'état des choses, qu'à vrai dire il ne supposait pas aussi avancées. En face d'une pauvre femme éplorée que ses remords et ses craintes lui livraient pieds et poings liés, il se sentait merveilleusement à l'aise, et remplissait sa mission inquisitoriale avec une affabilité décevante où se trahissait un sentiment de joie intime. En l'écoutant échanger ses souvenirs d'enfance avec

ceux de mistress Berry, se rappeler l'époque lointaine où, préposée
à la garde de Richard, elle était en même temps le témoin silencieux
de ses fredaines, s'apitoyer sur l'expulsion imméritée que lui avait
value l'indiscret élan d'une compassion bien naturelle, déplorer enfin
le malheureux hasard qui allait probablement l'exposer une seconde
fois à la rancune de sir Austin, vous eussiez cru avoir affaire au plus
brave garçon du monde, et vous eussiez cru cela, précisément alors
qu'il savourait en égoïste consommé les angoisses dont sa fausse pitié provoquait l'aveu naïf; mais cette joie presque féroce ne se trahissait que par quelques symptômes imperceptibles, et l'infortunée
Berry pouvait se croire l'objet de la plus sincère commisération.

— Çà, madame, lui dit « le jeune homme sage » en résumant leur
entretien et pour se décharger d'une mission dans laquelle il n'entrevoyait ni agrément ni profit, il faut que dès ce soir vous ou monsieur, — il montrait avec un suprême dédain Ripton toujours endormi, — vous preniez la peine d'aller à Raynham pour mettre sir
Austin au courant de ce qui s'est passé... Une légère dose d'émé-
tique rendra toute sa faconde à ce futur avocat dont la langue dorée ne saurait manquer de faire merveille... Quant à nos jeunes
insensés, tant bien que mal unis par votre fait et sous votre garantie, vous dites qu'ils sont...

— A l'île de...—Mais ici la brave hôtesse, si étourdie qu'elle fût,
ne jugea pas à propos de compléter une confidence périlleuse pour
ces gentils tourtereaux à qui elle ne pouvait s'empêcher de porter
encore l'intérêt le plus vif.

— Je sais, je sais, interrompit vivement Adrian, à qui suffisait, et
de reste, cette moitié de renseignement... Un vrai paradis, tout à
fait de circonstance... Maintenant permettez-moi de prendre congé.

— Pas sans emporter une part de ce gâteau, s'écria mistress Berry,
qui tenait à mériter les bons offices et la charitable intervention du
neveu de sir Austin.

— Comment donc?... La plus grosse dont vous puissiez disposer
en ma faveur. Nous sommes nombreux dans la famille, et je tiens à
n'oublier personne.

— Quel bon cœur! soupira mistress Berry quand elle eut refermé
la porte sur Adrian.

— Voilà le *système* par terre! se disait ce dernier en descendant
la rue, son énorme paquet sous le bras. Honte aux prophètes déçus!
Il trépasse honorablement sur un lit conjugal, et c'est plus qu'on
ne pouvait attendre d'un pareil monstre. Maintenant, ajouta-t-il,
frappant d'un air tragique sur l'enveloppe du *bridal-cake*, maintenant semons les cauchemars autour de nous!... Maître Hippias sera
naturellement servi le premier.

Sans nous arrêter aux doléances et au désappointement de l'on-

cle invalide, nous nous transporterons chez les Forey, où « le jeune
homme sage » dînait ce jour-là ainsi que les deux dames dont il s'é-
tait constitué le cavalier servant. Réfugié dans le fumoir à l'issue
d'un excellent repas, il y savourait les ineffables douceurs du ci-
gare quand mistress Doria le fit sommer de rentrer immédiatement
au salon.

— Quelle est cette plaisanterie? lui demanda-t-elle l'interpellant
dès qu'il parut. D'où vient ce gâteau? Vous nous le direz sans doute,
puisqu'on vous a vu le déposer furtivement sur ce guéridon. Pas de
rhétorique, pas de phrases, répondez catégoriquement, et ne vous.
jouez pas de mon impatience.

— Catégoriquement, soit, aimable tante. Ce gâteau vous vient
de Richard, et Richard a quitté Londres pour l'île de Wight.

— Le malheureux!... Cette bague, ce gâteau... Je devine tout,
il s'est perdu!...

Mistress Doria là-dessus se laissa couler dans un fauteuil, émue
et tremblante à faire pitié.

Suivit une virulente diatribe contre le *système*. L'entêtement, les
manies morbides, l'incroyable faiblesse de son frère, avaient enfin
leur récompense. Pendant qu'elle brodait sur ce texte fécond, les assistans échangeaient des regards étonnés. Clare demeurait immobile,
et ses yeux ne se portèrent pas une seule fois du côté de sa mère.

— Mon neveu a sans doute épousé la... paysanne dont il était
affolé? demanda finalement celle-ci.

— Vous ne vous trompez pas, repartit Adrian. L'heureuse épouse
est en effet la fermière papiste à qui vous faites allusion.

— Brandon, deux mots!... (Et mistress Doria, déjà debout, entraînait dans un coin l'un des membres de la famille qui passait
pour une des lumières du barreau). Un tel mariage est nul, n'est-il
pas vrai? Il faut les séparer, courir après eux, arrêter avant qu'elles
ne soient irrévocables les conséquences de ce coup de tête...

— Ce soir? dit l'avocat retenant un sourire.

— Ce soir, très certainement. Il doit y avoir des moyens pour
cela... L'intervention d'un juge, d'un magistrat de police...

— Ce sont des gens qui se fatiguent beaucoup; je crains bien
qu'ils ne soient tous dans leur lit, objecta M. Brandon, qui, par-
dessus l'épaule de l'impétueuse veuve, invoquait du regard le secours d'Adrian.

— Y songez-vous, ma tante? insinua celui-ci. Je croyais vous
avoir parlé de l'île de Wight,... et vous expédieriez la justice en
pleine mer?... Vous n'avez donc pas lu Molière?

— Plaisanter en pareil moment, voilà qui est bien digne de vous;
mais je n'en démords pas, sachez-le. Ce mariage ne saurait être
valide. Encore une fois, Brandon, qu'en pensez-vous?

— La matière est délicate, répondit l'avocat d'un air de doute. Il est positif par exemple que si on pouvait les arrêter d'ici à minuit, établir juridiquement certaines circonstances décisives, ou bien encore si l'aliénation mentale du mari était constatée, ou s'il n'avait que dix-huit ans...

— Dix-huit ans? Il ne les a pas encore, s'écria de premier mouvement mistress Doria.

— Vous vous trompez, ma mère; Richard a depuis ce matin dix-neuf ans et demi, répliqua miss Clare de sa voix la plus calme et sans qu'un signe quelconque trahît chez elle la moindre émotion... Veuillez vous rappeler que je suis sa cadette d'un an et neuf mois.

— Singulière enfant! elle a pourtant raison; mais après tout il me semble que la différence de religion doit compter pour quelque chose... On trouverait là peut-être une cause de nullité...

Personne ne répondit. Il y eut dans l'assistance un échange de vagues sourires. Les dames proposèrent un peu de musique pour faire diversion et mettre chacun à son aise. Une des *misses* Forey plaça charitablement aux mains de Clare trois ou quatre romances plus pathétiques les unes que les autres, et qui pouvaient renfermer des allusions aux sentimens dont on la supposait agitée; mais la courageuse enfant choisit une chansonnette irlandaise dont elle se tira comme un ange, pendant que mistress Doria, persistant à harceler l'avocat Brandon, lui demandait un moyen sûr et prompt de faire casser le mariage qui l'avait si fort indignée. — Il est impossible que la loi prête sa force à une comédie pareille; où en serait l'autorité paternelle? Austin arrive demain, et je garantis que, s'il veut m'écouter, il aura raison de cette insolence... Les convenances, le sens commun doivent en définitive prévaloir sur la légalité dont les gens du métier vous rebattent sans cesse les oreilles.

A sa fille, une fois qu'elles se trouvèrent seules, cette mère désolée tenait un autre langage. Elle l'avait prise dans son lit et la caressait en pleurant. — Pauvre Richard, malheureux enfant!... Il faut, disait-elle, le sauver de sa propre folie. N'est-ce pas, ma Clare, nous le sauverons?...

L'enfant se taisait, immobile et glacée dans les bras de sa mère. Elle tenait sur son cœur une de ses mains raidie par une contraction nerveuse, et la même phrase revenait sans cesse sur ses lèvres: — Je le savais, maman, je le savais depuis ce matin.

A la longue, elle s'endormit, serrant toujours dans ses doigts crispés l'anneau nuptial de Richard.

E.-D. Forgues.

(*La dernière partie au prochain n°.*)

DIPLOMATIE COMMERCIALE

DE LA FRANCE

Documens diplomatiques, publiés par le ministère des affaires étrangères, de 1860 à 1865. — *Exposés de la situation de l'empire.* — *Annales du commerce extérieur.*

Si l'on étudie l'histoire des relations internationales, on est frappé du contraste que présente la diplomatie de notre temps comparée avec la diplomatie des temps passés. Ce sont, il est vrai, les mêmes formes, les même traditions et presque les mêmes personnages; mais tout autres apparaissent les idées et les actes. Alors que les nations appartenaient en quelque sorte à des maisons royales, la diplomatie n'avait à servir que les pensées, les intérêts, les passions, les caprices même des souverains dont elle était la confidente et l'organe. Certes, quand nos ambassadeurs exécutaient les instructions de Henri IV, de Richelieu, de Mazarin, de Louis XIV, ils servaient la nation en même temps que le prince. Le droit public qui régit les pays civilisés, les traditions de la politique française datent de là, et nous suivons aujourd'hui encore les voies tracées par ces grands esprits. A ces époques cependant, la diplomatie était personnelle, ou tout au moins dynastique. La volonté du prince était sa première loi; ses négociations avaient pour objet la gloire et l'intérêt de la couronne, et, sans méconnaître le patriotisme des souverains qui inspiraient son langage et ses actes, il serait facile de relever, dans les archives diplomatiques, maintes circonstances où l'intérêt national était subordonné, sacrifié même à des pensées égoïstes, à des passions personnelles, à des considérations secon-

daires ou misérables, dont il appartient à l'histoire de faire justice.
Enfin, à ces mêmes époques, les nations ne se connaissaient que
par les relations établies entre les cours ou par les sanglantes rencontres de leurs armées; matériellement et moralement, elles vivaient enfermées dans leurs frontières, étrangères et indifférentes
l'une à l'autre; les rapports commerciaux, qui seuls pouvaient les
mettre en contact, étaient gênés par la difficulté des communications et presque nuls. Au point de vue diplomatique, les populations n'existaient pour ainsi dire pas; elles étaient absorbées tout
entières dans la personne du souverain.

Est-il nécessaire de montrer comment les relations internationales et par suite le rôle de la diplomatie se sont modifiés au temps
où nous vivons? La souveraineté du peuple s'est substituée au
droit divin des dynasties, de telle sorte que, malgré la conservation
de ses anciennes formes, la diplomatie représente aujourd'hui la
nation autant et même plus que le prince. Quand elle parle ou agit
au nom du souverain, elle subit l'irrésistible influence de l'intérêt
populaire, duquel elle relève directement par la publicité, immédiate ou prochaine, qui attend ses actes et ses moindres paroles.
Elle s'incline, elle aussi, devant l'opinion publique, puissance nouvelle qui voit aujourd'hui à ses pieds toutes les autorités et tous
les orgueils. Certes l'opinion publique n'est point exempte des passions, des préjugés, des caprices qui révèlent, dans les affaires de
ce monde, le côté humain de la toute-puissance; mais la tyrannie
qu'elle exerce à l'égal des princes s'applique à des objets d'un
ordre différent et d'un caractère plus général. L'opinion publique
ne se borne point à demander que la paix règne entre les gouvernemens et l'harmonie entre les cours; elle veut que l'on s'occupe
des questions multiples et complexes qui intéressent la prospérité
et le bien-être des populations. Elle réclame donc des traités de
commerce et de navigation, des conventions postales et télégraphiques, des négociations qui aient pour principal objet la facilité
des rapports internationaux. La diplomatie a dû se mettre au service de ces nouveaux besoins.

Quelques esprits ont pensé que, par suite de la fréquence et de la
rapidité des communications directes entre les gouvernemens et
entre les peuples, la diplomatie avait fait son temps, que la poste et
le télégraphe lui avaient signifié son congé, et qu'elle n'avait plus
de raison d'être. A quoi bon des ambassades avec leur appareil fastueux et coûteux, pourquoi des intermédiaires, quand il est si facile aux cabinets d'échanger leurs idées, de s'entendre et même de
discuter, à l'aide de l'électricité et de la vapeur? Nous n'en sommes
plus, ajoute-t-on, aux négociations secrètes, aux intrigues sourdes.

aux manœuvres réputées savantes par lesquelles les gouvernemens cherchaient à se tromper et à se devancer les uns les autres sur l'échiquier de la politique. Tout maintenant se fait au grand jour; il n'est pas de courrier de cabinet, si rapide et si discret qu'il soit, qui puisse se vanter d'être en avance sur la rumeur publique, propageant et commentant en pleine liberté les événemens ou les incidens survenus dans les contrées les plus lointaines. Suivant cette opinion, la diplomatie ne serait plus qu'un organe inutile, nuisible même, dans le mécanisme de la politique. — C'est là, nous le croyons, une grave erreur. L'étude de ces intérêts matériels, qui tiennent une place si grande et si légitime dans les préoccupations de notre temps, ne peut être entreprise à distance. Elle exige un incessant travail de réflexions et de recherches, de constatations et de comparaisons, qui réclament l'action directe et la présence réelle de l'observateur. La vapeur et l'électricité ne sont que des instrumens nouveaux mis au service de la diplomatie; mais elles ne sauraient remplacer celle-ci, ni la rendre inutile.

Est-ce à dire qu'en s'occupant des intérêts matériels la diplomatie perde de sa dignité et voie son rôle s'amoindrir? Non certes. C'est par le bien-être universellement répandu que la civilisation se développe; c'est par le commerce et l'industrie, et, pour nous servir d'un terme plus général, c'est par le travail que s'accroît la richesse des peuples modernes, que leur puissance se conserve, et que leur influence se propage. Il convient dès lors que le diplomate connaisse Adam Smith aussi bien que Grotius et Vattel, les lois économiques aussi bien que le droit des gens. C'est ainsi qu'il est en mesure de remplir la mission pacifique et conciliante qui lui appartient. Passez en revue les négociations engagées en Europe depuis 1815, date à laquelle commence l'œuvre de la diplomatie contemporaine : vous observerez un grand nombre de traités ou de conventions destinés à régler des intérêts exclusivement politiques; mais plus nombreux encore sont les actes qui, s'appliquant aux intérêts économiques, ont amélioré les relations internationales. C'est dans ce sens que penchent les désirs des peuples et la sollicitude des gouvernemens : c'est sur ce terrain que la diplomatie a remporté ses meilleures victoires en rendant le plus de services. Remarquez en outre que la plupart de ses œuvres politiques n'ont eu qu'une existence éphémère, tandis que ses négociations commerciales ont produit des résultats certains et durables. Cette simple comparaison indique quel est désormais son rôle dominant, que nous voudrions exposer ici par l'énumération des principaux actes économiques qui ont été accomplis, pendant ces dernières années, par la diplomatie française.

I.

Au premier rang se présentent, en raison de leur nombre et de leur importance, les traités de commerce. La condition première et naturelle du commerce, c'est la liberté des transactions et des échanges, non-seulement entre les habitans d'un même pays, mais encore entre les différens peuples. Cependant dès l'origine la faculté d'acheter et de vendre au dehors a été considérée comme pouvant être une source de revenu pour le fisc, par cette raison que l'impôt doit atteindre tout ce qui donne des profits. La pensée d'établir un impôt sur l'importation et sur l'exportation des marchandises était d'autant plus rationnelle qu'elle était d'une exécution plus facile et plus simple : il suffisait en effet d'échelonner les agens du fisc le long des frontières et de percevoir un droit de passage. De là le principe des douanes, qui avaient alors un caractère exclusivement fiscal. On ne tarda pas à reconnaître que les tarifs de douane avaient pour résultat de gêner les transactions et de porter atteinte à la fortune publique comme aux intérêts privés. On négocia donc pour obtenir de part et d'autre des suppressions ou des modérations de taxes; mais ces négociations, dont on retrouve les traces dans les archives de l'ancienne monarchie, furent rarement suivies de succès, et plus d'une fois, au lieu d'améliorer les conditions du commerce, elles aboutirent à des actes de représailles, c'est-à-dire à des aggravations de taxes, le fisc étant de sa nature un négociateur incommode, très attaché au maintien de ses droits et toujours ambitieux d'en conquérir de nouveaux. Les tarifs ne s'inclinaient que devant la raison d'état, devant un intérêt dynastique ou politique de premier ordre, et, s'ils cédaient pour un temps, c'était pour se relever bientôt, dès que la question d'argent, plus forte et plus durable que tout autre intérêt, avait repris son empire.

D'un autre côté, s'ils contrariaient les mouvemens du commerce, les droits de douane, établis et maintenus par des considérations fiscales, créaient à l'intérieur de chaque état des intérêts nouveaux, des privilèges manufacturiers, qui se servaient de l'impôt comme d'un rempart contre la concurrence étrangère. Les tarifs s'élevèrent ainsi par degrés à la hauteur d'une institution nationale appelée à favoriser l'industrie. On diminua les droits à la sortie des marchandises, mais on les augmenta à l'entrée, car on voulait tout à la fois faciliter les ventes au dehors et limiter les importations de l'étranger. C'est Colbert qui inaugura ce système, connu sous le nom de système *protecteur*, et destiné à parcourir une si longue carrière. Il serait vraiment téméraire, après deux siècles écoulés, de critiquer la pensée et les actes d'un grand ministre dont le nom rappelle les services les plus éclatans rendus à l'industrie et au commerce de la France. Il y a, ce nous semble, autant de présomption que d'ingratitude à reprocher à Colbert ce que l'on appelle son erreur économique. Il avait apparemment de bonnes et solides raisons pour adopter la politique commerciale qu'il a suivie : l'état relativement prospère dans lequel il a placé l'industrie française le justifie pleinement aux yeux de l'histoire, et permet de ne point accepter pour lui le bénéfice des circonstances atténuantes que les adversaires modernes de son système consentiraient à lui accorder. Quoi qu'il en soit, on comprend que les négociations commerciales avec l'étranger devenaient de plus en plus difficiles du moment que l'intérêt du fisc, s'opposant aux réductions de tarifs, avait pour auxiliaire l'intérêt manufacturier. Aussi, dans les traités ou conventions de commerce qui se négociaient sous l'influence du régime protecteur, chacune des deux parties s'attachait-elle à ne concéder que des faveurs insignifiantes ou illusoires. Pour ce qui concernait les produits industriels, l'habileté du négociateur consistait à paraître abaisser plutôt qu'à abaisser réellement les barrières de douanes : les droits conventionnels, avec leurs chiffres atténués, étaient le plus souvent calculés de manière à ne point ouvrir un large accès aux produits du dehors. Seul le traité conclu en 1786 entre la France et l'Angleterre fit exception à ce mode de procéder par le libéralisme sincère qui inspira ses dispositions : le germe de la liberté des échanges entre deux grandes nations manufacturières était déposé dans cette convention mémorable; mais on sait ce qui advint. Les intérêts jusqu'alors privilégiés, tant en France qu'en Angleterre, se mirent en révolte contre cette première apparition de la concurrence. Les jalousies nationales se réveillèrent plus vives que jamais. Chacun des deux peuples se crut trahi par ses négociateurs. Le nom de M. Eden fut voué à l'exécration en Angleterre comme celui de M. de Rayneval en France, et le traité, qui n'avait fait de part et d'autre que des mécontens, fut déchiré par la déclaration de guerre de 1793. Le souvenir de cet acte diplomatique, intervenu dans les circonstances les plus défavorables, devait peser longtemps sur la politique commerciale des deux peuples.

La république, en guerre avec l'Europe, considérait les marchandises étrangères comme des produits de l'ennemi, et à ce titre elle les repoussait des frontières. L'empire établit le blocus continental. Par conséquent il n'y a point à s'occuper de ce que pouvaient être sous ces deux régimes les actes diplomatiques concernant les rapports de commerce entre la France et les autres nations. Il faut remarquer seulement que le blocus continental, en écartant la concurrence de l'industrie anglaise, avait surexcité l'industrie française au point de l'engager à produire, sans égard à l'élévation excessive des prix de revient, tous les articles qui pouvaient se consommer dans le pays. Pour ne citer qu'un exemple de cette production tout à la fois universelle et artificielle, il suffit de rappeler que la fabrication du sucre avec la betterave date de cette époque. L'intérêt manufacturier était donc nécessairement en possession d'une influence très considérable lorsque la restauration vint remplacer l'empire, et il puisait en outre une nouvelle force dans les combinaisons politiques du gouvernement, qui rêvait la reconstitution d'une aristocratie au moyen de la plus-value que donnerait à la propriété foncière l'exclusion presque absolue de toute concurrence étrangère quant aux produits agricoles. Ainsi coalisés, l'intérêt industriel et l'intérêt foncier réussirent à obtenir le relèvement des tarifs. Ils étaient d'ailleurs secondés dans leurs efforts par la doctrine de la balance du commerce, doctrine qui prévalait encore presque partout, et selon laquelle un pays qui importe plus de marchandises qu'il n'en exporte marche infailliblement à sa ruine. Cette situation n'était point favorable pour la conclusion des traités de commerce. Cependant par la force des choses la restauration se vit obligée de se départir des règles absolues du système prohibitif en accordant aux États-Unis et à l'Angleterre, par les traités de 1822 et de 1826, le régime de l'égalité réciproque, relativement aux droits maritimes, pour l'intercourse direct. Les États-Unis et l'Angleterre n'avaient point voulu tolérer plus longtemps que leurs pavillons fussent repoussés de nos ports par des surtaxes. Sous peine de subir leurs représailles, il fallut leur céder. Ce fut un premier pas vers les réformes libérales. On entrait ainsi dans le régime de la *réciprocité*.

Grâce au maintien de la paix, les principales nations européennes voyaient grandir leur industrie, et elles éprouvaient le besoin d'étendre leurs débouchés. La vente intérieure ne suffisant plus à l'écoulement de leurs produits, il leur fallait chercher des acheteurs au dehors. Le gouvernement de juillet dut s'appliquer à donner satisfaction à ce nouveau besoin, et sa diplomatie fut activement occupée à préparer des alliances commerciales et même des unions douanières, ce qui impliquait, à l'égard des états voisins, la suppression complète des tarifs. A en juger par le nombre des traités de commerce et de navigation qui furent conclus de 1830 à 1848 et qui embrassèrent à peu près toutes les parties du monde jusqu'à la Chine, le travail fut considérable, mais les résultats furent minimes.

Si le gouvernement se montrait disposé à modérer les excès, devenus inutiles, du tarif des douanes, les chambres, où dominait une majorité protectioniste, ne voyaient pas sans inquiétude ces tendances libérales, et comme les clauses financières des traités, c'est-à-dire toutes les diminutions de taxes, devaient être soumises au vote législatif, l'œuvre de la diplomatie se trouvait enfermée dans un champ très limité. On accueillait avec empressement les diminutions de droits obtenues des nations contractantes, mais on discutait avec une susceptibilité jalouse les concessions que la France accordait en échange. Si l'on se reporte à ces débats, on s'explique l'extrême timidité des négociateurs français, qui pouvaient craindre de voir désavouer leur signature, s'ils s'avisaient de toucher à une prohibition, et qui par conséquent, ne se sentant pas en mesure de faire de larges concessions, n'osaient demander et ne pouvaient obtenir que des faveurs insignifiantes sur les marchés étrangers. Au surplus, cette situation se rencontrait dans la plupart des autres pays. Sauf l'Angleterre, qui depuis les réformes de Huskisson se laissait entraîner vers la doctrine de la liberté commerciale, les états manufacturiers du continent, l'Allemagne, l'Autriche, la Belgique, l'Espagne, demeuraient attachés à l'ancien système de la protection industrielle, de telle sorte que chaque négociation diplomatique engagée dans l'intérêt des échanges était paralysée d'avance par un sentiment de défiance réciproque et par la crainte des désaveux législatifs. Utiles au point de vue politique en ce qu'elles étaient un témoignage d'harmonie et de bonne entente entre les gouvernemens, ces conventions multipliées demeuraient le plus souvent stériles au point de vue commercial; elles n'exerçaient qu'une influence très restreinte sur le bien-être des peuples, et ne contribuaient que pour une faible part au développement du trafic universel.

Redoutés par les adversaires de la concurrence, les traités de commerce et de navigation étaient en même temps repoussés par les économistes. Aux yeux de ces derniers, chaque peuple doit, dans son propre intérêt, faciliter l'échange des produits du travail. Quand il entrave les importations de l'étranger, il se nuit à lui-même autant qu'il nuit aux autres nations : il convient donc qu'il tolère et même qu'il attire la concurrence, sans avoir à se préoccuper de la nature ni de l'origine des produits échangés. Le vice des traités de commerce est de déroger à ce principe général en n'accordant qu'à quelques-uns ce qui pourrait être avantageusement accordé à tous, et de créer, au profit des parties contractantes, un privilège onéreux pour le consommateur. Telle est la doctrine d'Adam Smith, doctrine adoptée en toutes circonstances par les libres échangistes anglais, qui, après avoir réformé la législation commerciale du royaume-uni, voulurent que le nouveau tarif fût appliqué à toutes les provenances, sans même admettre l'argument des représailles à l'égard des peuples étrangers qui persistaient à exclure de leurs marchés les produits britanniques. En effet, si la liberté du commerce est profitable, pourquoi l'ajourner ou la restreindre, et doit-on se priver soi-même des bénéfices qu'elle procure uniquement pour en priver d'autres nations moins intelligentes et moins avancées? — Sous l'influence de ces idées, l'Angleterre abandonna le régime de la réciprocité, et elle ouvrit, sans compensation, ses marchés et ses ports à la concurrence étrangère.

L'essor immense que prit le commerce anglais à la suite de la réforme était de nature à convertir les autres peuples à la doctrine du libre échange. On vit bien toutefois, en France comme ailleurs, que la conversion des intérêts devait rencontrer les plus grandes difficultés. Les manufacturiers français, abrités sous les tarifs de douane, se souciaient médiocrement de modifier les conditions de leur travail. La consommation intérieure leur était assurée : ils entendaient qu'elle leur fût conservée sans partage. Quand on leur présentait l'exemple de l'industrie britannique devenue plus florissante et plus riche par la liberté, ils répondaient que cette liberté, qui convenait à l'Angleterre, ne conviendrait pas à la France : argument facile et banal, dont on ne saurait pourtant méconnaître la puissance, car nous l'entendons opposer chaque jour à la revendication des libertés politiques, dont nos alliés jouissent si largement au-delà du détroit, et qui nous sont encore refusées. Vainement essayait-on de convaincre les industriels que leur intérêt se trouvait d'accord avec les principes libéraux, dont une expérience éclatante avait démontré la justesse; vainement l'administration s'étudiait-elle à leur inspirer une confiance plus grande dans leurs propres forces et à les conduire insensiblement vers la concurrence : chaque tentative, chaque progrès essayé dans cette voie était l'occasion d'une résistance acharnée. Pour le gouvernement, plus libéral en cette matière que ne l'était la masse du pays, ce n'était plus une question à débattre; c'était un nœud gordien à trancher.

Aux termes de la constitution de 1852, les traités de commerce ont force de loi pour les modifications de tarifs qui y sont stipulées, c'est-à-dire que ces modifications ne sont plus assujetties à l'approbation du pouvoir législatif, et qu'elles sont exécutoires par le fait seul de la promulgation des traités conclus au nom de l'empereur. Nous n'avons pas à discuter ici la portée générale de cette disposition constitutionnelle : qu'il nous suffise d'indiquer comment, après avoir vu échouer ses plans de réforme commerciale devant les chambres, le gouvernement impérial trouvait dans la prérogative du souverain, en matière de traités, le moyen de les réaliser indirectement. Cette prérogative, en vertu de laquelle fut conclu le traité de commerce de 1860 avec l'Angleterre, peut être considérée comme le glaive qui coupa le nœud gordien. En supprimant à l'égard de l'Angleterre les prohibitions et les taxes exagérées du tarif français, le traité accomplissait en réalité la réforme commerciale. Celle-ci appartient donc à l'histoire de la diplomatie, qui, après avoir commencé l'œuvre, devait être chargée de la poursuivre et de l'étendre.

On se souvient de l'effet que produisit en France l'annonce du traité de 1860. Aux yeux des manufacturiers, cet acte de paix, de progrès et de travail apparut d'abord comme une déclaration de guerre. La concurrence, la terrible concurrence allait décidément traverser la Manche, opérer son débarquement sur nos côtes désarmées et anéantir l'industrie française. Les appréhensions et les déclamations qui avaient accueilli le traité de 1786 s'exprimaient de nouveau avec une égale passion et dans le même langage. Disons tout de suite que l'événement n'a pas tardé à dissiper ces craintes, et que le résultat de la lutte engagée entre la France et l'Angleterre sur le terrain industriel a pleinement justifié l'assurance avec laquelle les économistes affirmaient leurs principes, ainsi que la confiance du gouvernement dans la vitalité de notre industrie; mais, indépendamment de l'émotion répandue parmi les fabricans français, le traité exerça une action immédiate sur la politique commerciale du continent. Les peuples voisins avec lesquels nous entretenions les relations les plus anciennes et les plus suivies ne pouvaient se dissimuler que les concessions récemment échangées entre la France et l'Angleterre allaient modifier les conditions du commerce européen. On devait prévoir que les produits britanniques admis sur le marché français avec un régime de faveur y prendraient une place prépondérante au détriment des produits similaires étrangers; en même temps il était certain que l'Angleterre, multipliant ses ventes en France, y multiplierait en même temps ses achats, et que dès lors elle retirerait aux autres pays une partie de sa clientèle. Il s'agissait pour ces peuples non-seulement de solliciter le bénéfice des dégrévemens accordés en France à leurs concurrens anglais, mais encore de conserver en Angleterre, comme en France, la situation que leur industrie y avait acquise. Ce double résultat ne pouvait être atteint que par le consentement du gouvernement français, qui, demeuré maître de ses tarifs, avait la faculté de les abaisser à son gré, selon les concessions qu'il obtiendrait en retour. Aussi les négociations ne tardèrent-elles pas à

s'ouvrir, et depuis 1861 la Belgique, la Prusse, l'Italie, les Pays-
Bas, la Suisse, la Suède, les villes anséatiques, etc., ont successivement traité avec la France pour être admis, moyennant réciprocité,
au bénéfice du nouveau régime commercial.

Nous ne saurions entrer ici dans le détail de ces débats diplomatiques, si différens par leur objet de ceux qui s'agitaient précédemment entre les cabinets européens; mais il importe de mettre en
relief les principes qui dominent cette série, non encore achevée,
de négociations commerciales, et de signaler les principaux faits
qui en dérivent. Remarquons en premier lieu que désormais les
intérêts et les passions politiques des souverains et des gouvernemens se subordonnent de plus en plus aux intérêts économiques
des peuples, ou plutôt que gouvernemens et souverains s'attachent
à la satisfaction des intérêts populaires comme au plus sûr moyen
d'établir ou d'étendre leur action politique. On en voit la preuve
dans l'empressement avec lequel toutes les chancelleries, en se
rapprochant de la France, se sont portées vers l'étude des questions
douanières et des problèmes que soulève la liberté des échanges
internationaux, problèmes qui, naguère encore, étaient abandonnés
aux disputes des savans et aux rêves des idéologues. En second
lieu, le principe qui a inspiré les négociations suivies depuis cinq
ans est un principe libéral, remplaçant les doctrines de restriction.
La propagande a été générale, et elle s'est communiquée avec une
rapidité merveilleuse. Les différentes conventions que nous avons
énumérées ont été conclues sans offrir les difficultés et les lenteurs
qui entravaient naguère la moindre concession de tarifs. Si la mise
à exécution du traité de 1862 avec la Prusse a subi des retards,
cette exception tient à la situation particulière de l'Allemagne, à la
constitution du Zollverein, aux sentimens de rivalité et de jalousie
qui se manifestent à tout propos entre les cabinets de Berlin et de
Vienne (1), sentimens qui ne pouvaient manquer de s'envenimer à
l'occasion du traité franco-prussien de 1862. Ici encore cependant
la passion politique a dû céder à l'intérêt commercial, les états dis-
sidens du Zollverein se sont ralliés au nouveau tarif conventionnel,
et l'Autriche, menacée de se voir reléguée dans l'isolement qu'elle
prétendait infliger à la Prusse, se trouve obligée de traiter à son
tour avec le Zollverein, avec la France, avec l'Angleterre, pour
conserver sa place sur le marché allemand et sur les marchés européens.

La conséquence des principes qui ont triomphé, c'est l'ouverture

(1) Nous avons déjà eu l'occasion d'exposer la *Politique commerciale de l'Allemagne.*
Le Zollverein et l'Autriche, — *Revue des Deux Mondes* du 15 octobre 1859.

réciproque des frontières de tous les pays par la levée des prohibitions et des droits prohibitifs, c'est en un mot le commerce se répandant vers toutes les directions. Faut-il recourir à la statistique pour démontrer que, dans cet épanouissement de la concurrence, chaque peuple a gagné? Nous savons ce qui s'est passé en France depuis cinq ans. Les relations avec l'étranger ont pris un développement tel qu'on n'en avait jamais constaté de pareil à aucune période. Contrairement aux appréhensions qui, au début, pouvaient sembler légitimes, la richesse industrielle du pays s'est notablement accrue. Il en a été de même dans les contrées qui ont adopté notre politique. C'est là un fait général qui ne souffre point de contestation sérieuse, et sur lequel il serait vraiment superflu d'insister.

Enfin, quand on recherche à quelle influence peut être attribuée la législation qui régit désormais le commerce international, on observe que la plus grande part de cette évolution économique procède de l'influence française. Si l'Angleterre revendique à bon droit l'honneur de l'initiative en matière de réformes commerciales, si, par l'autorité de son exemple et de ses lois, elle a prêché la première les doctrines de l'échange universel, il est permis de dire que jusqu'au moment où le gouvernement français se décida à négocier le traité de 1860, elle avait fait dans le monde peu de conversions et recruté un bien petit nombre de prosélytes. On la laissait pratiquer à l'aise son libre échange, on profitait de l'hospitalité qu'elle accordait aux produits de l'étranger; mais les nations manufacturières, qui n'avaient presque rien à obtenir d'elle, se gardaient bien de lui offrir ou de lui concéder des facilités de commerce qui eussent favorisé la concurrence britannique. Le gouvernement anglais s'était désarmé pour l'amour du principe, et, convaincu que ce principe ne devait fléchir devant aucune considération, il s'abstenait systématiquement d'exercer des représailles contre les peuples qui continuaient à lui opposer le régime des prohibitions. La situation de la France était toute différente. On a vu que, pour arriver à la réforme douanière, le gouvernement, certain d'éprouver une invincible résistance en s'adressant aux chambres, avait pris en quelque sorte un chemin de traverse, et que, par une échappée tout à fait inattendue, il avait, au moyen du traité de 1860, abaissé le tarif du côté de l'Angleterre (1). Ce premier traité fut entre ses mains un instrument à l'aide duquel il obligea les autres peuples à passer à leur tour sous les fourches caudines de la réforme, sous peine d'être privés des avantages dont l'Angleterre venait d'être

(1) Dans l'introduction d'un ouvrage estimable et utile à consulter sur les *Traités de commerce*, M. Paul Boiteau a retracé l'historique très curieux des incidens et des négociations qui ont amené le traité de 1860.

mise en possession. Telle fut l'origine de cette série de conventions qui n'auraient probablement jamais vu le jour, si la France n'avait pas eu à sa disposition l'expédient constitutionnel qui permettait au gouvernement de faire des lois de douane avec la diplomatie. Il est donc tout à fait exact de dire que la révision libérale des tarifs européens a été déterminée par la pression de notre politique. L'Angleterre n'a pu obtenir qu'après nous et par nous les abaissemens de taxes qu'elle avait inutilement conseillés avant 1860. Nous lui avons ainsi payé le prix de ses enseignemens en ouvrant à son industrie, en même temps qu'à la nôtre, les marchés sur lesquels la concurrence a enfin pénétré.

L'œuvre diplomatique commencée en 1860 se poursuit activement partout où il y a quelque concession avantageuse à solliciter et à échanger. En Espagne, en Portugal, en Autriche, à Rome, les négociations sont engagées, et il n'est pas douteux qu'elles aboutiront, car à mesure que se généralise, par de plus fréquentes applications, l'épreuve des franchises commerciales, les résistances deviennent moins vives, et les intérêts se rassurent. Aux traités de commerce viennent se joindre les conventions maritimes, qui ont pour objet l'égalité de conditions pour les divers pavillons, la réduction des droits de tonnage, la suppression des surtaxes qui grèvent les marchandises, ce qui doit entraîner, sous le régime de la concurrence, la diminution des frais de transport. Sans doute, la question maritime présente des difficultés sérieuses, en ce qu'elle se complique d'un intérêt militaire de premier ordre dont le gouvernement est obligé de tenir compte. En Angleterre même, la réforme des anciennes lois de navigation ne s'est réalisée que postérieurement à la révision du tarif des marchandises. La protection du pavillon répond à un instinct, à un préjugé national. Il semble qu'en y renonçant la France abandonne une garantie d'indépendance et une arme de guerre. Le libre échange maritime et — pour des motifs analogues — le libre échange colonial sont nécessairement plus lents à se substituer à l'ancien régime. Cependant la lumière commence à se faire sur ces deux points de la législation économique : on reconnaît que les relations entre les peuples ne peuvent pas être soumises en même temps à des principes contraires, et que les franchises commerciales ont pour corollaires inévitables la liberté des transports ainsi que l'émancipation des colonies. En outre le remplacement des bâtimens de guerre à voiles par les bâtimens à vapeur retire une grande force aux argumens qui recommandaient de protéger à outrance le pavillon national, afin de conserver un nombreux personnel de matelots. On verra donc disparaître, dans un délai prochain, ces derniers vestiges du régime prohibitif. A la suite d'une enquête approfondie, le gouvernement a préparé un projet de loi qui vient d'être soumis aux délibérations du corps législatif, et qui étend à la marine marchande l'application des principes libéraux adoptés dès 1860 pour le tarif des marchandises. L'exposé de motifs se fonde sur ce que les conventions conclues avec les principales puissances ont supprimé la plupart des vieilles restrictions, de telle sorte que, pour cette branche si importante de transactions, c'est encore la diplomatie qui a facilité et hâté le progrès de la législation française.

II.

La liberté commerciale et maritime n'est pas le seul bienfait que nous devions, en grande partie, à l'action intelligente de la diplomatie. A mesure que la fréquence des relations de peuple à peuple est venue confondre les intérêts et faire de l'Europe une seule famille formée de nations distinctes, les gouvernemens se sont appliqués à discerner les questions générales ou privées qui pouvaient être résolues partout d'après les mêmes principes, et qui, par leur nature, échappaient à l'étroite délimitation des frontières politiques. Dès ce moment, la lutte s'est ouverte entre l'égoïsme national, se décorant trop souvent du nom de patriotisme, et le libéralisme international, qu'il ne faut pas confondre avec le rêve de ces philosophes qui, se proclamant cosmopolites, supprimeraient jusqu'à l'idée de patrie. C'est le libéralisme qui a triomphé. Sans abdiquer leur autonomie, sans renoncer à l'originalité de leurs traditions et de leurs mœurs ni à la diversité de leur organisation sociale ou politique, les nations ont compris que les règles de l'ancien droit des gens ne suffisent plus au temps où nous vivons, et qu'il convient d'ajouter de nouveaux articles au code de la civilisation moderne. Tel est l'objet des conventions très nombreuses qui, indépendamment des traités de paix et de commerce, alimentent chaque jour le travail des chancelleries.

Parmi ces conventions, il est juste d'attribuer le premier rang à celles qui consacrent la propriété littéraire et industrielle. Cette propriété, respectable entre toutes, le droit des gens l'avait complétement négligée, et elle recevait partout les plus scandaleuses atteintes. Il s'était établi dans certains pays des ateliers de contrefaçon où le bien d'autrui était pillé au grand jour, et où cette spoliation régulièrement organisée usurpait le caractère d'une industrie nationale. La France peut se glorifier d'avoir été la plus fréquente victime de la contrefaçon. Tous les produits de son génie, qu'il s'a-

gît d'un écrit ou d'un simple dessin industriel, étaient, dès leur
apparition, confisqués au dehors et sacrifiés à une odieuse exploitation. Il lui appartenait donc de prendre l'initiative pour signaler
aux autres peuples l'abus d'un tel trafic, qui s'exerçait en violation
du principe le plus universellement reconnu et du droit le plus sacré. Le premier traité qui engagea la campagne contre la contrefaçon étrangère fut conclu en 1843 avec le Piémont, qui se prêta
volontiers à cette œuvre de réparation et de justice. Depuis ce moment, la diplomatie eut ordre de traquer le vol dans ses nombreux
repaires, et, grâce à ses efforts, la France est parvenue à faire prévaloir dans la législation internationale la reconnaissance réciproque
d'un droit de propriété qui mérite à tant de titres de lui être précieux. C'est avec la Suisse qu'a été passée en 1864 la dernière convention de ce genre, à la suite de longues négociations que rendait
difficiles la constitution même de la confédération helvétique, dont
tous les cantons, avec leurs droits égaux et leurs intérêts distincts,
devaient être amenés à accepter l'engagement contracté par le gouvernement fédéral. Au moyen de cette convention et des traités précédemment conclus avec la Belgique et le Zollverein, on peut dire
que la contrefaçon a disparu du territoire européen.

· Les récentes négociations avec la Suisse ont fourni à la diplomatie l'occasion de s'employer à la défense du principe de la liberté
religieuse. C'est chose à peine croyable, et cependant vraie, que la
république helvétique, pays de liberté et de progrès, interdit aux
Israélites la faculté de séjourner et de trafiquer sur son territoire.
La constitution fédérale est plus rigoureuse à cet égard que la loi
de Rome, qui, sans reconnaître les Juifs, les tolère et leur donne
asile dans la capitale du catholicisme. Comment s'est établie, comment s'est perpétuée cette tradition singulière sur un sol républicain? Pourquoi cet ostracisme dans un pays qui a pratiqué l'un des
premiers la liberté politique ainsi que l'indépendance individuelle,
et qui, dès l'origine de la réforme, a protesté avec tant d'éclat contre
l'intolérance de la foi romaine? C'est ce que nous ne nous char-
gerons pas d'expliquer. Il existe souvent dans la législation des
peuples de ces contradictions étranges entre les principes politiques
et les mœurs, et tel pays qui se vante avec raison d'être libre reste
soumis par certains côtés à l'esclavage des traditions les plus contraires à la liberté. La Suisse n'est point la seule nation où l'on
puisse signaler de semblables contradictions. C'est d'hier seulement
que la libre Angleterre a émancipé les catholiques et admis les Juifs
à siéger au parlement. L'intolérance protestante n'est pas moins
fanatique ni moins exclusive que l'intolérance catholique. L'une et
l'autre procèdent des luttes religieuses qui à d'autres époques ont

répandu des flots de sang. On ne voit plus aujourd'hui de guerres de religion, mais l'intolérance et l'inégalité sont restées dans les lois, et même, quand elles ont été rayées des lois, elles survivent dans les mœurs. En France, l'égalité nous semble si naturelle, elle est si profondément enracinée dans nos institutions, que nous ne comprenons point qu'elle puisse ne pas exister dans les pays qui prétendent nous avoir devancés dans la carrière de la liberté politique. En la recommandant aux peuples avec lesquels nous nous trouvons en rapport, en l'inscrivant dans les traités, nous rendons un véritable service à la cause de la civilisation et de la religion. Aussi doit-on considérer comme un acte de haute portée la convention de 1864, qui, faisant disparaître toute distinction de culte en faveur des Français sur le territoire helvétique, a stipulé implicitement que les Israélites seraient traités sur le même pied que les chrétiens.

Le code suisse présente une autre anomalie qui est en opposition flagrante avec les principes d'hospitalité internationale dont s'honorent les législations modernes. Il continue, dans divers cantons, à soumettre les ouvriers étrangers à des impôts et à dès charges spéciales qui rappellent le régime du moyen âge. Variables pour chaque canton, inspirées soit par les idées de fiscalité, soit par une pensée de défiance contre la concurrence étrangère, ces distinctions échappent à la réglementation fédérale, et elles ne pouvaient par conséquent être abrogées d'un seul coup par la voie diplomatique. Il a donc fallu se borner à reconnaître de part et d'autre l'utilité d'une réforme qui rendît les différentes régions de la Suisse aussi accessibles aux artisans étrangers qu'elles le sont aux touristes, et, pour hâter cette réforme, les négociateurs français ont promis d'étendre à la confédération les facilités qui ont été accordées à la Belgique et à l'Angleterre au sujet des passeports. Nous ne préjugeons point l'effet que produira dans les cantons cette bienveillante promesse; mais il ne nous paraît point nécessaire d'attendre la réciprocité qu'elle a en vue pour appliquer à la Suisse les franchises de passeports qui ont été concédées à d'autres pays. Si les citoyens des cantons ne croient point devoir accueillir les artisans étrangers, la France est intéressée à ce que les Suisses apportent chez elle leur industrie et leurs capitaux. Le libre échange des personnes n'est pas moins utile que celui des marchandises. Il y a tout profit pour les nations qui savent le pratiquer et qui s'enrichissent ainsi du travail et de l'intelligence des immigrans étrangers. Le régime des passeports n'a plus d'ailleurs de raison d'être : comme moyen de police, il est insuffisant et presque illusoire ; comme élément fiscal, il ne donne qu'un revenu très minime. Il ne produit que des retards et des vexations dont souffrent les voyageurs, nationaux ou étrangers, sans procurer aux gouvernemens ni aux particuliers aucun avantage de sécurité. Ce serait donc nous léser nous-mêmes que de le maintenir à l'égard de la Suisse comme un instrument de représailles : bientôt sans doute les cantons céderont spontanément à l'esprit du temps et à la contagion de l'exemple en supprimant les impôts auxquels ils ont assujetti les ouvriers étrangers.

Est-il besoin de démontrer à quel point il est aujourd'hui nécessaire d'assurer partout la libre circulation des idées, des personnes et des choses? Grâce à l'universelle application de la science, cette preuve n'est plus en vérité qu'un lieu commun. Voici des rails de fer qui, après avoir sillonné chaque territoire, se rencontrent aux frontières : pour se joindre, ils renversent les murailles des vieilles forteresses, ils franchissent les plus larges fleuves, percent le roc des plus hautes montagnes. Voici des fils de métal qui traversent la terre et les mers, et transportent aux plus lointaines distances la parole électrique, aussi rapide que la pensée. En créant ces merveilles, en mettant aux mains des hommes ces puissans moyens de communication, la science a ouvert à la politique des horizons vastes et nouveaux qui étaient fermés aux générations passées. Du jour où les territoires étaient en quelque sorte soudés l'un à l'autre par le contact des voies ferrées et des fils électriques, il devenait indispensable de se concerter pour rendre uniformes les règlemens destinés à faciliter les relations entre les divers états. L'unité qui existait dans l'instrument matériel devait pénétrer en même temps dans le code international. De là les négociations qui se sont multipliées depuis quelques années dans l'intérêt des transports, notamment en ce qui concerne les communications postales et télégraphiques. On a tenu des congrès pour accélérer, par une discussion plus générale et plus directe, l'œuvre d'harmonie et d'unité qui est dans les vœux de tous les gouvernemens, et nous avons eu la satisfaction de voir choisir Paris pour le siège de ces conférences, où les délégués des états d'Europe et même d'Amérique ont arrêté les principes et les détails d'application à insérer dans les conventions futures. Enfin, comme tout s'enchaîne dans cette série d'idées justes et d'études fécondes, l'examen des tarifs de poste et de télégraphie, tarifs qui seront sensiblement réduits, a eu pour résultat d'appeler l'attention sur l'uniformité des poids et mesures, ainsi que des monnaies. Que l'on se souvienne des sourires d'incrédulité et des réflexions peu indulgentes que provoquait, il y a quelques années à peine, la pensée, émise par quelques économistes, de former une sorte de ligue pour propager l'adoption universelle du système décimal! Cette pensée était renvoyée au dossier des chimères et classée avec la langue universelle ou avec la paix perpétuelle. On avait pitié des idéologues qui, sans tenir compte des mœurs, des habitudes, ou seulement même des sentimens d'amour-propre contre lesquels ils se mettaient en campagne, prétendaient imposer aux différens peuples un type unique pour les mesures d'échange. Certes les économistes de ce temps-là n'ont point encore sujet de triompher, car le problème, dont ils ne se dissimulaient point l'extrême difficulté, est loin d'être résolu par la pratique; mais du moins les observations échangées dans le congrès postal de 1863 peuvent les consoler des sarcasmes qu'ils ont bravés et encourager leurs espérances. Après avoir établi des conditions uniformes pour le transport des dépêches entre tous les pays, on finira par reconnaître que le travail des services publics sera singulièrement simplifié par l'emploi des mêmes poids, des mêmes mesures, des mêmes monnaies, et l'unité s'introduira ainsi dans la langue économique, qui n'aspire après tout qu'à être la langue franque des intérêts.

Dans un autre ordre d'idées, signalons, comme un symptôme non moins caractéristique, la conférence tenue en 1864 à Berne pour rechercher les moyens d'améliorer le sort des militaires blessés sur les champs de bataille. C'est l'initiative de quelques citoyens de Genève, témoins émus de la campagne d'Italie, qui a provoqué la réunion de cette conférence, à laquelle les principaux gouvernemens se sont fait représenter, et qui a proclamé dans un acte diplomatique la neutralisation des hôpitaux militaires et des ambulances, du personnel sanitaire et des blessés. Encore un progrès qui, à une autre époque, aurait probablement été relégué parmi les illusions généreuses de la philanthropie et dont la réalisation eût semblé impossible! Ce n'est pas que la civilisation, s'exprimant par le droit des gens, ne se soit fait depuis longtemps un devoir de recommander l'humanité dans le combat et de prévenir les inutiles effusions de sang; mais il s'agit ici d'un engagement solennel qui sera bientôt la loi de tous les belligérans. Au plus fort de la lutte, alors que tous les autres contrats auront été violemment déchirés, cet engagement seul subsistera, comme un pacte de générosité et comme un présage de paix. Qui oserait dire qu'en 1815, après les guerres acharnées du premier empire, quand toute l'Europe portait encore le deuil de tant d'armées, une telle négociation aurait pu être entreprise et menée à bonne fin? Il a suffi que notre génération assistât au spectacle d'une seule grande bataille pour qu'elle voulût réviser le code de la guerre. La convention de 1864, inspirée par les sanglans souvenirs de Solferino, sauvera dans l'avenir bien des victimes; elle honore au plus haut degré l'esprit moderne, et il faut ajouter que jamais peut-être négociations ne

furent plus promptement acceptées ni plus facilement conduites
que ces négociations fondées sur un simple principe d'humanité.

Nous sommes loin d'avoir épuisé toutes les questions qui, pendant ces dernières années, ont occupé notre diplomatie. Nous aurions pu citer encore les conventions qui ont supprimé les péages
de l'Elbe et de l'Escaut, les traités d'extradition, les dispositions
concertées pour étendre d'un pays à l'autre l'action des sociétés
anonymes. Une mention est également due aux traités d'amitié et
de commerce conclus avec les pays lointains, le Paraguay, la Co-
chinchine, le Japon, Madagascar. Ces différens actes procèdent
d'un même sentiment, qui est commun à toutes les nations civilisées, et que la France semble particulièrement destinée à propager
par son influence et par son exemple. Le sentiment commun dont
nous parlons, c'est le sentiment de solidarité qui confond aujour-
d'hui les intérêts de tous les peuples. Cet instinct est si vif qu'aux
époques de révolution il éclate du sein des foules et se traduit par
des exagérations de langage qui le dénaturent et le compromettent.
Fraternité, alliance des peuples, harmonie universelle, voilà les
termes que nous entendions hier encore retentir à nos oreilles, et
sous l'invocation desquels ont été commis tant de désordres, parce
qu'on les jetait à l'inexpérience populaire comme on aurait mis des
armes aux mains d'un enfant; mais pourquoi les foules s'en sont-
elles si avidement emparées? C'est qu'elles croyaient y trouver l'expression d'une idée humaine et vraie, la formule d'un intérêt général et pour ainsi dire le mot du siècle. — Eh bien! sans pactiser
avec des doctrines justement condamnées, sans adopter des termes
dont on a si niaisement détourné le sens, n'est-il point permis
d'observer que le signe distinctif de notre époque, c'est une tendance de plus en plus prononcée vers la pratique des relations internationales, d'où résulte la prédominance des intérêts économiques
et commerciaux sur les intérêts purement politiques, ou plutôt la
création d'une politique toute nouvelle qui, au lieu de puiser ses
inspirations dans les traditions des cours et des chancelleries, s'en
va au plus profond des masses chercher les conseils de sa conduite,
exposée au jugement du monde entier? Cet état de choses provient
simplement des immenses progrès que la science contemporaine
accomplit chaque jour sous nos yeux dans le traitement de la matière. Quand les nations peuvent se visiter si facilement, se figure-
t-on qu'elles s'accommodent des séparations que les lois de l'ancien
régime établissaient entre elles? Conçoit-on qu'elles maintiennent
les barrières qui arrêtent le passage de leurs produits, et qu'elles
se refusent l'une à l'autre l'hospitalité large et cordiale dont leur
intérêt seul leur ferait une loi? Les chemins de fer et les paquebots,

qui ont supprimé les frontières, auront raison des passeports, des tarifs de douane, de l'intolérance et des inégalités de toute sorte qui gênent encore les rapports entre les différens pays. C'est là le problème que notre époque est appelée à étudier sous toutes ses faces, problème dont la solution doit influer non-seulement sur la prospérité matérielle, mais encore sur la condition politique et sociale du monde civilisé. Cette solution peut être considérée comme infaillible, car elle ne dépend point de conceptions idéales, qui n'enfantent le plus souvent que des mots vides de sens et qui n'aboutissent qu'à l'impuissance des révolutions; elle dépend d'engins matériels dont on mesure dès à présent la force. Le contact des peuples a donc développé l'instinct naturel de solidarité à un degré que les époques antérieures ne pouvaient connaître ni même pressentir que par des aspirations vagues et prématurées; on en trouve la preuve la plus certaine dans l'activité avec laquelle la diplomatie s'est appliquée durant ces dernières années à servir, par ses nombreuses négociations, la cause du libéralisme international.

La France, nous aimons à le répéter, est appelée à jouer un grand rôle dans l'œuvre de réforme que nous voyons s'accomplir. Le rang qu'elle occupe, l'influence qu'elle exerce, la facilité d'expansion qui n'a jamais été refusée à ses idées, l'ardeur parfois excessive qu'elle apporte à la propagande, expliqueraient suffisamment la prépondérance de son intervention civilisatrice; mais nous craindrions de nous en tenir à ces motifs généraux qui risqueraient de paraître empruntés aux partiales illusions du patriotisme. On nous objecterait que l'Angleterre et l'Allemagne ont, elles aussi, quelque droit à revendiquer la direction du mouvement. Il convient donc de justifier par d'autres raisons la prétention que l'on ose exprimer ici. La France est en possession de l'égalité civile et de la liberté religieuse : elle peut, sans faire violence à ses mœurs ni à ses lois, propager au dehors ces deux grands principes et présenter aux nations qui les attendent encore l'enseignement de son exemple. Quant à la législation industrielle et commerciale, elle a renoncé presque entièrement pour elle-même au système de la protection, et l'on a vu plus haut le parti qu'elle a déjà su tirer de la condition exceptionnelle de son tarif de douane pour amener d'autres pays à concéder des réductions de taxe qu'ils n'avaient point accordées jusqu'ici aux instances de l'Angleterre. Ainsi elle ne rencontre chez elle aucun obstacle qui s'oppose au développement le plus large des rapports internationaux. En second lieu, la réforme qu'il s'agit de poursuivre touche, par une infinité de détails, à l'organisation administrative des états. Or il est généralement admis, même par le témoignage de nos rivaux, que nulle administration n'est constituée à l'égal de la nôtre. On peut prétendre, au point de vue politique, que la France est trop administrée; mais, sous le rapport du mécanisme et du personnel, l'administration française est incontestablement supérieure à toute autre. Dans les conférences postales et télégraphiques, ce sont nos principes et nos modes d'application qui ont été le plus fréquemment adoptés pour servir de règles communes. Cette observation est essentielle comme preuve de l'influence qui est réservée à l'action de notre diplomatie, car, dans le règlement concerté des intérêts matériels, on se présente avec une grande autorité quand on apporte le meilleur procédé d'exécution.

Enfin le gouvernement français est poussé dans cette voie de réformes par une nécessité de premier ordre. A défaut des libertés politiques qu'il ajourne encore, l'empire voudrait du moins donner au pays les satisfactions morales et matérielles qui s'attachent à une action incessante au dehors et au développement de la richesse nationale. Affranchir le travail et le commerce, accroître les forces productives et les moyens d'échange, telle est la mission qu'il s'attribue, pour laquelle il est armé des prérogatives les plus étendues, et dont le succès a jusqu'ici récompensé tous les actes. Il y trouve à la fois honneur et profit; il sert les intérêts de la France ainsi que son prestige. Dans l'accomplissement de ces réformes, qui méritent de ne point rencontrer parmi nous de contradicteurs ni de détracteurs, il a été parfaitement secondé par l'excellente organisation administrative que les régimes précédens lui ont léguée et par le concours de la diplomatie. Sans oublier ce qui nous manque, sachons ne pas méconnaître ce qui a été fait d'utile dans l'étude des questions internationales qui intéressent tous les peuples, et qui ouvrent à la propagande libérale de notre pays une nouvelle carrière.

C. LAVOLLÉE.

L'ÉGLISE ROMAINE

ET

LES NÉGOCIATIONS DU CONCORDAT

— 1800-1814 —

II.

LE CONCORDAT.

I. Mémoires de Consalvi. — II. Papiers inédits.

I.

Au conclave de Venise, Consalvi avait joué un rôle volontairement effacé (1), pas aussi effacé cependant qu'il nous le donne à entendre dans ses mémoires. Par modestie ou par convenance, le secrétaire du sacré-collège n'a pas jugé à propos de tout dire. Les cardinaux italiens, bons juges en ces matières, ont toujours pensé qu'à l'ombre des portiques de Saint-George, pendant les ennuyeux loisirs du conclave, une pieuse et discrète liaison, telles que les cloîtres en voient parfois éclore, s'était formée entre Chiaramonti et son futur secrétaire d'état. Suivant eux, Consalvi, sans le consulter, presque sans le prévenir, comme plus tard aussi sans s'en vanter, aurait fait une douce violence à son ami en préparant malgré lui, et pour ainsi dire à son insu, son exaltation au siège de Saint-Pierre. Toujours est-il qu'à partir de ce moment, sans qu'aucun nuage

(1) Voyez la *Revue* du 1er avril.

même passager vînt jamais la troubler, leur intimité resta toujours.
parfaite. Entre le souverain pontife et son ministre, la communauté
des sentimens et des vues devint telle qu'on a peine désormais à
les distinguer l'un de l'autre. Pour s'expliquer Pie VII, il faut donc
avoir d'abord bien compris Consalvi. Ensemble ils forment comme
un pape en deux substances. Le pape extérieur, Consalvi, a tenu la
plus grande place dans les négociations relatives au concordat. A
Paris, sur le théâtre de l'action, par sa digne attitude, par sa conduite ferme et douce vis-à-vis du premier consul, par ses façons
d'agir avec les autres négociateurs, l'habile délégué du saint-père a
plus que son maître lui-même contribué au succès de l'importante
transaction que nous entreprenons de raconter. C'est pourquoi nos
lecteurs nous pardonneront sans doute la nécessité où nous sommes
de leur faire faire un peu plus ample connaissance avec un si gracieux personnage. Aussi bien un certain effort est nécessaire pour
se bien représenter, en l'an de grâce 1865, dans notre France
impériale et démocratique, la figure que faisait de l'autre côté
des monts au milieu de la société italienne du siècle dernier un
cardinal resté libre de toute espèce de lien ecclésiastique, et que
rien, par exemple, n'empêchait de se marier, ce que la plupart
avaient grand soin d'expliquer aux dames. Il y a toujours eu plus
de chemin qu'on ne pense de Paris à Rome. Les voies ferrées, en
abrégeant matériellement les distances, n'ont pas, il s'en faut, effacé
encore toutes les différences. Elles auront, nous le craignons, plus
vite réussi à transpercer l'épais rideau des Alpes qu'à soulever le
voile léger qui nous dérobe quelques-uns des traits les plus caractéristiques de nos proches amis les Italiens. La situation créée chez
nous pour les hommes d'église par le mouvement politique et social de 89 nous gêne un peu pour admettre sans quelque étonnement, voisin peut-être du scandale, les conditions d'existence autrement larges et faciles qui ont toujours été, qui sont encore celles
du clergé en Italie et particulièrement à Rome. Chez nous, depuis
la révolution française, le sacerdoce catholique se recrute, s'instruit et vit à part. Il a garde de se mêler au monde, et le monde
non plus ne le presse point trop de se mêler à lui. Certes les prêtres distingués, aimables et recherchés ne manquent point dans nos
diocèses. Un tact sûr et délicat les avertit toutefois que leurs plus
fervens amis seraient étonnés de les voir prendre part au-delà d'une
certaine mesure bien restreinte, soit aux plaisirs les plus innocens,
soit aux affaires les plus indispensables. Libre à eux de juger aussi
sévèrement qu'ils voudront cette société qu'ils ont à peine eu l'occasion d'entrevoir. S'ils la maudissent du haut de la chaire, elle ne
le prendra pas en mauvaise part. Une seule défense leur est tacite-

ment signifiée : celle de s'y plaire et d'y plaire. Ah! que nous voilà
loin de Rome et du cardinal Consalvi!

Consalvi était né à Rome le 8 juin 1757. Son véritable nom était
Brunacci. Les Brunacci étaient l'une des familles les plus anciennes
et les plus considérables de Pise. Le grand-père du cardinal, Grégoire Brunacci, avait quitté le nom et les armes de ses ancêtres en
acceptant l'héritage d'un Consalvi, son parent, de condition distinguée, mais n'appartenant point à la noblesse romaine. En Italie,
une origine plus ou moins ancienne n'était point à cette époque
chose indifférente. Plus d'une fois le futur ministre de Pie VII entendit la jalousie ou l'ignorance signaler à plaisir la nouveauté de
sa famille; ce fut l'un des traits de son caractère de ne s'en être
jamais aucunement soucié. « Persuadé, dit-il, que la plus précieuse noblesse est celle du cœur et des actions, » il lui suffisait
de savoir qu'il était bien un Brunacci, non pas un Consalvi. L'idée
ne lui vint point de profiter plus tard de son élévation pour réclamer sa véritable descendance. Les commencemens de Consalvi
furent parfaitement modestes. Il eut pour premier protecteur le
petit-fils de Jacques II, Charles Stuart, duc d'York, évêque de Frascati. Le royal prétendant à la couronne d'Angleterre habitait alors
la villa Muti. C'est près de là et sous ses yeux pour ainsi dire que
fut élevé Consalvi. Son heureuse jeunesse s'écoula dans le séminaire de Frascati, momentanément retiré par le cardinal des mains
des jésuites, mais que les révérends pères possèdent de nouveau
aujourd'hui, sur les vertes collines qui s'étendent entre les riantes
terrasses de la villa Aldobrandini et les sombres ombrages de la
forêt de Grotta-Ferrata. Au sortir du séminaire, Consalvi entra sans
prendre les ordres dans la carrière de la prélature. Il y fut doucement soutenu et poussé, d'abord par l'affection toujours croissante
pour lui du duc d'York, mais aussi et surtout par son mérite déjà
évident et ses agrémens tout personnels. Il serait long, difficile
peut-être, d'expliquer à des lecteurs français la nature des emplois
assez divers qu'occupa Consalvi. Seront-ils par exemple très avancés si nous leur apprenons qu'il fut successivement camérier secret
du pape Pie VI ou prélat *di mantellone*, prélat domestique, ré-
férendaire de la signature, *ponente del buon governo*, secrétaire
de l'hospice de Saint-Michel, *votante della segnatura*, puis enfin,
en 1792, auditeur de rote? Cette dernière place avait seule une
véritable importance. Elle plaisait surtout à Consalvi parce qu'elle
devait le mener lentement, mais certainement, au cardinalat, sans
avoir à mendier jamais, — il a hâte de nous le dire, — la bienveillance de qui que ce fût. La modération dans ses désirs de fortune, le soin jaloux et constant de sa dignité personnelle, telles

paraissent avoir été les qualités qui distinguèrent tout d'abord le
jeune auditeur de rote. Dans cette cour moitié cléricale, moitié
laïque, où tant de voies sont ouvertes qui peuvent servir à faire
plus rapidement son chemin, Consalvi mettait une sorte de point
d'honneur à ne s'écarter en nulle circonstance, et si peu que ce
fût, des règles qui forment le code particulier de l'honnêteté mondaine. Des conseils qu'il avait reçus du pieux cardinal Negrini,
l'un des amis de sa famille, il avait principalement retenu celui-
ci : « il ne faut jamais rien demander, ne jamais faire sa cour
pour avancer, mais s'arranger de manière à franchir tous les obstacles par l'accomplissement le plus ponctuel de ses devoirs et par
une bonne réputation. » En matière d'argent, sa délicatesse allait
jusqu'à l'ombrage : c'était le seul excès qu'il se passât. Désigné par
le cardinal d'York pour être son exécuteur fiduciaire, Consalvi ne
consentit à recevoir de lui cette preuve de confiance qu'après avoir
fait effacer du testament les clauses qui lui étaient profitables. On
le vit toujours refuser obstinément les petits cadeaux et les menus bénéfices qui sont en Italie l'apanage accoutumé des gens en
place. Cet homme si près regardant pour lui-même était d'ailleurs
à l'égard des autres de la plus facile humeur, doux, accueillant et
d'une bonne grâce recherchée dans le commerce de la vie. Loin de
lui l'idée d'afficher aucune sauvage austérité : il ne songe pas à se
défendre d'un goût extrême pour les voyages. Les honnêtes distractions n'ont rien qui l'effraie. Les arts parlent fortement à son
imagination; mais la conversation des femmes aimables lui semble
particulièrement attrayante. A Rome, rien de moins extraordinaire
pour un prélat. Pourquoi s'en cacherait-il? On devine que le désir
de ne point déplaire à celles qui sont l'élite de leur sexe n'a pas
été étranger à sa jeunesse; leur gracieux souvenir occupe encore
son âge mûr : plusieurs sont nommées par lui dans ses mémoires.
C'est sans aucun embarras qu'il nous parle de sa tendre affection
pour une jeune princesse Ruspoli, morte à l'âge de dix-huit ans.
« Elle était un miroir de toutes les vertus, et non moins agréable
que sage. Sans doute le Seigneur, s'écrie-t-il avec tristesse vingt-
neuf ans après cette perte douloureusement sentie, sans doute le
Seigneur a voulu éprouver par un si grand chagrin la sensibilité
trop ardente de mon cœur. » Dans toute cette première portion de
sa vie, qui s'écoule calme, parfaitement réglée, presque heureuse,
jusqu'à la veille des grands événemens qui vont bouleverser d'a-
bord l'Italie et bientôt après la capitale du monde catholique, Consalvi nous apparaît comme un type fin et charmant de ce que dans
cette ancienne société près de disparaître on appelait jadis « un
. parfait galant homme. »

Chose singulière de la part de quelqu'un si habile à charmer et
si propre à manier les hommes, Consalvi s'était obstinément appliqué jusqu'alors à décliner toute charge entraînant la moindre
responsabilité. Parmi les signes de plus en plus marqués de la faveur du souverain pontife, aucun ne l'avait tant flatté que l'assurance, donnée en badinant par Pie VI, qu'il l'emploierait toujours
al tavolino, e non in bottega, c'est-à-dire qu'il se proposait de l'engager exclusivement dans la carrière des emplois de bureau ou de
magistrature, mais non point dans celle des affaires d'état et de l'administration proprement dite. Pie VI s'était pourtant trop avancé,
et les nécessités du temps l'obligèrent bientôt à conférer à Consalvi
épouvanté la redoutable mission de remplacer le président des armes; autrement dit, le pauvre auditeur de rote était, sous le nom
de prélat-assesseur à la congrégation militaire, inopinément transformé en ministre de la guerre, et cela en 1796, c'est-à-dire à la
veille du jour où les troupes de Bonaparte allaient envahir le territoire pontifical. Consalvi se trouvait entrer en fonctions juste après
la signature du traité de Tolentino, qui coûtait 30 millions au saint-
père. A lui revenait cette besogne, la plus ordinaire, mais non la
plus facile pour le chef des armées papales, d'avoir à licencier les
troupes qu'on n'avait même pas encore achevé d'organiser.

A peine y avait-il réussi qu'une plus lourde responsabilité venait
s'abattre sur sa tête. Le meurtre du général français Duphot, suscité par ses imprudentes excitations contre le gouvernement papal,
provoqua toutes les colères du directoire et servit de prétexte à
l'occupation militaire de la ville éternelle. Berthier dirigeait l'expédition. Naturellement les affiliés des clubs romains lui désignèrent
le prélat-assesseur de la congrégation des armes comme le plus dangereux des réactionnaires, et Consalvi fut, à ce titre, enfermé sous
bonne garde au château Saint-Ange. Cette précaution ne fut pas
encore jugée suffisante; au bout de deux mois, l'ordre arriva de
Paris d'expédier au plus vite à Civita-Vecchia le chef des anciennes
armées papales et de le faire embarquer sans délai pour Cayenne
avec quelques cardinaux et prélats également suspects. A Civita-
Vecchia, il se trouva toutefois qu'il ne s'agissait plus de Cayenne,
mais seulement d'être transporté hors du territoire romain avec
défense d'y rentrer sous peine de mort. Toute l'ambition de Consalvi était de se rendre le plus tôt possible auprès de Pie VI, récemment enlevé de ses états et depuis lors étroitement gardé dans
la chartreuse de Florence. Il demanda instamment à être conduit
à Livourne. Cependant à cette première mention de Cayenne ses
amis de Rome, et Dieu sait s'ils étaient nombreux, avaient été pris
d'une terrible frayeur. Grâce à leurs prières, bien contraires à ses

désirs, le captif fut ramené à Rome et réintégré dans son ancien logement. Une seule personne se réjouissait publiquement de ce retour, c'était le commandant français du fort Saint-Ange, lequel n'avait pu s'empêcher de pleurer quand on l'avait séparé de son prisonnier. Qu'allait-on faire maintenant de Consalvi? Il n'était point possible de le retenir seul quand déjà ses compagnons étaient mis en liberté. On décida qu'il serait dirigé sur Naples par la frontière de Terracine. Cela ne faisait point l'affaire des révolutionnaires romains. Les plus violens insistaient pour que l'ancien assesseur de la congrégation militaire fût promené sur un âne et battu de verges au milieu des rues de la capitale. On ne pouvait moins faire pour célébrer d'une façon convenable le triomphe de la nouvelle république, et un si beau spectacle devait assurément réjouir le cœur des véritables patriotes. Consalvi en eut un instant toute la peur. Le chef des troupes françaises, le général Gouvion Saint-Cyr, le préserva de cette avanie. Il ne put lui éviter toutefois le désagrément d'être reconduit jusqu'à Terracine en compagnie de dix-huit galériens (1). A Terracine, nouvel embarras. Ainsi que Consalvi l'avait prévu, des ordres étaient donnés à la frontière napolitaine pour ne laisser pénétrer dans le royaume aucun des déportés de la république romaine. Au poste de la douane, l'ancien ministre de Pie VI et son escorte de galériens furent reçus, la baïonnette en avant, par les soldats des Deux-Siciles. Les galériens se jetèrent à la montagne. Force fut à Consalvi de retourner à Terracine. Qu'allait-il devenir? On ne voulait pas l'admettre à Naples; à Rome, on ne voulait pas le garder, et encore moins lui permettre de se rendre en Toscane auprès du pape. Le cardinal duc d'York, en s'adressant au ministre napolitain Acton, qui était Anglais de nation, parvint, au bout de deux mois, à tirer son ami de cette impasse.

Consalvi, rapproché de son ancien protecteur, le cardinal d'York, bien accueilli du roi et de la reine, ne pouvait souhaiter de résidence plus agréable que Naples, ni de plus conforme à ses goûts. Cela même l'en éloigna : il se sentait appelé ailleurs. A ses yeux, sa place était auprès de son souverain, le malheureux Pie VI. Tel était chez lui le vif sentiment de ce qu'il considérait comme une affaire de convenance et d'honneur, qu'il n'hésita point à s'autoriser

---

(1) Pour combler un oubli du cardinal et afin de rester juste envers tout le monde jusque dans les moindres détails, ne craignons pas d'avouer qu'après la restauration du gouvernement pontifical le traitement indigne dont Consalvi avait été menacé fut effectivement appliqué à deux hommes considérables du parti révolutionnaire. La populace de la ville éternelle eut le plaisir de voir les sbires de la police pontificale promener à âne par les rues, en les frappant de coups de lanière, MM. Mattei et Zaccaleoni, les deux derniers consuls de la république romaine.

·d'une prétendue invitation de son oncle, le cardinal Carandini, à venir le rejoindre à Vicence. Semblables prétextes étaient alors nécessaires aux hommes considérables de l'église pour quitter la capitale des Deux-Siciles. Le roi Ferdinand tenait à les garder tous auprès de lui en vue de la réunion d'un prochain conclave, rendu assez probable par le déplorable état de santé du captif de la chartreuse de Florence. Ce fut donc en fugitif que Consalvi débarqua à Livourne. Il ne dut pas employer de moindres stratagèmes pour arriver jusqu'auprès du saint-père, déjà presque mourant. Pie VI aurait vivement désiré le garder près de lui. Quelle consolation pour lui et quel secours que l'aimable société d'un fidèle serviteur! On ne pouvait connaître Consalvi sans l'aimer, et Pie VI le chérissait plus que personne. Les autorités italiennes du grand-duché de Toscane, surveillées et contraintes par les agens du directoire français, ne permirent point ce rapprochement. Elles signifièrent à l'ancien secrétaire de la congrégation des armes d'avoir à quitter les états du grand-duc. Dans une seconde entrevue, pleine d'émotion, de tendresse et de larmes, Consalvi reçut à genoux les tendres conseils du pape, sa bénédiction suprême, avec ses instructions secrètes pour son neveu, le cardinal Braschi, et pour le doyen du sacré-collège, le cardinal Albani, réfugiés tous deux à Venise.

Nous avons dit, à propos du conclave, comment à la mort de Pie VI les membres du sacré-collège, sans entente préalable, se trouvèrent tous à peu près d'accord pour choisir comme secrétaire le prélat qui avait eu l'honneur de recueillir de sa bouche même les dernières confidences du défunt pape. Consalvi nous assure en ses mémoires, et d'un ton propre à mériter confiance, qu'il n'avait pas souhaité cette place. Il nous raconte avec non moins de détails les efforts qu'il tenta, après la fin du conclave, pour dissuader Pie VII de le nommer pro-secrétaire d'état. Ce même effroi de la responsabilité, qui lui avait tant fait redouter sous Pie VI la présidence de la congrégation militaire, exerçait de nouveau sur lui tout son empire. Reprendre simplement ses anciennes fonctions d'auditeur, telle était, répète-t-il souvent, son unique ambition. Lorsque, réintégré dans ses états, le souverain pontife avertit enfin l'habile collaborateur dont il ne pouvait plus se passer de se préparer à recevoir le chapeau de cardinal et à prendre officiellement possession de la secrétairerie d'état, il ne rencontra de sa part qu'hésitations, scrupules et refus persistans. A Rome, non plus qu'ailleurs, semblables refus ne sont pas éternels. Parce que Consalvi finit par céder, il serait injuste de supposer qu'il n'ait pas été, comme tant d'autres en pareille occurrence, parfaitement sincère dans ses premières répugnances. Quoi qu'il en soit, il pratiqua cette fois encore dans toute sa rigueur la règle étroite qu'il s'était imposée de n'accepter aucun présent. Avec quel empressement les Romains, toujours prompts à se ménager la faveur des puissans, n'auraient-ils pas offert de riches cadeaux à l'heureux privilégié qu'ils voyaient dans un même jour décoré de la pourpre et promu au premier poste de l'état? « Je ne puis me dissimuler, dit Consalvi, ce que j'aurais amassé dans cette circonstance, si je l'avais voulu; » mais sa réputation lui était plus chère que la richesse; il était avide surtout de bonne renommée. Un simple anneau donné par un ami fut le seul présent qu'il consentit à recevoir.

Ce crayon de la vie de Consalvi suffit, nous l'espérons, à faire à peu près connaître celui que le saint-père venait, avec un instinct des plus sagaces, non-seulement de placer à la tête de son gouvernement, mais d'associer par sa confiance absolue à l'intime direction de son difficile pontificat. Hâtons-nous d'ajouter que, par un heureux hasard, Pie VII et son ministre se complétaient merveilleusement l'un l'autre. L'ancien évêque d'Imola, auteur de la curieuse homélie, si tolérante et presque philosophique, dont nous avons parlé au début de cette étude, franchement rallié, après le traité de Campo-Formio, au gouvernement de la république cispadane, se recommandait de lui-même, et par tous ses antécédens, à la faveur de cette portion du public italien que n'effarouchait pas trop l'invasion au-delà des Alpes des idées modernes. Le désavantage du pieux et doux pontife était d'avoir, avant son exaltation, trop vécu en simple bénédictin dans son cloître et dans son diocèse, de n'avoir guère fréquenté le monde et de connaître médiocrement les hommes. Plus aimable que ferme, possédé d'une immense envie de bien faire et de l'incessant besoin de plaire, enclin par nature à supposer chez les autres tous les généreux sentimens dont il était animé lui-même, Pie VII était à la fois capable de se créer d'étranges illusions et de se troubler amèrement quand il en découvrait le néant. Bien différent était son secrétaire d'état. Par ses antécédens comme par le fond même de ses opinions, Consalvi appartenait au parti qui, en Italie comme ailleurs, avait résisté tant qu'il avait pu aux tendances révolutionnaires de cette époque. Son patron le cardinal-duc d'York l'avait introduit dans l'intime société de mesdames tantes du roi Louis XVI, lorsque ces pieuses fugitives étaient venues chercher un asile à Rome. Il avait été pour elles non-seulement un guide agréable au milieu des curiosités de la ville éternelle, mais un conseiller très écouté et très utile. Cette relation en avait amené d'autres avec Louis XVIII et les hommes de l'émigration française. Toutes ces liaisons de société avant même que, par sa place de président des armes, il ne fût entré dans le vif des affaires, avaient donc rangé le principal ministre du nouveau pape dans un groupe politique un peu différent de celui auquel semblait appartenir le souverain lui-même. A Rome, tout le monde se rappelait combien, dans la malheureuse affaire de l'assassinat du général Duphot, la sage conduite et la digne attitude de Consalvi avaient contrasté avec les maladroites faiblesses de son chef, le cardinal Doria. Les gens bien intentionnés se prenaient donc à espérer que de cette diversité d'origine et de tendance il résulterait pour l'église les plus heureux résultats. Au besoin, le courage éprouvé de Consalvi, sa parfaite connaissance des hommes et des choses, viendraient suppléer à l'inexpérience du saint pontife. Il y avait pourtant entre eux, par de certains côtés, une surprenante parité. L'aménité de leurs manières était égale, différenciée seulement et par la position et par l'âge, plus onctueuse et plus paternelle chez Pie VII, plus pénétrante et plus mondaine chez son ministre. Pour Consalvi, cette courtoisie des formes et du langage n'était pas seulement un agrément; à l'occasion, elle devenait une arme. On disait de lui qu'il était insinuant comme un parfum. Dans les cercles de Rome, où l'on excelle à donner aux gens des surnoms qui les peignent à eux seuls, on l'appelait *la sirène*. « Par toutes ces qualités, dit M. Crétineau-Joly dans son introduction, Consalvi était l'homme de la situation. L'Italie entière le saluait comme le digne héritier de tous ces immortels génies de la politique romaine, *moitié cygnes, moitié renards,* qui ont plus fait de conquêtes par la parole que les batailleurs avec leur épée. » N'en déplaise à M. Crétineau-Joly, et quoique l'expression soit heureuse, il n'y avait rien du renard dans Consalvi; il était tout cygne, noble et doux, souple, mais fier, tel qu'il fallait pour traiter, sans trop de désavantage, avec le plus grand homme de son temps, qui avait seulement le tort de vouloir appliquer aux paisibles transactions de la diplomatie les allures violentes des camps et les ruses hardies de la guerre. L'opposition des natures et la différence des procédés étaient dans cette rencontre singulière avec un si redoutable adversaire la condition même du succès. C'est précisément parce que, pour défendre les intérêts dont il était chargé, Consalvi a dû s'aider uniquement de sa douceur d'esprit, de son talent magique de persuader et de plaire, que nous avons dû nous arrêter avec quelque complaisance sur les qualités personnelles du négociateur italien. Il est temps maintenant, pour compléter notre récit, de le quitter un instant et de nous occuper de celui qui fixait alors uniquement les regards du monde entier; nous voulons parler du premier consul.

II.

Bonaparte avait passé le Petit-Saint-Bernard vers le milieu du mois de mai, c'est-à-dire au moment même où Pie VII, par son encyclique du 20 mai 1800, faisait part à tous les évêques de la chrétienté de son exaltation au trône de saint Pierre. Il était entré le 3 juin à Milan, quelques jours avant le départ du nouveau pontife pour la petite ville de Pesaro. Le chef des armées françaises, accouru de Paris pour livrer dans le champ clos de l'Italie une dernière bataille aux Autrichiens, était trop habile pour n'appeler point comme toujours les ressources de la politique au secours de ses profondes combinaisons militaires. Cette fois encore, comme dans ses premières campagnes de l'autre côté des Alpes, il entendait bien s'aider du puissant levier de l'opinion publique. Seulement, soit que le cours du temps eût modifié ses idées, soit plutôt que tant de succès obtenus lui rendissent plus facile de donner libre cours à ses véritables tendances, la nature de son langage était bien changée. Les proclamations maintenant adressées à ses soldats et aux populations italiennes pouvaient à bon droit surprendre les esprits qui se rappelaient celles dont il avait en 1796, lors de la première invasion républicaine, inondé toutes les villes de la Lombardie, de la Vénétie et des Romagnes. Dans les pièces émanées du quartier-général du premier consul, la religion tenait désormais la place principale. A peine entré dans la capitale du duché de Milan, Bonaparte n'a rien de plus pressé que d'ordonner un *Te Deum* afin de célébrer, dit-il dans le bulletin de l'armée, la délivrance de l'Italie *des hérétiques et des infidèles*. C'est là un sujet qui lui tient au cœur. Il ne peut pardonner aux Autrichiens de s'être servis des vaisseaux du Grand-Turc pour ravitailler Venise, et des secours de sa majesté britannique pour bloquer Gênes. « Les prêtres mêmes, écrit-il aux consuls de la république, sont très mécontens de voir les hérétiques anglais et les infidèles musulmans profaner le territoire de la catholique Italie (1). » Le 5 juin, prêt à quitter Milan pour aller offrir le combat à Mélas, il croit opportun d'adresser publiquement aux curés de la ville une allocution dont l'intention évidente ne peut être l'objet d'aucun doute. Les termes en sont trop curieux, ils peignent trop bien les vues du premier consul pour qu'il ne soit pas utile de la rapporter en partie.

« J'ai désiré vous voir tous rassemblés ici afin d'avoir la satisfaction de vous faire connaître par moi-même les sentimens qui m'animent au sujet

(1) *Correspondance de l'empereur Napoléon Ier*, t. VI, p. 336-337.

de la religion catholique, apostolique et romaine. Persuadé que cette religion est la seule qui puisse procurer un bonheur véritable à une société bien ordonnée et affermir les bases d'un gouvernement, je vous assure que je m'appliquerai à la protéger et à la défendre dans tous les temps et par tous les moyens. Je vous regarde comme mes plus chers amis; je vous déclare que j'envisagerai comme perturbateur du repos public et ennemi du bien commun et que je saurai punir comme tel, de la manière la plus rigoureuse et la plus éclatante, et même, s'il le faut, de la peine de mort, quiconque fera la moindre insulte à notre commune religion ou qui osera se permettre le plus léger outrage envers vos personnes sacrées. Mon intention est que la religion chrétienne, catholique et romaine soit conservée dans son entier, qu'elle soit publiquement exercée, et qu'elle jouisse de cet exercice public avec une liberté aussi pleine, aussi étendue, aussi inviolable qu'à l'époque où j'entrai pour la première fois dans ces heureuses contrées. Tous les changemens qui arrivèrent alors, principalement dans la discipline, se firent contre mon inclination et ma façon de penser. Simple agent d'un gouvernement qui ne se souciait en aucune sorte de la religion catholique, je ne pus alors empêcher tous les désordres qu'il voulait exciter à tout prix à dessein de la renverser. Actuellement que je suis muni d'un plein pouvoir, je suis décidé à mettre en œuvre tous les moyens que je croirai les plus convenables pour assurer et garantir cette religion... La France, instruite par ses malheurs, a ouvert enfin les yeux; elle a reconnu que la religion catholique était comme une ancre qui pouvait seule la fixer dans ses agitations et la sauver des efforts de la tempête; elle l'a en conséquence rappelée dans son sein. Je ne puis disconvenir que j'ai beaucoup contribué à cette belle œuvre. Je vous certifie qu'on a rouvert les églises en France, que la religion catholique y reprend son ancien éclat, et que le peuple voit avec respect ses sacrés pasteurs qui reviennent pleins de zèle au milieu de leurs troupeaux abandonnés... Quand je pourrai m'aboucher avec le nouveau pape, j'espère que j'aurai le bonheur de lever tous les obstacles qui pourraient s'opposer encore à l'entière réconciliation de la France avec le chef de l'église... J'approuverai qu'on fasse part au public, par la voie de l'impression, des sentimens qui m'animent, afin que mes dispositions soient connues non-seulement en Italie et en France, mais encore dans toute l'Europe (1). »

On devine aisément l'effet produit sur l'auditoire par de pareilles paroles tombées de ces lèvres plus habituées à dicter de brefs commandemens à de vaillans officiers sur les champs de bataille qu'à rassurer par de pieuses promesses de pauvres prêtres tremblans au fond de leurs sacristies. Le retentissement en fut immense, et tel que l'orateur lui-même l'avait souhaité. Qui se souciait alors de s'informer si au Caire, dans la société des ulémas, le même général n'avait point parlé de la religion du prophète à peu près dans les

(1) *Correspondance de l'empereur Napoléon Ier*, t. VI, p. 339, 340, 341.

mêmes termes qui lui servaient à vanter celle du Christ (1)? Parmi
ses anciens compagnons de l'expédition d'Égypte, qu'il avait si souvent entretenus de la beauté du Coran, dans le groupe de ses aides
de camp à qui naguère il avait imposé de longues stations à la
sainte mosquée d'El-Azhar, un assez petit nombre seulement se
permettaient encore, dans le particulier, quelques discrètes plaisanteries, ou plutôt des demi-sourires de plus en plus comprimés,
que le respect croissant n'allait pas tarder à glacer bientôt sur tous
les visages. Ces oppositions individuelles n'étaient pas faites en tout
cas pour arrêter le vainqueur de Marengo. Ce fut donc sans embarras d'aucune sorte, après la complète défaite des Autrichiens et le
glorieux armistice imposé à Mélas, qu'escorté de son état-major,
sans se soucier autrement, — ce sont ses expressions, — de ce
qu'en penseraient les athées de Paris, le premier consul se rendit
en grande cérémonie à la métropole de Milan pour faire bénir par
le clergé de cette ville ses drapeaux victorieux. Aussi bien il était
conduit à cette manifestation solennelle de ses nouveaux sentimens
par des considérations qui dépassaient singulièrement le milieu
même dont il était en ce moment entouré. Nul doute qu'en rendant
cet hommage à la religion catholique son intention ne fût d'agir sur
l'opinion de la France, beaucoup plus encore que sur celle de l'Italie. Comme toujours, sa vive imagination devançait les temps; il ne
suffisait pas à cet infatigable esprit de prendre au jour le jour les
mesures les plus propres à assurer dans le présent le succès de ses
habiles combinaisons. Par une secrète impulsion de son ardente
nature, involontairement et comme à son insu, il était sans cesse
en train de se frayer les voies vers un plus prodigieux avenir. Profiter de toutes les occasions, ne jamais s'arrêter ni reculer d'un pas,
pousser devant soi sa fortune aussi loin qu'elle pourra aller, s'acheminer par des routes sûres, précises et parfaitement calculées d'a-
vance vers un but qui n'a, lui, rien de fixe que sa grandeur même,
telle était alors (faut-il dire telle fut toujours?) la seule règle de
conduite de Napoléon Ier. Pour qui sait lire et comprendre sa correspondance des années 1800 et 1801, rien de plus curieux que
de surprendre sur le vif cette existence en partie double, menée
de front avec une égale intensité. On dirait deux êtres parfaitement distincts en une seule et même personne. D'abord apparaît
l'homme d'action appliquant à sa tâche quotidienne des facultés
si positives, si pénétrantes et si pratiques, qu'on le dirait uniquement
ment appliqué à la contemplation du présent quart d'heure; mais
prenez garde, voici que tout à coup surgit derrière lui ou plu-

(1) Voyez l'historique de la campagne d'Égypte dicté au général Bertrand.

tôt loin, bien loin en avant, un autre personnage qui n'a plus les yeux fixés que sur les futurs contingens d'une mystérieuse destinée. Chose plus étrange encore, quand on pense qu'il s'agit de ce passé maître dans la connaissance des hommes, des choses de ce bas monde, et dans l'art de s'en servir, si un conflit s'élève entre ces deux génies opposés qui semblent s'être disputé sa vie entière, c'est toujours au second que de préférence il obéira. Dans cette circonstance, point de supposition gratuite. Parcourez, si vous en doutez, les pièces nombreuses qui se succèdent aussitôt après la violente exécution opérée à main armée le 18 brumaire contre les corps constitués de l'état, vous y verrez percer à chaque page chez le premier consul une constante préoccupation, celle d'aller frapper quelque part au dehors sur les ennemis de la patrie un coup non moins retentissant que celui qu'il vient de porter au dedans contre ses adversaires. Il lui faut à tout prix faire prochainement consacrer par l'admiration des uns et par la crainte de tous les autres la situation nouvellement conquise. C'est ainsi qu'absorbé en apparence par les soins multiples que semble réclamer de lui la mise en œuvre de la constitution passablement compliquée de l'an VIII, il n'en prépare pas moins avec une fiévreuse ardeur et une prédilection bien marquée tous les élémens de sa prochaine campagne d'Italie. A peine les a-t-il tous réunis sous sa main, à peine les Alpes sont-elles franchies et Milan envahi, que, sûr désormais de son succès, vainqueur par avance de Mélas et déjà maître en idée de l'Italie, son esprit passe de nouveau les monts et revole vers Paris. C'est des affaires de France qu'il est surtout occupé. La partie commencée n'est pas encore finie qu'il se hâte d'en reprendre une autre. Les bénéfices de celle qu'il est en train de gagner formeront l'enjeu de celle qu'il brûle d'entamer, et les trophées de Marengo, destinés à légitimer le consulat à temps, n'auront tout leur prix que s'ils jalonnent la route qui doit conduire au consulat à vie et à l'empire.

Ne soyons pas trop surpris, ni surtout scandalisés, si nous voyons le premier consul, frappé de l'utilité du concours que lui ont prêté, moyennant certaines avances, le clergé et les catholiques italiens, songer aussitôt au grand profit qu'en France il pourra tirer d'une semblable alliance pour mener à bien l'entreprise nouvelle, dont le succès ne lui importe pas moins actuellement que tout à l'heure la défaite des Autrichiens. C'est une puérilité et une injustice de reprocher aux ambitieux la satisfaction intéressée qu'ils s'efforcent de donner aux aspirations légitimes des peuples dont ils recherchent les suffrages. A vrai dire, il est bien rare qu'à un moment donné, ces génies soi-disant impassibles n'aient point ressenti eux-mêmes la bienfaisante action des sentimens généreux qu'ils ont excellé à

satisfaire. Quelle a été la part de l'impulsion involontaire, irréfléchie, désintéressée, et quelle la part du calcul personnel, des considérations humaines et des visées purement égoïstes? Cela regarde
uniquement leur conscience, et l'affaire est à régler devant un tribunal plus infaillible que celui de l'histoire. Comment et par quels
degrés s'opère la transformation? C'est le droit et l'intérêt des contemporains d'y regarder de très près, et c'est notre devoir après
eux de tâcher de nous en rendre un compte aussi exact que possible. Napoléon, le plus grand homme des temps modernes, en compromis, puis aux prises avec la religion, la plus grande chose de
tous les temps, voilà un spectacle qui vaut la peine qu'on s'y arrête.

L'allocution adressée aux curés de Milan huit jours avant Marengo avait été imprimée et distribuée à profusion dans toutes les
villes du Piémont et de la Lombardie. On peut, sans s'avancer
beaucoup, supposer que plusieurs exemplaires durent prendre,
comme d'eux-mêmes, le chemin de Rome. Hors les phrases gracieuses prononcées à l'endroit du nouveau pontife, le premier consul n'avait encore tenté aucune ouverture de ce côté. Après la conclusion de l'armistice qui lui livrait tout le nord de l'Italie, il fit
un pas de plus. Le cardinal Martiniana, avec lequel il s'était entretenu à son passage à Verceil, fut chargé de faire savoir au saint-
père que le chef des armées françaises désirait entrer en négociations pour arranger les affaires religieuses de la France, et qu'à cet
effet il demandait que Pie VII envoyât à Turin Mgr Spina, archevêque *in partibus* de Corinthe. Bonaparte, à son retour d'Égypte,
débarquant à Fréjus pour se rendre à Paris, avait passé par Va-
lence et entrevu ce prélat, qui était resté près de Pie VI jusqu'au
moment de sa mort. Cette rencontre fortuite paraît avoir seule décidé en cette circonstance la préférence du général français. Quoi
qu'il en soit, la cour de Rome n'hésita point. Elle s'était tenue jusque-là dans la plus grande réserve. « Le pape, dit Consalvi, se
confiant à la Providence et résigné à toutes ses volontés, attendait
les événemens, sans daigner faire une seule démarche pour pénétrer les intentions du vainqueur à son égard. » Néanmoins, après
avoir reçu avec autant de surprise que de joie cette communication
inattendue, le saint-père ne balança pas à répondre « à une demande qui avait pour objet de rétablir les affaires de la religion
dans un pays où l'esprit révolutionnaire l'avait presque étouffée. »
Mgr Spina fut donc dirigé sur Turin avec ordre d'entendre et de rapporter, *con ordine di sentir e di riferire;* mais déjà le vainqueur
de Marengo n'était plus à Turin : il ne s'y était arrêté qu'un jour
à peine, et tout de suite avait repris la route du Mont-Cenis. Au

lieu de la personne du premier consul, Spina trouva dans cette ville l'avis d'avoir à se rendre à Paris, où il était immédiatement attendu.

D'après le rang de celui qui le donnait et la manière dont il était signifié, cet avis valait un ordre. Consalvi soupçonne même, avec assez de raison, que le premier consul n'avait jamais eu l'intention de s'aboucher à Turin avec Mgr Spina. Demander tout .d'abord à Pie VII d'accréditer le premier un représentant à Paris, c'était beaucoup pour commencer. D'un autre côté, quel triomphe, et pour ses secrets desseins quel appui, s'il pouvait montrer aux Parisiens émerveillés un envoyé du pape confondu dans la foule de ceux qui sollicitaient aux Tuileries l'honneur de l'entretenir des grandes affaires du moment! Bonaparte avait donc imaginé cette ruse tant soit peu italienne. Avec une finesse non moins italienne, la cour de Rome l'avait deviné, et s'y prêtait sans paraître s'en douter, parce que cela servait aussi ses intérêts. Après un moment de légère hésitation, et muni, pour plus de précaution, de l'assistance d'un savant théologien piémontais, le père Caselli, général des servites, Mgr Spina se mit à suivre Bonaparte. Il arrivait à Paris vers le milieu de juillet.

Les pourparlers commencèrent aussitôt. Est-il besoin d'avertir qu'en cette circonstance comme toujours le premier consul avait résolu de ne s'en rapporter qu'à lui-même? Il entendait rester de son côté l'unique négociateur. Des motifs particuliers l'engageaient à tenir à l'écart d'une si importante transaction son propre ministre des affaires extérieures, celui-là même dont il prenait à cette époque le plus volontiers les conseils dans tout ce qui regardait les rapports de la France nouvelle avec la vieille Europe. En sa qualité d'ancien évêque, M. de Talleyrand lui était en effet doublement suspect. Avec sa méfiance accoutumée, il craignait de le trouver, ou mal disposé pour une église dont il s'était publiquement séparé, ou trop porté aux complaisances, s'il voulait faire régulariser par elle sa rentrée dans le siècle. M. de Talleyrand devinait à demi-mot la pensée de son chef. Tranquille, indifférent, et, comme à son ordinaire, légèrement railleur, il acceptait parfaitement de se renfermer aussi longtemps qu'on voudrait dans son rôle purement officiel, et se gardait bien d'offrir des avis qu'on ne lui demandait pas. Il fallait cependant des tiers pour traiter les questions de détail. Le premier consul fit choix, parmi les laïques et dans le sein du conseil d'état, de MM. Portalis, Cretet et Bigot de Préameneu. L'intervention d'un ecclésiastique, homme pratique et du métier, n'était pas moins indispensable. Il se décida en faveur de l'abbé Bernier. Le rôle de l'abbé Bernier, plus tard évêque d'Orléans, a été si con-

sidérable dans cette affaire qu'il devient nécessaire de dire un mot
de ses antécédens.

Bonaparte avait fait la connaissance de l'abbé Bernier, curé de
Saint-Laud, avant sa dernière campagne d'Italie, à l'époque où,
pour la mieux préparer, il s'était efforcé de pacifier les provinces
de l'ouest. Déjà nous avons eu l'occasion d'expliquer comment,
après le 18 brumaire, la direction donnée à la guerre civile avait
été profondément modifiée par le premier consul. Nous avons cité
ses proclamations pleines de respect pour la religion si chère aux
populations de la Vendée et les instructions adressées aux généraux
Brune et d'Hédouville, afin de leur recommander de se ménager la
faveur du clergé catholique, tout-puissant dans ces contrées. Ce
plan si sage remontait à une date déjà ancienne. Avant d'être mis
à exécution par Bonaparte, il avait déjà été secrètement élaboré,
mais sans beaucoup d'espérance, au fond de la Bretagne, entre
l'abbé Bernier et quelques obscurs commissaires de la république
française. L'avènement au pouvoir d'un homme aussi maître de l'o-
pinion que l'était alors le premier consul le rendait désormais praticable. Aussi, dès que Bonaparte fut installé aux Tuileries, l'habile
curé de Saint-Laud eut soin de faire partout répéter que le moment
était venu d'agir, et que, si l'on s'adressait à lui, il répondait de
tout (1).

L'abbé Bernier, en donnant cette assurance, n'exagérait en rien
l'étendue réelle de son action sur ses compatriotes de l'ouest. Dès
le début de l'insurrection vendéenne, cette action avait été prépondérante. Autant que les appels aux armes de leurs seigneurs, les
pieuses prédications du simple curé de Saint-Laud avaient contribué
à soulever de toutes parts les paysans du Bocage. Aux jours de bataille, sa parole vive et toute populaire avait, plus que celle d'aucun
de leurs chefs les plus aimés, servi à exalter les courages. Quand,
après les premiers triomphes, était venue l'heure des revers, il
n'avait pas montré moins de résolution et d'habileté. C'était lui qui,
par ses vigoureuses exhortations, par ses démarches infatigables,
mais surtout en prêchant d'exemple, avait le plus contribué à sou-

---

(1) « ... Faites entendre sous main que je puis beaucoup dans le revirement qui se
prépare. Je suis disposé à seconder les vues du nouveau gouvernement. Parlez et faites
parler, afin que mon nom retentisse. Les difficultés ne sont pas aussi insurmontables
qu'on semble le croire. J'ai la confiance des paysans que je n'ai pas compromis dans
cette dernière tentative; celle des chefs ne me fera pas défaut. Qu'on me fasse des propositions, qu'on vienne à moi, car vous sentez bien que je veux avoir la main forcée;
c'est même dans l'intérêt du gouvernement. Agissez donc comme si nous étions totalement inconnus l'un à l'autre. Une fois entré en pourparlers, vous verrez comme je
mènerai la barque. » (Lettre de l'abbé Bernier à Martin Duboys, l'un de ses agens à
Paris, 3 décembre 1799.)

tenir les espérances et à prévenir les défections. A ces rares qualités, l'abbé Bernier joignait toutefois de fâcheux défauts : ses ennemis lui reprochaient d'être ambitieux, défiant, difficile à vivre, et de
vouloir à tout prix dominer partout. Il avait joué un rôle funeste dans
les querelles intérieures qui n'avaient point tardé à diviser entre eux
les chefs de l'insurrection. L'obscurité de sa naissance et ses inclinations personnelles avaient naturellement porté le curé du pauvre
village de Saint-Laud à rechercher la sympathie des classes inférieures de la Vendée de préférence à la faveur des gentilshommes
qui leur servaient de commandans. Aux yeux de ces derniers, il
passait pour être mécontent et jaloux de leur influence. Cependant,
comme son concours était indispensable, ils n'avaient point cessé
d'employer sa prodigieuse activité tantôt à organiser autant que
possible l'administration des divers corps de l'armée royaliste, tantôt à écrire leurs proclamations, le plus souvent à correspondre
avec les princes émigrés et leurs partisans à l'étranger. Bernier
était l'homme de plume du parti, son conseiller principal, son unique diplomate, partant possesseur de tous ses secrets. Après la
mort des La Rochejaquelein et des Lescure, lorsque la Vendée se
souleva sous l'impulsion combinée de Charette, de Bertrand de Marigny et de Stofflet, l'importance personnelle de Bernier grandit
encore. Il chercha à devenir le chef de ce triumvirat. Charette, à
qui le curé de Saint-Laud offrit ses services, s'attira sa haine pour
les avoir refusés. Les allures indépendantes et quasi féodales de
Marigny lui avaient toujours répugné; mais il parvint à se rendre
maître absolu de l'esprit du garde-chasse Stofflet. D'après les témoignages du temps, ce fut lui qui, par ses obsessions, arracha au
tribunal militaire la condamnation à mort de Marigny et plus tard
au malheureux Stofflet l'ordre de le fusiller. Lorsque cette dernière
prise d'armes de la Vendée expirante eut définitivement échoué,
Bernier, pendant quelque temps, se tint à peu près tranquille. Il
ne voulut s'associer en aucune façon au mouvement de 1799. Bien
avant cette époque, on l'avait déjà vu entrer en pourparlers avec
le général Hoche, et celui-ci, sans montrer beaucoup d'estime pour
le curé de Saint-Laud, sembla dès lors fonder les plus grandes espérances sur son intervention (1).

Cette conduite d'un homme qui, lassé de la guerre civile, cherche
non-seulement à s'en retirer, mais à pacifier les contrées qu'il a contribué à jeter dans les voies de la résistance armée, n'a rien en soi

(1) « ... L'abbé Bernier est un prêtre comme il nous en faudrait vingt ici. Il juge les
choses de haut, et n'a pas l'air de tenir beaucoup au parti royaliste, qui s'en va... Dans
une circonstance difficile, je pense que le gouvernement pourrait compter sur son ambition encore plus que sur son zèle. » (Lettre de Hoche, décembre 1795.)

de blâmable; elle a même droit à de justes éloges, à une condition toutefois : c'est d'avoir été uniquement inspirée par l'amour du bien public. Il est nécessaire que le passage d'un parti à un autre s'opère avec franchise et netteté, et qu'il ne puisse être imputé à la poursuite d'un but égoïste et d'un avantage particulier. Malheureusement pour la mémoire de l'abbé Bernier, il est aujourd'hui avéré qu'au moment même où il témoignait, vers la fin de 1795, au général Hoche l'envie d'abandonner le parti royaliste, ses sollicitations étaient plus ardentes que jamais pour obtenir des princes émigrés une nouvelle marque de leur confiance, et peu de temps après (23 février 1796) il recevait d'eux le titre d'agent général près des puissances belligérantes. Même tactique en 1799. Bernier, déjà décidé à traiter avec le premier consul de la soumission de la Vendée, avait, au mois de novembre, dépêché un de ses affidés à Londres pour se faire envoyer des pouvoirs encore plus amples que ceux naguère accordés à l'ancien agent général, et c'est muni d'une commission signée par le comte d'Artois qu'à la conférence de Montfaucon il avait, le 18 janvier 1800, fait mettre bas les armes à tous les insurgés de la rive gauche de la Loire. En conseillant à ses amis de se soumettre au nouveau gouvernement, l'abbé Bernier ne se fit pas faute de leur affirmer que le général Bonaparte ne travaillait que pour les Bourbons, et que, nouveau Monk, il allait bientôt leur rendre l'héritage de leurs ancêtres. Au fond, il n'en croyait rien. Hors les simples paysans qui s'en rapportaient aveuglément à sa parole, personne n'en fut dupe en Vendée. La situation de Bernier devint donc de plus en plus compromise. C'est pourquoi il obtint du général d'Hédouville d'être conduit à Paris. A peine débarqué, il eut hâte de se mettre en rapport avec le premier consul, qui tout de suite le goûta beaucoup. La correspondance que nous avons sous les yeux témoigne qu'à partir de ce moment l'abbé Bernier se voua tout entier, corps et âme, à la fortune de son nouveau protecteur. Telle était la personne qu'avait choisie Bonaparte pour lui servir de principal intermédiaire dans les négociations avec Mgr Spina.

Cependant l'affaire du concordat ne devait pas se traiter uniquement à Paris, mais aussi à Rome, et là par d'autres mains et dans des dispositions différentes. Des conférences de l'abbé Bernier avec l'envoyé du saint-siège, il n'était sorti que projets d'arrangemens déclarés par le pape absolument inadmissibles, parce qu'ils étaient, nous dit Consalvi, tout à fait opposés aux maximes fondamentales de la religion et aux lois les plus sacrées de l'église. Heureusement pour le saint-père, dans le même moment où il lui adressait des demandes si malsonnantes, le premier consul envoyait à Rome un homme qui était particulièrement agréable à cette cour. M. Cacault, chargé d'aller reprendre auprès du gouvernement pontifical son ancienne position de ministre de France, était, comme l'abbé Bernier, moitié Breton, moitié Vendéen; mais là cessait toute la ressemblance. Autrefois employé au ministère des affaires étrangères sous la vieille monarchie, M. Cacault, quoique rallié aux idées du temps, avait conservé toutes les traditions du métier. Volontiers il s'appelait lui-même un révolutionnaire corrigé. Lorsqu'il avait pris congé du premier consul, celui-ci lui avait dit pour dernière instruction : « N'oubliez pas de traiter le pape comme s'il avait deux cent mille hommes à ses ordres. » M. Cacault commentait de son mieux dans des conversations à Rome ces paroles du chef nouveau de la France. Plein de vénération pour Pie VII et d'amitié pour Consalvi, dont il avait vite subi le charme, il s'appliquait à les rassurer tous deux, à leur donner confiance, à leur expliquer l'état des choses à Paris, la disposition des esprits français, et surtout le caractère extraordinaire de celui avec lequel ils avaient à traiter. Non moins conciliant et non moins habile avec son propre gouvernement, il s'efforçait par ses dépêches de faire comprendre et de rendre acceptables à l'impétueux premier consul les allures lentes, les procédés timides, les scrupules infinis de la cour romaine. Rien de plus curieux, pour qui a, comme nous, les pièces sous les yeux, que de constater cette singulière interversion des rôles. C'est l'ancien curé royaliste, c'est l'abbé Bernier, qui d'ordinaire dénonce au général Bonaparte, en termes peu mesurés et parfois insultans, les retards de l'église romaine et les prétextes dont elle se couvre pour ne pas lui donner une satisfaction immédiate; c'est lui qui accepte la mission de signifier rudement au cardinal Consalvi que tout délai lui sera personnellement imputé, qu'on l'envisagera comme une rupture, et que la conséquence en sera l'occupation immédiate des états romains. Vis-à-vis du premier consul, il ne procède que par protestations de dévouement et d'absolue obéissance. Jamais la moindre observation, nul effort pour adoucir ses exigences; l'immolation est complète. « Quand vous serez satisfait, nous le serons tous, » écrit-il à son impérieux correspondant (1). C'est au contraire M. Cacault, c'est l'ancien signataire du traité de Tolentino qui lui prêche la modération et la patience.

Malheureusement les conseils de Bernier étaient les plus conformes à la nature irritable du premier consul. Ennuyé de se laisser malgré lui entraîner dans ce qu'il appelait de misérables querelles de dogmes, Bonaparte signifia tout à coup à M. Cacault l'ordre de

(1) Lettres de l'abbé Bernier au général Bonaparte, 24-30 floréal, 30 prairial an IX.

quitter Rome, si dans cinq jours le concordat projeté à Paris n'était
pas agréé par le pape. Le ministre de France fut en même temps
chargé d'avertir le saint-père qu'une plus longue persistance dans
les moyens dilatoires produirait de déplorables conséquences *autant pour la religion que pour la domination temporelle.* Et de
peur que la portée de cette dernière menace ne fût pas suffisamment saisie à Rome, les instructions de M. Cacault l'obligeaient à
se rendre à Florence auprès du général Murat, commandant en
chef de l'armée d'Italie.

Qu'on s'imagine l'effet produit par cette terrible mise en demeure. Une bombe éclatant dans le sanctuaire n'aurait pas causé
plus d'effroi à Pie VII. Il s'était cru à la veille de la paix, puis tout
à coup, du jour au lendemain, voici la guerre et toutes ses horreurs. Dans le camp des révolutionnaires romains, l'émotion aussi
était extrême, mais toute à la joie et à l'espérance. Bonaparte allait
donc rompre avec le saint-siège, comme avait fait naguère le directoire. Les soldats français ne pouvaient manquer de bientôt reparaître, et l'on verrait revenir avec eux les beaux jours de la république romaine. Seul, le ministre de France sut garder au milieu
de cette épreuve toute sa présence d'esprit, et sa conduite judicieuse fit assez connaître quel immense service un agent habile et
courageux peut à l'occasion, sans s'écarter de la ligne du devoir,
rendre à son gouvernement qui s'égare. M. Cacault, en demandant officiellement ses passeports, comme il en avait reçu l'ordre,
ne chercha même pas à persuader à Pie VII de céder au premier
consul. Il le savait résolu *à supporter n'importe quelle calamité, y
compris même la perte de sa souveraineté temporelle, qu'on avait
menacée d'une manière expresse.* Il sentait parfaitement que, sommé
aussi brutalement, le saint-père ne pouvait céder sans compromettre non-seulement sa dignité personnelle, mais la cause même
de l'église. Voici le biais ingénieux dont s'était avisé M. Cacault,
et qu'il développa successivement à Consalvi et à Pie VII dans un
langage plein de bon sens, d'esprit et de verve originale. « Ses ordres étaient formels; il lui fallait donc quitter Rome. Nul doute que
son départ ne fournît aux malintentionnés un prétexte de troubles
et peut-être de révolution. Là était le danger. Il y avait pourtant
un moyen de le conjurer. Il fallait que le cardinal Consalvi, partant pour Paris, montât dans la même voiture qui allait le conduire
lui-même à Florence. A voir ainsi voyager ensemble le secrétaire
d'état de sa sainteté et le ministre de France, les gens des clubs
comprendraient que les deux gouvernemens n'étaient pas, après
tout, si fort brouillés ensemble. L'action personnelle et directe de
Consalvi sur le premier consul était chose indispensable, car rien

ne l'épouvantait autant, disait expressément M. Cacault, que le caractère de cet homme qui ne se laissait jamais persuader. Il avait fait, pour son compte, d'inutiles efforts. L'aimable et persuasif ami de Pie VII pourrait seul opérer un pareil miracle. La conduite de l'empereur d'Autriche devait d'ailleurs éclairer la cour de Rome. Il n'avait pas hésité à envoyer son premier ministre, le comte de Cobentzel, conférer directement avec le premier consul. Quant à lui Cacault, il le connaissait assez pour répondre que rien ne devait tant chatouiller son orgueil que de montrer aux Parisiens un cardinal et le premier ministre de sa sainteté. « Après tout, ne craignez rien, continuait-il en insistant plus vivement auprès du pape; n'est-ce pas l'homme qui m'a dit de vous traiter comme si vous commandiez à deux cent mille soldats? Apparemment il s'en voit le double autour de lui, car il ne parle plus, j'en conviens, sur le pied de l'égalité; mais, s'il se donne cet avantage, une noble confiance vous le rendra. Privez-vous de Consalvi quelques mois, il vous reviendra plus habile. » Et comme Pie VII hésitait encore : « Très saint-père, reprenait M. Cacault, il faut que Consalvi parte à l'instant, et qu'il porte votre réponse. Il manœuvrera à Paris avec la puissance que vous lui donnerez d'ici. J'ai cinquante-neuf ans, j'ai vu bien des affaires depuis les états de Bretagne, qui étaient bien les états les plus difficiles à gouverner. Croyez-moi, quelque chose de plus fort que la froide raison, un instinct me conseille, un de ces instincts de bête, si l'on veut, mais qui ne trompent jamais. Et puis quel inconvénient? On vous accuse. Vous paraissez en quelque sorte vous-même. Qu'est-ce? qu'a-t-on dit? On veut un concordat religieux; nous venons au-devant, nous l'apportons : le voilà! »

Attendri jusqu'à verser des larmes, Pie VII se décida en effet à laisser son secrétaire d'état partir pour Paris. Ce ne fut pas sans trouble que Consalvi quitta Rome. Monté, comme il était convenu, dans la voiture de M. Cacault, il prenait plaisir à le nommer lui-même aux populations étonnées. « Tenez, disait-il le plus souvent aux groupes qui se formaient sur la route autour des maisons de poste, tenez, voici M. le ministre de France qui voyage avec moi. » A Florence, il voulut s'arrêter pour voir Murat. Cette redoutable armée d'Italie, aperçue à l'horizon comme un nuage menaçant, empêchait à Rome tous les cardinaux de dormir. Consalvi, reçu avec toute sorte d'affection empressée par le commandant en chef, eut la satisfaction de pouvoir assurer sa cour que le général Murat n'avait reçu de Paris aucun ordre à exécuter pour le moment. C'était un soulagement. Il ne pouvait toutefois songer sans une grande crainte à la prochaine entrevue qu'il allait avoir avec celui que, dans

ses conversations familières, il avait entendu M. Cacault appeler
parfois « l'homme terrible. » Peu de jours avant son départ pour
Paris, Consalvi avait eu le tort de donner libre cours à l'expression
de cette épouvante un peu enfantine en écrivant au chevalier Acton
un billet intime qui, pour son malheur, était venu à la connaissance du ministre de France à Naples. « Le bien de la religion veut
une victime, disait Consalvi au ministre du roi Ferdinand. Je vais
voir le premier consul; je marche au martyre : la volonté de Dieu
soit accomplie! » M. Cacault n'ignorait pas cette imprudence de son
ami, et craignait, non sans raison, qu'elle n'indisposât Bonaparte
contre lui. Frappé en outre du malaise d'esprit et des inquiétudes
de toute sorte qu'il avait remarqués chez son compagnon de route,
désireux de lui rendre sa mission moins difficile, le ministre de
France prit sur lui d'adresser de Florence au premier consul une
lettre personnelle et familière pour excuser près de lui le cardinal
et bien expliquer le caractère de l'envoyé du saint-siège. « C'est,
lui disait-il, un prélat gâté par trop d'hommages, qui n'a jamais
couru de dangers, qui ne soupçonne pas encore d'autre horizon que
Venise, qui sait sa Rome par cœur, et le reste, s'il y a autre chose
encore, très peu. N'humiliez pas trop Consalvi, ajoutait M. Cacault.
Prenez garde au parti qu'un homme aussi habile que lui, malgré
ses peurs, dont il revient, saurait tirer de sa propre faute; ne le
mettez pas sur le chemin de la ruse. Abordez ses vertus avec les
vôtres. Vous êtes grands tous les deux, chacun de vous à sa manière, et seulement dans d'autres proportions. Enfin, enfin, puisque
vous voulez, je ne comptais pas le dire, mais il faut achever. Sup-
posez qu'un Mattei eût dit cela : qui pourrait lui en savoir mauvais
gré? Notre Consalvi pense peut-être avoir ses raisons. Il était *monsignor sull'armi* quand on a tué Duphot, et il se croit le soldat qui
a tiré sur le général. Les patriotes le lui ont tant dit qu'il le jure-
rait sur les quatre Évangiles... » On ne pouvait mieux dire. Deux
voies s'ouvraient en effet devant le premier consul, et M. Cacault
n'avait point tort de lui recommander la douceur et les ménagemens avec Consalvi plutôt que le retour aux procédés d'intimidation qui venaient d'échouer si complétement à Rome. On va voir
pourtant si ces sages conseils furent d'abord écoutés.

Le secrétaire d'état de Pie VII, arrivé en toute hâte dans la
capitale de la république française, était allé descendre dans un
modeste hôtel que Mgr Spina occupait en compagnie du père Caselli. A peine installé, il recevait la visite de l'abbé Bernier. Consalvi chargea l'abbé de s'informer quel jour et à quel moment
il pourrait être reçu par le premier consul, et dans quel costume
il devrait se présenter, car les prêtres ne portaient pas encore pu-

bliquement à Paris l'habit ecclésiastique. Peu de temps après,
l'abbé Bernier revenait avec cette réponse : « que le premier consul
recevrait Consalvi dans la matinée même, à deux heures après midi;
quant au costume, il devait venir en cardinal le plus qu'il lui serait
possible. » Cette hâte ne laissait pas que d'ajouter au trouble du
secrétaire d'état de sa sainteté, car elle ne lui permettait pas de
prendre langue et de remédier à son ignorance de la situation, qui,
dit-il, était complète. L'invitation *de se mettre en cardinal le plus
qu'il lui serait possible* l'embarrassait moins. Quoiqu'il eût parfaitement compris que le premier consul souhaitait qu'il se rendît aux
Tuileries en grande pourpre, il réfléchit que les cardinaux ne devaient, d'après l'étiquette pontificale, porter ce costume que devant
le pape. C'était par abus seulement que des membres du sacré collége avaient paru ainsi vêtus à la cour des souverains dont ils n'é-
taient pas les sujets. Il résolut donc de n'aller à l'audience qu'en
habit noir, avec les bas cependant, la barrette et le collet rouges,
ainsi que les cardinaux sont ordinairement hors de chez eux, quand
ils ne sont pas en fonctions.

A l'heure convenue, le maître des cérémonies vint prendre Consalvi et le conduisit au palais des Tuileries. On l'avait à dessein fait
entrer par un côté silencieux et désert du palais, et le même personnage, en le priant d'attendre qu'il eût donné avis de son arrivée,
le laissa seul dans une pièce du rez-de-chaussée d'où l'on n'avait
aucune vue, où nul bruit du dehors ne se faisait entendre. Quelle ne
fut donc pas la surprise de Consalvi, lorsque le maître des cérémonies, lui indiquant du geste une petite porte qui donnait sur le vestibule du grand escalier, l'introduisit dans une immense pièce toute
remplie de monde ! « Mon étonnement, nous raconte Consalvi en se
servant d'une comparaison qui n'a rien que de naturel dans la
bouche d'un cardinal italien, fut pareil à celui que fait éprouver au
théâtre un changement subit de décoration, lorsque d'une chaumière, d'une prison ou d'un bois on passe au spectacle éblouissant
de la cour la plus nombreuse et la plus magnifique. » Ainsi que l'apprit plus tard le ministre de Pie VII, c'était jour de parade aux Tuileries. La parade se renouvelait de quinzaine en quinzaine. Les trois
consuls y assistaient, ainsi que tous les corps de l'état, c'est-à-dire
le sénat, le tribunat et le corps législatif, les dignitaires du palais,
les ministres, les généraux, tous les fonctionnaires de la république,
et un nombre immense de troupes et de spectateurs. « Le premier
consul avait trouvé à propos, continue le cardinal, de me faire aller
à l'audience pour la première fois dans cette solennelle occasion,
afin de me donner sans doute une grande idée de sa puissance, de
me frapper d'étonnement et peut-être de crainte. Il ne sera pas dif-

ficile d'imaginer qu'une personne arrivée à Paris la nuit précédente,
sans être avertie, sans rien savoir des usages, des coutumes et des
dispositions de ceux devant lesquels elle paraissait, et qui était regardée en quelque sorte comme responsable du mauvais résultat
des négociations poursuivies jusqu'alors, dut, à la vue d'un tel appareil aussi imposant qu'imprévu, ressentir, non-seulement une
émotion profonde, mais aussi un trop visible embarras. » Ignorant
absolument cette circonstance de la revue des troupes, Consalvi ne
pouvait manquer d'imaginer que toute cette multitude qui emplissait le vestibule et l'escalier était accourue pour assister par curiosité à son entrevue avec le premier consul. Le tapage assourdis-
sant des tambours battant aux champs sur les plus hautes marches
de l'escalier, ces antichambres qu'il lui fallait traverser toutes remplies de personnages richement empanachés, comme c'était la mode
au temps du consulat, ces salons splendides où son guide l'introduisit parmi les grands dignitaires de l'état, tous faciles à reconnaître par leurs somptueux costumes, tant de bruit, tant d'éclat,
au lieu et place de la conversation en tête-à-tête à laquelle il s'é-
tait attendu, tout cela pénétrait le pauvre Consalvi d'une confusion
toujours croissante.

À l'extrémité d'une dernière galerie, un nouveau personnage
s'approcha de lui, le salua sans dire mot, et, tout en boitant légèrement, le conduisit jusqu'à une pièce voisine. C'était M. de Talleyrand. Consalvi reprit un instant courage, espérant qu'il allait
enfin être introduit dans le cabinet de Bonaparte; mais quel ne
fut pas son désappointement lorsque, la porte s'ouvrant, il aperçut en face de lui, dans un vaste salon, une multitude de graves
figures disposées comme pour un coup de théâtre! En avant se tenaient, détachées et isolées, trois personnes qui n'étaient autres
que les trois consuls de la république. Celui du milieu fit quelques
pas vers Consalvi, qui avait déjà pressenti le premier consul, conjecture bientôt confirmée à ses yeux par l'attitude de M. de Talleyrand. À peine le ministre des affaires extérieures, toujours à ses
côtés, avait-il terminé la cérémonie de la présentation, que, sans
vouloir écouter les complimens d'usage, Bonaparte prit incontinent
la parole, et d'un ton bref : « Je sais, dit-il à Consalvi, le motif de
votre voyage en France. Je veux que l'on ouvre immédiatement les
conférences. Je vous laisse cinq jours de temps, et je vous préviens
que si, à l'expiration du cinquième jour, les négociations ne sont
pas terminées, vous devrez retourner à Rome, attendu que, quant
à moi, j'ai pris mon parti pour une telle hypothèse! »

Ces paroles, les premières que Consalvi ait entendues de la
bouche du premier consul, avaient été dites d'un air qui n'avait

rien d'affable ni de brusque. Au fond, malgré les avis de M. Cacault, c'était encore cette même sommation faite à bref délai qui à
coup sûr sentait plus le guerrier que le négociateur. Consalvi n'en
fut nullement décontenancé. Du même ton, mais avec une nuance
de déférence bien marquée, il répondit que l'envoi par sa sainteté
de son principal ministre à Paris était une preuve de l'intérêt que
Pie VII mettait à la conclusion d'un concordat avec la France; quant
à lui, il se flattait de l'espoir d'être assez heureux pour le terminer
dans l'espace de temps que souhaitait le premier consul. Soit qu'il
eût été satisfait de cette réponse, soit qu'après avoir témoigné avec
une certaine hauteur de sa volonté d'en finir promptement, Bonaparte fût bien aise de se laisser voir à son interlocuteur par de plus
aimables côtés, il entra subitement en matière, et pendant plus
d'une demi-heure, dans la même attitude et devant tout le monde,
il se mit à parler sur le concordat, sur le saint-siège, sur la religion, sur l'état actuel des négociations, et même sur les articles
rejetés, avec une abondance et une véhémence inexprimables, sans
colère toutefois ni dureté dans le langage.

III.

Notre dessein n'est pas de tracer ici l'historique détaillé des négociations du concordat : M. Thiers les a racontées avec sa clarté ordinaire et une parfaite exactitude. Nous nous proposons la tâche
plus modeste de mettre en relief les circonstances pour ainsi dire
extérieures de cette affaire, et de révéler certains incidens passablement curieux, qui ne sont point indignes de l'histoire, car ils
servent à peindre d'après nature, à représenter avec les traits qui
lui sont propres, et sous sa véritable physionomie, à ce moment
décisif de sa vie, l'homme extraordinaire qui s'apprêtait à sceller
alors d'un nom déjà fameux l'acte le plus considérable qu'il lui ait
peut-être été donné d'accomplir.

Ainsi que Consalvi en avait été prévenu, les conférences s'ouvrirent dès le lendemain de son audience. Elles eurent lieu dans le
petit hôtel où était descendu le secrétaire de sa sainteté, qui se fit
toujours assister de Mᵍʳ Spina et du théologien Caselli. L'abbé Bernier se présenta seul de la part du premier consul, et débuta par
demander à Consalvi de développer dans un mémoire écrit les raisons qui avaient déterminé le saint-père à refuser le projet de concordat envoyé de Paris. Il paraît que cette première pièce émanée
de la plume diplomatique de Consalvi n'eut pas grand succès. M. de
Talleyrand, qui la reçut des mains de l'abbé Bernier pour la transmettre au premier consul, en rendit compte avec mépris, comme d'un

instrument qui était de nature à faire reculer plutôt qu'avancer la négociation. De part et d'autre, on était loin de s'entendre. Avec une rare sagacité, prévoyant les difficultés de la lutte qui l'attendait à Paris, Consalvi s'était fait remettre par le pape, avant de quitter Rome, l'ordre écrit et formel de ne se départir en aucune façon des principes qui avaient servi de base au projet de concordat arrêté dans la congrégation de cardinaux sous la présidence du saint-père. Il était autorisé à concéder quelques points secondaires, mais à la condition qu'ils ne touchassent en rien aux maximes de la religion. L'embarras était de trouver une rédaction nouvelle qui conciliât autant que possible les exigences du premier consul et les scrupules de Pie VII. L'abbé Bernier assurait qu'il ne pouvait rien décider par lui-même, obligé qu'il était d'en référer chaque jour au général Bonaparte. Quant à Consalvi, il ne lui fut jamais permis d'envoyer un courrier pour informer ou consulter le pape, sous le prétexte qu'on devait nécessairement conclure le lendemain. En fait, les conférences durèrent vingt-cinq jours. Le secrétaire d'état de sa sainteté se plaignait beaucoup qu'on ne fît rien pour lui rendre ces négociations moins amères. — L'église ne faisait pas seulement, disait-il, les plus énormes sacrifices d'argent, de territoire, de prérogatives et de droits; elle avait en outre renoncé à mettre en avant, dans ces discussions, aucun objet temporel. — Jamais en effet Consalvi ne parla en son nom, soit du recouvrement des provinces perdues, soit d'aucune réparation pour les maux incalculables que l'église avait soufferts. Cependant ni cet évident esprit de conciliation, ni ce désintéressement absolu, ni l'empressement à lui donner toutes les satisfactions possibles ne purent décider le premier consul à se relâcher de ses premières prétentions. Afin de faire comprendre à Consalvi que, s'il n'arrivait pas à s'entendre avec le saint-siège, il pourrait bien se retourner de quelque autre côté, le premier consul avait donné aux évêques constitutionnels et aux prêtres assermentés, que d'ailleurs il ne goûtait guère, la permission de tenir à ce moment même un concile à Paris. Consalvi, trop habile pour s'en plaindre, et qui d'ailleurs avait pris le parti d'ignorer absolument l'existence de ce concile, sentait toute la portée de cette menace. Il était plein de troubles et d'angoisses, car, pour le saint-siége et pour lui, le prix de tant de sacrifices qui leur paraissaient si grands, la compensation à tant de concessions qui leur faisaient l'effet d'être excessives, c'était la certitude de l'extinction totale du schisme et la promesse que leur donnait le premier consul, si le concordat était signé, d'abandonner le clergé constitutionnel de la façon la plus solennelle et la plus authentique. Jusqu'au dernier moment, l'envoyé du saint-siége ne se considéra jamais comme assuré de mener à bien l'œuvre difficile dont il était chargé. Décidé à ne pas s'écarter d'une ligne des instructions qu'il avait reçues, effrayé surtout du caractère de celui qu'il appelle dans ses mémoires l'homme à la spontanéité réfléchie et le régulateur des destinées communes, il semble avoir plus d'une fois douté de la réussite définitive.

En cela, il se trompait. Bonaparte était beaucoup plus décidé à conclure qu'il ne lui convenait de le laisser voir. Il voulait seulement, comme à son ordinaire dans toutes les transactions qu'il a signées, se faire donner le plus possible et n'accorder presque rien en échange. Lorsqu'avec sa parfaite connaissance des hommes il eut, dans deux ou trois conférences personnelles avec Consalvi, reconnu jusqu'où il pourrait conduire le ministre de Pie VII et quelles limites celui-ci ne dépasserait jamais, son parti fut pris, car il apercevait plus clairement que qui que ce soit le parti que, pour sa fortune, il pourrait tirer du concordat. Les témoignages abondent sur les dispositions qui animaient alors le premier consul; elles étaient restées à Paris telles que nous les avons déjà signalées dans son allocution aux curés de Milan. Pour lui, la religion est un instrument politique, un moyen particulier et plus efficace qu'un autre de dominer les esprits et de se les attacher. On ne saurait sans injustice l'accuser d'athéisme. « C'est à l'intelligence, a dit très bien M. Thiers, qu'il appartient de reconnaître l'intelligence dans l'univers, et un grand esprit est plus capable qu'un petit de voir un Dieu à travers ses œuvres. Parfois ce vague sentiment de l'ordre admirable de la création se traduisait chez lui en paroles émues, lorsque par exemple, se promenant le soir dans le parc de la Malmaison avec un membre de son conseil d'état, il lui disait : « Je ne crois pas aux religions... Mais l'idée d'un Dieu !... » Et levant ses mains vers le ciel étoilé : « Qui est-ce qui a fait tout cela ? » Par momens les souvenirs de sa jeunesse et les habitudes de sa première éducation reprenaient quelque empire sur son imagination. Il parlait alors avec attendrissement de l'effet que, dans le silence de la nature, produisait sur lui le son de la cloche de la petite église de Rueil. C'étaient là pourtant de bien fugitives sensations. Il n'en garde le souvenir, il n'y attache d'importance qu'à cause du jour qu'elles lui fournissent sur l'influence toute-puissante que doivent exercer sur les autres des impressions auxquelles lui-même n'a pu se soustraire. S'il se propose de leur donner satisfaction, c'est surtout pour en profiter et s'en servir. Toutes ses conversations le montrent en proie à cette unique préoccupation. A M. de Bourrienne, son camarade d'enfance, il dit : « Vous verrez quel parti je saurai tirer des prêtres. » A M. de Lafayette, qui, prévoyant ses desseins, lui demande en badinant si la signature du concordat n'est pas le prélude de la cérémonie du sacre, il se contente de répondre : « Nous verrons, nous verrons. »

Avec ses plus intimes conseillers, il discutait l'affaire gravement, à fond et sous toutes ses faces; mais ce sont les raisons d'intérêt pratique et d'utilité immédiate, ce sont les avantages à retirer d'une intime alliance avec la religion catholique qui tiennent évidemment le premier rang dans son esprit. Passant en revue, selon son habitude, les différens partis à prendre, il n'a point de peine à leur démontrer que ce serait une duperie de s'entendre avec les évêques et les prêtres constitutionnels. Leur influence est en baisse; ils ne lui apporteraient aucune force. Tout au plus peut-on en menacer Consalvi. Se mettre à la tête d'une église séparée, se faire pape, lui, l'homme de guerre portant l'épée et les éperons, c'était tout simplement impossible. Voulait-on qu'il se rendît odieux comme Robespierre ou ridicule comme Laréveillère-Lepeaux? Protestantiser la France? On en parlait bien aisément. Tout n'était pas possible en France, quoi qu'on dît, et lui-même ne pouvait rien que dans le sens de ses aspirations véritables. Le catholicisme était la vieille religion du pays. Une moitié de la France au moins resterait catholique, et l'on aurait des querelles et des déchiremens interminables. Il fallait une religion au peuple; il fallait que cette religion fût dans la main du gouvernement. « Cinquante évêques, disait-il, émigrés et soldés par l'Angleterre, conduisent aujourd'hui le clergé français. Il faut détruire leur influence. L'autorité du pape est nécessaire pour cela. Il les destitue ou leur fait donner leur démission. On déclare que, la religion catholique étant celle de la majorité des Français, on doit en organiser l'exercice. Le premier consul nomme les cinquante évêques, le pape les institue. Il nomme les curés; l'état les salarie. Ils prêtent serment; on déporte les prêtres qui ne se soumettent pas, et l'on défère aux supérieurs ceux qui prêchent contre le gouvernement... Après tout, les gens éclairés ne se soulèveront pas contre le catholicisme : ils sont indifférens. Je m'épargne donc de grandes contrariétés dans l'intérieur, et je puis par le moyen du pape au dehors... Mais là il s'arrêta court (1). »

Telle était bien en effet, expliquée dans le bref et vif langage du premier consul, toute l'économie du concordat que l'abbé Bernier venait d'être enfin autorisé à signer avec le cardinal Consalvi. On voit ici, par son propre témoignage, quelle satisfaction cette importante transaction donnait dans le présent au nouveau chef du gou-

(1) *Mémoires sur le Consulat,* par un ancien conseiller d'état (Thibaudeau).

vernement français. On découvre même quel profit plus considérable encore il espérait en tirer dans l'avenir. Cependant il lui avait
bien fallu, pour la terminer, faire quelques concessions aux scrupules reconnus insurmontables du secretaire d'état de Pie VII.
L'idée seule de ces concessions lui était insupportable. N'y aurait-il
pas moyen de les mettre à néant, de reprendre en secret, n'importe à quel prix, ce qu'on avait solennellement accordé? C'est
cette dernière tentative, inopinement révélée dans ses moindres détails par Consalvi, qu'il nous reste à raconter. Elle est certainement
l'une des plus singulières à noter parmi les procédés peu avouables dont s'est jamais avisée la diplomatie la moins scrupuleuse.

C'est le 13 juillet que le premier consul avait fait déclarer au
cardinal Consalvi par l'abbé Bernier qu'il acceptait tous les articles
discutés. Il ne restait donc plus qu'à en dresser deux copies authentiques. L'abbé Bernier était chargé de s'informer si le secrétaire d'état
de sa sainteté entendait signer seul, auquel cas le premier consul,
déjà fort attentif à mettre en avant les membres de sa famille dans
toutes les occasions qui pouvaient leur donner du relief et de la popularité, se préparait à désigner son frère Joseph pour signer au nom
de la France. Si le cardinal comptait s'associer d'autres personnes
pour la signature, il était prié de les indiquer, afin que le gouvernement français pût en choisir lui-même un nombre égal et de pareille
importance. Consalvi nomma Mgr Spina et le théologien Caselli. Dans
la matinée du jour suivant, l'abbé Bernier vint annoncer que le premier consul avait nommé le conseiller d'état Cretet pour être l'egal
du prélat Spina, et lui-même, l'abbé Bernier, pour faire pendant au
père Caselli. Il ajouta qu'il ne lui semblait pas décent de procéder à
un acte aussi important que l'échange des signatures dans un lieu
public comme était l'hôtel où résidait le secrétaire d'état de sa sainteté; il lui proposait donc, et c'était le désir du premier consul, de
le conduire chez le citoyen Joseph, comme on disait alors, où s'accomplirait cette formalité. « Nous en finirons dans un quart d'heure,
ajouta l'abbé, n'ayant rien autre chose à faire qu'à donner six signatures, lesquelles, y compris les félicitations, ne demanderont
pas un temps si long; » puis il finit en montrant au cardinal le
Moniteur du jour, par lequel le gouvernement faisait connaître au
public (qu'on note cette circonstance) la conclusion du concordat.
On l'y annonçait dans ces termes : « Le cardinal Consalvi a réussi
dans l'objet qui l'a amené à Paris. » Le jour suivant était le 14 juillet, où se célébrait la plus grande fête patriotique de France. L'intention du premier consul, toujours d'après l'abbé Bernier, était
donc de proclamer, dans un dîner public de plus de trois cents couverts, l'heureuse nouvelle de la signature de ce solennel traité, qui

surpassait de beaucoup, par le rétablissement de la religion, l'importance du concordat passé entre François Ier et Léon X.

A quatre heures précises, comme il était convenu, l'abbé Bernier arriva en effet, un rouleau de papier à la main, qu'il dit être la copie du concordat à signer; Consalvi prit sa copie, et l'on se rendit chez Joseph. L'accueil du frère de Bonaparte au cardinal fut des plus courtois. Comme Bernier, il répéta : « Nous en finirons vite, n'ayant rien autre chose à faire que de signer, puisque tout est terminé. » Après quelques prétentions à signer le premier mises d'abord en avant par Joseph, puis retirées de fort bonne grâce, on mit la main à l'œuvre, et Consalvi tenait déjà la plume, quand il vit l'abbé Bernier, tirant de son rouleau la copie qu'il avait apportée, la lui offrir comme pour la faire signer sans examen. Quelle ne fut pas sa surprise lorsque, jetant machinalement les yeux sur les premiers mots, il en vint à s'apercevoir que ce traité n'était en aucune façon celui dont les commissaires respectifs étaient convenus entre eux et qui avait été accepté par le premier consul! C'était un autre concordat tout différent. Non-seulement cet exemplaire contenait le premier projet que le pape avait refusé d'accepter, mais on l'avait encore modifié en plusieurs endroits, on y avait même inséré certains articles déjà nombre de fois rejetés par la cour de Rome comme entièrement inadmissibles. Grand fut l'émoi de Consalvi en s'apercevant d'un si incroyable procédé, et tout de suite il déclara nettement qu'à aucun prix il ne pouvait accepter une rédaction contraire à tout ce dont on était précédemment convenu. L'étonnement de Joseph ne parut pas moins grand que le sien. Il arrivait de la campagne; le premier consul lui avait dit que tout était réglé et arrêté d'avance. Il ne savait rien du fond de l'affaire, et s'était cru appelé pour légaliser des conventions admises déjà de part et d'autre. Tout cela paraissait dit de la meilleure foi du monde. L'autre personnage officiel, Cretet, en affirmait autant; il protestait ne rien savoir au monde et ne pouvoir admettre les assertions de Consalvi sur la différence des rédactions, jusqu'à ce qu'on l'eût démontrée par la confrontation des deux copies. Bernier seul gardait un silence étudié. Sommé enfin par le cardinal de vouloir bien s'expliquer sur une chose qu'il savait si pertinemment, il avoua d'un air confus que c'était bien la vérité; « mais, continua-t-il en balbutiant, le premier consul l'avait ainsi ordonné en l'assurant qu'on est toujours maître de changer tant qu'on n'a pas signé. D'ailleurs, toutes réflexions faites, il exige ces articles parce qu'il n'est pas content des stipulations arrêtées. »

On devine combien il était facile à Consalvi de combattre une pareille théorie : il la repoussa avec indignation; mais ce dont il se montra surtout blessé, c'est du mode employé et de la surprise qu'on lui avait faite. De nouveau il protesta résolûment qu'il n'accepterait jamais l'acte qu'on lui présentait, et qui était expressément contraire aux volontés du pape. Sur ces paroles, Joseph intervint. Il appuya sur les conséquences fâcheuses d'une rupture de la négociation. Il fallait tout essayer pour s'entendre et commencer ce jour-là même séance tenante; cela était indispensable à cause de l'annonce mise dans les journaux et de la proclamation de la conclusion du concordat qui devait être faite au grand dîner du lendemain. « Il n'est pas difficile d'imaginer à quel degré d'indignation et de fureur (ce furent ses paroles textuelles) s'emporterait un caractère qui ne cédait à aucun obstacle comme celui de son frère, s'il devait paraître aux yeux du public avoir inséré dans ses propres journaux une fausse nouvelle sur un sujet d'une telle importance. »

Joseph suppliait donc le cardinal de tenter au moins, et cela immédiatement, un accommodement quelconque. Consalvi, touché des raisons qu'avait fait valoir le frère du premier consul et charmé de son air de sincérité parfaite, consentit à recommencer un nouveau travail, à la condition toutefois qu'on prendrait pour base le plan de concordat qu'il avait apporté lui-même, et non point la copie fautive de l'abbé Bernier. Ainsi fut fait. Il était cinq heures de l'après-midi, et la discussion s'ouvrit immédiatement. Ni les domestiques n'avaient été renvoyés, ni les voitures dételées, parce que de part et d'autre on espérait en finir promptement. Cependant toute la nuit s'y passa sans trêve ni repos, et le débat se prolongea jusqu'au lendemain à midi. Consalvi, qui paraît avoir gardé l'impression la plus pénible de ces dix-neuf heures de discussion continue et acharnée, nous assure qu'il ne saurait énumérer les terribles assauts qu'il eut à soutenir. A midi environ, toutes les questions agitées étaient à peu près résolues. Une seule restait sur laquelle Consalvi ne pouvait absolument, disait-il, donner satisfaction au premier consul, car cela dépassait ses pouvoirs; mais il proposait de l'omettre et d'en laisser au pape la décision ultérieure. Cela fut ainsi arrêté, et vers une heure Joseph partit pour les Tuileries sans cacher qu'il craignait d'en rapporter une réponse peu favorable.

Il revenait en effet, peu de temps après, révélant par son visage la tristesse de son âme. Le premier consul, en apprenant ce qui était arrivé, était entré, dit-il, dans la plus violente fureur. Dans l'impétuosité de sa colère, il avait commencé par déchirer en cent morceaux la feuille du concordat, puis à la longue, à force de raisons souvent répétées, de sollicitations et de prières instantes, il avait avec une indicible répugnance accepté tous les articles convenus; mais, à l'égard de celui laissé en réserve, il était finalement resté aussi inflexible qu'irrité. « Bref, il avait terminé l'entretien, ajouta Joseph, en le chargeant de dire au cardinal Consalvi que lui, Bonaparte, voulait absolument cet article tel qu'il l'avait fait rédiger dans l'exemplaire apporté par l'abbé Bernier. Ainsi le cardinal n'avait qu'un de ces deux partis à prendre, ou admettre cet article tel qu'il était et signer le concordat, ou rompre toute négociation, car il était décidé pour son compte, et dans le grand repas de cette journée, il entendait absolument annoncer ou la conclusion, ou la rupture de l'affaire. »

L'après-midi était maintenant assez avancée. Quelques heures restaient à peine à passer entre le moment où cette dernière sommation lui était si rudement signifiée et celui où devait avoir lieu ce pompeux dîner auquel, pour surcroît de malheur, le pauvre secrétaire d'état du saint-père était tenu d'assister. Ni Joseph, ni l'abbé Bernier, ni le conseiller d'état Cretet ne s'épargnèrent à lui faire sentir quelle responsabilité il assumait sur sa tête et à quelle réception il s'allait exposer de la part d'un homme tel que le premier consul. « J'éprouvais les angoisses de la mort, nous dit Consalvi; mais mon devoir l'emporta, et avec l'aide du ciel je ne le trahis point. »

Une demi-heure plus tard, Consalvi et ses deux compagnons arrivaient aux Tuileries. Tous les salons étaient pleins de ce même monde qu'il y avait, à sa grande surprise, rencontré déjà le jour de son arrivée. La plus grande partie de l'entourage officiel des consuls, presque tous les grands fonctionnaires de l'état, les principaux généraux et en particulier les aides-de-camp du général Bonaparte, les hommes admis dans son intimité, les femmes même dont il faisait sa société habituelle, n'étaient, on le sait, rien moins que bien disposés à cette époque pour les idées qui attendaient de la conclusion du concordat une satisfaction particulière. Ce n'était point la coutume du nouveau chef du gouvernement français, dans les grandes résolutions qu'il avait à prendre, de se laisser en rien influencer par les sentimens de ceux au milieu desquels il vivait. Son coup d'œil portait plus loin, et sa volonté se déterminait par des motifs sur lesquels l'inclination d'autrui avait bien peu de prise. Cette fois pourtant il ne lui déplaisait pas de montrer à ces personnages, la plupart ou indifférens ou sceptiques, quelques-uns athées de profession, qui lui faisaient cortège, à quel point il était loin, quoi qu'on en ait dit, de céder à un entraînement puéril vers ces croyances religieuses qui passaient dans la belle compagnie du temps pour une marque certaine de faiblesse d'esprit. La passion du moment, le calcul, un certain besoin de se venger de celui qui le tenait en échec, qui sait? un dernier espoir peut-être de le vaincre en lui faisant une scène publique, tout concourait dans ce moment à agiter violemment le premier consul. Ce fut donc le visage enflammé et du ton le plus élevé et le plus dédaigneux qu'apercevant Consalvi : « Eh bien ! monsieur le cardinal, vous avez voulu rompre ! Soit. Je n'ai pas besoin de Rome. Je n'ai pas besoin du pape. Si Henri VIII, qui n'avait pas la vingtième partie de ma puissance, a su changer la religion de son pays, bien plus le saurais-je faire et le pourrais-je, moi ! En changeant la religion, je la changerai dans presque toute l'Europe, partout où s'étend l'influence de mon pouvoir. Rome s'apercevra des pertes qu'elle aura faites. Elle les pleurera, mais il n'y aura plus de remède. Vous pouvez partir : c'est ce qu'il vous reste de mieux à faire. Vous avez voulu rompre,... eh bien ! soit, puisque vous l'avez voulu. Quand partez-vous?... — Après dîner, général, » répliqua Consalvi d'un ton calme.

Ce peu de mots fit faire un soubresaut au premier consul. Il regarda fixement son interlocuteur, qui, profitant de son étonnement, essaya doucement d'expliquer qu'il n'était pas libre ni d'outrepasser ses pouvoirs ni de transiger sur des points contraires aux maximes que professait le saint-siège. Mettant le doigt sur la véritable difficulté, celle qui avec Bonaparte, depuis le commencement de sa carrière jusqu'à la fin, ne cessa jamais d'être dans les matières religieuses l'obstacle invincible, il essaya d'expliquer à cet homme qui non-seulement embrassait dans sa compréhension, mais devinait toutes choses, il essaya, dis-je, de lui faire admettre qu'il y avait telle chose que la conscience, et que dans les affaires ecclésiastiques on ne pouvait pourtant pas faire ce qu'on faisait. dans les affaires temporelles en certains cas extrêmes. — Et puis, ajouta-t-il doucement, il n'était pas juste de prétendre qu'il eût cherché à rompre du côté du pape, puisqu'on s'était mis d'accord sur tous les articles à la réserve d'un seul. Pour celui-là, il avait demandé qu'on consultât le saint-père, et ses propres commissaires à lui n'avaient pas rejeté cette proposition. Nous ne savons rien de l'effet produit par cette douce réponse de Consalvi sur le groupe de curieux qui environnait les deux interlocuteurs. Sur Bonaparte lui-même, elle n'en produisit ou du moins parut n'en produire aucun. « Ce n'était pas sa manière de laisser rien d'imparfait. Il lui fallait le tout, ou rien. » Consalvi de répéter qu'il n'avait pas de pouvoirs pour accorder cet article. Bonaparte reprit très vivement qu'il l'exigeait tel quel, sans une syllabe ni de.moins ni de plus. « En ce cas, je ne le signerai jamais. — C'est bien pour cela que je vous dis que vous avez cherché à rompre, et que je considère l'affaire comme rompue. Rome s'en apercevra, et versera des larmes de sang sur cette rupture. » Telle fut la fin de la conversation.

Après dîner, Consalvi eut un autre assaut à soutenir. C'était le
comte de Cobentzel, ministre d'Autriche, qui s'était chargé de le
lui livrer. Rien de plus curieux dans l'histoire des rapports de l'Autriche moderne avec la France sortie de la révolution que de la
voir de temps à autre, quand un pouvoir redoutable est solidement organisé à Paris, s'épuiser en obligeans efforts pour accommoder doucement au cou des autres un joug qui doit ensuite
retomber bien autrement pesant sur sa propre tête. M. de Cobentzel, consterné de ce qu'il avait entendu, ne faillit point à jouer en
cette circonstance, avec un zèle singulier, un rôle qui paraît devoir
devenir de plus en plus familier aux diplomates de son pays. Reprenant le thème effrayant de la France rendue protestante, ce
thème dont Bonaparte faisait si bonne justice avec ses familiers, il
ne dépeignit que trop éloquemment, dit Consalvi, les conséquences
qui ne pouvaient manquer d'en résulter pour la religion, pour l'é-
tat, pour l'Europe. Cependant le comte de Cobentzel était au mieux
avec Joseph, bien disposé lui-même, comme nous l'avons dit. C'é-
tait un véritable homme de cour, plein de politesse, d'esprit et de
bonne grâce. Il manœuvra si bien après le dîner, que le premier
consul, non sans quelque résistance, finit par accorder qu'une dernière conférence aurait lieu pour voir s'il y aurait moyen d'arranger les choses; mais si on se séparait sans conclure, la rupture devait être regardée comme définitive, et le cardinal pouvait partir.
Du reste, et ce furent ses dernières paroles au comte de Cobentzel
et à Consalvi, il voulait absolument que l'article en question restât
tel quel; il n'y admettrait aucun changement, et là-dessus il leur
tourna le dos.

Un rendez-vous fut donc pris pour le lendemain à midi chez
Joseph. A quoi bon une nouvelle conférence pour arriver à une
conciliation, se disait Consalvi, puisque d'avance le premier consul
se refusait au moindre changement? Cela impliquait contradiction.
Cependant la bonne volonté du frère du premier consul était évidente. Peut-être avait-il de secrètes instructions. En tout cas, c'é-
tait son devoir de se prêter à tout ce qui était possible. Le plus
dur pour Consalvi fut de découvrir que dans la question controversée ses propres collègues étaient tout disposés à l'abandonner. Il
leur fit toutefois promettre qu'ils soutiendraient, d'accord avec lui,
la lutte sur les principes, et qu'ils ne céderaient qu'à la dernière
extrémité. L'article en discussion était le premier du concordat,
celui qui regardait la publicité de l'exercice du culte. En principe,
le gouvernement français l'accordait. Il y mettait cette restriction,
que l'exercice du culte aurait lieu conformément aux réglemens de
police. Cela paraissait raisonnable en soi. Consalvi n'acceptait pas

la restriction, ou plutôt, car c'était un homme sensé, il demandait à ajouter une restriction à la restriction elle-même. Il voulait qu'il fût dit que ces règlemens de police seraient uniquement de la nature de ceux que réclame la tranquillité publique. Cela, le premier consul ne voulait pas le mettre au traité, car il avait ses projets, qu'ont révélés plus tard les articles organiques. De part et d'autre on disputa beaucoup, sans se mettre d'accord. « Ou vous êtes de bonne foi, finit par dire Consalvi, en affirmant que le motif qui force le gouvernement à imposer au culte catholique la restriction de se conformer aux règlemens de police est le besoin impérieux du maintien de la tranquillité publique, et alors pourquoi ne pas le dire dans l'article lui-même? ou bien il y a d'autres raisons, qu'on n'avoue point, à cette restriction, qu'à dessein on veut laisser vague et indéfinie, et j'ai alors le droit de craindre que le gouvernement n'entende assujettir ainsi l'église à ses volontés. »

C'est pourquoi il résistait à cette prétention. On était fort perplexe. À la proposition de rapporter l'état des choses au premier consul, Joseph répondit : « Je connais trop mon frère pour n'être pas assuré d'avance que, s'il est consulté sur ce point, il se refusera à l'addition demandée par le cardinal. L'unique moyen de la lui faire recevoir, quoique je ne promette pas de réussir, c'est de lui porter la chose toute faite. Je veux le bien, par conséquent la conclusion du concordat, et je me crois obligé de dire loyalement ce que je pense. » Il fallait donc signer dans cette même soirée. Quant à l'indignation que pourrait en concevoir le premier consul, c'était lui, comme son frère, qui pouvait s'y exposer avec le moins de danger. Cette déclaration mit fin à la discussion, mais non point encore à la séance. On se mit à dresser deux copies des articles adoptés. Il était minuit quand ce travail fut fini. Joseph, en prenant congé du cardinal, lui donna à entendre que, somme toute, il espérait, la chose étant faite, que son frère ne voudrait pas la défaire, à quoi Consalvi répondit que, dans le cas d'un refus, il ne signerait pas l'article pur et simple, et qu'il partirait, quoi qu'il pût advenir.

Le lendemain, Joseph fit savoir au cardinal Consalvi que le premier consul avait été très courroucé de l'article amendé, qu'il avait d'abord refusé de l'approuver à aucun prix, mais qu'enfin, grâce à ses instances et à ses peines infinies, grâce surtout à de plus sérieuses réflexions sur les conséquences de la rupture, son frère, après une longue méditation et un long silence (que les faits postérieurs expliquent suffisamment), avait accepté le texte amendé de l'article et ordonné qu'on fît part de cette résolution au ministre du saint-père.

Ainsi finirent les laborieuses negociations du concordat. Le pre-

mier consul les avait inaugurées par un essai d'intimidation; la
ruse était venue plus tard. Ni l'intimidation ni la ruse ne lui
avaient suffi pour se faire du premier coup cette part du lion qu'il
aimait à s'attribuer en toutes choses. De là une légère humeur;
mais ce qui était différé n'était pas perdu. Déjà même il préparait dans sa tête les moyens de reprendre, et au-delà, le terrain
qu'il avait dû momentanément abandonner. Somme toute, il était
content. Consalvi l'était aussi. Tous deux avaient raison, et le public en général partageait leur satisfaction. La sensation fut immense dans Paris et dans toute la France quand on apprit qu'un
traité venait d'être signé sur les matières religieuses entre l'homme
qui disposait des destinées de la république française et le chef de
l'église de Rome. Quant à l'effet immédiat et pratique qui en ré-
sulta pour le plus grand bien de la religion catholique, il y a des
appréciations exagérées et contraires dont il faut savoir également
se garder. Le général Bonaparte avait trop embelli les choses lorsqu'une année auparavant il avait fait passer devant les yeux ravis
des curés de Milan le tableau d'une France redevenue tout à coup
chrétienne, et partout empressée à courir pieusement au-devant de
ses anciens pasteurs rendus à son amour. Si de telles scènes avaient
effectivement eu lieu dans quelques rares contrées, la vérité n'en
était pas moins qu'il régnait en fait de cultes, dans la plupart des
grandes villes, des chefs-lieux de départemens, des petites bourgades, et surtout dans les communes rurales de France, le plus
inextricable désordre. Changemens continuels, obscurité intention-
nelle dans la législation, contradiction évidente entre le droit reconnu à chaque individu de manifester sa croyance comme il l'entendait et le pouvoir remis aux autorités locales de réglementer
l'exercice extérieur des cultes, c'était un dédale d'incohérences.
Cependant, la liberté étant après tout le point de départ et le mouvement de retour vers les idées religieuses étant réel, sincère et
doué à ce moment d'une vitalité singulière, le vieux culte national,
le culte de l'église catholique, apostolique et romaine, celui que le
concordat déclarait être le culte de la grande majorité des citoyens
français, en avait profité plus qu'aucun autre, et ses ministres, ren-
trés de l'exil ou sortis des retraites où ils avaient dû cacher leurs
têtes, s'étaient montrés partout à la hauteur de leur tâche. Ils n'a-
vaient pas attendu la convention passée avec le pape pour reprendre
leur mission. C'est donc calomnier presque ces saints prêtres, c'est
leur enlever leurs plus beaux titres à la vénération publique, c'est
méconnaître étrangement les faits que d'aller répéter aujourd'hui,
en puisant des phrases toutes faites dans les harangues officielles
du temps, qu'en signant le concordat, Bonaparte releva les autels

abattus. Les autels étaient déjà relevés. Une statistique administrative de l'époque constate que le culte était rétabli dans quarante
mille communes. La conséquence véritablement importante du concordat, c'était la reconstitution, entreprise de compte à demi avec
celui qui réédifiait alors toutes choses, de la puissante hiérarchie
de l'église catholique. Cette église, reconstituée et soldée par lui,
allait avoir à se préoccuper desormais beaucoup moins des sentimens de l'opinion publique et beaucoup plus de la volonté de
l'état. A première vue, la différence ne lui semblait pas bien grande
à elle-même, et de fait elle ne l'était guère, car ces deux grandes
puissances marchaient alors ensemble. Les premiers fruits de l'alliance qui lui était offerte étaient d'ailleurs fort loin de lui déplaire.
A peine la conclusion du concordat fut-elle devenue probable, que,
sur une demande de l'abbé Bernier, le premier consul avait prié les
évêques constitutionnels de ne pas prolonger le concile qu'il les
avait autorisés à tenir. Ils s'étaient séparés sans plainte et de bonne
grâce. Le concordat signé, et sans avoir besoin, nous le croyons,
d'y être excité par personne, il fit savoir le 6 août au ministre de
la police, Fouché, « qu'il eût à faire connaître aux journalistes, tant
politiques que littéraires, qu'ils devaient s'abstenir de parler de tout
ce qui pouvait concerner la religion, ses ministres et ses cultes divers (1). » Cette recommandation adressée aux journalistes était aux
yeux du premier consul comme le *post-scriptum* indispensable du
concordat. Après avoir rétabli l'ordre, il prescrivait maintenant le
silence. L'ordre et le silence durèrent, comme il l'avait voulu; la
suite de ce travail fera malheureusement voir qu'ils ne suffirent
point à maintenir l'accord entre les contractans.

O. d'Haussonville.

(1) *Correspondance de l'empereur Napoléon*, t. VII, p. 215.

DÉCEMBRE

CHANSONS ET POÈMES.

———————

Voici décembre en deuil sous son crêpe de givre,
Voici l'ombre et la nuit, ces deux vivantes morts ;
Le passant qui se hâte entend comme un remords
La mendicité blème en suppliant le suivre.

Voici décembre en fête et les grelots de cuivre
Du carnaval sans frein, comme un cheval sans mors ;
Voici les folles nuits et l'heure où tu nous mords,
O rage d'oublier que nous appelons vivre !

Le soleil est avare et les pauvres sont nus.
Ils ont fui, les longs jours qui sont autant de trèves.
Les champs n'ont plus de fleurs ; l'esprit n'a plus de rêves.

Cependant, aux tiédeurs de souffles inconnus,
S'ouvrent discrètement dans l'âme et dans la mousse
La douce violette et la charité douce.

LA BELLE GELÉE.

Allons ! le rimeur diligent !
Tes vitres ont des fleurs d'argent
Que midi cueille goutte à goutte,
Le soleil est de fin acier,
Il gèle à fendre un créancier,
    En route !

Chansons aux dents, bâton en main,
Du talon frappant le chemin,
A travers la bise et le givre,

S'en aller par vaux et par monts,
Buvant le ciel à pleins poumons,
    C'est vivre!

Allons toujours, allons là-bas!
Allons jusqu'où l'on ne va pas,
Toujours plus loin, plus loin encore,
Vers ce pôle, éternel aimant,
Où rayonne éternellement
    L'aurore!

L'hiver est brutal, Dieu merci!
Il me plaît qu'il en soit ainsi
Et que rien ne reste de même.
Aujourd'hui blanc et demain vert,
Je le veux bien! J'aime l'hiver,
    Je l'aime!

L'hiver est le temps des efforts,
L'hiver est la saison des forts;
Tout combat, le torrent et l'arbre :
L'un s'est mis nu comme un lutteur,
L'autre a l'air d'un gladiateur
    De marbre.

Belle, nous n'irons plus au bois;
Adieu les chansons d'autrefois
Et la blonde houle des seigles!
La terre n'a plus que les os,
Les chiens sont des loups, les oiseaux
    Des aigles!

Adieu jusqu'au printemps vermeil!
Le grand Pan dort son grand sommeil.
Las de l'amour, saoûl de la fête,
Enroulé dans son blanc linceul,
Ton cauchemar l'agite seul,
    Tempête!

Car c'est du fouet des tourbillons,
C'est des nuages, ces haillons,
C'est de l'éclair, cette couleuvre,
C'est de ce qu'on craint et qu'on hait,
C'est de tout cela que Dieu fait
    Son œuvre.

Jusqu'à ce qu'il ait dit : Assez!
Que du sang des soleils blessés
Il empourpre les aubes molles,
Qu'il reprenne à la neige en pleurs
Ces beaux diamans dont les fleurs
    Sont folles.

O jours! ô nuits! Étés! hivers!
Lourd pendule de l'univers,
Et vous, flux et reflux de l'onde,
Action et réaction,
Immense respiration
    Du monde!

Puisque tout a ce cours fatal,
Puisque l'œuf du bien c'est le mal,
Que tu veux que la créature
Soit ton maître et non ton amant,
Et qu'on te force incessamment.
    Nature!

Voyons qui sera le vainqueur!
La lutte est le tremplin du cœur.
Vous, timides, restez dans l'arche.
Quant à nous, dehors et devant!
Et par la froidure et le vent
    En marche!

COIN DU FEU.

Si vous voulez, ce soir nous resterons chez nous,
Tout seuls, au coin du feu; nous mettrons les verrous;
    Frappe qui peut, que nous importe?
Donnons-nous une fête, à deux, un impromptu;
Recevons le bonheur. « On s'aimera. » Veux-tu?
    Ouvrons nos cœurs, fermons la porte.

Si tu le veux, ce soir nous parlerons d'amour,
Tous les deux à la fois, ou bien non, tour à tour;
    Je gagne plus à ces échanges :
Tu me diras comment, tu me diras pourquoi,
Et tu m'emmèneras voyager avec toi
    Dans ton âme, au pays des anges.

Si tu le veux, j'irai me mettre à tes genoux,
Et te conter si bas de ces contes si doux

Que tu rougis comme l'aurore,
Et gare aux baisers drus pillant les cheveux blonds
Comme un essaim d'oiseaux qui, dans les blés profonds,
S'abat, turbulent et sonore!

Oh! tu me laisseras te prendre dans mes bras
Et te donner cent noms! Oh! tu me laisseras
Contempler cent fois ton visage,
Dire je ne sais quoi venant je ne sais d'où,
Te prouver follement que j'aime comme un fou,
Comme un fou, c'est-à-dire un sage.

Et puis je t'apprendrai, si tu le veux, ce soir,
Bien des choses, enfant, que tu ne peux savoir;
Mon passé sera notre livre;
Nous y regarderons ce que l'on fait là-bas,
Bien loin, dans ces pays où les gens n'aiment pas,
Et comme on vit avant de vivre.

Vois-tu, l'âme en naissant est un jardin bien beau,
Mais d'abord les devoirs y tracent au cordeau
De larges routes dans la mousse;
Plus tard les passions, les haines, les douleurs
Saccagent les massifs et piétinent les fleurs...
Ne crains rien, va, cela repousse...

Et par bonheur, sans quoi ce serait trop amer,
Les cœurs vont à l'amour comme l'onde à la mer,
Mais le cours n'en est pas le même :
L'un suit nonchalamment ses méandres fleuris,
L'autre, comme un torrent qui brise... Tu souris,
Tu ne me comprends pas, — je t'aime!

Que nous fait tout cela? Pourquoi nous souvenir?
A quoi bon le passé quand on a l'avenir?
Le midi n'a pas d'ombre noire;
On se souvient alors que le front a pâli.
Oublions, oublions! Les jeunes ont l'oubli,
Comme les vieux ont la mémoire.

Si tu le veux, ce soir restons sans nous parler,
Laissons le feu languir et nos rêves aller,
Radieux, écoutant de l'heure
La voix d'argent compter les pas silencieux,
Et ta main dans ma main et tes yeux dans mes yeux...
Et tant pis pour moi si je pleure!

Puis, après bien longtemps, quand il sera si tard
Que la lampe en mourant n'aura plus de regard,
      Le foyer muet plus de flamme,
Alors... eh bien... alors... avec votre agrément,
Nous nous retirerons dans notre appartement...
      Plus tôt, si vous voulez, madame.

LA TOMBE.

J'y suis retourné l'autre fois,
— C'était le jour, c'était le mois, —
Et la neige couvrait la terre.
Un fossoyeur chantait au loin,
Une fleur brillait dans un coin,
Comme un sourire du mystère;
J'ai soulevé son blanc linceul,
Et, regardant si j'étais seul,
J'ai baisé la fleur solitaire.

Et, comme à travers ces chemins,
Où les ronces semblent des mains,
J'allais, interrogeant mon âme,
Je vis passer tout près de moi
Un convoi de pauvre, un convoi
D'un enfant suivi d'une femme

Bien âgée et pleurant bien fort
(C'était son aïeule peut-être).
Avec les porteurs et le mort,
Elle était seule. — Pas de prêtre.

Hélas! du mort ou du vivant
Lequel a besoin de prière,
De celui qui s'en va devant,
De celui qui s'en va derrière?

Les hommes noirs pressaient le pas
(Cette bière était si petite),
Et la vieille avec des hélas!
Se hâtait pour aller plus vite :

« Jésus! Seigneur! est-ce bien toi,
Est-ce bien toi que l'on emporte?
C'est donc vrai que ma fille est morte,
C'est fait de moi, c'est fait de moi!

« Mais faut-il être abandonnée?
Une enfant..., Comprend-on cela?
Avant-hier, dans la journée,
Elle jouait... et la voilà!

« Et si câline et si gentille,
O mon trésor, ô mon amour!
Moi qui la grondais l'autre jour!...
O ma chère petite fille!

« Elle allait avoir ses huit ans,
Ces choses-là sont bien étranges..,
Pourquoi nous prend-il nos enfans,
Le bon Dieu, puisqu'il a ses anges? »

Et toujours plus vite en montant
(Cette montée est un calvaire),
Les hommes marchaient, et la mère
Toujours suivait en haletant :

« Comme s'il n'en était pas d'autres,
Des petits riches, ceux enfin
Des gens dont le cœur n'a pas faim,
Sans aller nous prendre les nôtres!

« Ah! je ne t'aimais pas assez!
Tous nos bonheurs sont faits de même;
Quand on les voit, ils sont passés...
C'est toujours après qu'on les aime.

« Sa mère est morte en la laissant,
Puis c'est mon fils qui l'a suivie,
Et voilà son tour à présent!
C'est par morceaux qu'on perd la vie.

« N'est-ce pas de quoi blasphémer!
Quoi! Dieu vous dit de les aimer,
A les aimer on s'habitue,
Et quand c'est fait, il vous les tue!

« Mais tu ne m'as pas dit adieu,
Mais je te vois encor sourire,
Tu n'es pas morte, on a beau dire,
Ce n'est pas vrai, mon Dieu! mon Dieu! »

Et le convoi tourne l'allée.
Le cœur en sang, les yeux en eau,

La pauvre aïeule désolée
Poursuivit sa course au tombeau.

Et tout me revint en mémoire,
Tout, jusqu'au lourd balancement
De l'horrible voiture noire,
Tout mon passé sombre et dormant.

Je songeai que j'avais comme elle
Dit ce poème des sanglots
Dont on peut bien changer les mots,
Mais dont la phrase est éternelle,

Et que trois fois, comme elle aussi,
Accompagnant les miens ici,
J'avais monté cette avenue,
Et que la route m'est connue.

Le premier que je vis mourir,
(J'étais trop jeune pour souffrir,
On souffre à l'âge où l'on espère),
Je le pleurai, c'était mon père.

Le deuxième (je le revois),
C'était mon frère cette fois;
Je l'embrassai, calme et farouche,
Doute au cœur, blasphème à la bouche.

Mais le jour où Dieu me la prit
(La troisième fois c'était elle,
Elle, ma mère!), j'ai souri
Et j'ai dit : L'âme est immortelle!

Depuis elle, depuis ce temps,
Je n'ai plus ni pleurs ni colère,
Et je ne souffre plus, — j'espère,
Et je ne doute plus, — j'attends.

LA NEIGE.

(BERCEUSE).

Fleurs d'amandier et fleurs de neige,
Jours de décembre et jours d'avril,
Le printemps, quand reviendra-t-il?
　　　　Hélas! que sais-je?

Décembre est noir, avril est clair...
Ma bien-aimée est dans la chambre.
Les papillons volent dans l'air,
Les papillons blancs de décembre.

Avril est clair, décembre est noir.
(Oh! chére enfant, comme je t'aime!)
Qui veut la voir, la neige blème?
    Qui veut la voir?

Édredon chaud pour l'avalanche,
Duvet plus fin pour le bas-lieu...
La bien-aimée est au milieu
Du lit blanc dans l'alcôve blanche.

Sur le sein nu des prés bombés,
Sur les épaules des collines,
Tombez, flottantes mousselines,
    Tombez, tombez!

Voici la nuit sourde et muette,
Plus d'amour et plus d'alouette!
Voici l'hiver muet et sourd,
Plus d'alouette et plus d'amour!

Bonsoir à la source endormie,
Les yeux de glace sont fermés...
Dors, mon amour, allons, dormez,
    Ma belle amie.

Le verglas polit les caillous,
Le givre fait de la dentelle,
La neige lente, que fait-elle?
Ma belle amie, endormez-vous.

Fleurs d'amandier et fleurs de neige,
Jours de décembre et jours d'avril,
Le printemps, quand reviendra-t-il?
    Hélas! que sais-je?

ÉDOUARD PAILLERON.

CHRONIQUE DE LA QUINZAINE

30 avril 1865.

Les nouvelles des États-Unis nous ont apporté en quinze jours la plus grande consolation politique que l'opinion libérale ait reçue depuis quinze ans dans le monde, et aussi une des plus vives douleurs que la tragédie des choses humaines puisse causer à ses spectateurs émus.

La douleur est venue la dernière. M. Lincoln, qui pendant quatre années avait soutenu, au milieu des plus difficiles et des plus cruelles épreuves qu'une nation puisse traverser, la fortune de tous côtés mise en péril de la république démocratique et libérale des États-Unis, M. Lincoln, qui avait avec une si tranquille fermeté d'âme sauvé son pays de la calamité d'une dissolution intérieure, M. Lincoln, qui venait d'assister aux dernières victoires par lesquelles a été assurée l'intégrité de la république américaine, M. Lincoln, qui entrevoyait maintenant le bienfait de la paix civile restaurée et appliquait déjà sa pensée honnête et scrupuleuse à l'œuvre de la réconciliation des partis et de la réorganisation de la grande patrie américaine, M. Lincoln est tombé tout à coup sous le pistolet d'un assassin fanatique. Un atroce complot qui voulait anéantir à la fois la pensée et le bras du gouvernement américain, qui voulait frapper au même moment le général Grant, M. Seward et M. Lincoln, n'a point manqué la plus élevée des victimes qu'il avait désignées, et a obtenu l'horrible succès de tuer le président de la république.

Un mouvement universel de stupeur, d'indignation et d'affliction a répondu à ce forfait. L'Europe, les États-Unis le sauront, n'a pas été moins émue qu'eux-mêmes du crime sous lequel leur chef a succombé. Des sentimens et des préoccupations de plusieurs sortes se sont mêlés dans cette surprise douloureuse. On a été comme foudroyé du contraste soudain qui plaçait une telle catastrophe au lendemain des grandes et décisives victoires obtenues par le gouvernement américain. On s'est trouvé à l'improviste en face de l'inconnu; on s'est demandé avec anxiété ce qu'une telle perte allait susciter d'embarras à l'œuvre de la réconciliation américaine, à quelles mains allait passer le pouvoir suprême, quelles violences et quelles représailles amènerait peut-être la détestable provocation de l'assassinat politique; mais cet étonnement, ces doutes, ces craintes, ont été dominés dans la conscience des communautés européennes par l'élan de sympathie qui s'est porté vers la noble et généreuse victime. La douleur générale s'est soulagée spontanément pour ainsi dire en essayant de rendre justice aux mérites et aux vertus de M. Lincoln. Certes, chez quelques-unes des grandes nations et dans plusieurs régions gouvernementales de l'Europe, on avait été loin d'être équitable depuis quatre ans envers M. Lincoln et ses plus dévoués collaborateurs. La mort semble avoir révélé à tous ce que valait cet honnête homme : elle a appris aux indifférens et aux inattentifs eux-mêmes la perte que faisait en lui la cause de la probité politique et de l'humanité. L'opinion a eu des torts envers M. Lincoln vivant; on dirait qu'elle fait un effort religieux pour les réparer devant sa mort.

Ce spectacle est d'une haute moralité. Qu'était-ce que le dernier président lorsque l'élection le porta au pouvoir suprême, et lorsqu'éclata la guerre civile qui semblait devoir produire la dissolution des États-Unis? La biographie de M. Abraham Lincoln était alors déjà connue; mais elle n'était pas de celles qui appellent sur leur héros l'admiration de nos foules européennes ou les sympathies exclusives de nos cercles raffinés. Bien de brillant dans la carrière de l'homme, aucun des prestiges qui s'attachent au talent éprouvé. La seule chose extraordinaire que présentât la vie de M. Lincoln était son élévation au premier poste de l'état, et cette élévation même était une cause de surprise et de défiance. Avec les préjugés dont nous sommes pétris dans notre vieille Europe, combien peu de gens étaient en état de comprendre que celui qui avait commencé la vie en ouvrier illettré pût devenir le chef éclairé d'une nation de trente-cinq millions d'âmes? Nous ne connaissons en Europe en matière politique que les éducations lentes qui se font par les traditions de classes, par les surnumérariats administratifs, par les longues cultures littéraires. Vieux classiques politiques, nous ne nous doutons point que la plus rapide et la plus robuste des éducations, si peu élégante et gracieuse qu'en soit la forme, est, sous un régime affranchi de toute entrave sociale factice, celle de la vie privée militante et laborieuse, unie à la vie politique pratiquée à travers les institutions libres. M. Lincoln était donc un ancien ouvrier, un *rail-splitter,* qui s'était instruit lui-même, s'était mis en état de devenir clerc d'avoué, puis avocat, et qui avait parcouru les divers échelons des fonctions politiques plus facilement qu'il n'était monté du travail manuel à l'exercice d'une profession libérale. Il arrivait du rude ouest, enfant mal dégrossi de ses œuvres, absolument dépourvu de la suffisance, des belles manières et du lustre qui accompagnent le *politician* exercé, le spéculateur heureux des cités commerçantes, le planteur gentilhomme des états du sud. Ses amis et lui parvenaient pour la première fois à la direction des affaires. Le pouvoir avait été depuis longtemps le monopole de la coalition sudiste et démocrate dont ils venaient de triompher, et il semblait qu'il n'y eût d'hommes d'état reconnus en Amérique que ceux qui avaient été les chefs de cette coalition. Ses propres principes n'étaient pas assez nettement fixés pour édifier pleinement l'opinion sur sa politique future. Il semblait qu'il dût porter dans le gouvernement cette sorte d'hésitation et de gaucherie qu'il avait dans sa personne. C'était même à cause de ce qu'il y avait en lui d'un peu confus et d'effacé qu'on l'avait préféré aux candidats mieux connus du parti républicain, au brillant et aventureux général Fremont, à l'éloquent et habile M. Seward. En un mot, M. Lincoln n'était point de ces hommes qui ajoutent au pouvoir dont ils sont investis une force et un éclat acquis d'avance et qui leur soient personnels; il était de ceux au contraire qui empruntent leur grandeur et leur prestige à la tâche dont ils sont chargés, aux devoirs qu'elle leur impose, à la façon dont ils remplissent ces devoirs. Il n'était pas, grâce à Dieu, de cette famille des grands hommes de l'ancien monde de qui il a été dit : « Il est heureux que le ciel en ait épargné le nombre au genre humain. Pour qu'un homme soit au-dessus de l'humanité, il en coûte trop cher à tous les autres. » Mais aux premières paroles, aux premiers actes de M. Lincoln, on put aisément pressentir qu'il serait porté par sa mission et ne serait point au-dessous de sa situation. M. Lincoln parut prendre pour règle de conduite dès le principe une loi dont l'observation glorifie les simples et grandit les humbles : il chercha la direction que lui indiquait le devoir simple, le devoir prochain, le devoir étroit, celui qui se révèle et s'impose immédiatement, et que l'on ne crée point pour ainsi dire par un effort et un caprice d'induction philosophique. M. Lincoln prit le gouvernement, décidé, selon une expression commune dont sa vie et sa mort font comprendre toute la beauté, à être l'esclave du devoir. On se souvient des circonstances au milieu desquelles il arriva en 1861 à Washington pour prendre la présidence. Il venait d'échapper à des tentatives d'assassinat; la cause de l'intégrité des États-Unis n'avait alors que les plus débiles défenseurs, et le commandant en chef de ce temps-là, le vieux général Scott, crut avoir remporté un beau triomphe en maintenant dans la capitale assez d'ordre pour rendre possible la cérémonie de l'inauguration du nouveau président. M. Lincoln montra tout de suite qu'à ses yeux le devoir simple, direct et prochain était le maintien de l'Union et de l'intégrité de sa patrie. Il serra la ligne tracée par ce devoir d'aussi près que possible. Il fallait enlever tout prétexte à ceux qui préparaient et proclamaient la séparation des états du sud; le prétexte allégué par les partisans de la séparation était le dessein qu'ils attribuaient au parti républicain arrivé au pouvoir d'imposer violemment aux états du sud l'abolition de l'esclavage. M. Lincoln, la suite l'a fait voir, éprouvait assurément la répugnance de tout esprit éclairé et de toute conscience droite contre cette institution de l'esclavage que les fanatiques du sud ne craignaient point d'ériger depuis tant d'années en une institution de droit divin; mais le devoir simple, direct et par conséquent supérieur du président des États-Unis était de conserver l'Union avant de travailler à l'abolition, d'être unioniste avant d'être abolitioniste. M. Lincoln se montra donc prêt, si l'Union était conservée, à laisser à ses adversaires toutes les chances des compromis honorables sur la question de l'esclavage. Combien cette modération ne lui fut-elle pas reprochée alors! Aux yeux des uns, c'était l'affaiblissement de la cause du nord, le désaveu des sympathies généreuses du monde acquises au gouvernement qui entreprendrait franchement et radicalement l'œuvre de l'abolition; aux yeux des autres, c'était une politique oblique et perfide, qui dissimulait son objet final par des manœuvres procédurières. La guerre éclata, les impétueux Caroliniens chassèrent du fort Sumter la petite garnison fédérale et insultèrent les *stars and stripes* du drapeau national. La masse du peuple américain ressentit avec une émotion profonde cette injure; les états du sud proclamèrent la séparation, et la lutte fut engagée. M. Lincoln résista encore aux entraînemens d'une situation si violente; il maintint pendant de longs mois la cause de l'Union au-dessus de la cause de l'abolition, voulant laisser le plus longtemps possible une porte ouverte à la conciliation. Ce fut plus d'une année après, et quand les chances de la guerre étaient le plus contraires à la cause des États-Unis, que M. Lincoln se décidait à décréter l'abolition à titre de mesure de guerre et de légitime défense, et non encore comme un effet du droit souverain que son gouvernement se serait arrogé contre les droits particuliers des états du sud. En se plaçant ainsi dans l'accomplissement de son devoir le plus étroit, M. Lincoln, — cela ne fait pas moins d'honneur à sa sagacité qu'à sa probité, — sentait bien qu'il était sur le terrain le plus national et par conséquent le plus inexpugnable. Il s'est trouvé en définitive que l'observation persévérante du plan de conduite le plus simple a été en même temps la plus sage et la plus heureuse politique. Les dissentimens de sectaires sont venus se perdre dans le développement de cette politique simple et large à la fois, et les bonnes causes qui devaient collatéralement profiter du triomphe de l'Union n'ont rien perdu, ont au contraire tout gagné à demeurer subordonnées au plus clair et au plus considérable des intérêts nationaux. Il est évident que M. Lincoln trouva une forte sécurité d'esprit et un grand repos de conscience dans cette politique étroitement mesurée pour lui par la ligne du devoir. On en a eu la preuve dans la suite des événemens; aucun revers ne l'avait pu abattre, aucun succès ne l'enivra. La tranquillité de son âme se manifestait dans la familiarité de son attitude et de son langage, dans cette bonne humeur qui lui était particulière, dans ces proverbes et ces innocens jeux de mots qu'il semait parmi sa conversation, et que le bon sens populaire comprenait si bien. Il

y a de lui mille anecdotes et mille mots où se montre un esprit qui n'a
cessé de se posséder au milieu d'une crise sans égale, et qui a toujours vu
avec pénétration son chemin au milieu des circonstances confuses et périlleuses qu'il traversait. Sa fermeté simple et sereine était accompagnée
d'une modération à laquelle ses contempteurs et ses ennemis d'autrefois
s'empressent aujourd'hui de rendre justice. On ne l'a jamais vu téméraire
et enflé dans ses prédictions, irrité ou chagrin contre ses agens malheureux,
essayant d'amuser ou d'entraîner le sentiment populaire par des attaques
contre les personnes ou contre les gouvernemens étrangers dont l'Amérique avait le droit de se plaindre. Il mettait par sa circonspection un soin
consciencieux à éviter de grossir le nombre des périls ou des ennemis qui
auraient pu menacer son pays. Après les derniers et décisifs succès militaires du nord, ses premières pensées, ses premiers mots, comme ceux aussi
de l'homme que les haines politiques ont voulu lui donner pour compagnon
dans la mort, M. Seward, ont été pour la clémence, pour la paix au dedans
et au dehors. En peu de temps, en quatre années, cet homme, dont l'esprit
et le caractère étaient une énigme pour tous au commencement de 1861,
avait acquis ainsi un ascendant immense sur ses compatriotes et avait gagné
toute leur confiance. On en eut la preuve retentissante dans la dernière
élection présidentielle; on en voit le poignant témoignage dans la douleur
inquiète et fiévreuse qui s'est emparée du peuple si ardent et si nerveux
des États-Unis à la nouvelle de sa fin tragique.

Il faut laisser s'épancher dans ses manifestations imposantes et touchantes le vaste chagrin qui environne la mémoire de cet homme d'état
fidèle à son devoir jusqu'à la mort. L'Europe a tressailli de cette douleur.
Les gouvernemens despotiques du continent s'y sont associés par des témoignages officiels adressés aux représentans des États-Unis. Les peuples
libres, l'Angleterre, l'Italie, s'y unissent par les démonstrations de leurs
parlemens et de leurs corporations municipales. Une telle explosion de
sentiment humain n'est pas seulement un hommage imposant rendu à une
noble victime; elle est un gage de sympathie donné par le monde aux
États-Unis : elle marque d'un caractère ineffaçable dans la conscience de
l'humanité la signification et la portée de la lutte intérieure que cette république vient de soutenir; elle est un conseil imposant donné au gouvernement américain de persévérer dans la voie d'humanité, d'apaisement et d'indulgence où M. Lincoln était entré; elle est en ce sens par
elle-même un grand événement. Quand on considère la nature de l'émotion
partout suscitée par le meurtre de M. Lincoln, il semble que l'on ait le
droit d'espérer que ce funeste événement n'aura pas les conséquences politiques désastreuses que l'on a redoutées au premier moment. Des destinées comme celle de M. Lincoln, couronnées par une sorte de martyre,
prêchent la clémence. Les États-Unis n'ont pas de meilleure manière d'honorer cette grande victime que de demeurer fidèles à son esprit. Le peuple

américain ne tournera point en sentiment de vengeance contre le sud, qui est à ses pieds, la juste horreur que lui a inspirée un crime infâme. On a élevé des controverses déplacées sur la question de savoir à quelle opinion appartient l'assassin de M. Lincoln. Si cet assassin est bien celui qu'on a cru reconnaître, le comédien Wilkes Booth, il est difficile de douter qu'il ne fût un sécessioniste exalté. On affirme en effet que ce Booth, lors de la tentative de l'abolitioniste John Brown, qui inspira aux Virginiens, il y a quelques années, une frayeur devenue si cruelle, s'enrôla dans la troupe qui prit Brown, et qu'il fut du cortége des fanatiques inexorables qui conduisirent au gibet le malheureux fermier pensylvanien. Il y aurait une sorte de fatalité féroce dans la coïncidence qui ferait de l'un des fauteurs du supplice de Brown l'impitoyable meurtrier de M. Lincoln; mais, quel que soit le fanatisme qui ait animé l'assassin, il y aurait une injustice odieuse à traiter comme les complices d'un meurtre les populations qui avaient fourni à Stonewall Jackson et à Robert Lee leurs héroïques soldats. Le peuple américain ne commettra point cette injustice. On s'est effrayé de voir passer, en de telles conjonctures, le pouvoir présidentiel aux mains du vice-président, M. Andrew Johnson. On a rappelé les antécédens du nouveau président, l'emportement de ses opinions, son attitude peu convenable le jour de son inauguration comme président du sénat. Les imputations dirigées jusqu'à présent contre M. Johnson ont dû être bien exagérées. Au moment de l'inauguration du 4 mars, la presse américaine et les informateurs de la presse européenne étaient bien peu disposés à l'égard d'un tel homme, nous ne dirons pas à l'indulgence, mais à l'impartialité. Il ne faut pas oublier que M. Johnson est un homme qui a déjà fourni une longue carrière. Son existence est aussi une de celles qui résument en quelque sorte en elles le progrès de plusieurs générations. Lui aussi n'avait dans son enfance fréquenté aucune école; lui aussi a débuté par le travail manuel, et c'est en écoutant la lecture des discours de Chatam, de Burke, de Fox, de Sheridan, de Pitt, qu'il conçut sa première ambition, l'ambition d'apprendre à lire. C'est dans le livre qui contenait ces discours qu'il apprit tout seul à épeler, puis il quitta sa ville natale de la Caroline du Nord, et alla s'établir, il y a près de quarante ans, dans le Tennessee. Il prospéra par le travail et gagna peu à peu par son bon sens et son énergie la confiance des habitans de sa ville, de son comté et de son état. Successivement alderman, maire, membre de la législature de l'état, il devint plus tard gouverneur du Tennessee et membre du sénat fédéral. Il est impossible qu'un pareil homme ait pu, dans le pays de la concurrence politique par excellence, s'élever ainsi patiemment, laborieusement, par degrés, sans avoir donné la preuve d'aptitudes sérieuses. M. Johnson appartenait autrefois au parti démocrate, au parti à l'aide duquel le sud a si longtemps maintenu sa supériorité artificielle sur la confédération. Son état, le Tennessee, est un de ces *border-states* où régnaient de puissans

intérêts esclavagistes. Le sud avait espéré entraîner le Tennessee dans la
séparation; mais M. Johnson, quoique ancien démocrate, voulut demeurer
fidèle à l'Union, et contribua par sa vigueur à retenir dans la grande patrie
l'état qu'il fut chargé de gouverner. Il n'est pas surprenant qu'un homme
placé dans des conditions semblables ait amassé sur lui les haines des fauteurs de la séparation, et ait été chargé par eux des couleurs les plus
noires. Le pouvoir, avec ses intuitions particulières, ses grâces d'état et le
sentiment de responsabilité qu'il éveille dans les âmes honnêtes, ne peut
manquer de modérer ce qu'il a pu y avoir jusqu'à présent d'excessif et de
violent dans les opinions et le caractère de M. Andrew Johnson. Cette mâle
créature de la démocratie hésitera sans doute à compromettre son honneur dans une politique brutale qui ferait de lui un indigne successeur de
M. Lincoln. Quelles que soient au surplus les attributions d'un président
des États-Unis, ce magistrat suprême est toujours contenu par les liens de
partis, par l'influence des membres de son cabinet et par le contrôle des
chambres. L'Union a depuis quatre ans victorieusement traversé tant et de
si regrettables accidens que nous comptons bien qu'elle subira avec non
moins de bonheur l'épreuve de la transmission du pouvoir dans les circonstances actuelles.

Selon nous, une fois la part faite à l'émotion causée par le double meurtre
qui a frappé M. Lincoln et M. Seward, la réflexion doit revenir sans désespoir à la situation créée par les derniers épisodes de la guerre. Quel beau
spectacle les États-Unis donnaient au monde avant la diversion horrible
tentée par l'assassinat politique! Quelle noble fin couronnait la grande
guerre de la Virginie! Les deux armées avaient donné des preuves de vertus militaires dont la nation réconciliée avait le droit de s'enorgueillir.
Les deux généraux en chef s'étaient montrés grands hommes de guerre. Lee
avait épuisé tout ce que l'art et l'intrépidité peuvent fournir de ressources
à une longue défense. Grant, après avoir essayé en vain toutes les impé-
tuosités de l'attaque, avait demandé un succès moins rapide, mais plus
certain, à la patience et à une résolution inflexible; il avait dessiné cette
vaste campagne qui faisait traverser le cœur de la confédération en dé-
montrant l'inanité de ses ressources intérieures, et qui enlevait successivement aux séparatistes toutes les issues extérieures; puis, l'heure venue
de frapper le dernier coup, il avait manœuvré et combattu, il avait débordé son adversaire, et l'avait rejeté hors de Richmond et de Petersburg
en lui faisant perdre la moitié de son armée. Reprenant la promptitude et
la vigueur offensive qu'il avait montrées au début de la campagne, il avait
atteint et débordé encore une fois l'ennemi dans sa retraite, et pouvait
l'écraser dans un dernier combat. Alors, avec une générosité d'âme qu'on
ne saurait trop louer, avec un admirable sentiment de l'opportunité politique, il était allé au-devant de Lee et lui avait offert de mettre bas les
armes en des termes et à des conditions qui devaient impérieusement

transformer une capitulation militaire en une réconciliation patriotique. La correspondance échangée durant quelques jours entre les généraux Grant et Lee sera une des belles pages de l'histoire. Quelle simplicité, quelle droiture, quels ménagemens discrets et attentifs pour l'honneur d'un ennemi malheureux! Quel empressement à reconnaître et à appeler à soi un digne concitoyen dans l'adversaire politique réduit à l'impuissance! Et dans cette générosité nul faste, nulle emphase, rien qu'une fermeté franche et sobre, un sentiment de respectueuse estime pour le vaincu. Jamais, dans l'histoire d'aucun peuple, victoire aussi dignement portée par le vainqueur n'avait mis fin à une guerre civile, et, sans rien enlever au général Grant du mérite qui lui appartient dans ce beau mouvement, la justice veut que l'on dise que le général n'a été dans cette circonstance que l'interprète heureux des sentimens du peuple américain. Jamais les Américains du nord n'ont porté dans cette guerre d'hostilité implacable contre leurs adversaires. Les Américains du nord ne voulaient point croire à la sincérité de la passion séparatiste du sud. Ils croyaient dans les premiers temps de la guerre que l'insurrection ne cachait qu'une manœuvre politique, et ils attendaient avec une naïveté curieuse le retour des rebelles à l'Union. C'est cette illusion, dont le mérite était du moins d'écarter les violences de la passion, qui, dans les premiers temps, a empêché le nord de faire des efforts proportionnés à la grandeur de la lutte. Même après que le nord se fut imposé tous les sacrifices que réclamait la grandeur de la guerre, l'ancienne illusion a contribué à y modérer les sentimens violens que la guerre fait naître. Aussi, quand nous ne pouvions prévoir les boucheries accomplies au théâtre de Washington et dans la maison de M. Seward, nous étions sûrs et nous annoncions ici que le nord étonnerait le monde par sa générosité envers les rebelles vaincus. La correspondance de Grant et de Lee commençait à nous donner raison; nous ne cessons pas d'espérer qu'il ne sera point au pouvoir de quelques scélérats vulgaires de faire perdre à un peuple libre l'équilibre de sa raison et de sa magnanimité.

Devant les terribles scènes que les derniers courriers d'Amérique ont mises sous nos yeux, les petites affaires courantes dont s'occupe notre Europe paraissent bien mesquines et bien froides. Comment, en quittant les États-Unis, aurait-on le courage de s'occuper de l'affaire des duchés de l'Elbe et des prouesses de M. de Bismark? Il faut entrer là dans l'infiniment petit d'un procès de mur mitoyen. Dans cette question, qui a passionné un grand peuple au point de lui faire commettre une injustice contre une nation faible, dans cette question où retentissait le mot sonore de nationalité, on en est venu maintenant à discuter et à définir avec la lenteur et les distinctions propres aux chancelleries allemandes les droits de co-possession! Cette phase de la co-possession menace de durer longtemps et de fournir une longue étape aux desseins de lente invasion de la Prusse. Le gouvernement prussien envoie une escadre à Kiel. Grand émoi de tous côtés. Kiel

sera donc un port prussien ! Que deviennent les droits du futur et hypothétique duc de Holstein, et ceux de la diète fédérale, et ceux de l'Autriche, qui s'est jointe à la Prusse pour faire la conquête des duchés? La
lente Autriche, dont les ministres dans ces derniers temps se sont montrés plus lents qu'en aucune circonstance passée, l'Autriche s'émeut et
demande des explications à la Prusse. Voilà M. de Bismark bien heureux!
Il tient le sujet d'une de ces controverses transversales qui ont pour lui un
prix infini, car elles font gagner du temps et ajournent la solution principale. M. de Bismark se retourne donc vers l'Autriche. « Vous commettez,
lui dit-il, une étrange méprise, si vous vous imaginez que je fais de Kiel un
arsenal prussien parce que j'y envoie une escadre. Vous pourriez vous tromper sur les apparences, si j'envoyais toute ma flotte à Kiel; mais je n'en fais
entrer qu'une partie dans cette belle rade. Je fais simplement acte de co-
possesseur; vous et moi, nous sommes co-possesseurs des duchés; je le suis
autant que vous, vous l'êtes autant que moi. Entendons-nous ensemble, si
vous le voulez, sur la façon dont nous devrons co-posséder. » Le débat est
en train ; quand finira-t-il ? Probablement pas avant qu'il ne plaise à quelque
grosse puissance de chercher dans les empiétemens de la Prusse l'occasion
et le prétexte de satisfaire quelque part son appétit. Les peuples allemands
aiment les États-Unis, y émigrent, y fondent des cultures et des villes.
Quand on voit les misères dans lesquelles ils sont traînés par leurs pompeux hommes d'état aux grands uniformes constellés de plaques, on se demande s'ils ne feraient pas mieux de réaliser chez eux les États-Unis, au
lieu d'aller les chercher au-delà de l'Atlantique.

En Angleterre, si l'on ne rencontre pas toujours le brillant et l'éclat, on
évite du moins l'absurde et on tombe souvent sur le bon sens et la solidité.
Le parlement a fini ses vacances de Pâques, et la chambre des communes
a eu cette solennité annuelle qui s'appelle l'exposé financier du chancelier
de l'échiquier. M. Gladstone a présenté avec son talent accoutumé la revue
des finances anglaises. Le résultat du dernier exercice financier lui fait
honneur, ainsi qu'à son pays. Les dépenses ont été inférieures aux prévisions; les recettes tout au contraire ont dépassé de beaucoup l'estimation
primitive. M. Gladstone se trouve ainsi, en clôture d'exercice, maître d'un
excédant disponible supérieur à 100 millions de francs. En parcourant les
divers articles de recettes, M. Gladstone y trouve, suivant son habitude, la
matière d'une histoire intéressante du commerce anglais durant l'année
écoulée; mais l'intérêt d'un pareil exposé en Angleterre n'est point là
précisément : il est surtout dans l'emploi pratique que l'on devra·faire
de l'excédant de ressources dont on dispose. Un tel excédant, le fameux
surplus des chanceliers de l'échiquier, fournit le moyen de dégrever les
taxes. Là commence la bataille des taxes, qui, à l'envi l'une de l'autre,
demandent la faveur du dégrèvement. et chacune d'elles a de chauds
avocats dans les partis et les intérêts économiques représentés à la cham-

·bre. M. Gladstone a fort bien dépeint cette lutte des taxes par un vers
virgilien ::

Circumstant fremitu denso, stipantque frequentes.

Il n'y aurait pas de discours financier parfait en Angleterre sans une citation latine bien amenée. M. Gladstone a éconduit la taxe sur le *malt*, pa-
tronnée par les tories, mais il a parfaitement accueilli le droit sur le thé
et l'*income-tax*, qu'il a favorisés de réductions notables et entre lesquels il
a partagé son magique surplus. Ainsi, chose curieuse, tandis que dans le
reste du monde la dépense va toujours plus vite que le revenu et que chacun s'endette et emprunte, l'Angleterre résout sous nos yeux ce problème
unique d'opérer des réductions importantes sur le capital et les arrérages
de sa dette, de réaliser chaque année des excédans de recettes, et de les
appliquer à de fécondes réductions des impôts directs et indirects. Singulière infériorité du gouvernement parlementaire! Quand nous demandons
sur le continent à nos pouvoirs absolus de nous accorder la liberté, ils
nous disent que nous ne sommes point dignes encore de la liberté anglaise.
Que notre vengeance soit de leur répondre : Et vous qui nous donnez de
si haut des leçons si humiliantes, essayez du moins de mettre vos finances
à la hauteur des finances anglaises; vous aurez beau faire, jamais vous n'y
réussirez sans la liberté!

Un pays que les difficultés d'un enfantement politique trop récent empêchent encore d'avoir des finances bien réglées, quoiqu'il ait des institutions
libérales, c'est l'Italie. Ne pouvant aspirer encore à équilibrer ses revenus
avec ses dépenses, le gouvernement italien, tout en remaniant l'impôt de
façon à le rendre plus productif, fait appel aux ressources extraordinaires
et à l'emprunt, et assure ses recettes pour deux ans. A mesure que l'opinion en Europe se familiarisera davantage avec les affaires italiennes, on
comprendra plus facilement que l'Italie est en état de faire face aux engagemens qu'elle contracte, et ne tardera point à sortir de la période laborieuse des emprunts. C'est ce qu'a parfaitement démontré le comte Arriva-
bene dans une brochure qu'il vient de publier sous la forme d'une lettre
adressée à lord Stratford de Redcliffe. Mais un incident religieux plus piquant qu'une question de finances occupe en ce moment l'attention de l'Italie
et de l'Europe. Nous voulons parler de l'ouverture que le pape a faite au
roi Victor-Emmanuel relativement à l'administration des diocèses italiens,
·ouverture qui a motivé la mission de M. Vegezzi à Rome. Nous n'avons
point la pensée d'exagérer l'importance de ces premières relations engagées entre la cour de Rome et l'Italie. Il n'est pas cependant interdit aux
politiques les moins téméraires d'y voir avec plaisir la fin de l'état violent
où Rome et le gouvernement italien se trouvaient vis-à-vis l'un de l'autre.
L'avenir nous apprendra ce que le bon sens du pape et la finesse italienne
pourront tirer de ce premier échange de paroles et d'idées. Nous persévé-

rons, quant à nous, dans l'opinion que nous avons plus d'une fois exprimée ici; nous sommes convaincus que l'Italie et le pape, lorsqu'ils se trouveront face à face et qu'il n'y aura plus d'étrangers, sauront s'entendre et pourront résoudre d'une façon imprévue la question romaine. Nous avertissons ceux de nos amis que l'opinion libérale ne peut voir sans étonnement se vouer à la défense du pouvoir temporel qu'ils sont exposés de ce côté à de curieuses surprises, et courent le danger de se réveiller un jour plus papistes que le pape.

L'empereur est parti pour l'Algérie. Aucune explication officielle n'ayant été donnée sur l'objet politique et la convenance de ce voyage, nous croirions nous rendre coupables d'indiscrétion, si nous cherchions à en deviner le sens et à en expliquer d'avance la portée.   E. FORCADE.

Lorsque M. Thiers, avec son éminent esprit et sa vive éloquence, exposait récemment dans la discussion de l'adresse les conditions d'un bon gouvernement, c'est-à-dire d'un gouvernement libre, il nous a proposé, entre autres modèles d'un régime vraiment constitutionnel, l'exemple de ce qui se fait en Espagne. L'honorable M. Thiers, qu'il nous permette de le dire, était trop modeste, et nous avons bien le droit d'avoir une plus haute ambition : il a réjoui l'orgueil du ministre de l'intérieur de Madrid, M. Gonzalez Bravo, qui a pu se parer de ce bienveillant certificat de libéralisme; mais M. Thiers a pris une circulaire pour la réalité, ou tout au moins il s'est trompé de date dans l'histoire de la politique espagnole actuelle. La situation de l'Espagne n'est malheureusement ni aussi brillante ni aussi enviable; depuis quelque temps même, elle retombe à vue d'œil dans une de ces crises qui font tout aussitôt courir en Europe les bruits d'une révolution ou d'une émeute à Madrid. Après six mois d'existence du ministère Narvaez, voilà où en est l'Espagne : des coups de fusil dans la rue, l'agitation extérieure retentissant dans le parlement, les passions rallumées, les affaires allanguies et comme nouées. A qui la faute? comment se fait-il qu'en pleine possession d'une majorité parlementaire habilement conquise, au milieu d'un pays qui ne demande qu'à vivre à l'abri des commotions, qui a besoin de la paix et qui le sent, comment se fait-il qu'ainsi placé le gouvernement se trouve conduit tout à coup à une de ces échauffourées sanglantes que rien n'explique ni ne motive? — C'est la faute de l'opposition, dira-t-on; c'est la faute des révolutionnaires et des démagogues : le ministère n'y est pour rien, il n'a fait que défendre l'ordre et le principe d'autorité. — Le ministère est pour beaucoup au contraire dans les dernières scènes de Madrid, ou, pour mieux dire, dans l'épaisse confusion qui règne au-delà des Pyrénées, et il subit aujourd'hui la conséquence de la situation qu'il s'est créée par les déviations de sa politique; il voit se relever contre lui tout ce qu'il a dit, tout ce qu'il a fait, la raison de son origine, les attestations qu'il s'est données à lui-même dans la première partie de sa carrière, et sous ce rapport c'est certainement une des crises les plus instructives du moment présent.

Chose remarquable en effet, lorsque le cabinet du général Narvaez s'est formé il y a sept mois, il est entré au pouvoir porté en quelque sorte par un courant de libéralisme et de conciliation, et cette idée d'une politique largement tolérante, il l'avouait ostensiblement. Il levait les amendes qui pesaient sur la presse, il élargissait le cercle des discussions publiques, il laissait une certaine liberté électorale; il écrivait enfin ces circulaires qui ont eu la bonne fortune de retentir jusque dans les débats de notre adresse. Les difficultés de toute sorte, extérieures et intérieures, dont le ministère recevait le lourd héritage, n'étaient point résolues par cela même; mais ce simple mot de libéralisme dit d'un certain accent suffisait pour donner au nouveau cabinet une aisance qu'il n'aurait point eue sans cela. C'est ce qui lui permettait d'aborder, non sans courage, certaines questions au moins épineuses, de proposer, au risque de froisser l'amour-propre national, l'abandon de Saint-Domingue, de mettre à nu les navrantes détresses du trésor espagnol. Jamais la paix intérieure n'avait paru plus complète, et le ministère en faisait justement honneur à son système. Laissez s'écouler quelques mois : l'incertitude a recommencé, un véritable malaise envahit tout, et le sang coule dans les rues de Madrid. Que s'est-il donc passé dans l'intervalle? Il y a eu simplement ceci, que la politique des premiers jours a dévié, que l'antagonisme qui existait au sein de ce gouvernement entre les instincts d'un libéralisme rajeuni et les traditions d'immobilité s'est dénoué à l'avantage de ces dernières, et que le ministère a versé encore une fois dans cette ornière de routine et de réaction où vont se perdre les pouvoirs qui vivent d'expédiens. Voilà justement le contraste entre les deux systèmes, — l'un détendant une situation, produisant une paix momentanée, l'autre ramenant à sa suite la confusion et la lutte. Nous ne disons pas, bien entendu, que cette politique des premiers temps, appliquée avec une ferme et persévérante résolution, eût échappé à toutes les crises et qu'elle n'eût ses difficultés; ce qui est certain, c'est que l'expérience qui a été faite valait la peine d'être continuée, c'est que dans tous les cas il n'aurait pu arriver pire que ce qui est arrivé, et que le ministère espagnol, en se laissant détourner, s'est engagé dans une voie où il ne peut plus guère ni avancer ni reculer.

Il y a, il est vrai, à Madrid un ministre, M. Gonzalez Bravo, qui est un esprit fertile en ressources et qui vous prouvera que tout est pour le mieux, que rien n'est changé dans le ministère. Effectivement le général Narvaez est toujours président du conseil, et M. Gonzalez Bravo est toujours ministre de l'intérieur. Seulement il s'est trouvé que, par une série de mouvemens dont la situation actuelle révèle le sens, il s'est opéré un déplacement complet. Cette évolution a commencé de se laisser entrevoir, il y a quelques mois, dans une circulaire qui tendait à faire prédominer certaines influences restrictives dans l'enseignement; elle ne se manifestait pourtant encore qu'avec timidité. Elle s'est affirmée depuis par une multitude de symptômes, notamment par un nouveau projet de loi sur la presse qui n'était point certes ce qu'on pouvait attendre, qui égalait en rigueur tous les précédens, qui créerait même de nouvelles entraves, s'il était accepté, et par une circonstance curieuse de plus c'est au moment même où M. Gonzalez Bravo célébrait les heureux effets de la politique conciliante par laquelle il avait signalé son avénement, lorsqu'il constatait la tranquillité du pays au milieu d'une liberté plus étendue de discussion et de réunion, c'est à ce moment qu'il proclamait avec une singulière logique que l'heure était venue de relever les barrières, un instant abaissées par une sorte de condescendance! — Le pays n'avait eu nullement à souffrir des libres polémiques des journaux, donc il fallait revenir à l'exécution rigoureuse d'une loi sur la presse dont on avait vingt fois signalé les duretés choquantes! —C'était par trop avouer qu'on avait joué la comédie pour les élections et même un peu pour l'Europe, à qui on envoyait des circulaires. M. Gonzalez Bravo a relevé les barrières en effet, et il en est résulté cette situation où M. Llorente, qui représentait à l'origine dans le cabinet l'élément le plus nettement opposé à toute réaction, a été le premier à se retirer, où bientôt après la fraction libérale du parti ministériel qui siége dans le parlement, et qui a dans la presse le *Contemporaneo* pour organe, s'est détachée à son tour, tandis que le cabinet s'est trouvé du même coup rapproché des vieux débris du parti conservateur, du comte de San-Luis, mieux encore, de M. Nocedal, qui lui a promis l'appui de ses sermons absolutistes dans le congrès. M. Llorente a montré un coup d'œil d'homme d'état en se retirant à propos; il a été habile en restant conséquent. M. Nocedal, à son point de vue, n'a point été sans habileté en saisissant l'occasion de donner à ses fantaisies absolutistes l'apparence d'un rôle. Le ministère, lui, a trouvé l'impuissance en tout cela. Aussi, depuis six mois, qu'a-t-il fait? Il n'a rien fait à peu près, et le peu qu'il a essayé porte la marque d'une politique embarrassée, dénuée de tout esprit d'initiative.

De toutes les questions que le ministère trouvait devant lui à sa naissance, quelle est celle qu'il a résolue? Elles sont là encore, pendantes et pressantes. Nous ne parlons pas même des grandes questions extérieures, telles par exemple que les rapports de l'Espagne avec l'Italie. Il est convenu que l'Espagne n'a rien à faire avec l'Italie, qu'elle ne la connaît pas et la reconnaît encore moins. Les hommes d'état de Madrid ne sont pas pressés : ils auront une opinion quand elle ne servira plus à rien, quand ils auront bien laissé s'attarder leur pays dans une abstention puérile; mais il est d'autres questions qu'il n'était pas aussi facile d'éluder. Il y a plus de quatre mois déjà que l'abandon de Saint-Domingue a été proposé. C'était là certainement une de ces affaires qui exigent une solution prompte, en quelque sorte spontanée, par l'accord du gouvernement et des chambres. Qu'on remarque en effet ce qu'il y a d'étrange et de pénible dans un retard qui laisse une armée sur un sol lointain, en face d'un ennemi qui n'est plus un ennemi, et avec cette conviction qu'elle ne défend plus un intérêt du pays, qu'elle va d'un jour à l'autre replier son drapeau. Notez de plus que pendant ce temps il meurt vingt ou vingt-cinq hommes par jour de la fièvre, et néanmoins la question va du gouvernement au congrès, du congrès au sénat, et c'est à peine si elle va toucher définitivement à son terme. D'un autre côté, le ministère avait à remédier à une situation financière devenue désastreuse, surchargée de déficits et aggravée encore par les mauvaises conditions où se trouve le crédit espagnol sur les places de l'Europe. Qu'a-t-il fait pour dégager cette situation? Deux ministres se sont succédé dans la direction des finances, M. Barzanallana et M. Alejandro Castro. L'un a proposé une anticipation d'impôts, l'autre propose une négociation de 300 millions de billets hypothécaires qu'on cherchera à faire souscrire le mieux possible, et qui, faute de souscriptions volontaires, seront prélevés sur les plus hauts contribuables. Ce ne sont là évidemment que de vains palliatifs, et nous ne savons jusqu'à quel point cet embarras peut être diminué par le don qu'a fait la reine de son patrimoine, don généreux sans doute, mais qui d'un côté ajoute à la masse de biens nationaux à vendre, et de l'autre crée au trésor la nécessité de payer immédiatement à la reine le quart de la valeur de ses propriétés. Avec tout cela, le trésor espagnol fera une étape, et la question est manifestement éludée faute d'un esprit résolu à entreprendre les réformes économiques nécessaires. L'essentiel eût été de procéder hardiment dès le premier jour à une liquidation sincère et complète, de voir clair dans cette confusion de déficits accumulés qui retombent sans cesse sur le trésor, de rendre enfin à la situation économique du pays toute son élasticité par la création de ressources régulières et par le rétablissement du crédit. Il y a peu de temps, le ministre des finances, M. Castro, faisait en plein congrès une déclaration assez superbe. Il avouait que le crédit espagnol subissait aujourd'hui un véritable blocus en Europe, et il ajoutait que tant que le blocus durerait, l'Espagne ne pouvait entrer en transaction. C'est fort bien; il est clair seulement que l'Espagne perd chaque jour à soutenir cette gageure, et qu'il lui en eût coûté beaucoup moins à s'arranger équitablement dès l'origine avec ses créanciers. Plus d'un ministre a cru à la nécessité d'un arrangement de ce genre, aucun n'a osé le proposer; ils préfèrent tous recourir à des expédiens, à des négociations onéreuses. Rien de semblable ne fût arrivé, si cette réorganisation des finances et du crédit se fût liée à un vrai mouvement libéral qui eût fait la force du gouvernement en appelant la confiance du pays.

Le malheur de ces situations faussées, c'est de commencer par l'impuissance et d'arriver quelquefois à la violence sans qu'on s'en doute. C'est là en définitive l'origine des scènes qui ont eu lieu récemment à Madrid, et qui ne sont en réalité que la manifestation d'une politique fort peu sûre d'elle-même. Il y a à Madrid un jeune professeur, M. Emilio Castelar, qui occupe une chaire à l'université depuis dix ans déjà. M. Emilio Castelar est un homme de savoir, d'imagination surtout et d'éloquence, qui professe avec succès; mais il a le malheur d'être démocrate, et il a écrit récemment dans le journal *la Democracia* un article assez vif sur le don du patrimoine royal. C'est de là qu'est venue la guerre. Le ministère s'est ému de cet article et a voulu faire acte d'autorité. Il y avait cependant, ce nous semble, un système bien simple à suivre : déférer l'article aux tribunaux, si on le croyait punissable, et attendre l'arrêt de la justice. Point du tout : le ministère a voulu cumuler les moyens de répression; il a déféré l'article aux tribunaux, et, sans plus de retard, il a mis le recteur de l'université en demeure de procéder académiquement à la suspension et à la révocation du professeur. Or il était au moins douteux que le conseil académique pût légalement prononcer sur un acte accompli en dehors de l'enseignement. Le recteur, M. Montalvan, qui est un homme estimé, s'est retranché dans une résistance passive. Alors le ministère a destitué le recteur pour arriver à la révocation de M. Castelar. Ce n'est pas tout. Les étudians ont voulu fêter par une sérénade le recteur destitué, et on leur a donné d'abord l'autorisation, puis on la leur a retirée. Il en est résulté que la foule s'est attroupée dans les rues, que les passions se sont animées, et tout cela un soir a fini par un déploiement imprévu de force publique, par une véritable chasse à coups de fusil qui a tué dix personnes et en a blessé cent soixante, sans qu'il y ait eu réellement autre chose que des cris et tout au plus quelques pierres lancées par la foule. Ce qu'il y a de curieux, c'est que quelques-unes des victimes sont des amis du gouvernement. Des sénateurs eux-mêmes ont été assaillis dans les rues et ont été obligés de chercher un refuge dans des lieux qui ne sont pas précisément des succursales du sénat. L'opinion s'est émue, on le conçoit, de cette exécution sommaire, de ce sang versé, et les chambres n'ont fait que répondre à cette émotion très réelle en évoquant ces événemens douloureux.

Voilà donc où en est arrivé le ministère, — à une répression sanglante fort peu motivée. Il a cru avoir devant lui une vaste conspiration, une révolution, et pour justifier un acte d'impatience, il est obligé de tenir encore le pays sous le poids de cette crainte d'une révolution. A part les malheureuses victimes qui sont tombées pour ne plus se relever, le plus blessé politiquement, sans nul doute, dans cette triste échauffourée, c'est le ministère lui-même, qui ne s'en relèvera probablement pas, qui reste dans tous les cas fort menacé. S'il n'avait pour se défendre que le nouveau ministre de l'instruction publique, M. Orovio, qui a succédé à M. Alcala Galiano, mort récemment, il n'irait pas bien loin. S'il n'avait que l'habileté financière de M. Castro, il serait encore fort en péril; mais il a

pour le mener au feu le ministre de l'intérieur, devant lequel le général
Narvaez disparaît quelque peu. Il est certain du moins que M. Gonzalez
Bravo, laissé presque seul sur la brèche, se défend depuis quelques jours
avec une fécondité d'esprit et une habileté singulières; il a prononcé plus
de dix discours dans les deux chambres à l'occasion de ces malheureux
événemens du 10 avril, et on peut dire qu'il est resté maître du terrain,
au moins pour l'instant, sans persuader personne, peut-être sans se persuader lui-même. Seulement M. Gonzalez Bravo tend trop visiblement à
se croire le pontife de l'ordre et du principe d'autorité. C'est pourtant
dommage. Si M. Gonzalez Bravo avait mis à être conséquent et à soutenir
la politique libérale des premiers jours la moitié du talent et du courage
qu'il met à se contredire et à soutenir une politique opposée, il eût probablement réussi à placer le ministère dans des conditions bien autrement durables. Pour le moment, ce ministère est dans une impasse, et
ce n'est pas M. Gonzalez Bravo qui le sauvera; il peut tout au plus aggraver le péril, et à tant parler de conspirations, de révolution, on pourrait un de ces jours se réveiller en face d'une de ces explosions où il ne
suffirait plus de jouer de la parole, et où l'épée même du général Narvaez
serait un peu rouillée pour couvrir ce qui devrait être couvert. Qu'une
crise sérieuse commence aujourd'hui au-delà des Pyrénées, cela n'est
guère douteux, puisque tout le monde y travaille, ne fût-ce qu'en la prévoyant. La meilleure chance pour l'Espagne serait tout simplement de revenir à la politique libérale que le cabinet Narvaez avait laissé entrevoir à
son début comme une promesse séduisante, car enfin on a essayé de bien
des choses, il n'en est qu'une dont on n'a pas essayé : une volonté énergique et résolue se mettant au service d'un libéralisme sincère, intelligent
et confiant.   CH. DE MAZADE.

Nous ne voulons pour aujourd'hui que constater un immense succès.
L'Africaine, représentée enfin cette semaine à l'Opéra, vient de répondre
à tout ce qu'on était en droit d'attendre d'une œuvre depuis si longtemps
annoncée, et dont les innombrables vicissitudes, en augmentant la curiosité du public, avaient dû accroître aussi ses exigences. Cette représentation avait pris depuis quelques jours les proportions d'un véritable événement, à ce point qu'en présence d'une telle responsabilité Meyerbeer eût
tremblé, lui si défiant de ses propres forces, si ému de nature chaque fois
qu'il s'agissait d'aborder le public. Pourtant, si le maître eût pu douter,
ses amis ne doutaient pas, rassurés qu'ils étaient depuis cette terrible
épreuve d'une répétition générale avec costumes et décors donnée devant
la salle remplie jusqu'aux combles d'une foule moins préoccupée de l'intérêt
de l'ouvrage qu'affolée de spectacle, et dont l'opinion, au cas où le hasard

eût voulu qu'elle ne fût pas favorable, aurait pu, en se répandant le lendemain, tout compromettre. Nous croyons que Meyerbeer vivant se fût opposé à une mesure si complétement en dehors des usages; mais combien de
choses, hélas! que Meyerbeer n'eût point souffertes, et qui, bon gré mal
gré, se sont passées! N'importe, l'épreuve qui pouvait tourner contre le
chef-d'œuvre assura d'avance la victoire, et tout Paris savait le lendemain
qu'on allait avoir affaire non-seulement à une partition splendide, mais à
l'un des plus brillans, des plus fameux succès qui se soient vus à l'Opéra.
Toutes les promesses de la répétition générale, la représentation de vendredi les a tenues, et cette partition, qui commence par une scène au
moins équivalente à *la bénédiction des poignards* du quatrième acte des
Huguenots, s'est maintenue jusqu'à la fin dans la mesure de progression
qu'un si dangereux point de départ lui imposait. Citons, avec cette prodigieuse scène du conseil d'état, le duo et le septuor du second acte, le
chœur à double partie sur le navire. tout le quatrième acte, d'une nouveauté, d'une splendeur éblouissantes. Au cinquième, l'orchestre a dû recommencer deux fois la ritournelle de l'air du *mancenillier.* On n'applau-
dissait plus, on acclamait. Nous aborderons cette œuvre magnifique aussitôt
que nous aurons eu le temps de nous rendre compte à nous-même de
nos propres impressions; mais nous ne voulons pas laisser s'écouler une
quinzaine avant de constater au moins le triomphe. De pareils événemens
sont, hélas! désormais trop rares chez nous pour qu'on ne les salue pas
à l'instant. L'exécution est remarquablement belle. M. Faure, M. Naudin,
Mme Marie Sax, ont fait des prodiges de voix et de talent; le maître serait
content d'eux. Du reste on eût dit que son inspiration animait ce soir-là
tout le monde, les chanteurs, l'orchestre, le public. Et le formidable enthousiasme de la salle s'est détendu soudain en une émotion de respect
affectueux, presque d'attendrissement, lorsque, après le spectacle terminé,
on a vu le rideau se relever sur le buste de Meyerbeer, autour duquel se
groupaient, comme en famille, tous ces valeureux artistes encore échauffés
des flammes de son génie.   H. B.

ESSAIS ET NOTICES.

UN LIVRE RÉCENT SUR LA POLITIQUE EXTÉRIEURE DE LA FRANCE [1].

L'opportunité pour le gouvernement du second empire d'opter entre
les tendances politiques qui se disputent la direction du pays, la néces-

[1] *L'Europe et le second Empire,* par M. le comte de Carné, de l'Académie française;
1 vol., Douniol.

sité d'affermir l'esprit public par un système fixe et définitif qu'il puisse comprendre, et auquel il puisse concourir en connaissance de cause, l'urgence enfin de fortifier la constitution par des développemens qui la complètent dans le sens de la liberté, tel est l'objet principal que M. de Carné traite dans le nouveau volume qu'il vient de publier. Cependant, comme, selon lui, l'omnipotence instituée au dedans a soulevé au dehors les questions les plus périlleuses, comme le problème européen, ainsi attaqué par intervalles, n'en reste pas moins couvert d'une obscurité qui semble s'épaissir de plus en plus, M. de Carné s'est vu entraîné à examiner l'une après l'autre les questions internationales, et, les jugeant à son point de vue, il s'est demandé si elles ont été ouvertes à propos, si elles n'auraient pas pu être abordées d'une autre manière, dans un autre ordre, avec moins de danger et plus de résultat. Les lecteurs de la *Revue* savent quelle est la compétence de l'auteur en ces matières, et sur quelles études historiques, publiées ici même, sont fondés tous ses travaux relatifs aux institutions libres et conservatrices, ainsi qu'aux intérêts de l'équilibre européen : il est de ceux qu'on peut, avec une égale satisfaction, suivre ou combattre. Aussi allons-nous choisir, dans ces deux ordres de considérations, celles qui nous paraissent les plus importantes et les plus opportunes, et en nous attachant spécialement pour l'intérieur à la question libérale, pour le dehors à la question italienne, nous serons avec lui sur la première, et contre lui sur la seconde.

Trois systèmes en ce moment s'efforcent, selon M. de Carné, d'entraîner le gouvernement. Le premier voudrait le rejeter dans les voies à peu près abandonnées de la dictature, en arrière même du décret du 24 novembre 1860. La théorie de ce parti, c'est que la démocratie, fait purement social, ne peut agir politiquement qu'en se concentrant dans un pouvoir unique qui en résume toute la force et tout le droit, que la liberté pondérée, la division des pouvoirs et le partage des responsabilités ne sont possibles que là où une aristocratie a survécu et reste assez puissante pour faire équilibre par elle-même à l'élément démocratique, que le seul but légitime de la révolution française, qui était le nivellement social, est atteint, et qu'il n'y a plus rien à demander depuis la nuit du 4 août 1789. Dans ce système, les héritiers de l'empereur exerceraient, par une sorte de droit imprescriptible, pour ne pas dire divin, une autorité populaire déléguée dont ils ne seraient pas en fait plus responsables qu'un père de famille ne l'est devant ses enfans. Le second système est celui qui, espérant se faire du pouvoir actuel un instrument et une transition, ajourne toute expansion de la liberté, et accorderait volontiers l'absolutisme au dedans, pourvu qu'on lui donnât la guerre au dehors, la révolution européenne, et une avance notable dans le sens des idées et des mœurs qui mènent au socialisme. Le troisième enfin, bornant ses prétentions à ramener tout simplement la monarchie administrative et militaire dans les voies de la véritable monarchie

constitutionnelle, pense que « le fondateur d'un grand gouvernement ne
saurait vouloir ériger le trône d'une dynastie sur un ponton rasé, » et que
la politique de nivellement a suffisamment accompli son travail. Si l'ancienne royauté française l'a si longtemps suivie, c'est qu'alors les obstacles
venaient d'en haut; du moment qu'il n'y a plus ni castes ni priviléges, il
n'y a plus lieu d'abaisser, et quand les périls viennent d'en bas, c'est plutôt
de relever qu'il doit être question. C'est donc à la liberté qu'il appartient
d'organiser la démocratie : seule, la liberté peut la préserver de l'aplatissement et de la brutalité qui accompagnent la satisfaction exclusive des
besoins matériels; seule, combattant l'égoïste préoccupation des intérêts
privés et agrandissant la pensée de chacun par la pensée publique, elle
réveillera dans tous les hommes les sentimens de responsabilité et de solidarité morale sans lesquels il n'y a pas plus d'honneur pour les citoyens
que de vie durable pour les nations.

Il est évident que ce dernier système est le seul qui puisse offrir à l'empire aussi bien qu'à toute autre forme de gouvernement les conditions de
force et de durée que toute société réclame. Qu'y aurait-il donc aujour-
d'hui à faire pour atteindre ce but définitif? Rien de nouveau, dit M. de
Carné; suivre seulement le chemin déjà ouvert par le décret du 24 novembre 1860, l'élargir, y appeler le mouvement avec la sécurité. Cet acte ad-
ditionnel à la constitution de 1852, aussi habile qu'opportun, n'a pas été,
ajoute l'auteur, bien compris en son temps par le public. Il serait né, selon
lui, de la question d'Italie, qui, à la fin de 1860, semblait toucher à une
crise décisive. Soit que le cabinet de Turin, exalté par les succès de l'année précédente, se jetât sur la Vénétie, ou que le torrent l'entraînât vers
Rome, la France était menacée d'en recevoir le contre-coup, — au dehors,
s'il s'agissait de l'Autriche, — au dedans, si la question romaine surexcitait
les inquiétudes religieuses. De nouvelles responsabilités allaient donc peser sur le gouvernement français; il devenait nécessaire qu'il en partageât
la charge trop lourde et qu'il « substituât aux soudainetés périlleuses d'une
initiative solitaire un système de débats approfondis et de concessions
mutuelles. » Cela peut être; cependant M. de Carné n'aurait-il pas dû ici,
pour rendre pleine justice à cet acte, en faire honneur aussi à l'esprit de
la constitution, qui a reçu de la prévoyance de son auteur la faculté de s'as-
souplir ou de se dilater selon le besoin ou l'opportunité des circonstances?
Quoi qu'on puisse penser de cette création de 1852 et des vues qui l'a-
vaient inspirée au lendemain d'un coup d'état, ce ne lui était pas un mérite ordinaire que d'avoir répudié les prétentions absolues et immuables
de nos constitutions et chartes antérieures, de s'être donnée non comme
parfaite, mais comme perfectible, d'avoir ainsi rompu avec les théories
de métaphysique politique et les créations *à priori* qui furent la faute originelle et si funeste de la révolution française. Sans doute les développemens n'arrivent qu'à l'occasion de telle ou telle circonstance, mais il ne

s'ensuit pas qu'ils ne soient que des expédiens; c'est la marche naturelle de la perfectibilité d'obéir aux influences qui la sollicitent, et son mérite est précisément d'y pouvoir obéir.

Quoi qu'il en soit, l'acte du 24 décembre, si on l'analyse et si on en déduit les conséquences, contient virtuellement déjà, selon M. de Carné, tout un gouvernement qui ne sera pas, si l'on veut, le gouvernement parlementaire, puisque ce mot semble si fort répugner, mais un gouvernement qui, avec quelques différences, contiendra les élémens essentiels d'un régime libre. Il n'y aurait qu'à laisser courir la séve et s'épanouir cette végétation si longtemps comprimée, pour que le tronc ébranché se ranimât tout entier et reprît son couronnement et son attitude naturelle. La discussion de l'adresse en présence de ministres siégeant au conseil et « donnant aux chambres, selon la teneur même du décret, toutes les explications nécessaires sur la politique intérieure et extérieure de l'empire, » voilà une prérogative rendue qui en rendrait beaucoup d'autres, et qui entraînerait. par les conditions mêmes des choses, le droit du pays de faire prévaloir sa pensée, car « il serait moins blessant pour de grands corps politiques de demeurer, comme ils l'ont été durant dix ans, étrangers au gouvernement et aux relations diplomatiques du pays que de voir leurs indications considérées comme non avenues après avoir été solennellement réclamées. » M. de Carné n'a pas de peine à faire sortir de là, en fait, une responsabilité ministérielle quelconque, alors même qu'en principe les ministres ne dépendent que du chef du gouvernement, — ensuite, seconde conséquence, une position pour eux d'autant plus forte dans le conseil même de l'empereur que leur politique sera mieux soutenue par l'adhésion des deux grands corps de l'état, — enfin, troisième conséquence, une diminution correspondante de la responsabilité du chef de l'état. Si ces conséquences ne sont pas encore réalisées, elles sont désormais dans la nature des choses, elles y sont enveloppées et s'y nourrissent insensiblement par la force même de la perfectibilité. Il ne s'agit donc plus que de laisser une situation virtuelle devenir une réalité explicite : ce sera sans doute l'œuvre de la même sagesse qui, voulant organiser une constitution vivante, lui a donné un principe d'expansion et de croissance, mais à la condition que l'esprit public, lui aussi, par une pression constante, fasse sentir sa présence, son besoin, sa maturité, et qu'on puisse juger, à sa résistance, qu'il peut être un appui.

Jusqu'ici les considérations exposées par M. de Carné en ce qui concerne notre situation intérieure et les virtualités qui l'agitent n'offrent rien que l'on ne puisse accepter comme l'expression du moment présent et de son effort vers l'avenir. Ces bons conseils et ces sages avertissemens sont bien pris au fond des choses et dans leurs lois naturelles; mais si maintenant nous passons à la politique extérieure, et particulièrement à la guerre d'Italie, qui est l'événement capital du règne, notre accord va cesser, nous allons nous séparer tout à fait, et autant l'éloge a été sincère, autant la critique sera franche.

Sur cette grande et brûlante question de la guerre d'Italie, la pensée de M. de Carné peut se résumer en cette courte citation : « la guerre de 1859 est issue de la volonté des hommes plus que du cours naturel des choses; aucun événement contemporain n'engage donc à ce point la responsabilité de ses auteurs. En jouant cette partie si fortement liée, le comte de Cavour a conservé jusqu'au bout sur ses partenaires une supériorité incontestable, car seul il a fait tout ce qu'il a voulu, puisqu'en reconnaissant au lendemain de sa mort l'unité italienne, la France a semblé capituler devant son cercueil. » J'avoue que cette pensée de M. de Carné m'étonne et me déconcerte. Un aussi énorme événement serait-il donc sorti presque exclusivement de la volonté des hommes, et dans l'une des plus fécondes révolutions qui aient remué l'Europe l'habileté d'un ministre aurait-elle fait tout ce qu'elle a voulu? Les travaux historiques antérieurs de M. de Carné, si solidement établis sur la prépondérance des causes générales, ne me faisaient pas attendre une telle assertion : ceci me paraît un peu de l'histoire comprise à l'ancienne mode, alors qu'on n'y voyait autre chose que l'*intrigue des cabinets* et les *desseins des politiques*. Un coup d'œil jeté sur l'événement dans son ensemble et surtout dans ses antécédens aura bientôt, je crois, démontré que si des hommes habiles et résolus ont ici leur grande part dans la 'conduite des choses, celles-ci pourtant avaient déjà en elles-mêmes leur mouvement très déterminé, qu'ici comme ailleurs l'homme a pu modifier, régulariser, accélérer ou ralentir, mais non créer, qu'enfin si le comte de Cavour a bien joué sa partie, si ses partenaires ont été amenés après sa mort à reconnaître les conséquences de ses actes, c'est que ces conséquences avaient leur force en dehors de lui, et qu'il n'avait agi que dans le sens où elles allaient marcher.

Comment serait-il donc possible de juger la guerre d'Italie sans tenir compte des dix années qui l'avaient précédée, de la situation du Piémont vis-à-vis de Rome et de l'Autriche pendant ces dix années? Par son statut, le Piémont s'était placé dans ce que nous appelons les principes modernes. A moins de rétrograder et d'abdiquer cette conquête, il fallait qu'il la complétât, qu'il y coordonnât sa législation civile, qu'il effaçât les anomalies et les contradictions qu'entraînaient une réforme inachevée et une situation incohérente. De même que la France, organisée civilement par le consulat et l'empire, avait dû, en 1814, s'achever par une organisation politique concordante, ainsi le Piémont, dont la marche avait été inverse, après avoir fondé sa liberté politique, ne pouvait se dispenser d'en assurer la base par l'égalité civile et les droits individuels. Or le premier de ces droits selon les principes et les nécessités de la vie moderne, c'est la liberté de la conscience, de la discussion et des cultes; mais sur ce point le

Piémont rencontrait immédiatement l'opposition de Rome. Qui ne se sou-vient des troubles, des excès, des représailles, des excommunications et des refus de sacremens, des exils d'évêques, de l'agitation croissante qui, à partir des lois Siccardi, ne cessèrent d'exaspérer les passions contraires et de placer ce pays entre une réaction soutenue par l'étranger et une ré-volution anarchique? Que voulait pourtant le Piémont? Un état ecclésias-tique analogue à celui de la France. Que voulait Rome? Un concordat dans l'esprit de celui qu'elle devait bientôt conclure avec l'Autriche. Pour com-prendre le sens profond de cette lutte, il a fallu chez nous bien du temps ; il a fallu qu'une récente encyclique vînt l'expliquer en flétrissant comme une « peste » le libéralisme catholique et en désignant presque nominative-ment ses contagieux propagateurs; mais le gouvernement du Piémont n'a-vait pas tardé si longtemps à comprendre qu'il y avait là une guerre de principes incompatibles. Il avait jugé, d'après l'expérience de bien des siècles, qu'en ces matières on n'obtient que ce qu'on peut prendre; il ne se laissa donc pas leurrer par la temporisation romaine et fit ce qu'eût fait le premier consul, ce qu'est forcé de faire au Mexique en ce moment même l'empereur Maximilien.

Encore s'il ne s'était agi que de ces controverses intérieures; mais il y avait bien autre chose. L'Autriche était alors dans cette période de réaction énergique qu'avait si vivement inaugurée le prince Schwarzenberg et que M. Bach continuait. Les dangers récens qu'elle avait courus chez elle-même, sa situation particulière en Italie, sa nature propre, qui lui imposait un pouvoir fort pour retenir les nationalités antipathiques qu'elle enserre, sa tradition non encore interrompue, qui l'investissait de la fonction de protéger l'ancien régime, tout cela l'associait alors plus que jamais à la politique romaine; bien plus encore que sous Grégoire XVI, le système du pouvoir absolu était redevenu le lien réciproque de l'Autriche et de Rome. L'Autriche pesait donc sur le Piémont, dont les principes envahissaient ses états par toutes les voies invisibles de l'esprit, et la tenaient sous le coup d'une perpétuelle menace. Déjà par ses garnisons elle occupait les Marches, Ferrare, Plaisance, le duché de Modène, la Toscane; par les trai-tés, elle pouvait intervenir dans les duchés sans même qu'on l'y appelât; elle dominait Naples par la même influence. Maîtresse de l'Italie, moins Rome occupée par les Français, elle serrerait étroitement le Piémont le long des Apennins et sur la frontière lombarde. Le Piémont, avec sa foi libérale, se sentait donc déchiré au dedans par le principe absolutiste en même temps qu'il le voyait au dehors suspendu sur sa tête; Rome en portait la doctrine, l'Autriche en tenait l'épée. Était-ce une raison pour que le petit royaume vaincu à Novare reniât le drapeau qu'il y avait porté? Les idées qui l'avaient convaincu depuis si longtemps, que tant d'hommes distin-gués avaient écrites dans leurs livres, qui s'étaient gravées dans toutes les âmes, que Charles-Albert avait réalisées en partie, devaient-elles s'effacer devant des menaces? Non, le canon de Novare ne les avait pas atteintes, et ce petit peuple courageux et militaire, pour les avoir à son tour écrites avec son sang, ne les en aimait pas moins. D'ailleurs, les abandonner, ce n'eût pas été seulement s'assujettir à l'Autriche comme les autres princes d'Italie, c'eût été éteindre dans la péninsule le seul foyer qui restât à la liberté régulière pour en livrer le flambeau à Mazzini, qui en eût fait une torche incendiaire. Après avoir si laborieusement et à si grands frais essayé de désarmer la révolution par la réforme, on eût de nouveau, en étouffant la réforme, armé la révolution. Le Piémont persista donc dans ses principes. Il était bien faible en présence de l'Autriche; mais précisément il se fiait à ses principes mêmes comme étant puisés dans le courant des choses, il comptait sur les raisons d'équilibre qui nous forceraient à le défendre et sur l'impression qu'il produirait en Europe par sa persévérance et par son audace. Si, à mesure que les dix ans de trêve approchaient de leur terme, il parut devenir provocateur, s'il donna l'alarme au sein même du congrès de Paris, si, pendant que l'Autriche fortifiait Plaisance, qui n'était pas à elle, il se mit à fortifier Alexandrie, qui était bien à lui, s'il transféra la marine militaire à La Spezzia, si enfin au dernier moment « il donnait à l'Autriche les apparences d'une agression qu'il avait su rendre inévitable, » ces provocations n'étaient après tout que des précautions; c'était la situation elle-même qui véritablement provoquait et rendait le choc inévitable.

C'est là de l'histoire bien récente; mais c'est celle qu'on oublie le plus vite, et il n'en est que plus nécessaire de la ramener souvent sous nos yeux dans son entier et avec tous ses élémens. Il n'y a donc pas ici en présence quelques hommes seulement, avec leurs ambitions et leurs conceptions individuelles; il y a deux systèmes, deux grands ensembles de choses, qui se pressent en sens contraire, et qui se rattachent chacun de son côté au mouvement de l'histoire générale. Il y a une question déjà séculaire de nationalité : l'Autriche et l'Italie ne peuvent plus tenir sur le même sol. Cette première question s'enveloppe dans une autre, celle des deux régimes sociaux et politiques : l'ancien résiste, et le nouveau perce à travers pour se faire sa place dans le monde. Enfin cette dernière question à son tour est comprise dans une troisième bien plus vaste, qui exprime la crise religieuse dont l'esprit humain se tourmente et dont ce siècle cherche la solution. La question italienne, la question libérale et la question romaine formaient donc un tout étroitement enchaîné; la guerre d'Italie n'a fait qu'y imprimer un choc qui aurait pu venir d'ailleurs : elle a eu pour objet, autant que cela était encore possible, d'arracher la révolution aux révolutionnaires; mais la révolution était là depuis longtemps. Sans doute l'intérêt français au point de vue de l'équilibre, et même l'intérêt italien au point de vue national, auraient pu se contenter d'une libération jusqu'à l'Adriatique; mais alors même les deux autres questions auraient-elles été closes? Qu'on le demande à la récente encyclique de Pie IX; elle répond fermement : non. Ainsi le traité même de Zurich n'eût rien terminé; il eût, par un ajournement plus ou moins long, perpétué un déchirement moral qui n'a que trop duré, et la convention du 15 septembre, tant discutée en paroles, n'est susceptible que d'une seule interprétation sérieuse, qui est celle que les faits lui préparent.

Le gouvernement français n'a donc point capitulé devant le cercueil du comte de Cavour; après avoir sauvegardé son intérêt le plus direct, il s'est abstenu pour le reste devant la nécessité. Cet homme d'état d'ailleurs, à qui quelques reproches peuvent être justement adressés, mais qu'on charge volontiers de tout, avait-il jamais songé à diriger à lui seul le cours de la destinée? En pouvait-il avoir conçu la pensée? Ses actes, ses discours, les renseignemens publiés sur sa vie intime et familière, montrent-ils en lui autre chose qu'un homme pratique, sans prétention grandiose ni subversive, un ouvrier politique habile et ingénieux, ne travaillant qu'avec les matériaux qu'il a sous la main? Si cette époque décisive de l'Italie depuis 1852 est à lui, c'est seulement par la manière dont il l'a comprise, acceptée et dirigée; mais il n'en est point le seul auteur. Loin de vouloir tirer les événemens de son fond et de s'échauffer aux initiatives hasardeuses, il avait reçu de la nature et développé par l'étude des sciences positives l'aptitude à voir les faits comme ils sont, à écarter les images confuses qui égarent la passion, et à se tenir toujours au plus près de la pratique en toute circonstance. De là, d'une part, une grande faculté de voir clair dans les situations et de toucher les questions à leur point juste, et de l'autre une tendance réaliste qui ne s'élevait pas au-dessus d'un certain niveau. Il dédaignait les problèmes philosophiques, avait peu de goût pour les arts, et se vantait même d'ignorer les langues de l'antiquité. Sa prédilection était pour les mathématiques; l'économie politique était son fort. On sent tout cela dans ses discours parlementaires : vous y trouvez la méthode ou plutôt l'absence de méthode des orateurs anglais, de la diffusion, une simplicité monotone, plutôt de l'habileté que de l'art, plutôt de la solidité que de l'éloquence, plutôt de la hardiesse mesurée que de l'élévation; mais moins il semblait orateur à la manière française, plus il apparaissait homme d'état, homme d'activité, compréhensif, ayant dans l'esprit tout à la fois beaucoup d'ensemble et une infinité de détails. Il tenait compte de tout et se pliait à tout : point de répugnances personnelles, ni de jalousie envers ses rivaux, ni de rancune; il appelait au pouvoir M. Ratazzi qui l'avait vivement attaqué, se servait de Garibaldi qui l'injuriait. C'est parce qu'il était simple, parfois même indiscret, qu'on le croyait si rusé. « Je vais, disait-il, par les grands chemins, disant ce que je pense, » et à cause de cela même on lui supposait toute sorte d'arrière-pensées et de chemins de traverse. Aussi tous ses plans politiques n'annonçaient que l'intention constante de suivre pas à pas la marche des choses, de ne la presser qu'au besoin, de ne cueillir que des fruits mûrs. Quoique sceptique et parlant volontiers du clergé avec une nuance voltairienne, il ne voulait pas de l'incamération des biens ecclésiastiques. La pensée de « l'église libre dans l'état libre, » qui avait toujours, depuis 1848, reposé au fond de ses opinions, ne sortit de cette incubation qu'à la fin de sa carrière; celle de Rome capitale ne lui est venue que par le développement de la situation. Plus conservateur et plus attentif que ses successeurs aux traditions et aux habitudes italiennes, il voulait que l'enseignement fût libre, abandonné au zèle spontané et à l'émulation des provinces, des villes, des corporations, des églises. La centralisation administrative lui paraissait incompatible avec la diversité du génie italien, et il adoptait le système des régions de MM. Farini et Minghetti, laissant aux communes le soin de gérer leurs biens et d'élire leurs magistrats sous la seule surveillance d'un conseil de province. Tel était, sans idées neuves, sans forte initiative, mais avec un esprit constamment appliqué au réel comme point de départ du possible, cet homme d'état éminemment pratique, qui a communiqué une si forte impulsion aux affaires de son pays, mais qui n'a commandé le mouvement qu'en obéissant à la pente.

Un jour l'histoire, jugeant à distance, fera mieux que nous ne le pouvons aujourd'hui les justes parts entre les hommes et les choses. Elle ne négligera certes point l'appréciation morale des faits qui procèdent de la volonté de l'homme; elle saura condamner les actes coupables, les infractions au droit, les violences, et tout ce que les passions exaltées apportent de scandales et de folies sur la scène des révolutions; mais elle ne confondra point ce drame humain, éternellement le même, avec le fond fatal des événemens : elle distinguera des accidens passagers et des aberrations individuelles ce qui appartient à l'irrésistible impulsion des causes générales et historiques. Alors les idées hostiles à la révolution italienne changeront, comme ont déjà changé chez nous les idées hostiles à la révolution française. Il y a quarante ans à peine, nos royalistes voyaient-ils 89 autrement qu'à travers 93? Mais aujourd'hui que le temps a effacé les détails en éloignant la perspective, et que les grandes masses, les résultats fondamentaux se dessinent à leurs yeux, leurs fils ne jurent plus que par les principes de 89. L'Italie obtiendra de l'histoire une justification pareille, mais elle aura versé moins de sang, elle aura fait moins de ruines que nous; elle aura montré des qualités politiques que nous pourrions déjà lui envier peut-être, et qui devraient tout au moins inquiéter notre amour-propre et stimuler notre émulation.

LOUIS BINAUT.

UN PHILOSOPHE SICILIEN (1).

Ce n'est pas un des moindres bienfaits de la révolution italienne que cette facilité donnée aux habitans des provinces les plus reculées du nouveau royaume de faire connaître leurs titres de gloire à leurs compatriotes, et même dans toute l'Europe aux esprits curieux. Jusqu'alors le désir d'une publicité qui franchît d'étroites frontières n'avait guère tenté des âmes abattues, amoindries par l'absolutisme. Imaginez le découragement qui devait s'emparer des écrivains et des professeurs, lorsqu'ils voyaient leurs paroles et leurs livres soumis à la censure, abrégés, corrigés par elle, perdant toute leur force, toute leur saveur primitive, et n'obtenant la permission de se faire connaître qu'au prix de mutilations qui les rendaient peu dignes d'être connus! Pour ne parler aujourd'hui que de la Sicile, elle se vante d'avoir des orateurs, des poètes, des historiens, des érudits, des philosophes, en un mot toute une littérature. Qu'en connaissent cependant l'Europe et l'Italie même? Un nom, un seul a réussi à percer ces profondes ténèbres, celui du poète Meli, si original et si remarquable sous son doux parler sicilien, qu'il ne lui a manqué que d'écrire dans la langue commune de l'Italie pour être égalé aux plus illustres poètes de notre temps. Quelques personnes prononcent le nom de Rosario di Gregorio, savant et prudent historien qui, vers la fin du siècle dernier, exposait l'histoire de la Sicile dans des leçons publiques où toutes les puissances du monde étaient respectées à l'excès; mais les *Considérations sur l'histoire de la Sicile* ne donnent qu'une faible idée du talent et des succès de ce professeur applaudi : l'autorisation ne lui fut accordée de publier ses leçons qu'à la condition d'en supprimer les parties trop vives, et l'investigation de la censure alla si loin dans le détail, qu'on raya, entre mille autres mots réputés dangereux, celui de *notables,* parce qu'on y voyait une allusion à l'assemblée qui ouvrit la révolution française.

La philosophie n'obtenait pas plus de faveur que l'histoire, et pourtant, jusqu'à une époque peu éloignée de la nôtre, les ecclésiastiques seuls osaient ou pouvaient s'occuper de ces matières. Il y avait, au XVIIIᵉ siècle, à Monreale, dans cette malpropre, mais étrange et curieuse ville si pittoresquement perchée sur les dernières pentes de la montagne, au-dessus de Palerme, un groupe de philosophes que les Siciliens appellent avec emphase l'école de Monreale, nom déjà donné à une école de peinture dont, au XVIIᵉ siècle, Pietro Novelli fut le chef. Scinà, l'abbé Rivarola, le chanoine Di Carlo et M. César Cantù ont plus ou moins longuement fait mention de cette philosophie sicilienne; toutefois le chef dont elle s'honore, Vincenzo Miceli, ne figure même pas dans nos principaux catalogues bio-

(1) *Il Miceli, ovvero Dell' Ente uno e reale, dialoghi tre, seguiti dallo* Specimen scientificum V. Micelii, *non mai fin qui stampato,* par Vincenzo di Giovanni. Palerme 1864.

graphiques. Ses ouvrages sont, pour la plupart, restés inédits, et, sans doute par un souvenir toujours vivant des persécutions dont la pensée fut l'objet sous le règne des Bourbons, les personnes qui possèdent les manuscrits de Miceli refusent de les publier, de s'en dessaisir, d'en laisser prendre des copies, et même, faut-il le dire? le plus souvent de les communiquer. C'est seulement dans ces dernières années qu'un savant sicilien, M. Vincenzo di Giovanni, a pu obtenir que ces précieux papiers fussent laissés quelque temps entre ses mains. Une étude attentive, d'ingénieux rapprochemens avec les ouvrages de Miceli qui ont vu le jour soit de son vivant, soit après sa mort, ont permis à M. di Giovanni de faire connaître les doctrines de ce philosophe, sinon en publiant les textes mêmes, du moins en composant trois dialogues à la manière antique, dans lesquels Miceli discute avec Guardi et Zerbo, ses deux principaux disciples, dont les écrits ne font guère, paraît-il, que reproduire assez fidèlement les opinions du maître. On pourrait douter que M. di Giovanni ait pris le meilleur moyen de faire connaître son auteur; mais il faut se rappeler que l'autorisation n'a encore été donnée à personne de publier les œuvres inédites de Miceli. Qui sait même si des écrits de ce genre trouveraient dans le texte original ou dans une traduction assez de lecteurs pour qu'on fasse jamais les frais d'une telle publication? Après tout, si M. di Giovanni a commis par endroits de légères inexactitudes, peu de personnes, j'imagine, sont en état de les relever, et par cette exposition comme par la notice biographique dont elle est précédée le savant interprète a plus fait pour la mémoire de Miceli que ses précédens admirateurs. Il a trop fait peut-être : nous devons nous tenir en défiance contre cet enthousiasme excessif pour tout ce qui est sicilien. En voyant M. di Giovanni écrire que « la Sicile, déjà illustre du temps des Grecs, ne le cède encore aujourd'hui à aucun pays du monde, » on peut se demander s'il faut le croire quand il nous assure que Miceli, mieux connu, serait l'honneur de l'Italie. Heureusement les détails qu'il nous donne permettent de reconnaître que ses assertions méritent le plus souvent confiance et de discerner sans trop de peine ce qu'il y a d'exagération dans ses éloges.

Miceli, né en 1733 à Monreale, d'une humble et obscure famille, avait pris la seule voie qui fût ouverte à cette époque aux enfans du peuple dont l'intelligence paraissait supérieure à leur condition : il était entré au séminaire et y avait reçu les ordres. Il devint successivement curé d'une paroisse, puis *modérateur* des études au séminaire de Monreale; mais il n'occupa que cinq ans ces dernières fonctions, car, d'une santé depuis longtemps altérée, il mourut âgé de quarante-huit ans, en 1781. Sa vie s'écoula dans le calme qui convient aux hommes d'étude, et ne fut signalée que par son enseignement et la composition de ses ouvrages. Les deux principaux, encore inédits, sont un *Saggio scientifico,* essai inspiré des œuvres de Leibnitz et de Wolf et rédigé à vingt-cinq ans, puis une *Prefa-*

zione o saggio istorico di un sistema metafisico. Dans ce dernier travail, Miceli entreprenait de montrer les difficultés que rencontrent tous les systèmes de philosophie sur la cosmologie, la psychologie, le droit naturel, la théologie révélée; le sien seul lui paraissait naturellement triompher de toutes les objections, et cela, merveilleux privilége! sans se mettre en désaccord avec la révélation, les mystères, l'organisation hiérarchique et même liturgique de l'église.

Les deux ouvrages de Miceli qui ont vu le jour sont loin d'avoir la même importance, ou du moins le même intérêt, pour qui veut connaître la doctrine de ce philosophe ignoré. L'un, publié de son vivant, est intitulé *Institutiones juris naturalis;* l'autre, imprimé seulement après sa mort, est le fruit peu mûri de trois jours de loisirs passés à la campagne. Ce dernier travail porte un titre bizarre : *Ad canonicas institutiones Isagoge scientifico-dogmatica;* ce n'est qu'une espèce d'introduction en quelque sorte improvisée aux institutions canoniques. Ni la matière ni les efforts de l'auteur pour la féconder ne nous permettraient de nous associer aux éloges dont M. di Giovanni se montre si prodigue, et comme il ne reste maintenant à faire mention que d'un dernier ouvrage, intéressant tout au plus pour les ecclésiastiques (*Sposizione mistica e morale del santissimo sacrificio della messa*), on est bien forcé de reconnaître que Miceli n'a pas assez fait pour percer l'obscurité dont son nom demeure enveloppé; mais enfin il est un chef d'école, il est un de ces hommes, rares après tout, qui, médiocrement pressés d'écrire, déposent leurs doctrines dans la mémoire fidèle de leurs disciples. Socrate est le chef de cette famille, et de nos jours nous avons vu un modeste professeur de philosophie dans un de nos colléges former, durant trente années et sans jamais prendre la plume, des élèves qui prétendent représenter ce qu'ils appellent eux-mêmes l'école de Lyon.

M. di Giovanni fait honneur à Miceli d'avoir exposé le premier les idées qui ont prévalu en France et en Allemagne cinquante ans plus tard. Nous n'avons garde d'entrer dans ces querelles de priorité. Qui peut dire l'heure où ont commencé les plus modernes écoles? Ne les retrouve-t-on pas dans l'antiquité parfaitement reconnaissables, et le neuf dans ces matières n'est-il pas le plus souvent du vieux longtemps oublié et rajeuni après bien des siècles? Mais si l'on considère que Miceli était prêtre, qu'il voulait être orthodoxe et qu'on le tenait pour tel, on trouvera piquant sans doute de voir M. di Giovanni, avec une sincérité qui l'honore, attribuer au philosophe de Monreale des doctrines où le moins clairvoyant des hommes reconnaîtrait le panthéisme.

Il ne paraît pas que le cartésianisme ait jamais obtenu beaucoup de succès en Sicile, quoiqu'on l'y ait enseigné, comme dans tout le reste de l'Europe. Dès qu'apparut la doctrine de Leibnitz, les Siciliens l'embrassèrent avec empressement. Nicolò Cento la prit le premier pour sujet de ses leçons, et Tommaso Natale s'en fit le poète, comme Tommaso Campailla

avait été celui de la philosophie cartésienne. A Palerme Vincenzo Flores, à
Catane Lionardo Gambino, à Cefalù Simone Judica répandirent les principes de Leibnitz, tandis qu'Agostino de Cosmi les propageait dans les
villes de l'intérieur. Tous ces philosophes, fort renommés de leur temps,
furent cependant effacés par Miceli, non-seulement à cause de son talent,
mais aussi parce qu'il donnait l'exemple, après avoir renversé l'édifice de
la science, de le reconstruire à nouveaux frais et de ses propres mains.
Toutefois, il faut l'avouer, les matériaux de cette reconstruction n'avaient
pas été extraits par Miceli d'une mine nouvelle, ni même taillés par lui :
M. di Giovanni reconnaît que ce prêtre si calme, si régulier dans sa vie,
si orthodoxe dans ses croyances ou du moins dans ses volontés, a la même
ontologie que l'aventureux Giordano Bruno. Or qu'enseigne ce hardi penseur, si habile à revêtir les idées les plus abstraites des formes les plus
poétiques? Sur cette terre d'Italie où s'étaient acclimatées les doctrines
les plus diverses, celle de Pythagore dans l'antiquité, celle d'Aristote au
moyen âge, celle de Platon et de ses disciples d'Alexandrie du xive au
xvie siècle, Giordano Bruno soutient le panthéisme d'Élée en le revêtant
de formes néoplatoniciennes; il combat sans relâche l'école, l'église, le
christianisme, dont il attaque même les fondemens. Pour Bruno, le monde
est un animal immense, infini, le ciel est partout, c'est le cercle de Pascal.
Il n'y a jamais aucune interruption dans l'être, tout est bon en soi, la
mort n'est et ne peut être qu'une transformation, une apparence, une relation des parties, puisque le tout est parfait.

A ces idées, qui conduisirent l'infortuné Bruno au bûcher, comparons
celles de Miceli. Suivant lui, hors de la trinité de l'être vivant, qui est
toute-puissance, sagesse et charité, il n'y a rien, car tout est en elle.
L'être unique est dans une continuelle action qui se termine par des manifestations extérieures et toujours nouvelles de la toute-puissance. C'est
comme l'habit dont Dieu se recouvre; les âmes sont « les modes de la connaissance expérimentale de la sagesse, » tout en soi est bon, le péché est
relatif à l'ordre établi. La trinité de Miceli est, dit M. di Giovanni, une
reproduction de celle qu'avaient imaginée Plotin et Proclus. Quand Miceli
représente par une roue l'être vivant et agissant, ne rappelle-t-il pas encore Giordano Bruno, pour qui la naissance était une expansion du centre,
la vie la durée de cette expansion, et la mort le retour des rayons au foyer?
Miceli est optimiste quand il parle du monde, Bruno l'était aussi quand il
disait que l'être a la capacité de toutes les formes qui peu à peu deviennent visibles dans le monde. La différence entre ces deux philosophes,
c'est que le dieu de Bruno ne peut exister sans le monde, n'est sans le
monde qu'une abstraction, tandis que le dieu de Miceli existe indépendamment du monde, qui n'est plus pour lui qu'un amusement et, répétons-le,
qu'un vêtement qu'il prend et reprend à son gré, en sorte qu'il est et
reste un Dieu personnel, libre, parfait en soi.

C'est par ses manifestes tendances vers le mysticisme que Miceli se laisse entrainer au panthéisme. Tout ce qui a été créé ne lui paraissait rien auprès de Dieu ; il croyait que donner une substance aux choses ce serait en faire des êtres existant par eux-mêmes, et il se confirmait dans ses idées en relisant l'Écriture, les pères, les docteurs, les théologiens, pour qui les choses créées sont en face de Dieu comme si elles n'étaient pas, des ombres fugitives qui se dissipent comme des songes. C'est pourquoi il les appelait phénomènes, modes, jeux de la Toute-Puissance, disant et répétant qu'il n'y avait rien de réel que la Trinité. Ce qui est de la nature est dans la Toute-Puissance, ce qui est hors de la nature est dans la Sagesse et la Charité. Il semble que ce soit bien là le panthéisme. On essaie pourtant de soutenir que Miceli n'est pas tombé dans cette doctrine ; on dit qu'elle consiste à considérer Dieu comme étant tout, tandis que le philosophe sicilien soutient seulement que tout est en Dieu. Saint Paul n'a-t-il pas dit : *In Deo vivimus, movemur et sumus?* Pour Schelling et pour Lamennais, au temps de sa farouche orthodoxie, la nature est-elle autre chose que l'ombre de Dieu jetée dans le temps et dans l'espace et se dilatant sans fin?

Nous n'entreprendrons pas ici, on le croit sans peine, de mesurer l'épaisseur du cheveu qui sépare le panthéisme de l'orthodoxie ainsi entendue, nous ne chercherons même pas à deviner ce que veut dire M. di Giovanni quand il déclare que si le panthéisme de l'Allemagne rappelle celui de l'Orient, le panthéisme de la France et de l'Italie sait se tenir à un Dieu personnel et intelligent. C'est sans doute cette alliance d'idées si opposées que poursuit et prétend soutenir une école toute moderne qui donne à ses adeptes le nom peut-être exact, mais dans tous les cas énigmatique pour la plupart des hommes, de panthéistes chrétiens. M. di Giovanni ne parvient pas à nous faire comprendre ce qui nous paraît si obscur, ou, pour mieux dire, il ne l'entreprend guère. Sauf quelques affirmations vagues comme celles qu'on vient de voir, il se borne à déclarer que Miceli est tout ensemble panthéiste et catholique, philosophe hardi qui ne recule pas devant les témérités de Bruno, et croyant zélé au point de méconnaître dans le mariage le contrat civil et de n'y voir qu'un sacrement. Nous sommes persuadé que la congrégation de l'Index trouverait dans les opinions du penseur sicilien pour le moins autant d'hérésies philosophiques qu'on trouve d'hérésies politiques condamnées dans le fameux *syllabus* dont le pape Pie IX a fait suivre sa dernière encyclique ; mais ce n'est point là notre sujet.

Ce qui aurait dû éveiller l'attention de Miceli sur l'impossibilité de concilier son panthéisme avec la foi catholique, ou simplement avec la doctrine de la personnalité humaine, c'est qu'il ne put pas ou ne voulut pas, dans son ouvrage sur le droit naturel, être conséquent à ses doctrines. Comme il avait l'âme sensible, au lieu d'appliquer à cet ordre d'idées sa théorie d'un être unique, dieu à l'intérieur, monde visible à l'extérieur, il

ne parvint pas à confondre ou, pour mieux dire, à annuler les existences
finies dans le sein et la nature de l'infini. Dans les matières de droit naturel, il admet que tendre vers Dieu, c'est-à-dire vers le bonheur, est la raison de l'existence. Dès lors le bien moral n'est autre chose que le lien de
la volonté humaine avec la volonté divine; en d'autres termes, il consiste
dans la religion, qui est naturelle, si l'on considère Dieu comme auteur de
la nature, et surnaturelle, si l'on voit en lui l'auteur de la grâce. C'est cette
inconséquence qui fait toute l'originalité du livre de Miceli sur le droit naturel. Quand il parle des devoirs de l'homme envers lui-même, envers ses
semblables et envers Dieu, il ne fait guère que reproduire les préceptes des
philosophes antérieurs.

Il ne saurait donc occuper un rang bien élevé parmi ceux dont s'honore
la pensée moderne. Sans compter qu'il ne reste catholique et humain qu'au
prix d'une infidélité manifeste à ses opinions les plus chères, dans les matières philosophiques il marche toujours derrière quelqu'un : disciple de
Bruno pour l'ontologie, de Leibnitz dans la théorie de la monade, de Spi-
noza en fait de méthode, il aurait besoin d'être un écrivain de premier
ordre pour faire oublier ce manque absolu d'originalité. Or, s'il pouvait à
cet égard briller même au second rang, il est probable que les détenteurs
de ses manuscrits eussent surmonté leurs scrupules et communiqué ces
ouvrages inédits au public; il est certain du moins que M. di Giovanni, qui
les a lus avec soin, n'aurait pas manqué de louer l'art d'écrire dans l'auteur dont il a pris à cœur la renommée. Miceli est donc surtout un maître
savant et doux, qui a eu sur ses disciples une action réelle, forte, durable,
par l'autorité de sa parole et la gravité de son caractère; M. di Giovanni,
sans s'en apercevoir, assigne au penseur et au philosophe une place assez
modeste en le déclarant l'égal de Gerdil et de Genovesi.

Les dialogues dans lesquels sont exposées ou résumées les doctrines de
Miceli offrent une lecture agréable et facile. Le dessein d'imiter la forme
antique est manifeste dans le début même de chaque entretien. A l'exemple des personnages de Platon et de Cicéron, Miceli et ses disciples commencent par des discours où éclate un sincère enthousiasme pour les
beautés de la nature et des arts en Sicile. On aura beau en rabattre, c'est
par cet amour profond, exagéré même, de leur pays que les Italiens se
montrent surtout dignes des hautes destinées que semble leur réserver
l'avenir.   F.-T. PERRENS.

V. DE MARS.

L'ITALIE

ET LA VIE ITALIENNE

V.

LE PEUPLE ET LE GOUVERNEMENT DE ROME. — LA CAMPAGNE.
— LA SEMAINE SAINTE.

A M..., A PARIS.

22 mars.

Hier, au sortir d'une conversation comme celles que je t'ai rapportées (1), mes amis ont voulu me montrer la campagne romaine. — Il faut la voir, disent-ils, avant de raisonner sur le peuple.

Nous sommes sortis par la porte del Popolo, et nous avons suivi un long faubourg poudreux; là aussi il y a des ruines. Nous sommes entrés à droite dans l'ancienne villa du pape Jules II, demi-abandonnée. On pousse une porte vermoulue, et l'on voit une cour élégante où tourne un portique circulaire soutenu par des colonnes carrées à têtes corinthiennes; la masse a subsisté par la solidité de sa construction ancienne. Aujourd'hui c'est une sorte de hangar approprié à des usages domestiques : des paysans, des laveuses en manches retroussées vaguent çà et là. Au bord des vieilles vasques de pierre, le linge attend le battoir; un canard sur une patte regarde le riche bouillonnement de l'eau, qui, amenée jadis avec une prodigalité princière, regorge et bourdonne comme aux premiers jours; les claies de joncs, les tas de roseaux, les fumiers,

(1) Voyez la *Revue* du 15 décembre 1864, 1er janvier, 15 janvier, 15 avril 1865.

les bêtes, sont autour des colonnes. Ce sont là les héritiers de Raphaël, de Michel-Ange, de Bembo, de la cour joyeuse, guerrière,
lettrée, qui venait le soir entretenir le vaillant pape. — A gauche,
un grand escalier sans marches, sorte de rampe qu'il pouvait monter à cheval, développe sa profondeur et les belles courbes de ses
voûtes. Arrivés au sommet, nous forçons une sorte de loquet, et
nous trouvons une *loggia* ; c'est là qu'après souper il venait converser, prendre le frais, en face de la campagne largement étalée
sous ses regards. Des colonnes la portent, on distingue au plafond
les restes des caissons ouvragés où se mêlaient et se déployaient
les corps vivans des figurines ; un vaste balcon prolonge le pro-
menoir et apporte plus amplement l'air du dehors à la poitrine.
Rien de plus grandement entendu, de mieux approprié au climat,
de plus propre à contenter des sens d'artiste ; c'est ici qu'il fallait
venir pour discuter des projets d'édifices ou retoucher des agen-
cemens de figures. On lui montrait des esquisses, on crayonnait
devant lui ; un pareil homme, si violent et si fier, était fait pour
comprendre de pareilles âmes. Maintenant il reste une sorte de grenier ; les ferrures du balcon sont à demi descellées, les caissons sont
tombés, les piliers de la cour ont perdu leur stuc, et montrent leur
cailloutis entamé de briqueterie rouge ; seules, les colonnes de la
loggia allongent encore leurs beaux fûts de marbre blanc. Deux
ou trois peintres viennent au printemps se nicher dans cette ruine.

La poussière tourbillonne, et le soleil chauffe péniblement la coupole grise des nuages ; le ciel semble d'étain ; le sirocco, énervant,
fiévreux, souffle par rafales. Le Ponte-Molle apparaît entre ses
quatre statues ; derrière est une pauvre auberge, et aussitôt après
commence le désert. Rien d'étrange comme ces quatre statues lé-
zardées, qui se profilent sur le grand vide morne et font l'entrée
du tombeau d'un peuple. Des deux côtés, le Tibre se traîne et tour-
noie, jaunâtre et visqueux comme un serpent malade. Pas un arbre
sur ses bords, plus de maisons, plus de cultures. De loin en loin,
on découvre un môle de briques, un débris branlant sous sa chevelure de plantes, et sur une pente, dans un creux, un troupeau
silencieux, des buffles aux longues cornes qui ruminent. Des arbustes, de mauvaises plantes rabougries s'abritent dans les enfon-
cemens des collines, les fenouils suspendent au flanc des escarpemens leur panache de délicate verdure ; mais nulle part on ne voit
d'arbre véritable, c'est là le trait lugubre. Des lits de torrens sillonnent de leurs blancheurs blafardes le vert uniforme ; les eaux
inutiles s'y tordent à demi engravées, ou dorment en flaques, parmi
les herbes pourries.

A perte de vue, de toutes parts, la solitude ondule en collines

d'une bizarrerie monotone, et l'on cherche longtemps en soi-même
à quelles formes connues ces formes étranges peuvent se rapporter.
On n'en a point vu de semblables, la nature n'en produit pas; quelque chose est venu se surajouter à la nature pour enchevêtrer ce
pêle-mêle et brouiller ces éboulemens. Mollasses ou effondrés, ces
contours sont ceux d'une œuvre humaine affaissée, puis dissoute,
par l'attaque incessante du temps. On se figure d'anciennes cités
écroulées et ensuite recouvertes par la terre, de gigantesques cimetières effacés par degrés, puis enfouis sous la verdure. On sent
qu'une grande population a vécu là, qu'elle a retourné et manié le
sol, qu'elle l'a peuplé de ses bâtisses et de ses cultures, qu'aujour-
d'hui il n'en subsiste plus rien, que ses vestiges eux-mêmes ont
disparu, que l'herbe et le sol ont fait par-dessus eux une nouvelle
couche, et l'on éprouve le sentiment d'angoisse vague que l'on aurait au bord d'une mer profonde, si par un jour clair, à travers l'a-
bîme des eaux immobiles, on démêlait comme en un songe la forme
indistincte de quelque énorme cité descendue sous les flots.

Deux ou trois fois on arrive sur une hauteur; de là, quand on
contemple le cercle immense de l'horizon tout entier peuplé par ces
entassemens de collines et ce pêle-mêle de creux funéraires, on
sent tomber sur son cœur un découragement sans espérance. C'est
un cirque, un cirque au lendemain des grands jeux, muet et devenu
sépulcre : une ligne âpre de montagnes violacées, une solide barrière
de rocs lointains lui servent de muraille; la décoration, les marbres
ont péri; il ne reste de lui que cette enceinte et le sol formé de
débris humains. Là s'est déployée pendant des siècles la plus sanglante et la plus pompeuse des tragédies humaines; toutes les nations, Gaulois, Espagnols, Latins, Africains, Germains, Asiatiques,
ont fourni leurs recrues et leurs jonchées de gladiateurs; les cadavres des innombrables morts, aujourd'hui confondus, oubliés,
font de l'herbe. Quelques paysans passent, le fusil en bandoulière,
à cheval, chaussés de fortes guêtres; des bergers dans leur peau de
mouton rêvent, l'œil brillant et vide. Nous arrivons à Porta-Prima;
des enfans déguenillés, une petite fille en loques, la poitrine nue
jusqu'à l'estomac, se cramponnent à la voiture pour avoir l'aumône.

Nous allons voir à Porta-Prima les nouvelles fouilles; c'est la
maison de Livie; on y a découvert, il y a six mois, une statue d'Auguste : tout cela est enseveli. Quels entassemens de terre à Rome!
Dernièrement, dit-on, sous une église on en a retrouvé une autre,
et sous celle-là une autre, probablement du IIIe siècle. La première
s'était effondrée dans quelque invasion de barbares; quand les habitans revinrent, les débris faisaient un tas solide; sur les fûts des
colonnes, ils ont posé les fondemens de la seconde église. La même
chose est arrivée à la seconde, et on a bâti pareillement la troi-

sième. Déjà Montaigne citait à Rome des temples enterrés dont le toit était au-dessous des pieds de toute la longueur d'une pique de lansquenet. — Quand on longe une route, on y aperçoit en tout pays une croûte de terreau noirâtre, celle que les hommes cultivent; c'est d'elle que sort toute la population végétale, animale et humaine; les vivans y retournent pour en sortir sous d'autres formes : au-dessus de la grande masse inerte et minérale, ce fumier est la seule portion mobile qui s'élève, puis retombe, selon le va-et-vient du tourbillon de la vie. Certainement en aucun endroit du monde il n'a été plus agité de fond en comble et plus bouleversé qu'ici.

On pénètre avec des torches dans les chambres souterraines, étançonnées, d'où l'eau suinte. En promenant la torche sur les murs, on voit reparaître un à un de jolis ornemens, des oiseaux, des feuillages verts, des grenadiers chargés de leurs fruits rouges; c'est encore le goût simple et sévère de la saine antiquité, tel que le montrent Pompéi et Herculanum.

Le soleil baissait dans une grande brume pâle; le vent lourd, aveuglant, soulevait la poussière par saccades; sous ce double voile, les rayons mornes comme ceux d'un bloc de fer rougi s'éteignaient vaguement dans la désolation infinie. Au sommet d'un escarpement, on apercevait une misérable ruine vacillante, l'acropole de Fidènes, et sur un autre le carré noirci d'une tour féodale.

23 mars.

Avant tout, quand on veut juger les paysans romains, il faut poser comme premier trait de leur caractère l'énergie, j'entends l'aptitude aux actions violentes et dangereuses. Voici des anecdotes.

Notre ami N..., homme athlétique, brave et calme, habite la campagne à cinq ou six lieues d'ici. Il nous conte que dans son village les coups de couteau sont fréquens : des trois frères de son domestique, l'un est au bagne, deux sont morts assassinés. Dans ce même village, deux paysans plaisantaient et s'amusaient entre eux. Le premier avait une fleur à sa boutonnière, quelque présent de sa maîtresse. L'autre la prend. « Rends-la-moi, » dit l'amant; l'autre n'en fait que rire. L'amant devient sérieux. « Rends-la-moi tout de suite! » Nouveaux rires. L'amant veut la reprendre de force, l'autre se sauve; il le poursuit, l'atteint, lui plante son couteau dans le dos, non pas une fois, mais vingt, en boucher et en furieux. — La colère, avec le sang, leur monte aux yeux, et ils rentrent à l'instant dans la férocité primitive.

Un officier qui est avec nous cite des traits semblables. Deux soldats français se promenaient le long du Tibre, ils voient un homme du peuple qui veut noyer un chien; ils l'en empêchent, et les coups de poing commencent. L'homme crie au secours, les gens du quartier arrivent, un apprenti enfonce son couteau par derrière dans le corps du premier soldat français, qui tombe sans faire un mouvement. Ce soldat avait une force et une structure d'hercule; mais le coup avait été si juste que le cœur était traversé. — Deux autres soldats dans la campagne entrent dans un enclos, volent des figues, se sauvent; le propriétaire, ne pouvant les attraper, leur tire deux coups de fusil, tue l'un, casse la jambe à l'autre. — Ce sont de vrais sauvages; ils croient pouvoir à toute occasion rentrer dans le droit de guerre et en user jusqu'au bout.

Notre ami N... a essayé dans son village d'abolir quelques pratiques cruelles. On y tue un bœuf ou une vache par semaine; mais, avant d'expédier la malheureuse bête, on la livre aux enfans, aux jeunes gens, qui lui crèvent les yeux, lui mettent le feu sous le ventre, lui coupent la langue, la déchiquettent et la martyrisent : c'est pour se donner le plaisir de la voir furieuse; ils aiment les émotions fortes. N... tâche de les dissuader, va trouver le curé, s'adresse à tout le monde. Pour les prendre au vif, il leur donnait des raisons positives : « La viande, ainsi échauffée, ne sera pas bonne. — Qu'est-ce que cela nous fait? Nous sommes trop pauvres, nous n'en mangeons pas. » Un jour il rencontre un paysan qui rouait son âne de coups; il lui dit : « Laisse donc tranquille cette pauvre bête. » Le paysan répond avec le *scherzo*, l'âpre et dure plaisanterie romaine : « Je ne savais pas que mon âne eût des parens dans ce village. » Ce sont là les effets du tempérament bilieux, des passions âcres excitées par le climat, de l'énergie barbare qui n'a pas d'emploi.

La marquise de C... nous dit qu'elle n'habite pas sa terre, on y est trop seul, et les paysans y sont trop *méchans*. Je me fais répéter ce mot, elle y insiste, et son mari de même. Tel cordonnier a tué son camarade d'un coup de couteau dans le dos, et après un an de galères est revenu au village, où il prospère. Un autre a tué à coups de pied sa femme enceinte. — On les condamne aux galères, parfois pour cent cinquante ans; mais plusieurs fois par an le pape accorde des réductions de peine : si on a quelque protecteur, on en est quitte, après un meurtre, pour deux ou trois années de bagne. On n'est point trop mal au bagne; on y apprend un métier, et quand on revient au village, on n'est point déshonoré; même on est redouté, ce qui est toujours utile.

Je cite en regard deux traits qu'on me contait sur la frontière d'Espagne. Dans un combat de taureaux, une jolie dame espagnole voit à côté d'elle une Française qui met ses mains devant les yeux à l'aspect d'un cheval éventré qui marchait dans ses entrailles. Elle hausse les épaules et dit : « Cœur de beurre! » — Un réfugié espa-

gnol avait assassiné un marchand et n'avait pas une tache de sang
sur ses habits; le président lui dit : « Il paraît que vous êtes expert
en fait de meurtre. » L'homme répond avec hauteur : « Et vous, est-
ce que vous vous tachez avec votre encre? » Trois ou quatre faits
comme ceux-là montrent une couche d'humanité qui nous est tout
à fait inconnue. Dans ces hommes incultes, dont l'imagination est
intense et dont la machine est endurcie par la peine, la force du
ressort intérieur est terrible, et la détente est subite. Les idées
modernes d'humanité, de modération, de justice, ne se sont point
insinuées en eux pour amortir les chocs ou diriger les coups. Ils sont
demeurés tels qu'au moyen âge.

Le gouvernement n'a jamais songé à les civiliser, il ne leur demande que l'impôt et un billet de confession; pour le reste, il les
abandonne à eux-mêmes, et de plus leur étale en exemple le régime de la faveur. Comment auraient-ils l'idée de l'équité quand
ils voient la protection toute-puissante contre les droits privés ou
l'intérêt public? Là-dessus ils ont un proverbe cru que j'adoucis :
« La beauté d'une femme a plus de force que cent buffles. » Il y
avait près du village de N... une forêt utile au pays et que l'on
commençait à jeter bas; un *monsignor* avait la main dans les bénéfices, toutes les réclamations de notre ami ont été vaines. — La
vue des criminels graciés et des coquineries administratives leur
montre le gouvernement comme un être fort qu'il faut se concilier, et
la société comme un combat où il faut se défendre. D'autre part, en
fait de religion, leur imagination italienne ne comprend que les rites;
les pouvoirs célestes comme les pouvoirs civils sont pour eux des
personnages redoutables dont on évite la colère par des génuflexions
et des offrandes, rien de plus. En passant devant un crucifix, ils
se signent et marmottent une prière; à vingt pas de là, quand le
Christ ne les voit plus, ils se remettent à blasphémer. Avec une pareille éducation, on juge s'ils ont le sentiment de l'honneur, et si
en matière de serment par exemple ils se croient astreints à quelque devoir. Les Indiens de l'Amérique se font une gloire de ruser et
de tromper leur ennemi; pareillement ceux-ci trouvent naturel de
tromper le juge. Dans l'état de guerre, la sincérité est une duperie;
pourquoi donnerais-je des armes contre moi à celui qui est en armes
contre moi?—N..., le pistolet à la main, avait sauvé la vache qu'on
voulait supplicier. Quelques jours après, le soir, comme il était sur
le pas de sa porte, il entend une grosse pierre siffler près de sa
tête. Il s'élance, saisit un homme et le rosse; ce n'était pas celui-là;
il va plus loin, rencontre deux frères; l'aîné, qui avait lancé la
pierre, devient livide, arme son fusil, couche N... en joue. N... saisit
à plein corps le plus jeune et le présente comme un bouclier; celui-ci, maintenu et manié par des bras d'athlète, ne pouvait bou-

ger, mais grinçait des dents et criait à son frère : « Tire, tire donc ! »
Survient le domestique de N... avec un fusil, et les deux coquins se
sauvent. Notre ami porte plainte ; quatre assistans, dont un prêtre,
tous témoins oculaires, jurent qu'ils n'ont pas vu l'homme qui a
lancé la pierre. Là-dessus, N..., exaspéré et obligé de se faire respecter et craindre pour pouvoir vivre dans le village, donne une
piastre à un voisin qui n'avait rien vu, et ce voisin désigne sous serment le gredin qui a fait le coup. — De la même façon, et bien plus
aisément encore, on trouve au Bengale (1) vingt faux témoins à
charge et à décharge dans le même procès. Les voisins jurent par
complaisance les uns pour les autres, ou à tant par serment, et ce
sont les mêmes causes qui entretiennent dans les deux pays les
mêmes mensonges. De toute antiquité le juge ayant cessé d'être
juste, on parle devant lui, non comme devant un juge, mais comme
devant un ennemi.

D'autre part, ces gens menteurs, cruels et violens comme les
sauvages, sont stoïques comme les sauvages. Quand ils sont malades ou blessés, vous les voyez, la jambe cassée ou un coup de
couteau dans le corps, s'envelopper dans leur manteau et demeurer
assis sans rien dire, sans se plaindre, concentrés, immobiles à la
façon des animaux qui souffrent ; seulement ils vous regardent d'un
œil fixe et triste. C'est que leur vie ordinaire est dure et qu'ils sont
habitués à la peine ; ils ne mangent que de la polenta, et il faut
voir leurs guenilles. Les villages sont clair-semés : ils sont obligés
de faire plusieurs milles, parfois trois lieues, pour aller travailler
à leur champ ; mais tirez-les de cet état militant et de cette ten-
sion continue, le fond généreux, la riche nature, abondamment
fournie de facultés bien équilibrées, apparaissent sans effort. Ils deviennent affectueux quand on les traite bien. Selon N..., un étranger
qui agit loyalement trouve en eux de la loyauté. Le duc G..., qui a
formé et commandé pendant trente ans le corps des pompiers, ne
peut trop se louer d'eux. Pour la patience, la force, le courage, le
dévouement militaire, il les compare aux anciens Romains. Ses
hommes se sentent honorés, équitablement traités, employés à une
œuvre virile ; c'est pourquoi ils se donnent de bon cœur et tout entiers. On n'a qu'à regarder dans la rue ou dans la campagne les têtes
de paysans et de moines : l'intelligence et l'énergie y éclatent ; impossible de se soustraire à cette idée qu'ici la cervelle est pleine et
l'homme complet. Stendhal, ancien fonctionnaire de l'empire, raconte que lorsque Rome et Hambourg étaient des préfectures françaises, on y recevait des tableaux administratifs avec indications
en blanc, très minutieux, fort compliqués, pour le service des

(1) Voyez M. de Valbezen, *les Anglais et l'Inde*, *Revue* du 15 décembre 1856.

douanes et de l'enregistrement; il fallait six semaines aux Ham-
bourgeois pour les comprendre et les bien faire, trois jours aux Romains. Les sculpteurs prétendent que, déshabillés, ils ont la chair
saine et ferme, à l'antique, tandis qu'au-delà des monts les muscles sont flasques et laids. En vérité, on finit par croire que ces
gens-là sont les anciens Romains de Papirius Cursor ou les citoyens
des redoutables républiques du moyen âge, les mieux doués des
hommes, les plus capables d'inventer et d'agir, maintenant tombés
sous le froc, la livrée ou la guenille, employant de grandes facultés
à psalmodier des litanies, à intriguer, mendier et se gâter.

Au milieu du marais, on voit encore jaillir l'eau vive : quand ils
s'épanchent, leur expansion est admirable; parmi les mœurs ga-
lantes ou grossières, la nature vierge qui a fourni des expressions
divines aux grands peintres éclate en enthousiasmes et en ravissemens. Un de nos amis, médecin allemand, a pour servante une
belle fille amoureuse d'un certain Francesco, ouvrier au chemin de
fer à quatre pauls par jour. Il n'a rien, elle non plus; ils ne peuvent
s'épouser, il leur faudrait cent écus pour entrer en ménage. C'est
un mauvais drôle, il n'est pas beau, et n'a pour elle qu'un goût
médiocre; mais elle l'a connu dès l'enfance, elle l'aime depuis huit
ans : quand elle reste trois jours sans le voir, elle ne mange plus;
le docteur est obligé de lui retenir ses gages, elle donnerait tout
son argent. Du reste elle est aussi sage que probe, et, forte de la
beauté de son sentiment, elle parle librement de son amour. Je la
questionnai sur ce Francesco. Elle sourit, rougit imperceptiblement;
sa figure s'illumine, elle semble être dans le ciel; on ne peut rien
voir de plus charmant et de plus gracieux que ce spirituel visage
italien éclairé par un sentiment si abandonné, si puissant et si
pur. Elle a son beau costume romain, et sa tête est encadrée par
son couvre-tête rouge des dimanches. Que de ressources, quelle
finesse, quelle force et quel élan dans une pareille âme! Quel contraste, si l'on songe aux figures ahuries de nos paysannes ou aux
minois délurés de nos grisettes!

Ici je touche le point délicat, et nous voulons le toucher, car
nous ne sommes pas des orateurs décidés d'avance à trouver des
argumens politiques, mais des naturalistes libres de préoccupation et d'engagement, occupés à observer les bâtimens et les sentimens des hommes comme nous ferions des instincts, des constructions et des mœurs des abeilles ou des fourmis. — Sont-ils Italiens
ou papalins? — Selon mes amis, toute réponse précise est difficile;
ces gens-ci sont trop ignorans, trop collés au sol, trop enfoncés dans
leurs haines et dans leurs intérêts de village pour répondre à de
telles questions. Néanmoins on peut supposer qu'ils sont gouvernés
en ceci, comme dans les autres choses, par leur imagination et leurs

habitudes. A son dernier voyage, le pape a été acclamé, on s'étouffait autour de sa voiture; il est vieux, sa figure est bienveillante et belle, il produit sur ces âmes incultes et ardentes le même effet qu'une statue de saint : sa personne, ses habits leur semblent pleins de pardons; ils veulent le toucher, comme ils font pour la statue de saint Pierre. D'ailleurs le gouvernement ne pèse pas sur eux, du moins visiblement; toutes les rigueurs sont pour les classes intelligentes; l'adversaire est l'homme qui lit ou qui a été à l'université; on épargne les autres. Sans doute un paysan peut être mis en prison pendant huit jours pour avoir fait gras un jour maigre; mais, comme il est superstitieux, il n'a pas envie de manquer aux rites. Il est obligé d'avoir son billet de confession, mais il n'a pas de répugnance à conter de nouveau vivement et violemment ses affaires dans une boîte de bois noir; d'ailleurs à la ville il y a des gens qui font métier de se confesser et de communier : ils se procurent ainsi des billets qu'ils vendent deux pauls. En outre l'impôt direct est léger, les droits féodaux ont été abolis par le cardinal Consalvi; il n'y a pas de conscription; la police, fort négligente, tolère les petites contraventions, le laisser-aller des rues. Si on donne un coup de couteau à son ennemi, on est vite gracié, et l'on n'a point à craindre l'échafaud, chose irrémédiable, horrible pour des imaginations méridionales. Enfin toute l'année la chasse est permise, le port d'armes ne coûte presque rien; nulle terre n'est réservée, sauf celles qui sont enceintes de murs. Il est bien commode de faire ce que l'on veut à la seule condition de ne pas raisonner sur la chose politique, dont on ne se soucie pas et à laquelle on n'entend rien. Aussi, depuis l'entrée des Piémontais, trouve-t-on beaucoup de mécontens parmi les paysans de la Romagne; la conscription leur semble dure, l'impôt est plus fort; ils sont gênés par quantité de règlemens : par exemple, on leur défend de sécher leur linge dans les rues, on les assujettit à la police exacte et aux charges des pays d'outre-monts. La vie moderne exige un travail assidu, des sacrifices nombreux, une attention active, une invention incessante; il faut vouloir, faire effort, s'enrichir, s'instruire et entreprendre. Une transformation comme celle-ci ne se fait point sans tiraillemens ni répugnances. Croyez-vous qu'un homme couché depuis dix ans, même dans des draps sales et pleins de vermine, se trouve content, si tout d'un coup on le remet debout, si on l'oblige à se servir de ses jambes? Il ne manquera pas de murmurer, il regrettera son inertie, il voudra se recoucher, il sera en peine de ses membres; mais donnez-lui du temps, faites-lui goûter le plaisir de se remuer, d'avoir du linge propre, de boucher les trous de son taudis, d'y mettre des meubles acquis par son travail, et sur lesquels personne, ni voisin, ni fonctionnaire,

n'osera porter la main : il se réconciliera avec la propriété, le bien-
être, l'action libre, dont au premier instant il n'a senti que les
gènes sans en comprendre les avantages et la dignité. Déjà dans
cette même Romagne les ouvriers sont libéraux ; à Rome, en 1849,
quantité de boutiquiers, de petits bourgeois allaient avec leur fusil
aux fortifications et se battaient bravement. Que les paysans deviennent propriétaires, ils penseront de même. Les biens qu'on
peut leur donner sont tout trouvés : avant les derniers événemens,
le clergé séculier et régulier des états romains possédait 535 millions de biens-fonds, deux fois plus qu'à la fin du dernier siècle (1),
deux fois plus qu'aujourd'hui le clergé de France ; le gouvernement
italien les vendra comme il fait déjà dans le reste de l'Italie. Ce
sera là le grand levier. Le paysan romain, comme le paysan français après 1789, s'emploiera à cultiver, amender, améliorer sa terre,
à l'arrondir, à l'agrandir ; il économisera pour monter plus haut, il
voudra faire de son fils un avocat, marier sa fille à un employé, devenir rentier ; il apprendra à compter, à lire ; il aura le code sur
son buffet, il lira le journal, achètera des obligations, fera blanchir et réparer son taudis, y apportera quelques vieux meubles de
la ville. Ouvrez un barrage, et tout de suite l'eau coulera ; rendez
possible l'acquisition et le bien-être, et bien vite les gens voudront
acquérir et jouir. Surtout n'oubliez pas le bagne pour les voleurs
et l'échafaud pour les assassins ; sous la justice impartiale et stricte,
l'homme comprend d'abord que le seul gain prudent est le gain
honnête, et marche inoffensif, protégé, utile, dans le droit chemin,
entre les barrières de la loi.

23 mars.

Je ne me charge pas de prévoir de si loin. La politique n'est pas
mon fait, surtout la politique de l'avenir : c'est une science trop
compliquée ; d'ailleurs, pour asseoir un jugement, il faudrait des
études approfondies, une résidence bien plus longue. Ne parlons
que de ce qui se voit, par exemple du gouvernement.

On ne parle que de cela. Je n'ai jamais causé avec un Italien sans
que la conversation ne tournât tout de suite à la politique ; c'est leur
passion : ils avouent eux-mêmes que, depuis cinquante ans, poésie,
littérature, science, histoire, philosophie, religion, toutes les préoccupations et toutes les productions de leur esprit en subissent
l'ascendant. Au fond d'une tragédie, d'une métaphysique, cherchez
l'intention de l'auteur ; vous verrez qu'il n'a songé qu'à prêcher la
république ou la monarchie, la fédération ou l'unité. Ils disent que
l'occupation française a rendu le gouvernement pire que jamais.

(1) Le marquis Pepoli, *Finances pontificales*. En 1797, il n'avait que 217 millions.

Jadis il avait quelques ménagemens, il s'arrêtait à mi-chemin dans l'injustice; aujourd'hui, appuyé sur une garnison de dix-huit mille hommes, il ne craint plus les mécontens. Aussi personne ne doute que le jour où les Français partiront ne soit le dernier jour de la souveraineté papale.

Je tâche de me faire marquer nettement la limite et l'étendue de cette oppression. Elle n'est pas violente, atroce, comme celle des rois de Naples; au sud, l'ancienne tyrannie espagnole avait laissé des habitudes de cruauté : il n'en est point de même à Rome. On n'y prend pas un homme tout d'un coup pour le mettre au fond d'une basse fosse, lui jeter tous les matins un seau d'eau glacée sur le corps, le torturer et l'hébêter; mais s'il est libéral et mal noté, la police fait une descente chez lui, saisit ses papiers, fouille ses meubles et l'emmène. Au bout de cinq ou six jours, une sorte de juge d'instruction l'interroge; d'autres interrogatoires suivent, les écritures font une liasse qui, après beaucoup de longueurs, est mise aux mains des juges proprement dits. Ceux-ci l'étudient non moins longuement; l'un est resté trois mois prisonnier sur prévention, l'autre six mois. Le procès s'ouvre; il est censé public, mais ne l'est pas : le public reste à la porte, on admet trois ou quatre spectateurs, gens connus, éprouvés, et qui entrent avec des billets. — D'autre part, la police profite des accidens. Il y a quinze jours, à sept heures du soir, à deux pas du Corso, on a assassiné deux personnes dans leur voiture, et on leur a volé 10,000 piastres; la police n'a pas trouvé les coupables, et se sert de cette occasion pour mettre provisoirement quelques libéraux sous les verrous. — Tout le monde a entendu parler de ce procès récent dont le comité romain déroba les pièces. Le principal témoin à charge était une fille publique : elle a dénoncé non-seulement les gens qui venaient chez elle, mais d'autres qui ne l'avaient jamais vue. Un jeune homme qu'on me cite y fut impliqué, arrêté de nuit, jugé secrètement, condamné à cinq ans de prison; il a juré à son frère, dans un entretien intime, qu'il était innocent. — Les lois sont passables, mais l'arbitraire les corrompt et pénètre dans les peines comme dans les grâces; aussi personne ne compte sur la justice, ne consent à être témoin, ne répugne aux coups de couteau, ne se croit à l'abri d'une dénonciation, n'est sûr de dormir le lendemain dans son lit et dans sa chambre.

Pour l'argent, on n'a point à craindre les confiscations; mais elles sont remplacées par les tracasseries. Le marquis A... possède une grande terre près d'Orvieto; ce sont ses ancêtres qui ont fondé le village. Les gens de l'endroit, avec l'autorisation du *monsignor* spécial, décrètent une taxe sur les biens-fonds, c'est le marquis A... qui la paie. Avec l'autorisation du même *monsignor*, ils lui font un pro-

cès à propos d'un terrain : s'ils le gagnent, il paie; s'ils le perdent,
il paie encore, car, toute la terre lui appartenant, c'est son bien qui
fournit aux dépenses de la commune. Il faut être bien avec le gouvernement pour toucher son revenu; sinon, on court risque de voir
son fermier faire la sourde oreille. Par ces mille petits liens d'intérêt personnel, le gouvernement tient ou maintient les propriétaires et la noblesse.

Par suite, les gens du *mezzo ceto*, avocats, médecins, sont serrés
des mêmes entraves; leur métier les met dans la dépendance de la
grosse coterie papaline; s'ils se montraient libéraux, ils perdraient
leur meilleure clientèle. En outre tous les établissemens d'instruction publique sont aux mains du clergé; Rome n'a pas un seul collége ou pension laïque. Enfin comptez tous les protégés, mendians,
petits employés, aspirans ou possesseurs de sinécures; tous ces
gens-là obéissent et témoignent du zèle : leur pain quotidien en dépend. Voilà une hiérarchie de gens courbés, prudens, qui sourient
d'un air discret et poussent des acclamations à volonté. Le comte C.
disait : « On fait ici comme en Chine; on ne coupe pas cruellement
les pieds, mais on les entortille et on les déforme si bien sous des
bandelettes qu'on les rend incapables de marcher. »

Il ne peut pas en être autrement, et c'est ici qu'il faut admirer la
logique des choses. Un gouvernement ecclésiastique ne saurait être
libéral. Un ecclésiastique peut l'être : le monde l'entoure, les
sciences positives le pressent, les intérêts laïques viennent inflé-
chir la direction native de son esprit; mais écartez de lui toutes
ces influences, livrez-le à lui-même, entourez-le d'autres prêtres,
mettez en ses mains la conduite des hommes : il reviendra, comme
Pie VII et Pie IX, aux maximes de sa place, et suivra la pente invincible de son état, car étant prêtre, surtout étant pape, il possède la vérité absolue et complète. Il n'a point à l'attendre comme
nous des réflexions accumulées et des découvertes futures de tous
les hommes : elle réside tout entière en lui et en ses prédécesseurs. Les principes sont établis par la tradition, proclamés dans
les brefs, renouvelés dans les encycliques, détaillés dans les *sommes*
théologiques, appliqués jusque dans le plus menu détail par les
prescriptions des canonistes et les discussions des casuistes. Il n'y
a pas une idée ni une action humaine, publique ou privée, qui ne
se trouve définie, classée, qualifiée dans les gros livres dont il est
le défenseur et l'héritier. Bien plus, cette science est vivante; une
fois entrée dans son esprit et promulguée par sa parole, tous les
doutes doivent tomber; Dieu décide en lui et par lui; la contradiction est une révolte, et la révolte un sacrilége. Partant, à ses yeux,
le premier devoir est l'obéissance : l'examen, le jugement personnel, les habitudes d'initiative sont des péchés; l'homme doit se lais-

ser conduire, s'abandonner comme un petit enfant; sa raison et sa volonté ne sont plus en lui, mais dans un autre, délégué d'en haut pour cet office; il a un *directeur*. En effet, c'est là le vrai nom du prêtre catholique, et c'est à cet emploi qu'à Rome le gouvernement vise et aboutit. A ce titre, il peut être indulgent, rendre de petits services, pardonner à la faiblesse des hommes, souffrir des attaches mondaines, tolérer des escapades; il répugne à la violence, surtout à la violence ouverte; il aime les paroles affectueuses et les procédés indulgens; il ne menace pas, il avertit et admoneste. Il étale au-dessus des pécheurs, comme un riche manteau ouaté, l'ampleur de ses périodes onctueuses : il parle volontiers de son cœur miséricordieux, de ses entrailles paternelles; mais il est un point sur lequel il ne transige pas, la soumission de l'esprit et du cœur. Muni de cette obéissance, il sort du domaine théologique, entre dans la vie privée, décide des vocations, conduit les mariages, choisit les professions, ménage les avancemens, gouverne les testamens et le reste.

Par suite, en matières publiques, il a grand soin d'éviter aux gens la périlleuse tentation d'agir. A Rome par exemple, il nomme des conseillers municipaux qui complètent le conseil en s'en adjoignant d'autres; mais ces nouveaux noms doivent être approuvés par lui, en sorte que tous les administrateurs siègent par son choix. Il en est de même dans les autres services; c'est un *monsignor* qui régit les hôpitaux, c'est un *monsignor* qui surveille les théâtres et allonge les jupes des danseuses. Quant à l'administration, on reste autant que l'on peut dans la vieille ornière; l'économie politique est une science malsaine, moderne, trop attachée au bien-être du corps. On laisse ou l'on met l'impôt sur les matières visiblement fructueuses, sans s'inquiéter de l'appauvrissement invisible qu'on étend par contre-coup sur le pays (1). Un cheval paie 5 pour 100 toutes les fois qu'il est vendu. Le bétail paie au pâturage, et en outre 28 francs par tête au marché, environ de 20 à 30 pour 100 de sa valeur; le poisson paie 18 pour 100 sur le prix de vente; le blé récolté dans l'*agro romano* paie à peu près 22 pour 100. Ajoutons que l'impôt foncier n'est pas léger; je sais une fortune de 33,000 écus par an qui paie de 5 à 6,000 écus d'impôts. En outre on emprunte. Tout cela est dans la tradition des *luoghi di monte* et des finances des deux derniers siècles. Il s'agit de vivre, et l'on vit au jour le jour; on tâche surtout de ne rien déranger à l'ordre établi; les innovations font horreur à des gens vieux, alarmés par l'esprit moderne. Un de mes amis qui a voyagé au Mexique disait au pape : « Saint-père, soutenez le nouvel em-

_____

(1) Marquis Pepoli. — Voyez aussi les mémoires du cardinal Consalvi.

pereur, ordonnez au clergé mexicain les transactions et la soumission; sinon, l'empire croulera, les Américains protestans l'en-
vahiront, le coloniseront, et ce sera un grand pays perdu pour la
foi catholique. » Le pape semblait comprendre, et voilà que le
poids insurmontable des traditions vient de l'armer publiquement
contre le seul établissement capable de prolonger dans l'Amérique
du Nord le maintien de la religion dont il est le chef!

En somme, subsister, empêcher, contenir, conserver, attendre,
éteindre, voilà leur esprit; si l'on cherche quelque autre trait distinct, c'est encore l'esprit ecclésiastique qui le fournit. Un prêtre
fait vœu de célibat, et à cause de cela les péchés contre la chasteté
le préoccupent plus que tous les autres. Dans notre morale laïque,
le premier ressort est l'honneur, c'est-à-dire l'obligation d'être courageux et probe; ici toute la morale roule autour de l'idée du sexe;
il s'agit de maintenir l'esprit dans l'innocence et l'ignorance primitives, ou du moins de l'arracher à la sensualité par les mortifications
et l'abstinence, ou enfin tout au moins d'empêcher le scandale visible. A ce sujet, la police est sévère; point de femmes le soir dans les
rues; les affaires se concluent sous le manteau, et le commandant
français a dû échanger avec le *monsignor* spécial les notes les plus
plaisantes. La décence extérieure est maintenue à tout prix, et à
quel prix! Dernièrement une pauvre jeune fille qui avait une intrigue
est enlevée, enfermée dans un pénitencier, et on lui dit que c'est
pour toute sa vie. « Est-ce qu'il n'y a aucun moyen d'en sortir? — Il
faut trouver quelqu'un qui vous épouse. » Elle envoie chercher un
vieux drôle qui lui avait fait la cour inutilement, ce coquin l'épouse,
et un mois après l'exploite à la façon ordinaire; mais les apparences sont sauvées. — Éviter l'éclat, étendre sur la vie humaine
un vernis de correction, obtenir la pratique des rites, ne pas être
contredit, rester dans l'ancien état et sans conteste, être absolu
dans le royaume de l'esprit et des affaires par l'ascendant de l'imagination et des habitudes, — à cela s'élèvent et se réduisent les
prétentions, et l'on voit bien qu'une telle ambition provient non
d'une situation momentanée, mais de l'essence même des institutions et du caractère. Le gouvernement temporel entre des mains
ecclésiastiques ne peut pas être autre; il arrive au despotisme doux,
minutieux, inerte, décent, monacal, invincible, comme une plante
aboutit à sa fleur.

24 mars.

Je lis tous les matins avec un vif plaisir *l'Unità cattolica*; c'est
un journal instructif, on y voit clairement les sentimens qu'on appelle religieux et catholiques en Italie.

Une gazette libérale proposait aux dames italiennes d'envoyer

leurs bagues à Garibaldi pour le jour de sa fête; quel outrage pour
saint Joseph, qui a le malheur d'être le patron de ce bandit! Par
compensation, *l'Unità* demande aux dames leurs bagues pour le
pape, car le pape est le chef de l'église, et l'église représente mys-
tiquement un caractère qui doit être très cher aux femmes, la maternité; cet argument est irrésistible! — Un autre journal appelle
le pape « le grand mendiant (*il gran mendico*). » — Depuis un
mois, je lis la liste des donations inscrites en tête de la première
page. Il y en a beaucoup; on estime que le pape reçoit deux millions
de piastres chaque année par cette voie. Ordinairement c'est pour
une grâce reçue ou attendue, non pas seulement spirituelle, mais
temporelle; les donateurs, en envoyant leur offrande, réclament la
bénédiction du saint-père « pour une affaire importante (1). » On
s'aperçoit qu'il est considéré comme un personnage influent, une
sorte de premier ministre dans la cour de Dieu. Souvent même la
hiérarchie est marquée nettement; le suppliant se recommande
d'abord à Jésus-Christ auprès de Dieu le père, puis à la Vierge ou
à tel autre saint auprès de Jésus-Christ, puis enfin au pape auprès
des saints, de la Vierge et de Jésus-Christ. Ce sont les trois degrés
de la juridiction céleste; le pape leur semble un délégué des souverains de l'autre monde, chargé de gouverner celui-ci, muni de
pleins pouvoirs; les communications doivent se faire par son entremise; il apostille les demandes. L'Italien dévot garde encore les
idées que Luther, il y a trois siècles, trouva régnantes; il précise
et humanise toutes les conceptions religieuses; à ses yeux, Dieu
est un roi, et dans toute monarchie on arrive au prince par les
ministres, surtout par les parens, les familiers, les domestiques.

Par suite, l'importance de la Vierge devient énorme. Véritablement elle est ici la troisième personne de la Trinité et remplace le
Saint-Esprit, qui, n'ayant point de figure corporelle, échappe au
peuple. Pour des gens qui n'imaginent les puissances célestes
qu'avec un visage, qui peut être plus attrayant et plus miséricordieux qu'une femme? Et qui peut être plus puissant qu'une femme
si aimée auprès d'un fils si bon? Je viens de feuilleter *la Vergine*,
un recueil de vers et de prose qui se publie toutes les semaines en
l'honneur de Marie. Le premier article traite de la visite de la
Vierge chez sainte Élisabeth, et du temps probable que dura cette
visite; à la fin est un sonnet sur l'ange, qui, trouvant Marie si charmante, eut quelque peine à s'en retourner au ciel. Je n'ai pas ici le
texte, mais je garantis le sens, et un pareil journal se trouve sur la

---

(1) 23 mars. « La marquise Giulia *** offre au saint-père un anneau d'or avec un
ex-voto pour obtenir de saint Joseph une grâce spéciale. » 26 mars. « Un fils qui prie
pour la guérison de sa mère offre au saint-père 10 francs et 10 autres francs à la madone
de Spolète pour obtenir la grâce demandée. »

table des gens du monde. — On vient de me faire acheter *il Mese di Maria*, petit livre fort répandu qui indique le ton de la dévotion à Rome. Ce sont des instructions pour chaque journée du mois de Marie, avec pratiques et oraisons, lesquelles sont appelées *fleurs, guirlandes* et *couronnes spirituelles.* « Qui peut douter que la bienheureuse Vierge, qui est si libérale, si magnanime, ne doive pas, entre tant de couronnes de gloire qui sont à sa disposition, en conserver une pour celui qui avec une constance infatigable se sera employé à lui offrir lesdites couronnes? » Suivent des petits vers et trente histoires à l'appui. « Un jeune homme nommé Esquilio, qui n'avait pas plus de douze ans, menait une vie très scélérate et très impure. Dieu, qui voulait l'amener à soi, le fit tomber gravement malade, tellement que, désespérant de sa vie, d'heure en heure il attendait la mort. Comme il avait perdu le sentiment et qu'on le croyait trépassé, il fut conduit dans une chambre pleine de feu, et, cherchant à fuir les flammes, il vit une porte par laquelle, s'étant acheminé, il entra dans la salle, où il trouva la reine du ciel avec beaucoup de saints qui lui faisaient cortège. Esquilio se jeta tout d'un coup à ses pieds; mais avec des yeux sévères elle le repoussa loin d'elle, et ordonna que de nouveau il fût mené au feu. Le malheureux implora les saints, et ceux-ci eurent de Marie cette réponse, qu'Esquilio était un grand scélérat, et qu'il n'avait pas même récité un *Ave Maria.* Les saints s'interposèrent de nouveau, disant qu'il avait changé de conduite, et cependant Esquilio, plein d'une grande terreur, promettait de se donner tout entier à l'Esprit et de le servir tant qu'il vivrait. Alors la Vierge, lui ayant fait une sévère réprimande, l'exhorta à racheter ses péchés par la pénitence, à garder sa promesse, et révoqua l'ordre qu'elle avait donné de le jeter dans le feu. » — Deux jeunes gens se promenaient en bateau sur le Pô; l'un d'eux récite l'office de la madone, l'autre refuse, disant que c'est jour de congé. La barque chavire, et tous deux invoquent la Vierge; elle arrive, prend par la main le premier et dit à l'autre : « Puisque tu ne t'es point cru obligé à m'honorer, je ne suis pas obligée à te sauver, » et il se noie. — Un jeune libertin avait dérobé une des plumes avec lesquelles on inscrivait sur le registre les noms des fidèles qui s'affiliaient à la congrégation de Marie; il prend cette plume pour écrire un billet doux, et reçoit sur la joue un grand soufflet, sans voir la main qui l'a frappé. En même temps il entend ces paroles : « Scélérat, as-tu bien l'audace de souiller une chose qui m'est consacrée? » Il tombe à terre, et sa joue reste meurtrie pendant plusieurs jours. — J'en passe, et d'aussi étranges. Ce sont de pareils récits qui nourrissent ici l'esprit des femmes, même des grandes dames; on leur conte que lorsque sainte Thérèse, interrompant une lettre, s'en allait dans le jardin,

Jésus-Christ venait achever la lettre. Les maris ont reçu une éducation semblable, et jamais l'empreinte enfoncée par l'éducation ne s'efface ; j'en ai vu de très cultivés qui ne trouvaient rien à reprendre dans ces récits ni dans ces petits livres. D'ailleurs beaucoup d'esprits qui semblent affranchis suivent la foule. On s'en étonne ; ils répondent d'abord : « Nous y sommes forcés. » Après un peu d'intimité, ils ajoutent : « Cela ne fait pas de mal, et cela peut faire du bien ; au cas où les prêtres diraient vrai, il faut se précautionner. » Hier, un de nos amis, apprenant qu'une femme de la société vient de partir pour visiter une madone qui remue les yeux, laisse échapper un sourire. Un jeune officier qui est là prend l'air sérieux, lui dit qu'il a fait ce voyage avec huit de ses amis, et qu'ils ont vu effectivement la madone remuer les yeux. — Sur ce chemin, on peut aller loin. La comtesse N..., qui a deux enfans, a mis l'un sous la protection de Notre-Dame de Spolète, l'autre sous celle de Notre-Dame de Vivalcaro ; à ses yeux, ce sont deux personnes différentes. Pour ces imaginations véhémentes et positives, la statue est non pas une représentation, mais une déesse vivante. A la fin, ayant plus de confiance en Notre-Dame de Vivalcaro, elle a mis ses deux enfans sous sa protection unique.

D'après cela, tu imagines quelle peut être la religion des gens du peuple. Un cocher qu'emploie un de mes amis est emporté par ses chevaux à la descente du Pincio ; il voit que rien ne peut les retenir, et à la première madone qu'il aperçoit fait un vœu. Le cheval se brise le crâne contre un mur, lui-même est lancé contre une fenêtre grillée, s'accroche aux barreaux, en est quitte pour des écorchures. Là-dessus, le cocher fait exécuter deux tableaux en manière d'*ex voto*, l'un qui le représente au moment où il prononce son vœu, l'autre qui le peint au moment où il est jeté contre le grillage. — Une femme de chambre de la comtesse N... a joué à la loterie, comptant sur la protection de trois saints : elle a perdu, et depuis ce temps ne fait plus de dévotions aux saints qui l'ont mal servie. — Ces sortes d'esprits se frappent si fort qu'ils inventent des superstitions même en dehors de l'enceinte officielle ; par exemple, la servante de N... assure que le pape est *jettatore :* s'il est bien portant et peut donner la bénédiction le jour de Pâques, il pleuvra ; s'il est malade, le temps sera beau. Naturellement les instructions et les catéchismes travaillent dans le même sens. J'entre dans une église où un ecclésiastique faisait l'instruction à quarante petites filles de sept ou huit ans : elles se retournaient curieusement, elles clignaient de l'œil, chuchotaient avec une mine de souris futées ; tous ces petits corps avides de mouvement, toutes ces petites têtes éveillées et mutines frétillaient en place. Lui, d'un air doux, paternel,

allait de banc en banc, contenant de la main la couvée remuante
et répétant toujours le même mot : *il diavolo*. « Prenez garde au
diable, mes chers enfans, le diable qui est si méchant, le diable qui
veut dévorer vos âmes, etc. » Dans quinze ans, dans vingt ans, le
mot leur reviendra, et avec le mot l'image, la gueule horrible, les
griffes aiguës, la flamme brûlante, et le reste. — Un habitué de
l'église d'Aracœli raconte que pendant tout le carême les sermons
ont uniquement roulé sur le jeûne et les mets défendus ou permis;
le prédicateur gesticule et marche sur un échafaud, décrivant l'enfer, puis tout aussitôt les diverses façons d'accommoder le maca-
roni et la morue, façons très nombreuses et qui rendent inexcusables les gourmands qui font gras. — Ces jours-ci, sur le Corso, un
charcutier avait arrangé ses jambons en forme de sépulcre; au-
dessus s'étageaient des lumières et des guirlandes, et l'on voyait
dans l'intérieur un bocal où nageaient des poissons rouges. — Le
principe est qu'il faut parler aux *sens*. L'Italien n'est pas accessible,
comme l'Allemand ou l'Anglais, aux idées nues; involontairement
il les incorpore dans une forme palpable; le vague et l'abstrait lui
échappent ou lui répugnent, la structure de son esprit impose à ses
conceptions des contours arrêtés, un relief solide, et cette invasion incessante des images précises qui jadis a fait sa peinture fait
aujourd'hui sa religion.

Il faut se maintenir dans ce point de vue, qui est celui des naturalistes : toute mauvaise humeur s'en va, l'esprit se pacifie, on ne
voit plus autour de soi que des effets et des causes; les choses expliquées perdent leur laideur, du moins on cesse d'y songer en
contemplant les forces productrices, qui d'elles-mêmes, comme
toutes les forces naturelles, sont innocentes, quoiqu'on puisse les
employer au mal ou les tourner au bien. Même les injures et les violences intéressent : on éprouve la curiosité d'un physicien qui, ayant
observé l'électricité, comprend l'orage, et oublie son jardin grêlé en
vérifiant l'exactitude des lois qui l'empêchent d'avoir des fruits à
son dessert. Tous les trois jours au moins, je lisais dans les journaux des déclamations tonnantes contre deux écrivains célèbres de
notre temps, — l'un si brillant, si aimable, si vif, si français, l'autre
si large, si délicat, si fécond en idées générales, si expert et si raffiné dans l'art de sentir et d'indiquer les nuances, si heureusement
doué et si bien muni que la philosophie et l'érudition, les hautes
conceptions d'ensemble et la minutieuse philologie littérale n'ont
pas de secrets pour lui, — bref l'auteur de *la Question romaine* et
l'auteur de la *Vie de Jésus*. Tous les trois jours, on les appelait scélérats; j'ai lu un article intitulé *Renan e il diavolo*, où l'on prouvait
que les ressemblances entre les deux personnages sont nombreuses.
Rien de plus naturel : en passant par certains esprits, les choses pren-

nent une certaine couleur; les lois de la réfraction mentale l'exigent
ainsi, et ne sont pas moins puissantes que celles de la réfraction
physique. J'ai vu un effet semblable, ces jours derniers, au Capitole : il s'agit de l'histoire telle qu'elle devient, lorsqu'elle a été
élaborée, déformée et grossie, en traversant les cerveaux populaires. Deux soldats français regardaient une Judith qui vient de
tuer Holopherne; le premier dit à l'autre : « Tu vois bien cette
femme-là? Eh bien! c'est une nommée Charlotte Corday, et l'autre
c'est Marat, un homme qui l'entretenait, et qu'elle a assassiné dans
sa baignoire; faut dire que toutes ces femmes entretènues sont des
canailles. »

La campague, 25 mars.

Aujourd'hui course à pied à Frascati; le ciel est nuageux, mais
le soleil perce par places la lourde coupole de nuages.

A mesure que l'on s'élève vers les hauteurs dévastées de Tusculum, la perspective devient plus grande et plus triste. L'immense
campagne romaine s'étend et s'étale ainsi qu'une lande stérile.
Vers l'orient se hérissent des montagnes âpres où pèsent les nuées
orageuses; à l'ouest, on démêle Ostie et la mer indistincte, sorte
de bande vaporeuse, blanchâtre comme la fumée d'une chaudière. A
cette distance et de cette hauteur, les monticules qui bossellent la
plaine s'effacent à demi; ils ressemblent aux faibles et longues ondulations d'un océan morne. Point de cultures; la couleur blafarde
des champs abandonnés prolonge à perte de vue ses teintes effa-
cées et ternes. Les grands nuages la tachent de leur ombre, et
toutes ces bandes violacées, noirâtres, raient les fonds roux, comme
dans un vieux manteau de pâtre.

Hardiesse et franc parler, énergie sans gaîté de mon jeune guide.
Il a dix-neuf ans, sait cinq ou six mots de français, ne travaille pas,
vit de son métier de cicérone, c'est-à-dire de quelques pauls attra-
pés par raccroc. Rien d'agréable, d'aimable ou de respectueux dans
ses manières; il est plutôt sombre et âpre, et donne ses explications avec la gravité d'un sauvage. Cependant, en qualité d'étrangers, nous sommes pour lui des seigneurs riches. On me dit que
ces gens sont naturellement fiers, hautains même, disposés à l'égalité. A Rome, au bout de trois jours au café, un garçon entendant
un étranger hasarder ses premières phrases italiennes le toise, le
juge, et dit tout haut en sa présence : « Cela va bien, il fait des
progrès. »

On laisse à gauche la villa Mandragone, énorme ruine panachée
d'herbes flottantes et de petits arbustes. A droite, la villa Aldobrandini ouvre ses avenues de platanes colossaux et de charmilles taillées, ses architectures d'escaliers, de balustres et de terrasses. A

l'entrée, adossé contre la montagne, un portique revêtu de colonnes et de statues dégorge à flots l'eau qui lui arrive d'en haut
sur un escalier de cascades; c'est le palais de campagne italien,
disposé pour un grand seigneur d'esprit classique, qui sent la nature d'après les paysages de Poussin et de Claude Lorrain. Les
salles de l'intérieur ont des peintures à fresque, les *neuf muses
autour d'Apollon, les cyclopes et Vulcain à leur forge,* plusieurs
plafonds du cavalier d'Arpin, *Ève et Adam, Goliath et David,* une
Judith du Dominiquin, belle et simple. Impossible de ·considérer
les hommes de ce temps-là comme de la même espèce que nous.
C'étaient des paysans froqués ou défroqués, des hommes d'action,
bons pour les coups de main, voluptueux et superstitieux, la tête
pleine d'images corporelles, qui entrevoyaient comme en rêve, aux
heures vides, le corps de leur maîtresse ou le torse d'un saint,
ayant entendu conter quelques histoires de la Bible ou de Tite-
Live, lisant parfois l'Arioste, sans critique ni délicatesse, exempts
des millions d'idées nuancées dont notre littérature et notre éducation nous remplissent. Dans l'histoire de David et de Goliath,
toutes les nuances pour eux consistaient dans les divers mouvemens
du bras et les diverses attitudes du corps. L'invention du cavalier d'Arpin se réduit ici à forcer ce mouvement, qui devient furieux, et cette attitude, qui devient tordue. Ce qui intéresse un moderne dans une tête, l'expression d'un sentiment rare et profond,
la distinction, les marques de la finesse et de la supériorité natives,
n'apparaissent jamais chez eux, sauf chez ce chercheur précoce,
ce penseur raffiné et dégoûté, ce génie universel et féminin, Léonard de Vinci. La Judith du Dominiquin est ici une belle paysanne
saine et simple, bien peinte et bien membrée. Si vous cherchez les
sentimens compliqués, exaltés, d'une femme vertueuse qui par patriotisme et piété vient de se faire courtisane et assassin, et qui
rentre les mains rouges, sentant peut-être sous sa ceinture l'enfant
de l'homme qu'elle vient d'égorger, cherchez ailleurs, lisez le
drame d'Hebbel, la *Cenci* de Shelley, proposez le sujet à l'inspiration d'un Delacroix ou d'un Ary Scheffer.

Je me suis confirmé cette nuit dans cette idée par la lecture de
Vasari. Voyez par exemple les vies des deux Zucchero entre tant
d'autres semblables. Ce sont des ouvriers élevés dès l'âge de dix
ans dans l'atelier, qui fabriquent le plus possible, cherchent des
commandes, et répètent partout les mêmes sujets bibliques ou my-.
thologiques, les travaux d'Hercule ou la création de l'homme. Ils
n'ont pas l'esprit encombré de dissertations et de théories, comme
nous l'avons depuis Diderot et Goethe. Quand on leur parle d'Hercule ou du Père éternel, ils imaginent un grand corps avec beaucoup de muscles, nu ou drapé dans un manteau brun ou bleu.

Pareillement tous ces princes, abbés, particuliers, qui font décorer leur maison ou leur église, cherchent une occupation pour leurs yeux; ils lisent bien les contes de Bandello ou les descriptions de Marini, mais en somme la littérature alors ne fait qu'*illustrer* la peinture. Aujourd'hui c'est l'inverse.

Nous sommes montés sur les hauteurs de l'ancien Tusculum; on y voit les restes d'une villa qui fut, dit-on, celle de Cicéron, restes informes, amas de briques disjointes, soubassemens mal déterrés, qui vont s'effondrant sous les intempéries de l'hiver et l'envahissement des herbes. Parfois, à mesure que l'on avance, les parois d'une chambre antique apparaissent sur le bord de la route, dans les flancs d'un escarpement. Au sommet est un petit théâtre où gisent des fragmens de colonnes. Cette montagne dévastée, peuplée par places de genêts et d'arbrisseaux épineux, le plus souvent nue, où des rocs cassés crèvent la maigre enveloppe de terre, est elle-même une grande ruine. L'homme a été là, il a disparu; c'est l'aspect d'un cimetière. Au sommet est une croix sur un tas de moellons noircis; le vent souffle et chante une psalmodie lugubre. Les montagnes du midi, toutes rousses d'arbres qui ne verdissent pas encore, le promontoire morne du Mont-Cavi, la file des hauteurs désolées sous leur chevelure ébouriffée d'herbes jaunâtres, tout en bas la campagne romaine, fauve sous son linceul de nuages déchirés, semblent un champ mortuaire.

Dans les forêts arrosées qu'on traverse à la descente fleurissent des anémones blanches et violettes, des pervenches d'un azur tendre et charmant. Un peu plus loin, l'abbaye de Grotta-Ferrata, avec ses créneaux du moyen âge, avec ses vieilles arcades de colonnes élégantes, avec ses fresques sobres et sérieuses du Dominiquin, retire un peu l'esprit de ces rêves funèbres. Au retour, à Frascati, le bruit des eaux courantes, les têtes fleuries des amandiers et des aubépines dans le creux vert de la montagne, l'éclat des jeunes blés qui lèvent, réjouissent le cœur par une apparence de printemps. Le ciel s'est épuré, le délicieux azur s'est montré, parsemé de petits nuages blancs qui planent comme des colombes; tout le long du chemin, les arcs ronds des aqueducs se développent noblement dans la lumière. Et pourtant, même sous ce soleil, toutes ces ruines font mal; elles témoignent de tant de misères! Quelquefois c'est un massif rongé par le pied, une voûte branlante; ailleurs c'est un arc isolé, un morceau de mur, trois pierres enterrées qui affleurent : on dirait les restes d'un pont emporté par une inondation, ou ce qui subsiste d'une ville écroulée dans un incendie.

Ce soir, grande conversation politique; c'est toujours là qu'on arrive à la fin du dessert, après le café. Je la transcris en rentrant chez moi.

L'interlocuteur principal est un beau jeune homme grave, dont l'italien est si distinct et si harmonieux qu'on dirait une musique. Il est très vif contre le pouvoir temporel. Je lui présente les objections cléricales : « Vous jugez le pape, vous perdez la docilité d'esprit et de cœur, vous tournez au protestantisme. » — « En aucune façon ; nous sommes et nous restons catholiques, nous acceptons et nous maintenons une autorité supérieure chargée de régler la foi. Nous ne lui ôtons même pas le pouvoir temporel : on n'ôte aux gens que ce qu'ils ont, et en fait il ne l'a plus. Depuis trente ans, s'il règne, c'est par les baïonnettes autrichiennes ou françaises ; il ne subira jamais une pression étrangère plus forte que celle qu'il subit aujourd'hui. Nous ne voulons pas le déposséder, mais régulariser une dépossession accomplie. Il est par terre, asseyons-le. »

Je reprends et j'insiste : « Le principe du catholicisme n'est pas seulement que la foi est une, mais encore que l'église est une. Or, si le pape devient citoyen d'un état particulier, italien, français, autrichien, espagnol, très probablement, au bout d'un siècle ou deux, il tombera sous la domination du gouvernement dont il sera le sujet ou l'hôte, comme il arriva jadis au pape d'Avignon chez le roi de France. Alors, par jalousie et besoin d'indépendance, les autres états feront des anti-papes, ou tout au moins des patriarches distincts, comme celui de Saint-Pétersbourg et celui de Constantinople ; voici venir les schismes, et vous n'avez plus d'église catholique. Vous n'avez plus même d'église indépendante. Sous la main d'un prince, un patriarche, un pape même devient un fonctionnaire ; on le voit bien à Saint-Pétersbourg, on l'a bien vu en France sous Philippe le Bel et Philippe VI ; quand Napoléon voulait établir le pape à Paris, c'était pour en faire un ministre des cultes, très honoré, mais très obéissant. Notez que les gouvernemens en Europe, surtout en France, ont déjà la main dans toutes les affaires ; que sera-ce s'ils la mettent encore dans toutes les consciences ! Toute liberté périt, l'Europe devient une Russie, un empire romain, une Chine. Enfin le dogme lui-même est mis en danger. Tirer le pape de son état comme une plante de sa serre-chaude, c'est le livrer, et le dogme avec lui, aux suggestions des idées modernes. Le catholicisme, étant immuable, est immobile ; il faut à son chef un pays mort, des sujets qui ne pensent pas, une ville de couvens, de musées, de ruines, une pacifique et poétique nécropole. Imaginez ici une académie des sciences, des cours publics, les débats d'une chambre, de grandes industries florissantes, la vive et universelle prédication d'une morale et d'une philosophie laïques : croyez-vous que la contagion n'atteindra pas la théologie? Elle l'atteindra; peu à peu on adoucira, on interprétera les dogmes, on laissera tomber les plus choquans, on cessera d'en parler. Regardez la France, si bien régie, si obéissante au temps de Bossuet : par le seul contact d'une société pensante, le catholicisme s'y tempérait, s'écartait des traditions italiennes, récusait le concile de Trente, atténuait le culte des images, s'alliait à la philosophie, subissait l'ascendant des laïques fidèles, mais lettrés et raisonneurs. Que serait-ce au milieu des audaces, des découvertes et des séductions de la civilisation contemporaine! Déplacer ou détrôner le pape, c'est, au bout de deux siècles, transformer la foi. »

Réponse : « Tant mieux. A côté des catholiques superstitieux, il y a les véritables, et nous en sommes; que l'église se réforme et se métamorphose sagement, lentement, au contact adouci de l'esprit moderne, c'est ce que nous souhaitons. Pour les schismes, ils sont aussi menaçans sous un pape protégé que sous un pape 'dépossédé; la puissance qui tient garnison à Rome a le même ascendant sur lui que le prince dont il sera le sujet ou l'hôte. S'il est un expédient qui garantisse son indépendance, c'est le nôtre; nous lui donnerons la rive droite du Tibre, Saint-Pierre, Civita-Vecchia; il vivra là dans une petite oasis, avec une garde d'honneur et des contributions fournies par tous les états catholiques, sous la protection et parmi les respects de l'Europe. Quant au danger de réunir les pouvoirs spirituel et temporel dans la main du prince, permettez-nous de vous dire que la chose est ainsi dans les pays protestans, par exemple en Angleterre, et que ces pays n'en sont pas moins libres. La réunion des deux pouvoirs ne produit donc pas toujours la servitude; elle la consolide dans certains états; elle ne l'implante pas dans les autres. En attendant, souffrez que nous la repoussions du nôtre, où elle l'établit. S'il y a un péril dans notre plan, c'est pour nous, et non pour le pape : placé au cœur de l'Italie, irrité, il se fera révolutionnaire et travaillera tout le bas peuple contre nous; mais puisque nous acceptons nos dangers, laissez-nous nos chances, et ne nous imposez pas un régime que vous refusez pour vous. »

— Qu'est-ce donc alors que cette transformation de l'église catholique que vous entrevoyez dans un lointain obscur? — Sur ce point, les réponses sont vagues. Mes interlocuteurs affirment que le haut clergé italien renferme un assez grand nombre de libéraux, qu'on en trouve même parmi les cardinaux, surtout hors de Rome; ils citent entre autres dom Luigi Tosti, dont je connais les ouvrages. C'est un religieux bénédictin du Mont-Cassin, fort chrétien et fort libéral, qui a lu les philosophes modernes, connaît

l'exégèse nouvelle, est versé dans l'histoire, goûte les spéculations
supérieures, esprit généreux, conciliant et large, dont l'éloquence
surchargée, poétique, entraînante, est celle d'un George Sand catholique. Ici le clergé n'est pas enrégimenté tout entier, comme
en France; c'est seulement chez nous que l'église subit par contagion la discipline administrative (1). Certains ecclésiastiques ont
en Italie des positions à demi indépendantes : celui-ci est dans son
cloître comme un professeur d'Oxford dans son canonicat; il peut
voyager, lire, penser, imprimer à son aise. Son but est de mettre
l'église d'accord avec la science. Son principe est que la science,
étant simplement décomposante, n'est pas la seule voie, qu'il y en
a une autre aussi sûre, l'*atto sintetico*, l'élan de toute la personne,
la croyance et l'enthousiasme naturel par lequel l'âme, sans raisonnement ni analyse, découvre et comprend Dieu d'abord et ensuite
le Christ. Cette foi généreuse et passionnée par laquelle nous embrassons la beauté, la bonté, la vérité, en elles-mêmes et dans leur
source, est seule capable de réunir les hommes en une communauté
fraternelle, de les pousser aux belles actions, au dévouement, au
sacrifice. Or cette communauté est l'église catholique; partant, tout
en maintenant son évangile immuable, l'église doit s'accommoder
aux variations de la société civile : elle le peut, puisqu'elle renferme
en son sein « une variété inépuisable de formes. » Elle est sur le
point de subir une de ces métamorphoses, mais elle restera, conformément à son essence, « la maîtresse de la morale. » Tout cela ne
définit pas la métamorphose, et le père Tosti lui-même dit qu'elle
est un secret entre les mains de Dieu (2).

Là-dessus le comte N..., un fin et perçant esprit italien que je commence à beaucoup aimer et à bien connaître, m'a tiré à part dans
un coin sombre et m'a dit : « Ces jeunes gens vont entrer dans la
poésie, essayons d'en sortir. Mettons de côté pour un instant la
sympathie, le patriotisme, la rancune ou les espérances; considérons le catholicisme comme un fait, tâchons de compter les forces
qui le soutiennent et de voir dans quel sens et dans quelles limites
la civilisation moderne contre-pèse ou infléchit leur action. » Ainsi
posée, la question est un problème de mécanique morale, et voici,
ce nous semble, à quelles conjectures on aboutit sur ce terrain. ·

La première de ces forces est l'ascendant des *rites*. Le propre du
sauvage, de l'enfant, de l'esprit tout à fait inculte, imaginatif ou
grossier, c'est le besoin de se faire un fétiche, j'entends d'adorer le
signe au lieu de la chose signifiée; il proportionne sa religion à son
intelligence, et, ne pouvant comprendre les idées nues ou les senti-

---

(1) « Mon clergé est comme un régiment, il doit marcher, et il marche. » Discours du
cardinal de Bonnechose au sénat, session de 1865.

(2) *Prolegomeni alla storia universale della Chiesa.*

mens incorporels, il sanctifie des objets palpables et des pratiques sensibles. Telle fut la religion au moyen âge; elle subsiste encore presque intacte chez un pâtre de la Sabine, chez un paysan de la Bretagne. Un doigt de saint Yves, un froc de saint François, une statue de sainte Anne ou de la Madone dans ses habits neufs et brodés, voilà Dieu pour eux; une neuvaine, un jeûne, un chapelet assidument compté, une médaille soigneusement baisée, voilà pour eux la piété. A un degré supérieur, le saint local, la Vierge, les anges, la peur et l'espoir qu'ils excitent, composent la religion. Aux deux degrés, le prêtre est considéré comme un être supérieur, dépositaire de la volonté divine, dispensateur des grâces célestes. Tout cela dans les pays protestans a été détruit par la réforme de Luther, et dure atténué dans les pays catholiques, parmi les simples et les demi-simples, surtout chez les peuples qui ont l'imagination chaude et ne savent pas lire. Cette force va se réduisant à mesure que l'instruction et la culture d'esprit se propagent; sur ce point, le catholicisme, pressé par la civilisation moderne, laisse s'écailler la croûte idolâtrique du moyen âge. En France par exemple, depuis le XVIIᵉ siècle, cette portion des croyances et des pratiques tombe en désuétude, du moins dans la classe un peu éclairée. Sans doute il en reste encore, il en restera toujours quelque chose; mais c'est une vieille enveloppe qui s'amincit, se troue et s'en va.

La seconde de ces forces est la possession d'une *métaphysique* complète, formulée et fixée. A ce titre, le catholicisme est en guerre ouverte, sinon avec les sciences expérimentales, du moins avec leur esprit, leur méthode et leur philosophie. Sans doute il peut tourner, transiger, tenir ferme sur des points particuliers, dire que Moïse a prévu la théorie de l'éther lumineux, puisqu'il fait naître la lumière avant le soleil, prétendre que les périodes géologiques sont à peu près indiquées dans les journées de la Genèse, choisir ses postes dans les terrains inexplorés, ardus ou embarrassés, comme la génération spontanée, les fonctions cérébrales, le langage primordial, etc. Néanmoins il répugne invinciblement à la doctrine qui soumet toute affirmation au contrôle des expériences répétées et des analogies environnantes, qui pose en principe l'immuabilité des lois physiques et morales, qui réduit les entités à n'être que des signes commodes pour noter les faits généraux. En effet, il a conçu sa métaphysique à une époque d'exaltation et de subtilité extraordinaires, où de toutes parts les esprits, échafaudant triades sur triades, ne voyaient plus dans la nature qu'un marchepied obscur perdu sous les arcades superposées, resplendissantes, interminables, des êtres mystiques et surnaturels. — Cette hostilité constatée, il faut remarquer que les découvertes des sciences, leurs applications à la vie courante, leurs empiétemens dans les domaines inexplorés, leur ascendant sur les

opinions humaines, leur influence sur l'éducation et les habitudes
de l'esprit, leur domination sur les spéculations supérieures et dans
les vues d'ensemble, bref leur force va croissant. Partant l'adversaire recule, et il ne peut pas, comme le paganisme au temps de
Proclus et de Porphyre, se réfugier sous les interprétations, quitter
la chose en gardant le nom, dire qu'il perce le symbole et pénètre
jusqu'au sens, car la critique est née depuis un siècle, et aujour-
d'hui l'on sait trop bien le passé pour le confondre avec le présent;
quand Hegel ou tout autre conciliateur présente la philosophie du
XIXe siècle comme l'héritière et l'interprète de la métaphysique du
IIIe, il intéresse des étudians, mais il fait rire des historiens. Donc le
catholicisme sera obligé d'abandonner son bagage alexandrin, comme
son bagage féodal; il ne les jettera pas à la mer, car il est conservateur, mais il les laissera couler à fond de cale, je veux dire qu'il
en parlera peu, qu'il cessera de les étaler, qu'il produira à la lumière d'autres parties de lui-même. C'est ce qu'a fait jadis ouvertement et ce que fait aujourd'hui insensiblement le protestantisme :
il a dépouillé sous Luther la rouille barbare, et s'agite par l'exégèse
moderne pour dépouiller la rouille byzantine; après avoir dégagé
le christianisme des rites, il le dégage des formules, et l'on peut
affirmer que, même dans les pays catholiques, la plupart des gens
du monde, orthodoxes des lèvres, mais au fond demi-ariens, demi-
unitaires, un peu déistes, un peu sceptiques, assez négligens, théologiens plus que faibles, trouveraient, s'ils s'examinaient à fond, un
notable intervalle entre leur catholicisme et les pratiques du moyen
âge ou les entités de Sainte-Sophie et du Sérapion.

Ce sont là des forces mortes, c'est-à-dire constituées par la vitesse
acquise, et qui n'agissent que par l'inertie naturelle de la matière
humaine. Voici maintenant les forces vives, c'est-à-dire incessamment renouvelées par des impulsions nouvelles. En premier lieu, le
catholicisme possède une *église monarchique* savamment organisée,
la plus puissante machine administrative qui fut jamais, recrutée
par en haut, subsistante par elle-même, soustraite à l'intervention
des laïques, sorte de gendarmerie morale qui fonctionne à côté des
gouvernemens pour maintenir l'obéissance et l'ordre. A ce titre, et
comme en outre par son fonds il est ascétique, c'est-à-dire hostile
au plaisir sensible, il peut être considéré comme un frein excellent
contre l'esprit de révolte et les convoitises sensuelles. C'est pourquoi
toute société menacée par une théorie comme le socialisme ou par
des passions avides comme celles de la démocratie contemporaine,
tout gouvernement absolu ou fortement centralisé le soutient pour
s'appuyer sur lui. Plus le déclassement des hommes est universel et
rapide, plus les appétits et les ambitions s'exaltent, plus le tour-
billonnement par lequel les couches d'en bas tâchent de déplacer

les couches d'en haut est désordonné et alarmant, plus aussi l'église semble salutaire et protectrice. Plus un peuple est disciplinable comme la France, enclin ou obligé, comme la France et l'Autriche, à remettre sa conduite aux mains d'une autorité extérieure, plus il est catholique. Sans doute l'établissement des gouvernemens parlementaires ou républicains, l'émancipation et l'initiative de l'individu travaillent dans un sens contraire; mais il n'est pas sûr que l'Europe marche vers cette forme de société, du moins qu'elle y marche tout entière. Si la France continue d'être ce qu'elle est depuis soixante ans et ce qu'elle semble être par essence, une caserne administrative exempte de vol et bien tenue, le catholicisme peut y subsister indéfiniment.

La seconde force vive est le *mysticisme*. Par Jésus et la Vierge, par la théorie et les sacremens de l'amour, le catholicisme offre un aliment aux imaginations tendres et rêveuses, aux âmes malheureuses ou passionnées. C'est de ce côté seulement qu'il se développe depuis deux siècles, par le culte de la Vierge et du sacré-cœur, tout récemment par la proclamation du dernier dogme, celui de l'immaculée conception. Les bénédictins de Solesmes, qui ont édité saint Liguori, font sur ce point des aveux frappans (1). Ils disent que l'ancienne théologie était dure, que l'église a reçu des clartés nouvelles, que, par une révélation spéciale, elle met aujourd'hui en lumière la mansuétude et la bonté divines, que le dogme et le sentiment de l'amour sont arrivés au premier. rang, que la dignité infinie répandue sur la personne de Marie offre enfin aux fidèles l'autel où pourront délicieusement s'épancher toutes les délicatesses de l'adoration. Voilà une poésie féminine et sentimentale; joignez-y celle du culte; à tous les tournans du siècle, à l'époque des grandes dissolutions de doctrines, ces deux poésies recueillent les esprits dé-

(1) Préface de l'édition complète, tome Ier, 1834. Saint Liguori « est un anneau nécessaire qui prolonge jusqu'à nos temps cette chaine merveilleuse au moyen de laquelle depuis trois siècles la terre s'est rapprochée du ciel... Le Christ confie à son église de nouveaux secrets, il l'initie de jour en jour aux incommensurables mystères de son cœur... Une onction inconnue aux premiers siècles de notre foi a pénétré le cœur des amis de Dieu... Le culte de l'épouse est devenu plus tendre, de nouvelles amabilités de l'époux lui ont été révélées... Chez les catholiques, le mystère de l'eucharistie est à lui seul toute une religion; c'est surtout depuis les six derniers siècles que cette religion du corps de Jésus-Christ a reçu un nouveau développement... Les prérogatives de Marie, cette incomparable Vierge, nous ont été montrées sous un jour nouveau... Héritiers de l'amour, nous qui la voyons s'interposer comme un doux nuage et tempérer délicieusement l'éclat des rayons du soleil dont elle fut l'aurore, nous la proclamons médiatrice toute-puissante du genre humain... Symbolisé dans un cœur, le christianisme a pu tirer les dernières conséquences de la loi de grâce sur lesquelles il est fondé... Dans cet âge de miséricorde, les préceptes du Seigneur n'ont dû être pour ainsi dire que les lois organiques de l'amour... L'affreux jansénisme parut avec sa morale dure comme ses dogmes et ses dogmes repoussans comme sa morale. »

couragés, exaltés ou malades. Depuis la chute de la civilisation antique, un grand dérangement s'est fait dans la machine humaine;
l'équilibre primitif des races saines, tel que l'entretenait la vie
gymnastique, a disparù. L'homme est devenu plus sensible, et l'é-
norme augmentation récente de la sécurité et du bien-être n'a fait
qu'accroître son mécontentement, ses exigences et ses prétentions.
Plus il a, plus il souhaite; non-seulement ses désirs dépassent sa
puissance, mais encore la vague aspiration de son cœur l'emporte
au-delà des convoitises de ses sens, des rêves de son imagination
et des curiosités de son esprit. C'est l'*au-delà* qu'il désire, et le tumulte fiévreux des capitales, les excitations de la littérature, l'exagération de la vie sédentaire, artificielle et cérébrale, ne font qu'irriter la souffrance de son désir inassouvi. Depuis quatre-vingts ans,
la musique et la poésie s'emploient à étaler la maladie du siècle, et
l'encombrement des connaissances, la surcharge de travail, l'immensité de l'effort que comportent la science et la démocratie modernes, semblent plutôt faits pour exaspérer la plaie que pour la
guérir. A des âmes si fatiguées et si avides, le charmant quiétisme
peut quelquefois sembler un refuge; nous nous en apercevons chez
nos femmes, qui ont nos maux sans avoir nos remèdes. Dans la
classe inférieure, parmi les très jeunes filles, au milieu du vide de
la province, il peut, par les séductions de sa poésie mondaine et
coquette, par son étalage de symboles attendrissans et corporels,
gagner beaucoup d'âmes, et peut-être verra-t-on un jour la famille
divisée laisser la moitié d'elle-même chercher dans l'amour idéal
l'épanchement intime, le rêve amollissant, la délicieuse angoisse
que l'amour terrestre ne lui donne point.

Telle est donc la transformation probable et l'on peut dire la
transformation présente du catholicisme. Atténuer les rites sauf
pour les simples, laisser tomber la métaphysique sauf dans ses
écoles, serrer sa hiérarchie administrative et développer ses doctrines sentimentales, c'est ce qu'il fait depuis le concile de Trente.
Il semble qu'il doive dorénavant et par excellence parler aux gouvernemens et aux femmes, devenir répressif et mystique, faire des
ligues et fonder des *sacrés-cœurs,* être un parti de politiques et un
asile d'âmes malades. Comme le progrès des sciences positives et
l'assiette du bien-être industriel empêchent l'exaltation nécessaire à
l'établissement d'une religion nouvelle, on ne voit pas de terme à
sa durée; jamais un peuple n'a quitté sa religion que pour une religion différente. On n'aperçoit pour lui à l'horizon qu'une grande
crise, et celle-là dans un siècle ou deux, je veux dire l'intervention
du nouveau protestantisme. Celui de Luther et de Calvin, rigide et
littéral, répugnait aux peuples latins; celui de Schleiermacher et de
Bunsen, adouci, transformé par l'exégèse, accommodé aux besoins

de la civilisation et de la science, indéfiniment élargi et épuré, peut devenir par excellence la religion philosophique, libérale et morale, et gagner, même dans les pays latins, cette classe supérieure qui, sous Voltaire et Rousseau, avait adopté le déisme. Si le combat se livre, il sera digne d'attention, car entre une philosophie et une religion il ne pouvait aboutir, chacune des deux plantes ayant sa racine indépendante et indestructible; entre deux religions, ce serait autre chose. Si le catholicisme résiste à cette attaque, il me semble qu'il sera désormais à l'abri de toutes les autres. Toujours la difficulté de gouverner les démocraties lui fournira des partisans, toujours la sourde anxiété des cœurs tristes ou tendres lui amènera des recrues, toujours l'antiquité de la possession lui conservera des fidèles. Ce sont là ses trois racines, et la science expérimentale ne les atteint pas, car elles sont composées non de science, mais de sentimens et de besoins. Elles peuvent être plus ou moins ramifiées, plus ou moins profondes; mais il ne semble pas que l'esprit moderne ait prise sur elles : au contraire, en beaucoup d'âmes et en certains pays, l'esprit moderne introduit des émotions et des institutions qui par contre-coup les consolident, et un jour Macaulay a pu dire, dans un accès d'imagination et d'éloquence, que le catholicisme subsistera encore, dans l'Amérique du Sud par exemple, lorsque des touristes partis de l'Australie viendront, sur les ruines de Paris ou de Londres, dessiner les arches démantelées de London-Bridge ou les murs écroulés du Panthéon.

28 mars. — La campagne.

Nous partons à huit heures du matin pour Albano, et nous sortons par la place San-Giovanni. C'est la plus belle de Rome, et je te l'ai décrite; mais je la trouve encore plus belle que la dernière fois. Lorsqu'au-delà de la porte on se retourne, on a devant soi cette façade de Saint-Jean-de-Latran, qui au premier coup d'œil semble emphatique; à cette heure matinale, dans le grand silence, au milieu de tant de ruines et de choses champêtres, elle ne l'est plus : on la trouve aussi riche qu'imposante, et le soleil verse sur ces hautes colonnes pressées, sur cette assemblée de statues, sur ces solides murs dorés, la magnificence d'une fête et l'éclat d'un triomphe.

Les haies verdissent, les ormes bourgeonnent; de loin en loin, un pêcher, un abricotier rose luit aussi charmant qu'une robe de bal. La grande coupole du ciel est toute lumineuse. L'aqueduc de Sixte-Quint, puis l'aqueduc ruiné de Claude, allongent à gauche dans la plaine leur file d'arcades, et leurs courbes s'arrondissent avec une netteté extraordinaire dans l'air transparent. Trois plans font tout ce paysage : la plaine verte, chaudement éclairée par

l'averse de rayons ardens, la ligne immobile et grave des aqueducs, plus loin les montagnes dans une vapeur dorée et bleuâtre.
On aperçoit dans les creux, sur les hauteurs, des troupeaux de chèvres et de bœufs aux longues cornes, des toits coniques de bergers,
semblables à des huttes de sauvages, quelques pâtres, les jambes
enveloppées dans une peau de bique, et çà et là, à perte de vue, un
reste de villa antique, un tombeau rongé par la base, un pilier
couronné de lierre, rares débris qui semblent ceux d'une cité immense, balayée tout entière par un déluge. Des paysans à l'œil
animé, au teint jaune, chevauchent à travers champs pour gagner
la route. Le relais est une bâtisse lézardée, roussie, lépreuse, sorte
de tombeau muet où gisent dans leur manteau deux hommes minés
par la fièvre.

On arrive à Lariccia par un pont superbe, dont les hautes arcades
franchissent une vallée; il a été construit par le pape. B..., qui a
parcouru les états romains, dit que les ouvrages d'art n'y manquent
pas, et que les grandes routes sont bien entretenues. L'architecture
et les bâtisses sont un plaisir de souverain âgé; l'amour-propre qui
pousse un pape à construire une église, un palais, à inscrire son nom·
et les armes de sa famille sur toute réparation et tout embellisse-
ment, le porte à ces grands travaux qui font contraste avec la négligence générale. D'autres traces indiquent aussi la présence des
goûts princiers et de la grande propriété aristocratique. Un duc a
planté les larges allées d'ormes qui se déploient au-delà du village.
Le village lui-même appartient au prince Chigi. Sa villa au bout
du pont, toute noircie, a l'air d'un château fort. Au-dessous du
pont, son parc couvre la vallée et remonte jusque dans la montagne. Les vieux arbres tordus, les troncs monstrueux crevassés
par l'âge, les chênes-liéges dans toute la splendeur de leur jeunesse éternelle y pullulent, rafraîchis par les eaux courantes. Les
têtes grises et moussues se mêlent aux têtes vertes; les buissons se
revêtent déjà d'un vert tendre, qui manque par places et semble
un voile délicat accroché et retenu par les doigts épineux des branches. Toutes ces teintes, sous les alternatives du soleil et de l'ombre, se nuancent avec une variété et une harmonie charmantes. La
terre du printemps s'est amollie et enfante; on sent vaguement la
fermentation de la multitude vivante qui se remue dans les profondeurs; les jets frêles affleurent à travers les écorces; de petites
pointes vertes luisent dans l'air traversé et peuplé par les rayons
agiles; les fleurs rient déjà en couvées éclatantes, capricieusement,
au bord des sources. Que les pierres et les monumens auprès des
créatures naturelles sont peu de chose!

Nous dînons à Genzano, et nous sommes obligés d'aller nous-
mêmes acheter de la viande; l'aubergiste refuse de se compro-

mettre, mais nous indique une boutique de saucissons. Cette auberge est tout à fait sauvage : c'est une sorte d'écurie soutenue par une haute arcade. Les mulets, les ânes entrent et sortent, longeant les tables, et leurs pieds sonnent sur le pavé. Les toiles d'araignée pendent aux poutres noircies, et la lumière du dehors entre par une grande ondée où nagent les poussières de l'ombre en tourbillons. Point de cheminée, l'hôtesse fait la cuisine sur un âtre dont la fumée se répand à travers la salle; du reste la porte de devant et celle de derrière sont ouvertes et font un courant d'air. Je suppose que don Quichotte, il y a trois cents ans, trouvait dans les plaines brûlées de la Manche des auberges pareilles. Pour chaises, des bancs de bois; pour mets, des œufs et encore des œufs. — Les petits mendians nous poursuivent jusqu'à table avec une importunité incroyable. On ne peut pas décrire leurs guenilles et leur saleté. L'un d'eux porte un pantalon tellement déchiré qu'on voit la moitié des deux cuisses; les loques pendillent alentour. Une vieille femme a sur la tête, en guise de capuchon, un torchon de cuisine, je ne sais quel débris de paillasson où un régiment semble s'être décrotté les pieds. — Les rues latérales sont des cloaques biscornus, où les pierres pointues alternent avec les ordures. La ville a pourtant de grandes constructions qui semblent anciennes; mes amis disent que dans les montagnes on trouve encore des villages bâtis au xve siècle, si bien bâtis que trois cents ans de décadence n'ont pas suffi à gâter ni user l'œuvre de la prospérité primitive.

Nous sommes allés au lac Nemi, qui est une coupe d'eau au fond d'une vasque de montagnes. Il n'a rien de grand, non plus que le Tibre; son nom fait sa gloire. Les montagnes qui l'entourent ont perdu leurs forêts; seuls, sur la grève, de monstrueux platanes accrochés au roc par leurs racines s'étalent à demi couchés sur l'eau; les troncs informes, bosselés, trapus, poussent en avant leurs grandes branches blanchâtres, et leurs rameaux plongent dans les petits flots gris. Tout à côté bruit une armée de joncs; les pervenches et les anémones foisonnent jusque dans la mousse des racines, et les pentes lointaines apparaissent à travers le labyrinthe des rameaux, demi-bleuies par la distance. Un nom, l'ancien nom du lac, arrive aux lèvres, *speculum Dianæ*, et tout de suite on le revoit tel qu'il était dans les siècles de vie militante et de rites meurtriers, ceint de vastes et noires forêts, désert, quand ses silences n'étaient troublés que par le bramement des cerfs ou le pas des biches qui venaient boire; le chasseur, le montagnard qui apercevait du haut d'un roc son immobile clarté glauque sentait sa chair se hérisser comme s'il eût vu les yeux clairs de la déesse; au fond de cette gorge, sous les pins éternels et la retraite inviolée des chênes séculaires, le lac luisait tragique et chaste, et son onde métallique, avec ses reflets d'acier, était « le miroir de Diane. »

Au retour, quand on a rencontré le dos sinueux de la colline, on aperçoit la mer comme une plaque d'argent fondu qui lance des éclairs; la plaine interminable, vaguement diaprée par les cultures, s'étend jusqu'au bord, et s'arrête cerclée par la bande lumineuse. Puis on suit des allées de vieux chênes-lièges entre lesquels s'épandent des buis et le petit peuple toujours riant des arbustes verts; on ne se lasse pas de cet été immortel auquel l'hiver ne peut toucher. Tout d'un coup, sous les pieds, du haut d'une croupe, on aperçoit le lac d'Albano, qui est un vase d'eau bleuâtre comme celui de Nemi, mais plus large et dans une plus belle bordure. En face, au-dessus des coteaux qui forment la coupe, se dresse le Mont-Cavi, sauvage et roussâtre, comme un monstre antédiluvien parent des Pyrénées et des Alpes, seul âpre au milieu de ces montagnes qui semblent dessinées par des architectes, coiffé bizarrement de son couvent de moines, tantôt sombre sous l'obscurité des nuages, tantôt taché lividement par les nuées qui rampent sur sa crête, tantôt subitement éclairé par une percée de soleil et souriant avec une gaîté farouche; — un peu plus bas que lui, Rocca di Papa, échelonnée sur une montagne voisine, toute blanche comme une ligne de créneaux, et rayant de ses maisons suspendues l'air orageux et menaçant;—tout en bas le lac dans son cratère avec sa couleur d'étain, immobile et luisant comme une plaque d'acier poli, hérissé çà et là par la brise d'imperceptibles écailles, étrangement tranquille, endormi d'une vie mystérieuse et profonde sous les frissons silencieux qui le traversent, et réfléchissant dans sa bordure dentelée la couronne de chênes qui se nourrissent éternellement de sa fraîcheur. — On relève les yeux, et sur la gauche on voit Castel-Gandolfo avec ses édifices blancs, son dôme rond découpé dans l'air, ses pointes hérissées sur le rebord allongé du mont, comme des coquillages blancs incrustés sur la croupe d'un crocodile, puis enfin tout au fond, par-dessus les crénelures de la montagne, l'infinie campagne romaine et ses millions de taches et de raies noyées sous une couche de brouillard et de lumière.

Un couvent de chartreux est posé sur le bord du lac. Toujours les moines ont choisi leurs sites avec un grand goût et une singulière noblesse d'imagination; peut-être la vie religieuse, privée des commodités bourgeoises, affranchit-elle l'âme des petitesses bourgeoises, du moins elle y réussissait autrefois. Malheureusement l'horrible et le grossier viennent s'établir tout de suite auprès du noble. A l'entrée est une grille, et derrière la grille quantité de crânes et d'os de chartreux ornés des inscriptions appropriées; te figures-tu l'effet sur un paysan, homme d'imagination, qui passe !

La tête et le cœur reçoivent une secousse, et le retentissement en dure plusieurs heures. Tout est calculé ici pour ces sortes d'impressions, par exemple l'office à Saint-Pierre ; le grand autel est si loin que l'assistance ne peut saisir les paroles, je ne dis pas les comprendre, c'est du latin. Peu importe : le majestueux bourdonnement qui arrive aux oreilles, l'éblouissement produit par les chapes d'or, la majesté des masses architecturales suffisent pour troubler vaguement l'âme et maintenir l'homme à genoux.

La semaine sainte, dimanche des Rameaux.

Depuis huit jours, nous passons la moitié de nos journées à Saint-Pierre. Nous regardons une cérémonie, puis nous nous asseyons au dehors sur les escaliers ; la place, enserrée dans ses colonnades, tachée de points humains qui remuent, traversée de processions muettes, est à elle seule un spectacle. Sur la place, par le plus beau soleil, entre les panaches blancs des fontaines, on regarde ces processions qui montent, moines à cagoules, violets, rouges ou noirs, orphelines, élèves des séminaires, une foule bigarrée de visiteurs, de femmes voilées de noir, de soldats, qui se croise et ondoie. Les voitures des *monsignori* arrivent une à une avec leur décoration de cochers et de laquais chamarrés ; il y en a trois par derrière, deux accrochés à la voiture, le troisième aux deux autres. Ces domestiques sont précieux : voyez-les dans les tableaux d'Heilbuth, importans et tranquilles, avec des habits neufs qui ont l'air un peu vieux, ou des habits vieux qui ont l'air un peu neufs, demi-bedeaux, demi-laquais, sachant qu'ils brossent la soutane d'un pape possible, et qu'ils sont plus près du ciel que les autres hommes, convaincus que leur âme est un peu sainte et néanmoins ménageant l'étoffe de leur culotte. Quant aux prélats, leurs figures sont bien fines, non pas de cette finesse parisienne qui consiste à dire de jolis mots, mais d'une finesse ecclésiastique et italienne, celle des diplomates et des procureurs, gens habitués à se contenir, à se précautionner, à ne pas donner prise. — Sur les marches dorment les paysans ; il ne faut pas trop s'en approcher : l'odeur vous monte au nez, ils ne se sont jamais lavés et sentent la bête fauve. — Tout alentour aux balcons, sur le pas des portes, on distingue quantité de grisettes romaines, aux cheveux noirs savamment ondés et retroussés, aux lèvres fines, aux traits réguliers et franchement coupés, au menton fort, au regard fixe. Quelquefois d'une sale et sordide fenêtre sort une de ces belles et redoutables têtes ; on l'a remarquée le matin, et on la retrouve le soir : elle passe ainsi la journée à regarder et à être vue.

Au point de vue religieux, le spectacle intérieur dans Saint-Pierre n'est pas édifiant. Les soldats du pape qui font la haie bâillent, se tournent, lorgnent les femmes qui passent. Pendant toute la messe, les assistans circulent, causent à voix basse, ou même à demi-voix; comme il n'y a ni bancs ni chaises, ils essaient de s'asseoir contre les piliers, s'affermissent tantôt sur un pied, tantôt sur l'autre; quelques-uns sommeillent. On entend partout un long bruissement, il se fait un va-et-vient comme dans une halle. On se perche sur la pointe des pieds, et on regarde passer les suisses du pape, qui ont la fraise, le costume bariolé et les pertuisanes du xvi⁰ siècle, puis les appariteurs en pourpoint de velours noir, avec le petit manteau espagnol, la chaîne d'or et aussi la fraise du temps de Philippe II. Enfin la procession défile : chaque personnage représente un apôtre, et tient une baguette enguirlandée de jaune, et qui figure une branche de buis; les uns sont noirs, les autres violets, les autres rouges, les derniers sont les évêques tout luisans dans leurs chapes damasquinées; plusieurs sourient, regardent, ou causent. Au fond de l'église, derrière le grand baldaquin de bronze, on démêle les génuflexions, les postures, tous les restes des anciennes cérémonies symboliques, si peu appropriées au temps présent. Sur les flancs, dans les deux grandes estrades, les femmes en noir, leur voile noir sur la tête, leur *Murray* à la main, manient leur lorgnette. On se plaint que la cérémonie soit incomplète. Le pape a un érésipèle qu'on a ouvert; il en sort beaucoup d'eau, il n'est pas certain qu'il puisse officier à Pâques; on détaille toutes les circonstances médicales. Nul intérêt ou sympathie véritable; pour ce public, c'est le *primo uomo* qui manque, et son absence fera tort à la représentation. Les gens causent, se saluent, se promènent comme dans un foyer d'opéra. Voilà ce qui reste des glorieuses pompes qui au temps de Boniface VIII attiraient les pèlerins par centaines de mille : une décoration qui n'est plus qu'une décoration, une cérémonie vide, un sujet d'étude pour les archéologues, de tableaux pour les artistes, de curiosité pour les gens du monde, un amas de rites où tous les siècles ont apporté leur part, semblable à cette ville elle-même, où la foi vive et l'émotion spontanée du cœur ne trouvent plus d'objet qui leur corresponde, mais où se rassemblent les peintres, les antiquaires et les touristes.

Au point de vue pittoresque, l'effet est tout autre. Ainsi remplie et mesurée par la foule, l'église devient colossale; cette fourmilière de peuple qui remue et ondoie la rend vivante comme un tableau. Les grandes chutes de lumière qui tombent du dôme font çà et là, au milieu des marbres, des pluies de rayons et de blancheurs éblouissantes. Le grand baldaquin qui tord dans le lointain ses colonnes fauves parmi des nuages d'encens, l'harmonie vague des chants adoucis par la distance, la magnificence des décorations et des marbres, le peuple de statues qui s'agite indistinctement dans l'ombre, l'assemblage et l'accord de tant de formes monumentales et de tant de rondeurs grandioses, tout concourt à faire de cette fête un chant de triomphe et de réjouissance; je voudrais y entendre la prière de *Moïse*, de Rossini, par trois cents chanteurs et un orchestre.

Mercredi, Miserere à la Sixtine.

Trois heures debout, et tous les hommes sont debout. Les deux premières heures se passent, quelques-uns n'y tiennent plus et s'en vont. Tous les corps sont serrés comme dans un étau. Les visages jaunissent, rougissent, se griment; on pense aux damnés de Michel-Ange. Les pieds rentrent dans les mollets, les cuisses dans les hanches, les reins sont courbaturés; heureux qui trouve une colonne! Plusieurs tâchent d'atteindre leur mouchoir pour s'essuyer le front, d'autres essaient inutilement de préserver leur chapeau. On n'aperçoit rien qu'une forêt de têtes. La foule pousse à la porte, et de temps en temps un personnage officiel s'enfonce et pénètre péniblement, grâce aux épaules des acolytes, comme une fiche de fer dans une pièce de bois. Sous les tribunes de l'entrée, dans une sorte de cage, les dames s'assoient sur leurs talons et respirent du vinaigre. Çà et là, des suisses en panache blanc et en costume d'opéra profitent de leurs larges pieds et s'étaient sur leur hallebarde. Le ronflement monotone des psaumes dure et reprend toujours.

Cela n'empêche pas les figures de Michel-Ange d'être des géans et des héros. Ah! si je pouvais me coucher sur le dos pour regarder les prophètes! Quels vaillans troncs, quels magnifiques corps primitifs que ceux d'Adam et d'Ève! Et ce terrible Christ du jugement, quel Apollon vengeur, quel sublime Jupiter foudroyant! De quel geste de combattant vainqueur il accable les corps de ses ennemis précipités! Tout vient de l'antique ici; quand Bramante conçut Saint-Pierre, il prit ses deux idées dans le Panthéon et la basilique de Constantin; les deux âges se renouent.

Enfin le *Kyrie*, puis le *Miserere*. Cela vaut toutes les douleurs de genoux et de reins qu'on a subies. L'étrangeté est extrême; il y a des accords prolongés qui semblent faux et tendent l'ouïe par une sensation pareille à celle que laisse dans la bouche un fruit acide. Point de chant net et de mélodie rhythmée; ce sont des mélanges et des croisemens, de longues tenues, des voix vagues et plaintives qui ressemblent aux douceurs d'une harpe éolienne, aux lamentations aiguës du vent dans les arbres, aux innombrables bruits douloureux et charmans de la nature. Rien de plus original et de plus grand; l'âge musical qui a fait une telle messe est séparé du nôtre par un abîme. Cette musique est infiniment résignée et touchante, bien plus triste qu'aucune œuvre moderne; elle sort d'une âme féminine et religieuse; on aurait pu l'écrire dans quelque couvent perdu au fond d'une solitude, après de longues rêveries indistinctes, parmi les frôlemens et les sanglots du vent qui pleure en chantant autour des roches. — Il faut à tout prix entendre le *Miserere* de demain. Celui-ci est de Palestrina, l'autre d'Allegri. Quelle couche de sentimens inconnus et profonds! Voilà donc la musique de la restauration catholique, telle que l'esprit nouveau la trouva en refaisant le moyen âge!

Jeudi.

J'ai parcouru hier soir et ce matin les deux volumes de Baïni sur Palestrina (1). C'était un homme pieux, ami de saint Philippe de Néri, fils de pauvres gens, pauvre toute sa vie, vivant d'une pension de six, puis de neuf écus par mois, manquant d'argent pour imprimer ses œuvres, malheureux et tendre, ayant perdu trois fils qui donnaient les plus belles espérances, écrivant ses *lamentations* au milieu de chagrins cuisans et prolongés. A ce moment, sous lui et sous Goudimel, son maître, la musique, un demi-siècle après les autres arts, sort du bourbier du moyen âge. Le chant sacré s'était encroûté de rouille scolastique, hérissé de difficultés, de complications, d'extravagances, les notes étant vertes quand on parlait de prairies et d'herbes, rouges quand il s'agissait de sang et de sacrifice, noires quand le texte nommait le sépulcre et la mort, chaque partie chantant des paroles différentes et parfois des chansons mondaines. Le compositeur prenait un air gai ou graveleux, *l'Homme armé* ou *l'Ami Baudichon, madame*, et là-dessus, avec force recherches et bizarreries de contre-point, il brodait une messe. Pédantisme et licence, le régime mécanique du moyen âge avait abaissé et brouillé l'esprit en musique comme en littérature, et produisait au xve siècle des poètes aussi plats et aussi affectés que les musiciens (2). Le sentiment religieux reparut, protestant avec Luther, catholique avec le concile de Trente. Aux protestans, Goudimel, un martyr de la Saint-Barthélemy, donna la musique des psaumes héroïques qu'ils chantaient sur les bûchers et dans les batailles. Aux catholiques, Palestrina, invité par le pape, donna les vagues et vastes harmonies de ses désolations mystiques et les supplications d'un peuple entier, enfantin et triste, agenouillé sous la main de Dieu. Ces *Miserere* sont en dehors et peut-être au-delà de toute mu-

(1) Né en 1524, mort en 1594.
(2) Voyez Lydgate, Occlève, Hawes, en Angleterre, Brandt en Allemagne, Charles d'Orléans, les poésies de Froissard en France.

sique que j'aie jamais écoutée : on n'imagine pas avant de les connaître tant de douceur et de mélancolie, d'étrangeté et de sublimité. Trois points sont saillans. — Les dissonances sont prodiguées, quelquefois jusqu'à produire ce que notre oreille, habituée aux sensations agréables, appelle aujourd'hui de fausses notes. — Les parties sont extraordinairement multipliées, en sorte que le même accord peut renfermer trois ou quatre consonnances et deux ou trois dissonances, se démembrer et se recomposer par portions et incessamment; à chaque instant, une voix se détache par un thème propre, et le faisceau semble s'éparpiller si bien que l'harmonie totale semble un effet du hasard, comme le sourd et flottant concert des bruits de la campagne. — Le ton continu est celui d'une oraison extatique et plaintive qui persévère ou reprend sans jamais se lasser, en dehors de tout chant symétrique et de tout rhythme vulgaire : aspiration infatigable du cœur gémissant, qui ne peut et ne veut se reposer qu'en Dieu, élancemens toujours renouvelés des âmes captives toujours rabattues par leur poids natal vers la terre, soupirs prolongés d'une infinité de malheureux tendres et aimans qui ne se découragent pas d'adorer et d'implorer.

Le spectacle est aussi admirable pour les yeux que pour les oreilles. Les cierges s'éteignent un à un, le vestibule noircit, les grandes figures des fresques se meuvent obscurément dans l'ombre. On fait vingt pas, et tout d'un coup l'on a devant soi la chapelle Pauline, flamboyante comme un paradis angélique de gloire, de lumières et de parfums. Les étages de cierges montent sur l'autel comme sur une châsse; les lustres descendent, ouvrant leurs arabesques dorées, leurs panaches d'étincelles, leurs rosaces de splendeurs, leurs aigrettes diamantées, comme les oiseaux mystiques de Dante. Des écailles de nacre hérissent le sanctuaire de leurs blancheurs chatoyantes; les colonnes tordent leurs spirales d'azur parmi les corps charmans des anges, sous les vapeurs enroulées de l'encens qui fume; une senteur enivrante emplit l'air. C'est Bernin qui a disposé cette délicieuse fête, ces éblouissemens, cette féerie; sa sainte Thérèse pâmée de l'église *Della Vittoria* l'entrevoit en esprit, et c'est ici qu'elle devrait être.

Cependant, dans Saint-Pierre, entre deux haies de soldats, on voit défiler le cortège qui va célébrer le lavement des pieds : d'abord des *monsignori* à la physionomie spirituelle, des cardinaux violets, la calotte rouge à la main, suivis de leurs acolytes, des chanoines habillés de rouge vif, enfin les douze apôtres vêtus de bleu, coiffés d'un singulier chapeau blanc, un bouquet à la main. Ailleurs, dans un hôpital, les dames romaines, en costumes rouges de religieuses, font le même office. On reçoit là trois ou quatre cents paysannes venues pour la fête; les plus grandes dames, des princesses, les

déchaussent, lavent leurs pieds, les rechaussent, puis vont les coucher. C'est un débouché pour le besoin violent et intermittent d'é-
motions et d'humiliations chrétiennes.

Vendredi.

Troisième *Miserere,* un peu inférieur aux précédens, et de plus
aujourd'hui la chapelle Pauline, n'ayant pas son illumination, est
ridicule; on découvre que les colonnes d'azur et la plupart des dorures n'étaient que des trompe-l'œil. Les deux dernières fresques
de Michel-Ange, *saint Pierre crucifié* et *saint Paul jeté par terre,*
ne sont que savantes.

Dans la basilique de Saint-Pierre, un cardinal, avec un bonnet
rouge surmonté d'une toque rouge, est assis à cinq marches du sol
sur une chaire de bois noir sculpté, et tient à la main une longue
baguette dont il touche le crâne des pénitens agenouillés; cet at-
touchement absout les péchés réservés. Le cardinal a soixante ans,
il est gros, vêtu de violet, et sa gravité est admirable; pas un
muscle de sa figure ne bouge; on le prendrait pour un bouddha
majestueux et hiératique. De temps en temps passe un cortège de
cagoules noires, et l'on s'arrête à contempler parmi ces capuches
d'inquisition tel cardinal, longue figure jaune, aux yeux noirs, ardens, sorte de Ximenès qui n'a pas d'emploi. Tout alentour la foule
se presse, ondule; mais l'église est si vaste que toutes les conversations, tous les pas s'amortissent et se fondent en un vaste murmure.

C'est sans doute aujourd'hui l'une de mes dernières visites; tâchons de revoir l'ensemble de l'édifice. Par degrés, les yeux se sont
habitués; on prend l'œuvre pour ce qu'elle est, telle que la conçu-
rent ses fondateurs; on la considère non pas en chrétien, mais en
artiste. Ce n'est plus une église, c'est un monument, et certes à
ce point de vue elle est un chef-d'œuvre de l'homme.

Cet escalier de la Sixtine, avec les arceaux enguirlandés de sa
voûte et le long développement de sa descente, est d'une noblesse
et d'une proportion incomparables. Saint-Pierre est pareil, orné,
mais sans excès, grand sans être énorme, majestueux sans être accablant. On jouit des rondeurs simples des voûtes et de la coupole,
de leur ampleur et de leur solidité, de leur richesse et de leur
force. Ces caissons dorés qui brodent la voûte, ces anges de marbre assis sur les courbures, ce superbe baldaquin de bronze appuyé sur ses colonnes torses, ces pompeux mausolées des papes,
forment un ensemble unique; on n'a jamais offert une plus belle
fête païenne à un Dieu chrétien.

Quel est le Dieu dans ce temple? — Au fond de l'abside, au-dessus
de l'autel lui-même, à l'endroit où l'on met d'ordinaire la Vierge

ou le Christ, est la chaire de Saint-Pierre; c'est elle qui est la patronne du lieu et la souveraine. Les mots officiels complètent l'explication : on appelle le pape *sa sainteté, sa béatitude;* on a l'air de croire qu'il est déjà dans le ciel.

Presque tous les mausolées de papes sont frappans, surtout celui de Paul III par Della Porta. Deux figures de Vertus demi-couchées sur son tombeau déploient leurs beaux corps avec des attitudes hardies; la vieille songe avec une gravité superbe et fière; la jeune a la riche beauté, la spirituelle et sensuelle tête, les cheveux ondés, la petite oreille des figures vénitiennes. Elle était presque nue, on l'a habillée depuis; ce passage de la sculpture naturelle à la sculpture décente marque le changement qui sépare la renaissance du jésuitisme.

Je ne sais pas pourquoi Stendhal loue si fort le mausolée de Clément XIII par Canova : ce sont des figures de Girodet ou de Guérin, fades ou qui posent. A cet égard, les tombeaux récens sont instructifs. Plus un monument se rapproche de notre temps, plus ses statues prennent une expression spiritualiste et pensive; la tête usurpe toute l'attention, le corps se réduit, se voile, devient accessoire et insignifiant. Considérez tour à tour par exemple le tombeau de Benoît XIV, mort au siècle dernier, et tout à côté les mausolées de Pie VII et de Grégoire XVI : sur le premier siègent ou s'agitent de belles femmes encore saines et fortes, bien posées et d'un vif mouvement; sur les deux autres, les Vertus sont des squelettes soigneusement ratissés, habillés et intéressans. — Nous finirons par ne plus sentir le corps et la forme, mais seulement l'âme et l'expression.

Dimanche de Pâques.

Le temps s'est gâté, la pluie tombe par rafales; mais la foule couvre tout, la place, les escaliers, les portiques, et s'engouffre avec un bourdonnement prolongé dans l'immensité de la basilique. Dans cet océan humain, de lentes ondulations se développent et se brisent; des remous incertains tournoient autour des piliers de marbre; devant la statue de saint Pierre, le flot incessant avance et recule sous le reflux des vagues précédentes. Les froissemens et tassemens serrent et desserrent à chaque instant le désordre mouvant des mêlées; une tumultueuse et bruissante confusion de pas, de frôlemens, de paroles roule entre les grandes murailles, et dans les hauteurs, au-dessus de cette agitation et de ce murmure, on aperçoit les pacifiques rondeurs des voûtes, le vide lumineux des dômes, et les étages de bordures, d'ornemens, de statues qui vont se superposant pour combler l'abîme tournoyant de la coupole.

Dans cette mer de corps et de têtes, une double digue de soldats, de chantres, d'enfans de chœur, forme un lit où coule pom-

peusement le cortège solennel : d'abord les gardes nobles, rouges
et blancs, le casque en tête; puis des chanoines rouges, puis des
prélats violets, puis les maîtres de cérémonies en pourpoint et
manteau noir, ensuite les cardinaux, enfin le souverain pontife,
porté par les acolytes dans un fauteuil de velours rouge broché
d'or, lui-même en long habit blanc brodé d'or et portant sur la
tête la tiare d'or à triple étage. Des éventails de plumes de paon
flottent autour de lui. Il a l'air bon, affectueux; sa belle figure pâle
est celle d'un malade; l'on pense avec regret qu'il doit souffrir
en ce moment, que sa jambe est enveloppée de bandes. Il donne
doucement la bénédiction avec un doux sourire.

Les chantres et les soldats causaient gaîment un instant avant
son passage; un moment après, une trompette dans l'abside
ayant entonné un air d'opéra, deux ou trois soldats se sont mis à
fredonner à l'unisson; mais les gens du peuple, les paysans qui
étaient là regardaient comme s'ils voyaient Dieu le père. Il faut
contempler leurs figures surtout devant la statue de saint Pierre.
Ils affluent tour à tour en s'étouffant pour baiser le pied de bronze,
qui maintenant est tout usé; ils le caressent, ils y collent leur front;
beaucoup d'entre eux pour venir ont fait à pied dix ou douze milles,
et ne savent pas où ils dormiront. Quelques-uns, alourdis par le
changement d'air, dorment debout contre un pilier, et leurs femmes
les poussent du coude. Plusieurs ont une tête de statue romaine,
le front bas, les traits anguleux, l'air sombre et dur; d'autres, le
visage régulier, l'ample barbe, le beau coloris chaud, les cheveux
naturellement frisés des peintures de la renaissance. On n'imagine
pas une race plus forte et plus inculte. Leurs costumes sont étranges : vieilles casaques en peaux de bique ou de mouton, guêtres
de cuir, manteaux bleuâtres cent fois trempés par la pluie, san-
dales de peau comme aux temps primitifs; de tout cela sort une
odeur insupportable. Leurs yeux sont fixes, éclatans comme ceux
d'un animal; plus éclatans encore et comme ensauvagés luisent
ceux des femmes jaunies et minées par la fièvre. Ils arrivent ici
poussés par une crainte vague pareille à celle des anciens Latins,
pour ne point déplaire à une puissance inconnue, dangereuse, qui
peut à volonté leur envoyer la maladie ou la grêle, et ils baisent
l'orteil de la statue avec le sérieux d'un Asiatique qui apporte le
tribut au pacha.

Le bourdonnement de la messe roule demi-perdu dans le lointain, et les grandes formes enveloppées dans l'encens accompagnent de leur noblesse et de leur gravité sa mystérieuse harmonie.
Quel puissant seigneur et quelle splendide idole pour ces paysans que le maître de cette église! Pensez, pour comprendre leur
impression devant ces magnificences, ces dorures et ces marbres, à

leur cahute enfumée, à leur campagne désolée, aux âpres montagnes brûlées, aux lacs noirâtres, à la lourde chaleur de l'été fiévreux, aux songes sourds, inquiétans, qui s'enchevêtrent dans le cerveau des pâtres pendant les heures solitaires, ou lorsque la nuit avec son cortège de formes lugubres s'appesantit sur la plaine! Un ciel rougi comme celui d'hier, au bout de cette plaine livide et dans les mornes fumées du soir, fait frissonner. L'implacable soleil du midi, dans une fondrière de roches ou devant la pourriture d'un marécage, donne le vertige. On sait par les anciens Romains quelle prise, parmi ces eaux stagnantes, ces solfatares éparses, ces montagnes cassées, ces lacs métalliques, la superstition trouvait dans l'homme, et les paysans que voici n'ont pas l'esprit plus assaini, plus cultivé, plus rassis que les soldats de Papirius.

Tout le monde sort et attend le pape, qui doit paraître sur le grand balcon de Saint-Pierre et donner la bénédiction. La pluie redouble, et à perte de vue sur la place, dans les rues, sur les terrasses, la multitude s'entasse et fourmille, cavalerie, infanterie, voitures, piétons sous leur parapluie, paysans ruisselans sous leur peau de bique. Ils s'accroupissent par familles, et regardent, mangeant des lupins; ce qui les stupéfie le plus, ce sont les uniformes et le long défilé des troupes françaises. Leurs enfans, en peaux de moutons, juchés sur les piliers, semblent des poulains farouches.

Le balcon reste vide, le pape n'a pu achever, il est trop malade. La foule se disperse dans la pluie et dans la boue. Décidément, comme disent les gens du peuple, le pape est *jettatore;* nous avons ce mauvais temps parce qu'il a pu accomplir une moitié de la cérémonie.

Voici, après quatorze siècles, le *finale* de la pompe romaine, car c'est bien l'ancien empire romain qui aujourd'hui vit ici et se continue. Il s'est enfoncé en terre sous le coup de masse des barbares; mais, avec le rajeunissement universel des choses, il a reparu sous une forme nouvelle, spirituel et non plus temporel. Toute l'histoire de l'Italie tient dans ce mot en raccourci : elle est restée trop *latine.* Les Hérules, les Ostrogoths, les Lombards, les Francs, ne se sont point assis ou n'ont pas assez dominé chez elle; elle n'a point été germanisée comme le reste de l'Europe; elle s'est retrouvée au xᵉ siècle à peu près telle que trois cents ans avant Jésus-Christ, municipale et non féodale, étrangère à cette fidélité du vassal et à cet honneur du soldat qui ont fait les grands états et les paisibles sociétés modernes, livrée comme les cités antiques aux haines mutuelles, aux violences intestines, aux séditions républicaines, aux tyrannies locales, au droit de la force, et par suite au règne de la violence privée, à l'oubli de l'esprit militaire, à la pratique de l'as-

sassinat. Lorsqu'un centre menaçait de se former, le pape armait
contre lui les résistances municipales; Lombards, Hohenstaufen du
nord, Hohenstaufen du sud, il les a tous détruits; le souverain
spirituel ne pouvait souffrir à ses côtés un grand roi laïque, et pour
rester indépendant il empêchait la nation de se faire. C'est pourquoi au xvie siècle, tandis que dans toute l'Europe le moule de la
société, élargi et transformé, dressait les unes à côté des autres
des monarchies régulières appuyées sur le courage des sujets et
des états organisés soutenus par la pratique de la justice, l'Italie,
dispersée en petites tyrannies, éparse en faibles républiques, gâ-
tée dans ses mœurs, amollie dans ses instincts, se trouva enfermée
dans les formes étroites de la civilisation antique, sous le patronage impuissant du césar spirituel qui l'avait empêchée de s'unir
sans être capable de la protéger. Elle fut envahie, pillée, partagée et vendue. En ce monde, quiconque est faible devient la proie
d'autrui; sitôt qu'un peuple acquiert une forme d'organisation supérieure, ses voisins sont tenus de l'imiter : celui qui aujourd'hui
oublie de fabriquer des canons rayés et des vaisseaux cuirassés
sera demain un protégé qu'on épargne, après-demain un marchepied qu'on foule, le jour d'après un butin qu'on mange. Si l'Italie a
subi pendant trois siècles la décadence et la servitude, c'est faute
d'avoir secoué les traditions municipales et romaines. Elle les secoue
en ce moment; elle comprend que, pour se tenir debout en face des
grandes monarchies militaires, elle doit devenir elle-même une
grande monarchie militaire, que la vieille forme latine a produit et
prolongé sa faiblesse, que, dans le monde tel que nous l'avons, un
assemblage de petits états sous les bénédictions et les manœuvres
d'un prince cosmopolite appartient aux voisins forts qui veulent
l'exploiter ou le prendre; elle reconnaît que les deux prérogatives
qui faisaient son orgueil sont les deux sources d'où est sortie sa misère, que l'indépendance municipale et la souveraineté pontificale,
libératrices au moyen âge, sont pernicieuses aux temps modernes,
que les institutions qui l'ont protégée contre les envahisseurs du
xiiie siècle la livrent aux envahisseurs du xixe, que si elle ne veut
pas rester une promenade d'oisifs, un spectacle de curieux, un séminaire de chanteurs, un salon de sigisbés, une antichambre de
parasites, elle est obligée de devenir une armée de soldats, une
compagnië d'industriels, un laboratoire de savans, un peuple de
travailleurs. Dans cette transformation si vaste, elle a pour aiguil-
lons le souvenir des maux passés et la contagion de la civilisation
européenne. C'est beaucoup; est-ce assez?

H. Taine.

L'ÉPREUVE

DE

RICHARD FEVEREL

DERNIÈRE PARTIE (1).

XI.

Malgré tout ce que Richard avait pu dire à Ripton Thompson pour le rassurer, le futur avocat n'arriva point sans de terribles anxiétés chez sir Austin Feverel; mais, comme son ami le lui avait annoncé, il fut reçu, nonobstant la fâcheuse nouvelle dont il était porteur, avec la plus parfaite et la plus sereine courtoisie. Sir Austin aurait cru ravaler sa dignité philosophique et faire tort à sa réputation de sagesse en manifestant le moindre trouble ou en laissant percer le moindre désappointement.

— Vous voyez, Emmeline, dit-il simplement à lady Blandish après que le désastreux messager se fut retiré dans sa chambre, vous voyez qu'il est inutile de prendre un être humain pour base d'un système quelconque..... Remarque essentiellement philosophique pour un homme qui voyait crouler devant lui le résultat de vingt années de travail! Elle disait assez où le coup avait porté. Richard n'était plus le Richard sorti des mains de son père, l'orgueil et la joie de sir Austin; c'était tout simplement un « être humain » comme le premier venu, comme ce Ripton par exemple, que le baronnet se reprochait d'avoir tenu en trop grand mépris, et dont la vulgarité

(1) Voyez la *Revue* du 15 avril et du 1er mai.

naïve lui semblait maintenant préférable à ces qualités hors ligne par lesquelles Richard l'avait ébloui et déçu.

Lady Blandish, appréciant mieux que le baronnet lui-même la sourde irritation cachée sous le calme qu'il s'imposait, ne put s'empêcher de sentir s'atténuer en elle la haute opinion qu'elle avait conçue de lui; elle n'en gardait pas moins une profonde pitié pour les froissemens de ce cœur paternel dont elle devinait les secrètes angoisses. — Mon ami, lui dit-elle en lui prenant la main avant de se retirer, je sais tout ce que votre désappointement peut avoir de cruel, et je ne vous demanderai pas un pardon immédiat pour le malheureux enfant qui en est cause... Je comprends que cet accident, cette mauvaise chance...

— Emmeline, interrompit-il, je ne crois pas aux chances bonnes ou mauvaises; je prise l'homme assez haut pour admettre que nous sommes nous-mêmes, sans intervention quelconque, les auteurs de nos destinées.

— Bonne nuit donc! reprit-elle avec une physionomie triste et troublée. En parlant de « mauvaise chance, » je n'ai pas voulu l'exonérer de tout blâme... Il m'a écrit cependant, et si vous m'autorisiez à vous lire sa lettre...

— Il me semble, objecta le baronnet avec un froid salut, que j'ai suffisamment à méditer sans cela.

Ces méditations solitaires, où il resta plongé jusqu'au matin, ne lui apportèrent aucun soulagement. Dans la vaste bibliothèque pleine d'ombre et de silence où il se repaissait de pensées amères, le démon qui les lui suggérait lui montra la conduite de Richard sous le jour le plus faux et le plus trompeur. Ce n'était plus l'irrésistible entraînement d'une passion aveugle, un coup de tête déterminé par une réunion fortuite de circonstances décisives; c'était un complot ourdi de longue main, une trahison savamment menée à terme. Cet éclat de rire poussé par Richard au moment où il montait dans le wagon du chemin de fer, et que son père n'avait pu s'expliquer alors, devait être le symptôme de la honteuse satisfaction qu'il éprouvait en voyant couronnée de succès une combinaison astucieuse. Voilà pour le passé. Quant à l'avenir, le démon essayait aussi d'y pourvoir en mêlant ses inspirations aux pensées mêmes du baronnet. — Il faut, lui disait-il, par votre calme impassible, vous montrer au-dessus de cette nature humaine qui vous a si cruellement trompé. Donnez ensuite au monde l'exemple d'un rêveur assez courageux pour renoncer à son rêve. Abdiquez votre système; sachez reconnaître les droits irréfragables de l'infirmité humaine; ne péchez plus par excès de sagesse contre la sagesse même. En dépit de vos nobles efforts, ce qui a toujours été sera toujours... Les hommes sont ainsi faits qu'ils mettent sur la croix celui qui veut les sauver.

— Ceci est la vérité même, s'écria le baronnet en froissant dans sa main et en jetant au feu, sans l'avoir encore ouverte, la lettre que Ripton lui avait remise de la part de son fils. Plus il souffrait, moins le tentateur eut de peine à lui démontrer qu'il serait beau de dissimuler sa souffrance. Vaincu par ce monde contre lequel il avait engagé une lutte impossible, il ne lui restait qu'à fermer son cœur et à masquer son visage. Ainsi raisonnait, dupé par ses instincts de dissimulation et d'inaction, cet homme à qui Dieu avait départi une belle intelligence, une âme loyale, mais à qui, par compensation, il avait refusé toute véritable grandeur. Il ne comprenait l'énergie que sous la forme de cette passivité spartiate qui laisse dévorer ses entrailles sans articuler une plainte, et mettait sa force à garder au dedans de lui une colère qu'il eût mieux fait d'exhaler, car elle rongeait sourdement tout ce qu'il avait de meilleur.

La nuit entière se passa dans ces délibérations intimes où deux voix se répondaient au fond du même cerveau, celle du démon faisant peu à peu taire l'autre. Le jour allait poindre, la lampe jetait encore ses mourantes clartés sur le buste de Chatham, quand une main légère heurta doucement la porte. « Si c'était Adrian ! » pensa sir Austin, pour qui le « jeune homme sage » eût été dans ce moment le compagnon le plus commode et le mieux écouté ; mais au lieu de maître Harley ce fut lady Blandish qui se montra.

— Je m'en doutais ! dit-elle, accourant vers lui et s'emparant de ses deux mains. L'inquiétude qui me tenait éveillée me prouvait que vous ne dormiez pas. Permettez-moi de réclamer dans votre confiance comme dans vos chagrins la part qui m'est due... Permettez-moi surtout de vous demander si vous avez pardonné à notre Richard.

— Un père ne veut jamais de mal à son fils.

— Votre cœur l'a-t-il absous ?

— Mon cœur a reçu ce qu'on lui donnait.

— Est-ce un arrêt irrévocable ?

— Vous n'entendrez jamais une plainte sortir de mes lèvres.

L'aimable suppliante le regardait avec un découragement véritable. — Oui, dit-elle, accompagnant ces paroles d'un profond soupir, je sais combien vous êtes noble, combien supérieur aux autres... Et néanmoins, si humble que je sois devant vous, mon initiateur et mon maître, il me semble que je puis vous venir en aide. Une seule pensée m'a préoccupée cette nuit. Si vous ne priez pas pour ce pauvre enfant, si vous ne répondez point par une bénédiction au coup dont il vous frappe, tout ceci finira misérablement... Est-ce là ce que vous avez fait, mon ami ?

Sir Austin eut quelque peine, malgré son masque, à ne pas laisser voir le dépit et la colère que ces paroles lui causaient. Il réussit
pourtant à répondre du ton le plus calme : — Vous me placez là
dans une singulière alternative. Puis-je l'empêcher de récolter ce
qu'il a semé? Réfléchissez, Emmeline, à ce que vous dites. Richard
est tombé dans le même piège que son cousin; il est réservé aux
mêmes expiations...

— Ne les comparez pas!... La jeune fille dont il s'agit ne ressemble en rien à celle qu'Austin Wentworth a épousée. Sa beauté,
son éducation...

— Ne parlons pas d'elle. Peut-être mon fils n'était-il pas digne
d'une femme si accomplie, interrompit le baronnet avec une amertume sublime.

— Soit, ne parlons que de lui. Une rencontre fatale la lui a montrée; un autre accident les a réunis à l'improviste quand nous pensions tous, et lui le premier, que son amour n'était plus. Il se
croyait victime d'un complot, sur le point de la perdre à jamais,
et dans un accès de folie...

— Vous plaidez là, interrompit encore sir Austin, les circonstances atténuantes de tout mariage clandestin.

— Aimeriez-vous donc mieux qu'il l'eût perdue?

Cette question ne plut pas au baronnet; elle mettait sa logique
à une rude épreuve. — Prétendriez-vous, dit-il, qu'un père doit se
résigner à un mariage déshonorant pour sauver ces créatures de la
ruine qu'elles ont voulu encourir?

— Je ne prétends rien de semblable, s'écria lady Blandish, ne
sachant trop au fond ce qu'elle prétendait et moins encore de quels
mots revêtir sa pensée. Je dis seulement qu'il l'aimait, et que l'a-
mour à son âge est une folie; je dis surtout qu'il faut aviser aux
conséquences, tenir compte de son orgueil, de sa susceptibilité,
de ce naturel un peu sauvage qui s'exalte lorsqu'il est pris à rebours... Et puis, mon ami, devons-nous oublier à quel point il vous
aime?

Sir Austin ne répondit à ceci que par un sourire de pitié. — Vous
me demandez l'impossible, dit-il après un moment de silence; une
action quelconque a ses résultats inévitables, sur lesquels la volonté humaine n'a pas de prise. J'ai fait tout ce qui était en moi
pour maintenir mon fils dans le droit chemin; à présent qu'il est
homme, il doit, comme ses pareils, porter la peine de ses erreurs...
D'ailleurs, Emmeline, nous pouvons nous consoler par cette pensée
que, s'il se fait tort, il n'a rien à se reprocher vis-à-vis de votre
sexe... C'est quelque chose, oui, c'est quelque chose.

Lady Blandish étudiait attentivement ce masque impénétrable.
Il supportait son regard inquisiteur; il répondait à la douce pres-

sion de sa main, il souriait enfin sans rien révéler, et en affichant
une résignation philosophique supérieure aux ressentimens de l'affection blessée, pour ne pas descendre des hauteurs où il était placé
dans cette âme docile et douce, il ne croyait pas faire œuvre d'hypocrisie. Il ignorait aussi en ce moment même la présence d'un ange
gardien qui, sans beaucoup de clairvoyance ou d'énergie, lui donnait pourtant les plus sages conseils. — Austin, reprit lady Blandish, à qui son désenchantement ne faisait pas perdre courage, il
faut l'excuser, il faut le bénir...

Et comme il ne répondait pas, elle se laissa glisser à ses pieds,
portant sur son cœur la main qu'il lui avait abandonnée. Ce geste
dramatique fit tressaillir le baronnet. Ébranlé dans sa résistance et
se méfiant de lui-même, il se leva, repoussa son fauteuil et se dirigea vers la fenêtre.

— Déjà le jour! dit-il avec une vivacité affectée lorsque les vo-
lets entr'ouverts eurent livré passage aux clartés matinales qui se
jouaient sur les pelouses.

Lady Blandish vint le rejoindre après avoir séché ses larmes;
elle s'accusait seule du mauvais succès de ses efforts, et cependant, en dépit d'elle-même, il lui fallait bien reconnaître, malgré
l'attitude imposante de sir Austin, malgré son apparente sérénité,
qu'il ne s'élevait pas en ce moment au-dessus du niveau commun;
elle en venait à scruter son idole, et toute idole souffre plus ou
moins d'un pareil procédé. Quant à lui, dès qu'elle eut cessé de
traiter un sujet pénible, il se sentit enclin à lui faire oublier l'â-
preté de quelques-unes de ses réponses. Ses regards s'adoucirent,
ses paroles eurent un accent plus affectueux, et, cherchant peut-
être une consolation muette à sa douleur sans plaintes, il admirait
à loisir l'attrayante et placide physionomie, le front pur et les
grands yeux noirs de sa belle adepte. Dût le platonisme de leur
mutuel attachement perdre quelque chose à cet aveu dénué d'artifice, on est contraint d'avouer que le bras de sir Austin entourait
la taille de lady Blandish, et que celle-ci, distraite sans doute
par la contemplation du soleil levant, ne paraissait pas s'en apercevoir, quand un grognement désagréable, venant à se produire
derrière eux, leur fit brusquement tourner la tête. C'était le vieux
Benson qui signalait ainsi sa présence inopportune. Lady Blandish ne put s'empêcher de sourire, et le baronnet se sentit assez mal à son aise; il maudissait intérieurement l'étrange fatalité
qui ne laissait jamais sans témoins les crises décisives de leur très
innocente liaison.

— Benson, dit-il au malheureux sommelier après le départ de
lady Blandish, vous monterez mon déjeuner le plus tôt possible. Je
dois partir pour Londres ce matin même... A propos, Benson, vous

m'y accompagnerez en prenant soin de ne pas oublier vos comptes, que vous irez faire régler chez M. Thompson. Il sera pourvu à votre avenir, mais vous ne remettrez plus les pieds dans le château.

Malgré cette sévérité, qui pourra sembler inhumaine, — et malgré les instances réitérées de mistress Doria, qui penchait pour les mesures de'rigueur, — sir Austin n'avait pas voulu se départir vis-à-vis de Richard des principes de la plus stricte équité. Non-seulement il ne songeait pas à contester la validité du mariage contracté sans son aveu, mais il eût regardé comme au-dessous de lui de laisser Richard aux prises avec des embarras pécuniaires que sa nouvelle situation aurait rendus plus poignans. Loin de là, il ne voulut pas même retrancher à mistress Berry, complice involontaire de cet hymen détesté, la pension qu'il lui faisait en mémoire de ses anciens services. Le monde, ébloui de cette magnanimité apparente, la célébrait par des louanges excessives, et que le baronnet lui-même regardait comme telles. Au fond, il n'était que juste, et envers ceux que nous aimons la simple justice n'a jamais suffi. N'importe, les éloges du monde contribuaient à le rassurer, et, certain de se montrer plus libéral que beaucoup de pères ne l'eussent été à sa place, il estimait être allé jusqu'aux dernières limites des concessions possibles.

Richard n'en jugeait point tout à fait de même. L'argent ne lui manquait pas, il est vrai, mais bien un mot de son père, un mot qu'il attendait avec impatience, et faute duquel tous les plaisirs qu'il pouvait se donner étaient troublés par une certaine amertume. Il se gardait bien d'en parler à sa jeune femme, mais celle-ci n'avait pas besoin qu'il le lui dît pour deviner combien il souffrait à l'idée de voir un mur de glace se dresser peu à peu entre lui et cet homme dont l'affection sans rivale avait laissé dans son âme d'ineffaçables traces, le seul devant lequel il pût s'humilier avec joie, le seul qui gardât une place considérable dans son cœur envahi et distrait. La nuit, alors qu'il la croyait endormie, elle l'avait maintes fois entendu se plaindre; souvent même, sans oser faire semblant de s'en apercevoir, elle avait senti de grosses larmes couler silencieusement sur les joues de son bien-aimé, souvenir qui lui rendait terrible à distance le visage irrité de ce vieillard acharné à la poursuivre de ses muettes malédictions. Maintenant il ne faudrait pas s'imaginer que ce beau couple amoureux demeurât toujours sous le coup de ces impressions pénibles, et l'on se tromperait fort en supposant que dans ce chalet de l'île de Wight tapissé de roses, au bord de ces flots verts émaillés de voiles blanches qui brillent comme l'écume et de ces yachts pavoisés qu'on prendrait de loin pour autant de nymphes marines, ils menassent une existence funèbre. Un ami de leur père, ennemi heureusement de son système, s'était

trouvé là tout à point pour présenter les jeunes époux à l'élite des
touristes attirés par les régates. Richard figurait avec honneur dans
ces fêtes nautiques, et préparait ainsi son admission parmi les membres d'un *yachting club* qui se formait sous les auspices du plus
fameux *sportsman* que la pairie anglaise comptât dans ses rangs,
lord Mountfalcon, aussi connu par ses galanteries que par ses exploits de cavalier ou de marin. Lady Felle, autre étoile aristocratique, les avait pris, lui et Lucy, sous sa haute protection. Ils étaient
de toutes les parties, et s'abandonnaient avec l'insouciance de leur
âge à l'enivrant tourbillon de ce carnaval d'été qui recommence
chaque année au mois de juillet dans les environs de Yarmouth ou
de Ryde.

C'est là qu'Adrian Harley vint un jour les chercher à la grande
joie de Richard, qui tout d'abord le supposa chargé par le baronnet
de quelque mission conciliatrice. Au fond il n'en était rien. Le « jeune
homme sage » n'avait obéi, un peu à regret, qu'aux inspirations de
lady Blandish, bien décidée à ne pas laisser s'éterniser entre le père
et le fils le déplorable malentendu dont ils souffraient l'un et l'autre. Nous ne pouvons mieux faire, ce nous semble, que d'emprunter
à maître Harley le compte-rendu de son ambassade.

« Madame, écrivait-il à lady Blandish quinze jours après son arrivée à l'île de Wight, je ne saurais m'appliquer le fameux dicton
de César. Bravant pour vous obéir le mal de mer et ses horribles
angoisses, je suis venu, j'ai vu,... mais j'ai été vaincu, comme vous
l'aurez sans doute deviné en ne recevant pas plus tôt de mes nouvelles. L'échec est peut-être moins complet que ne pourraient le
souhaiter mes ennemis politiques et philosophiques; mais, il faut
bien l'avouer en toute humilité, le succès se fait encore attendre.
Nous aurions pu le prévoir, vous et moi. Reçu à bras ouverts comme
le représentant plus ou moins avoué de l'autorité paternelle, cajolé
par mon beau cousin, choyé, dorloté par son adorable petite femme,
un pauvre épicurien comme moi devait succomber. Je me suis laissé
engourdir par les délices d'une existence molle, amoureuse, énervante. On est malaisément à l'épreuve des menus soins, des propos
flatteurs, des regards caressans que vous prodigue une des plus jolies femmes d'Angleterre. Quand je tiens, sous prétexte de chiro-
mancie, une petite main qui se livre innocemment, Falstaff, par
une douce illusion, se métamorphose pour quelques instans en Roméo. Nous menons ici joyeuse vie et sans déroger le moins du
monde, car l'île est peuplée de hauts et puissans seigneurs. Vous
ai-je parlé de lady Judith? vous ai-je parlé de lord Mountfalcon?
Ils sont un peu cousins, et il ne m'est pas prouvé qu'ils n'aient pas
nourri l'un et l'autre les idées que ce degré de parenté comporte si

naturellement. Cependant, après s'être mesurés, on les a vus se
rabattre l'un au rôle de Lovelace converti, l'autre à celui de pure
et chaste conseillère. C'est dans cette position respective que notre
jeune couple les a trouvés au grand avantage de lord Felle, pauvre
benêt dont l'astre conjugal était alors menacé de quelque prochaine
éclipse. La femme de lord Felle, lady Judith, vous le savez sans
doute, est cette même miss Menteith que nous avons crue un moment destinée à Austin Wentworth. En épousant un riche imbécile,
lady Judith, fidèle à ses hautes visées, ne voulait que se procurer les
moyens de travailler utilement à l'émancipation de son sexe. Peu s'en
est fallu, vous le voyez, qu'elle ne s'émancipât elle-même. Mistress
Lucy Feverel est arrivée fort à propos pour empêcher ou retarder
cette catastrophe. Notre don Quichotte femelle, — excusez l'irrévérence, — l'a prise aussitôt sous sa protection, et, voyant en elle
une victime des préjugés, prétend bien la couvrir de son égide.
Lord Mountfalcon, stimulé par l'exemple de sa cousine, a voulu de
son côté être l'ami et le patron de Richard, devenu, grâce à lui, un
des membres fondateurs du club des yachts. Maintenant il arrive
parfois qu'ils transfèrent de l'une à l'autre tête leur tutelle offi-
cieuse. Lord Mountfalcon prodigue à Lucy les prévenances, les
attentions, les hommages réservés naguère à lady Judith. Celle-ci,
en revanche, ne semble pas détester ces longues promenades au
clair de lune que nous faisons ensemble sur les grèves. Richard naturellement lui offre son bras, mistress Feverel m'est confiée, et
tandis que nous nous traînons à l'arrière-garde, discutant quelque
point de haute érudition culinaire, les deux paladins qui nous de-
vancent, perdus dans leurs théories nuageuses et s'exaltant l'un par
l'autre, organisent leurs plans de campagne pour la réhabilitation
de la femme et la réforme de sa condition sociale. Ces entretiens
en partie double mériteraient, je vous assure, un sténographe.

« J'ai mis la plus grande franchise à vous avouer que je n'avais
encore obtenu aucun résultat décisif. Vous m'aviez chargé d'envoyer Richard, — et Richard tout seul, — aux pieds de l'auteur de
ses jours. L'embarras était justement de « séparer ce que Dieu a
uni, » de faire admettre par Richard que la présence de Lucy, loin
de servir à lui faire gagner sa cause auprès de sir Austin, serait
dans le premier moment une gêne et un péril. En le lui disant moi-
même, j'étais sûr qu'il ne me croirait pas. Il a donc fallu le lui
faire insinuer par cette innocente créature dont il est à la fois le
maître et l'esclave. Pour cela, il fallait le lui persuader à elle-
même. Je n'y serais jamais parvenu sans le désir naïf qu'elle éprouvait de me gagner à ses intérêts, et qui m'a donné un grand ascendant sur cette âme candide. J'étais en outre servi par la crainte

qu'elle éprouve à l'idée de se présenter devant sir Austin. Cette crainte, que j'aurais pu dissiper, subsiste encore tout entière, et c'est de très bonne foi (bien que par suite d'un complot tramé entre nous), c'est de très bonne foi que Lucy insiste auprès de son mari pour qu'il se laisse emmener à Londres et lui ménage d'avancé un accueil favorable. Vainement il lui reproche sa couardise, vainement il veut lui faire affronter immédiatement et sans préparation l'entrevue qu'elle redoute; je crois pouvoir vous garantir que la douce entêtée ne cédera pas. S'il en est ainsi, mes conseils désintéressés prévaudront à la longue, et je vous conduirai Richard d'ici à quelques jours. Reste à savoir ce que nous en ferons, ou plutôt ce que vous en ferez, une fois que vous le tiendrez à merci. Quant à Lucette, elle demeurera sous la protection de lady Judith; c'est une affaire déjà convenue entre ces dames. »

Un mois après cette lettre, Richard n'était pas encore parti. Lady Blandish, consultant chaque jour le masque impénétrable qu'elle avait sous les yeux, croyait y lire un mécontentement secret de ce que Richard laissait ainsi s'écouler semaine après semaine sans faire aucune tentative pour se rapprocher de son père. D'un autre côté, rien ne l'autorisait à penser que sir Austin fût disposé à recevoir sa bru, ni même, à vrai dire, cet ingrat enfant, dont il ne parlait jamais qu'avec une indifférence glaciale. Ce dernier reçut d'elle, en fin de compte, un mot pressant : « Êtes-vous fou? lui disait ce billet. Votre père s'imagine que vous ne voulez plus le voir. Venez sur l'heure, et venez seul! » Ces derniers mots tranchèrent la question qui se débattait depuis plusieurs semaines entre les jeunes époux, et donnèrent gain de cause à la timide Lucy. Le soir même, Richard et Adrian partirent pour Londres. Ils n'osèrent pousser jusqu'à Raynham-Abbey sans en avoir demandé la permission. De huit en huit jours, pendant trois semaines consécutives, Richard écrivit à son père dans les termes les plus soumis et les plus respectueux, mais sans obtenir un mot de réponse. Fatigué de son rôle officiel et assez mal à l'aise sous son masque de marbre, le baronnet s'était réfugié dans les montagnes du pays de Galles, où le retenait un âpre besoin de solitude, et où ses études, ses réflexions favorites, qu'aucun bruit du dehors ne venait troubler, ménageaient à ses soucis une sorte de trêve.

XII.

Il n'est pas certain que Richard, séparé pour la première fois de Lucy, eût montré tant de patience et tant de longanimité, si son séjour à Londres ne lui eût offert, outre les distractions ordinaires de la capitale, des préoccupations qui lui faisaient forcément

oublier l'île de Wight. La plus pressante fut à coup sûr le mariage
de sa cousine Clare, que mistress Doria ne crut pas prudent d'ajourner à des temps meilleurs. D'infaillibles symptômes, que peut seul
discerner l'œil d'une mère, lui avaient révélé, en même temps
que le vrai caractère de sa fille, les ravages faits dans cette jeune
âme par une passion qu'elle avait elle-même encouragée. Quand
ses explications avec sir Austin, — explications aigres-douces où
la rude franchise de mistress Doria ne ménagea pas toujours l'a-
mour-propre de son frère, — l'eurent convaincue enfin que ce dernier ne songeait pas à provoquer la rupture légale des liens contractés par son fils, cette femme pratique ne vit pas un moment à
perdre, et chercha aussitôt dans le cercle de ses connaissances un
parti qu'elle pût décemment proposer à la pauvre Clare. Son choix,
fort circonscrit par le temps, s'arrêta sur un *gentleman* déjà mûr
qui jadis avait soupiré pour elle, et qui maintenant encore, depuis
qu'elle était veuve, sollicitait l'honneur de l'épouser en secondes
noces. John Todhunter n'était certes pas un homme brillant, mais
il était bien né, bien élevé, pourvu d'une assez belle fortune, et, à
défaut de l'esprit qu'on lui avait contesté dans sa jeunesse, il s'é-
tait fait une réputation de bon sens par toute sorte de moyens né-
gatifs, en ne se montrant ni dissipateur, ni curieux d'entrer au parlement, ni passionné pour aucune idée, ni dévoué à aucune croyance.
Le « vieux John, » comme elle l'appelait en riant, lorsqu'il se vit
en butte aux agaceries de l'aimable veuve, supposa un moment que
l'heure de la victoire avait enfin sonné pour lui; mais l'offre de sa
main, réitérée cette fois avec une assurance dont il s'étonnait lui-
même, fut repoussée comme toujours, seulement avec des formes
plus douces. — Vous êtes trop jeune pour moi, lui dit l'objet de
son ancienne passion avec une exquise flatterie... D'ailleurs je veux
rester ce que je suis. Vous avez cependant toute raison de songer à
vous marier; la vie domestique est votre fait, et puisque cette idée
vous est venue, je me chargerai volontiers de vous trouver une
femme... Pourquoi ne penseriez-vous pas à Clare?

John Todhunter ouvrit d'abord de grands yeux; mais au bout d'un
quart d'heure cette combinaison ne lui paraissait déjà plus si extraordinaire. Il était d'ailleurs rassuré sur le point le plus essentiel
pour un homme aussi peu habitué à l'exercice de la parole : mistress Doria lui avait promis de « faire sa cour. » Elle s'y prit pour
cela de la manière la plus simple. Clare fut avertie que l'âge était
venu pour elle de passer sous un nouveau joug. Ses mélancolies,
ses distractions rêveuses étaient les indices certains d'un état maladif qui ne pouvait manquer d'altérer ses traits, de dénaturer son
caractère et de nuire à son avenir. Un mari seul pouvait la tirer de
là, et ce mari, on l'avait justement sous la main. L'habitude d'obéir,

une indifférence passive, l'obstination de cette logique maternelle, annulèrent chez la jeune miss toute velléité de résistance, et Richard apprit avec indignation qu'elle avait consenti sans la plus petite difficulté à épouser un quadragénaire encore vert, mais déjà chauve, dont les faux airs de jeunesse et les faux semblans de gravité n'avaient pu abuser ni ses yeux ni son esprit. Il voulut lui parler, l'éclairer sur les conséquences d'un tel mariage, s'assurer qu'il ne lui était point imposé. Mistress Doria, certaine de son ascendant, laissa libre carrière à ces remontrances inutiles. Avec son sang-froid habituel, la cousine déclara au cousin qu'elle avait librement et spontanément agi; Richard cependant ne se tint pas pour battu : il courut à Hounslow, où était caserné Ralph Morton, pour le décider à des mesures héroïques. S'il aimait Clare, pourquoi ne pas l'enlever, fût-ce de vive force, à un rival abhorré? Mais Ralph dans sa caserne n'était pas tout à fait le même homme que Ralph sur le domaine de ses pères. Le sous-lieutenant ne prêta qu'une oreille distraite aux suggestions romanesques de son ami. — Du moment qu'on ne force pas miss Clare, disait-il, effilant ses naissantes moustaches entre ses doigts jaunis par la fumée des cigarettes... D'ailleurs, *master* Dick, si cette demoiselle a jamais songé à quelqu'un, il me semble, toute réflexion faite, que c'est à vous....

Plus scandalisé que flatté par cette bizarre insinuation, Richard quitta son ancien camarade avec un certain mépris. — Je crains bien, se disait-il, que sous sa tunique à brandebourgs il ne reste plus grand'chose. — Réfléchissant néanmoins que Ralph était jeune et que Todhunter était vieux, il hasarda auprès de Clare une tentative suprême en faveur du premier; mais plus il montrait de véhémence, plus sa cousine effarouchée se retranchait derrière l'obéissance due aux conseils maternels. — Non, s'écriait-il, fidèle à ses principes, personne au monde, pas même une mère, n'est en droit d'exiger un pareil sacrifice, de consommer une pareille infamie. Et penser que ces choses-là s'accomplissent à la face du ciel et de la terre avec des sourires, des airs, des costumes de fête! penser que pour vous dire ceci j'ai dû vous enlever à votre modiste! penser enfin que le même sang coule dans nos veines! Moi qui vous parle, je ne survivrais pas une heure à une telle dégradation... Faut-il donc croire que la honte vous est étrangère?

— Richard, interrompit la jeune fille, qui pâlissait par degrés, vous me faites beaucoup souffrir... Après ma mère, vous êtes ici-bas la personne que je voudrais le moins mécontenter...

— Ne parlez pas de volonté!... si vous en aviez une, je vous sauverais; mais votre faiblesse me lie les mains... Et l'on voudrait que j'assistasse sans protester à cette immolation sacrilège! On me croit capable de la sanctionner par ma présence!...

— Est-ce que vraiment vous ne seriez pas là? demanda Clare, accompagnant cette question d'un de ses plus doux regards. Et sa voix émue avait le même accent que dans la matinée mémorable où Richard, courant à l'autel, l'avait rencontrée sur son passage.

— O mon enfant, ma Clare chérie, s'écria-t-il, laissant échapper malgré lui un flot de larmes, si vous pouviez savoir combien cette idée m'est amère!

Le voyant pleurer, elle pleurait aussi, et peu à peu se laissait aller dans ses bras.

— Non, reprit-il, vous n'y consentirez pas... Il est impossible qu'une si charmante créature tombe en partage à... Pourquoi ne puis-je parler? Pourquoi m'est-il interdit de vous révéler, tel qu'il est, ce hideux sacrifice? Levez les yeux, Clare, et dites-moi que vous n'y consentirez jamais.

— Je ne saurais désobéir, murmura la docile enfant sans lever les yeux et sans que sa joue, appliquée sur la poitrine de son cousin, eût quitté ce nid protecteur.

— En ce cas, dit Richard, un seul baiser encore, et ce sera le dernier!...

Alors, comme il se penchait vers elle, il se sentit envelopper dans une convulsive étreinte : suspendue à ses lèvres, les yeux fermés, un nuage pourpre épandu sur son front et sur ses joues, elle mit une sorte de délire dans ce baiser suprême où se résumait la passion secrète de toute sa vie.

Richard, quoi qu'il en eût dit, assistait au mariage. Cet hymen propice avait eu pour effet de le faire rester à Londres, conformément aux instructions envoyées à maître Adrian par sir Austin, et dont la teneur concise était ce qui suit : « Jusqu'à nouvel ordre, tâchez de le retenir. Faites en sorte qu'il voie le monde sous tous ses aspects et toutes ses formes. » Ceci laissait pressentir, sans l'annoncer formellement, que le baronnet comptait revenir dans un délai assez bref. Pendant la cérémonie, Richard, placé derrière les mariés, s'abandonnait à toute sorte de réflexions amères qui lui étaient suggérées par la calvitie du nouvel époux et certains autres symptômes avant-coureurs d'une décadence prochaine, que ni l'art du valet de chambre, ni l'habileté du tailleur n'avaient pu complétement dissimuler. Quant au déjeuner, il ne voulut pas s'y asseoir, et mistress Doria, satisfaite d'avoir atteint son but, ne se fit pas trop prier pour l'en tenir quitte. — Seulement courez après lui, dit-elle tout bas au « jeune homme sage; » il serait bien capable de partir immédiatement pour aller retrouver cette femme...

Adrian profita du conseil et rejoignit Richard au moment où il prenait congé de Clare. Elle lui tendait en toute humilité ses lèvres encore intactes, mais il se contenta de la baiser sur le front. —

Soit! murmura-t-elle à son oreille d'une voix brisée, mais promettez-moi de m'aimer toujours!...

— Cet homme-là n'est pourtant pas un méchant homme, s'écria
Richard, dont l'honnête John venait de serrer la main avec une
cordialité sincère. Peut-être aurais-je bien fait de m'adresser à lui.

— Au fait, pourquoi pas? dit Adrian. Allez, mon fils, allez bien
vite, il en est encore temps, lui demander le sacrifice de ses odieuses
prérogatives. La requête, il est vrai, pourra lui sembler bizarre;
mais on a vu tant de choses dans ce bas monde!

— Croiriez-vous, interrompit l'impétueux Richard, volontiers indifférent aux saillies ironiques de son cousin, croiriez-vous que ma
tante ose comparer cette pauvre Clare à ma Lucy? Croiriez-vous
qu'elle accuse cette dernière de m'avoir, comme elle dit obligeam-
ment, « fait entrer dans la nasse du mariage? » Vous savez, je vous
ai dit dans le temps, combien son aveu m'a coûté d'efforts et de
peines, quelle résistance, quelles supplications elle m'opposait. Vous
êtes témoin qu'elle a fait l'impossible pour obtenir l'ajournement
de notre hymen.

— L'impossible, je ne dis pas... Quant au possible, c'est une
autre affaire.

— Et que pouvait-elle de plus? s'écria Richard exaspéré.

— Mais... par exemple... se raser la tête... N'auriez-vous pas
attendu que ses cheveux fussent repoussés?...

Cette froide plaisanterie désarçonna Richard, et Dieu sait à quelles
représailles il se serait emporté, si les deux cousins n'avaient été
rejoints fort à propos par un ami ou plutôt un parasite de lord
Mountfalcon, naguère associé à leurs joyeuses parties de l'île de
Wight. L'*honorable* Peter Brayder faisait noble figure parmi ses
pareils. Sans un sou vaillant, il menait grand train et vivait largement aux dépens de sa seigneurie, qui payait fort bien, disait-on à
voix basse, les inappréciables services de ce personnage peu scrupuleux. Adrian ne put s'empêcher de regarder une telle rencontre
comme la plus éclatante faveur du ciel. Ses expédiens pour retenir
à Londres l'impétueux cousin à la garde duquel il était commis
devenaient chaque jour plus rares et d'un succès moins certain. —
Je suis au bout de mon rouleau, dit-il à Brayder, qu'il avait pris
tout exprès en particulier. Mon oncle s'est mis dans la tête que son
fils, avant d'entrer en ménage, devait voir le monde, — même le
demi-monde, — sous leurs aspects les plus variés. Or je suis contraint d'avouer, à mon honneur, que je n'ai jamais mis le pied dans
certains districts de la Cythère britannique... Il me semble que
vous pourriez suppléer à mon insuffisance,... et vous m'obligeriez...

— Voilà ce qui s'appelle une singulière proposition, interrompit
Brayder, riant aux éclats, et votre bonhomme d'oncle doit être un

original comme on n'en voit guère; mais il est assez riche pour se
passer cette fantaisie et bien d'autres... Je ne demande pas mieux
que de lui rendre service. Toutefois ces sortes de campagnes ne
s'improvisent pas en deux heures, et votre cousin semble disposé à
partir ce soir.

— On s'arrangera pour le retenir, répliqua maître Harley, comptant sur l'assistance de mistress Doria.

Celle-ci intervint effectivement par des remontrances toutes ma-
ternelles, et en s'efforçant de faire comprendre à Richard que l'attitude expectante de sir Austin était une dernière épreuve à laquelle il mettait l'affection de son fils. — Vous devez connaître, lui
disait-elle, les susceptibilités de sa tendresse. Il entend vous placer entre lui et une autre personne dont il est jaloux. C'est le cas
de vous montrer clairvoyant et patient. Attendez avec respect qu'il
vous fasse connaître ses volontés définitives. De la conduite que
vous tiendrez aujourd'hui, votre avenir peut dépendre en grande
partie; si elle vous aliène le cœur de votre père, une nouvelle famille peut se former à Raynham, et je ne pense pas que cela vous
fût particulièrement agréable... Me comprenez-vous? D'un jour à
l'autre, froissé dans ses sentimens, mon frère peut épouser lady
Blandish. En vous signalant ce danger, je ne m'inquiète pas tant des
intérêts de votre fortune que de ceux de votre mutuelle affection...
Si un tel mariage avait lieu, vous seriez irrévocablement séparés.
Et puis, cher enfant, songez au scandale d'une telle union!

Richard l'écoutait en silence et fut particulièrement frappé de
cette péroraison, qui lui rappelait tout à coup ses devoirs envers
une mère dont il connaissait à peine le nom. Il aimait lady Blandish, mais sans goûter le moins du monde la perspective de sa métamorphose en lady Feverel, ni l'espèce de bigamie que cette métamorphose entraînerait pour sir Austin. — Je resterai huit jours
encore, dit-il à sa tante sans lui faire part de ses projets, qui étaient
d'arracher la malheureuse lady Feverel aux misères et à la honte
de sa situation présente. Cette nouvelle entreprise, menée avec une
résolution, un entrain juvéniles, le mit en face de Denzil Somers,
qui vraiment n'était pas de force à lui disputer longtemps son ancienne victime. Ce vieux papillon sans ailes, ce pauvre poète à bout
de rimes et d'écus, misérable champion d'une mauvaise cause, ne
pouvait l'emporter sur un jeune homme ardent qui venait, au nom
de principes en dehors et au-dessus de toute discussion, revendiquer une mère coupable dont la réhabilitation tardive était son
droit le plus sacré, son devoir le plus impérieux. La lutte effectivement ne fut pas longue, et lady Feverel, nonobstant quelques
regrets donnés au compagnon de ses mauvais jours, céda aux pressantes instances de Richard, qui l'installa aussitôt chez mistress

Berry; mais cette œuvre de rédemption, qui fut l'affaire d'une huitaine, n'aurait pas été complète, si Richard ensuite n'eût assidûment
cultivé les nouvelles dispositions de sa mère. Il le comprenait fort
bien, et tout en s'irritant des obstacles qui venaient sans cesse entraver ses projets de départ, il cédait chaque jour plus aisément aux
conseils de sa tante Doria, de son cousin Adrian, de lady Blandish,
revenue à Londres, de sa mère elle-même enfin, tous et toutes le
suppliant à l'envi de ne pas compromettre par une détermination
précipitée les chances de réconciliation que lui laissait encore le
silence de sir Austin.

Le baronnet, nous devons le dire, persistait dans ce mutisme au-
gural. Le nom de son fils n'était pas même mentionné dans ses réponses à lady Blandish. En somme cependant, il était secrètement
flatté de voir avec quelle patience Richard attendait ses ordres.
L'autorité paternelle lui semblait bien employée à tenir ainsi séparés
ces jeunes gens qui l'avaient méconnue. Leurs souffrances étaient
sa glorification. En les prolongeant, en exigeant un sacrifice plus
méritoire, il croyait faire œuvre de bonne et saine morale. Lady
Blandish ne partageait pas cette opinion. L'aphoriste diminuait
chaque jour à ses yeux. — Me serais-je trompée? se demandait-
elle. Ce moraliste infaillible, cet analyste subtil de la vie humaine
ne serait-il en réalité qu'une faible femme au vouloir indécis, à
l'humeur capricieuse, d'une susceptibilité puérile, et dissimulant
mal sous des dehors austères l'infirmité de son orgueilleuse raison?

Les jours succédant aux jours, les semaines aux semaines, on
était arrivé au mois d'octobre. C'est la morte saison de Londres, le
moment où les plaisirs sont le plus rares, celui où les moindres passe-
temps sollicitent l'oisiveté aux abois. L'honorable Peter Brayder,
qui semblait n'avoir pas oublié l'engagement contracté vis-à-vis
d'Adrian, mais dont la sauvagerie de Richard avait déconcerté plusieurs fois les caressantes avances, fut donc mieux accueilli que
d'habitude quand il proposa aux deux cousins un petit dîner à Richmond... — Nous aurons des dames, ajouta-t-il négligemment.
Richard là-dessus voulut s'excuser. Il avait engagé, disait-il, son
ami Ripton. — M. Ripton sera le bien-venu parmi nous, reprit
Brayder avec son aménité habituelle. Il fallait maintenant ou se
rendre ou casser les vitres. L'aveu de pudiques scrupules suppose
un courage moral que Richard ne possédait pas encore. L'invitation
fut donc acceptée, et nos trois amis le lendemain se trouvèrent installés dans un des salons du *Castle-Talbot*, à une table où se pressait la fine fleur des *guardsmen* mêlée à l'élite des dames d'un certain monde. Celles-ci affectaient une réserve extrême, et l'honnête
Ripton, qui prenait les officiers aux gardes pour autant de lords,
se serait cru parmi des femmes du plus haut parage, si quelques

gestes involontaires, quelques locutions malheureuses, des affectations à contre-temps ne lui avaient rappelé çà et là miss Random et
ses pareilles. Peu à peu d'ailleurs la sévérité du premier accueil
faisait place à des allures plus intimes. Telle ou telle de ces charmantes personnes posait familièrement sa main sur l'épaule du cavalier à qui elle parlait. Telle autre, prise à court par un gai propos
de maître Harley, se renversait dans son fauteuil en riant aux éclats.
Sa voisine, il est vrai, prenant un air tout à fait scandalisé, détournait la tête avec un mépris superbe. Richard, étonné, les regardait toutes, cherchant à se démêler, à se reconnaître en ce
monde nouveau pour lui. La seule de ces « divinités » qui ne lui
fût pas tout à fait inconnue était une belle personne qu'il rencontrait habituellement au parc dans une voiture basse attelée de deux
chevaux gris. Plus d'une fois leurs regards s'étaient croisés, et l'espèce de sourire qu'ébauchaient alors les lèvres de la jolie prome-
neuse aurait pu flatter une vanité plus éveillée que celle de Richard
Feverel. Il s'était contenté de remarquer ce fier visage, cette physionomie altière et comme belliqueuse, ce front large où le défi des
préjugés vulgaires s'étalait comme un riche diadème. Aujourd'hui
qu'il la retrouvait séparée de ses compagnes par un groupe d'admirateurs empressés, investie d'une royauté qu'elle gardait sans
effort, accueillant les hommages avec une grâce indolente, laissant
échapper comme à regret le double éclair de ses yeux et de son
sourire, il ne pouvait s'empêcher de la remarquer encore. Au moment où l'on se mit à table, un des convives (heureux mortel!) occupait déjà la droite de cette espèce de reine, lorsque le maître des
cérémonies, l'officieux et empressé Brayder, l'appela pour remplir
le siège de la présidence. Richard, qui n'avait pas encore pris place,
se trouva ainsi désigné, un peu malgré lui, pour le poste resté va-
cant. Les frais du voisinage furent bientôt faits. — Où donc êtes-
vous allé? lui demanda simplement cette belle amazone qu'il venait
d'entendre interpeller à plusieurs reprises sous le nom de mistress
Mount; voici bien des jours que l'on ne vous voit plus au parc.
  Ce que pareille question avait de bizarre fut en partie sauvé par
la physionomie indifférente et l'accent distrait de celle qui l'avait
formulée. Richard s'efforça d'y répondre avec le même sang-froid,
et pour se donner une contenance, vida l'une après l'autre deux
coupes de champagne remplies jusqu'au bord. Sa voisine se garda
bien d'ajouter à son embarras, et ne parut s'occuper de lui que
beaucoup plus tard, au moment où la conversation, devenue générale, roula sur les hauts faits de certains *sportsmen*. Brayder ayant
rappelé les prouesses de Richard à bord des yachts de l'île de
Wight, mistress Mount se tourna vers le jeune homme, et parut
l'étudier d'un regard si attentif qu'il se sentit rougir malgré lui.

Au même moment s'élevaient à l'autre bout de la table des rires bruyans provoqués par je ne sais quelle historiette de maître Harley. — Quel est ce monsieur si gai? lui demanda sa voisine après avoir lorgné Adrian, et les explications dans lesquelles il dut entrer, les commentaires anecdoctiques dont elles furent accompagnées, donnèrent un tour plus aisé, un caractère plus intime à leur causerie. Cependant elle n'avait rien d'exclusif, et mistress Mount, en réservant au nouveau-venu le bénéfice de quelques *à parte*, prenait soin de ne lui marquer aucune préférence gênante.

Ripton regardait de tous ses yeux, écoutait de toutes ses oreilles. Jamais, dans ses rêves les plus ambitieux, il ne s'était cru appelé à figurer en si bonne compagnie. Il avait à sa droite une petite dame fort mignonne, qui lui plaisait fort, mais semblait absorbée par les empressemens de son autre voisin; à sa gauche, au contraire, une épaisse odalisque, toute disposée à l'accabler du poids de ses charmes et de ses prévenances, et vers laquelle il ne se sentait entraîné par aucun attrait particulier. C'est pourquoi, lorsque fut venue l'heure des cigares et de la promenade au jardin, lorsque la compagnie s'égrena par groupes, ensuite par couples, et se dispersa le long des bosquets jaunis que l'automne commençait à dépouiller, le futur avocat, « révolté, disait-il, de voir les dames fumer, » se dirigea seul vers une porte qui ouvrait du côté de la campagne. A quelques pas de là, sur la pente d'une colline, un massif de jeunes arbres offrait son abri tutélaire aux réflexions misanthropiques et à l'étourdissement maladif où l'avait plongé cette orgie doublement capiteuse. Mollement étendu sur la bruyère, il s'y serait peut-être endormi, si le bruit d'une conversation à demi-voix n'était venu solliciter son attention et le rappeler à lui-même.

— Quel est ce nouveau caprice? disait une voix de femme. En vérité, Brayder, quand je songe à mes griefs contre Mountfalcon, j'ai le pressentiment qu'ils me pousseront à quelque folie. Si je le tuais...

— Vous n'en ferez rien, Bella *dear*... Admettons que vous ayez à vous plaindre, vous n'en êtes pas, je crois, à chercher une première vengeance... De quoi s'agit-il au reste? D'une affaire purement commerciale où le sentiment n'a rien à voir... Vous avez des dettes et pas d'argent : vous demandez une somme quelconque pour vous liquider; on vous offre le double de cette somme et en outre le paiement de tout ce que vous devez, moyennant une petite complaisance qui ne vous coûtera guère... Convenez-en, un homme tel que Mount, sachant ce qu'il sait, ne peut pas mieux se conduire.

— Quel intérêt peut-il avoir à ce qu'on séduise ce jeune étourdi?

— Et qui vous parle de le séduire? Il s'agit tout simplement de l'amuser, de le retenir, de le fixer auprès de vous pour quelques

semaines... En somme, le motif importe peu, et si vous êtes disposée à prendre conseil d'un ami...

— Un ami, Brayder!... vous ne savez donc pas que je vous exècre?

— Je m'en doutais, belle dame, et votre franchise ne fait qu'a-
jouter à l'estime que vous m'inspirez...

Ici le bruit des voix s'éteignit dans l'éloignement, et Ripton, fort
intrigué par ces propos énigmatiques, rejoignit tout pensif la bande
joyeuse au moment où elle montait sur la *barge-city* à huit rames
que Brayder avait frétée pour la reconduire à Londres. Il faisait
beau, mais assez froid pour qu'il fût naturel de se presser un peu
les uns contre les autres dans cette embarcation où l'on était d'ailleurs à l'étroit. Les *guardsmen* étendaient de tous-côtés leurs longues jambes, dans lesquelles, pour peu qu'on fît un pas, on était
pris infailliblement. L'odalisque dédaignée par Ripton l'avait appelé
charitablement à côté d'elle, et, le poussant du coude, lui faisait
remarquer les inconvenantes allures de la mignonne fillette qu'il
avait eu le mauvais goût de lui préférer. Celle-ci en effet, tout entière aux joyeux propos d'Adrian, semblait ne pas s'apercevoir
qu'un bras familier était passé autour de sa taille. La lune versait
à flots ses chastes rayons sur cette scène d'une mélancolie équivoque. Sensibles au charme d'une belle nuit ou peut-être à l'influence d'un bon repas, les dames inclinaient au romanesque. Elles
chantaient sans en être requises, et on écoutait avec une complaisance inusitée leurs romances banales, dont les rimes prévues se
becquetaient comme des pigeons amoureux. Mistress Mount, elle,
ne chantait pas malgré les instances de ceux qui connaissaient la
beauté de sa voix et la richesse de son instinct musical. Elle persistait à garder, volontiers rêveuse, son attitude imposante et fière.
Cependant, — et nous ne savons comment cela se fit, — au moment où la barque longeait les hauts peupliers de l'île Brentford,
sa petite main blanche tomba dans celle de Richard, étalée entre
eux sur le banc où ils étaient assis; mais elle y resta comme un
flocon de neige sur la terre gelée, et l'instant d'après une feuille
sèche que le vent poussa contre la joue de ce discourtois chevalier
lui fut un prétexte suffisant pour se dégager de cette espèce de lacs,
tendu peut-être par le hasard. Le fait est qu'il n'y avait pas même
pris garde. Quand il eut chassé la feuille importune, il croisa les
bras et s'abandonna de plus belle, avec un calme offensant, aux
pensées ambitieuses par lesquelles il s'était laissé envahir peu à
peu depuis le départ de Richmond. — Se serait-on jamais douté
que ce fût là une minute décisive dans sa vie?

Mistress Mount ne jeta qu'un regard de surprise sur ce jeune
homme phénoménal, mais en somme ce regard valait un défi mortel. Au moment où on quittait le bateau, entourée de cinq ou six ca-

valiers qui se disputaient l'honneur de la reconduire : — Mon *broug-ham* est là, dit-elle, et je m'en irai seule. Quelqu'un voudrait-il arranger mon châle?... Par un mouvement onduleux, à ces mots, elle plaça sous les yeux de Richard, toujours raide comme une pano-plie, les contours fuyans d'une nuque adorable. — De quel côté al-lez-vous? ajouta-t-elle négligemment lorsqu'il eut rempli son office de sigisbé; puis, dès qu'il eut fait connaître sa destination : — Voilà qui se trouve à merveille, je vous jetterai tout près de là.

Ripton les vit partir avec un ébahissement qui touchait à la con-sternation. Le dialogue qu'il avait entendu lui revint à l'esprit. Chez lui pourtant, le soupçon était timide, et il n'osa pas s'avouer à lui-même ce qu'il commençait à penser des attentions de mistress Mount pour son ami Richard. En revanche, il éprouvait le besoin de s'assurer que celui-ci était rentré sain et sauf, et en apprenant à l'hôtel que le mari de Lucy n'avait pas encore paru, ses craintes, prodigieusement augmentées, le retinrent à se promener en long et en large, malgré le froid, sur les trottoirs de Piccadilly. Sa longani-mité ne fut pas perdue, car vers deux heures du matin, alors qu'il songeait à s'aller coucher, il rencontra son ami qui s'en revenait le nez en l'air avec cette allure à la fois traînante et cadencée de l'homme qui poursuit une rime. — Justement, lui dit celui-ci, nous parlions de vous tout à l'heure, mistress Mount et moi... Croiriez-vous qu'elle ne se doutait seulement pas de votre existence?

— Ceci ne m'étonne point, répondit humblement l'apprenti ju-riste; mais, ajouta-t-il avec un mélange d'embarras et de convic-tion, il me semble... pardon si je suis indiscret!... il me semble que vous auriez pu vous abstenir de monter chez elle.

— Bon! s'écria Richard avec un mépris suprême; est-ce de ma fidélité ou de ma réputation que vous vous inquiétez ainsi? Dans le premier cas, je vous dirai que cette dame est pour moi un bon gar-çon, — rien de plus, — et que pas un mot de galanterie n'a été échangé entre nous. Dans le second, sachez que j'ai en souveraine déplaisance cet effroi mêlé d'horreur qui semble assimiler à une lèpre la triste condition de nos pauvres Madeleines. — Et Richard ici se lança dans une harangue en trois points sur ces « femmes dé-chues » dont il parlait avec autant d'assurance que s'il les eût connues et pratiquées depuis vingt ans. Victimes des trahisons de l'amour, ces créatures intelligentes et belles, nées pour répandre le bonheur et qui sèment la corruption, ne faisaient, selon lui, que rendre au monde le mal pour le mal. Tout homme équitable et loyal devait se regarder comme tenu de les traiter avec bienveil-lance et de travailler à leur rédemption. Sur ce texte, il se donna carrière, et Ripton, volontiers sentimental quand il n'avait pas faim, l'écoutait en grelottant.

XIII.

Nous regretterions sincèrement que l'on prît maître Richard pour
un sot. Si, malgré la tentation quotidienne de l'aller rejoindre,
il restait séparé de sa jeune et charmante femme, ce n'était ni
absolument par déférence filiale, ni pour se consacrer à cette mission chevaleresque dont il avait conçu l'idée, ni même pour obéir
aux conseils de lady Feverel qu'il voyait presque chaque jour, et
qui, hantée par d'amers souvenirs, lui recommandait sans cesse
de ne s'aliéner à aucun prix la bienveillance et l'affection de sir
Austin. Lady Blandish, mistress Doria Forey, le cousin Adrian, lui
tenaient le même langage. Il le retrouvait jusque dans les lettres
de sa Lucy. Loin de le rappeler auprès d'elle, — et Dieu sait si
elle en avait envie! — cette candide enfant, docile aux suggestions
de maître Harley, dont elle prisait fort la haute prudence, et qui
avait su se poser vis-à-vis d'elle en bienfaiteur éclairé, en conseiller infaillible, elle engageait Richard à ne pas quitter Londres, à
ne pas perdre le fruit d'une longue patience, à ne pas annuler par
un coup de tête les sacrifices déjà faits à la volonté paternelle. Et
cependant près de trois mois s'étaient déjà écoulés depuis qu'elle
vivait seule dans l'île de Wight, d'abord sous la protection insuffisante de lady Felle, puis sans autre chaperon que Tom Bakewell,
le fidèle groom; mais comment aurait-elle pu se douter de quelque
péril lorsqu'elle recevait chaque jour de son bien-aimé Richard les
lettres les plus tendres, le compte-rendu le plus détaillé de ses
moindres démarches? Elle le savait entouré de ses amis, dînant un
jour avec l'oncle Hippias, entraîné le lendemain par mistress Doria
soit au théâtre, soit dans quelque fête aristocratique, se promenant
à cheval avec lady Blandish ou concertant avec Adrian les moyens
d'obtenir enfin que l'obstiné baronnet se départît de son rigoureux
silence.

Sur un seul point, — mais fort essentiel, — ses lettres restaient
muettes. Il n'y était jamais question de ces visites que Richard
croyait pouvoir faire, en tout bien et tout honneur, à sa nouvelle
protégée. Il allait chez mistress Mount à ces heures où les intimes
sont seuls admis : le matin avant la toilette, le soir au sortir d'une
réunion fashionable. Il y allait rassuré par la pureté de ses intentions et par le ton fraternel de leurs entretiens. Dans cette maison
bien réglée, où jamais la moindre inconvenance ne choquait son
regard, il trouvait une femme toujours prête à l'accueillir gaîment, dénuée en apparence de toute coquetterie, et parlant d'elle-
même, de son passé, de son présent, de son avenir avec le plus implacable abandon. Elle l'appelait Dick, il l'appelait Bella. Leurs

poignées de mains étaient celles qu'échangent deux jeunes *dandies* à la porte d'un club. Comme pour dépouiller plus complètement son sexe, Bella quelquefois endossait un habit d'homme, et sous cet accoutrement qui lui allait à merveille, la badine à la main, le lorgnon dans l'œil, elle l'emmenait après minuit courir les rues désertes. Pour ces occasions, elle avait un nom spécial, et Bella se nommait alors « sir Julius. » Sir Julius était un charmant cavalier, mais sur qui les *policemen* auraient eu le droit de mettre la main. Le cas échéant, Dick s'était engagé à rosser les *policemen*.

Un soir qu'il la trouva dans cet attirail masculin, elle lui sembla plus grande qu'à l'ordinaire, et il lui en fit l'observation. Ce soir-là justement il était d'humeur sermonneuse. — Vous me trouviez trop petite pour un garçon, lui dit-elle en riant; j'ai pris le parti de grandir.

— Le problème n'était pas facile à résoudre.

— Plus que vous ne croyez. Pour vous plaire d'ailleurs, on ferait des miracles.

— Des miracles... de toute espèce?

— Auquel pensez-vous, s'il vous plaît?

— Si je vous demandais par exemple...

Mais ici l'absurdité de la situation l'arrêta court au moment d'entamer une homélie. — Parlez, voyons, reprit Bella impatiente et curieuse.

— Si je vous demandais d'être moins jolie? répondit Richard, qui crut se tirer d'affaire par cet insignifiant madrigal.

— Non, ce n'est pas cela que vous aviez sur les lèvres... Je lisais autre chose dans vos yeux. — Et tandis qu'il admirait sa perspicacité : — Au surplus; continua-t-elle, un miracle s'explique toujours; celui-ci ne m'a coûté d'autre peine que de faire hausser d'un demi-pouce les talons de mes bottines, et, même à présent, je ne vous vais pas beaucoup au-dessus de l'épaule.

Comme pour vérifier le fait, elle alla se placer tout à côté de lui.

— Ceci tendrait à prouver que vous pouvez grandir encore.

— Et comment, je vous prie?

— Comme ceci, dit Richard, qui, la prenant par la taille, l'enleva de terre de façon à ce que leurs têtes se réfléchissaient au niveau l'une de l'autre dans la glace placée devant eux.

— Fort bien, si je pouvais rester ainsi, remarqua Bella, qui ne semblait pas autrement effarouchée.

— Pourquoi ne le pouvez-vous pas?

— Vous me demandez pourquoi?

Sur ce mot, leurs yeux se rencontrèrent, et Richard immédiatement la laissa glisser de ses mains. Elle comprit si bien la portée de ce geste qu'à partir de ce moment « sir Julius » fut exilé pour jamais de chez mistress Mount; mais son souvenir vivait dans l'imagination de Richard et planait autour de ces grâces exclusivement féminines par lesquelles Bella savait tempérer sa rude franchise. — J'aurais dû me faire actrice, lui dit-elle un jour.

— Ce désir ne m'étonne pas chez une femme aussi naturelle que vous; mais enfin que signifie ce regret? ajouta-t-il en lui prenant la main par un mouvement d'involontaire pitié. Faut-il sous-entendre que vous n'êtes pas satisfaite de votre situation présente?

— Peut-être bien.

L'occasion était excellente pour prêcher, et le jeune homme la saisit au vol. Sa belle hôtesse l'écoutait attentivement, à demi tournée de son côté. Lorsqu'il eut disserté tout à son aise : — Voilà bien, se disait-elle intérieurement, le langage d'un vieil hypocrite; mais je n'ai jamais ouï dire qu'un jeune homme l'ait tenu à une pécheresse comme moi, sans être plus ou moins épris de celle qu'il voulait convertir.

A leur première entrevue, Richard lui trouva une physionomie plus pensive que d'ordinaire. Elle semblait avoir réfléchi, et dans ses réflexions avoir puisé un fonds de tristesse qui plut singulièrement au jeune prédicateur. Il ne se refusa pas le droit de lui exprimer son admiration. — Voyons, répondit-elle, faites trêve à vos complimens; ils ne sont pas de mise entre nous et me rappellent au sentiment de ma honte.

Mais ce n'était là pour elle qu'un mode passager; le plus fréquent et celui qui convenait le mieux à ses traits altiers, à la hardiesse de son regard, était un audacieux défi qu'elle jetait volontiers en réponse aux malédictions et au mépris dont le monde pouvait l'accabler. — Mon bonheur, disait-elle alors, mon bonheur est au-dessus de toute atteinte. Que m'importent leurs vains jugemens et leurs injurieux procédés? Je sais à quoi m'en tenir sur mon propre compte, mais je sais aussi que mainte femme ne vaut pas mieux que moi parmi celles qui marchent tête haute et veulent m'écraser de leur mépris. Qu'ils me flagellent, je ne sourcillerai pas; qu'ils me tuent, et je mourrai sans avoir poussé une plainte. Maintenant vous me connaissez tout entière, ajouta-t-elle en toisant son auditeur d'un regard éblouissant. — La belle avait raison; sa place était au théâtre.

Londres n'est pas si grande ville qu'on pense, et les assiduités, fort peu ménagées d'ailleurs, que « Dick » se permettait auprès de « Bella » devinrent bientôt le sujet de quelques sourdes rumeurs qui arrivèrent aux oreilles d'Adrian. Il crut devoir en parler à son cousin et s'abstenir autant que possible de toute ironie. — Vous vous proposez, lui dit-il, de réformer cette femme, et ce qui vous plaît en elle, c'est, dites-vous, sa franchise, sa loyauté viriles? A-d prenez d'abord que chez les personnes de sa caste ces qualités ne sont pas rares. Demandez-vous ensuite à quelle école elle a puisé ce mépris des affectations, des minauderies, des pruderies qui sont l'apanage de toute jeune fille et ne doivent s'effacer en elle que lorsqu'elle est femme; les enseignemens qu'elle y a reçus vous conviennent-ils? Permettez-moi d'en douter. Quant à réformer, corriger, racheter cette créature de Dieu, c'est une tâche honorable en elle-même, mais horriblement chanceuse à votre âge et dans votre position. Un évêque de soixante ans, doublement protégé par son âge et par son caractère, oserait à peine s'y risquer... Et dites-moi, mon fils, avez-vous mis votre femme au courant de tout ceci?

Deux jours après, ce fut le tour de mistress Doria. — Est-il vrai, Richard, qu'on vous ait vu en public avec une créature suspecte à laquelle vous n'osiez pas même donner le bras?

Cette interpellation directe trouva Richard disposé à équivoquer; mais il fut contraint par de pressantes questions à reconnaître qu'on avait pu le signaler en compagnie d'une personne très mal jugée et très maltraitée par le monde. Alors intervint lady Blandish, qui chapitra de belle sorte son fils adoptif. Il eut recours à son argument ordinaire : — Vous croyez qu'elle est née pour ma perdition, je me crois né pour son salut.

— Celle qui vous berce de cette illusion doit avoir beaucoup d'esprit, répliqua lady Blandish avec un hochement de tête qui en disait long.

— Elle en a effectivement beaucoup, reprit Richard, et n'en ressent que plus vivement les injustices dont elle est victime.

— Elle se plaint donc à vous de sa position?

— Elle ne se plaint de rien, pas plus à moi qu'à tout autre; mais je ne l'abandonnerai point. Elle n'a que moi pour ami.

— En êtes-vous à le croire, mon pauvre garçon? — Et dans son for intérieur lady Blandish maudissait l'obstination et la folie qui exposaient un jeune homme si naïf à des tentations pareilles. Richard continuant à déblatérer contre le monde qu'il assurait connaître maintenant à fond : — Le monde, cher enfant, reprit-elle, peut avoir beaucoup à se reprocher. Je ne suis pas chargée de le défendre; mais est-ce le monde qui doit vous occuper aujourd'hui? Avez-vous oublié, Richard, que vous avez une femme?

— Une femme, une femme! vous êtes tous à me parler de ma femme! On dirait qu'une fois marié, on ne doit plus parler qu'à des hommes... Jusqu'à ma tante qui aurait tout fait pour me séparer de Lucy, et qui maintenant me persécute, ou pour l'aller retrouver, ou pour la mander auprès de moi... Pense-t-on que je tienne à vivre séparé d'elle et que je ne l'aie pas maintes fois rappelée?... Mais,

Dieu merci, j'ai là ses lettres où elle s'excuse de ne pas céder à mes instances, tantôt parce qu'elle se trouve bien dans sa solitude, tantôt parce qu'elle a peur des premières explications avec mon père.

En somme, il ne voulait prendre aucun engagement; mais il était troublé, mal à l'aise, mécontent de lui-même. Quand l œil subtil de Bella démêlait ces symptômes, elle s'appliquait à le calmer, à le distraire, aujourd'hui par quelque folle plaisanterie, demain par des procédés qui lui allaient au cœur. Elle le pria un jour de ne plus la reconnaître dans les rues quand il viendrait à la rencontrer. « Je ne veux pas, disait-elle, que vous soyez compromis par moi. » Richard, comparant cette abnégation aux calculs égoïstes qui lui étaient suggérés par ses amis, était tenté de se mépriser. Jamais une parole d'amour ne venait effaroucher sa conscience; il aurait pu jurer en toute sincérité que Bella était froide comme la glace. Comment d'ailleurs supposer qu'elle visât à lui plaire, alors qu'au lieu de lui dissimuler les hontes de sa vie passée elle semblait prendre un plaisir cruel à évoquer ces désastreux souvenirs chaque fois qu'un entraînement passager, un élan du cœur les lui faisaient perdre de vue? Il pouvait se supposer au courant de toute son histoire, et, — moyennant quelques chapitres omis, — cette histoire avait pour morale un profond mépris de ce que les jeunes filles appellent leur « premier amour. » Instruit par Bella, Richard en était venu à mal penser de l'innocence, à la regarder comme un composé d'ineptie et de faiblesse, à lui préférer la bravoure et l'intelligence que suppose ce duel inégal d'une femme rejetée par les siens avec la société tout entière. Sans qu'il y prît garde, ses idées se faussaient peu à peu. Bella, par exemple, disait à son naïf convertisseur : — Voyons, Dick, en bonne conscience, me croyez-vous faite pour gagner ma vie en qualité de femme de chambre? Pensez-vous que le travail de mes mains puisse me procurer le bien-être qui m'est devenu indispensable? Prétendriez-vous ensevelir vivante derrière les portes d'une *workhouse* la femme que vous avez sous les yeux? — Et le jeune homme ne trouvait pas de réponse. Il s'en prenait à la société, aux préjugés, au rigorisme implacable de la vertu. Et pourquoi cependant? Parce que le monde n'a pas encore jugé bon d'accorder aux pécheresses qui rentrent dans le droit chemin le même salaire que le vice a fait briller à leurs yeux pour les en éloigner.

Lorsqu'il fut las de combattre à grands coups d'épée dans l'eau l'insaisissable réprobation qui pesait sur sa protégée, il en revint à une idée plus pratique : c'était de retourner près de Lucy. Bella, instruite de son projet, l'approuva noblement. — Dieu me garde, disait-elle, de vous causer la moindre peine à vous ou à votre femme, puisque femme vous avez. Venez seulement me dire adieu,

soit pour tout de bon si vous m'abandonnez à ma destinée, ce qui
est parfaitement simple à mes yeux, soit pour nous revoir, — je ne
sais quand par exemple, — si quelque bienveillant souvenir vous
ramène vers moi.

Au jour convenu, — c'était le soir et fort tard, — il la trouva très
naturellement gaie. Plus elle le voyait disposé à s'attendrir, plus elle
s'obstinait à écarter toute pensée mélancolique. — Il ne sera pas dit
que nous nous quitterons sur un bâillement, dit-elle enfin; puisque
vous voilà, je vous garde à souper; nous porterons un dernier
toast à notre défunte camaraderie. Sir Julius vous défie de lui tenir
tête... — Et comme le valet de pied qui venait de servir se mettait
en devoir de remplir les coupes : — Allons, reprit-elle, mon chevalier de la Triste-Figure, animez-vous un peu, s'il vous plait! Ceci
n'est point un banquet de funérailles, et la mort elle-même devrait
d'ailleurs nous trouver plus calmes et plus résolus. Rappelons-
nous Laura Fenn... Vous ne l'avez pas connue; j'imagine, et c'est
dommage. Elle était belle, — plus belle que moi, de l'avis de tous,
— et probablement aussi plus perverse. Un jour qu'elle suivait la
chasse, son cheval la jette sur un poteau dont la pointe lui traverse
le sein gauche. Les voilà tous autour d'elle, entre autres son amoureux d'alors (un bon garçon qui est maintenant à la chambre haute).
Il priait à genoux, penché sur la pauvre fille. — Laura, Laura, ma
chérie, un mot, un seul, un dernier mot de tes lèvres!... — Elle se
tourna vers lui, pâle et sanglante : — Eh bien! quoi?... Je n'assis-
terai pas à la *mort!*... — Là-dessus elle rend l'âme. J'appelle ceci
s'en aller crânement et sans faire d'embarras. Qu'avez-vous, John
Pourquoi versez-vous à côté du verre?... La main vous tremble donc,
maladroit? Avisez-vous une autre fois d'écouter ce que je raconte!...
Les liqueurs! et laissez-nous, dit-elle ensuite au valet de pied.

— Vous aussi, continua-t-elle quand ils furent seuls, vous aussi
vous semblez prendre à cœur la triste fin de cette mauvaise femme;
soyez donc tranquille, notre race n'est pas éteinte... Buvons, Dick,
buvons, c'est le commencement de la sagesse...

Richard, qui ne pouvait prendre sur lui de manger, en était réduit à boire. Coup sur coup il avala deux rasades. — Bravo! s'é-
cria l'enchanteresse, dont la voix faiblit cependant au milieu des
éloges qu'elle lui adressait. Ses mains jouaient avec une petite
ancre d'émail constellée de diamans qu'elle portait à son cou. Il hasarda je ne sais quelle plaisanterie sur le cordon de cheveux auquel
était appendu ce joyau dont naguère il lui avait fait présent.

— L'ancre vient de vous,... et les cheveux aussi, lui dit-elle sans
aucune affectation. Vous voyez par là, mon cher Dick, tout ce que
j'aurais pu vous dérober à votre insu... Tenez, regardez, ce sont bien
vos cheveux : vous les devez reconnaître.

Le nouveau Samson se trouva un peu moins fort que devant, lorsque de cette façon imprévue il vit sa chevelure sur le sein de Dalila. Elle venait de quitter la table. Étendue sur un divan, elle avait, pour lui faire place, replié sous elle ses petits pieds. — Vous n'êtes point fat, asseyez-vous là, reprit-elle; avant que nous ne soyons séparés, je veux vous remercier d'être monté si courageusement à bord d'un navire où sévissait la fièvre jaune. Elle ne se prend pas, comme vous voyez, et vous aurez guéri une partie de l'équipage... A propos (ses à-propos avaient toujours le mérite de l'inattendu), quel âge me donnez-vous?

— Vingt-cinq ans, répondit-il au hasard.

— Merci du compliment. J'ai donc beaucoup de rides?... Regardez-y de plus près,... si les convenances vous le permettent. Ni vingt-cinq, ni vingt-quatre, ni même vingt-trois, généreux ami; vingt-deux le mois prochain, et c'est bien assez.

— Mais alors, au nom du ciel?...

Elle ne lui laissa pas achever sa question. — Alors, m'alliez-vous demander, à quel âge votre sort s'est-il décidé? C'est à seize ans, et pour sauver la vie d'un noble amant (il se disait désespéré de mes rigueurs). Je lui fis, ainsi qu'à sa famille, le sacrifice de mon avenir. Dieu sait comment ils l'ont reconnu plus tard; mais ils sont restés fidèles aux traditions, et je n'ai pas le droit de me plaindre.

— Si jeune et si malheureuse! pensait Richard. Si malheureuse, et pour tant d'années encore!... Écoutez, lui dit-il, saisissant sa main avec un frémissement convulsif, vous avez le don de m'infliger une véritable torture; je ne puis assister impassible à la destruction de tout ce qu'il y a de précieux en vous... Votre père vit encore, n'est-il pas vrai? Je veux vous réconcilier avec lui. Allons le trouver ensemble. Les jours, les heures me sont comptés; mais je vous consacrerai la seule chose dont je puisse disposer ici-bas, c'est-à-dire une portion de ma vie.

— Mon père est marchand de toiles, répondit-elle avec une ironie glacée. On voit bien que vous ne connaissez pas les ressentimens d'un marchand de toiles.

Richard, qui s'était agenouillé près de Bella, se releva comme si elle l'eût frappé d'un coup de cravache, et dans ce brusque mouvement son pied frôla l'oreille du bichon favori qui figurait parmi les curiosités du boudoir de mistress Mount. Aux cris aigus que poussa immédiatement l'horrible petit animal, les cris de sa maîtresse répondirent. Elle le prit sur ses genoux, le serra contre sa poitrine, lui prodigua les baisers, les consolations, les friandises, et moitié riant, moitié pleurant, força son convive stupéfait à implorer la clémence de Mumpsy. Le ton de l'entretien était enfin égayé. Il fut encore question de « sir Julius. » — Oh! dit Bella, j'ai plus d'un

rôle dans mon répertoire. Attendez, reprit-elle en passant dans une
chambre voisine, vous allez en juger... — Un moment après, elle
reparut, les cheveux épars, tenant à deux mains un vase du Japon
d'où jaillissait une gerbe de flammes bleuâtres. Ainsi éclairé, son
visage était celui qu'un peintre eût voulu donner à Proserpine. Elle
s'avançait lentement vers Richard, de son doigt baissé lui montrant
le royaume inférieur et accompagnant d'intonations lugubres ses
pas cadencés... Un cri soudain partit de ses lèvres, la liqueur enflammée venait de tomber sur les tapis, et quelques gouttes étaient
arrivées sur ses vêtemens, qui commençaient à prendre feu. Elle
eut assez de sang-froid pour poser le vase sur un guéridon, tandis
que Richard, se précipitant à ses pieds et passant à plusieurs reprises ses mains autour d'elle, étouffait la flamme naissante.

— Êtes-vous rassurée? lui dit-il quand tout fut éteint. Elle se
pencha vers lui de manière à effleurer son visage avec l'extrémité
de ses cheveux dénoués. — Et vous-même? lui demandait-elle
sans le quitter du regard... Puis elle se redressa vivement en riant
aux éclats : —Comment trouvez-vous ma sorcière?... N'est-ce pas
que j'étais née pour le théâtre? — Le fait est qu'il y avait de la
sorcellerie dans sa voix, dans le souffle de ses lèvres, dans ces cheveux embaumés dont les mèches se déroulaient comme de petites vipères et semblaient distiller un subtil venin. Richard se sentait gagné par le vertige : il méditait sur la couleur de ces grands
yeux bruns qui exprimaient si bien le mépris le plus amer, et si
bien au besoin les langueurs du désir; il admirait aussi l'éclat de
ces joues empourprées par une foule d'émotions très complexes.—
Non, pas sitôt! s'écria-t-elle tout à coup, feignant de croire qu'il
se disposait à partir; nous ne nous reverrons plus, mon pauvre
Dick. Donnez-moi quelques instans encore... M'avez-vous jamais
entendue? Jamais, n'est-ce pas?... Comment cela se fait-il?

Prenant à peine le temps de relever en une épaisse torsade sa
magnifique chevelure, elle s'assit à son piano. — J'ai eu pour
maître un des premiers compositeurs aujourd'hui vivans. Il s'était,
selon l'usage, amouraché de son élève; aussi dit-on qu'il m'a donné
d'excellentes leçons.

Excellentes en effet; mais de plus la voix était à la fois flexible
et mordante, l'accent net et ferme, le rhythme bien accusé. L'éminent artiste n'avait eu, — on s'en apercevait de prime abord, —
qu'à développer une organisation déjà riche par elle-même.

La poésie, la musique, la beauté,—l'ivresse de l'âme, des oreilles
et du regard, — concentrées ainsi et s'assistant l'une l'autre, agissaient à la fois, sans qu'il pût s'en méfier encore, sur cet être éminemment nerveux dans les veines duquel fermentaient le sang de
la jeunesse et le flot des liqueurs ardentes. Peut-être eût-il été

sauvé si l'enchanteresse avait laissé percer le moins du monde un projet délibéré, une préméditation quelconque. Avec plus de finesse, plus d'empire sur elle-même, elle aurait compromis sa victoire; mais pour le moment l'actrice avait disparu. Comment découvrir une manœuvre dans ce qui était l'inspiration naïve d'un véritable entraînement? Sa vanité caressée par les muets témoignages d'une admiration involontaire, le bonheur de plaire à ce beau jeune homme qui lui plaisait, le prix que leur fragilité même donnait à ces relations incomplètes, et que le lendemain allait briser, le sentiment plutôt que la notion d'une revanche obtenue, d'une rébellion domptée, — tout cela se traduisait en elle par une curiosité semblable à celle de l'enfant qui se lance après un brillant papillon et voudrait le prendre sans porter dommage au fin pastel de ses ailes diaprées.

Tout à coup Richard, qui, en écoutant un chant vénitien, se voyait déjà embarqué à côté de Bella sous la sombre *felce* d'une gondole, fut tiré de sa rêverie par un silence subit. Bella s'était levée: il la regarda venir à lui avec les molles ondulations de la vague courant au rivage. L'instant d'après, elle était à ses pieds.

— Pardonnez-moi toutes ces folies, disait-elle; j'ai voulu adoucir ainsi l'amertume des adieux. Même quand je perds mon meilleur ami, je sais qu'il faut rester calme et courageuse. Gardez-moi un affectueux souvenir, je tâcherai de m'en montrer digne... Mais si vous saviez, mon pauvre Dick, dans quelle étrange nasse je suis prisonnière!...

Ce ne fut pas un mouvement de pitié, mais une horrible étreinte de jalousie que ces dernières paroles suscitèrent chez celui à qui elles étaient adressées. Il se pencha vers ce beau front suppliant. Les yeux de Bella semblaient l'attirer par un magnétisme irrésistible.

— Non, non, cela ne saurait être, s'écria-t-il... Promettez-moi, jurez-moi que cela ne sera pas!

— Impossible, Richard, impossible de remonter la pente fatale! Laissez couler à fond la naufragée.

— Jamais, jamais!

En prononçant ces mots avec l'accent d'une véritable frénésie, il saisit Bella comme pour la disputer à quelque spectre hideux. Sous le premier baiser qu'elle eût jamais reçu de lui, un vrai retour de pudeur, — désastreux par sa loyauté même, — la fit se dérober et frémir...

Aucune parole d'amour n'avait été échangée entre eux. Ils étaient tombés l'un et l'autre dans un piège invisible pour en sortir inégalement blessés.

XIV.

Après avoir dédaigneusement écarté l'idée du danger que sa sœur et lady Blandish lui signalaient avec instance par leurs lettres chaque jour réitérées, le baronnet jugea un beau matin dans sa haute sagesse que le moment était venu d'en finir avec ces folles appréhensions, et de se manifester clément et réparateur, comme Jupiter au cinquième acte du drame. Il quitta le pays de Galles, le cœur rempli d'indulgence, les mains pleines de bienfaits, mais fermement décidé à masquer aux yeux du monde ce qu'il appelait sa « faiblesse » par une majesté froide, un calme philosophique.

Quand on lui apprit la disparition de Richard, dont personne ne put d'abord lui donner la moindre nouvelle, — Adrian ajoutant, de science certaine, qu'il n'était point retourné auprès de Lucy, — le baronnet éprouva intérieurement une grande surprise. Tous ses plans étaient déconcertés par cette soudaine éclipse. Pourtant il se garda de manifester le moindre désappointement, et lorsque lady Blandish lui proposa de mander immédiatement sa bru, qui sans ordres exprès de Richard n'avait pas encore osé quitter l'île de Wight : — Nous verrons, nous verrons, répondit-il d'un air capable, bien qu'il ignorât à quoi menait cet ajournement inutile. Que voulez-vous? des mesures précipitées ne sont pas le fait d'un homme supérieur aux autres.

Un mois à peine s'était écoulé quand on vit reparaître inopinément l'erratique enfant du *système*. Aucune pensée fâcheuse ne semblait le préoccuper : il riait, jasait comme tout le monde, mais il éludait toute explication précise et vivait au jour le jour, en homme qui ne sait plus rien de son avenir. Le père et le fils s'étaient revus avec une tranquillité apparente que leur situation réciproque rendait fort extraordinaire. Nuls épanchemens, nulles questions, nuls reproches. Le *système* et sa « créature » se traitaient comme deux entités métaphysiques, et lorsqu'après l'avoir tenu quelques jours en suspens, sir Austin crut devoir notifier à son fils un pardon absolu, en ajoutant que les portes de Raynham étaient ouvertes aux nouveaux époux, il eut encore lieu d'être étonné du peu d'enthousiasme avec lequel fut reçue cette déclaration solennelle.

— Dois-je comprendre, mon père, demanda Richard, que Lucy peut dès ce moment se présenter chez vous?

— Elle y sera la bienvenue quand vous jugerez à propos de l'y amener.

— Pardon! ce n'est pas là répondre à ma question. Lucy pourrait-elle dès à présent s'installer à Raynham?

— Je crois vous donner toute satisfaction en vous promettant de l'y recevoir avec vous.

Richard s'inclina respectueusement. — En ce cas, ajouta-t-il, on ne l'y verra pas de sitôt.

— Et pourquoi, s'il vous plaît?

— Parce que certains devoirs m'éloignent d'elle... Ne me demandez pas lesquels, continua-t-il, pour prévenir les questions qu'il voyait poindre sur les lèvres du baronnet.

Celui-ci, marchant de déception en déception, éprouvait un mécontentement réel, mais toujours dissimulé avec le plus grand soin.

— Savez-vous que Clare est souffrante? reprit-il, changeant avec une parfaite aisance le sujet de leur entretien. Ma sœur, mandée par le télégraphe, est sérieusement inquiète. Elle veut se rendre auprès de sa fille et compte sur vous pour l'accompagner... A-t-elle présumé trop de votre bon vouloir?

Richard déclara qu'il était aux ordres de sa tante, et, partis le soir même, ils arrivaient ensemble le lendemain matin auprès de la jeune malade... Hélas! une heure plus tôt ils l'auraient trouvée vivante; mais elle venait d'entrer dans le repos éternel, et apparut à son cousin, pour la première fois en face de la mort, revêtue de cette beauté calme qu'on voudrait inaltérable, — la beauté sculpturale de l'argile humaine, lorsque l'étincelle divine vient de la quitter.

On n'avait aucunes notions précises sur le mal foudroyant qui venait de l'enlever en quelques jours. Au quatrième doigt de sa main droite, deux anneaux étaient passés. Elle avait demandé, — demandé par écrit, — qu'on ne changeât rien à cet état de choses. « Je supplie mon mari, je prie les bonnes gens à qui ma dépouille sera confiée, de m'ensevelir sans toucher à ma main droite... » Les caractères, grands et mal formés, avaient dû être tracés, comme on le voyait de reste, pendant un accès de vive souffrance, sur ce chiffon de papier qu'on trouva fixé à son oreiller. Livrée aux premiers épanchemens de sa douleur, mistress Doria ne put s'empêcher d'expliquer à Richard que son anneau perdu était celui dont Clare n'avait voulu se séparer ni dans ce monde terrestre ni dans le ténébreux abîme où elle venait d'être emportée. Ce fut toute une révélation. Le secret que l'héroïque enfant avait gardé jusqu'au bout se jouait désormais, comme une flamme subtile, sur le marbre de ses traits rigides. Richard n'osait presque plus rester auprès d'elle. Il ne la quittait pourtant qu'à regret. Le souvenir de sa voix si calme passait comme le tranchant d'un couteau sur ses nerfs ébranlés. Et que d'amertume dans la douceur immuable de cette physionomie résignée!

Le soir du second jour, comme il se préparait aux funérailles du lendemain, la mère de Clare entra chez lui, plus pâle que la jeune morte elle-même. — Tenez, lui dit-elle en lui présentant un petit cahier recouvert de maroquin; lisez si vous voulez, mais ne l'ouvrez pas devant moi. Je ne puis prendre conseil que de vous; il me semble pourtant que son mari doit tout ignorer.

Mon journal, — ces mots étaient en grosses lettres rondes au recto de la première page. En tête de la seconde, le lecteur trouva son nom : « *Quatorzième anniversaire de Richard.* — Je lui ai brodé une bourse et je l'ai cachée au chevet de son lit. Depuis que ce camarade lui est arrivé, il ne prend plus garde à moi... » Suivait une prière fervente pour le bonheur de l'enfant merveilleux; puis venaient jour après jour, — avec de longues lacunes, — une foule d'incidens puérils qui, malgré leur insignifiance, s'étaient gravés dans la mémoire de Richard : les primevères qu'ils étaient allés cueillir ensemble, la meule de foin sur laquelle en riant ils s'étaient roulés toute une matinée, les amers reproches qu'il lui avait adressés pour s'être rappelé un mot que tout enfant il prononçait mal. La petite Clare lui réapparut avec sa robe blanche, ses rubans roses dans les cheveux, ses yeux sombres et doux... Là-haut cependant, au-dessus de sa tête, elle gisait, fauchée à jamais.

« Richard, disait le *journal,* veut être un grand capitaine. Je me déguiserai, pour le suivre, en enfant de troupe. Il ne le saura que si je suis blessée en combattant à côté de lui... Pourvu qu'il ne le soit pas! Et si on me le tuait, que deviendrais-je?... Lady Blandish prétend que nous nous ressemblons, lui et moi. — J'espère pourtant, a dit Richard, que je porte mieux la tête. — Il me gronde sans cesse de ne pas regarder les gens bien'en face et de ne pas marcher le front haut... Serait-il vrai, comme il l'assure, que j'ai toujours l'air de donner la chasse aux vers de terre?... » Quand ces mots passèrent sous les yeux de Richard, il lui sembla que la moelle se figeait dans ses os. N'était-ce pas là comme une sinistre prophétie? La main qui les avait tracés était là-haut, immobile et refroidie, avec la double alliance.

A l'époque où Clare et sa mère avaient quitté Raynham : « Richard, écrivait-elle, Richard ne paraît pas me regretter, et qui sait pourtant si je reviendrai jamais? Ce costume bleu lui va bien. — Adieu, Clare, m'a-t-il dit, — et il m'a embrassée sur la joue. Jamais il ne m'embrasse autrement. S'il savait que je suis allée un soir le regarder dormir et que j'ai posé mes lèvres sur les siennes!... Il dort un bras sous la tête, l'autre étendu le long du lit. J'ai repoussé une boucle de cheveux qui lui tombait sur le front; j'avais bien envie de la couper. Personne ne se doute que j'ai du chagrin. Maman elle-même ne le sait pas. J'aime pourtant à écrire mon nom : Clare Doria Forey. Il s'appelle, lui, Richard Doria Feverel. » Une émotion soudaine contracta le gosier du lecteur attristé. Il se rappela vaguement qu'à un instant donné de son existence l'harmonie de ces trois noms, il l'avait, lui aussi, savourée. Maintenant elle lui arrivait toujours suave, mais faible et lointaine, comme atténuée par les infranchissables hauteurs qui ferment aux vivans la terre des morts.

Il était minuit; ses yeux obscurcis allaient bientôt lui refuser service. Son regard passait rapidement sur ces pages qu'il lui semblait entendre lire tout haut par cette voix fraîche et calme dont il se rappelait maintenant si bien les vibrations argentines. De son mariage avec Lucy, elle disait simplement : « Je l'avais pressenti dès le matin. Sa femme doit être fort belle. A présent qu'il est marié, peut-être m'aimera-t-il mieux. Maman veut qu'on les sépare. Ceci me paraît tout simplement une honte... » Elle disait plus loin, à l'époque où elle-même s'était mariée : « Richard me méprise; évidemment il me méprise. S'il devait toujours en être ainsi, comment ferais-je pour vivre? Il a eu tort de me donner ce dernier baiser; mais quel bonheur si j'en étais morte comme j'ai pu le croire un moment!... Je fais mon possible pour m'accoutumer à ma nouvelle existence. Mon mari est excellent pour moi; j'ai peur qu'il n'ait bientôt un grand chagrin. Je prie Dieu presque toute la nuit; mais, ceci est bizarre, plus je le prie, moins je le vois... »

Richard posa tout ouvert sur une table voisine le petit volume fatidique. Des fantômes passaient devant lui; quelques-uns lui jetaient la malédiction due aux meurtriers. Était-ce donc lui véritablement, étaient-ce trois ou quatre paroles lancées au hasard?... Il ne voulut jamais achever cette question et la chassa de son esprit comme une vision importune. Les fantômes disparurent, mais l'image de la jeune morte étendue là-haut les remplaça. Décidément, sa pensée était prise dans les plis étroits d'un suaire. Le *journal* finissait ainsi : « Une heure après minuit. Demain, à pareil moment, je ne serai plus, et maintenant j'ai perdu toute espérance de revoir Richard. J'ai rêvé la nuit dernière que nous nous promenions ensemble à travers champs. Il avait le bras autour de ma taille. Nous étions enfans et cependant mariés, car je lui montrais son anneau. J'ai écrit à son père pour obtenir qu'il se relâchât de ses rigueurs. On a toujours quelque égard aux prières d'une morte. Tout à l'heure, il m'a semblé qu'il m'appelait. — *Clari*, disait-il, venez me trouver... — Le trouver, où? Certainement il ne m'a pas devancée... Je ne sais plus où je vais. La pensée m'échappe, et j'ai grand froid... Là-bas, il fera plus froid encore... Adieu, Richard! »

Au commencement, à la fin, toujours son nom. Et ces quelques pages, — le volume bien mince n'était qu'à moitié noirci, — ces quelques pages enfermaient dix-neuf années d'existence qu'il avait remplies sans le savoir. La pauvre mère le trouva seul dans la chambre mortuaire. Il avait renvoyé dès l'aube les deux gardiennes du corps et priait auprès du lit. Elle s'agenouilla pour prier à ses côtés. Leurs yeux étaient secs, car la source des larmes avait tari. Pour la pauvre morte d'amour, ils imploraient le pardon du tout-puissant.

Le secret qu'ils avaient maintenant en commun les réunit aussitôt après l'accomplissement des funérailles. Mistress Doria prit la main de son neveu. — Je n'ai plus que vous à aimer, lui dit-elle. Je ne puis parler d'elle qu'à vous seul. Vous voyez ce qui arrive quand on lutte contre Dieu. Nous allons, Richard, retourner ensemble à Londres. Vous ne vivrez pas plus longtemps séparé de votre femme, et vous épargnerez à votre père la terrible angoisse où vous me voyez.

Il lui répondit d'une voix brisée : — J'ai déjà une morte sur la conscience. De là-haut elle me voit tel que je suis. Je ne puis retourner avec vous auprès de ma femme, car je ne me sens plus digne de toucher sa main, et si je la revoyais cependant, pour imposer silence au mépris que j'ai de moi-même, je commettrais sans doute cette profanation. Allez donc la retrouver. Elle demandera ce que je suis devenu et pourquoi elle ne reçoit plus de mes lettres; dites-lui que cette mort,... non, pas cela, pas cela,... dites-lui que je suis à l'étranger, en quête d'un remède pour les consciences malades... Si je parviens à le découvrir, à effacer ma souillure, à me relever de mon indignité, je viendrai revendiquer son amour. Sinon, Dieu nous soit en aide! elle ne me reverra plus.

XV.

Le « jeune homme sage » se promenait dans Piccadilly. Un personnage, qu'il ne reconnut pas tout d'abord, traversa la rue pour venir lui frapper sur l'épaule. C'était Austin Wentworth, affamé de nouvelles, car il arrivait de l'Amérique du Sud, ignorant tout ce qui s'était passé dans la famille depuis près d'un an.

— Les whigs, commença aussitôt maître Harley, les whigs sont *in extremis*. La Bretagne libre aura sous peu le vote secret, cette perle de la liberté. L'aristocratie a reçu son congé pour le cycle prochain. La monarchie et le vieux madère s'en vont l'un portant l'autre. Démos et le vin du Cap prennent la suite de leurs affaires. La réforme...

— Je n'ai que faire de vos sornettes, interrompit Austin en haussant les épaules; parlez-moi de mon oncle et de Richard.

— Richard Feverel est marié à une laitière,... charmante d'ailleurs, une rose d'Anacréon dans un seau de lait. Le *système* en devait mourir, disait-on. Il se porte mieux que jamais. L'oncle Hippias...

— Richard, Richard avant tout!

— Ah! Richard encore?... Eh bien! depuis trois mois environ, il
est père d'un charmant *baby* que le système digère à grand'peine.

— Tous à Raynham sans aucun doute?... J'irai ce soir même.

— Gardez-vous-en bien, fougueux Austin!... vous n'y trouveriez
que le baronnet et vous troubleriez son tête-à-tête avec Emmeline.

— Où est Richard? où est sa femme?

— Richard prend les eaux en Allemagne avec lady Felle et son
époux. Mistress Feverel n'a pas encore la permission de s'établir
auprès de son beau-père. Les portes de Raynham-Abbey ne doivent
s'ouvrir pour elle que lorsqu'elle s'y présentera donnant le bras à
son mari. Et son mari ne veut pas lui donner le bras, — je le suppose du moins, — pour ne pas lui donner la peste... Comprenez-
vous, mon cher revenant?

— Pas le moins du monde; mais ne vous mettez pas en frais
d'esprit. Il me suffira de savoir où je puis trouver la femme et l'enfant de notre *Ricciardetto*.

Adrian le conduisit jusque devant la porte de mistress Berry. —
Entrez seul, lui dit-il, puisque vous refusez de dîner avec moi!...
Un dîner fin n'attend pas, et l'heure me presse.

Dans sa colonie équatoriale, Austin Wentworth avait contracté
l'habitude des promptes décisions et celle de les imposer aux autres.
Il connaissait son oncle, et de longue date avait pénétré le secret de
ce « roseau peint en fer, » de cette indécision aux dehors absolus,
de cette rigidité facile à plier, de cet aplomb menteur donné pour
masque à une volonté mal équilibrée. Le soir même, à leur grande
stupéfaction, Lucy et mistress Berry se laissaient entraîner vers
Raynham, où les attendait, sans qu'elles eussent pu s'en douter,
l'accueil le plus affable et le plus hospitalier. En effet, remis une
fois de sa première stupéfaction — et surpris lui-même de prêter
les mains à une témérité aussi exorbitante, — le baronnet déploya
pour sa belle-fille les trésors de sa courtoisie. Tout en elle lui plaisait, y compris le marmot, sur l'éducation duquel il parut vouloir
prendre aussitôt la haute main. Cette bienvenue, à laquelle l'a-
vaient préparée les affectueuses suggestions de lady Blandish, étonna
profondément la naïve Lucy. L'ogre de ses rêves était un mouton;
le château périlleux, une hôtellerie magnifiquement hospitalière.
Elle en était à s'accuser de n'être pas venue plus tôt, puisque son
arrivée comblait de joie un chacun, — réflexion qu'avait faite avant
elle, en écoutant acclamer sa restauration par les bons bourgeois
de Londres, ce mauvais plaisant couronné, le fils de Charles Ier et
le frère de Jacques II.

En revanche, — et telle bonne grâce qu'il témoignât à sa bru, —
le baronnet ne lui parlait jamais de Richard. Il était outré du si-

lence que son fils avait gardé depuis plus de huit mois malgré les fréquens appels qu'on avait faits à sa sollicitude d'époux, à sa tendresse de père. Il ignorait que Richard, digne fils du système et digne héritier de l'obstination paternelle, brûlait sans les lire toutes les lettres venues d'Angleterre; elles auraient peut-être ébranlé sa volonté, bouleversé ses projets, troublé sa raison, et, se méfiant de lui-même, il s'isolait ainsi pour rester maître de sa vie, pour ne pas se laisser soustraire au châtiment qu'il pensait avoir mérité. A Paris, venant à rencontrer lady Judith, qui promenait volontiers sur le continent son triste époux et ses aspirations réformatrices, le mari de Lucy s'était instinctivement mis à la remorque de ce ménage si disparate. Il trouvait une espèce de soulagement dans la fréquentation quotidienne de cette femme enthousiaste qui de son côté le comblait de soins affectueux, et sans autre arrière-pensée, — nous le devons croire, — le traitait en prosélyte chéri.

Austin Wentworth rencontra les trois voyageurs sur les bords du Rhin, où ils s'occupaient à refaire la carte de l'Europe, disons mieux, à refondre l'univers d'après des données toutes nouvelles. Richard Feverel se relevait ainsi à ses propres yeux de l'abaissement qu'il avait encouru, et le pressentiment des grandes choses auxquelles, sur la parole de lady Judith, il se croyait appelé lui rendait moins pénible le souvenir d'une honteuse faiblesse. Ils lisaient ensemble les sonnets de Pétrarque et parlaient tout bas de la régénération italienne. Dans l'armée future de l'indépendance, parmi ceux qui devaient être plus tard les « mille » de Garibaldi, le fils du baronnet s'enrôlait déjà. Aussi déclara-t-il nettement à son cousin qu'il ne pouvait quitter lady Judith, et lady Judith elle-même sembla voir de très mauvais œil ce tiers importun qui venait ainsi le séparer d'elle. Austin Wentworth avait heureusement emporté à son insu un talisman vainqueur, et quand il eut vainement fait appel à la docilité filiale de Richard, aux droits de la jeune femme si étrangement abandonnée, un hasard favorable vint en aide à sa logique impuissante. Sur le pont de Limbourg, où ils se promenaient de compagnie, une paysanne passa près d'eux portant un nourrisson superbe dont la fraîcheur robuste les émerveilla. — Vous m'en croirez si vous voulez, remarqua Austin Wentworth, s'adressant à Richard, mais le vôtre est tout aussi beau...

La conversation resta suspendue. Lady Judith, se retournant brusquement vers Austin, l'interrogeait du regard. — Répétez, dit-elle, votre cousin a un fils?

— Ne le saviez-vous donc pas? demanda Wentworth avec une surprise non moins vive que celle de ses deux interlocuteurs. Dix personnes au moins vous l'ont écrit.

Le cœur de Richard était près d'éclater. — Non, balbutia-t-il;

je ne savais rien, je ne me doutais pas... La mère est à Raynham,
m'avez-vous dit; mais l'enfant?...

— Également à Raynham, cela va de soi. Refusez-vous encore
d'y venir?

— Je vous répondrai demain matin... D'ici là, permettez-moi de
vous quitter, dit Richard, qui s'enfonça seul dans une allée de ces
grands bois épandus au bord de la Lahn.

Il ne nous est pas permis de sonder les abîmes de ce cœur où la
joie et le remords, le sentiment de la honte et l'espoir de la purifi-
cation se livrèrent toute la nuit de furieux combats. Certain d'avoir
désormais près de Lucy un intercesseur muet dont l'innocence couvrait sa faute, Richard fut vaincu par l'attrait puissant de cette paternité qui venait de lui être ainsi révélée à l'improviste. Austin
d'ailleurs ne lui laissa plus de trêve. Ils partirent donc pour l'Angleterre, et, chemin faisant, ramassèrent au passage l'honnête Ripton,
qui, sous prétexte de consacrer ses vacances à visiter les universités allemandes, courait de son côté après le vagabond époux de
Lucy. Avons-nous besoin de dire que la patience, la résignation de
cette douce créature, sa foi persistante, son abnégation dévouée, ne
perdaient rien à être célébrées en détail par le futur avocat? Heureux ses cliens, s'il a mis depuis à leur service une éloquence aussi
entraînante! Tout compte fait, il est permis d'en douter.

Les voyageurs étant arrivés à Londres vers midi, Richard voulait
repartir immédiatement pour Raynham sans même prendre le temps
d'aller chercher les lettres qui l'attendaient à domicile. Cependant
il changea d'avis, et on lui remit deux plis dont l'un datait déjà de
plusieurs semaines. La suscription de celui-ci parut affecter dés-
agréablement Richard et lui fit froncer le sourcil. L'autre épître lui
venait de Lucy, et ce fut par celle-ci qu'il commença. Ensuite il lut,
— très attentivement et à deux reprises, — la première lettre, ainsi
conçue :

« Celle que vous appelez votre « beau démon » empiète sur les
prérogatives de votre bon ange. Voilà pourquoi, mon cher Dick, je
ne suis pas allée au rendez-vous que vous me donniez sur les côtes
de France par une lettre que j'ai malheureusement perdue, — ou
que l'honorable Peter Brayder m'a peut-être volée, Dieu sait à
quelle intention! D'ailleurs ma modiste n'était pas en mesure, et
à l'étranger, vous devez le savoir, il faut être sous les armes. —
Plaisanterie à part, écoutez le conseil, non de Bella, mais de sir
Julius, et retournez sans perdre de temps auprès de votre femme.

« Vous êtes trop franc, trop loyal pour qu'on ne joue pas avec
vous cartes sur table. Vous ai-je dit une seule fois que je vous aimais? Haïssez-moi maintenant tout à votre aise, je n'en ferai pas
moins l'impossible pour vous empêcher d'être un sot. Sans adorer

les gens, on peut leur vouloir du bien. L'infâme Brayder m'a proposé un marché; peut-être n'aurez-vous pas grand'peine à deviner lequel. Il s'agissait de vous retenir à Londres pendant ces mois d'hiver où lord M., — contre toutes ses habitudes, — était resté à l'île de Wight. Vous connaissez mes anciennes relations avec ce grand séducteur, beaucoup plus candide et beaucoup moins dangereux qu'on ne le croit généralement. Tout ceci vous ouvre-t-il les yeux, sir Richard? J'avais d'abord refusé, — il s'agissait pourtant de payer mes dettes, — puis, piquée au jeu par votre indifférence, je parus entrer dans le complot. Je ne savais pas au juste de quoi il s'agissait, et je vous le jure sur l'honneur, — oui, sur l'honneur, malgré l'étrangeté du serment, — je n'obéissais qu'à mon instinct personnel, nullement aux inspirations de ces deux misérables.

« Vous croyez, n'est-ce pas, que j'ai accepté leur argent? Croyez-le donc, et Dieu vous pardonne! Un jour vint cependant où je souffletai Brayder qui se permettait en ma présence des propos désobligeans sur votre compte. Souffleter n'est pas le mot, car je me servis de ma cravache pour lui couper la figure; puis, suffisamment avertie, je courus à l'île de Wight. Mount y était encore. Votre femme venait de s'éloigner saine et sauve en compagnie d'une bonne dame qu'on appelle, je crois, mistress Berry. J'aurais eu plaisir à voir la future lady Feverel, cet « ange » qui devait, disiez-vous, si je venais à résipiscence, me traiter comme *une sœur...* Ce mot me fait rire, et cependant, allez, je n'en ai guère envie.

« Une fois sur place, je tirai bientôt l'affaire au clair. Vous l'avez échappé belle, jeune imprudent. Il n'était question de rien moins que d'un rapt parfaitement combiné, si les moyens persuasifs venaient à faire défaut. Jamais Mount n'aurait à lui seul conçu un plan si abominable. Brayder lui soufflait ces nobles pensées. Laissez-moi espérer que votre mépris ne sauvera pas ce drôle d'une correction publique. C'est égal, je vous entends d'ici me maudire. Si vous pensez que j'ai reçu mon salaire, vous êtes certainement dans votre droit. La main sur la conscience, en êtes-vous convaincu? Le beau « démon » que je ferais si je pouvais vous supposer une pareille idée! Mais non, vous n'êtes pas comme les autres. Me serais-je inquiétée de vous sans cela? Croiriez-vous que depuis notre séparation, — éternelle, n'est-il pas vrai? — je n'ai plus porté de lilas. C'est votre couleur, et je la respecte. Si je me faisais enterrer dans une robe lilas, ceci vous déplairait-il?

« Le mot *adieu* serait déplacé sous la plume d'un suppôt d'enfer. *Au revoir* est un mensonge. Bornons-nous donc à un simple *good bye.* — Voyons, Dick, avant de finir, me supposez-vous capable d'une bassesse? »

Richard remit silencieusement la lettre dans son enveloppe. —

Qu'avez-vous? lui demanda Ripton, frappé de l'expression menaçante que venait de prendre sa physionomie. Sans lui répondre
autrement, son ami indiqua au cocher de place le chemin d'un club
dont il était membre. Au bas du perron, l'honorable Peter Brayder,
un pied dans l'étrier, une jambe en équerre, enfourchait gaillarde-
ment son · cheval lorsqu'il s'entendit interpeller par le fils de sir
Austin. La voix, la physionomie de Richard n'avaient rien que d'a-
mical; seulement, au lieu d'accepter la poignée de main que lui
offrait Brayder, il avait pris et gardait les rênes de sa monture :
— Mountfalcon est-il en ville?

— Certainement, répondit le parasite, à qui ce geste inusité causait une vague inquiétude... Mais il part ce soir.

— Où le trouverai-je?

Brayder, complétement rassuré par ces tranquilles dehors, donna
sans hésiter l'adresse de son patron. Les griefs que Richard pouvait avoir contre eux étaient de si vieille date! Aussitôt liberté complète lui fut rendue. — Partez, partez vite! lui cria Richard, qui
se rappelait justement les conseils de l'implacable Bella.

Ripton ne l'attendit guère plus de dix minutes à la porte de lord
Mountfalcon et le vit redescendre un peu animé. — Je garde la
voiture, lui dit son ami. Partez seul pour Raynham; annoncez-leur
que j'arriverai ce soir immanquablement. Surtout pas de questions!

Malgré cette dernière recommandation, Ripton se disposait à
courir après le cabriolet, déjà parti au grand trot, lorsqu'un laquais
des mieux stylés vint lui demander de la part de lord Mountfalcon
« si l'ami de M. Feverel n'accorderait pas cinq minutes à sa seigneurie. » Facilement ébloui dès qu'il était question d'un lord, le brave
garçon n'osa pas décliner l'entrevue.

Mountfalcon était encore un peu ému de l'aventure : — M. Feverel, s'écria-t-il sans préambule, m'a grossièrement insulté. Dois-je
le croire atteint de folie? Dans le fond, il n'a rien à me reprocher...
Vous m'expliquerez peut-être quelle mouche le pique?

— Une mouche? balbutia Ripton, à qui cette brusque allocution
faisait perdre la tête.

Son interlocuteur, étonné d'un si prompt désarroi, le toisa d'un
air passablement dédaigneux. — Autant que je puis le voir, lui demanda-t-il, vous n'êtes pas au service?

« L'ami de M. Feverel » fut obligé de se déclarer simple aspirant
aux faveurs de Thémis, et comme surpris de ne l'avoir pas deviné
plus tôt : — Je ne vous retiendrai pas davantage, lui dit son hôte
avec un profond salut, empreint de cette politesse qui vous met
plus bas que terre.

Ripton, régulièrement congédié, s'acheminait vers la porte quand
la lumière se fit dans son obtuse cervelle. — Mon Dieu, mylord,

s'agirait-il d'un duel? demanda-t-il, se ravisant tout à coup... Richard ne peut pas se battre... Non, mylord, dans ce moment il ne le peut pas.

— Veuillez m'excuser, reprit Mountfalcon, si je ne discute pas avec vous cette question délicate : elle n'est pas de votre ressort, et je me suis trompé à cet égard en vous voyant par la fenêtre causer avec M. Feverel. Je le crois fou, mais d'une folie trop peu caractérisée pour le soustraire aux conséquences de ses actes. Donc une rencontre est indispensable. Seulement, comme j'ai l'honneur de connaître mistress Feverel, vous m'obligeriez en lui faisant savoir que la provocation ne vient pas de moi.

L'héritier de Raynham arriva tard à la résidence paternelle. On ne l'attendait pour ainsi dire plus, et sir Austin, gouverneur impérieux de la santé de Lucy, l'avait forcée à rentrer chez elle comme de coutume, toute irrégularité devant être funeste au précieux nourrisson. — Voulez-vous monter auprès de votre femme? demanda le baronnet à son fils une fois qu'ils eurent échangé les premières paroles de bienvenue.

Richard laissa tomber cette proposition avec une singulière indifférence. Il était à jeun depuis douze heures, et prit à la hâte un léger repas en présence des membres de la famille et même des domestiques accourus pour saluer son retour. Dans les affectueux propos qui s'échangèrent alors, le nom de Lucy revenait à chaque instant, accompagné des éloges les plus enthousiastes. Sir Austin s'y associait, croyant par là se rendre agréable à son fils, et le calcul se serait trouvé juste, si ces complimens paternels n'eussent été en retard de quelques heures. Maintenant ils provoquaient d'amers retours, des remercîmens presque ironiques. Adossé à la cheminée, les yeux fixés sur le parquet, Richard pensait avec une rage contenue à tous ces vains efforts qu'il avait faits dans le temps pour que Lucy, présentée au baronnet, conquît par la grâce victorieuse dont elle était douée cette approbation chaleureuse, mais tardive. Bientôt il n'y tint plus, et quand on l'eut laissé seul avec son père, quand celui-ci lui proposa une seconde fois de le conduire auprès de Lucy : — Pensez-vous, lui dit-il, pensez-vous qu'un mari infidèle à ses sermens ait le droit de se présenter ainsi chez sa femme?

C'était là une cruauté bien gratuite, Richard ayant arrêté déjà ce qu'il avait à faire. Sir Austin, indigné, le regardait avec stupeur.

— Vous n'aimiez donc pas, lui dit-il, la jeune fille à qui vous avez donné votre nom?

— Vous croyez? dit Richard avec un faible sourire.

— Et sa rivale...

— Jamais Lucy n'a eu de rivale. Puisque vous me forcez à vous le dire, celle que vous désignez ainsi n'avait pas la moindre place dans mon affection.

— Enfin, enfin, reprit le baronnet suffoqué, peut-on savoir ce qui vous ramène ici?

— Elle le saura, reprit Richard avec une sombre détermination. Je suis décidé à ne lui rien cacher...

Hélas! hélas! que deviennent les principes les mieux arrêtés? Sir Austin, effrayé des conséquences possibles d'un pareil aveu, employait maintenant toute son éloquence à démontrer l'utilité, la convenance, la nécessité de certaines dissimulations; mais il avait affaire à un esprit tout aussi obstiné que le sien. Après avoir donné ses ordres à Tom et s'être assuré que Cassandra l'attendrait une heure plus tard à la porte orientale du parc, Richard monta chez sa femme.

XVI.

LADY BLANDISH A AUSTIN WENTWORTH.

« L'épreuve est terminée. Je sors de la chambre où notre enfant a subi la plus cruelle atteinte que le sort pût lui porter. Il vous demande. Arrivez-nous sans retard. Je ne sais guère si le trouble où je suis ne me rendra pas inintelligible; mais je vais tâcher de vous mettre au courant.

« Deux jours après la terrible matinée où il s'était arraché des bras de Lucy, Richard, blessé par lord Mountfalcon, gisait alité dans un petit village des côtes de France; nous l'apprîmes par une lettre de Ralph Morton. Le baronnet et la pauvre Lucy partirent aussitôt; je les suivis avec l'enfant et mistress Doria. La blessure, Dieu merci, n'est pas mortelle, et nous pûmes croire tout d'abord à un heureux dénoûment. Il faut reconnaître à l'honneur des Français qu'en nous voyant si malheureux on nous témoignait beaucoup d'égards. L'homme au système était seul impassible; il ne lui est pas venu dans la pensée qu'il dût se regarder comme responsable des catastrophes passées et de tout ce qui pourrait en être la conséquence. C'est à prendre la science en horreur, c'est à faire adorer ce qu'il y a de plus terre-à-terre dans les intelligences les plus communes. Vous devez me trouver bien dure pour ce pauvre homme; mais quand je pense à tant de sang-froid opiniâtre, à une si superbe confiance dans des idées chimériques, la charité chrétienne me semble de toutes les vertus la moins praticable et la moins opportune.

« Lucy n'avait pas la permission de pénétrer chez son mari. Elle restait presque toute la journée assise à sa porte, dans le couloir,

avec un regard,... un regard de folle, c'est tout dire. Je passais une
bonne partie de mon temps à la consoler; mais il eût fallu obtenir
qu'elle prît quelque nourriture, et on ne pouvait jamais l'y décider.
Croiriez-vous que c'était là pour son beau-père un sujet de réprimandes et de dissertations continuelles? « On se doit avant tout aux
soins maternels... Le libre arbitre implique la domination sur soi-
même... » Ah! tenez, j'aime mieux ne pas revenir sur ces vides
théories que mistress Berry a crevées d'un coup d'épingle en lui demandant s'il voulait empoisonner l'enfant avec le lait de sa mère.

« Nous avions avec nous le docteur Bairam et un médecin français
de Dieppe, un homme de mérite, M. Desprez. C'est lui qui nous a
prévenus du danger, sans pouvoir toutefois détruire nos espérances.
Après huit jours, la fièvre ne s'était pas encore déclarée. Richard,
averti qu'il pourrait bientôt voir sa femme, avait supporté mieux
qu'on ne s'y attendait cette grande émotion. Lorsque je m'en ex-
pliquai avec Lucy, elle ne me répondit rien. M. Desprez, qui dans
ce moment-là même interrogeait son pouls, m'annonça du regard
et me dit ensuite tout bas que le cerveau se prenait. Elle ne semblait pas me comprendre; mais dans sa poitrine soulevée elle refoula, non sans un grand·effort, quelque chose qui l'étouffait. Nous
en avons reparlé depuis. Il paraît que, sous le coup du délire, elle
luttait encore, songeant à Richard, pour comprimer au fond de sa
gorge les cris qu'elle sentait près de lui échapper. Sans cette lutte
héroïque, où elle épuisa ses dernières forces, peut-être était-elle
sauvée. Je m'étonne qu'*on* n'ait pas songé à l'en blâmer. *On* trouvait *fort malheureux* que l'enfant fût réduit au biberon. Les systèmes, encore les systèmes! Avec cela, toujours sur pied, toujours
calme et digne, et pénétré d'un chagrin que je ne veux pas contester; mais pas un repentir, même lorsqu'elle lui reprochait, haletante et la tête perdue, ses *cruautés* envers Richard! Y verra-t-il
plus clair maintenant? C'est à peine si je l'espère. En tout cas, il
sera moins porté à médire des femmes.

« Celle-ci, — une *forte et belle créature,* comme dit le médecin
français, — celle-ci est morte en cinq jours. J'étais auprès d'elle.
Rien de plus calme que ses derniers instants; mais auparavant
quelle lutte, quelles plaintes affreuses! — On me noie dans du feu!·
criait-elle, appelant Richard à son secours, et, quoi que nous pus-
sions faire, le malheureux l'entendait parfois, parfois lui répondait
de ce lit où il était retenu malgré lui.

« Quand il a fallu lui annoncer que tout était terminé, son père
nous a demandé conseil. L'avis unanime était de lui épargner, dans
l'état de faiblesse où il se trouve encore, un si rude coup, une émotion si poignante. Je crois maintenant, — et l'évènement l'a prouvé,

— que nous avions tort. Le père alors nous quitta, — pour prier, à ce que je suppose, — et quelque temps après, appuyé sur mon bras, il alla notifier à Richard, sans autres ménagemens, comme je vous le dis là, que sa Lucy n'était plus. Je me figurais que notre enfant resterait sur le coup. Il écouta et sourit. Jamais sourire ne fut aussi doux, aussi triste. — Il l'avait vue mourir, disait-il, parlant de son angoisse comme d'un souvenir déjà lointain; puis il ferma les yeux. Je devinais au mouvement de ses prunelles qu'il ramenait violemment son regard vers je ne sais quel ciel intérieur dont la jeune ombre a déjà pris possession. — On ne saurait en vérité s'appesantir là-dessus.

« Richard est sauvé, je le crois fermement. Si nous eussions attendu pour l'avertir qu'il eût repris pleine possession de lui-même, la fatale nouvelle l'aurait infailliblement tué. Son père a donc eu raison cette fois; mais en sauvant le corps on a tué l'âme. Richard Feverel ne tiendra jamais les brillantes promesses de son jeune âge.

« Une lettre trouvée dans ses habits nous a révélé l'origine de la querelle. Lord M., que j'ai vu ce matin, m'a témoigné les regrets les plus vifs et les plus sincères. Il a cédé en se battant à une véritable contrainte. Hélas! ce n'est pas sur lui que je fais peser le blâme. Votre pauvre tante, plongée dans un accablement profond, laisse échapper quelquefois d'étranges paroles au sujet de la charmante fille qu'elle a perdue. Elle ne trouve de soulagement que dans une extrême fatigue, en accaparant tous les menus soins, toutes les menues besognes de notre intérieur. Tant que ses mains sont occupées, elle parle beaucoup, mais assez raisonnablement; dès que le travail cesse, les divagations commencent.

« Nous attendons aujourd'hui l'oncle de la chère morte. M. Ripton Thompson est ici. Je l'ai conduit auprès d'*elle*. Ce pauvre jeune homme est un cœur loyal et fidèle entre tous.

« Venez sur-le-champ. Je regrette que vous ne puissiez arriver à temps pour voir cet ange que nous allons acheminer vers les caveaux de Raynham. *Il* passe des heures entières à la contempler. Rien ne peut rendre la beauté dont elle est investie.

« Je sais, cher Austin, que vous ne perdrez pas une minute, et j'ai besoin de votre présence pour redevenir un peu plus charitable. Avez-vous quelquefois pris garde à l'expression sublime des yeux aveugles? Vous la retrouveriez dans la physionomie de Richard, lorsque, sans dire un mot, assis auprès de la couche funèbre, il travaille à graver pour jamais dans son cerveau l'image de celle qu'on va lui ravir. »

E.-D. FORGUES.

VILLE DE LYON

SES FINANCES ET SES TRAVAUX PUBLICS

C'est à juste titre que Lyon est appelée la seconde capitale de la France : la nature l'a destinée à ce haut rang, que l'histoire à son tour lui a reconnu. Importante bien avant Paris par sa situation géographique, centre de la domination romaine, foyer du christianisme dans les Gaules, la cité lyonnaise ne perdit sa prépondérance politique que pour conserver le prestige, conquis de bonne heure, de la richesse et de l'industrie. Aujourd'hui encore c'est l'entrepôt de la Suisse et de nos provinces de l'est, la principale étape sur la grande route du nord et du midi non-seulement de la France, mais de l'Europe occidentale. L'étroite vallée du Rhône creuse entre les Cévennes et les Alpes un sillon large de vingt-cinq lieues, long de cent vingt, qu'on peut dire la voie naturelle et forcée par où s'écoulent vers la Méditerranée les produits commerciaux de l'est de la France. Le Rhône et la Saône, avant la création des lignes de fer, assuraient sur ce point de notre territoire des facilités naturelles de transport qu'on ne retrouvait sur aucun autre; à présent même, et malgré la redoutable rivalité des routes ferrées, la Saône apporte à Lyon 400,000 tonnes de marchandises par an, et le Rhône 250,000. Dès la sortie de la ville, alors que les besoins de l'échange viennent d'y puiser une plus abondante matière, les deux fleuves se réunissent en une masse torrentueuse comme pour se précipiter avec plus de vitesse vers la Méditerranée. Le Rhône, dans cette partie inférieure de son cours, emporte encore 260,000 tonnes de marchandises et en amène 81,000. Quand la batellerie fournissait seule les moyens de transport, 89 bateaux à vapeur, mu-

nis d'une force de 8,000 chevaux, y suffisaient à peine; la flotte
fluviale est descendue à 23 navires depuis qu'aux moyens de communication naturels l'établissement des chemins de fer en a substitué de plus puissans. Lyon en possède, après Paris, le principal
réseau. Les lignes de la Bourgogne, du Bourbonnais, du Dau-
phiné, de la Savoie, de la Suisse et de l'Alsace y convergent déjà.
Bordeaux, le midi et le sud-ouest vont se rattacher à la branche
qui s'établit à la droite du Rhône parallèlement à la voie de la
rive gauche. Dans l'intérieur de la ville, cinq gares, à Vaise, Perrache, les Brotteaux, la Guillotière et Saint-Clair, sont placées sur
la courbe qui l'enveloppe du nord à l'est et au sud. Lorsque le
gouvernement dut revendiquer l'initiative et la direction de la construction des chemins de fer, on voulait, à côté du grand système
qui prenait la capitale pour le centre des lignes de premier ordre,
créer d'autres réseaux secondaires dont les principales villes seraient le centre à leur tour, et qui composeraient un ensemble complet, non séparé, mais distinct du grand tout. Lyon est la seule
ville où ce plan soit entièrement exécuté. La puissante compagnie
de Paris à Lyon et à la Méditerranée, dont la concession embrasse
toutes les lignes aboutissant à Lyon et porte sur 5,781 kilomètres,
a bien son siège à Paris; mais Lyon est véritablement le milieu
d'un réseau qui garde une place à part dans l'ensemble de nos chemins de fer français (1). Elle seule aussi possède un chemin de fer
purement urbain, destiné à relier un des faubourgs de la ville avec
le centre et mis par la modicité de son tarif à l'usage particulier
des ouvriers : c'est le chemin de la Croix-Rousse. Un service d'omnibus à vapeur a été, on le sait, installé sur la Saône dans le parcours de Lyon et rappelle seul en France les *steamers* de la Tamise
à Londres.

Si la multiplicité de tant de moyens de transport témoigne à
Lyon du génie commercial des hommes, le signe infaillible de la
destinée que la nature leur a préparée se trouve dans la prodigalité avec laquelle la houille, ce grand moteur de l'industrie
moderne, leur a été départie. Des trois groupes carbonifères qui
existent en France, celui du centre est le plus riche, et dans ce
groupe le bassin de la Loire l'emporte de beaucoup sur tous les autres. Alors que l'extraction de la houille s'est élevée de 250,000

(1) Trois chiffres donneront l'idée du mouvement créé par ces nouvelles voies de
communication. En 1863, le nombre des voyageurs transportés sur la partie exploitée
des chemins de Lyon dépasse 11 millions 1/2, celui des tonnes de marchandises 6 millions. Les recettes se sont élevées à plus de 140 millions de francs. Dans les gares de
Lyon, le nombre des voyageurs partis et arrivés montait à 2,953,000, et le trafic des
marchandises, sans y comprendre le transit, à plus de 1,200,000 tonnes.

tonnes en 1789 à 10 millions de tonnes en 1863, le bassin de la
Loire seul en produit 3 millions (1). C'est à cette industrie si récente que Lyon a dû les premiers chemins de fer créés en France,
ceux de Saint-Étienne, Andrésieux et Roanne; c'est grâce au voisinage des mines de charbon et à la facilité des débouchés que l'industrie métallurgique a pris dans le Rhône des développemens
considérables qui ont singulièrement accru l'activité du marché
lyonnais. Aux anciennes industries de la fabrication des étoffes de
soie, de la passementerie, de la dorure enfin et de la teinture, qui
portaient son nom dans tout le monde, la ville de Lyon a depuis le
commencement du siècle ajouté de petites et de grandes industries dont l'activité productrice dépasse de beaucoup celle des premières. La fonderie de fonte, de cuivre, la fabrication de l'acide
sulfurique, des produits chimiques, des machines, entretiennent
plusieurs milliers d'ouvriers et alimentent des établissemens de
premier ordre (2). La fabrication des machines date de quarante
ans, les fonderies de fonte de soixante-quinze. Il y a à Lyon six
grandes fonderies de fonte et cinq grands ateliers de fonderie de
cuivre, avec une grande quantité de petits. La chaudronnerie seule
occupe 9,000 ouvriers. La fabrication de boutons de cuivre se solde
par plusieurs millions de francs. Tout ce qui se rattache au culte,
la fonderie de cloches, les bronzes et l'orfévrerie d'église, etc.,
donne lieu à d'importantes transactions. Par contre, l'orfévrerie a
diminué le nombre de ses ateliers, et la chapellerie, qui était autrefois la principale industrie après celle des étoffes de soie, n'é-
coule plus que 450,000 chapeaux, pour une valeur de 3 millions de
francs; mais le faubourg de Vaise a conservé ses importantes tan-
neries et y a joint de grandes scieries mécaniques. La meunerie
compte dix moulins à eau et à vapeur. Dans les objets d'alimentation, certaines productions entretiennent une activité constante (3).

(1) La progression de la France sous le rapport de la consommation de la houille a
été rapide; il y a encore beaucoup à faire cependant pour atteindre celle de la Belgique
et de l'Angleterre. La Belgique consomme 1,280 kilos par habitant, l'Angleterre 2,900,
la France seulement 400, dont un tiers fourni par l'importation étrangère. Sur 150,000
hectares de terrains houillers, la Belgique extrait 10 millions de tonnes, autant que la
France sur 350,000 hectares. Le bassin de la Loire n'en contient que 25,000, et donne
le tiers de la production totale. L'Angleterre produit 86 millions de tonnes.

(2) Il suffit de citer la fabrique d'acide sulfurique de Perrache et les établissemens de
la Buire à la Guillotière pour les machines, ainsi que celui d'Oullins, qui renferment
chacun 1,200 ouvriers.

(3) Quelques productions alimentaires sont toutes spéciales à Lyon, par exemple la
fabrication de la bière, qui s'écoule dans le midi de la France et en Algérie, celle des
pâtes vendues comme pâtes d'Italie dans toute la France, en Suisse, même en Piémont,
des fromages dits de Gruyère et du Mont-d'Or, celle aussi des liqueurs fines. On compte
douze grandes maisons de commerce de liqueurs et quinze brasseries de premier ordre.

Le commerce de détail proprement dit a pris dans les dernières années une telle importance qu'il dépasse maintenant le chiffre annuel des 300 millions attribués à la seule fabrication des étoffes de soie dans les jours de sa grande prospérité. Il est donc vrai de dire que Lyon est une ville de commerce et d'industrie de premier ordre, que sa situation présente n'a rien à envier au passé dont elle s'enorgueillit à juste titre, et que l'avenir lui réserve de nouveaux progrès en raison de sa position géographique, des moyens de communication qu'elle possède et du génie de ses habitans.

Quand des hauteurs de Fourvières ou de la Croix-Rousse on contemple le spectacle animé de cette cité longue et amincie, dont les constructions suivent le cours haletant des deux fleuves qui la pressent, quand du pêle-mêle des rues populeuses où le terrain manque, l'œil se reporte sur les collines conquises par l'industrie, sur les montagnes peuplées de villas et de résidences luxueuses, on ne peut se défendre de rechercher par quels efforts dans le passé comme dans le présent la société lyonnaise a su féconder le vaste champ ouvert à son activité. On se demande quelle place et quel rôle elle s'est faits dans la civilisation moderne. Cette place et ce rôle, sans remonter aux temps de la domination romaine, aux transformations de la partie orientale de la France pendant le moyen âge, sans invoquer même le souvenir du siège héroïque soutenu contre les armées de la convention, ont été à bien des reprises attestés par d'éclatans témoignages. Sous la restauration comme sous le gouvernement de 1830, l'opinion politique de la ville de Lyon avait le privilège de préoccuper le pays tout entier : il fallait compter avec elle comme avec celle de Paris ; de nos jours encore, on peut dire que cette influence n'a pas diminué, et après le préfet de la Seine c'est le préfet du Rhône sur lequel, dans la hiérarchie administrative, pèse la plus lourde responsabilité. Les traditions de savoir, de culture intellectuelle, de ferveur religieuse, l'esprit libéral et éclairé des classes de la population, — que de longues habitudes de prudence et d'habileté commerciales ont faites si exceptionnellement riches, qu'on a coutume de dire que l'argent est *offert* à Lyon quand partout ailleurs il est *demandé*, — justifieraient en partie cette prééminence accordée au chef-lieu du Rhône sur tant d'autres villes également laborieuses et prospères. Cependant à Lyon les questions sociales l'emportent de beaucoup sur les questions politiques, et il n'est pas étonnant que l'attention de tous s'arrête sur le point du territoire où l'on peut dire que le problème le plus intéressant des temps modernes a pris en quelque sorte naissance. Les rapports de fabricant à ouvrier, le taux des salaires, la part afférente à la main-d'œuvre, donnent partout lieu à des discussions irritantes ou à des solutions complexes; à Lyon, ils entretiennent depuis des siècles un antagonisme qui a souvent dégénéré en guerre civile. La situation particulière des ouvriers en soie a permis à leurs revendications de se produire avec une autorité que leurs égaux ne possèdent nulle part ailleurs. On sait que les instrumens de travail leur appartiennent, et qu'ils travaillent en famille dans un atelier qui occupe à la fois, avec un compagnon et des apprentis étrangers, le père, la mère, les enfans eux-mêmes. La possession des instrumens de travail, parmi lesquels on compte quelquefois de deux à six métiers, constitue réellement un patrimoine important. On évalue à 3 millions de francs les ustensiles réformés ou qui attendent un emploi nouveau et dorment dans les greniers; quelle doit être la valeur des ustensiles employés! Cette quasi-indépendance de l'ouvrier lyonnais, l'exercice constant de son pouvoir comme chef de famille en même temps que comme chef d'atelier, lui rendent donc plus pénible la domination que les fabricans ou les négocians prétendent exercer à l'occasion du règlement des prix de la main-d'œuvre. Dans la fabrication de ces étoffes qui répandent dans toutes les parties du monde civilisé le témoignage de leur habileté, les ouvriers se disent qu'ils sont les véritables associés du fabricant, puisque contre la matière et le dessin que celui-ci leur apporte ils fournissent une part de capital, leurs métiers, leurs outils, et que le travail manuel lui-même est rehaussé chez eux par l'intelligente adresse de l'exécution. Ils ont donc, à toutes les époques, cherché à soustraire la fixation du prix de la main-d'œuvre aux alternatives capricieuses de l'abondance ou de la rareté des commandes, et ils ont toujours réclamé l'application d'un tarif fixe protecteur de leurs intérêts et de leur dignité. Avant la révolution de 1789, cette querelle avait déjà donné lieu à plusieurs émeutes ou *rebeynes,* dont la plus redoutable est connue sous le nom de révolte des 2 *sous.* En 1831 comme dans la lutte de 1834, aucune idée politique n'arma les ouvriers; ce qu'ils voulaient, c'était un nouveau tarif : ils en obtinrent un qui dura peu. Après 1848, tout d'abord même succès, plus prolongé en raison de l'abondance des commandes, mais à la première décroissance des affaires le tarif fut abandonné, et les variations de l'offre et de la demande entraînèrent celles des prix de la main-d'œuvre. Pour être apaisée aujourd'hui, la querelle n'est pas éteinte; forts de leur honnêteté, de leur habileté, les ouvriers lyonnais cherchent dans d'autres combinaisons, dans l'établissement par exemple de sociétés coopératives, ce qu'ils appellent leur affranchissement. Quoi qu'il arrive de cette direction nouvelle des esprits, on comprend que l'attention publique s'arrête sur une industrie qui occupe 140,000 personnes agglomérées pour la plupart dans une même localité, et que les mouvemens qui s'y produisent retentissent partout; son exemple peut en effet calmer ou provoquer des mécontentemens redoutables, et ce n'est pas trop dire que d'appeler la Croix-Rousse le *Mont-Aventin* des ouvriers français.

A tous ces titres, une étude sur l'administration de la ville de Lyon, dans les vingt dernières années surtout, doit avoir naturellement sa place dans un tableau des transformations que subissent aujourd'hui les grandes villes de France. Comme Paris, où s'agitent tant de questions financières et administratives que nous avons essayé d'indiquer (1), Lyon a obtenu les améliorations matérielles les plus étendues, des travaux publics considérables y ont été récemment achevés, et une lettre impériale du 3 mars 1865, adressée au ministre de l'intérieur, en a prescrit le complément nécessaire. Le moment se présente donc de raconter ces entreprises utiles, de les comparer avec les sacrifices qu'elles ont exigés, d'analyser les budgets où elles occupent une si grande place, d'examiner en un mot quelle a été, dans la dernière période de son histoire, la situation financière, administrative et politique de la seconde ville de l'empire:

I.

Malgré l'antique origine de Lyon, c'est à une date relativement récente qu'il faut remonter pour chercher le point de départ des transformations qu'elle a subies. Elle comptait déjà plus de 200,000 habitans en 1793, lorsqu'elle se souleva contre la convention; mais, à moitié détruite et ruinée par les exécuteurs d'ordres impitoyables, elle dut employer de longues années à retrouver sa fortune première, à reconstruire les maisons atteintes par le canon de Dubois-Crancé et de Kellerman. En même temps donc que, sous le premier empire, les manufactures d'étoffes de soie et de broderies d'or se rouvraient, l'ancienne ville se relevait sur ses vieilles fondations, avec ses rues sombres et étroites au cœur même de la cité, inaccessibles et montueuses dans les faubourgs. Le quartier Saint-Jean, cette antique résidence de saint Irénée, Fourvières, la montagne catholique, se repeuplaient d'établissemens religieux et de congrégations dont les demeures donnent encore à cette partie de Lyon l'aspect d'une Rome française, ardente, mais austère et insoucieuse des magnificences extérieures. La Croix-Rousse, séjour des ouvriers tisseurs, rappela dans ses maisons, avares d'espace et

(1) Voyez la *Revue* du 15 octobre 1863.

de jour, une population de plus en plus pressée, tandis que dans la ville proprement dite le terrain, chaque jour plus disputé, ne portait que des maisons démesurément hautes, et interdisait le luxe d'un seul monument nouveau. On ne songeait pas encore à protéger par des quais mieux construits les rives des deux fleuves contre le mal périodique des inondations; on n'avait pas même utilisé le voisinage de la Saône et du Rhône pour l'usage des habitans. La question d'eaux salubres à distribuer par la ville, soulevée en 1770, dut attendre quatre-vingts ans une solution. Quant aux autres services qui intéressent la salubrité publique, le pavage, l'éclairage, le creusement des égouts, l'ancienne édilité s'en préoccupait assez peu. La richesse publique se reconstitua vite toutefois dans cette enceinte étroite et négligée : les faubourgs de la Croix-Rousse et de Vaise devinrent rapidement des villes; la Guillotière et les Brotteaux, qui ne renfermaient au commencement du siècle que des constructions éparses sur un sol humide et souvent inondé, comptaient en 1820 14,000 habitans, sous le gouvernement de juillet 40,000; aujourd'hui ce dernier chiffre est doublé. On aura du reste une idée exacte des vicissitudes que la fortune de Lyon a subies depuis environ trois siècles, si l'on s'en réfère au nombre des métiers occupés à diverses époques par la fabrication des étoffes de soie. La première manufacture date de la moitié du xve siècle. En 1680, la quantité des métiers varie de 9 à 12,000; en 1789, elle monte à 18,000, et après la victoire de la convention tombe au chiffre trop significatif de 3,000. L'empire relève rapidement l'industrie des soies : en 1816, le chiffre des métiers est déjà de 20,000, en 1827 de 27,000. La révolution de février 1848 trouve 50,000 métiers debout et ne suspend qu'un instant la fabrication. A l'avènement du second empire, il y en a 65,000.

Ainsi, depuis le directoire jusqu'à la restauration, la fabrique lyonnaise, par conséquent la fortune de la ville, parvient à peine à recouvrer sa situation de 1789. Jusqu'en 1830, les progrès sont continus, mais lents; de 1830 à 1848, ils deviennent plus rapides, et l'administration, ménagère des ressources publiques, prépare la voie aux transformations et aux développemens qui devaient bientôt s'accomplir. On avait, il est vrai, senti de bonne heure la nécessité de certains travaux d'amélioration dans une ville où la population ne cessait de s'accroître et où les affaires prenaient chaque jour plus d'extension; mais ce n'est qu'en 1845 qu'un plan définitif, dont la pensée remonte en réalité au xviiie siècle et appartient à l'habile architecte Morand, fixa la largeur des rues, créa la rue Centrale, et classa d'autres voies destinées à rendre la circulation plus facile dans le milieu même de la ville, là où les transactions présentaient le plus d'activité. Pour mesurer la prospérité toujours croissante de cette période, en dépit des luttes qui, sous le règne de Louis-Philippe, ensanglantèrent Lyon à deux reprises, il suffit d'examiner les principaux élémens du budget municipal de 1847, le dernier soumis à l'approbation royale.

Le premier chapitre des dépenses qui doive attirer l'attention est celui de la dette. Il rappelle pour une ville, comme pour un état, les besoins satisfaits des administrés, la bonne conduite des administrateurs, les embarras du présent, les espérances ou les craintes de l'avenir. Dans le budget de 1847, la dette municipale de Lyon s'élevait en capital restant à payer à 8,708,000 francs sur un total de plus de 10 millions, dont le premier, emprunté en 1827, avait été appliqué à la construction d'un grenier à sel et d'un théâtre. En 1830 et 1831, pour parer au déficit causé par la diminution des produits de l'octroi, 2 autres millions avaient été ajoutés à cette première dette. Pendant les huit années suivantes, la construction d'un abattoir, l'amélioration des quais, le règlement de certaines créances, exigèrent de nouveaux engagemens pour une somme de 1,700,000 francs, et en 1840 les inondations, ce mal périodique de Lyon, en absorbèrent 700,000. Enfin, de 1841 à 1846, la ville dut emprunter 4,700,000 francs pour acquérir des immeubles dont la démolition était rendue nécessaire par la mise en œuvre du plan de reconstruction adopté.

L'origine d'une pareille dette n'est certes pas à critiquer, et le chiffre inscrit au budget lyonnais de 1847 n'était point hors de proportion avec les ressources mêmes de la commune, dont les recettes ordinaires s'élevaient à 3,818,000 francs, tandis que les dépenses de même nature ne dépassaient pas 2,690,000 francs. Encore faut-il ajouter, afin de mettre dans tout son jour cette bonne situation financière, que la ville n'était grevée d'aucune imposition de centimes extraordinaires. Il est vrai que dans cette seule année 1847 on voulait consacrer près de 2 millions à des travaux considérables, tels que l'élargissement des rues, la construction des quais, etc, et les recettes affectées à cette catégorie de dépenses ne présentaient qu'une somme insignifiante de 79,000 francs; mais on avait émis un emprunt de 2 millions compris dans le chiffre de 8,708,000 francs déjà indiqué.

Dans ce même budget de 1847, les secours accordés aux établissemens de charité et les pensions atteignaient le chiffre assurément élevé de 471,000 francs; les dépenses de l'instruction publique et des beaux-arts, celui de 284,000 francs, soit d'une part le cinquième et de l'autre le neuvième des dépenses ordinaires. Sur un total de 43 millions de dépenses, la ville de Paris ne prélevait alors que 5 millions 1/2 pour les subventions de charité, et les frais de l'instruction primaire et secondaire étaient inférieurs à 1,200,000 fr. A Lyon, la municipalité avait toujours tenu à honneur de ne rien négliger pour le développement intellectuel des habitans. Depuis 1828, une société d'instruction primaire, fondée par l'initiative d'un grand nombre de souscripteurs, avait ouvert successivement des écoles et des établissemens de toute sorte. Outre l'enseignement primaire, largement distribué, d'heureux essais satisfaisaient aux principaux besoins d'une industrie qui touche à l'art par tant de côtés. Le chant, le dessin linéaire et d'ornementation, étaient déjà professés dans des cours d'adultes. Des allocations importantes augmentaient la richesse des musées et des bibliothèques; on avait même consacré un fonds d'encouragement pour former des peintres et des graveurs. En même temps que l'école des beaux-arts coûtait à la ville plus de 30,000 francs pour le traitement annuel des professeurs, à côté des facultés des sciences et des lettres, un crédit spécial de 3,850 francs était destiné à un cours d'*économie industrielle et commerciale.*

Ainsi se révélaient dans le dernier budget réglé sous le gouvernement du roi Louis-Philippe les sollicitudes de l'autorité municipale pour les besoins matériels et intellectuels de la population lyonnaise. Ainsi se caractérisait le régime municipal de Lyon, différent alors de ce qu'il est aujourd'hui. Avant 1848, le conseil communal était élu par les habitans; maintenant l'empereur en désigne les membres. Si l'administration actuelle se montre à la hauteur de la tâche qui lui est confiée, il n'est que juste cependant de reconnaître les mérites véritables de sa devancière. La révolution de 1848 porta quelque trouble dans la situation financière de la ville. Comme partout, les recettes, principalement celles de l'octroi, en furent affectées, les dépenses s'en accrurent, et les ateliers nationaux, à l'instar de ceux de Paris, absorbèrent des sommes importantes dont le règlement définitif ne s'est opéré que par la loi du 16 août 1855, aux termes de laquelle l'état dut rembourser à la ville de Lyon 1,922,812 francs.

Si maintenant, afin de rendre plus frappans par leur juxtaposition même les termes de comparaison, l'on franchit d'un seul trait toute la distance qui nous sépare du régime constitutionnel pour arriver à l'année 1864, on voit que le budget de la ville de Lyon porte aux recettes ordinaires la somme de 9,142,000 francs, et aux dépenses ordinaires celle de 5,416,000 francs. Les recettes extraordinaires montent à 1,642,000 francs, qui, ajoutés à un excédant de 3,726,000 francs sur les recettes ordinaires, permettent de consacrer 5,369,000 francs aux dépenses extraordinaires. Sur cette

dernière somme, 2,020,000 francs sont affectés soit au service des
intérêts, soit au remboursement des emprunts à long terme successivement contractés. Le rapport du préfet au conseil municipal
d'où ces chiffres sont extraits porte que toutes les dettes antérieures
à l'année 1854 ont été remboursées, moins 1,483,000 francs, dus
sans échéance fixe, et qu'il y a 35 millions de nouvelles dettes à
éteindre à partir du 1er janvier 1864; mais à ce total, qu'on peut
appeler celui de la dette inscrite, il faut ajouter encore le prix du
rachat du péage des ponts du Rhône, — l'emprunt contracté pour
les travaux de défense contre les inondations, — double dépense à
laquelle l'état a contribué, — enfin les indemnités et les frais d'ouverture de rues et d'alignemens, sorte de dette flottante qui dépasse
5 millions. En somme, on peut estimer qu'à la fin de l'année 1865,
toutes les obligations de la ville ne s'élèveront pas à moins de
54 millions, sans compter les obligations qui résulteront des nouvelles dépenses que la municipalité doit voter pour répondre aux
désirs exprimés dans la lettre impériale du 3 mars dernier, et que
l'on évalue à une dizaine de millions. En 1847, la dette de l'ancienne ville n'était que de 8,700,000 francs. Après l'annexion des
faubourgs, en 1854, elle ne dépassait pas 10 millions. C'est donc
une surcharge de 44 et très probablement de 54 millions en dix
années.

Comment de 3,818,000 francs, où nous l'avons laissé en 1847, le
revenu ordinaire s'est-il élevé au chiffre de 9,142,000 francs qu'il
présente en 1864, et pour quelles entreprises a-t-il fallu emprunter
en dix ans des sommes si considérables? — L'accroissement des
recettes provient avant tout de l'extension prise par la ville. Le
nombre des habitans a presque doublé par l'annexion des faubourgs,
qui étaient devenus eux-mêmes des villes importantes, Vaise, la
Croix-Rousse et la Guillotière, et par l'attraction qu'exerce un grand
centre industriel sur les localités voisines. Le dernier recensement
quinquennal porte à 318,000 âmes la population, qui en 1847 n'en
dépassait pas 177,000. Cette réunion des communes suburbaines à
Lyon a été motivée par les plus graves considérations d'ordre public, et dès 1851 l'assemblée nationale avait adopté d'urgence une
loi qui concentrait dans les mains du préfet du Rhône les fonctions
de préfet de police pour les communes de Lyon, de la Croix-Rousse,
de la Guillotière et de Vaise. On préparait ainsi la fusion complète
qu'accomplirent bientôt le décret du 24 mars 1852 en confiant à
Lyon comme à Paris l'administration municipale au préfet et la loi
du 5 mai 1855 en rendant le nom de conseil municipal à la commission dont les membres étaient directement choisis par le chef de
l'état. Désormais, seules dans tout l'empire, les communes de Lyon

et de Paris étaient destituées du droit d'élire leurs représentans municipaux. Une dernière mesure, d'exécution difficile, a rendu entière l'assimilation des faubourgs avec la ville. Le décret de 1852 avait laissé provisoirement subsister pour chacune des localités réunies l'ancien tarif d'octroi : comme il était impossible de conserver quatre lignes de douanes intérieures, l'administration locale et le gouvernement adoptèrent un tarif unique qui, tout en élevant un peu au-dessus du produit cumulé des quatre octrois précédens la somme nouvelle à percevoir, ne devait pas faire peser trop lourdement sur les habitans des faubourgs, autrefois moins chargés, le dégrèvement dont on gratifiait les anciens métropolitains. En résumé, le nouveau tarif fut encore plus doux que celui des autres villes auxquelles Lyon pouvait être comparé, Marseille, Bordeaux, Lille même, la moins chargée de toutes. La taxe des vins, ce point de mire des poursuivans d'une fausse popularité, que l'on abaisse toujours après les commotions politiques, et qu'il faut bien relever au moment difficile des restaurations financières, la taxe des vins, qui était encore de 5 fr. 50 cent. par hectolitre à Lyon en 1851, fut abaissée à 2 francs de droit d'entrée pour la ville, somme égale au droit perçu par le trésor, et telle que la commune de la Croix-Rousse l'avait établie pour elle-même. Les deux lois de 1857 et de 1862 l'ont relevée à 3 fr. 50 cent. afin de permettre à la ville de contribuer aux dépenses que l'état s'imposait pour prévenir les inondations du Rhône; tous droits compris néanmoins, l'hectolitre de vin paie encore moins cher à Lyon qu'avant 1848 : aussi la consommation a-t-elle doublé.

Le nouveau tarif de 1853 partait de ce principe, que ce que la population ouvrière de la Croix-Rousse peut supporter, le reste des habitans ne saurait le trouver trop lourd. En ce qui concerne les comestibles, les anciennes taxes de la Croix-Rousse avaient été prises pour type : on était même resté au-dessous pour les objets d'alimentation usuelle, mais on avait été au-delà pour les denrées à l'usage des classes riches, la volaille, le gibier, etc. Le charbon, ce combustible des nécessiteux, n'était d'abord frappé d'aucun droit; ce n'est que plus tard, lors de la révision des tarifs et sous l'empire de besoins urgens, que l'administration l'a taxé à 1 fr. le mètre cube. En résumé, l'application du tarif unique n'a donné lieu à aucune plainte fondée ni à aucun embarras réel. Si l'ancienne ville a obtenu une diminution d'environ 200,000 francs, elle a dû supporter le principal fardeau d'une imposition de centimes extraordinaires justifiée par de grandes entreprises; si les communes annexées ont subi une aggravation de 400,000 francs, elles ont profité de grandes améliorations, irréalisables sans le concours de l'an-

cienne ville. Elles ne possédaient aucun établissement public, elles
étaient mal éclairées, mal pavées, sales et malsaines : l'annexion a
pourvu à tout. Aussi l'opinion publique ratifie-t-elle chaque jour les
résultats économiques d'une mesure que le soin de la tranquillité
publique semblait seul avoir dictée.

L'augmentation du nombre des habitans et le développement de
la richesse publique accrurent donc tout naturellement avec la consommation les revenus ordinaires de la ville. Il n'est pas facile de
mesurer exactement les progrès de la fortune privée et de savoir,
par le chiffre des bénéfices obtenus ou des économies réalisées dans
toutes les classes de la population, comment elle a pu satisfaire à
des besoins de jour en jour plus étendus et plus coûteux ; mais c'est
une comparaison qui n'est pas sans profit que celle du nombre des
habitans avec le chiffre du revenu municipal. Dans le cas où la progression serait égale des deux côtés, il n'y aurait là qu'un fait naturel dont il ne faudrait se féliciter à aucun titre. C'est seulement
lorsque la consommation, plus grande pour chaque habitant, révèle
plus d'aisance, qu'il y a lieu de présenter avec satisfaction l'accroissement du chiffre des recettes du budget. Or si les recettes figurent
en 1846 pour 3,742,000 fr., en 1853, dans le premier compte réglé
après l'annexion, pour 4,643,000 fr., enfin dans le budget de 1864
pour 9,142,000 fr., l'octroi seul, c'est-à-dire le produit de la consommation, est de 2,821,000 fr. en 1846, de 3,229,000 fr. en 1853,
enfin de 6,900,000 fr. pour 1864. Dans ces recettes ne figure bien
entendu aucune imposition extraordinaire, et le produit des taxes
additionnelles sur les liquides n'entre pas non plus dans les comptes
de l'octroi. Ainsi la consommation s'est rapidement accrue, et,
comme le faisait remarquer le préfet du Rhône au conseil municipal, parmi les objets d'alimentation par exemple, dans une simple
période de six ans, elle s'est augmentée pour les boissons de plus
des deux tiers, pour les denrées alimentaires de plus des deux cinquièmes, pour les têtes de bétail entrées à Lyon d'un tiers au moins.
Il est vrai qu'à côté de ces chiffres il faut placer ceux de la population. Une fois l'agglomération nouvelle constituée, le nombre des
habitans, qui est de 258,000 en 1854, s'élève à 292,000 en 1857,
et à 318,000 en 1862. Le prochain recensement va le porter à bien
près de 350,000. Si donc en dix ans les recettes de la ville par
suite des progrès de la consommation ont doublé, dans le même
temps le chiffre de la population a gagné près de 100,000 âmes,
ce qui implique même, sans aucun accroissement de la fortune de
chacun, une augmentation d'un tiers dans le revenu municipal.

Connaît-on la cause véritable de ce progrès de la population ?
Est-il dû à une plus grande activité du travail ? Pour ce qui con-'

cerne la principale industrie de Lyon, la fabrication des étoffes de soie, on ne peut le supposer. En laissant de côté les dernières années, où le ralentissement des affaires est notoire, avant même que le marché de l'Amérique ne fût fermé aux produits de Lyon, M. Reybaud avait déjà constaté que la quantité des métiers ne s'accroissait plus depuis 1852. M. Jules Simon, de son côté, reconnaissait que la fabrication tendait au contraire à émigrer de Lyon, et que les métiers se disséminaient dans les campagnes voisines au grand avantage des ouvriers, de l'industrie elle-même et de l'agriculture. Si les riches ouvrages, ceux dont le prix de main-d'œuvre est le plus élevé, se confectionnent exclusivement dans les ateliers de la Croix-Rousse et des Brotteaux, les gazes de soie, les étoffes unies, les velours même les plus ordinaires, les foulards surtout, se fabriquent dans les montagnes voisines et dans le département de l'Ain. Par contre, il est vrai, de nouvelles manufactures se sont établies dans les murs de la cité, et des industries importantes ont versé de plus larges salaires, en même temps que les progrès du commerce y ont appelé plus de familles aisées; mais il n'en faut pas moins tenir grand compte à Lyon comme à Paris de l'envahissement de la ville par la multitude de ceux que l'on nomme à Paris les *nomades* et à Lyon les *rouleurs*. Toutes ces usines qui occupent surtout les espaces mis en valeur de la rive gauche du Rhône, les grandes entreprises de transports, les ateliers de construction, ont introduit dans la ville une foule d'ouvriers dont la situation est loin de présenter les garanties qu'offrait l'industrie de la soie. Ce qui règne dans ces nouveaux ateliers, c'est le travail en commun, l'agglomération des hommes ou des femmes vivant tout le jour hors du domicile de famille, la plupart du temps sans famille même et sans foyer. Le caractère de la population a été certainement modifié par cet élément nouveau, et il ne serait pas inutile d'en mesurer au juste l'importance. On a très sagement attaché un vif intérêt aux diverses publications de la chambre de commerce de Paris sur l'état de l'industrie, non-seulement en raison du chiffre des affaires que l'enquête pouvait révéler, mais surtout pour le dénombrement des professions diverses exercées dans la capitale. Il ne faut pas, malgré tout le zèle avec lequel les opérations de ce genre sont préparées, attacher une confiance absolue aux résultats. L'exécution laisse beaucoup à désirer, et l'on a raconté par exemple que parmi les vérificateurs chargés d'aller demander à domicile le nombre d'ouvriers employés dans chaque établissement, beaucoup apportaient des chiffres qu'ils n'avaient pas même pris la peine de contrôler sur place, attendu qu'étant payés à raison du nombre d'établissemens visités, ils avaient grand intérêt à grossir leur tâche quotidienne.

Ces erreurs, qui ne pourront être évitées que lorsque les relevés des opérations et des chiffres seront faits, en quelque genre que ce soit, par les intéressés eux-mêmes, devenus aussi désireux de s'éclairer et d'éclairer le public qu'ils le sont jusqu'à présent de cacher le secret de leurs affaires, ces erreurs ne doivent pas empêcher néanmoins de prendre en considération et à titre de renseignemens utiles les données encore imparfaites de la statistique. C'est ainsi que du dénombrement de la population lyonnaise on peut tirer quelques inductions sur l'esprit qui l'anime et sur les intérêts dont ceux qui l'administrent ont pour mission de se préoccuper. Les 318,803 habitans de Lyon se subdivisent ainsi :

Agriculture...	7,245
Industrie..	185,078
Commerce...	36,598
Professions diverses se rattachant à l'industrie et au commerce..	3,569
Autres professions diverses.....................	5,205
Professions libérales...	25,492
Clergé	2,935
Individus sans profession........................·..............	52,681
	318,803

Dans ce nombre, les femmes sont en majorité, 162,000 contre 156,000, et les personnes vivant de l'industrie forment les deux tiers du total. L'industrie textile seule est exercée à Lyon par 34,557 hommes et 45,935 femmes, ensemble 80,492; le *bâtiment* occupe près de 20,000 ouvriers, l'habillement plus de 32,000, l'alimentation 16,000, les transports 10,000, etc. Même si l'on fait la part des inexactitudes de détail que peuvent présenter ces chiffres, il n'en ressort pas moins d'utiles indications pour la statistique morale. L'accroissement de la multitude qui vit de salaires et de bénéfices quotidiens n'intéresse plus seulement l'administration d'une grande cité au point de vue des excédans que les besoins de la consommation apportent au budget des recettes municipales, mais les élémens dont elle se compose, l'augmentation du nombre des ouvriers sédentaires ou non, vivant en famille ou isolés, attachés à une industrie capricieuse ou régulière, doivent tenir constamment ouverts les yeux de ceux qui cherchent dans l'étude des chiffres un résultat politique et des règles de conduite.

II.

En réunissant à Lyon Vaise, la Guillotière et la Croix-Rousse, l'administration s'était imposé la tâche non-seulement d'agglomérer des localités rivales et presque toujours en lutte, de doter

chacune d'elles des conditions de salubrité, de bonne viabilité, de
sécurité dont elles étaient dépourvues, d'y créer les établissemens
publics qui faisaient défaut, mais encore, et c'est là ce qu'il faut
surtout mettre en lumière, de satisfaire à tous les intérêts nouveaux sans nuire aux anciens, de ne rien déplacer, en un mot de
conserver en améliorant. Cette pensée, les dix années qui viennent
de s'écouler ont été employées à la réaliser. Les premiers rapports
présentés à la commission municipale par le dernier préfet du
Rhône, M. Vaïsse, exposent avec une grande netteté de vues et une
entière confiance dans le résultat un système de travaux publics
dont la sagesse et l'ampleur méritent d'être louées. L'entrepôt que
les siècles avaient créé entre le Rhône et la Saône, au confluent de
ces deux grandes artères commerciales, était devenu insuffisant.
Comment l'élargir? Pouvait-on le déplacer et le reporter sur la rive
gauche du Rhône par exemple, où l'espace ne ferait pas défaut?
Cette presqu'île, où étouffait la ville mère, comment y maintenir le
centre des affaires alors que la population ne pouvait plus s'y mouvoir à l'aise? Les transactions n'émigreraient-elles pas avec les habitans dans les faubourgs que des communications faciles allaient
rapprocher? Énergiquement secondé par M. Bonnet, ingénieur des
ponts et chaussées, chargé depuis le commencement des travaux
du service municipal, M. Vaïsse déclara tout d'abord qu'il ne voulait pas constituer Lyon sur le modèle de Paris, mais bien sur celui
de Londres, qu'il ferait de l'ancienne ville la *cité*, c'est-à-dire le
centre des affaires, des magasins et des comptoirs. De larges voies
parallèles au cours des fleuves lui donneraient l'air, le jour nécessaires, relieraient entre eux les grands foyers de la vie publique,
l'hôtel de ville, la Bourse, les gares de chemins de fer; on remplacerait ainsi l'ancien Lyon, obstrué, obscurci, labyrinthe de ruelles
sans alignement et sans issue, par une ville percée de rues droites,
larges et économes néanmoins d'un terrain précieux. Cette ville
nouvelle, on la défendrait contre les inondations par des quais, monumens de luxe et d'utilité, que sillonneraient les transports du
commerce, et où la population trouverait de longues et belles promenades. Au-delà des fleuves, dans les quartiers suburbains, on
reporterait, comme à Londres, les habitations proprement dites, les
résidences des riches et les demeures des ouvriers, plus loin enfin
les grands parcs et les fabriques. Encore, pour chacun des faubourgs, le préfet se proposait-il de respecter, quand il y.aurait
lieu, le caractère traditionnel de la localité : il voulait par exemple,
en ce qui concerne la rive droite de la Saône, conserver à ces parties
du vieux Lyon du moyen âge leur physionomie particulière, laisser
aux professions studieuses, aux industries modestes leurs retraites

paisibles au pied et sur les flancs de l'antique colline de Fourvières. En même temps que la Guillotière livrerait ses vastes marécages assainis aux constructions plus larges de la classe aisée, à la création du parc de la Tête-d'Or, les Brotteaux seraient consacrés à l'établissement d'usines appelées par les ateliers des chemins de fer. Enfin la Croix-Rousse descendrait au cœur de la ville par des pentes adoucies, auxquelles le premier chemin de fer urbain qui se soit encore établi en France ajouterait bientôt le moyen de transport le plus économique pour les ouvriers; les rochers mêmes qui surplombent la Saône se transformeraient en jardins, comme les routes en avenues.

C'est au commencement de 1854 qu'en inaugurant le premier travail de *transformation,* — l'ouverture de la rue Impériale, qui s'étend, au centre de Lyon, de la place des Terreaux à la place Bellecour, — le préfet du Rhône développait ce brillant programme, et dix ans après, lorsqu'une mort prématurée l'enlevait à ses fonctions, il pouvait se flatter de l'avoir presque entièrement exécuté. Moyennant une allocation de l'état de 4 millions, la ville consacra 12 millions pour subventionner la compagnie qui se chargea de percer la rue Impériale. En deux ans, cette entreprise fut menée à fin : les rues du Centre et de l'Impératrice, ouvertes parallèlement à la rue Impériale, complétèrent, avec l'élargissement de quelques voies transversales, la transformation de la *cité*, à laquelle la restauration de l'hôtel de ville devenu hôtel de la préfecture, l'achèvement du palais des Arts, la construction du palais du Commerce, ajoutèrent un nouveau lustre. La dépense de ces travaux et de toutes les autres entreprises de viabilité opérées dans les diverses parties de l'ancienne et de la nouvelle ville se résumait dans un chiffre total de 47 millions (1). A ces 47 millions dépensés par la ville, il faut ajouter tout l'appoint apporté par l'état, par les compagnies privées et par les particuliers eux-mêmes. Ainsi la compagnie des eaux, chargée en 1853 d'alimenter une ville à laquelle le voisinage

---

(1) Rue Impériale .... 13,600,000 fr.
Rectification des rues voisines et de la place des Terreaux...... 5,000,000
Rue de l'Impératrice et rues adjacentes..................... 12,400,000
Rue Centrale (la partie exécutée en 1846 et 1847 avait coûté
    2,760,000 fr.).. 4,000,000
Travaux sur la rive gauche du Rhône (la Guillotière et les Brot-
    teaux)... 5,000,000
Quartier de Vaise (rive droite de la Saône).................. 1,100,000
Quartier de l'Ouest   (dito)   2,000,000
Amélioration des côtes de la Croix-Rousse................... 900,000
Transformation du pavé, égouts............................ 3,000,000
                                                     47,000,000 fr.

de deux fleuves ne fournissait pas un approvisionnement suffisant, avait dépensé en travaux de canalisation plus de 10 millions. La construction de l'abattoir de Vaise, confiée à une société, avait coûté un demi-million, et le chemin de fer de la Croix-Rousse, dont les anciennes montagnes russes de nos jardins publics donneraient une idée assez exacte, 3 millions. — La ville consacrait encore 4,500,000 francs au parc de la Tête-d'Or et à ses autres promenades, 1,560,000 fr. à ses chemins; elle contribuait pour 700,000 fr. sur 5 millions à la traversée de Lyon, et pour 10 millions 1/2 sur 20 aux travaux des quais et des endiguemens. L'hôtel de ville enfin absorbait 1,500,000 francs, le palais du Commerce 3 millions, le marché des Cordeliers 2,800,000 francs. En somme, la part de la ville dans toutes ces dépenses a été de 71,560,000 francs, celle des compagnies municipales de 13,500,000 francs, celle de l'état de 18,800,000 francs. Si l'on ajoute encore à ce total le remboursement fait à la ville des dépenses des ateliers nationaux de 1848, la portion contributive de l'état dans le rachat du péage des ponts du Rhône, l'énorme dépense de la traversée de Lyon par les chemins de fer, dépense que nous avons entendu évaluer à 80 millions, enfin le prix des constructions que l'ouverture des rues nouvelles et les alignemens ont forcé les particuliers d'entreprendre, on ne trouvera pas trop exagérée la somme de 500 millions à laquelle on porte les frais des travaux publics accomplis à Lyon durant ces dix dernières années.

L'exécution, il faut le reconnaître, a été conduite de la façon la plus heureuse. Alors que le centre de la ville, les quais qui l'enserrent, les rues qui la relient aux faubourgs et ces faubourgs mêmes devaient être réédifiés et refaits, Lyon n'a jamais présenté cet aspect d'une ville livrée aux démolisseurs ainsi qu'après un assaut une place conquise à l'ennemi victorieux. Chaque entreprise appelait tout naturellement celle qui l'a suivie, aucune n'a été commencée avant l'achèvement de la précédente. Aussi peut-on dire qu'à aucun moment l'esprit n'a été assailli de la crainte qu'un événement soudain fît abandonner l'œuvre en voie d'exécution, et laissât durant de longues années des ruines pendantes sur un terrain bouleversé.

Sauf l'élargissement de quelques rues où la circulation est difficile, notamment dans ce qu'on peut appeler le quartier réservé au commerce des soieries, on peut dire que le plan de 1854 est exécuté aujourd'hui dans toutes ses parties. Le moindre séjour à Lyon permet d'en apprécier la grandeur. On y reconnaît avant tout la ville de l'activité et du travail; on voit l'industrie et le commerce s'exercer dans des conditions de facilité, de salubrité, inconnues partout ailleurs. L'air circule rafraîchi par le voisinage d'eaux rapides; le choléra n'a jamais paru à Lyon. Le mouvement des voitures et des hommes, devenu plus facile, s'est développé largement. Il y a quelques années, les omnibus transportaient par jour 6,000 voyageurs; aujourd'hui ils n'ont pas dépassé ce nombre, mais les petits bateaux à vapeur de la Saône, les *mouches,* qui rappellent en diminutif les *steamers* de la Tamise, reçoivent une égale quantité de passagers, et sur le chemin de fer de la Croix-Rousse, spécialement à l'usage des ouvriers, la circulation donne un chiffre plus élevé encore. Si les grandes rues centrales de Lyon, les rues de l'Empereur, de l'Impératrice et du Centre, présentent un aspect qui rappelle les villes les plus opulentes, les quartiers occupés par les ouvriers n'ont rien qui afflige les regards; on peut même dire que le mode de construction est partout à peu près le même, et que les demeures du pauvre et du riche se ressemblent extérieurement. La Croix-Rousse, avec son jardin des plantes, sa promenade des Chartreux, la route plantée qui mène au camp de Sathonay, n'a rien à envier aux rues centrales qu'elle domine, assise qu'elle est sur des hauteurs où l'on respire un air plus pur en face d'horizons d'une incomparable beauté. Pour ajouter encore aux avantages de cette position heureuse, l'empereur, dans sa lettre adressée le 2 mars 1865 au préfet du Rhône, a décidé que les fortifications anciennes de la Croix-Rousse, *inutiles contre l'ennemi* ou *contre l'émeute,* seraient démolies et remplacées par un vaste boulevard planté. Trois des autres quartiers de Lyon devront aussi recevoir encore plus d'air et de soleil, par le dégagement des abords de l'archevêché, en prolongeant l'avenue du pont de Tilsitt, et par la création de deux squares, l'un à la Guillotière, l'autre sur les terrains du grand séminaire. Le rachat du péage des ponts de la Saône, dont l'état supportera en partie la dépense, sera enfin le dernier témoignage d'une juste sollicitude pour les besoins des classes laborieuses. Il sera donc de plus en plus vrai de dire qu'à Lyon c'est surtout aux pauvres, aux habitans de la Croix-Rousse et de Fourvières, que la nature et le ciel sourient. Avec l'air et le soleil, ils ont l'eau, ils ont l'espace, les grands aspects du ciel et de la terre, et l'on doit reconnaître que, dans cette métropole industrielle dont aucune autre ville au monde ne possède la situation pittoresque, le travail a été doté par la Providence de tous les dons qui peuvent le fortifier et l'embellir.

C'est avec l'excédant des budgets ordinaires et à l'aide d'emprunts successifs que tous ces utiles travaux ont été soldés. Les lois de 1854, 1855, 1856, 1858, 1860, 1861, ont autorisé l'émission d'obligations amortissables à long terme, avec primes, ou la réalisation d'emprunts avec le Crédit foncier, remboursables en cinquante ans, s'élevant ensemble à plus de 27 millions. Enfin des compagnies et des tiers ont passé divers traités dont les termes de paiement sont variables. Deux emprunts faits en 1864 et au commencement de 1865, par l'entremise du Crédit lyonnais, ont été souscrits sur place à l'instar des emprunts de la ville de Paris. Il n'est pas douteux que la clientèle locale ne se chargeât à l'avenir, comme dans la capitale elle-même, de toutes les émissions de dettes, tant on a de confiance dans le crédit de la ville. C'est là un des plus heureux résultats de la création de ce nouvel et utile établissement qui a pris le nom de Crédit lyonnais, et qui, après dix-huit mois d'existence, dépasse la succursale de la banque de France à Lyon pour le chiffre des escomptes, des dépôts et des prêts. L'ensemble des obligations déjà contractées donne lieu à une annuité qui, de 1864 à 1869 par exemple, s'élèvera à près de 4 millions, et qui s'augmentera des charges de l'emprunt dont l'imminence est prévue. Un capital de dette qui probablement atteindra en 1865 64 millions, des annuités qui pendant les cinq premiers exercices à courir ne seront guère inférieures à 5 millions, est-ce une charge hors de proportion avec les résultats obtenus, et faut-il accuser l'administration d'avoir exécuté trop vite le plan adopté? Est-ce surtout un trop lourd fardeau pour une ville de 350,000 habitans, dont le budget de recettes ordinaires s'élève à 9 millions, qui possède encore des terrains propres à la construction dont la valeur est estimée à 4 millions, et qui compte chaque année sur un excédant de 3 millions 1/2 de revenu pour amortir ses dettes et subventionner les dépenses extraordinaires dont l'urgence serait reconnue? A coup sûr, l'excédant des recettes annuelles ordinaires sur les dépenses constitue une base solide sur laquelle il est permis d'édifier des projets d'avenir. Cette base toutefois n'est pas immuable, et la prudence veut que l'on se rende compte de la probabilité de l'accroissement, du *statu quo* ou de la diminution du revenu.

En cette matière, le passé est bon à consulter. En 1847, l'excédant s'élevait à 1,100,000 francs sur un budget de 3,818,000 fr. Il n'était plus guère que de 620,000 fr. en 1855, sur 4,877,000 fr. de recettes ordinaires. Aujourd'hui la proportion s'est bien améliorée : elle est de 3 millions 1/2 d'excédant sur 9 millions de recettes. Cet excédant, comparé au chiffre de la dette, n'est pas cependant plus élevé qu'il y a dix ans. La dette n'était que de 10 millions en 1854; elle s'est élevée à plus de cinq fois autant, de même que l'excédant des recettes. Encore, pour être équitable, faut-il rappeler que les habitans de Lyon ont dû supporter des charges extraordinaires nouvelles, telles que l'imposition de 15 centimes, qui n'a pas encore pris fin, l'élévation des tarifs d'octroi, et les deux surtaxes de 1 franc 50 centimes sur les liquides. Dans le mode d'établissement des budgets et par conséquent dans l'appréciation de l'excédant des recettes ordinaires, un fait nous frappe, qui mérite d'être relevé : les dépenses ordinaires ne comprennent jamais le service de la dette. Le montant des annuités, intérêts et obligations figure toujours dans les dépenses extraordinaires, comme l'intérêt des emprunts y figurait déjà avant 1848. Sans doute les dettes ne sont pas de leur nature éternelles, et l'on peut théoriquement prévoir le jour où rien de ce chef ne devrait être inscrit dans un chapitre du budget municipal; cependant le paiement des dettes n'en est pas moins obligatoire et annuel, comme la dépense exigée par les grands services publics d'administration, d'instruction, de viabilité, etc. Si le chiffre des sommes affectées à ce paiement varie, celui des autres allocations varie de même. La distinction qui établirait deux classes de dépenses, les unes obligatoires, dont le service des dettes ferait partie, les autres facultatives, semblerait donc préférable à celle qui est adoptée généralement, car, le service de la dette étant mis en première ligne parmi les dépenses annuelles, les villes, les états s'imposeraient avant tout le souci incessant et quotidien des obligations prises. A Lyon heureusement, la mesure est loin d'avoir été dépassée, et, si rapidement qu'elle ait été contractée, la dette municipale n'est pas hors de proportion avec les forces de la communauté. Une ville pourtant n'est pas isolée dans l'état; la situation de chacune d'elles s'aggrave ou s'améliore selon la situation des autres. Or Lyon se trouve dans les mêmes conditions que la plupart des autres villes, que l'état lui-même. C'est à cela qu'il faut songer. L'escompte des produits de l'avenir, l'emprunt, l'usage du crédit sous toutes les formes pour la création de nouvelles ressources, tel est le moyen universel que l'on emploie en haut comme au bas de l'échelle sociale. C'est un admirable mouvement sans doute, puisque ainsi la grande loi du travail s'impose à tous. Produire plus pour consommer davantage, qu'y a-t-il de meilleur? A ce compte, les besoins sont immenses et le champ ouvert à notre activité presque infini; mais la consommation peut avoir ses excès : après les besoins légitimes viennent les besoins factices, après les travaux utiles ceux du luxe, après la libéralité la prodigalité et le gaspillage. Plus le travail aura gagné en étendue, en intensité, plus un simple ralentissement pourrait amener de catastrophes. Voici déjà, comme pour apporter un fait à l'appui de ces prévisions, que le conseil municipal de Lyon vient, sur la proposition du préfet, de voter un crédit de 300,000 francs pour venir en aide aux ouvriers sans travail, et comme les misères produites par la stagnation commerciale sont grandes, on veut provoquer une souscription publique. Donc la sagesse dans les moyens employés, l'économie des ressources, la prévoyance salutaire des momens difficiles, des diminutions de revenus accompagnées presque toujours d'augmentations de dépenses, restent plus que jamais des devoirs impérieux. Enfin il est, en dehors des besoins matériels, d'autres nécessités auxquelles l'état et les communes doivent pourvoir. Pour y satisfaire largement, il convient d'avoir ménagé les deniers publics. L'administration a-t-elle fait à Lyon la juste part à ces besoins d'un ordre supérieur? A-t-elle par exemple pourvu à l'instruction des citoyens aussi généreusement qu'à l'amélioration de la cité? C'est ce que nous voulons examiner, en constatant, à côté des efforts du pouvoir lui-même, l'appui qu'il a trouvé, sous ce rapport, dans le zèle de la population tout entière et le concours de l'initiative individuelle.

III.

Le chef-lieu du département du Rhône n'est pas seulement le siège d'un important travail industriel et d'un commerce étendu, c'est aussi un centre fécond d'activité intellectuelle. Le mouvement d'esprit qui le distingue remonte à des temps éloignés : c'est par la vallée du Rhône que le génie de la Grèce et de Rome a pénétré dans les Gaules; plus tard, le catholicisme a installé à Lyon le premier évêque transalpin. Encore aujourd'hui, on peut dire que c'est un des plus ardens foyers de l'idée religieuse. On y trouve six maisons mères de congrégations religieuses et dix-huit succursales, sans compter vingt et un établissemens hospitaliers desservis par les membres d'ordres reconnus. Dans ce dernier chiffre ne figurent point les grands hospices de Lyon, que l'autorité civile administre directement, et dont le service est fait par des hommes et des femmes revêtus d'un costume religieux, astreints à une sorte de discipline, mais qui sont et demeurent laïques. Dix-sept cures, douze succursales, les nombreuses chapelles des communautés, des hôpitaux, des refuges, des maisons d'éducation, le grand et le petit séminaire, occupent un clergé nombreux et actif. Dans cette ville, où le culte parait austère, où les églises restent nues et sombres, la plupart des fondations charitables et religieuses sont d'origine ancienne. C'est le zèle des femmes qui pourvoit surtout aux libéralités qu'elles exigent. L'exercice de la charité date ici de loin. L'*aumône générale*, comme le disent les lettres patentes de 1792, a servi de modèle à tous les hôpitaux du royaume et même à l'hôpital général

de Paris. La reconnaissance publique a conservé à Vaise la statue
de l'un des fondateurs, Jean Cléberg, surnommé le « bon Allemand. » L'hôpital général a été fondé vers le commencement du
vi^e siècle, et le dernier des grands hospices, celui de la Croix-
Rousse, vient d'être créé depuis la réunion des communes suburbaines. Quatorze comités catholiques, un comité protestant, un
comité israélite, administrent les bureaux de bienfaisance. Outre
des établissemens pour les aliénés et les mendians, outre les caisses
d'épargne, le Mont-de-Piété, les crèches, soumis à l'autorité publique, des fondations particulières ont ouvert pour les jeunes garçons trois maisons dites *providence* et trois maisons de charité, pour
les vagabonds le refuge d'Oullins et la société de Saint-Joseph,
pour les pauvres les sociétés de Jésus et de patronage. Les jeunes
filles sont, de leur côté, redevables à la bienfaisance privée de trois
maisons de providence dont la plus ancienne est connue sous le
nom d'*Œuvre des Messieurs*. On compte pour elles trois hospices
spéciaux, deux refuges et une maison de patronage. C'est la reine
Marie-Antoinette qui, pendant sa première grossesse, fonda la société de charité maternelle pour les pauvres mères de famille. Les
veuves délaissées ont leur hospice, et les vieillards des deux sexes
trois asiles. Comme un des plus heureux efforts de cet esprit de fraternelle assistance qui se révèle par des créations si variées, il faut
citer la société de secours des ouvriers en soie, qui a servi de type
et de modèle aux auteurs de la loi sur les caisses de retraite, et les
156 autres sociétés de secours mutuels qui existent en ce moment
à Lyon. La société des ouvriers en soie comptait en 1863 4,696 sociétaires, dont 1,646 hommes et 2,850 femmes. L'année précédente,
elle avait payé des indemnités quotidiennes à raison de 36,553 journées de maladie. La loi du 15 juillet 1850 et le décret du 26 mars
1852, en organisant les caisses de retraite, ont amené un grand développement des sociétés de secours mutuels. La France entière
n'en réunissait en 1852 que 2,438, comprenant 249,442 sociétaires
et possédant 10,114,000 francs. Dix ans plus tard, on voit fonctionner 4,582 sociétés, avec 639,044 membres et un avoir de
30,766,000 francs. A Lyon, la progression a été d'autant plus rapide que l'esprit de mutualité pouvait être considéré comme propre
au pays même. Depuis 1804, de simples ouvriers appartenant à
divers corps de métiers, — tisseurs, maçons, charpentiers, cou-
vreurs, portefaix, — des marchands et artisans israélites s'étaient
cotisés entre eux pour soulager au moyen d'un fonds commun les
malades et les vieillards. De 1814 à 1830, 27 sociétés de secours
mutuels s'organisèrent dans le département du Rhône. La monarchie de 1830 en vit naître 72, parmi lesquelles celle des *mutualistes*

donna son nom aux sanglantes émeutes de cette époque. A la fin de 1864, le nombre de ces sociétés s'est élevé à 200.

Dans un pareil milieu, les bienfaits de l'instruction devaient être vite appréciés et répandus. Avant même la révolution de 1830, on a vu qu'une société s'était formée sur l'initiative d'un grand nombre de souscripteurs pour la propagation de l'instruction primaire. Cette société libre, dont les progrès furent incessans, dirige aujourd'hui 75 écoles et cours divers et 2 bibliothèques publiques. Des écoles congréganistes et communales multiplient l'enseignement dans les proportions les plus satisfaisantes. Pour l'instruction primaire seule, la ville de Lyon possède 113 écoles communales et 158 écoles libres, dont 108 pour les garçons et 163 pour les filles. Les écoles communales se subdivisent en 26 écoles laïques et 33 écoles congréganistes pour les garçons, et en 22 écoles laïques et 32 écoles congréganistes pour les filles. Les écoles libres comprennent 43 écoles laïques et 4 congréganistes pour les garçons et pour les filles, 100 écoles laïques et 9 congréganistes. 12,747 garçons fréquentent les écoles communales, et 2,100 les écoles libres; les écoles de filles sont suivies par 14,992, dont 11,555 pour les écoles communales et 3,437 pour les écoles libres. On a déjà remarqué que la société de secours mutuels des ouvriers en soie renferme plus de femmes que d'hommes. Notons, sous le rapport du nombre des écoles et des élèves, un pareil résultat à l'avantage des filles; à Lyon, chez les femmes, le désir de l'instruction et l'instinct de la prévoyance sont plus développés que chez les hommes. La *Société du Rhône* ouvre par exemple 6 classes d'adultes aux femmes contre 5 aux hommes; elle a créé une école supérieure pour les filles de même que pour les garçons, un cours normal d'institutrices, et tandis que des cours sont, pour les hommes, consacrés au dessin industriel, à la chimie appliquée à la teinture, à l'agriculture, à la théorie pour la fabrication de la soie, au chant et à l'anglais, les femmes peuvent aussi participer à des leçons de dessin, de chant, d'anglais et même de comptabilité commerciale. Enfin une société dite d'*éducation* a fondé des prix et ouvre chaque année des concours pour stimuler la production d'ouvrages propres à l'enseignement, et récompenser le zèle des professeurs qui restent trois ans au moins attachés au même établissement libre. Le siège de cette société, qui possède une bibliothèque spéciale, se trouve au palais des Arts, centre en quelque sorte du mouvement intellectuel, puisqu'on y voit réunis l'école des beaux-arts, les facultés, les musées de tableaux, de statues, d'archéologie, d'histoire naturelle, et les bibliothèques. Dans les vastes salles consacrées aux cours de dessin, l'école des beaux-arts enseigne aussi le dessin d'ornement et

cherche à créer non-seulement des artistes, mais à fournir des dessinateurs habiles aux industries qui ont les arts pour auxiliaires.
C'est aux besoins particuliers de l'industrie qu'un citoyen de Lyon,
Claude Martin, major-général dans les Indes, a voulu pourvoir par
la fondation de cette célèbre école professionnelle, dite « école de
La Martinière. » Des externes seuls y sont admis et reçoivent pendant deux ans un enseignement gratuit qui comprend, outre la
théorie des sciences industrielles, une sorte d'apprentissage et des
travaux manuels. La Martinière, autrefois cloître, puis caserne,
maintenant école, a été visitée avec la plus sympathique attention
par tous ceux qui s'intéressent aux progrès de l'instruction populaire : les méthodes d'enseignement qu'on y emploie ont mérité des
juges les plus compétens les plus flatteuses approbations. Toutefois,
malgré tant d'établissemens privés et publics dont la ville de Lyon
est pourvue, le département du Rhône ne figure que le treizième
sur la liste que le général Morin a dressée des départemens français où l'instruction est le plus répandue. Le dixième des jeunes
gens appelés au tirage au sort en 1862 ne savait encore ni lire
ni écrire. Le reste du département est, on ne peut le nier, moins
bien partagé que le chef-lieu. Le travail du savant général, qui a
excité partout une si vive attention, devra néanmoins éveiller une
sollicitude plus particulière encore dans une cité qui a le juste orgueil de se distinguer par ses aptitudes intellectuelles non moins
que par ses habitudes philanthropiques. Déjà au reste une juste
émulation s'est rallumée dans les diverses classes de la société lyonnaise ; le nouveau cours d'économie politique était à peine rouvert
par les soins généreux de la chambre de commerce, qu'une société
composée d'hommes de toutes classes et de tout rang, administrée
par un conseil où les artisans ont une juste place, fondait de nouveaux cours d'instruction professionnelle que les ouvriers suivent
en foule et avec la plus religieuse attention.

Les budgets municipaux témoignent hautement de cette sollicitude pour le développement de l'instruction et pour l'amélioration
du sort des pauvres. En 1854, la population lyonnaise, par suite
de l'annexion des faubourgs, s'élevait à 258,000 habitans, et les dépenses à 4,039,000 francs ; or la part de la bienfaisance était de
690,000 francs, celle de l'instruction primaire de 341,000 fr., celle
des beaux-arts et de l'enseignement supérieur de 141,000 francs.
Dans le budget de 1864, appliqué à 318,000 habitans, et qui se
solde par 5,400,000 francs de dépenses ordinaires, on consacre à
la charité 495,500 francs, à l'instruction primaire 393,000 fr., aux
beaux-arts, etc., 174,770 francs. Après de très grands efforts accomplis par l'administration municipale en partie spontanément,

en partie sous l'influence de l'opinion publique, les dépenses de l'instruction primaire à Paris ont été fixées, pour 1865, à près de 4 millions 1/2, avec un accroissement de 831,000 fr. sur l'année précédente. En 1859, lors de l'agrandissement de la capitale, ces dépenses n'atteignaient pas 1,650,000 francs. Lyon a donc sous ce rapport laissé pendant longtemps Paris en arrière, et même encore aujourd'hui la comparaison est favorable au chef-lieu du Rhône. Paris, il est vrai, prend largement sa revanche dès qu'il s'agit d'assistance. En secours extraordinaires comme en subventions annuelles, on est arrivé pour 1865 à une prévision de dépenses de 10 millions. Lyon au contraire a diminué notablement le chiffre des allocations aux hospices, mais cela tient à la meilleure de toutes les raisons. Les hospices y possèdent des revenus suffisans, qui en 1863 se sont élevés à 2,610,000 francs. L'administration hospitalière a pu en trois ans consacrer 2 millions 1/2 à la création de 600 nouveaux lits. C'est là une position que, sans compter Paris, plus d'une grande ville, Marseille, Bordeaux, Rouen par exemple, pourrait envier. Aussi les comptes où la statistique morale relève chaque année le nombre des enfans abandonnés, des aliénés, des femmes en couche, recueillis, délivrés et guéris, inspirent à Lyon, comme à Paris, les plus salutaires réflexions et les émotions les plus consolantes. On y sent battre à chaque ligne le cœur de la société, et on se fortifie contre le découragement ou les appréhensions de l'avenir par le grand spectacle du bien qui s'accomplit chaque jour.

De tous les détails qui précèdent, il ressort avec évidence que si la ville de Lyon peut se féliciter de la transformation matérielle dont elle a été le théâtre, les intérêts de l'intelligence, les devoirs moraux que la richesse impose à une grande cité n'ont été ni méconnus, ni négligés. Dans cette œuvre, le zèle des individus surtout ne s'est pas ralenti, et n'a pas été devancé par celui des pouvoirs publics : c'est une justice qu'il faut savoir rendre à une population qui dans toutes ses classes se distingue par le désir d'apprendre autant que par l'amour du bien-être, et qu'excite le juste orgueil de sa valeur intellectuelle et morale. De telles dispositions rendent plus choquante encore la situation particulière qui est faite, sous le rapport de l'indépendance municipale, à cette grande ville, privée de droits qu'on accorde aux moindres communes de l'empire. Nous arrivons ainsi, par une transition toute naturelle ou plutôt par une pente irrésistible, à l'examen d'une question qui éveille à Lyon de vives susceptibilités, et qui se rattache étroitement aux légitimes préoccupations éveillées par la situation financière et industrielle de la seconde ville de la France.

Lyon, comme Paris, est administrée par un conseil municipal
nommé par l'empereur, sur la présentation du préfet chargé de
toutes les fonctions qui incombent aux maires dans les autres communes de l'empire. Sans revenir sur la question déjà débattue de
la représentation parisienne, si l'on recherche pour Lyon les causes
de ce régime exceptionnel, on ne peut en trouver qu'une seule, la
nécessité de maintenir la tranquillité des rues. Les événemens de
1831 et de 1834, les terreurs de 1848, la bataille sanglante de 1849,
ont dicté sans aucun doute les considérans du décret de 1852, maintenu et sanctionné par la loi de 1855.

Il faut bien le reconnaître, la configuration de la ville et des faubourgs de Lyon, la concentration des ouvriers à la Croix-Rousse et
à la Guillotière, la nature de la principale des industries lyonnaises,
exposée aux chômages et aux brusques variations de prix, le manque de relations entre les ouvriers et les fabricans, ont, sous tous
les régimes, paru rendre nécessaire à Lyon une concentration de
pouvoirs plus énergique que partout ailleurs. C'est l'avis de tous
les préfets du Rhône depuis 1830 jusqu'en 1852. Abandonner aux
maires de Lyon et à ceux des communes annexes le soin de veiller,
chacun de son côté, à la police et à l'administration municipale
semblait la plus dangereuse des faiblesses et la plus coupable des
imprévoyances. Lorsque la révolution de février eut remis aux
mains des classes populaires l'exercice de la souveraineté, la ville
de Lyon, dominée, opprimée en quelque sorte par les menaçantes
populations de la Croix-Rousse, ne respira plus. Le nom de *dévo-
rans* ou *voraces*, donné aux corps armés des ouvriers, explique cette
terreur qui paralysait le commerce et l'industrie. La violence toutefois était plus dans les paroles que dans les actes; mais on pouvait la considérer comme d'autant plus imminente que les élections
locales avaient remis le pouvoir à des mains moins faites pour la
réprimer. Pendant toute une année, les administrateurs furent réellement complices du désordre, et la ville de Lyon se sentit comme
environnée d'une armée d'ennemis ardens et redoutables. Un simple
fait montrera combien cette situation était critique. Sous le nom
de *Société des travailleurs unis*, une association fraternelle s'était
formée au capital de 100,000 francs, divisé en 100,000 parts, pour
l'achat et la vente des denrées d'alimentation, pain, viande, char-
cuterie, épiceries. On avait ouvert partout, et principalement à la
Croix-Rousse, des comptoirs d'échange, devenus de véritables
clubs. Un article des statuts de la société enjoignait que tous les
ans une réunion des 100,000 membres de l'association se tiendrait
à Lyon. La grande revue de cette armée devait donc être passée en
septembre 1849. Heureusement la lutte du 15 juin la prévint, et

après la victoire la société fut dissoute. Au moment où le général Changarnier, sur les boulevards, à Paris, avec un si dédaigneux sang-froid, coupait par le milieu la colonne des prétendus pétition-naires polonais, et faisait ainsi avorter la tentative dite *des Arts-et-Métiers*, les sections prenaient les armes à Lyon, et le danger paraissait d'autant plus grand que les régimens de la garnison avaient été depuis longtemps l'objet d'un embauchage activement pratiqué. Il fallut toute la vigueur des chefs de corps pour enlever les troupes; les généraux d'Arbouville et Magnan jouèrent, comme ils le dirent, la partie *au petit bonheur.* La lutte heureusement fut courte, et après la victoire, le général Gémeau profita de la mise en état de siège pour fermer les magasins fraternels et les cafés et désarmer les ouvriers. L'ordre était rétabli; mais pendant longtemps encore les craintes subsistèrent, les bruits les plus alarmans circulaient à intervalles périodiques. Lyon était signalée comme le centre d'une Vendée socialiste. On considéra, et avec raison, comme un acte d'é-nergie la démarche du préfet, M. Darcy, qui alla sans escorte, et à pied, à travers une foule menaçante, procéder à l'installation du nouveau conseil municipal de la Croix-Rousse. Néanmoins, si de tels événemens peuvent justifier la loi du 19 juin 1851 et le décret du 24 mars 1852, qui remirent entre les mains du préfet du Rhône les soins de la police et de l'administration et créèrent la nouvelle agglomération lyonnaise, faut-il reconnaître aussi à la loi du 5 mai 1855, qui a définitivement privé les habitans du droit de nommer leur conseil municipal, le même caractère de nécessité absolue?

La situation d'une ville telle que Lyon exige que les pouvoirs y soient forts, pour maintenir la sécurité; mais avec la constitution actuelle de l'autorité préfectorale, avec un grand commandement militaire et une concentration imposante de troupes, en quoi la no-mination du conseil municipal par les contribuables mettrait-elle en péril la paix de la cité, alors surtout que le gouvernement est armé contre tous les conseils municipaux du droit de les suspendre et de les remplacer? Cette exception, qui ne se justifie plus aujour-d'hui, est d'ailleurs, aux yeux de beaucoup de juges compétens, souverainement impolitique. Depuis que, par la nouvelle agglomé-ration, l'*élément ouvrier* se trouve mêlé à tous les autres, on peut être certain que les élections n'appelleraient pas au conseil de la cité des administrateurs d'une nuance trop exclusive. En tout cas, l'épreuve mérite d'être faite. On ne peut dire de Lyon ce qu'on ob-jecte pour Paris : l'industrieuse cité du Rhône n'est pas une capi-tale; elle appartient aux Lyonnais avant tout, et les Lyonnais y sont en majorité. Depuis longtemps donc, l'administration aurait dû se préoccuper plus qu'elle ne semble l'avoir fait de ramener un état de choses normal et de restituer Lyon au droit commun. Pour cette grande ville, c'eût été justice, pour la France entière du meilleur exemple, et les institutions actuelles en eussent été singulièrement affermies. Montrer l'ordre victorieux, les passions apaisées, la vie municipale fonctionnant avec régularité là même où l'anarchie semblait un mal chronique, quel plus beau succès à obtenir, quel meilleur argument à opposer aux contradicteurs ou aux malveillans? Rien n'interdit d'espérer un tel résultat. Sur 156,100 individus que le suffrage universel appelle à voter, il ne faut pas oublier que 20,000 sont adonnés aux professions libérales, près de 22,000 forment la bourgeoisie, le clergé en compte un millier, et même dans les 90,000 *hommes* voués à l'industrie, si l'on s'arrête principalement aux industries textiles, on ne trouve que 15,000 ouvriers proprement dits contre 11,648 chefs de famille. Ce sont là des élémens rassurans pour l'ordre, dont une administration conciliante tirerait aisément parti.

Nous ne croyons pas nous abandonner à un optimisme excessif en affirmant que dans la classe ouvrière, à Lyon comme partout, plus à Lyon même qu'en d'autres centres industriels, les principes conservateurs, entendus, il est vrai, dans un sens de plus en plus large et libéral, sont appelés à trouver d'énergiques défenseurs. C'est affaire d'instruction, d'éducation économique surtout; or bien des symptômes se sont produits qui peuvent donner à ce sujet de légitimes espérances. Les dix-sept années écoulées depuis la révolution de février n'ont pas été sans porter leurs fruits. Aux derniers rangs de la population ouvrière, — les malveillans, et ils sont trop nombreux mis à part, — aucun, même parmi les plus ignorans, n'attend aujourd'hui d'une formule tyrannique imposée d'en haut l'établissement parmi les hommes d'une égalité chimérique et la certitude d'un bien-être universel qui n'est pas de ce monde. C'est à leur initiative seule, au libre exercice de leurs facultés, que les travailleurs de tout rang, que les salariés eux-mêmes demandent l'amélioration dont ils sont avides. Parmi les moyens à leur portée, ils placent toujours en première ligne l'association, mais l'association volontaire, et ils commencent à croire aux bons effets de l'épargne et de la prévoyance. Aussi peut-on aborder aujourd'hui les problèmes sociaux avec une confiance plus grande et penser à l'avenir avec plus de sécurité; mais, si l'heure est propice, il ne faut pas la laisser s'écouler en vain. L'administration supérieure, cette tutrice de tous les intérêts dans les départemens et les communes, n'a pas eu jusqu'à ce jour assez de souci des besoins intellectuels, de ce qu'on peut appeler le « droit à l'instruction, » appendice obligé du droit de suffrage. Le courageux rapport de M. le ministre de l'instruction publique, en nous révélant que, *durant les seize dernières années, le progrès a été moins rapide que dans la période précédente,* a par cela même appliqué un blâme mérité à tous ceux qui peuvent être responsables de ce ralentissement. 818 communes privées d'écoles, 884,887 enfans de sept à treize ans qui ne reçoivent pas l'instruction primaire, un tiers environ qui ne recueillent qu'une instruction insuffisante, passant sur trois ans, en moyenne, six mois à peine à l'école, ce sont là de tristes résultats à mettre en regard de ce qu'ils coûtent. De cet aveu fait avec une audacieuse franchise, il ressort une vérité évidente : c'est que, pour extirper l'ignorance de notre société française, le concours de tous, état, communes, associations religieuses, laïques, n'est pas de trop, et qu'il serait oiseux aujourd'hui de disputer sur des théories et des systèmes, mais qu'il importe d'appliquer tous les modes possibles sans perdre de temps, sans marchander les sacrifices, de courir enfin au plus pressé, en faisant cesser sous ce rapport l'infériorité de notre pays, qui est à la fois une honte et un danger. L'instruction primaire, c'est surtout le besoin des campagnes. L'instruction économique, c'est déjà le désir le plus ardent des ouvriers des villes, des grands centres manufacturiers, d'où elle se répandra très certainement à tous les groupes de travailleurs sur la surface du pays; mais la connaissance des lois qui règlent la production et la répartition de la richesse ne s'acquiert pas seulement dans les livres : elle se propage plus sûrement encore par la pratique même des affaires. Or toutes les associations fondées sur de sages principes l'enseignent et la divulguent. Quoi de plus efficace à cet égard que le mouvement coopératif dont l'éclosion, si récente chez nous, présente cependant déjà de remarquables résultats? Toutes ces sociétés de crédit mutuel dont la Belgique et surtout la Prusse offrent depuis longtemps les modèles, et sur lesquelles nous avons appelé, il. y a plusieurs années déjà, l'attention des lecteurs de la *Revue* (1), nous paraissent destinées non-seulement à modifier heureusement la condition matérielle des classes laborieuses, mais à en élever au plus haut degré le niveau intellectuel et moral.

Pour revenir au sujet particulier de cette étude, constatons qu'aucune localité plus que Lyon n'est prête à seconder les efforts qui seraient tentés pour répandre l'instruction et populariser la science économique. Les cours de la *société d'instruction* et ceux de la nouvelle société d'enseignement professionnel sont suivis avec une assiduité croissante. Favorisé par cet élan si remarquable, le mouvement économique se développe dans le sens le plus libéral

---

(1) Voyez la *Revue* du 15 février 1859, *Du Crédit mutuel.*

et par conséquent le plus digne d'encouragement. On sait avec quelle rapidité les sociétés de secours mutuels se sont multipliées à Lyon. Il se forme maintenant des sociétés de crédit, de consommation, de fabrication même. La société lyonnaise du crédit au travail est l'émule de celle qu'un homme persévérant a créée sous le même titre à Paris, et qui, partie des commencemens les plus modestes, a mérité, par ses progrès, d'être citée devant le sénat et louée par M. le ministre d'état. Une association de tisseurs réunit, à l'aide de versemens mensuels, le capital qui lui permettra d'entreprendre la fabrication pour le compte même de ses membres. De cette épreuve peut sortir la solution de la grave question de la fixation des tarifs entre le fabricant et le chef d'atelier. Par les résultats mêmes des entreprises de l'association, pour peu qu'elle dure, l'ouvrier se convaincra que ce n'est point le caprice qui hausse ou abaisse le prix de la main-d'œuvre, mais bien l'inflexible loi de l'offre et de la demande. Enfin une grande société mutuelle de consommation se forme en ce moment, qui pourrait rappeler les *magasins fraternels* de 1849, mais qui, à en juger par le nom de ses administrateurs, veut être une pure affaire commerciale, ce qui ne l'empêchera pas, tout au contraire, de servir à la démonstration de saines vérités économiques.

On le voit, presque toutes les questions qui avaient à Lyon plus qu'ailleurs si profondément troublé les esprits il y a seize ans n'ont pas cessé de les préoccuper; mais elles ont dépouillé le caractère menaçant qu'on leur a connu. Le milieu où elles se produisent est plus calme, les idées justes ont prévalu, et ce n'est pas trop s'avancer que d'espérer une prochaine et heureuse solution de ces questions redoutables qui semblaient toujours grosses de guerre civile. Sans donc nous arrêter aux critiques que méritent à coup sûr ceux qui n'ont pas su prévoir et par conséquent avancer l'heure du double mouvement intellectuel et économique dont le pays est agité, bornons-nous à souhaiter que d'injustes méfiances ne viennent point en arrêter la marche. Fasse en outre la Providence que des événemens imprévus n'en détournent pas la France elle-même!

BAILLEUX DE MARISY.

UNE

GUERRE DE NATIONALITÉ

AU XVIᴱ SIÈCLE

LE DUC D'ALBE ET LES PAYS-BAS.

—

Histoire de la Fondation de la République des Provinces-Unies, par M. Lothrop Motley,
précédée d'une introduction par M. Guizot; 4 vol. in-8º. Michel Lévy.

L'histoire n'est point une froide poussière qu'une vaine curiosité
remue pour en faire sortir de muettes et impassibles images. Elle
est pétrie avec du sang; elle est faite avec tout ce qui nous émeut
et nous enflamme encore. Elle est comme un champ de bataille retentissant où, sous des noms nouveaux, sous des formes nouvelles,
se déroulent incessamment des luttes qui ont commencé avant nous
et dont nous ne verrons pas la fin. Quand le drame de la vie des
peuples se resserre et se résout en quelque explosion émouvante,
quand des questions qui touchent au droit d'indépendance nationale, à la liberté religieuse, se réveillent tout à coup et mettent
aux prises toutes les passions, tous les instincts, nous avons assez
souvent l'ingénuité de croire que notre siècle entre tous a le privilége de ces grandioses et douloureuses convulsions. Ces questions
ont mille fois agité le monde; ce drame, c'est l'histoire elle-même,
au courant de laquelle se forme comme une double tradition : d'un
côté, les idées d'émancipation et d'affranchissement qui se propagent, s'étendent, s'affirment dans le sang, se retrempent dans les

épreuves; — de l'autre, l'esprit d'usurpation et de conquête qui
s'obstine, se défend, qui a sa politique et ses personnifications.

Dans ces dramatiques conflits, assurément la justice n'est point
toujours victorieuse. Elle subit d'effroyables outrages; elle reste plus
d'une fois ensevelie dans le désastre des humiliés et des vaincus, qui
retombent palpitans sous le talon du maître. Ce qui est certain, c'est
que la lutte ne s'interrompt pas pour une défaite infligée par la
force. Elle se déplace ou se transforme tout au plus; elle ne semble
s'assoupir un moment que pour se réveiller plus ardente et plus
vive. Aujourd'hui comme hier elle s'alimente aux mêmes sources,
et ce que nous avons vu de nos yeux, un peuple se levant tout entier pour sa liberté et pour sa foi, un peuple disputant son âme et
sa vie à une domination meurtrière, ce spectacle s'est vu à une
des heures les plus tragiques de la formation de l'Europe moderne,
dans la seconde moitié du xvie siècle. La Pologne du temps, c'est
la Hollande, cette petite Hollande qui commence par conquérir sur
l'océan la patrie matérielle avant de conquérir la patrie morale sur
l'absolutisme étranger. A trois siècles d'intervalle et dans des conditions bien différentes, c'est la même cause qui se débat par les
armes devant une Europe ennemie ou muette; c'est le même drapeau d'indépendance nationale et de liberté religieuse ombrageant
de ses plis mutilés et menant au combat tantôt des protestans, tantôt des catholiques; ce sont les mêmes phénomènes de résistance
désespérée et d'inflexible oppression. Le Mouraviev des Pays-Bas,
c'est ce duc d'Albe à la figure d'airain qui se détache sur le fond
sombre, héroïque et sanglant d'une guerre d'extermination, celui
qui est resté le type impassible et farouche des ravageurs de peuples. Ainsi entre le présent et le passé il y a une sorte d'échange
de lumière. Ce que nous voyons aide à comprendre ce que d'autres
ont vu, et cette histoire d'autrefois, à son tour, est comme l'é-
bauche concentrée et saisissante de toutes les entreprises d'émancipation, des guerres nouvelles de nationalité; elle en reproduit
d'avance les caractères, les mobiles, les violences, les poignantes
alternatives, les excès crians; elle montre de plus que les exécuteurs ne peuvent jamais épuiser le sang des victimes, et que s'il y
a pour les peuples des malheurs immérités, il y a aussi des victoires de la force qui n'ont pas de lendemain.

C'est le propre d'ailleurs de ces épisodes, où se condense à un
moment donné tout ce qu'il y a de plus vivace dans l'âme humaine,
qu'on ne puisse y toucher d'un cœur froid. Ces mots de liberté, de
patrie, d'indépendance, qu'ils retentissent au fond du passé ou
dans le présent, ont une invincible fascination, et laissent sur les
événemens dont ils résument l'esprit un reflet d'idéale grandeur.

Une révolution qui n'est qu'une révolution intérieure, c'est-à-dire le plus souvent une guerre civile, garde toujours je ne sais quelle couleur sombre et ingrate. Le droit s'obscurcit parfois dans les horreurs de ce déchirement d'une nation partagée entre deux camps ennemis, si bien qu'on ne sait plus où est la justice et que la sympathie hésite à se fixer. Ce n'est plus de même dans les guerres d'indépendance, où la lutte est engagée entre la conscience d'un peuple et une domination étrangère qui s'impose. Ici tout est clair, tout est tragiquement simple. Le droit, quelques défaites qu'il subisse, de quelques flétrissures qu'on cherche à l'avilir pour l'évincer, ne cesse pas d'être le droit. La force, de quelque nom spécieux qu'elle se pare, ne cesse point d'être la force ; victorieuse ou vaincue, elle reste livrée à l'incorruptible Némésis qui s'attache à elle et la marque d'une ineffaçable empreinte. Les esprits bien faits n'ont pas à secouer cet insupportable malaise qui naît de l'incertitude dans les grandes crises publiques. On est avec ces combattans de la bonne cause, combattans d'hier ou d'aujourd'hui, qui ne peuvent souvent que mourir pour affirmer leur droit de vivre, et dont le sang rejaillit à la face de ceux qui le versent sans mesure dans des luttes inégales. Telle fut cette guerre de l'indépendance hollandaise, qui revit tout entière avec ses épisodes, ses idées, ses passions, ses personnages, dans le beau livre de M. Lothrop Motley, une des histoires les plus substantielles, les plus animées, les plus entraînantes qui aient vu le jour depuis les vigoureux et éloquens récits de Macaulay, une de ces œuvres qu'on lit et qu'on relit, ne fût-ce que pour se donner ce spectacle toujours nouveau de la race humaine dans ce qu'elle a de plus sainement héroïque et dans ce qu'elle a de plus terriblement malfaisant, dans un Guillaume d'Orange et dans un duc d'Albe, — ne fût-ce aussi que pour apprendre à ne pas désespérer du bon droit dans les plus cruels abandons.

Voici en effet un petit peuple qui pendant un demi-siècle sent sur lui le poids d'une des plus puissantes monarchies du temps, d'une domination étrangère armée, au nom d'une pensée d'unité religieuse, de tous les moyens de compression et de destruction. Au moment voulu, il se rencontre un de ces hommes qui semblent faits pour frapper, frapper sans trêve et sans merci, qui ont la passion de leur métier, et qui peuvent certes dire ce que disait notre batailleur Montluc avec une sorte de mélancolie en parlant des cruautés de la guerre : « Dieu doit estre bien misericordieux en nostre endroit, qui faisons tant de maux. » Au-dessus du terrible exécuteur se tient le prince, qui de loin, du fond de sa cellule royale, dirige d'un cœur froid et d'une intelligence étroite l'œuvre de violence et de

ruse. L'un et l'autre travaillent consciencieusement à *pacifier!*
Contre son ennemi, qu'a donc ce peuple pour se défendre? Il n'a
rien à attendre du dehors. L'Allemagne lui prête à peine des mercenaires qui se débandent à la première défaite, si la solde est en
retard; la France lui envoie l'écho sinistre de la Saint-Barthélemy.
Il n'a pour opposer à la force organisée d'une administration tyrannique et d'une armée aguerrie que les débris de ses libertés locales
mutilées et un sentiment religieux trempé dans les massacres. Je
me trompe : il a encore un homme pour le conduire, pour le soutenir, et la mer, qu'il peut prendre pour complice en se submer-
geant lui-même pour submerger son ennemi. C'est tout, et cependant il finit par triompher. Il reste maître du champ de bataille, et
il se trouve avoir jeté un élément nouveau dans la politique européenne; mais cette laborieuse victoire, il faut qu'il l'arrache en
quelque sorte à la fortune, il faut qu'il la dispute pied à pied, jour
par jour, au milieu des exécutions et des spoliations. C'est là l'histoire que retrace M. Lothrop Motley, et l'historien, qui est un Américain du nord comme Prescott, est digne des événemens qu'il raconte. Il a écrit son livre, devenu aujourd'hui français, avec un
mélange de science et de feu, en vrai fils d'une république qui a
eu, elle aussi, sa guerre de l'indépendance, en protestant qui sent
encore remuer sa fibre contre l'implacable audace des persécutions
religieuses. Ce n'est point un livre impartial, si on prodigue ce
beau nom d'impartialité à ce sentiment sceptique et émoussé qui
se croit supérieur parce qu'il se cuirasse contre l'émotion, parce
qu'il tient la balance entre les persécuteurs et les victimes, entre
la force et le droit. Il est impartial dans le sens le plus élevé au
contraire, si l'impartialité est le respect de la vérité, l'exactitude
du récit échauffée, vivifiée par un énergique et libéral sentiment
de justice. C'est même le charme sérieux de cette histoire d'être
sincèrement, résolûment passionnée sans être infidèle, sans tomber
dans l'excès des vaines apologies ou des travestissemens frivoles.

Il y a longtemps déjà que ce douloureux et éclatant procès s'instruit. Les témoignages les plus imprévus se sont multipliés. Les
acteurs qui ont eu le premier rôle se sont dévoilés dans leurs correspondances, dans ce qu'ils croyaient ne dire que pour eux-mêmes
ou pour leurs complices. Guillaume d'Orange a parlé; Philippe II,
cet autre Taciturne, a parlé; il écrivait beaucoup, il calculait tout
ce qu'il écrivait, et ses lettres laissent voir jusque dans les profondeurs de cette âme implacable et subtile. Granvelle, le rusé, le
tenace cardinal, et le duc d'Albe n'ont plus rien d'inconnu. Les uns
et les autres, sans le vouloir, sans le savoir, ont livré le secret de
leur action et de leur pensée, le secret des deux camps. Le livre de

M. Lothrop Motley est comme le couronnement de ce long travail de divulgation, le résumé vigoureux et coloré de ce grand drame qui ouvre l'ère des luttes nationales modernes, qui est pour l'Europe elle-même le sanglant prologue de tout un ordre d'événemens nouveaux, d'une véritable révolution d'équilibre public par l'affranchissement d'un peuple.

I.

Le mot le plus populaire, le plus retentissant et le plus inexpliqué de notre temps est le mot de nationalité. Une nationalité vraie n'est point évidemment l'œuvre artificielle et soudaine d'une fantaisie révolutionnaire d'indépendance, ni même d'une de ces poétiques et touchantes fidélités d'une race qui s'attache avec une ardeur désespérée à ses souvenirs et à ses traditions. Elle a de bien autres racines. C'est un organisme vivant qui a sa raison d'être dans le droit, dans les faits, dans les mœurs, dans la politique, dans la religion, dans tout ce qui l'entoure. C'est de cet ensemble d'élémens que naît dans une convulsion douloureuse la nationalité hollandaise, à cette heure décisive du XVIᵉ siècle où se produisent ces deux grands faits, la rupture de l'unité religieuse de l'Europe et la formation des monarchies absolues.

Elle se lève humble et tourmentée, s'armant de ses libertés locales, s'affirmant par la foi religieuse, puisant sa force dans une situation nouvelle dont elle est l'expression et la garantie. Si elle n'avait eu que ses chartes et ses privilèges, elle eût échoué sans doute; elle n'eût été qu'une vaine protestation de l'esprit local. Si elle n'avait eu que son calvinisme naissant, elle n'eût fait qu'une guerre de secte. Même avec sa foi religieuse et ses libertés locales, elle eût probablement encore succombé, si elle n'eût répondu à un certain état du continent. C'est par toutes ces causes réunies que dans sa faiblesse même elle devient une puissance en face de cette puissance espagnole qui, assise au-delà des Pyrénées, ayant un pied en Italie, un pied dans les Pays-Bas, s'essaie à un absolutisme dominateur. C'est le rôle européen de la nationalité hollandaise de représenter au centre du continent un intérêt nouveau d'indépendance morale et d'équilibre politique, comme c'est le rôle européen de la nationalité polonaise d'aujourd'hui d'être à son tour au nord le soldat mutilé de la même cause en face de cet autre absolutisme qui n'a pas dit son dernier mot.

Il y a en plein XVIᵉ siècle une scène qui semble être le prologue de ce sanglant démêlé des Pays-Bas, où la révolution hollandaise, sans être née encore, plane comme une ombre invisible, où se trou

vent réunis pour une des plus étranges cérémonies du temps tous
ces personnages qui vont s'entre-choquer dans le combat : c'est la
scène de l'abdication de Charles-Quint à Bruxelles le 25 octobre
1555. Les états-généraux sont rassemblés dans le vieux palais des
ducs de Brabant. C'est un vrai tumulte de conseillers, de gouverneurs, d'échevins, de chevaliers de la Toison-d'Or en costumes magnifiques. L'empereur s'avance, goutteux, déformé, avec sa barbe
grise et hérissée, son front large, ses yeux d'un bleu sombre, sa
mâchoire bourguignonne plus pendante que jamais, et jouant son
rôle de dominateur dégoûté. Ce jeune homme sur lequel s'appuie
en marchant péniblement cet empereur en béquille, c'est Guillaume
d'Orange, celui qui sera l'âme de l'insurrection des provinces. Le
nouveau roi, Philippe II, petit, maigre, pâle, étroit de poitrine,
semble timide et embarrassé. Son œil glauque, qui regarde rarement
en face, est énigmatique. Sa froideur silencieuse et hautaine a quelque chose de sinistre. Dans cette foule se mêlent le brillant Lamo-
ral d'Egmont, le premier des chevaliers flamands, avec ses cheveux flottans, son regard loyal, sa moustache courte et ses traits
séduisans; l'inquiet, l'intègre et courageux comte de Horn; le hardi
et turbulent Brederode; Perrenot, l'évêque d'Arras, qui va être le
cardinal Granvelle et gouverner les Pays-Bas; le terrible Noircarmes, qui sera l'auxiliaire du duc d'Albe. Hommes de conseil ou
d'épée, ils sont tous là. Quand le rideau tomba sur cette scène si
merveilleusement arrangée pour l'éclipse de l'astre impérial, la tragédie pouvait commencer : le théâtre était trouvé, les acteurs
étaient prêts; sur quelques-uns de ces mâles visages passait déjà
l'éclat sinistre des morts violentes.

La tragédie pouvait commencer, disais-je. Elle n'éclate pas aussitôt sans doute, elle ne se noue même et ne se déroule qu'avec
une sorte de lenteur confuse : elle met dix ans à se dégager. La
vérité est cependant qu'elle était en germe dans la situation que
Charles-Quint léguait à Philippe II comme un héritage de feu et de
sang, dans le caractère du nouveau roi, dans l'incompatibilité
croissante de deux races violemment liées ensemble, et rien n'est
certes plus saisissant que cette lutte qui s'enflamme, s'étend, se ralentit ou se ranime en se compliquant sans cesse jusqu'au jour où
il n'y a plus ni merci ni conciliation possible. Cette lutte, c'est la
fatalité invisible de la scène du palais de Bruxelles. Sur ce champ
de bataille resserré et perdu dans un coin de l'Europe, deux choses
sont en présence : d'un côté une politique de conquête et de domination absolue, marchant à son but avec une redoutable fixité, de
l'autre un pays, une société où s'éveille sous la compression même
un invincible esprit de résistance.

Ces provinces wallonnes, flamandes, hollandaises, frisonnes, qui étaient passées des mains des derniers princes de Bourgogne aux mains de Charles-Quint, leur héritier impérial, pour rester un simple domaine espagnol, qui avaient grandi dans la pratique d'une semi-indépendance, étaient pleines de vie et d'activité. Elles s'étaient formées, elles s'étaient élevées par le travail, qui avait créé une vigoureuse bourgeoisie à côté de la fière et remuante noblesse flamande, par l'habitude de se mesurer avec le grand ennemi, l'océan, par l'éclat de leurs industries et de leurs arts, par le développement de toutes les libertés locales. Sur ce territoire morcelé et menacé, il y avait plus de deux cents villes, et quelques-unes rivalisaient avec les villes les plus populeuses, les plus animées et les plus riches de l'Europe. Presque toutes avaient leurs chartes, leurs corporations innombrables, et elles figuraient aux états-généraux, représentation commune de tout le pays. Chaque province avait sa constitution. Celle du Brabant portait un nom tout empreint de bonne humeur : elle s'appelait la « joyeuse entrée, » et elle était si populaire que les femmes allaient faire leurs couches sur le sol brabançon, pour assurer à leurs enfans l'avantage des privilèges de la province. La Hollande avait aussi sa constitution. Reléguée au nord et coupée par le Zuyderzée, la petite et pauvre Frise restait une sorte de république aux mœurs sobres et rudes. Les traits communs de ces constitutions sont le résumé éternel des conditions de toute liberté réelle. Point de subsides sans le vote des états-généraux, point de justice exceptionnelle, point d'étrangers dans les fonctions publiques, point de soldats étrangers, si ce n'est en temps de guerre; point de changemens dans l'organisation de l'église, si ce n'est avec le consentement des villes et de la noblesse; inviolabilité des lois et des coutumes, et si le prince y contrevient, « nul n'est tenu de lui obéir. » Par suite de leur position, qui en faisait le lieu de passage de toutes les idées et de tous les intérêts, et aussi par une conséquence de leur développement moral, ces provinces d'ailleurs étaient restées dans les affaires de religion assez indépendantes vis-à-vis de Rome, et elles étaient tout ouvertes aux doctrines nouvelles. Les tentatives de réformation allaient à ces esprits sensés, peu faits pour se plier aux mysticismes violens, et jaloux de leurs droits. Pour l'Espagne, tournée à l'absolutisme par son génie et par la logique de son histoire, toute cette efflorescence de liberté n'était qu'un obstacle à sa domination; les instincts naissans de réformation religieuse n'étaient que l'hérésie à déraciner, un élément de résistance de plus à vaincre. La politique espagnole, pour marcher à son but, avait deux moyens, elle en avait même trois. Elle avait d'abord la force, mais en outre

elle tenait dans sa main deux instrumens tout-puissans : la cour de
Malines, tribunal souverain créé justement pour coordonner, c'est-
à-dire pour détruire toutes les libertés locales en fondant l'unité
politique dans la servitude, et l'inquisition, qu'elle travaillait à introduire dans les Pays-Bas pour maintenir l'unité religieuse, de
telle sorte que, dès le premier moment, tous les élémens du combat se trouvaient réunis : l'heure de l'explosion était seule incertaine.

Tant que Charles-Quint avait gardé la puissance, cette lutte était
restée à demi voilée et comme suspendue. Nul, il est vrai, n'avait
mieux pressuré ces provinces et n'avait mis plus d'habileté à les
plier sous le joug. C'était lui qui avait infligé une cruelle et humi-
liante répression à l'insurrection de Gand en 1540, et c'était lui
aussi qui, par ses impitoyables édits de 1550, avait inauguré l'ère
des persécutions sanglantes contre les réformés. « Il était trop clairvoyant, selon le mot de l'historien nouveau, pour ne pas reconnaître la liaison entre l'amour de la liberté religieuse et celui de la
liberté politique, et sa main était toujours prête pour écraser les
deux hérésies. » Tel qu'il était cependant, le souple et habile empereur savait se servir de son origine flamande et était presque populaire dans les Pays-Bas. Il était volontiers familier avec ses compatriotes ; il allait boire de la bière avec les paysans brabançons et
tirer de l'arquebuse avec les artisans d'Anvers, tout comme il partageait les plaisirs des grands seigneurs flamands, dont il aimait à
s'entourer. S'il avait publié ses édits sanguinaires, les terribles
placards qui avaient fait déjà des milliers de victimes, il les laissait
dormir assez souvent. C'était une nécessité de sa situation ; il était
plus politique que fanatique : il avait fait la paix religieuse de Pas-
sau, il avait dans son armée des soldats luthériens qu'il voulait
garder, et il les laissait jusque dans son camp suivre la liberté de
leur foi, si bien que la cour de Rome s'en indignait. Et puis c'était
l'empereur. Sous son sceptre, les Pays-Bas étaient les égaux de ses
autres possessions ; ils faisaient partie d'un grand corps politique,
ils n'étaient point un peuple soumis, livré à un autre peuple, violenté dans son indépendance morale.

Charles-Quint une fois disparu et le prestige impérial évanoui,
ce n'était plus que la suprématie directe et oppressive de l'Espagne, la domination étrangère exercée par un prince plutôt fait pour
l'aggraver que pour l'adoucir. Philippe II n'avait rien de flamand.
Le jour de son avénement, il ne put même parler dans aucune des
langues du pays aux états-généraux. Tout Espagnol de goût, d'idées
et d'éducation, il n'avait que de l'antipathie pour l'esprit ou les
plaisirs de ces populations animées et bruyantes. Il était plus étran-

ger dans les Pays-Bas qu'en Angleterre même, où il était allé épouser la reine Marie Tudor. Avec lui, le système, habilement déguisé
ou ajourné sous Charles-Quint, se dévoilait dans sa clarté redoutable, et ce système, c'était la guerre à tout élément national, — la
guerre à l'esprit de liberté politique par la substitution de l'absolutisme royal à tous les droits locaux, la guerre à l'esprit de liberté
religieuse par l'inquisition fortifiée et poussée•au combat, par une
exécution plus complète et plus rigoureuse des édits de 1550, par
la création de trois archevêchés et de quinze évêchés nouveaux
transformés en instrumens de persécution. C'était en un mot la lutte
préparée et organisée. Le nouveau roi ne songeait pas à l'éviter; il
l'acceptait, non en guerrier, comme eût fait son père, mais en
homme d'une nature cauteleuse et sombre, qui nouait patiemment
tous les fils de sa vaste tentative avant de laisser éclater la foudre
des répressions sans pitié.

Ce sont là en effet les deux phases de cette politique marchant
pas à pas vers son but de domination, et elles sont merveilleusement représentées dans ces deux gouvernemens qui se succèdent,
le gouvernement de Marguerite de Parme, j'allais dire le gouvernement de Granvelle, et la dictature du duc d'Albe. A l'époque de
sa régence dans les Pays-Bas, Marguerite de Parme avait trente-
sept ans. C'était une femme aux traits masculins, montant à cheval
et chassant comme une fille de Marie de Bourgogne, ayant de violens accès de goutte comme son père, bonne catholique qui avait
eu pour confesseur Loyola lui-même, rompue aux duplicités de la
politique. Par sa naissance, — elle était fille naturelle de Charles-
Quint et d'une demoiselle d'Oudenarde, — elle tenait aux Pays-Bas;
par ses deux mariages successifs avec Alexandre de Médicis, — celui qui mourut du coup de poignard de Lorenzaccio, — et avec le
jeune Octave Farnèse, neveu du pape Paul III, elle tenait à l'Italie.
Philippe l'avait choisie pour son origine flamande, qui pouvait en
faire un instrument précieux dans sa docilité.

L'âme de ce gouvernement d'ailleurs, c'était Granvelle, le cardinal évêque d'Arras, homme adroit, remuant, ambitieux, instruit,
d'une activité à écrire cinquante lettres par jour, assez habile pour
flatter le roi en débrouillant ses pensées, pour s'imposer en paraissant obéir servilement, et en définitive ayant plus d'esprit d'intrigue
et de dextérité que de consistance sérieuse. Ce fut lui qui fut chargé
de cacher l'épée tendue et meurtrière sous les finesses de sa diplomatie. Granvelle est un des types de l'école absolutiste insinuante
et modérée. Il voulait les mêmes choses que Philippe, mais il les
voulait autrement, en louvoyant sans cesse, en rusant avec tous ces
gentilshommes à l'humeur indépendante dont il rencontrait partout

l'opposition, avec le peuple qui avait le tort de ne pas vouloir se laisser brûler, et tandis que Philippe, impatient d'action, lui écrivait : « Il n'est plus temps de temporiser, il nous faut châtier avec la plus grande rigueur; ce n'est que par la terreur que nous viendrons à bout de ces misérables, et encore ne sommes-nous pas sûrs de toujours réussir; » tandis que le roi parlait ainsi, le cardinal, lui, temporisait et enveloppait la terreur de subtilités : il avait presque la prétention étrange de la faire accepter comme un bienfait, il avait toute sorte de curieux expédiens pour colorer les édits d'un reflet de la popularité survivante de Charles-Quint. pour faire passer l'inquisition en évitant de l'appeler l'inquisition espagnole, puisque c'était le nom redouté et honni. Le vrai caractère de ce gouvernement, c'est d'avoir été une tentative pour amortir ce grand feu naissant des Pays-Bas dans une compression doucereusement violente, en représentant ce mouvement contagieux tantôt comme un déchaînement de démagogues et de révolutionnaires, tantôt comme l'œuvre de quelques nobles ruinés et turbulens qui voulaient refaire leur fortune aux dépens de l'église, et relever leur pouvoir aux dépens de la couronne et du peuple. Cet habile cardinal, que la fortune jetait dans les Pays-Bas pour cacher sous sa robe rouge une pensée de conquête, savait déjà de son temps comment on accable un peuple en l'appelant démagogue, comment on fait la guerre à une noblesse patriote qui défend les droits du pays en l'accusant d'être une oligarchie impérieuse et agitatrice.

L'habileté n'est pas tout dans les affaires humaines. Granvelle se trompait. Il avait accepté avec une imperturbable légèreté la plus rude, la plus ingrate, la plus impossible des missions, celle de réduire par un mélange de duplicité et de violence une société qu'il sentait grandir sous sa main, que la persécution désespérait sans l'abattre, que la ruse irritait sans la tromper. Il ne voyait pas que cette agitation, avec laquelle il jouait, tirait sa puissance, non de la turbulence de quelques nobles, ou du fanatisme de quelques briseurs d'images, ou d'un instinct démocratique suscité par la réforme, mais de la force des choses, de ce frémissement qui courait dans tout le pays. Il ne remarquait pas que tout se tenait par un lien indissoluble dans la résistance comme dans la compression, et que c'était cette politique acharnée à la destruction de l'indépendance morale, religieuse, politique des Pays-Bas, qui scellait l'alliance de la noblesse et du peuple, des sceptiques et des croyans, des instincts nationaux et de la foi religieuse nouvelle, qui faisait en un mot d'une agitation décousue un mouvement universel et irrésistible. Personnellement Granvelle périt à l'œuvre: il tomba sous le ridicule et sous le poids de sa propre impuissance, abandonné du roi, haï du peuple, méprisé et raillé par toute cette noblesse avec laquelle il était en guerre. En peu de temps, il attira sur lui une impopularité colossale. De cette situation assombrie, la gaîté jaillissait encore comme une étincelle, et se répandait en quolibets, en satires, en bouffonneries. On lui remettait à lui-même, sous forme de pétition, une caricature où il était représenté comme une poule couvant des œufs d'où sortaient des évêques ayant une ressemblance grotesque avec ceux qu'on venait de nommer, et au-dessus de la tête du cardinal se montrait le diable disant : « C'est ici mon fils bien-aimé, écoutez-le. » Brederode, « personnage escervellé si oncques en fut, » le poursuivait de toute sorte de mascarades et mettait sur son chapeau au lieu de plumes une queue de renard symbolique. Pour railler le luxe et les somptueuses livrées du cardinal, d'Egmont imaginait une livrée nouvelle, ce qu'on appela la livrée des *sotelets,* une tunique de drap grossier avec de longues manches pendantes sur lesquelles étaient brodées pour tout ornement un capuchon de moine et un bonnet de fou. En quelques jours, tout le drap du Brabant et la serge de Flandre furent employés à faire ces livrées, qui passaient dans les rues de Bruxelles comme une satire vivante. Politiquement, Granvelle ne réussit pas mieux. La ruse était aussi impuissante que la violence. Les persécutions, loin de faire reculer les idées nouvelles, devenaient un stimulant redoutable, et à deux pas des bûchers, des gibets, on confessait la foi réformée. Les remontrances se succédaient de la part des villes, des états provinciaux à chaque violation des droits du pays. La résistance en un mot ne faisait que s'étendre et se fortifier.

Il manquait un programme à ce mouvement grandissant, et ce fut là l'origine du *compromis,* qui ne portait d'abord que trois signatures, celles de Brederode, de Charles de Mansfeld et de Louis de Nassau, mais qui réunit bientôt des milliers de noms, surtout parmi les petits gentilshommes et même dans la bourgeoisie. C'était l'engagement de défendre en commun les droits du pays, de combattre l'inquisition et les étrangers, et de se prêter appui, tout cela mêlé de protestations de loyauté et de fidélité au roi. Une fois créée, la confédération nouvelle devait faire acte de vie. Trois cents gentilshommes arrivèrent bruyamment à Bruxelles, Brederode en tête, pour présenter une pétition à la régente, et leur présence seule, en révélant le progrès de l'agitation, remuait la ville, troublait Marguerite de Parme, divisait le conseil, où se trouvaient des hommes tels que Guillaume d'Orange, d'Egmont, Horn, Montigny, qui, sans avoir signé le *compromis,* ne pouvaient ni le désapprouver, ni livrer leurs parens et leurs amis qui l'avaient signé. La ligue finit misérablement avant que la lutte réelle eût commencé ; ce

compromis cependant était l'expression première et en quelque
sorte l'acte de naissance d'une révolution.

A ces *insurgens* des Pays-Bas il manquait aussi un nom, — un
nom original et populaire fait pour frapper les masses. Ce nom
leur vint d'un sarcasme lancé par une bouche ennemie. Lorsque
les confédérés se présentèrent à la régente avec leur pétition, remplissant les salles du palais de leur jeunesse, de leur fierté et de
leurs magnifiques costumes, Berlaymont, un des seigneurs flamands aveuglément fidèles au parti du roi, s'écria avec colère devant la duchesse : « Eh! comment, madame, votre altesse a-t-elle
crainte de ces *gueux?...* Par Dieu vivant! qui croirait mon conseil, leur requête serait apostillée à belles bastonnades, et nous
les verrions descendre les degrés de la cour plus vitement qu'ils
ne les ont montés. » Le soir même, les confédérés, se promenant
dans la ville, passèrent sous le balcon de la maison de Berlaymont, et celui-ci, qui était avec le comte d'Aremberg, répéta encore : « Voilà nos beaux *gueux!* Regardez, je vous prie, avec quelle
bravade ils passent devant nous. » Trois jours après, dans un banquet organisé pour couronner cette belle campagne, Brederode,
qui n'était « ni chancelier ni bachelier, » qui savait mieux boire
que réfléchir, mais qui avait un certain instinct d'agitateur, Brederode se leva tout à coup et dit d'un ton joyeux : « On nous
appelle des *gueux!* Eh bien! soit; nous combattrons l'inquisition,
mais nous resterons fidèles au roi, nous fallût-il porter une besace
de gueux. » Puis, se faisant apporter par un de ses pages un sac de
mendiant et une écuelle de bois, il passa le sac autour de son cou,
remplit l'écuelle de vin, et, la vidant d'un trait, il s'écria : « Vivent
les *gueux!* » Parmi les convives, éclatant en frénétiques acclamations, chacun voulut en faire autant et boire dans l'écuelle de bois
en poussant le même cri. On avait jeté une injure à cette jeunesse,
elle la ramassait pour s'en parer. Les *insurgens* avaient un nom
avant de prendre les armes, et ce nom allait retentir pendant des
années dans les massacres, dans les combats sanglans, sur mer et
sur terre, en devenant le mot d'ordre d'une des premières guerres
modernes de nationalité.

Représentez-vous la situation des Pays-Bas à ce moment où, par
un étrange contraste, les confédérés faisaient leur entrée dans ce
même palais de Bruxelles, dans ces mêmes salles où quelques-uns
des acteurs pouvaient se souvenir d'avoir vu la scène de l'abdication de Charles-Quint. Depuis dix ans, le gouvernement de Philippe II, fixe dans sa pensée, travaillait avec la logique de l'absolutisme à refondre ces provinces, à déraciner tout sentiment de
liberté morale et d'indépendance politique par toutes ces mesures

étroitement liées, l'inquisition, les édits, l'institution de nouveaux évêques, le refus obstiné de rassembler les états-généraux, la violation permanente et systématique de toutes les garanties légales. Il ne semblait hésiter ou s'arrêter par instans que pour reprendre son œuvre avec une opiniâtreté plus implacable, en dissimulant tout au plus la violence sous la ruse, et sans se laisser détourner de son but de domination absolue. Depuis dix ans aussi, le pays résistait, s'épuisait en remontrances inutiles, s'agitait dans les liens sanglans qui l'enlaçaient par degrés, et se défendait de son mieux dans la confusion. Les uns, comme Brederode, entraient dans la lutte gaîment, étourdiment, et ne voyaient guère qu'une excitante partie de plaisir dans cette entreprise de défense nationale. Les autres, comme le comte d'Egmont, Horn, Montigny, étaient pleins de trouble et d'anxiété, inclinant tantôt vers la cause populaire, tantôt vers le gouvernement, toujours mécontens et fidèles. Ils allaient à Madrid, se laissaient gagner un moment, puis retombaient sous l'impression poignante qui les attendait au retour, et ils ne voyaient pas qu'avec leurs tergiversations ils étaient aussi coupables aux yeux de Philippe que de vrais rebelles, qu'avec leur loyauté, avec leurs services, ils marchaient sans profit et sans gloire à une destinée tragique. Le premier de tous, Guillaume d'Orange, sans se livrer à des têtes légères comme Brederode, sans partager aussi les doutes du comte d'Egmont, suivait dans son âme sérieuse et prévoyante les progrès du mouvement, surveillait d'un regard pénétrant la marche de la politique royale, prêt à toutes les résolutions, mais ne voulant rien précipiter, préférant paraître se dérober à son rôle et méritant ainsi de personnifier une révolution qui déjà devinait en lui son chef. Au-dessous, les masses pressurées et exaspérées étaient tombées dans la situation la plus affreuse. Plus de cinquante mille victimes avaient péri par les bûchers ou par le gibet. Il n'y avait plus de sécurité pour les vivans. L'émigration commençait à dépeupler le pays, les industries s'arrêtaient, la famine envahissait les campagnes; mais rien ne suspendait les progrès de la foi nouvelle, qui sous l'aiguillon de la souffrance devenait une vraie passion, élevant ainsi une barrière bien autrement redoutable que celle de la politique entre le roi étranger et ses sujets des provinces flamandes. Depuis dix ans enfin, ce drame se nouait dans la conscience graduellement révoltée d'un peuple et dans l'âme soupçonneuse de Philippe, où tout ce qui venait des Pays-Bas allumait la pensée d'une répression plus décisive, l'impatience d'en finir.

Jusque-là cependant les camps se formaient, l'antagonisme s'envenimait, le choc n'avait point éclaté, on n'en était pas venu à in-

voquer la force comme l'unique et suprême juge; mais l'heure arrivait visiblement où il était impossible d'aller plus loin sans se
heurter. Le gouvernement était dans l'alternative de retirer toutes
les mesures par lesquelles il avait violenté les populations des Pays-
Bas, c'est-à-dire d'abdiquer, ou de pousser jusqu'au bout son système, c'est-à-dire de marcher à la soumission des provinces par
le fer et le feu, par une invasion de force soudaine et irrésistible.
Le pays, à son tour, ne pouvait plus faire un pas sans toucher à
l'une de ces extrémités : périr obscurément ou se sauver lui-même
par une de ces témérités héroïques qui naissent du désespoir, se
soumettre absolument, sans condition, au plus dur des jougs, ou
arriver droit au dernier mot de cette agitation de dix ans, l'indépendance politique et religieuse, l'indépendance nationale. Chaque
jour aussi se rétrécissait le mince terrain sur lequel se débattaient
encore les âmes généreuses et vacillantes qui prétendaient obstinément concilier la loyauté envers le roi et la fidélité à leur nation.
Le comte d'Egmont était de ces âmes. Il souffrait cruellement; il ne
voulait pas prendre les armes contre le roi; il ne voulait pas les
prendre non plus contre le pays, et il répétait qu'il irait « se cacher
là où nul homme ne pourrait plus le voir. » C'est alors que la lutte
se précipite et s'enflamme réellement. Elle éclata d'abord en em-
portemens populaires comme la guerre aux images dans les églises,
en séditions multipliées où s'enhardissaient les réformés; elle devint plus flagrante dans ces prises d'armes tentées pour délivrer
Valenciennes, qui subissait un siège pour avoir refusé une garnison
espagnole, ou pour insurger Anvers, que contenait encore de sa présence Guillaume d'Orange, moins en représentant du roi qu'en modérateur volontaire. De son côté, Philippe, confirmant tous ses édits,
exigeant de ses sujets des provinces un nouveau serment d'obéissance absolue, écartant tous les vains palliatifs, — Marguerite de
Parme après Granvelle, — laissait voir enfin sa vraie pensée dans ces
deux faits, la préparation d'une armée d'invasion et la nomination
du duc d'Albe comme gouverneur des Pays-Bas. A ce moment suprême où toutes les situations se tranchaient, Guillaume d'Orange,
qui avait déjà donné sa démission de tous ses emplois, qui venait
de refuser le nouveau serment qu'on lui demandait, voulut voir encore une fois le comte d'Egmont; il le rencontra entre Anvers et
Bruxelles, dans le petit village de Willebroek. L'amitié qu'il nourrissait pour lui avait « jeté des racines trop profondes dans son
cœur, » selon sa parole touchante, pour qu'il n'essayât pas de le
ramener. Il le pressa d'accepter pour le moment l'exil avec lui.
Tout fut inutile. Ces deux hommes se quittèrent le cœur serré pour
ne plus se revoir. Le comte d'Egmont partit pour aller au-devant

de l'envoyé du roi, sans se douter qu'il faisait la moitié du chemin à la rencontre de la mort qui venait vers lui. Guillaume d'Orange partit pour l'Allemagne, allant attendre les événemens qui se préparaient. Ce n'était pas trop tôt. Pendant que Guillaume franchissait la frontière, tandis que Marguerite de Parme, de son côté, blessée de son brusque remplacement, se débattait en lettres amères avec son frère, tandis que le pays tout entier attendait frémissant et désolé, le bruit des bandes espagnoles accourant d'Italie se laissait déjà entendre à travers les gorges des Alpes. L'armée d'invasion arrivait en bataille, conduite par son chef, et c'est ainsi que naissait cette dictature du duc d'Albe, expression préméditée et éclatante d'une politique résolue à tout, capable de tout, excepté d'avoir raison d'une passion d'indépendance nationale unie à une passion religieuse.

II.

C'était, à vrai dire, toute une conquête à refaire, et cette conquête était la fatalité de toute une situation. Lorsque le duc d'Albe mit le pied sur le sol des Pays-Bas, à Thionville, vers le milieu d'août 1567, il conduisait avec lui dix mille hommes des plus vieilles bandes espagnoles, des vieux *tercios* de Lombardie, de Sardaigne, de Sicile et de Naples, ce que Brantôme appelle une « gentille et gaillarde armée, » formée de soldats aux armures étincelantes, « équipés de tous points comme des capitaines, » accoutumés à se battre, durcis par la discipline, gonflés de la grandeur de leur pays, et brûlant de se jeter sur la riche proie qu'on leur livrait. Deux mille femmes suivaient ces bandes redoutables. L'armée était faite pour le chef qui la conduisait; chef et armée étaient faits pour la politique dont ils étaient les exécuteurs.

Fernand Alvarez de Tolède, duc d'Albe, avait soixante ans et passait pour un des premiers hommes de guerre de l'Europe. Depuis l'âge de seize ans, il vivait dans les camps; il s'était formé au feu des batailles de Charles-Quint. Il s'était battu contre les Turcs, battu en Espagne, battu en Italie, battu en Allemagne, partout, excepté en Afrique. C'est lui qui, à la bataille de Mühlberg contre les confédérés protestans de Smalcalde, avait si rapidement et si heureusement conduit le passage de l'Elbe qu'il avait surpris l'électeur de Saxe, Jean-Frédéric, au milieu de ses dévotions, et que l'on avait cru à un miracle renouvelé de Josué, pour lui laisser le temps de vaincre. Comme plus tard le roi de France Henri II l'interrogeait sur ce qui en était du miracle de Mühlberg, il répondit fièrement : « Sire, j'étais trop occupé ce soir-là de ce qui se passait sur la terre pour prendre garde aux évolutions des corps célestes. » Il n'était pas si humble dans sa foi qu'il crût à la nécessité d'un prodige pour vaincre. Plus récemment il avait été employé en Italie à cette petite guerre ingrate et déplaisante contre le pape Paul IV, pendant que les brillans seigneurs flamands, d'Egmont en tête, couvraient les premiers jours du règne de Philippe II de l'éclat décevant et fatal à la France de Saint-Quentin et de Gravelines. Il avait cela sur le cœur. Il est vrai que d'un autre côté, surtout dans les derniers temps, on lui faisait la réputation d'être un stratégiste plus prudent que hardi, un tacticien habile à éviter le combat, et qu'un plaisant gentilhomme de la cour lui écrivait en lui donnant le titre ironique de « général des armées de sa majesté dans le duché de Milan en temps de paix et majordome de sa maison en temps de guerre. » Il était homme à dédaigner ces légèretés, comme aussi il était bien capable de les faire expier dans l'occasion à ceux qui se les permettaient. Il avait la vengeance terrible, et sa longue carrière en faisait un des conseillers les plus écoutés de Philippe II.

Sa physionomie est parlante. On le voit encore tel que le représentent les portraits qui sont restés de lui avec sa taille haute et raide, sa tête petite, sa figure longue, ses joues creusées, son teint pâle, ses yeux noirs et perçans, ses cheveux hérissés et sa barbe grise tombant en deux mèches sur sa poitrine. Sous cette enveloppe se cachait un homme dur, hautain, opiniâtre, froidement passionné, si l'on peut allier ces deux mots, tempérant, avare, ayant peu de vices aussi bien que peu de qualités, mais les poussant jusqu'au bout. Les troubles des Pays-Bas avaient allumé en lui une haine inextinguible contre ces seigneurs flamands dont il recommandait sans cesse de couper la tête, contre toute cette population des provinces qu'il acceptait d'aller gouverner en disant avec dédain : « J'ai fait plier des hommes de fer dans mon temps ; croit-on que je n'écraserai pas aisément ces gens de beurre ? » Tel était l'homme que Philippe II choisissait seul dans le secret de ses résolutions, et qu'il envoyait avec une autorité dont seul aussi il connaissait la limite.

Un trait frappant en effet, c'est le caractère mystérieux de ce pouvoir nouveau dans son origine, dans ses allures, dans sa manière de se produire. La duchesse de Parme elle-même, émue et offensée, demande au nouveau gouverneur ce qu'il est chargé de faire : il répond avec un diplomatique dédain « qu'il ne se le rappelle pas bien au juste, mais que le cours des événemens lui en rafraîchira le souvenir, et qu'alors il pourra le lui dire. » Pour le pays, ce pouvoir est une énigme bien plus redoutable encore. Il a réellement une vague ressemblance avec la foudre ; il a paru à peine qu'il a déjà frappé. Pour le duc d'Albe d'ailleurs, la question n'est nullement de distinguer, de savoir quels sont les coupables. Le coupable, c'est le pays tout entier, depuis le chevalier de la Toison-d'Or, la veille encore stadthouder d'une province et membre du conseil privé, jusqu'au plus humble tisserand de Bruges, depuis Guillaume d'Orange jusqu'au plus pauvre paysan des Frises, depuis le comte d'Egmont jusqu'au plus obscur des mariniers de l'Escaut. Le crime, ce n'est pas même un acte prouvé de révolte, c'est l'esprit, c'est la revendication légale d'un droit civil ou religieux, et la plus étrange, la plus effroyable expression de cette politique est assurément cette sentence de l'inquisition d'Espagne, sentence unique dans les annales humaines, qui coïncidait avec la mission du duc d'Albe, et condamnait à mort la nation tout entière, hommes, femmes, enfans, nobles, bourgeois et peuple, de telle sorte que ceux qui resteraient seraient des vivans de tolérance; la vie était une grâce, une amnistie, et les amnistiés qui se réfugiaient dans l'obéissance muette, ou mieux encore dans une complicité effarée avec le nouveau régime, ceux-là mêmes n'étaient pas toujours sûrs d'être jusqu'au bout à l'abri de la terrible sentence. Ils étaient tous condamnés en masse, quelques-uns personnellement et distinctement. Le duc d'Albe n'avait qu'à ouvrir son portefeuille pour y trouver des blancs-seings de mort qu'il apportait tout prêts de Madrid. Les principales victimes étaient désignées d'avance. Guillaume d'Orange était en Allemagne et hors d'atteinte; Montigny et Berghen étaient en Espagne, et ceux-là étaient en sûreté sous la main de Philippe. D'Egmont et Horn restaient à portée, ils n'avaient pas voulu quitter les Flandres; le duc d'Albe les flatta un moment pour détourner tout soupçon; il les endormit, les attira et les prit au piège, présidant lui-même au guet-apens. Il prit le secrétaire du comte d'Egmont, Bakkerzeel, et le bourgmestre d'Anvers, Antoine van Straalen, dans le même coup de filet. Le 23 août, il était arrivé à Bruxelles; le 5 septembre, il annonçait sa capture au roi d'un ton de triomphe, en s'accusant pourtant un peu du retard. C'était le commencement de la grande et terrible liquidation des troubles des Pays-Bas, et, chose curieuse, par une de ces évolutions comme il s'en rencontre quelquefois, la duchesse de Parme, qui était encore à Bruxelles, qui se sentait humiliée et le laissait voir, redevint un moment presque populaire en face des Espagnols et de leur implacable chef; mais il n'était plus temps, et le duc d'Albe, ce vrai *pacificateur* de nations, mettait la main à une œuvre qui allait durer cinq ans.

Il y a dans l'administration du duc d'Albe deux ordres de faits, la guerre et la politique. La guerre n'est pas ce qui l'occupa le plus d'abord. Le pays, incertain et abattu dans le premier moment, sentait la main de fer qui l'étreignait. Il était peu préparé encore à se saisir de toutes les armes, à tenter de lui-même la périlleuse extrémité d'une insurrection intérieure, et il ne savait ce qu'il pouvait attendre du dehors, des émigrés, dont le flot grossissait à ses frontières. Il était partagé entre le sentiment de l'oppression grandissante et la crainte des représailles, s'il remuait. C'est seulement quelques mois plus tard que se levait définitivement ce drapeau de résistance armée qui devait reculer bien des fois encore pour se relever sans cesse. Une invasion avait été préparée par Guillaume d'Orange; elle devait s'accomplir sur quatre points à la fois. Un détachement devait entrer par l'Artois; un second, conduit par Hoogstraaten, devait passer entre la Meuse et le Rhin, tandis que Guillaume lui-même attendrait du côté de Clèves, et que son frère, le bouillant et chevaleresque Louis de Nassau, pénétrerait dans la Frise. Cette tentative, malgré un succès momentané en Frise, échoua tristement et rapidement. Elle n'aboutit qu'à hâter le supplice du comte d'Egmont et de Horn. Le duc d'Albe jeta leurs têtes sanglantes à la face des rebelles, et, marchant lui-même contre Louis de Nassau, le dernier à tenir la campagne, il vainquit cette première insurrection bien moins par l'audace que par la tactique, en l'usant, en l'épuisant, pour finir par la noyer dans le sang; puis il revint en triomphe à Bruxelles reprendre l'œuvre politique qu'il avait commencée dès le premier jour, et sur laquelle il comptait, bien plus que sur les armes, pour dompter irrévocablement le pays, pour transformer ce nid de rebelles en une province soumise, définitivement espagnole.

C'est là en effet le côté essentiel, caractéristique de l'administration du duc d'Albe dans les Pays-Bas. C'est par là qu'elle est vraiment un phénomène moral, qu'elle reste dans l'histoire comme le type de l'oppression systématique et organisée. Ce n'est plus, qu'on l'observe bien, un ensemble de mesures despotiques et violentes inspirées à un gouvernement par une prétendue nécessité de défense, c'est le code même de la destruction d'un peuple. La condamnation à mort de la nation tout entière par l'inquisition n'était, si l'on veut, qu'un monstrueux épouvantail, une lugubre et ridicule jactance; l'administration du duc d'Albe était la mise en pratique bien autrement redoutable, bien autrement efficace de cette idée. Ce terrible homme avait compris que, pour réduire un pays, il ne suffisait pas de marcher sur lui à main armée, de dompter ses effervescences, qu'il fallait le décomposer, l'atteindre dans son organisme, l'attaquer dans sa vie morale et dans son économie sociale, dans ses traditions et dans son caractère, dans sa constitution civile et dans sa richesse. De là toute sa politique à la fois religieuse, sociale et économique, très complexe dans les détails, très simple dans sa conception. La force était au sommet, et elle trouvait son symbole dans cette citadelle d'Anvers qui avait été une des premières pensées du nouveau gouverneur. L'application du système était d'abord dans le *conseil des troubles,* qui a reçu depuis l'ineffaçable nom de *conseil de sang,* et qui remplaçait d'un coup toutes les autres institutions. Ce n'était en apparence, au premier moment, qu'une cour de justice sommaire créée pour réviser le grand procès de l'agitation des Pays-Bas; c'était au fond une meurtrière et irrésistible machine d'absolutisme concentré sous laquelle périssaient, mutilés et broyés, privilèges, constitutions, garanties de justice, lois civiles, libertés municipales. Des Flamands, complices par crainte ou par entraînement, comme le souple président Viglius, Berlaymont, Noircarmes, faisaient partie de cette sorte de commission extraordinaire; en réalité, ils n'étaient que des instrumens. Deux Espagnols seuls décidaient, tranchaient, votaient; le duc se réservait à lui-même le droit de prononcer souverainement; il se défiait des hommes de loi, qui « ne condamnent, disait-il, que lorsque le crime est prouvé. » Le *conseil de sang* étendait à tout sa juridiction. C'était un crime, selon cet étrange code, d'avoir osé penser que le roi n'avait pas le droit de détruire la liberté des provinces, ou que le tribunal devait se conformer aux lois; c'était un crime d'avoir signé des pétitions contre les nouveaux évêques, contre les édits, de n'avoir point résisté aux briseurs d'images, aux prédications des réformés, d'avoir eu des sympathies pour le *compromis* et les confédérés... Le silence devenait une trahison comme la parole, et la peine était aussi simple que la juridiction était étendue : c'était la mort dans tous les cas. Le *conseil des troubles* ne bornait pas son action à Bruxelles; il avait des ramifications partout, il enveloppait le pays, et, pour ne pas laisser échapper ses victimes, le dictateur des Flandres avait imaginé un raffinement nouveau : il infligeait les peines les plus sévères aux voituriers coupables d'aider dans leur fuite ceux qui cherchaient à émigrer. Il voulait seul tuer ou bannir. C'était encore un crime de se dérober à l'extermination, et l'obéissance elle-même n'était plus un refuge assuré.

Par le *conseil de sang,* l'omnipotent proconsul tenait la vie, la sûreté individuelle, les libertés de la population des Pays-Bas; par ses mesures économiques, il tenait ses biens, son travail, sa richesse. C'est le propre de ces destructeurs d'avoir une économie politique merveilleusement appropriée à leurs desseins. La confiscation est le premier de leurs procédés, et quand la confiscation ne suffit plus, le système prend la forme des taxes ruineuses. L'économiste chez le duc d'Albe égalait l'administrateur : il voulait remplir le trésor et subvenir aux immenses dépenses du roi. Quand il vit que les confiscations, même multipliées à l'infini, n'offraient qu'une ressource insuffisante et précaire, et que le trésor restait vide, il songea à établir tout un système d'impôts par l'autorité directe de la couronne. Ce n'était pas seulement effrayer tous les intérêts menacés, c'était attaquer cette société aux abois dans son dernier retranchement, qui était le droit absolu et exclusif de consentir l'impôt; mais il eût été trop simple de croire qu'une nation condamnée à mort avait le droit de voter des contributions. Les taxes imaginées et imposées par le duc d'Albe étaient combinées de façon à produire le plus possible, au risque de ruiner le pays, de tarir les sources du commerce et de la richesse. Il y en avait trois principales : l'une de 1 pour 100 sur toutes les propriétés mobilières et immobilières, qui devait être prélevée immédiatement; l'autre de 5 pour 100, perpétuelle, sur toute mutation de la propriété foncière; la troisième enfin, de 10 pour 100, sur toutes les marchandises ou articles mobiliers, toutes les fois qu'ils changeraient de mains. On a fait mieux depuis. A cette époque, il était clair que ni la propriété, ni l'industrie, ni le commerce, ne pouvaient résister à cette combinaison du dixième et du vingtième. Le duc d'Albe n'y regardait pas de si près; il se promettait des millions, il les promettait d'un ton de triomphe au roi, et la moindre résistance était un acte de trahison.

Ainsi, dans ce réseau de compression sanglante et minutieuse, les Pays-Bas se trouvaient serrés jusqu'à étouffer. Ceux qui échappaient pour la religion avaient la main du bourreau sur eux parce qu'ils osaient mettre en doute le droit absolu du roi et invoquer les libertés anciennes. Ceux qui se taisaient avaient à répondre de leur silence comme suspects. Ceux que la politique avait épargnés retombaient sous les coups du fisc et se relevaient coupables. Le marchand était pris pour sa richesse, le protestant pour l'hérésie, le catholique parce qu'il trouvait mauvais que le protestant fût brûlé, et le *conseil des troubles*, l'universel distributeur de la justice, faisait son œuvre. En peu de temps, les Pays-Bas étaient devenus comme un cirque ensanglanté. Les exécutions se succédaient; à peu de jours d'intervalle, la sentence de mort frappait quatre-vingt-quatre habitans de Valenciennes, quatre-vingt-quinze personnes de différens villages de Flandre, quarante-six habitans de Malines, trente-cinq accusés ramassés dans les environs. Ailleurs c'était une vieille femme coupable d'avoir donné asile, dix-huit mois auparavant, à un pauvre ministre réformé, et surtout d'avoir une fortune considérable, bonne à confisquer. Elle avait quatre-vingt-quatre ans, elle fut portée à l'échafaud assise sur une chaise, et, regardant sans trembler l'exécuteur en face, elle lui dit « qu'elle espérait que son sabre était bien aiguisé, attendu que son vieux cou serait dur à couper. » La ville et la province d'Utrecht voulurent résister à l'établissement des impôts; le duc livra la ville à ses soldats. On résista encore; les magistrats d'Utrecht furent traînés devant le *conseil des troubles,* qui les condamna, eux et les habitans, comme coupables d'hérésie et de haute trahison, et ordonna la confiscation de tous les biens de la province. Le duc d'Albe, tout bon économiste qu'il fût, ne se doutait guère qu'il ne suffisait pas de décréter des impôts. Des industriels de Bruxelles, pour se soustraire aux nouvelles taxes, suspendirent leur commerce, si bien qu'on finissait par ne plus trouver à acheter ni pain, ni viande, ni bière. Le terrible économiste ne l'entendait pas ainsi; il appela aussitôt le bourreau : il avait résolu de faire pendre immédiatement, pour l'exemple, dix-huit des marchands les plus importans aux portes de leurs boutiques. Une affaire plus pressante vint heureusement détourner sa colère sur un autre point. Tel était le système inauguré dans ces florissantes provinces et poursuivi avec une méthodique fureur ravivée par la résistance.

L'homme était fait pour le système, disais-je, il s'identifie avec lui, et je ne sais s'il est un spectacle plus étrange que celui de ce personnage s'agitant, se démenant au milieu de ce drame qu'il conduit avec une inflexible rigidité. Ce serait l'erreur d'esprits légers de ne voir dans le duc d'Albe qu'un de ces instrumens de hasard dont se servent quelquefois les politiques violentes, un de ces chefs qui tiennent de leur métier de soldat la triste mission de reconquérir un pays, et qui, soit par fatalité de situation, soit par entraînement, soit par excès de zèle, jouent leur rôle avec une férocité sanguinaire. Le *pacificateur* des Pays-Bas est plus qu'un de ces instrumens vulgaires, plus qu'un de ces chefs de hasard qui n'ont rien de particulier que leur cruauté. Ce qui fait son originalité et sa force, c'est une netteté formidable de conviction dans tout ce qu'il exécute. Il porte dans sa mission une âme terriblement sérieuse, un esprit étroit et sombre qui ne doute de rien, ne raisonne sur rien, ne craint rien, et, selon le mot de M. Lothrop Motley, « il accomplit l'œuvre d'un démon avec le calme d'un ange. » Dans cette tête dure et sans ampleur, il entre peu d'idées, mais ces idées ont une étonnante puissance de fixité. Le duc d'Albe apparaît surtout dans les Pays-Bas comme le mandataire de deux passions concentrées et intenses, le fanatisme de domination pour l'Espagne et le fanatisme de domination pour l'orthodoxie catholique.

Avec lui, la lutte prend un caractère nouveau et irréconciliable;

ce n'est plus seulement la défense plus ou moins régulière, plus ou moins tyrannique d'un gouvernement aux prises avec des populations agitées qui lui échappent; c'est le duel corps à corps du patriotisme espagnol et du patriotisme flamand, de l'hérésie et du catholicisme' armé de l'épée flamboyante, et dans cette lutte, où il prodigue certes autant de sagacité que d'énergie, il marche, droit au but sans s'arrêter devant rien, pas même devant l'humanité, brisant tout ce qui est obstacle, prêt à porter toutes les responsabilités, les acceptant d'un cœur froid et d'une conscience tranquille. La conscience du duc d'Albe, c'est d'obéir au roi avec une passion de servilité, d'enfoncer la griffe du lion espagnol dans les provinces, et d'extirper la rébellion nationale et hérétique. Ce n'est plus même le soldat avec ses susceptibilités militaires et ses habitudes de combat régulier. Le soldat s'efface en lui; il ne reconnaît pas les lois de la guerre avec son ennemi, dans lequel il ne voit qu'un coupable à mille têtes, toutes également condamnées. C'est le dompteur irrité et impatient d'abattre sa victime; c'est l'homme qui propose gravement, pour faire la paix, de raser toutes les cités flamandes en ne laissant que quelques places occupées par les troupes espagnoles, — l'homme qui écrit : « Si je prends Alkmaar, je suis résolu à ne pas laisser une seule créature en vie; on coupera la gorge à tout le monde. » Il va jusqu'au bout avec une impitoyable logique, dépouillant et dépeuplant, «puisque c'est la seule manière d'accomplir la volonté de Dieu, » convaincu qu'il a parfaitement droit à la statue colossale qu'il se fait élever dans la citadelle d'Anvers, comme au pacificateur des Pays-Bas, et que le pape ne fait que son devoir en lui envoyant le chapeau et l'épée des défenseurs de la foi. Je ne sais s'il avait quelques momens de lassitude; il n'éprouvait à coup sûr ni émotion ni doute : il avait la rigueur froide et inflexible d'un système absolu servi par une volonté de fer, et c'est ce qui fait de lui un vrai phénomène moral, le type des exécuteurs de ces grandes œuvres de compression et de destruction. L'histoire devait prouver que système et homme, spoliations et massacres, étaient également impuissans, et que la *pacification* des Pays-Bas par le fer et le feu était le commencement de leur indépendance.

Le duc d'Albe, à tout prendre, n'était pas seul dans cette sanguinaire provocation qui allait réveiller un peuple. Il était à Bruxelles, combattant par les armes ou par le bourreau, marchant avec une impassible hauteur au milieu de l'incendie qu'il allumait. Philippe était à Madrid, aiguisant dans l'ombre l'épée vengeresse, s'enveloppant de duplicité, ne se dévoilant jamais qu'à demi et nouant toute sorte d'intrigues dont seul il avait le mot. Il n'avait pas revu les Pays-Bas depuis les premiers temps de son règne; il avait toujours amusé la duchesse de Parme et Granvelle de la promesse d'un retour; il laissait le duc d'Albe annoncer sa prochaine arrivée; il parlait de son voyage au pape lui-même. En réalité, il ne songeait guère à revenir dans les provinces. Ce n'était pas un prince à parcourir l'Europe comme son père et à livrer des batailles; ses batailles, il les livrait par la diplomatie, laissant à ses lieutenans le soin de livrer les autres. C'était au fond un roi sédentaire, morose, soupçonneux, lent à se résoudre, plein d'hésitations et de contradictions qui compliquaient tous ses desseins. Il avait la passion des minuties, il se perdait dans les détails. Il écoutait tout, ne disait rien ou répondait d'une manière évasive. Il passait huit ou neuf heures par jour à surcharger les dépêches qu'il recevait de notes confuses, embrouillées, quand elles n'étaient pas puériles, ou à écrire lui-même d'interminables lettres dans un style prolixe, souvent calculé et habilement nuageux. C'était un homme à protocoles et à formules; mais à travers tout il nourrissait depuis le premier jour à l'égard des Pays-Bas la pensée dont le duc d'Albe était le sinistre messager. Il disait, comme son farouche lieutenant, qu'il valait mieux régner dans un pays désert que dans une contrée où vivrait un hérétique. Il écrivait avec un fanatisme sombre et résolu : « Nous ne sommes plus que bien peu en ce monde qui ayons souci de la religion... Mieux vaut tout perdre, s'il le faut, que de ne pas faire notre devoir, car en somme il faut que chacun fasse son devoir... » Il avait de son pouvoir une telle idée qu'il considérait toutes ces libertés flamandes, derrière lesquelles s'abritait l'hérésie, comme une peste. Il avait une aversion profonde pour tous ces seigneurs qui allaient sans cesse se plaindre à Madrid, et il n'attendait que l'heure de les frapper. Seulement, en suivant cette politique, il la pratiquait avec sa duplicité habituelle. Il rusait avec ses propres agens. Il trompait Granvelle en le laissant tomber et en se servant encore de lui. Le duc d'Albe lui-même ne savait jamais son dernier mot. Il se plaisait aux mystères, tendant souvent des pièges à ceux qui l'entouraient ou qui le représentaient au loin. Il n'était pas moins l'âme de la grande exécution des Pays-Bas, et tandis que son lieutenant marchait à découvert dans les provinces, il mettait, lui, la main à l'œuvre avec la force d'un stratégiste occupé à tromper les contemporains et l'histoire elle-même.

Au moment de l'éclat des Pays-Bas, Montigny et Berghen étaient à Madrid. Berghen mourut bientôt. Il restait Montigny, qui avait quitté sa jeune femme pour se rendre auprès du roi, et qui ne demandait qu'à repartir. Philippe n'était pas homme à le laisser échapper à l'heure même où il livrait d'Egmont et Horn au duc d'Albe. Il retint Montigny, l'amusa, puis l'enferma tout à coup dans la tour de Ségovie. Le sort du prisonnier était décidé; il ne s'agissait que de trouver le moyen de le faire disparaître. Quelques-uns des conseillers du roi penchaient pour un poison lent; Philippe trouva le moyen le plus expéditif en décidant que Montigny serait exécuté en secret, et qu'on dirait qu'il était mort de la fièvre. Et tout se passa ainsi effectivement. Le roi mit à combiner ce plan une minutieuse habileté, et ce qu'il y a de plus curieux, c'est que, pour continuer cette comédie sinistre, Philippe fit faire de riches funérailles à Montigny; il fit habiller de deuil ses serviteurs; il fit attester par des témoins sa mort naturelle. Voilà cependant ce qui arrive. Un homme portant une couronne met tout son génie à combiner un meurtre, il réussit pour le moment à tromper tout le monde, il a jeté un mensonge dans l'histoire; mais trois siècles s'écoulent, et la vérité sanglante s'échappe de la poussière des archives. Philippe écrivait trop: il écrivit au duc d'Albe, son complice, tout ce qui s'était passé, et la mort obscure du malheureux Montigny reste en définitive un assassinat de main royale, un épisode de la grande tragédie des Pays-Bas. Le duc d'Albe ne faisait pas mieux, mais il se cachait moins, et il ne mettait pas un masque aux morts.

Il y a dans la politique et dans l'histoire un préjugé choquant qui attache une idée de légitimité et de conservation à tout pouvoir faisant acte de force, qui lie au contraire une idée de révolution, c'est-à-dire presque toujours une idée défavorable, à toute résistance populaire, comme si l'idée même du droit ne dominait pas toutes les luttes humaines. Quand on veut ruiner une cause, on l'appelle révolutionnaire, et tout est dit. Le préjugé devient plus criant encore dans les luttes qui se compliquent de questions nationales. Les vrais révolutionnaires dans la guerre des Pays-Bas, ce sont ces deux hommes d'ordre, ces deux étranges soldats de la *volonté de Dieu*, Philippe II et le duc d'Albe. Je ne parle pas seulement des procédés destructeurs et sanglans, du mépris de la vie humaine. C'était assurément, au fond, une révolution brutale et inique que d'attaquer à main armée toutes ces constitutions, ces chartes, ces privilèges, qui faisaient la force et la prospérité des provinces, qui étaient pour elles une organisation légale enracinée dans les mœurs, consacrée par la tradition; c'était l'œuvre violente d'un absolutisme perturbateur de prétendre assimiler ces libres et florissantes contrées à des provinces purement espagnoles, gouvernées par des lois espagnoles, par l'esprit espagnol. Au point de vue même du droit public européen, Philippe II était un vrai révolu-

tionnaire, car, s'il était diplomatiquement roi d'Espagne, il n'était
que duc de Brabant, comte de Flandre, seigneur de la Frise; il régnait dans les Pays-Bas à un autre titre, sous d'autres conditions
que dans les Castilles, et cette différence de titre était le signe visible d'une différence de situation qui se liait à la constitution de
l'Europe. Une révolution intérieure qui portait l'Espagne au cœur du
continent par la transformation radicale des provinces flamandes
et hollandaises touchait ici à tout un ordre extérieur sourdement
ébranlé.

Philippe II et le duc d'Albe ont surtout enfin, ce qui est le trait
distinctif et essentiel des plus dangereux révolutionnaires de tous
les temps, le culte de la souveraineté du but. Ils ont cette prétention de ne relever que d'eux-mêmes ou de l'idéal violent dont ils
se font les séides, et ils ne connaissent ni lois morales, ni lois positives, pourvu qu'ils réussissent. Ils font crier l'humanité d'un cœur
tranquille en disant : « Il faut faire son devoir! » Le crime lui-
même est absous dès qu'il sert la bonne cause. Philippe est de ces
hommes qui ne reculent devant rien, qui ne se sentent liés par aucun engagement, par aucune considération. Il conspire et ourdit le
meurtre d'une province ou de la reine Élisabeth d'Angleterre avec
l'effrayante sûreté de conscience de l'homme qui travaille « au saint
service de Dieu. » Philippe a le pape pour l'absoudre de tout, le
duc d'Albe a Philippe. Ce sont là les vrais révolutionnaires. Les
vrais fils du droit, ce sont tous ces hommes qui s'attachent à
leurs lois, à leur foyer, à leur croyance, et les défendent jusqu'à la
mort du champ de bataille ou du bûcher. C'est ce jeune Flamand
qui, arrêté avec son père et sa mère et interrogé sur ce qu'ils font
dans leur maison, répond avec une naïveté qui ne le sauve pas des
flammes : « Nous nous mettons à genoux pour prier Dieu d'éclairer
nos cœurs et de nous pardonner nos péchés. Nous prions pour notre
souverain, afin que son règne soit prospère et sa vie paisible. Nous
prions aussi pour les magistrats et pour tous ceux qui sont en autorité, afin que Dieu les protège et les conserve. » C'est enfin tout
ce peuple de Hollande et des Frises, lent à s'éveiller, énergique et
mâle pourtant, et qui, une fois poussé à bout, se lève prêt à s'ensevelir dans ses marais, dans ses villes en flammes, attendant le choc
du duc d'Albe sous la conduite d'un chef qui le soutient, qui l'a-
nime de son esprit et de son héroïsme.

III.

Comme l'agression, la résistance eut plusieurs phases; elle commença par les plaintes et les remontrances; elle continua par une

agitation toute légale et pacifique sous Granvelle; elle finit par la guerre à l'apparition du système personnifié dans le duc d'Albe. Celui qui à un certain moment aurait pu être le chef de la résistance des Pays-Bas, ou du moins disputer le premier rôle, avait péri avant la guerre : c'était le comte d'Egmont. De tous ces seigneurs de Flandre et de Hollande, il était le plus brillant, le plus populaire; son nom avait l'éclat guerrier des batailles de Saint-Quentin et de Gravelines, gagnées par son impétueuse vaillance. Il était le héros de mille légendes et l'orgueil de ses compatriotes; mais il s'usait, je l'ai dit, dans les anxiétés d'un rôle impossible, aussi peu fait pour diriger les autres que pour se diriger lui-même; il était aussi indécis, aussi mobile d'esprit qu'intrépide de cœur, et il avait mérité que le peuple, cherchant un guide, dît d'un instinct sûr : « les actions d'Egmont, les conseils d'Orange! » Le comte d'Egmont était une âme féodale et chevaleresque : le duc d'Albe le brisa du premier coup de sa main de fer, sans lui laisser même le temps de se reconnaître. Guillaume d'Orange, l'homme aux *conseils,* était une âme plus essentiellement moderne : c'était une force nouvelle inconnue du dictateur des Pays-Bas, et qui se levait lentement devant lui pour l'arrêter. D'Egmont est, si l'on veut, le héros inquiet, impatient et malheureux des premiers temps de l'agitation flamande, de la fronde contre Granvelle. Celui qui apparaît comme le vrai représentant de la résistance nationale, comme l'antagoniste corps à corps, génie à génie, du duc d'Albe, c'est Guillaume de Nassau, prince d'Orange. Et d'abord il avait été assez habile pour ne pas attendre à Bruxelles ou à Anvers le coup dont il se savait menacé avec tous ses compagnons.

Tout se réunissait en lui pour en faire le héros politique d'une des plus prodigieuses et des plus difficiles entreprises. Il avait trente ans à peine. C'était un homme aux traits réguliers et prononcés, au teint plutôt espagnol que flamand ou allemand, au front large et élevé déjà sillonné de rides, aux yeux grands, noirs et réfléchis. Par son origine et ses possessions, qui étaient immenses, il tenait à la fois aux Pays-Bas et à l'empire; par son titre de prince souverain du petit état d'Orange en France, il avait une situation exceptionnelle, et il avait même le droit de lever des troupes. Par sa fortune, il brillait au premier rang de cette noblesse flamande, éblouissante de luxe et de prodigalités fastueuses. Par son éducation, il avait été initié aux plus grandes affaires auprès de Charles-Quint, qui l'avait pris d'abord comme page et l'avait élevé aux plus hautes charges, lui confiant tout, l'admettant à ses délibérations les plus intimes. Une maturité précoce en lui attirait sinon l'enthousiasme prompt et facile, du moins la confiance. Ceux qui aiment l'absolu et la droite ligne dans les caractères et dans les affaires humaines ont pu remarquer plus d'une fois, comme une faiblesse morale de Guillaume, ses hésitations, ses contradictions, sa marche lente à travers les événemens. C'est ce qui fait au contraire son originalité morale, et ce qui imprime le sceau humain au personnage. Ce n'est pas tout d'un coup en effet qu'il était arrivé à cette inébranlable assurance et à cette vigoureuse trempe qui font de sa figure l'image de l'opiniâtreté héroïque et tranquille.

Il avait été, comme tous ses compagnons des Flandres, un seigneur brillant, aimant les plaisirs, se jouant dans les fêtes extravagantes et se ruinant de son mieux. Il avait une table renommée en Europe, et où on buvait comme partout. Il n'avait pas cessé encore d'être catholique à cette époque; il défendait les droits du pays, mais sans mettre en doute l'autorité du roi. Lorsque le duc d'Albe arrivait à Bruxelles, ce n'était plus le gentilhomme fastueux et insouciant des premiers temps; l'habitude des pensées sérieuses se laissait voir sur son visage plissé. Son âme prévoyante et forte devinait la lutte, sans vouloir s'y jeter prématurément. Le spectacle des sanglantes persécutions religieuses, en révoltant sa conscience, l'avait préparé à une rupture plus éclatante. Il n'était nullement silencieux par nature; il avait conquis son nom de *taciturne* dans une circonstance singulière. Lorsqu'il avait été en France comme négociateur après la bataille de Saint-Quentin, il avait reçu du roi Henri II une confidence aussi étrange qu'imprévue. Le roi, le croyant au fait de tout, lui avait révélé un jour le plan, médité et proposé par Philippe II, pour l'extermination des protestans dans les Pays-Bas et en France. Guillaume se tut, ne laissa voir aucune émotion; mais depuis ce moment il était éclairé : la diplomatie du roi ne pouvait le tromper. Il savait où allaient les événemens, et de son côté il attendait, opposant la politique à la politique, sachant jour par jour par des agens fidèles ce qui se passait dans les conseils de Philippe, suivant pas à pas la marche du plan. Il n'ignorait pas qu'ils étaient tous condamnés; il savait le choc qui se préparait. Il vivait depuis quelques années avec cette pensée fixe, devenue sa passion, et c'est ainsi qu'au moment décisif il se trouvait hors d'atteinte, méditant déjà comment il rentrerait dans les Pays-Bas pour faire face à l'envahisseur, comment il rassemblerait les élémens de la résistance nationale.

Ce n'était pas une facile entreprise de lever le drapeau de l'insurrection au milieu d'un pays courbé sous le joug du duc d'Albe, envahi par la terreur, épuisé de sang et d'argent avant de combattre. Guillaume d'Orange avait pour lui cette intelligence populaire qui le cherchait, le désignait, et lui donnait l'autorité morale d'un guide instinctivement reconnu et appelé. Il avait contre lui une armée impatiente de pousser jusqu'au bout sa conquête, un homme fatalement doué du génie des répressions violentes, l'impuissant désespoir d'une population à la fois irritée et abattue, la froideur des amis extérieurs, qui craignaient de se faire des querelles avec Philippe II. Il n'hésita pas, et c'est probablement cette résolution, prise dans le secret d'une âme sérieuse et énergique, qui est la mère de la république des Provinces-Unies. Sans Guillaume, les provinces des Pays-Bas se seraient sans doute agitées dans des convulsions sanglantes pour finir par retomber exténuées et *pacifiées*; par lui, elles avaient un chef qui devenait le lien de leurs mouvemens intérieurs, qui était aussi pour elles au dehors une sorte de plénipotentiaire passant sa vie à négocier en France, en Angleterre, en Allemagne, obstiné à rassembler les élémens d'une résistance efficace.

Le jour où, après avoir réuni une armée, il se mit pour la première fois en campagne, il écrivit à sa seconde femme, Anne de Saxe, d'un accent où se laisse voir le tour religieux qu'avait déjà pris son esprit, où perce la fermeté de l'homme qui sent la gravité de l'entreprise où il se jette, qui en mesure la durée et les peines. « Je pars demain, disait-il, et je ne puis, sur mon honneur, vous dire avec quelque certitude quand je reviendrai ou quand je vous verrai. J'ai résolu de me remettre entre les mains de Dieu et de me laisser guider par son bon plaisir. Je vois bien que je suis destiné à passer ma vie dans le travail et la souffrance ; mais je me soumets, puisque c'est la volonté du Tout-Puissant... Je lui demande seulement la force de tout supporter avec patience... » Une chose curieuse et caractéristique cependant, c'est que même à ce moment où il conduisait une armée ramassée en Allemagne et autour de laquelle il espérait rallier les provinces, Guillaume d'Orange mettait tous ses soins à garder l'apparence de la légalité. Le manifeste par lequel il s'était fait précéder, en sauvegardant les droits du roi, attestait seulement la volonté de combattre un gouverneur infidèle, de délivrer les provinces de la « violente tyrannie » qui s'était abattue sur elles. Lorsqu'il entrait dans le Brabant bannières déployées, allant droit au duc d'Albe, quelques-uns de ses drapeaux avaient pour emblème le pélican qui nourrit ses petits de son sang ; d'autres portaient l'inscription : *pro lege, pro rege, pro grege!* Le soldat de la cause nationale ne se présentait pas en rebelle ; il ne voulait pas détruire, il voulait maintenir. Ce qu'il tentait, c'était une révolution défensive, se servant par une curieuse fiction du nom du roi pour faire la guerre au roi et à l'oppression espagnole. C'était en réalité une révolution très complexe, poli-

tique, morale, religieuse et même européenne. Par la diversité de
ses mobiles et de ses caractères, elle touchait à une question d'organisation intérieure, et en même temps à une question plus générale qui partageait déjà le continent, qui allait mettre toutes les
passions guerrières, tous les intérêts sous les armes pendant un
demi-siècle. De plus, elle embrassait des populations unies dans
un même sentiment de résistance, mais différentes de mœurs, d'esprit, de tempérament. Ce qu'elle est le moins dans tous les cas,
c'est une révolution improvisée dans l'enivrement d'un fanatisme
abstrait. La politique de Guillaume d'Orange était l'expression naturelle et forte de cette situation complexe. C'était un mélange de
fermeté et de patience, de combinaisons et de foi, de calcul et d'héroïsme, de diplomatie et d'action militaire.

Deux fois il vint se heurter, les armes dans les mains, contre
l'oppression qui pesait sur les Pays-Bas et ne faisait que grandir.
La première fois, c'était par cette invasion qu'il avait préparée en
Allemagne. Pendant que Louis de Nassau tentait la fortune dans la
Frise et ne semblait réussir un moment que pour être bientôt rejeté dans l'Ems, Guillaume se disposait à envahir le Brabant. Il y
entrait presque en victorieux avec une armée de plus de vingt mille
hommes, composée de Français, d'Allemands, d'Anglais et d'un
petit noyau de réfugiés des provinces. Il croyait pouvoir prendre
pied dans le pays, relever les courages, trouver des soldats et des
ressources. Le désastre fut complet. Les populations terrifiées hési-
taient à se prononcer. Le duc d'Albe, qui revenait triomphant de
sa campagne de la Frise, usa Guillaume, comme il avait usé Louis
de Nassau, par la tactique, sans vouloir se battre, par des surprises
meurtrières, si bien qu'en peu de jours l'armée de Guillaume était
fondue et débandée, et lui-même il était réduit à se jeter en France.
La seconde fois, trois ans plus tard, Louis de Nassau, guerroyant
pour les protestans français, l'œil toujours fixé sur les Pays-Bas,
avait réussi par un coup d'audace à surprendre Mons, s'y était
enfermé et s'y défendait avec une vaillance désespérée contre les
Espagnols, accourus pour reprendre la ville. Guillaume d'Orange,
rassemblant une armée nouvelle, revenait de son côté dans les
Pays-Bas. Il voulait faire arriver des secours à son frère, assiégé
dans Mons, ou tout au moins dégager la ville par une diversion
hardie, en provoquant une bataille qu'on lui refusait encore, lorsqu'une nuit les Espagnols, se précipitant sur son camp, faillirent
le prendre lui-même. Il s'était endormi profondément sous sa tente,
ses gardes dormaient aussi. Un petit chien, qui couchait toujours à
ses pieds, le sauva seul en aboyant avec fureur et en se jetant à
son visage. Il n'eut que le temps de sauter sur un cheval et de

s'échapper dans l'obscurité au moment où les Espagnols s'approchaient de sa tente. Ses serviteurs furent tués, ses secrétaires perdirent la vie en s'élançant pour le suivre; six cents soldats périrent massacrés, beaucoup d'autres furent brûlés ou noyés dans la petite rivière qui longeait le camp. Guillaume ne pouvait plus secourir son frère; il se retirait avec tristesse, le laissant seul aux prises avec l'armée du duc d'Albe.

Décidément les campagnes régulières n'étaient pas heureuses; mais, tandis que ces invasions péniblement organisées échouaient périodiquement, comme pour montrer l'inanité d'une action toute militaire, de ces tentatives faites à coups de soldats étrangers, la révolution s'accomplissait d'elle-même, lentement, obscurément, mais avec une irrésistible force. Elle éclatait non dans les provinces wallonnes et flamandes sur lesquelles pesait de plus près la terrible dictature du duc d'Albe, mais en Zélande et en Hollande. Flessingue fut la première à s'ébranler, et à sa suite Enckuyzen, Oudenarde, Harlem, Leyde, Gorcum, Dort, Alkmaar; les principales villes de la province d'Utrecht et de la Frise se levèrent presque à la fois. Le signal avait été la prise du petit port de Brill par ces terribles patriotes qui s'appelaient les *gueux de mer*. Par allusion au mot de *Brill*, qui en flamand voulait dire *lunettes*, on fit des caricatures où l'on représentait le chef des *gueux* prenant au gouverneur ses lunettes et lui disant ce qu'il avait l'habitude de répéter dans les momens les plus critiques : « Ce n'est rien, ce n'est rien! » C'était beaucoup au contraire, c'était la conquête du berceau de l'indépendance hollandaise.

La révolution des Pays-Bas était à ce moment l'œuvre de trois forces qui n'en faisaient qu'une, l'esprit national et religieux, la patiente action de Guillaume d'Orange et l'audace irrésistible des *gueux de mer*. L'esprit national avait mis du temps à s'éveiller, il est vrai, ou du moins à s'échauffer jusqu'à éclater. Il avait résisté à tous les appels, et semblait être resté étourdi sous le poids de la compression. Il était loin cependant d'être aussi abattu et aussi impuissant qu'il le paraissait. Le système du duc d'Albe, au lieu de le désarmer par la terreur, l'avait lentement enflammé. Chaque coup était allé retentir douloureusement dans l'âme des populations. La persécution religieuse n'était pas même peut-être le stimulant le plus actif; l'attaque organisée contre tous les intérêts par les confiscations, par les taxes ruineuses, avait exaspéré plus encore, et n'avait servi qu'à irriter, à généraliser l'esprit de résistance en faisant sentir de plus près la violence du joug, de telle sorte que c'était le développement même de la politique représentée par le duc d'Albe qui avait conduit les villes, la bourgeoisie, le peuple à

accepter toutes les extrémités de la lutte plutôt que de se soumettre
jusqu'au bout à une tyrannie sanglante, qui avait en quelque sorte
mis sous les armes l'esprit national. Guillaume d'Orange, de son
côté, n'était intervenu en apparence que par deux tentatives inutiles; il avait levé un drapeau qui n'avait pas été suivi et qui s'était
tristement replié devant l'armée espagnole. Au fond, il avait la
main dans tout. Absent des provinces, menant la vie d'exilé, portant son activité errante un peu partout, en Allemagne et en France,
il ne détachait pas son regard des Pays-Bas. Tout se faisait par ses
conseils et sous sa direction. Il avait des agens dans toutes les
villes. C'est lui qui entretenait ce feu sourd si lent à éclater en réveillant le sentiment patriotique, en soutenant les courages par la
confiance qu'il inspirait. Quant aux *gueux de mer*, ils formaient
depuis le commencement des troubles une armée redoutable, que
Guillaume avait cherché à régulariser, et qui s'était grossie naturellement de tout ce qu'il y avait de hardis marins, d'exilés, de
persécutés, même de marchands ruinés ou de nobles à l'humeur
aventureuse. Des ports anglais, où ils trouvaient un refuge, ils s'é-
lançaient sur tous les navires espagnols et régnaient réellement sur
la mer. Le duc d'Albe avait cru gagner beaucoup en obtenant de la
reine d'Angleterre qu'elle fermât ses ports aux terribles corsaires.
Ils se jetèrent audacieusement sur les côtes de Hollande, et ce fut
l'origine de l'heureux coup de main de Brill.

Par l'action combinée et obstinée de ces divers élémens, la révolution des Pays-Bas avait fait un pas; elle s'était révélée et constituée, prenant aussitôt, par la réunion des états-généraux à Dort,
cette forme légale et pratique qui était dans le caractère national.
La révolution avait son théâtre dans les îles, dans les marais, entre
toutes ces digues de la Hollande où pouvait se jouer sa stratégie
défensive, — ses citadelles dans toutes ces villes qui se ralliaient à
sa cause. Elle avait aussi son armée, non plus de mercenaires étrangers, mais de citoyens résolus à défendre leurs foyers, de *gueux*
formés à toutes les entreprises de mer. Elle avait surtout son chef
aimé et appelé, son stathouder naturel, Guillaume d'Orange, qui,
après s'être fait précéder par son lieutenant Marnix de Sainte-Al-
degonde, écrivait avec une mâle sérénité : « J'ai délibéré de me
rendre en Hollande et en Zélande, et de faire *illec* ma sépulture. »
Le duc d'Albe n'avait eu jusque-là devant lui que des bandes difficiles à tenir sous les armes ou des victimes; cette fois il avait un
peuple, et tout était changé.

C'est le vrai moment en effet où la lutte prend un caractère nouveau, où se précise l'insurrection nationale et religieuse, et où
commence aussi à se révéler la radicale impuissance du système

appliqué depuis cinq ans aux Pays-Bas. Le duc d'Albe n'était pas homme à s'avouer vaincu, ni même surpris pour si peu. Il répondit à cette explosion nouvelle par un redoublement de violences. Son lieutenant Bossu rentrait dans Rotterdam par subterfuge, et livrait les habitans à ses soldats. Quand Mons fut repris, malgré une capitulation régulière l'œuvre de meurtre commença. Le *conseil de sang* étendit la main sur sa proie, et Noircarmes écrivait à ses commissaires : « Vous ne pouvez me faire de plus grand plaisir qu'en dépêchant au plus tôt ces rebelles et en procédant à la confiscation de leurs biens meubles et immeubles. Ne manquez pas de faire mettre à la torture tous ceux desquels on peut tirer quelque chose.» Malines avait eu l'air d'accueillir les rebelles, la ville fut livrée au pillage et au massacre. Le sac dura trois jours, et fut accompli avec une impartialité de fureur qui ne distinguait ni catholiques ni protestans. Ces exécutions étaient possibles encore dans les provinces flamandes et wallonnes, moins bien défendues, à la fois plus turbulentes et moins tenaces, surtout moins atteintes de l'esprit de la réforme; mais en Hollande c'était une guerre à soutenir, une vraie guerre, où les passions religieuses enflammaient la résistance, où il y avait une organisation à vaincre, des sièges à faire, un pays dangereux à envahir, et où, sous l'apparence d'une lutte légale, se débattait en réalité une question d'affranchissement.

Je ne veux pas dire d'ailleurs que, si le duc d'Albe et ses lieutenans portaient dans cette lutte leurs habitudes implacablement cruelles, les insurgés hollandais se défendaient uniquement en chantant les psaumes de Marot. Ce n'étaient pas des agneaux, ces écumeurs de mer qui pillaient quand ils pouvaient les églises et se paraient bizarrement de chasubles, qui sillonnaient les golfes tranquilles de la Zélande en poussant des cris de vengeance. Les catholiques tuaient et pillaient, les protestans pillaient et tuaient aussi. Pour les Espagnols, un hérétique n'était pas un homme, et l'Espagnol, d'un autre côté, n'était pas un homme pour les *gueux.* Par une de ces contradictions qui se retrouvent sans cesse dans les affaires humaines, une insurrection qui se levait au nom d'une religion persécutée et de la liberté de conscience se faisait à son tour persécutrice et menaçait la liberté des catholiques. Guillaume d'Orange, dans sa ferme prévoyance, faisait tout ce qu'il pouvait pour défendre la pureté de sa cause, et il avait même inscrit dans le serment de fidélité imposé aux magistrats nationaux l'obligation de « n'apporter en aucune manière des obstacles au culte catholique romain. » Les passions l'emportaient, l'esprit de secte se mêlait à la revendication la plus légitime, répondant à des excès par des excès. C'était la rançon des colères du moment. Le principe est resté, et les patriotes hollandais auraient pu dire, eux aussi, aux catholiques dont la fortune pouvait changer : « Pour notre liberté et pour la vôtre ! » C'était en définitive l'essence du mouvement flamand et hollandais.

C'est l'essence de la révolution des Pays-Bas au point de vue religieux, comme aussi c'était son caractère extérieur de contenir une question de liberté européenne, de créer un élément nouveau d'équilibre. Si l'Angleterre eût été prévoyante, elle aurait vu assurément dans les affaires de Hollande autre chose qu'une occasion de profiter de la ruine du commerce et de l'industrie des provinces. Si la France avait eu une politique, elle aurait vu dès lors l'intérêt qu'elle avait à ne pas laisser s'établir à sa frontière du nord une autre Espagne domptée et pliée aux desseins de domination de Philippe II. Si l'Allemagne à demi protestante avait vu clair, elle aurait considéré la liberté des Pays-Bas comme une garantie pour sa sûreté, et la politique religieuse de Philippe comme une menace. Mais l'Angleterre, malgré ses sympathies pour des protestans, n'était pas plus accessible à l'émotion alors qu'aujourd'hui, et elle avait assez de se tenir en garde contre les menées de Philippe. La France flottait, tantôt prêtant ses huguenots à Guillaume, tantôt donnant aux Hollandais le terrible encouragement de la Saint-Barthélemy ! L'Allemagne ne savait que faire. Il sortit de là une intervention diplomatique.

Dès le commencement, l'empereur Maximilien, pressé par les électeurs protestans, avait envoyé son frère l'archiduc Charles à Madrid avec la mission de demander qu'on substituât le système de la clémence à la politique en vigueur dans les Pays-Bas et qu'on rappelât des provinces les troupes étrangères. Et Philippe II fit une réponse qui ne laisse point d'être curieuse aujourd'hui. Il se fâcha très fort qu'on osât lui faire des remontrances sur des affaires qui ne regardaient que lui. Il s'étonna que les princes ne lui sussent pas gré d'une politique qui enseignait l'obéissance aux sujets. Il niait absolument le droit des Pays-Bas à une situation exceptionnelle, et puis enfin au lieu de rigueur il avait montré la magnanimité d'un roi clément et débonnaire ! Ce n'était pas précisément une satisfaction bien complète; mais pendant ce temps la reine d'Espagne mourut, et Philippe promit d'épouser l'archiduchesse Anne, fille de l'empereur; l'archiduc Charles de son côté eut un présent de cent mille ducats, et plus on n'entendit parler de l'intervention diplomatique. — Au fait, il ne manquait pas de gens en Europe que ces troubles des Pays-Bas inquiétaient et fatiguaient et qui auraient dit volontiers à ces obstinés patriotes qu'ils feraient mieux de se soumettre, qu'ils avaient tort de soutenir une lutte inégale. C'étaient

des gens sensés, paisibles, sympathiques certainement pour les
Pays-Bas, à la condition que ces insurgés ne fussent pas trop révolutionnaires, mais qui ne pouvaient vouloir l'impossible. L'impossible pour eux, c'était de triompher de cette grande puissance
de Philippe II. — La Hollande n'écouta qu'elle-même, et elle lutta.
Ceux qui cherchaient sans cesse à détourner Guillaume d'Orange de
son entreprise ne purent ébranler cette âme énergiquement stoïque,
et cependant l'insurrection hollandaise, même au lendemain de son
explosion définitive et de ses premiers succès, n'était pas dans une
situation à encourager une futile et présomptueuse espérance.

La vérité est que tout était en flammes dans ce petit coin de
terre, et que Guillaume d'Orange, cloué à son poste de Sassenheim,
dirigeait tout, suivait avec un mélange d'émotion et d'impassibilité
cette lutte où se débattait la destinée de son pays, où chaque étape
était marquée par d'effroyables malheurs et des prodiges d'héroïsme, — un jour le sac de Naarden, où la population presque entière fut détruite, un autre jour le siège de Harlem, puis le siège
d'Alkmaar, en attendant le siége de Leyde. Un moment il ne restait
plus au duc d'Albe qu'une seule ville, Amsterdam, d'où il comptait
s'élancer pour reconquérir la Hollande. Guillaume d'Orange se tenait
au midi, son lieutenant Sonoy était au nord avec un corps de patriotes; entre les deux se trouvait Harlem, ayant d'un côté l'océan
à peu de distance, et de l'autre touchant au lac qui la séparait
d'Amsterdam. Si les Espagnols prenaient Harlem, l'insurrection
était coupée en deux. Ce fut là le théâtre d'un drame sanglant engagé entre le duc d'Albe, la ville assiégée et Guillaume d'Orange,
d'une lutte prolongée et compliquée de combats sur le lac, de chocs
meurtriers, de tentatives du chef de l'insurrection pour secourir
ses amis ou pour isoler à son tour et affamer son ennemi dans
Amsterdam. Trente mille Espagnols s'accumulèrent autour de Harlem. Il n'y avait dans la ville que quatre mille soldats; mais la
population entière était animée d'une résolution désespérée. Les
femmes elles-mêmes avaient formé un corps de volontaires commandé par une veuve d'une des premières familles. Les Espagnols
avaient cru d'abord entrer par un coup de main à travers des murs
mal fortifiés, mal défendus; ils ne tardèrent pas à voir que ce ne
serait pas tout à fait ainsi : trois fois les assauts se répétèrent, trois
fois ils vinrent se briser contre l'invincible résistance des assiégés,
qui se faisaient une arme de tout, qui réparaient incessamment les
brèches ouvertes par le canon espagnol. Pendant sept mois, le siège
se prolongea à travers les plus dramatiques, les plus sombres péripéties, et le duc d'Albe lui-même écrivait au roi « qu'il n'y avait
jamais eu sur la terre de guerre semblable, que jamais place n'avait

été défendue avec autant de bravoure et d'habileté. » Les défenseurs de Harlem ne craignaient pas les assauts, ils les provoquaient
au contraire; ils avaient à redouter un ennemi plus sinistre, la faim.
Le moment vint en effet où ils étaient réduits à manger l'herbe des
rues et des cimetières. Ils résistaient encore, n'ayant plus rien, soutenus par l'espoir d'être secourus. Un jour ils écrivirent une dernière lettre avec du sang au prince d'Orange pour lui annoncer leur
détresse; il leur demanda de tenir deux jours encore; il voulait
faire une suprême tentative qui échoua. Alors la ville à toute extrémité laissa tomber ses armes. Les Espagnols purent entrer, et
le massacre commença; mais il avait fallu sept mois et trente mille
hommes pour en venir là.

Ce fut bien pis encore au siège d'Alkmaar, où huit cents soldats
et un millier de bourgeois défièrent seize mille vétérans. Femmes,
enfans, vieillards, étaient sur la brèche. Les assauts se multiplié-
rent inutilement. Les soldats espagnols finissaient par ressentir une
sorte de superstitieuse terreur en s'élançant sur ces remparts qui
semblaient protégés par une puissance invisible. La ville faisait
face à l'ennemi, et pendant ce temps on rompait les digues pour
inonder le pays tout entier, au risque de détruire les moissons. Par
cet acte de désespoir, les Espagnols se trouvaient exposés à périr
jusqu'au dernier, submergés par l'océan. Ils levèrent le siège après
sept semaines. Ainsi à Harlem il avait fallu trente mille hommes
et sept mois pour pénétrer dans une ville qu'on n'avait même pas
réduite par la force; devant Alkmaar, on était obligé de se retirer
en toute hâte. Pour la première fois le duc d'Albe se sentait arrêté·
et vaincu. Le système dont il avait accepté d'être l'orgueilleuse et
implacable expression périssait par ses excès mêmes, et trouvait
son châtiment aussi bien que sa limite dans cette colère nationale
qu'il avait enflammée. C'était pour lui le commencement de la décadence; c'était au contraire la manifestation visible de la puissance croissante de l'insurrection hollandaise. Le dictateur farouche
des Pays-Bas allait se retirer de la scène, froissé, grondant, mécontent de tout, excepté de lui-même. Son règne avait été trop long,
il avait duré six ans. La révolution s'avançait à travers le sang et
la ruine des villes, fortifiée par la souffrance, par l'héroïsme, par
l'action toujours présente de ce chef qui concentrait dans son âme
la mâle résolution d'un peuple, qui ne se laissait ni enivrer par le
succès, ni ébranler par les revers, répétant aux heures les plus critiques : « Si nous sommes condamnés à périr, au nom de Dieu, soit!
toujours aurons-nous cet honneur d'avoir fait ce que nulle autre
nation n'avait fait devant nous, à savoir de nous être défendus et
maintenus en un si petit pays contre si grands et horribles efforts

de si puissans ennemis, sans assistance quelconque. Et quand les pauvres habitans d'ici voudraient toutefois s'opiniâtrer ainsi qu'ils ont fait jusqu'à maintenant, et comme j'espère qu'ils feront encore, il en coûtera aux Espagnols la moitié de l'Espagne, tant en biens qu'en hommes, devant qu'ils aient la fin de nous. »

Ce moment est peut-être le plus dramatique et le plus décisif, puisque c'est le moment où pâlit la fortune d'une domination qui se croyait invincible, où « la fleur de l'armée espagnole est chutée, selon le mot du prince d'Orange, sans avoir pu conquérir la moindre province de ce pays sur ceux qu'ils appelaient par moquerie de pauvres gueux. » Je n'ai point à raconter cette histoire, qui se déroule à travers les batailles, au milieu d'incessantes alternatives, et qui, dans ses grandes lignes, va des premiers actes politiques de l'insurrection à la pacification de Gand, de la pacification de Gand à l'union d'Utrecht, pour aboutir à la déclaration d'indépendance, tandis que la domination espagnole s'affaiblit par degrés en se débattant, en paraissant se relever quelquefois, pour rester définitivement sous le poids de sa défaite. La dictature du duc d'Albe apparaît entre deux de ces vice-royautés princières dont la politique se sert parfois, avant ou après les répressions sanglantes, soit pour accoutumer les peuples à la servitude qu'on leur prépare, soit pour paraître alléger le fardeau sans rien céder. Marguerite de Parme avait précédé l'homme de l'attaque à main armée, de la destruction organisée : don Juan d'Autriche le suivit ; mais il n'était plus temps.

Les événemens marchent avec une invincible logique. La tragédie sanglante se noue et s'enchevêtre à travers toute sorte d'incidens qui se succèdent ; elle laisse voir du moins deux choses dans un éclair réjouissant pour la conscience humaine, — ce qui attend ces systèmes de répression à outrance, de destruction impitoyable, ce qu'ils promettent à ceux-là mêmes qui s'en font une arme, et ce que peut aussi un peuple qui unit la foi obstinée à l'héroïsme. Lorsque Philippe II montait au trône, il y arrivait dans l'éclat d'une puissance exceptionnelle. Roi d'Espagne, il avait l'Italie, il avait les Pays-Bas ; il avait la main dans les affaires de France, il menaçait ou remuait l'Angleterre, il étendait son ascendant en Allemagne. Il avait trouvé dans son opulent héritage les richesses du Nouveau-Monde, l'esprit guerrier des vieux soldats espagnols, l'éclat des arts italiens, l'industrie flamande. L'Espagne était la première monarchie de l'Europe. Quarante ans de règne sont passés, le fanatisme de domination a porté ses fruits : l'Espagne a perdu les Pays-Bas, ou du moins sept provinces sont indépendantes, et les autres ne sont plus qu'une possession précaire ; une flotte anglaise est allée brûler et piller Cadix ; la France a échappé à l'influence de l'Espagne, et lui a infligé la paix de Vervins en compensation du traité de Cateau-Cambrésis. Philippe descend dans la tombe, vaincu, humilié, déçu dans tous ses desseins. Il a cru ne blesser que les autres, et c'est lui-même qu'il a blessé, sans parler de l'Espagne, dont il a fait son instrument, sa complice et sa victime. Voilà ce que produisent ces monstrueuses entreprises sur la conscience et la liberté des hommes ou de cette réunion d'hommes qui s'appelle une nation. La puissance matérielle y échoue, le sens moral s'y émousse et s'y dégrade, le caractère des acteurs s'y corrompt et s'y assombrit, sans y trouver heureusement la vraie grandeur.

Cette glorieuse et émouvante histoire des Pays-Bas a un autre mérite qui n'est pas à l'usage des dominateurs. Elle est une école virile pour les peuples que leur mauvaise fortune jette dans des épreuves semblables. Elle est faite pour les guérir des abattemens trop prompts aussi bien que des exaltations trop faciles, surtout des cuisantes et stériles amertumes de la défaite. Les peuples qui souffrent ne voient souvent que leur propre malheur et ne trouvent pas que le malheur supporté par d'autres soit une consolation. Il n'est pas une consolation; mais quand on ne le sépare pas de ce qui le suit, il devient un généreux cordial. Certes, à ne considérer que les forces en présence et la situation du monde, la Hollande était destinée à périr. Deux ou trois fois, en 1568, au commencement de 1572, elle parut définitivement vaincue et *pacifiée*. Tout ce que le génie de la destruction peut imaginer se concentre dans cette histoire, qui a une sorte de monotonie d'horreur. Les victimes qui échappent au bûcher ou au gibet tombent sous le fer des soldats dans les villes saccagées. Les bannis sont sur tous les chemins de l'Europe; d'aucun côté ne vient un secours, et ce n'est pas un mois, une année que dure la lutte; elle se prolonge pendant quarante ans presque sans relâche et sans trêve. Et cependant la Hollande ne s'abandonne pas, elle se raidit contre les découragemens, elle se cuirasse contre toutes les atteintes, contre toutes les tentations, et elle tient ferme. Espérer quand tout sourit, quand tout concourt au succès, c'est trop facile. La vie des peuples qui souffrent se passe à espérer contre l'espérance, à rester forts contre la force, à faire de leurs malheurs mêmes le commencement et la justification anticipée de leur victoire.

CHARLES DE MAZADE.

L'AFRICAINE

DE MEYERBEER

« Un musicien est responsable du sujet qu'il traite, et vous ne vous imaginez pas peut-être qu'on mette un *libretto* dans la main d'un compositeur comme dans celle d'un enfant l'on met une pomme. » Déjà, du temps où Weber se prononçait de la sorte, la musique ne suffisait plus à faire à elle seule l'intérêt et la fortune d'un opéra. On n'en était point encore à cette prescription toute récente de l'école de l'avenir, à savoir qu'en bonne règle et forme il ne pouvait y avoir dans un opéra qu'un texte unique, lequel, paroles et musique, devait sortir de la même main; mais le précepte allait s'affirmant chaque jour en Allemagne, et tandis que nos voisins l'exploitaient à leur manière en y cherchant l'*absolu*, le système, nous qui l'avions inventé, nous nous contentions d'en user librement. On a prétendu que, plus encore qu'Auber, Rossini et Meyerbeer, Scribe était le véritable auteur de l'opéra moderne; c'est sans doute beaucoup dire. Je ne saurais nier pourtant que cet esprit si chercheur, si adroit, si inventif dans ses comédies de genre, ait apporté dans les combinaisons de ses grands ouvrages destinés à la musique un sens du romantisme le plus dramatique, un art jusqu'alors inconnu de parler aux masses, de les entraîner. Scribe, dans l'acception littéraire du mot, n'exécutait pas : dans ses drames les mieux réussis du Théâtre-Français, *le Verre d'eau, une Chaine,* un style impossible gâte souvent les meilleures scènes; mais dans un opéra le drame ne vaut que par la conception, et, quant au style, le musicien se charge d'en avoir pour tout le monde. Ce n'est pas en vain qu'on dit : « le maître. » Qu'importent le vers, la prosodie? Des élémens dont ailleurs vit la poésie, — images, nom- .

bre, rimes, — il fait un bûcher des cendres duquel, comme un phénix, la musique va naître. Métastase, qui fut le Scribe de son temps, donnait tout à la forme, à la plasticité du poème, sorte d'échafaudage pour servir à l'édifice du compositeur. Chez Scribe au contraire, c'est la situation qui domine, la forme ne compte pas, l'œuvre ne vaut ni par le style ni par la couleur; mais comme matière à contrastes, comme programme musical, c'est quelquefois admirable. Vous y retrouvez jusqu'aux tendances politiques du moment.

On conçoit quel immense parti dut tirer d'un pareil ouvrier le génie d'un Meyerbeer avec sa double vocation de critique et d'artiste. Meyerbeer ne fut jamais un simple musicien. Ni ses conditions de naissance et de fortune, ni le mode de son éducation n'étaient de nature à faire de lui ce qu'on appelle un *spécialiste*. Il arrivait à la musique par la grande route de la vie et non par le chemin de l'école. De là ses variations d'esthétique, son cosmopolitisme, de là certaines contradictions douloureusement ressenties au fond de l'être qui furent comme les revendications tragiques du destin dans son existence d'olympien. Je ne pense pas qu'on doive juger un grand artiste uniquement d'après la mesure absolue de son art. S'il fut le moins naïf des inventeurs, sa haute raison, la vaste culture de son esprit le mirent à même de faire pour cet art plus que nul autre n'avait fait, et d'élever en quelque sorte d'un degré le niveau social de la musique en lui ménageant son entrée dans ce cercle magique où elle allait se rencontrer avec la poésie, la littérature et la vie politique de son temps. De ce que l'art y perdit, la cause de l'intelligence en profita. Il est certes permis à notre époque de déplorer qu'on n'y sache plus peindre aussi naïvement qu'un Giotto; mais, tout en déplorant ce grand malheur, on peut également s'en réjouir.

Scribe convenait à Meyerbeer. Ce n'était point, comme avec Auber, une association de deux esprits de même famille se complétant l'un par l'autre; c'était une sorte de commerce indépendant entre consommateur et fabricant. Poète autant qu'on peut l'être, Meyerbeer n'avait besoin que d'un metteur en œuvre habile à donner force de situation à l'idée qu'il apportait. Cette idée, Scribe ne la comprenait pas toujours du premier coup; il la *désoriginalisait*, lui donnait couleur bourgeoise, et c'était au tour de Meyerbeer, la reprenant de ses mains, de lui rendre sa virtualité première. On eût dit une pierre précieuse, émeraude, rubis ou diamant, devenue terne sous le souffle du lapidaire, et dont l'art de ce Cellini rallumait l'éclat naturel.

Ainsi s'étaient faits *Robert le Diable, les Huguenots;* ainsi se forma *l'Africaine.* Ce grand esprit, incessamment en voie de recherches, aimait à se poser des problèmes en apparence inabordables à la musique. *E pur si muove;* il semble que de cette parole de Galilée en prison soit sorti son Vasco de Gama, l'homme de l'idée implacable, de la protestation démoniaque, l'inspiré, l'halluciné, qui sur la paille des cachots entend des voix qui l'appellent de l'autre côté des océans. Il va sans dire que ce personnage tout de convention ne se rattache par aucun point à l'histoire. La figure, telle que d'abord on nous la représente, offrirait plutôt certains traits de ressemblance avec Christophe Colomb. Scribe, à la rigueur, pouvait confondre, et pour les besoins de la pièce passer au compte de son héros les persécutions dont fut l'objet l'illustre navigateur génois. Que Vasco de Gama, qui jusqu'à la mort ne connut que les faveurs des hommes et de la fortune, supporte ici mille désastres, que l'inquisition et le pouvoir temporel l'accablent de leurs anathèmes et de leurs supplices chaque fois qu'il veut ouvrir la bouche pour la gloire future de sa patrie, le ciel me garde de prétendre récriminer, au nom d'un ridicule pédantisme, contre de pareilles licences qu'il faudrait inventer à l'Opéra, si de tout temps elles n'avaient existé. Cependant, si avec Scribe je renonce volontiers à discuter un point d'histoire, j'entends, lorsque j'ai affaire à Meyerbeer, que la loi des caractères soit respectée. Ainsi, à mesure que nous avançons dans l'ouvrage, le personnage de Vasco se complique d'élémens trop étrangers à sa nature; il y a, qu'on me passe le mot, bifurcation. Jamais ce martyr de sa découverte, ce fou sublime que nous avons connu aux premiers actes, ne saurait ouvrir son âme aux extases embrasées des deux derniers. L'intensité de l'idée exclut ici la domination d'un sentiment. Un Christophe Colomb, un Galilée, un Vasco de Gama, mis au théâtre, ne peuvent intéresser que dans les conditions particulières de leur lutte avec la destinée. Lorsque Meyerbeer place entre deux femmes ce héros qu'il vient de peindre à si grands traits dans la magnifique scène du conseil, Meyerbeer manque à la logique du caractère de son Vasco, et le musicien, dominant chez lui l'esthéticien, cède à cette loi fascinatrice qui veut que dans un opéra le héros soit toujours un ténor et que le ténor soit toujours amoureux.

Or ce n'est pas simplement d'une femme, mais de deux, que Vasco de Gama est amoureux. Il met à passer de la blanche à la noire et de la noire à la blanche une légèreté d'évolution faite pour déconcerter l'intérêt qui s'attache à un jeune premier, à plus forte raison incompatible avec la grandeur du type proposé d'abord. «Sire, vous êtes vous-même une cérémonie!» sans aller jusqu'à cette apostrophe que le pinceau d'un Titien semble adresser à la

figure d'un Philippe II, j'aurais voulu plus d'esprit de suite dans
l'attitude de ce caractère, je m'attendais à plus de fanatisme dans
l'idée. L'homme qui brave l'anathème pour donner un monde à son
pays n'a point de ces velléités à la Faublas. Il est vrai que, si le portrait historique perd beaucoup à cette circonstance, la partition y
gagne d'incomparables trésors de mélodie. Évidemment, sans cette
entorse donnée à la composition systématique du personnage de
Vasco, le splendide duo du quatrième acte n'aurait pas vu le jour,
une page éclatante celle-là, qui, dès l'entrée en matière, tourne au
chef-d'œuvre, et va se développant dans une gamme telle que,
lorsque vient la fin, vous vous dites : Le duo de Valentine et de Raoul
dans *les Huguenots* a trouvé son pendant, s'il n'est dépassé ! —
D'ailleurs, proclamons-le tout de suite, la richesse mélodique fait
de cet opéra un ouvrage à part entre les meilleurs du maître. Le
flot ici coule à pleins bords ; c'est inspiré, puissant jusqu'à l'exubérance, d'une abondance, d'une plénitude de formes, de couleur et
de vie à la Véronèse. J'entendais raconter d'avance que Meyerbeer
avait pour cette fois modifié sa manière, donné davantage à la voix
des chanteurs. Ce qui s'était dit d'un changement de style avant
Guillaume Tell se publiait au sujet de *l'Africaine.* L'opinion, les
dispositions du personnel d'un théâtre, quand ce théâtre est l'Opéra,
comptent pour beaucoup dans l'effet que l'ouvrage qu'on répète doit
produire. De la scène et de l'orchestre, cette opinion se répand dans
la ville, et souvent c'est elle qui décide du premier applaudissement,
lequel à son tour décide du succès de la soirée. Je sais que tout ce
monde-là d'habitude juge individuellement, et que la question d'art
l'influence moins que la question de ses convenances particulières.
Cependant cette fois ces dispositions ne pouvaient que parler en
faveur de l'ouvrage, car avec Meyerbeer on était bien sûr qu'elles
ne seraient pas achetées au prix de reprochables concessions.

Ce n'est pas seulement de ses forces, mais aussi et surtout de
ses faiblesses qu'un esprit vraiment progressif prend conseil. On
lui avait tant dit : « Vous n'êtes pas un mélodiste, » qu'à la fin il
se lassa de l'objection et voulut répondre par une de ces évolutions
de la dernière heure qui sont faites pour confondre la critique en lui
venant montrer sous un point de vue tout nouveau l'artiste qu'elle
s'imaginait avoir une fois pour toutes caractérisé. Qui jamais aurait
cru avant *Guillaume Tell* que le Rossini de *Tancrède* et d'*Otello*
serait capable de s'élever à ce sentiment de la vérité dramatique? De
même du Meyerbeer de *l'Africaine* ouvrant l'écluse à des flots de
mélodie qui ne tarissent plus. Ampleur, élégance, une variété de
rhythmes, un luxe de timbres dans l'orchestre à vous éblouir! D'ordinaire les mélodies d'un maître se reconnaissent à certaine désin-

volture; sans se ressembler, elles ont l'air de famille, comme ces
filles de grande maison toutes belles et charmantes, dont le type, à
quelques modifications près, se retrouve dans tel portrait d'aïeule
peint au xvᵉ siècle. Ici pourtant la mélodie affecte d'autres tours,
d'autres formes; sans tourner à l'italianisme, elle devient vocale.
On sent que Meyerbeer a dû se dire que, si l'orchestre a pris de nos
jours des proportions gigantesques, la voix humaine reste ce qu'elle
était au temps de Mozart, et d'un autre côté cet intérêt tout spécial n'est jamais acquis aux dépens de l'idée. Pour occuper une plus
grande place dans l'œuvre du maître, le beau musical n'exclut pas,
tant s'en faut, le beau esthétique. L'Africaine et Nélusko sont deux
figures qui déjà ont pris rang à côté des plus vivantes créations de
ce Titien de la musique. Si dans le caractère de Vasco divers traits
se contredisent, si la débordante imagination du musicien met en
faute la logique du penseur, quelle vérité d'expression, de mouvement, d'attitude, ne se retrouve pas dans les personnages de second
plan, toujours si curieusement étudiés, si nettement présentés chez
Meyerbeer! Prenez l'inquisiteur portugais et le grand-prêtre de
Brahma, et voyez comme les deux têtes se profilent sur le fond du
tableau, chacune marquée d'une sorte d'individualité de fanatisme.
L'antithèse, à mesure qu'on avance, élargit son domaine. Deux religions, comme dans *les Huguenots,* ne lui suffisent plus, il lui faut
deux mondes. Si quelque chose en cette œuvre de tant de vie et
de force pouvait trahir la vieillesse d'un maître, ce serait l'entasse-
ment des beautés qu'on y rencontre. Les idées s'y enroulent avec
une luxuriance de forêt vierge. Ne vous attendez pas au *ne quid
nimis* d'Horace, mais bien plutôt à toute espèce de développemens,
de surcroît. Ce génie, oubliant la mort, thésaurisait en se disant
qu'après tout il en serait quitte à un moment donné pour jeter à la
mer quelques poignées d'or.

> La séve, débordant d'abondance et de force,
> Sortait en gouttes d'or des fentes de l'écorce.

Sève trop puissante, trop vigoureusement productive, et dont en
même temps que le chêne superbe se nourrissait le gui. L'émon-
deur de la dernière heure a manqué. Là est le mal. Ne l'exagérons
pas.

C'est bien vite fait de se récrier. On regarde à sa montre, il est
minuit, et le cinquième acte commence à peine : donc *il y a des
longueurs.* Va pour les longueurs; mais pour abréger comment s'y
prendre? Meyerbeer seul eût pu raccourcir, couper, parce que lui
seul pouvait recoudre. L'eût-il fait, s'il eût vécu? On en douterait
presque, lorsqu'on songe aux conditions d'une œuvre si profondé-

ment méditée, calculée, élaborée, où l'effet savamment combiné
d'un passage trouvé sublime ressort souvent de tout un système
d'engrenage dont le travail, objet d'admiration pour le vrai juge,
échappe aux regards du vulgaire. Comme Molière préparant par
des scènes courtes ses grandes scènes, Meyerbeer a dans l'économie
de son architecture dramatique des juxtapositions qui sont le secret du génie. Le mieux est donc de ne se prononcer qu'avec réserve et de prendre en patience ces prétendues longueurs, qui,
pour devenir des beautés de premier ordre, n'ont besoin que d'être
entendues assez de fois. Vous ne comprenez pas, c'est possible; en
ce cas, ouvrez vos oreilles, ouvrez surtout vos intelligences, et apprenez à comprendre. « Le diable est vieux, » dit le Méphisto du
second *Faust* à ses petits amis de l'auditoire, et il leur conseille
de tâcher de vieillir à leur tour pour le comprendre. Ce serait en
effet trop magnifique d'entrer ainsi de plain-pied dans tous les sanctuaires de la pensée. Il semble, à voir la hâte de certaines gens,
qu'il n'y ait qu'à payer sa stalle à l'orchestre pour avoir droit à la
révélation immédiate de tout ce que renferme une partition. C'est
le temps, ne l'oublions pas, qui fait les chefs-d'œuvre. Il faut qu'à
leur esprit se mêle l'esprit d'une génération qui, les fréquentant,
les expliquant, s'imprègne de leur vie et leur communique la sienne
propre. On s'étonnera sans doute dans quinze ans que la partition
de *l'Africaine* ait pu paraître obscure à bien des critiques, de
même qu'aujourd'hui nous nous étonnons qu'un pareil blâme ait
pu jadis être adressé aux *Huguenots*. Au reste, plus l'œuvre est magistrale, et moins elle échappe à cette destinée. La conscience de
leur valeur, de leur autorité désormais incontestée, inspire aux natures énergiques le goût des tentatives difficiles. Le possible ne leur
suffit plus; c'est à leurs yeux désormais quelque chose de trop
quotidien, de terre à terre. Le vulgaire, qu'en avançant toujours
vers l'idéal mystérieux ils ont fini par perdre tout à fait de vue,
cesse bientôt de les comprendre. Le second *Faust*, la *neuvième
symphonie*, *l'Africaine*, œuvres de vieillard! s'écrie-t-il. OEuvres
de maîtres qui, forts du droit qu'ils se sont acquis par vingt chefs-
d'œuvre consacrés de commander à la foule, dédaignent de s'informer de ses besoins, de ses caprices. Où en serait-on, et que deviendrait la cause du progrès dans l'art, si ceux-là que leur génie
autorise ne se servaient d'une situation exceptionnelle pour faire
œuvre d'initiateur, et par des tentatives neuves, hardies, douteuses
même quelquefois, ne travaillaient à préparer l'avenir?

J'ignore encore aujourd'hui si *l'Africaine* n'est pas le chef-
d'œuvre de Meyerbeer, mais je sens que c'est un chef-d'œuvre. Dès
la fin du premier acte, les amis du maître savaient à quoi s'en tenir
sur la portée de cette musique, et ses ennemis aussi, ceux qui, avec

dix ou douze enfans perdus de l'Allemagne raisonnante et raison-
neuse, affectent de méconnaître l'importance de ce nom et disent
bouffonnement « la période *Wagner-Liszt* » pour caractériser une époque où *les Huguenots* et *le Prophète* ont vu le jour. Il y a au théâtre de
ces manifestations auxquelles bon gré mal gré on doit céder. Vous
entrez, et tout de suite, après quelques mesures d'une large introduction établie sur deux thèmes de l'ouvrage, empruntés l'un à la romance d'Inès, l'autre au septuor, — après cette romance agréable et
un *terzettino* bien conduit, d'un style élevé, contenu, — vous nagez
en pleine atmosphère de génie. Interrogez Scribe, il vous répondra
qu'il s'agit du frêt d'un navire. Le conseil du roi de Portugal va-
t-il admettre ou rejeter l'offre de Vasco de Gama? L'état fournira-
t-il des subsides à l'hypothèse du navigateur? Une simple question
de budget. Maintenant écoutez Meyerbeer et voyez ce spectacle :
vous assistez au mouvement d'une grande assemblée, on délibère,
on juge, on vote. Les têtes peu à peu s'échauffent, les passions
éclatent. Vasco, repoussé, éconduit, se révolte, l'inquisition lance
son anathème; c'est la progression dramatique du premier acte de
Roméo et Juliette, ayant pour cadre le sénat d'*Othello.* Je ne suis
pas ici pour parler violons et clarinettes et chercher naïvement par
quelle sorte de procédés techniques de semblables effets peuvent
être obtenus. La science du rhythme et des combinaisons enhar-
moniques, Spohr et Mendelssohn l'ont eue à l'égal de Meyerbeer;
l'instinct suprême des sonorités de l'orchestre assure à l'auteur de
Tannhäuser son meilleur titre à la renommée, Rossini a le flot mélodique plus abondant; mais ce que nul parmi les contemporains
ne possède à pareil degré, c'est l'art de poser une situation, de faire
vivre et mouvoir ses personnages, d'entourer une action dramatique
de tout l'intérêt historique, de tout le pittoresque qu'elle comporte.
« Les ennemis sont où je les voulais, » écrivait Frédéric de Prusse;
Meyerbeer en peut dire autant de son public : il l'amène, le fixe où
il veut. Vous êtes en pleine Europe du xvᵉ siècle, au milieu d'un
congrès de princes de l'église et d'hommes d'état; laissez agir sa
pensée plus rapide que le fil électrique, et tout à l'heure elle·vous
aura transporté à des milliers de lieues, sous des climats dont vous
percevrez aussitôt la couleur et l'atmosphère. Chez Meyerbeer, le
musicien ne se sépare pas du dramaturge; même dans ses compositions de moindre importance, il s'attache au pathétique, à l'accent. *Musices seminarium accentus;* exemples, parmi ses mélodies,
le Moine, Rachel et Nephtali, morceaux où la surcharge harmonique
prédomine, où le texte n'avance qu'à pas lourds, écrasé par le poids
de la modulation. C'est qu'à ses yeux l'opéra seul existe. Toute
musique instrumentale ou vocale n'en saurait être que le prélude;
de ce principe unique toute vie procède. Il avait beau vouloir s'é-

manciper, tenter des digressions de côté et d'autre, force était toujours d'y revenir, car le théâtre exerçait sur son génie une sorte d'influence démoniaque. Invinciblement ses lectures les plus graves, ses méditations l'y ramenaient; il poursuivait, relançait la situation jusque dans l'Évangile. « Lazare, lève-toi! » que n'eût-il pas donné pour pouvoir mettre en musique ce cri sublime du Sauveur! « Vous n'y songez pas, lui disions-nous un jour à ce sujet : un opéra de *Lazare* est impossible, faites un oratorio. » Mais non, il eût voulu aussi le décor, le spectacle. Cette évocation surhumaine, c'eût été le rayon de lumière dans une toile de Rembrandt. Il fallait à son tableau le jeu des ombres, les combinaisons de la mise en scène; l'idéal entrevu était de peindre au réel la vie d'un Dieu.

Contraint d'y renoncer, il revenait à l'histoire, écrivait cette page admirable du premier acte de *l'Africaine,* dont la grandeur vous émerveille. Que d'invention dans ce finale, de rhythmes, d'incidens! Quelle puissance tour à tour et quelle distinction caractéristique dans ces périodes accompagnant, commentant, nuançant, les divers mouvemens de l'action! Le conseil entre en scène sur une marche à rhythme pointé d'une belle ordonnance, puis tout aussitôt éclate l'invocation des évêques appelant les lumières d'en haut sur les travaux de l'assemblée : phrase imposante, d'une simplicité, d'une grandeur suprême, plusieurs fois ramenée et toujours heureusement au double point de vue de l'intérêt musical et dramatique, tout un chœur d'hommes vocalisant à pleine voix et à l'unisson! Sur un de ces rhythmes brillans, superbes, qui sont comme des coups de pinceau d'un Véronèse, entre Vasco de Gama. Il raconte le désastre de la flotte, expose sa demande. Rien qui sente la prouesse, l'emphase du chanteur de cavatine : un récitatif excellent, plein de calme, de dignité, serrant le texte. Les esclaves sont introduits, le mode change. Un prélude bizarre les amène : pressentiment, ressouvenir de ces contrées lointaines dont Sélika et Nélusko sont comme les échantillons présentés au conseil par Vasco. « Nommez votre patrie! » leur enjoint le président. Ils se taisent. Sélika pourtant va parler, séduite, fascinée par l'irrésistible supplication de Vasco. L'esclave l'en empêche. On renvoie tout ce monde, et la discussion s'établit : opposition des voix de basse du côté des prêtres représentant la droite et des voix de ténor formant la gauche. Entre le vieil esprit du passé et les idées nouvelles, la lutte s'engage, s'envenime; la querelle menace de tourner au scandale, lorsque les évêques se lèvent sur leur banc et de nouveau entonnent ce splendide *Veni Creator* dont les trois dernières mesures, après l'immense explosion de la phrase principale, ont la gravité solennelle de l'*Amen* liturgique. Rentré en scène, Vasco apprend que ses projets sont rejetés comme insensés; il s'indigne, maudit ses juges, et l'anathème proposé par le grand inquisiteur est repris par les évêques dans un ensemble à l'unisson, dernier effort du génie et qu'il faut désespérer de rendre avec des mots.

Quant à moi, pareil début, j'en dois convenir, ne laissait pas de m'effrayer un peu. Qui n'a entendu parler de cette fameuse porte de Mindos que Diogène conseillait aux habitans de fermer avec soin de peur que leur petite ville ne passât dessous pour s'en aller? Bien des œuvres, j'imagine, et des plus recommandables de notre temps, courraient en pareil cas même danger; mais, en construisant ce vestibule colossal, l'architecte avait d'avance calculé les proportions de son édifice. Pour ceux qui ont entendu cette scène, je n'ajouterai rien maintenant, car ils savent ce qu'elle contient de beautés de tout genre, et pour l'immense majorité du public qui l'ignore, je la renvoie au quatrième acte des *Huguenots.* Elle n'a qu'à se rappeler et à se dire que c'est quelque chose d'approchant, sinon de supérieur.

Au second acte, la gamme change; mais l'intérêt musical ne faiblit pas. Les caractères se posent. Voici d'abord Sélika, l'Africaine, aux pieds de Vasco endormi dans sa prison. Elle veille, elle épie, inquiète, caressante, jalouse. Son amour, à peine révélé, a des bonds de panthère, soupire et gronde, s'irrite et s'apaise, éclate en cris de rage au nom d'Inès que le rêve de Vasco vient lui livrer, ou se résout en langueurs énervantes dans un chant de berceuse indienne délicieusement balancé au-dessus des tintemens argentins du triangle. A ce monologue d'un charme exquis succède une scène de drame. L'esclave a compris les troubles de sa maîtresse et n'imagine rien de mieux que d'assassiner Vasco pour sauver d'un faux pas la majesté royale, car c'est une reine que cette Sélika amenée en Europe par Vasco de Gama au retour d'une première expédition. Toutefois, au moment de frapper, Nélusko hésite, et, désarmé par un regard de la reine, tombe à ses genoux. Où trouver une voix plus émue, plus pathétique? Involontairement vous pensez à *Ruy Blas,* au ver de terre amoureux d'une étoile. C'est le même accent de soumission, mais plus humble, plus prosterné, comme il convient à la nature abrupte. A cette passion rampante et féline, Meyerbeer opposera tout à l'heure le caractère chevaleresque et tout en dehors de son héros.

Vasco se réveille, congédie l'esclave, et soudain engage avec Sélika un duo coupé à l'italienne, et que traverse un généreux souffle mélodique. Puis vient le septuor, morceau capital de l'acte. Inès, une de ces princesses malencontreuses qu'on retrouve partout dans les opéras de Scribe, — la même personne éplorée qui dans *la Muette* s'appelle Elvire, Eudoxie dans *la Juive,* Isabelle dans *Robert le Diable,* Rafaëla dans *Haydée,* — Inès apporte sa grâce au prisonnier d'état. Vasco est libre, mais elle désormais, hélas! ne l'est plus, car cet ordre d'élargissement signé par le roi n'a pu être obtenu qu'au prix d'un mariage avec l'amiral dom Pedro. Tel est le programme dont Meyerbeer a tiré sa scène. On n'imagine pas plus de noblesse, d'autorité dans les développemens, d'élégance dans les détails : cors en sourdine, violons, tenues des instrumens de bois, timbales; chaque péripétie amène un motif, une idée; les dessins se croisent, soutenant le récit. On les suit, on les voit, tandis que le drame musical va son train, promener leurs arabesques dans l'orchestre. C'est d'une distinction, d'une dignité de ton et de manière qui vous rappellent les meilleurs passages des *Huguenots*, et avec cela un mouvement dramatique imperturbable : chaque personnage, chaque voix maintenus à leur poste de passion, de combat, une de ces périodes à la Meyerbeer magnifiquement modulées, qui s'avancent, comme la nuée, grosses de tous les orages d'une situation, et après avoir éclaté sur un point fondent en rosée. Sur les dernières mesures, l'orchestre laisse les voix à découvert, et le morceau se termine par un mouvement lent en éteignant le son. On se prend à songer aux *Huguenots*, et aussi à la *Chanson de mai*. Meyerbeer ne savait pas faire petit : jusque dans le joli, l'agréable, il portait son romantisme; il avait, en fait d'art, les raffinemens d'un voluptueux; il lui fallait passer d'un genre à l'autre, goûter à tout. Le même homme tourmenté de combinaisons colossales qui, par le cinquième acte de *Robert le Diable*, le quatrième du *Prophète*, introduisait l'église dans le théâtre, allait à certains momens rêver d'idylles, de chansons. Les hauteurs l'attiraient; mais tout en montant, déjà il aspirait à descendre. Les sensations du beau ne lui suffisaient pas, il voulait celles de l'aimable. C'était en toute chose un curieux. Suivez, dans cette *Chanson de mai*, la progression qui, doucement accentuée d'abord, finit par se résoudre sur le mot *amour* avec une force, un éclat dont l'expression rappelle le même procédé employé dans le trio de *Robert le Diable* et dans cet admirable septuor de *l'Africaine*. C'est un diminutif de sa pensée, mais c'est toujours sa pensée raisonnant, calculant ses effets, composant.

Ici nous touchons au vaisseau. L'océan, de loin, s'annonce au voyageur; vous ne l'apercevez pas encore, que déjà l'air salé, certaines rumeurs vagues trahissent son approche. Écoutez dans l'orchestre ce bruit de flots, ce roulis. Là, derrière le rideau, quelque chose flotte : c'est le vaisseau. La toile se lève : ô désappointement! On en avait trop parlé, de cette caravelle. Ça, le vaisseau de *l'Africaine!* Vous plaisantez; mais c'est le décor d'*Haydée* surchargé d'un étage. Le public impatient attendait la manœuvre; la manœuvre n'est point venue, ou si peu qu'on se demandait ce qu'il fallait penser d'une telle mystification. A Vienne, à Londres, les choses se font plus simplement et en quelques semaines. Nous autres, nous avons la manie de tout compliquer : beaucoup dire et au demeurant ne rien inventer, s'agiter dans le vide ! On jette l'or par les fenêtres, on gaspille le temps, et pour arriver à ce beau résultat on s'expose à compromettre les destinées d'un chef-d'œuvre en retardant jusqu'aux chaleurs une représentation qui aurait pu avoir lieu trois mois plus tôt.

Musicalement, ce troisième acte me semble inférieur à ceux qui précèdent. J'y trouve trop de remplissage descriptif, de pittoresque hors de propos. Les malveillans d'outre-Rhin, qui prétendent que le style dramatique français, tel que l'ont compris Auber et Meyerbeer, n'est jamais qu'un mélange d'airs à boire et de prières avec la scène de folie obligée, qu'une éternelle opposition d'hymnes religieux et de bacchanales, ne manqueront pas d'exploiter l'argument. Le fait est que pour que ces rapprochemens antithétiques aient au théâtre une action sérieuse, il faut qu'ils soient une nécessité même de la situation. Or vous n'assistez là qu'à une sorte de passe-temps musical admirablement combiné, je l'avoue, mais qui ne répond point à la curiosité pressante du moment. Tous les jours on bat la diane à bord, tous les jours, au lever du soleil, les marins font leur prière. Ce qui m'intéresse, ce n'est pas de savoir ce qui s'agite sur un bâtiment quelconque, mais comment, sur ce vaisseau que j'ai devant les yeux, vont se comporter les diverses passions de votre drame. — C'est à coup sûr un très rare morceau que cette prière où, d'en bas et d'en haut, les voix d'un double chœur s'enchevêtrent, se coordonnent, large plain-chant posé par les voix d'hommes auxquelles répond l'invocation des femmes. Toutefois ces sortes d'effets chez Meyerbeer n'étonnent plus. Le maître a si souvent prouvé sa force et son adresse et dans *les Huguenots,* et dans *l'Étoile du Nord,* et dans *le Prophète,* tant de beautés d'ailleurs se disputent l'attention, que l'accessoire, même réussi, même admirable au point de vue *spécifique,* a tort.

A vrai dire, l'intérêt ne commence qu'au moment où Nélusko commande la manœuvre. Dès le début de l'acte, on le voit aller, venir, s'agiter à l'arrière, comme une bête fauve dans sa cage. L'amiral dom Pedro l'a nommé pilote du navire. Il parle, donne un ordre : « tournez au nord, » quelques mesures de récitatif sans accompagnement écrites d'une main souveraine. M. Faure attaque, prolonge, accentue superbement cette phrase d'une intonation très difficile. Sa voix se développe à l'aise, flexible, onctueuse, étoffée. Du reste, cette *maestria* d'exécution, M. Faure l'étend sur tout le rôle, qu'il compose, joue et chante en artiste français pénétré de la grande tradition des Nourrit, des Levasseur, des Duprez. Impossible de mieux sentir, de mieux dire : sinistre à la fois et pathétique, rampant et superbe, fier et doux, tigre et chien, il représente au réel le caractère entrevu par Meyerbeer. Il a le geste sobre, ce mélange de souplesse et de dignité propre aux races primitives, l'intention juste, la pose vraie, et dans son chant comme dans son jeu cette autorité que donne à un artiste d'expérience et de talent la conscience non exagérée, mais parfaitement établie de son mérite.

La ballade du géant des mers Adamastor, avec les violons battant la corde du bois de leur archet, me paraît moins originale que bizarre. Encore un de ces morceaux *à tiroir*, de ces *boleros* que réprouve la convenance dramatique, et dont il semble que notre système d'opéra doive inexorablement subir la peine! Est-ce donc une chose indispensable et passée à jamais dans nos mœurs que cette ballade à propos de tout et de rien? Point d'opéra-comique, de grand opéra qu'elle n'afflige de son parasitisme. *Nolens, volens*, jusqu'au bout vous l'entendrez. Meyerbeer lui-même, à cette loi d'une poétique ridicule, se croyait obligé de se conformer. La situation a beau ne s'y prêter aucunement, on a d'ingénieux moyens pour la forcer. « Comme dit la ballade, » insinue adroitement le personnage en quête d'une occasion de placer son mot, et le chœur aussitôt de donner dans ce compérage et de faire cercle en chantant : « Écoutons! » Combien, depuis celle de *Robert le Diable*, n'en a-t-on pas entendu de ces ballades? Scribe en avait un répertoire interminable; il en mettait partout pour ceux qui les aiment ou plutôt qui les aimaient, car le goût de cette ritournelle est passé, et tout l'art d'un Meyerbeer ici n'a pu le réchauffer. D'ailleurs Meyerbeer ne fut jamais l'homme des *poncifs*. Son style y perd ses qualités géniales, s'y embrouille. Empêtrée dans ces mauvaises rimes, son inspiration s'essoufflait tout à l'heure; voyez-la maintenant reprendre son vol et s'élancer au-devant de Vasco de Gama, dont la chevaleresque entrée en scène s'annonce par une de ces phrases qui sont comme un flot de lumière électrique projeté devant un personnage. Celui qui marche dans une telle musique ne saurait être qu'un héros. Avec son entrée, le drame se serre, hausse le ton, et ce troisième acte, qui va se terminer en féerie du Châtelet par des incendies, des massacres et des polkas, jette son dernier éclat dans une scène dont le conflit rappelle le fameux finale de la pomme dans *Guillaume Tell*, et qui musicalement vaut cette page de Rossini.

Au quatrième acte, les richesses ne se comptent plus, vous marchez d'admirations en éblouissemens. Cette musique elle-même est un spectacle. L'Inde immense s'ouvre à vous, l'Inde pittoresque et sacrée; jusque dans les mystérieuses profondeurs du ciel d'Indra, de la formidable *trimurti* brahmanique, plonge l'œil de votre intelligence. Le *libretto* raconte que nous sommes à Madagascar. En cela comme en tant d'autres choses, le *libretto* ne sait ce qu'il dit : d'abord parce que jamais Vasco de Gama ne mit le pied à Madagascar, ensuite parce que les pays de la côte d'Afrique où l'illustre navigateur portugais aborda ne connaissaient en fait de religion que le plus grossier fétichisme. Nous sommes dans une île de l'invention de Meyerbeer, une de ces îles comme Shakspeare en découvrit. Le génie a sa géographie à soi, il a sa flore, il a sa faune. Meyerbeer était en vérité bien homme à se contenter de simples sauvages ordinaires! Voyez-vous l'auteur de *Robert le Diable*, des *Huguenots* et du *Prophète* entassant Ossa sur Pélion pour faire danser à des nègres une bamboula? *Sylvæ sint consule dignæ*. Va pour une île inconnue, mais à la condition que ces sauvages-là se rattacheront aux traditions d'un monde hiérarchiquement constitué depuis des siècles, qu'ils auront la soie et la pourpre, les diamans, les perles, les rubis, pour se vêtir et se parer, qu'on trouvera chez eux des pagodes de marbre et d'or, des bayadères, des brahmines, des livres sacrés, toutes les poésies, toutes les croyances, toutes les pompes d'une révélation religieuse authentique, d'un culte sérieux, où le génie se puisse prendre.

Lorsque dans *le Dieu et la Bayadère* M. Auber met en scène Brahma, le spirituel compositeur fait de sa musique un badinage, une fine et charmante ironie. On sent qu'elle procède en droite ligne du style de *Candide* et de *Zadig*. Ce Brahma n'est pas un dieu, c'est un ténor, et son incarnation, sa migration terrestres, semblent n'avoir pour but que de piquer, d'émoustiller à l'allusion un parterre voltairien et travaillé jusqu'à l'absurde par sa haine du jésuitisme, implacable marotte du moment. Le Berlinois Meyerbeer envisage les choses d'un autre point de vue. L'élément religieux l'attire, mais par ses grands côtés; il s'adresse à l'idée, à la substance dont sa musique sera comme l'émanation. « Brahma, Vichnou, Siva! » s'écrie son mystagogue éperdu de fanatisme, et soudain le frisson vous saisit, la trimurti symbolique se montre à vous dans sa rosace de lotus, au milieu d'un fouillis inextricable de têtes constellées, de jambes et de bras qui se croisent, s'enroulent, se tordent en brandissant des sceptres, des javelots, des arcs, des poignées de serpens. Jamais nul mieux que Meyerbeer ne sut évoquer le génie des religions. A cette entrée de la reine, saluée à la fois par l'orchestre et par une bande militaire d'instrumens de Sax placée sur la scène, à cet appel sublime du vieux pontife, les profondeurs du temple d'Ellora semblent répondre. Et plus tard. lorsque brahmine et sacrificateurs ont disparu et que vous entendez ce vieillard démoniaque poursuivre au dehors sa théurgie, vous croyez assister de fait à l'incantation. Décidément les spirites et les somnambules

sont des niais. Il n'existe ici-bas de vrai médium que le génie.
Voulez-vous voir Indra, Surya, Varuna, Parana, Yama, princes de
l'air, des flots, du soleil, des vents, de la justice et de la mort,
écoutez et dites ensuite combien de temps il faudrait faire manœu-
vrer des tables tournantes avant d'en savoir sur ce chapitre de la
mythologie hindoue autant que Meyerbeer vous en aura révélé dans
cette solennelle mélopée dont Gluck lui-même n'aurait pas inventé
le caractère, car Gluck n'avait connu ni les Hammer ni les Hum-
boldt.

M. Obin fait une création de cette figure de brahmine empreinte
de l'hébétement farouche de l'extase orientale. Il a le masque glacé,
l'œil terne, l'attitude raide, impassible. Assis sur son trône de granit rose, la tiare en tête, voilé de blanc, long, muet, émacié par le
jeûne, les pèlerinages et toutes les ivresses de la vie mentale, vous
le prendriez pour une idole de Pradschapati. S'il se dresse, s'il
parle, ses bras se décollent à peine, il a le geste rare, étroit; mais
en revanche dans cette voix superbe invoquant, maudissant, exor-
cisant, que d'énergie féroce, de flammes concentrées qui se font
jour! On dirait un volcan jetant sa lave, puis, le ravage consommé,
se refermant aussitôt sous ses neiges. Ce personnage n'a que deux
scènes, mais il vit et se meut dans l'œuvre de Meyerbeer avec une
originalité de physionomie dont il faut savoir gré au chanteur d'a-
voir compris et rendu la puissance. — Maintenant essayez de déguiser votre grand-prêtre en parfait sauvage, tatoué, peinturluré,
coiffé de plumes; au lieu de Brahma, Vichnou, Siva, faites-lui évoquer *Mamajambo!* et si vous amenez le public dans votre jeu, si
vous réussissez à l'émouvoir, à le convaincre, nous consentons
à nous ranger à l'opinion de toute une critique à la fois hardie en
ses découvertes et on ne peut plus judicieuse, laquelle veut absolument que Meyerbeer ait commis une bévue en intronisant la religion brahmanique chez des peuplades reconnues pour n'avoir jamais adoré que des fétiches. Les danses mêmes ont ce caractère
sacré. Ces motifs d'un charme délicieux, ces rhythmes timbrés de
vibrations étranges, inouies, respirent les langueurs nostalgiques
de l'être absorbé par l'être. La parole ne se prête pas à ces délicatesses: c'est comme si vous vouliez trancher des lis avec un glaive
de combat; la danse, de nature plus musicale, joue avec les dispositions de l'âme, rend les soupirs inarticulés de la créature. Toute
idée doit pouvoir être présentée à son plein et entier avantage par
les moyens dont dispose l'art dans lequel on la prétend produire.
Si les moyens sont insuffisans, c'est à l'artiste d'abandonner son
idée. Meyerbeer connaissait cette vérité, la pratiquait. Quand un
sujet l'avait une fois tenté, il ne le quittait plus, convaincu d'ail-

leurs que la musique peut tout étudier, tout commenter, tout rendre, depuis le spectacle d'une grande assemblée délibérante jusqu'aux mystères d'un dogme religieux.

Entre le premier acte politique et catholique de *l'Africaine* et
le quatrième, véritable *oratorio* du panthéisme, que d'espaces fran-
chis, d'océans parcourus! Vasco, mettant le pied sur le sol de sa
découverte, contemple la nature qui l'entoure, se promène ébloui,
ouvre son âme à tous les enchantemens d'un songe édénique. Il
s'enivre et se pâme aux ineffables délices de cette terre promise
dont l'orchestre, tandis que sa voix plane *adagio,* vous raconte les
bruits, les gazouillemens, les parfums, les merveilles : mélodie
adorable, exclamation suprême du ravissement se détachant sur
le *tremolo* des flûtes et les tenues suraiguës des violons, dont par
intervalle un roulement sourd des timbales ouate le son! Tant de
rêverie colore cette musique, elle a l'accent si pittoresque, si pénétrant que la lumière d'un monde nouveau vous inonde. Au-dessus
des massifs de gardénias neigeux, de roses jaunes, le cocotier étend
ses palmes, d'innombrables ruisseaux venus de l'intérieur de l'île
baignent de tous côtés une végétation luxuriante; à ses bras de fer,
qui défient la hache des guerriers, le thuya tient suspendus ses fruits
énormes; le platane à tige pourprée déploie ses feuilles parche-
minées larges d'une aune et d'un vert sombre. De ces cimes, de ces
taillis descend, comme un bruit de bavardage humain, l'imperturbable conversation des perroquets; partout, dans des flots de soleil,
des miroitemens d'ailes, des sifflemens d'oiseaux, des bourdonne-
mens d'insectes! A ce *cantabile,* à cet air rayonnant d'inspiration
succède un morceau d'ensemble conduit par Nélusko, puis enfin,
après le magnifique intermède des épousailles, le duo.

Nous sommes au quatrième acte d'un opéra de Meyerbeer : la
parole est au ténor et à la femme, il s'agit d'une scène d'amour;
que de raisons pour évoquer le plus dangereux des parallèles! Il
est vrai que de ces sortes de périls le maître n'en a cure. Bien
loin de les redouter, on croirait au contraire qu'il les recherche.
On a dit d'une personne célèbre qu'elle avait des amans pour se
prouver à elle-même qu'elle ne vieillissait point; Meyerbeer aimait
à se porter de ces défis. « Je n'ai pourtant pas fait que le quatrième
acte des *Huguenots,* » répétait-il souvent, impatienté de cette obstination avec laquelle à tout propos on lui jetait son chef-d'œuvre
à la tête, et nous ne pouvons nous empêcher de voir une certaine
coquetterie dans cette façon de rappeler deux fois dans *l'Africaine*
ce souvenir involontaire des *Huguenots.* Toujours est-il qu'il fallait
se sentir à l'esprit et au cœur des ressources peu communes pour
oser, quand on avait au théâtre de pareils antécédens, débuter par

un prologue affectant la taille et l'envergure du terrible épisode de la *bénédiction des poignards* et terminer son quatrième acte par un duo d'amour.

Disons-le tout d'abord, ce duo de *l'Africaine* n'a de rapport avec celui des *Huguenots* qu'en tant que chef-d'œuvre du même maître, car pour le reste, expression, coupe, mouvement d'idées, ces deux merveilles diffèrent absolument l'une de l'autre et se valent sans se ressembler. Tout ceci pourtant n'empêchera pas nombre de braves gens, pressés d'émettre leur avis, de vous dire à brûle-pourpoint : « Moi, j'aime mieux le duo des *Huguenots*. » C'est possible; mais qu'en savez-vous? Pourquoi si fort vous dépêcher de nous vouloir apprendre ce que vous-mêmes nécessairement vous ignorez? Il y a dix ans, quinze ans, vingt ans peut-être que vous entendez le duo des *Huguenots* chanté par. les ténors les plus fameux, les plus divers, par les plus séduisantes cantatrices. A ces souvenirs d'art, d'autres tout personnels de jeunesse et d'amour se sont mêlés, et c'est ainsi prévenus que vous n'hésitez pas à vous prononcer! Supposons que Meyerbeer eût vécu, pareille histoire se serait renouvelée à son prochain ouvrage, et alors c'eût été le duo de *l'Africaine* que les esprits avisés dont je parle eussent non moins judicieusement opposé à tel morceau proclamé par l'admiration publique, car la musique de *l'Africaine*, d'ici là, aurait eu le temps de se compléter, de se fixer, de *se faire;* le vin nouveau exalte, enivre, mais il n'est point classique.

Qu'on se donne seulement la peine de réfléchir aux deux situations. Le Raoul des *Huguenots* aime sans retour, sa flamme tout entier le possède; il ne voit que Valentine, ne veut qu'elle. Dans le présent comme dans l'avenir, sa tendresse, ses désirs, sont infinis, exclusifs. Dans le duo de *l'Africaine,* Vasco de Gama n'obéit qu'au délire du moment; son amour n'est qu'un élancement, une insolation : la pensée d'Inès ne l'a quitté que pour le ressaisir, et c'est de cette lutte, où les sens irrésistiblement vont triompher, que le musicien a tiré le motif, l'intérêt de son poème. — Comme dessin, couleur, juste disposition des voix et de l'orchestre, je n'imagine pas qu'on puisse rien citer de plus exquis. La mélodie, partout répandue à profusion dans le chef-d'œuvre, ici se vaporise en essence, en bouquet. Figurez-vous tout un monceau de fleurs des tropiques dont on aurait extrait l'esprit : c'est cet esprit même qu'on respire. « O transports, ô douce extase! » la phrase éclate, d'abord lancée à pleine voix par Sélika, dont le transport fait explosion, et Vasco d'y répondre par une rêverie à *mezza voce* d'une volupté, d'une ivresse tout embrasée des ardeurs d'une nuit nuptiale d'Orient. Bientôt l'alanguissement les gagne tous les deux, le soupir meurt sur leurs lèvres entr'ouvertes, et leurs voix, enlacées dans cette tierce inénarrable, s'éteignent et pâment, au milieu des susurremens de l'orchestre, en un de ces baisers où tout l'être se dissout. — On peut dire de M. Naudin qu'il met son rôle entier dans cette phrase. Jusqu'alors on ne s'explique point trop la raison d'être à l'Opéra de ce chanteur empêtré, maladroit, qui parle un français macaronique et joue avec une pantomime et des airs de fantoche ; mais ce quatrième acte vous dédommage des mécomptes. Dès le *cantabile* de l'air de Vasco, l'intérêt commence, et quand arrive le duo, le virtuose accompli se retrouve. C'est à lui que vous rendez les armes, oubliant tout pour cette voix charmante, la seule capable aujourd'hui peut-être de rendre une telle musique avec cet art divin des demi-teintes.

On frémit vraiment lorsqu'on pense aux difficultés de ce rôle de Vasco de Gama. Scribe disait : « Il y faudrait Talma et Rubini! » Talma, c'était beaucoup, et j'imagine qu'en évoquant ce nom, Scribe cherchait surtout à se convaincre lui-même qu'il avait fait en ce poème œuvre de tragédie. Quoi qu'il en soit, le rôle, tel que le maître l'a compris et exécuté, affecte un double caractère de virtuosité qui le place hors de la portée ordinaire des chanteurs. Sans cesser d'appartenir à la race héroïque des personnages du répertoire français de Meyerbeer, le Vasco de Gama dé *l'Africaine* a davantage la désinvolture italienne. Il pose la voix, ténorise, abonde dans les tours et détours de ce *bell' canto che nell' anima si sente.* C'est à cette partie du rôle que M. Naudin répond merveilleusement ; pour le reste, on voudrait un Nourrit, un Duprez, un Roger. Ne pouvant tout avoir à la fois, entre l'artiste et le virtuose il a bien fallu choisir. Meyerbeer, entendant M. Naudin dans *Cosi fan tutte,* ne s'y était pas trompé ; lui, si habile à saisir en un clin d'œil le fort et le faible de chacun, il savait dès lors à quoi s'en tenir. C'est en même temps le bon et le mauvais côté des virtuoses de résumer un rôle dans une phrase ; or ce duo vaut tout un rôle, et comme M. Naudin le dit avec un charme d'expression dont nul autre ne serait capable, je ne me sens point le courage de me plaindre.

Meyerbeer, ne l'oublions pas, avait commencé par composer jadis dans le style italien. Quoi de plus naturel qu'arrivé à l'apogée de sa puissance magistrale, il se soit souvenu de cette première manière et des avantages qu'il en pouvait tirer pour des combinaisons nouvelles? De même qu'il *italianisait* autrefois en faisant du côté de l'orchestre et de l'expression dramatique ses réserves d'Allemand, de même on retrouve dans *l'Africaine* une plénitude mélodique, un tour aisé de période qui, chez l'auteur des *Huguenots,* de *l'Étoile du Nord* et du *Prophète,* vous rappellent délicieusement l'auteur d'*Emma di Resburgo* et du *Crociato.* Impossible de mieux se résumer, de mieux finir. Cette partition, à défaut d'autre mérite, aurait encore ce caractère singulier d'être un abrégé de l'œuvre du maître en son ensemble. Elle témoigne non pas seulement de la grandeur, mais aussi de l'unité de conception, de l'homogénéité de ce génie encyclopédique, car, à travers tous ses changemens de style, toutes ses variations, Meyerbeer, en somme, est toujours resté fidèle à lui-même. Sans rien désavouer de ses anciens principes en ce qu'ils pouvaient avoir de bon, il a su mettre à profit les nouveaux en ce qu'ils pouvaient avoir d'utile et aussi de bon, s'arrangeant de manière à voir incessamment s'accroître ses richesses, et passant d'une esthétique à l'autre à peu près comme ferait un musulman converti qui, tout en goûtant chrétiennement au jus de la treille, se voudrait néanmoins réserver un coin des jouissances du paradis de Mahomet. Nombre de gens d'esprit rare, Halévy, Verdi, ont essayé de jouer ce jeu ; ils ont perdu leur peine, car pour être Meyerbeer il fallait plus d'école, de talent, de génie, de patience, de fortune, de bonheur ; il fallait surtout une conscience esthétique plus vaste que la plupart des artistes modernes n'en possèdent.

Du cinquième acte de *l'Africaine,* il ne reste au théâtre qu'un duo et la scène de mort sous le mancenillier. Ce duo entre les deux femmes, et dont la situation rappelle celui de Norma et d'Adalgise, ne doit pas, même après tant de beautés, passer inaperçu. On y rencontre dans la partie de Sélika des élans sublimes. La phrase qui revient à trois reprises sur ces mots : « Et pourtant il t'aimera toujours ! » a des sanglots qui vous déchirent. C'est le *noluit consolari* biblique traduit en sons dans le plus beau langage. Insistons en passant sur cette expression douloureuse, navrante, du personnage de Sélika. Conçue entre *les Huguenots* et *le Prophète,* il semble que cette figure ait pour mission de relier entre elles Valentine et Fidès. De l'amante de Raoul elle procède par les violences, les élancemens passionnés, et par ce deuil de l'âme laisse pressentir la *mater dolorosa* de Jean de Leyde. Jamais la grande corde de la tristesse ne vibra chez Meyerbeer d'un accent plus profond et plus vrai. — Le décor change ; l'arbre apparaît. Sinistre, solitaire, immense, il se dresse au bord de la mer ; des fleurs d'un rouge de sang pendent en grappes à ses branches, jonchent le sol à son ombre. « L'horrible est beau, le beau est horrible ! » A cette ombre, une femme va venir s'étendre pour mourir. On regarde, on écoute, on attend. C'est le silence, le recueillement de la nature avant l'orage ; puis soudain la salle entière se lève comme mue par un ressort ; à l'anxiété muette succède l'enthousiasme ; on s'émerveille, on bat des mains, on crie. Que s'est-il donc passé ? Presque rien : l'orchestre vient de jouer une phrase de seize mesures, une ritournelle !

Comment un si colossal effet peut être produit, les philistins or-

dinaires de la tablature vont vous le dire en quatre mots. C'est la
chose du monde la plus simple et la plus connue : un unisson de
tous les instrumens à cordes appuyés de deux bassons; les violons
attaquent le chant sur le *ré* grave, les altos sur la troisième corde,
et les violoncelles à l'aigu; les instrumens de diapason diffèrent,
au lieu de chanter à l'octave, ramassent au même plan toutes leurs
forces.—Vous le voyez, il suffisait d'ouvrir son codex de conserva-
toire. Quelle criante injustice pourtant et quelle détestable ironie
du sort que lorsque tant de pauvres diables voués à l'obscurité
connaissent de semblables formules, il n'y ait que les hommes de
génie qui en profitent, ces odieux accapareurs! L'expression de cet
incomparable exorde est ce qu'on peut entendre de plus navrant.
En même temps que l'oreille est éblouie, le cœur se brise; cela
chante la mort sur un ton de fête, c'est triomphal comme une fanfare, âpre et strident comme la douleur, implacable comme Vénus.
Qu'importe le pays, l'héroïne? l'art a parlé, il *veut*, et, consacrée
par ces seize mesures d'une sublime symphonie, la légende d'une
pauvre reine de sauvages vaut l'épopée d'Ariane, de Phèdre, de
Didon! Le solennel fait bientôt place aux douces élégies de la mou-
rante, les fureurs sont apaisées, l'agonie commence. Sélika poursuit de son pardon le navire qui s'éloigne. Cette atmosphère véné-
neuse qu'elle absorbe à longs traits, ces fleurs qu'elle arrache par
grappes et respire la pénètrent de leurs influences; ivresse charmante, extase suprême d'amour dont une phrase idéale du violoncelle, trois fois répétée et chaque fois plus haute, marque les
périodes; hymne de volupté dans l'immolation, dont un chœur
aérien commente le délire et que toutes les harpes accompagnent.
Ce dénoûment n'est pas seulement d'un grand musicien, mais
aussi d'un poète. Schubert et Goethe s'y donnent la main, le
Schubert de la mélodie du *Roi des aulnes*, le Goethe orientaliste
de la ballade du *Dieu et la Bayadère*.

En présence d'une pareille scène, on comprend, on approuve les
éternelles tergiversations de Meyerbeer. Où trouver en effet l'interprète de ce rôle? Comment découvrir dans un même sujet, avec
cette complexion poétique d'une Malibran par exemple, la vigueur
de tempérament nécessaire pour tout le reste du rôle? Ce personnage de Sélika, s'il est le résumé des principales créations du
maître, est bien plus encore peut-être un résumé des cantatrices
qui depuis vingt ans se sont succédé à l'Opéra et ailleurs. L'abeille
fait son miel de toutes fleurs. De chaque voix qu'il entendait, de
chaque talent qui passait devant ses yeux, Meyerbeer savait extraire
le meilleur, l'essentiel. Comme Don Juan, qui la narine au vent
s'écrie : « *senti odor di femina!* » vous flairez au passage, en
écoutant cette musique, certaines individualités dont la trace a

marqué. Ici c'est Pauline Viardot, là Rosine Stoltz, plus loin Sophie
Cruvelli. Des trois, laquelle choisirait-on, si c'était possible? On serait fort embarrassé de répondre. On fait comme Meyerbeer, on
doute, on hésite; pour former l'idéal entrevu, aucune isolément ne
suffirait : on rêve un composé des trois.

Ajouterai-je qu'à cet idéal Mme Marie Sax ne répond pas absolument? Qui donc l'ignore? Et pourtant elle remplit le rôle, chose
énorme! du commencement à la fin, mène sa tâche avec honneur,
et je ne vois pas de quelle cantatrice actuelle on en pourrait dire
autant. Si dans la scène du dénouement l'interprétation laisse à
désirer, si la distinction, le charme, la poésie manquent, la partie
énergique, *sauvage* du rôle est rendue puissamment. Au premier
acte, quand elle entre avec Nélusko dans la salle du conseil, elle
contemple la nouveauté de ce spectacle avec des étonnemens
farouches où se mêle un grand air de dignité. Elle dit bien la
phrase pathétique de son duo du cinquième acte, et réussit
surtout dans l'accentuation douloureuse du caractère. La voix
de Mme Marie Sax, d'une étendue, d'un timbre, d'une égalité
magnifiques, n'aurait besoin que d'être modérée. Cette force
de résonnance trop souvent pousse au cri, l'âme y est, mais non
le style, et le style, c'est la cantatrice; ce qui n'empêche pas
Mme Sax de moduler très agréablement la berceuse indienne du second acte et d'avoir un élan superbe dans le duo capital du quatrième sur cette phrase : « O transports! ô douce extase! » qu'elle
attaque en vraie fille du soleil. Somme toute, Mme Marie Sax est une
Africaine fort sortable. Elle joue et chante le rôle sans chercher à
savoir ce qui se passe au-delà de son horizon; ce qu'a voulu, ce qu'a
rêvé Meyerbeer, elle s'évertuera corps et âme à le faire si vous le
lui dites, mais je doute que d'elle-même elle songe à s'en rendre
compte. Elle exécute, ne crée pas. Une voix splendide, beaucoup de
bonne volonté, de l'intelligence et de la passion, — le maître, après
avoir mûrement réfléchi, avait jugé que par le temps qui court ces
élémens lui devaient suffire. Tâchons de ne pas nous montrer plus
difficiles.

Nous n'aimons point les classifications et pensons qu'il ne nous
sied pas de distribuer des places aux chefs-d'œuvre; toutefois, si
quelqu'un nous demandait quel rang dans l'œuvre de Meyerbeer
nous assignons à cette partition de *l'Africaine,* nous qui jusqu'à
présent n'avons cessé de regarder *le Prophète* comme la plus haute,
la plus puissante manifestation de ce génie, nous n'hésiterions pas à
répondre : « Mettez les quatre ouvrages à leur ordre, non point de
représentation, mais de naissance, et que ce soit la date qui prononce. » De *Robert le Diable* aux *Huguenots,* des *Huguenots* à
l'Africaine, de *l'Africaine* au *Prophète,* ainsi l'on irait, toujours

ascensionnellement; mais pourquoi vouloir classer, étiqueter? Qu'importent au public nos préférences? « N'est pas beau ce qui est beau, dit un proverbe italien, mais seulement ce qui plaît. » Sans accepter dans toute sa latitude cette esthétique de casuiste, je ne la crois pas de nature à mettre en péril les droits du génie, attendu que ce qui est beau finit toujours par plaire. Les envieux s'agitent, les impuissans profitent de l'occasion pour catéchiser le troupeau des imbéciles, et ni les uns ni les autres ne veulent comprendre que ce qu'ils disent là à propos de l'*Africaine* s'est dit jadis à propos de l'*Armide* de Gluck, des *Noces de Figaro* et du *Don Juan* de Mozart, du *Freyschütz*, d'*Euryanthe*, du *Barbier* même de Rossini, sifflé à Rome, et de son *Otello*, que Stendhal jugeait trop *allemand*. Que n'a-t-on pas écrit dans le temps sur la partition de *Robèrt le Diable*, à laquelle on reprochait également de durer sept heures, et que les critiques d'alors appelaient une interminable encyclopédie musicale, un pot-pourri de tous les styles, un panorama de toutes les fantasmagories! « On ne va point *entendre* un opéra de Meyerbeer, on va le *voir!* » s'écrie un esthéticien d'outre-Rhin, M. Carriere, ajoutant, non sans quelque naïveté, que dans ce mot terrible est contenue la meilleure sentence du public à l'endroit de cette *mélopée spectaculeuse!* Les Allemands sont impitoyables, ils ne pardonneront jamais à Meyerbeer d'avoir pris en France le point d'appui de sa renommée, de les avoir voulu conquérir chez nous, pas plus qu'ils ne pardonnèrent à la Schroeder-Devrient ses excursions dans le répertoire italien. Elle était sublime jouant, chantant Fidelio; elle avait l'esprit, le physique du rôle : son gracieux visage, sa taille divinement tournée, semblaient faits à souhait pour le travestissement; mais voulait-elle d'aventure jouer, chanter le Roméo de Bellini, la déchéance était complète; plus de voix, de talent, les habits d'homme ne seyaient même plus à sa taille. A l'égard de Meyerbeer, l'animosité devient quelquefois si féroce que vraiment c'est à n'y pas croire. On fait litière des *Huguenots,* du *Prophète,* et pour glorifier quels masques, justes dieux !

> Non raggionam di lei, ma passa e guarda.

On reproche à Meyerbeer ses accouplemens monstrueux d'instrumens, ses ophicléides, ses bombardes, toute cette artillerie de gros calibre qui se contentait jadis de pousser le son, et qu'il fait évoluer constamment par toutes les directions de l'échelle chromatique, et en même temps on s'émerveille sur ce caractère de grandeur et de magnificence dont sa musique porte l'empreinte. Et ceux qui réprouvent le plus les moyens acclament l'effet. Cependant, pour être un grand coloriste, il faut employer des couleurs, je suppose, et les couleurs en musique, ce sont les sonorités. Du jeu des tim-

bres, de leur contraste naît la lumière. Cet art des contrastes, où
Meyerbeer avait déjà tant inventé, semble avoir dit son dernier mot
dans l'orchestre de *l'Africaine*. Horace, entendant cet orchestre,
ne se contenterait plus de dire *ut pictura poesis*, il ajouterait à
son vers *musica*. Après avoir bien admiré l'ouvrage en son ensemble, donnez-vous un soir le régal tout particulier de cette instrumentation, placez-vous au fond d'une loge, les yeux demi-clos,
n'écoutez, ne suivez que l'orchestre, et, selon que vous serez musicien ou simplement homme de goût, je vous promets une étude
ou un plaisir de l'intérêt le plus rare, le plus exquis. Chez Meyerbeer, les effets d'instrumentation ne s'annulent jamais l'un par
l'autre, ainsi qu'il arrive chez la plupart des symphonistes de l'école
de Weber. S'il éclate, s'il tonne, c'est comme Jupiter, à son heure,
et non pas coup sur coup et pendant ses cinq actes. Il prend son
temps, mesure, distribue, organise, déchaîne ses forces avec une
science de dynamique dont l'auteur du *Freyschütz* et d'*Euryanthe*
lui-même ne connut pas toujours le secret; tantôt parcimonieux,
tantôt prodigue, curieux jusqu'à la préciosité dans la modération
comme dans l'excès. On se rappelle la viole d'amour des *Huguenots*,
le basson accompagnant seul l'introduction du trio du cinquième
acte. Dans *l'Africaine*, cette main habile continue à pondérer, à
s'exercer, à ménager à plaisir les contrastes, elle sème les vents
pour recueillir non la tempête, mais le calme, déchaîne le simoun
pour mieux préparer le frais repos de l'oasis. Entre les foudroyantes
explosions de la scène du conseil et les combinaisons chorales de
l'épisode du navire, vous avez tout le second acte, écrit en demi-
teinte, avec ses bruits voilés, ses rhythmes suaves qu'accompagnent,
dans la *berceuse* de Sélika, les violons divisés à l'aigu, et dont les
argentines vibrations du triangle marquent les voluptueuses ondulations. — Recherche, maniérisme! s'écrient les docteurs de la loi. Un
art qui se complaît ainsi dans l'emploi, l'exagération des moyens
techniques, ne saurait être qu'un art de décadence. — *Well roa-
red, lion!* — Le malheur veut que, depuis que le monde est monde,
ces belles choses-là se répètent. On les a dites de Michel-Ange, qui,
en peignant la Sixtine, ouvrait la voie aux Carrache, de Beethoven,
à qui, dans la neuvième symphonie, les ressources semblent manquer désormais pour l'expression de sa pensée. « Meyerbeer, lui
aussi, a voulu trop faire, il a transgressé les limites de la musique,
méconnu les conditions normales de l'opéra moderne après l'avoir
en quelque sorte créé, et le moule s'est brisé entre ses mains. » A
cela on ajoute : « *L'Africaine* serait-elle le chef-d'œuvre que vous
pensez, qu'il faudrait encore se lamenter, car, après un pareil déploiement de mise en scène musicale, après ce luxe d'imagination,

ces dépenses de voix, cette pompe orchestrale, rien n'est plus possible au théâtre en fait d'opéras. » J'avoue, quant à moi, que l'argument me touche peu. J'ignore où nous allons et trouve puéril de débattre cette éternelle question de progrès et de décadence que les esprits oiseux s'amusent à ramener sur le tapis chaque fois qu'il naît un chef-d'œuvre. Si c'est la décadence, les musiciens de l'avenir réagiront contre ce prétendu vacarme symphonique en revenant à la musette des aïeux, et je souhaite à leur auditoire bien du plaisir. Si c'est au contraire le progrès, comme j'aime à le croire, il est permis de se faire dès aujourd'hui une assez belle idée des générations qui nous succéderont, car ce ne seront point assurément des hommes ordinaires, mais de fiers titans, ceux qui, ayant pris comme point de départ en musique soit la neuvième symphonie de Beethoven, soit la partition de *l'Africaine*, trouveront moyen de mettre entre ce point de départ et le but l'espace parcouru par Beethoven et Meyerbeer dans leur carrière.

Le beau musical ne se définit pas. C'est quelque chose qui vous ravit l'âme, vous saisit, vous empoigne pour se résoudre en un sentiment mêlé de joie et de tristesse. Cela s'appelait la grâce, le charme au temps d'Apelle, non dans le sens de ce qui fait le prix d'une toile du Corrége, mais bien plutôt pour exprimer ce quelque chose d'inexprimable, je le répète, qui caractérise la *Joconde* du Vinci, la *sonate en ut dièze mineur*, l'air de Sarastro dans *la Flûte enchantée*, le duo du quatrième acte des *Huguenots*, celui du quatrième acte de *l'Africaine*, et vous force à vous écrier : « Regardez, écoutez, cela est divin! » Quiconque n'a point en soi le don d'être ému de la sorte pourra discourir d'un chef-d'œuvre, en apprécier les côtés techniques; mais le chef-d'œuvre en tant que manifestation de l'idéal, du beau, restera éternellement pour lui lettre close. Les âmes artistes possèdent seules cette faculté de sentir, privilège que rien ne remplace, ni les fortes combinaisons de l'entendement, ni l'ingéniosité poétique. L'esprit de Dieu souffle où il veut. Que cette idée nous fasse prendre en patience la période où nous vivons, et consolons-nous en pensant que le beau, en tant que manifestation absolue, ne saurait être ni avoir été le monopole de tel ou tel siècle. Cherchons ce qui est vrai dans l'heure présente, et non ce qui adviendra de l'heure qui va suivre. La question est de savoir ce qui musicalement est beau au moment où je parle, et non de m'occuper des éventualités d'une résultante sur laquelle l'avenir prononcera. On ne fait pas la philosophie de l'histoire avant l'histoire.

F. DE LAGENEVAIS.

LE MEURTRIER

D'ALBERTINE RENOUF

Il y a quelques années, un jeune homme, Isidore Renouf, qui avait fait son droit à Paris, acheta une charge de notaire dans une petite ville de province. Il se maria presque aussitôt, son prédécesseur, en lui cédant son étude, ayant eu soin de lui trouver une femme. Le vieux notaire s'était fort applaudi de ce mariage. Il avait donné en effet à son jeune ami la fille d'une vieille dame qu'il connaissait depuis longtemps, et qui s'était fixée tout récemment en province après la mort de son mari. Albertine Segonat avait dix-huit ans, une jolie dot et de grands yeux noirs; elle était d'un caractère énergique et tendre, et se fit promptement aimer d'Isidore. A peine mariés, les jeunes gens s'accordèrent huit jours de vacances, et vinrent commencer leur lune de miel à Paris. Isidore crut remarquer cependant qu'Albertine aurait désiré reculer ce voyage. Paris lui causait comme un vague effroi qu'elle mit sur le compte de souvenirs pénibles : c'était à Paris qu'elle avait perdu son père. Cette mauvaise disposition s'effaça bientôt dans les plaisirs. Deux ou trois fois seulement, dans la rue ou au théâtre, Albertine, d'un mouvement involontaire, serra le bras de son mari, comme si quelque chose l'eût tout à coup effrayée. Isidore l'interrogea, mais elle se contenta de sourire avec mélancolie. C'était un sentiment douloureux qui se réveillait sans doute, rien de plus.

Isidore, qui avait presque toujours vécu au *pays latin*, avait installé sa jeune femme dans l'hôtel garni qu'il occupait autrefois; mais il avait choisi la plus belle chambre du premier étage, d'où l'on apercevait par les fenêtres le jardin du Luxembourg. Les jeunes

époux couraient Paris dans la journée, dînaient au restaurant, puis
allaient au spectacle. Un soir ils venaient de rentrer chez eux après
avoir vu *le Vampire* au théâtre de l'Ambigu. Cette pièce, qui s'ouvre par une exposition très habile, dans laquelle les principaux
personnages, serrés autour de l'âtre, au fond d'un vieux château,
se racontent des histoires effrayantes, avait vivement frappé, malgré ses invraisemblances, Isidore et Albertine. Ils en causèrent longuement avant de s'endormir. Peut-être, dans certaines circonstances toutes physiques, l'esprit est-il plus accessible aux idées
étranges. On était en plein mois de novembre, et le vent, après
avoir tourbillonné en gémissant dans les arbres du jardin, venait se
heurter aux fenêtres. Quand le vent se taisait, c'était une pluie drue
et fine qui crépitait aux vitres. La chambre elle-même, dans tout
le désordre d'un campement de quelques jours, n'était éclairée que
par une veilleuse. Les vêtemens jetés au hasard, les malles béantes
y affectaient des formes fantastiques sous les lueurs intermittentes
du foyer qui se mourait. — Croirais-tu donc aux vampires? dit en
riant Isidore à sa femme.

— Oh! non; mais je croirais plutôt, répondit-elle en frissonnant,
aux assassins qui vous égorgent la nuit pendant votre sommeil.

— Bah! reprit Isidore avec toute l'insouciance de l'étudiant qui
a dormi dix ans la clé sur sa porte, à Paris et dans les hôtels du
quartier latin il n'y a pas de voleurs.

— Aussi n'ai-je pas parlé de voleurs, fit-elle à demi-voix.

— Et de qui donc alors?

— M'aimes-tu? reprit Albertine après quelques momens de silence, sans répondre à la question du jeune homme.

— Tu le demandes!

— Eh bien! si j'avais refusé de t'épouser, si j'avais eu de la répugnance pour toi, est-ce que tu m'en aurais voulu?

— A mort! s'écria-t-il.

Elle se mit à trembler si fort, qu'Isidore, un peu interdit, s'empressa de la rassurer. — Mais je ris, dit-il. Par exemple, à propos
de vampires, continua-t-il toujours en plaisantant, il faut se défier
des somnambules. Ils peuvent très bien vous assassiner sans le savoir. Tu connais l'histoire de ce supérieur de couvent qui lisait un
soir dans son lit, et qui vit entrer dans sa chambre un de ses religieux armé d'un grand couteau?...

— Oui. Le supérieur eut le temps de se jeter à bas de son lit, et
le religieux, après avoir soigneusement tâté la place, perça le ma-
telas de trois coups à intervalles égaux, puis se retira, le visage
épanoui.

— C'est bien cela, reprit Isidore, et le lendemain le religieux
vint se confesser de l'horrible crime d'intention qu'il aurait commis

dans un rêve suggéré sans doute par Satan. « Mon fils, lui dit le supérieur, vous ne vous en êtes pas tenu à l'intention. » Et le digne homme, quelque repentir que le religieux manifestât du crime que le somnambulisme lui avait fait commettre, ferma désormais la porte de sa chambre.

— As-tu fermé la nôtre? dit Albertine.

— Ma foi, je n'en sais rien. J'ai si peu l'habitude de m'enfermer ici.

— Ferme-la, je t'en prie.

— Tu as raison. Je ne suis plus un étudiant, mais un mari, et j'ai un trésor à garder.

En allant vers la porte, il aperçut sur la commode un long poignard algérien dans son fourreau d'argent ciselé. C'était un cadeau que lui avait fait un de ses anciens camarades, capitaine à l'armée d'Afrique, qu'il avait rencontré le jour même. La vue de cette arme lui causa une impression désagréable. Il pensa tout de suite, et sans se rendre compte d'une association d'idées pourtant assez naturelle, au grand couteau du religieux. Au même moment, sa femme, encore occupée de la conversation qu'ils avaient eue, lui dit : — Tu n'as jamais été somnambule?

— Non, répondit Isidore. Pourtant, poursuivit-il, je sais par moi-même que l'intensité du rêve peut porter à des actes non point imaginaires, mais très réels. Voici ce qui m'est arrivé. Nous couchions, un de mes camarades et moi, dans deux chambres qui n'étaient séparées que par une porte ouverte. Mon ami travaillait avec sa lampe allumée, et je m'étais endormi après avoir éteint la mienne. Je rêvai dans un long cauchemar que je tuais ma sœur. C'était insensé comme tous les rêves. J'avais perdu ma sœur lorsque j'étais enfant. L'effroi que je ressentis fut si fort que je me précipitai tout endormi hors de mon lit. Je voulais fuir la nuit et voir quelqu'un. Je me présentai au seuil de la chambre voisine, le visage si bouleversé, que mon camarade se leva malgré lui et recula de deux pas. Je ne restai qu'un instant d'ailleurs dans ce paroxysme du rêve; je me réveillai aussitôt en poussant un grand soupir, et mon visage reprit son expression habituelle...

Ce fut au tour d'Albertine de rire. — Comme celui du religieux, dit-elle.

— Oui, fit Isidore.

Cependant, tout en parlant, le jeune homme n'avait point quitté du regard le poignard algérien. La lumière de la veilleuse s'y attachait en paillettes et le grandissait par l'ombre projetée au-delà. L'attraction visuelle que cette arme exerçait sur lui devint insupportable à Isidore. Il eut l'idée de la renfermer dans un tiroir de la commode, mais il eut peur de ce que sa femme pourrait penser : elle croirait peut-être qu'il craignait de devenir somnambule et de se servir contre elle de ce poignard. Au fond, toute folle qu'elle fût, c'est bien cette pensée sinistre qui lui était venue. Il trouva plus simple de souffler la veilleuse : il ne verrait plus rien; mais Albertine le pria de n'en rien faire. — Tu m'as effrayée, moi aussi, avec tes histoires, dit-elle d'un ton très ému, et si j'ai quelque mauvais rêve, je veux y voir clair en me réveillant.

— Alors, reprit Isidore, ne parlons plus de tout cela, car c'est absurde, et dormons.

Il ferma les yeux et ne tarda pas à s'endormir. Son sommeil très profond ne fut troublé par aucun rêve. Cependant, au moment où trois heures sonnaient à l'horloge du Luxembourg, il s'éveilla en proie à une indéfinissable émotion. Il écouta les trois coups, dont le dernier tinta lentement. La veilleuse s'était éteinte, et la plus grande obscurité remplissait la chambre. Isidore, les narines dilatées, aspirait une odeur extraordinaire. Il se demandait ce que ce pouvait être lorsqu'il s'étonna de ne pas entendre la respiration de sa femme. Il étendit la main vers elle pour la toucher à la poitrine et retira sa main mouillée. D'un bond il s'élança du lit avec la soudaine pensée que cette odeur tiède et nauséabonde qui le poursuivait était celle du sang. Il alluma vite une bougie et revint. Il vit alors le grand poignard algérien planté droit debout dans le corps de sa femme. La lame s'était enfoncée dans la plaie, mais la poignée d'argent étincelait. Une nappe de sang couvrait la poitrine; la tête apparaissait toute pâle, avec les cheveux noirs épars sur l'oreiller, avec les yeux ouverts et déjà fixes. Les bras étaient étendus et rigides, les mains crispées. Ce spectacle si horrible ne devait point être réel!... Isidore se crut le jouet d'une vision. Il se précipita vers la fenêtre et la brisa du poing. Le vent s'engouffra dans la chambre et éteignit la bougie. La nuit était toujours profondément noire, et la pluie ne cessait de tomber. Le jeune homme resta quelques minutes pressant des mains l'appui de la fenêtre, la sueur au front, les cheveux hérissés, le cœur palpitant. Il se mit bientôt à rire : — Quel cauchemar! se dit-il. — Il voulut rallumer la bougie, mais il n'en vint point à bout. Il lui fallut pousser l'un contre l'autre les ais disjoints de la fenêtre et tirer par-dessus le rideau de damas. L'air entrant encore, il ne s'approcha du lit que lentement en protégeant de ses doigts repliés la flamme vacillante de la bougie. A vrai dire, il n'avait point repris possession de lui-même et tenait ses yeux baissés, n'osant les lever sur l'effrayant tableau qui devait cependant avoir disparu. Il s'arrêta en heurtant le bord du lit et se pencha. C'était sa femme paisiblement endormie qu'il allait revoir; c'est le cadavre, plus rigide encore, avec une plus

pénétrante odeur de sang, qui lui apparut. Isidore n'eut point de
second accès d'une terreur insensée : il posa le bougeoir sur la
table de nuit et contempla le corps inanimé; puis il jeta les yeux
autour de lui pour se convaincre par la vue d'autres objets réels de
la réalité de celui-là. Il reconnut ainsi, affaissée sur le sol et gardant encore des plis vivans, la robe qu'Albertine avait portée la
veille. Alors il fondit en larmes. Il n'eut plus qu'une seule pensée,
c'est que cette femme qu'il avait aimée, qu'il adorait, était morte.
Il l'appela de tous les noms qu'il lui prodiguait, amollit de ses caresses les mains raidies d'Albertine et les garda dans les siennes.
Le froid seul de ces mains le gagna. Il colla ses lèvres aux lèvres
de la morte, chercha la vie dans son regard et ne rencontra qu'un
œil vitreux, implacablement ouvert. Il ferma les paupières d'une
main frissonnante; mais le cadavre, rebelle à l'étreinte passionnée
dont il l'enveloppait, s'offrit à lui sous un aspect accusateur et terrible. Si Albertine était morte, qui donc en effet l'avait pu tuer?
Personne, sinon lui.

Il se rappelait en traits de feu sa dernière conversation avec elle,
cette perversion d'idées dont il s'était senti envahi, la fascination
constante de ce poignard dont il n'avait pu détacher ses yeux, la
possibilité qu'il avait entrevue avec une sorte de tentation maladive
de tirer pendant son sommeil l'arme du fourreau et d'en frapper sa
femme. Cela, il l'avait fait. Tout le lui disait, jusqu'à ce poignard
planté droit dans la blessure, comme d'avance il s'était imaginé le
voir, jusqu'au fourreau laissé sur la commode et dont l'ouverture
était tournée de son côté. Il était bien l'assassin qui, sûr de son
chemin, avait marché au meuble et du meuble s'était dirigé vers le
lit. La pente des idées noires qui lui étaient venues dans la liberté
du sommeil, sans contrôle intelligent qui leur fît obstacle, l'a-
vait fatalement entraîné au crime... Mais non, c'était impossible.
Quels que soient le vertige du rêve, la toute-puissante obsession de
l'idée fixe, il doit y avoir en nous, au moment de commettre un
pareil meurtre, à défaut de l'intervention de l'âme, à laquelle le
corps n'appartient plus, une révolte de la chair. On ne tue pas
ainsi ceux qu'on aime. Il y a des sympathies physiques qu'il n'est
pas donné de vaincre; il est surtout avec la femme que l'on chérit
et qu'on possède des affinités matérielles qui, précisément parce
qu'elles sont telles, ne pourront jamais se résoudre en une œuvre
de violence et de sang. Ce religieux qui frappait sa victime imaginaire avec un acharnement sauvage n'aimait pas son supérieur; la
haine avait conduit son bras, tandis qu'Isidore adorait sa femme.
D'ailleurs ce religieux avait agi dans un rêve dont les moindres
détails lui étaient restés présens, et Isidore n'avait point rêvé. Ce
n'était donc pas lui qui avait tué Albertine. Sa raison, son amour,

jusqu'à ses mains tremblantes qu'il agitait en signe de réprobation, lui attestaient qu'il n'était pas le meurtrier.

Quel était-il donc? Il eut un moment l'espoir de le découvrir. Il se souvint que la veilleuse était allumée lorsqu'il s'était endormi et qu'en s'éveillant il l'avait trouvée éteinte. Il l'examina et vit que l'huile n'en était point consumée. On l'avait donc soufflée. Cependant personne n'avait dû pouvoir entrer, sans faire de bruit du moins, puisque la porte était fermée en dedans. Il courut à la serrure, et s'aperçut à sa grande surprise que la clé était en dehors et qu'il suffisait de la tourner à demi pour ouvrir la porte. Quelqu'un avait donc pu s'introduire dans la chambre. Ces légers indices réussirent d'abord à le convaincre. Néanmoins il se rappelait fort bien s'être levé sur la prière d'Albertine pour retirer la clé et la mettre en dedans après avoir fermé la porte à double tour. N'en avait-il rien fait? C'était possible, car il se rappelait aussi qu'à cet instant même sa préoccupation était grande et que, tout en allant à la porte, il s'était retourné plusieurs fois pour regarder le poignard sous l'empire de l'hallucination morale qui avait commencé à l'obséder : il était probable qu'il avait tout simplement ouvert et repoussé la porte. Ses doutes le reprirent. Puisqu'il avait eu si peu conscience de ses actes, ne pouvait-il avoir soufflé la veilleuse lui-même? Il se rassurait tout à l'heure en pensant qu'il n'avait point rêvé. Qu'importait cela? Ce sommeil si profond concluait au contraire contre lui. Puisqu'il sentait qu'il se fût arrêté, s'il eût rêvé, si le moindre sentiment, la moindre sensation lui fussent restés perceptibles, n'était-ce pas, puisqu'il n'avait point rêvé, que, d'un bout à l'autre du meurtre, il avait agi dans une torpeur absolue? L'engourdissement avait été tel que la mémoire elle-même s'y était absorbée. N'est-il point après tout de ces rêves que l'on sait avoir faits, dont l'effroi subsiste en sueur sur le front, en frissons par tout le corps, dont on cherche inutilement une trace et qui semblent s'engloutir d'un bloc dans la nuit qui les a suscités?

En ces perplexités sans issue, le malheureux Isidore prit sa tête dans ses mains et s'accroupit sur un tabouret. Il n'osait regarder ni à droite ni à gauche. Au fond, il ne songeait à rien. C'est le bienfait de ces crises extrêmes, quand elles n'aboutissent pas immédiatement à la folie, d'anéantir à la fois le corps et la pensée. Il demeura ainsi assez longtemps. Le premier rayon de jour qui se glissa par les fenêtres lui fit lever la tête, et, le rendant à la réalité, lui inspira cette fois des craintes toutes positives. Il ne ressentit plus ni la douleur d'avoir perdu sa femme, ni l'horreur de l'avoir peut-être tuée : il se dit qu'il était seul dans cette chambre avec un cadavre, que dans une heure à peine on viendrait, et qu'on l'arrêterait comme l'assassin d'Albertine. Il se vit aux mains des gendarmes et conduit à l'échafaud au milieu des huées de la foule. Cette honte publique en perspective le terrassa, comme si véritablement et de son plein gré il eût commis le crime. Aussi pendant quelques minutes chercha-t-il, à la façon des meurtriers vulgaires, à dérouter la justice. Il lui fallait faire disparaître le corps, non point l'emporter, cela ne se pouvait pas, mais gagner du temps en le cachant dans un placard, puis se sauver lui-même à tout hasard... Mais il ne saurait où aller, et on le rattraperait bientôt. Peu lui importait. Il n'entrevoyait que la fuite pour moyen de salut. Il s'approcha résolûment du lit. Pauvre insensé! comment allait-il faire pour charger brutalement ce corps sanglant sur ses épaules, quand il ne l'avait couvert jusque-là que de caresses et de baisers? Et d'abord il y avait le fer à extraire de la blessure. Isidore prit à deux mains le manche du poignard, il essaya de le tirer à lui, et presque aussitôt il y renonça, car il lui sembla qu'Albertine souffrirait encore. Deux ruisseaux de larmes jaillirent de ses yeux; il se prit en pitié pour l'égoïste et lâche terreur qu'il venait de ressentir, et, s'agenouillant près du lit, pour la première fois de la nuit il pria. Avec la prière, un peu de calme et de force entra dans son cœur, et il ne se releva que pour prendre la seule résolution qu'exigeaient les circonstances et qui fût digne de lui. Qu'il fût ou non l'assassin, il était innocent, et, loin de se dérober à la justice des hommes, il devait se livrer à elle et lui demander ou de l'absoudre ou de trouver le vrai coupable.

Il faisait à peine jour. Isidore descendit sans bruit l'escalier de l'hôtel et sortit. Une fois dans la rue, il se trouva un peu embarrassé. A l'accomplissement des grandes résolutions de la vie il y a le plus souvent un obstacle banal. Il avait à se présenter au corps de garde voisin ou au commissaire de police du quartier. Or où étaient-ils l'un et l'autre? Il ne le savait. Il erra dans les rues les plus proches, grelottant sous la pluie fine et froide qui tombait toujours, et avisa enfin la lanterne rouge qui indique les commissariats de police. Il sonna, et on lui ouvrit. Le domestique fut d'abord sur le point de lui dire que le commissaire ne recevait pas à cette heure indue; mais il jugea au visage d'Isidore que celui-ci avait quelque révélation importante à faire, et le pria d'attendre. Ce serviteur eut même le soin de donner doucement un tour de clé à la porte d'entrée, afin que le criminel, si c'en était un qui se livrait, ne pût revenir sur sa louable détermination. Isidore ne s'aperçut pas de cette précaution et s'assit sur une banquette.

Le commissaire parut bientôt, et, voyant qu'Isidore ne se doutait point qu'il fût là, il le toucha légèrement à l'épaule en lui disant :

— Qu'avez-vous à m'apprendre, monsieur?

— Je crois, monsieur, lui répondit Isidore, que j'ai assassiné ma femme.

— Ah! fit tranquillement le commissaire, qui se plaça en face du jeune homme. Et comment cela est-il arrivé, je vous prie?

Isidore, avec une lucidité d'esprit dont il s'étonnait, raconta dans ses moindres incidens la catastrophe de la nuit. Le commissaire écouta jusqu'au bout, sans l'interrompre, ce bizarre récit. Il y avait dans l'accent du jeune homme tant de douleur et de sincérité, il s'accusait lui-même d'une si navrante façon, que le commissaire ne savait que penser. Ou cet homme était fou, ou il avait commis ce crime affreux par un de ces accidens physiologiques que la science seule est appelée à juger, ou c'était enfin le scélérat le plus hypocrite, le plus consommé. Le commissaire flottait entre ces trois suppositions, et les faits étaient si extraordinaires qu'il penchait pour la dernière. Cependant il est aussi habile que généreux de laisser croire aux criminels qu'on les suppose innocens. On les met ainsi en confiance, et ils peuvent se couper plus facilement.

— Il ne me semble pas autant qu'à vous-même que vous soyez le coupable, dit le commissaire. Puisque la clé était sur la porte, quelqu'un a pu s'introduire dans la chambre.

Isidore ne saisit point cet échappatoire qu'on lui ménageait à dessein. — Mais, fit-il, la clé était-elle sur la porte au moment où le crime s'est accompli? Puisque je ne me souviens de rien en ce qui concerne le meurtre même, ne puis-je point avoir soufflé la veilleuse, avoir mis la clé en dehors? Peut-être même, ainsi que je vous l'ai dit, ai-je cru, quand je me suis couché, avoir fermé la porte et ne l'ai-je point fait! Ah! je n'y comprends rien, continua-t-il avec une naïveté presque effrayante en plongeant son regard dans celui du commissaire.

— C'est autre chose alors, dit celui-ci. Avez-vous quelque ennemi personnel?

— Je ne m'en connais aucun.

— Et votre femme en avait-elle?

— Aucun que je sache.

— Et n'avez-vous jamais remarqué en elle aucune inquiétude, aucun pressentiment triste. Les pressentimens ne sont parfois que la probabilité raisonnée d'un malheur prochain.

— Ah! dit Isidore, peut-être. Elle avait de la répugnance à venir à Paris. Deux ou trois fois elle a, sans motif apparent, tressailli à mon bras. Je me suis figuré qu'elle rencontrait quelqu'un qui lui faisait peur, mais elle m'a dit que non.

— Vous voyez bien. Ne perdez pas courage. En attendant, je vous arrête. Il faut que je vous confronte avec la victime.

Le commissaire fit monter un de ses agens, qui garda Isidore à vue. Il fit prévenir en même temps un médecin, en le priant de se rendre à l'hôtel où le crime avait été commis. Le médecin, qui demeurait à deux pas de là, rejoignit promptement Isidore et le commissaire. Ce dernier l'instruisit de ce qui s'était passé. Il était à peine sept heures, et la maîtresse de l'hôtel dormait encore. On la réveilla en lui recommandant de se tenir tranquille, afin d'éviter tout désordre; puis l'on monta à la chambre d'Albertine. Le médecin examina la blessure : — C'est, dit-il, un coup frappé avec une énergie sauvage et d'une main sûre, un coup très rare d'ailleurs, car la lame a glissé droit au cœur sans se heurter à aucun obstacle, et la mort a dû être foudroyante.

Tout en écoutant le médecin, le commissaire observait Isidore à la dérobée. Isidore pleurait. En face de sa femme morte, il ne s'occupait plus que de sa douleur.

— Croyez-vous, fit à demi-voix le commissaire, que son mari ait pu la frapper comme il prétend, ou plutôt comme il croit l'avoir fait, dans un accès de somnambulisme?

— Ce serait étrange, mais non impossible. Il y a même des actes dont le somnambule, comme dans ce cas-ci, ne conserve aucun souvenir. Toutefois le somnambule n'agit jamais aveuglément. Il obéit toujours à une idée préconçue et ne fait en définitive que ce qu'il veut faire. Si cet homme aimait sa femme, il n'est pas probable qu'une inspiration maladive, venue en quelques instans, ait prévalu contre l'affection qu'il lui portait. D'ailleurs gardez-le au secret. Ce soir, si l'état mental où je le vois suit son cours naturel, nous serons certainement à peu près fixés.

— Que se produira-t-il?

— Vous le verrez, car je vous prierai d'être là. Qu'il ait eu ou non un accès de somnambulisme, il en aura un ce soir, ou tout au moins une hallucination équivalente. L'imagination est trop surexcitée pour qu'il n'en soit pas ainsi. Et nous conclurons alors de ce que nous le verrons faire à ce qu'il a pu ou aurait pu faire cette nuit.

Pendant que l'agent prenait les devans avec Isidore, qui fut écroué et mis au secret le même jour, le commissaire interrogea en se retirant la maîtresse de l'hôtel. Aucun bruit qui pût éveiller les soupçons n'avait été la nuit entendu dans la maison. Le garçon de service, de la soupente où il couchait, avait tiré le cordon à un assez grand nombre de personnes qui entraient ou sortaient; mais cela n'avait rien d'étonnant dans un hôtel habité par des étudians qui, en hiver surtout, n'ont pas d'habitudes régulières. Le commissaire sortit en mettant la chambre sous les scellés et en annonçant que l'enlèvement du corps se ferait le lendemain à neuf heures du matin.

Isidore répondit au magistrat qui se présenta ce qu'il avait dit au commissaire. Toute la journée se passa pour lui dans des alternatives d'affaissement complet et d'élans de douleur. Aux approches de la nuit, le gardien apporta une lumière qu'il plaça sur la commode et se retira. Isidore, qui était resté assis dans un grand fauteuil de paille près de la cheminée, n'en bougea point pour se coucher. Le lit qu'il entrevoyait dans l'ombre semblait lui inspirer un véritable effroi. Il y jetait de temps à autre de furtifs regards. Quoique les heures s'écoulassent, il luttait contre le sommeil. Vers minuit pourtant, il y succomba, mais avec une physionomie creusée de fatigue et tourmentée de terreurs. Le commissaire de police et le médecin le considéraient, sans qu'il les vît, par un judas pratiqué dans la cloison. Au bout d'une heure d'un sommeil qui était celui du corps et non de l'âme, il se leva pesamment et s'achemina en trébuchant vers la commode, où il fit le geste de tirer une arme de son fourreau. Il obéissait à une puissance fascinatrice plus forte que sa volonté. De la commode, il alla au lit et leva le bras pour frapper; mais au même instant il se rejeta en arrière, poussa un cri d'horreur, d'indignation et de révolte, qui remua jusqu'aux entrailles les témoins de cette scène, et tomba inanimé sur le carreau. Le commissaire et le médecin entrèrent, le relevèrent et lui firent donner les soins que réclamait son état. Isidore était en proie à un accès de fièvre chaude, et deux hommes avaient peine à le tenir.

— Eh bien? demanda le commissaire au médecin.

— Cet homme n'a pas eu d'attaque de somnambulisme la nuit dernière, car il n'aurait pas plus tué sa femme alors qu'il ne l'eût tuée maintenant. Quant à l'avoir assassinée de sang-froid, je ne crois pas qu'il l'ait fait. On n'imite pas à un tel point le désespoir et la douleur, on ne pousse pas de parti-pris ce sauvage cri du cœur que nous avons entendu; on ne simule pas surtout, avec les désordres qu'elle cause et les traces qu'elle laisse, une semblable hallucination. Tout ce qu'il dit doit être vrai, sauf le crime dont il s'accuse. Le meurtre a dû se commettre à ses côtés, mais par d'autres mains que les siennes.

— Ainsi vous le croyez innocent?

— Oui.

— Et moi aussi; mais alors quel est le coupable?

— Ah! mon cher commissaire, dit en riant le médecin, le découvrir, c'est votre affaire.

II.

Le commissaire s'appelait M. Gestral. C'était un homme de quarante ans, d'une figure bienveillante et très fine. Il n'était d'ailleurs, pour ainsi dire, que de passage à la police. Il avait occupé longtemps un poste au ministère de l'intérieur; puis, ce poste ayant été supprimé, on lui avait offert, en attendant une autre position, les fonctions qu'il remplissait. Il les avait acceptées sans répugnance, et même avec curiosité. C'était un de ces esprits scrutateurs et sagaces qui se mettent volontiers à la recherche de l'inconnu. Le mystérieux avait pour M. Gestral tout l'attrait d'un problème; mais il le poursuivait moins en mathématicien qu'en artiste et en rêveur. Seulement ce rêveur, qui s'attachait plus aux sentimens qu'aux faits, était un analyste de première force. Il prenait une passion à ses débuts, la suivait dans ses développemens progressifs et logiques, tenant compte de ses hésitations, de ses combats, de ses retours en arrière, faisait halte avec elle et parfois la devançait au but pour l'y surprendre et l'y saisir.

L'exercice de ses nouvelles fonctions fut tout d'abord pour M. Gestral une déception. Les coupables ordinaires ressemblent quelque peu aux animaux. Ils ont l'instinct bien plus que l'intelligence du mal, et vont naïvement où la sensation les pousse. Ils agissent en vertu de mobiles si simples et se livrent si complaisamment que M. Gestral, n'ayant aucune peine à les deviner et les jugeant indignes de lui, ne s'intéressait que très médiocrement à eux. Il n'en était pas de même par exemple de l'affaire d'Isidore, qui se présentait avec toutes les circonstances obscures qu'il pouvait désirer, moins à cause d'Isidore, que, dans sa conviction, le commissaire regardait comme innocent, que par suite des complications qui surgissaient. En effet, Isidore hors de cause, quel était le meurtrier? M. Gestral ne dormit pas et envisagea la question sous toutes ses faces. Isidore ne se sachant pas d'ennemi et aucun vol n'ayant eu lieu, bien qu'une somme assez importante se trouvât précisément près du poignard sur la commode, le meurtre avait été commis dans une pensée de vengeance contre Mme Renouf. Or il n'est à se venger ainsi d'une jeune femme qu'un amant évincé ou cruellement dédaigné. Les appréhensions qu'avait eues Albertine de ce voyage à Paris, les frissons de terreur qui l'avaient deux ou trois fois agitée au bras de son mari indiquaient suffisamment qu'elle s'était sentie menacée. Toutefois le crime, inspiré par la jalousie ou le ressentiment, à moins d'une perversité très précoce, et par cela même très rare, ne semblait pas d'un jeune homme. Un amant de vingt ans, emporté par la passion, peut tuer sa maî-

tresse aux bras d'un rival; mais alors il tue aussi le rival, car il le
hait à l'égal de la femme, comme le ravisseur d'un bien qu'il adorait. Encore est-il rare qu'un homme tue la femme qui ne le délaisse que pour un mari. Là, au contraire, il y avait comme une
infernale combinaison de méchanceté noire. L'assassin s'était introduit sans bruit, avec préméditation, avait frappé d'un bras inexorable et paraissait avoir agi de façon à attirer tous les soupçons sur
la tête du mari et à les écarter de la sienne propre. C'était le calcul d'une âme implacable et haineuse qui avait supputé toutes les
chances d'impunité pour elle et de culpabilité pour son ennemi. Le
meurtrier ne devait pas être un jeune homme. Cela éloignait pour
M. Gestral l'idée que ce fût un amant. C'était plutôt un prétendant
repoussé dans ses espérances et dans ses désirs. Quand on se formule ainsi des déductions dans une méditation solitaire, le mot
détermine souvent la pensée. M. Gestral, qui savait qu'Albertine
n'avait pas été très richement dotée, et que par suite des espérances
de fortune trompées ne pouvaient expliquer le meurtre, se dit que,
chez certains hommes, les désirs surexcités ont tous les caractères
d'une passion aveugle et maladive. Qu'ils voient l'objet poursuivi
leur échapper, et de ces désirs au crime il n'y a plus qu'un pas;
mais dans quelles conditions toutes particulières de tempérament,
de caractère, de position sociale ces gens-là se trouvent-ils? Quand
a lieu cette explosion sans frein de férocité sensuelle? N'est-ce pas
lorsque l'homme est laid, chétif, disgracié de la nature, et que
toute sa jeunesse a été vouée à une carrière qui exclut la sympathie des femmes? N'a-t-il pas alors dans son âge mûr comme une
farouche revanche à prendre, et si la femme qu'il a choisie lui résiste ou le bafoue, habitué comme il l'a été toute sa vie aux luttes
obscures, aux voies tortueuses, ne combinera-t-il pas de longue
main, avec une effrayante et patiente habileté, les moyens de se
venger? La laideur ou la difformité physique, qui fait le plus souvent les envieux, les hypocrites et les lâches, M. Gestral se la re-
présenta aux prises avec la fureur du désir frustré : elle ne triomphe
pas de cette fureur; elle s'abandonne à elle et la précipite. Il manquait pourtant un dernier point à l'argumentation du commissaire.
Ce criminel qu'il entrevoyait déjà dans sa pensée avec la joie satisfaite du chercheur ne pouvait pas mener une vie active. Le déploiement des forces physiques et le grand air dissipent en effet ces
honteuses ardeurs du sang qui enflamment le cerveau d'un transport sinistre. Ce devait être un homme d'occupations sédentaires,
livré à un travail de procédure ou de bureau. — Quelque homme
d'affaires! s'écria M. Gestral.

Il se prit à rire. — La belle chose que l'imagination! se dit-il.
Voilà que j'ai mon homme de pied en cap, au moral du moins, car

il ne me manquerait plus que de me le figurer au physique. J'arrê-
terais le premier venu qui répondrait à son signalement. Il est tard;
dormons un peu, j'aurai demain les idées plus fraîches. — Il était
tard effectivement, et M. Gestral avait au plus deux ou trois heures
à dormir; mais en se déshabillant il revenait sur ses hypothèses,
et, comme il mettait sa tête sur l'oreiller, il se frappa le front en
disant : — Bah! je suis peut-être sur la bonne piste.

Dès qu'il fit jour, il se hâta d'aller chez son chef direct, à qui il
avait à rendre compte des derniers incidens de la veille et de quelques-unes des suppositions qu'il avait faites. Son supérieur l'entendit avec intérêt, car il avait une grande confiance en lui. Aussi,
quand le commissaire lui demanda un congé de plusieurs jours pour
s'occuper très activement et uniquement de cette affaire, s'em-
pressa-t-il de le lui accorder. M. Gestral dut simplement prévenir
un de ses collègues pour qu'il assistât à la levée des scellés de la
chambre d'Albertine et à l'enterrement de la malheureuse femme.

Le commissaire se rendit chez son collègue, le mit au courant de
la situation et le pria d'inspecter de nouveau avec soin les lieux,
afin qu'aucun indice, s'il s'en rencontrait, ne fût perdu; puis il
rentra chez lui, se grima légèrement, enfonça son chapeau sur les
yeux, releva le collet de son paletot et s'achemina vers l'hôtel
d'Isidore. Tout en marchant, il réfléchissait, mais en se livrant
cette fois à un ordre d'idées tout à fait pratique. Il y a chez tout criminel, à l'endroit du crime qu'il vient de commettre, une curiosité
inquiète et fort naturelle. S'il vit dans un petit centre et au milieu de gens qui le connaissent ainsi que la victime, le plus souvent
cette curiosité le perd. D'ailleurs, qu'il aille ou non aux nouvelles,
il a besoin d'une excessive habileté pour ne pas trop se taire ou ne
pas trop interroger. Il doit n'être ni empressé ni indifférent. Parfois
le désir de dérouter les soupçons lui inspire des remarques compromettantes. Il met le doigt sur certains détails qui avaient échappé
à tout le monde; il est trop bien informé ou ne l'est pas assez. Il y
a toujours quelqu'un à s'en apercevoir, et le coupable est alors à
la merci d'une insinuation malveillante ou du moindre trouble de
physionomie. Dans une grande ville, à Paris surtout, il n'en est
point ainsi. L'assassin peut n'avoir point vécu près de sa victime.
La plupart des gens qu'il voit ignorent qu'il l'ait connue. Il peut ne
point parler d'elle sans que son silence paraisse étrange. Les précautions à prendre sont pour lui bien moindres. S'il était prudent,
il n'aurait qu'à suivre, sans en dévier, sa ligne de conduite habituelle. Un sentiment extraordinaire le pousse néanmoins à se rapprocher du théâtre du crime. Il est persuadé que le soin de sa sûreté l'y engage. Si les soupçons, en se portant tout d'abord sur lui,
ne l'ont pas obligé à se cacher, il veut voir clouer la bière, effacer

le sang, être bien sûr que tout est fini. Alors seulement il respire
et croit à l'impunité.

C'est sur cette curiosité du coupable que comptait M. Gestral.
Aussi était-ce à dessein qu'il avait annoncé dès la veille l'heure de
l'enterrement pour le lendemain, afin qu'un rassemblement se for-
mât devant l'hôtel d'Isidore. Il n'avait point voulu reparaître en sa
qualité de commissaire dans la maison, et s'était déguisé pour se
mêler à la foule sans être reconnu. Il se proposait d'écouter les assistans, de les observer, et espérait qu'une circonstance imprévue,
un hasard favorable, ou mieux encore une sagacité chez lui tout
intuitive lui désignerait parmi eux le meurtrier. Quand il arriva, la
foule était assez considérable, et les propos s'y échangeaient avec
vivacité. Il y avait aux fenêtres ou dans la rue les habitans de l'hôtel, les voisins et bon nombre de passans. — C'est un amant qui a
tué sa maîtresse parce qu'elle le trompait avec un autre, disait-on.

— Mais cet autre était le mari; on n'est pas jaloux d'un mari.

— Ah! il y a des gens si drôles!

— On tue le mari alors, ripostait un étudiant.

— C'est peut-être bien le mari lui-même qui a tué sa femme.

— Lui, par exemple! s'écriait indignée la maîtresse de l'hôtel,
un jeune homme si doux, si rangé, que j'ai logé six ans et qui adorait sa femme à ce point qu'il est presque fou maintenant! Non,
non, continuait-elle, c'est quelque vieux qu'elle n'aura pas voulu
épouser et qui se sera vengé sur elle.

— Et il n'aura pas touché au mari pour faire croire que le mari
est l'assassin.

— Cela, c'est très fort!

M. Gestral ne perdait pas un mot. Ces propos s'accordaient avec
ses diverses hypothèses, et le bon sens de la foule concluait comme
lui; mais le meurtrier était-il là? M. Gestral, allant d'un groupe à
l'autre, ne découvrait aucun visage qui attirât particulièrement
son attention. Le coupable avait donc l'habileté et la prudence de
ne se point montrer dans ces premiers instans où le bruit et l'émotion se font autour de son crime, où il se trouve d'une façon dangereuse pour lui en dehors du courant électrique d'étonnement pour
le forfait et de pitié envers la victime dont la foule est saisie. C'était
évidemment, comme on l'avait dit, un homme très fort, et M. Gestral commençait à se flatter d'avoir rencontré un adversaire digne
de lui. Il attendit que le convoi fût sorti de l'hôtel et eût tourné
l'angle de la rue, puis, jugeant dès lors inutile de s'attarder plus
longtemps, il se dirigea vers le chemin de fer. Il voulait aller le plus
vite possible aux renseignemens dans la petite ville qu'habitait Isidore.

Sa première visite fut pour le notaire qui avait vendu sa charge au jeune homme ; mais le vieux praticien n'était pas chez lui. Il avait appris le matin par les journaux le tragique événement et avait couru à l'étude de son successeur. Il en avait repris le gouvernement et y pérorait au milieu des clercs, affairé, inquiet, s'assurant de l'état des dossiers, ne comprenant rien à la catastrophe et se lamentant pour son propre compte dans un désordre grotesque d'esprit et de costume. M. Gestral se nomma et le prit à part ; mais ce fut à lui de répondre aux questions du notaire. — Un jeune homme si honnête ! disait celui-ci. Il ne m'avait pas encore payé son étude, mais j'avais toute confiance en lui. Un cœur d'or, monsieur. On dit qu'il a tué sa femme dans un accès de somnambulisme. Allons donc ! un notaire somnambule, cela ne s'est jamais vu. Et s'accuser lui-même ! C'est absurde. Il n'y a que les innocens qui s'accusent, et ils ont tort, car on peut les croire. On la lui aura tuée... Mais aussi qu'allait-il faire à Paris ? S'amuser ! Est-ce qu'un notaire a le droit de quitter son étude pour s'amuser ? On s'amuse quand on fait son droit. Je vous jure, monsieur, qu'il est innocent !

— Soupçonneriez-vous quelqu'un ?

— Moi, monsieur ! personne absolument.

— Ne connaîtriez-vous pas quelque prétendant qui aurait été repoussé par la jeune fille, ou, si ce n'est elle, par sa mère ? A propos, Mme Segonat est-elle instruite de l'événement ?

— Mme Segonat ! Ah ! mon Dieu, où donc ai-je la tête ? Et moi qui n'y songeais plus ! La pauvre femme ! Elle est là-haut dans sa chambre, sur son lit. Je ne sais pas encore si on a fait les démarches. Elle a été frappée...

— Je le comprends ; mais calmez-vous.

— D'un coup de sang hier en sortant de dîner, et je ne sais pas si toutes les dispositions sont prises. Permettez que je sonne.

— Elle est donc morte !

— Mais oui, monsieur. Ne vous l'ai-je pas dit ? J'avais préparé une lettre pour en prévenir son gendre et sa fille lorsque le journal est arrivé. Maintenant c'est bien inutile. Le pauvre garçon a bien autre chose à penser. Cependant, monsieur le commissaire, si vous voulez vous charger de cette lettre, elle est tout ouverte, vous pourrez la lire. Où donc l'ai-je mise ?

— Je vous en prie et au besoin je vous y invite, fit M. Gestral impatienté, mettez un peu d'ordre dans vos idées. Mme Segonat est morte. Fort bien. Vous étiez son notaire ?

— Oui, monsieur.

— Avait-elle l'habitude de placer et de déplacer ses fonds ?

— Non, toute sa fortune est en rentes sur l'état.

— Depuis quand étiez-vous son notaire ?

— Depuis qu'elle était venue s'établir ici.

— Et avant, à Paris, avait-elle quelque homme d'affaires?

— Je l'ignore.

— Où demeurait-elle à Paris?

— Rue Chapon, au Marais.

— Je vous remercie. Ayez soin de l'étude et des intérêts de M. Renouf. Tout n'est peut-être pas désespéré pour lui.

M. Gestral revint aussitôt à Paris et alla rue Chapon. Ce qu'il y apprit fut insignifiant. M. Segonat vivait très retiré avec sa femme et sa fille. Quelques personnes à peine venaient les voir de loin en loin, et le portier ne savait pas même le nom de ces personnes. Ce manque absolu de renseignemens, au lieu de décourager M. Gestral, le réjouissait. Il n'avait en quelque sorte fait ces démarches que pour l'acquit de sa conscience et se serait presque cru amoindri, si elles lui avaient apporté la moindre lumière. C'était donc, et telle dès le premier moment avait été sa conviction, dans les spéculations de l'ordre moral, dans l'étude des sentimens que devait éprouver le criminel et des mobiles qui allaient logiquement diriger sa conduite, qu'il faudrait chercher la vérité. M. Gestral était d'une philosophie trop sceptique pour croire à une très longue durée d'un sentiment, quel qu'il fût, mais il pensait avec raison que, pendant un certain temps, le coupable se préoccupe surtout de ce qui a trait à son crime et des conséquences qu'il peut avoir. Si l'assassin n'avait point paru à l'enterrement de sa victime, comme M. Gestral l'avait d'abord espéré, il devait à coup sûr lire avidement les journaux qui parlaient, en style de tribunal, de l'affaire Renouf. Toutefois, si le commissaire ne s'était pas trompé sur les motifs qui avaient poussé le meurtrier, si celui-ci, en dehors de la vengeance brutale qu'il avait accomplie, en avait réellement entrevu une autre plus complète et plus terrible dans la condamnation probable d'Isidore, ce simple compte rendu des débats, lu à huis clos, ne lui suffirait pas. Comment ne serait-il pas attiré vers le théâtre où se dérouleraient vivantes les péripéties du drame dont il avait écrit la première page en caractères sanglans, dont il avait noué la trame et préparé le dénoûment? Là seulement il pourrait savourer à son aise les pâleurs de l'accusé, la sévérité des juges, l'indignation de l'opinion, et s'affirmer à lui-même, d'heure en heure, sa propre impunité et la perte de son ennemi. Autre chose encore. M. Gestral, qui se mettait à la place de l'inconnu, imaginait ce qu'il éprouverait pour sa part d'incertitudes, de défaillances, de reviremens de pensée. Si, dans le cours des débats qui allaient s'ouvrir, tout ne marchait pas comme le coupable l'aurait prévu, s'il surgissait quelque incident qui le menaçât, ne voudrait-il pas être là, comme le joueur au tapis vert où sa fortune est engagée, pour épier les chances une à une et vivre jusqu'au bout, dût-il as-

sister à la ruine de ses espérances, des ivresses et des angoisses de
la lutte? C'est donc au Palais de Justice que M. Gestral donna en
esprit rendez-vous au meurtrier.

Cependant l'affaire d'Isidore s'instruisait et allait être jugée. Les
vacances étaient terminées, et elle passait une des premières. Isidore, qui n'avait été maintenu que vingt-quatre heures au secret,
reprenait courage. Quelque chagrin qu'il eût ressenti de la mort
d'Albertine, il n'avait point vécu assez longtemps avec elle pour ne
pas se consoler. Sa douleur s'était d'ailleurs atténuée dans l'horreur
de sa situation. Habilement soigné par le médecin qui avait constaté son état et qui s'intéressait à lui, il s'était peu à peu soustrait
à ses hallucinations du premier jour. Un de ses anciens camarades,
devenu avocat, à qui il avait confié sa défense, et M. Gestral venaient aussi le voir souvent. Au milieu de ces trois hommes, Isidore recouvrait le sentiment de son innocence. Cependant l'événement auquel il était mêlé restait pour lui tellement inexplicable
qu'il n'avait aucune preuve à donner. Cela le désespérait, et il ne
cessait de répéter à ses amis : « Qui peut l'avoir tuée? » L'avocat,
qui avait cherché des indices matériels et n'en avait point trouvé,
était assez embarrassé; mais il comptait sur l'appui du médecin,
dont les déclarations seraient en faveur d'Isidore, et peut-être un
peu sur son éloquence, qui rencontrait un beau début dans cette
affaire. M. Gestral souriait et se gardait bien de rien dire. Il eût
craint qu'aux débats une maladresse d'Isidore, en le mettant en
cause, n'effarouchât l'inconnu. En voyant sourire M. Gestral, le médecin prenait confiance et disait au jeune homme : — Mon cher malade, nous verrons bien si l'innocence et la science seront battues
du même coup.

Les débats s'ouvrirent enfin. L'auditoire était nombreux, ce qui
fit plaisir à M. Gestral, car l'inconnu ne devait avoir aucune hésitation à se confondre dans une telle foule. Toute la jeunesse des
écoles était venue assister l'accusé de ses sympathies et de sa présence. Isidore, très ému à son entrée, s'enhardit en n'apercevant
autour de lui que des regards amis. Outre les étudians, il y avait
une assez grande quantité de femmes et ces rentiers ou retraités
oisifs qu'on pourrait appeler les habitués de la cour d'assises.
Cette première journée fut consacrée à l'audition des témoins. Aucun, à vrai dire, ne savait rien du fait principal; mais tous déposaient des bons antécédens de l'accusé comme de l'harmonie qui
semblait exister entre sa femme et lui. On lut aussi le rapport de
M. Gestral, qui avait obtenu l'autorisation de ne pas comparaître.
Ce rapport ou plutôt ce procès-verbal, très net, écrit sous la vive et
lucide impression du crime, fit passer un frisson dans la salle : il ne
concluait pas et n'avait pas à conclure, mais il inclinait à l'inno-

cence d'Isidore. Pendant que l'attention se tournait sur les témoins,
M. Gestral, placé au coin le plus sombre, examinait les assistans.
Les étudians, venus là pour la première fois, formaient comme un
large demi-cercle autour des habitués. Ces derniers, sans se connaître, s'étaient groupés d'instinct. Ils se ressemblaient d'ailleurs
par le costume, l'attitude, la même curiosité banale empreinte sur
les traits. L'attention de M. Gestral, après qu'il eut exploré les diverses parties de la salle, se porta particulièrement sur eux. Ses
yeux erraient d'une physionomie à l'autre, mais sans y rien découvrir qui le guidât. Il y en avait une pourtant qui l'attirait, plus intelligente, plus recueillie, en quelque sorte repliée sur elle-même.
Quelque indifférent que se fît le masque, une passion intérieure
prudemment contenue semblait l'éclairer; mais c'était bien peu de
chose qu'un tel indice, et M. Gestral se trompait peut-être. L'homme
qu'il observait avait une cinquantaine d'années, le crâne plus pelé
que chauve, les yeux dérobés sous des lunettes, le nez long, les
lèvres minces, le teint blafard, bien qu'enflammé par endroits. Un
grand manteau qui lui cachait les mains le couvrait en entier. Ses
mains le trahirent. M. Gestral avait en effet passé, dans son impitoyable examen, du visage à la disposition du corps. Il remarqua
que les mains reposaient sur les genoux, que de temps en temps
elles se crispaient en froissant le drap, et cela surtout quand un
murmure de sympathie pour Isidore accueillait les dépositions des
témoins. M. Gestral se crut enfin sur la trace qu'il cherchait, et
tressaillit de joie. Il ne quitta plus l'inconnu des yeux. Quand l'audience fut terminée, il vit cet homme sortir lentement, s'approcher
des différens groupes, écoutant ce qui s'y disait, mais ne parlant
pas. M. Gestral ne commit pas l'imprudence de le suivre lui-même.
Il chargea de cette mission un de ses meilleurs agens, dont il attendit avec impatience le retour. Celui-ci revint au bout d'une heure.
L'homme qu'il avait surveillé habitait, dans l'Ile-Saint-Louis, le
rez-de-chaussée d'une maison qui lui appartenait et qui avait un
jardin ouvrant par une petite porte sur une rue voisine presque
déserte. Il s'appelait Darronc, c'était un ancien avoué.

Le lendemain, M. Gestral, avec toutes les allures d'un marchand
retiré, se plaça au palais à côté de ce Darronc. L'audition des témoins continua; mais M. Darronc ne donna plus aucun signe d'agitation. Peut-être avait-il réfléchi que la moindre manifestation était
un péril pour lui, ou s'était-il blasé sur cette partie des débats
dont l'importance n'était en somme que fort secondaire. Le tour du
médecin qui avait soigné Isidore arriva, et le plus profond silence
s'établit. Le médecin, avec une grande simplicité, mais avec toute
l'autorité de l'homme de science, raconta dans quel état il avait
trouvé l'accusé, l'épreuve qu'il avait tentée sur lui, le résultat de

cette épreuve, et déclara que pour lui Isidore n'était pas le coupable. Il s'ensuivit une émotion générale, et l'audience fut quelques instants suspendue de fait. On causait de toutes parts, à demi-voix, avec animation. M. Gestral, qui avait M. Darronc à sa gauche, avait déjà échangé quelques mots avec son voisin de droite. Cet homme, tiré de sa somnolence par l'intérêt grandissant de l'affaire, était un chaud partisan d'Isidore. M. Gestral feignit de le contredire en montrant ce que pouvaient avoir de défectueux les déclarations du docteur. Le voisin ripostait avec énergie. M. Darronc, que semblait avoir mis hors de lui l'impression du public à la suite des affirmations si nettes et si sensées du médecin, se penchait du côté des interlocuteurs et recueillait avidement les paroles de M. Gestral. Celui-ci, en apparence poussé à bout, se retourna tout à coup vers lui. — N'est-ce pas, monsieur, que ce que j'avance est probable?

— Certes, répondit M. Darronc dans un premier mouvement.

Mais, se ravisant aussitôt, il parut examiner le commissaire avec une défiance excessive. M. Gestral lui offrit alors un si honnête visage, ce que la bienveillance habituelle de ses traits lui rendait facile, des lignes si placides et si inoffensives, que M. Darronc se remit pendant que le commissaire se disait intérieurement : — Ah! je suis enfin sûr de toi! — Toutefois il ne jugea pas à propos de continuer l'entretien, et comme le président agitait sa sonnette, il fit lui-même quelques légers *chuts!* avec un petit geste de la main qui témoignait de son extrême envie de ne point être dérangé dans ce qu'il allait entendre.

Le troisième jour était réservé pour le réquisitoire, la défense et l'arrêt. M. Gestral eut soin de ne pas arriver de trop bonne heure, et se fit placer de manière à voir sans être vu. La précaution n'était pas inutile, car M. Darronc, comme s'il eût cherché son voisin de la veille, jeta plusieurs fois des regards inquiets autour de lui. Le réquisitoire fut très habile. Il mit facilement de côté les dépositions des témoins qui n'établissaient en définitive que les bons antécédens d'Isidore. Les rapports du commissaire et du médecin étaient plus sérieux; mais quelque valeur qu'un esprit bienveillant pût leur accorder, il n'en était pas moins vrai qu'ils n'apportaient à la décharge de l'accusé aucune de ces preuves convaincantes et matérielles que la justice a le devoir impérieux de réclamer. Il restait intact et accablant, le fait de cette femme assassinée aux côtés de ce mari qui ne s'était point éveillé au moment du crime, qui n'avait reçu aucune blessure. A six heures du matin seulement, trois heures environ après l'événement, comme il résultait des aveux mêmes de Renouf, il venait se livrer au commissaire de police en déclarant avoir agi dans un accès de somnambulisme. Un

commissaire surpris au saut du lit par une telle visite pouvait être
induit en erreur : la science, trop souvent éprise de théories et d'hypothèses, se montrait indulgente et facile ; mais quel homme impartial et de sang-froid pouvait ajouter foi à une telle fable ? Pourquoi d'ailleurs ces trois heures d'attente et de réflexion ? Est-ce que
le véritable innocent reste dans cette torpeur ? Est-ce qu'il n'appelle pas immédiatement au secours ? Est-ce qu'il ne lui faut pas
les lumières et le bruit ? A n'écouter que les inductions morales,
Renouf était un scélérat consommé qui avait à loisir médité son forfait. Et à quel point sa culpabilité était plus évidente, si l'on songeait que l'heure, le lieu, la solitude, l'instrument même du crime,
déposaient contre lui ! Le procureur impérial requérait contre l'accusé toute la sévérité des lois.

L'avocat d'Isidore présenta la défense de son client avec une indignation émue. Il insista sur les antécédens de l'accusé. On ne
passe pas en une heure de la vertu à la scélératesse. Il rétorqua un
à un, et autant qu'il le put, les argumens du ministère public. Il
fut forcé de reconnaître qu'aucune preuve réelle et palpable ne venait au secours d'Isidore, mais il en appela dans cette mystérieuse
affaire à l'intime émotion qui dès l'ouverture des débats avait gagné tous les cœurs, à ce sentiment de souveraine et sereine équité
qui veut que le juge s'abstienne quand il a le plus léger doute sur
la culpabilité de l'accusé.

Lorsqu'on demanda à Isidore s'il n'avait rien à ajouter à sa défense, il se leva, et, la main droite étendue, les yeux humides, mais
brillans, il s'écria d'une voix forte : — Je jure que j'ai dit toute la
vérité, et que je n'ai pas commis le crime dont on m'accuse.

A ce moment, M. Gestral regarda M. Darronc. Il était fort pâle
et essuyait son front couvert de sueur. La cour se retira pour délibérer, et, rentrant une demi-heure après, rendit un verdict de
non-culpabilité. — Monsieur, dit alors le président à Isidore, vous
retournez à la société après avoir subi une épreuve terrible. Bien
que les circonstances les plus étranges se réunissent pour vous
accabler, vos juges ont cru à votre désespoir des premières heures,
à la loyauté de votre regard, à la sincérité de votre accent. La vérité ne saurait se discuter longtemps ; elle s'impose et force les
convictions. Elle a, selon nous, éclaté dans votre conduite, dans
vos paroles, sur votre front d'une façon irréfutable et touchante.
Pleurez en paix, au milieu du respect et de la pitié de tous pour le
malheur qui vous a frappé, la femme que vous avez perdue ! Quant
au véritable assassin, en quelque lieu qu'il se trouve, le doigt de
Dieu le désignera tôt ou tard à la justice des hommes.

Cette allocution du président venait bien. Même après le verdict,
elle soulageait tous les cœurs d'un reste d'angoisse. Un homme ne

dispute point sa vie devant des juges, il n'est point attaqué violemment et défendu sans qu'un peu de son honneur et de sa vertu
ne demeure sur ce triste champ de bataille. Un irrésistible courant
entraîna tous les étudians vers leur ancien camarade, qu'ils emportèrent en triomphe et presque évanoui en dehors de la salle au
grand air, à la liberté, aux joies renaissantes de la vie. Quant aux
autres assistans, l'heure était avancée, et ils se hâtèrent de partir
pour rentrer chez eux. M. Darronc, livide, avait suivi Isidore avec des
yeux hagards. Il était debout, chancelant comme un homme ivre,
et agrafait son manteau d'une main tremblante. En se retournant
pour sortir, il aperçut à trois pas M. Gestral qui l'examinait tranquillement. Il baissa les yeux, frissonna, et dans son trouble salua
le commissaire. Celui-ci sourit et lui rendit son salut avec politesse.

III.

M. Gestral était certainement très heureux de l'acquittement d'Isidore, mais il était ravi en même temps du succès qui avait couronné ses ingénieuses suppositions. Il avait admis en effet que l'assassin d'Albertine devait être un prétendant repoussé, plutôt vieux
que jeune, adonné jusqu'alors à des occupations sédentaires et à
un travail de cabinet, puis exalté tout à coup par une passion sensuelle et disposé par ses habitudes d'esprit et son tempérament à la
combinaison de la vengeance la plus froide et la plus raffinée. Ex-
ploitant ensuite la curiosité naturelle à tout coupable au sujet de
son crime, il avait assigné cet homme à se montrer dans un court
délai. Et voilà qu'aux séances du Palais de Justice s'était offert à
lui ce Darronc, un ancien avoué, avec l'âge et la physionomie qu'il
lui rêvait, étrangement attentif aux débats, agité par instans de ces
frissons du corps et de l'âme que la plus puissante volonté ne peut
entièrement supprimer et profondément troublé du plus léger examen dont il était l'objet. Maintenant cet homme était-il le meurtrier? M. Gestral n'en doutait pas, et cependant il ne l'avait point
fait arrêter. C'est que des présomptions ne sont point des preuves,
et que la police, autant que possible, ne doit pas se tromper. L'ar-
restation de M. Darronc eût pu être un scandale, un danger, pis
encore, une chose inutile. Il aurait nié et n'aurait pu être convaincu. Il n'y avait aucune trace de sa présence à l'hôtel d'Isidore,
et par la disposition même de la maison qu'il habitait, il avait dû,
dans la nuit du crime, en sortir et y rentrer sans être vu. Deux
fois pourtant, dans la première joie de sa découverte en apercevant
M. Darronc, et plus tard, lorsque Isidore était à demi accablé par
le réquisitoire du procureur impérial, M. Gestral avait été sur le

point d'agir. Si la condamnation d'Isidore eût été prononcée, il se
fût assuré de M. Darronc séance tenante. Heureusement tout s'était
passé pour le mieux, et M. Gestral était optimiste. Cette première
partie gagnée, il en entrevoyait une autre, bien plus sérieuse, à
continuer d'après les mêmes erremens, car elle avait également
pour base la stricte observation du cœur humain et le développement logique des sentimens qui l'agitent : elle devait amener le
coupable, engagé dans un chemin sans issue, à se livrer lui-même.

M. Darronc, quel que fût son secret, était rentré chez lui dans
un trouble inexprimable. Toutefois il s'était efforcé de toucher au
dîner que sa vieille gouvernante, le seul domestique qu'il eût, lui
avait servi. Après son repas, il s'enferma dans son cabinet, dont la
porte ouvrait de plain-pied sur le jardin. Alors, à la lueur d'une
seule bougie, il se promena de long en large, se tordant les mains,
poussant de sourdes exclamations, se heurtant aux murs. Son visage s'éclairait tour à tour des feux de la haine et d'un impuissant
désespoir. Par instans il se laissait tomber dans son fauteuil et y
restait morne et abattu. Si M. Gestral l'eût vu en de tels momens,
il se fût dit sans doute que cet homme avait perdu tout courage et
regardait Isidore comme une proie qui lui échappait. A observer
plus attentivement M. Darronc, on eût dit pourtant qu'il songeait
à un second crime; il se relevait brusquement, se promenait encore, puis, las d'inutiles fureurs, de regrets stériles, il s'arrêtait
court dans sa marche, et allait, la tête dans ses deux mains, s'ac-
couder sur le marbre de la cheminée; mais cette méditation lente,
traversée par des soubresauts, toute hantée de visions peut-être,
n'aboutissait à rien. Il en sortait avec un cri étouffé et en levant le
poing, comme si de rage il eût défié le ciel. Ce qui rendait son aspect plus effrayant peut-être, c'est qu'à ses angoisses morales s'a-
joutait une souffrance physique presque hideuse. Il y avait sur sa
face de subites et livides rougeurs, et ses yeux s'injectaient de
sang. Les veines de son front étaient gonflées à se rompre. Le corps,
à n'en pas douter, se débattait autant que l'âme sous un coup inattendu. Tout dans cet homme offrait l'image d'une jalousie rétrospective qui se réveillait avec des fureurs d'autant plus vives qu'elle
se voyait trompée dans ses rêves de vengeance. Une autre idée lui
vint, d'un ordre différent. Il prêta l'oreille, ouvrit rapidement la
porte du jardin, qu'il parcourut en tous sens. Ses traits s'étaient dé-
composés; il se souvenait sans doute de quelqu'un dont il redoutait la présence. M. Darronc avait peur. A ce moment encore, M. Gestral, s'il eût été là, lui eût souri comme à l'issue de la séance, de son
tranquille et froid sourire. M. Darronc respira enfin, s'approcha de
la glace, et, probablement effrayé de l'altération de son visage, se
plongea la tête dans une cuvette pleine d'eau. Alors il se regarda

de nouveau, s'étudia, se prit à marcher d'un pas mesuré, et poussa comme un soupir d'allégement. Il s'appartenait donc encore, et personne ne l'avait aperçu dans son récent désordre.

Certes il fallait sans doute qu'on ne soupçonnât pas ses agitations secrètes. Aussi, quoiqu'il fût impossible à M. Darronc de dormir, il se coucha et reprit dès le lendemain sa vie ordinaire. Cette vie était fort simple. M. Gestral la fit épier par l'habile agent qu'il avait déjà employé et fut très vite renseigné. M. Darronc ne sortait de chez lui que dans l'après-midi pour aller à la Bourse, et revenait en flânant sur les quais. Généralement le soir il se rendait à un petit café, y lisait les journaux ou causait avec quelques personnes de sa connaissance. Il n'avait point de maîtresse et ne recevait que des hommes d'affaires. Dans le quartier, on ne disait de lui rien que d'insignifiant, plutôt du bien que du mal, car il payait exactement ses fournisseurs. M. Gestral se félicitait de ne l'avoir point fait arrêter. Tout en laissant à son agent le soin de surveiller la vie extérieure de M. Darronc, il s'était réservé la tâche beaucoup plus délicate d'épier sa physionomie. Pour cela, il s'embusquait chaque soir, vers cinq heures, dans un café de la rue Montesquieu, devant lequel M. Darronc, dont l'itinéraire était invariable, passait toujours. M. Gestral, qui écartait doucement le rideau, n'avait que le temps de jeter un coup d'œil sur son adversaire; mais à un physionomiste aussi exercé que lui ce coup d'œil suffisait. M. Darronc lui parut d'abord sous l'empire d'une démoralisation extrême. Les traits étaient relâchés et pendans, le regard atone, les coins de la bouche douloureusement crispés. Au bout de quelques jours, il se fit en lui et par degrés un changement très réel. Les chairs se raffermirent, la bouche se releva, l'œil, en apparence distrait, se voila sous les paupières, et le front se sillonna de rides. — Ah! se dit M. Gestral, la période d'abattement est passée, et il commence à former des projets. Eh bien! je lui épargnerai une partie du chemin.

Dès le lendemain de son acquittement, Isidore était retourné dans sa petite ville, où on l'avait parfaitement accueilli. Sous la surveillance de son prédécesseur et dirigée par le maître clerc, son étude était en pleine prospérité; il reprit aussitôt la conduite de ses affaires, et, bien que pleurant toujours sa femme, il se remettait de jour en jour de la terrible secousse qu'il avait éprouvée. C'est sur ces entrefaites qu'il reçut de M. Gestral une lettre qui l'appelait immédiatement à Paris. Le commissaire, qui avait besoin d'Isidore et qui redoutait quelque hésitation de sa part, ajoutait, pour le déterminer, qu'un danger le menaçait. Le jeune homme partit et alla trouver M. Gestral, qui lui dit sans préambule : — Mon cher monsieur, voulez-vous venger votre femme?

Ces simples mots rejetaient violemment Isidore dans le courant
d'idées sinistres d'où il était presque sorti. Il ne put s'empêcher de
tressaillir; mais c'était un honnête et courageux garçon. — Certes,
oui, répondit-il.

— D'ailleurs, reprit M. Gestral, il s'agit de vous pour le moins
autant que d'elle.

— Comment cela?

— Vous le verrez, dit le commissaire avec sa tranquillité un peu
railleuse.

— Qu'ai-je à faire?

— Pour le moment, peu de chose. Allez à la Bourse tous les jours
et jouez-y.

— Avec quoi?

— Avec rien. Achetez aujourd'hui des valeurs sûres, vendez-les
demain, rachetez-les après-demain. Cependant, si vous pouviez gagner de l'argent, cela n'en vaudrait que mieux. Chassez toute préoccupation et toute tristesse. Il importe que vous ayez l'air d'un
homme enchanté de vivre.

Ce jour-là même, Isidore se rendit à la Bourse, et M. Gestral
s'en fut à son poste d'observation. Quand M. Darronc passa, il y avait
sur ses traits une stupéfaction profonde. Le lendemain, cette stupéfaction avait fait place à une joie farouche, mais indécise. L'agent
de M. Gestral lui apprit en même temps que ces deux jours M. Darronc, à la sortie de la Bourse, avait accompagné Isidore des yeux
jusqu'à ce qu'il l'eût perdu de vue. — Mon cher ami, dit M. Gestral à Isidore, qu'il avait logé chez lui et qui ne se doutait encore
de rien, demain, après la Bourse, mon agent vous proposera, à
haute voix, d'aller le soir au Vaudeville avec lui; vous accepterez.

Le lendemain, l'agent et Isidore allèrent au théâtre; le spectacle
terminé, ils se mirent en route pour rentrer chez M. Gestral. Lorsqu'ils furent arrivés au Pont-Neuf, Isidore remarqua qu'un homme
les suivait à une assez grande distance. L'agent lui recommanda de
ne point paraître s'en apercevoir. A la hauteur de la rue de Seine,
où ils entrèrent, l'homme hésita, fit quelques pas derrière eux, puis
rebroussa chemin par les quais. M. Gestral trouva Isidore un peu
pâle : — Ah! lui dit-il, vous commencez à comprendre.

— Oui, l'assassin de ma femme s'occupe de moi.

— Mais nous aussi, répondit M. Gestral, nous nous occupons de
lui. — Et de fait, le commissaire ne songeait qu'à M. Darronc. Dans
les courts instans où il lui était donné de l'entrevoir, il interprétait le moindre mouvement de ses traits, et s'efforçait de saisir dans
l'expression changeante et complexe du visage le travail intérieur
de la pensée. Ce mélange d'indécision et de joie sauvage qu'il avait
remarqué la veille chez M. Darronc l'avait frappé. Il n'était point

difficile d'attribuer à cet homme des projets de violence contre Isidore; mais jusqu'où ses habitudes timides et son caractère cauteleux lui permettraient-ils de les pousser? M. Gestral crut démêler à de légers indices dans ce visage altéré que le désir du meurtre, tout physique et grandissant, emporterait un homme du tempérament de M. Darronc au-delà des limites de la prudence. La fièvre et ses sanglans délires pouvaient parler plus haut que la raison, et l'intelligence, s'obscurcissant par degrés, en viendrait à obéir tout entière, avec une brutale ivresse, aux suggestions des sens. Ainsi commence la monomanie du crime. M. Gestral avait l'ardente curiosité de savoir s'il ne se trompait pas. Déjà il voyait agir M. Darronc selon qu'il l'avait prévu. Il se dit qu'il fallait compléter hardiment l'expérience, et, préjugeant l'état d'esprit du meurtrier, il imagina d'exploiter l'attraction morbide que les souvenirs et les lieux mêmes exerceraient sur lui.

Aussi, dès le lendemain, de grand matin, il alla dans la chambre d'Isidore, et, regardant le jeune homme bien en face : — Avez-vous du courage? lui demanda-t-il.

— Mais oui, dit Isidore étonné.

— Oh! entendons-nous, reprit le commissaire d'un ton grave, je parle d'un courage réel, patient et froid, sur lequel n'aient prise ni le silence ni les terreurs de la nuit, qui puisse supporter l'assaut des visions funèbres et qui soit prêt, sans se lasser jamais, à braver un danger toujours présent, quoique invisible.

Il fit une pause. — Je l'aurai, répondit avec résolution Isidore.

M. Gestral lui serra la main. — Eh bien! dès aujourd'hui reprenez dans votre ancien hôtel la chambre du premier étage que vous occupiez avec votre femme. Chaque soir, allumez une veilleuse, laissez votre clef en dehors et attendez. Quand le jour viendra, vous pourrez vous reposer; mais gardez-vous de dormir la nuit. Vous aurez d'ailleurs une arme sous votre oreiller, ajouta le commissaire en voyant Isidore légèrement ému. A propos d'arme, le greffe vous a rendu votre poignard algérien?

— Oui.

— L'avez-vous ici?

— Je l'ai apporté, car je me suis bien douté, en recevant votre lettre, qu'il s'agissait du crime, et si j'eusse été tenté de faiblir dans la vengeance que je dois à la pauvre créature, la vue de cette lame encore tachée de sang m'eût rendu mes forces.

— Alors placez-le sur la commode, à côté de la veilleuse, à l'endroit même où il était. Et maintenant bonne chance, car il est nécessaire qu'on ne m'aperçoive pas avec vous, et nous ne nous reverrons sans doute que lorsque tout sera terminé.

Les chambres d'hôtel sont nues et banales, la vue et la pensée ne s'y reposent sur aucun de ces mille objets qui, ayant fait jusque-là partie de notre existence, sont pour nous comme autant de souvenirs; mais, par cela même, elles conservent la saisissante physionomie des événemens heureux ou tristes qui nous y sont arrivés. Telles on les a quittées, telles on les retrouve, et l'impression du passé revient soudaine et profonde. Il en fut ainsi pour Isidore. En entrant dans la chambre qu'il avait habitée avec sa femme, un chagrin mêlé d'horreur s'abattit sur lui. Le lit avec son baldaquin et ses rideaux de damas était le même. La commode et le secrétaire en acajou, auxquels manquaient çà et là quelques poignées en cuivre doré, n'avaient point changé de place. Il vit sur la cheminée la même pendule mythologique. Quelles heures elle lui avait comptées! Le carreau, que ne couvrait point en entier un maigre tapis, avait la couleur du sang répandu. Isidore s'appuya sur un fauteuil. La maîtresse de l'hôtel, qui l'avait accompagné, lui adressa quelques paroles de consolation. Elle ne s'étonnait pas que, revenant à Paris, il fût descendu chez elle. Les femmes les plus vulgaires comprennent qu'en amour on retourne le fer dans sa blessure. Isidore s'installa rapidement et se hâta de sortir.

D'après les instructions de M. Gestral, il devait montrer une grande insouciance. Après la bourse, il alla donc se promener sur les boulevards, et y dîna dans un restaurant où il eut soin de se placer près de la vitrine, afin qu'on pût l'apercevoir du dehors. Vers neuf heures, sans se retourner une seule fois, il regagna lentement sa demeure. Il n'y fut guère qu'à onze heures. Il avait mis près d'une heure et demie à faire le trajet; ses pas, malgré lui, le retenaient en arrière. Ce fut alors qu'il s'occupa de la lugubre mise en scène qui lui avait été prescrite. Il laissa la clé sur la porte, alluma une veilleuse et plaça le poignard tout à côté. La chambre ainsi disposée lui parut effrayante, et il se coucha en frissonnant. Peu s'en fallut qu'une insurmontable terreur ne le gagnât; mais une douleur égale fit diversion à cette terreur. Il songea qu'un mois à peine auparavant il avait sa femme près de lui. Son cœur se fondit, et il pleura amèrement toute la nuit. Rien n'était venu le troubler. Après son déjeuner, il s'accouda longtemps à sa fenêtre, qui donnait sur la rue. Il fallait que le meurtrier sût bien où le trouver. Pourtant il ne jetait sur les passans que des regards distraits; mais au fond de l'âme il se disait : Où est-il?.. A la Bourse, il le coudoyait peut-être; dans la rue, il le rencontrait sans aucun doute. Il n'avait d'ailleurs nulle idée de ce que cet homme pouvait être, car M. Gestral ne lui en avait rien dit. Le second soir, en prévision de l'attaque à laquelle il était exposé, il observa les lieux. Il remarqua, en entrant à l'hôtel, que le garçon, lui tirant le cordon dans un demi-sommeil, ne se montrait même pas au vasistas pour voir qui

avait frappé. Les habitudes de la maison n'avaient donc guère
changé depuis l'assassinat d'Albertine. La chambre d'Isidore avait
le numéro 2. On y parvenait, après avoir monté le premier étage,
par un couloir sombre. A droite, dans ce couloir, il y avait une très
petite chambre qui portait le numéro 1, et n'était séparée du numéro 2 que par la cloison. Cette chambre était inoccupée. En face,
dans le mur, on avait pratiqué une sorte de bûcher fermé à clé. La
porte en était très basse, ronde par le haut et percée d'une petite
fenêtre en losange. Isidore, cette nuit-là, fut moins harcelé de douleur et d'idées funèbres. On se fait à tout. Le lendemain, comme il
rentrait et allait prendre son bougeoir, il en vit un tout préparé
avec sa clé à côté du sien : c'était celui du numéro 1. La chambre
avait donc été louée dans la journée. Isidore eut le pressentiment
qu'elle l'avait été par son ennemi. Il se coucha vite et attendit. Le
locataire du numéro 1 rentra bientôt. Isidore alors feignit de dormir. Il avait glissé sous son traversin un pistolet de poche dont il
comptait se servir. Une heure, puis deux s'écoulèrent. Se serait-il
trompé? n'avait-il qu'un voisin inoffensif? Cependant ce voisin ne
dormait pas. Isidore, dont les sens recevaient du péril possible une
extrême acuité, saisissait tous les bruits d'une insomnie très réelle.
C'étaient de légers pas très doucement hasardés par la chambre,
quelques-unes de ces exclamations assourdies qui échappent à la
volonté, et si l'étranger s'étendait sur son lit, ce qu'il faisait avec
grande précaution, le mouvement continu d'un corps qui s'agite et
se retourne. A l'école de M. Gestral et en face surtout de ce danger mystérieux qu'il savait planer sur lui, Isidore s'était vite formé.
En supposant que ce fût l'assassin, sa longue veillée n'attestait-elle
pas ses irrésolutions d'âme, sa défiance du succès et la difficulté
presque physique qui s'ensuit à marcher à l'accomplissement d'un
crime? Et tout portait Isidore à croire que c'était l'assassin. Cet
homme, depuis que M. Gestral lui avait prêté l'intention d'un second forfait, n'avait-il point hasardé chaque jour un nouveau pas
dans la voie où son secret et terrible adversaire s'était promis de
l'engager? Quoi donc d'étonnant à ce qu'il franchît le seuil de cette
maison? Seulement il n'y devait point venir à la hâte et s'enfuir de
même. Il avait usé de trop de délais, il avait trop lentement réagi
contre l'épouvante de se voir épié pour ne pas discuter jusqu'au
bout avec la fascinatrice pensée de meurtre qui lui était venue,
dont il subissait le charme, mais à laquelle la peur l'aidait encore
à résister. Dans cette petite chambre au contraire, qui était sa dernière étape, il se sentait libre. Il pouvait s'assurer à son aise que
le crime était possible, même facile. Il ne risquait pas, comme la
première fois, de se heurter en aveugle à quelque obstacle imprévu.
Jusqu'au dernier moment, il pouvait s'abstenir et battre en retraite.

Il est vrai que, l'œuvre achevée, le seul fait d'avoir habité cette chambre à côté de la victime lui créait un péril extrême; mais, suivant l'instant où il frapperait, il se ménageait plusieurs heures, et devait avoir pris ses mesures pour disparaître sans laisser de traces.

— Ce ne sera pas pour ce soir, se disait Isidore, ce serait trop prompt.

Il ne se passa rien en effet. La nuit suivante, la même attente se reproduisit pour lui. Il la supporta, car il était en proie à une extrême surexcitation nerveuse. Vers une heure, il crut remarquer qu'on s'avançait à pas de loup jusqu'à sa porte et qu'on remuait la clé dans la serrure. L'assassin craignit sans doute de s'être trahi par ce bruit, pourtant bien faible, car il s'éloigna, et ce fut tout. La nuit d'après, par une conséquence très simple de ses veilles précédentes et de l'imparfait repos qu'il prenait pendant le jour, Isidore eut besoin de dormir. Ce fut horrible. Le sommeil le maîtrisait malgré tous ses efforts. Tout moyen physique lui manquait pour résister. Bien plus, l'engourdissement résultait pour lui de cette nécessité de rester couché dans son lit, à une chaleur douce, dans cette chambre silencieuse et à demi obscure. A plusieurs reprises, il s'aperçut qu'il avait dormi. Il sortait de ce sommeil par une pénible secousse et ouvrait les yeux tout grands; puis ses yeux se refermaient, et il dormait encore. Enfin ses paupières s'alourdirent une dernière fois, ses idées se brouillèrent, ses membres s'affaissèrent inertes, et un sommeil de plomb pesa sur lui.

Il était deux heures du matin environ lorsque la porte de la chambre d'Isidore s'ouvrit sans bruit. Un homme, le chapeau rabattu sur les sourcils, le couteau à la main, s'avança d'un pas furtif après avoir eu le soin de laisser derrière lui la porte entrebâillée. C'était M. Darronc. Il tendait l'oreille du côté d'Isidore, il écoutait avec joie sa respiration haletante, mais profonde. Il regarda ensuite autour de lui, et l'aspect de la chambre l'émut fortement. Isidore dormait sur le bord du lit, et il y avait ainsi entre le jeune homme et le mur une large place vide et blanche. « C'est là qu'elle était l'autre jour, » se dit l'assassin. Il venait d'entrer dans le cercle de lumière projeté par la veilleuse, et son visage était contracté d'un ressentiment à la fois douloureux et féroce. Il alla vers la veilleuse et vit le poignard. — Ah! fit-il. Il tira de son fourreau la lame, dont la rouille était d'un rouge brun. « Son sang! dit-il encore; on dirait qu'il est là pour me tenter. » Et il fit un pas vers Isidore, puis s'arrêta. « Non, pas avec la même arme qu'elle. Ne mêlons pas son sang au sien. » Il remit le poignard sur la commode et marcha de nouveau vers le lit. Quand il en fut tout près, il se sentit défaillir et hésita; mais ce trouble ne dura qu'une minute. « Eh quoi! murmura-t-il, j'aurais commis en la tuant un crime inutile, et cet homme qu'elle m'a préféré, qui l'a possédée, innocent, acquitté, vivrait heureux, tandis que moi... » Il n'acheva point et passa la main sur son front, qui ruisselait de sueur. « Non, non, tuons-les l'un après l'autre sur ce même lit, comme ils l'ont mérité! » Il entr'ouvrit la chemise d'Isidore. « Si je l'éveillais, afin qu'il sache bien que c'est moi qui le tue! » Il se consulta quelques secondes. « Non, ce serait imprudent, il se débattrait. Allons! » Il mit à nu la poitrine d'Isidore, et, tout absorbé dans ces préparatifs, ayant bien choisi l'endroit, il leva son couteau et se haussa un peu sur la pointe des pieds pour mieux précipiter le coup : « Tiens! fit-il, à toi! »

Mais au moment où l'arme allait s'abaisser, il se sentit le poignet pris comme dans un étau pendant que deux mains s'emparaient de son autre bras. M. Darronc ne put que tourner la tête et se vit entre M. Gestral et son agent. Il resta bouche béante et les yeux dilatés.

— Oui, fit M. Gestral, c'est bien moi, et il ajouta : Commissaire de police.

Ces simples mots semblèrent enlever un dernier espoir au misérable, qui tomba tout d'une pièce sur le carreau. — Liez-le, dit tranquillement M. Gestral à l'agent.

Celui-ci, tirant des cordes de sa poche, se pencha vers M. Darronc : — Ce n'est guère la peine, fit-il. Il est quasi-mort de peur et n'en reviendra guère.

M. Gestral appelait Isidore, qui ne remuait pas. Il eut besoin de le secouer pour l'éveiller : — Peste! dit-il, comme vous dormez!

— Hein? reprit Isidore, qui s'était dressé sur son lit. Que s'est-il passé?

— Voyez.

Isidore comprit tout. — Et vous étiez là? dit-il en serrant les mains de M. Gestral.

— Oui, depuis trois nuits dans le petit bûcher que j'avais fermé en dedans. Mon agent était ce garçon d'hôtel qui tirait le cordon tout endormi et ne s'inquiétait pas des gens qui rentraient. Nous veillions sur vous et sur lui, ajouta-t-il en montrant M. Darronc évanoui.

— C'est une expédition qui vous fera honneur et vous vaudra de l'avancement, dit l'agent.

— Bah! reprit M. Gestral, qu'on me récompense ou non, je ne suis pas mécontent de moi. Cela me prouve que je ne m'étais pas trompé, et que mes petites théories ont du bon.

HENRI RIVIÈRE.

LE

PRÉSIDENT LINCOLN

Au-dessus de tous les hommes que la guerre civile américaine a mis en relief et voués à la gloire, Abraham Lincoln a désormais sa place marquée comme le plus pur et le plus grand. Après quatre années de luttes et d'inquiétudes, après avoir longtemps espéré contre l'espérance et vu tant de sang précieux se perdre inutilement dans le sol de la Virginie, le président deux fois élu croyait toucher au terme de ses efforts (1); il avait presque accompli la tâche redoutable que les événemens et la volonté populaire lui avaient imposée, et dans le moment même où il semblait que la fortune n'avait plus rien à lui refuser, quand il allait recueillir le fruit tardif de tant de peines, la mort l'a saisi, une mort lâche et traîtresse. Une succession de brillantes victoires avait enfin ouvert les portes de Richmond, et les restes de cette armée qui si longtemps avait défié le nord avaient été réduits à mettre bas les armes. Au milieu des transports et des cris d'une joie presque délirante, M. Lincoln ne fit entendre que des paroles de douceur. Jamais triomphateur ne fut plus modeste, on pourrait presque dire plus humble; il était allé à Richmond, il était entré un moment dans la maison de M. Jefferson Davis. Quelques régimens noirs avaient défilé devant lui, il avait montré à la Virginie le président des États-Unis; mais au milieu des fumées de la ville incendiée, aux étincellemens des baïonnettes, dans le bruit et le désordre de la guerre, il ne songeait, lui, qu'à la paix. Il n'alla point au capitole de Richmond signer des listes de proscription:

(1) Voyez sur la dernière élection présidentielle la *Revue* du 1er décembre 1864.

nulle bouffée de haine ou d'orgueil n'enfla cette âme naturellement humaine, et que tant d'émotions avaient encore attendrie depuis quelques années. Que de fois, allant de Washington aux camps et des camps à Washington, n'avait-il pas descendu et remonté les fleuves paresseux de la Virginie, visiteur sombre et soucieux que l'armée s'était accoutumée à voir plus souvent au lendemain des défaites qu'à la veille des victoires! Cette fois tout était fini. Grant et Sheridan parcouraient à leur gré ces provinces où pendant si longtemps chaque pouce de terrain avait été disputé : pour la première fois, M. Lincoln pouvait revenir d'un cœur léger vers sa capitale; mais sa joie, pour rester discrète, ne devait pas être de longue durée. A peine arrivé, il convoqua ses ministres, s'entretint avec eux des derniers événemens, de la pacification des états du sud; il parla de Lee avec bonté, tout prêt à tendre sa main loyale à un capitaine qui, sur les champs de bataille, avait été un loyal ennemi; il tenait ce langage le 14 avril au matin; le soir même, il était assassiné. L'histoire nous montre un petit nombre de grands souverains frappés de même au milieu de grands desseins, à la veille d'importantes résolutions ou au lendemain d'actions mémorables; mais, s'ils ont payé d'un tel prix la grandeur et la gloire, ils les ont du moins achetées pour toute leur vie, pour leurs enfans, pour leur race entière. La démocratie tire des ombres de la vie domestique un favori d'un jour, et après lui avoir imposé quelque temps l'accomplissement de tâches quasi-royales, elle lui impose l'abdication. Voudra-t-elle maintenant que quelques années passées dans l'exercice d'une autorité précaire et sans lendemain se paient du même prix que les empires et les couronnes? Ses chefs seront-ils aussi des victimes désignées pour le sacrifice? L'assassinat, qui n'a rôdé jusqu'ici qu'autour du palais des rois, guettera-t-il jusqu'à ces magistrats populaires qu'un jour amène et qu'un autre jour emmène? et faudra-t-il aussi qu'ils marchent entourés de pièges et d'épées?

La vie de M. Lincoln appartient dès ce moment à l'histoire, qui ne se rappellera son humble origine que pour la mettre en contraste avec la grandeur de sa fin. L'histoire ne le suivra point pas à pas tandis qu'il s'élevait, à force de patience, d'intelligence et de volonté, des rangs les plus obscurs jusqu'au grand théâtre de la vie publique. La vie des champs, le grand air des plaines de l'ouest formèrent cette robuste nature et la préparèrent aux luttes qu'elle eut à soutenir. Comme presque tous les gens de l'ouest, il fit un peu tous les métiers : il conduisit un *flat-boat* (bateau-plat) sur le Mississipi, il se fit *rail-splitter*, coupa et scia du bois pour les clôtures des fermes de l'Illinois; les grands fleuves et la prairie lui en apprirent plus que les livres. C'est, il le racontait lui-même, au temps de ses navigations sur le Mississipi qu'il commença à détester l'esclavage en observant le contraste entre les états où cette *institution* avait été conservée et les provinces qui ne l'avaient jamais connue. C'est au désert, parmi les bois, les fleurs sauvages, les champs nouvellement semés, qu'il prit le goût de l'indépendance, le dédain de toute étiquette, le respect du travail. Il ne commença qu'assez tard à étudier les lois; son originalité était déjà épanouie, et sous les formules et les circonlocutions habiles du légiste il resta toujours quelque chose de franc, d'ingénu, et comme un parfum de terroir. De la loi à la politique, il n'y a qu'un pas aux États-Unis: tout *lawyer* est doublé d'un *politician*.

La carrière politique de M. Lincoln ne fut pas très longue : du premier coup, il se trouva jeté en face d'un adversaire qui, pour tout autre, eût été trop redoutable. Pendant plusieurs années, M. Lincoln lutta dans l'Illinois contre l'influence alors prépondérante de ce Douglas qu'on nommait « le petit géant de l'ouest. » Doué d'une merveilleuse éloquence, sachant flatter et pousser jusqu'au délire les passions démocratiques des populations occidentales, si vives, si enthousiastes et si faciles à entraîner, Douglas fut étonné de trouver un compétiteur digne de lui dans cet homme un peu gauche, sans habileté oratoire, qui n'avait guère eu le temps de lire que la Bible, Shakspeare et quelques ouvrages de loi : la rhétorique savante de l'agitateur démocrate fut déroutée par cette logique acérée, par ce robuste bon sens, par cette parole familière, tantôt sérieuse, tantôt railleuse, toujours virile et honnête. On a trop souvent répété que, dans la convention du parti républicain qui se réunit à Chicago en 1860, M. Lincoln ne fut choisi comme candidat à la présidence que parce qu'il ne portait ombrage à personne, et que son obscurité même y fut considérée comme son titre principal. Il est vrai que pendant quelque temps l'on s'attendit à voir M. Seward choisi comme le candidat de son parti : la nomination de M. Lincoln fut une flatterie pour l'ouest, dont l'importance politique avait tant grandi, et qui devait faire pencher la balance du côté où il se porterait; mais cette flatterie n'aurait pas eu de sens, si parmi les populations occidentales M. Lincoln n'avait joui d'un très grand crédit. Ce n'était donc pas un candidat de hasard, ses grands tournois oratoires avec Douglas l'avaient fait remarquer de tous : on reconnaissait en lui un *debater* redoutable, un jurisconsulte habile ; mais ses deux grands titres étaient son intégrité sans tache et sa constante opposition aux empiétemens de l'esclavage.

Il faut l'avouer pourtant, M. Lincoln, en arrivant au pouvoir, n'avait pas aux yeux de l'Union tout entière le prestige d'un Madison, d'un Jefferson, d'un Adams ; il le savait mieux que personne, et son premier acte fut d'offrir la secrétairerie d'état à son rival M. Seward, l'éminent homme d'état, dont il appréciait le vaste savoir, l'esprit souple, ingénieux et fertile en ressources, la haute autorité acquise par une longue expérience parlementaire. On sait ce qui suivit : une fois l'Union déchirée et la guerre commencée, il se trouva que M. Lincoln était mieux préparé qu'aucun autre, par son tempérament, son caractère, par les circonstances mêmes de son élévation, à représenter le peuple américain dans les grandes crises qu'il allait traverser. La passion dominante, maîtresse et pour ainsi dire unique, se trouva être chez lui la passion nationale. Il ne faudrait peut-être point user du mot passion pour exprimer une conviction résolue, calme, inflexible, une sorte de foi innée et congénitale dans les destinées du peuple américain. Je l'ai dit en parlant de l'ouest (1), nulle part le sentiment national n'est entré aussi profondément dans les âmes que parmi les populations qui vivent au-delà des Alleghanys. L'habitant du Massachusetts peut se montrer fier de l'histoire de son petit état, la plupart des provinces baignées par l'Atlantique ont des traditions, des souvenirs; mais l'Indiana, l'Ohio, l'Illinois n'ont pas encore d'histoire. L'habitant de ces vastes régions, qui se sentent invinciblement appelées à de si hautes destinées, est avant tout un *Américain*; il est, il veut être le citoyen d'un grand pays; il veut en mesurer la puissance à l'immensité des provinces qu'il habite, et son patriotisme ne connaît littéralement pas de bornes. Pendant les longues années de paix et de prospérité de la première moitié de ce siècle, la passion nationale du peuple américain s'était presque ignorée elle-même; elle avait, de distance en distance seulement, eu quelques éruptions, mais elle avait paru, aux yeux des observateurs superficiels, s'user dans les interminables luttes des intérêts hostiles. La guerre civile la fit éclater dans toute sa force. L'Europe avait pu croire que les États-Unis étaient devenus une simple agglomération de provinces, et quelques esprits en Amérique même avaient fini par se tromper sur les caractères véritables de la confédération. Quand son drapeau fut insulté, le peuple américain se révéla à lui-même : il se jura de rester un peuple. Il vit d'un côté le principe de l'Union, c'est-à-dire la grande patrie, de l'autre celui de la souveraineté des états, c'est-à-dire la petite patrie. Il ne balança pas un moment, il choisit la grande patrie, et il se prépara pour elle à tous les sacrifices. Qui mieux que l'ancien député de l'Illinois pouvait représenter les vœux et les instincts populaires et devenir l'image vivante de ce patriotisme sans alliage, fier du passé, mais plus fier encore des promesses de l'avenir ?

(1) Vyoez la *Revue* du 15 avril 1865.

La foi dans l'Union, tel a été le trait dominant de la politique de M. Lincoln. Tout s'explique sans difficulté dans sa conduite, quand on cherche sous la confusion des événemens, des actes et des pa_ roles, cette trame forte et serrée. Du premier coup d'œil, il comprit le caractère de la guerre; il connaissait bien ses ennemis et les sa_ vait redoutables : on ne trouve pas dans son langage un mot qui prouve qu'il se fît jamais illusion sur les difficultés de sa tâche. Il les pressentait déjà quand il prit congé de ses voisins et amis de Springfield en ces termes touchans, où il me semble qu'on le trouve déjà tout entier, tel qu'il dut plus tard se révéler à son pays : « Personne ne peut comprendre la tristesse que j'éprouve au moment de cet adieu. C'est à ce peuple que je dois tout ce que je suis. Ici j'ai vécu plus d'un quart de siècle; ici mes enfans sont nés, et ·l'un y est enterré. Je ne sais pas si je vous reverrai jamais. Un devoir m'est imposé, plus grand peut-être que celui qui a été imposé à aucun citoyen depuis les jours de Washington. Washington n'eût jamais réussi sans le secours de la divine Providence, en laquelle il ·eut toujours foi. Je sens que je ne puis réussir sans la même assistance, et c'est de Dieu que, moi aussi, j'attends mon appui. Encore une fois, je vous dis adieu. » Ce n'est point par fierté que d'avance il choisit sa place historique à côté de Washington : il n'y a dans son langage que douceur, modestie, bonté; mais il comprend les dangers du présent, et déjà l'avenir se révèle à cet esprit doué de la clairvoyance propre aux âmes pures et désintéressées. C'est avec ces pensées qu'il quitta le pays qu'il aimait tant, et qu'il ne devait jamais revoir. Qu'on se rappelle les circonstances au milieu desquelles il recueillit le pouvoir des mains débiles de son prédécesseur. Washington et le Capitole même remplis de traîtres, le trésor vide, point de marine, point d'armée, quelques officiers, tous amis personnels des rebelles, les chambres profondément divisées, l'opinion publique presque aussi vivement soulevée contre les abolitionistes que contre les sécessionistes et les confondant dans ses colères irréfléchies, une disposition tacite ou avouée à éviter toute lutte immédiate où directe avec l'esclavage, dans la pensée de ramener, s'il était possible, ceux que l'on considérait encore comme des frères égarés, le sentiment national s'abritant sous cette formule « the Union as it was (l'Union telle qu'elle était), » mais disposée en réalité, dans son aveugle ferveur, à rendre au sud bien plus que ses anciens privilèges, — voilà ce que M. Lincoln trouva autour de lui. Dans le flux des opinions, des passions, des projets contraires, il n'aperçut qu'un point immobile, et il s'y fixa. Tout devait changer, mais une chose devait rester debout, l'Union. La grande sagacité de M. Lincoln pénétra vite ce qu'il y avait dans les sentimens du peuple américain de faux, d'artificiel, de périssable, et ce qu'il y avait de stable et de fondamental. Les yeux n'aperçoivent pas la racine tenace qui sous le sol fait presque partie du rocher : ils ne contemplent que les branches, les feuilles, les fleurs avec lesquelles jouent l'air et le soleil; mais quand un vent fougueux a emporté ces dernières, la vie se réfugie encore dans la racine.

L'attitude prudente, presque timide, de M. Lincoln au commencement de sa présidence s'explique par sa grande déférence pour l'opinion publique; une grande réserve lui était aussi imposée par les circonstances mêmes de son élévation au pouvoir. Depuis longues années, le parti démocratique régnait en maître à Washington; le parti républicain n'avait ni les traditions ni le prestige qui s'acquièrent par le long exercice de l'autorité; il n'avait même triomphé dans les élections que grâce à la division de ses adversaires. M. Lincoln était regardé comme un intrus dans cette capitale, où des hommes tels que Sumner, Seward, Chase furent si longtemps considérés comme des étrangers. Je suis, pour ma part, convaincu que, le jour où il entra à la Maison-Blanche, M. Lincoln se dit à lui-même, dans le silence solennel de sa conscience : « Je serai le libérateur de quatre millions d'esclaves; ma main a été choisie pour frapper de mort l'institution servile. » Devait-il, pouvait-il le dire tout haut, du balcon du Capitole? S'il l'eût fait, il eût passé pour un fanatique et un insensé. Peut-être une semblable déclaration eût-elle provoqué une guerre civile dans le nord; elle eût du moins soulevé de telles résistances que, dans la division des partis, tout eût fait naufrage, la constitution, les lois et le principe même de l'Union. M. Lincoln n'avait qu'une mission : sauver ce principe. Et comment pouvait-il la remplir, s'il se séparait audacieusement de l'opinion publique? Il fallut donc attendre patiemment que le pays reçût, l'une après l'autre, ces rudes et sévères leçons que donne la guerre, que la conscience populaire, troublée jusque dans ses profondeurs, s'ouvrît aux inspirations héroïques, aux grandes et généreuses émotions. M. Lincoln fut comme un médecin qui sait qu'il a un remède, mais qui ne peut s'en servir avant qu'une crise suprême soit passée. Ceux-là ont été bien injustes envers lui et envers le nord lui-même qui les ont accusés de n'avoir saisi l'arme de l'émancipation qu'à la douzième heure, dans un accès de désespoir et par haine de leurs ennemis. Cette haine n'était ressentie ni par le président ni par le peuple, et d'ailleurs, si grande que soit la cause de l'émancipation, — et ce n'est pas nous qui essaierons jamais de la diminuer, — on comprend que pour le peuple américain elle ne vînt qu'après la cause nationale elle-même : tant que le maintien de l'Union parut se lier en quelque manière à ce-

lui de l'institution du sud et des garanties que la constitution lui
avait réservées, on peut s'expliquer le trouble et les embarras des
hommes d'état, placés entre l'amour de leur pays et leur haine de
l'esclavage.

M. Lincoln n'échappa pas entièrement à ces incertitudes. Il avait
toute sa vie sincèrement détesté l'esclavage, il en avait cent fois
prophétisé les dangers. Il n'avait jamais voulu croire avec M. Douglas que les lois sur l'esclavage fussent de même nature que les
oyster laws (lois sur les huîtres) de la Virginie ou toute autre loi
locale des états. Il disait publiquement le 17 juin 1858 à Springfield, dans l'Illinois : « Une maison divisée contre elle-même ne
peut durer. Je crois que ce gouvernement ne peut se maintenir
d'une façon durable, soutenu d'un côté sur l'esclavage, de l'autre
sur la liberté. Je ne crois pas que cette Union sera dissoute ni que
la maison tombera; mais elle cessera d'être divisée. » A Chicago, le
10 juillet 1858, il disait : « J'ai toujours détesté l'esclavage, autant, je crois, que tout abolitioniste. Le peuple américain regarde
l'esclavage comme un grand mal social. » Et dans l'un de ses débats publics avec Douglas, à Ottawa, en 1858, il répétait : « Je ne
puis que haïr l'esclavage. Je le hais à cause de sa monstrueuse injustice. » Jamais il ne varia sur ce point. Pendant comme avant la
présidence, il répétait fréquemment cette maxime : « Si l'esclavage
n'est pas un mal, rien n'est un mal. » — Voilà le langage du moraliste; mais le président des États-Unis était retenu par toute sorte
d'entraves : il n'avança que pas à pas dans la voie de la politique
émancipatrice; il ne pouvait aller plus vite que le peuple, mais il
pressait incessamment ses amis d'agir sur l'opinion publique. Lui-
même ne redoutait rien de la publicité et faisait appel aux mille
voix des tribunes, des chaires, de la presse.

La constitution lui interdisait formellement toute immixtion dans
le gouvernement intérieur des états restés fidèles; sa première préoccupation fut d'ailleurs de retenir dans le cercle de l'Union les
états frontières, le Maryland, le Kentucky, le Tennessee, le Missouri, où l'esclavage existait encore au début de la guerre. Il ne
pouvait songer à leur imposer l'abolition, mais il les pressa de modifier eux-mêmes leurs constitutions, et leur offrit généreusement
l'appui de l'Union tout entière pour faciliter la transition entre l'ancien régime et le nouveau. Il songea quelque temps à peupler avec
la race noire des colonies lointaines, la croyant impropre à se mêler à la race blanche; mais il abandonna cette pensée quand on lui
prouva que le projet ne pouvait être exécuté. Quand on lui parla
pour la première fois de lancer une proclamation pour émanciper
les noirs dans les états rebelles, il se plaça d'abord à un point de

vue tout pratique. « Une proclamation, dit-il, n'émancipera personne. Autant vaudrait qu'un taureau essayât ses cornes contre la queue d'une comète. » Il se laissa persuader pourtant et comprit bientôt que, si la proclamation libératrice n'avait point d'effets matériels, elle aurait une immense portée morale dans le nord, dans le sud et dans le monde entier; que si elle n'avait point d'action dans le présent, elle en aurait dans l'avenir. Il en saisit si bien les conséquences indirectes et lointaines qu'il l'annonça d'avance et solennellement aux états du sud, et durant plus de trois mois les tint sous la menace. Le 1er janvier 1862, la proclamation fut lancée, et de ce jour on peut faire dater l'abolition de l'esclavage aux États-Unis.

Parfois néanmoins le président était repris par quelques inquiétudes, troublé par quelques doutes sur les futurs effets de ce grand acte. Il pouvait craindre que la cour suprême ne rendît quelque jour un arrêt qui fît de la proclamation une lettre morte et la déclarât inconstitutionnelle. Il profita de la mort du *chief-justice* Taney, qui pendant près de trente ans avait été l'instrument docile de l'oligarchie du sud, pour offrir la plus haute fonction judiciaire du pays à un ennemi résolu de l'esclavage, M. Chase, bien qu'à ce moment M. Chase, sorti du ministère, eût pris vis-à-vis de l'administration une attitude mécontente, sinon hostile. Toutes les fois que les abolitionistes exprimaient quelque crainte au sujet de la proclamation, il les rassurait; il faisait comprendre, quand il le pouvait, au peuple américain qu'en ce qui le concernait au moins, cet acte avait un caractère irrévocable. Il lui disait dans son message du 8 décembre 1863 : « Je n'essaierai point de rétracter ou de modifier ma proclamation émancipatrice, et je ne rendrai jamais à l'esclavage une seule personne qui aura été déclarée libre aux termes de cette proposition ou d'aucun acte du congrès. » Un an après, en prévision de l'élection présidentielle, dont le terme allait arriver, il répétait la même déclaration et ajoutait : « Si le peuple, par quelque moyen ou procédé, faisait jamais au pouvoir exécutif une obligation de rendre à l'esclavage ceux que ma proclamation a affranchis, c'est un autre, non moi, qu'il devra choisir pour l'instrument de sa volonté. »

Il s'était fixé à la politique émancipatrice avec autant de ténacité qu'au principe même de l'Union dès que la nation confondit ces deux causes en une seule. On se rappelle que pendant l'été dernier des commissaires du sud entrèrent en pourparlers officieux, au Canada, auprès du Niagara, avec quelques hommes politiques du nord. M. Lincoln ne voulait point traiter directement avec eux, et se contenta de donner à ceux qui allaient représenter le nord dans

cette conférence un billet ainsi conçu, où l'on retrouve quelque
chose de la finesse du *lawyer* avec la sagacité de l'homme d'état :
« A tous ceux que cela peut concerner. Toute proposition qui em-
brassera le rétablissement de la paix, l'intégrité de l'Union et l'a-
bandon de l'esclavage, et qui sera présentée avec et par l'assentiment de ceux qui contrôlent les armées actuellement en guerre
contre les États-Unis, sera reçue et examinée par le pouvoir exécutif des États-Unis, et l'on y répondra par des termes libéraux
en ce qui touche tous les points collatéraux et secondaires. » Au
printemps de 1865, le vice-président de la confédération, M. Stephens, ayant demandé à conférer personnellement avec M. Lincoln,
le président consentit à le voir dans la rade du fort Monroe; là encore il insista aussi énergiquement sur l'abolition de l'esclavage que
sur la reconnaissance immédiate de l'Union, et tout en témoignant
des intentions les plus conciliatrices, il refusa de se laisser entraîner dans aucune compromission dangereuse pour les grands principes qu'il avait charge de défendre.

Pendant cette longue conférence, tenue sous les canons du fort
Monroe, il ne perdit pas de vue un seul instant l'objet principal
qu'il s'était proposé d'atteindre. En vain M. Stephens lui fit-il entrevoir que les armées du nord et du sud se réconcilieraient bien vite
sur de nouveaux champs de bataille où se mêleraient les drapeaux
de tous les états, que dans l'ivresse de grandes victoires obtenues
contre un ennemi du dehors les passions excitées par la guerre civile céderaient la place à des passions nouvelles, que, l'honneur
militaire du sud une fois sauf, les sacrifices politiques coûteraient
moins à son orgueil : M. Lincoln resta inflexible; il ne voulut ni
acheter le triomphe de l'Union au prix d'une guerre étrangère, ni
sacrifier la race noire à l'ambition de son peuple.

M. Lincoln sentait toutefois que l'abolition de l'esclavage ne devait point conserver le caractère d'une mesure de salut public défensive et militaire en quelque sorte. Aussi, quand la convention
de Baltimore, qui le porta pour la seconde fois à la présidence, lui
demanda de soumettre au congrès d'abord, puis aux états, un projet d'amendement à la constitution, il s'empressa de le faire, pour
effacer des lois du pays la dernière trace de la fatale institution qui
avait failli le perdre. Je me trouvais à Washington pendant que la
proposition d'amendement fut discutée, et je sais avec quel intérêt
le président suivit toutes les phases de ce mémorable débat. Son langage s'était depuis quelque temps empreint d'une singulière solennité toutes les fois qu'il parlait de l'esclavage. On aime à répéter
les paroles qu'il adressait au congrès dans son message du 1ᵉʳ décembre 1862 : « Concitoyens, nous ne pouvons échapper à l'his-

toire. Nous tous qui faisons partie de ce congrès et de cette administration, on se souviendra de nous en dépit de nous-mêmes. Notre insignifiance ou notre valeur personnelle ne peut garantir aucun de nous. L'épreuve à travers laquelle nous passons laissera autour de nos noms une auréole d'honneur ou d'infamie jusqu'à la plus lointaine génération. Nous disons que nous défendons l'Union : le monde ne l'oubliera pas. Nous nous disons capables de la sauver : le monde en a pris acte. En donnant la liberté à l'esclave, nous assurons la liberté de ceux qui sont libres. D'autres moyens peuvent réussir, celui-là ne peut faillir. »

Le ton, déjà si noble, ne fait que s'élever et devient tout à fait religieux dans le discours qu'il prononça le 4 mars 1865, le jour de sa deuxième inauguration : « Si Dieu a voulu que soit engloutie toute la richesse accumulée par des esclaves pendant deux cent cinquante ans de travail sans rémunération, et que chaque goutte de sang tirée par le fouet soit payée d'une autre goutte de sang versée par l'épée, qu'il en soit ainsi, car les jugemens de Dieu sont justes et sont vrais ! — Sans malice pour personne, pleins de charité pour tous, pleins de confiance dans le droit, en tant que Dieu nous permet de voir le droit, travaillons à finir notre ouvrage, à cicatriser les blessures de la nation ; n'oublions pas ceux qui ont affronté les batailles, et leurs veuves, et leurs orphelins ; faisons tout ce qui peut contribuer à établir et à consolider une paix durable parmi nous-mêmes et avec toutes les autres nations. »

Après de telles paroles, comment pourrait-on encore accuser M. Lincoln de n'être entré qu'à regret dans la voie où dès le début le poussaient les abolitionistes ? S'il n'y avança qu'avec lenteur, c'est qu'il savait qu'il ne pouvait se séparer de la nation. La patience, la modération, n'étaient pas seulement chez lui des qualités naturelles ; il les regardait comme les devoirs de sa haute position. Tandis qu'autour de lui tous pouvaient s'abandonner sans réserve aux élans du patriotisme, de l'indignation, de la colère, lui seul devait rester calme, il était le président de tous les états, rebelles ou fidèles. Quand l'Union recevait de si cruelles blessures, il ne voulait pas lui-même la frapper. Jamais un mot blessant, une parole amère ne sortait de sa bouche. Il m'arriva, pendant mon séjour à Washington au commencement de cette année, de causer avec lui de M. Jefferson Davis. On jugera de la modération et de la modestie de son langage par ces paroles que je me rappelle textuellement : « Nos adversaires ont été plus heureux que nous, ils ont eu cette bonne fortune que leur chef est un homme des plus habiles, très capable de mener en même temps les affaires civiles et celles de la guerre. Comme ministre de la guerre, M. Davis avait connu tous les officiers de l'armée régulière; moi, je n'en avais vu que trois avant d'arriver à Washington comme président. » Longtemps son âme clémente recula devant les nécessités les plus impérieuses : on eut beaucoup de peine à obtenir de lui la permission de fusiller les déserteurs. Il était toujours prêt à faire grâce. Il n'avait pas besoin de pardonner les attaques et les injures contre sa personne, il les ignorait. Cette bonté n'était point de la faiblesse; il n'y avait point place pour ce dernier sentiment chez cet homme si robuste, si dur à lui-même, qui toute sa vie avait respiré l'air de la liberté et subi les frottemens de la vie démocratique.

Avec cette âme si haute, et qui par momens se réfugiait dans des pensées supérieures à la politique vulgaire, M. Lincoln n'avait pourtant rien d'un doctrinaire. Il avait été élevé à la rude école de l'expérience; elle resta toujours son seul guide. Il ne se piquait point d'une inflexible logique, et sa volonté dédaignait l'appareil des vaines formules. Les livres lui avaient appris moins que les hommes; il ne se croyait point meilleur que l'humanité. Homme du peuple, il pensait qu'on ne sauve point un peuple en dépit de lui-même. Quand il arriva au pouvoir : « Telle quelle, dit-il, je ferai marcher la machine. » On l'a vu, sur la question de l'esclavage, variant de langage et suivant avec docilité la pression de la nécessité, n'insistant d'abord que pour empêcher l'extension de l'institution servile dans les nouveaux territoires, se prononçant plus tard pour l'émancipation graduelle d'abord, puis immédiate, arrivant enfin, après deux ans de guerre civile, aux résolutions suprêmes, délivrant d'un trait de plume trois millions d'esclaves et n'hésitant pas en dernier lieu à demander à la nation de modifier sa charte fondamentale pour rétablir l'unité et l'harmonie dans les mœurs et dans les lois.

La question de la réorganisation, ou, comme l'on dit aux États-Unis, de la *reconstruction* des états du sud reconquis par les armes fédérales, a préoccupé M. Lincoln depuis l'origine même du conflit. Sur ce point encore, on ne peut dire qu'il eût un système bien arrêté. Il répugna toujours à sa pensée d'en venir à ne plus considérer les états du sud comme des états véritables, à les regarder comme de simples territoires déchus de leur ancienne dignité et faisant partie de ce domaine extérieur à la confédération proprement dite que les armes ou la diplomatie de l'Union peuvent toujours accroître. Il était disposé à reconnaître dans un état pacifié tout simulacre, tout fantôme de gouvernement, pourvu qu'il se déclarât fidèle à l'Union. Il permit un peu arbitrairement, il faut bien qu'on l'avoue, à un dixième des habitans de l'état, à la simple condition de prêter le serment d'allégeance, de reformer des cadres politiques, de nommer des conventions, des législatures, des gouverneurs. Il se montra toujours impatient de replacer un pouvoir civil, si fragile encore et si éphémère qu'il pût être, à côté du pouvoir militaire, pour enlever à l'occupation les caractères ou du moins l'apparence de la conquête. Cette préoccupation put l'entraîner à quelques fautes, mais il nous semble qu'elle faisait honneur à son libéralisme. Comme il le disait au reste dans sa proclamation du 9 juillet 1864, il ne voulait point inflexiblement se lier à un plan de reconstruction définitif. Il le répétait encore le 11 avril dans le dernier discours qu'il prononça en public. « Nous sommes, dit-il, tous d'accord sur ce point que les états séparés ne se trouvent pas dans une situation normale vis-à-vis de l'Union, et le but du gouvernement est de les placer dans une situation régulière. Je vois qu'il est possible et même facile de le faire en n'examinant pas si ces états sont jamais sortis de l'Union. Les trouvant dans l'Union, ne cherchons pas s'ils ont été dehors. Je voudrais que le corps électoral de la Louisiane se composât de cinquante mille, de trente mille, ou même de vingt mille électeurs, plutôt que de douze mille. Il est aussi regrettable que le droit électoral n'appartienne pas encore aux hommes de couleur. Je voudrais que ce droit fût au moins conféré aux hommes de couleur intelligens et à ceux qui ont servi comme soldats. Cependant la question reste la même. La Louisiane ayant maintenant un gouvernement d'état, faut-il essayer de le modifier et de le fortifier, ou faut-il le rejeter entièrement? Il y a dans cet état douze mille électeurs qui ont juré fidélité à l'Union, organisé un gouvernement, adopté une constitution libre (c'est-à-dire abolissant l'esclavage). Faut-il désorganiser ce corps et retirer la coupe de la liberté des lèvres des noirs? Au contraire, si on encourage ce nouveau corps électoral, il adhérera à son œuvre, il fera des prosélytes, et l'homme de couleur finira par obtenir la franchise électorale. Admettons que le gouvernement de la Louisiane ne soit qu'un œuf : ne vaut-il pas mieux le couver que de le briser? Ce qu'on peut dire de la Louisiane, on peut le dire des autres états. Les principes sont inflexibles; mais il n'est pas possible, dans une transformation aussi extraordinaire, de poser une règle inflexible. Je devrai peut-être faire une nouvelle proposition au sud, quand le moment sera venu. »

M. Lincoln ne tenait pas plus obstinément aux hommes qu'aux mesures : dès qu'ils pouvaient servir son grand dessein national, tous lui étaient bons; dès qu'ils devenaient un obstacle, tous étaient rejetés. Il ne sacrifia jamais le plus mince devoir à ses amitiés personnelles. Les démocrates avaient accès aussi facilement auprès de lui que les gens de son propre parti. Il n'eut jamais de favori et se déroba toujours aux influences trop envahissantes. Seul responsable, et dans un temps où cette responsabilité était devenue un poids presque écrasant, il sut garder entière son indépendance. Il usa de sa prérogative avec une fermeté qui parfois put sembler de l'audace, sans jamais subordonner l'intérêt de l'Union à la vaine satisfaction de son orgueil. Il rendit à l'Angleterre les commissaires confédérés pris à bord du *Trent* sans consulter le congrès, le sénat ni le cabinet, sans se laisser troubler par les murmures de l'amour-propre national; il ôta au général Mac-Clellan le commandement de l'armée du Potomac presque au lendemain de la victoire d'Antietam, parce que les sentimens de ce général n'étaient plus en harmonie avec ceux du pays, et qu'il voulait épargner à la république les conflits entre la puissance militaire et le pouvoir civil. Il frappa sans hésiter le général Fremont à Saint-Louis, le général Hunter dans la Caroline du nord, parce que leurs proclamations abolitionistes dépassaient et devançaient l'action du gouvernement. Il destitua deux fois le général Butler, une fois à la Nouvelle-Orléans, puis à l'armée du James-River, quand cet auxiliaire énergique devint une gène et cessa de se plier à la discipline. Il essaya successivement Mac-Clellan, Burnside, Hooker, Grant, jusqu'à ce qu'il eût trouvé dans ce dernier un général capable de mener les opérations de la guerre avec suite, énergie et succès. Le moins qu'il le pouvait, il intervenait dans le détail de ces opérations, surtout dans les derniers temps. Il n'imposait aux généraux qu'une obligation absolue, celle de conserver à tout prix à l'Union sa capitale.

Le trait du caractère de M. Lincoln qui a été peut-être le plus méconnu est sa ferme et inflexible volonté; c'est que, n'ayant aucune des vanités de la puissance, il s'attachait plutôt à la voiler qu'à en montrer sans cesse l'appareil. Cette volonté d'ailleurs ne s'appliquait qu'à certains points capitaux : sur les détails, sur les questions d'ordre secondaire, elle laissait la place à une complaisance affable et indifférente. Elle était aussi, qu'on me passe le mot, plutôt défensive qu'agressive, elle évitait les conflits inutiles, les victoires stériles. On n'eût jamais soupçonné un si grand fonds de ténacité chez un homme qui écoutait tout le monde, chez ce causeur bienveillant qui accueillait avec la même cordialité les députations de toutes les parties de l'Union. Il était plus accessible qu'aucun de ses ministres, que M. Seward, enfermé dans la secrétairerie d'état et tout occupé à tenir les fils embrouillés de la diplomatie américaine, que M. Stanton, le ministre de la guerre, travailleur infatigable, visant à mériter ce nom de Carnot américain que M. Seward lui a un jour donné. Pour qui connaît Washington, il semblera merveilleux que M. Lincoln ait réussi à préserver l'indépendance et l'intégrité de sa volonté personnelle, tout en restant aussi débonnaire, aussi abordable. Washington est en effet une ville purement

politique : ôtez la Maison-Blanche et le Capitole, il n'y reste rien ;
les hôtels, les maisons particulières n'y sont que des antichambres
du congrès. On y coudoie sans cesse sénateurs, députés, envoyés
de toutes les parties de l'Union, gouverneurs des états. Aucune influence durable, sociale, religieuse ou simplement mondaine, ne s'y
mêle à l'exercice des droits et des devoirs de la vie publique; les
députés de Nevada ou de la Californie n'ont à débattre avec ceux
du Massachusetts et du Maine que des questions générales. On est
toujours sur le forum; dans un tel milieu, l'esprit de parti s'aiguisant, s'exaltant sans cesse, il est difficile de conserver la mesure et
la froideur qui sont les défenses de la volonté individuelle. Pendant
les quatre années de sa présidence, il ne s'est peut-être point passé
un jour où M. Lincoln n'ait subi la pression des ambitions, des rancunes, des prétentions personnelles. Il se défendait par sa discrétion, se dérobait par sa souplesse, et au milieu de l'agitation universelle conservait son calme avec sa modération résolue.

Jamais il n'eut de véritable cabinet, bien qu'il réunît quelquefois
le conseil des ministres. S'isolant dans sa responsabilité, il enferma
ces derniers dans les affaires extérieures, dans les finances ou dans
la guerre, laissant à chacun, dans le cercle de ses attributions,
une autorité à peu près complète. S'il s'isolait ainsi un peu trop
suivant ses détracteurs, ce n'était ni par ambition ni par orgueil :
la nécessité l'obligeait à faire travailler en même temps pour le
bien de l'état des ministres quelquefois séparés par des méfiances
et des antipathies personnelles. Sur presque toutes les matières, il
manquait de leurs lumières spéciales. Sa grande science était la
connaissance des hommes. Il savait s'en servir, et trouver les meilleurs ouvriers pour les tâches qu'il se sentait lui-même peu capable
d'accomplir. Aussi ignorant des affaires de l'Europe, de ses dynasties, de ses hommes d'état, de sa politique enchevêtrée qu'il connaissait bien son propre pays, il avait eu le bon sens d'abandonner
entièrement le labeur diplomatique à M. Seward, plus capable que
personne de faire respecter les droits et la dignité des États-Unis
sans les jeter dans des complications extérieures. Sur un point seulement, il s'était mis d'accord avec lui : il voulait, par tous les
moyens honorables, préserver son pays de la guerre avec les puissances européennes tandis qu'il était déchiré par la guerre civile.
Malgré bien des provocations, il n'employa jamais à l'égard de ces
puissances que le langage le plus amical et le plus réservé. En cela,
il ne se montra pas seulement politique habile; il obéissait aussi à
l'instinct secret de son cœur : homme de l'ouest, il n'éprouvait pas,
à l'endroit de l'Europe, de ses appréciations, de ses critiques, les
susceptibilités si vives des habitans des états de l'Atlantique. Il y

avait au fond un peu d'indifférence, peut-être même une pointe de dédain, dans l'uniforme tranquillité de son langage.

Son grand amour, son grand respect étaient pour le peuple américain. Mandataire de la nation, il ne prétendait ni la guider ni lui résister, il voulait marcher avec elle. Il excellait à conduire les hommes politiques, qui naïvement croyaient parfois le conduire; il ne visa jamais à mener le peuple. Il avait une foi entière, absolue dans la sagesse, le bon sens, le courage, le désintéressement de sa nation. Cette foi était restée aussi vierge à Washington que dans les déserts de l'Illinois; son esprit n'était pas emprisonné dans cette étrange capitale, demi-ville, demi-village, où, comme les palais de marbre y avoisinent les masures, les hautes vues des hommes d'état sont étouffées et obscurcies par la bassesse des solliciteurs, les convoitises éhontées, les mensonges et les intrigues des ambitions vulgaires. Ses yeux allaient au-delà et se portaient sans cesse du Massachusetts au Missouri, de l'Illinois à la Pensylvanie. Il savait se débarrasser des importuns par des bons mots, il répondait aux prétentieuses exhortations par des anecdotes piquantes ou des paraboles. Sa nature élastique et ferme se raidissait contre les coups les plus imprévus de la fortune, et souvent il relevait le courage de ses amis par sa bonne humeur stoïque. Sous son langage bizarre, parfois trivial, perçait un bon sens profond. Ses mots allaient droit au peuple et se gravaient dans tous les esprits. Quel discours prononcé pendant la campagne présidentielle de 1864 vaut ce simple trait de M. Lincoln : « Ce n'est pas au milieu d'un gué qu'on change de chevaux? »

La causticité de M. Lincoln n'était pas seulement l'enveloppe d'une grande sagesse : elle cachait aussi une âme un peu timide et douée d'une douceur presque féminine. Sa verve comique était, qu'on me passe le mot, une sorte de pudeur. La pureté de sa vie avait donné à ses sentimens une délicatesse touchante dans une nature aussi robuste, mais qui restait enveloppée dans une écorce rugueuse. « Venez voir, me dit un jour mon ami Charles Sumner, saint Louis sous le chêne de Vincennes. » Il m'apprit alors que le président une fois la semaine, quelque pressantes que fussent ses occupations, ouvrait son cabinet à tous ceux qui désiraient lui adresser une demande ou une réclamation. Nous partîmes pour la Maison-Blanche et pénétrâmes dans le cabinet de M. Lincoln, où nous prîmes place, sans être annoncés, avec une douzaine de personnes qui attendaient leur tour. Sur tous les murs étaient tendues d'immenses cartes géographiques représentant les diverses parties du théâtre de la guerre. Au-dessus de la cheminée pendait le portrait du président Jackson, figure sèche et dure, empreinte d'une extrême énergie; sur le marbre, il n'y avait qu'une belle photographie de John Bright, l'éloquent défenseur de l'Union américaine dans le parlement anglais. Par deux vastes fenêtres, j'apercevais les lignes blanches du Potomac, les collines sinueuses du Maryland et l'obélisque interrompu de Washington se dressant sur le ciel bleu. Entre les deux fenêtres était placé transversalement un vaste bureau devant lequel était assis le président. Il ne remarqua point l'entrée de M. Sumner, étant occupé à causer avec un pétitionnaire qu'il renvoya presque aussitôt après notre arrivée. L'huissier, vêtu comme tout le monde, fit avancer une femme : elle était fort émue et eut beaucoup de peine à expliquer que son mari était un soldat de l'armée régulière, qu'il avait servi fort longtemps et demandait l'autorisation de quitter son régiment pour venir en aide à sa famille. Elle s'embarrassait à chaque instant. « Laissez-moi vous aider, » lui dit M. Lincoln avec bonté, et il commença à lui adresser des questions avec la méthode et la clarté d'un avocat. Sur le rectangle lumineux de la fenêtre, traversée par un flot de soleil, son profil se détachait en noir; sa main droite, que souvent il passait dans ses cheveux, les avait hérissés en touffes désordonnées. Pendant qu'il parlait, tous les muscles de la face, mis en mouvement, imprimaient des contours anguleux et bizarres à sa tête un peu méphistophélique; mais sa voix avait une douceur presque paternelle. Après avoir interrogé la pauvre femme : « Je ne puis, lui dit-il, vous accorder moi-même ce que vous demandez. J'ai le droit de licencier toutes les armées de l'Union, ajouta-t-il avec un rire étrange; mais je ne puis donner son congé à un soldat. Le colonel du régiment de votre mari peut seul satisfaire votre désir. » La femme se lamentait sur sa pauvreté. — Jamais, disait-elle, elle n'avait autant souffert. « Madame, lui répondit M. Lincoln en changeant le ton de sa voix avec une lente et pénétrante solennité, je participe à votre chagrin; mais songez que tous, tant que nous sommes, nous n'avons jamais souffert ce que nous souffrons aujourd'hui. Nous avons tous notre charge à porter. » Il se pencha ensuite vers elle, et pendant quelque temps on n'entendit que le murmure de deux voix. Je vis M. Lincoln écrire quelques mots sur un papier, il le donna à la solliciteuse et la congédia avec toutes les formes de la plus scrupuleuse politesse. Le moment d'après s'avança un jeune homme qui, offrant la main au président, cria d'une voix retentissante : « Moi, je ne suis venu que pour serrer la main d'Abraham Lincoln. — Bien obligé, répondit le président en offrant sa large main; c'est le jour des affaires. »

Ce respect pour le peuple se retrouve dans son langage quand il parle de l'armée. Lorsque fut inauguré le cimetière national de Gettysburg, M. Everett, en face de ce champ de bataille où s'étaient jouées les destinées de l'Amérique, fit un long discours où il épuisa toutes les ressources de sa merveilleuse éloquence. Combien j'eusse pourtant préféré entendre ces simples paroles que M. Lincoln prononça en face de toutes ces tombes : « Nous sommes réunis sur un grand champ de bataille de cette guerre! Nous sommes venus ici pour dédier une portion de ce champ à ceux qui ont donné leur vie pour que la nation puisse vivre. Cela est juste, cela est bien; mais dans le sens le plus large nous ne pouvons dédier, nous ne pouvons consacrer, nous ne pouvons sanctifier ce sol. Les braves gens, vivans ou morts, qui ont combattu ici, l'ont consacré mieux que notre pauvre pouvoir de louange ou de critique. Le monde tiendra peu de compte et se souviendra peu de temps de ce que nous disons ici; mais il ne pourra oublier ce qu'ils ont fait. C'est plutôt à nous, vivans, d'être consacrés ici à la grande tâche qu'ils ont laissée interrompue, afin que ces morts honorés nous inspirent un dévouement plus grand à la cause pour laquelle ils ont donné la dernière, la pleine mesure du dévouement, afin que nous résolvions ici hautement que ces morts ne sont pas morts en vain, que la nation, Dieu aidant, renaîtra dans la liberté, et que le gouvernement du peuple par le peuple, pour le peuple, ne périra point sur cette terre. »

N'est-ce point là la véritable éloquence, celle que l'orateur n'a point cherchée, et qu'il trouve sans y penser? Sous le poids d'une puissante émotion, il rejette les vains ornemens et atteint la pureté, la concision, la noblesse des plus grands modèles classiques. Ne sent-on pas aussi, sous ces accens pathétiques et contenus, quelque chose de cette tendresse dont j'ai parlé? On eût dit par momens, à voir M. Lincoln, qu'il portait dans son cœur le deuil de tous ceux qui étaient morts dans les terribles années de sa présidence. Une tristesse presque surhumaine passait parfois sur ce front où les rides étaient devenues des sillons, sur ce visage étrange où le rire des anciens jours s'était changé en un rictus douloureux. Je me rappelle, comme si c'était hier, avoir un soir rencontré le président à la nuit tombante. Il sortait de la Maison-Blanche, et, suivant son habitude, il allait chercher des nouvelles au département de la guerre. Personne ne l'accompagnait, bien que souvent on l'eût prié de ne jamais s'aventurer seul : il dédaignait le danger et détestait toute contrainte. Enveloppé dans un *plaid* pour se protéger contre le froid, il marchait lentement, perdu dans sa rêverie, pareil à un grand fantôme. Je fus frappé de l'expression pensive et souffrante de son visage. Les agitations, les inquiétudes, les émotions avaient lentement plié et brisé enfin cette nature forte et rustique, usé les nerfs d'acier de ce géant. Pendant quatre ans, il n'avait pas eu une heure de repos. Ses fêtes mêmes étaient d'horribles souffrances : quand les salons de la Maison-Blanche s'ouvraient, le flot des visiteurs passait sans s'arrêter devant lui; sa large et loyale main serrait toutes celles qui se présentaient. Esclave du peuple américain, il était condamné à rester à Washington quand tout le monde en fuyait la poussière et la chaleur; il s'échappait seulement pour aller chercher un peu de verdure sur les riantes collines où se trouve la maison de campagne présidentielle, à côté du *Soldier's Home*, asile où l'état garde quelques invalides de la guerre du Mexique. Dans ses promenades, il voyait les beaux bois coupés pour faire place aux parapets et aux glacis des forts; à peu de distance, il rencontrait un grand cimetière où sont alignées dix mille tombes encore fraîches. J'ai vu, au milieu des bois, cette cité des morts, avec ses longues allées parallèles, où se dressent dix mille pierres blanches, toutes semblables, et chacune portant le nom d'un soldat. Il semble qu'on passe une revue en longeant ces interminables files dont la monotonie a quelque chose de terrible. Ces soldats qui dorment aujourd'hui dans un ordre que rien ne viendra plus troubler, M. Lincoln les avait vus jeunes, vigoureux, pleins de santé !

Sa retraite des champs ne fut pas toujours à l'abri des alertes; la cavalerie de Breckenridge s'aventura une fois jusqu'au pied des forts voisins, et de sa fenêtre M. Lincoln vit brûler la maison de son ami M. Blair. A une portée de fusil de sa campagne est la demeure d'un partisan du sud qui, au début de la guerre, faisait la nuit des signaux aux rebelles postés de l'autre côté du Potomac. On l'arrêta, il fut jeté en prison; mais M. Lincoln le fit relâcher. Partout autour de lui il apercevait l'image de la guerre : le pavillon étoilé flottant dans le ciel au-dessus des rouges lignes dont les angles déparent aujourd'hui le sommet des charmantes collines qui entourent Washington, les noirs canons dormant sur leurs affûts, les canonnières, les vapeurs, les transports descendant ou remontant le Potomac. Sur sa route, entre les hauteurs boisées du *Meridian Hill* et la Maison-Blanche, il traversait une plaine aride et déchirée, où l'on ne rencontre que de vastes hôpitaux de bois, bâtis à la hâte depuis le commencement de la guerre. Il vivait, on peut le dire, dans un camp; partout des habits bleus, des troupes de cavaliers lancés au galop, des détachemens en marche, des généraux à cheval suivis de leurs ordonnances, des ambulances, des voitures du train menées par des nègres et traînées par des mulets, tout le désordre de la guerre sans aucune de ses grandes émotions. Cette existence affairée, inquiète, n'avait ni loisirs ni plaisirs. La fortune modique de M. Lincoln ne lui permettait point d'offrir à beaucoup de personnes l'hospitalité de la Maison-Blanche ; il n'avait jamais voulu recevoir ses appointemens qu'en papier-monnaie, comme tous les autres fonctionnaires publics, quoique le congrès eût bien volontiers consenti à ce qu'ils fussent payés en or. Il s'appauvrit, loin de s'enrichir, en tenant pendant quatre années les rênes du gouvernement, alors que le budget des États-Unis atteignait d'un bond un chiffre comparable seulement à celui du budget des états européens les plus anciens et les plus riches. Il ne dérobait aucun de ses instans aux affaires : il n'entra qu'une fois pendant ces quatre ans dans la belle serre attenante à la maison présidentielle. Pour seule distraction, Mme Lincoln le conduisait de loin en loin, presque malgré lui, au théâtre. Il aimait Shakspeare avec passion. « Il m'importe assez peu, me dit-il un jour, que Shakspeare soit bien ou mal joué ; chez lui, la pensée suffit. »

J'eus un jour, au mois de janvier de cette année, l'honneur d'être invité à l'accompagner à la représentation du *Roi Lear*. Je me rendis avec lui à ce même théâtre de Ford et dans cette même loge où il a été si lâchement assassiné. Le théâtre de Washington est petit et délabré ; on arrivait à la loge présidentielle en suivant un passage laissé libre derrière les spectateurs des galeries, et il n'y avait qu'une porte à ouvrir, un rideau à écarter, pour y entrer. L'appui de la loge était couvert d'une pièce de velours rouge, mais on n'avait pas même pris la peine de recouvrir à l'intérieur, de velours ou de drap, les planches de sapin qui formaient le devant. Je fus, on le comprendra facilement, plus occupé du président que de la pièce. Pour lui, il écoutait attentivement, bien qu'il sût tout le drame par cœur : il en suivait tous les incidens avec intérêt, et ne causait avec M. Sumner et avec moi que durant les entr'actes. Son second fils, âgé de onze ans, était auprès de lui : M. Lincoln le tenait presque tout le temps appuyé contre lui, et souvent pressait la tête rieuse ou étonnée de l'enfant sur sa large poitrine. A ses nombreuses questions il répondait avec la plus grande patience. Certaines allusions faites par le roi Lear aux douleurs de la paternité faisaient passer comme un nuage sur le front du président : il avait perdu un jeune enfant à la Maison-Blanche, et ne s'était jamais consolé de sa mort. Qu'on me pardonne de réveiller des souvenirs si personnels, qu'en d'autres circonstances je n'eusse jamais songé à livrer à d'autres qu'à quelques amis, car c'est là même, dans ce lieu où je le vis entouré des siens, que la mort vint frapper cet homme plein de mansuétude, plus doux qu'une femme, aussi simple qu'un enfant. C'est là qu'il reçut la flèche du Parthe de l'esclavage vaincu, et qu'il tomba pour ne plus se relever, noble victime de la plus noble des causes.

Même en mourant, M. Lincoln a encore servi l'Union, à laquelle il avait déjà tant donné, car il y a des émotions si puissantes qu'elles servent comme de ciment à toutes les âmes : elles élèvent le cœur des nations, imposent silence aux grondeuses résistances, jettent comme un voile d'oubli sur le passé et rapprochent toutes les volontés. Il ne faut donc point trop plaindre les États-Unis, comme nation, d'avoir perdu ce chef en qui ils avaient mis leur confiance : il restera, président invisible, à la Maison-Blanche et inspirera long-temps encore les conseils de la nation. C'est d'ailleurs le propre des gouvernemens libres que de former assez d'hommes pour qu'aucun d'eux ne devienne jamais absolument nécessaire; les destinées de la nation n'y sont point suspendues au fil fragile d'une existence unique; ceux qui se trouvent élevés aux plus hautes fonctions de l'état s'y adaptent avec une merveilleuse aisance aux nouvelles circonstances où ils se trouvent placés : la liberté a commencé leur éducation, la responsabilité l'achève. Que l'on compare les jugemens que l'Europe portait il y a quatre ans sur M. Lincoln aux témoignages de respect qu'elle prodigue aujourd'hui tardivement à sa mémoire! Sans doute l'exercice du pouvoir au milieu des circonstances les plus critiques l'avait grandi, mais il était bien le même homme quand il acceptait avec une résolution modeste le fardeau de l'autorité et quand ses premières paroles n'éveillaient d'autres échos que ceux d'une froide et frivole critique.

Le successeur de M. Lincoln, arrivant au pouvoir dans les circonstances les plus tragiques et les plus imprévues, ne s'est pas senti troublé par l'effrayante responsabilité qui du jour au lendemain lui a été imposée. Les commentaires malveillans d'un journal démocratique de New-York, relatifs à son attitude le jour de la seconde inauguration de M. Lincoln, avaient jeté une défaveur injuste sur cet homme d'état et fait oublier, au milieu de ridicules et injurieuses rumeurs, le courage qu'il avait déployé dans le sénat en face des premières menaces de la sécession et plus tard dans le Tennessee, déchiré par la guerre civile. L'attitude et le langage de M. Andrew Jonhson ont déjà dissipé les inquiétudes de ceux qui ont pu le croire indigne de sa grande tâche. L'orateur dont la voix a si souvent ému le sénat, et qui un jour seulement avait été au-dessous de lui-même par suite d'une indisposition passagère, a retrouvé des accens nobles, fermes et élevés. S'il s'y mêle plus d'amertume que dans les discours de M. Lincoln, ne peut-on l'expliquer par les terribles émotions qui ont agité la ville de Washington et tous les États-Unis? Qu'on cherche dans l'histoire quelque chose de comparable à ce dernier acte du grand drame de la guerre, à ce peuple jeté des hauteurs du triomphe dans un abîme de trouble et de deuil! M. Johnson pouvait-il se défendre des sentimens qui ont rempli tous les cœurs d'un bout à l'autre de son pays? Était-ce au successeur de M. Lincoln d'affecter de ne les point éprouver? Il a pourtant accordé, on le sait, au général Johnston une capitulation aussi honorable que celle obtenue de son prédécesseur par le général Lee. Le nord est déterminé à user de modération envers tous ceux qui loyalement rentreront dans l'Union; mais il ne veut pas compromettre l'avenir, la paix achetée par de si grands sacrifices, les grands intérêts qui s'attachent à sa cause, par aveuglement ou par faiblesse. Il ne veut point abandonner au hasard ou à l'astuce de ses derniers adversaires le règlement des grandes questions qui restent à résoudre pour assurer la suprématie des principes qu'il a défendus si glorieusement sur les champs de bataille. On n'a point à redouter de M. Johnson des mesures révolutionnaires ou tyranniques; mais il restera à la Maison-Blanche ce qu'il a été dans son état, le défenseur énergique de l'Union et l'ennemi résolu de l'esclavage.

S'il n'est pas besoin d'offrir à la république américaine, frappée dans l'élu de son choix, mais déjà groupée autour d'un chef nouveau, les témoignages d'une inquiète pitié que sa fierté repousse, on peut du moins plaindre ce rude travailleur qui n'a pas reçu le prix de sa tâche, et qui pendant toute sa vie n'a pas connu le repos. Aux États-Unis, son deuil est autant un deuil privé qu'un deuil national. Les crêpes noirs ne flottent pas seulement sur les palais des administrations publiques, ils pendent tristement devant les plus humbles maisons. Des populations en larmes suivent ce cercueil qui de Washington se dirige lentement vers l'Illinois. Comme il arrive toujours, le peuple, surpris par sa douleur, ne sent bien qu'aujourd'hui tout ce qu'il a perdu. Condamné par les événemens à devenir un grand homme, M. Lincoln a obtenu la gloire, qu'il n'avait jamais convoitée. Avec quel empressement et quelle joie il l'eût repoussée, s'il eût à ce prix pu épargner à son pays les douloureuses épreuves parmi lesquelles son nom devait lentement s'élever! Cette gloire survivra à bien des renommées bruyantes et mensongères; elle ajoutera des traits nouveaux à ce pur idéal qui place la grandeur dans la simplicité, qui incline la puissance devant la loi, et qui ne sépare plus l'héroïsme de l'abnégation. J'aurai tout dit si j'appelle M. Lincoln un homme d'état chrétien, en prenant ce mot dans le sens le plus sublime. Il ne pensa jamais à lui-même : aussi son pays et le monde se souviendront-ils toujours de lui.

AUGUSTE LAUGEL.

CROQUIS SATIRIQUES

A LA MUSE ANTIQUE. [1]

Autrefois indigné de voir régner le mal,
Avec l'ïambe ardent j'évoquai Juvénal,
Et, le poignet armé d'une plume sévère,
Aux noirs excès du temps je déclarai la guerre.
Aujourd'hui, moins rigide et peut-être moins bon,
Je satirise encor, mais sur un autre ton.
Quittant de Némésis la sublime folie,
Je prends modestement le masque de Thalie,
Et soudain me voilà réglant mes faibles pas
Sur ceux du tendre ami du noble Mæcenas,
Et cherchant de mon mieux à retrouver la trace
Que dans les champs latins laissa jadis Horace.
Imiter de nos jours même Horace, à quoi bon?
De votre propre vin versez-nous, — dira-t-on?
Imiter! pourquoi pas? Que l'on est difficile
A cette heure! Autrefois l'on était plus habile
Avec moins de fierté. Nos aïeux sans remords ·
Savaient mettre à profit les richesses des morts,
Et ces naïfs amans de l'antique science
S'estimaient très heureux, si leur intelligence
Réussissait à faire entrer dans leurs écrits,
Vivantes, les beautés de quelques vieux esprits.
Autre temps, autre soin. De nos auteurs la veine
En ce siècle fécond est si fertile et vaine,

---

(1) M. Auguste Barbier revient à la satire, mais c'est Horace qu'il prend cette fois pour guide, et non Juvénal. Les pièces qu'on va lire sont détachées d'un volume qui paraîtra prochainement, et qui montrera sous un nouvel aspect l'auteur des *Iambes* et du *Pianto*.

Que tirer des anciens le moindre petit mot,
C'est tomber dans le cuistre et s'appeler un sot.
A trop haut prix, je crois, se cotent les modernes.
Ils jugent par trop vif le feu de leurs lanternes,
Sans savoir si pourtant cette neuve clarté
Ira comme l'antique à la postérité.
A mon sens, les anciens faisaient moins de tapage;
Mais, doués par le ciel d'un esprit juste et sage,
Ils aimaient la nature, et, l'observant sans fin,
En rendaient les contours d'un pinceau net et fin.
De là tous ces beaux vers que la grâce décore,
Nés depuis trois mille ans et qui vivent encore,
Ces écrits pleins de sens, de vigueur et de sel,
Où la vérité mit son cachet immortel.
Aussi qui tient en main l'un de ces beaux génies
A-t-il d'en profiter de terribles envies,
Et se sent-il tenté, par un adroit larcin,
D'enlever une pierre à son brillant écrin,
De découper un pan de sa pourpre divine
Pour faire que la sienne un peu plus s'illumine,
Pensant qu'à cette robe arracher un morceau
N'est point se revêtir d'un stérile lambeau
D'étoffe, mais qu'avec ce fin tissu de laine
C'est ravir une part de la nature humaine,
De ce fond immortel qui ne change jamais,
Quel qu'en soit le pays et quels qu'en soient les traits.
Voilà ce que j'essaie... Ah! quand la veine s'use,
Que pour nous de baisers moins prodigue est la Muse,
Il faut se départir des grands airs d'inventeur
Et faire volontiers œuvre d'imitateur.
A ce métier d'ailleurs, si j'ai bonne mémoire,
On peut encor parfois grapiller quelque gloire.

LA BONNE TACTIQUE

Un matin, dégoûté de la rime indocile,
Dans un coin populeux de notre grande ville
J'errais, quand tout à coup s'élève une rumeur :
Un homme s'enfuyait en criant : Au voleur!
Et désignait du doigt la route présumable
Que dans son vif élan avait pris le coupable.
Et chacun de bondir vers l'endroit qu'il montrait;
Mais lui, par un détour, à l'opposé courait,

Laissant s'évertuer le menu populaire
Après l'ombre du gueux, qui n'était que chimère.
Le vrai voleur, c'était lui-même, et par son mot,
Le drôle! il avait mis tout le monde en défaut.
Or, comme j'admirais ce tour de passe-passe
Et comme on en impose à l'ignorante masse,
A part moi je me dis : Au monde des salons
Que de semblables gens aujourd'hui nous voyons!
C'est le jeu. Par trop sot serait le personnage
Qui se présenterait sans un masque au visage
Dans ce champ de lumière et de publicité
Où vit si follement notre société.
Que veut-on? Usurper l'honneur et les hommages
Naturellement dus à la vertu des sages?
Non, ce but de nos jours n'agite point le cœur,
Et l'on a peu souci de paraître meilleur.
Ce qu'on cherche plutôt, c'est un bon artifice
Qui permette à chacun de suivre en paix son vice,
Sans craindre le scandale et les cris indiscrets
Des gratteurs de papier, des faiseurs de caquets.
Pour cela, de la règle on revêt l'apparence,
Et, sous ce domino de parfaite décence,
Dans le raout mondain, jusqu'aux derniers momens,
On donne libre cours à ses débordemens.
Ainsi, sans rappeler la vulgaire rouerie
De tous ces fins escrocs de bonne compagnie
Qui savent attirer votre or de leur côté
En se donnant des airs d'austère probité,
Que d'autres vont mettant la recette en usage!
Don Juan est marguillier et pousse au mariage ;
Valère le joueur, héros du lansquenet,
Qui, sur le tapis vert de son tripot secret,
Du Pactole vingt fois épuiserait la source,
Déclare à tout venant qu'il faut fermer la Bourse.
Phryné, riche du bien de plus de vingt amans,
Et le cou ruisselant d'or et de diamans,
S'irrite à tout propos du luxe des lorettes,
Et demande un décret qui borne leurs toilettes.
Puis l'on entend l'avide et gras Trimalcion
Tonner contre la table et sa profusion ;
Soulouque larmoyant flétrit la tyrannie,
Et Basile indigné crie à la calomnie.

UNE RÉFUTATION D'HORACE.

Il me souvient qu'un jour, aux plaines de l'Ombrie,
Voyageant, suivant l'us de la vieille Italie,
Dans le carrosse lourd d'un lent *velturino,*
Nous prîmes à mi-route un compagnon nouveau.
On avait dépassé d'un mille ou deux Spolète,
Ville antique et sans peur, la seule qui tint tête
Au fameux Annibal. Notre homme dans son coin,
Après force saluts, s'assit, puis, avec soin
Rangeant ses vêtemens et fermant la paupière,
S'endormit au roulis du coche dans l'ornière.
Tandis qu'il sommeillait en ronflant doucement,
J'examinai son air et son accoutrement.
C'était un beau vieillard basané de visage,
Et sur le front duquel la rude main de l'âge
Avait en sens divers tracé maint sillon creux
Et semé sur le poil plus d'un flocon neigeux.
Il portait un habit en drap de couleur brune,
Culotte également de drap, puis à chacune
Des jambes guêtre en cuir montant jusqu'au genou,
Le tout enveloppé, depuis les pieds au cou,
D'un large manteau brun. Selon toute apparence,
Le hasard du chemin m'avait mis en présence
D'un fermier du pays qui, sans autre attirail,
Allait dans quelque foire acheter du bétail.
Or, tout en regardant sommeiller le bonhomme,
À part moi je disais : Il rêve dans son somme
De vaches, de moutons et du gain qu'il pourra
Réaliser ; puis, quand il se réveillera,
Le même rêve encor remplira sa cervelle,
Ne pensant qu'à grossir d'écus son escarcelle
Pour le repos final, et ses jours, un par un,
S'useront jusqu'au terme en ce cercle commun.
Après tout, n'est-ce pas une façon de vivre
Comme une autre, et qui vaut l'agrément de poursuivre
Une rime sonore en son vol vagabond,
Souvent métier de dupe ? — Arrivés près du mont
Où naquit saint François, un moment l'on arrête
Pour laisser respirer après si longue traite
Les chevaux fatigués ; chacun s'élance à bas
Du coche, et me voilà debout, croisant les bras,

De long en large allant, flânant. Enfin j'avise
Sur le bord de la route une superbe église,
Un pieux monument, qu'on me dit faire abri
Au toit où l'œil du saint à la clarté s'ouvrit.
La curiosité me poussant, j'y pénètre,
Et je ne tarde pas à voir et reconnaître,
Parmi les visiteurs de la sainte maison,
Mon compagnon de route en fervente oraison.
Il était à genoux et disait sa prière
D'un air si recueilli, de si grave manière,
Que j'eus vraiment plaisir à contempler un peu
Ce vieillard élevant son humble cœur à Dieu.
Bientôt le voiturin au coche nous rappelle.
Nous remontons, et l'on galope de plus belle.
Retrouvant près de moi l'honnête campagnard
Et ne lui voyant plus dans l'œil aucun brouillard,
Pour mieux passer le temps, avec lui je m'abouche,
Et m'enquiers de sa vie et de ce qui le touche.
Il me dit qu'il est fils des monts de Norcia,
Paysan ombrien, et qu'à Livourne il va
Pour langueyer des porcs; telle est son industrie.
Chaque an, à pareil jour, il quitte sa patrie
Et descend en Toscane exercer son métier.
Là, plus d'un laboureur, plus d'un riche fermier
Lui donne de l'ouvrage, et l'argent qu'il en tire,
Cent écus à peu près, qu'il met en tire-lire
Et rapporte au pays, tout le reste du temps
À vivre lui suffit. Bref, depuis quarante ans
Il n'a jamais manqué de faire son voyage.
Les révolutions au désastreux orage,
Les guerres ont eu beau passer sur son chemin,
Elles n'ont entravé ni ses pieds ni sa main.
Pourtant, quand viendra l'heure où, n'y voyant plus goutte
Et n'étant plus de force à se remettre en route,
Il faudra s'arrêter, il laissera sa part
De travail à son fils, qui, fort habile en l'art
Qu'il exerce, prendra pour lui sa clientèle
Et fera subsister sa vieillesse mortelle
Jusqu'au jour où du monde il se retirera
Non troppo s'contento della sua vita.
Cette dernière phrase à mes oreilles sonne
D'une façon étrange, imprévue, et m'étonne.
J'invite le bonhomme à me la répéter.

Lui, sans malice aucune et sans même hésiter,
Me la répète ainsi qu'il vient de me la dire.
Alors de m'écrier : O mon maître en satire,
Horace, cher Flaccus, je vous prends en défaut!
Si dans quelque recoin de ce monde falot
Vous, le fin ricaneur, vous pouviez encor vivre,
Comme je vous ferais rayer de votre livre
Cette affirmation au verbe trop certain,
Que nul n'est ici-bas content de son destin!
N'ai-je pas rencontré même en votre patrie
Un homme s'avouant satisfait de la vie?
Et cet homme n'est pas un des rares esprits
De la littérature, un des grands favoris
Du splendide Plutus, mais une âme chrétienne
Peinant au plus bas rang de la famille humaine!
Oh! la bonne leçon pour tous ces altérés
De richesse et d'honneurs profanes ou sacrés,
Tantales inquiets, sans repos et sans joie,
Dans l'océan de biens où leur âme se noie,
Et qui, chargés de croix, de places et d'honneurs,
Meurent rêvant encor de nouvelles faveurs!
Il en est un surtout de cette folle race
Que j'eusse avec mon vieux voulu voir face à face,
Et le tympan frappé de l'aveu franc et net
Que si naïvement ses deux lèvres m'ont fait!
C'est celui dont le pas, du midi jusqu'à l'ourse,
Fatigua notre France à le suivre en sa course,
Et qui disait un jour au brave compagnon
De sa gloire blâmant sa vaste ambition,
Et prétendant qu'à Dieu, si Dieu l'eût laissé faire,
Il eût ravi le trône en la céleste sphère :
« Cette place, Duroc, point n'en voudrais, ma foi!
Car elle ne serait qu'un cul-de-sac pour moi. »
Qui sait?... Peut-être bien que le terrible sire
Aurait mis quelque frein à sa fureur d'empire
En voyant tant de calme heureux sous les dehors
D'un pauvre paysan, d'un langueyeur de porcs.

AUGUSTE BARBIER.

CHRONIQUE DE LA QUINZAINE

---

14 mai 1865.

La partie peut-être la plus intéressante du nouveau volume que M. Guizot vient d'ajouter à ses *Mémoires* est consacrée à l'histoire de l'Algérie sous le gouvernement du maréchal Bugeaud. Ce récit est très instructif et fort curieux à lire au moment où le voyage de l'empereur semble devoir marquer pour notre colonie le commencement d'une ère nouvelle. Charles X avait pris Alger; la conquête de l'Algérie fut faite par le gouvernement de 1830, et l'on peut dire que ce fut sous l'énergique, active et habile direction du maréchal Bugeaud, dans la période comprise entre 1841 et 1847, que l'armée française établit notre domination sur les populations et le territoire de l'ancienne régence. Pour le gouvernement de cette époque et pour le maréchal Bugeaud se posaient dès lors les questions que l'empereur prend à cœur aujourd'hui et paraît vouloir s'appliquer à résoudre. « Je suis aussi frappé que vous de la nécessité d'agir en Afrique pendant la paix de l'Europe, écrivait M. Guizot au maréchal; l'Afrique est l'affaire de nos temps de loisir. » Vingt ans après, la même pensée préoccupe évidemment l'empereur, et nous le voyons profiter du loisir de la paix pour imprimer une nouvelle impulsion à notre entreprise algérienne. Par des extraits de la vive correspondance du maréchal Bugeaud, par une esquisse du système de guerre du maréchal qu'a tracée un de ses plus intelligens élèves, le général Trochu, M. Guizot nous fait comprendre comment fut conduite et achevée l'œuvre de la domination militaire. Tandis qu'il poursuivait la conquête avec tant de feu et de sûreté de jugement, le maréchal Bugeaud avait toujours aussi présente à l'esprit la seconde condition de notre succès, la nécessité d'une colonisation rapide et vaste. À la fin de 1845, au moment où il partait pour aller réprimer le dernier soulèvement général qu'ait pu faire éclater contre nous Abd-el-Kader, le maréchal Bugeaud écrivait au maréchal Soult : « Nous avons affaire à un peuple énergique, persévérant et fanatique; pour le dompter, il faut nous montrer plus énergiques et plus persévérans que lui, et après l'avoir vaincu plu-

sieurs fois, comme de tels efforts ne peuvent pas toujours se renouveler, il
faut, coûte que coûte, l'enlacer par une population nombreuse, énergique
et fortement constituée. Hors de cela, il n'y aura que des efforts impuissans et des sacrifices qu'il faudra toujours recommencer, jusqu'à ce qu'une
grande guerre européenne ou une grande catastrophe en Algérie nous force
à abandonner une conquête que nous n'aurons pas su consolider. »

Ce sont là encore aujourd'hui, comme il y a vingt ans, les deux termes
du problème algérien : la domination assurant la sécurité, la colonisation
mettant la sécurité à profit pour diminuer le plus promptement possible
les charges, les frais et les incertitudes de la domination. Nous n'avons pas
le dessein de rechercher en ce moment les causes qui ont, dans ces derniers temps, donné des inquiétudes à notre domination et porté dans la
colonisation une sorte de découragement et de trouble. Nous constatons
simplement l'état de choses qui a dû éveiller l'attention de l'empereur et
qui a réclamé sa présence en Algérie. Cet état de choses était devenu tel
qu'il a paru nécessaire que le chef du gouvernement vînt en personne affirmer à la population arabe la volonté résolue et permanente de la domination française, et à la population européenne la sécurité et l'avenir de
l'œuvre colonisatrice. Ce double objet a été indiqué d'une façon expressive
dans les proclamations impériales adressées aux colons européens et aux
Arabes. Il était si important de signifier aux Arabes que toute résistance
leur est impossible et inutile, et de ranimer la foi des colons dans l'avenir
de l'Algérie, qu'en présence du résultat acquis il serait puéril de chercher
à commenter le langage des proclamations. Il est peu probable en effet que
des populations musulmanes soient très sensibles à des citations du Coran
qui leur sont transmises par un souverain chrétien. Cette sorte de morale
religieuse aurait plus de crédit auprès d'elles en passant par la bouche
d'un marabout. Nos tribus nomades d'Afrique et nos paysans kabyles sont
mal préparés encore à lire avec fruit l'histoire de César, à comprendre,
à la lueur des révélations de la philosophie de l'histoire, comment la conquête devient favorable aux vaincus par la fusion des races et le mélange
des civilisations. César lui-même, s'il se fût avisé de cette philosophie,
n'eût point réussi à l'inculquer à nos pauvres ancêtres, Éduens, Arvernes
ou Séquanes. Puis, si nos Arabes étaient instruits en ces matières, ils
pourraient riposter que, pour faire la France, il a fallu bien autre chose
que la conquête des Gaules par les légions césariennes; qu'assujettis aux
Romains, les Gaulois participèrent à la pourriture et à la décadence de
l'empire; que, sans le christianisme et l'invasion germaine, à laquelle ils
doivent le nom qu'ils portent, ils ne seraient pas devenus les Français; mais
ces comparaisons et ces digressions historiques sont amplement couvertes
par la conclusion de la proclamation impériale. En réitérant aux Arabes
l'arrêt de la force et en leur promettant la justice, l'empereur leur a parlé
le langage efficace qu'ils peuvent comprendre, et auquel on doit espérer
qu'ils se rendront. L'empereur a également touché juste en promettant

aux colons algériens la protection constante et le concours de la métropole. Peut-être suffira-t-il de l'effet moral de la présence de l'empereur et de ses assurances énergiques pour calmer la crise récente que l'Algérie vient de traverser; mais il est permis d'espérer que le voyage impérial aura des conséquences plus décisives. Il est impossible que l'étude personnelle et locale que l'empereur fait en ce moment de l'Algérie ne produise point un ensemble de mesures politiques et économiques, un système enfin qui ouvrira une voie de progrès nouveaux à notre colonie africaine.

Les actes qui peuvent suivre l'excursion de l'empereur en Algérie seront-ils prochains et réclameront-ils bientôt l'intervention législative? Cela parait peu probable, si l'on considère la lenteur du travail de notre chambre des députés et la façon dont elle laisse arriérer les plus utiles et les plus urgens projets de loi. La session actuelle semble condamnée à la stérilité; elle ne réalisera pas le programme tracé par le discours d'ouverture de l'empereur. On a déjà pris son parti de ne point voir passer cette année la loi sur la décentralisation, la loi sur le régime des sociétés commerciales, la loi sur l'abolition de la contrainte par corps. Pourquoi cette sorte de fatigue qui alanguit le corps législatif? Est-ce un accident, ou plutôt l'indolence dont nous nous plaignons ne serait-elle point un mal chronique déterminé par des causes générales et permanentes? La question vaudrait la peine d'être attentivement considérée. Il y a sans contredit, ou dans la constitution du corps législatif, ou dans ses rapports avec le gouvernement, des lacunes et des imperfections qui se révèlent maintenant à l'expérience. À notre sens, les lenteurs du travail législatif et l'hésitation indolente de la chambre des députés dans les lois d'affaires tiennent principalement à trois causes : à l'usage exagéré et souvent déplacé des commissions, à l'absence dans la chambre d'une certaine catégorie de députés qui aient fait leur éducation politique et administrative dans d'importantes fonctions, et surtout au défaut de cohésion qui existe entre le pouvoir exécutif et le pouvoir législatif, à l'éloignement où vit de la chambre le pouvoir ministériel.

Il est certain que l'on abuse des commissions dans notre système de travail parlementaire. Le temps que prend une commission pour examiner un projet de loi, le débattre à huis clos et le commenter par un rapport, est le plus souvent du temps perdu. Les commissions sont le sépulcre où vont fréquemment s'enterrer d'utiles projets de loi. On ne devrait tout au plus soumettre à l'examen spécial des commissions que les lois qui fourniraient matière à des enquêtes et à des recherches qui dépasseraient la portée de l'administration ordinaire; mais quand un projet qui ne doit donner lieu à aucun supplément d'enquête a été étudié une première fois par le gouvernement, qui en a l'initiative, une seconde fois par le conseil d'état, qui l'a discuté contradictoirement avec le ministre et les fonctionnaires spéciaux, on ne comprend pas que ce projet ait besoin de traverser un troisième degré d'instruction, le plus long et le plus laborieux peut-être, avant d'arriver à la discussion publique devant la chambre. Il y a là une sorte d'en-

combrement, une obstruction qui s'oppose à la prompte et bonne expédition des affaires, un vrai gaspillage de travail et de temps qui explique en
partie la stérilité trop visible du corps législatif. Là néanmoins n'est pas
seulement la cause du mal; quand nous voyons le corps législatif manquer
d'une certaine application aux affaires, d'une certaine suite et sûreté dans
ses travaux, quand nous le voyons indécis et comme décousu dans son action, nous sommes bien forcés de demander la cause de ce défaut à sa
composition même. Ce qui manque au corps législatif, c'est la présence
d'un certain nombre d'hommes ayant traversé ou occupant des fonctions
élevées, qui réunissent et mêlent ensemble le point d'honneur administratif et le point d'honneur législatif, capables d'éclairer et de conduire les
députés dans l'élaboration des lois, et intéressés par l'amour-propre de
corps, par l'influence qui appartient aux aptitudes éprouvées, par l'honorable émulation qui est partout la féconde inspiratrice du travail, à ne
laisser jamais tomber la chambre représentative au-dessous de sa mission.
Certes il y avait beaucoup trop de fonctionnaires dans nos chambres d'a-
vant 1848; on est tombé peut-être dans un autre excès, et l'on rencontre
des inconvéniens d'une autre sorte en fermant absolument aux fonctionnaires l'accès du corps législatif. Il n'est pas contestable non plus que, si le
pouvoir exécutif s'associait au pouvoir représentatif de telle sorte que les
ministres parussent dans les chambres ou en fissent partie, on aurait une
bien plus sûre garantie de l'active, rapide et bonne élaboration des lois.
Un ministre présent dans la chambre ou membre de la chambre ne laisserait pas ses projets de loi se perdre dans les catacombes des commissions;
il serait là pour gourmander la nonchalance de ses collègues, pour dissiper leurs doutes, pour les éclairer et les exciter. Avec la présence des ministres, l'émulation rentrerait au sein de la chambre, et nous cesserions
bientôt d'avoir le spectacle des regrettables langueurs auxquelles nous as-
sistons. Tels sont les conseils que nous donne l'expérience qui se fait sous
nos yeux; ce n'est point une théorie abstraite et subversive qui demande
que l'on se rapproche de l'ancien système constitutionnel longtemps pratiqué en France, c'est l'intérêt de jour en jour plus manifeste de la bonne
expédition des affaires.

L'inaction et l'atonie du corps législatif apparaissent davantage quand
on voit le gouvernement d'une part proroger la session et de l'autre présenter de nouveaux projets de loi. La session est prorogée d'un mois; elle
devait être close le 15 mai, elle est continuée jusqu'au 14 juin. Nous avons
donc encore un mois de session; dans ce mois-là doivent être discutés
et votés les lois étudiées par les commissions et le budget. A vrai dire, le
travail législatif, qui a été à peu près nul jusqu'à présent, se trouve resserré dans l'espace de trente jours. Les discussions, ainsi bornées par
le temps, ne sont-elles point condamnées à une précipitation aussi regrettable que l'a été l'oisiveté des trois derniers mois? Mais ce n'est pas tout;
à ce corps législatif déjà si arriéré dans ses travaux, on vient donner à la

dernière heure des travaux nouveaux. On lui présente une loi des travaux publics qui entraîne la création et l'attribution de ressources extraordinaires; parmi ces ressources figure l'aliénation proposée du dixième à peu près des forêts de l'état. Voilà justement une de ces questions qui, bien plus qu'une loi sur la contrainte par corps et sur les sociétés commerciales, devrait motiver l'examen attentif et patient d'une commission. Cependant, si l'on veut qu'il soit voté avant le 14 juin, ce projet sera celui qui aura été le moins étudié parmi les lois proposées cette année. La hâte qu'on mettra à le discuter et à le voter présentera un étrange contraste avec la négligence dont auront été victimes les lois condamnées à l'ajournement, et qui, ce semble, deviennent bien plus mûres et plus urgentes, puisqu'elles avaient été présentées par le gouvernement dès le début de la session.

Quoique la session en Angleterre ait été peu brillante jusqu'à présent, les choses se sont cependant bien mieux passées dans ce pays au point de vue de l'expédition des affaires. En Angleterre, le budget des dépenses, les *estimates,* est présenté dès l'ouverture de la session. Chaque ministre vient successivement proposer les *estimates* de son département. La discussion suit immédiatement la présentation. Là point de commission du budget consumant plusieurs mois dans un travail secret, point de rapport sur le budget faisant double emploi avec les exposés ministériels. Hélas! qui a lu un de nos volumineux rapports sur le budget ne les connaît-il pas tous d'avance, et à quoi bon ces lourdes redites se répétant chez nous d'année en année? Le vote du budget des dépenses est donc fort avancé en Angleterre quand le ministre des finances, le chancelier de l'échiquier, vient, vers le milieu de la session, exposer l'ensemble de la situation financière, faire connaître principalement les ressources avec lesquelles on fera face aux dépenses, et surtout à quelle œuvre utile, à quel dégrèvement d'impôt seront appliqués les excédans acquis des revenus sur les dépenses. La méthode anglaise, intimement unie au surplus à l'esprit du régime parlementaire, a déjà fort avancé cette année dans le parlement ce qu'on appelle l'expédition des affaires courantes. Quoique ce travail parlementaire, précisément à cause de son utilité pratique, n'ait rien qui séduise l'imagination et parle aux passions, la session anglaise n'aura point été tout à fait dépourvue d'intérêt politique, grâce à la curieuse et importante discussion sous laquelle a succombé, il y a quelques jours, le projet de réforme électorale de M. Baines.

Le temps n'est point aux réformes électorales en Angleterre. Cependant le parlement qui achève son existence avait été élu sous l'empire d'une préoccupation de réforme; le cabinet actuel avait pris le pouvoir sur l'engagement de présenter et de faire passer en loi un système de réforme plus libéral que celui qu'avait proposé M. Disraeli. A la veille de reparaître devant les électeurs, un certain nombre de membres du parti libéral croyaient devoir donner cette année un gage explicite de leur fidélité à leurs anciens engagemens. De là le projet simple et modeste mis en avant par M. Baines.

M. Baines est un type de ces réformistes anglais qui perpétuent la tradition du progrès modéré, patient et lent. Il n'est point de ceux qui s'échauffent pour une théorie, qui soufflent l'agitation dans les masses populaires, et qui, portés par le courant de la foule, viennent à certains intervalles imposer en dictateurs aux intérêts conservateurs des concessions inévitables. M. Baines est au contraire de la classe plus humble des politiques qui remplissent utilement ces intervalles. Ces hommes persévérans et modestes se contentent de ne point laisser périmer les revendications dont ils sont les organes. Chaque année, ils font leur motion et leur discours, discours peu ambitieux, médiocrement éloquent, plus nourri de statistique que de pensées et de mouvemens oratoires. C'est ainsi qu'ils cheminent, portant leur question ou portés par elle, à une tranquille allure. M. Baines appartient à cette famille d'hommes politiques qui semblent nés, dans la marche des réformes, non pour faire les grands bonds, mais pour marquer le pas. Cependant M. Baines a obtenu deux années de suite un succès signalé. L'an dernier, il fournit à M. Gladstone l'occasion de lancer cette déclaration en faveur de l'avénement des classes ouvrières au droit de suffrage qui sembla le porter à la tête du parti radical; cette année, il a offert le prétexte d'une protestation pleine d'énergie et de talent aux adversaires des tendances démocratiques.

On sait à quel point est compliqué le système électoral anglais. La constitution anglaise est fondée non sur des principes abstraits, sur des droits établis à priori, mais sur un ensemble de priviléges obtenus et développés dans la suite des temps, et qui se font contre-poids les uns aux autres. Le seul principe général sur lequel repose la constitution anglaise de l'aveu de tous, c'est le droit des citoyens à être bien gouvernés, c'est-à-dire avec justice, ou, en d'autres termes, de telle sorte que la liberté légitime de chacun soit protégée et maintenue. Toute réforme électorale, dans le sens anglais, signifie le remaniement simultané de ces priviléges et l'extension de quelques-uns d'entre eux à un plus grand nombre de citoyens. Les derniers projets de réforme, celui que M. Disraeli présenta au nom du ministère de lord Derby et celui que lord John Russell combina au nom du ministère actuel, comprenaient à des degrés divers ce double travail de remaniement et d'extension. M. Baines n'a pas la prétention de résoudre avec cet ensemble et d'une façon finale la question de réforme; son bill n'était qu'une manifestation réformiste et ne touchait qu'à l'extension du suffrage électoral. Voici comment : dans l'équilibre qu'il a cherché à établir entre les intérêts qui ont droit à la représentation du pays et à la direction du gouvernement, l'acte de réforme de 1832 a fait la part de l'intérêt démocratique au sein des populations urbaines en conférant le droit électoral aux citoyens qui occupent une habitation valant au moins 10 livres sterl. ou 250 francs de loyer. La *ten pound* franchise est la principale issue ouverte à l'élément démocratique dans la législation électorale actuelle. Le grand reproche que le parti libéral adressa en 1859 au bill de M. Dis-

raeli fut que ce bill ne diminuait point le chiffre assigné à cette franchise.
L'amendement soutenu et voté par les chefs du parti libéral, devenus les
membres du présent ministère, amendement contre lequel échoua le projet de M. Disraeli, disait qu'une réforme électorale qui ne déterminerait
point une extension de suffrage ne pourrait satisfaire le pays, et par cette
extension tout le monde entendait un abaissement de la franchise des
bourgs. Le ministère de lord Derby, vaincu sur ce point dans la chambre
des communes, crut devoir en appeler au pays. Le parlement fut dissous.
Les élections donnèrent la majorité à la coalition libérale, et le ministère
de lord Palmerston remplaça celui de lord Derby. Le nouveau cabinet
présenta un bill de réforme où, entre autres dispositions, figurait un abaissement de la franchise à 6 livres sterling; mais on était en 1860, les préoccupations du pays ne s'arrêtaient plus aux questions de réforme. Les incertitudes de l'état de l'Europe après la guerre d'Italie faisaient diversion aux
affaires intérieures, et les inquiétudes de la politique étrangère reportèrent
l'Angleterre vers les idées conservatrices. Le projet de réforme du ministère fut enterré, et le ministère, se conformant aux nouvelles tendances
du pays, devenu plus circonspect encore au spectacle de la guerre civile
des États-Unis, se garda bien de le ressusciter. C'est alors que l'honnête et
paisible M. Baines a substitué sa propre initiative à l'initiative ministérielle, et qu'il s'est mis à proposer, pour l'honneur des libéraux avancés,
non plus une mesure d'ensemble, mais une réforme partielle, une réforme
à un seul coup (*one-barelled*), comme disent en riant les conservateurs,
réforme qui ne porterait que sur la franchise liée aux loyers urbains, ferait descendre cette franchise de 10 liv. à 6, et introduirait ainsi dans le
corps électoral des bourgs une portion considérable des classes ouvrières.

La proposition de M. Baines a suscité cette année une opposition vigoureuse et inattendue au sein même du parti libéral. À la simple lecture de
ce débat, on est forcé de convenir que l'avantage du talent a été tout entier du côté des adversaires de la réforme. Lord Elcho a attaqué le premier le bill de M. Baines d'une main robuste et sûre : lord Elcho a joué
un grand rôle dans le mouvement des volontaires; il a pris dans ce nouveau
sport national une allure martiale, et on eût dit l'autre soir qu'il chargeait
les réformistes radicaux à la tête de quelques bataillons de *riflemen*. Puis
M. Lowe a prononcé dans le même sens que lord Elcho un des plus remarquables discours que la chambre des communes ait entendus depuis
bien des années. M. Lowe est un de ces hommes de talent qui éprouvent
tant de difficulté au milieu du parti whig à prendre le rang auquel ils ont
droit. Il y a en lui non-seulement un puissant orateur, mais une tête politique d'un ordre élevé. Il n'a occupé dans les derniers ministères whigs
que des emplois secondaires, et encore l'an dernier, mal soutenu par le
ministère, il s'est démis avec une honorable susceptibilité, après un vote
de surprise, des fonctions de vice-président du bureau de l'instruction publique. Enfin un orateur d'une rare éloquence, M. Horsman, dans une ha-

rangue pleine de verve a porté le dernier coup au bill patronné par les
libéraux avancés. Cette discussion a présenté plusieurs traits curieux. D'a-
bord toute la chaleur, tout l'entrain, toute la force oratoire, ont été du
côté des adversaires de la réforme *à un coup,* combattue par eux comme
une tentative essayée pour faire tomber la constitution anglaise en pleine
démocratie. La fraction radicale du parti libéral a été comme étonnée et
déconcertée de cet assaut inattendu; son grand orateur, M. Bright, était,
dit-on, indisposé; c'est à peine si un de ses membres les plus remarqués,
M. Forster, a pu, en se tenant sur la défensive, faire bonne contenance. La
lutte était engagée entre deux fractions du parti libéral, qui est en même
temps le parti ministériel, entre les libéraux avancés et les libéraux orthodoxes; mais quel rôle jouait le ministère dans cette guerre civile? Hélas!
les mêmes divisions latentes existaient dans son sein. Personne n'ignore
que lord Palmerston ne porte aucun intérêt à la réforme électorale; sa répugnance bien connue pour les projets de réforme est même la principale
cause de la popularité dont il jouit parmi les électeurs ruraux d'Angleterre.
Quant à M. Gladstone, il a fait l'an dernier une profession de foi qui le
place, en matière de réforme électorale, aux rangs les plus extrêmes du ra-
dicalisme. Il n'a pas craint de s'appuyer sur un de ces principes abstraits qui
sont si antipathiques à l'esprit anglais; il a osé déclarer que le droit d'élire
et d'être représenté appartient naturellement à tout homme qui n'est point
frappé d'une incapacité morale; il a soutenu que c'est à ceux qui refusent
l'admission des classes ouvrières au droit électoral qu'incombe la tâche de
prouver, l'*onus probandi,* que ces classes ne sont point aptes à exercer un
tel droit; il s'est montré ainsi, selon les violens reproches de ses adversaires, partisan du suffrage attribué à tout homme arrivé à sa majorité,
partisan du *manhood franchise,* du suffrage universel, de la doctrine des
droits de l'homme. La situation d'un ministère ainsi divisé par le profond
dissentiment de ses deux membres les plus considérables en présence de
l'ardente lutte qui éclatait à ses yeux parmi ses amis était une scène de
tragi-comédie. Lord Palmerston ne pouvait point prendre la parole sans
s'exposer à contraindre M. Gladstone à donner une seconde fois à ses opinions une expression retentissante; M. Gladstone ne pouvait ouvrir la
bouche sans s'exposer à mettre le parti ministériel en déroute et le cabinet en pièces. La goutte a fourni à lord Palmerston un motif non-seulement de silence, mais d'absence; quant à M. Gladstone, il a subi passive-
ment, en se mordant les lèvres, les provocations acérées dont l'accablaient
lord Elcho, M. Lowe, M. Bernal Osborne, M. Horsman. Le ministre qui a
été chargé de prendre la parole au nom du cabinet discordant a été sir
George Grey; mais l'honorable ministre de l'intérieur a succombé à la difficulté de sa tâche. Sir George Grey avait à expliquer comment le ministère,
après avoir renversé ses prédécesseurs pour n'avoir point donné une réforme suffisante, après être arrivé au pouvoir avec le mandat de remanier
et d'étendre plus largement le droit électoral, avait laissé enterrer son

premier projet, n'en avait présenté aucun autre, et avait couvert l'inaction la plus prolongée de la plus entière indifférence. Il avait à expliquer encore comment, tout en trouvant le projet tel quel de M. Baines impraticable, les ministres allaient cependant voter pour ce bill radical. Dominé par la fausseté de cette position, sir George Grey a dû avouer, au milieu des applaudissements sardoniques de l'opposition, que le cabinet n'a point de système sur la question électorale, qu'il renonce à l'initiative pour la transmettre au pays, et qu'il se laissera tranquillement ballotter de droite à gauche au gré de la marée populaire. La discorde du parti libéral, la confusion du cabinet, faisaient beau jeu au parti conservateur, qui était resté jusque-là étranger à la discussion. Il fallait bien constater cette scène finale où s'étalait l'impuissance du parlement expirant, de ce parlement qui avait été pourtant élu pour réaliser une réforme électorale, où éclatait l'inconséquence d'un ministère infidèle à son mandat d'origine, et dont les membres, en repoussant la réforme présentée par les tories et en renversant le ministère conservateur, avaient si notoirement fait les affaires de leur ambition au détriment de leurs principes. Ce piquant discours de clôture a été prononcé avec beaucoup de modération et de tact par M. Disraeli.

Des étrangers n'ont guère qualité pour exprimer une opinion sur les argumens employés en Angleterre contre une nouvelle réforme ou en faveur d'une extension plus démocratique du mandat électoral. La révolution française, qui a fait chez nous table rase de tout, et qui nous oblige à prendre notre point de départ dans des principes rationnels et non dans des intérêts établis et des faits existans, nous empêche, en cette matière, d'avoir avec les Anglais une langue politique commune. Cependant, si l'on examine au fond les argumens contradictoires des partisans et des adversaires de la réforme, des témoins désintéressés doivent reconnaître que des deux côtés il y a des raisons justes et des exagérations. Il est certain par exemple que le motif immédiat des changemens politiques est la nécessité de mettre fin à des abus et à des injustices inhérens à un mauvais système de gouvernement. Il faut qu'une nation soit et se sente mal gouvernée pour qu'on la puisse passionner en faveur des réformes. Or, en envisageant les choses au point de vue de savoir si la nation anglaise est bien ou mal gouvernée, il faut convenir que les griefs et par conséquent les chances des partisans des réformes politiques en Angleterre sont aujourd'hui bien minimes. On peut dire que tous les abus, tous les actes vexatoires, toutes les injustices sociales et politiques dont on se plaignait en Angleterre avant l'acte de réforme de 1832 ont depuis cet acte complétement disparu. Les monumens de l'ancienne intolérance, les inégalités fondées sur les différences des cultes, les monopoles économiques qui contrariaient la distribution naturelle de la richesse et mettaient obstacle à la liberté du travail ont été entièrement abolis. Au milieu d'une société où tout excès de pouvoir est devenu impossible, la liberté coule à pleins bords. Les intérêts po-

pulaires, loin d'être méconnus ou négligés, sont de la part de la chambre des
communes l'objet de la sollicitude la plus attentive et la plus prévenante.
Il y a émulation en Angleterre entre les pouvoirs publics et les partis pour
conduire le gouvernement à exercer son action dans l'intérêt de la classe
la plus nombreuse et la plus pauvre. Voilà ce qu'a fait, voilà l'esprit qu'a
propagé le régime parlementaire régénéré par la réforme de 1832. Il n'y
a donc pas lieu d'élever des accusations pressantes et menaçantes contre
un système électoral qui a produit de tels résultats; mais d'une autre part
les adversaires de l'extension du suffrage nous paraissent dépasser la mesure quand ils repoussent toute réforme comme exposant l'Angleterre au
débordement de la démocratie et à la tyrannie des majorités numériques.
Il n'est point indifférent et c'est au contraire un acte de prévoyance que
d'initier graduellement, quand on le peut, le plus grand nombre de citoyens possible à l'exercice des droits politiques. La tyrannie du nombre
n'est redoutable que lorsqu'elle déchaîne en effet sur la société des multi-
tudes jusque-là tenues arbitrairement à l'écart et privées imprudemment
de toute éducation politique. L'admission des masses au droit électoral ne
change point le caractère politique d'une nation, si cette admission s'accomplit régulièrement, pacifiquement, et non après un ébranlement violent
produit par des antagonismes de classes. La France a traversé une révolution en 1848, et en matière d'élections a subitement passé d'un étroit régime censitaire au suffrage universel. Le suffrage universel, exercé librement pendant la république, n'a pas donné, dans la représentation des
partis et dans le choix des députés, des résultats bien différens de ceux
que présentait l'ancien régime censitaire. L'exemple de l'Amérique est là
aujourd'hui et nous prouve que le droit d'élection donné au peuple, lorsqu'il se concilie avec une liberté sincère, est la plus puissante force de
discipline et de conservation que puissent avoir un gouvernement et un
pays. Le suffrage étendu n'enlèverait rien en Angleterre de leur supériorité
légitime aux influences sociales et intellectuelles. Nous reconnaissons donc,
avec lord Elcho et avec M. Lowe, qu'une réforme électorale n'est point
urgente en Angleterre; mais nous croyons aussi que des esprits fermes et
sensés ne doivent point s'offusquer de vaines craintes, fermer avec une
défiance hargneuse l'accès de la constitution de leur pays à la masse des
honnêtes travailleurs, et créer précisément l'antagonisme des classes sous
le prétexte d'empêcher la prépondérance abusive de la classe la plus nombreuse. Nous croyons avec M. Forster que si une politique aussi exclusive
et aussi systématique pouvait trop longtemps prévaloir en Angleterre, il
serait dangereux de laisser pour unique perspective du complet développement politique aux classes ouvrières anglaises l'émigration aux États-
Unis, dans ce pays dont un peuple de leur race et de leur langue fait la
terre de promission de la liberté et de l'égalité.

La capitulation du général Johnstone peut être regardée comme mettant
fin à la guerre civile des États-Unis. Ce qu'il restait encore de généraux à

la tête de petits corps confédérés suit l'exemple de Lee et de Johnstone et met bas les armes. De son côté, le gouvernement fédéral se hâte de licencier ses troupes et de réaliser des économies. Le dernier acte important de la guerre, la capitulation de Johnstone, a été signalé par un fait caractéristique qui a une fois encore montré au monde la décision et la force du gouvernement américain. C'est l'honneur de ce gouvernement d'avoir, dans le cours d'une guerre pleine de vicissitudes, vigoureusement maintenu la suprématie du pouvoir civil sur l'autorité militaire. Le gouvernement de Washington a été obligé, au dernier moment, de persévérer dans cette énergique discipline et de réparer un écart de l'un de ses plus illustres généraux. Sherman, plus soldat qu'homme d'état, avait mêlé à sa première convention avec Johnstone des stipulations d'un caractère politique et qui dépassaient sa compétence. Ses imprudentes et peu convenables concessions ont été sur-le-champ désavouées par le cabinet de Washington, et à la fin comme à l'origine de la guerre le sabre a dû céder au pouvoir civil. Le grand deuil qui a accompagné dans les principales villes de l'Union les funérailles de M. Lincoln est encore un fait qui doit vivement frapper l'attention de l'Europe. Quel spectacle que celui de New-York avec ses maisons drapées de noir, et suspendant durant douze jours ses affaires pour attendre le cercueil du magistrat-martyr, qui n'était, il y a peu d'années, qu'un citoyen obscur! Nous avons entendu, dans notre antique Europe, d'assommantes déclamations sur la nécessité du respect et sur le principe d'autorité que l'on veut nous faire adorer en d'absurdes idoles. Le véritable principe d'autorité, les États-Unis nous montrent comme il jaillit de la conscience d'un peuple libre; le véritable respect, nous voyons comment l'inspirent des chefs de pouvoir qui n'ont jamais voulu être les dominateurs impérieux de leur pays, et qui n'en ont été que les serviteurs dévoués jusqu'à la mort.   E. FORCADE.

ESSAIS ET NOTICES.

LES RÉFORMES EN TURQUIE (1).

Aucun pays n'a été plus exposé que la Turquie aux palinodies de l'opinion. Faveur du temps de Sélim, hostilité à l'époque de Tilsitt, sympathie au moment des premières réformes de Mahmoud, anathèmes à l'heure de la résurrection de la Grèce, condamnation lors des succès de Méhémet-Ali, enthousiasme au début de la guerre de Crimée, réaction à la suite de cette guerre, la Turquie a connu toutes les phases du bon et du mauvais vouloir. Tantôt les Turcs sont représentés comme des barbares qu'il faut

(1) *La Turquie en 1864,* par M. Collas.

refouler en Asie, tantôt comme les sauveurs de l'équilibre européen; mais si quelque chose doit les consoler d'appréciations aussi versatiles, c'est que la Grèce elle-même n'a pas été traitée avec plus de sang-froid, et que les publicistes de l'Occident épuisent tour à tour pour elle le dithyrambe et la satire.

Aujourd'hui que l'Orient est plus exploré, mieux connu, l'on peut se former facilement des idées moins contraires à la vérité. Il est temps de se prémunir contre ces exagérations si regrettables en politique, et de voir dans la Turquie ce qu'elle est réellement, c'est-à-dire une nation en retard, mais non pas incapable d'avancer. Aucune race, quelques préjugés que l'opinion publique ait contre elle, ne doit être mise au ban de la civilisation générale. Rien ne serait moins équitable qu'un pareil ostracisme. Sans doute, si l'empire ottoman ne pouvait subsister que par le fanatisme et le despotisme, personne n'aurait à faire des vœux pour le maintien de cet empire; mais est-il vrai que les Turcs soient voués fatalement à l'immobilité et à l'intolérance? « Certes, est-il dit dans le Coran, ceux qui suivent la religion juive, et les chrétiens et les sabéens, en un mot quiconque croit en Dieu et au jour dernier, et qui aura pratiqué les bonnes œuvres, tous ceux-là recevront une récompense du Seigneur; la crainte ne descendra point sur eux, et ils ne seront point affligés. — Point de contrainte en religion; la vraie route se distingue assez de l'égarement. » Malgré des explosions de fanatisme que nous retrouvons dans l'histoire de la Turquie comme dans la nôtre, les Osmanlis ne se sont pas en général montrés plus intolérans que la plupart des autres peuples. Arrivés en Europe sous le prétexte du triomphe de leur foi, le Coran d'une main, l'épée dans l'autre, ils n'ont cependant pas songé à la centralisation religieuse. Si en Asie et en Europe un certain nombre de chrétiens ont embrassé l'islamisme, l'immense majorité est restée librement attachée à sa foi. Le lendemain de la prise de Constantinople, Mahomet II partageait par nombre égal les églises entre les deux cultes. Il assistait comme souverain aux grandes cérémonies chrétiennes. « Mes sujets, disait-il, sont tous égaux devant moi; je ne les distingue que quand ils sont à l'église ou à la mosquée. » Les sultans n'ont-ils pas protégé l'aristocratie fanariote, les banquiers arméniens? N'ont-ils point signé les capitulations, véritables monumens de tolérance? Ne voit-on pas chaque année, le jour de la Fête-Dieu, les processions catholiques circuler à Constantinople, dans les rues des faubourgs de Péra et de Galata? Des reposoirs sont dressés, les cloches sonnent, le clergé chante des hymnes; les soldats turcs présentent les armes lors de la bénédiction du saint-sacrement. Il n'y a pas encore beaucoup de chrétiens dans les hautes dignités de l'empire ottoman; mais combien même de nos jours y a-t-il en Europe de Juifs dans les honneurs? Au lieu de déclarer en principe que l'intolérance est pour les Turcs un mal inévitable, ne vaut-il point mieux les encourager dans la voie libérale où ils ont fait un premier pas? Depuis quelques années, des chrétiens ont été investis de charges importantes. Un Grec et un Arménien siégent au grand-conseil; un catholique, Daoud-Pacha, gouverne le Liban. Il y a dans la diplomatie ottomane presque autant de chrétiens que de sectateurs de Mahomet. Le sultan Abdul-Azis a décidé la formation pour sa garde d'un corps de jeunes gens, appartenant aux premières familles musulmanes et chrétiennes, qui auront le rang d'officiers et qui conserveront leurs costumes nationaux. Ce sont là autant de symptômes favorables dont il faut reconnaître l'importance. « Je tiens à proclamer, a dit Abdul-Azis en montant sur le trône, que mon désir d'assurer la prospérité de mes sujets n'admettra aucune distinction, et que mes peuples de différentes religions et de différentes races trouveront en moi la même justice, la même sollicitude et la même persévérance à m'occuper de leur bonheur. » Assurément il y a partout en Turquie, comme dans bien d'autres contrées, une lutte opiniâtre entre la routine et le progrès. Quand il ceignit le sabre d'Omar dans la mosquée d'Eyoub, Abdul-Azis portait le costume de la réforme; mais les ulémas avaient revêtu l'ancien costume oriental. Le *hatti-chérif* de Gulhané et le *hatti-humayoun* de 1856 n'ont été, il est vrai, que partiellement mis en vigueur; l'Europe n'en doit pas moins prendre acte de toutes les promesses qu'ils renferment et favoriser le développement des germes de progrès qui ont été jetés sur le sol ottoman.

La meilleure manière de juger la question, c'est de regarder les choses avec sang-froid, sans songer aux remèdes héroïques ou aux bouleversemens universels; c'est de s'habituer à l'idée de la régénération de l'Orient par lui-même. La plupart des populations dont se compose l'empire turc n'aspirent pas à se séparer du sultan. Elles tiennent à conserver leurs mœurs, elles voudraient jouir de toutes les libertés, mais en même temps rester dans l'empire comme dans une sorte de fédération. Elles acceptent volontiers le secours et les lumières de l'Occident, mais à la condition de ne subir ni son influence ni son joug. Elles trouveront dans leur propre sphère et dans leur propre action des élémens de progrès. Elles ne conçoivent encore que très confusément sans doute les idées générales d'état et d'administration; mais elles ont toujours conservé les sentimens de famille, le culte profond du foyer, la foi dans l'avenir, et les différentes races de l'empire ottoman, sans être arrivées aujourd'hui à une maturité intellectuelle assez robuste pour prendre part en commun aux grands débats de l'esprit humain, sont peut-être moins éloignées qu'on ne le pense de l'heure d'une réconciliation.

Telle est la ferme espérance de l'auteur dont le livre nous suggère ces réflexions. Sous ce titre : *la Turquie en 1864,* M. Collas a fait une étude rapide et substantielle des ressources de l'empire ottoman. À ses yeux, la seule solution équitable et pratique de la question d'Orient, c'est le progrès économique et commercial de la Turquie, c'est l'application à ce pays des idées, des doctrines, des améliorations morales et matérielles qui ont été la source de la prospérité de l'Occident. Convaincu que, dans ce siècle de concurrence, la paix est pour une nation immobile une épreuve plus grave et plus redoutable que la guerre, il comprend toutes les difficultés, il signale toutes les crises de la période de transition que parcourt l'empire ottoman. Il reconnaît les réformes accomplies, mais il ne se dissimule en aucune façon tout ce qu'il faut encore d'énergie et de patience pour en poursuivre le développement. Armée, marine, finances, agriculture, commerce, travaux publics, il a tout étudié en Turquie, et son ouvrage contient des données statistiques qui présentent un intérêt réel.

L'armée ottomane a été définitivement organisée à l'européenne en 1842.
Le recrutement s'opère par le tirage au sort des jeunes gens âgés de vingt
ans et par l'enrôlement volontaire. Le *hatti-humayoun* de 1856 disait (article 14) : « L'égalité des impôts entraînant l'égalité des charges comme
celle des droits, les sujets chrétiens et des autres rites devront, aussi bien
que les musulmans, être soumis au service militaire. » Cette disposition
n'a pas été appliquée. Les chrétiens manifestent encore les plus vives répugnances à servir dans les rangs de l'armée de terre, et plutôt que de
subir la loi du recrutement, ils préfèrent continuer à payer l'impôt de la
capitation. Il faut pourtant le reconnaître, du moment où l'égalité des
races deviendrait dans l'empire ottoman une vérité pratique, il serait bien
difficile que les chrétiens n'entrassent pas dans l'armée, où leur présence
serait un élément de fusion. Tant que la carrière des armes leur sera fermée, ils ne pourront guère être traités sur le même pied que les musulmans, seuls chargés de défendre le sol ; mais le jour où Turcs et *raïas* seraient enrôlés sous les mêmes drapeaux avec des conditions égales de paie
et d'avancement, ce jour-là les priviléges de la race conquérante seraient
bien près de disparaître.

La marine militaire ottomane, détruite en partie à Sinope au début de
la guerre d'Orient, reprend aujourd'hui de l'importance. Les arsenaux de
Tersané et d'Ismid retrouvent une certaine activité. Les forêts de la Thessalie, de l'Épire et de l'Asie-Mineure contiennent en abondance des bois
de chêne. La Bulgarie et la Valachie fournissent des bois de mâture. On
trouve des chanvres, des cordages, de la houille sur les rives de la Mer-
Noire. La conscription maritime pourrait donner trente mille matelots
musulmans, et depuis 1847 des marins appartenant à la religion grecque
servent dans les équipages de la flotte ottomane. Ce qui manque à la marine turque, c'est un personnel indigène de mécaniciens et d'ingénieurs ;
ses progrès n'en sont pas moins réels, et elle tient un rang honorable
parmi les marines secondaires de l'Europe.

Ce n'est pas sous le rapport militaire que la Turquie est faible. Le danger pour elle est dans les vices de l'administration. Au moment de la conspiration de 1859, le sultan Abdul-Medjid, ouvrant les yeux sur l'étendue
et sur la gravité du mal, l'avait reconnu dans des termes empreints d'une
noble franchise. Il avait fait lire à la Porte un *hatti-humayoun* rédigé, dit-
on, par lui-même, et où il s'exprimait ainsi : « Comme ce n'est que par
l'adoption de mesures énergiques que nous pouvons nous tirer de l'abime
où nous sommes et sauver encore la foi et l'empire, il faut abandonner ou
transformer les habitudes, les actes qui occasionnent toutes ces dépenses ;
il faut réorganiser, avec l'aide de Dieu, l'administration générale du pays
sur des bases propres à lui rendre la confiance du monde. » Le gouvernement turc a d'ailleurs entre les mains tous les élémens de la richesse. Le
sol est d'une fertilité extraordinaire. La nature a doté la Turquie de cours
d'eau et de ports qui, avec un peu d'entretien, rendraient l'écoulement des
produits aussi facile que rapide. Le passé n'a pas légué au présent une situation onéreuse, puisqu'avant la guerre de Crimée il n'y avait pas de
dette publique. Les emprunts motivés par cette guerre ont été contractés
à des conditions avantageuses, grâce à la double garantie de l'Angleterre

et de la France. Et cependant à l'avénement d'Abdul-Azis la crise suscitée par le défaut de numéraire avait atteint les proportions d'un véritable danger public. D'après les chiffres donnés dans l'ouvrage de M. Collas, le budget présentait annuellement un déficit normal de 37,500,000 francs. La dette flottante dépassait 450 millions et tendait à s'accroître démesurément par de nouveaux emprunts, dont les intérêts annuels s'élevaient, y compris l'agio, à 50 pour 100. Enfin le gouvernement était comme accablé sous le poids de 230 millions de francs d'un papier-monnaie connu sous le nom de *caïmé*. On ne peut que louer les mesures adoptées pour mettre fin à cet état de choses. La conclusion en Europe d'un emprunt de 200 millions destiné au rachat des caïmés et à la liquidation de la dette flottante vint d'abord démontrer la hausse du crédit de l'état. Commencée le 13 juillet 1862, l'opération du retrait des caïmés était heureusement terminée en trois mois. On avait remboursé 998 millions de piastres de papier-monnaie (1).

L'année 1862 a vu également la création d'une cour des comptes. Une banque d'état a été fondée en janvier 1863. C'est une combinaison anglo-française dans laquelle sont entrés le Crédit mobilier de Paris et l'établissement de crédit privé qui existe à Constantinople depuis 1837 sous le nom d'*Ottoman-Bank*. La nouvelle banque impériale ottomane, fondée au capital de 67,500,000 fr., fonctionne depuis le milieu de 1863; elle fait des avances au gouvernement, elle encaisse les impôts de toute nature. Un deuxième emprunt de 200 millions, conclu par l'intermédiaire des fondateurs de cet établissement, en a suivi de près la création, et sur le montant de cet emprunt 150 millions ont été affectés au remboursement de la dette flottante. Enfin le gouvernement a adopté un nouveau système de comptabilité. Il a prescrit à chaque ministère de transmettre un budget détaillé au ministre des finances, qui, pour l'exercice 1863-1864, a publié le premier budget général des recettes et dépenses de l'empire. Une fois entrée dans cette voie de bonne administration financière, la Turquie saura, nous l'espérons, s'y maintenir. C'est ainsi seulement qu'elle pourra tirer parti des grandes ressources matérielles de son territoire.

Quand on songe que plus des deux tiers de l'empire sont incultes, quand on pense aux obstacles de tout genre qui découragent l'agriculteur et qui paralysent ses efforts, aux préjugés, à l'esprit de routine qui détruit dans leur germe tant d'élémens de prospérité, on s'attriste d'un état de choses d'autant plus regrettable qu'il est purement le fait de l'homme. Pourquoi le sol est-il en friche? Est-ce parce que le paysan dédaignerait un gain licite et une honnête aisance? Est-ce parce qu'il manque de force physique ou de courage moral? Non : c'est qu'il n'y a pas de sécurité pour le travail, c'est que les récoltes sont exposées à des confiscations, c'est que l'impôt ne se perçoit pas d'une manière régulière. M. Collas le dit avec beaucoup de raison : « L'homme qui n'a aucun intérêt à produire, parce qu'il ne peut pas vendre, n'a aucun intérêt à rechercher les perfectionnemens. Lorsqu'il sera

---

(1) La piastre turque vaut 23 centimes. Pour 100 piastres en caïmés, on recevait 40 pour 100 en monnaie de bon or, et 60 pour 100 en obligations portant un intérêt de 8 pour 100, dont 2 pour 100 affectés à l'amortissement.

permis à la production de prendre une marche ascendante, les connaissances pratiques se développeront d'elles-mêmes. » Ce qui s'est passé depuis trois ans en Turquie pour la culture cotonnière est une preuve de cette vérité. Dès que les cours élevés ont, par suite de la guerre d'Amérique, présenté un sérieux bénéfice, cette culture, originaire de l'Orient, où elle était abandonnée, a été reprise avec vigueur. Stimulée par l'aiguillon du gain, la Turquie a largement concouru à l'approvisionnement de l'Europe. Le gouvernement a, dans cette circonstance, très bien compris son devoir. Les terrains appropriés à l'exploitation du coton jouissent pour cinq ans d'une exemption absolue de contribution foncière. Les machines destinées à cet usage sont admises à l'exportation en franchise des droits. Des quantités considérables de graines ont été distribuées gratuitement. Des publications indiquant le choix du terrain, la préparation du sol, le mode de récolte, ont été faites aux frais de l'état et répandues à profusion. Dans chaque chef-lieu de province, des commissions composées d'étrangers et d'indigènes ont étudié les mesures les plus efficaces pour favoriser la précieuse culture. Qu'en est-il résulté? C'est que, d'après les chiffres donnés par M. Collas, la production cotonnière de l'empire, qui, en 1861, était environ de 9,500,000 kilogrammes, s'élevait, en 1863, à 50 millions de kilogrammes. Que la Turquie déploie la même activité dans les autres branches de l'agriculture, elle sera aussi promptement récompensée de ses efforts. L'exportation du blé, déjà considérable, atteindrait facilement des proportions immenses. Malgré des entraves de tout genre, l'échange des matières premières contre les objets manufacturés prend chaque jour une nouvelle importance. Que serait-ce, si les obstacles qui s'opposent au développement de la production ottomane venaient à disparaître, si l'interdiction de posséder des immeubles ne pesait plus sur les étrangers, si l'égalité des charges et des droits était assurée à tous les habitans sans distinction de race, si l'exportation devenait libre de province à province et de l'intérieur au dehors, si la Turquie, à peu près dépourvue en ce moment de moyens d'exploitation, de capital circulatif, de routes, de voies navigables, d'institutions de crédit, entrait résolûment dans la voie du progrès économique et réalisait avec suite et avec énergie les innovations nécessaires!

Le développement de l'agriculture se lie d'une manière intime à celui des travaux publics. En ce moment, les voies de communication sont encore dans l'état le plus fâcheux. Des routes abandonnées et transformées en fondrières impraticables, des rivières barrées en tout sens par des bancs de sable, par des digues de troncs d'arbre, çà et là des fragmens de voies pavées qui au bout d'une lieue ou deux se cachent de nouveau dans les broussailles, tel est le triste aspect qui frappe les yeux du voyageur. Les grands centres de population ne peuvent communiquer avec les localités voisines que très difficilement. En hiver, la circulation est pour ainsi dire impossible. Que devient alors le commerce? Supposons tout au contraire que les cours d'eau qui aujourd'hui, faute d'entretien, ne peuvent pas même porter de bateaux ordinaires soient sillonnés par de légers bateaux à vapeur mettant en communication l'intérieur du continent avec la mer, supposons que l'entrée des ports ne soit plus obstruée, que les habitans du pays réparent et entretiennent régulièrement les chemins vicinaux, que des routes importantes soient construites par l'état ou par des compagnies : alors tout se transforme, l'activité remplace l'inertie, et la richesse la pauvreté. Le gouvernement turc a fait dans ces derniers temps quelques louables efforts pour les travaux publics. La route carrossable de Beyrouth à Damas, concédée moyennant un privilége d'exploitation de cinquante années à partir de 1859, est maintenant terminée. L'état a décidé la construction d'une autre grande route reliant Alep à Bagdad. Une compagnie anglaise est chargée des travaux du port de Kustendjé, où aboutit le chemin de fer qui rattache le Danube à la Mer-Noire. De nombreuses concessions pour des voies ferrées ont été accordées par le gouvernement. Par malheur, la plupart du temps, les spéculateurs qui les avaient sollicitées n'avaient d'autre but que de chercher à convertir en numéraire le droit de concession qu'ils avaient obtenu. 200 kilomètres de chemins de fer construits ou en voie de construction sur les lignes de Kustendjé à Tchernavoda et de Smyrne à Aïdin, voilà le seul résultat accompli jusqu'à ce jour; mais le gouvernement a décrété deux nouvelles lignes : celle de Varna à Routchouk, qui contribuerait puissamment à l'amélioration d'une partie de la Bulgarie, et celle de Constantinople à Andrinople, avec deux embranchemens, l'un sur Bourgas dans la Mer-Noire, l'autre sur Rodosto dans la mer de Marmara. Les lignes télégraphiques ottomanes présentent maintenant en Europe et en Asie un développement d'environ 15,000 kilomètres. Le service postal, autrefois soumis au régime des fermes, a été converti récemment en une administration publique. L'usage des timbres-poste a été adopté. Les tarifs ont été réduits. Depuis 1860, une compagnie française est investie du privilége de l'exploitation des phares, et cent dix feux sont allumés sur le littoral de l'empire. C'est ainsi que la Turquie fait chaque jour de nouveaux emprunts à la civilisation de l'Occident. En 1863, elle ouvrait à Constantinople une exposition agricole et industrielle où était rassemblée une collection variée des produits indigènes, et sur la place At-Meïdan, qui occupe une partie de l'ancien hippodrome de Byzance, s'élevait le palais de l'industrie.

Enfin le commerce extérieur a fait de rapides progrès. Le mouvement commercial de la Turquie avec la France ne s'élevait en 1831 qu'à 31,546,700 fr.; il atteignait en 1862 une somme de plus de 252 millions. Le 29 mai 1863, M. Layard, parlant au nom du gouvernement britannique, constatait à la chambre des communes que l'importation d'Angleterre en Turquie était en 1831 de 888,684 livres sterling, en 1860 de 5,639,898, et que l'exportation de Turquie en Angleterre, qui, en 1840, ne montait qu'à la somme de 1,387,416 livres sterling, s'élevait en 1860 à celle de 5,505,492. Si la Turquie, entrant avec confiance dans la voie de la grande réforme économique destinée à faire le tour du monde, continue à abaisser successivement ses tarifs, elle trouvera dans l'application des doctrines libérales le secret de la prospérité. Les derniers traités de commerce qu'elle a conclus avec la France et l'Angleterre en 1861, avec la Russie et l'Autriche en 1862, sont un premier pas dans cette direction. Sous le régime antérieur, les marchandises importées en Turquie acquittaient un droit de 5 pour 100, et les produits exportés étaient soumis à des taxes dont le chiffre montait à 12 pour 100 de la valeur. Les nations étrangères avaient un grand intérêt à ce que les droits d'exportation fussent sensiblement diminués, au prix même d'une élévation des droits d'importation, les produits qu'elles tirent de la Turquie se composant presque exclusivement de denrées alimentaires et de matières premières mises en œuvre par leur industrie. Ce résultat a été obtenu par les derniers traités : ils ont stipulé que les marchandises n'acquitteraient plus, à l'entrée comme à la sortie, qu'un droit uniforme de 8 pour 100, qui, pour les produits exportés, diminuerait de 1 pour 100 chaque année jusqu'à ce qu'il fût réduit à une taxe fixe et définitive de 1 pour 100. L'expérience prouvera certainement que la réduction des tarifs est le meilleur calcul. L'état retrouverait sans aucun doute par l'essor de la production des avantages pécuniaires bien autrement considérables que ceux que la suppression du droit d'exportation lui ferait perdre. Si la Turquie veut profiter de ses relations avec l'Europe, il faut qu'elle s'habitue aux idées de libre échange. Ce n'est pas seulement sous le rapport politique, c'est au point de vue commercial et industriel qu'elle doit tenir à honneur d'entrer dans le concert européen. La véritable solution de la question d'Orient est dans le progrès économique.

Le sultan Abdul-Azis et les deux principaux hommes d'état qui sont à son service sont convaincus de cette vérité. L'un d'eux, Aali-Pacha, ministre des affaires étrangères, est un diplomate qui a dignement représenté la Porte au congrès de Paris. L'autre, le grand-vizir Fuad-Pacha, par les facultés complexes de son esprit, et surtout par la diversité des fonctions qu'il lui a été donné de remplir, rappelle le rôle des hommes politiques de l'antiquité. Il s'est occupé tour à tour de médecine et de littérature, d'administration et de diplomatie. Il a gouverné des provinces, dirigé des armées, accompli des missions importantes en Europe, en Afrique, en Asie. Il était en 1834 médecin de l'amirauté, en 1843 directeur du bureau de traduction de la Porte, en 1848 commissaire dans les principautés. Il a été grand-référendaire du divan, ministre de l'intérieur, ministre des affaires étrangères, président du conseil du *tanzimat*. En 1854, il étouffait l'insurrection d'Épire. En 1860, il était chargé de réprimer les troubles de la Syrie. Il a été mêlé à trop de grandes questions pour ne pas être pénétré de la supériorité de la civilisation occidentale et pour ne pas chercher à en répandre les bienfaits dans l'empire ottoman.

L'œuvre de la réforme est moins difficile en ce moment qu'à d'autres époques. Les relations de la Porte avec les puissances comme avec les états tributaires se sont en effet améliorées depuis l'avénement d'Abdul-Azis. Quand ce prince est monté sur le trône, les plus sombres inquiétudes attristaient les esprits. Les sanglantes catastrophes de Djeddah, de Deir-el-Kamar et de Damas semblaient les premières lueurs d'un incendie qui menaçait l'empire d'une vaste conflagration. Les affaires de Syrie présentaient les complications les plus graves. Les *raïas* de l'Herzégovine avaient pris les armes. Les provinces vassales voyaient l'avenir avec frayeur. Aujourd'hui la situation de la Turquie est moins tendue. La conspiration du fanatisme a été étouffée dans son germe, grâce à notre expédition de Syrie. Il est vrai qu'on a eu encore à déplorer le bombardement de Belgrade et la guerre du Montenegro; mais la sagesse de la diplomatie a empêché le développement des conséquences funestes que cette double crise eût été de

nature à produire. La Porte semble aujourd'hui reconnaître que son intérêt, comme son devoir, est de ménager la dignité des provinces tributaires.
Elle a compris par exemple qu'elle n'avait aucun avantage à contrarier les
vœux des principautés-unies du Danube dans ce qu'ils ont de légitime, et
le rapprochement opéré entre le prince Couza et la Turquie est un résultat
salutaire pour la paix de l'Orient. Les rapports du sultan et du vice-roi
d'Égypte ne sont pas moins satisfaisans. Au mois de février 1863, Ismail-Pa-
cha se rendait auprès du sultan pour en recevoir l'investiture, et, en sortant de l'audience, il était conduit à la Porte, où le firman était lu avec le
cérémonial qui préside à la nomination du grand-vizir et des autres fonctionnaires ayant le rang d'altesse. Au mois d'avril de la même année, le
sultan se rendait à son tour en Égypte, et se montrait plein d'égards pour
le vice-roi. L'incident regrettable de Tunis s'est réglé de même à la satisfaction commune, et le gouvernement turc a fini par renouveler dans les
termes les plus formels la promesse de respecter le *statu quo* de la régence.

La diplomatie n'a pas été sans exercer de l'influence sur l'apaisement relatif qui s'est manifesté dans ces diverses questions. Nulle part elle n'a un
rôle plus important et plus difficile qu'à Constantinople, nulle part elle n'a
plus d'initiative à prendre et plus de ménagemens à garder. Il faut qu'elle
tienne un juste milieu entre l'optimisme et le scepticisme, entre l'impatience et le découragement. La régénération de l'Orient est la plus longue,
la plus ardue, la plus complexe des entreprises. La première condition
pour apporter à une telle œuvre un concours efficace, c'est de se convaincre de la grandeur et de la difficulté de la tâche. Deux politiques bien
différentes se présentent en Orient au choix des cabinets de l'Europe, une
politique d'hostilité et une politique de bon vouloir. La première n'aurait
d'autre résultat que de désespérer la Porte, de jeter les populations dans
un sombre fanatisme, de creuser un abîme entre l'Orient et l'Occident. La
seconde, celle qui tend à prévaloir, familiarise la Turquie avec cette idée,
que la réforme est un bienfait et qu'une pensée de solidarité doit unir tous
les peuples musulmans ou chrétiens. Elle conseille à la Porte de ne pas
chercher à détruire des libertés et des prérogatives conservées par les
populations à l'époque même de la conquête, de renoncer à toute arrière-
pensée de lutte contre l'esprit de tolérance qui est l'un des principaux
attributs de la société moderne, en un mot de donner une libre carrière
aux espérances et aux aspirations raisonnables des sujets ou des vassaux
de l'empire. Grâce à cette politique, qui soumet graduellement la Turquie
à l'action amicale et civilisatrice des puissances, Constantinople, au lieu
d'être un champ de bataille diplomatique, tend à devenir un terrain de
conciliation, et les réunions des représentans des différentes cours ressemblent à des congrès périodiques dont les travaux rappellent quelquefois
les délibérations parlementaires les plus intéressantes. Du moment que la
diplomatie renonce aux rivalités d'influence exclusive, elle rend à la paix
de l'Orient des services véritables. Cette politique est à la fois une protection et une garantie, et, en permettant au gouvernement turc de se consacrer sans inquiétude au développement des ressources intérieures de l'empire, elle raffermit les bases de l'équilibre européen.   I. DE SAINT-AMAND.

THÉATRE-FRANÇAIS.

LE SUPPLICE D'UNE FEMME.

Si l'on veut avoir une idée de ce que peuvent produire l'illusion théâtrale, l'audace des situations, la dextérité de la mise en œuvre, surtout
l'intelligence et la passion des interprètes, il suffit d'examiner la pièce que
vient de représenter le Théâtre-Français. Voici un tableau dramatique où
abondent les choses impossibles, où les contradictions se heurtent, où les
caractères sont faux. Or telle est l'adresse des mains qui ont façonné tout
cela, tel est l'art consommé des acteurs, que cette œuvre inacceptable vous
saisit, vous étreint, et que ce tissu de contradictions paraît une merveille
de logique. C'est donc aussi une merveille de poésie théâtrale, s'il est vrai
que la grande affaire au théâtre soit de déconcerter ses juges et de ravir
les cœurs? Oh! ne prononçons pas ce mot de poésie; la poésie vraie, l'invention durable veut d'autres victoires que celle-là : il y faut autre chose
qu'un trompe-l'œil, autre chose que la surprise des nerfs. « L'imbécile!
comme il m'a fait pleurer! » disait un jour Diderot après avoir entendu
un prédicateur dont le pathétique violent avait touché ses fibres sans
émouvoir son âme : protestation très juste, quoique fort impolie, de ce
principe moral que chacun porte en soi, de ce principe qui sent, qui
souffre, qui aime, qui juge, qui doit juger du moins, et qui trop souvent
aujourd'hui se laisse dominer par la sensibilité inférieure. Il y aurait, pour
le dire en passant, un curieux chapitre de psychologie littéraire à écrire
sous ce titre : « De la décadence de la sensibilité au xixe siècle chez les
lecteurs de romans et le public des théâtres. » Je ne crois donc pas que
la pièce si fort applaudie l'autre jour, la pièce qui a fait verser tant de
larmes, enrichisse le patrimoine de notre littérature dramatique; mais je
suis persuadé que l'auteur véritable, — on assure qu'il y en a plusieurs et
que cette paternité en commun, tour à tour désavouée avec mystère et
revendiquée avec éclat, a donné lieu à d'étranges imbroglios, — je suis persuadé que le véritable auteur est rompu dès longtemps à toutes les stra-
tégies de la scène; on reconnaît ici le coup-d'œil, la main, le compas d'un
ingénieur qui sait son métier.

Mme Dumont est la femme d'un riche banquier de Paris. Nulle existence,
à ne juger que les dehors, ne serait plus digne d'envie. Son mari l'aime,
non pas seulement de cet amour qui tient à l'ardeur de la première jeunesse, mais de cette passion tendre et profonde qui croît avec les années
quand le cœur est demeuré pur. Une jolie petite fille, voix argentine, esprit éveillé, fait résonner les grelots de la joie au sein de ce chaste bonheur. Si le financier a traversé de mauvais jours, aucune crise désormais
ne saurait l'atteindre; un ami, devenu son associé, l'a aidé de ses millions
à rétablir sa maison compromise, et son zèle, son honnêteté, son intelligence, la juste considération qui l'entoure, ont fait le reste. Heureuse la
famille que dirige un tel chef! Pourquoi donc Mme Dumont est-elle si triste?
Pourquoi cet accablement profond? Aujourd'hui même, c'est la fête de la
petite Jeanne, il pleut des cadeaux, un bal d'enfans va réunir ses compa-

gnes; le père s'est donné congé pour jouir tout à son aise de cette journée
de famille, la mère est soucieuse comme toujours, et quand elle a répondu
par un sourire vrai, quoique douloureux, aux questions inquiètes de ce
mari qui l'adore et qu'elle aime, l'inexorable mal a bientôt ressaisi sa proie.
C'est qu'il y a un secret horrible dans cette maison enviée; ce paradis est
un enfer. L'ami, l'associé de M. Dumont, Jean Alvarez, au moment même
où il le sauvait de la ruine en lui prêtant sa fortune, est devenu amoureux
de sa femme, et la malheureuse a succombé. Une heure, un instant d'i-
vresse, et sa vie a été empoisonnée à jamais. La petite Jeanne, dont Jean
Alvarez est le parrain, n'est point la fille de M. Dumont. Depuis cette heure
fatale, l'épouse déchue, rivée à sa faute comme le forçat à la chaine infa-
mante, subit le plus odieux des supplices. En vain a-t-elle horreur de
l'homme qui l'a séduite, en vain est-ce son mari qu'elle aime : Alvarez est
toujours là, réclamant ses droits, prolongeant bon gré mal gré la faute
transformée en crime, contraignant la victime à une infamie secrète en la
menaçant de l'infamie publique, jaloux du mari aimé, lui disputant chaque
jour, sans relâche, sous ses yeux mêmes, sa femme éperdue, lui disputant
sa fille, et se servant de l'innocente, ô profanation! pour espionner les
secrets de l'alcôve. Voilà sept ans déjà que dure ce supplice. Si l'infortunée,
à bout de forces, veut s'enfuir de sa geôle, si elle décide son mari à partir
pour l'Italie secrètement, précipitamment, Alvarez, informé par le mari
même, — et comment ne le serait-il pas, puisqu'il est l'associé du banquier
et que pendant ce voyage il doit le remplacer à la tête de sa maison? —
Alvarez ramène son esclave sous le joug. « Vous ne partirez pas, ou je dirai
tout! Vous m'appartiendrez, ou vous êtes perdue! » Effrayée de ces cris,
de ces violences, la victime, chez qui tout ressort moral semble brisé,
courbe la tête en poussant des sanglots, et rentre dans son enfer. Le mari
est si confiant, l'amant si odieux, la femme si lâche, que cette situation
impossible durerait encore bien des années sans l'intervention, fort utile
cette fois, du scandale public. L'envie a fait son œuvre, la médisance a
parlé, l'explosion est prête, et avant que la journée soit finie M. Dumont
sera charitablement édifié sur les inexplicables tristesses de sa femme.

C'est maintenant Alvarez qui est impatient de partir; prévenu du péril,
il veut emmener Mathilde et Jeanne, la mère et l'enfant. «Partons! je suis
votre seul refuge. Allons au bout du monde, et soyez à moi seul. » Voilà
ce qu'il lui écrit dans un billet que la petite Jeanne apporte à sa mère,
tandis que les joyeux éclats de la fête enfantine emplissent toute la maison.
Partir avec l'homme qui la torture depuis sept ans! oh! non, ce n'est pas
là qu'est son refuge. Que devenir alors? comment échapper à la honte?
où trouver un asile? La mort serait bien un dénoûment; mais soit qu'un
instinct secret l'avertisse qu'elle n'a pas le droit de se soustraire à l'expiation, soit que le courage lui manque, comme elle dit, elle n'ose point se
frapper elle-même. N'a-t-elle point encore sa vieille mère, une sainte femme,
dont elle ne saurait soutenir la vue, et que ces révélations tueraient? Elle
n'ajoutera pas ce crime à tant de hontes. Pendant qu'elle délibère ainsi
avec elle-même, dans le paroxysme de la confusion et de l'horreur, brisée,
abattue, anéantie, elle voit arriver son mari. Ah! voilà le soutien, voilà le
refuge; c'est à lui de frapper, à lui de dénouer comme il voudra ce drame

épouvantable. Il est le sage, il est l'offensé, il est celui qu'elle aime, il est
le juge. Qu'est-ce donc? s'écrie l'excellent homme. Quel malheur as-tu appris? quelle nouvelle? Pourquoi ce désespoir? Alors, par un instinct vrai
cette fois, comme le coupable qui éprouve le besoin de se livrer lui-même
à la justice, elle tend à son mari la lettre d'Alvarez. Dumont n'y comprend
rien d'abord, mais bientôt la pâleur, les sanglots, les cris de la malheureuse prosternée à ses pieds lui disent tout. Il apprend aussi que la petite
Jeanne n'est pas à lui. Exprimer la stupeur, les combats intimes, les soubresauts de sentimens contraires dans cette âme bouleversée, c'est là le
triomphe du comédien. L'auteur donne une situation, le comédien fait la
musique. « Eh bien! que faites-vous ici, madame?... partez donc, partez!...
Non, restez! je le veux. » Il s'est calmé, il se possède, il va remplir son
devoir de justicier. Son plan est bientôt fait, car il y a des heures dans la
vie où le cerveau travaille avec une rapidité foudroyante. Il s'agit d'abord
de sauver la dignité du foyer, de sauver l'enfant innocent. Il fait venir
Alvarez, il le démasque, et le traîne dans sa honte. « A ma place, sans
doute, vous rendriez un duel inévitable; mais, si je vous tuais, où serait
l'expiation? si vous me tuiez, où serait la justice? » Non, la justice aura
son cours; Alvarez est condamné au déshonneur, Alvarez reprendra aujourd'hui même les fonds à l'aide desquels il a sauvé son ami; Dumont
sera ruiné, et le monde croira que l'indigne ami, n'ayant pu suborner
une honnête femme, s'est vengé de ses dédains en réduisant une famille
à la misère. « Mais c'est une infamie que vous exigez de moi! — En êtes-
vous donc à les compter? » Quant à Mathilde, elle reprendra sa dot et se
retirera auprès de sa mère, n'ayant pas le courage d'accepter une vie de
privations à côté de l'homme qui lui a donné son nom. Ainsi l'ordonne le
mari outragé. Il condamne Mathilde à l'ingratitude, comme Alvarez à l'infamie. « Et si je refuse? s'écrie ce dernier. — Vous savez, reprend le banquier, que je n'ai jamais manqué à ma parole. Si vous refusez de faire l'un
ou l'autre ce que j'ai le droit d'ordonner à tous les deux, je jure que dans
un instant je me fais sauter la cervelle. Une lettre jointe à mon testament
fera connaître la cause de ma résolution. » La sentence prononcée, les
condamnés s'éloignent : Alvarez va consommer son infamie dans la crainte
d'une infamie plus grande encore; Mathilde s'enfuit en sanglotant de la
maison désolée. Le père reste seul, seul avec la petite Jeanne, avec l'enfant
de l'adultère, qu'il s'est accoutumé à considérer comme le sien propre, et
dont l'innocente tendresse est désormais sa consolation unique. « Je la
garde, dit-il; moi seul, je puis l'élever et en faire une femme honnête. »

Telle est la substance du drame. Ne voit-on pas, d'après ce résumé impartial, tout ce qu'il a fallu d'habileté scénique, de précautions, de calculs,
tout ce qu'il a fallu aussi d'adresse et d'entrain chez les acteurs pour faire
accepter une situation si révoltante et si fausse? Admirable logique, a-t-on
dit; le point de départ une fois donné, les événemens s'enchaînent, se précipitent, et toute résistance est broyée dans l'engrenage irrésistible. Avant
d'admirer cette logique, protestons d'abord contre l'invention même. Lorsque Mathilde, au deuxième acte, a confessé à son mari l'énormité de sa
faute, quand elle ajoute qu'elle n'avait point d'excuse, qu'elle n'aimait pas
Alvarez, que c'est son mari qu'elle aimait tout en le trahissant chaque

jour, l'infortuné s'écrie avec une stupeur de mépris plus terrible encore
que la colère : « Quelle femme êtes-vous donc? » Eh bien! c'est ce mot qui
condamne la pièce. Dès les premières scènes, bien avant que le malheureux Dumont ait jeté ce cri, tout spectateur intelligent a eu le temps de
se dire vingt fois la même chose : « Quelle femme est-ce donc là? » Quoi!
sept ans d'adultère forcé! sept ans d'ignominies perpétuelles! Mais ce n'est
pas de la tristesse qu'elle doit éprouver, ce n'est pas une vague souffrance
entremêlée de sourires; l'avilissement moral est à son comble, cette créature n'est plus une femme. Remarquez d'ailleurs que, malgré les précautions du metteur en œuvre, l'horreur et la fausseté du drame sautent aux
yeux tout d'abord. Si le sentiment humain se révolte contre une donnée
pareille, ce n'est point par une réflexion rétrospective. Nous le voyons à
l'œuvre, cet amant devenu le bourreau de la femme qu'il a perdue; il ose
faire espionner la mère par l'enfant; il ose dire à l'épouse qui prononce
le nom de son mari : « Je vous défends de l'appeler Henri devant moi.» Il
ose enfin exercer sa domination par les moyens les plus violens, pousser
des cris, proférer des menaces, où cela, je vous prie? Dans un salon ouvert
à tous, sous les yeux des laquais, à la porte du cabinet de l'époux, et nous
apprenons de la victime que ces brutalités se renouvellent tous les jours
depuis sept années. S'il y avait encore dans le public mélangé de nos théâtres quelque reste de cette délicatesse littéraire et morale tant redoutée
autrefois, une telle scène n'aurait pu être écoutée jusqu'au bout.

La violence et la fausseté de la conception pèsent sur l'ouvrage tout entier. La rapidité de l'action, la marche haletante de la pièce, ces incidens
qui se pressent et courent au but, tout cela était nécessaire en un pareil
sujet. Je dirai même que l'agilité matérielle de la mise en scène était ici
une condition indispensable; quelques minutes d'entr'acte, pas davantage :
il ne fallait pas que le spectateur eût le temps de respirer. Quelle que soit
pourtant l'habileté de l'escamotage et malgré tout le talent des acteurs,
est-il besoin d'une grande sagacité pour découvrir le défaut de la cuirasse?
Le vice de cette œuvre, c'est la sécheresse. L'héroïne est trop lâche pour
qu'on soit touché de son supplice. Tomber et se relever, telle est bien la
condition de l'humaine nature. Quoi de plus dramatique et de plus émouvant, quoi de plus humain que le repentir après la faute? Il y a là des
sources d'inspiration poétique. L'auteur, en traçant le plan de son œuvre,
s'est interdit ces trésors. Ne parlez pas de repentir à propos de cette malheureuse; elle n'éprouve qu'une tristesse sans courage, elle ne se dénonce
qu'à la dernière extrémité. Ce n'est pas sa conscience, c'est la fatalité
des faits qui la pousse à se livrer à son juge. La scène très bien conduite, et surtout admirablement jouée, où Mathilde remet à son mari la
lettre qui va déchirer son cœur, cette scène, le point culminant de la
pièce, serait bien autrement dramatique, si la conscience était en jeu. On
n'aperçoit ici que l'instinct, le vague instinct de la naufragée au moment
où elle va disparaître dans l'abime. Pas de conscience, point de drame.

En face de la brutalité à la fois odieuse et invraisemblable de l'amant,
en face de l'avilissement de la femme, avilissement impossible dans la situation d'esprit qu'on lui prête, et contre lequel protestent toutes les
femmes, le mari seul est vrai. Il est vrai et touchant quand il domine les

mouvemens tumultueux de son cœur sous le coup de l'horrible épreuve; il est vrai et poétique lorsqu'il repousse l'enfant qui n'est pas le sien, et qu'aussitôt après, faisant éloigner la mère, il rappelle à lui la pauvre innocente, la presse contre son cœur, la couvre de baisers. L'homme excellent triomphe de lui-même dans ce mouvement surhumain. Que l'auteur y ait pensé ou non, il y a ici un trait de haute vérité morale. Rien de plus naturel pour l'homme de cœur que de s'élever au-dessus de la nature. Régnier a eu moins de mérite à faire valoir ce rôle que Mlle Favart à dissimuler tout ce qui nous répugne dans le caractère de Mathilde, Lafontaine a représenté Alvarez avec passion; mais comment aurait-il évité le mélodrame? Un rôle spirituellement écrit et lestement enlevé par Mlle Ponsin est celui de Mme Larcey, la médisance en personne, le type de la femme désœuvrée, frivole, effrontée, sans âme, dont le babil impertinent amène ou explique les péripéties. Quant à l'enfant qui joue le rôle de la petite Jeanne, il fallait bien qu'elle traversât cette odieuse histoire, puisque sa présence contribue à faire éclater les fureurs espagnoles d'Alvarez et qu'elle fournit d'ailleurs à l'honnête Dumont les seuls accens émus dont la pièce retentisse; nous souhaitons toutefois qu'on nous épargne à l'avenir de pareils spectacles. Plus elle est naïve, cette gentille enfant, plus on ressent une impression pénible à la voir circuler ainsi au milieu de ces sombres aventures.

Quand une œuvre, même des plus contestables, paraît saisir aussi vivement le public, il est naturel de se demander quels symptômes elle révèle. Quel genre de drame est-ce donc là? Il y a une centaine d'années, un écrivain justement oublié de nos jours, mais vanté par Voltaire, par d'Alembert et Grimm, avait inventé un genre qu'on appelait par dérision *le comique larmoyant*. Grimm proteste avec raison contre cette façon railleuse d'écarter les innovations perpétuellement nécessaires au théâtre. Il démontre fort bien que la comédie peut provoquer les larmes, qu'elle peut même devenir tragique; mais il veut qu'elle soit toujours le tableau de la vie et l'étude de l'homme. Il voudrait surtout qu'on ne s'avisât plus de confondre la comédie avec le roman mis en action. En distinguant la comédie du roman dramatique, Grimm ne condamne pas ce genre nouveau; il maintient seulement les degrés. « Il est vrai, dit-il, que la bonne comédie est l'ouvrage d'un génie bien supérieur, et qu'il est bien plus difficile de développer un caractère avec toutes ses nuances, et de le placer dans un tableau vrai, simple, intéressant, que d'imaginer des aventures et de représenter des événemens romanesques. Il faut du génie pour l'un. l'imagination suffit pour l'autre; mais après l'admiration que nous arrache un excellent comique, le suffrage que nous accordons au *romancier dramatique*, si on peut l'appeler ainsi, n'est pas moins juste, et il faut beaucoup d'art, beaucoup d'âme et une grande connaissance du cœur humain pour réussir dans ce dernier genre. » Si l'on applique ces curieuses paroles de Grimm à l'état présent de notre théâtre, on verra que ce genre dont on abuse si fort aujourd'hui, ce genre si répandu et considéré comme une conquête, avait déjà obtenu d'assez grands succès au siècle dernier. Seulement le public en applaudissant ces romans arrangés en drame, la critique en les acceptant comme une des formes de l'art, y mettaient des conditions très précises. Voilà une différence assez grave entre les deux périodes. Certes je ne veux pas dire que

le théâtre de 1865 ne puisse soutenir la comparaison avec le théâtre dont
Grimm s'était fait le chroniqueur. Nos écrivains ont plus d'art, une touche plus ferme, un dessin plus arrêté, alors même qu'ils se trompent,
et l'on voit bien qu'ils ont profité, à leur insu ou non, de cette crise féconde qui depuis Lessing et Herder, depuis Goethe et Schiller, sans oublier
les Schlegel, a renouvelé toute la littérature de l'Europe ; mais si les écrivains ont gagné quelque chose à ce progrès général, si M. Émile Augier a
plus de vigueur et M. Octave Feuillet plus de poésie que Destouches et La
Chaussée, il me paraît évident d'autre part que le public et la critique,
dans la période de langueur que traverse la littérature proprement dite,
ont des exigences bien moins élevées que la critique du dernier siècle.
Je reviens ici à l'ouvrage qui me suggère ces réflexions. En parlant de ces
comédies ou drames qui se confondent avec le genre romanesque, Grimm
y voulait « beaucoup d'art, beaucoup d'âme et une grande connaissance
du cœur humain. » Il y a beaucoup d'art dans le Supplice d'une femme ; je
n'y trouve presque point d'âme, et j'ai été obligé d'y signaler des fautes
énormes contre la vérité humaine, comme disait Gustave Planche. L'œuvre
a réussi pourtant, et personne, en signalant l'adresse qui révèle ici une
main exercée, ne songe à réclamer au nom des principes du grand art.
Indifférence ou timidité, il y a là un symptôme fâcheux.

Nous prions les auteurs de nous pardonner, si nous les perdons de vue
en considérant les choses d'un peu trop haut. Il faut maintenir pourtant
le droit du jugement public, et si une pièce, quelle qu'elle soit, éveille
des idées dont l'avenir de l'art puisse tirer parti, nous demandons la permission de les exprimer, dussent-elles dépasser la portée de l'œuvre en
litige. J'ai parlé de fâcheux symptômes littéraires révélés par le succès
du Supplice d'une Femme ; au point de vue de la moralité du théâtre,
c'est un symptôme meilleur que nous avons à mettre en relief. On commence à se fatiguer de la peinture du désordre. Ces revendications du
droit de l'amour, ces atteintes à la dignité du mariage, toutes ces déclamations malsaines si fort à la mode il y a une trentaine d'années avaient
fait place à l'étude plus malsaine encore des sociétés interlopes. La passion
d'un Antony, si effrontée qu'elle fût, était sans doute moins pernicieuse
que la curiosité de l'observateur établi dans les boudoirs suspects. Les em-
portemens de la nature valent mieux que la corruption froide. Et puis les
héros de la première école pouvaient passer pour des exceptions au sein
d'une société active et régulière ; les héros de la seconde formaient une
légion. Il semblait que toute la nation fût attentive aux aventures des
courtisanes. Enfin, Dieu merci, nous voilà débarrassés de l'une et de l'autre
école. Ce n'est plus le mari outragé qui a le mauvais rôle, et le monde des
Phrynés excite l'ennui autant que le dégoût. Cela suffit-il pourtant ? N'a-
vons-nous pas encore de mauvais souvenirs à balayer ? Est-ce que la comédie ne sortira pas enfin de l'étroite enceinte où elle s'enferme ? À voir les
œuvres théâtrales qui ont la prétention de peindre la société de nos jours,
il semble que la question de l'adultère soit la question unique. C'est fort
bien fait assurément de venger le mariage si longtemps outragé, de peindre
le supplice de la femme coupable, de mettre à nu les tortures et la honte
du suborneur ; ne serait-il pas mieux encore d'ouvrir les fenêtres, de dissi-

per cette atmosphère impure et de regarder vivre l'humanité au grand soleil? Soit pour la comédie, soit pour le drame, il y a autre chose que ces
recoins et ces ténèbres. Dans les sociétés issues de 89, la comédie, comme
le drame, a devant elle tout un domaine nouveau. Pour y marcher d'un
pas sûr, il faut sans doute quelque chose de plus que l'adresse du métier
et les combinaisons de la routine; en revanche, l'inventeur ingénieux et
puissant qui répondrait à ce besoin de la conscience publique serait assuré
d'une récompense égale à son effort. Le niveau de l'art s'élèverait avec la
société elle-même, et l'auteur, au lieu d'enregistrer un succès de quelques
soirs dont ses interprètes réclament la plus grande part, inscrirait son nom
parmi les maitres.

Mais tandis que nous rêvons ainsi à l'avenir de l'art, un incident nous
ramène à l'imbroglio de personnes que nous voulions écarter. Le Supplice
d'une femme vient de paraître accompagné d'une préface. On sait maintenant pourquoi l'affiche ne peut porter le nom de l'auteur : il y a deux
pièces au lieu d'une. La première a été lue le 14 décembre 1864 au Théâtre-
Français; la seconde, représentée le 29 avril 1865, a été tellement rema-
niée, refondue, par un écrivain jeune encore, mais d'une vieille expérience
théâtrale, que ce collaborateur, ce traducteur, cet élagueur (la préface lui
donne tous ces titres) est en réalité l'auteur du succès, d'un succès qu'il
ne peut décemment réclamer tant que l'inventeur du sujet refuse de donner son nom. C'est encore un supplice, comme on voit, supplice de comédie, pour faire pendant au supplice du drame : l'auteur élagué condamne
l'élagueur victorieux à garder l'anonyme sur l'affiche. Bien plus, il lui
prouve que son œuvre est absurde. « Tels qu'ils se meuvent, ces caractères
se contredisent et ne résistent pas à l'examen. Il a fallu, pour les faire accepter du public et pour qu'il n'y regardât pas de trop près, tout le talent,
l'immense talent, que les artistes ont déployé. Mathilde s'accuse et ne s'excuse pas; elle dit ce qu'elle ne doit pas dire, elle dit ce qui en fait une
femme vulgaire. » Nous avons exprimé ce sentiment, et même quelque
chose de plus; ce n'est donc pas à nous que s'adresse la préface quand
elle « ose blâmer la critique de l'excès de son indulgence. » Malheureusement, si l'on condamne chez le second écrivain la mise en œuvre des caractères, ce n'est pas une raison pour souscrire à l'éloge que le premier
se décerne en ces termes : « Tels que je les avais idéalisés, les caractères
de Mathilde, de Dumont et d'Alvarez étaient trois caractères honorables
aux prises avec une situation inextricable. » La préface ajoute qu'en passant de la pièce périlleuse à la pièce applaudie, « on tombe de toute la
hauteur de l'idéal dans ce que la réalité a de plus vulgaire et de plus bas; »
elle insinue plus loin que la pièce périlleuse est la Phèdre de Racine, et la
pièce applaudie la Phèdre de Pradon. Pourquoi tant de colère? Entre les
deux conceptions du Supplice d'une femme, la distance n'est pas si grande.
Le vice des deux ouvrages est dans la situation même. Des deux collaborateurs, l'un invoque ce qu'il appelle l'idéal, l'autre s'en tient à ce qu'il
croit la réalité : à dire toute notre pensée, la vérité n'est nulle part, et
c'est elle seule pourtant qui fait les succès durables.   S.-R. T.

V. DE MARS.

M. SYLVESTRE

A MON AMI EUGÈNE FROMENTIN.

LETTRE Ire. — A PHILIPPE TAVERNAY, A VOLVIC (PUY-DE-DÔME).

Paris, 2 février 64.

Oui, mon Philippe, c'est vrai : je suis ruiné. Mon oncle, l'homme aux trente mille livres de rente, me donne sa malédiction en des termes qui ne me permettent plus d'accepter la pension qu'il daignait me faire et l'avenir qu'il se promettait de m'assurer. Quels sont donc ces termes? me diras-tu. Dispense-moi de te les répéter. Le cher oncle n'est pas léger, tu le connais ; sa colère procède à coups de massue. Ancien maître de forges, il a gardé quelque chose de l'énergie brutale de ces marteaux-monstres qui, sous l'action de la vapeur, frappent et façonnent le métal. C'est donc en vain qu'on est fer soi-même et qu'on a passé sa jeunesse à se donner une bonne trempe. Toute solidité de caractère, toute fermeté d'âme, toute dignité, sont broyées sous l'attentat perpétuel de la force irréfléchie et têtue. Ne voulant pas plier, j'ai été brisé, reconnu bon à rien et jeté dehors avec les rebuts.

Je ne m'en porte pas plus mal, Dieu merci, et me voilà libre de choisir ma voie, ce qui n'est pas une mince satisfaction, je te jure. Je dois même t'avouer que pour la première fois de ma vie je me sens depuis quelques jours parfaitement heureux. Je vais, je viens sans but, je flâne, je respire, il me semble que mon âme emprisonnée se dilate et se renouvelle ; je n'ai pas besoin de penser à

mon sort futur, je possède quelques centaines de francs qui me
permettent d'aviser, et je peux donner le reste de la semaine à mon
dernier et délicieux *far niente*.

Pourtant mon oncle m'aimait à sa manière. Eh bièn! moi, je
l'aime aussi, à la mienne, et s'il me retire son affection en même
temps que ses bienfaits, j'en serai profondément affligé; mais cela
ne me paraît pas possible. Il se souviendra de mes soins, de ma
sincérité; il me regrettera, il me rappellera, et je courrai l'embrasser sans rancune et sans hésitation. Seulement qu'il ne me parle
plus de lui devoir mes moyens d'existence. Cela, c'est fini, je ne
veux plus retomber en sa possession, je veux m'appartenir; j'ai
vingt-cinq ans bientôt, il me semble que j'ai le droit de me dire
majeur et d'agir en conséquence.

Tu me demandes ce qui s'est passé, si c'est encore pour un mariage. Tu crois rire? Eh bien! c'est pour un mariage, troisième
sommation. Tu sais que j'avais à peine vingt et un ans quand il
voulut me faire épouser une demoiselle blonde que je trouvai laide.
Deux ans plus tard, c'était une brune, moins riche, point laide,
mais d'un ton si tranchant et d'un caractère si tranché que je cours
encore. Enfin le mois dernier, c'était une rousse fort belle, j'en
conviens, car le préjugé contre les rousses s'est changé en engoû-
ment dans nos idées d'artistes, et je suis de ceux qui aiment à protester contre les erreurs du passé. Je n'avais donc pas d'objection
contre la couleur, et mon oncle, qui avait employé je ne sais combien de précautions oratoires pour me préparer à voir ma fiancée
rayonner de tous les feux de l'aurore, rayonna de joie lui-même
quand je lui déclarai que j'aimais le rouge; mais, hélas, quand je sus
le nom de la personne, je refusai net. C'était la fille de Mlle Irène,
riche de cent mille livres de rente, fruit de ses petites économies,
prélevées sur la fortune de MM. A., B., C., tu peux ajouter toutes
les lettres de l'alphabet. Comprends-tu que mon oncle, un honnête
homme, soumis aux lois de son pays, officier de la garde nationale,
décoré, affilié à la société de Saint-Vincent de Paul, etc., veuille
m'enrichir en me faisant épouser la fille d'une courtisane? J'ai répondu que je voulais bien faire connaissance avec elle, et que, si
elle me plaisait, je consentais à l'épouser à la condition que madame sa mère ne lui donnerait pas seulement une chemise. Là-
dessus mon oncle, qui n'entend pas de cette oreille et pour qui
tout vice est purifié dès qu'il prend la forme d'argent monnayé, me
demande si je me moque de lui et me menace d'une correction par
trop paternelle. Il y avait longtemps que toutes nos discussions
aboutissaient à des résultats qui menaçaient de prendre cette tournure funeste. J'étais forcé d'en rire; ce rire l'exaspérait, et ce jour-
là je craignis pour lui une attaque d'apoplexie. En vérité, j'ai trop

tardé à prendre le parti que je prends aujourd'hui, mais le voilà pris et sans retour, parce que je sens, à la joie de ma conscience, qu'il est bon. Non, il ne faut pas qu'un homme dépende d'un autre homme, cet homme fût-il son propre père. Dépendre, c'est-à-dire obéir sans examen à des volontés quelconques! Malheureux les enfans qui sont soumis à ce dangereux régime! Moi, qui ai toujours protesté, je n'en vaux pas mieux au bout du compte, car si j'ai préservé mon honneur et sauvé ma juste fierté, j'ai dû malgré moi perdre ce tendre respect et cette sainte confiance qui sont la religion de nos jeunes années; mais de quoi me plaindrais-je? Je suis comme tous ceux de la génération à laquelle j'appartiens. Si ce n'est contre nos propres parens que la lutte s'engage, c'est du moins contre *nos pères* dans le sens général du mot, c'est contre le culte de l'argent porté si loin sous le dernier règne. Nous voici, nous autres, très dégoûtés de l'esclavage de la richesse. Nous ne sommes pas des saints pour cela; nous ne prétendons pas nous passer des biens de la vie, mais nous voulons les conquérir nous-mêmes sans nous humilier. Est-ce donc si criminel, si insensé, si terrible?

Mais je prêche un converti! Écris-moi... j'allais te dire où. Le fait est que je n'en sais rien. J'ai quitté la maison de mon oncle sans rien emporter qui me vienne de lui. Les quelques louis qui garnissent ma bourse sont le produit de mon vaudeville anonyme. J'aurais laissé mes habits et mon linge, si je n'eusse craint de blesser mon oncle, et pour le moment je suis à l'auberge; mais quelque modeste que soit ma chambre, c'est trop cher pour mes ressources présentes, et moi qui n'ai guère su compter jusqu'à ce jour, je vais devenir très avare jusqu'à nouvel ordre. Je ne veux pas me laisser surprendre par le besoin et donner à mon oncle le chagrin de me plaindre ou la joie d'espérer mon retour.

Tu vois que je finis ma lettre dans une autre disposition que celle où j'étais en la commençant. Je ne voulais songer à rien qu'à humer l'air de la liberté, et déjà je me dis qu'il faut chercher un gîte et un gagne-pain. Je ne veux pas que tu m'offres quoi que ce soit. Je sais que tu as de vieux parens à nourrir et ta bonne mère à choyer. Je les volerais. Autant vaut donc que tu ne puisses pas m'écrire avant que je sois fixé; cela ne tardera pas.

A toi de cœur. PIERRE SORÈDE.

LETTRE II°. — DU MÊME AU MÊME.

Vaubuisson, département de ..., 6 février 64.

Me voilà installé provisoirement à quelques lieues de Paris, à la lisière d'un village, autant dire en pleine campagne, car je n'ai devant moi que des prés et des arbres. On dit que le pays est joli. Je n'en sais rien; il pleut serré, et je ne distingue que les premiers plans. Si l'endroit est beau, tant mieux, sinon tant pis; j'y suis, j'y reste jusqu'à ce que j'aie le moyen d'en sortir.

Voici pourquoi et comment je suis ici. Je devais une misère à mon tailleur. J'entre hier pour m'acquitter.

— Comment? Me payer cela? Déjà? A quoi bon? Est-ce que vous me retirez votre clientèle?

— Oui, mon cher monsieur Diamant. Vous êtes à présent trop cher pour moi. Je suis ruiné de fond en comble.

— Votre oncle est mort sans tester en votre faveur?

— Non! grâce au ciel, il se porte bien; mais je l'ai impatienté, et je le quitte. Soyez tranquille, je ne me brûlerai pas la cervelle. J'espère même retrouver peu à peu assez d'aisance pour redevenir votre client. Prenez donc mon argent, et au revoir!

— Attendez, fit-il en me retenant par le bras. Venez là-haut. J'ai quelque chose à vous dire.

Je le suis dans son entresol, un appartement écrasé, assez luxueux et où se répandait un peu trop généreusement une comfortable odeur de cuisine. — Est-ce toi, monsieur Diamant? crie une voix de femme. Peut-on servir le dîner?

— Oui, oui, servez, répond le tailleur à sa moitié, et il me fait asseoir dans son salon en me disant avec effusion : Monsieur Sorède, vous allez accepter notre soupe?

Je ne pus m'empêcher de rire. — Est-ce par amitié ou par charité que vous m'offrez à manger? Si c'est par amitié, j'accepte; sinon je vous jure que j'ai de quoi dîner pendant plus d'un mois.

— C'est par amitié, et, si vous refusez, je croirai que vous dédaignez de petits bourgeois comme nous, anciens ouvriers...

— Je reste, mon cher Diamant, je reste!

— Ah! voilà qui est bien! Ma femme, viens que je te présente... Non, mets un couvert de plus. Les enfans, où sont-ils? Ah! voilà les enfans! saluez monsieur. N'est-ce pas qu'ils sont gentils?

Les enfans n'étaient pas gentils, mais ce brave Diamant me faisait si bon accueil que je ne voulus pas le détromper, et me voilà à table avec la famille.

Je voyais bien venir mon homme; curieux, mais à bonne intention, il voulait savoir la cause de ma rupture avec mon oncle. Or je ne voulais pas la lui dire. Que mon oncle s'en confesse ou s'en vante, c'est son affaire; mais moi, élevé par ses soins, je ne saurais avouer qu'à toi seul que j'emporte sa malédiction pour m'être refusé à un mariage déshonorant. Je priai l'honnête tailleur de s'abstenir de questions. Je craignais de l'avoir un peu blessé par ma réserve, car il était devenu pensif; mais tout à coup, à la fin du dîner, il me tint ce langage : — Monsieur Sorède, vous êtes un brave jeune homme. Vous ne voulez pas accuser votre bienfaiteur; mais il y a huit ans que je vous habille, et je vous connais. Vous ne pouvez pas avoir de torts à vous reprocher. En venant me payer ce reliquat de compte dans la gêne où vous voilà, vous faites une *action superbe!*

Et comme j'allais protester contre une épithète si pompeuse : — Non, non! reprit-il, je maintiens mon expression. Vous m'avez donné là une preuve d'affection. Vous vous êtes dit que si je réclamais cette petite somme à votre oncle, — il est emporté et soupçonneux, le cher homme! — je pourrais avoir des désagrémens avec lui, et, à dire vrai, j'aurais mieux aimé perdre cela que de recevoir quelque affront. Que voulez-vous? j'ai les *sens vifs,* moi aussi! Enfin vous vous êtes dit : « Diamant est un brave homme, il ne faut pas qu'il soit contrarié. » C'est dire que vous avez pensé à moi qui ne vous suis rien, et que dans vos ennuis il vous eût été bien naturel et bien permis d'oublier. C'est là un trait que je n'oublierai pas, moi. J'y suis sensible, et je ne veux pas que nous nous quittions sans que... sans que vous goûtiez mon cognac... Oh! j'ai un cognac!... Va m'en chercher une bouteille, ma femme. Tu sais, le cognac de l'Anglais qui n'a pas payé sa note, mais qui m'a tout de même contenté avec sa cave.

— Ça n'est pas tout, ça, continua M. Diamant aussitôt que sa femme fut sortie; qu'est-ce que vous allez faire à présent? Chercher une place dans le gouvernement? C'est les plus belles, celles qui font le plus d'honneur à un jeune homme, et vous avez des amis dans ce qu'il y a de mieux pour vous procurer ça.

— Non, monsieur Diamant, je ne veux plus dépendre de personne si cela m'est possible, et je ne veux pas être fonctionnaire du gouvernement. Je veux garder l'indépendance de mes opinions.

— Alors dans l'industrie?

— Non, il faut un capital pour représenter une responsabilité personnelle, et, comme je ne l'ai pas, je serais trop assujetti dans une fonction rétribuée.

— Je vois votre idée! Vous voulez être auteur!

— Auteur ou tailleur, mon cher Diamant, je veux une profession libre. Je ne fais fi d'aucune, et j'estime, j'admire même les gens qui, pour remplir un devoir, aliènent leur liberté; mais ma pauvreté et mon isolement me donnent le droit de choisir. Je choisis donc le travail libre : il est bien juste que j'aie les bénéfices de la misère.

— Bien parlé! Soyez donc auteur, c'est un joli état. J'ai vu votre vaudeville, vous m'aviez envoyé de bonnes places. J'y ai mené ma femme; elle a beaucoup aimé les couplets de la fin, et elle m'a dit : « Je parie que M. Sorède aura du talent dans sa partie. » Moi, je ne suis pas un aigle, mais je crois que ma femme a raison. Et d'ailleurs je vous aime, et si vous devez être quelque chose, je ne serais pas fâché d'y avoir contribué. C'est donc pour vous dire... Je ne suis pas un Crésus, mais si une demi-douzaine de billets de mille vous étaient agréables...

Je ne le laissai pas achever. Je l'embrassai, mais je refusai net. Il insista d'autant plus, et j'eus quelque peine à lui faire comprendre que, pour jouir de la liberté qui était tout mon dédommagement dans une situation précaire, je ne devais pas commencer par m'enchaîner à une dette.

Mme Diamant, qui est une grosse personne commune au premier abord, mais une de ces âmes généreuses et délicates que l'occasion vous révèle, comprit mieux ma fierté, et sut me faire accepter le dévouement de son mari dans des conditions possibles. — Vous allez travailler, dit-elle, c'est bien; mais il ne vous faudrait pas trop de misère, car si c'est joli de la supporter quand on l'a, il n'est pas nécessaire de la chercher quand on peut faire autrement. Voulez-vous me charger de vous faire durer le peu que vous avez sans qu'il nous en coûte un centime à mon mari et à moi?

— Voyons, madame Diamant, un bon conseil est un grand service, et je serai heureux d'accepter de vous quelque chose.

— Eh bien! vous avez parlé, pendant le dîner, de vous retirer à la campagne; vous avez dit que vous aimiez la campagne en toute saison. Nous avons à Vaubuisson une petite maison où nous n'allons que l'été, le dimanche. C'est petit, mais c'est propre, et il y a des cheminées qui ne fument pas. Prenez-y une chambre. Il y a une vieille femme qui donne de l'air tous les deux jours; pour un rien, elle vous fera votre ménage. Pour trois francs par jour, vous mangerez à la pension dans le bourg. Mettons *tant* pour le charbon de terre, *tant* pour le blanchissage, *tant* pour l'imprévu. Vous dépenserez cent cinquante francs par mois, et vous serez bien, et vous irez comme ça trois ou quatre mois sans vous tourmenter. En quatre mois, pouvez-vous faire un ouvrage qui vous rapporte un millier de francs?

— Je l'espère.

— Alors vous aurez encore de quoi marcher pendant près de six mois, et d'ici là il passera de l'eau sous le pont.

J'ai trouvé l'idée excellente, j'ai accepté. J'ai acheté du papier et de l'encre, j'ai pris le chemin de fer, et me voilà.

Je n'ai dit adieu à personne, je n'ai voulu initier personne à mon chagrin de famille. Je ne veux pas me plaindre, je ne veux pas ac-

cuser mon oncle, je ne veux pas qu'il sache où me prendre. Il me
rappellerait, il faudrait soulever de nouveaux orages pour lui faire
accepter mon indépendance. Quand je pourrai lui prouver que je
n'ai pas besoin de son argent, j'aurai le droit de réclamer son
amitié.

La pluie a cessé pendant que je t'écrivais, le paysage a reparu,
c'est enchanteur. Il n'y a pourtant pas une feuille aux arbres; mais
déjà un imperceptible gonflement des rameaux a fait disparaître la
rigidité cadavérique de l'hiver. Au premier plan, c'est-à-dire au-
delà du petit jardin dont j'ai la jouissance, une vaste oseraie me sépare de la rivière. Ce fouillis de branches fines et serrées est d'un
ton indéfinissable; c'est quelque chose entre le vert et le jaune qui
passe par toutes les nuances du bronze florentin et qui semble toujours doré par le soleil, voire quand le soleil est absent. La rivière
n'est qu'un ruisseau que mon cheval, c'est-à-dire le cheval que je
n'ai plus, franchirait sans prendre son élan. Elle coule si peu qu'on
la nomme dans le pays la *Rivière-Morte*. Elle est jolie quand même,
très sinueuse et animée par des lavoirs et de petits ponts assez rustiques. Un chemin, sinueux aussi, coupe avec grâce de vastes prairies et des cultures que je ne distingue pas d'ici, mais qui sont
d'un vert admirable, des champs de violettes peut-être, car un parfum monte' dans l'air et m'annonce le voisinage aimable de ces
fleurs dont Paris fait une si belle consommation, depuis le bouquet
d'un sou du pauvre jusqu'à la botte embaumée où sourit le charmant perce-neige au cœur vert.

A travers ces cultures fraîches et suaves, les méandres de la
rivière sont plantés çà et là de massifs de peupliers de France,
d'une taille très élevée et d'une élégance rare. Le vent les a incli-
nés en sens divers, une certaine zone a plié sous celui du couchant,
mais à deux pas de là un coude de la vallée a livré un autre massif
au vent d'est, et ces belles colonnades à double et triple rang semblent penchées pour se saluer de distance en distance.

Au-delà, le terrain monte doucement et se couvre de pommiers
arrondis, d'un branchage si noir et si serré que, même privés de
feuilles, ils font obstacle à la vue. Quelques maisonnettes éparses
s'étagent au pied de la colline, et puis la colline monte toute droite
et ferme l'horizon par une ligne mollement ondulée, couronnée de
végétation. Toute cette colline est un bois assez étendu, peu épais,
et où percent des mouvemens gracieux, des éclaircies moussues,
quelques roches, des bouleaux plus élevés que le taillis, de petits
sentiers de sable, des dépressions ravinées, des bruyères et quelques jeunes pins d'un vert sombre. Un pâle essai de soleil a jeté
pendant quelques instans un reflet satiné sur tous ces petits mys-

tères, et puis tout s'est fondu dans un brouillard doux, et la colline est devenue lilas, tandis que les grands arbres dépouillés des plans intermédiaires se faisaient blancs comme des nuages. Les plus rapprochés repoussaient de leur branchage noir finement dessiné ce tableau vague et charmant qui n'a pas tardé à s'éteindre. La pluie recommence, tout se voile et se perd; plus de colline, plus de pommiers, les prés bleuissent, le chemin de sable devient blanc et brillant comme la rivière. Bonsoir à toi, mon ami. Je suis très calme. Ma cheminée chauffe bien. Je vais penser à travailler. Tu *peux* m'écrire, tu *dois* m'aimer.   PIERRE.

LETTRE IIIe. — DE PHILIPPE TAVERNAY A PIERRE SORÈDE.

Volvic (Puy-de-Dôme), 10 février 1864.

Je ne suis pas sans inquiétude. Sauras-tu, pourras-tu, voudras-tu vivre ainsi le temps nécessaire?.. Ce serait merveilleusement arrangé si tu avais cinquante ans, un talent reconnu, une réputation faite. Se retirer à la campagne en plein hiver, chercher la solitude, se recueillir au milieu d'une vie de succès, c'est charmant; mais toi, que vas-tu faire de tes vingt-cinq ans dans une thébaïde? et quelle thébaïde! à une heure de Paris, c'est-à-dire avec l'enfer à ta porte!

Je sais bien que tu as la prétention d'être le plus positif des jeunes hommes de ton temps, que par conséquent tu dédaignes le péril des entraînemens de cœur et d'imagination. Je veux bien croire que les forces de ta volonté et de ton orgueil sont à la hauteur de ton programme; mais il y a les sens qui ne peuvent pas s'éteindre ainsi à un commandement de la raison, et l'ennui est une forme de l'inaction de nos instincts. Vas-tu te macérer comme un anachorète, ou prendre pour compagne une solitaire de ton espèce? Les environs de Paris n'en fourmillent pas, que je sache, et je n'en vois pas errer par le froid et la pluie dans ces près marécageux et sous ces pommiers sans feuilles, à moins d'en revenir abominablement crottée, ce qui n'a rien de poétique.

Plaisanterie à part, tu ne peux rester ainsi, toi qui sors brusquement, sinon des hautes élégances, du moins des riantes facilités de la vie parisienne. Une grande fièvre de travail rendrait tout possible; mais où trouveras-tu cette fièvre? Tu ne la connais pas, elle ne t'a jamais visité, tu n'as jamais été forcé de compter les heures et d'arriver à un but déterminé en toute hâte. En un mot, tu n'as jamais eu de devoirs à remplir qu'envers toi-même. Tu les as remplis aussi bien que possible, je le reconnais. Tu pouvais être un libertin imbécile; on te donnait assez d'argent pour te mettre à

même de faire des dettes et des sottises. M. Piermont eût tout
payé. Le cher oncle aime et respecte l'argent, mais il aime encore
mieux la condescendance à ses idées, et pourvu qu'on proclame le
culte de la richesse, on peut pratiquer sous ses yeux un peu de
prodigalité. Les opulentes héritières ne sont-elles pas créées et mises
au monde pour réparer les brèches qu'un joli garçon peut avoir
faites à son patrimoine?

Mais tu n'as pas voulu te mettre dans la nécessité de recourir
aux héritières laides, acariâtres ou *mal nées.* La blonde, la brune,
la rousse, ont passé devant toi en perdant leurs sourires. Aucun
tailleur, aucune lorette, aucun marchand de chevaux n'avait mis la
main sur ton honneur et sur ta liberté.

Tu t'es donc respecté, à telles enseignes que parfois ton oncle t'a
trouvé trop sage, et traité de poltron et de pédant. Tu as fait plus
que de mériter des injures qui t'honorent, tu as voulu ne pas être
un ignorant, et tu as acquis une instruction générale assez solide.
Comme tu es très intelligent, tu n'as pas eu la moindre peine à te
donner, d'autant plus que tu étais libre possesseur de toutes les
heures de ta journée, et que personne ne te demandait son loyer et
son pain. Comment, aujourd'hui que tu vas te demander ces choses
à toi-même, plus mille autres choses dont la privation ne te serait
pas possible, vas-tu parer à la détresse par un travail hâté, fiévreux, héroïque? La nécessité fait-elle tout à coup ces miracles
pour ceux qui n'ont jamais frayé avec elle? Je ne te dis pas non,
mais permets-moi d'être inquiet.

Si je savais au moins quel genre de travail tu vas entreprendre!
mais tu ne parais pas le savoir toi-même. Tu ne vas pas, j'espère, recommencer un vaudeville? Tu sais que je ne te flatte pas et
que j'ai trouvé le tien trop bien fait, manquant de fantaisie, ennuyeux par conséquent. Ç'a été l'avis du public qui ne lui a accordé
qu'un succès d'estime.

Je te crois trop raisonnable pour avoir l'esprit de saillies, et il en
faut au théâtre, quel que soit le genre. Il en faut aujourd'hui surtout; on est si dégoûté de la réflexion!

As-tu de l'imagination? Je ne sais pas. Tu as le sens poétique,
mais l'invention? Pour être romancier, il faut être romanesque,
comme il faut être lièvre pour devenir civet. Or il me semble qu'en
te passionnant pour le sens positif de toutes choses, tu as dû étouffer en toi, sans y prendre garde, le germe des autres passions et
détruire celui des douces hypothèses qui colorent la notion du fait.
Tu n'as réellement pas vécu par toi-même, et quand tu vas chercher le côté idéal de la vie pour le décrire, le diable m'emporte si
je sais où tu le trouveras dans ton appréciation personnelle! Pour-

tant il faudra que tu trouves quelque chose de moins aride que le
fait tout cru, car le roman est une physiologie et non une autopsie.
Or tu ne voudras pas faire de la littérature de convention et décrire
des êtres auxquels tu ne croirais pas.

Que feras-tu, si tu ne fais ni théâtre, ni roman? De la critique
sérieuse, ce qu'on appelle *des travaux?* On peut toujours découvrir
dans l'inépuisable mine du passé des individualités mal comprises
et mal jugées. Cela est d'un éternel intérêt pour l'histoire des idées,
et puis c'est un métier grave et qui semble fait pour la disposition
d'esprit où tu es; mais prends garde encore! Là aussi un peu d'idéal
ne nuirait pas. Je sais bien que de très grands esprits, voués à la
philosophie positive, prouvent aujourd'hui que l'enthousiasme,
source de toute éloquence, n'est pas incompatible avec le positivisme; mais fais attention que ce sont de très grands esprits, et
que ton talent est bien jeune!

Enfin tu le veux, et je sais que tu tiens à essayer tout ce que tu
projettes. Essaie donc, mais si l'ennui te prend, si la tristesse apparaît sous forme de lassitude prématurée, ne t'obstine pas à vaincre tout seul un mal que l'amitié peut détourner. Tu sais que la
discussion te donne des forces, elle en donne à tous ceux qui n'en
abusent pas, et, comme je suis très occupé, tu m'auras le temps
nécessaire, et rien de plus. Viens donc me trouver en province, je
me fais fort de te procurer un local plus agréable et mieux situé
que ta villa de tailleur aux portes de Paris, sans qu'il t'en coûte davantage et sans que tu aies d'obligations envers personne. Tu te
nourriras chez nous pour trente sous par jour mieux que pour trois
francs là où tu es. Tu n'auras pas à te cacher pour fuir les questions
indiscrètes. Personne ne sachant ton histoire, nul ne s'étonnera de ta
situation, et ma mère, qui t'a toujours aimé, t'aimera encore plus.
Moi, je serai plus heureux, te sachant plus tranquille. Je parle en
égoïste, mais avec la certitude que tu t'en trouveras bien. Viens au
premier symptôme de spleen, ou il faudra que j'aille te chercher,
ce qui serait bien difficile à un pauvre petit médecin de campagne
abîmé de pratiques, comme ton ami,   PHILIPPE.

LETTRE IVᵉ. — DE PIERRE A PHILIPPE.

Vaubuisson, 15 février 64.

Tu es bien le meilleur des êtres et le plus tendre des amis. Oui,
j'irai passer quelque temps près de toi. Laisse-moi essayer d'abord
de la solitude. Si elle m'est nuisible, je te promets de ne pas m'y
acharner.

Mais ne te moque pas trop de mon courage. J'ai besoin d'y

croire. Je me suis demandé bien souvent comment je supporterais
la misère le jour où mon oncle me forcerait de fuir, car ce qui
m'arrive aujourd'hui avait été plus d'une fois sur le point de m'arriver. C'était donc prévu. N'ayant pas été destiné et habitué à la
gêne, il est bien certain que je n'ai pas tes forces, que l'on m'a
créé des besoins factices, enfin que je ne suis pas un homme
éprouvé comme toi et pouvant dire : Je me connais, je m'appartiens, je sais me diriger. — Au moins j'ai su me gouverner, me
restreindre et m'entraîner comme un cheval qui se prépare à la
course. En m'interrogeant mainte fois sur l'éventualité qui aujour-
d'hui est un fait accompli, je me suis tracé mon type d'aventurier, car tel je suis maintenant; trop bien ou trop mal élevé pour
être volontiers l'artisan d'un métier officiel, il faut que je sois l'artisan de mon existence inconnue, et que je m'y embarque comme
dans une aventure bonne ou mauvaise. C'est à moi de m'y conserver digne; mais il faut que j'en coure toutes les chances et que je
les accepte dès le point de départ.

Eh bien! le voyage d'exploration à travers la littérature m'a toujours séduit et attiré. Je ne suis plus de ces enfans qui *rêvent la
gloire* et que le besoin d'un nom dévore. Bien au contraire, faire parler de soi est à mes yeux le malheur de la chose, l'épine du chemin,
et si j'étais sûr d'avoir beaucoup de succès, je garderais peut-être
un strict anonyme. Ce qui me tente, c'est cette indépendance de la
pensée qui peut toucher à tout, cette variété de sujets qu'un peu de
talent peut rendre malléables, ce contact sans entraves avec la vérité, cette libre recherche du réel dans l'idéal, ou de l'idéal dans
le réel, selon la tendance et la nature de l'esprit qui s'y porte.
Plus j'y ai songé, plus j'ai trouvé que c'était là le plus agréable
emploi des facultés humaines et un véritable sybaritisme de l'intelligence. Une telle ambition venait naturellement à un garçon assez
gâté sous le rapport du bien-être, pouvant attendre son heure et
se permettre de tâter le public par les essais les plus humbles et les
plus frivoles. Tout en me ménageant de la sorte, je me suis nean-
moins un peu enrichi au dedans, me disant toujours que je me lan-
cerais franchement le plus tard possible. Il n'y a plus à tarder; mûr
ou non, il faut que le fruit tombe et aille au marché. C'est là, diras-tu, le côté triste; mais pourquoi ne serait-ce pas le côté gai?
Je n'ai, en fait de profit, que l'ambition du strict nécessaire, et il
me semble que je porte en moi de quoi conquérir le superflu. Je
peux me tromper : qu'importe? J'ai beaucoup d'orgueil et pas du
tout de vanité. Si je suis un fruit sec littéraire, si je ne fais pas
mieux le drame, la critique ou le roman que le vaudeville, j'en ri-
rai, je te le promets, et il sera temps alors de me servir de mon la-

tin, de mes mathématiques et de tout ce qui peut me faire devenir un professeur à deux ou trois mille francs d'appointemens, maximum de ma cupidité.

Laisse-moi·donc partir pour l'aventure littéraire, pour le *beau pays de romancie*, sans m'inquiéter du cheval qui m'y portera. Si mon positivisme est un dada trop rétif, nous passerons sans humeur et sans désespoir à un autre exercice.

Mais qui sait si je suis positif par nature? Tu en doutes, toi; tu crois que je le suis de parti-pris. C'est possible, je tends les bras à cette vérité qui m'attire et qui me paraît être la lumière de mon siècle; mais j'ai des instincts poétiques tout comme un autre, j'aime à rêver, et rien ne m'empêchera de peindre la lutte d'un esprit contemplatif contre les rigides théories qui le sollicitent et le fouettent. Ce que je sais, c'est que, dans cette solitude complète où me voici, dans cette maisonnette isolée, battue des vents de l'hiver, avec ce sentiment solennel de mon isolement social et de ma liberté rachetée, les idées se présentent à moi comme des figures sereines et souriantes. L'expression ne me tourmente pas, elle vient sans effort. Je ne sais quel ordre se fait dans mon cerveau; une clarté douce m'environne. Rien ne m'inquiète, et la forme que prendra mon œuvre est le moindre de mes soucis. Voyons par exemple! ce que je t'écris là, en ce moment, ne vaut-il pas la peine d'être dit? Cela n'a d'intérêt que pour toi; soit! mais que ce soit le tâtonnement d'un esprit vraiment sérieux qui va prendre son essor et qui mesure l'espace, cela devient la base d'un ensemble d'idées allant à un but, et dès lors c'est une question d'intérêt sinon général, du moins collectif, car ma petite histoire personnelle est certainement celle de plusieurs autres. Je ne suis pas le seul qui, du jour au lendemain, se trouve jeté sans ressources et sans appui dans ce grand sauve qui peut de la société. Je ne suis pas le seul déclassé qui puisse se dire innocent de son désastre, qui apporte des forces neuves et une conscience nette à l'édifice d'une civilisation parfaitement indifférente à son impuissance, s'il échoue, mais toujours prête à s'enrichir de son apport, s'il lui apporte réellement quelque chose.

Supposons donc que les lettres que je t'écris soient l'exposition d'un roman, pourquoi procéderais-je autrement, si je voulais écrire une fiction? Je n'y mettrais pas plus de prétention, pas plus de fioritures, pas plus d'emphase, et cela aurait au moins un mérite, celui de la vraisemblance et de la sincérité.

Tu vois que je ne me battrai pas les flancs pour entrer en matière. La première idée qui me viendra, je la développerai, et si le développement ne vient pas de lui-même, je me dirai que l'idée n'est pas juste, et j'en tâterai une meilleure.

Tu t'inquiètes encore, je parie, de cette phrase : *la première idée qui me viendra.* Tu trouves qu'il est temps qu'elle vienne. Eh bien! c'était une manière de dire : elle est venue, et je m'y suis arrêté. J'ai commencé à la rédiger, et, selon la tournure dogmatique ou riante qu'elle prendra, elle deviendra philosophie, critique, roman ou pièce de théâtre. Jusqu'à présent, elle est de pure discussion. J'attends qu'elle soit dégagée pour savoir sous quel vêtement il conviendra de la présenter.

La pluie n'a guère cessé depuis huit jours que je suis ici. Les chemins n'ont pas eu le temps de sécher, et je n'ai pas été tenté de barboter dans ces prés humides. Le désagrément d'y marcher avec effort ou précaution me gâterait peut-être l'impression caressante que m'apporte la vue de ce joli paysage. Je l'ai contemplé de ma fenêtre à toutes les heures; il est toujours joli, et par momens il est splendide. C'est pourtant une petite vue, peu variée, une nature bocagère dont le caractère principal est la sérénité et la douceur. Rien de dramatique : on ne saurait avoir ici de pensées shakspeariennes ou dantesques. C'est une idylle élégante qui plane sur l'esprit et qui chante dans l'imagination. En réalité, il y règne un silence que je croyais introuvable à une si faible distance de Paris. J'y suis impressionné surtout par l'altitude de ces grands peupliers hardiment élagués jusqu'au tiers de leur hauteur, et balançant au moindre vent leurs têtes déliées. Ils insinuent l'idée de la distinction et de la dignité bienveillante. Il semble qu'on doive s'attendre à voir passer en été, sous leur ombre claire, des nymphes blanches, minces et grandes, un peu princesses et un peu bergères, aimables bien que mélancoliques, se laissant regarder sans pruderie, causant volontiers à voix basse avec le voyageur, mais ne souffrant aucune familiarité bourgeoise et aucune équivoque banale.

Il est étrange que je sois tombé du premier coup, et par l'ordre du hasard, au sein d'une nature complètement sympathique. Il y a autour de Paris mille aspects plus frappans et plus riches que celui-ci; mes promenades ne m'en avaient jamais fait découvrir aucun qui sentît moins les approches d'une grande cité. On peut se croire ici dans un désert fraîchement exploité par l'homme. La longue colline qui l'enferme a un air de forêt vierge en train de repousser, et le val ondulé, qui n'a dans sa plus grande largeur qu'une lieue tout au plus, a pourtant quelque chose de grand qui fait songer à la prairie primitive. Les arbres y sont jetés sans symétrie, chaque propriétaire ayant planté au lieu favorable et concouru sans le savoir à la composition d'un tableau dont le naturel est admirablement réussi. Si des villas sont cachées derrière certains massifs, je n'en sais rien. Tout ce qui apparaît des rares habitations que je découvre est, par sa simplicité rustique, en harmonie avec le paysage. J'ai bien sous les yeux quelques murailles blanches qui coupent disgracieusement les jardins maraîchers du voisinage. En été, tout cela doit être couvert de pampres. C'est la dernière poussée du village, auquel je tourne le dos. Au-delà commence l'oseraie, et dans tout le reste pas une ligne froide, pas un angle fâcheux, pas une clôture apparente. Les différentes zones de culture se fondent mollement à mesure qu'elles s'éloignent, et les derniers plans se plongent vers le soir dans un ton laiteux d'une finesse inouïe.

J'aime les vues fermées. Elles seules me donnent l'idée de l'infini. Une grande surface à découvert vous révèle trop de choses qui doivent ressembler à celles qu'on voit, tandis que la moindre hauteur boisée qui s'oppose à toute investigation du regard vous permet de rêver à l'inconnu qui est sur l'autre versant. Que sais-je du pays qui est au-delà de ce court horizon? Est-ce un vaste plateau de terres arables, est-ce le prolongement d'une forêt mouvementée, est-ce un ravin profond, un précipice? Libre à moi de m'imaginer ce qui me plaît. Voilà pourquoi je n'aime pas qu'on me parle de *l'autre* vie. Si j'y croyais, je ne voudrais pas qu'elle me fût définie. Je n'y crois pas; mais quand un rêve d'enfance me reporte à cette douce fantaisie, je veux me l'imaginer moi-même, je ne supporte pas qu'elle me soit montrée à travers la fantaisie plus ou moins saugrenue ou prosaïque d'un moderne Swedenborg. Celui-ci me fait l'effet d'un homme perché sur le haut de la tour de Montlhéry, qui me dirait : « Voyez ces plaines, ces bois, ces villes, ces châteaux! Eh bien! au-delà, c'est toujours la même chose! » Merci. Laissez-moi l'inconnu. Ce mot-là ne blesse pas ma raison, et il n'enlève pas toute lueur de poésie à mon cerveau.

Voilà aussi pourquoi je ne cède pas encore au désir de me promener aux rares heures où le soleil me convie. J'ai peur de découvrir dans ce vallon charmant des détails laids ou ridicules, et de ne pouvoir les oublier quand je me reporterai à la vue de l'ensemble. Je reconnais que ce n'est point là une idée conforme à ma théorie réaliste. Il faudrait tout accepter dans la nature comme dans la vie, ne rien dédaigner, et savoir peindre l'horreur d'une voirie avec autant de plaisir, — le plaisir de la conscience satisfaite, — que la suavité d'un jardin rempli de fleurs. Si tu étais là, tu me ferais la leçon, et tu me dirais encore que je ne suis pas positiviste. Je serais forcé de t'avouer encore que mes instincts se révoltent contre mes croyances. Tant mieux, puisque c'est le thème sur lequel je veux m'exercer pour mon début!

Présente à ta mère mes plus tendres respects.

Ma lettre ne portera aucun timbre, mon cher oncle, et vous me pardonnerez de ne pas vous donner mon adresse; mais je tiens à ne pas vous laisser prendre la moindre inquiétude à mon sujet. Je sais que vous m'aimez, même les jours où vous ne pouvez pas me souffrir, et moi je n'ai pas le droit de vous faire du chagrin, même quand vous m'en faites. Je viens donc vous dire que je me porte bien, que je ne manque de rien, que je n'ai et n'aurai jamais la tentation du suicide, ni d'aucun parti extrême dont vous auriez à rougir ou à vous affliger. Ne me croyez pas indifférent à ce qui vous concerne. J'ai indirectement de vos nouvelles, et je ne néglige pas de m'en informer. Pardonnez-moi, si cela vous est possible, la contrariété que je me suis vu forcé de vous causer, et ne doutez pas de ma profonde reconnaissance pour les bontés dont vous m'avez comblé jusqu'à ce jour.

Vaubuisson, 20 février.

Je me suis enfin décidé à sortir de mon antre. Mes jambes voulaient absolument marcher. Elles m'ont porté au hasard, et j'ai vite découvert que si le chemin qui de ma porte mène au lavoir est piétiné, boueux, insupportable, sitôt qu'on est en pleins champs, les sentiers sablonneux sont rians et propres. J'étais en train de faire cette réflexion de haute philosophie que, grâce à des chemins si praticables et si doux, je pourrais faire durer longtemps mes chaussures, lorsque je me suis trouvé, je ne sais comment, dans un parc qui couronne à ma gauche la dépression de la colline et qui s'étend au revers jusqu'à une villa de comfortable apparence. Je n'aime pas la promenade entre quatre murailles, pourtant il faut bien désirer la conservation de ces vieux parcs où les arbres centenaires sont à l'abri de l'exploitation. Les pays privés de ce luxe menacent fort d'être dépouillés d'un jour à l'autre. Comme j'admirais une allée de tilleuls d'une beauté remarquable, tous égaux de hauteur et de volume, je me suis trouvé face à face avec Louis Duport. Aucun moyen de l'éviter et d'échapper à ses questions. — Que diable fais-tu ici?

— Et toi-même?

— Oh! moi, dit-il, je viens chez Gédéon absent, chercher... Mais tu vas rire! Figure-toi, mon cher, que je suis amoureux... Je crois que je vais me marier. La personne a pris fantaisie de vanter je ne sais quelle fleur rare dont je me suis bien gardé de retenir le nom;

mais je l'ai écrit... J'ai fait tous les fleuristes de Paris. Rien! Enfin, par hasard, Gédéon me dit : « J'ai ça chez moi, à la campagne. Va le chercher. » Or me voilà! A ton tour de me dire... Est-ce que tu viendrais aussi faire un bouquet pour ton amante?

— Je n'ai pas d'amante. Parle-moi de la tienne... Puisque tu épouses, ce n'est pas une indiscrétion de te demander son nom.

Tu sais, mon cher Philippe, que notre ami Louis Duport est très bavard et un peu sot, bon diable quand même, aimant par-dessus tout à parler de lui. Aussi je parvins pendant quelque temps à lui faire oublier de me parler de moi; mais quand il eut bien vanté les grâces, l'esprit et la fortune de sa fiancée, je lui revins en mémoire de la façon la plus inattendue.

— A propos, s'écria-t-il, tu me demandes son nom? Tu la connais; tu l'as demandée en mariage il y a deux ans!

— Tu te trompes. Je n'ai jamais demandé personne en mariage.

— Allons donc! Mlle Nuñez, cette belle Juive brune, la cousine de Gédéon Nuñez, chez qui nous sommes ici?

— Ah! je me souviens d'elle. Je l'ai vue deux ou trois fois, mais je te jure que je n'ai jamais autorisé mon oncle à la demander pour moi. J'étais beaucoup trop jeune pour consentir à me marier.

— Bien, reprit Duport avec un sourire passablement impertinent; soit! c'est comme cela qu'il faut dire... Mais tu ne dois pas être mortifié du refus, mon cher; la famille ne t'a pas trouvé assez riche, ce n'est pas ta faute. Quant à Rebecca,... je veux dire Mlle Nuñez, elle ne t'a pas *trouvé* du tout; ne sachant rien de ta démarche, elle ne t'a pas remarqué.

— Elle a eu tort; elle eût dû remarquer un original que ni sa beauté ni sa richesse n'avaient fasciné, et qui jusqu'ici a eu la folie de préférer sa liberté à ces deux séductions, irrésistibles pour les autres.

— Sais-tu que tu parles avec dépit?

— Si j'ai du dépit, c'est contre toi, à qui j'ai juré n'avoir autorisé aucune démarche, et qui sembles vouloir m'offenser en ne voulant pas me croire.

— Je ne veux pas t'offenser du tout, et je te trouve diablement susceptible. Quand tu aurais été refusé, la belle affaire! Je l'ai été dix fois, moi qui te parle, et je t'assure que je ne garde pas rancune aux familles qui n'ont pas trouvé que je faisais leur affaire.

— Eh bien! moi, je n'ai jamais été refusé, voilà la différence!

— Ah! tu prends ça bien haut, je trouve, et je commence à croire que Rebecca,... je veux dire Mlle Nuñez, t'avait bien jugé, car j'ai eu maille à partir l'autre jour avec elle à ton sujet.

— Ah!

— Oui, mon cher. Figure-toi que j'ai eu l'imprudence de me
vanter d'être ton ami : ah! bien! j'ai failli me brouiller avec elle.
Elle prétend que tu es un esprit hautain, têtu, étroitement philosophe, un disciple de Proudhon, un impie, que sais-je? car elle est
très pieuse, très catholique, comme le sont généralement les Juives
baptisées... C'est égal, elle est charmante, et c'est un diable pour
l'esprit. Elle t'a abîmé, mon petit; mais ça ne fait rien, je ne t'en
aime pas moins, et, quand elle sera ma femme, je me charge de
vous réconcilier, à la condition que tu respecteras ses croyances.

— Il faudra donc nous réconcilier? Comment cela se fait-il, puisqu'elle ne m'avait pas remarqué?

Le camarade, pris en flagrant délit de mensonge ou d'inconséquence, se sentit mal à l'aise, fâché de m'avoir ouvert son cœur
et assez pressé de me quitter. Il hasarda quelques questions auxquelles il me fut dès lors aisé de répondre d'une manière évasive,
et il me dit « au revoir » sans me demander pourquoi on ne me
voyait plus à Paris, ce qui me prouve que mon absence n'a encore
été remarquée de personne. Heureux Paris, pays de l'insouciance,
de l'*incognito,* de la liberté par conséquent! Je crains qu'ici ce ne
soit pas la même chose, et qu'avec ses airs fallacieux de prairie
américaine mon petit désert ne me cache pas aussi bien que le premier coin de rue s'ouvrant sur le boulevard.

De cette rencontre, je conclus encore ceci : que Mlle Rebecca
Nuñez m'a gardé rancune pour mon peu de galanterie, et que, devenue Mme Duport, elle s'arrangera pour me brouiller avec son
mari, avec son cousin Gédéon et avec tous les Nuñez de la terre.
Peu m'importe, je leur suis médiocrement attaché; mais, comme
elle est dévote, j'aurai contre moi l'église et la synagogue.

Dieu merci, je ne fais plus partie de ce monde-là ni d'aucun
autre! Déclassé, je ne veux pas me reclasser ailleurs. Je veux vivre
en panthéiste et en éclectique social. Pour le moment, je ne vis
qu'avec moi-même, car l'auberge, qui est loin, me dérangeait trop,
et ma vieille femme de ménage trouve son compte à me faire vivre
plus économiquement encore à domicile. Je n'ai pas l'ombre d'un
voisin. Une grande plaine surmontée d'un mamelon termine la vallée sur ma gauche. A droite, une région assez étendue de choux et
d'artichauts me sépare du village. Un autre bourg plus petit, à un
kilomètre presque en face de moi, me montre ses premiers toits; le
reste se cache dans un pli du terrain. Plus loin et en face tout à
fait, une habitation quelconque, petite, voilée d'arbres et placée
tout au pied de la colline, c'est-à-dire à une demi-lieue à vol d'oiseau, m'envoie vers deux heures une étincelle dans les yeux : c'est
une étroite fenêtre où le pâle soleil se mire un instant. Cette étoile

blanche qui perce le branchage violacé m'occupe et m'intéresse.
Qui demeure là, dans un isolement encore plus sauvage que le
mien, car la maisonnette semble perdue dans les bois? Ce n'est
pas tout à fait, autant que je peux en distinguer les contours, la
demeure d'un paysan. Pourquoi non cependant? La chaumière devient un mythe en ce pays riche, et ce toit de tuiles roses n'a rien
de seigneurial. Je soupçonne pourtant que c'est la résidence d'un
singulier personnage que je vois de loin dès qu'il fait un peu de
beau temps, et que ce matin j'ai vu d'assez près en revenant par le
bord de la rivière.

C'est un vieillard très droit encore, chauve probablement sous
son bonnet de soie noire enfoncé jusqu'aux oreilles et surmonté
d'un chapeau à la mode de 1830. Une redingote noire de même
date et prodigieusement râpée sert de gaine à un corps maigre,
dont les jambes sont si grêles que, vu de profil, il ressemble à un
héron planté sur une seule patte. Immobile au bord du ruisseau durant des heures entières, il semble guetter sa proie, et son nez long
et fort fait bien l'effet d'un bec prêt à fouiller la vase. Enfin, aujourd'hui qu'il faisait tout à fait beau, j'ai découvert que c'était un
pêcheur à la ligne, car il était muni de tous ses engins. Les autres
jours, jugeant qu'il était inutile de vouloir pêcher en eau trouble,
il se contentait apparemment de voir couler l'eau et de prendre ses
mesures pour la première tentative possible.

Ce brave homme, car c'est un brave homme, j'en suis certain,
doit avoir la passion de son art, et je ne serais pas surpris qu'il y fût
passé maître. J'avais envie de l'interroger, car sa figure avenante
semblait provoquer mes avances. Il a les plus beaux yeux qu'il soit
possible de voir, gros, ronds, noirs, saillans et remplis d'un feu
sauvage et doux comme celui de ces oiseaux chasseurs que nous
appelons féroces parce qu'ils obéissent au plus innocent des instincts, celui de la conservation. Malgré cet éclair d'animalité, le
bonhomme a l'air intelligent, exalté, peut-être un peu fou. Le long
nez est celui d'un chercheur enthousiaste et persévérant, la bouche
est charmante de bonté et de finesse, sous une grosse moustache
encore noire. Il m'a souri comme à une connaissance, ce qui m'a
contraint à le saluer, et il a répondu verbalement à mon salut, en
homme qui ne demandait qu'à causer. Touché de cette physionomie ouverte et paternelle, je me suis tenu à quatre pour passer
mon chemin sans rien dire; mais, ne voulant pas avoir à satisfaire
la curiosité des autres, ne dois-je pas m'abstenir d'être curieux
pour mon compte?

Pourtant je l'ai été, car, à peine rentré chez moi, j'ai ouvert mon
rideau pour le voir partir. Il a été long à se décider; enfin, ramas-

sant son panier vide ou plein, il a pris la direction de la maisonnette mystérieuse dont le scintillement journalier et fugitif semble un regard qui m'interroge ou m'appelle. — Mais tout ceci est une pure hypothèse, et je laisse courir ma plume sur ces riens plutôt pour m'exercer à fixer mes rêveries, jusqu'ici trop confuses, que pour creuser un problème auquel je ne puis attacher aucune importance. Ce qui doit te faire excuser mon bavardage, c'est que tout me reporte, même les plus futiles circonstances, à la recherche qui occupe mes heures de travail. T'ai-je dit ce que c'était? Non, je ne crois pas, et il est temps que je te le dise.

« Qu'est-ce que le bonheur? » *That is the question.*

C'est assez drôle, n'est-ce pas? qu'au lendemain d'une petite catastrophe qui me précipite la tête la première au milieu des circonstances les plus périlleuses et les plus inquiétantes de la vie, l'absence de tout bien et l'ignorance absolue de l'avenir, la première idée qui me soit venue, c'est de vouloir analyser une abstraction où l'homme place son idéal de plénitude et de sécurité... Ne va pas croire que ce soit une fanfaronnade de stoïcisme. Nullement; cela m'est venu en me sentant je ne dirai pas heureux, puisque j'ignore quelle sera la durée de mon impression, mais joyeux, satisfait, confiant, dans un état de l'âme enfin que je ne connaissais pas, que je ne cherchais pas, et auquel je n'avais jamais songé.

C'est peut-être que, sans le savoir, j'avais été malheureux jusqu'à ce jour. Je ne me le disais pas, j'eusse été ridicule de me le dire, voyant mon sort matériellement préférable à celui de tant d'autres qui me valent bien; mais je me souviens confusément aujourd'hui d'avoir souffert dix fois par jour de mon état de dépendance vis-à-vis des autres et de moi-même. Mon oncle est d'humeur tyrannique, cela est certain. J'y étais habitué, et le spectacle de ses violences m'a rendu, par réaction, extraordinairement contenu. J'évitais le moindre choc avec un soin extrême; mais il n'en est pas moins vrai que ce choc toujours imminent m'empêchait de respirer et de vivre. Et puis la vie qui m'était faite grâce à lui, mes relations, mon milieu, mes occupations, rien de tout cela n'était affaire de mon propre choix. J'aime l'imprévu, et il ne m'était pas permis de m'y livrer. La crainte d'abuser d'une situation que je savais précaire, puisqu'au premier attentat sérieux contre ma conscience j'étais résolu à rompre, me rendait sceptique et soucieux. Je sentais des entraves à tous mes désirs, je voyais sur tous les chemins de mes fantaisies les plus innocentes ou de mes vœux les plus légitimes des obstacles vains et bizarres se dresser pour m'attendre, me frapper au cœur et me repousser brutalement. Je portais au dedans de moi mes convictions comme un mystère, toujours prêt, s'il m'échappait un cri de l'âme, à entendre mon rude bienfaiteur m'appeler ingrat, et mon frivole entourage me traiter de fou. Non, ce n'était pas vivre, car tout commençait à me peser, et je me sentais amoindri par un secret dégoût de moi-même. Je voulais échapper à cet étouffement par le travail : il me fallait disputer mes heures aux amis oisifs ou à ce qu'on appelle, Dieu sait pourquoi, les devoirs du monde, comme si c'était un devoir de se laisser ennuyer par des gens qu'on n'amuse pas! Mon travail sans cesse troublé, jamais encouragé, devenait stérile, et je te l'ai dit souvent, je te l'ai écrit, surtout dans ces deux dernières années, je sentais le besoin d'une impulsion que je ne savais où prendre autour de moi. Tu me répondais que j'avais besoin d'aimer. Je crois que tu te trompais, car je n'aime pas, je ne songe pas à aimer, et me voilà rendu à la possession de ma volonté. Le bonheur serait-il donc l'entière possession de soi, dans le sens intellectuel et moral? Je ne parle pas de l'entière liberté d'action, elle n'est pas dans la pauvreté, et même elle n'est pas de ce monde. A celui qui voudrait toujours marcher devant lui en ligne droite, il faudrait ne rencontrer ni rivières, ni précipices, ni propriétés protégées par un garde champêtre. Il ne serait pas besoin de la chute du Niagara, il suffirait d'un carré de pommes de terre pour forcer l'amant de la ligne droite à une notable déviation. Nous ne sommes donc pas libres dans le sens matériel du mot, et je ne trouve à cela rien de révoltant. Chercher à vaincre par l'esprit cet éternel obstacle du fait est la mission de l'homme, et sans ce travail éternel nous serions les êtres les plus tristes et les plus stupides de la création.

Mais cette indépendance intellectuelle, n'est-ce pas assez? n'est-ce pas tout? J'ai envie d'aller le demander à ce bon vieux qui a placé sa félicité dans la pêche à la ligne; mais d'abord réponds à ma question. Je tiens beaucoup plus à ton avis qu'au sien. Bonsoir, ami, ou plutôt bonjour, car il est deux heures du matin. Il fait un clair de lune éblouissant; le temps se met à la gelée, et les étoiles en tressaillent de joie dans la profondeur du ciel bleu. — A propos d'étoiles, en voici une de contrebande qui brille au loin derrière les branches en face de moi. C'est la fenêtre de la maisonnette inconnue. L'habitant de cet ermitage est-il comme moi en train d'écrire ses rêveries à un ami·absent?... Est-ce tout simplement un jardinier qui se dispose à porter ses carottes ou ses violettes au marché? Est-ce une gaillarde fille de campagne qui donne le signal à son amoureux, ou tout simplement mon pêcheur à la ligne qui subit patiemment l'insomnie des vieillards, en faisant de profondes réflexions sur les habitudes de l'ablette ou sur les mœurs du goujon?

Volvic, 22 février 1864.

Le bonheur n'est pas une pure abstraction, c'est une faculté de l'âme, féconde en résultats certains. Il ne faut pas le chercher ailleurs que dans l'accomplissement du devoir. C'est la seule chose toujours praticable, toujours nécessaire, toujours certaine. Tout le reste est fugitif, l'amour passe, l'amitié délaisse ou trahit, la mort nous enlève les êtres les plus chers. Toutes ces sources de joie sont donc des sources de douleur. Ce qui ne trompe ni n'égare, c'est la conscience, et quand elle nous rend un bon témoignage, nous sommes aussi heureux que nous pouvons l'être.

Tu vois que je n'ai pas cherché longtemps ma réponse. Elle est courte, car j'ai un malade en grand danger auprès duquel je vais passer la nuit. J'aimerais mieux l'employer à t'écrire, si je cherchais mon plaisir dans l'égoïsme; mais le devoir m'appelle. Si je sauve mon malade, je serai demain très heureux; sinon j'aurai la consolation d'avoir fait mon possible, et je n'aurai pas le droit de me plaindre. Quand les circonstances déjouent nos efforts, notre cœur nous dit tout bas : « Relève-toi et recommence. » Ma mère t'envoie sa bénédiction.

Vaubuisson, 29 février 64.

Tu es un grand cœur, mon Philippe, mais je doute que tu sois un grand philosophe; tu tranches facilement les questions. Ta solution naïve n'est pas neuve : tu me diras qu'elle est toujours consolante; mais la philosophie est-elle un emplâtre pour nos blessures, ou une recherche désintéressée de la stricte vérité?

J'admets avec toi que le bonheur a besoin de certaines conditions fondamentales, et que la première de toutes, c'est d'être content de soi. Le criminel, le lâche, l'égoïste endurci n'ont pas droit au bonheur comme nous l'entendons; mais qui sait comment ils l'entendent? Qui sait s'ils n'osent pas se dire et se croire heureux quand leurs misérables instincts se trouvent satisfaits?

Passons, ces gens-là ne comptent guère; mais entre ceux que le remords devrait troubler et ne trouble pas et ceux qui, comme toi, savourent la joie enthousiaste du devoir accompli, il y a l'immense majorité des hommes, et ce n'est pas pour les exceptions que le penseur doit chercher la règle du vrai. Oserai-je dire qu'il n'y a pas de vrai absolument vrai pour les natures extrêmes, soit en bien, soit en mal? Est-ce qu'il ne te semble pas qu'elles échappent à la loi commune, qu'elles dépassent la mesure du juste, et que l'on ne doit ni trop condamner ni trop admirer les organisations exubérantes?

Passons encore : accorde-moi que le bonheur est, comme la vertu et comme la perversité, une pure abstraction, ou, si tu veux, le type idéal d'une chose qui n'existe dans la nature qu'à l'état d'élans fugitifs et de velléités plus ou moins impuissantes. Plus on a de vertus, plus on est vertueux, de même que plus on a de vices, plus on est pervers; mais l'être complétement saint, comme l'être absolument maudit, n'a encore jamais revêtu la forme humaine et ne la revêtira jamais. Le jour où l'humanité a senti le besoin de produire ou d'inventer cet être impossible, elle l'a fait dieu ou diable.

Ne te fâche pas; une abstraction est une bonne chose quand c'est le type d'un idéal auquel nous souhaitons de ressembler. Moi qui suis pour le positif, je ne rejette pas l'idéal; mais je ne veux pas de ces philosophies ingénieuses, aimables, généreuses et décevantes qui nous disent : « Le bonheur est une philosophie. » Autant dire que la philosophie est un bonheur. Je n'en doute pas; l'étude du vrai et du bien est une délicieuse occupation; mais, comme toutes les satisfactions de ce monde, un rien la trouble, une migraine nous en prive, un travail aride et forcé nous l'interdit, une douleur, un devoir même nous en détournent. Non, l'homme ne possède rien qu'il puisse faire durer pour lui ou pour les autres, et le bonheur est un mot!

Un grand mot, je le veux bien, mais un grand mensonge, si nous continuons à le prendre au pied de la lettre. C'est donc pour nier le bonheur absolu, c'est pour détruire un leurre funeste, c'est pour dire en conscience la valeur des biens de la vie et pour apprendre aux hommes à les mieux apprécier que je voudrais résumer les idées qui m'apparaissent. Réussirai-je? Il est aisé de remplir des pages, il est difficile de fixer l'éclair du vrai, car on aura beau dire, la vérité n'est qu'un jet de lumière, et il ne dépend pas de nous d'en faire un soleil.

Ta belle philosophie n'est que trop facile à combattre. Veux-tu me dire pourquoi, remplissant tous les devoirs qui m'étaient tracés jusqu'à ce jour, je ne me suis senti heureux que le jour où je les ai abjurés pour m'en créer d'autres? Si le devoir est relatif, le bonheur est donc relatif aussi. S'il est relatif, il n'est pas absolu. Il y a des devoirs accomplis qui nous le donnent, il en est d'autres qui nous l'ôtent.

Pratiquer la justice! nous disaient les anciens. — Quelle justice? a-t-elle assez changé, la justice humaine, depuis Platon et Aristote!

Obéir aux lois! Où sont les lois durables? que sont devenus les devoirs de l'esclave? Et puis, si vous me parlez de justice, de morale et de vertu, vous me parlez de toute autre chose que du bonheur, vous confondez le travail avec la récompense, et si vous voulez faire de l'un la conséquence de l'autre, vous faites un calcul en dehors de toute proportion, car le plus grand et le plus noble travail humain étant toujours incomplet, il n'a pas droit à la récompense absolue.

Les religions qui ont placé le bonheur absolu au-delà de cette vie n'ont pas vu plus clair que les moralistes païens. Leur calcul de rémunération est même bien autrement impossible. Toute l'éternité sans un seul nuage pour payer quelques heures de tempête bravement supportées! vraiment c'est avoir l'absolu à trop bon marché! Si l'humanité eût pu croire fermement à ce beau rêve, elle n'eût jamais dévié du chemin de la justice, et nous serions tous aujourd'hui des anges... Mais qui veut trop prouver ne prouve rien, et ce rêve n'a saisi que les âmes exubérantes, les enthousiasmes exceptionnels. Il est devenu un calcul de pur égoïsme pour le vulgaire des croyans. La liste des martyrs et des saints se compte par la commémoration des jours de l'année, encore faut-il en retrancher une quarantaine que l'église réserve à Dieu et à la Vierge.

Je t'entends d'ici me dire : « Où vas-tu? l'ergotage t'entraîne. Tu viens de te sentir heureux à un moment donné de ta vie; tu as été frappé de cette sensation comme d'une découverte, et te voilà parti pour la définition de ce que tu éprouves. C'est bien, mais tu commences par le nier? où vas-tu, mon pauvre Pierre, où vas-tu? »

N'est-ce pas, c'est là ce que tu me cries en me lisant? Mais moi, je crois être très logique. Je sens, dans la prise de possession de moi-même, un grand bien-être, une sorte de joie douce et tranquille. Je me dis : Voilà le bonheur! Salut, hôte inconnu! permets-moi d'examiner ta figure, de t'interroger, d'éprouver ta puissance et ta durée!... Mais je suis un enfant de mon siècle, un chercheur et un sceptique. Ne prends pas le bon accueil que je te fais pour une idolâtrie aveugle. Je sais très bien que tu es inconstant, et que, comme Ahasverus, tu ne peux t'arrêter ni chez moi ni chez le voisin. Tu es une chose de ce monde, mon aimable hôte, une chose humaine; tu ne peux pas me promettre le paradis, tu ne le connais pas mieux que moi, et prends garde que je ne te connaisse trop toi-même, car je pourrais bien apercevoir que tu n'es qu'une création de ma pensée, un état de mon esprit, un souffle, une ombre, un parfum!

Eh bien! n'importe : si cet état de l'âme dépend de moi ou de certaines circonstances, s'il est intérieur ou extérieur, j'arriverai

peut-être à le savoir; mais dans l'un ou l'autre cas j'en saisirai la
formule, la recette si l'on veut, et je la donnerai aux autres. Ils en
feront l'usage qu'ils voudront. Je suis toujours bien sûr qu'elle ne
pourra leur nuire, car je n'y mettrai pas d'empirisme. Arrière les
panacées, arrière l'utile lui-même, s'ils ne sont pas vrais!

LETTRE IXe. — DE PHILIPPE A PIERRE.

Volvic, 5 mars 1864.

Oui, tu es très sincère, et il y a du bon dans ton ergotage; mais
ne discute pas tant ton idée, fais ton livre. Moi, je ne veux pas trop
te contredire, dans la crainte de te pousser à l'extrême dans tes
argumens. C'est là le danger. Quand tu tiendras ta conclusion bien
nette, tu me permettras de la combattre, si elle ne me persuade
pas.

Mon malade a succombé, mais je n'ai pas le temps de m'en affecter; j'en ai un autre qui lutte encore contre le même mal, et je
ne veux pas cesser d'espérer. La perte de mes forces réagirait sur
lui. Le bonheur n'est pas une chose purement personnelle, va, il
y a corrélativité du dedans au dehors et du dehors au dedans.
Nous reviendrons là-dessus, car là est, je crois, le mot de l'énigme.
Écris-moi toujours de longues lettres, c'est ma récréation, mon
soulagement quand je reviens de traîner mon boulet. Tous tes rai-
sonnemens ne feront pas que l'idée d'un bonheur dont tu serais
exclu me suffise!

LETTRE X^c. — DE PIERRE A PHILIPPE.

Vaubuisson, 10 mars 64.

Tu as raison, il faut causer et non discuter. Si je te lisais mon
travail de chaque jour, je me griserais peut-être, et tu fais sagè-
ment de me mettre en garde contre les convictions passionnées. Je
crois que les bons esprits ne doivent pas s'embarquer dans la recherche du vrai avec la volonté de faire plier toute réflexion à un
but trop déterminé d'avance; c'est se priver des clartés qui peuvent
luire en chemin. Le vrai vaut bien qu'on lui sacrifie toute la provision qu'on avait faite pour courir après lui.

Causons donc, puisque cela te fait plaisir; cela me fait du bien,
à moi, je ne suis plus seul quand je t'écris.

Ce n'est pas que ma solitude volontaire me pèse; j'ai été passer
une journée à Paris, et je m'y suis trouvé plus seul qu'ici. Il fallait
me décider à reparaître, car je prévoyais quelque sotte ou folle histoire répandue sur ma disparition, et je ne me trompais pas. Les uns

disaient que j'avais été enlevé par une femme, les autres tué par un mari. Il y avait une version sur mon suicide, une autre sur mon départ pour l'Amérique. Grâce au dépit irréfléchi de mon oncle, on sait que nous sommes brouillés, et généralement on me supposait furieux ou désespéré. La cause de notre différend est heureusement restée à l'état de commentaire, et j'en ai été quitte pour dire, sans entrer dans aucun détail, qu'il voulait me marier, et que j'avais l'aversion du mariage. J'ai dit aussi que j'avais en vue une très bonne place qui m'était promise dans les chemins de fer, et qu'en attendant je voyageais pour me mettre au courant de mes fonctions; j'ai fait ce mensonge pour ne pas apitoyer mes amis sur mon compte, pour échapper aux offres de service, — lesquelles n'ont été en général ni brillantes ni empressées, je dois le dire, — enfin pour ne pas trahir le secret de mon travail et de ma retraite. Je ne connaîtrais rien de sot comme d'annoncer que je vais faire un livre, moi qui n'ai encore donné aucune preuve de talent. Je ris en songeant à la figure qu'on eût faite devant cette annonce, et aux questions naïvement décourageantes : Vraiment, vous allez écrire? est-ce que vous savez? Avez-vous essayé déjà? Croyez-vous avoir du talent? C'est bien difficile, et tant de gens s'y cassent le cou! C'est un métier où il faut être tout ou rien, etc., etc.

Je me suis épargné la grêle des lieux communs en ne disant rien du tout pour les provoquer, et en m'informant des autres sans leur donner le temps de s'inquiéter de moi. J'ai appris en quelques heures une chose que je ne savais pas, c'est qu'il n'y a rien de plus facile que de ne pas inspirer le moindre intérêt à ceux qui se disent nos amis. L'amitié! voilà encore une pure abstraction, un type idéal dont nous traçons d'informes ébauches... Ne m'appelle pas ingrat. Je n'aime que toi, et je t'aime autant que je peux aimer. Je sens en toi une exception, je suis heureux de l'avoir rencontrée; si je te perdais, je n'en espérerais pas, je n'en chercherais pas une seconde.

Je savais déjà par mon ami Diamant, qui habille un ami de mon oncle, que ce cher oncle se porte bien; je m'en suis assuré de nouveau. J'ai appris que Louis Duport était marié avec Mlle Nuñez, et que cette aimable personne attribuait ma querelle avec M. Piermont à un sermon que je me serais permis de lui faire sur sa vieille maîtresse; il m'aurait souffleté et mis à la porte, — et c'est bien fait, — ajoute la bienveillante Rebecca.

Arthur et André ont voulu m'emmener dîner chez Magny. L'animal que je suis a été tenté d'accepter. Manger quelque chose de savoureux, boire quelque chose d'excitant après un mois de régime spartiate, c'était alléchant; mais en songeant que je n'avais pas le

moyen de rendre la pareille à mes camarades j'ai fait taire la brute,
j'ai prétexté un engagement, et j'ai été manger la *soupe du cœur* de
mon ami Diamant, c'est ainsi qu'il s'exprime. Là, je ne sens aucune
honte de ma misère. Ces gens sont vrais et bons. Je les ai crus bêtes
parce qu'ils disent des choses bêtes; mais c'est une habitude qu'ils
ont de constater des niaiseries, comme nous constatons des para-
doxes dans le prétendu monde de l'esprit. Sottise pour sottise, le
lieu commun est encore plus facile à digérer que le sophisme. Il
n'abrutit pas. Il ne s'agit que de lui sourire comme on sourit à la
bonne figure de son portier. Où les Diamant cessent d'être vulgaires
et ennuyeux, c'est quand ils parlent de leur travail, de leur courage, de leur lutte avec la vie. Je me suis fait raconter leur histoire. Ils étaient ouvriers en province. Ils sont venus à Paris avec
sept cents francs d'économies. Le mari avait vingt-deux ans, la
femme dix-neuf. Ils s'aimaient, ils s'aiment toujours. Il a travaillé
dix ans chez les autres, elle faisait un petit commerce pour son
compte. A force d'ordre et d'activité, le mari a pu se présenter
comme associé là où il n'était qu'ouvrier. Ils ont trouvé de l'aide,
de la confiance, des âmes simples et ouvertes, des *personnes justes*,
comme ils disent. Il y a, dans ce monde du petit commerce et de
l'industrie privée, des loyautés, des dévouemens, un esprit d'association et de confraternité dont nous ne savons rien, nous qui,
occupés à trouver l'art de nous passer des autres, ne nous enqué-
rons pas si les autres ont besoin de nous. Où sont les jeunes gens
de notre classe qui se cotisent pour qu'un d'entre eux, reconnu
honnête et sans ressources, puisse devenir avocat, artiste ou médecin? Chez les gens dont je te parle, le mérite personnel représente
un capital. L'ouvrier fidèle, intelligent et laborieux trouve des
mains tendues vers lui, et un certain point d'honneur enflamme
en sa faveur ces cerveaux positifs et tendres qui regardent l'assistance mutuelle comme un bon placement, et les services rendus
comme une gloire acquise. Il y a de l'amour-propre dans tout cela,
voire un peu de vanité. M. Diamant aime à dire le bien qu'il a fait,
mais il aime aussi à dire le bien qu'on lui a fait, et la vertu des
autres ajoutée à la sienne propre est un thème où son expansion
s'exalte d'une façon risible et touchante. Il a maintenant quelque
chose comme deux cent mille francs de fortune. Il aurait le double,
si les oiseaux de passage de notre monde n'eussent abusé de sa
confiance. — Il faut savoir perdre, dit-il philosophiquement; les
jeunes gens ne calculent pas, et il y a tant de tentations pour eux
dans ce Paris! Quand on en trouve qui sont reconnaissans des ménagemens qu'on a eus pour eux, si ça n'enrichit pas, ça console.
— Et Mme Diamant dit *amen* en ajoutant : « Pourvu que nous ayons

de quoi donner de l'instruction à nos enfans, ça suffit. Si nous avons eu de la peine, c'est parce qu'on ne nous avait rien appris. Ils ne connaîtront pas ça, Dieu merci, *eux autres!* »

Braves gens qui croient que quand on est instruit, on est sauvé!

Je les ai quittés pour passer une heure à l'Opéra, où j'ai encore mes entrées. Me les ôtera-t-on le jour où l'on saura que j'en ai réellement besoin? C'est probable.

Comme j'ai encore une mise décente, j'ai pu circuler comme d'habitude. Mlle Irène et sa fille Jeanne, la belle rousse, étaient dans leur loge. J'ai été curieux de regarder avec attention cette héritière de tant d'hommes qui ont contribué à l'enrichir, et dont le père est inconnu. Je n'avais fait que l'entrevoir. Je me suis placé de manière à l'examiner sans qu'elle pût s'en douter. Elle est réellement belle, blanche et rosée comme une aube de printemps. Rien de plus doux que ses yeux bleus et de plus somptueux que sa chevelure d'or bruni. Toute habillée de blanc, sans aucun joyau, et tenant négligemment son bouquet de camélias sur ses genoux, distraite ou mélancolique, candide et comme craintive, elle me représentait l'image de la pudeur alarmée ou froissée. Pauvre fille riche! sait-elle que sa richesse est une souillure? Sait-elle qu'entre la main d'un honnête homme et sa dot il y a un abîme que ses larmes ne pourraient combler? Malheur à celui qui l'aimerait! Cette pensée m'a mis en fuite. Je ne veux plus jamais la regarder.

Je suis rentré dans mon village à minuit, un peu attristé, un peu las de ma journée. Je suis censé reparti pour le midi. Les Diamant me gardent fidèlement le secret. Je m'appelle ici M. Pierre tout court. Me voilà tranquille pour un bout de temps.

Le susdit village n'a qu'une rue, mais d'une demi-lieue de long. Il suit à mi-côte une colline qui fait face à celle dont j'ai la vue. Le débarcadère du chemin de fer est à l'entrée du village, et j'habite du côté de la sortie. Encore, quand j'ai gagné à pied le bout de cette longue rue, ai-je à descendre par un chemin noir, à travers les cultures, pour gagner ma porte. La lune n'était pas levée, et je suis venu à tâtons par ce chemin désert où l'on n'aperçoit pas même l'ombre d'un chien errant. Si la mère Agathe, qui me dorlote, ne m'eût attendu, et que je n'eusse vu briller sa lumière à la fenêtre, je ne sais si j'aurais retrouvé mon gîte. En me dirigeant vers cette étoile polaire, j'ai vu briller l'autre étoile mystérieuse à l'autre versant du vallon. Se regardent-elles, se voient-elles l'une l'autre, ces deux pauvres étoiles terrestres? Celui ou celle qui veille là-bas ne sait peut-être pas que quelqu'un veille ici. Mon village dort comme un seul homme. Le village d'en face ne laisse pas échapper la moindre clarté. Ces deux petites maisons, sentinelles perdues dans la nuit et le silence, sont seules vivantes dans

la vallée muette; mais elles ne se connaissent pas plus que les habitans de Vénus ne connaissent ceux de Saturne, et chaque homme
est un petit monde qui roule dans sa petite orbite sans se révéler
au petit monde tout différent qui passe près de lui et qu'il appelle
son semblable.

LETTRE XIe. — DE PIERRE A PHILIPPE.

8 mars, Vaubuisson.

J'ai oublié de te dire hier qu'à l'Opéra j'avais aperçu aussi la nouvelle Mme Duport, la Rebecca que mon oncle n'a pas pu me faire
apprécier plus que Mlle Jeanne X... N'est-il pas plaisant que le
même jour et la même heure m'aient remis sous les yeux les deux
principales causes de ma ruine, ces deux héritières brillantes que,
selon mon oncle, j'eusse pu obtenir, si je n'étais un cuistre, un âne
et un faquin? Rebecca passe pour belle. Elle a un type israélite prononcé, des yeux noirs comme la nuit, les cheveux plantés bas, la
lèvre saillante et purpurine; mais elle a l'air méchant. Elle a, dit-
on, de l'esprit à tout casser, mais elle a le rire amer. Enfin elle
m'a été antipathique à première vue, et je crois qu'elle m'eût assassiné pour mettre ma tête dans un sac. Mon oncle n'a jamais pu
me pardonner de ne vouloir pas finir comme Holopherne. C'est de
ce moment que nos rapports sont devenus presque impossibles. Ils
étaient difficiles déjà depuis sa première tentative matrimoniale à
mon endroit, car il y en a eu trois. Je t'ai parlé d'une blonde, mais je
t'en ai peu parlé, ne l'ayant vue qu'un instant. Je ne sais si celle-là
m'eût menacé de quelque chose de tragique comme la brune, mais
je crois bien que son alliance m'eût menacé de quelque chose de
honteux comme celle de la rousse. Toutefois il ne me reste d'elle
qu'un souvenir comique, et, puisque je n'ai rien à te dire de nouveau sur le présent, je vais te promener un moment avec moi dans
le passé.

C'est, tu ne t'en souviens peut-être pas, quelques jours après
ton départ définitif pour l'Auvergne. Je venais d'être reçu bachelier ès sciences, j'avais à peine quinze poils de barbe au menton,
quand mon oncle me dit un soir : — Sais-tu que te voilà un homme
et que je pense à t'établir? Il faut te marier, mon garçon, j'ai une
femme pour toi.

Je sautai sur ma chaise.

— Je suis trop jeune, mon oncle !

— Oui, tu es un peu jeune, mais il y a des occasions qu'on ne
rencontre pas deux fois en sa vie, et je tiens cette occasion-là. Tu
connais M. Aubry?

— Non, mon oncle.

— Comment? M. Célestin Aubry, qui a vendu de si beaux diamans au duc de B...? Il était encore hier dans mon cabinet.

— Je ne l'ai pas remarqué.

— Tu as eu tort; il faut toujours remarquer un homme qui a trois millions et qui n'a que deux enfans. Il les adore, c'est un cœur généreux, il compte leur donner à chacun un million en les mariant; mais, dame! il veut les bien marier. Ils ne sont pas beaux. Le garçon est un peu bossu, la fille, sans être contrefaite, est un peu petite; mais c'est si jeune! Ça a seize ans, c'est bien élevé, habitué à obéir, car le papa Aubry ne plaisante pas, et tout marche chez lui comme sur un navire.

— Attendez donc, mon oncle! Je me souviens à présent. M. Aubry est un aventurier qui a fait les quatre parties du monde et tous les métiers.

— Eh bien! après? C'est comme ça qu'on s'enrichit quand on a de l'esprit. Il a fini par trouver au Brésil l'or en barres et les pierreries dans la gangue. Il a fait une grosse fortune, et il continue à l'arrondir. Il est armateur, il est servi par des nègres; si tu voyais ça, chez lui, c'est un luxe et un ordre! Prends ton chapeau, nous allons lui faire une visite.

— Déjà?

— Il faut battre le fer pendant qu'il est chaud!

Je n'avais alors aucun parti pris pour ou contre le mariage, n'y ayant jamais songé, et croyant avoir dix ans devant moi pour y réfléchir. J'avais encore un peu de ce respect craintif de l'enfance qui ne prévoit pas la possibilité d'une révolte ouverte, et d'ailleurs j'étais tellement abasourdi de la précipitation de mon oncle que je le suivis machinalement Place-Royale,... j'ai oublié le numéro. C'était en été, la chaleur était écrasante; mais, en montant l'escalier d'une de ces grandes vieilles maisons qui se ressemblent toutes, je sentis le froid me prendre aux épaules. — Mon oncle, m'écriai-je tragiquement au moment où il allait sonner au premier, est-ce que vous avez demandé pour moi cette demoiselle en mariage?

— Non, répondit mon oncle, dont j'avais saisi le bras avec angoisse; c'est son père qui me l'a offerte pour toi... Laisse-moi donc sonner!

— Il faut que vous me juriez que cette visite ne m'engage à rien!

— Parbleu! je ne peux pas te marier malgré toi!

— Est-*elle* bien laide?

— Non; tu vas la voir.

— Mais pourquoi veut-on me la donner, à moi qui n'ai rien?

— D'abord tu n'as pas *rien*; tu auras ma fortune, si tu te laisses diriger par moi. Ensuite... je peux te dire que M. Aubry sort d'une

famille de petites gens; il tient à un nom, et tu sais que tu es noble
par ta mère.

— Mais je porte le nom de mon père, et ne veux pas le quitter.

— Tu ne le quitteras pas : tu t'appelleras Sorède de Pontgrenet.
Ah çà! en voilà assez, tu m'ennuies!

Et il sonna.

Un grand noir, bizarrement vêtu de rouge, nous fit traverser
deux vastes pièces, très élevées et très sombres, bourrées jusqu'au
faîte d'objets sans nom, depuis de vieux tableaux espagnols jusqu'à
des mocassins de sauvage. Ce fut bien pis dans le salon. Les meubles et les murs étaient surchargés de poteries, de queues d'oiseau,
de reliquaires, d'armes, de miroirs, d'instrumens de musique, de
reptiles empaillés, de coquillages, de cadavres et de guenilles de
tous les pays. Il y avait, au milieu de tout cela, des choses superbes
et des objets rares, d'un grand prix; mais dans l'étalage de toutes
ces merveilles et de toutes ces misères on sentait le brocanteur et
nullement l'artiste ou l'amateur éclairé.

— Nous sommes chez un marchand de bric-à-brac? m'écriai-je.

Mon oncle me lança un regard terrible, et M. Célestin Aubry parut.

C'était un grand diable du type le plus vulgaire, bien que son
teint bronzé par le soleil des tropiques et l'arrangement de sa chemise, de ses favoris et de sa chevelure eussent l'intention de lui
donner l'aspect d'un officier de marine. Il n'eut pas dit trois mots,
que le flibustier de bas étage se révéla clairement, en dépit de ses
prétentions au savoir et aux grandes manières. Il nous montra les
principales pièces de sa collection avec des explications assez curieuses, mais qui sentaient à plein nez le pillage ou l'escroquerie.
Il vanta ensuite ses millions, ses perroquets, ses nègres, ses enfans
et ses meubles. Il appela ses noirs, en leur parlant comme à des
chiens, pour nous montrer comme ils étaient de belle race. Il les
avait achetés fort cher. Il savait bien qu'ils étaient libres sur la
terre de France, mais il les retenait par la crainte et par la bonne
nourriture. D'ailleurs il savait former ces gens-là, et, pour nous le
prouver, il en prit un par l'oreille et la lui tira jusqu'au sang, en
nous faisant remarquer que ce malheureux ne cessait pas de rire
pour lui faire croire qu'il ne sentait rien. — Je sais bien, ajouta-t-il
judicieusement, que je lui fais du mal; mais je l'ai exercé dès son
enfance à tout endurer par amour-propre. Je n'en abuse pas, je ne
suis pas *sanguin* (il voulait dire sanguinaire); mais si je voulais,
je le martyriserais, et il en serait enchanté. Voilà les bons, les
vrais nègres! Quand on sait les choisir et les dresser, ils ne vous
quittent jamais.

— Monsieur, lui dis-je indigné, n'auriez-vous point acheté ces
noirs sur la côte de Guinée?

Mon oncle me regarda d'un air étonné, ne sachant où allait ma question; mais M. Aubry la comprit fort bien. — Vous croyez, me dit-il, que j'ai fait la traite? Eh bien! pourquoi pas? J'ai fait de tout, je vous l'ai dit, et cela n'a rien d'illégitime quand on achète à des peuplades qui vendent leurs enfans, leurs serviteurs et leurs femmes. Pourvu qu'on paie, ils sont contens, et j'ai toujours bien payé. Il y a eu des gredins qui faisaient marché avec les noirs, et qui emmenaient la marchandise en tuant les marchands. C'était autrefois; mais de mon temps le commerce se faisait loyalement. Au reste je n'y *ai pas moisi*, ça n'allait plus; les Anglais nous *embêtaient* trop. A présent je me suis retiré des affaires, et quand je me serai débarrassé de tout ce que vous voyez ici, je m'en irai à Saint-Malo vieillir en paix : c'est mon pays. J'achèterai un château, une grande terre, et si mon gendre aime la campagne, je le mettrai à la tête de mon exploitation.

— Votre gendre? lui dis-je; quel gendre?

Il prit cette protestation naïve pour une avance plus naïve encore. Il me sourit comme à un enfant qui étend la main vers une friandise, et répondit d'un air patibulairement paterne : Mon cher monsieur, mon gendre sera celui qui plaira à ma fille.

— Ah! et si votre grand nègre lui plaisait?

— Farceur! les noirs ne plaisent jamais aux blanches, et quoique ma fille ne soit pas créole, elle a les principes *qu'elle se doit*. Née et élevée en France, elle est bien un peu trop française pour autre chose. Sa mère l'avait habituée à se mêler de tout. Vous savez, les femmes normandes, ça veut mener les affaires autant que le mari. Ce n'est pas un mal quand le mari est absent; mais quand il est revenu, bonsoir le règne des cotillons. Il ne faut qu'un maître dans un ménage. Au reste ma femme est morte, et ma fille s'est mise au pas. Elle ne me contredit en rien; elle a accepté le véritable rôle qui convient à la femme, ne rien dire, ne rien faire et ne rien savoir.

Ceci, débité en des termes dont je ne saurais rendre l'accent ignoble, me donna, comme tu penses, une haute idée de ma future, et dès lors, ne pouvant plus prendre au sérieux le projet de mon oncle, je résolus de m'amuser.

— Monsieur, puisque je vous inspire tant de confiance que vous daignez m'initier à vos doctrines sur la famille, j'oserai vous demander quel sera auprès de vous le rôle de votre heureux gendre.

— Il sera bien simple, mon cher enfant, répondit le drôle pris au piège et enchanté de moi : pour apprendre à commander, il faut apprendre à obéir, et mon gendre, devant me succéder dans mon autorité absolue, commencera par étudier mon système et par s'y conformer.

— Ah! c'est-à-dire qu'il apprendra à se laisser arracher les oreilles sans faire la grimace?

— Il est farceur tout plein! dit M. Aubry à mon oncle en riant d'un rire macabre. Allons, j'aime qu'on ait de l'esprit et qu'on soit même un peu taquin. Je vais voir si la petite a fini sa sieste, car je l'ai mise aux bonnes habitudes. De midi à quatre heures, une femme doit dormir, autrement elle s'ennuie et vous tracasse. Attendez-moi là un peu.

Il ouvrit une porte qui se trouvait tout près de nous; mais, au moment où il entrait dans la pièce voisine, le grand noir vint lui dire qu'on lui apportait de l'argent en échange d'un objet vendu la veille, et il suivit le noir sans songer à refermer la porte du boudoir où dormait sa fille. Je me plantai hardiment sur le seuil pour la regarder, sans que mon oncle, ébahi de ma docilité, songeât à me faire la moindre observation.

Le boudoir, très sombre et presque froid, n'était autre chose que le magasin aux hamacs. Il y en avait de toute matière et de toute couleur roulés le long des parois, quelques-uns formaient tapis sur le sol, et au beau milieu de tout cela dormait sur un de ces hamacs ouvert et accroché à des crampons une espèce de paquet de mousseline blanche qui me parut informe; à côté, à genoux par terre et tenant encore dans ses mains pendantes la corde végétale qui lui avait servi à bercer sa jeune maîtresse, une affreuse négrillonne dormait aussi. Je crois que toutes deux ronflaient. Je m'enhardis à faire deux pas pour aller contempler Mlle Aldine Aubry ou plutôt Sméraldine, car je n'ai jamais oublié son nom. A l'époque de sa naissance, monsieur son père, ayant fait une bonne affaire d'émeraudes, avait jugé à propos de l'appeler *Esmeralda*. Ce nom romantique, traduit et contracté en Basse-Normandie, était devenu Aldine. La chose venait de nous être contée par M. Aubry un quart d'heure auparavant.

Je pus donc apprécier rapidement, mais irrévocablement, le petit monstre que mon oncle avait la bonté de me destiner. Roulée en chien dans le hamac, Mlle Aldine me parut n'avoir pas trois pieds de haut. Il n'y avait de bien apparent que deux bras maigres et enfantins chargés de bracelets jusqu'aux coudes, et une figure ronde et vermeille comme une grosse pomme à cidre. Certes, ce que cette pauvre fille avait à faire de mieux, c'était de ne pas ressembler à son père; mais en prenant un parti tout opposé la nature avait réussi à faire encore pis.

Je ne m'arrêtai pas à regarder la négrillonne, je retournai vite auprès de mon oncle, et en quelques mots bien sentis je lui exprimai ma pitié pour cette laideur physique et mon aversion pour la laideur morale de l'ex-marchand d'esclaves. Je fus si énergique que mon oncle craignit de me voir éclater devant M. Aubry, et qu'il se hâta de sortir avec moi en disant au nègre que nous ne voulions pas déranger son maître en affaires, et que nous reviendrions une autre fois.

Nous n'y sommes jamais retournés, et je n'ai jamais vu Mlle Aldine. Je crois que, peu de jours après, le Célestin Aubry vendait en bloc son bric-à-brac et prenait avec ses enfans le chemin de la Normandie. J'ignore s'il y a acheté un manoir seigneurial, je sais seulement que, six ou huit mois plus tard, mon oncle, qui, sans s'expliquer beaucoup sur l'aventure, m'avait toujours battu froid depuis ma rébellion, s'écria comme malgré lui, en lisant une lettre de faire part : — Bon! voilà Célestin Aubry qui a perdu son fils! Par conséquent il dotera sa fille d'un million et demi, et elle en aura trois après sa mort. Ah! c'est un joli denier, et si tu n'étais pas si bête!...

Je ne crus pas devoir répondre, et quelques semaines se passèrent. Alors mon oncle revint à la charge. « Il était temps encore, on m'invitait à aller chasser du côté de Saint-Malo. » Je répondis que je n'aimais pas la chasse aux héritières, et mon oncle s'emporta. J'avais raison au fond, disait-il, de trouver Aubry désagréable et fantasque, et il n'approuvait certes pas la traite des nègres; mais j'avais un ton cassant, je m'émancipais un peu trop dans mes répliques, et j'avais l'air de lui faire la leçon. Je devais pourtant me souvenir que les grands-parens ne peuvent jamais avoir tort, surtout quand on a besoin d'eux.

Cette mercuriale se renouvela souvent à propos des moindres choses, et je vis bien que j'avais blessé l'amour-propre de mon oncle. Mon refus de faire la cour à Rebecca Nuñez empira gravement le mal, et quand il fut question de Jeanne la Rousse, je laissai échapper un mot qui me perdit. Je rappelai à mon oncle qu'il ne m'avait pas trop blâmé jadis d'avoir refusé pour beau-père un homme qui avait fait la traite des noirs, que par conséquent il devait m'excuser de ne pas vouloir pour belle-mère d'une femme qui avait fait un si beau commerce avec les blancs. En réponse à cette judicieuse observation, mon oncle voulut me tuer. Ayez donc de l'esprit!

Mais voici bien une autre affaire! Mon oncle aussi a fait commerce de chair humaine! Le savais-tu? Moi, je l'ai toujours ignoré, et je crois que, comme il n'a engagé que ses fonds dans ces sortes d'affaires, il a pu ne jamais s'en vanter à personne.

— Tu me demanderas comment je découvre cela ici, quand j'ai vécu vingt ans près de lui sans m'en douter. — J'avais emporté quelques cartons où j'avais jeté pêle-mêle mes papiers et mes let-

tres en quittant sa maison. J'ignore absolument comment une lettre
ouverte, perdue sans doute par lui, ramassée par un domestique
et placée dans ma chambre par erreur, s'est glissée dans un de mes
cartons; mais je viens de l'y trouver et de la lire avant de songer à
regarder l'adresse. J'étais bien surpris d'avoir un reliquat de compte
à mon profit dans la maison *** et C¹ᵉ, et je me demandais d'où me
tombait cette bonne fortune, quand j'ai compris qu'il s'agissait de
conscrits et de remplaçans, et que les bénéfices de mon oncle dans
l'association avaient été assez beaux pour constituer en grande
partie la fortune qu'il comptait me laisser. Je comprends à présent
combien mes scrupules ont dû lui sembler blessans, et combien de
fois j'ai dû, sans le savoir, froisser sa personnalité. Il aura cru que
je savais quelque chose, et que je me permettais sur les fortunes
mal acquises des sarcasmes et des reproches à son adresse. Pauvre
homme! j'ai dû le faire souffrir et lui sembler odieusement cruel!..
Comment lui faire savoir que je suis innocent sans lui parler de ce
passé qui l'oppresse peut-être? Une juste réprobation flétrit une industrie qui spéculait sur la vie des hommes et sur les douleurs de
la famille. La source du bien-être de mon oncle n'est donc guère plus
pure que celle des opérations de M. Aubry et de Mˡˡᵉ Irène; mais à
coup sûr ce n'est pas moi qui aurais eu le droit de le morigéner, et
il sera bien assez puni en devinant combien sont complets et graves
aujourd'hui les motifs qui me forcent à refuser ses dons.

Ainsi plus de retour, plus de transaction avec le passé, mon cher
Philippe! Mes vaisseaux sont brûlés à jamais, et il faut qu'à moi
tout seul je construise une modeste barque dont le pavillon sera du
moins sans tache. A présent tu ne me diras plus : « Je suis inquiet
du parti que tu prends; » tu me diras : « Ne regarde plus derrière
toi, et marche! »

LETTRE XIIᵉ. — DE PHILIPPE A PIERRE.

Volvic, 12 mars.

Je le savais, mon cher enfant, et je croyais que tu le savais;
aussi je ne t'en avais jamais parlé. Ton oncle a gagné quelques
centaines de mille francs en cautionnant un marchand d'hommes;
il a fait cela sans scrupule, parce que c'est un être sans réflexion
et capable de faire le mal social innocemment, en se retranchant
toujours sur sa moralité privée. Élevé dans la religion du *moi*,
pourvu qu'il fasse honneur à sa signature et à sa parole, peu lui
importe que son argent serve à perdre ou à sauver le genre humain. Voilà pourquoi je t'ai vu avec chagrin quitter les voies saines
de la philosophie spiritualiste, que nous suivions ensemble, pour

entrer dans celles du matérialisme, qui se lie étroitement aujourd'hui dans beaucoup de jeunes esprits à celle de l'individualisme absolu. Je craignais un peu, je l'avoue, que tout en protestant contre l'application grossière que M. Piermont fait ingénument de ce principe du *chacun pour soi,* tu ne te fusses laissé gagner à l'habitude de voir le mal général avec indifférence. Certes je suis content de m'être trompé, et si mon inquiétude dure encore un peu, c'est parce que je voudrais voir en toi, de tous points, l'antithèse intellectuelle que ta protestation doit représenter. Tu as besoin d'être cette antithèse complète avec ton oncle, non-seulement pour garder l'estime de toi, mais pour produire quelque chose de vivant et de jeune. Que peut-il sortir de la négation de la vie collective? L'apologie du moi? Cela n'intéresse pas les autres, et te voilà pourtant forcé d'appeler l'intérêt public sur ta pensée.

Je n'insiste pas, m'étant interdit de discuter avant l'heure; mais rappelle-toi le mot de ce gros joufflu d'Anselme Fonval quand nous nous efforcions de lui faire comprendre certaines vérités élémentaires. Oh! moi, disait-il, *je ne coupe pas!* Dans son argot d'étudiant, cela voulait dire : Je ne crois à rien et à personne. Un jour que nous dînions dans une bicoque à la chasse et que le feu avait pris dans la cuisine, il faillit se laisser brûler vif en jurant que nous l'attrapions encore et qu'il ne voulait pas *couper.* Or, à force de ne pas couper dans le pain des autres, on risque de rester seul le jour où il n'y a plus ni pain ni couteaux à la maison.

Quant à ton oncle, tiens ta résolution et pardonne-lui d'ailleurs; il est obèse, coloré, il mange beaucoup; n'hérite pas de lui, mais ne le laisse pas mourir sans lui faire savoir que tu n'oublies pas ce qu'il a fait pour toi; au reste, tu y as déjà songé, j'en suis sûr. Toi qui es mince et pâle, il faut pourtant ne pas trop demeurer enfermé, et je souhaite que tu me parles de tes promenades. Permets à l'ami de ne pas oublier le médecin.

LETTRE XIIIe. — DE PIERRE A PHILIPPE.

18 mars, Vaubuisson.

Oui, j'y avais songé; j'ai écrit à mon oncle, et il n'a pas dû être inquiet de moi.

Mes promenades sont de deux heures tous les jours, et je m'arrange pour faire beaucoup de chemin en peu de temps. Il fait assez doux, et il y a dans l'air comme un frissonnement d'impatience. Pourtant les plantes sont encore assez mornes, mais le soleil a des caprices délicieux, et les herbages font leur possible pour secouer leur manteau de gelée blanche. J'ai été voir de près la maisonnette mystérieuse dont la veille assidue m'intriguait : c'est une habitation fort pauvre, assez laide, plantée sur un petit chemin qui longe les premiers plans de la colline pour relier deux villages situés à ses deux extrémités ; elle est là toute seule à la lisière des bois, et se compose de deux étages avec une fenêtre pour chacun au nord, et deux au midi, vilaine construction et probablement incommode. L'escalier de pierres est extérieur et nullement abrité ; un petit carré de légumes entouré d'une palissade rustique, une source à deux pas de là sur le chemin, voilà tout le bien-être de mon pauvre vis-à-vis. Des fenêtres du premier, fermées de petits rideaux très blancs, la vue doit être jolie ; c'est la même que la mienne, à revers. On doit voir en plein ma fenêtre. Le rez-de-chaussée m'a paru être une cuisine ; quelques poules picoraient au bas de l'escalier, dont les plus hautes marches et le petit palier étaient fraîchement balayés ; mais je n'ai pas vu l'ombre d'un seul habitant, et, bien que j'aie marché lentement, je n'ai pas entendu le moindre souffle humain sortir de cette demeure indigente et propre, une pauvreté qui se respecte probablement et que je n'avais pas le droit de commenter. Un paysan qui émondait des arbres à peu de distance eût pu sans doute me renseigner ; mais je me suis interdit les questions, afin de ne pas être questionné à mon tour. Pourtant je n'ai pu me défendre d'en adresser une très saugrenue à mon vieux monsieur, le pêcheur à la ligne, que j'ai rencontré comme je traversais le hameau des Grez.

L'indigence de mon *vis-à-vis* m'avait reporté à l'objet de mon travail, et je me rappelai, en voyant l'heureuse figure du vieillard, que ce pouvait bien être son nid dont, un quart d'heure auparavant, je venais d'interroger la physionomie. Comme il se disposait de loin à me saluer avec un redoublement de bienveillance, je me promis de lui adresser la parole ; mais comprends-tu ma préoccupation ? Au lieu de trouver une phrase quelconque de provocation polie, je ne sus lui dire autre chose que ce qui remplissait ma pensée, et je lui adressai cette question de fou : — Pourriez-vous me dire, monsieur, ce que c'est que le bonheur ?

Je n'eus pas plutôt lâché cette sottise que j'aurais voulu la ravaler ; mais le bonhomme n'en parut ni surpris ni scandalisé, et il me répondit d'une voix douce et avec une prononciation des plus distinguées : — Le bonheur, monsieur, c'est d'avoir votre âge, vos jambes et votre figure.

— Moi, repris-je, je crois que c'est d'avoir votre bonté et votre amabilité.

La connaissance était faite. Au bout de trois minutes, nous causions comme de vieux amis, et au lieu de rentrer chez lui, car il demeure aux Grez et non vis-à-vis de moi, il voulut me reconduire jusqu'au plus bas du vallon, c'est-à-dire jusqu'au ruisseau. Il n'était pas fâché d'ailleurs, disait-il, de voir comment se comportait le poisson.

— Voyons, lui dis-je, pardonnez-moi mon idée fixe. Le bonheur est la satisfaction de nos goûts : donc vous êtes heureux quand vous pêchez à la ligne ?

Il sourit en répondant : — Oui, quand je suis heureux à la pêche! Donc vous n'y êtes pas. Nos goûts ne pouvant être satisfaits que rarement et d'une manière incomplète ou troublée, ce n'est pas là qu'il faut placer notre bonheur.

— Il faut? S'agit-il de ce qu'il faut ou de ce qui est? Le bonheur est-il l'ouvrage de notre volonté ou celui de la nature qui l'a mis à notre portée? Si c'est une création intellectuelle, d'où vient que tout le monde ne peut se le procurer? Si c'est un bien que la nature nous offre, d'où vient que nous ne le connaissons pas?

— Vous m'en demandez beaucoup pour une fois, reprit-il, et vous risqueriez fort de prendre *sans verd* tout autre que moi, car les hommes en général n'en savent pas long sur la manière d'être heureux; mais j'ai pensé à cela, moi, et je vous dirai mon avis. Permettez-moi de regarder par là sous ces branches. J'ai une ligne de fond à retirer.

Il retira sa ligne et y trouva une mince anguille qu'il mit en silence dans son panier sans montrer ni joie ni déception. — C'est une pauvre prise? lui dis-je.

— Non pas! Vu l'appétit que j'ai, c'est un fort bon plat : il me fera deux jours, et je pourrai ne pas pêcher demain... Ah! ah! ajouta-t-il en riant, vous aviez fait des théories sur mon compte, n'est-ce pas? Eh bien! ce n'est pas ça! Je ne hais pas la pêche, c'est un amusement comme un autre; mais j'aime encore mieux lire ou rêver, et quand je fais la guerre à ces innocentes bêtes, c'est uniquement pour manger.

— En êtes-vous là, monsieur?

— J'en suis là, et je suis content d'en être là. Voilà mon bonheur, à moi; mais je ne peux pas et je ne veux pas m'expliquer sur ce qui me concerne : nous parlerons de vous, si vous voulez.

— Moi, je suis dans le même cas absolument; je ne dois pas...

— C'est bien, nous parlerons du bonheur en général et au point de vue philosophique. Voici la nuit. Voulez-vous venir me voir demain? Je vous attendrai à l'entrée du village des Grez, car vous ne trouveriez pas ma niche.

J'ai promis et je tiendrai parole, car ce bonhomme a pris mon cœur. Je ne sais pas s'il est extraordinairement intelligent ou légè-

rement timbré. Son bel œil noir dit alternativement l'un et l'autre.
N'importe, nous verrons bien... Mais tout cela ne me dit pas pourquoi l'on veille toutes les nuits dans la maison d'en face. Peut-être
qu'on ne veille pas. Il y a des personnes peureuses qui gardent
une veilleuse allumée pour empêcher les voleurs de se risquer chez
elles. Un sou d'huile chaque nuit, c'est cher pour des pauvres;
mais la sécurité de leur sommeil vaut bien cela.

Pourquoi veux-tu confondre absolument la philosophie positive
avec la théorie de l'égoïsme? Pourquoi faire de l'une la conséquence
de l'autre? La jeune doctrine à laquelle j'appartiens s'appuie sur
la morale avec d'autant plus d'énergie qu'elle combat la vertu intéressée, partant très égoïste, de ceux qui aspirent aux récompenses
de l'autre vie.

LETTRE XIVᵉ. — DE PIERRE A PHILIPPE.

Vaubuisson, 25 mars.

Voilà le printemps qui s'annonce en sonnant sa fanfare dans les
blés verts et dans le ciel rose. Je n'y puis tenir, je marche, je cours,
je cause une partie de la journée. Je ne m'en trouve pas plus mal
pour travailler le soir.

J'ai fait une découverte. Ma voisine d'en face, car c'est une voisine, est jeune et bien faite. Je n'ai pas vu sa figure : elle était enveloppée d'un capuchon de tricot comme en portent les villageoises
d'ici et les femmes du peuple à Paris; mais cette coiffure, au lieu
d'être fixée au-dessus du front et garnie de pompons de laine ou
d'une ruche de rubans, était lâche, couvrait les cheveux et se terminait par une épaisse dentelle de tricot noir qui retombait jusqu'à
la bouche. La précaution de se voiler ainsi a été prise à mon approche, car la personne était penchée sur la source et y remplissait
une petite cruche. Le capuchon était tombé, et je voyais une chevelure magnifique serrée en grosses touffes sur un cou d'une blancheur
aristocratique; mais au bruit de mes pas le capulet a été vitement
relevé, et l'on s'est en outre détourné comme par hasard, mais avec
intention, je crois, au moment où je passais, de sorte que je n'ai vu
que la taille élancée, les formes assez riches sous un vêtement large
qui n'est pas celui d'une servante, et qui n'est pourtant pas celui
d'une demoiselle. C'est quelque artisane un peu fantaisiste. Elle est
certainement laide, puisqu'elle se cache avec un soin réel, pis que
laide, défigurée probablement. Ça m'est égal, elle a *charmé mon
cœur* par sa démarche. Je n'ai jamais rien vu de plus suave, de plus
chaste et de plus gracieux que le mouvement de son bras portant
la cruche et de ses petits pieds montant le sentier qui conduit chez

elle. Elle n'était pas chaussée pourtant, la pauvre fille. Elle avait des pantoufles de laine noire propres, mais dix fois trop larges, et elle a failli en laisser une au bas de l'escalier. J'ai vu le rapide mouvement de honte ou de pudeur, l'adresse pour ressaisir sans se baisser cette ingrate chaussure, mais j'ai vu aussi le bas très blanc et le pied mignon.

Il y a là une nature distinguée, charmante peut-être, mais étouffée par la laideur accidentelle et la pauvreté. Qu'elle n'en rougisse pas, qu'elle ne se cache plus! Je n'aurai ni curiosité indiscrète, ni dédain de jeune homme. Je la saluerai sans la regarder.

Mais vit-elle seule dans cette maison seule? J'aurais pu le savoir, mais pourquoi le saurais-je, si ne pas le savoir m'intrigue et m'amuse?

Quelque chose de plus intéressant et d'aussi mystérieux, c'est M. Sylvestre, tel est le nom de mon pêcheur à la ligne, ou du moins le nom qu'il se donne. Exact au rendez-vous qu'il m'avait assigné, je me dirigeais vers les Grez, quand j'ai rencontré un artisan de Vaubuisson avec qui j'avais fait connaissance en mangeant à l'auberge, et qui m'a demandé si j'allais voir l'*ermite*. Je n'ai pas été trop surpris de la question, la mère Agathe m'avait déjà parlé d'un ermite comme de la principale curiosité du pays. Comme je craignais de faire attendre M. Sylvestre, je ne me suis pas arrêté à demander des renseignemens à mon artisan, me promettant d'ailleurs d'en avoir par M. Sylvestre lui-même.

Le hameau des Grez marque la limite de l'embranchement de mon étroit vallon avec une vallée plus ouverte, plus riche, plus riante, mais d'un caractère moins agreste et moins intime. J'ai rencontré M. Sylvestre à l'entrée du village, et il m'a fait tourner tout de suite le dos à cette vallée. Nous sommes entrés dans les bois de la colline par un sentier très rapide. Le bonhomme marche comme un Basque et n'a rien à envier à mes jambes. L'habitude lui a même donné plus de souffle que je n'en ai, car il est arrivé, sans cesser de parler, à la porte de son manoir. Ce manoir consiste en un vieux petit pavillon Louis XIV, entouré de deux côtés par une muraille en ruines et couverte de lierre. Cette muraille n'enferme rien et marque l'entrée d'une clairière en pente, sans contours déterminés. Quelques débris envahis par la végétation sont, avec le pavillon, tout ce qui reste d'une ancienne succursale de chartreux. L'endroit est charmant d'abandon et de solitude, la clairière encaissée et abritée de partout est très mystérieuse. Le pavillon délabré menace un peu, mais M. Sylvestre assure qu'il durera plus longtemps que lui. Il a loué cela presque pour rien, et depuis deux ans on a refusé de lui faire payer son loyer, disant qu'on ne pouvait lui garantir la solidité de la construction, qu'on ne voulait pas y faire de réparations, qu'il était libre d'y demeurer gratis à ses risques et périls. — J'ai toujours eu de la chance, moi, ajouta-t-il naïvement en me racontant le fait. Je suis un peu gêné, un peu paresseux, un peu vieux, et je trouve pour rien une habitation charmante dans un endroit pittoresque, bien caché, comme je les aime!... Voyez le beau lierre qui commence à gagner mon mur et qui m'en garantit la durée, car, vous le savez, le lierre est tout de bon l'ami des vieux murs. Il dégrade un peu les surfaces, mais il soutient les assises, et grâce à lui je suis en sûreté ici pour vingt ans. Vous me direz que j'en ai soixante-treize? Eh bien! vivre encore ne m'épouvante point; j'ai bon courage, et ce que Dieu voudra, je le veux.

— Vous êtes optimiste, cher monsieur; c'est peut-être une sagesse, cela!

— C'est peut-être aussi une vertu quand on connaît la vie. Allons, asseyez-vous. Je peux vous offrir un verre de cidre; j'en ai une feuillette. C'est un cadeau qu'on m'a fait, et si vous avez froid, j'ai du bois aussi; mon propriétaire m'a permis de ramasser les branches mortes dans la clairière. Il m'en faut peu. Je ne suis pas frileux, l'habitude! Je ne brûle un fagot que pour faire cuire mon dîner. Voulez-vous goûter ma cuisine, l'anguille d'hier?

J'y goûtai par curiosité. C'était cuit à l'eau, sans beurre, presque sans sel, avec quelques herbes sauvages, et c'était franchement détestable. Le cidre grattait le gosier comme une râpe.

Le local se compose de deux chambres superposées, en bas la cuisine, en haut la chambre à coucher; les quatre murs tout nus, une armoire, une toilette, une grande table pour écrire, une petite table pour manger, un lit sans rideaux, le tout en fer ou en bois blanc et d'une simplicité primitive; dans l'armoire, un vêtement de rechange, trois paires de draps, six chemises, enfin le strict nécessaire pour conjurer la malpropreté. Tout était propre cependant, balayé, nettoyé jusque dans le moindre coin, et ce vieillard n'a pas de servante, il vit là tout seul, il fait tout lui-même, il blanchit et il raccommode! Il a un chien, deux poules et trois pigeons pour toute société.

— Monsieur, je ne m'ennuie jamais. J'ai toujours quelque chose à faire comme tout homme qui doit suffire seul à sa propre existence. Le matin, je nettoie, je balaie, je lave, je fais avec mon chien la chasse aux rats et aux souris. Nous n'en voulons point souffrir chez nous, parce que ces êtres-là, quand on leur permet la moindre chose, abusent tout de suite et pullulent follement. Chacun chez soi, n'est-ce pas? Dans le jour, je pêche, je ramasse mes herbes, ou je chasse au lacet les petits oiseaux. Il faut bien se

nourrir! Je n'aime pas la destruction, mais j'ai le défaut d'être un
peu friand, mon chien aussi. J'ai là, dans un coin du rocher, un peu
de bonne terre, un éboulement; j'y cultive des légumes. L'été, je
cueille des fraises dans le bois, elles sont excellentes. L'automne,
j'y recueille des ceps et des oronges, — c'est exquis sur le gril avec
un peu d'huile, — et mon jardinet me donnerait volontiers une gousse
d'ail pour les accommoder; mais je m'en abstiens, cela gâte l'haleine et détruit l'odorat par conséquent. L'homme ne doit pas se retirer les nobles jouissances, et respirer à toute heure le parfum des
mousses ou des genêts vaut encore mieux que de satisfaire un instant la gourmandise. Par la même raison, je me prive de vin. Le
vin nous ôte la délicatesse du palais et nous empêche d'apprécier
les différentes saveurs des eaux de source. Je vous assure que dans
mes courses, à la chasse et à la pêche, je me régale avec délices
quand je rencontre un buisson chargé de belles mûres sauvages à
côté d'une cressonnière. Je me dis alors que partout, dans la nature, la nappe est mise pour l'homme qui n'a pas laissé fausser ses
instincts et dénaturer ses besoins.

— Vous pensez bien, ajouta-t-il, que, quand j'ai fait ma provision
de vivres pour un, deux ou trois jours, je rentre chez moi en bel appétit. Je dîne avec Farfadet. Je lui parle, il faut toujours parler aux
chiens pour entretenir leur intelligence. Après ça, je lave et je range
ma vaisselle. Les jours où je ne sors pas, je rapièce et je reprise. Je
répare mon mobilier ou je l'astique. Je vais chercher dans les dé-
combres de l'ancien couvent un carreau, s'il en manque un chez
moi, un bout de ferraille pour réparer mes fermetures; j'ai quelques outils, j'aime à essayer de tous les métiers et à simplifier les
ustensiles à mon usage. C'est barbare, mais c'est drôle, et quelquefois ça m'occupe passionnément. Le soir, je lis ou j'écrivaille, ça
m'amuse aussi. Enfin je dors serré, ce qui m'amuse encore plus,
car je rêve beaucoup, et mes rêves sont généralement agréables.
Vous voyez bien que je n'ai pas le temps de m'ennuyer.

— Et pourtant la solitude à la longue... Quoi! jamais de tristesse
sans motif, d'épouvante sans cause?

— Si fait, quelquefois comme tout le monde; mais le remède est
sous ma main, et j'y cours. Vous voyez bien ce hameau des Grez qui
est là sous mes pieds? Si la tristesse me prend la nuit, j'ouvre ma
fenêtre, je regarde les toits, j'écoute le silence et je me dis : — Bon! il
y a là des gens qui dorment bien. — Ça me suffit, je ne suis pas seul.
Le jour, si je me sens un peu désœuvré, je descends le sentier,
j'entre chez le premier villageois venu et je cause. Tous ces paysans
sont des hommes comme vous et moi, ils ont leurs qualités et leurs
défauts, leur sagesse et leurs travers. Quelques-uns ont du mérite

ou de l'esprit. Nous vivons tous de la même vie, tout ce qui les in-téresse m'intéresse plus ou moins, sauf l'amour de la propriété, qui les tourmente et qui ne me tourmente pas; mais je ne leur fais pas la guerre là-dessus; ils ont des devoirs et des droits que je n'ai plus. Voilà ma vie. Voulant l'achever à ma guise malgré la pauvreté, j'ai pris le métier d'anachorète, car c'est moi qu'on appelle l'*ermite* dans le pays; mais, aimant mes semblables quand même, je n'ai pas fait la sottise d'aller au fin fond des forêts, ou de me percher au sommet des hautes montagnes. Le désert est partout quand on est vieux et pauvre, et on peut le trouver, comme vous voyez, à une heure de Paris.

— Tout cela me paraît merveilleusement arrangé, lui dis-je, et tout ce que vous dites me confirme dans l'opinion que vous regardez le bonheur comme la satisfaction de vos goûts. D'où vient qu'hier vous me disiez le contraire?

— Hier, je vous disais la vérité. Il est très rationnel et très permis de chercher la satisfaction de nos goûts, et cela peut contribuer au bonheur; mais le bonheur est quelque chose en dehors de tout cela.

— Pourriez-vous définir ce quelque chose? Vous me rendriez un immense service.

— Mon cher enfant, on peut se le définir à soi-même quand on y croit, mais difficilement le démontrer à qui n'y croit pas. Quelle est votre opinion, à vous?

— Je crois que c'est pour l'homme une aspiration jamais assouvie, un idéal permanent avec une réalité passagère et relative.

— Vous avez parfaitement raison. A l'heure où nous vivons, c'est comme cela. Nous ne pouvons pas espérer davantage dans l'état de notre société, de nos mœurs et de nos lumières; mais vous avez tort, si vous croyez que votre définition représente autre chose qu'une vérité transitoire et relative.

— Parlez, monsieur, je vous écoute avec beaucoup d'attention, je vous jure.

— Je pourrais vous donner beaucoup de définitions qui ne seraient pas plus complètes que la vôtre, vous dire, par exemple, que le bonheur est dans le libre développement de toutes nos facultés, ou dans la pratique de la vertu, ou dans le sacrifice, ou dans l'accomplissement du devoir. Eh bien! tout cela, ce sont des élémens de bonheur, et un critique éminent avait raison de dire dernièrement avec esprit qu'à ce compte le bonheur serait une mosaïque.

— Je vois qu'au fond de votre thébaïde vous vous tenez au courant des idées et des travaux littéraires.

— Oui, monsieur, je vais une fois par mois à Paris par le chemin de fer, pour mes sept sous, troisièmes places. J'entre dans un cabinet de lecture et j'y passe la journée. Je serais plus heureux si je ne vivais qu'avec mes propres idées, qui sont riantes, tandis que les idées de ce temps-ci sont tristes et que la critique n'est pas par elle-même une chose gaie; mais je me dois d'agir ainsi pour entretenir le contrôle de ma raison sur mes rêveries un peu enthousiastes. Grâce au ciel, je les retrouve toujours fraîches et jeunes quand ma raison a fait un pas, c'est-à-dire une concession à la raison d'autrui : preuve que la raison n'est pas un mal. Mais je vois que vous êtes impatient de ma définition; elle ne se fera pas attendre, la voici :

« Le bonheur est tout ce qu'on en dit dans les camps opposés des diverses écoles philosophiques. C'est une chose de ce monde et des autres mondes, de cette vie et des autres vies. Il est en nous et en dehors de nous; il est dans le progrès de l'individu et dans celui des sociétés. Il est absolu et relatif. Nous le faisons et nous le trouvons tout fait; en un mot, il est un état de la vie comme la douleur, aussi fugitif, aussi relatif, aussi réel, aussi certain, aussi varié. Nous sommes des ingrats de dire qu'il y tient moins de place, par la raison qu'il tend, comme la vie, à se répandre et à se perfectionner sur la terre, tandis que la douleur et la mort tendent chaque jour à diminuer et à disparaître. »

— Quoi! même la mort? Oh! monsieur Sylvestre, que vous êtes donc optimiste!

— Je m'entends, et ne suis pas si toqué que vous croyez. Restons-en là pour aujourd'hui. Réfléchissez à ma définition, vous serez plus fort que moi pour en tirer les conséquences, car vous ne la combattrez pas, je vous en réponds. C'est la vérité.

Tu conviendras que voilà un personnage curieux et armé d'une certitude invincible, ce qui n'est pas commun chez un malheureux, car cet homme, au point de vue matériel, est au plus bas de l'échelle du bien-être.

Je craignis d'être indiscret et j'allais le quitter; il me retint. — Si vous voulez me permettre de m'occuper, dit-il, car je ne sais pas rester les mains oisives, vous me ferez bien plaisir de causer encore un peu. J'ai là une guêtre dont les boutons menacent de s'en aller. Parlez-moi pendant que je les recoudrai, dites-moi tout ce que vous voudrez, comme je fais quand je parle à mon chien. Vous ferez une bonne action, car il est bien rare que j'entende quelque chose qui m'échauffe la tête, et je suis forcé souvent de me parler tout haut à moi-même pour ne pas m'endormir dans le positivisme de ma quiétude personnelle.

— Alors, lui dis-je, puisque vous ne voulez pas que je vous entretienne de mes théories, laissez-moi vous parler de vous. Vous êtes donc à la fois spiritualiste et matérialiste?

— Parbleu! Enfilez-moi donc mon aiguille; je crois que ma vue commence à baisser un peu, et que dans quelques années il me faudra acheter des lunettes. Ah! vous croyez que parce que je suis spiritualiste je nie et méprise la matière? Pourquoi pensez-vous que je ne suis que la moitié d'un homme? Je ne prétends pas être un homme complet. Il y en a peu, s'il y en a; mais je tâche de ne pas me scinder et m'amoindrir. Les ascètes sont des fous. Vous voyez qu'en simplifiant ma vie autant que possible conformément à mes ressources, car j'ai trois cents francs de rente, monsieur, pas davantage, j'ai fait la part des douceurs de la vie. Il y a des choses dont je pourrais me passer, mais on ne doit se passer que de ce dont on est forcé de se passer; et restreindre ses goûts et ses besoins par avarice, par mortification ou par mépris de ce qui est agréable et bon, c'est un tort, une ingratitude envers la vie. La vie est bonne, monsieur, même dans cette petite phase que nous traversons, et dont nous ne sentons ni le commencement ni la fin. C'est une fête à laquelle un hôte inconnu, mais libéral, nous convie. Elle se compose d'idéal et de réalité, de choses qu'on voit, qu'on touche, qu'on mange, qu'on respire et qu'on possède, et aussi de choses que l'on pressent, que l'on devine, que l'on espère et que l'on attend. Tout cela nous fait très riches, et je ne suis pas si sot que d'en mépriser la moitié pour me prouver que cette moitié vaut moins que l'autre. Je veux me nourrir et m'enivrer de tout, et tous les grands esprits qui se contredisent et se querellent sur l'âme et le corps depuis que le monde est monde me servent des alimens variés, également sains et fortifians. Je trouve qu'ils ont tous raison sur le terrain qu'ils occupent; seulement ils ont un tort commun, qui est de se combattre, car pour combattre il faut se restreindre et se renfermer. La critique, qui est une grande chose en voie de formation, n'a pas encore compris l'œuvre immense qu'elle a à faire. Jusqu'ici, elle s'est occupée à distinguer; il serait temps qu'elle apprît à confondre. Elle dissèque et marque les différences; elle devrait commencer à coudre et à marquer les rapports. Ainsi disparaîtraient les solutions de continuité de l'esprit humain. Enfin, patience! ça viendra. La philosophie de l'avenir sera une, et tous les grands ouvriers y trouveront leur place. Tenez, l'autre jour un Savoyard promenait dans le village une grande machine carrée, longue, avec des compartimens et des vitres rondes grossissant les tableaux exposés à l'intérieur de la boîte. Je regardais Londres, mon voisin voyait Venise, un troisième le port de Marseille. Il y en avait sept comme cela. Aucun de nous ne voyait la même ville; mais tous nous avons emporté la notion de ce que c'est qu'une ville, et celui de nous qui les a toutes regardées l'une après l'autre est celui qui a eu la notion la plus complète des conditions nécessaires à l'établissement et à l'appropriation d'une capitale. La cité de l'esprit humain se bâtira ainsi avec tous les monumens de l'esprit humain.

Voyons, laissons là le bonheur; cela ne se démontre pas autrement que la sagesse. Rêvez un peu la sagesse qu'il vous plairait d'avoir; n'y mettriez-vous pas la force et la douceur, la tendresse et la raison, l'équité et la miséricorde, la patience et le zèle, le désintéressement et l'ambition noble, l'ardeur et la résignation, c'est-à-dire tous les contraires? Vous vous apercevriez bientôt que vous vous composez une perfection avec tous les élémens puisés dans des philosophies différentes qui pourtant s'accorderaient fort bien dans votre aspiration généreuse, et dont aucune maille ne déparerait votre filet. Donc vous ne pouvez pas concevoir un idéal qui ne soit pas la réalisation de l'idéal saisi par tous vos devanciers à tous les points de vue possibles, et si vous ne pouvez rêver la sagesse que sous une forme déjà acquise à l'humanité, la sagesse n'est pas un vain mot, et la possession de ce trésor n'est pas un rêve. Ainsi du bonheur, cher enfant : nous le concevons, donc il existe, et que nous l'ayons négligé, conquis ou perdu, il est un fait à la fois idéal et matériel que nous ne pouvons ni nier ni détruire.

J'essaie de te transcrire ses paroles; mais il y mettait tant de chaleur, de conviction et de bonhomie que je l'aurais écouté tout le jour et toute la nuit. Tout à coup il cessa de parler et parut continuer en lui-même sa démonstration. Je jugeai qu'il devait avoir ses heures ou ses fantaisies de recueillement, et je le quittai en l'invitant à venir me voir à son tour, ce qu'il me promit avec cordialité.

Comme je traversais les Grez pour m'en revenir, je tombai dans un groupe de villageois qui causaient à la porte du cabaret. Ici tout le monde salue les passans, et je me hâtai de prévenir ces gens affables. — Vous venez de rendre visite à l'ermite? me dit l'un d'eux. Eh bien! monsieur, l'avez-vous trouvé de votre goût?

— Parfaitement, monsieur. Il est fort aimable. N'est-ce pas votre avis?

Celui qui venait de m'interpeller, et que j'interpellais à mon tour, était un gros homme riant. Je me rappelai l'avoir vu dans la cour d'un moulin voisin, faisant charger des sacs. C'est le maître meunier.

— Oh! moi, dit-il, je l'aime beaucoup. C'est un brave homme, pas cagot pour un moine!

— Qu'est-ce que vous dites donc là, Tixier? s'écria une commère

à la lèvre barbue et à l'œil intelligent. M. Sylvestre n'est pas plus
moine que vous et moi!

— Je sais bien, dit le meunier; mais un ermite, c'est toujours
une espèce de prêtre.

— Celui-là est ermite pour son plaisir, reprit la matrone. Il n'est
jamais entré dans une église, que je crois! Il dit, comme ça, qu'il
adore Dieu *dans le temple de la nature.*

— Preuve que c'est un fou! dit un autre interlocuteur.

— Oh! vous, vous êtes dévot, vous ne l'aimez point!

— Je l'aimerais tout de même, s'il était pauvre comme il paraît,
car il n'est ni quémandeux ni méchant; mais c'est un vieux farceur, qu'on dit qu'il a plus de... Enfin je ne sais pas, mais on dit
que, s'il voulait, il achèterait tout le pays, et le monde avec.

— Rien que ça! voyez-vous! fit la commère en haussant les
épaules; tenez, Jean, vous êtes plus bête que vos sabots! Je vous
dis que M. Sylvestre n'a pas vingt sous par jour à dépenser, et que,
s'il tombait malade, je courrais le chercher, moi, car il mourrait de
misère, si on l'abandonnait. Pas vrai, monsieur, dit-elle en se tournant vers moi, que c'est un homme d'esprit et qui se respecte tout
à fait?

— C'est mon opinion, madame. Y a-t-il longtemps qu'il demeure dans le pays?

— Dix ans, monsieur, et on n'a jamais su d'où il sortait, c'est ce
qui fait tant jaser. Les uns veulent qu'il ait fait un crime, les autres
que ce soit un ancien général, un ancien préfet. Ah! vous dire tout
ce qu'on dit, ça n'est pas possible; mais M. le maire de Vaubuisson
le connaît bien, et il a commandé aux gendarmes de ne pas le tra-
casser. Il a répondu de lui comme de son père. Seulement il dit
bien qu'il pourrait vivre autrement, qu'il a des parens riches et
que c'est un maniaque de fierté. Qu'est-ce que ça fait, s'il ne fait
tort à personne! Moi d'abord, je me ferais hacher pour lui, et je ne
suis pas la seule; pas vrai, les autres?

Il y eut un assentiment général, et j'en fus heureux, car moi aussi
je me ferais bien hacher un peu pour cet homme sympathique qui
croit au bonheur, et qui, sans se vanter immodestement de le posséder, trouve toujours moyen de remercier de toutes choses le hasard ou la Providence.·

GEORGE SAND.

(La seconde partie au prochain n°.)

RÉCITS

DE

L'HISTOIRE DE HONGRIE

UNE ARMÉE FRANÇAISE EN HONGRIE
BATAILLE DE SAINT-GOTHARD.

La victoire de Saint-Gothard, remportée sur les Turcs en 1664, à quelques lieues de Vienne, par les Français et les impériaux, est un des plus glorieux épisodes de notre histoire militaire au XVIIe siècle, et pourtant c'est à peine si elle a obtenu quelques lignes dans nos histoires générales. Çette apparition soudaine de la France dans les plaines lointaines du Danube, cette alliance d'un jour avec la maison d'Autriche, entre les rivalités de la veille et celles du lendemain, a semblé à nos historiens un démenti inexplicable de la politique traditionnelle de notre pays. Le récit de ces événemens s'encadrait mal d'ailleurs dans une histoire générale, il détournait l'attention du lecteur et troublait l'ordonnance de l'œuvre. C'est à peine si l'on daigne mentionner en passant ce grand combat qui sauva la chrétienté : nos annalistes les plus exacts en ignorent les détails et commettent les plus étranges méprises (1). Ainsi méconnus chez

(1) Le président Hénault par exemple affirme que le commandant en chef des troupes françaises, Coligny, qui paya si vaillamment de sa personne et décida du succès de cette journée, n'assistait pas au combat et se trouvait malade à Vienne. Ce qui est plus étrange, c'est que plusieurs des contemporains et des amis de Coligny se trompaient également sur ce point. Bussy, son cousin, raconte que « non-seulement on ne lui donne point l'honneur de cette action, comme cela se pratique d'ordinaire, mais qu'on le condamne un peu de ne s'y être pas trouvé. » — *Mémoires*, t. II.

nous, quelle justice les vainqueurs de Saint-Gothard pouvaient-ils attendre des écrivains étrangers? Ceux-ci ont montré pour la France, comme les souverains qu'elle a secourus, plus de défiance et d'humeur que de reconnaissance; ils n'ont pas eu grand'peine à se persuader ou que nos services étaient inutiles, ou que des vues intéressées en altéraient le mérite : de là le silence, ou même le dénigrement. On ne s'étonnera donc pas que, rencontrant dans le cours d'études longtemps poursuivies une journée aussi mémorable, dont la gloire, sinon le profit, nous revient presque entière, j'essaie de raconter, à l'aide de documens contemporains, la plupart oubliés ou inédits, cette victoire française ignorée et comme ensevelie dans une histoire étrangère.

I.

Il y a deux siècles à peine, les Turcs étaient la grande terreur de l'Europe. A travers les rivalités des princes, les entreprises des cabinets, les luttes intestines des états, le sentiment du danger commun persistait, et à un moment donné comprimait tous ces élémens de discorde : on s'unissait alors bon gré, mal gré, pour repousser les envahisseurs de la république européenne. Les protestans aussi bien que les catholiques, les partisans de la maison d'Autriche comme les états rattachés par Richelieu à l'alliance française, avaient tous la conscience de cette nécessité, qui pesait sur toutes les résolutions de leur politique. La lutte opiniâtre engagée au temps des croisades entre l'islamisme et la chrétienté se continuait depuis six siècles à travers des chances diverses. Il n'y avait point de paix avec les Turcs, on ne stipulait jamais que des trêves de courte durée, et ces trêves n'étaient qu'une préparation à la guerre. Selon les doctrines des universités les plus célèbres et les décisions des plus saints évêques, aucun engagement n'obligeait vis-à-vis des infidèles, ils étaient hors du droit des gens. De leur côté, les Turcs n'admettaient pas que les vrais croyans eussent des devoirs à remplir envers ces *chiens de chrétiens*. Entre de tels ennemis, point de cesse ni de repos; celui qui le premier avait réparé ses pertes reprenait aussitôt l'offensive; il devançait son ennemi, il ne le surprenait pas.

Les fortunes de la lutte avaient souvent et rapidement varié : au milieu du xvie siècle, l'Europe avait accueilli avec des transports de joie la victoire de Lépante (1571), un moment elle s'était crue délivrée; mais au siècle suivant toutes les chances paraissaient tournées de nouveau en faveur des Turcs. Les longues guerres de religion, en désolant l'Allemagne, avaient facilité leurs succès : ils débordaient

de toutes parts sur l'Europe. Par la Morée et l'Illyrie, ils menaçaient
l'Italie. Les courses des Barbaresques désolaient les rivages de la
Méditerranée. L'Allemagne, surtout les états de l'Autriche, étaient
ouverts et pénétrés; la Hongrie, ce *bouclier de l'Europe*, comme on
disait alors, ne la couvrait plus. Depuis la bataille de Mohacz (1526),
la Hongrie n'existait que de nom; elle avait vu périr ensemble dans
cette journée néfaste la fleur de sa noblesse, son roi et sa dynastie
nationale. Ce vaste royaume, qui s'étendait naguère des portes de
Vienne jusqu'aux rives reculées du Dniester, était passé presque
tout entier sous l'empire du croissant; les Turcs étaient établis à
Bude et à Temeswar. Sur ce trône, où le choix d'un peuple libre
avait placé tour à tour les petits-neveux de saint Louis ou des héros
populaires, Jean Huniade et Mathias Corvin, s'asseyaient maintenant
les favoris obscurs du sérail; des postes de janissaires étaient campés à quelques milles de Vienne; des partis de Tartares faisaient ir-
ruption dans la Moravie, ramenant avec eux des troupes de captifs,
d'enfans et de femmes. Ce furent des années pleines d'angoisses et
d'effroi, dont le tableau rappelle les impressions de terreur qui trou-
blèrent le monde romain à la veille de l'invasion des barbares.

L'Allemagne, mal guérie de ses blessures, voyait le cercle fatal
se resserrer chaque jour autour d'elle. Les populations tressail-
aient et s'agitaient dans une sombre épouvante; de toutes parts on
levait des soldats, on réparait les fortifications des villes, on gar-
nissait les remparts; les prédicateurs cherchaient à ressusciter le
zèle qui aux siècles passés avait enfanté les croisades. Des pénitens
parcouraient les rues, demandant grâce au ciel pour leurs péchés
ou s'offrant en victimes expiatoires; les veillées du foyer étaient
assombries par la contemplation des malheurs passés et l'attente
des calamités plus grandes encore que réservait l'avenir; des images
grossières suspendues autour du poêle représentaient les villes saccagées par les Turcs, les supplices infâmes infligés à des compagnons
d'armes tombés entre leurs mains. Quelquefois aussi la légende merveilleuse de saintes filles exposées à la brutalité des mécréans et
sauvées miraculeusement par l'apparition de la vierge Marie venait
ranimer le courage, exalter la foi de la famille, jusqu'au moment où
le cri d'alarme : « Le Turc vient, le Turc est là! » se faisait entendre,
et où les fantômes de la peur se changeaient en de sanglantes réalités. Il y a un détail qui ne paraîtra pas puéril, si l'on songe combien il faut qu'un sentiment soit profond et universel pour passer
dans cette langue expressive que les mères parlent aux petits enfans; on dit encore en Hongrie et en Allemagne : « Le Turc vient,
le Turc va venir! » comme on nous disait dans notre enfance : « L'ogre
est là pour vous manger! »

A cette seconde moitié du xviie siècle, la paix se maintenait en_
core de nom, malgré des combats sans cesse renouvelés; les Turcs
cependant avaient déjà envahi la Transylvanie, ce champ de bataille
toujours ouvert aux hostilités des deux empires, et tout annonçait
que bientôt se rallumerait la guerre, une de ces guerres dans lesquelles se joue non pas seulement la vie de quelques milliers
d'hommes, mais la destinée des nations. Les changemens survenus
dans l'empire ottoman la rendaient certaine et imminente. Après
une période de langueur et d'affaissement, la puissance turque, sous
la main du grand-vizir Kiuperli, avait recouvré toute l'énergie des
premiers jours de l'islamisme. Kiuperli, quoique né dans l'Asie-Mineure, appartenait par son père à cette race albanaise, si fine, si
intelligente, qui au xve siècle fut représentée chez les chrétiens par
Scanderberg (1469), et de nos jours chez les musulmans par Méhémet-Ali. Comme la plupart des hommes qui ont laissé un nom en
Turquie, il avait exercé dans sa jeunesse les métiers les plus divers
et parcouru successivement toutes les conditions sociales. Dans un
pays où l'opinion ne connaît pas de profession vile et méprisable,
l'esprit acquiert, à travers ces épreuves, une force et une souplesse
rares. Nous n'avons pas vu en France que tel de nos maréchaux qui
avait débuté par être ouvrier ou soldat eût moins l'accent et le génie du commandement. Ce qui n'est vrai chez nous que pour le
métier des armes l'est chez les Turcs pour toutes les situations de
la vie. Les hommes y valent tout ce qu'ils peuvent valoir par eux-
mêmes; jamais le souvenir de leur condition passée ne pèse sur leur
esprit, ou n'affaiblit pour les autres l'autorité de leur dignité. Avec
les idées du fatalisme oriental et les perspectives qui attendent le vrai
croyant, l'inégalité des conditions perd toute son importance (1).

Élevé par la fortune des derniers rangs au premier, Kiuperli s'y
trouva bien vite à l'aise; il y apportait avec une grandeur native cet
esprit pratique, rompu aux difficultés de la vie, aiguisé par l'adversité, sans lequel le génie même n'agit pas sur les hommes et consume en des rêveries sublimes sa faculté créatrice. Il concevait les

(1) « Souvent le grand-vizir descend en paix du trône de sa charge pour posséder doucement quelque petit gouvernement. Peut-être a-t-il alors plus de sujet de se louer de
la fortune que de s'en plaindre, à moins que son ambition ne lui fasse regretter le poste
qu'il a perdu, ce qui arrive rarement chez les Turcs, où ce n'est pas une honte d'être
transplanté des montagnes dans les vallées. Ils savent tous d'où ils viennent, que l'argile est de la terre, que le grand-seigneur en est le maître, qu'il la pétrit comme il veut,
et qu'il en fait des pots qu'il peut conserver ou casser quand il lui plaît. Comme il n'y
a point de honte chez eux de déchoir de la grandeur, aussi ne sont-ils pas surpris de
voir des gens de néant croître en un moment comme des champignons et s'élever par la
faveur du prince aux plus hautes dignités de l'empire. » (Ricaut, *État présent de l'empire ottoman.*)

plus grandes entreprises par cette intuition rapide que de nos jours un homme d'état a justement appelée la part divine du gouvernement. Pour les mener à fin, il ne négligeait pas un détail; il voulait tout connaître, tout régler : sa patience alors égalait l'impétuosité de sa première pensée. La Syrie pacifiée, les Cosaques domptés, l'Archipel enlevé aux Vénitiens, Candie enfin, qui devait bientôt succomber après un siège dont la valeur française retardait au moins le dénoûment, signalaient à l'Europe cette vie nouvelle qu'un seul homme peut communiquer à un peuple entier. Au dedans, après avoir détruit avec l'aide des janissaires la milice indisciplinée des spahis, il avait réduit les janissaires à une obéissance inconnue jusqu'à lui; les pachas de l'empire n'étaient plus, sous sa main, que les instrumens dociles d'un chef puissant et unique. Tout reconnut sa loi; la sultane *validé* et les eunuques du sérail, ces directeurs obscurs des mouvemens de l'empire, virent leur ambition réduite aux limites du harem. Le commandeur des croyans lui-même fut forcé de ployer sous sa volonté énergique. Kiuperli porta une main hardie jusque sur les plaisirs de son maître, exilant ou faisant disparaître les favorites dont l'influence pouvait contrarier ses desseins.

L'histoire systématique, qui considère l'humanité et les nations comme des plantes qui se développent suivant certaines lois prévues et fatales, s'accommode mal de ces natures puissantes qui changent le caractère de leur siècle et enfantent elles-mêmes les événemens au milieu desquels elles se meuvent. Kiuperli fut un de ces personnages extraordinaires sans lesquels les annales monotones du genre humain ressembleraient trop à ces catacombes où l'on voit rangé dans une symétrie lugubre tout ce qui reste des hommes. Il fut le dernier de ces héros barbares dont les noms firent trembler à diverses époques tous les royaumes de l'Europe. Il avait rempli son peuple d'une ardeur qui dura encore après lui, que son fils, devenu son successeur, sut entretenir, et qui conduisit les Turcs jusque sous les murs de Vienne. C'est là qu'après un dernier et plus terrible effort devait se briser pour toujours la puissance musulmane. Mais ce que nous voulons raconter ici, c'est comment, vingt années avant que l'épée de Sobieski délivrât l'Autriche et assurât le salut de la chrétienté, le courage et la générosité de la France, venant en aide à sa rivale, lui procurèrent un triomphe éclatant et quelques années de repos. A peine sortie des luttes de la guerre de trente ans, à la veille de la guerre pour la succession d'Espagne, la France offrait sans hésiter son appui à la maison d'Autriche en danger, et sa vaillante noblesse se portait avec joie à la tête des armées chrétiennes dans les plaines de la Hongrie. Noble et douce fortune de rencontrer ainsi la main de la France dans ces contrées lointaines, et, en retraçant un épisode de l'histoire d'un peuple étranger, d'avoir à inscrire quelques pages glorieuses de l'histoire de la patrie!

II.

La chrétienté n'avait alors à opposer au péril qui la menaçait qu'un faible empereur dépourvu du courage et des qualités qu'aurait exigés la gravité des circonstances. Élevé pour être moine, devenu par la mort prématurée de son frère roi et empereur, Léopold Ier gardait encore, après dix ans de règne, les allures timides et incertaines de sa première éducation. C'était un prince rusé sans habileté, taciturne sans calcul ni prévoyance, plein de méfiance vis-à-vis des autres et sans confiance en lui-même : nulle grandeur dans le caractère, nulle portée dans les desseins; une ambition au jour le jour, qui ne savait rien risquer et n'était qu'une convoitise impuissante. Rien dans la destinée de ce long règne, si fécond en résultats utiles et décisifs pour la monarchie autrichienne, ne vint du souverain. Ces résultats d'ailleurs n'étaient guère à prévoir à ce moment. Élu empereur sous le joug des conditions les plus énervantes pour son autorité, ce successeur des césars n'avait ni armée ni finances. Devant lui, il voyait les Turcs établis à Bude, — à ses côtés, les Hongrois insoumis, — à Ratisbonne, les électeurs de l'empire, qui ne prenaient pas son autorité au sérieux et lui marchandaient sans cesse les secours et les subsides, — au-delà du Rhin, la France restée armée et menaçante après le traité de Westphalie. Livré cependant à de vains amusemens ou à des études spéculatives, Léopold avait abandonné la direction du gouvernement à son ancien précepteur Porcia. Ce vieux favori, créé prince par son élève, régnait sous son nom; c'est à lui du moins que s'adressaient les ministres étrangers, les gouverneurs des provinces. C'était un homme au-dessous du médiocre, incapable d'aucune attention sérieuse, impuissant à prendre une résolution décisive. A peine se souvenait-il du nom de ceux avec lesquels il traitait; il cherchait à cacher ces défauts presque physiques sous une apparence de confiance et de tranquillité. Cet étrange premier ministre répondait uniformément à tout le monde « qu'on avait tort de s'inquiéter, que les affaires s'arrangeraient d'elles-mêmes avec le temps et par la grâce de Dieu, » ou si quelque rude capitaine le poussait trop vivement, exigeant des soldats pour couvrir les états héréditaires et de l'argent pour les payer, il le renvoyait avec de vaines promesses, lui laissant à choisir entre la désertion de ses troupes ou le pillage des contrées qu'il devait défendre; puis il retombait dans cette léthargie pire que la mort, car celle-ci a du moins les chances heureuses qu'un successeur peut apporter.

Il y avait pourtant dans l'empire un homme dont le nom, destiné à devenir célèbre, était déjà connu, et qui, par son caractère et les services qu'il avait rendus, prenait peu à peu cette autorité qui, aux temps de crise et d'anarchie, va d'elle-même au plus résolu. C'était Raimond, comte de Montecuculli, d'une famille originaire du Modenais, entré de bonne heure dans les armées de l'empire et vainqueur des Suédois dans la dernière guerre. Son nom restait populaire malgré la dure nécessité qui venait de le réduire à évacuer la Transylvanie. Chaque soldat de sa petite armée savait que cette retraite, exécutée avec ordre et sans pertes sensibles devant les milices innombrables des Turcs, avait été commandée par le dénûment absolu, le manque d'hommes et d'argent où le conseil aulique avait laissé le général. D'ailleurs cette retraite forcée avait eu un résultat aussi heureux qu'imprévu : les troupes, ramenées de Transylvanie, concentrées dans une île du Danube à quelque distance de Vienne, couvraient la capitale non-seulement contre l'armée turque, qui avait occupé la principauté, mais contre l'attaque bien autrement puissante qui se préparait du côté de Belgrade; c'est là que s'amassait tout l'effort de l'empire ottoman. Par le fait, la guerre avait commencé depuis l'année 1662 entre les deux empires; la Transylvanie, placée sous la protection de l'empereur, avait été occupée par les Turcs. La cour de Vienne s'obstinait à ne point voir dans ces hostilités, dans ces combats de tous les jours, une rupture de la paix; elle n'avait jamais cessé et ne cessait de négocier à Constantinople. On semblait croire à la cour de l'empereur qu'on écarterait la guerre en soutenant toujours qu'on était en paix. Cette disposition à se rassurer à Vienne était si favorable aux Turcs qu'ils ne négligeaient rien pour l'entretenir. On amusait par de vagues promesses l'envoyé autrichien, le baron de Goës, et ce diplomate naïf, ajoutant plus de foi aux paroles qu'aux préparatifs qui se faisaient ouvertement sous ses yeux, contribuait à entretenir les illusions de sa cour. Comme les gens faibles, il niait le péril pour n'avoir pas à s'occuper de remèdes au-dessus de son courage. Peut-être aussi se montrait-il si certain de la paix parce qu'il avait la conscience que son gouvernement accepterait pour la conserver tous les sacrifices qui lui seraient demandés.

Le sultan (Mohammed IV) s'était cependant rendu à Andrinople sous le prétexte de ces chasses aux bêtes féroces qui étaient son divertissement favori; Achmet Kiuperli, le nouveau grand-vizir, impatient de justifier le choix imprévu qui le désignait pour accomplir les vastes projets préparés par son père, avait établi son camp près de la ville. Là se rendaient de l'Europe, de l'Asie et de l'Afrique les milices et les troupes auxiliaires des grands tributaires de l'empire. Quand cette première organisation parut suffisante, Achmet reçut des mains du sultan le sabre garni de pierreries et l'étendard sacré qui appelaient tous les croyans à la guerre contre les infidèles. L'armée se mit en marche pour se concentrer à Belgrade. A ce moment encore, on ne désespérait pas à Vienne de détourner la tempête. On autorisa le baron de Goës et le nouveau ministre Reininger, qu'on avait envoyé au-devant du grand-vizir, à souscrire aux conditions qu'exigeait la Porte. L'empereur consentait à démolir le fort de Zriniwar, que les comtes de Zriny, vassaux de l'empereur et bans de Croatie, avaient fait élever sur leurs domaines, en face de la place turque de Canisza, pour se défendre contre les invasions des Turcs. Il abandonnait les forteresses de la Transylvanie et renonçait au droit d'y tenir garnison. Enfin l'élection du nouveau prince transylvain Apáfy, la créature des Turcs, était reconnue par l'empereur Léopold. Vains sacrifices, inutiles humiliations, éternelle histoire de la faiblesse, qui de concessions en concessions arrive à ce qui au début l'eût sauvée, et de la force triomphante, qui veut aller jusqu'au bout de son succès! Achmet traita avec mépris les soumissions des envoyés impériaux. — Croyez-vous donc, leur dit-il, que j'aie réuni deux cent mille combattans pour m'arrêter et les renvoyer à leurs harems? — Il proposa alors de rétablir le tribut annuel de trente mille ducats que le grand Soliman avait autrefois imposé à la Hongrie. En d'autres termes, l'empereur serait devenu un des tributaires de la Porte, et comme les négociateurs autrichiens demandaient un délai pour recevoir les ordres de leur cour : — Il n'est plus temps pour les paroles, dit-il, venez, — et il les conduisit au sommet du mont sur lequel s'élève la forteresse de Belgrade. De là il leur montra son armée, qui depuis le matin s'était mise en mouvement et faisait, à la vue de son chef, retentir les airs de ses acclamations sauvages. C'était une guerre d'invasion, et Vienne était le but hautement marqué à ce fanatisme orgueilleux qui depuis le premier Kiuperli animait les musulmans. Le ministre impérial Reininger a donné lui-même une relation de ce grand et terrible spectacle; il vit défiler les bataillons de cette multitude de combattans qui se croyait appelée à la conquête de l'Europe. Le dénombrement qu'il en fait inquiète et étonne l'imagination. On se croit transporté aux temps où les ancêtres des Hongrois étaient envahis aussi par les hordes innombrables des Huns. La diversité des nations et des costumes ajoutait au sentiment de terreur qu'inspirait ce peuple de combattans. « Il fallut sept jours entiers pour qu'il défilât hors des portes de la ville dans tout l'appareil d'une magnificence barbare, au son des tambours, des cymbales et des fanfares, qui ne cessaient ni jour ni nuit. » Aux régimens réguliers d'Europe et d'Asie, sous les pachas d'Alep, de Roumélie, de Diarbekir, de Morée, de Bosnie, aux janissaires et aux spahis, aux milices des frontières, se joignaient les auxiliaires des principautés tributaires de la Turquie. On voyait les Moldaves, les Valaques sous leur prince Gregorio Ghika; Bekos-Behi commandait les Albanais. Le Transylvain Michel Apáfy, contraint de porter les armes contre l'empereur, était venu se joindre aux combattans. On voyait aussi parmi eux le fils du grand-khan de Tartarie avec les hordes de ses redoutables cavaliers. Enfin le grand-vizir se mit lui-même en marche à la suite de l'armée avec la pompe d'un triomphateur, entouré de ses grands-officiers, des cavaliers de sa garde et de jeunes pages (*icoglans*) vêtus de velours écarlate, qui conduisaient à la main des chevaux dont la selle étincelait de pierreries. La force effective de ces troupes (1) ne dépassait pas 130,000 combattans; mais, grâce à l'immense quantité de serviteurs, de chameaux, chevaux et mulets, que l'armée turque traînait à sa suite, les populations la croyaient innombrable aussi bien qu'invincible. Elle s'avança lentement, remontant sur la rive gauche du Danube jusqu'à Bude. Sa jonction était ainsi opérée avec les troupes établies déjà dans cette place sous les ordres du vieux et brave Hussein-Pacha. On donna quelque repos aux troupes, on mit dans les cachots de la forteresse les négociateurs impériaux, et l'on concerta un plan général de campagne. Selon les rapports des Tartares envoyés dans les diverses directions, on devait préparer l'attaque contre l'une des trois places fortes qui couvraient l'Autriche, Raab, Komorn ou Neuhausel.

A la première nouvelle de l'entrée des Turcs en Hongrie, Montecuculli, abandonné à lui-même et chargé de couvrir avec quelques milliers d'hommes l'étendue de la ligne menacée par l'ennemi, avait fait tout ce que peut faire un homme de cœur et de tête placé par la négligence coupable de son souverain dans une situation à peu près désespérée. Il s'était concerté avec le comte Forgats, commandant de la cavalerie hongroise, et Zriny, le nouveau ban de Croatie. On convint à la hâte que ce dernier resterait dans ses possessions et se défendrait comme il pourrait. Forgats se chargea de garder, avec les milices du pays, les ·passages de la Haute-Hongrie; il devait, s'il était forcé, se réfugier dans Neu-

---

(1) Dénombrement de l'armée turque : 12,000 janissaires, — 35,000 Asiatiques, — 25,000 Européens, — 18,000 Hongrois du pachalik de Temeswar, — 15,000 Moldaves et Valaques, — 10,000 Tartares, — 5,000 Transylvains, en tout 128,000 soldats, plus 30,000 serviteurs, 200 pièces de canon, 20,000 chameaux, 10,000 mulets, etc. (Gualdo Priorato, *Katona Historia regum Hugariæ*).

hausel et s'y défendre à tout prix. Quant à Montecuculli, il avait déjà établi sa petite armée dans l'île de Schutt. Ce vaste et fertile territoire, formé par les deux branches du Danube qui se séparent au-dessous de Presbourg pour se rejoindre près de la célèbre forteresse de Komorn (1), formait un véritable camp retranché : l'armée pouvait, selon les besoins, se porter au nord pour soutenir Neuhausel, au sud pour couvrir Raab. Les grands troupeaux de buffles qui paissent dans ces riches pâturages devaient assurer les approvisionnemens des troupes, car, pour l'entretien comme pour la paie des soldats, il ne fallait rien attendre de Vienne. Ces dispositions prises, sans perdre un instant, Montecuculli écrivit à l'empereur une lettre dont les dernières lignes montrent comment un honnête homme peut librement dire la vérité aux princes sans cesser de les respecter. « ... Par le très humble attachement que je porte au service de l'empereur, auquel j'ai consacré trente ans de services sans manquer une seule campagne, j'en arrive aujourd'hui à faire le Croate avec un parti de 4,000 hommes. Du reste, je sacrifierai tout aux ordres de votre sacrée majesté, mais qu'elle me les donne clairs, catégoriques et exécutables. »

III.

A Vienne cependant, tout était trouble et confusion; jusqu'au dernier jour, on avait voulu fermer les yeux, on s'était endormi sur les vaines promesses de Goës. Point de recrues appelées sous les drapeaux, point de soldats étrangers enrôlés à prix d'argent. Les casernes, les arsenaux, le trésor, tout était vide depuis dix ans, tout était à l'abandon, tout manquait de ce qui fait un état; la nullité de Porcia régnait sur le fantôme de l'empire (2). De cette misérable extrémité à laquelle on s'était laissé réduire sortit une résolution plus sage qu'héroïque; des courages plus fiers l'auraient d'ailleurs jugée indispensable en un tel moment. L'empereur, son

(1) Komorn, surnommée « la vierge, » parce qu'assiégée dans toutes les guerres, elle n'a jamais été prise.

(2) La *Gazette extraordinaire* du 19 octobre 1663 publie cette lettre d'un gentilhomme allemand : « Ces demandes ridicules et les promenades inutiles que les Turcs faisaient faire à notre plénipotentiaire n'étaient-elles pas suffisantes pour faire tomber le bandeau des yeux de nos ministres? Enfin la marche du grand-vizir avec ces forces prodigieuses ne faisait-elle pas assez de bruit pour nous réveiller de notre profond assoupissement?... Non, aucune de ces choses ne fut capable ni d'éclairer ni d'étonner nos ministres. La foi qu'ils avaient pour ceux qui n'en ont point et la crainte de dénoncer la guerre à ceux qui nous la préparaient firent au contraire qu'on donna d'abord l'ordre à nos gens de demeurer paisibles spectateurs des hostilités que nos ennemis exerçaient déjà par leurs courses sur les terres de l'empereur. »

conseil et la population de Vienne l'embrassèrent comme la seule chance de salut. On prit le parti d'appeler solennellement au secours de l'empire non-seulement les princes allemands, mais toutes les puissances de la chrétienté. — Ce n'était pas une guerre ordinaire pour défendre quelques provinces, c'était le grand et éternel combat · de l'islamisme contre la religion chrétienne. Vienne n'était qu'une étape; une fois au centre de l'Europe, les Turcs ne rencontreraient plus de barrière; on pouvait encore aujourd'hui les arrêter, demain peut-être il serait trop tard. Contre un péril commun et prochain, il fallait les secours de tous, et il les fallait immédiats. — Des ambassadeurs furent envoyés en toute hâte en Espagne, en Suède, en Hollande, à Venise, auprès du saint-siége et des états d'Italie, avec ordre d'exposer sans réticence une situation dont le péril était visible à tous les yeux.

L'orgueil de Léopold était vaincu et ne marchandait plus avec l'inexorable nécessité. De tous les souverains dont il implorait les secours, les uns étaient trop éloignés pour arriver en temps utile, les autres empêchés par des guerres particulières; quelques-uns, dans une situation trop semblable à celle de la cour de Vienne, n'avaient ni soldats ni argent. Un seul prince pouvait arriver sans retard et avec toutes les chances de succès; ses armées étaient toujours prêtes, et il avait plus d'argent que tous les souverains de l'Europe (1) : c'était le roi de France.

On sortait à peine des longues guerres que la politique de Richelieu et de Mazarin avait allumées au cœur même de l'empire. La paix conclue n'avait point éteint la rivalité qui jusqu'à la fin du siècle devait agiter et embraser l'Europe. Aux combats avaient succédé les intrigues. Par la paix de Westphalie et les conventions qui l'avaient suivie, par la garantie que la France et la Suède avaient été appelées à donner aux priviléges des princes électeurs, nonseulement l'influence de la France s'était établie au sein même de l'Allemagne, mais son souverain était devenu lui-même un des princes de l'empire en qualité de comte d'Alsace. Louis XIV prenait donc une part effective, directe, et, comme on disait alors, avait une *voix virile* dans la diète. On comprend ce que pouvait

---

(1) L'armée française était dans un état magnifique. Au lieu de 100,000 hommes que Louis XIII avait eus constamment sous les armes, Louis XIV avait pu, après la paix des Pyrénées (1660), même en licenciant 20,000 hommes, en garder encore 125,000 — Vers la même époque, le produit de l'impôt s'élevait en chiffres ronds à 96 millions, qui faisaient plus de 200 millions de nos jours. Les charges publiques avaient été réduites de telle sorte qu'il entrait de produit net et disponible au trésor plus de 31 millions (65 aujourd'hui) qu'à la mort de Mazarin. (Mignet, t. II, *Histoire des Négociations pour la succession d'Espagne*.)

valoir cette voix d'un comte d'Alsace derrière lequel se trouvait toute la puissance de la France. Ce n'était pas assez. Louis XIV venait de conclure avec les petits princes allemands une nouvelle confédération, la ligue du Rhin, dont il était le chef avoué. N'oublions pas qu'au moment de l'élection de l'empereur l'ambassadeur de France à Francfort, le maréchal de Grammont, avait tout fait pour empêcher l'élection de Léopold. Enfin, quand l'élection était devenue probable, on n'avait rien négligé pour réduire le pouvoir du nouvel empereur et imposer à son autorité des conditions humiliantes. Ainsi devait se perpétuer, sous ce titre pompeux d'empereur, la faiblesse du jeune héritier de la maison d'Autriche.

Implorer les secours d'un adversaire toujours acharné à sa ruine, quelle humiliation pour Léopold! Cette humiliation même servirait-elle? N'y avait-il pas aussi un danger sérieux à faire pénétrer les Français dans les états héréditaires, à les mettre en contact avec les Hongrois toujours mécontens ou rebelles, à les rapprocher des Turcs, leurs alliés depuis François Ier? Certes il y avait là de quoi faire hésiter une politique moins circonspecte que celle de la cour de Vienne. L'empereur passa par-dessus ces considérations, qui frappaient bien plus l'esprit des contemporains qu'on ne saurait le comprendre aujourd'hui; il ne se laissa point arrêter par la vaine crainte de diminuer aux yeux de ses peuples et des autres souverains de l'Europe le prestige de sa dignité. Le comte Strozzi, d'une des grandes familles de Florence, fut envoyé comme ambassadeur à la cour de Versailles. Il portait les lettres de l'empereur pour le roi. On y faisait appel à sa générosité et à son zèle pour la religion.

Tandis que les ambassadeurs de Léopold allaient solliciter les secours des princes étrangers, ce souverain lui-même, sortant de sa langueur habituelle, prenait le parti de se rendre à Ratisbonne. Il pensait avec raison que cette démarche solennelle aurait de l'influence sur les délibérations de la diète et ferait cesser ses éternelles lenteurs. Le moment était favorable. Les électeurs, qui s'étaient peu inquiétés de la guerre avec les Turcs tant qu'il ne s'agissait que de la lointaine Transylvanie, ne contemplaient pas avec le même sang-froid cette armée formidable déjà établie près des frontières de la Moravie et de la Bohême. L'accueil fait à Léopold se ressentit de ces nouvelles dispositions; on le reçut avec des honneurs inusités : les hommes de guerre les plus renommés, le margrave de Bade, le comte Fugger, le comte Ulrich de Wurtemberg, vinrent lui offrir leur épée. Tous convenaient qu'il fallait armer sans retard les contingens des cercles, et que la guerre qui menaçait l'Allemagne entière devait être soutenue par toutes les forces de l'empire.

Il eût été trop contraire cependant aux habitudes invétérées de jalousie et de méfiance qui prévalaient à la diète contre l'empereur que ces résolutions généreuses ne fussent pas entravées dans l'exécution par mille fâcheuses chicanes. Léopold demandait que les contingens de l'empire fussent portés au grand complet; on ne lui accorda que trente mille hommes, et sous la condition expresse qu'il fournirait lui-même un corps d'armée plus nombreux. Il voulait que les troupes de l'empire fussent placées sous les ordres de Montecuculli; on exigea un commandement séparé. Il est vrai que ce commandement fut remis au margrave de Bade, qui était lui-même au service de l'empereur; mais les princes de la ligue du Rhin formèrent une division séparée sous les ordres du comte de Hollach. Enfin on fit prendre à l'empereur l'engagement formel que les troupes des cercles ne seraient employées que contre les infidèles; c'était une politesse faite aux mécontens de Hongrie, dont la soumission, toujours douteuse, répondait assez bien aux sentimens qui animaient la diète : on voulait empêcher les Turcs d'anéantir l'empereur, on ne voulait nullement changer les conditions précaires et pénibles de son existence. A la tête de cette opposition, qui marchandait si durement les secours auxquels elle reconnaissait que la diète était engagée, se trouvait le comte de Gravel, ministre du roi de France; ce vieux diplomate vivait toujours sur les instructions qu'il avait reçues du cardinal Mazarin. Par conscience autant que par tradition, il élevait sans cesse de nouvelles difficultés et formait des ligues contre les desseins de l'empereur. Il n'était que trop facile, dit un contemporain, d'enrayer le mouvement de ce « grand corps de l'empire qui se remuait si lentement. » De nos jours on se plaint encore de cette lenteur, et cependant l'Allemagne moderne, avec ses trente-sept princes souverains et les dix-sept voix qui les représentent à la diète, en regard du spectacle confus que le saint-empire offrait il y a moins de deux siècles, doit nous paraître un modèle d'ordre et de concentration de pouvoirs. L'empire comprenait plus de 350 souverainetés; il y avait 150 états séculiers possédés par des électeurs, des ducs, des landgraves, des comtes et des burgraves, et 123 états ecclésiastiques gouvernés par des électeurs archevêques, évêques, abbés, chefs d'ordres militaires, prieurs et abbesses; on comptait enfin 62 villes impériales qui formaient de vraies républiques.

L'empereur, plus affligé que surpris de retrouver toujours l'influence hostile de la France dans les menées de ses ennemis, cherchait de son côté à rompre les manœuvres de Gravel; il représentait avec raison, et quelquefois avec succès, que la France était plus puissante en Allemagne que l'empereur, et que le maître à redouter était sur l'autre rive du Rhin. Au milieu de ces intrigues contraires, tout restait en suspens; l'automne était arrivé, bien des gens comptaient sur l'hiver, sur l'interruption qu'il amènerait dans les hostilités, pour renvoyer tout à une nouvelle diète. Bientôt les Turcs apportèrent à l'empereur et à ses partisans de tristes et terribles argumens. Le grand-vizir, comme on l'a vu, avait concentré son armée à Bude, menaçant de là les trois places de Neuhausel, Raab et Komorn, également importantes pour la défense de l'empire. Il faut remarquer cependant que les deux dernières couvraient Vienne, tandis que Neuhausel servait de rempart à la Bohême et au reste de l'Allemagne. La place de Neuhausel, investie par des forces supérieures, mal défendue par le comte Forgats et les milices hongroises, fut prise après un siège de trois semaines (22 septembre 1663). En vain Montecuculli avait envoyé une moitié de sa petite armée au secours de la garnison, tout était consommé avant que ce détachement eût pu opérer sa jonction. Les Turcs étaient maîtres du pays entier; les villes de Lewentz, Novigrad, Neutra, étaient tombées en leur pouvoir; la terreur avait rapidement gagné tous les esprits; les Turcs se montraient sans pitié, surtout pour les Hongrois, qu'ils regardaient comme des sujets révoltés. Sur trois mille prisonniers faits à Neuhausel, sept cents avaient été littéralement hachés ou tués à coups de flèche sur le front de l'armée. Cependant des partis de Tartares ravageaient, pillaient, incendiaient la Moravie, amenant de longues files de captifs au camp des Turcs, où des marchands les achetaient à vil prix et les envoyaient aux bazars de Bude et de Constantinople.

La chute de Neuhausel eut un retentissement prodigieux dans l'Allemagne et l'Europe entière. A Vienne, on crut tout perdu, et pendant que les Hongrois fugitifs y arrivaient par grandes bandes, poussant devant eux leur bétail, leurs troupeaux et leurs familles entassées dans des chariots, les habitans de Vienne, à leur tour, se hâtaient de quitter la ville, qu'ils voyaient déjà tomber aux mains d'un ennemi barbare. Les gens riches, la cour et l'empereur lui-même, de retour de Ratisbonne, se décidaient à se réfugier à Lintz. Ces terreurs étaient trop justifiées. Peut-être Montecuculli, attaqué dans sa forte position, aurait réussi à se défendre; mais si le grand-vizir eût tourné cet obstacle, soit en continuant sa marche par la Hongrie du nord, soit en descendant au sud, comme il le fit au printemps, Vienne était investie et prise sans résistance possible. Tout était ouvert à l'ennemi, tout ce qu'il tenterait devait réussir. Rien ne pouvait plus sauver l'empire que le hasard, c'est par le hasard qu'il fut sauvé. Le grand-vizir était las de cette longue campagne. Il fit venir ses femmes à Grán sur le Danube, établit ses troupes en quartiers d'hiver, et s'enferma dans son harem. Vienne respira, la diète arma enfin ses contingens, et les Français eurent le temps de se porter sur le théâtre de la guerre.

IV.

C'est au mois de janvier 1664 que l'envoyé de Léopold arrivait à la cour de France. Elle était livrée tout entière à ces brillans plaisirs par lesquels Louis XIV inaugurait son règne. Le comte Strozzi avait laissé l'empereur et sa cour dans la désolation; il retrouvait ici un jeune roi dans tout l'éclat de sa gloire naissante, armé d'un pouvoir qui ne rencontrait plus de résistance, pas même de limites. Ces fêtes et ces plaisirs n'absorbaient pas d'ailleurs son esprit, déjà profond et pénétrant; la mission de l'envoyé impérial ne le prenait point au dépourvu. Une diplomatie active et corruptrice ne lui laissait rien ignorer de ce qui se passait dans les cabinets étrangers (1).

Louis XIV reçut le comte Strozzi avec de grands honneurs. Rien ne pouvait mieux servir les desseins de l'ambition déjà éveillée dans son cœur. Imprimer au monde par quelque action éclatante le respect de son nom et des armes françaises, témoigner contre les ennemis de la religion chrétienne de son zèle pour la foi, c'était beaucoup. Il y avait plus : l'âme du jeune roi goûtait avec une joie qu'il cachait à peine le plaisir superbe de venir en aide à un ennemi vaincu et suppliant. Prévenant les explications que Strozzi était chargé de lui donner, il déclara qu'il était tout prêt à prendre part à cette guerre sainte, non pas seulement avec le contingent limité que devait fournir le comte d'Alsace, mais comme roi de France, à la tête de ses armées. Ce n'était point là ce qu'avait voulu l'empereur; un tel auxiliaire ne l'eût guère moins effrayé que l'ennemi. Strozzi ne demandait et n'accepta qu'un secours proportionné au nombre de troupes que son maître pouvait lui-même fournir, et le corps français dut être réduit à quatre régimens d'infanterie et dix escadrons de cavalerie. Forcé de diminuer ainsi le nombre de ses troupes régulières, Louis XIV ne laissa pas que d'éluder les intentions de l'empereur en permettant à tous les courtisans de suivre la campagne comme volontaires; il parlait publiquement de l'expédition de Hongrie de façon à bien montrer l'importance qu'il y attachait, disant « qu'on lui ferait aussi bien la cour en Hongrie qu'au Louvre, et que, si le dauphin son fils avait seulement dix ans, il l'enverrait à cette guerre; puis il ajoutait encore que si Dieu affli-

(1) « On savait tout de Vienne; il y avait des traîtres dans le conseil de l'empereur; ce qui s'y décidait était si peu secret pour nous, que Montecuculli n'avait pas craint d'écrire à l'empereur qu'il était indifférent qu'on lui envoyât des courriers ou qu'on les dépêchât à Paris. » (Mémoires de La Fare, t. Ier, p. 156.)

geait tant la chrétienté que l'empereur eût du pire en cette campagne, il irait la suivante pour réparer ses pertes et repousser son
ennemi (1). » Il n'en fallait pas tant pour enflammer cette jeunesse
brave et remuante, prête à saisir toute occasion de se signaler et
déjà lasse de la paix qui depuis plusieurs années avait succédé aux
troubles de la fronde. Cette expédition aventureuse fut accueillie
comme une sorte de passe d'armes, un carrousel plus complet et
plus illustre que les autres, et les volontaires se présentèrent en
foule. L'empressement fut si grand que le roi se vit forcé d'y mettre
des bornes. On intriguait, on se remuait pour être du *voyage de
Hongrie* comme on fit plus tard pour les voyages de Marly : c'était
toujours la faveur qu'on poursuivait. Quant aux dangers, aux fatigues, nul n'y songeait, ou plutôt c'était un attrait de plus pour ces
jeunes et insoucians courages qui n'estimaient la vie que comme
un enjeu destiné à soutenir ou à renouveler des· gloires anciennes.
Le roi acceptait de préférence les volontaires dont les familles
avaient figuré aux croisades. Il se plaisait à rattacher ainsi cette
expédition aux antiques souvenirs de sa race et de la noblesse de
son royaume. On dit même que, si le duc de Bouillon fut inscrit un
des premiers, c'est qu'on voulait mettre en tête de la liste le nom
que portait ce Godefroy, le glorieux chef de la première croisade.
La magnificence et la recherche des équipages répondaient à la
composition de ce corps d'élite (2). Le roi n'oublia rien pour relever
l'importance de l'expédition. Il voulut donner lui-même par lettres
de cachet la couleur des étendards pour chaque escadron eι distribuer les volontaires dans les compagnies. En même temps, par de
sages règlemens, il cherchait à diminuer les dangers que ne manquerait pas d'attirer sur elle cette jeunesse aventureuse et indisciplinée.
Les troupes régulières furent composées des régimens d'infanterie
Espagny, La Ferté, Grancey et Turenne réunis, et Piémont avec la
brigade de cavalerie de Gassion, composée de quatorze cornettes.
Pour compléter le nombre de deux mille chevaux, on résolut d'envoyer en Hongrie les vingt-six cornettes qui se trouvaient alors sur
la frontière des états ecclésiastiques. Il avait suffi au corps d'armée destiné à tirer vengeance de l'affront fait à Rome au maréchal

(1) *Recueil historique,* p. 305.
(2) Les relations du temps nomment parmi les volontaires le duc de Brissac, de Bé-
thune, le duc de Bouillon et son frère le comte d'Auvergne, les princes de Rohan, le duc
de Sully, les marquis de Mortemart, de Mouchy, de Graville, de Ligny, de Senecé, de
Balaincourt, de Villarceau, de Castelnau, de Termes, le chevalier de Lorraine, le fils du
duc d'Uzès, de Matignon, les marquis de Rochefort, d'Albret, le chevalier de Coislin,
de Guitry, les princes d'Harcourt et de Soubise, les marquis de Ragny et de Canaples,
fils du duc de Lesdiguières, le marquis de Villeroy, le chevalier de Saint-Aignan, fils du
duc de Beauvilliers, le marquis de Vallin, de Courcelles, Forbin, le chevalier de Cossé, etc.

de Créquy de se montrer pour obtenir d'Alexandre VII une satisfaction éclatante. Louis XIV avait eu d'abord la pensée de les employer contre les pirates barbaresques dont les courses infestaient
les côtes de la Provence. Les affaires d'Allemagne firent abandonner
ces projets, et le détachement reçut ordre de se rendre en Hongrie.
Le chemin lui était ouvert par Venise, le Frioul et la Styrie. C'est
ainsi que, par un jeu bizarre de la politique, les troupes du roi
très chrétien envoyées contre le pape allaient, pour la défense de
l'empereur, se battre contre les Turcs. Le pape avait eu la même
idée que Louis XIV, et avait promis à l'empereur sa petite armée,
devenue inutile. Le comte Leslie fut envoyé de Vienne pour la chercher à Ancône et la conduire par mer à Trieste. Mal disciplinées,
manquant de paie et privées d'officiers, ces troupes se mutinèrent
et ne tardèrent pas à se débander. Leslie dut s'en retourner sans
avoir pu les réunir, « ce dont le pape fut vivement blâmé. »

Au commencement d'avril, les quatre régimens d'infanterie, avec
la brigade de Gassion, se trouvaient à Metz, rassemblés avec les volontaires, et n'attendaient plus que le général qui devait les commander. Ce n'était pas chose facile que de trouver un chef pour ce
petit corps d'élite, *qui aurait pu fournir d'officiers une armée de
cinquante mille hommes.* La valeur inexpérimentée de ces volontaires, qui se croyaient tous plus propres à commander qu'à obéir,
pouvait être aussi bien une cause de ruine que de succès. Les
Français allaient être mêlés à des troupes de nation et de caractère divers, et pour éviter tout conflit d'autorité avec les commandans étrangers il convenait de trouver un homme dont la naissance
et la réputation militaire n'eussent pas souffert de rivalité. Beaucoup pensèrent au prince de Condé, et la diète de Ratisbonne, prenant les devans, fit entendre à la cour de France que ce choix lui
paraissait excellent, et qu'elle serait disposée à réunir sous le commandement du prince les contingens de la ligue du Rhin aux troupes
françaises. Une telle insinuation déplut à Louis XIV. La suite de son
règne prouve qu'il avait sincèrement pardonné au prince de Condé
ses alliances avec l'Espagne, mais il n'eût pas trouvé sage de procurer à un sujet récemment rentré dans le devoir une distinction si
éclatante et une si rare occasion d'accroître sa gloire militaire. Il le
soupçonnait d'ailleurs d'avoir provoqué la démarche de la diète,
et, pour en marquer son mécontentement, il se décida tout à coup
à choisir pour commander les volontaires français le comte de Coligny.

Le comte de Coligny, de la maison de l'illustre amiral massacré
à la Saint-Barthélemy, était l'homme qui pouvait être le plus désagréable à Condé. Attaché d'abord au parti de la fronde et l'un

des favoris du prince, il l'avait abandonné pour faire sa paix particulière avec la cour. Son maître avait regardé cette conduite comme une trahison, et Coligny, dont le caractère était non moins orgueilleux que celui du prince, était devenu son ennemi personnel et le proclamait fièrement. Le roi se souvint aussi que Mazarin en faisait grand cas, et qu'il n'avait rien épargné autrefois pour se l'acquérir (1). Ce souvenir lui valut *le plus bel emploi que gentilhomme ait eu depuis longtemps,* dit Dangeau, qui s'y connaissait. La cour fut surprise de ce choix, *bien qu'il n'y eût pas,* selon Bussy, *d'homme plus brave que Coligny ni de plus de qualité dans tout le royaume.*

Coligny avait en effet une réputation d'habileté et de bravoure reconnue de tous. Son esprit vif, plein de saillies, fertile en expédiens, rassurait contre les chances diverses que l'expédition pouvait rencontrer. Il avait alors de nombreux amis; son caractère, qui plus tard s'aigrit dans la disgrâce et la retraite, animé en ce moment par la jeunesse, par la faveur et ce souffle de prospérité qui donne souvent les qualités qu'elle suppose, se montrait facile, bienveillant et enjoué. Le choix de Coligny, qui surprit d'abord, fut donc vivement approuvé par l'opinion. On peut dire précisément le contraire de celui de La Feuillade, que le roi lui adjoignit comme maréchal de camp (2); sa nomination ne surprit personne, mais trouva peu d'approbateurs. A une naissance illustre, à une bravoure sans pareille, La Feuillade joignait une insupportable vanité, et tous les manéges, toutes les flatteries d'un courtisan qui n'aurait eu de chance d'arriver que par la faveur. Au milieu d'une cour et dans un temps où le monarque fut peu à peu traité comme un demi-dieu, La Feuillade trouva moyen d'enchérir sur tout ce culte païen, et avant d'avoir pu dédier à l'idole la statue qu'il lui éleva sur la place des Victoires, il professait pour le roi un dévouement passionné qui, plus que toute chose, lui avait gagné le cœur et les faveurs de celui-ci. Louis XIV n'ignorait point les plaintes que soulevait la nomination de La Feuillade; il n'en mit que plus de soin à lui donner les occasions de se montrer, se plaisant à relever les services, d'ailleurs réels, de son favori. Cette préférence éclata surtout au retour de la campagne de Hongrie. La Feuillade s'y comporta comme le plus brave des chevaliers; mais enfin Coligny ne montra pas une moindre valeur, et il commandait

---

(1) Le cardinal avait chargé Le Tellier de faire des ouvertures à Coligny, et, s'il le trouvait bien disposé, de lui proposer la main de sa nièce, la belle Hortense Mancini. Plus tard Le Tellier en fit la confidence à Coligny pour lui montrer ce qu'il aurait gagné à quitter plus tôt le parti de M. le Prince. « Je ne me repens de rien, répondit Coligny; j'ai fait mon devoir. »

(2) Podwitz, gentilhomme d'origine allemande, fut nommé second maréchal de camp.

en chef; tous les éloges cependant furent pour La Feuillade. On peut dire que par cette partialité Louis XIV fut le premier qui répandit l'erreur injuste où sont tombés plusieurs historiens, faisant de La Feuillade le héros de la campagne que nous racontons et laissant dans l'ombre celui qui, ayant eu la conduite et la responsabilité de l'expédition, devait en recueillir la gloire.

La nomination des généraux et le choix des officiers occupèrent fort la cour. Les gentilshommes restés auprès du roi après le départ des troupes l'entendirent plusieurs fois répéter qu'il voudrait pour beaucoup qu'elles trouvassent dans cette guerre une occasion d'ajouter encore à la gloire de ses armes. « Comme le roi est heureux en tout, les choses tournèrent en Hongrie ainsi qu'il l'avait souhaité pour elles et pour lui. »

Coligny arriva à Metz à la fin d'avril. Il acheva d'organiser sa petite armée, et le 17 mai il se mit en marche. « Je suis persuadé, écrivait-il, que le roi aurait eu deux bonnes heures, s'il avait été caché en quelque coin, et qu'il eût vu le bon état, le bon visage et la gaîté de ses troupes après avoir passé le Rhin. » On s'arrêta le 30 juin près de Spire, où le prince-évêque régala la petite armée. Le 4 juillet, à Heilbronn, le prince de Wurtemberg voulut voir défiler les troupes et traiter les officiers. Arrivé sur les bords du Danube, on trouva soixante bateaux que le duc de Bavière avait fait préparer, et Coligny, prenant avec lui Podwitz et La Feuillade, s'embarqua avec l'infanterie pour descendre le fleuve, tandis que Cassion conduisait la cavalerie par le chemin de terre à travers l'évêché de Salzbourg. Bien que les chaleurs fussent extrêmes, la navigation fatigante et parfois périlleuse, Coligny, pressé et alarmé par les rumeurs qu'il recueillait sur son passage, craignant d'arriver trop tard au secours de l'empereur, laissait à peine aux troupes quelques heures de repos. Le 20 juin au soir, les Français étaient à Ratisbonne. Ils entrèrent dans la ville en bon ordre, reçus par la bourgeoisie en armes qui faisait la haie d'une porte à l'autre de la ville, et criait : Vive le roi de France! Le lendemain, on passait à Lintz, où la cour s'était réfugiée en apprenant la perte de Neuhausel. Pour faire honneur à l'empereur, les soldats prirent les armes, mais sans descendre des bateaux, afin « de ne pas rompre la journée. » Enfin le 25 on débarquait un peu au-dessus de Vienne. Les troupes eurent un jour pour se reposer et se mettre en bel ordre; le lendemain, on traversa la ville et l'on alla camper à quelques lieues plus bas, sur la rive droite du Danube, après quarante jours de voyage. La présence seule des Français était une véritable délivrance pour ce pays, que la terreur écrasait depuis plusieurs mois. On les accueillit comme des sauveurs.

L'empereur Léopold, qui les avait suivis de près sous le prétexte d'une partie de chasse, voulut aller le soir même de leur arrivée aux environs du camp pour voir les régimens rangés en bataille. Le lendemain, il y revint en pompe avec sa garde-noble, composée des principaux seigneurs de l'archiduché, et les compagnies à pied de la milice. Coligny alla au-devant de lui avec les officiers et les volontaires, et lui adressa un compliment en allemand; puis Léopold passa la revue des régimens, se découvrant devant chaque drapeau. Les troupes étaient admirables à voir, disent les relations du temps (1), les hommes lestes et bien équipés; les volontaires surtout excitaient l'admiration générale : rien n'égalait la beauté de leurs chevaux et l'éclat de leurs uniformes. Rassuré par le voisinage du camp français, l'empereur ne retourna pas à Lintz. Il s'établit avec la cour au château de Laxembourg, près de Vienne, pour y recevoir les Français. Les deux maréchaux de camp et les officiers invités furent reçus par les grands-maîtres de l'empereur. Le comte de Coligny, retenu par une attaque de goutte, n'avait pu se rendre à Laxembourg. L'empereur, qui avait dîné seul, suivant l'étiquette orgueilleuse de la cour impériale, lui envoya deux magnifiques chevaux. Il y eut aussi une grande chasse où l'on tua trente cerfs, que l'empereur fit porter au camp français avec des provisions de toute sorte. Enfin il offrit aux officiers des sabres, des armes de prix, et ceux-ci les reçurent en lui promettant d'en faire bon usage contre l'ennemi commun. Le peuple était en fête aussi bien que la cour; les tambours français résonnaient tout le jour sur la place de la Burg, et l'argent que les officiers répandaient avec profusion ramenait un peu de mouvement dans le commerce de la ville. Bourgeois, moines, grands seigneurs venaient visiter le camp, et se retiraient émerveillés de la magnificence et du bon air des troupes françaises. — On n'insiste sur ces détails que parce qu'ils peignent les sentimens et les impressions qui prévalaient alors à Vienne. La vivacité des démonstrations se proportionnait à l'importance du service. On sentait que cette petite troupe, vive, pleine d'entrain, étrangère aux tristes discordes qui divisaient les impériaux et les Hongrois, allait raviver l'esprit de l'armée, donner une autre direction aux passions et aux rivalités, et décider du sort de la campagne.

V.

Ce repos et ces fêtes ne pouvaient se prolonger sans péril. Coligny avait espéré recevoir à Vienne des nouvelles de la brigade de

(1) *Theatrum Europæum*, t. IX, p. 1122.

cavalerie qui, sous les ordres du comte de Bissy, avait dû quitter l'Italie pour venir opérer sa jonction, en Styrie, avec le principal corps d'armée. Depuis qu'il avait traversé le Rhin, il n'avait aucune nouvelle de ce détachement, et se livrait quelquefois à d'inquiétantes conjectures. Rien cependant n'avait détourné la marche de cette petite troupe. Grâce à la précision des ordres donnés par Louvois, elle avait passé le Pô, dans le duché de Mantoue, le jour même où Coligny entrait en Allemagne. Reçue à son arrivée sur les terres de Venise par les commissaires de la république avec les égards et les soins les plus recherchés, la brigade de Bissy arrivait, après dix jours de marche, à Pontéba, sur les frontières des états héréditaires. Là, des commissaires impériaux, « moins attentifs et moins empressés, » la conduisirent, à travers la Carniole et la Carinthie, jusqu'à Marbourg. C'était le lieu fixé pour le rendez-vous. Elle s'y arrêta trois semaines, les cavaliers se reposant de leurs fatigues, les officiers préparant leur équipage, qui n'avait d'abord été calculé que pour une seule campagne contre les troupes du pape. « C'est à nous, dit Bissy, qui nous a laissé une relation de cette expédition, c'est à nous que revint le plus de plaisir de la campagne, ayant fait le cercle d'un pays curieux, et qui depuis longues années n'avait pas vu les étendards de la France. »

A ce moment, le brave officier jouissait peu des grands spectacles qu'offre la nature dans ces contrées pittoresques; il n'avait trouvé à Marbourg ni instructions ni nouvelles même de Coligny; il craignait également de compromettre sa jonction avec lui, s'il quittait Marbourg pour le chercher à travers les défilés des montagnes, ou de manquer à quelque affaire importante, s'il attendait plus longtemps, par obéissance à des instructions que les circonstances pouvaient avoir changées. Personne ne savait non plus où se trouvait le corps composé des contingens de la diète. Enfin, depuis le jour où Gassion, avec ses quatorze cornettes de cavalerie, avait quitté Coligny près de Ratisbonne, on n'avait rien su de lui; il s'était égaré dans le pays de Salzbourg, et il fut le dernier à opérer sa réunion. Chose singulière et qui peut donner une idée des difficultés des communications à cette époque, comme des dangers que crée l'absence d'unité dans le commandement, cinq armées (en comptant celle de Montecuculli) erraient à peu près à l'aventure dans un territoire assez borné, se cherchant sans pouvoir se rencontrer. Cette situation était pleine de périls et causa plus d'une nuit d'insomnie aux commandans de ces divers corps : ils pouvaient, au lieu de leurs compagnons ou des auxiliaires qu'ils devaient joindre, se trouver inopinément en présence de l'armée ennemie, cinq ou six fois plus forte en nombre que toutes ces petites armées, même une fois réunies.

En attendant cette jonction tant désirée, Montecuculli, avec les faibles ressources dont il disposait, tenait en échec l'armée des Turcs, qui s'était portée sur les frontières de la Croatie et lui disputait fort habilement le passage de la Drave. Il avait couvert ses troupes par ce retranchement naturel, comprenant que, s'il lui fallait engager le combat avant l'arrivée des auxiliaires, sa petite armée serait écrasée. Au commencement de juin, les Turcs mirent le siège devant cette forteresse de Zriniwar, qui avait servi de prétexte au renouvellement de la guerre. Sortant alors de sa position, Montecuculli tenta de pénétrer dans la place. Ce fut en vain; la présence de sa petite armée, qui, malgré l'arrivée des contingens de la ligue du Rhin, était forte à peine de 10,000 hommes, ne fit que retarder de quelques jours la prise de la forteresse. La garnison périt tout entière; on y perdit, avec d'autres officiers distingués, le comte Strozzi, qui, au retour de son ambassade en France, s'était hâté de rejoindre l'armée.

Le grand-vizir cependant montait et descendait le long de la rive gauche de la Drave, cherchant à dérober ses mouvemens au général autrichien. Il voulait à tout prix trouver un passage pour déborder dans la Styrie; mais les cavaliers croates, avec la connaissance qu'ils avaient du pays et l'habitude de la tactique des Turcs, rompaient tous ses plans, et arrivaient toujours à point nommé sur la rive opposée. Les Turcs s'irritaient d'être ainsi devinés et prévenus: ils mirent en croix quelques malheureux renégats qu'ils accusaient de livrer le secret de leurs manœuvres. La vigilance et l'activité des Croates n'y perdirent rien. Enfin le grand-vizir, rebuté de ses marches et contre-marches inutiles, changea brusquement de résolution, et, tournant le dos au fleuve, il fit marcher son armée au-delà du lac Balaton, s'élevant vers le nord, de manière à menacer Vienne. Montecuculli ne vit pas ce mouvement sans la plus vive alarme. Les Turcs, prenant ainsi l'avance sur lui, n'avaient entre eux et la capitale d'autre obstacle que la rivière du Raab. Si l'on ne parvenait pas à les gagner de vitesse, à traverser le fleuve avant eux et à s'établir sur l'autre rive afin de leur en disputer le passage, Montecuculli ne se dissimulait pas qu'il resterait peu d'espoir à la cause chrétienne. « Nous perdions notre ligne de communication, dit-il, l'intérieur du pays était livré à l'invasion, et nos troupes, déjà plus disposées à fuir qu'à combattre, se débandaient infailliblement. » On sent de quelle importance était à ce moment décisif l'arrivée de troupes fraîches, bien disposées et venant tout exprès chercher cette grande bataille que Montecuculli évitait depuis un an.

Par bonheur, en remontant vers le nord, l'armée impériale se rapprochait des alliés, qui la cherchaient. Le 17 juillet 1664, elle rencontra les troupes de l'empire, au nombre de 5 à 6,000 hommes, sous la conduite du margrave de Bade. Pour Coligny, après avoir erré pendant vingt jours par des chemins inconnus et détestables, n'ayant aucune nouvelle des impériaux et trouvant que la route de Marbourg n'était pas sûre, il s'était dirigé sur la petite ville de Rakelsbourg, envoyant à Bissy l'ordre de venir l'y joindre. Leur rencontre eut lieu en effet le 21 juillet 1664 au moment même où, par hasard, Montecuculli venait de son côté camper au petit village d'Ollnitz, à deux lieues de Rackelsbourg. C'est le comte de Podwitz qui, envoyé à la découverte par Coligny dès son arrivée, eut la joie d'annoncer que l'armée impériale était voisine. Les Français firent leur jonction sur-le-champ, et « l'armée chrétienne, » comme elle s'appelait elle-même, se trouva complète, sauf la brigade de Gassion. On ne songea pas à l'attendre. Coligny lui laissa l'ordre de suivre l'armée comme elle pourrait et de la joindre sur le Raab.

Montecuculli n'eut pas de peine à faire accepter par ses collègues le plan de campagne qu'il avait adopté, et que la marche du grand-vizir commandait impérieusement. Il n'y avait évidemment qu'une conduite à tenir, gagner le Raab à temps pour le traverser avant l'ennemi et lui barrer le passage. L'infanterie, épuisée par des marches forcées, n'avançait pas assez vite dans ces chemins coupés de marécages et de gorges étroites; on résolut de prendre les devants avec tout ce qu'il y avait de cavalerie. On parvint à gagner le fleuve le 24 au point du jour. Après quelques heures d'un repos indispensable, les troupes passèrent enfin le Raab sur le pont de Saint-Gothard, et se rangèrent sur la rive opposée, attendant que l'armée turque parût. Les incendies allumés de toutes parts sur la rive que l'on venait de quitter ne tardèrent pas à annoncer son approche. On allait être en présence de l'ennemi; il fallait de toute nécessité réunir sous un même commandement toutes les armées particulières, que la jalousie de leurs souverains avait voulu laisser indépendantes. L'expérience qu'avait Montecuculli de la guerre contre les Turcs, jointe à son ancienneté, le désigna d'un commun accord au choix de ses collègues. On convint qu'il prendrait le commandement supérieur des contingens des diverses puissances, et qu'il dirigerait les mouvemens de concert avec chaque général en chef. Ce point une fois réglé, Montecuculli se hâta de prendre les dispositions nécessaires. Sa parfaite connaissance du pays lui faisait pressentir que les Turcs tenteraient d'abord le passage près du village de Kermend, un peu au-dessus du monastère de Saint-Gothard. Il demanda aux Français d'occuper l'extrême gauche de l'armée, plaçant ainsi sous leur garde le premier point menacé. Coligny envoya en toute hâte quelques cavaliers, qui prirent possession de la tête du pont au moment même où des partis ennemis en reconnaissaient les approches. Le gros de la cavalerie française suivit de près les coureurs et s'établit dans le village de Kermend.

A ce moment, un curieux spectacle attira l'attention des deux armées. Un jeune Turc monté sur un superbe cheval sortit des rangs, galopant au-devant des Français et faisant voltiger son sabre par-dessus sa tête comme pour défier au combat le plus brave des nôtres. Le chevalier de Lorraine s'avança hors des rangs sur le petit cheval barbe qu'il montait, et après plusieurs feintes de part et d'autre il prit si bien son temps qu'il passa son épée au travers du corps du Turc et s'empara de son cimeterre; il ramena aussi avec lui le cheval de ce fanfaron. A ce spectacle, les Turcs poussèrent des hurlemens terribles et déchargèrent une grêle de flèches sans que le jeune vainqueur pressât davantage le petit galop de son cheval (1).

« Nos troupes comprirent là, dit Bissy, que les cris de l'ennemi et leur manière de venir au combat n'étaient pas plus terribles que les nôtres quand on se rendait capable de ne pas s'ébranler, ni de prendre des terreurs paniques, dont les troupes allemandes s'étaient si bien remplies que les Turcs n'avaient qu'à paraître le sabre à la main avec le cri d'Allah pour les battre et les défaire. » Dans cette nuit même, un heureux événement vint encore assurer le bon courage des soldats, « et leur donner la confiance que Dieu prenait sous sa protection les troupes de la chrétienté, et particulièrement celle du roi contre les infidèles. » Ce fut l'arrivée au camp des quatorze cornettes de Gassion, qui n'avaient gagné Rackelsbourg qu'après le départ de l'armée; ils avaient remonté le Raab jusqu'au moment où ils avaient aperçu le pays tout en feu. Foucauld, capitaine des chevau-légers, dépêché par Gassion en éclaireur dans les bois, revint en hâte, disant qu'il avait reconnu le camp où l'infanterie française et allemande travaillait à se retrancher, mais qu'il ne paraissait pas possible d'y arriver, l'ennemi occupant tout le pays et étendant à chaque instant sa ligne à tel point que lui-même, avec ses cinquante hommes, avait couru dix fois le risque d'être enlevé. Gassion tint conseil avec les capitaines des cornettes, *tous des plus vieux officiers de France;* l'on prit la résolution d'attendre à la nuit, de laisser le bagage, et de marcher droit sur Saint-Gothard en chargeant tout ce que l'on trouverait devant soi. Cette audace fut heureuse; cette troupe de braves passa le long du camp ennemi, à une portée de fusil, sans être aperçue, et joignit à temps l'armée pour se préparer à prendre sa part de la bataille. Ce fut une grande joie pour tout le camp. Le mouvement combiné de Montecuculli et des

(1) Mémoires de Bethlem Niklos, t. VI, p, 225. — *Theatrum Europæum,* etc.

Français avait donc réussi, leur but était atteint. On couvrait la Basse-Autriche, et les Turcs, s'ils voulaient un combat décisif, devaient venir le chercher eux-mêmes, acceptant toutes les chances qu'entraîne le passage d'une rivière en face d'une armée ennemie. Le grand-vizir sentait bien qu'il avait perdu l'avantage de la position. Avant de se décider à livrer la bataille, il voulut tenter encore de traverser le fleuve par surprise. Pendant la nuit, il remonta le Raab jusqu'au point où il reçoit la petite rivière de la Laufnitz; à cet endroit, le Raab n'est guère large que d'un jet de pierre, et plusieurs gués avaient été reconnus par les Tartares. Toujours observée et contenue par l'armée chrétienne, l'armée des Turcs arriva ainsi le 31 juillet au-dessus du confluent de la Laufnitz, en face d'un îlot du Raab sur lequel s'élève le monastère de Saint-Gothard. C'est là que devait se livrer ce grand combat que tant de nations diverses étaient venues chercher du fond de l'Asie, des rives du Bosphore, des bords de la Seine et des régions lointaines du pôle.

VI.

Au point où se rencontraient les deux armées, la nature a tracé un vaste cirque bordé au nord et au sud par une rangée de collines qui s'élèvent en amphithéâtre. A l'est, la vue est arrêtée par les murailles du monastère; à l'ouest au contraire, elle s'étend et pénètre, en remontant le cours du Raab, jusqu'aux sommets neigeux du Hainfeld-Kogel, une des chaînes des Alpes styriennes. De ce côté, le site ne manque pas de cette majesté sévère qui sied au théâtre des grands événemens. Au milieu de ce bassin coule la rivière, qui, sortant des montagnes voisines, va se jeter dans le Danube, près de la forteresse à laquelle elle donne son nom. Avant d'arriver au petit village de Grossdorf, qui joua un rôle important dans l'action, elle trace, en se rapprochant des hauteurs de la rive droite, une courbe profonde qui agrandit d'autant la partie du cirque sur la rive gauche. C'est là, entre Grossdorf et un petit bois situé à deux mille pas au-dessus du village, formant les deux points extrêmes du demi-cercle, que devait se faire le plus grand effort du combat.

Les Turcs avaient placé leur camp sur les hauteurs de la rive droite. Sur la rive gauche, dans la plaine entre les collines et la rivière, campait l'armée chrétienne. Le Raab, comme nous l'avons dit, n'a pas à ce point plus de dix à douze pas de large, et offre plusieurs gués. On passa la journée à se canonner. Les camps étaient si proches que les flèches mêmes des Tartares portaient quelquefois, et chacun pouvait voir distinctement les mouvemens de l'ennemi : étrange spectacle, non-seulement pour ces volontaires français, la plupart encore à leurs premières armes, curieux et pressés de prendre leur part dans une grande bataille, mais aussi pour les vieux officiers qui avaient fait les campagnes des Flandres et d'Allemagne. C'était un événement dans la vie d'un homme de guerre que de rencontrer une armée turque et de se mesurer avec elle. Tout était nouveau, et la position des deux armées mettait tout à découvert.

Le camp des Turcs occupait une lieue et demie de terrain. Il était comme une immense ville divisée en trois quartiers, et couvrait les hauteurs en face du monastère et du village de Grossdorf. Au milieu flottait le pavillon du grand-vizir, recouvert de soie cramoisie et d'étoffes d'or; il était entouré d'un nombre infini de tentes de toutes couleurs pour ses officiers, jointes les unes aux autres par des galeries enfermées dans une clôture de soie verte, haute d'environ dix pieds. Les pachas de Damas, d'Alep, de Bosnie, avaient leurs tentes à la gauche du grand-vizir, et couvraient avec leurs troupes un autre mamelon. Toutes ces tentes étaient surmontées d'étendards, d'enseignes, de queues de cheval, indiquant les quartiers des pachas, « en sorte qu'on eût dit les clochetons d'une église pavoisée de drapeaux. » A l'extrême droite étaient campés les Tartares; peu d'entre eux ont des armes à feu; la plupart ne se servent pour armes offensives que de flèches avec un sabre attaché au bras; un autre sabre, de rechange, est engagé sous la selle. Les bataillons des janissaires, qui formaient alors la force principale des armées turques, étaient rangés au bas de la colline. « Ils combattent à pied et de près, se servant tantôt de cimeterres, tantôt de mousquets très courts, auxquels on met le feu avec une mèche de coton nattée. Leur mousquetade n'approche pas, pour la vivacité et la justesse, de celle de la bonne infanterie allemande ou française; mais rien n'est à l'épreuve du choc de leurs gros bataillons, quand ils marchent en carré, poussant en avant, malgré toute résistance, avec une bravoure furieuse (1). »

Derrière le pavillon du grand-vizir était la cavalerie des spahis, vêtus de riches vestes brodées d'or, d'argent et de soie rayée à la fantaisie de chaque cavalier, « représentant, dit un spectateur, toutes les nuances de ces beaux tapis qui ornent leur sérail. » L'artillerie était portée sur des chariots à quatre roues, chaque pièce, soutenue d'une fourchette de fer par le milieu, tournait sur un pivot de manière à pointer dans toutes les directions, les pièces légères étaient attelées de deux chevaux, les plus fortes traînées

---

(1) « J'ai vu des Turcs, forcés dans des palanques, se laisser tuer et brûler plutôt que de se rendre. Je les ai vus se jeter le sabre entre les dents dans le Raab pour le passer à la nage en notre présence. » (Montecuculli, *Discipline des Turcs*, livre II)

par des buffles que la Bulgarie et la Hongrie fournissaient en grande quantité; mais ce qui étonnait le plus les nouveaux arrivés, c'étaient les chameaux, en nombre prodigieux, destinés au transport de cet amas de bagages qu'une armée turque porte toujours à sa suite. « Beaucoup prenaient ces étranges bêtes pour des éléphans, dont ils se souvenaient que les armées asiatiques se servaient dans leurs batailles. » Moins familiarisés qu'on ne l'est aujourd'hui avec les mœurs de l'Orient, bien des courtisans venus tout droit de Versailles aux bords du Raab ne connaissaient de l'Asie que Darius et son vainqueur, dont le nom, rajeuni par les flatteries des poètes, était devenu presque le synonyme de celui de Louis XIV. « Voyant toutes ces choses, dit un des témoins du combat, je m'imaginais que je n'avais pas sous les yeux un spectacle moins étonnant et moins éclatant que ces fameuses armées de Perse qui servaient de matière à la valeur d'Alexandre. Il semblait aussi, à voir cette cavalerie si superbement montée, si richement vêtue, à entendre cette diversité singulière d'instrumens harmonieux, que ce fût une cavalcade de tournoi plutôt qu'une armée qui se disposât à des exploits belliqueux, si le canon n'y eût fait sa partie avec tous les autres outils funestes de la guerre (1). »

Le canon gronda en effet toute la journée du 31 juillet. Dès le matin, les Turcs établirent au sommet de l'arc formé par la courbe que j'ai décrite quatorze pièces d'artillerie qui devaient les couvrir et leur permettre de tenter sur ce point le passage de la rivière. Pour déjouer ce projet, Montecuculli eut soin d'établir en face une grand'garde de nuit prise dans les contingens des cercles; mais le capitaine allemand à qui il avait ordonné de se fortifier et d'établir des retranchemens dédaigna de prendre ces précautions. Le soir même, un gros de cavalerie turque, passant le Raab, surprit et égorgea cette avant-garde isolée et cachée du reste de l'armée par le rideau des bois; l'ennemi s'établit à cette place, éleva quelques ouvrages en terre, et se trouva maître du passage.

Le général en chef, ne pouvant plus douter que l'action ne s'engageât le lendemain, donna des instructions par écrit aux généraux des trois corps (2), puis il disposa l'armée sur une seule ligne le long du fleuve, pour faire face à tous les points menacés par

(1) Lettre d'un officier de l'armée, *Gazette*, 12 août 1664.

(2) Dans ces instructions, Montecuculli recommande aux généraux de ne point se mettre en peine des cris et des hurlemens des barbares, et « qu'on ne s'effraie pas de leur nombre apparent, parce que cette multitude n'est composée que de gens de néant et de canaille mal armée, que chacun combatte sous son drapeau et prenne garde de ne point rompre l'ordre de bataille, même sous prétexte de porter secours, car il ne faut point se laisser engager, par des feintes et de fausses alarmes, à être hors d'état de repousser les attaques véritables. »

l'armée des Turcs. Le centre fut occupé par les troupes des cercles, commandées par le margrave de Bade et le comte de Hollach. Les Français, Coligny à leur tête, se placèrent à l'aile gauche, vis-à-vis du pavillon du grand-vizir (1). Sous ses ordres, le maréchal-de-camp Gassion commandait la cavalerie, et La Feuillade l'infanterie. Montecuculli, avec ses impériaux, se réserva l'aile droite. Il avait sous ses ordres le prince Charles de Lorraine, le vieux général Spork, qui commandait la cavalerie, et le comte Fugger, chargé de l'artillerie. Cette séparation des armées devait, pensait-on, augmenter le courage de chacune par l'émulation, par l'exemple, par la rivalité même. Enfin chaque général en chef, suivant les instructions dont nous avons parlé, avait pour premier devoir d'empêcher le passage dans la partie du fleuve que bordaient ses troupes. On verra quel danger faillit naître de cette disposition, trop rigoureusement observée au début du combat.

Le lendemain 1er août, vers neuf heures du matin, le grand-vizir se porta sur le gué avec le gros de ses forces. Trois mille spahis, ayant en croupe autant de janissaires, traversèrent le fleuve et occupèrent la rive gauche au point où quelques-uns des leurs avaient déjà pénétré la veille. Ce même bois qui avait masqué la surprise et la défaite du poste avancé des Allemands couvrait encore les Turcs. Coligny et le comte de Hollach, qui s'aperçurent les premiers du péril, coururent à la tente du margrave de Bade, à la garde duquel cette partie de la rive était confiée. Ils le trouvèrent dans son lit, retenu par la fièvre, et, quelques instances qu'ils lui fissent, il leur répondit avec le plus beau sang-froid : « Eh bien! s'ils passent, il faut donner dessus. » Montecuculli, qui reçut le même avis, envoya en toute hâte trois régimens impériaux pour venir en aide aux Allemands. Ainsi soutenues et animées, les troupes des cercles, ayant à leur tête le comte de Waldeck, se préparèrent en assez bon ordre à soutenir l'attaque des Turcs.

Vers dix heures, l'ennemi, poussant des cris épouvantables, fondit avec un grand feu de mousqueterie sur les Allemands. Ceux-ci étaient de nouvelles recrues qui n'avaient encore assisté à aucune bataille; la faim, la fatigue, les marches et la fièvre avaient abattu leurs forces. Ils furent saisis d'épouvante. Les décharges de l'artillerie turque établie la veille achevèrent le désordre et la confusion. En vain le comte de Waldeck, furieux et hors de lui, frappait de son épée dans les reins les officiers qui s'enfuyaient; rien n'y faisait. Le comte de Hollach voulut ramener la cavalerie et se porter en

_____

(1) La tradition indique encore, auprès d'une petite fontaine qui jaillit de terre, la place de la tente de Coligny.

avant, il ne fut pas suivi. Ces malheureux soldats, qui se croyaient trahis, jetaient leurs armes ou tendaient les bras aux Turcs, qui les massacraient sans pitié. Les régimens détachés par Montecuculli, Nassau et Kilmanseg, furent taillés en pièces. Le comte de Nassau tomba frappé d'une balle. Le général de l'artillerie Fugger, accouru au secours, périt en combattant corps à corps avec un des pachas. Cependant les janissaires poussaient devant eux cette masse éperdue. Animés par le carnage, déjà certains de la victoire, ils s'emparèrent du village de Grossdorf, qui défendait une des extrémités du demi-cercle. Cette occupation devait assurer leur succès; protégé par ce poste, le reste des troupes du grand-vizir pouvait traverser impunément la rivière dans toute l'étendue de la courbe. Les Turcs n'avaient plus à s'inquiéter des troupes placées en dehors des deux points extrêmes où ils avaient réussi à s'établir. Jamais bataille n'avait été plus mal engagée (1). « Le salut de l'empire était sur le bord du précipice, dit Montecuculli. Un général que je ne veux pas nommer, hors d'haleine, l'épée nue sur la cuisse, se précipita vers moi. — Notre ligne est coupée, s'écria-t-il, tout est perdu, et il faut sonner la retraite, si vous voulez sauver un seul homme de tant de malheureux. — Eh quoi! lui répondis-je, la bataille est perdue, et je n'ai pas encore tiré mon épée du fourreau! et ni moi ni ces braves gens qui m'entourent n'ont pris part au jeu! Attendez donc! » Et, lui faisant honte de cette panique, Montecuculli le renvoya à son poste. Au fond, il affectait une assurance qu'il

(1) Il se passa à ce moment critique de la bataille un fait singulier, et qui montre ce que tous prévoyaient alors de l'issue de la journée. Le Raab une fois traversé, le grand-vizir, à qui le sultan ne cessait de reprocher avec injure de laisser retenir par un misérable ruisseau « ses invincibles janissaires, que l'océan même n'avait pu arrêter, » se hâta d'envoyer un messager à Constantinople pour annoncer qu'il venait de forcer le passage, et que la victoire n'était pas douteuse. Le sultan, comme si la conquête de la Hongrie entière n'eût en effet dépendu que de ce premier succès, se laissa emporter aux transports de la joie. Il ordonna, sans plus attendre, des réjouissances publiques et l'illumination des sept jours et des sept nuits, qui est réservée pour célébrer les plus grandes victoires. Ce ne fut qu'après trois jours employés à tirer des fusées, à sonner des trompettes, à illuminer les minarets des mosquées, qu'arrivèrent les nouvelles qui éteignirent ces feux et toute cette joie. — Du côté des chrétiens cependant, les bataillons des cercles, qui avaient pris la fuite et déserté le champ de bataille, emportés par la panique, fuyant toujours, arrivèrent jusqu'à Gratz; là, soit pour cacher leur lâcheté, soit qu'ils se trompassent de bonne foi, ils annoncèrent la perte de la bataille, la déroute de l'armée et la poursuite imminente des Turcs. Les habitans consternés ramassèrent à la hâte tout ce qu'ils avaient de plus précieux, et se sauvèrent avec leurs femmes et leurs enfans dans les retraites inaccessibles des montagnes. Le bruit de la défaite des chrétiens, traversant les Alpes, arriva bientôt jusqu'à Venise, à Rome et jusqu'à Naples, où il répandit la terreur. On croyait voir les Turcs établis au cœur de l'Europe. Quand la vérité fut connue, on passa soudain de la consternation à toutes les joyeuses démonstrations du triomphe. — Gualdo, *Istoria di Leopoldo,* p. 472. — Hammer.

n'avait pas. Il ne voulait point qu'on révélât la grandeur du péril, mais il ne la comprenait que trop. Il envoya successivement les régimens de cavalerie Lorraine et Schneidau, les régimens d'infanterie Spaar et Taxis et le contingent suédois renforcer le centre. Il n'osait encore dégarnir entièrement sa ligne, de peur que les Turcs, pénétrant sur la rive abandonnée, n'enveloppassent complétement l'armée.

Le prince de Lorraine, faisant alors l'épreuve de sa grandeur future, arrêta un moment l'attaque emportée des Turcs, et les refoula jusqu'au village de Grossdorf, où s'étaient logés, comme on l'a vu, les janissaires. Là les Turcs se trouvèrent attaqués d'un autre côté par les régimens français de Grancey, Espagny et Turenne, que Coligny avait détachés malgré les instructions de Montecuculli, s'exposant à voir forcer sa ligne, mais n'écoutant que l'instinct d'un soldat qui ne peut voir écraser ses voisins sans accourir. Arrivant à la fois de la droite et de la gauche, ce secours vigoureux permit à quelques régimens de l'empire de se rallier et de reprendre leur rang. Le margrave de Bade, secouant la fièvre qui l'avait retenu, se fit hisser sur son cheval. Kilmanseg et Schmidt ramenèrent quelques soldats. Cependant les Turcs résistaient avec acharnement aux Français. Il y eut en ce moment plusieurs janissaires, coupés et renfermés dans une des maisons de bois du village, qui aimèrent mieux se brûler que se rendre, « obstination héroïque, dit Montecuculli, qui mérite qu'on y fasse attention pour l'avenir, et qui m'a souvent empêché de dormir. » Néanmoins ces attaques avaient à peine arrêté le flot toujours grossissant de l'armée turque. Les janissaires étaient incessamment renforcés par de nouveaux détachemens qui passaient le fleuve, élevaient des retranchemens et remplaçaient devant l'ennemi leurs compagnons fatigués ou tués. Le cercle où la bataille s'était concentrée se remplissait à vue d'œil de nouveaux combattans. « C'était une multitude d'hommes semblable au flux et reflux de la mer, qui pousse et qui est repoussé tour à tour. On se battait corps à corps; les meilleures troupes de la Turquie étaient là. » Nul ne pouvait prévoir l'issue d'une telle mêlée, où le courage et l'énergie individuelle semblaient seuls en jeu en dehors des combinaisons de la tactique. La lutte se prolongeait depuis six heures; Montecuculli n'avait pas encore engagé franchement les deux ailes. Il craignait toujours d'être débordé par les Turcs, qui pouvaient franchir la rivière à droite et à gauche du cercle. Toutes ses instructions avaient été calculées en vue de ce danger qui le préoccupait avec raison. Le temps pressait cependant. En se poursuivant d'après le plan primitivement réglé, la bataille devait être perdue pour les chrétiens. La ligne trop étendue sur laquelle avaient été

disposées les troupes était percée au centre par les Turcs, qui dirigeaient sur ce point toute leur attaque; il fallait donc aussi porter
là toute la résistance. Chacun le voyait. Montecuculli fit appeler
auprès de lui les généraux en chef Coligny, le margrave de Bade,
le comte de Hollach et les autres officiers qui se trouvaient le plus
rapprochés. On tint conseil. On comprend ce que dut être une telle
délibération à ce moment suprême entre les chefs de diverses nations préoccupés chacun du sort de son corps d'armée. Tous apportaient des impressions différentes selon leur caractère et selon ce
qu'ils avaient vu du combat aux postes divers où ils étaient placés.
Quelques-uns ouvrirent l'avis de suspendre la bataille, de couvrir
le camp d'un retranchement de terre et d'accorder aux troupes une
nuit de repos. Coligny et plusieurs autres soutinrent au contraire
qu'il fallait marcher tous à l'ennemi et en finir par un effort suprême.

La délibération fut plus longue que ne le comportait la crise de
la bataille. Montecuculli proposa de former les armées en une vaste
demi-lune qui convergeât au point où s'était engagée l'action, mas-
sant les troupes et passant, comme on disait alors, de l'*ordre
mince* à l'*ordre profond.* « Il n'y a point d'autre parti à prendre,
dit-il, nous sommes perdus, si nous cédons à l'ennemi une heure
de temps ou un pouce de terrain. Quoi donc ! croyez-vous que l'armée reprenne son énergie derrière un fossé de trois pieds, si une
rivière n'a pas suffi à nous couvrir? Il faut l'entraîner au combat
par une attaque générale, et si nous échouons, même encore faudra-t-il tenir là de pied ferme, y prendre racine, y trouver le triomphe ou le tombeau, nous couronnant de lauriers ou de cyprès. » Je
cite les expressions mêmes du généralissime; elles répondent aux
calomnies contemporaines qui s'acharnèrent contre lui. On n'invente
point après coup de semblables paroles, l'emphase même est ici une
preuve de vérité. Quand il s'agit d'entraîner les masses, la modestie
et les nuances du langage ne sont plus de mise, il faut parler de
sa plus grosse voix; l'éloquence des lieux communs est alors la
meilleure. Quand le moment ne permet de supposer aucune prétention de rhétorique, c'est par les images les plus simples et par
les grands sentimens qu'on entraîne les hommes.

Il était environ quatre heures après midi. Les troupes furent rapidement formées en demi-cercle. Coligny s'était chargé de reprendre
le point le plus dangereux où se trouvaient les maisons de Grossdorf,
ou plutôt les ruines de ce village, car on l'avait pris, repris et brûlé;
l'aile gauche ou l'armée impériale dut se porter contre la droite des
Turcs; l'armée des cercles, ayant en tête le contingent de Souabe,
qui n'avait pas encore donné, devait marcher contre le centre des
Turcs. On forma les colonnes, on garnit de mousquetaires les flancs

de la cavalerie en leur commandant de faire un feu continuel; enfin on ordonna aux troupes de pousser des cris pour répondre aux clameurs des barbares et rassurer le courage ébranlé des nouvelles recrues. La bataille était restée comme suspendue pendant les délibérations et les changemens de position : l'ordre d'attaquer fut enfin donné; la gauche et la droite, les Français et les impériaux, s'élancèrent avec une ardeur admirable. Le centre flottait encore, et il y eut un moment plein de doute et d'angoisse quand il fallut faire passer les bataillons allemands par-dessus les corps de leurs camarades qui formaient comme un rempart entre l'ennemi et eux, rempart hideux de corps sanglans auxquels les Turcs avaient déjà coupé la tête. La Feuillade, suivi de l'infanterie française et de quatre escadrons de cavalerie, entra le premier dans le cercle fatal occupé par les janissaires. Quand Kiuperli, qui se tenait sur l'autre rive, les vit déborder par-delà les maisons incendiées du village : « Qu'est-ce que ces belles filles? » s'écria-t-il, voulant se moquer des perruques poudrées que les Français portaient alors; mais ces prétendues filles, sans se laisser effrayer par les hurlemens des Turcs, se mirent au pas de course, criant : *En avant, en avant! tue! tue!* Et les janissaires qui échappèrent à cette furieuse charge n'avaient pas encore oublié, bien des années après, ces terribles cris des Français, ni le nom de *Fuladi* (homme de fer) (1) qu'ils donnaient au duc de La Feuillade.

A l'autre aile, un de ces hommes simples et héroïques, comme de longues guerres en font souvent sortir des masses populaires, un ancien valet de tambour, Spork, qui n'avait jamais su ni lire ni écrire, et que sa bravoure sans pareille avait élevé aux plus hautes dignités militaires, menait au combat la grosse cavalerie impériale. La tête découverte, il prononça à haute voix cette courte prière : « Généralissime tout-puissant de là-haut, si tu ne veux pas nous prêter secours à cause de nos péchés, au moins ne secours pas ces chiens de Turcs; laisse-nous faire, et tu auras aujourd'hui sujet de rire. » Il tua cinq janissaires de sa main dans la charge.

Ce mouvement avait changé la face des choses. Grâce à la nouvelle combinaison, l'armée chrétienne, malgré son infériorité, avait sur le terrain où l'on combattait l'avantage du nombre. Cependant les Turcs, encore pleins d'ardeur, furieux de se voir arracher une victoire qu'ils avaient crue certaine, disputaient le terrain avec un acharnement sans exemple. Alors la cavalerie, composée des volontaires français, qui avaient peu à peu pris la tête de la colonne, les chargea si vigoureusement qu'ils commencèrent à tourner vers

---

(1) Mailath, p. 283. — Hammer.

la rivière, regagnant les lignes qu'ils avaient élevées le matin. La
Feuillade marcha une pique en main à la tête des mousquetaires
pour les forcer dans ce retranchement. Acculés en cet endroit,
les janissaires n'avaient d'autre parti à prendre que de se laisser
massacrer ou de se jeter dans la rivière; c'est ce qui fut cause de
la résistance désespérée qu'ils opposèrent aux Français. Ils étaient
d'ailleurs soutenus par le redoutable feu des quatorze pièces d'artillerie placées sur l'autre rive. L'action fut donc très vive encore
à ce point. Le comte Rochefort y fut frappé d'une mousquetade en
plein visage. Bissy reçut neuf blessures; d'Auvergne, Villeroy, le
marquis de Lavardin, Canaples, Forbin, d'Estrades, y furent atteints
moins grièvement. Le jeune fils du duc de Saint-Aignan, frappé
d'un coup de mousquet en pleine poitrine, continua de combattre
jusqu'à ce que ses soldats l'emportassent de force. « Ces gentilshommes français se battirent avec une valeur qui mérite d'être à
jamais remémorée dans toutes les histoires, » dit un négociateur
anglais envoyé au camp des Turcs après la bataille (1). Ce fut le
dernier effort du combat : après cette lutte terrible, le désespoir ne
suffit plus à retarder la défaite. Un désordre affreux se mit dans
l'armée turque; janissaires et spahis se précipitaient pêle-mêle dans
la rivière. Le courant, grossi par un orage qui avait éclaté dans les
montagnes voisines, entraînait tout : les bords de la rivière étaient
remplis de fuyards, les eaux cachées sous les cadavres des vaincus.
C'était une multitude de corps d'hommes, d'armes, de chevaux
mêlés ensemble. Dans cette terrible confusion, les uns se trouvaient
accablés sous leurs chevaux par la rapidité du courant, et les autres, voulant se sauver, noyaient leurs camarades et se noyaient
eux-mêmes; nos soldats achevaient sans pitié ceux qui gagnaient
le bord. Coligny peint d'un mot l'horreur de ce tableau : « c'était
un cimetière flottant. » Quelques cavaliers impériaux, traversant
le fleuve à la poursuite des fuyards, allèrent détruire sur la rive
droite la batterie de canons qui avait protégé le passage des Turcs.
Les canonniers se firent tuer sur leurs pièces. Ce fut le dernier
acte de la bataille.

Cependant on voyait sur l'autre rive le grand-vizir, s'abandonnant aux accès de la plus furieuse douleur, arracher son turban,
courir sus aux fuyards. Il tua de sa main un des pachas qui avait
réussi à repasser le fleuve. Le gouverneur de Bosnie, beau-frère du
sultan, le dernier pacha de Bude, Ismaël, l'aga des janissaires, celui des spahis, trente autres agas, le gouverneur de Canisza et
seize mille soldats périrent du côté des Turcs. Le sultan perdit en
cette occasion, dit Montecuculli, « non ses méchantes troupes auxi-

---

(1) Ricaut, *Histoire de l'Empire*, p. 481.

liaires, accoutumées à fuir, mais tout ce qu'il y avait de plus aguerri
et de plus brave, les Albanais, les spahis, qui sont le bouclier et
l'épée de l'empire ottoman. »

VII.

Telle fut cette célèbre bataille de Saint-Gothard, la plus grande
et la plus éclatante victoire que les troupes chrétiennes aient remportée en rase campagne sur les musulmans. On voit que, malgré
toutes les précautions prises par Montecuculli, malgré le nombre
et le choix des troupes, l'émulation des alliés, elle courut grand
risque d'être perdue. Les rivaux de Montecuculli lui reprochèrent
de s'être trop longtemps obstiné à conserver son ordre de bataille,
de n'avoir pas compris assez vite que la vraie partie se jouait
dans le cercle formé par le repli du Raab, et qu'on pouvait dès lors
dégarnir les ailes sans danger. Il répond à ces critiques par des
argumens et des exemples dont je ne suis pas juge, et qu'on lira
avec intérêt dans ses commentaires. Cependant il reste bien dans
l'esprit que, si l'ordre de bataille avait été très sagement conçu et
répondait à ce qu'on pouvait, avant l'engagement, prévoir des dispositions des Turcs, un génie plus rapide eût vu dès le début le
point décisif, et eût modifié son plan en conséquence; mais la tactique sage et raisonnée de Montecuculli ne voulait pas d'inspirations
à la guerre. Il ne faut pas oublier d'ailleurs qu'il commandait à des
troupes auxiliaires, qu'au lieu de la netteté et de la rapidité du
commandement militaire il fallait délibérer, et *persuader première-
ment*, comme il le dit, des généraux étrangers et rivaux. Dès lors
tout changement dans le plan d'abord adopté pouvait amener le
désordre et une confusion irrémédiable. Les troupes de l'empire
étaient des soldats sans discipline et ramassés au hasard. Enfin une
bataille perdue livrait l'Autriche et la capitale aux armes de l'ennemi. Il eût été téméraire de laisser la moindre prise au hasard
avec des instrumens si compliqués et dans une situation si périlleuse. Il est certain, comme il le dit, que les critiques sont faciles
après l'événement, « parce qu'on peut toujours assurer que ce qui
n'est pas arrivé ne pouvait pas arriver; mais, si le mal était venu,
continue-t-il, si nous avions été enveloppés faute de nous être étendus, il n'eût servi de rien de se repentir ou de rejeter la faute sur
celui-ci ou sur celui-là. Il faut savoir, entendant tout, ne pas préférer les murmures de la populace ou même des généraux au salut
de l'armée et de l'empire. » C'est ce qu'il fit. Il n'y a pas à recommencer un procès sur lequel la victoire a prononcé. Pour qui n'est
pas du métier, le bon général est celui qui gagne la bataille.

Les émotions de la journée avaient été grandes; les troupes

étaient épuisées; elles manquaient depuis plusieurs jours de vivres, et la cavalerie de fourrage. La nuit approchait : 25,000 hommes sur la rive opposée, qui n'avaient point pris part au combat, restaient rangés en bataille. Les eaux du Raab grossissaient d'heure en heure, et rendaient le passage difficile, même au vainqueur. Poursuivre et, si je puis dire, forcer la victoire, c'était peut-être compromettre la gloire qui venait de couronner les armes de la chrétienté. On prit le parti de donner une nuit de repos à l'armée. Si Montecuculli, dont l'érudition n'est jamais en défaut, ne se servit pas plus du succès que les chrétiens venaient de remporter, ce n'est pas, dit-il, qu'il ne se souvint très bien du reproche qu'on fit à Annibal après la bataille de Cannes; mais l'armée était à bout, sans munitions : on se contenta d'envoyer Bathiany, avec les Hongrois et les Croates, observer la retraite des Turcs et tomber sur leur arrière-garde.

Le butin était immense. Dans la plaine, sur les rives du fleuve, dans le camp des Turcs, quand ils l'eurent abandonné, on trouva à profusion de l'or, de l'argent, des coffres précieux, des armes de toute sorte, des sabres avec des pierreries, des harnais de soie, des selles brodées d'or, que les vainqueurs se partagèrent. « Tel cavalier eut 500 ducats pour sa part dans le butin, et la bourse du moindre soldat se trouva garnie pour le reste de la campagne. Nos troupes pêchaient dans la rivière, avec de grands crocs, les corps des janissaires noyés la veille, et se partageaient leurs dépouilles. » On apporta au généralissime un sabre enrichi de pierreries qui avait appartenu au prince Rakoczy, dont il portait le nom et les armes. Il le réserva pour l'empereur comme un trophée national. Cent quatre étendards et seize pièces de canon enlevés à l'ennemi furent envoyés partie à Vienne et partie à Versailles : ce partage devait éterniser le souvenir d'une victoire commune entre les impériaux et les Français. L'empereur Léopold écrivit de sa main à Montecuculli pour le féliciter et lui annoncer qu'il le nommait lieutenant-général de ses armées. Il écrivit en même temps au comte de Coligny, et envoya à Versailles un des seigneurs de sa cour, le comte de Dietrichstein, pour annoncer au roi le succès de leurs armes, le complimenter sur là valeur que ses troupes avaient déployée, et lui remettre cinquante-deux étendards.

La piété de cette armée chrétienne, le but même qui réunissait tant de chefs illustres, de tant de nations diverses, sur les bords de cette petite rivière jusque-là inconnue à l'Europe, ne permettaient pas qu'on y oubliât le Dieu des armées qui donne le courage et la victoire. L'esprit du siècle, les sentimens des troupes sorties à peine des guerres religieuses de l'Allemagne, faisaient de cette ex-

pédition contre le Turc une guerre sainte. L'enthousiasme, la foi,
le désir de rapporter tout à la protection de Dieu, sentiment qui
accompagne souvent le besoin de voir éclater cette protection par
des signes visibles et matériels, se retrouvent ici comme aux siècles
lointains des croisades. Les relations du temps sont pleines du récit
des prodiges qui annonçaient la déroute des infidèles. Sur le Danube, on avait vu pendant cinq nuits une croix lumineuse et une
demi-lune qui la portait, la face tournée en bas; cela signifiait
pour tous la défaite du croissant. Dans toute l'Allemagne, on disait
que des cavaliers blancs avaient apporté dans la nuit même du combat la nouvelle de la défaite des infidèles. Ce qui est vrai, c'est que,
comme il arrive dans l'attente d'un grand événement, le bruit s'en
était répandu avec une rapidité surprenante. La joie et la reconnaissance des peuples éclatèrent de toutes parts; partout la religion
fut associée aux transports du patriotisme. Dans l'Europe entière,
à Rome, à Madrid, à Ratisbonne, jusque dans le fond de la Suède,
on ordonna des processions en actions de grâces, on chanta des *Te
Deum*. Montecuculli en fit célébrer un le lendemain sur le champ
de bataille même, et l'armée y pria avec une grande ferveur. A la
place où se célébra le divin sacrifice s'élève aujourd'hui une chapelle dédiée à la Vierge. Montecuculli avait plusieurs fois invoqué
son secours pendant les alarmes du combat : c'est lui qui le raconte
avec la simplicité d'un vieux soldat et la foi du centenier. « L'inter-
cession de la très sainte Vierge, à laquelle nous eûmes recours,
fortifia les bras de ses serviteurs et frappa visiblement les Turcs. »

Quelques jours après, l'empereur Léopold signait la paix avec le
grand-vizir. Il aurait dû sans doute poursuivre ses succès et chasser les Turcs de la Hongrie; mais enfin l'empire et la chrétienté
n'étaient plus menacés d'une invasion. D'ailleurs la peur des Français et de leurs intelligences avec les *mécontens* hongrois avait
remplacé la peur du Turc. On renvoya les Français. Dans tous les
pays qu'ils traversèrent à leur retour, un accueil enthousiaste les
attendait; ce n'étaient que fêtes et festins; on allait recevoir aux
portes des villes les sauveurs de l'Allemagne. Ce fut jusqu'aux
bords du Rhin une suite de triomphes. — Coligny fut bien accueilli
par le roi Louis XIV, assez mal par les ministres, dont il avait souvent méconnu l'autorité. La rancune du prince de Condé aidant,
le vainqueur de Saint-Gothard tomba dans une sorte de disgrâce.
Il se fâcha, s'enferma dans son château de La Motte-Saint-Jean, se
consuma en procès, en regrets inutiles, écrivit ses mémoires, et
mourut en 1686, rongé par la goutte et accablé d'ennui.
Il est difficile à quiconque parcourra, comme on a dû le faire

pour écrire ce récit, les mémoires et les lettres de Coligny de ne pas se laisser aller à quelque tristesse. Au début, tout est brillant, prospère, la fortune lui sourit, la galanterie remplit les intervalles que des faits d'armes glorieux ou des duels éclatans laissent libres dans sa vie. S'il est obligé de battre en retraite, s'il se dérobe aux royalistes qui le poursuivent, c'est pour emporter en croupe, sur son beau cheval le *Brézé*, la princesse de Condé qui s'est confiée à son courage. Il la fait passer pour sa femme, et c'est sans trop de contrainte, dit-il, qu'elle accepte dans les lieux où ils s'arrêtent les convenances de ce titre. Bientôt rentré en grâce à la cour, il obtient l'insigne honneur de commander aux plus braves gentilshommes de son temps. Le Rhin est passé, la bataille de Saint-Gothard gagnée, il semble qu'il n'ait qu'à étendre la main pour prendre ce bâton de maréchal, éternelle ambition, éternel honneur de nos armées sous le drapeau blanc comme sous le drapeau tricolore; mais voici que tout change : les jours mauvais arrivent, la disgrâce a remplacé la faveur, la calomnie le poursuit; il s'en irrite, et veut la braver. L'humeur s'en mêle; il vieillit dans son antique manoir, en proie aux noirs fantômes de la solitude. Une grande douleur vient lui porter le dernier coup. Son fils, dont il attendait pour l'éclat de son nom et, selon son expression, « pour le relèvement de sa famille, tout ce qu'il avait en vain espéré leur apporter lui-même, » prit la résolution d'entrer dans les ordres. Dès lors il n'y eut plus d'avenir pour Coligny, et dans ce cœur livré uniquement à ses souvenirs l'esprit de vengeance remplaça une ambition désormais sans alimens. C'est vers cette époque qu'il rédigea un long testament où il exhale toute sa haine contre ses ennemis. La Feuillade est un fanfaron sans foi ni honneur, le prince de Condé est un traître voué aux plus infâmes débauches. « Sur les saints Evangiles que je tiens dans ma main, dit-il, je jure que je ne mets ici que la vérité. » Cet étrange testament se termine par des paroles qui semblent d'abord obscures :

Adieu, paniers! vendanges sont faites.

Est-ce une interprétation forcée cependant que d'y voir un sentiment de reproche contre la destinée? N'est-ce pas la raillerie suprême d'un homme qui se regarde comme vaincu dans le combat de la vie, et brise sans regret la coupe pleine d'abord pour lui d'un vin généreux, mais qui n'a plus au fond que lie et amertume?

E. DE LANGSDORFF.

LA
CIVILISATION CHRÉTIENNE
EN ORIENT

L'INDE ANGLAISE SOUS LA REINE VICTORIA.

1. *On the Aborigines of India*, Hogdson, *Asiatic Journal* 1849. — II. *On the Origin and authenticity of the aryan family of languages*, by Dhanjibha Framji, Bombay 1861. — III. Campbell, *Modern India*, 1852. — IV. *English Extracts*, by major Campbell, Madras 1864. — V. Allen's, *Indian Mail*. — VI *The Calcutta Review*. — VII. *The Journal of the royal asiatic Society*, London. — VIII. *The Madras Journal of Litter. and Science*. — IX. *Bahat-Khand Amrit*, journal de la *Société indienne d'Agra pour les reformes sociales et religieuses*. — X. *The Punjab educational magazine* — XI. *The Bible or no!* Madras 1864, etc.

Les faits accomplis depuis une dizaine d'années et ceux qui se passent en ce moment même ont produit dans les relations de l'Orient et de l'Occident une sorte de révolution. Les civilisations orientales sont désormais avec la nôtre dans un contact tellement général que leur transformation future ne peut plus paraître une chimère. Dans l'extrême Orient, l'ambassade de M. de Lagrenée, puis à quelques années de distance la guerre des alliés et la prise de Pékin nous ont ouvert la Chine; les rivages asiatiques qui la continuent vers le sud ont été forcés de nous recevoir, et les peuples qui les habitent commencent à se réjouir de nous avoir pour maîtres; le royaume bouddhiste de Siam a contracté spontanément avec nous des liens d'amitié que ses ambassadeurs sont venus sceller par un traité solennel. Ainsi les différentes parties de la race jaune qui jusqu'à nos jours avaient vécu dans un isolement systématique acceptent ou appellent notre influence.

Dans un monde voisin, mais bien différent de celui-là, s'est établie et se maintient presque seule la race anglo-saxonne. La dernière révolte de l'Inde, qui a été plus étendue et plus sanglante
que toutes les autres, a profondément modifié les vues des Anglais
et opéré dans leurs relations avec ce vaste pays une transformation
considérable. Résultat de causes qui agissaient depuis longtemps,
cette lutte les a manifestées; elle a trouvé une partie du public européen en état de les comprendre et le gouvernement anglais en
état d'en conjurer pour l'avenir les effets ou le retour. Les études
orientales ont permis aux Européens de pénétrer dans le fond
même de la civilisation indienne, de saisir la suite de son histoire,
de distinguer ce qu'il peut y avoir en elle de caduc et ce qu'il
y a aussi de permanent, par conséquent de respectable pour les
conquérans. La plupart des révoltes de l'Inde ont eu pour cause
moins les exactions et les violences que l'ignorance de ses maîtres
étrangers se heurtant maladroitement contre des usages dont ils ne
tenaient aucun compte; les travaux des savans européens ont montré comment ces usages, traités d'abord de superstitions et tournés
en ridicule, se rattachent le plus souvent à des doctrines trés sérieuses et à une constitution sociale parfaitement fondée en raison.
Les négocians et les employés de l'administration anglaise n'ont vu
longtemps que le dehors de cette civilisation; mais un préfet chinois qui viendrait en Italie, en Espagne ou même en Angleterre
pourrait juger de même ces pays, s'il n'en connaissait ni les doctrines religieuses ni les constitutions fondamentales. Les travaux
des savans ont plus fait pour assurer la domination britannique dans
l'Inde que les efforts successifs des armées et des administrations,
car celles-ci ne font que s'imposer à des populations qui les détes-
tent, tandis que l'étude des doctrines prépare un rapprochement
entre les vainqueurs et les vaincus; elle amène les générations nouvelles, oubliant les haines des pères, à ne voir dans les étrangers
que des frères revenus de loin et des civilisateurs.

L'Occident porte dans les pays orientaux les élémens essentiels
de sa propre civilisation, sa religion, sa science, les applications de
l'une et de l'autre à la vie morale et à celle du corps. Le commerce
est ordinairement le mobile qui conduit les hommes vers les pays
éloignés; ils en rapportent les objets qui manquent à leurs besoins
ou à leurs plaisirs, et ils y portent leurs produits et leur superflu :
s'enrichir est le but naturel et légitime de ces premiers explorateurs. La religion les suit, quand elle est, comme le furent celles
du Bouddha et du Christ, animée de l'esprit de prosélytisme : conquérir à la vérité sainte les âmes des peuples qui l'ignorent, voilà
ce que se proposent les missionnaires de toutes les religions; mais

autant les peuples barbares, qui n'ont jamais connu les religions
supérieures, sont aisés à convertir, autant les peuples qui ont joui
d'une civilisation réelle et qui en possèdent encore les doctrines
sont rebelles à des dogmes nouveaux. Quand les navigateurs européens eurent découvert les Grandes-Indes et plus tard la Chine, les
missionnaires chrétiens se précipitèrent à leur suite, croyant avoir
affaire à des sauvages ou à de purs idolâtres; ils le croient encore un
peu aujourd'hui : illusion fâcheuse, puisque ici les vrais ignorans
sont ceux qui ne savent ni à quelle race d'hommes ils s'adressent,
ni quelles religions ils vont affronter, ni par quelles voies ces croyances inconnues pourront être attaquées. Après de longues et infructueuses prédications, l'insuccès finit par ouvrir les yeux à ceux qui
prêchent et par leur faire comprendre que leur premier devoir envers ces peuples est de s'efforcer de les connaître. C'est à ce point
qu'a été ramenée par les derniers événemens l'ardeur religieuse des
chrétiens à l'égard de l'Orient.

A côté de cette influence si difficile à exercer en Asie s'en développe une autre dont l'action prend déjà quelque avance et pourra
devenir prépondérante, si ceux qui l'exercent savent la modérer et
la gouverner : c'est celle de la science. Aujourd'hui une grande
portion de notre vie en Europe est en quelque sorte scientifique :
les inventions nouvelles ne durent que quand elles sont fondées sur
la science; c'est à cette condition seule qu'elles satisfont les besoins
auxquels elles s'adressent. Aussi les différentes sciences ont-elles
pénétré dans tous les détails de notre existence : l'homme d'Europe
se meut, s'éclaire, s'habille, se loge, se nourrit, se détruit avec des
produits ou des instrumens qui, au lieu d'être dus comme autrefois
à la routine, au hasard ou à la bonne nature, contiennent une part
de science qui leur donne un caractère entièrement nouveau et
augmente leur énergie. Lorsque les navigateurs du xvie siècle se
présentèrent pour la première fois aux peuples de l'Orient, ils ne
leur apportaient pas des inventions notablement différentes des
leurs, ils eurent même plus d'une chose utile à leur demander;
mais le temps qui s'est écoulé depuis lors et qui a laissé ces peuples
presque stationnaires a été consacré par l'Europe au développement
de la science : le siècle où nous sommes a le premier appliqué les
données de la science à presque tous les besoins de la vie. Nous
sommes donc aux yeux de l'Orient et nous sommes en réalité des
hommes nouveaux, dont la puissance et l'action dépassent de beaucoup celles des hommes que la simple nature a formés. Que nous
puissions dès aujourd'hui l'emporter sur eux à la guerre, c'est ce
qui ne peut faire l'ombre d'un doute; mais cette même science qui
nous rend si forts nous dit aussi que l'emploi de la force n'est fruc-

tueux qu'à la condition d'être confié à l'intelligence et à la moralité. Aussi les Anglais dans l'Inde sont-ils moins préoccupés aujourd'hui d'étendre encore leur empire que de le consolider en initiant
à notre civilisation savante les peuples qui leur sont soumis. On
serait injuste de reprocher au gouvernement actuel les crimes et les
fautes volontaires des agens de la compagnie, car la même cause
qui a fait substituer à celle-ci dans ces derniers temps le gouvernement de la reine a introduit dans l'administration de la presqu'île
un élément nouveau, la moralité, lequel procède en ligne directe
de la science. L'Angleterre d'aujourd'hui espère transformer les Indiens et les élever par degrés au niveau de notre civilisation en leur
enseignant nos sciences et en leur en montrant les applications.
Est-ce une chimère? est-ce une entreprise possible? Dans quelles
circonstances sociales se produit-elle? A quelles conditions peut-
elle se réaliser? Ces conditions sont-elles déjà connues? Y a-t-il des
moyens d'action déjà mis en œuvre, ou sur l'emploi desquels on
puisse déjà compter? C'est là ce que je me propose d'examiner, en
me fondant sur des faits authentiques, sur des documens officiels et
sur les données positives de la science moderne.

I.

Un grand fait que les découvertes contemporaines ont mis en
lumière domine désormais les relations de l'Inde avec l'Occident, et
entre pour une part notable dans l'action civilisatrice de l'Angleterre sur cette contrée. Ce fait, c'est l'identité d'origine entre les
hautes classes indiennes et les peuples européens. Ce n'est pas seulement l'étude des langues qui a mis au jour ce fait capital, c'est
aussi le débrouillement des traditions et des origines des races humaines. Il n'y a plus là d'hypothèse : la fraternité primordiale des
Indo-Européens est une vérité scientifique. On sait en outre que ce
n'est pas sur le Gange ni même sur l'Indus qu'il faut chercher leur
commun berceau, mais au nord-ouest de la presqu'île indienne,
au-delà d'Attock et de Peshawer, dans les vallées qui descendent
de l'Indou-Kô et qui se dirigent vers la mer d'Aral et la Caspienne.
A des époques qu'il est à peu près impossible de fixer, les migrations
de la race âryenne partirent de là et se dirigèrent les unes vers
l'ouest, les autres vers le sud-est. Les premières peuplèrent une
grande partie de l'Asie occidentale, l'Europe presque entière, atteignirent les îles britanniques et l'Irlande, dont le nom signifie terre
des Ires ou Aryas. Enfin, avec les Normands et plus tard à la suite
de Christophe Colomb, elles franchirent l'Atlantique et conquirent le
Nouveau-Monde, dont elles se disputent aujourd'hui la possession.

L'influence des Aryas du sud-est les y avait précédées. Ceux-ci en effet franchirent de bonne heure l'Indou-Kô par la seule *porte* qui donne entrée dans l'Inde, s'établirent sur le Sindhu (l'Indus) et sur ses affluens, poussèrent vers l'est entre l'Himâlaya et le désert de Marwar et descendirent le Gange, où se développa au milieu d'eux la civilisation brâhmanique; puis, dans une expédition dont toute la péninsule garde encore le souvenir, ils conquirent le pays du sud et la grande île de Ceylan, colonisant de là les archipels du Grand-Océan et les rivages de l'Afrique. C'est du centre de l'Inde gangétique que partit le bouddhisme. Ses missionnaires se répandirent dans toutes les directions, civilisèrent le Tibet, convertirent la Chine et les pays au-delà du Gange; ils eurent longtemps à Samarcande un centre d'où ils se rendaient, soit dans l'extrême nord de l'Europe, soit, par le nord de la Chine et les îles Aléoutiennes, dans l'Amérique septentrionale et le Mexique, où nous explorons aujourd'hui leurs monumens.

Ainsi à l'est et à l'ouest nous rencontrons des hommes qui furent autrefois nos frères, ou du moins nous retrouvons leur empreinte sur le sol et dans les croyances des peuples. Notre époque assiste à cette scène dramatique de reconnaissance, où c'est nous seuls qui pouvons apporter la lumière et la présenter à des peuples qui ne nous ont pas encore reconnus. C'est à l'Angleterre surtout qu'échoit aujourd'hui ce rôle; les faits quotidiens prouvent que le vice-roi des Indes, sir John Lawrence, en est pénétré au même degré que les savans européens. Il serait impossible en effet de fonder dans cette vaste contrée un empire durable, si l'inimitié des races, à tort ou à raison, continuait d'opposer une barrière au rapprochement des idées et à l'unification des besoins et des mœurs. Tant que l'Europe n'a pas connu la commune origine des Aryas indiens et de ses propres habitans, elle a cherché sa voie et n'a pu s'établir dans cette contrée que par la force des armes. On a tort de croire que, si la France avait conservé les territoires qu'elle y possédait, elle eût pu s'y maintenir par d'autres moyens que les Anglais, car ou elle n'y eût jamais eu que des comptoirs sur les rivages, ou bien elle n'eût pénétré dans l'intérieur que par la conquête; or ce procédé peut être appliqué avec plus ou moins d'humanité, mais il ne porte presque jamais le caractère de la justice, et il transforme en ennemis les peuples vaincus.

Quand les navigateurs du xvie siècle abordèrent aux rivages de l'Inde, ils ne virent pour ainsi dire pas les hommes de race âryenne. Quelques milliers de Perses connus sous le nom de Guèbres, et qui habitaient la côte occidentale, ne formaient alors comme aujourd'hui dans la population des Indes qu'une minorité imperceptible.

Sur les côtes du sud, les cultes indigènes étaient entre les mains
des brâhmanes; mais ces derniers s'y trouvaient en petit nombre,
parce que la religion avait circonscrit dans le nord de la péninsule
la contrée par excellence, l'*aryavartta*, dont ils devaient faire leur
séjour. A Karikal et dans tout le Carnatic et le Malayalam, on n'eût
peut-être pas rencontré un seul xattriya ou homme de la seconde
caste, celle des guerriers. La troisième caste, celle des væçyas ou
marchands, qui était la plus nombreuse au centre de l'Inde, avait
dans le sud contracté depuis des siècles de si fréquentes alliances
avec les castes inférieures, que l'origine âryenne y était souvent
devenue méconnaissable. L'Orissa et le Ghandwâna, qui remontent
jusque dans le voisinage des bouches du Gange, étaient occupés
par les populations primitives de l'Inde et en majeure partie par
des Chandâlas, l'une des castes les plus méprisées de l'Inde ancienne et moderne. Pour trouver les hommes de race supérieure
dans un séjour qui fût à eux et les voir tels qu'ils étaient, il fallait donc pénétrer dans l'intérieur de l'Indoustan, ce que ni les
Portugais ni les Hollandais n'ont pu faire et ce que Dupleix lui-
même n'aurait probablement jamais pu réaliser. L'histoire des faits
accomplis ne peut donc considérer ces premiers établissemens que
comme la préparation d'un dénoûment auquel les générations présentes assisteront, et que déjà elles peuvent entrevoir.

C'est une des plus saisissantes pages de l'histoire du monde que
le développement de la puissance anglaise dans l'Inde et le mouvement d'idées qui en a marqué les différentes époques; mais la
page qui s'écrit en ce moment dans les faits l'est plus encore et
paraît devoir marquer une des ères les plus importantes de l'humanité. Les Anglais n'étaient venus dans l'Inde que cent dix ans
après le voyage de Vasco de Gama; leur premier comptoir avait été
établi à Surate (*Surâshtra*) en 1611. C'est au milieu du xviie siècle que le médecin Boughton vendit à la compagnie l'autorisation
de commercer avec l'intérieur, autorisation que lui-même avait reçue de l'empereur mongol Shah-Djihân. L'établissement des Anglais
sur l'Hougly, la branche la plus accessible du Gange, fut la véritable origine de leur fortune : plus voisine de la mer que Chander-
nagor, Calcutta devint peu à peu le véritable entrepôt du commerce
pour l'immense vallée qui s'étend des monts Vindhyas à l'Hymâ-
laya et des bouches du Gange au Pendjâb. Les ports européens répandus sur les rivages ne donnent accès que dans des pays d'une
moindre étendue : Surate, Bombay, Goa, Mahé, Calicut, ont au-dessus d'eux la haute chaîne des Ghates, derrière laquelle les eaux descendent vers l'orient. Les terres que baignent ces rivières offrent
plus d'espace à la culture que la bande étroite comprise entre les

Ghates et la mer; mais elles sont en majeure partie peuplées par des hommes de race inférieure, que le mouvement d'une civilisation quelconque entraînera toujours difficilement. D'ailleurs la Godâvarî et la Mahânadi sont-elles à comparer au Gange avec ses riches vallées? On pouvait donc prévoir dès le commencement du siècle dernier que celui qui posséderait les embouchures du grand fleuve deviendrait le maître du commerce intérieur de l'Inde. Quand la compagnie prit possession de Calcutta, il y a cent ans, ce n'était encore qu'une petite ville; mais par son heureuse assiette elle est devenue l'une des plus grandes cités du monde.

L'*East-India-Company*, née d'une petite association de marchands et de propriétaires, ne fut pendant près d'un siècle qu'une compagnie de commerce; elle n'eut pas d'autre but que l'exploitation par voie d'échanges des produits orientaux, que l'Occident ne recevait auparavant qu'en petite quantité par les navigateurs persans ou arabes et par les caravanes. Le commerce anglais, à partir de la concession de Shah-Djihân, prit un tel développement qu'en moins de quarante années la compagnie étendait déjà son empire sur une partie de l'Indoustan, et possédait en fait des contrées que la loi de la métropole ne l'autorisait pas à gouverner. Le commerce ne suppose par lui-même aucune dépendance politique entre les contractans; mais quand des territoires entiers deviennent caution et constituent de véritables hypothèques, il peut arriver et il est arrivé presque toujours que les anciens possesseurs, étant expropriés, tombent sous l'empire du possesseur nouveau. La compagnie des Indes, dès la fin du XVIIᵉ siècle, se sentait assez forte et assez engagée dans les affaires intérieures du pays pour aspirer à le gouverner. Pendant près d'un siècle néanmoins la métropole recula devant cette conséquence, où la force des choses devait pourtant l'entraîner : le fait existait, le droit ne l'autorisait pas. Or une action gouvernementale suppose une administration et une armée. Prélever sur les fonds de commerce les sommes nécessaires pour défrayer l'une et l'autre, c'était s'exposer ou à ruiner la compagnie, ou à exercer sur les populations soumises des exactions et des actes de violence. Une nécessité en devait amener une autre : plus les possessions territoriales s'étendraient, plus les forces improductives, l'administration et l'armée, grèveraient le fonds commercial et pousseraient la compagnie à chercher au dehors des ressources plus abondantes et des accroissemens nouveaux. Dès lors il n'y aurait plus d'autres limites à la conquête que celles imposées par la nature, les hautes montagnes, quelquefois la mer ou le territoire d'une grande puissance. Ni les Mahrattes, ni les Çikhes, ni le Pendjâb n'ont été pour la compagnie un obstacle infranchissable, et ils sont

venus tour à tour accroître le nombre de ses sujets ; mais, comme
l'avait prédit lord Wellington, ses efforts se sont brisés contre l'Af-
ghanistan, et elle n'a jamais songé à franchir l'Himâlaya. Tant que
le terme naturel n'est pas atteint et que de nouvelles conquêtes
sont possibles, elles se font : les vaincus paient alors non-seulement
les frais de la guerre, mais les sommes nécessaires pour remettre
sur pied les finances obérées de la société de commerce.

La charte concédée en 1773 à la compagnie des Indes, et qui
créa un gouverneur-général siégeant à Calcutta et ne relevant que
de la cour des directeurs, réunit entre les mains des mêmes hommes
de la façon la plus dangereuse le commerce et les pouvoirs civils
et politiques. D'une part, cette cour était nommée par les actionnaires de la compagnie et représentait l'exploitation commerciale
du continent indien ; de l'autre, pour exécuter les desseins de la
cour, le gouverneur avait entre ses mains la paix et la guerre, les
traités, la conquête et la nomination à tous les emplois. Les faits qui
suivirent l'arrivée de Warren Hastings et ceux qui s'accomplirent
pendant la fin du dernier siècle et le commencement du siècle présent furent un des plus grands enseignemens qui aient été donnés
au monde dans les temps modernes ; ils confirment cette loi d'économie politique, que, si l'état ne doit pas se faire marchand, il est plus
dangereux encore qu'une société mercantile devienne un état. Pendant le premier tiers de ce siècle, le double rôle de la compagnie
était déjà devenu pour elle un fardeau insupportable, parce que ses
conquêtes nouvelles et l'exploitation d'un pays épuisé ne pouvaient
plus suffire à combler le vide de ses finances. Elle aspira pendant
trente années à se débarrasser de l'une ou de l'autre charge, et ce
qui au premier abord pourrait étonner les hommes de notre temps,
c'est son rôle commercial qu'elle demandait à quitter, renonçant
ainsi à ce qui semblait être son intérêt fondamental pour se changer
en une pure compagnie de gouvernement. C'est en 1833, sous le roi
Guillaume IV, oncle de la reine Victoria, qu'eut lieu cette transformation. L'*East-India-Company* cessa d'être une société mercantile:
non-seulement elle renonça au monopole dont sa charte lui donnait le privilège, mais elle cessa tout négoce, et n'eut plus entre les
mains que les pouvoirs civils, militaires et politiques, sous la dépendance du gouvernement anglais, et non plus simplement de la
cour des directeurs.

C'est à partir de cette époque que les Anglais ont commencé à
exercer dans l'Inde une action vraiment civilisatrice. Tant que la
compagnie poursuivit un intérêt matériel et agit comme propriétaire, ses pouvoirs durent paraître exorbitans ; mais du jour où elle
ne fut plus qu'une société de gouvernement, ces pouvoirs ne furent

plus excessifs, puisqu'ils parurent exclusivement consacrés à l'a-
mélioration physique et morale de l'Inde et de ses habitans. Si cette
transformation n'avait pas eu lieu, il est probable que la contrée
tout entière se serait soulevée contre des maîtres de qui elle n'avait
aucun bien à attendre et qui n'étaient pour elle que des oppres-
seurs. C'est ce que l'Angleterre avait très bien compris, et les
craintes qui furent hautement exprimées à cette époque le prouvent
surabondamment. Aussi tout le monde dans la métropole et dans
la colonie se trouva-t-il d'accord pour ne laisser à la compagnie
que son pouvoir gouvernemental, et de peur que ce nouveau système ne participât encore aux inconvéniens de l'ancien, la charte
nouvelle ne fut octroyée que pour vingt et un ans, c'est-à-dire jusqu'au mois de mai 1854. En effet, le mouvement imprimé à la politique anglaise par un siècle et demi de conquêtes ne pouvait s'arrêter subitement. Il restait encore à soumettre le Pendjâb et le
Sindh, occupés le premier par les Çikhes, le second par l'aristocratie des *amirs*, et formant ensemble la double région du bas et
du moyen Indus avec Lahore et Haïderâbad pour capitales. La
guerre contre Ranjit-Singh et la soumission des amirs n'eurent
que des causes politiques; les raisons commerciales n'y furent presque pour rien; le Pendjâb fut annexé à l'empire anglais en l'année
1846, sous le gouvernement de lord Dalhousie. La puissance britannique avait atteint les limites naturelles de la péninsule ; elle
s'étendait sur les deux grands fleuves de l'Inde, le Gange et l'Indus, et se trouvait protégée sur deux côtés par les montagnes et
sur les deux autres par l'Océan.

Lord Dalhousie obéit aussi à des raisons politiques et à une sorte
de nécessité sociale lorsqu'il détrôna en 1856 le dernier roi d'Aoude
et annexa son royaume aux possessions anglaises. Cette partie de
l'Inde, située au centre même de la vallée du Gange, est demeurée
depuis les temps antiques le séjour par excellence des Aryas; il n'y
a pas dans toute la presqu'île une contrée qui renferme autant de
brâhmanes; là sont les fleuves sacrés, ceux que les traditions les
plus vivantes et les plus vénérées ont rendus célèbres, le Gange, la
Yamunâ (Jumna), la Sarayu; là est la cité sainte de Bénarès, le
confluent sacré d'Allahâbad; au sud et au nord s'élèvent les grands
monts Vindhyas et l'Himâlaya, tout peuplés d'ermitages et de
saints. Si l'Angleterre eût laissé ce pays central à son autonomie,
non-seulement l'empire britannique eût été coupé en deux, mais
l'action morale de l'Occident eût été contre-balancée et peut-être
empêchée par l'influence brâhmanique qui entourait encore l'ancien trône mongol. Enfin l'Europe connaissait déjà une partie importante des œuvres sanscrites; on venait de publier et de traduire

les hymnes du Vêda, qui sont l'Écriture sainte des Indiens : l'Angleterre voyait nettement que renoncer au territoire d'Aoude, c'était laisser hors de sa sphère la portion la plus intelligente de toute la population des Indes et celle par qui elle pouvait le mieux à l'avenir faire pénétrer dans le pays la civilisation européenne.

La disparition des dernières traces de l'empire mongol irrita certainement contre l'Angleterre une partie de l'Inde mahométane; la conquête du territoire sacré indisposa contre elle les populations brâhmaniques. Est-il certain cependant que la prise d'Aoude ait été la cause de l'insurrection de 1857? Faut-il même la ranger parmi les causes principales de cette révolte à côté des célèbres cartouches frottées de graisse de bœuf? Je n'oserais l'affirmer, car l'antagonisme des conquérans et des vaincus n'était pas nouveau; il avait été grandissant avec la conquête, et il se faisait sentir à toute heure dans les relations de chaque jour. Quand la compagnie n'était qu'une société de commerce, elle n'avait affaire qu'à des hommes ou à de petits états isolés. Quand elle prit en main le gouvernement de tous ces états, les populations se sentirent vaincues et conquises. Celles du midi, qui semblent nées pour la servitude, ne faisaient que changer de maîtres; mais celles du nord, où règne en partie le mahométisme, et dont la race est plus noble, reçurent dans leur orgueil une blessure qui s'élargissait à chaque annexion. Enfin, par sa dernière conquête, l'Angleterre mit contre elle l'Inde entière : l'esprit de commerce se trouvant relégué au second rang par la charte de 1833, que l'année 1854 avait vue finir, mais n'avait pas abolie, il parut évident à tous les yeux que les Anglais voulaient substituer leur civilisation à celle du pays et en effacer non-seulement les féodalités et les royaumes, mais aussi les religions, pour y substituer la leur. Il était trop aisé de prévoir ce qui naîtrait d'une telle situation. Les discours de ceux qu'à Londres on appelle les *saints*, qui veulent convertir les étrangers à tout prix, et même par la violence, ont fait plus pour amener la révolte que les actes les moins justifiables de Clive et de Hastings : ces prédications pleines de menaces ont transformé en une haine aveugle contre les chrétiens l'antagonisme qui grossissait depuis un demi-siècle parmi les musulmans et les Hindous. L'insurrection a été domptée, mais l'Angleterre victorieuse a été une dernière fois instruite par l'expérience : elle a cédé sur tous les points où la lutte religieuse et morale pouvait s'envenimer. Enfin, pour abolir chez les nouvelles générations le souvenir de la compagnie, pour placer en quelque sorte le gouvernement de l'Inde dans une sphère plus calme, étrangère à la querelle des *politiques* et des *saints*, pour se déclarer protectrice de toutes les croyances et uniquement occupée du bien physique et

moral des populations, elle a aboli le titre de gouverneur-général
et fait proclamer de Lahore à Calcutta et à Ceylan la reine Victoria
impératrice des Indes.

Ainsi la société commerciale du xviie siècle, devenue politique et
conquérante au xviiie, a perdu de nos jours son caractère mercantile; devenue compagnie de gouvernement, elle a employé vingt-
cinq années à compléter et à constituer pour l'Angleterre le plus
grand empire de l'Orient après celui de la Chine. Elle a terminé
son œuvre en domptant une insurrection qui a plus confirmé qu'é-
branlé sa puissance; puis elle s'est effacée pour remettre tous ses
pouvoirs entre les mains de la reine, qui les exerce par l'intermédiaire d'un vice-roi. Aujourd'hui le commerce des Grandes-Indes
intéresse encore un grand nombre de négocians anglais, comme il
intéresse ceux des autres nations; mais le gouvernement de cet empire n'a plus qu'un seul but avoué, celui de civiliser les populations indiennes, de les amener à nos idées et de les entraîner dans
la sphère de notre activité. Il a donc devant les yeux l'imposant
problème de deux civilisations en présence l'une de l'autre, l'une
très antique, très diverse et attaquable par sa diversité même,
mais représentée par cent soixante millions d'hommes, l'autre plus
récente, plus vivante et plus compacte, mais étrangère et représentée par un petit nombre d'Européens dispersés sur le continent
des Indes.

II.

Les résultats acquis par les efforts séculaires de la compagnie
des Indes et remis en 1858 aux mains de la reine sont de diverse
nature et de proportions fort différentes. Le commerce, venu le
premier, a pris entre les mains des Anglais un développement considérable sur tous les rivages de l'Inde. Si l'on consulte les budgets et les statistiques commerciales, on voit que les annexions
successivement opérées ont amené vers la vallée du Gange des produits nouveaux et de plus en plus abondans, de sorte que les produits des provinces éloignées, du Cachemire par exemple, au lieu
de prendre le chemin des caravanes ou de descendre la vallée de
l'Indus, qui les conduirait directement dans la mer des Indes et les
rapprocherait de l'Europe, se rendent maintenant, par Lahore, Delhi
et Patna, vers Calcutta, et de là sur le golfe du Bengale. Ce chemin
leur fait parcourir au moins huit cents lieues de plus que l'autre;
mais il est naturel, il a été suivi de tout temps par les populations
de toute race, il est sûr et il conduit vers cet immense entrepôt de
Calcutta où les Anglais ont réuni tous les moyens de transaction

que l'Europe a imaginés ou perfectionnés de nos jours. Sur cette
grande route de l'Inde aboutissent par une pente naturelle tous les
produits des vallées gangétiques : ceux du sud vont à Madras et à
Calicut, ceux de l'ouest à Bombay, dernière station des navires qui
viennent de l'Orient pour prendre la voie de la Mer-Rouge ou celle
du Cap.

Les routes que l'administration entretient ou crée chaque année
dans une grande partie du pays contribuent notablement à diriger
le commerce vers les ports anglais. Depuis que les plus importantes
d'entre ces routes ont été rendues non-seulement praticables comme
au temps de Jacquemont, mais faciles, les transports par caravanes
à travers l'Asie ont beaucoup diminué; ils diminueront encore lorsque les travaux en voie d'exécution seront terminés. En première
ligne, il faut compter le réseau des chemins de fer indiens : la ligne
principale, qui est à peu près terminée, suit le Gange et la Yamunâ,
quitte cette rivière à Delhi, et, traversant la Saraswati et l'ancienne
Çatadru (le Setlége), atteint Lahore, située sur le Raoui (l'Hyraote
des Grecs), au centre de l'heptapotamie de l'Indus. Cette grande
artère centrale (*trunk railway*) n'a pas moins de six cents lieues de
longueur, et amène vers elle presque toute la circulation commerciale de l'Inde par une attraction irrésistible. Du milieu de cette
voie, d'un point situé entre Bénarès et Allahâbad, s'en détache une
autre qui s'élève vers le sud-ouest, traverse la chaîne des monts
Vindhyas au centre de l'Indoustan et descend en ligne directe vers
l'île où est construit Bombay. Elle doit amener dans ce port les produits des vallées occidentales, surtout ceux de la Narmadâ (Ner-
budda) et de la Taptî; elle est exploitée déjà sur une partie de sa
longueur. Il en est de même de la ligne qui par Pouna descend de
Bombay vers le sud-est, aboutit à Madras et envoie un rameau au
sud-ouest vers Calicut. Ces quatre voies de fer forment un ensemble
gigantesque : le développement total est de 6,000 kilomètres en
chiffres ronds; par le zigzag qu'elles forment à travers le continent indien, elles en recueillent tous les produits, y facilitent les
échanges, mêlent les populations, et permettent aux Européens de
se rendre au golfe du Bengale en moins de temps, tout en évitant la
longue et périlleuse traversée de Bombay à Calcutta.

Le gouvernement et les compagnies anglaises, qui ont entrepris
ces grands travaux, mettent une diligence singulière à les exécuter.
Non-seulement ils y voient un agent commercial et un moyen de
civilisation, mais un intérêt d'un autre ordre les conduit. Il est pour
l'Angleterre d'une nécessité absolue que dans un court espace de
temps le commerce de l'Inde, du Tibet, du Caboul et d'une partie
de l'Asie centrale prenne sa direction définitive à travers les Indes
et se continue par mer soit vers l'Europe, soit vers l'extrême Orient.

Elle suit d'un regard, je ne dirai pas inquiet, mais préoccupé, la marche progressive de la Russie vers le sud-est. Maîtresse de la Caspienne et de la mer d'Aral, la Russie commande en réalité aux fleuves qui s'y jettent. Ces fleuves arrosent l'antique berceau de la race âryenne; en remontant la riche vallée de l'Oxus, qui porte aujourd'hui le nom de Boukharie et qui compte parmi ses villes Khiva, Samarcande et Balk (l'ancienne Bactres), on arrive en ligne droite à la porte de l'Inde. Un chemin de fer peut facilement être établi dans toute cette vallée et opérer sur le commerce de l'Inde une puissante dérivation au détriment de l'Angleterre et au profit de la Russie. La tâche d'empêcher ce résultat a été léguée par l'*India-Company* au gouvernement de la reine : elle ne préoccupe pas moins sir Charles Wood, ministre pour les affaires indiennes, et le vice-roi siégeant à Calcutta que lord Palmerston lui-même; mais les menaces de l'avenir ne seront conjurées qu'à l'époque où les voies nouvelles sillonneront l'Inde tout entière : il faut qu'elles descendent l'Indus jusqu'à Haïderâbad et fassent de cette ville une autre Calcutta, qu'elles remontent ce grand fleuve par la porte de l'Indus et pénètrent dans le Tibet, car c'est par cet angle du nord-ouest que l'Inde anglaise peut être menacée.

La vieille politique britannique se trompe et combat contre elle-même quand elle fait obstacle ou crée des difficultés au canal de Suez. Le prompt achèvement de cette œuvre est au contraire un moyen de salut pour le commerce anglais en Orient; s'il ne trouvait au sud les voies les plus courtes et les plus rapides, il serait infailliblement devancé par celui du nord. C'est ce que sentent vivement les chambres de commerce du royaume-uni quand elles appuient de leurs votes les fondateurs de l'entreprise. Le canal est comme la continuation des chemins de fer de l'Inde. De Calcutta, de Bombay et plus tard de Haïderâbad, le commerce maritime pénétrera directement par Suez dans la Méditerranée et desservira l'Europe à moins de frais que ne pourront le faire les chemins de fer et la navigation intérieure de la Russie. Une seule raison sérieuse pouvait combattre dans l'esprit des *politiques* l'exécution du canal international. L'expérience avait montré à l'Angleterre comment un simple établissement de commerce peut devenir une puissance politique d'un ordre élevé : elle lui a fait craindre que dans l'avenir la compagnie de Suez n'eût les destinées de la compagnie des Indes et ne fondât à son tour un empire entre l'Europe, l'Afrique et l'Asie; mais le caractère universel de cette société et les concessions récentes qu'elle a faites, concessions irrévocables, ne laissent plus aucune crainte à cet égard. L'Angleterre ne peut plus voir dans le canal de Suez qu'une voie commerciale faite en partie pour elle et une sécurité de plus pour l'avenir de ses relations. Cet avenir exige une politique nouvelle et suppose que, le négoce étant exclusivement abandonné aux particuliers, le gouvernement de la reine emploiera tous ses efforts à la transformation sociale de l'Inde et à sa régénération.

C'est ce que l'état politique de l'Inde permet d'entreprendre dès aujourd'hui, et c'est ce qui avait été presque impossible jusqu'à nos jours. Ce serait une illusion de croire que de simples prédications faites par des particuliers pussent exercer sur une contrée telle que l'Inde une influence quelconque. Les efforts individuels y ont été jusqu'à présent stériles et le seront vraisemblablement toujours. Les associations anglaises sont à peu près impuissantes, de sorte que l'action personnelle, qui a tant de vertu dans le royaume-uni, se réduit à rien dans une société toute différente de la société anglaise. La compagnie des Indes elle-même, malgré les forces et les moyens de tout genre dont elle disposait, n'a presque point eu d'influence sur la civilisation indienne, parce que, tour à tour dominée par les *politiques* et par les *saints*, elle n'a le plus souvent représenté qu'un parti ou, pour dire le mot, une coterie dans des proportions plus grandes. Il faut ajouter que ces partis, sans cesse en lutte l'un avec l'autre, prenant l'Inde pour théâtre de leurs querelles, se sont pendant tout le siècle présent embarrassés l'un l'autre, détruisant tour à tour ce qu'ils tentaient de réaliser. L'auteur d'intéressans travaux sur l'Inde anglaise, M. Ed. de Warren, a parfaitement raison d'attribuer en partie à cette animosité réciproque et surtout au prosélytisme immodéré des *saints* l'insurrection de 1857, car c'est cette ardeur sans mesure qui a provoqué parmi les populations indiennes une hostilité violente contre le gouvernement de Calcutta. Il faut nécessairement que l'action civilisatrice, partant de plus haut, s'exerce d'une façon plus calme et plus équitable. Si elle commence par s'attaquer à ce qu'il y a de plus intime et de plus persistant dans les mœurs du pays, je veux dire à la religion et à l'organisation sociale, elle ne rencontrera dans l'avenir comme dans le passé que des ennemis et n'aura aucun succès. On ne saurait trouver mauvais que des coups de canon soient tirés aux grandes fêtes religieuses de l'Inde, ni désapprouver entièrement lord Auckland d'avoir fait acte de déférence envers les cultes indigènes : Napoléon s'était conduit de même vis-à-vis des prêtres musulmans; il comprenait que le premier acte de justice d'un chef étranger, à plus forte raison d'un conquérant, est de se plier aux usages religieux des peuples vaincus.

Aussi nous considérons le temps présent comme une époque critique pour la civilisation chrétienne dans l'Indoustan, car son action est désormais tout entière entre les mains du gouvernement anglais, qui seul en doit avoir la direction. Pour qu'elle pût s'exercer régulièrement, la première condition était qu'elle fût générale et uniforme, ce qui supposait non-seulement l'Inde pacifiée, mais son unité politique établie. Or tel est précisément l'état de cette contrée aujourd'hui. Tous les hommes qui la connaissent s'accordent à considérer l'insurrection de 1857 comme devant être la dernière, au moins de quelque importance. Quand une génération nouvelle aura succédé à celle qui y a pris part et qui s'y est en grande partie détruite, il ne restera dans le pays que des souvenirs lointains des anciens états de la société hindoue. Chez nous, l'histoire conserve d'année en année le souvenir précis des événemens, et pourtant les fils connaissent à peine l'histoire de leurs pères. Dans l'Inde, ces annales n'existent même pas, quoiqu'on y écrive quelques livres d'histoire, et les faits ne se conservent dans le souvenir que quand ils peuvent se changer en légendes. Or ce n'est certainement pas le dernier roi de Lahore, le triste successeur de Ranjit-Singh, ce n'est pas non plus le dernier roi d'Aoude qui pourront donner lieu à de tels récits. On redira peut-être encore comme une chose lointaine qu'il y eut un empire des Çikhes, un royaume d'Aoude, une confédération du Sindh; mais ces vagues récits ne soulèveront aucune passion dans l'âme insouciante des Hindous. Les fils verront leurs terres produire des récoltes que leurs pères n'avaient point connues; ils sentiront leurs intérêts étroitement liés à ceux des Européens; les inventions de l'Occident leur procureront un bien-être dont la génération précédente n'avait pas joui, et ils commenceront à se demander si ces étrangers que leurs pères avaient maudits ne sont pas réellement leurs bienfaiteurs. Ces effets se produisent déjà dans une partie notable de l'Inde, surtout dans celle où la culture du coton a rendu la vie à de vastes campagnes abandonnées, dans toute la région centrale que traverse le grand chemin de fer, et dans la province d'Agra depuis que les travaux exécutés au canal du Doâb ont commencé à ramener la fertilité dans ce pays. L'action générale que le gouvernement de Calcutta exerce en ce sens fera entrer dans les esprits cette unité politique qui n'est encore que dans l'administration, et qui est une des formes essentielles de la civilisation moderne.

J'avoue que je ne comprends pas les plaintes qu'on élève contre l'Angleterre parce qu'elle n'admet guère dans les hautes fonctions que des Européens et presque uniquement des Anglais. En peut-il être autrement tant qu'un pays conquis n'a pas atteint l'unité politique, qui est son premier besoin? Avons-nous fait autrement dans l'Algérie, si petite et si près de nous en comparaison des Indes? D'ailleurs une organisation politique et administrative est comme un grand mécanisme où l'on ne peut remplacer une pièce que par une autre de même forme et exactement appropriée au rôle qu'elle doit jouer. Avant d'admettre les Indiens au partage des hautes fonctions publiques, il fallait que les Indiens fussent préparés à remplir convenablement ces fonctions : ils ne l'étaient pas ; ils ne pouvaient l'être que si leurs idées et leurs usages s'accommodaient à ceux des civilisateurs étrangers, et cette transformation ne pouvait se produire avant que l'unité politique fût constituée. Or elle ne l'est que depuis l'annexion de l'Aoude, la pacification de 1858 et la proclamation du gouvernement de la reine. Cela fait en tout sept années, dont les premières ont été employées à réparer les plus grands désastres de l'insurrection. L'ère nouvelle qui vient de commencer réalisera sans aucun doute le vœu des philanthropes et des amis de l'égalité ; mais elle ne le réalisera pas subitement, parce que, cette unité politique datant d'hier, il faut laisser à l'éducation des familles nouvelles le temps de se faire.

En outre, ceux qui réclament le plus haut au nom des Indiens sont les premiers à reconnaître qu'une profonde inégalité sépare les différentes races d'hommes qui peuplent l'Inde. Deux d'entre elles se distinguent par leur intelligence et leurs aptitudes variées : ce sont les Hindous des castes supérieures et les Parsis. Les uns et les autres sont Aryas. Les premiers descendent des anciennes familles qui possédaient l'Inde avant l'invasion de Mahmoud le Gaznévide en l'an 1000, et représentent l'ancienne civilisation brâhmanique ; les seconds sont venus de la Perse, fuyant devant la conquête musulmane et emportant avec eux leurs livres sacrés et leurs usages. Les Indiens nobles et les Parsis n'ont rien à envier, quant à la capacité originelle, aux Anglais qui les gouvernent ; ils seront aptes à remplir toutes les fonctions civiles, politiques et militaires, quand il plaira à l'Angleterre de les initier à ces fonctions et de les y admettre. Le plus grand obstacle, dit-on, vient moins de leur inexpérience que de l'orgueil national des Anglais ; mais la science a constaté que les Aryas de l'Inde et de la Perse sont d'une race pour le moins aussi pure que les Anglais, et que les grandes familles de brâhmanes et de xattriyas, issus par des mariages sans mélange des antiques conquérans de l'Inde, ne sont nullement surpassées en noblesse par les premiers lords d'Angleterre. Si un tel orgueil existe, il est à l'égard de ces hommes distingués tout à fait déplacé et choquant, et il appartient au gouvernement de la reine de le réprimer et de l'abattre, car la conservation de l'Inde est à ce prix. Au dédain des officiers anglais, le xattriya, le brâhmane et le Perse répondent par un mépris que leur loi religieuse et leurs traditions de race autorisent ; ce mépris tourne vite à la haine, et la haine engendre la révolte.

L'organisation politique de l'Inde n'aura donc de stabilité que du jour où les hommes de race supérieure qui sont les égaux des An-

glais auront été préparés et admis à partager avec eux toutes les
fonctions. Cela est-il réalisable dès ce moment? Nous ne le pensons
pas. La période présente est une période de transition : elle ne
pourra être abrégée que par le zèle que mettra le gouvernement à
faire l'éducation des indigènes et le profit que ces derniers en tire-
ront; mais il faut s'attendre à la voir se prolonger bien des années
encore pour les hommes de race non âryenne, c'est-à-dire pour la
majeure partie des musulmans et pour ces populations primitives
de l'Inde qui, par leurs descendans, peuplent presque à elles seules
la moitié méridionale de l'Indoustan.

Ce qui maintiendra les descendans des populations primitives
dans un rang inférieur, ce sera leur incapacité originelle. Tous les
voyageurs, tous les rapports officiels, les statistiques et les ouvrages
des savans sont unanimes à reconnaître que ces masses d'hommes
sont incapables de s'élever au-dessus d'un certain niveau qui laisse
le meilleur d'entre eux au-dessous du dernier des Aryas. Quand
fut établie la constitution brâhmanique, ils étaient tels qu'ils sont
aujourd'hui; le rôle qui leur est assigné dans les lois de Manou est
de servir les autres. Du reste, nul d'entre eux ne réclame une égalité dont ils n'ont pas l'idée et ne se plaint d'être inférieur à ses
maîtres. Accoutumés depuis plus de trois mille ans à la servitude,
ils s'occupent peu de savoir qui les gouverne. La dernière insurrection les a trouvés indifférens et n'a pas dépassé les monts Vindhyas,
limite méridionale du pays âryen; ceux-là seuls y ont participé qui,
faisant partie des régimens de cipayes révoltés, ne pouvaient guère
agir autrement que les autres. Encore a-t-on vu de nombreux exemples d'hommes du sud se dévouant avec une fidélité touchante à
leurs officiers et livrant leur vie pour sauver celle de leurs maîtres
anglais.

Il n'en a pas été de même des musulmans. On en compte dans
l'Inde à peu près seize millions, ce qui les place, relativement au
reste de la population, dans la proportion de un à dix ou onze.
Presque tous étrangers, venus du dehors avec les conquérans arabes
ou mongols, ils appartiennent à des races d'hommes fort différentes les unes des autres. Ceux-ci se rapprochent des Tibétains
et des Chinois, ceux-là des Sémites; parmi eux on distingue un
certain nombre de Persans qui n'ont rien de la Perse antique, et
n'en portent le nom que parce qu'elle a été leur dernier séjour.
Les musulmans sont dans l'Inde tels que nous les voyons en Europe. Quoique soumis comme les autres à la domination britannique, ils ont conservé les habitudes du temps où ils régnaient dans
l'Inde comme conquérans. Ils habitent les villes, les postes militaires et les places de commerce; on n'en rencontre presque jamais
dans les campagnes; ils ne cultivent pas la terre et ne vivent que

du bien d'autrui. Ils sont fort inférieurs en intelligence aux Hindous de race noble et aux Parsis, et paraissent aussi incapables de comprendre les théories scientifiques que de les appliquer. Ils n'ont de goût que pour le négoce et l'exploitation des autres hommes; ils n'estiment que le gouvernement militaire, le plus facile de tous et le seul dont ils aient une notion précise. Comme ils l'ont pratiqué autrefois sur le sol même de l'Inde, ils regrettent d'en être déchus, et leur principale préoccupation est de le recouvrer. La révolte est le seul moyen qui soit à leur portée; ils la fomentent et la pratiquent avec un appétit sauvage. L'insurrection de 1857 a été bénigne jusqu'au jour où les musulmans y ont pris part; aussitôt après, elle a commencé d'être cruelle, et a poussé à des barbaries sans nom les cipayes indigènes, qui sont ordinairement les plus doux des hommes. Les musulmans sont les véritables ennemis des Anglais, comme ils le sont de tout Européen. Leur capitale ne sera jamais Calcutta, mais La Mecque, où se préparent les projets sinistres, et d'où part le mot d'ordre pour les exécuter. Les efforts du vice-roi des Indes ne les amèneront pas aisément à nos mœurs et à nos idées; mais à mesure que notre civilisation pénétrera la contrée et en entrainera les habitans dans la sphère de notre activité, les familles musulmanes sortiront de l'Inde et regagneront spontanément les pays d'où elles sont venues. Ce mouvement, dont on aperçoit déjà quelques symptômes, et qui est très marqué dans la Turquie d'Europe, aura cette conséquence finale, quoique lointaine encore, de laisser en présence les uns des autres les Aryas d'Europe et ceux d'Asie, ayant au-dessous d'eux cette foule d'hommes qui se décompose aujourd'hui en une multitude de castes inférieures et dégradées.

III.

Les voyageurs qui ont vu l'Inde et les personnes qui y ont séjourné sont généralement d'avis que la bonne politique anglaise est de tendre dès à présent à la fusion des races comme au partage des fonctions publiques. Si celui-ci est presque impossible en ce moment, parce qu'il serait imprudent de devancer l'avenir, à plus forte raison la fusion des races est-elle à peu près impraticable. Quant à la tendance qui doit aboutir à ce résultat désiré, nous croyons qu'elle est dans la pensée du gouvernement britannique, et qu'il en prépare les effets, encore lointains. L'établissement des Européens dans l'Inde ne sera définitif que lorsqu'il aura perdu le caractère d'une conquête, ce qui suppose un entier mélange des vainqueurs et des vaincus, l'oubli de la défaite chez les uns et de la victoire chez les autres; mais quand les générations nouvelles auront pris à leur tour la place que leurs pères occupent en ce mo-

ment, moins hostiles à l'égard des conquérans, elles auront néanmoins beaucoup de raisons de ne pas se mêler à eux. Les musulmans
seront séparés d'eux par la religion et par les préjugés, les Hindous
par la religion et par le système des castes.

Les Français qui ont visité l'Inde voient dans ceux que l'on appelle les *half-casts* un point d'appui solide pour l'action européenne
et le point de départ d'une transformation radicale de la société an-
glo-indienne. Les *half-casts* ou hommes de demi-caste sont les individus nés d'un Anglais et d'une femme indienne de caste supérieure.
On fait d'eux un grand éloge; non-seulement leurs qualités physiques sont remarquables, mais leur intelligence et leurs aptitudes
morales, qui tiennent des deux races dont ils sont issus, les rendent propres aux études les plus élevées et à tous les services de la
vie publique. Cela n'a rien de surprenant, puisque si le père appartient à la pure race âryenne, comme cela généralement a lieu en
Angleterre, la mère étant aussi de pur·sang âryen, les enfans doivent être considérés comme faisant partie de ce qu'il y a de plus
élevé dans l'humanité; si le père est d'une race moins pure, le sang
des filles de brâhmanes ou de xattriyas l'améliore, et peut donner
lieu à des descendans originellement supérieurs aux pères. L'Européen qui épouse une négresse ou seulement une femme mulâtre
dégrade sa race et fait déchoir sa postérité; mais dans l'Inde, par
son union avec les femmes des castes élevées, il la conserve ou il
l'améliore. Des hommes de demi-caste ont paru dans la dernière insurrection et depuis lors dans la vie civile, soit à Calcutta, soit dans
d'autres villes de l'Indoustan : nous savons les noms de plusieurs
d'entre eux; mais la désignation même de *half-cast*, qui n'a pas
d'analogue dans la langue ancienne ou moderne de l'Inde, indique
qu'ils n'appartiennent ni à la société anglaise, où les castes n'existent pas, ni à la société brâhmanique, dans la constitution de laquelle aucune place ne leur a été réservée. Aussi dans le temps où
nous vivons sont-ils repoussés par celle-ci et accueillis avec défiance
par celle-là. Il faut ajouter que l'état d'infériorité où est la société
indienne dans ce qui constitue pour nous la civilisation fait que les
Européens ont une sorte de dédain pour les indigènes et voient les
half-casts presque du même œil dont ils regardent en Amérique les
hommes de demi-sang. A ce préjugé, que les hommes de science
déplorent, les Indiens nobles en opposent un autre : les Anglais sont
à leurs yeux des étrangers dont ils ne ˙connaissent pas l'origine
âryenne, et que, pour leur manière de vivre, ils assimilent aux races inférieures, abaissées au-dessous d'eux depuis trois ou quatre
mille ans. Quand une brâhmanie épouse un Européen, elle ne conserve pas la moitié de sa caste, comme le mot anglais pourrait le
faire croire; elle la perd entièrement et devient un objet de mépris

pour tous les siens : elle ne participe plus à l'offrande aux morts, ses ancêtres tombent aux enfers, ses enfans sont sous le coup d'une pareille réprobation. On voit que la classe des *half-casts* n'est pas, du moins pour le présent, un point d'appui solide pour la civilisation britannique, et cependant il est certain que, si l'Inde entière en était peuplée, l'unification des races serait accomplie.

Il reste à savoir jusqu'à quel point cette identification est désirable en supposant qu'elle pût être promptement réalisée. Le système des castes, qui s'y oppose, a été combattu avec une énergie quelquefois violente par les Anglais, soit dans leurs prédications individuelles, lorsqu'un officier ou un *civilian* ameutait en plein carrefour ou en rase campagne les bons Indiens qui venaient le voir plus encore que l'écouter, soit en grand, lorsque le gouvernement de la compagnie était dominé par l'influence des *saints* et poursuivait à outrance la destruction des préjugés hindous. Cependant la science européenne marchait : elle imprimait, traduisait ou compulsait, soit en Europe, soit dans l'Inde, les anciens livres sanscrits, et y trouvait l'explication de ces prétendus préjugés orientaux ; elle découvrait l'origine des castes et en suivait les effets à travers les siècles. Les travaux des savans ont sur ce point singulièrement modifié les appréciations du public, et ils pèsent aujourd'hui d'un poids considérable dans les conseils du gouvernement de la reine touchant les affaires de l'Inde. En somme, l'hostilité contre le système des castes s'est affaiblie ; les attaques que l'on dirigeait contre elles se sont calmées ou ont pris d'autres directions. La science a démontré que la caste (*varna*) a été un établissement naturel, qu'elle a eu pendant un grand nombre de siècles les plus salutaires effets. Elle tire son origine de l'invasion des Aryas dans l'Inde au temps où furent composés les hymnes du *Vêda*. A leur arrivée dans ce pays, ils le trouvèrent occupé par les races inférieures qui peuplent encore le sud et l'orient de l'Asie. D'après les hymnes védiques, ces populations étaient dépourvues de civilisation ou du moins n'en possédaient pas les parties les plus hautes, c'est-à-dire la religion, la science et tout ce qui dérive de ces deux sources. Ces hommes grossiers, au nez épaté comme celui du bœuf, aux bras courts, à la peau jaune ou noire, remplissaient toute la contrée de hordes barbares habituées à manger de la chair crue et n'ayant aucune notion du principe supérieur des êtres. Les Aryas à la peau blanche, à la haute stature, au beau visage, à l'âme noble et à la pensée méditative, venaient en petit nombre, repoussant lentement devant eux les troupes de sauvages ou les soumettant à leur domination. Ils eurent pour elles la même aversion qui nous sépare aujourd'hui des nègres de l'Afrique, et qui a fait maintenir leurs descendans à un niveau si bas dans tous les états américains. Com-

bien y a-t-il d'hommes en Europe qui voudraient épouser une peau-
rouge, une négresse ou seulement une Chinoise? Que chacun de
nous s'adresse cette question : sa réponse secrète lui donnera la solution du problème des castes. Les Aryas de l'Indus eurent pour les
indigènes une pareille répugnance et les tinrent à distance au-dessous d'eux. A mesure que leurs établissemens se consolidèrent durant la période du *Vêda*, cette aversion naturelle fut fortifiée par la
lutte, par le contraste des religions et par la nécessité où étaient les
Aryas de se maintenir. Tout cela aujourd'hui est historique. Plus le
nombre des conquérans était petit, plus ils devaient s'interdire de
se mêler avec les indigènes. Je suppose par impossible que les vingt
mille Anglais qui sont dans l'Inde contractent mariage avec les gens
du pays; leurs enfans seront à moitié indigènes, leurs petits-enfans
le seront aux deux tiers, et si chaque génération nouvelle imite
toujours celle qui la précède, après un nombre d'années qu'on peut
fixer approximativement, leur descendance n'aura plus d'eux ni un
trait, ni un usage, ni une aptitude, ni une idée, ni peut-être un souvenir. En fin de compte, aucun changement ne se sera produit ni
dans la population, ni dans la civilisation. Si les Aryas védiques
eussent consenti à s'allier à ces barbares qu'ils appelaient du nom
commun de *Dasyus*, ils auraient disparu au milieu d'eux comme
une goutte de pluie dans l'océan. La nature les sépara; mais, par
l'effet non moins naturel d'une fréquentation journalière, un grand
nombre d'unions se produisirent jusqu'à l'époque où les hommes
d'un esprit supérieur et prévoyant transformèrent en une loi positive
l'aversion originelle des races, constituèrent les castes, et, probi-
bant les unions de hasard, fixèrent les lois, les modes et les conditions du mariage.

Telle est l'origine historique de la loi des castes dans l'Inde. Elle
fut maintenue avec une énergie et une constance qu'aucun autre
peuple n'a égalées. Les effets en furent prodigieux. Si l'on prend
son point de vue d'en bas, on peut, armé des documens les plus
variés et les plus authentiques, prouver qu'elle n'a eu dans la pratique aucune influence fâcheuse sur les castes infimes; d'autre part,
elle a protégé les Aryas indiens, conservé la pureté de leur race
pendant un grand nombre de siècles, rendu possibles la civilisation
brâhmanique et le bouddhisme, et maintenant encore elle rend
praticable la régénération de l'Inde. Je n'ai pas à juger ici d'un
point de vue absolu la valeur des deux civilisations indiennes; mais
elles ont, sans aucun doute, élevé le niveau des races que la conquête avait abaissées, accru singulièrement leur moralité et développé au milieu d'elles un bien-être que les invasions musulmanes
ont détruit, et que la conquête anglaise est encore loin de leur avoir
rendu. Il faut ajouter que la science brâhmanique n'a pas été étran-

gère au développement du génie grec, l'une des sources de notre civilisation, ni à la formation du christianisme, religion de tout l'Occident. Quant au bouddhisme, tout le monde sait combien il a amélioré les nations orientales chez lesquelles il a pénétré. Tout ce développement de la pensée indienne procède des Aryas; sa place dans la civilisation du monde a été et se trouve encore si considérable qu'il faut voir en eux une des branches les plus fécondes de l'humanité. Or il est visible que rien de ce qu'ils ont produit n'eût pu naître sans le système des castes, qui les a sauvés.

Il est contestable que la suppression immédiate de ce système fût avantageuse, en supposant qu'elle fût possible. Aucun des conquérans de l'Inde ne l'a amoindri : le mahométisme, qui lui est naturellement hostile, non-seulement ne l'a pas fait disparaître, mais il s'est assis à côté de lui, de telle sorte que, sur les cent soixante millions d'hommes qui habitent la contrée, seize millions vivent sans caste au milieu de cent quarante autres millions presque tous soumis à ce régime. Étrangers les uns aux autres, ils ne se réunissent pas à moins de se sentir attaqués sur un terrain commun : ainsi les cartouches de fabrication anglaise blessèrent à la fois la religion des Hindous et le préjugé sémitique des musulmans. Sans que rien fût changé à l'état présent des choses, les Européens pourraient vivre en paix avec les Hindous aussi bien et mieux que les musulmans. La tentative prématurée des anglicans exaltés n'est d'ailleurs que la reproduction en petit de ce que le bouddhisme avait essayé en grand avec une connaissance profonde des besoins du pays et dans des circonstances propices. Le sort des populations infimes devait être amélioré par lui, leurs castes supprimées, sinon de fait, du moins moralement, et le sacerdoce mis entre leurs mains au même titre qu'entre les mains des brâhmanes. Cela se passait au temps de la plus haute civilisation indienne. La réforme eut un succès passager; mais, avant qu'elle fût accomplie, bouddhisme et bouddhistes furent chassés de l'Inde et n'y revinrent plus. Si la lutte des Anglais contre les castes devenait générale, officielle et directe, le sort du bouddhisme attendrait la domination anglaise, et nulle force humaine ne pourrait empêcher ce résultat : l'ébranlement d'une foule qui se porte dans une direction commune est irrésistible lors même qu'elle n'a pas de chefs pour la conduire, car alors le chef, c'est l'idée. Aussi le gouvernement britannique paraît-il avoir renoncé à toute tentative immédiate contre le système social des Indiens, et se croit-il mal servi par les particuliers ou les sociétés de propagande qui l'attaquent directement. La grande liberté dont on jouit en Angleterre ne permet pas d'empêcher ces tentatives, qu'autorise d'ailleurs le prosélytisme anglican d'un grand nombre de personnes et de sociétés. Il n'en est pas moins reconnu que leurs ef-

forts rencontrent parmi les indigènes une résistance d'autant plus
avouée qu'ils se poursuivent avec moins de mesure. L'Hindou considère la loi des castes comme la base de sa constitution sociale et la
condition de son existence ; les hommes de caste moyenne ou infime
n'y sont guère moins attachés que les xattriyas et les brâhmanes,
parce que la perte de la caste dégrade toujours un homme quand il y
a encore au-dessous de lui un degré auquel il peut tomber. Il n'y a
que les hommes du dernier rang, tels que les *pukkasas* et les *chandâlas*, qui, n'ayant rien à perdre, consentiraient peut-être à changer de régime social, car on se ferait une fausse idée de la société
indienne, si l'on croyait qu'il ne s'y rencontre que quatre castes,
celles des *brâhmanes*, des *xattriyas*, des *væçyas* et des *çûdras*. Ce
sont là les quatre grandes divisions primitives; mais la troisième et
la dernière se subdivisent en un nombre presque infini de castes
secondaires hiérarchiquement superposées, dont chaque membre a
un intérêt positif à ne pas déchoir. La pratique de tous les métiers
et tous les détails de la vie publique et privée sont si étroitement
liés à cette organisation, que toute dissolution précipitée de ce système provoquerait une épouvantable révolution.

Il est, on le voit, d'un intérêt majeur non-seulement pour la puissance anglaise, mais aussi pour la civilisation occidentale, qu'elle
représente aux Indes, de ne pas vouloir ébranler trop vite cette
construction séculaire. S'il doit arriver que le régime des castes succombe et soit remplacé par l'égalité européenne, et si la substitution
doit se faire par les mains de l'Angleterre, celle-ci a tout avantage
à la préparer de très loin et à ménager la transition. Toutes choses
marchent vite parmi nous; mais en Orient les mouvemens sont d'une
extrême lenteur, et ceux qui ont voulu les hâter ont été emportés
par des révolutions.

L'étude des livres sanscrits et notamment du *Vêda*, qui a fait connaître l'origine des castes, a montré de plus comment la caste est
devenue la clé de voûte de tout l'édifice social des Indiens. C'est un
sujet qu'en Europe on ne saurait trop méditer, quand on s'intéresse
à notre influence en Orient et à l'avenir de notre civilisation dans
ces contrées. La caste, qui est une institution sociale, est en même
temps une institution sacrée; elle fait partie de la religion. Les cultes
sont libres : on peut adorer à son choix Vichnu, Çiva ou toute autre
divinité. Les croyances et les théories théologiques sont libres également, et l'athéisme seul, c'est-à-dire la négation du principe divin
et de l'ordre moral (*nâstikya*), est banni de l'orthodoxie et pour ainsi
dire frappé d'anathème; mais la loi des castes est aux yeux de tous
un principe de religion pratique qui ne doit pas être mis en doute.
Quand s'établirent sur l'Indus et le Gange les populations âryennes,
leur petit nombre, qui engendra la caste, fit qu'un lien indissoluble

s'établit entre elle et la religion. En effet, si le mariage eût été permis entre les Aryas et les indigènes, la religion védique se fût perdue avec la race. Le fils de sang mêlé, ballotté entre deux religions ennemies, ou fût devenu un incrédule (et il y en avait déjà au temps des hymnes védiques), ou se fût fait à lui-même une religion bâtarde dans un temps où il n'y avait ni théologie définie ni sacerdoce constitué. A la seconde génération, l'idolâtrie eût fait un nouveau progrès, et au bout d'un temps assez court eût absorbé totalement et fait disparaître la religion des Aryas. Il y avait donc une communauté évidente de destinée entre la race et la religion : l'une se mit sous la protection de l'autre, et le même intérêt qui poussa les Aryas à s'interdire les mariages avilissans leur interdit aussi la participation aux cultes indigènes et l'admission des indigènes à leurs propres cérémonies. Bientôt, la classe sacerdotale s'étant formée en même temps que la classe des guerriers propriétaires du sol, les fonctions que la nature et la conquête leur avaient départies leur furent assurées par la loi religieuse comme par la loi civile; la grande division en quatre castes s'établit sous cette double autorité, et par la cérémonie de l'investiture la religion scella dans les familles et dans chaque personne le contrat qui les liait à la société. L'Hindou qui a reçu sa part d'instruction et à qui l'on a passé le cordon sacré est aussi fortement lié au système des castes qu'un Européen l'est au christianisme par le baptême; puis, à mesure qu'il avance dans la vie, ce lien se serre de plus en plus par les usages publics ou domestiques, par le mariage, par le culte, enfin par les préjugés que la religion ou la société engendrent.

Jusqu'à présent, les Anglais n'ont trouvé aucune voie par où il soit possible de pénétrer dans ce système sacré des castes et d'y introduire un principe quelconque de dissolution. Il y a donc une chose au monde contre laquelle les moyens dont dispose la civilisation européenne paraissent impuissans. Cette chose n'est ni la Turquie, puisqu'elle s'empresse elle-même de se transformer selon nos désirs ou tout au moins de nous faire illusion, ni Rome, qui commence à sentir qu'elle est perdue si elle ne cherche bientôt à se rapprocher de nous; cette force de résistance où viennent s'émousser tous les efforts de l'Occident, c'est la constitution brâhmanique et le régime des castes.

IV.

Il me reste à parler des deux grands leviers que l'Occident possède, et dont on peut essayer l'effet sur les constitutions orientales, la religion et la science. La conversion d'un Hindou au christianisme entraîne pour lui le renoncement à sa caste et le classe aussitôt dans la société européenne. Si donc on pouvait convertir ainsi tous les Hindous, on détruirait du même coup toutes les castes, on passerait le niveau sur la population entière, qui dès ce moment se trouverait assimilée aux Européens, et ne demanderait plus qu'une éducation convenable pour s'élever à leur niveau. De plus, la religion que nous avons reçue dans notre enfance, lors même que nous n'en croyons presque plus rien, exerce sur nous à tout âge un tel empire qu'elle nous accoutume à une certaine manière de penser sur toutes choses, et nous rend très différens des hommes qui ont une autre religion que nous. Si les Indiens acceptaient le christianisme, ils penseraient bientôt comme les chrétiens, et ne différeraient plus de nous que par les choses les plus extérieures et les moins importantes; de la sorte, ils seraient engagés pour toujours dans le mouvement·de notre civilisation. Il faut donc prêcher les Indiens, les catéchiser et les convertir. Voilà comment raisonnent les apôtres anglicans du christianisme aux Indes. Les moyens qu'ils mettent en œuvre sont connus de tout le monde; ils sont les mêmes dans l'Indoustan que partout ailleurs : beaucoup de missionnaires, de prédicateurs libres et de sociétés bibliques. On ne se fait pas une idée du nombre de bibles qui se débitent chaque année dans l'Inde, et notamment aux fêtes de Jagannâtha et à la foire de Hardwar, où les Indiens se rendent de toutes les parties de l'Indoustan. Il existe en Angleterre et aux Indes des ateliers de traduction, des imprimeries et des comités de distribution uniquement occupés à faire parvenir des bibles aux Indiens dans toutes leurs langues et dans tous leurs dialectes. Je passe sur les missions et sur les prédications, dont les procédés enthousiastes sont quelquefois si bizarres qu'ils excitent l'hilarité des Indiens et des chrétiens eux-mêmes. Eh bien! faut-il le dire? ces bibles, ces cotisations, ces voyages, ces flots d'éloquence, sont perdus. Les gens sincères (et j'ai consulté à cet égard des Anglais dignes de foi qui avaient fait dans l'Inde un long séjour) prétendent que l'on ne convertit personne. Les rapports des missions portent le chiffre moyen annuel des conversions à six cents. Sur cette base, il faudrait mille ans pour convertir six cent mille Indiens et deux cent trente mille ans pour les convertir tous.

D'où vient ce peu de succès? De deux causes : l'ignorance des prédicateurs et le contraste de deux religions presque égales. Les prédicateurs croient tout savoir quand ils ont appris la Bible par cœur et s'imaginent que ce livre possède à lui seul la vertu de convertir le monde; ils n'ont presque aucune notion des croyances auxquelles ils se heurtent, et ils ont à peu près le même succès qu'aurait un Turc ou un Arabe en prêchant l'islamisme sur nos places publiques, à la porte de nos églises ou dans nos camps. On répète faussement en France qu'en Angleterre l'étude du sanscrit est très répandue : il n'en est rien. L'état fait quelque chose pour la propager : de riches et généreux particuliers fondent même des chaires, comme l'a fait récemment M. J. Muir à Édimbourg, quelques érudits entourent les professeurs ; mais le public du royaume-uni, qui devrait s'intéresser aux choses de l'Inde, ne fût-ce que pour son commerce, ne vient guère entendre leurs leçons. Cette langue et ses livres sont à peu près inconnus des prêcheurs anglais, persuadés que c'est là une connaissance superflue et que la Bible suffit à tout. Or je suppose que l'on ne tienne pas compte de la religion musulmane sous prétexte qu'elle n'appartient qu'à la minorité ; il faudrait au moins se bien rendre compte, avant de parler et d'agir, de ce que pensent en matière de religion les hommes de l'Inde centrale, qui sont Aryas et suivent le brâhmanisme, — ceux du sud, qui suivent la même doctrine, mais qui ne sont pas Aryas et ne prennent guère du brâhmanisme que les formes extérieures, — les Çikhes, qui se rattachent au célèbre prophète Bâbâ-Nânak et ont une doctrine à eux, — les Népâlais et les habitans de Ceylan, qui sont bouddhistes, — et tant d'hommes répandus dans l'Inde qui portent le nom de *Jœnas* (1). On ne peut appliquer à ces différens peuples les mêmes procédés de conversion, ni les évangéliser de la même manière. Paul ne parlait pas aux aréopagites comme les apôtres des Gaules parlaient aux Bourguignons ou aux Francs. Il est maladroit de tenir aux pauvres gens du Ghandwâna ou du Malabar le même langage qu'aux pândits de Bénarès ou de Calcutta. Catéchiser des brâhmanes en pleine rue ou avec passion est à leurs yeux une action qui tient de la folie : un docteur, un *gourou* qui explique la sainte écriture est modestement assis sur sa natte ou sur son escabeau garni de peau d'antilope, et, tenant le *Vêda* ouvert devant lui, il l'interprète verset par verset avec gravité et convenance quand ce n'est pas avec profondeur et suivant les formules de la science. Il ressemble beaucoup, sauf le site et le costume, à nos professeurs de théologie, et il dit presque les mêmes choses. Les sermons en plein vent ne sont point de son goût, et les choses qu'on y dit lui paraissent venir d'un autre monde. Vous n'aurez d'action sur lui que si vous vous prêtez d'abord à sa manière de penser et de parler. Le brâhmanisme n'est pas une religion barbare, un culte sans doctrine, où l'on adore des formes fantastiques qui ne recouvrent aucune idée ; il renferme au contraire une métaphysique profonde, fort bien déduite, fondée en raison, méditée et discutée par de savans hommes depuis quatre mille ans. Cette métaphysique a défrayé

(1) Secte nombreuse dont les membres sont considérés comme les successeurs directs des bouddhistes dans l'Inde.

plusieurs civilisations qui ont jeté dans le monde un éclat singulier;
elle s'est conservée intacte non-seulement dans les anciens livres
de l'Inde (*smriti*), mais dans l'enseignement de nos jours, où elle
est en pleine vigueur (*çruti*). Les négocians et les voyageurs qui
voient les côtes de l'Indoustan ou qui ne remontent pas plus haut
que la ville moderne de Calcutta se figurent que les cérémonies
bizarres de Jagannâtha constituent tout le brâhmanisme. Ils font à
peu près la même erreur qu'un étranger parcourant pour ses affaires
la Méditerranée et qui, voyant le miracle de saint Janvier ou les
processions de pénitens blancs, gris ou noirs de Marseille, croirait
que c'est là tout le christianisme. Si cet étranger, brâhmane, guèbre
ou Siamois, s'avisait là-dessus de vouloir catéchiser nos théologiens
de la Sorbonne ou des Carmes ou seulement nos curés, il n'aurait
aucun succès; nos prêtres ne le comprendraient guère, et lui-même
se heurterait à une théologie dont la force de résistance lui serait
inconnue.

La première condition pour que le christianisme fasse dans l'Inde
quelque progrès, c'est que les chrétiens s'initient aux religions de
l'Inde, et surtout au brâhmanisme, qui compte parmi ses fidèles la
majorité des habitans. Or tous les dogmes essentiels du christianisme,
la religion brâhmanique les possède, excepté un seul, qui est sémitique et sur lequel règne toujours de l'obscurité dans les esprits, —
le dogme de la création. Je ne veux pas sur ce point entraîner le lecteur dans trop de détails; cependant on ne peut s'expliquer le manque absolu d'action de l'enseignement chrétien sur les brâhmanes
sans voir aux prises les deux croyances. Or ce que les hautes classes
indiennes opposent à la foi des chrétiens, ce n'est pas l'hostilité,
c'est l'indifférence. C'est même quelque chose de plus surprenant
encore : un brâhmane accepte tout ce qu'un théologien chrétien
lui propose comme objet de croyance, il donne à tous les points de
doctrine et de morale son assentiment; après de longs entretiens
qui ont à peine eu le caractère d'une discussion, le *gourou* semble
converti. Point du tout; il reste brâhmane. Les bibles que l'on distribue dans l'Inde sont parfaitement reçues; quelques pândits les
lisent et en avouent l'intérêt et la beauté; mais le *Vêda* reste leur
sainte écriture. Vous leur parlez de Jésus, de sa vie, de sa condamnation, de sa mort; ce récit les fait frémir et les édifie. Vous leur
dites : « Jésus était Dieu lui-même incarné; » ne croyez pas qu'ils
vont vous contredire : la doctrine des incarnations est un des dogmes
fondamentaux de leur religion; ils comprennent fort bien que le
principe éternel ait animé un corps de chair en Occident comme il
en a animé plusieurs autres en Orient. Voici la formule par laquelle
ils expriment cette pensée :

« Quand la justice languit, quand l'injustice se relève, alors je me fais moi-même créature, et je nais d'âge en âge

« Pour la défense des bons, pour la ruine des méchans, pour le rétablisment de la justice. »

« Jésus, leur dites-vous, ne fut pas seulement un Dieu, il fut aussi un homme et le fils de Marie. » Telle est encore la manièrè dont les Indiens conçoivent la théorie des incarnations : double paternité, double nature. Et comme si le nom même de la mère de Jésus était destiné à perdre tout prestige et toute réalité à leurs yeux, ils ont pour doctrine essentielle que c'est dans le sein de Mâyâ, personnification de l'espace et du temps, que s'accomplit la divine conception. « Mais la naissance de Jésus fut l'œuvre de l'Esprit-Saint, qui pénétra dans le sein de Marie et y déposa le germe divin. » L'Esprit céleste est aussi pour les brâhmanes le principe générateur des êtres; il s'appelle le *masculin suprême* (*paramam purusham*), et c'est lui qui, adoré sous le nom de Vichnu, est le principe actif de toutes les incarnations. La doctrine des vichnuvites, qui est surtout celle des xattriyas et à plus forte raison des brâhmanes, est très profonde à cet égard et dépasse de bien loin la théologie chrétienne. Le Père, qui pour les chrétiens est Dieu lui-même avant toute incarnation, est un des principaux noms que les livres indiens donnent à Brahmâ :

« Je suis le père de ce monde... Je suis l'origine de tout; de moi procède l'univers. »

Brahmâ est bien Dieu le père, et répond métaphysiquement à la première personne de la Trinité chrétienne. Aussi jusque là brâhmanes et chrétiens peuvent s'entendre; mais le rôle de père est pris par les Indiens au sens propre, et tous les êtres procèdent de Brahmâ au même titre les uns que les autres; nous sommes tous enfans de Dieu de la même manière que les personnages en qui Dieu s'est incarné, quoique avec moins de perfection et de puissance divine qu'ils n'en ont eu. Il est l'aïeul de toutes les générations, c'est sa vie qui passe en nous : comme un père ne crée pas son enfant en le tirant du néant, mais lui transmet les conditions de sa propre vie, modifiées par le corps nouveau où il s'incarne, ainsi Dieu est notre générateur (*janitri*), mais non notre créateur. C'est donc ici que se séparent les doctrines indiennes de celles de l'Occident, et c'est sur ce point que doit avant tout porter la discussion entre missionnaires et brâhmanes. Sont-ils les uns et les autres prêts à la lutte? Est-il possible de croire qu'un mouvement d'éloquence fébrile résoudra le problème?

Mais ce n'est pas tout. La doctrine chrétienne ne va pas plus haut et n'admet rien au-delà du Père éternel, qui est pour elle Dieu lui-même, premier principe de toutes les choses visibles et invisibles. Au-dessus du Père, en qui demeure encore cette sorte de dualité que suppose l'acte générateur, le brâhmane conçoit l'Être absolu et l'Unité suprême. Je n'examine pas s'il a tort ou raison, si sa théorie est plus scientifique que celle de nos théologiens; mais dans la pratique et à la première vue il paraît l'emporter sur le missionnaire, puisque ce dernier, l'ayant suivi jusqu'à un certain point de la discussion, tout d'un coup s'arrête et paraît incapable d'atteindre le dernier terme de la théorie. Or c'est précisément cette conception suprême du Brahmâ neutre qui est depuis plusieurs mille ans le fondement de la théologie indienne; c'est au-dessous d'elle que sont venus se coordonner tous les dogmes secondaires, celui des personnes divines et de la *mâyâ,* celui des incarnations, des dieux inférieurs ou anges, des saints et des personnages divins, celui des univers se succédant dans des conditions toujours renouvelées, mais contenant toujours la même somme de vie et d'intelligence, celui de la transmigration, celui de l'institution primordiale du saint sacrifice, de l'origine divine du *Vêda* et des lois de Manou, des castes et de toutes les institutions religieuses, politiques ou sociales. Tout cela forme un ensemble d'une compacité sans exemple, qui laisse loin derrière lui l'organisation mosaïque du peuple hébreu. Toute tentative dirigée sur un point quelconque de cet ensemble est restée vaine jusqu'à nos jours et le sera aussi longtemps que la théorie du Brahmâ neutre demeurera intacte, car cette théorie est la clé de voûte de tout l'édifice, et la force s'en communique à toutes les parties.

Je devais entrer dans ces détails un peu abstraits pour montrer comment la résistance de l'Inde à l'influence religieuse de l'Occident ne tient pas, comme on se l'imagine, à la persistance naturelle des superstitions, mais à une cause d'autant plus sérieuse que le génie brâhmanique s'est montré plus profond et depuis plus longtemps. L'Inde âryenne a cessé d'exister politiquement depuis plus de huit siècles; mais elle n'a pas cessé d'être contemplative et théologienne. C'est sur le terrain de la haute théologie qu'il faut porter le débat, si l'on veut parvenir à un résultat quelconque; mais il est douteux que l'on obtienne des brâhmanes la renonciation à une théorie si forte et autour de laquelle gravitent toutes leurs idées et toutes leurs institutions. Peut-être faudra-t-il que les apôtres du christianisme aux Indes consentent à une fusion entre les deux doctrines, admettent comme identiques les points de dogme qui de part et d'autre offrent ces ressemblances que nous venons d'indiquer, fassent de Dieu le père, non un égal de Brahmâ, mais une seule et même personne avec lui, et reconnaissent théoriquement la suprématie absolue du principe neutre. Toutefois, si une telle fusion n'est pas impossible pour un philosophe, elle l'est presque pour un homme de foi, car au fond ce serait une pure et simple absorption du christianisme dans la doctrine indienne.

Il faut ajouter que la foi chrétienne est intolérante, dans le bon sens du mot, et qu'elle n'admet pas volontiers un mélange venu du dehors : toute doctrine étrangère est à ses yeux l'erreur. Quoique cette idée existe aussi dans l'Inde, et que chrétiens, musulmans, bouddhistes et païens soient également pour le brâhmane frappés d'aveuglement et d'erreur (*môha*), cependant la tolérance en matière de religion est poussée très loin aux bords du Gange; voici comment elle s'exprime :

« Ceux qui, pleins de foi, adorent d'autres divinités m'honorent aussi, quoique en dehors de la règle antique;

« Car c'est moi qui recueille et qui préside tous les sacrifices. Seulement ils ne me connaissent pas dans mon essence. »

Cette largeur d'idées de la société brâhmanique contraste d'une part avec l'unité systématique de ses institutions et de l'autre avec la tendance exclusive du christianisme, qui voit aisément dans les infidèles des malheureux livrés à la damnation. Elle a eu pour effet à des époques non encore fixées de tolérer et d'admettre dans l'Inde différens cultes grossiers et superstitieux; mais valait-il mieux, en combattant ces cultes, ôter aux races infimes qui les pratiquaient les seuls dieux qu'elles pussent comprendre, pour y substituer des formules métaphysiques au-dessus de leur portée? Ce même esprit ouvre à présent la porte aux idées chrétiennes : l'expression de *avatâra du Christ* (1), employée par beaucoup d'Indiens de distinction, semble indiquer la voie où pourraient s'engager les prédications et les entretiens pieux. En la suivant, la foi chrétienne se verrait amenée à se relâcher de ses rigueurs; mais par cela même on parviendrait peut-être à s'entendre sur quelques points de dogme et plus tard sur les conséquences pratiques qui en découlent. Toutefois il y a peu à espérer des tentatives même les plus conciliantes tant qu'au sommet des doctrines s'élèveront en face l'un de l'autre les drapeaux ennemis du panthéisme âryen et du dogme sémitique de la création.

Dans l'état actuel de l'Inde, les Aryas du Gange et de l'Indus paraissent se préoccuper fort peu de ce que pensent en matière de religion les peuples indigènes du sud. Ils ont eu jadis leur période de prosélytisme, qui a été celle de la conquête; mais plusieurs milliers d'années les en séparent. Cette conquête a été réalisée sous l'inspiration brâhmanique par les xattriyas ou guerriers et s'est éten-

(1) *Avatâra* signifie *descente* et désigne les diverses incarnations de Vichnu.

due jusque sur l'île de Ceylan; c'est elle qui a inspiré le *Râmâyana*.
Par elle, les Aryas étaient devenus possesseurs des terres, maîtres
et seigneurs des indigènes; ceux-ci tous ensemble étaient compris
dans la caste des *çûdras*. Par des causes que nous ne connaissons
pas, les xattriyas abandonnèrent le sud pour retourner dans l'Inde
centrale, plus fertile et d'un climat plus doux. Au temps des prédications bouddhiques, les indigènes du sud et de Ceylan, quoique
compris dans la constitution sociale du brâhmanisme et soumis à
la loi de Manou, étaient plongés dans la barbarie, n'avaient plus
de leurs conquérans qu'une notion très vague et n'avaient conservé de la religion âryenne que des divinités et des superstitions
de plus. Aujourd'hui on les retrouve encore les mêmes : il n'y a
plus au milieu d'eux un seul xattriya; ils sont sous la direction religieuse d'un petit nombre de brâhmanes, devenus par l'influence
des milieux presque aussi ignorans et aussi superstitieux qu'eux-
mêmes.

Ainsi les populations indiennes offrent un spectacle très varié.
Tandis que les hautes classes sont monothéistes et adorent Dieu
sous les noms de Brahmâ et de Vichnu, le bas peuple est livré au
culte de Çiva et de la grande-déesse Durgâ ou Parvati, ainsi qu'à
l'adoration d'un nombre infini de déités inférieures; ce sont elles
qu'on voit régner presque uniquement dans tout le pays compris
entre les Mahrattes et le golfe du Bengale. Plus au sud, dans la
présidence de Madras, dans le Nizam, le Maïssour et le pays de
Pondichéry, les prédications catholiques ont converti un certain
nombre d'indigènes; mais ces chrétiens sont, comme au sud de
l'Égypte, chrétiens de nom, païens et idolâtres en réalité : Jésus,
Marie et les saints n'ont fait que grossir de nouveau la foule de
leurs dieux; les prêtres qui les instruisent sont en majeure partie
nègres ou mulâtres, ignorans et misérables, aussi incapables que
leurs ouailles de s'élever au-dessus d'une certaine moralité et de
concevoir aucune notion théologique. Ces indigènes n'ont été jusqu'à présent qu'assez peu transformés par l'influence chrétienne.

Il n'est pas impossible néanmoins de faire parmi eux des progrès
qui coïncident avec l'accroissement de bien-être que leur procurent la culture du coton et la sollicitude du gouvernement de la
reine. S'il est bien difficile aux missionnaires d'aborder la société
indienne par le haut, ils peuvent commencer par le bas sa transformation religieuse, et c'est ce que prouve le demi-succès des missions catholiques dans le Carnatic et le Malayalam. Le nombre des
hommes de caste inférieure qui ont adopté le catholicisme dans
cette région de l'Inde s'élève, dit-on, à plus de cent mille, malgré
l'abandon où on les laisse et le peu de secours que les missionnaires
et les évêques du pays reçoivent d'Europe, car il faut bien le dire,

tandis que le haut clergé catholique combat avec son chef pour un lambeau de terre en Italie, il oublie qu'il existe en Orient de vastes terres à conquérir et des populations malheureuses et grossières à instruire et à consoler. Ces indigènes forment plus de la moitié de la population totale de l'Inde; presque tous sont compris dans les castes les plus infimes. Ils sont, pour être convertis, dans une condition plus favorable peut-être que les Francs de Clovis, car ceux-ci devenaient par la conquête maîtres et seigneurs d'une partie des Gaules; les indigènes de l'Inde peuvent trouver dans le christianisme un asile contre la servitude, un retour à la dignité d'homme et une promesse pour la vie future. Cependant il ne faudrait pas prêcher au hasard, comme le font beaucoup de membres de sociétés bibliques; les conversions doivent se faire avec méthode en commençant par le dernier des paryas et des chandâlas, qui n'a rien à perdre et qui a tout à gagner en se faisant chrétien. Ces castes immondes étant supprimées par la conversion et les hommes qui les formaient rendus à une vie meilleure, celles qui sont au-dessus, devenues les dernières et n'ayant plus à déchoir, seraient attaquées à leur tour et gagnées à la civilisation d'Occident. Ainsi, par une marche méthodique, les idées chrétiennes remonteraient la hiérarchie des castes et la décomposeraient dans l'ordre inverse de celui où elle s'est formée. Si les chrétiens d'Occident qui vont catéchiser les Orientaux et si ceux qui d'Europe dirigent les missions se donnaient la peine d'étudier l'Orient dans les livres sanscrits et *palis*, ils verraient que le bouddhisme n'a dû ses succès rapides qu'à l'emploi de cette méthode, que si, après plusieurs siècles de domination, il a péri dans l'Inde, c'est lorsqu'il s'est trouvé face à face avec la puissance brâhmanique. On reconnaîtrait en même temps que, malgré ses revers, le bouddhisme a laissé dans la presqu'île, sans compter le Népâl, des générations nombreuses de fidèles et toute cette classe d'hommes aujourd'hui connue sous le nom de *Jænas*. Alors, il est vrai, la puissance brâhmanique dominait seule et sans contre-poids; aujourd'hui la puissance suprême dans l'Inde est européenne et chrétienne.

Il arrive déjà pourtant que la civilisation chrétienne se rencontre avec le brâhmanisme dans les hautes classes de la société indienne; c'est ce qui a lieu surtout dans les grands centres, à Calcutta, à Patna, à Bénarès même, à Laknau, à Delhi et jusqu'à Lahore, dans toute la région occupée par les Aryas depuis les temps védiques. C'est aussi dans cette partie de l'Inde que la lutte des deux civilisations se trouvera portée sur le terrain élevé des doctrines. Or nous venons de voir quels obstacles rencontre l'influence chrétienne parmi les populations brâhmaniques, et qu'il n'y a presque rien à espérer de ce côté. D'ailleurs il n'est pas démontré que leur religion soit mauvaise, et qu'elle n'exerce point sur elles une action morale aussi puissante et aussi élevée que pourrait le faire le christianisme. C'est ce que le gouvernement anglais paraît avoir compris, et l'étude des livres indiens en Europe le confirmera de plus en plus dans cette appréciation. Un jour viendra sans doute où les sociétés de propagande et les croyans zélés, convaincus de leur impuissance, renonceront à des conversions impossibles et vraisemblablement inutiles, qui exigeraient de leur foi des concessions théoriques auxquelles ils ne sont pas disposés.

V.

Reste donc l'action générale de l'instruction publique : elle ne rencontre dans l'Inde aucune opposition, elle est presque partout accueillie avec empressement et sollicitée par ceux qui n'en jouissent pas encore. Ce n'est guère que depuis cinq ou six ans qu'elle occupe une place importante dans les préoccupations du gouvernement anglais; mais cette place grandit d'année en année, et il est évident qu'à ses yeux l'enseignement public est la véritable voie par où la civilisation chrétienne doit pénétrer en Orient. L'Inde à cet égard est dans une excellente condition : non-seulement l'esprit des classes élevées est ouvert à toutes les notions scientifiques, comme l'est celui de tous les peuples âryens, mais de plus la société brâhmanique a dès les temps les plus reculés montré son goût et son aptitude pour toutes les hautes spéculations. Elle a créé des sciences dont naguère on faisait honneur aux Arabes, l'astronomie, l'algèbre, l'anatomie; elle a poussé la métaphysique, la grammaire, la psychologie plus loin qu'elles ne sont allées chez nous jusqu'à ce jour; dans les lettres, elle a produit des œuvres incomparables que les Grecs ont quelquefois surpassées, mais qu'ils n'ont pas toujours égalées. La société âryenne n'a jamais oublié son passé : suivant des méthodes locales et classiques, ce que les anciens ont découvert ou composé se transmet dans l'enseignement des *gourous* et les ouvrages des pândits; les hautes classes sont en état de recevoir l'instruction qu'on voudra leur donner. J'ai dit qu'elles l'accueillent et la désirent : non-seulement ce fait est prouvé surabondamment par l'accroissement rapide du nombre des jeunes gens qui fréquentent les écoles et les collèges de Calcutta, de Pouna, de Delhi, d'Agra, de Bénarès et beaucoup d'autres, mais aussi par la fondation de plusieurs sociétés scientifiques et littéraires, sortes d'académies où des indigènes de toute race et de toute religion se rencontrent avec des Anglais et d'autres Européens, par la création spontanée de journaux *natifs* où une place est réservée aux articles de science et qui se donnent pour tâche d'élever les Indiens au niveau de la société européenne, enfin par les sommes que consacrent de riches particuliers à l'établissement de nouvelles écoles. Ainsi un habitant de Surate, Sorabji, a donné 162,500 fr. pour la construction d'un collège dans cette ville; un Parsi en a donné 125,000 pour fournir à cinq jeunes Indiens les moyens d'aller en Angleterre compléter leur éducation; l'Indien Prema-Chandra a donné 2 laks de roupies (500,000 francs) pour l'établissement d'une bibliothèque à l'université de Bombay; Mohammed-Habîb-Bhây en a légué 2 laks 1/2 (625,000 francs) pour la fondation d'une école dans cette même ville (1).

Sir John Lawrence, au milieu des soins sans nombre qu'exige le gouvernement d'un si vaste pays, en donne de tout particuliers à l'instruction publique, et fait plus pour la civilisation de l'Inde que n'avait pu faire aucun des anciens gouverneurs. En acceptant la présidence de la Société asiatique de Calcutta, qui admet souvent dans son sein des savans hindous, il encourage les sociétés littéraires et scientifiques dans tout l'empire. A Laknau, à Lahore, à Barhampour, à Bombay, à Allahâbad et ailleurs, s'élèvent par ses soins des maisons d'instruction publique où les langues, les sciences et les arts de l'Europe vont être ou sont déjà enseignés. Au musée d'Allahâbad vont se réunir, à côté de manuscrits et d'antiquités de l'Inde, les produits naturels du sol, ceux de l'agriculture et de l'industrie, ainsi que des modèles de machines; les expositions agricoles d'Alipour tendent à devenir annuelles et pour ainsi dire permanentes. L'éducation des femmes, jusqu'ici fort négligée, se développe aussi : on fait des livres pour elles, on crée des cours, et le nombre des Européennes admises comme institutrices dans les maisons privées augmente notablement. Les sciences européennes, tout concourt à le prouver, ne rencontreront pas dans l'Inde le même antagonisme que les religions de l'Occident : les croyances brâhmaniques n'ont jamais été en opposition avec la science. Ce fait, que les travaux des indianistes ont parfaitement mis en lumière, est d'autant plus remarquable que presque partout, chez les musulmans et chez les chrétiens, il n'en a pas été de même, et qu'une science nouvelle, pour s'introduire, a toujours des scrupules à lever et une victoire à remporter. Dans le brâhmanisme, l'absence de hiérarchie sacerdotale laisse aux prêtres une liberté de penser plus réelle que celle des protestans, et comme à toutes les époques les brâhmanes ont été les savans de l'Inde en même temps qu'ils en ont été les théologiens, leur indépendance à l'endroit du dogme leur a donné en matière de science une liberté absolue. Cet état de choses dure encore et ouvre à l'enseignement européen une large voie. En réser-

(1) Voyez M. Garcin de Tassy, discours d'ouverture, 1864.

vant les questions d'organisation sociale, sur lesquelles un Arya
indien n'entend pas aisément raison, il est possible, dans l'espace
de quelques générations, de mettre l'éducation scientifique de
l'Inde au niveau de celle de l'Europe. C'est à quoi s'applique avec
une remarquable activité le gouvernement de la reine.

Parmi nos sciences, il en est une qui peut produire entre les
hautes castes et les Européens un rapprochement plus rapide et
plus sûr que toutes les autres : c'est celle des origines. Les indianistes anglais dirigent principalement leurs recherches de ce côté.
Les brâhmanes, qui tiennent le *Vêda* pour un livre révélé, n'ont
pas songé à l'envisager comme un monument historique et comme
un témoignage de leurs ancêtres; mais, comme le sanscrit fait naturellement d'eux des philologues, l'on n'a aucune peine à leur
montrer dans l'analogie des langues la communauté d'origine des
nations : par ce chemin très court, les hautes castes arrivent à reconnaître que leurs ancêtres étaient frères des nôtres et qu'elles
sont de notre famille. Ce que je dis ici peut exciter la surprise,
quand nous voyons les études philologiques avoir chez nous si peu
de retentissement; mais il n'en est pas de même dans l'Inde : l'é-
tude comparative des langues d'Europe et d'Asie s'y pratique aujourd'hui dans un grand nombre d'écoles et de collèges, sinon d'une
manière approfondie, assez du moins pour que la fraternité des
peuples âryens frappe les yeux. Ainsi marche vers son dénoûment
la grande scène de reconnaissance dont je parlais en commençant
cette étude. Quand la reconnaissance sera complète, ce qui ne demande pas un grand nombre d'années, les hautes classes de la société indienne, brâhmanes et xattriyas, væçyas même, n'auront plus
de motif sérieux d'être ennemies des nations occidentales, et il sera
possible de les admettre progressivement au partage de tous les
droits et de toutes les fonctions publiques. Par un effet naturel de
la science, les préjugés et les usages locaux s'effaceront; les superstitions s'en iront avec eux. Les peuples chrétiens en étaient remplis : ce n'est pas la religion, c'est la science qui les a fait tour à
tour disparaître; elles se réfugient dans les campagnes les plus retirées et dans les pays d'Europe les moins avancés en civilisation. Un
phénomène tout semblable commence à se produire dans l'Inde :
l'exemple célèbre de Râm-Mohun-Roy rapportant d'Europe la pensée et le projet d'une transaction n'y serait plus isolé et n'y paraî-
trait plus surprenant. On y voit naître en hindoustani une littérature éclectique dont le but avoué est d'établir l'union sur la base
de la communauté des origines. Le gouvernement anglais la favorise, et il a raison.

Si nous ne nous trompons pas dans nos appréciations, il semble
que dans l'Inde deux faits généraux tendent à passer à l'état de

méthode : la destruction lente, mais progressive, des castes au moyen de conversions dans les basses classes, et l'assimilation rapide des castes supérieures aux Européens par la science. Toute tentative en sens inverse a été jusqu'à ce jour infructueuse : si les castes infimes sont peu accessibles à une éducation scientifique, les hautes classes ont une doctrine religieuse qui peut marcher l'égale de la théologie chrétienne et qui rend tout prosélytisme étranger impuissant au milieu d'elles; elles n'ont pas donné non plus à l'islamisme un seul converti. C'est donc par le bas que les missions peuvent aborder la société indienne, pendant que la science la prend par sa partie supérieure; mais une action livrée au hasard s'anéantit d'elle-même. Si le christianisme parvient à gagner cette société en remontant de caste en caste, il n'atteindra les castes nobles que quand celles-ci auront été transformées par l'éducation : dès lors la lutte finale et inévitable du christianisme et du panthéisme oriental se trouvera au grand avantage de l'humanité dégagée des questions sociales, et portée sur le terrain neutre et paisible de la théorie.

En cherchant à faire comprendre l'état des Hindous de toute classe vis-à-vis de la civilisation occidentale, j'ai évité toute parole de blâme contre l'Angleterre; je n'ai suivi dans la voie des récriminations ni ceux qui regrettent notre puissance perdue, ni ceux qui, par inimitié nationale ou par hostilité religieuse, ne voient que le mal dans l'action politique ou morale des Anglais. Si la France avait montré autant d'habileté et de persévérance que la compagnie des Indes, elle n'aurait pas perdu sa colonie, et si elle l'avait conservée, elle aurait probablement passé par une suite analogue de conquêtes peu légitimes, d'exploitations forcées et de violences inévitables. L'humanité ne procède guère autrement dans l'action réciproque de ses parties les unes sur les autres : il semble que le bien soit à ce prix; mais il vient un temps où, la conquête d'un pays ayant atteint ses limites naturelles, l'action qui civilise commence et se substitue par degrés à la force qui subjugue. Cette heure a sonné pour l'empire indien il y a six années; depuis cette époque, un grand changement s'est opéré dans ses relations avec ses maîtres : en passant sous l'autorité directe de la reine, il a cessé d'être regardé comme une terre conquise et comme un sol à exploiter. Nous qui, sans oublier le passé, regardons surtout l'avenir, nous ne devons pas être plus injustes que les sujets orientaux de la reine Victoria, qui voient déjà dans les Anglais leurs bienfaiteurs et les civilisateurs des Indes.

ÉMILE BURNOUF.

LE

SALON DE 1865

La mort depuis quelque temps ne s'est point montrée clémente pour les peintres dont les travaux avaient valu à l'école française une supériorité qui va s'effaçant de jour en jour. Nul encore, parmi les artistes actuels, n'a remplacé les maîtres regrettés qui ont laissé des exemples demeurés infructueux. Hippolyte Flandrin a été appelé vers les régions inconnues, où il a peut-être trouvé la confirmation des rêves religieux qui avaient soutenu sa vie et donné à son talent, naturellement un peu froid, quelque chose de mystérieux, de convaincu et d'honnête dont il paraît avoir emporté le secret avec lui dans la tombe. S'il y eut des peintres d'un tempérament plus riche, d'une imagination plus généreuse, d'une exécution plus brillante, il y en eut peu, en revanche, qui eurent pour l'art un respect plus profond; lors même qu'il se trompa, il se trompa avec conviction, avec déférence pour les grands principes du beau éternel, et jamais il n'abandonna un travail, si peu important qu'il fût, avant de l'avoir amené au degré de perfection dont il était capable. En quittant cette vie, qui n'avait été pour lui qu'un long et courageux labeur, il put avoir la joie orgueilleuse de dire comme Horace : *Non omnis moriar!* Son œuvre ne périra pas; quelques-uns de ses portraits resteront comme des toiles de premier ordre, et *le Christ entrant à Jérusalem*, qu'il a peint dans l'église Saint-Germain des Prés, méritera toujours d'être comparé aux meilleurs tableaux de sainteté que la renaissance nous a légués. Un autre homme, qui avait compris l'art d'une manière toute différente, nous a quittés aussi pour toujours. Troyon est mort le 20 mars, au moment où le printemps, qu'il avait tant aimé, arrivait sur l'aile d'un aigre vent de nord-est qui soufflait trois degrés de froid. Il avait été long à dégager sa personnalité; sa main, un peu lourde et souvent incorrecte, avait eu du mal à trouver son aplomb et à devenir tout à fait maîtresse d'elle-même. A force de travail et d'observation, il parvint cependant à se créer une originalité distincte et enviable. Souvent on l'a comparé à Paul Potter, et ce parallèle n'était pas toujours à l'avantage de ce dernier. Nul peut-être, parmi les artistes contemporains, ne sut, comme Troyon, allier la vérité et l'ampleur. Sa touche, très large, souvent même exagérée, par suite d'une faiblesse excessive de la vue, excellait à rendre les grands bœufs mélancoliques qui soufflent leur tiède haleine dans l'air frais du matin. Il fut un peintre *naturaliste* dans toute la force du terme; il ne livra rien au hasard et demanda invariablement à la nature les documens sur lesquels il s'appuyait pour composer un tableau. Il fut un réaliste dans la bonne acception du mot, comme Flandrin fut un idéaliste. La mort de ces deux hommes de bonne volonté et de travail sincère laisse un vide qui n'est point encore rempli, car, hélas! en regrettant que la mort ait été trop rapide pour eux, on ne peut pas dire avec le poète : *Uno avulso non deficit alter!* Nul ne les a remplacés, et leur gloire manque singulièrement à l'école française, qui semble s'en aller à la dérive, au hasard du vent qui la pousse, comme un navire démâté qui n'a plus ni capitaine, ni matelots.

Quoique cet aveu nous coûte à faire en présence de l'Europe artiste qui sans cesse regarde de notre côté, il faut reconnaitre avec douleur, mais dire avec courage que chaque année le niveau baisse. Une médiocrité implacable semble avoir envahi tout le monde; c'est un *à peu près* général où rien de saillant ne vient révéler une originalité sérieuse, une tentative nouvelle, un effort vigoureux. Toutes les œuvres d'art que j'aurai à signaler cette année sont dues à des hommes connus depuis longtemps et qui tiennent imperturbablement la tête de cette troupe débandée qui ne sait où elle va. J'aurai aussi à faire remarquer avec tristesse que les étrangers nous envahissent et font des progrès qui sont inquiétans, car ils menacent de nous rejeter au second, sinon au troisième rang. Notre amour-propre national, qui est souvent plus excessif que justifié, nous porte à regarder comme Français les artistes qui vivent et exposent en France; c'est un tort, et si nous comptions bien, nous serions peut-être fort surpris et un peu humiliés de reconnaître que les Suisses, les Allemands et les Belges tiennent à eux seuls une part considérable dans nos expositions. M. Knauss et certains Belges sont à la tête de la peinture de genre; M. Gleyre, qui depuis longtemps ne se montre plus au public, est un des rares maîtres dont l'enseignement soit sérieux et profitable; le seul effort de pein-

ture historique est fait cette année par un Polonais; un Allemand,
M. Schreyer, a envoyé un des meilleurs tableaux du Salon, et le
portrait le mieux peint est signé Rodakowski. Je crois que l'ennemi
est aux portes; l'écrivain à qui incombe la tâche ingrate de la critique ressemble à une sentinelle, et il est en droit de crier : Prenez
garde à vous!

Ce qui me frappe surtout en parcourant ces longues salles où sont
disposés avec ordre *trois mille cinq cent cinquante-quatre* objets
d'art, c'est l'absence radicale d'imagination. Personne, sauf M. Gustave Moreau, dont j'aurai longuement à parler, ne semble s'être
préoccupé de cette science élémentaire qu'on appelle la composition, et qui doit cependant tenir une si grande place dans une œuvre d'art. Qu'un tableau contienne un personnage ou qu'il en contienne vingt, il ne doit pas moins être *composé* en vertu de certaines
lois générales qui règlent la pondération des lignes, l'association
des nuances, la disposition des gestes et l'amplitude des draperies.
Les artistes d'aujourd'hui comprendraient-ils, sans explication préalable, l'admirable agencement des lignes de rappel qui seules suffisent à faire un chef-d'œuvre de *la Transfiguration* de Raphaël?
A voir ce qu'ils produisent, il est permis d'en douter. Il me faut encore signaler cette tendance à l'imitation dont j'ai déjà été forcé de
parler autrefois. Les artistes s'imitent les uns les autres et s'imitent eux-mêmes sans paraître se lasser. Chacun semble vouloir ré-
trécir son propre cercle, afin d'y tourner sans peine avec cette facilité et cette nonchalante insouciance que donne l'habitude. On
copie, ou à peu près, les anciens, sans trop de vergogne. Dans la
sculpture, je pourrais aisément reconnaître la *Vénus accroupie* et
Daphnis et Chloé. Les peintres transportent sur la toile les statues
des sculpteurs, et je sais un tableau qui reproduit exactement le
Jeune Faune en terre cuite que M. Fremiet avait exposé l'année
dernière. Où s'arrêteront ces emprunts, et n'accusent-ils pas une
stérilité redoutable? On se parque volontiers dans des spécialités
hors desquelles on n'ose point se hasarder. Les artistes qui ont fait
un voyage en ont pour leur vie entière à reproduire plus ou moins
fidèlement les aspects des pays qu'ils ont parcourus. On pourrait
diviser l'exposition en zones géographiques; ici l'Algérie, là l'Asie-
Mineure, plus loin la Bretagne, ailleurs l'Alsace; quant aux Christophe Colomb de ces contrées accessibles, ils sont toujours les
mêmes, et vous les connaissez. Les grandes routes sont dédaignées,
les terres sans chemins font peur, les tout petits sentiers suffisent
aux molles ambitions d'aujourd'hui.

Ai-je besoin de dire que dans presque toutes les œuvres actuellement exposées l'esprit est absent? J'entends ce souffle vivifiant
qui fait d'un tableau, d'une statue, autre chose que la représenta-

tion brutale d'un fait, d'un personnage ou d'un point de vue. La
main seule compte pour quelque chose; elle domine le cerveau :
l'esclave est devenue maîtresse. Parmi les artistes, je vois beaucoup
de virtuoses et fort peu de créateurs. C'est l'invention cependant,
au sens originel du mot, *invenire*, trouver, qui est par excellence le
cachet d'un art quelconque. Si la seule mission de la peinture est
de reproduire, ce n'est plus un art, c'est un métier. Un homme de
talent dont on ne récusera pas la compétence, Raymond Gayrard, a
écrit : « Selon quelques artistes, fort estimables du reste dans une
partie de leurs travaux, le matériel de l'imitation suffit pour produire
des chefs-d'œuvre. Il est évident que ce n'est là envisager que le
côté pittoresque, qui est le côté le plus étroit de l'art. Il y a avant
tout, et au-dessus de tout, le côté moral, le côté poétique. » Rien
n'est plus vrai. Sinon, dans M. Blaize Desgoffes, qui sait copier jusqu'à l'illusion un morceau d'ivoire, un pan d'étoffe, un verre plein
de vin, il faudrait reconnaître le plus grand peintre des temps modernes, supposition tellement étrange qu'elle est inadmissible. Le
sultan Mahomet II, étonné des victoires que remportait Scanderberg, fit prier le terrible Épirote de lui donner son épée. Le sultan
ne fut pas moins vaincu, et comme il accusait Scanderberg de l'a-
voir trompé, celui-ci répondit : « Ce n'est pas mon épée qu'il te
faudrait, c'est le bras qui la manie et la tête qui la dirige. » Quelle
que soit l'habileté matérielle qu'un peintre puisse acquérir, si son
cerveau n'est pas incessamment développé par l'étude et par la
réflexion, elle lui sera aussi inutile que l'épée de George Castriota
entre les mains de Mahomet II.

I.

Jusqu'à présent, on pouvait encore espérer que la sculpture parviendrait à éviter cette dégénérescence qui saisit la peinture. La
nécessité de certaines lignes, la rigidité imposante du marbre, lui
avaient conservé quelque chose de sévère et de froid qui n'était
pas sans grandeur. Nous avions eu plusieurs fois à indiquer des
œuvres remarquables qui avaient mérité un rapide renom à leurs
auteurs. Tout en constatant que nul encore n'avait fait oublier ou
n'avait remplacé Pradier, Rude et David, nous avions pu, malgré
des tendances parfois plus sensuelles qu'il n'aurait fallu, donner
des éloges à des efforts consciencieux que le succès avait récom-
pensés. C'était là du moins, à défaut de chefs-d'œuvre, que nous
trouvions des preuves d'un travail austère et un certain idéal qui
cherchait à s'élever au-dessus des productions vulgaires. Aujour-
d'hui la sculpture elle-même s'affaiblit; elle aussi, elle paraît laisser avec insouciance baisser son niveau. Le nombre des statuaires

de talent est-il donc diminué ? Beaucoup se sont abstenus, je le sais;
mais la moyenne est moins forte que celle des années précédentes,
et dans l'immense jardin qui contient l'exposition de la sculpture je
ne vois que deux statues dignes d'être recommandées à l'attention
du public. L'une est le *Joueur de luth* de M. Paul Dubois, l'autre
est l'*Aristophane* de M. François-Clément Moreau.

La médaille d'honneur pour la section de sculpture a été accordée par le jury à M. Paul Dubois. C'est justice, et les sculpteurs
ont fait acte d'intelligence en donnant cette récompense à un
homme jeune encore, qui semble doué d'un véritable talent. De
plus, les sculpteurs ont fait preuve d'esprit et d'impartialité en
choisissant ainsi un artiste qui n'était point au nombre des jurés.
La section de peinture n'a point suivi ce bon exemple, et je n'ai
point à examiner ici les raisons qui ont pu la porter à décerner la
médaille à un membre de l'Institut, professeur à l'École des beaux-
arts, officier de la Légion d'honneur, qui faisait lui-même partie
du jury. Donner des épaulettes de capitaine à un maréchal de
France me semble puéril; les récompenses, selon moi, se méritent
par une action d'éclat et ne se gagnent pas à l'ancienneté. Il me
semble en outre qu'il est difficile d'être à la fois juge et partie, et
que l'honneur d'être désigné ou élu au rang de juré est assez considérable en lui-même pour satisfaire les plus exigeans. Je suis
obligé de rappeler un fait douloureux, mais il inspirera, j'espère,
aux artistes chargés de voter les récompenses l'idée de prononcer
certaines exclusions qui ne seront que justes et strictement convenables. En 1855, lors de l'exposition universelle, *tous* les artistes
du jury se sont décernés à eux-mêmes une grande médaille d'or.
Tous les industriels membres du jury se sont, dès le principe, déclarés inaptes à recevoir une récompense quelconque, fût-ce une
simple mention honorable. L'effet produit par ces deux mesures si
différentes, le parallèle qui en découlait forcément, furent désastreux pour les artistes. Je crois qu'au nom de leur propre dignité, je
crois que, pour sauvegarder sérieusement l'indépendance de leur
vote, ils doivent déclarer que, nul n'étant admis à être juge en sa
propre cause, le titre de juré emporte nécessairement la mise hors
concours. J'ai bien peur de prêcher dans le désert; je le regrette-
rais, car j'estime que le caractère n'est point inutile au talent.

Je me suis laissé entraîner par un incident qui n'est point sans
gravité, et je reviens à M. Paul Dubois. Il s'était déjà fait connaître
par un *Narcisse* et un *Saint Jean* dont il a été parlé dans la *Revue*
avec les éloges qu'ils méritaient (1). Le *Joueur de luth* prouve chez
M. Dubois une flexibilité de talent et une science d'observation qu'il

(1) Voyez la *Revue* du 15 juin 1863.

est bon de noter. Je n'affirmerais point que l'enfant qui a servi de modèle au *Saint Jean* ne soit pas le même qui ait posé pour le *Joueur de luth*; il me semble reconnaître dans la bouche et dans les yeux des traits que j'ai vus déjà, et qui, par leur accentuation même, ne peuvent échapper au souvenir. Ceci n'est même pas une critique, c'est une remarque, car il y a dans l'attitude générale et dans le faire des deux statues des différences essentielles qui indiquent des études dirigées par une excellente volonté. A proprement parler, le sujet appartient plutôt à la peinture qu'à la sculpture : ce n'est qu'une statuette, mais elle est charmante; on dirait qu'en la modelant le sculpteur écoutait les conseils de Donatello. Ce n'est pas un pastiche cependant, quoique cette œuvre soit inspirée par des réminiscences de la fin du XVe siècle. Le petit personnage, élégant et svelte, serré dans des vêtemens collans qui dessinent sans l'alourdir l'aimable gracilité de sa jeunesse, est debout, porté sur la jambe droite; il chante, les yeux baissés, en regardant son luth. Son épaisse et forte chevelure, s'échappant de son toquet, donne un caractère grave et concentré à sa physionomie. Les yeux légèrement renfoncés sous l'arcade sourcilière, la fermeté des lèvres, la saillie des pommettes, indiquent un portrait copié sur nature et modifié selon les besoins de l'expression que l'artiste cherchait; les mains, à la fois fines et osseuses comme celles des enfans qui vont entrer dans l'adolescence, sont traitées d'une façon remarquable; point de duretés aux emmanchemens du poignet, point d'angles désagréables au coude; tout a été étudié, corrigé et rendu avec soin. Les lignes ont une sobriété magistrale qui est évidemment le résultat d'une idée simple fortement conçue. Tout en donnant beaucoup à l'élégance, M. Dubois a su ne point tomber dans l'afféterie, ce qui est un écueil où bien d'autres, et des meilleurs, ont succombé. Le *Joueur de luth* fait bien ce qu'il fait; il est là pour chanter et non point pour se faire voir : il n'a rien de théâtral, rien de *poncif*; il est naturel en un mot, il ne pose pas, et c'est là le plus vif éloge qu'on puisse adresser à une statue. Le *Joueur de luth* est, je le reconnais, d'un art moins élevé que le *Saint Jean*, mais il est plus délicat; il y a là une nuance qui n'a point échappé à M. Dubois, et dont il faut lui tenir compte. Il a compris très nettement la différence des personnages, et a su la rendre avec une sûreté de main peu commune. Le *Saint Jean* était un petit illuminé, un mystique inspiré qui marche à grands pas, poussé par une mission qui le domine et le chasse en avant; le *Joueur de luth* au contraire est plein de grâce : s'il écoute une voix, c'est celle de l'instrument qui vibre sous sa main; il est jeune, il est vivant, très capable encore de sauter à la corde ou de balbutier, en devenant rouge comme une cerise, sous le regard d'une femme. A le contempler longtemps, on croirait voir un des charmans personnages de Masaccio descendu de sa fresque et monté sur un piédestal. La statue est en plâtre, l'ébauchoir a donné tout ce qu'il avait à donner; que fera le ciseau? J'espère en effet que M. Dubois exécutera en marbre cette jolie statuette; la faire couler en bronze, ce serait l'alourdir, enlever à ses contours leur finesse et leur élégante harmonie.

L'*Aristophane* de M. Clément Moreau est d'un genre plus sérieux. C'est une statue en plâtre de grandeur naturelle. Le poète est assis, tenant dans ses mains sa jambe gauche repliée et appuyée sur le genou droit. Comme on le voit, la pose est très simple et offre un ensemble de lignes qui se combinent facilement entre elles. Le personnage serait tout à fait nu, sans un bout de draperie qui lui entoure les reins. L'étude de sa musculature a été visiblement très soignée. Le modelé général ne se rapporte pas très bien à celui de la barbe et des cheveux, qui accuse quelques sécheresses qu'il sera facile de faire disparaître après la mise au point. Ce que j'aime le moins dans toute la statue, c'est le visage même d'Aristophane : M. Moreau en a fait un satirique plutôt qu'un poète comique. Dans cette figure un peu grimaçante, trop souriante, qui rappelle celle de certains faunes, je ne vois que le railleur, et je ne retrouve pas le rêveur triste et profond qui riait si bien des choses pour n'avoir pas à en pleurer, et qui dans certains chœurs, notamment dans ceux des *Oiseaux*, s'est élevé à une hauteur de poésie qui a été rarement atteinte et n'a jamais été surpassée. Je voudrais plus d'ampleur dans la face, plus de rêverie concentrée dans le regard, plus de mélancolie sur les lèvres. Dans Aristophane, il y a autre chose que l'éclat de rire et l'obscénité : il y a une force philosophique considérable. Il suffit de voir de quelle façon il traite les dieux pour le comprendre : c'était le libre penseur par excellence, et c'est pour cela que j'aimerais à trouver dans ses traits moins de malice et plus de grandeur. Si M. Moreau exagérait si peu que ce soit l'expression qu'il a donnée à son personnage, il en ferait un Diogène. En somme, cette observation, qui est plutôt littéraire que plastique, n'infirme en rien le mérite de la statue, qui est remarquable sous plus d'un rapport, et qui sans doute paraîtra meilleure encore lorsque nous la reverrons exécutée en marbre à une prochaine exposition.

II.

La peinture religieuse s'en va, et cela se comprend, car elle ne répond à aucun besoin; elle n'est plus qu'une fiction consentie à laquelle personne ne croit; elle n'a plus d'autre but, d'autre raison d'être que de servir d'ornement aux murs des chapelles. En

dehors de certaines commandes nécessitées par les exigences de la
décoration des églises nouvellement construites, nul peintre n'imaginerait, *proprio motu,* de peindre un tableau religieux. Plus nous
allons, et plus les représentations plastiques des scènes de l'Ancien
et du Nouveau Testament deviennent rares. Plus rares encore sont
celles qui méritent quelque attention. Dans ce genre ingrat, qui
excite généralement peu d'intérêt et lasse promptement la curiosité,
je ne vois cette année que trois œuvres qui se rattachent à l'art
par la façon dont elles ont été comprises et exécutées. La première
est un tableau de M. Delaunay, les autres sont deux très beaux
dessins de M. Bida.

Il y a deux façons de comprendre la peinture religieuse : l'une
qui consiste à suivre servilement la tradition moderne telle que la
renaissance nous l'a léguée après l'avoir créée; l'autre, plus difficile,
qui, se préoccupant avant tout de la vérité, prend ses types dans
la nature réelle, brise avec la convention acceptée, applique à l'art
une sorte de méthode expérimentale et entre courageusement dans
la sincérité historique et naturelle. Ce sont là, il faut le reconnaître,
deux écoles fort distinctes; l'une a pour elle la consécration du
temps, l'autre a pour elle la saine raison. M. Delaunay appartient à
la première; on peut dire de M. Bida qu'il est le chef de la seconde.
La lutte fut longue avant de savoir s'il était permis de représenter
Dieu; la raconter serait intéressant, mais nous écarterait trop du
Salon. Aux symboles divers, au poisson anagrammatique que préféraient les premiers chrétiens, presque tous iconoclastes par esprit
de réaction contre le paganisme, le concile quinisexte, tenu à Constantinople en 692, permit de substituer des images peintes de
Jésus-Christ. On se mit en quête alors de fixer d'une façon définitive les traits du fils de la Vierge : grande dispute; c'était le plus
beau des enfans des hommes, disaient les gnostiques; il en était,
par humilité, le plus hideux, répondaient les manichéens. On avait
conservé des images miraculeuses, portraits achéiropoïètes, que
l'on consultait; on répétait le prétendu signalement envoyé de
Judée par Lentulus : « Ses cheveux ont la couleur du vin et jusqu'à
la naissance des oreilles sont droits et sans éclat, mais des oreilles
aux épaules ils brillent et se bouclent; à partir des épaules, ils
descendent dans le dos, distribués en deux parties à la façon des
Nazaréens. Front pur et uni, figure sans tache et tempérée d'une
certaine rougeur; physionomie noble et gracieuse. Le nez et la
bouche sont irréprochables. La barbe est abondante, de la couleur
des cheveux et fourchue. Les yeux sont bleus et très brillans. » De
son côté, saint Jean Damascène a fait du Christ le portrait suivant :
« taille élevée, sourcils abondans, œil gracieux, nez bien proportionné, chevelure bouclée, attitude légèrement courbée, couleur

élégante, barbe noire, visage ayant la couleur du froment, comme celui de sa mère; doigts longs, voix sonore, parole suave. » C'est d'après la première de ces descriptions que l'empereur Constantin a fait peindre les portraits de Jésus-Christ; ils sont restés comme un type hiératique, comme un canon sacré dont l'église grecque orthodoxe ne s'en est pas encore éloignée aujourd'hui. Jusqu'à l'époque de la renaissance, ce type primitif a été assez bien conservé; mais alors, dans la folie d'antiquité et de paganisme qui saisit tout à coup les artistes, le Jésus légendaire fut dédaigné, et on lui substitua simplement le Jupiter olympien. Le Christ ne fut plus un Juif, il devint un Grec : inconséquence flagrante qui dure encore de nos jours, ainsi que nous pouvons nous en convaincre en regardant *la Communion des Apôtres* de M. Delaunay.

« Et comme ils mangeaient, Jésus prit du pain, et, ayant rendu grâces, il le rompit et le donna à ses disciples et dit : Prenez et mangez, ceci est mon corps. » C'est dans ce verset de saint Matthieu que M. Delaunay a choisi le sujet de son tableau : Jésus debout offre le pain à ses disciples, comme le prêtre donne l'hostie aux communians. Il n'y a rien de cela dans le texte, le mot *prenez* indique même qu'il y a le contraire; mais cela est peu important, et je ne chicanerai pas M. Delaunay sur son interprétation; elle rentre dans les traditions plastiques dont je parlais plus haut, et comme telle elle lui appartenait. Les apôtres entourent le Christ nimbé et font autour de lui une sorte de cercle dont il est le centre. La chambre est basse, les poutrelles du plafond descendent presque à hauteur des têtes; au fond, par les baies ouvertes, on aperçoit la campagne. Les personnages, resserrés en un espace étroit, se tassent trop les uns contre les autres; la lumière n'est pas abondante, cela tient sans doute à ce que le crépuscule va descendre pour annoncer la dernière nuit du rédempteur. Le sentiment est doux et triste comme il convient au sujet; le coloris n'a rien de tapageur, il est trop vineux peut-être, mais il a été conçu dans une gamme tendre, un peu étouffée, et qui ne manque point de mystère. Ce tableau est honorable; ce n'est point un chef-d'œuvre, mais il est évidemment d'un peintre qui respecte son art et qui a eu souci d'un idéal élevé. Cependant ce n'est qu'une réminiscence, réminiscence de Raphaël vu à travers l'école de Bologne, école théâtrale et pompeuse, remarquable si on la compare à l'école française, où Jouvenet chercha à la faire prédominer, médiocre si on la met en regard des autres écoles italiennes. Cette école bruyante n'a produit qu'un peintre réellement hors ligne, c'est Francesco Francia, son créateur; tous ceux qui vinrent après lui, le Dominiquin, le Guerchin, le Guide, les Carrache, sont des rhéteurs désagréables, qui remplacent le génie qui leur manque par la lourdeur du coloris et l'exagération des attitudes. Il y a donc lieu de regretter que M. Delaunay ait été emporté, à son insu sans doute, vers l'imitation de ces maîtres inférieurs. J'aurais voulu qu'il choisît des exemples plus sévères, plus châtiés, visant plus haut. Ce qu'il a besoin d'étudier avant tout, ce sont les dessinateurs, ceux qui ont compris et prouvé que la ligne, c'est-à-dire la forme, est l'œuvre mère et, pour ainsi dire, l'armature d'un tableau. Avec la couleur, on peut produire une certaine illusion, abuser facilement, escamoter même un certain succès de vogue; avec la ligne, on ne le peut jamais. M. Ingres a dit une fois : Le dessin, c'est la probité; nulle parole n'est plus vraie. C'est vers l'étude assidue de la ligne que j'engage M. Delaunay à se tourner. S'il veut bien regarder impartialement la main qui relève les cheveux de sa petite *Vénus,* il comprendra que mon conseil n'a rien de superflu.

M. Bida, ainsi que je l'ai indiqué plus haut, s'est jeté absolument hors de la tradition reçue, et je ne saurais trop l'approuver. Quand on est, comme lui, en possession de son instrument, quand on est un maître du crayon, il est d'un bon exemple de sortir des voies battues et de tenter les routes nouvelles. Ayant à interpréter deux scènes tirées des Évangiles, il a mis de côté la vieille défroque des draperies de convention; il a pensé avec raison que les Juifs du temps de Jésus n'étaient point positivement vêtus comme des sénateurs romains; il a, sans bien longues réflexions, compris que la race sémitique, à laquelle appartenaient tous les héros du Nouveau Testament, était essentiellement différente de celle de Japhet. Il a pu se convaincre par lui-même que l'Orient est le pays de l'immobilité; il a vu, par comparaison, que les costumes, les usages, les mœurs décrits dans la Bible étaient les mœurs, les usages, les costumes d'aujourd'hui. Une lecture attentive des Écritures saintes lui a prouvé que, sauf les imprécations des prophètes et les plaintes des psaumes, elles ne contenaient que des récits familiers où l'épopée ne tenait aucune place; il s'est demandé sans doute si jusqu'à présent on ne s'était pas trompé en reproduisant indéfiniment les personnages que les peintres de la renaissance avaient consacrés; il a été honteux de voir l'art qu'il honore par son talent tourner toujours dans le cercle étroit d'une servile et trop commode imitation, et, rompant en visière avec les us absurdes où la paresse naturelle aux Français nous a retenus si longtemps, il a résolu de représenter les différentes scènes de la Bible en s'appuyant sur les textes, sur la tradition locale, sur l'étude du pays et l'observation de ses différens types. Un tel projet peut paraître ambitieux, mais les deux magnifiques dessins exposés aujourd'hui affirment hau-

tement qu'il n'avait rien d'excessif, que M. Bida a bien fait de
le concevoir, et qu'il a triomphé de toutes les difficultés qu'il a dû
rencontrer.

Ces deux dessins, exécutés au crayon noir, ont une importance
que bien des tableaux, et des meilleurs, seraient en droit de leur
envier. Il est facile de voir au premier coup d'œil que M. Bida
est un familier de l'Orient et qu'il a vécu en Palestine. A notre
époque, époque critique par excellence, où l'on demande volontiers aux choses leur raison d'être, il me paraît impossible de faire
un tableau religieux historique, reproduisant un des faits racontés par les Écritures saintes, sans avoir parcouru ce qu'on appelle en style officiel « le théâtre des événemens. » La Judée est,
pour ceux qui ont su la voir, le plus admirable commentaire de
la Bible qu'on puisse consulter. Toutes les obscurités se déchirent,
chaque aspect du pays est une preuve, chaque usage une confirmation, chaque coutume un développement. Le livre et la vieille
patrie hébraïque sont indissolublement liés, il est difficile de comprendre l'un sans l'autre; lorsqu'on les met en présence, ils s'expliquent, se complètent, se racontent et ne gardent plus aucun
secret. A ce double point de vue, M. Bida est un initié; il sait ce
que c'est que la robe sans couture; il a entendu, comme le prophète irrité, sonner les hauts patins des femmes de Jérusalem; il
a rencontré des santons hérissés qui lui ont rappelé Jean le Bap-
tiste; il a vu des enfans courir après un vieillard qui avait perdu
son turban et crier : Ah! ce chauve! Il a dormi sous la tente de
Booz; à Gasser Beneck-el-Yakoub, il a aperçu de longs troupeaux
semblables à ceux du rusé Jacob et marchant au bruit des grelots.
Si on lui lit le verset tant commenté de l'Exode : « Quand vous
verrez les enfans des femmes des Hébreux et que vous les verrez
sur la chaise, si c'est un fils, mettez-le à mort, » il pourra dessiner *la chaise* et dire à quoi elle sert, car il en a vu beaucoup,
non-seulement en Égypte, mais dans les différentes contrées de
l'Orient qu'il a visitées. M. Bida en effet n'est pas seulement un
artiste remarquable, c'est un lettré instruit; tout en observant le
côté pittoresque qui lui importait, il a étudié les mœurs et pénétré profondément dans la vie des peuples qu'il cotoyait en passant. Grâce à son esprit juste, à sa sagacité et à un travail constant, il lui a été permis de reconstruire pièce à pièce l'existence
des hommes dont il voulait raconter l'histoire avec son crayon; ses
paysages, ses vues de villes, ses costumes, ses types sont exacts
comme des photographies. Cette nouvelle et très sérieuse méthode
d'interprétation portera-t-elle ses fruits et trouvera-t-elle des imi-
tateurs parmi les artistes qui gardent encore quelque souci de la

vérité et de l'histoire, parmi ceux qui sont assez bien doués pour voir dans un tableau autre chose qu'un motif à colorations agréables ou à lignes imposantes? Je l'espère plus que je ne le crois. Un exemple, si bon qu'il soit, est rarement fertile en France, lorsque pour le suivre et s'y conformer il faut entreprendre des études nouvelles et renoncer aux douceurs paresseuses d'une tradition qu'on entoure de respects d'autant plus grands qu'il est plus commode de ne point s'en écarter. Quoi qu'il en soit, *le Départ de l'Enfant prodigue* et *Paix à cette maison* (saint Luc) sont une tentative très généreuse et très hardie dont il convenait de faire ressortir la gravité exceptionnelle. Ce ne sont pas seulement deux très beaux dessins, on sait que M. Bida est coutumier du fait; c'est l'essai d'une révolution attendue depuis longtemps par ceux qui s'étonnent que la peinture historique ait été depuis tant d'années le travestissement systématique de l'histoire. La draperie des vêtemens orientaux est aussi belle, aussi *abstraite* que celle des toges romaines; les types de la race sémitique sont aussi beaux et offrent autant, sinon plus de ressources, que ceux des modèles de la Piazza-di-Spagna; les paysages de la Palestine et de la Syrie ont des aspects aussi variés et autrement grandioses que la campagne de Rome et les montagnes de la Sabine. Il me semble qu'en entrant courageusement dans la voie nouvelle ouverte par M. Bida, les artistes trouveront des forces qu'ils ne soupçonnent pas et qu'on aura fait faire un grand progrès à la peinture historique. L'histoire, l'archéologie, la philologie, la critique, l'étude de la nature, ont fait des pas de géant depuis le XVIᵉ siècle : pourquoi la peinture resterait-elle stationnaire, et pourquoi se refuse-t-elle obstinément à profiter des documens que la science s'épuise en vain à mettre à sa portée ? On dit : Les maîtres ont fait ainsi. Soit; mais s'ils revenaient, ils feraient autrement, soyez-en certains. Ils étaient dans la science historique de leur époque, ils faisaient consciencieusement ce qu'ils croyaient être la vérité; en les imitant jusque dans les fautes d'ignorance qu'ils ont involontairement commises, nous n'avons aucune excuse à invoquer, et nous nous rendons sciemment coupables d'erreurs grossières qui donneront singulièrement à rire à nos petits-enfans.

Il est utile de conserver la tradition, je le sais et ne l'ai jamais contesté, mais à la condition d'ajouter chaque jour un anneau à la chaîne et de la conduire insensiblement ainsi jusqu'à nos jours; c'est seulement de cette manière qu'elle peut rester la tradition, et cependant avoir été améliorée par les découvertes successives que la science ne cesse de faire. Il est bon d'imiter les maîtres, je n'en disconviens pas non plus, mais à la condition de faire mieux qu'ils ne faisaient, car forcément nous devons en savoir plus qu'eux. Burton a écrit : « Les anciens étaient des gens de science et de philosophie, soit, je veux l'admettre ; mais, à l'avantage des modernes, je dirai avec Didacius Stella : Un nain sur les épaules d'un géant peut voir plus loin que le géant lui-même. » Cette maladie d'imitation quand même est vieille comme le monde, et déjà dans son temps Marc-Aurèle pouvait écrire : « Il ne faut pas recevoir les opinions de nos pères, comme le feraient des enfans, par la seule raison que nos pères les ont eues. »

Je crois que, si les artistes pouvaient se dégager de certaines admirations trop exclusives, ils y gagneraient une indépendance d'allure qui leur fait défaut aujourd'hui. Cette admiration servile peut nuire à leur talent, le voiler pour ainsi dire, et l'empêcher de développer tous ses moyens. Il y en a parmi eux qui en arrivent à imiter des tableaux vus à travers la patine noirâtre et regrettable que le temps et les vernis chancis leur ont donnée. Je prendrai pour exemple M. Ribot. Certes son talent n'est pas contestable ; peu d'hommes possèdent une habileté matérielle égale à la sienne ; sa brosse a d'enviables fermetés. Il peint d'une façon magistrale et certaine qui est faite pour plaire, son modelé est excellent, et l'on peut, malgré ses défauts de surface, reconnaître en lui les qualités d'un coloriste de premier ordre ; mais pourquoi son admiration mal raisonnée pour Ribeira le pousse-t-elle à des excès de colorations noires que rien ne peut justifier ? Ses tableaux ressemblent à des toiles du maître espagnol qu'on aurait, pendant cinquante ans, oubliées dans la boutique d'un charbonnier. Il en sera des tableaux de M. Ribot ce qu'il en est des tableaux de Valentin, ils seront indéchiffrables. Le noir est une couleur persistante, très dangereuse, qui a une tendance fatale à envahir et à noyer les nuances qui l'avoisinent. Tous les tableaux que Valentin a peints jadis sur fond noir pour leur donner immédiatement un relief plus accentué sont aujourd'hui brouillés, méconnaissables, plaqués de larges taches, dévorés dans leurs contours et leur coloration. Je signale ce danger à M. Ribot ; il est sérieux, il est redoutable. Dans vingt ans, plus tôt peut-être, son *Saint Sébastien*, dont la gamme sombre des personnages est encore glacée de noir, ressemblera à ces plaques daguerriennes primitives qu'on ne savait comment examiner dans leur vrai jour. M. Ribot voit noir, ceci n'est point douteux, absolument comme le Parmesan voyait blond. C'est un défaut, un très grave défaut, qu'il lui est facile de reconnaître et de corriger lui-même. Le concert qu'il a intitulé *une Répétition* est exécuté de la même manière, avec la même habileté grave et forte, mais aussi avec la même coloration déplorable. On dirait que, le tableau terminé,

M. Ribot a pris plaisir à le gâter en le frottant d'un vernis noir spécialement fait pour détruire l'harmonie des tons en les perdant tous sous une teinte d'encre insupportable à voir. Il y a péril en la demeure, et M. Ribot, s'il continue, perdra tous les bénéfices d'un talent déjà considérable et qui peut grandir encore. Je voudrais, ne fût-ce que pour en faire l'expérience et lui prouver combien j'ai raison, qu'il consentît à peindre un tableau, un seul, sans employer ces noirs voulus et désastreux qui détruisent son œuvre. Il serait surpris lui-même des résultats qu'il obtiendrait, et il prendrait immédiatement parmi les artistes une place qu'il mérite, et que sa déplorable manie l'a empêché d'occuper jusqu'à présent. M. Ribot ressemble à un ténor qui s'emplirait la bouche de bouillie avant de commencer à chanter. C'est un suicide, et il est vraiment douloureux de voir un tel talent s'annihiler ainsi de gaîté de cœur et en vertu d'un parti-pris inexcusable.

III.

C'est moins le sujet en lui-même que la façon dont il est traité qui constitue la peinture d'histoire; il y a des tableaux de vingt pieds de long qui appartiennent à la peinture de genre, tandis que certaines toiles, certains dessins, — j'en aurai un à citer, — rentrent par la noblesse de leur style dans la grande peinture. L'an dernier, *OEdipe et le Sphinx* appartenait à la peinture épique; M. Gustave Moreau, en faisant ce qu'on pourrait appeler sa rentrée après une longue abstention, avait voulu frapper un coup décisif, il avait réussi. Il savait, comme Winckelmann, que « dans tous les arts il faut toujours donner le plus haut ton, attendu que la corde baisse toujours d'elle-même. » Malgré une certaine réaction peu justifiée qui déjà se fait sentir autour de M. Moreau, je trouve que les deux tableaux envoyés par lui au Salon de 1865 sont conçus et exécutés dans le même esprit qui lui a valu son succès. J'aurai cependant plus d'une réserve à faire; mais dans ces œuvres nouvelles je retrouve le même respect de l'art et de soi-même, la même recherche du beau, la même préoccupation d'un idéal étranger aux aptitudes vulgaires que j'avais pris plaisir à signaler et à louer l'an dernier. Le reproche principal qu'on peut adresser à la conception même des tableaux de M. Moreau, c'est qu'elle n'est pas suffisamment claire. Le Français est ainsi fait qu'il veut voir et comprendre au premier coup d'œil; tout ce qui n'est point parfaitement net et même un peu banal n'a pas le don de lui plaire; il n'aime point les sens mystérieux et cachés; tout symbole lui est désagréable, toute recherche lui est pénible; son ignorance aidant, il a horreur des vérités qu'il faut déshabiller avant de les reconnaître, et il lui ré-

pugne singulièrement d'avoir une inconnue à dégager. J'avoue que
je ne suis pas ainsi, et qu'un peu de rébus ne me déplaît pas; il est
du reste intéressant de voir comment un esprit curieux et réfléchi
rend ses idées à l'aide d'un art plastique, c'est-à-dire extrêmement
limité dans l'expression même.

Si *Jason* est une énigme, il me semble que le mot n'en est pas
difficile à trouver. L'argonaute est triomphant, demi-nu comme
un héros, debout auprès du trophée qui porte la toison d'or; d'une
main il tient son glaive rentré au fourreau, de l'autre il lève et
semble offrir aux dieux le rameau d'or de la victoire. Ses beaux
pieds nus posent sur le corps du dragon qui, expirant dans les dernières convulsions de l'agonie, redresse encore sa tête de pygargue
et roule les anneaux séparés de sa queue de serpent. C'est le pays
du triomphe et de l'éternelle jeunesse; le ciel a des profondeurs
lointaines que l'espérance peut parcourir à tire d'aile; des fleurs
brillent, des oiseaux volent; les yeux extasiés de Jason, des yeux
bleus et rêveurs, regardent vers les cieux avec une orgueilleuse
confiance; on sent l'homme sûr de sa force. Il ne doute plus;
comme un autre Hercule, il a accompli les travaux qu'Æétès lui a
imposés; il a terrassé les taureaux, il a vaincu l'invincible dragon
qui gardait le trésor : qui lui résisterait maintenant? le monde ne
lui appartient-il pas? Mais derrière lui, près de ce même trophée
qu'elle a aidé à conquérir en endormant le monstre, Médée est debout. Ce n'est pas encore la Médée terrible qui, trahie, donnera à
sa rivale le peplum empoisonné et la couronne ardente, et qui
massacrera Mermerus et Pherès, les deux fils qu'elle a eus de Jason. Ce n'est encore que la magicienne énervante, plus dangereuse
peut-être avec ses philtres qu'avec son poignard. Il est facile de
comprendre qu'elle porte en elle une force persistante, douce et
dissimulée, qui, sans efforts, sans violence, par le seul fait de sa
manifestation régulière, finira par vaincre l'homme, l'abâtardir et
réduire à néant toute cette puissance dont il est si orgueilleux.
L'amour et la volupté ont tué plus de héros que la peste et la
guerre. Elle est charmante, cette Médée, quoiqu'elle ait été conçue
un peu trop en réminiscence des femmes du Pérugin. Comme les
aimables nymphes peintes par le maître de Raphaël, elle mérite la
jolie épithète ionique familière à Homère, καλλιπάρῃος, aux belles
joues; c'est l'indice de la jeunesse, et M. Moreau l'a très justement
remarqué. Ses yeux presque voilés, d'une teinte verdâtre difficile
à définir, ont, plus encore que le regard extatique de Jason, une
expression de domination inéluctable où se mêle je ne sais quelle
nuance d'ironie qui semble se rire de l'assurance du héros. Autour
de ses flancs, un peu trop larges peut-être, s'enroule une chaste
ceinture composée des blanches fleurs de l'ellébore noire, la plante

endormante chère aux sorcières, la douce renonculacée qui fait rêver, console et donne des visions pleines d'espérance. Médée a posé
sa petite main sur l'épaule de Jason, et ce seul geste suffit à nous
faire comprendre que déjà il ne s'appartient plus, qu'il va être saisi
tout entier, que le vainqueur de tant de monstres a trouvé l'être
dévorant par qui les plus énergiques sont vaincus : la femme aimée. Ce mythe est éternel, il est d'aujourd'hui comme il était d'autrefois ; il change de nom et de patrie, mais il reste toujours le
même et porte avec lui le même enseignement. Au paradis, c'est
Adam et Ève ; chez les Grecs, il se nomme Hercule et il file aux
pieds d'Omphale ; en Judée, il s'appelle Samson, et Dalilah lui
coupe les cheveux. On a beau être la créature directe de Dieu
comme Adam, être fils de Jupiter comme Hercule, être inspiré par
l'esprit de Jéhovah comme Samson, on n'en est pas moins terrassé
par le doucereux ennemi auquel on a livré son cœur. Et à quelle
heure est-on ainsi perdu? À l'heure propice par excellence, à
l'heure du triomphe, à l'heure où, maître des événemens, on a
dompté la nature, ébloui les hommes, égalé les dieux, à l'heure où
rien ne paraît plus impossible, où l'on croit, comme Encelade, pouvoir escalader l'empyrée. La femme intervient alors ; le héros
quitte sa massue, prend la quenouille et file en chantant un bonheur qui le détruit et le désagrége tout entier. Je puis me tromper,
mais il me semble que c'est bien là ce que M. Moreau a voulu dire
en nous montrant ces deux jeunes personnages triomphans, chacun
à sa façon, dans leur paradis mythologique. Cette pensée me parait très simple, très claire et très juste ; elle était de nature à inspirer un beau tableau. Une très vive préoccupation du grand style,
une chasteté qu'on ne saurait trop louer, font de cette toile une
œuvre digne d'éloges ; elle nous prouve que l'*OEdipe* n'était point
un accident, et qu'il y a chez M. Moreau une conviction sérieuse et
une envie de bien faire qui savent résister à l'enivrement du succès.
Il sait que dans les arts, comme dans la littérature, on n'est jamais
arrivé, et qu'il reste toujours mieux à tenter. Nous pourrions facilement faire quelques critiques de détail : le bras de Jason, celui
qui lève la palme d'or, est maigre et d'un dessin plus cherché que
trouvé ; l'épaule de la Médée est trop grêle, surtout par rapport à
la largeur arrondie des flancs. L'harmonie générale est bonne et
savante : elle est blonde et se détache sur un fond bleu et brun qui
lui donne un relief suffisant. Quant à l'exécution, on peut l'étudier
de près, elle ne recèle aucune négligence. La composition est héroïque sans être théâtrale, et il y avait là un écueil qu'il n'était cependant pas facile d'éviter.

Le second tableau de M. Gustave Moreau est intitulé *le Jeune
Homme et la Mort.* C'est encore la vanité des espérances humaines

qui fait le fond du sujet. Ardent et rapide comme un vainqueur aux jeux d'Olympie, un jeune homme s'élance en courant. Il tient à la main les belles fleurs du printemps si vite fanées, les narcisses, les pâquerettes, les anémones, et dans son orgueil, dans sa folie, dans son imprudente confiance en la vie, il va poser lui-même sur son propre front la couronne d'or des triomphateurs. Cependant une teinte livide a blêmi sa face, une angoisse indéfinissable agrandit ses yeux; le sang, dirait-on, ne circule plus sous cette peau mate et pâle que soulève le jeu des muscles en mouvement. Aura-t-il le temps de ceindre sa tête du laurier victorieux? Il touche au but; le voilà : pourra-t-il l'atteindre? Non. La mort est derrière lui : elle est endormie, il est vrai; mais au dernier grain qui tombera dans le sablier le jeune homme tombera aussi pour ne se relever jamais. S'il est une allégorie vraie au monde, c'est celle-là, et quoique M. Moreau l'ait rendue d'une façon un peu obscure, elle n'en est pas moins suffisamment expliquée. Sa *Mort* n'est point hideuse; « celui qui meurt jeune est aimé des dieux. » Ce n'est point l'horrible camarde à laquelle nous sommes trop accoutumés; c'est une belle jeune femme triste et pensive, qui incline son front chargé de violettes et de pavots, et qui porte en elle l'attrait mystérieux qui la fait aimer. M. Moreau lui a donné l'attitude charmante que la théogonie hindoue a consacrée pour Vichnou Narâyana lorsque, porté sur les replis du serpent Ananta au sein des eaux tranquilles, il rêve en contemplant le lotus brahmanique qui s'élance de son nombril sacré. Nulle pose ne pouvait être plus nonchalante, plus mélancolique et plus noble. Cette mort ne porte point la faux traditionnelle qui nous abat comme une herbe mauvaise, elle est armée du glaive aigu, si bien orné qu'il ressemble à un bijou, si tranchant qu'il doit enlever la vie sans apporter la souffrance. L'opposition des deux personnages, l'un immobile, allangui par le repos, l'autre en pleine activité et lancé à toute puissance, a été bien étudiée et parfaitement rendue. L'aspect de la coloration est froid, comme il appartenait à un sujet pareil. Un oiseau éclatant de couleur, bleu, noir, violet, blanc, les ailes rouge ardent d'un amour qui va éteindre une torche servent pour ainsi dire de repoussoir au coloris général, et ne sont pas inutiles pour lui donner ce ton livide et glacial qui saisit au premier regard. Le mouvement du jeune homme est excellent : il court, l'épaule droite effacée, la jambe gauche en avant, la poitrine élargie par le souffle plus rapide; mais, à le voir, on sent que c'est un dernier effort, déjà l'œil est hagard, il va tomber.

Je n'ai fait que passer, il n'était déjà plus!

Je voudrais m'arrêter là et n'avoir que des éloges à donner à

M. Moreau, dont le talent m'est singulièrement sympathique; mais je n'ai point le droit de lui cacher ce que je crois la vérité. M. Gustave Moreau a beaucoup étudié les maîtres, il a vécu dans leur familiarité et leur a surpris plus d'un secret. Il a pu remarquer que les plus forts d'entre eux sont toujours sobres. Je n'en voudrais pour exemple que l'*Adam* et l'*Ève* de Luca Kranach qui sont à la tribune du palais des Offices, à Florence; M. Moreau, sans nul doute, se souvient de ces deux panneaux merveilleux. Les personnages y sont réellement les personnages; rien ne détourne l'attention qui doit se porter sur eux : nul accessoire inutile, nulle bimbeloterie superflue, si bien exécutée qu'elle soit. Je sais qu'il est difficile d'échapper au milieu dans lequel on vit. On a beau s'isoler, se renfermer, se celer à tout ce qui vient du dehors, vivre dans sa propre pensée comme dans une forteresse; en un mot, on a beau s'abstraire, on n'en est pas moins pénétré à son insu par l'air ambiant que l'on respire, et qui porte avec lui des miasmes délétères et destructeurs. Dans une époque comme la nôtre, où une licence sans nom a remplacé la liberté absente, dans un temps où la mode teint les cheveux, le visage et les yeux de la jeunesse, dans un temps où l'on s'empresse autour d'une chanteuse interlope et d'un mulet rétif, il n'est point aisé de rester imperturbablement attaché à des traditions de grandeur qui ne sont plus de mise et qu'on a jetées au panier avec les défroques de jadis. La décadence est une maladie épidémique, elle se glisse partout et amollit les âmes les mieux trempées. Certes le courage, l'excellent vouloir, l'idéal peu ordinaire de M. Moreau ne sont même pas discutables; il suffit de voir une de ses toiles pour comprendre qu'il vise très haut, et cependant cela suffit aussi pour comprendre qu'il n'a pu échapper à l'influence des milieux, et qu'il vit dans des jours de dégénérescence. L'abus du détail poussé à l'excès ôte à ses tableaux une partie de leur valeur; on se fatigue à passer d'un objet à l'autre, d'un sceptre à un glaive, d'un javelot à un bouclier, d'une coupe à un trophée surchargé comme une colonne votive, d'un aigle blanc à une demi-douzaine d'oiseaux-mouches, qui doivent être bien surpris de se trouver en Colchide, de bandelettes épigraphiques à des statuettes de divinités barbares, de médailles à des têtes d'éléphant. Il y a là plus qu'une erreur, il y a un danger. L'année dernière, dans l'*OEdipe*, ce défaut apparaissait déjà, mais on pouvait croire que le peintre n'avait obéi qu'à une fantaisie passagère; aujourd'hui il y revient avec une persistance inquiétante, car elle prouve qu'il y a chez lui parti-pris. Un vieux proverbe dit : « Il ne faut pas que la forme emporte le fond; » il ne faut pas non plus que l'accessoire devienne le principal, que l'accidentel cache le définitif. Je sais qu'il est fort agréable, quand on est sûr de sa main, d'exécuter ces petits tours de force de couleur; je sais que lorsque l'on a, comme M. Moreau, un esprit curieux, recherché, un peu trop précieux peut-être, rien n'est plus plaisant que de créer à plaisir cette espèce d'orfévrerie mignonne et gracieuse qui est plutôt de l'ornementation que de la peinture; mais je sais aussi que de tous les ordres d'architecture le plus beau est le dorique, que les tableaux de M. Moreau sont tellement composites qu'ils déroutent l'attention à force de la promener d'objets inutiles en objets superflus, et je sais enfin qu'il n'y a pas de vraie grandeur, pas de *style* sans simplicité et sans sobriété. Si par la pensée M. G. Moreau veut bien débarrasser son *Jason* de tous les élémens étrangers qui l'encombrent, si, au lieu de ce trophée qui, avec ses bandelettes, ressemble à un immense mirliton, il veut bien suspendre au chêne de la légende la toison de bélier couverte des pépites d'or recueillies dans le fleuve, il verra grandir ses personnages, il les verra acquérir un relief, une importance qu'il a voulu leur donner, et que leur enlève le fouillis qui les entoure. Chacun de ces accessoires est en lui-même traité à ravir, j'en conviens volontiers; mais les choses ne sont jamais belles qu'à leur place. Mettez un collier ciselé par Benvenuto Cellini au cou de la Vénus de Milo, et vous lui ôtez immédiatement son ampleur et sa majesté. Que M. Moreau sache se châtier lui-même, cela lui sera facile; qu'il force son imagination à se concentrer sur le sujet seul, sur le sujet abstrait de ses tableaux, et nous ne regretterons pas les reproches que nous avons cru devoir lui soumettre, car alors nous n'aurons plus que des éloges à lui adresser.

M. Paul Baudry a demandé aussi à la mythologie un prétexte aux agréables et futiles colorations auxquelles il se complaît. J'avoue qu'en voyant annoncer, avant l'ouverture du Salon, une *Diane chassant l'Amour*, je m'étais imaginé une vaste allégorie conçue au point de vue épique : Diane, la chasteté, guidant ses lévriers de Laconie à travers les halliers et poursuivant son éternel ennemi. J'avais compté sans le peintre. La façon dont il a traité son sujet est beaucoup plus simple et ne nous montre rien de nouveau. Diane est assise auprès d'une source où brille la fleur de quelques iris; l'Amour, un Amour bouffi du bon vieux temps, le petit dieu badin en un mot, est venu la regarder de trop près : elle le chasse en essayant de le frapper, non, de le battre avec une de ses flèches. La flèche de l'Amour est armée d'une pointe d'or, celle de Diane est ferrée : c'est là tout l'esprit de la composition. Après un tel effort, M. Baudry s'est reposé : *exegi monumentum!* Le dessin est toujours ce qu'il est dans les tableaux de M. Baudry, fort indécis et souvent maladroit. Diane ne répond guère au principe de virginité qu'elle représentait chez les anciens : c'est une assez égrillarde personne, qui n'a point l'air trop fâché d'avoir été dérangée au moment où elle baigne ses pieds; elle est grassouillette et molle, et ne représente en quoi que ce soit l'idée qu'on peut se faire de la chaste déesse, svelte, alerte, courant la nuit sur les bruyères et dormant le jour au fond des bois touffus. C'est assez creux de facture, comme toujours, et peint souvent avec de simples frottis qui font plus d'illusion que d'effet. Selon son habitude, M. Baudry a parsemé son tableau de ces charmantes touches bleues où il excelle; l'aspect général est gai, et c'est à peu près tout ce qu'on doit demander à un panneau décoratif. En revanche, M. Baudry expose un portrait, grand comme la main, qui est excellent, quoiqu'exécuté dans une teinte verdâtre trop uniforme, très vivant, fait au bout de la brosse et parfaitement réussi.

J'étonnerai peut-être M. Baudry en disant qu'à cette *Diane* vulgaire je préfère une simple aquarelle que M. Pollet a intitulée *Lydé*. Il y a là du moins, malgré l'infériorité consentie du genre, un souci de l'art et un soin d'exécution qui me paraissent mériter les plus grands éloges. Voilà longtemps que M. Pollet est sur la brèche, et il nous prouve aujourd'hui que les plus vieux capitaines sont souvent les meilleurs. Lorsqu'au début de sa carrière on a eu le courage, l'esprit ou la chance de placer son idéal très loin, on marche vers lui en s'agrandissant soi-même, l'âge ne vous atteint pas, et l'on reste jeune, car on n'a pas encore touché le but qu'on s'était proposé. Depuis vingt-sept ans que M. Pollet a obtenu le premier grand prix de gravure, son talent n'a rien perdu de sa fraîcheur ni de sa force. L'aquarelle qu'il expose aujourd'hui appartient, sans contestation possible, à la peinture d'histoire. C'est d'une grande allure et d'un style de premier ordre. Le sujet n'est point compliqué : une jeune fille assise sur l'herbe, à l'ombre d'une futaie, arrache une épine qui l'a blessée.

> Mon pied blanc sous la ronce est devenu vermeil.

Une draperie cachant la moitié du corps laisse à découvert les épaules, la poitrine et les bras. La facture est extraordinairement belle, et je doute que la peinture à l'huile elle-même puisse donner le relief que M. Pollet a obtenu avec de simples teintes d'aquarelle relevées çà et là d'imperceptibles hachures au pinceau. Les fleurs posées sur les cheveux blond cendré sont d'une légèreté charmante, l'air verdâtre tamisé par l'épais feuillage des arbres semble faire du jeune et charmant personnage un point lumineux qui at-

tire le regard et retient l'attention. C'est une œuvre remarquable,
qui est reléguée forcément dans la dernière salle de l'exposition, et
qui méritait plus que toute autre les honneurs de ce qu'on appelait
jadis le Salon carré.

Qui ne se souvient de l'admirable début de *l'Orestie?* qui n'a
présent à la mémoire le douloureux monologue du veilleur? « Dieux,
je vous en prie, délivrez-moi de mes travaux; faites que je me repose de cette garde pénible! D'un bout à l'autre de l'année, comme
un chien, je veille en haut du palais des Atrides, en face de l'assemblée des astres de la nuit. Régulateurs des saisons pour les
mortels, rois brillans du monde, flambeaux du ciel, je les vois, ces
astres, et quand ils disparaissent et à l'instant de leur lever. Sans
cesse j'épie le signal enflammé, ce feu éclatant qui doit annoncer
ici que Troie a succombé! » J'avais toujours été surpris qu'un tel
sujet, si profondément plastique par lui-même, ne tentât point un
peintre de talent. Dans cet homme que ronge l'ennui, qu'accable la
fatigue d'une tâche incessante, qui, du haut de la terrasse où il a
posé son lit, comme une cigogne voyageuse, regarde invariablement vers la mer immense pour découvrir au loin, sur le promontoire à peine visible, le bûcher allumé qui annoncera la bonne
nouvelle, il y avait motif à un tableau majestueux et solide, donnant lieu à des lignes sévères, relevées par d'habiles oppositions
de couleurs. Les poètes sont de bons conseillers pour ceux qui savent les entendre, et l'on ne les consulte peut-être pas assez souvent. Dans sa simplicité grandiose et farouche, Eschyle semble
n'avoir écrit que pour offrir aux peintres des sujets magnifiques. Le
veilleur mélancolique qui se plaint de son sort a fourni à M. Lecomte-Dunouy l'occasion de faire un agréable petit tableau où l'on
sent trop l'influence de M. Gérôme et les habitudes un peu étroites
de l'école dite des *pompéistes,* qui voient trop souvent les choses
par leur petit côté. La toile est fort restreinte, mais les dimensions
sont peu importantes, et ce n'est pas à cause de cela qu'elle manque de largeur. La touche est maigre, quoique assez serrée, et la
coloration est d'une harmonie triste qui n'est point désagréable à
voir. M. Lecomte-Dunouy a interprété Eschyle à sa guise, c'était
son droit; au lieu de faire un guetteur harassé qui interroge l'horizon avec angoisse, il a représenté un oplite qui monte la garde au
haut des tours et regarde tristement vers la ville endormie à ses
pieds. Est-ce le sujet en lui-même qui a séduit l'artiste? Je ne le
pense pas; je m'imaginerais volontiers qu'il a été plutôt entraîné
par ce que je nommerai d'un vilain mot, le *bric-à-brac.* En effet,
tout le soin de l'exécution est donné à la tunique rouge, au casque
armé de son nasal, aux cnémides, à la sarisse, au bouclier posé

contre la muraille. Il y a là une préoccupation de vérité archéolo-
gique qui mérite d'être louée; mais, puisque M. Lecomte-Dunouy
était en veine de recherches, pourquoi s'est-il arrêté en chemin, et
pourquoi sur ce merlon de pierre qui fait partie d'un palais d'Argos
grave-t-il l'oiseau consacré à Minerve et emblème d'Athènes? Le
demi-loup argien eût été là plus à sa place que la chouette athé-
nienne. Ceci est bien peu important, me dira-t-on; je le sais. L'art
n'est pas la science, je le sais encore et ne les confonds pas. Cependant il était bien facile d'être exact, le tableau y eût gagné une
petite saveur archaïque qui ne lui aurait pas nui. Telle qu'elle est
néanmoins, et malgré ces très légères critiques de détail, cette toile
est honorable, et prouve chez l'auteur un esprit curieux et distingué. En somme, c'est plutôt une vignette qu'un tableau; c'est une
traduction d'Eschyle *ad usum Delphini*, mais c'est déjà beaucoup
que de s'être épris d'un tel poète : si ce n'est un résultat, c'est une
promesse bonne à enregistrer, et dont il convient de tenir compte.

Il est un genre de peinture historique qui fut fort à la mode il y
a quelque trente ans et qui semble tout à fait tombé en désuétude
aujourd'hui : c'est celui qui consiste à reproduire quelques personnages connus concourant à une action commune. Son vrai nom serait la peinture anecdotique. M. Paul Delaroche fut le grand-maître
de cette école médiocre qui ne produisit jamais rien de bien remarquable. *Jane Grey, Charles Ier insulté par des soldats, lord Straf-
ford marchant au supplice,* prouvèrent que le sujet seul ne constitue pas une œuvre d'art, et n'obtinrent jamais qu'un succès de
curiosité. Après M. Paul Delaroche vint M. Gallait, qui raconta sur
des toiles emphatiques les principaux épisodes de l'histoire révolutionnaire du Brabant. En général, ces tableaux plaisent à la foule,
qui, ne comprenant rien à l'art, n'est avide que d'émotions et s'im-
pressionne à la vue de certaines infortunes qu'on lui représente.
Les peintres de ce genre facile ont soin de choisir leurs sujets parmi
les faits déjà connus, appréciés, et sur lesquels on s'est passionné.
C'est ainsi que M. Müller a fait parler de lui avec son *Appel des
condamnés* et que M. Paul Delaroche a remporté un succès d'attendrissement avec sa *Marie-Antoinette sortant du tribunal révolutionnaire.* Aujourd'hui voici un nouveau venu, un étranger; il arrive avec une vaste composition où les maladresses ne manquent
pas, où les qualités dominent, et qui rappelle cette école dont je
viens de parler. Le nom de M. Matejko indique son origine lithua-
nienne; il n'est donc pas étonnant qu'il ait emprunté à l'histoire de
Pologne le motif de son tableau : *le prêtre Skarga prêche devant la
diète de Cracovie assemblée en* 1592. La plupart des personnages
doivent être des portraits, et à ce point de vue peuvent être inté-

ressans à étudier. Il y a là d'étranges visages, des postures singulières, des attitudes à la fois théâtrales et abandonnées qui portent un cachet de vérité remarquable. Le grand et seul reproche sérieux que j'adresserai à M. Matejko, c'est d'avoir abusé jusqu'à l'excès des colorations noires; il a pu ainsi obtenir plus de relief pour certaines têtes qu'il voulait mettre en lumière, mais il a affaibli l'effet général, et c'est toujours cela qu'il faut considérer en première ligne et en dernier ressort, surtout dans un tableau de cette dimension. A ne s'occuper que du procédé matériel, il faut reconnaître qu'il est excellent; il y a là des têtes accentuées comme jamais Paul Delaroche n'aurait su en peindre et des étoffes supérieures à toutes celles que nous avons pu voir dans les toiles de M. Gallait. Si, comme je le crois, ce tableau est un début, il est de bon augure et promet à la peinture historique une recrue importante. M. Matejko a des qualités fort appréciables, et il les mettra plus favorablement en relief le jour où, renonçant aux tons noirs et fâcheux qui déparent son *Skarga*, il demandera aux colorations blondes les ressources considérables qu'elles offrent à ceux qui savent les employer avec discernement.

C'est aussi dans l'histoire de Pologne que M. Kaplinski a cherché un sujet, mais il l'a pris dans l'histoire contemporaine, et l'*Épisode* qu'il expose en est pour ainsi dire le triste et lamentable résumé. Un jeune homme vêtu de la robe noire des condamnés marche au supplice en tenant le crucifix serré contre sa poitrine et en levant les yeux vers le ciel comme pour affirmer une fois de plus que son espérance est imprescriptible, ainsi que son droit. Derrière lui et prêt à lui jeter la corde fatale, vient le bourreau. C'est d'une composition extrêmement simple, et il faut rendre à M. Kaplinski cette justice, qu'il s'est éloigné avec un goût parfait de tout ce qui pouvait être théâtral. Le sujet y prêtait pourtant singulièrement, et il n'y a que plus de mérite à être resté maître de soi-même. Point de pose, point d'attitude outrée, point de geste violent. La victime meurt avec une résignation dont tant d'exemples ont été récemment donnés; ce fut un soldat, aujourd'hui c'est un martyr; la cause est ajournée, mais elle n'est pas perdue; celui qui va mourir la remet à Dieu, et peut-être, semblable à ce vieux chef croisé dont parle une chronique arabe, lui dit-il : « J'ai fait mon devoir, à ton tour de faire le tien! » Le bourreau lui-même n'a rien de cruel ni de brutal; il a l'air d'un garçon boucher; il va tuer cet homme comme il tuerait un veau, sans plus de souci, parce qu'on le lui a ordonné et qu'il est payé pour cela. Sur sa face stupide et large, je ne vois rien qu'un léger sentiment de curiosité; il semble regarder le patient afin de saisir le moment précis où, la prière dite, il va

falloir lui passer la corde autour du cou. L'opposition des deux personnages a été très bien comprise et rendue à souhait par M. Kaplinski. Ces deux hommes sont absolument dans la sincérité de
leur rôle, l'un en mourant pour sa patrie, l'autre en pendant le
vaincu; l'esprit est d'un côté, la matière est de l'autre; la défaite a
un cerveau, le triomphe n'a que des muscles. L'impression est profonde et saisit dès l'abord. L'harmonie même de la toile est en rapport exact avec la composition. La teinte générale, grise et noire,
relevée de tons rouges, est d'un effet triste très habilement approprié au sujet. L'exécution est bonne, les têtes ont un vif relief; les
mains, cette pierre d'achoppement de tant d'artistes, ont été traitées avec un soin minutieux qui indique de fortes études et une très
attentive observation de la nature. Il y a quelque temps déjà que
M. Kaplinski lutte sans relâche pour atteindre le rang auquel il
monte aujourd'hui; chacune de ses compositions a constaté un progrès. S'il continue à marcher courageusement dans la voie où il ne
s'est pas lassé d'avancer, il est certain d'y rencontrer des succès
durables et la récompense de ses travaux antérieurs. Le *Portrait
en costume polonais du seizième siècle* se recommande aussi par un
très ferme modelé et par une coloration à la fois sobre et très
chaude; les mains y sont encore plus belles peut-être et exécutées
avec un soin plus recherché que celles des personnages du tableau
dont j'ai parlé. — M. Rodakowski expose aussi un fort beau portrait, peint avec la solidité à la fois large et serrée qui est habituelle
à cet artiste. Les noirs et les rouges du vêtement et de la coiffure
sont traités avec une harmonie très savante; si le visage n'était un
peu trop *fouaillé*, je n'aurais que des éloges à donner à cette toile,
où l'on retrouve toutes les habiletés de faire, de couleur et de dessin qui valurent, en 1852, un si imposant succès au portrait du général Dembinski.

Je ne puis abandonner la peinture d'histoire sans parler de
M. Schreyer, qui prend dès aujourd'hui parmi les artistes modernes
un rang dont son pays a le droit d'être fier. Sa *Charge de l'artillerie
de la garde à Traktir* est un tableau plein de feu, de mouvement et
d'observation. La large harmonie baie brune des chevaux donne le
ton général à toute la composition, qui se déroule dans une action à
la fois violente et précise. Un canon, enlevé au galop de six chevaux, tourne sur une route pleine de poussière, route ouverte au
hasard, à travers champs, parmi des arbustes demi-brisés sous le
poids des roues. Le canonnier conducteur des chevaux de timon
vient d'être frappé de mort, il s'affaisse lourdement sur lui-même
par une sorte de mouvement de tassement admirablement rendu;
il a lâché les guides de son porteur, qui, blessé lui-même, a, en se

débattant, jeté la jambe montoire de devant par-dessus les traits;
le mallier se cabre; les chevaux de cheville et de volée continuent
leur rapide évolution demi-circulaire; tout va culbuter, mais le
pourvoyeur et le premier servant arrivent à toute carrière pour réparer le désordre et permettre à la pièce d'aller prendre son rang
de bataille. Au centre de la composition, un jeune officier, dans une
pose un peu trop emphatique, brandit son sabre et s'écrie : En avant!
Tout cela est enlevé avec un entrain plein d'énergie; les chevaux
sont étudiés dans tous leurs détails et exécutés avec une sûreté de
main qu'il est rare de rencontrer à un tel degré de perfection. C'est
la vérité prise sur le fait et traduite sur la toile. Je crains cependant
que M. Schreyer, dont la brosse est si magistrale et si puissante, ne
recherche trop les effets faciles d'une coloration de convention. L'an
dernier, nous lui avions reproché les tons gorge-de-pigeon qui dé-
paraient son *Arabe en chasse*; cette année, nous lui adresserons la
même observation pour sa *Charge de l'artillerie de la garde*; le
ciel est d'une nuance indécise qui varie du gris au rose en passant
par le lilas. C'est de l'afféterie, et elle est déplacée dans un tableau de cette valeur; elle lui ôte quelque chose de sa sévérité, de
sa largeur, de sa force; elle disperse l'effet au lieu de le concentrer,
et donne à la facture les apparences d'une mollesse qu'elle n'a pas
en réalité. M. Schreyer est un peintre dans toute l'acception du
mot; il voit, conçoit et exécute. Je n'ai qu'un regret, c'est qu'au
lieu d'être né en France, il soit né en Allemagne.

IV.

La peinture de genre, par sa conception et ses procédés, se confond tellement aujourd'hui avec la peinture de paysage qu'il est
assez difficile de définir la limite exacte qui les sépare. Elles se
prêtent un mutuel secours, et trouvent l'une par l'autre des ressources qui ne leur sont point inutiles. Elles arrivent ainsi à des
résultats plus complets, et qui parfois sont excellens. M. Adolphe
Breton reste encore le maître de ce double genre. Il se copie un
peu trop lui-même, il use trop souvent du même moyen extérieur,
qui consiste dans un effet de soleil éclairant ses personnages par en
haut et laissant dans l'ombre leur partie inférieure, ce qui cerne les
contours en les dorant, leur donne un relief plus accentué, mais les
rend parfois trop creux, en un mot les fait *lanterner*, c'est-à-dire
semble les éclairer par transparence. Cette habitude serait un défaut chez M. Breton, si l'extraordinaire fermeté de sa touche, toujours très précise sans être jamais sèche, ne la contre-balançait
d'une façon tout à fait victorieuse. Les paysannes de M. Breton

sont de vraies paysannes, et cependant elles ont un style grandiose qui en fait d'admirables personnages. Malgré leur réalité, elles sont épiques, et l'on sent à les voir que leur tâche est aussi grande, aussi noble que celle de qui que ce soit. Le temps n'est plus où La Bruyère pouvait écrire : « L'on voit certains animaux farouches, des mâles et des femelles, répandus dans la campagne, noirs, livides et tout brûlés du soleil, attachés à la terre, qu'ils fouillent et qu'ils remuent avec une opiniâtreté invincible. Ils ont comme une voix articulée, et quand ils se lèvent sur leurs pieds, ils montrent une face humaine. Et en effet ils sont des hommes!... » En effet, aujourd'hui ils ne sont plus seulement des hommes, ils sont *égaux*, et c'est ainsi que M. Breton les a compris. Nos institutions sociales se sont enfin mises d'accord avec l'histoire naturelle. Si M. Breton reproduit souvent les mêmes effets de lumière, il ne varie peut-être pas assez les types qu'il représente : ainsi je retrouve sa *Gardeuse de Dindons* de l'an dernier dans cette belle faneuse assise qui offre sa large poitrine à l'avidité de son enfant. C'est tourner un peu trop dans le même manège et se condamner inutilement à des répétitions qu'on pourrait facilement éviter. Ces deux observations une fois faites, nous n'avons plus à offrir à M. Breton que nos louanges les plus sincères. *La Fin de la journée* représente des faneuses qui ont terminé leur travail; elles se reposent, appuyées sur le manche des râteaux et des fourches, couchées sur l'herbe, assises près des meules. Les lueurs dernières du soleil couchant colorent leur visage sérieux et fatigué; au loin, on aperçoit les maisons d'un village. En regardant ce tableau intime et pénétré d'une poésie profonde, on se rappelle involontairement les vers de l'églogue :

> Et jam summa procul villarum culmina fumant,
> Majoresque cadunt altis de montibus umbræ.

C'est là le propre des œuvres qui appartiennent réellement à l'art de réveiller les souvenirs endormis et d'avoir un cachet d'universalité qui agrandit singulièrement l'horizon où elles se meuvent. Chacun sait avec quelle habileté M. Breton manie le crayon et le pinceau; il serait donc superflu d'en parler. *La Lecture* a des qualités de facture qui sont peut-être supérieures encore à celles qu'on remarque dans *la Fin de la journée*. Une jeune fille vue de profil fait la lecture à un vieux paysan assis contre les hauts chambranles d'une cheminée. Le visage, la nuque, le cou de la jeune fille sont de la très haute peinture, et je regrette que le tableau tout entier n'ait pas été traité avec ce souci extraordinaire de la forme et de la beauté. Telle qu'elle est néanmoins et malgré certaines négligences de brosse très légères, cette toile est égale, sinon supérieure, à bien

des tableaux anciens qu'on admire, et dont les auteurs ont une célébrité qui, j'espère, ne manquera pas à M. Breton.

En rendant compte du *Salon de* 1864, nous avons eu à soumettre
quelques observations à M. Eugène Fromentin, qui, selon nous,
avait subi une de ces défaillances passagères que les artistes les
meilleurs et les plus convaincus ne peuvent pas toujours éviter.
Nous avons dit sans détour combien cette franchise nous coûtait;
nous avons eu toujours une vive sympathie pour le double talent
d'artiste et d'écrivain dont M. Fromentin a donné souvent la preuve;
nous l'avons admiré avec joie, loué avec conviction; mais la critique impose des devoirs qu'on ne saurait répudier. Aujourd'hui nous
nous retrouvons, jusqu'à un certain point, en présence du même
embarras. Cette fois du moins ce n'est pas une faiblesse momentanée que j'aurai à signaler, loin de là; c'est un effort trop considérable et hors de proportion peut-être avec le genre de talent de
l'artiste. Les dons que M. Fromentin a reçus en partage, les qualités charmantes qui constituent le fond même de sa nature, et qu'il ·
a su habilement développer, ne lui ont donc point semblé suffisans; ils auraient pu cependant contenter un artiste moins sévère
pour lui-même, et la réputation qu'ils avaient value à leur heureux
possesseur aurait satisfait plus d'un ambitieux. M. Fromentin semble
chercher des succès nouveaux dans des routes qu'il n'a pas encore
battues. C'est le signe d'un esprit hardi; ces tentatives m'effraient,
mais je les admire. Les fées qui ont présidé à la naissance de
M. Fromentin ont été généreuses pour lui; elles lui ont dit : « Tu
auras la grâce, tu connaîtras le secret des agréables colorations,
tu auras la finesse de l'esprit et celle de la main, tu sauras te servir des deux outils sacrés, celui de la pensée, celui de la plastique;
tu communiqueras à tes œuvres le don mystérieux qui fait aimer,
le charme. » Lorsque les fées l'eurent doué ainsi, elles le quittèrent; mais la force, qui était occupée ailleurs, n'était point venue,
et c'est elle que M. Fromentin cherche aujourd'hui. On raconte
qu'Apollon se blessa en voulant jouer avec la massue d'Hercule;
M. Fromentin a la grâce, il veut trouver la force; je crains bien qu'il
ne lâche la proie pour l'ombre. Nul ne saura gré à l'aimable artiste des efforts qu'il fait pour donner à ses chevaux des muscula-
tures très étudiées et trop saillantes. Dans cette douce peinture à
laquelle il nous avait habitués, peinture fine, transparente, qui
semblait une superposition de glacis harmonieux, de tels efforts
de brosse surprennent, paraissent une anomalie, et ne sont pas
en rapport avec la facture générale. Les tableaux qu'il obtient
ainsi, — dès 1863 j'avais signalé ce danger, — paraissent peints
par deux artistes différens : l'un fait le paysage, l'autre les ani-

maux et les hommes. Je voudrais que M. Fromentin mît d'accord
les deux peintres qu'il porte en lui, celui d'autrefois, qui est resté
charmant, celui d'aujourd'hui, qui se manière à son insu par l'inutile violence de son effort. C'est un grand talent, le plus grand de
tous peut-être, que de savoir ce que l'on peut et de ne jamais dépasser sa propre limite. Chacun a des aptitudes particulières, et
c'est en les développant avec persistance qu'on arrive à faire produire à sa nature toute la somme de perfection qu'elle contient en
germe. Vouloir absolument acquérir des qualités nouvelles, risquer
de modifier celles que l'on possède pour la chance douteuse d'un
accroissement de facultés qui peut-être se montreront rebelles, c'est
faire, sans contredit, acte d'esprit généreux, c'est prouver qu'on
est mécontent de soi-même et qu'on vise très haut, mais c'est jouer
bien gros jeu. Dans ses *Voleurs de nuit* (Sahara algérien), M. Fromentin a eu certainement en vue une œuvre plus considérable que
celles qui lui ont mérité sa réputation. On dirait qu'il a cherché
pour son talent une transformation radicale, et que, dédaignant
ses procédés d'autrefois, il ne veut plus affirmer que la puissance
de son relief et la vigueur de son modelé. Heureusement çà et là
l'artiste s'est oublié; les terrains couverts d'alphas, le feu lointain des tentes prouvent qu'il sait retrouver, au premier appel,
cette grâce exquise dont j'ai si souvent eu plaisir à faire l'éloge;
mais la tonalité ardoise de tout le tableau est plus triste et plus
obscure que ne le comporte une nuit d'Orient éclairée par les con-
stellations lumineuses que M. Fromentin a eu la savante coquetterie de placer dans leur position précise et mathématique. En
voulant donner à ce cheval blanc effarouché une ampleur extraordinaire, en exagérant ses muscles, en accusant ses contours, en
creusant chaque inflexion de la peau, M. Fromentin n'a pas fait
grand, ce qui était son ambition, il a fait gros. Ce cheval, qui
n'a du barbe que les sabots, est hors de toute proportion; jamais
l'homme nu qui coupe ses entraves ne pourra s'élancer sur ses
reins. Pourquoi ces exagérations inutiles? qui trompent-elles? Personne, et certainement M. Fromentin moins que tout autre. Sans
aucun doute il a eu une déception lorsqu'il a vu son tableau au
Salon. Les demi-jours de l'atelier, jours disposés spécialement
pour l'effet, sont trompeurs; les embus vous abusent; on se fait
fatalement illusion sur une œuvre qu'on regarde sans cesse et qu'on
voit plutôt par les détails que par l'ensemble, et l'on est souvent
cruellement désabusé lorsqu'on la retrouve sous le grand jour d'une
salle commune pleine d'objets de comparaison. Hélas! c'est là le
sort réservé à tous ceux qui produisent : le tableau n'est pas le
même à l'exposition qu'à l'atelier; le livre ne ressemble plus au
manuscrit.

Dans *la Chasse au héron* (Algérie), je revois cette finesse de coloris et cette élégance de mouvement qui distinguent M. Fromentin entre tous les autres; mais le paysage n'est-il pas plus français qu'algérien? Les veines les plus riches s'épuisent lorsqu'elles ne sont pas renouvelées à temps. Voilà bien des années déjà que M. Fromentin peint de souvenir; sa mémoire, quelque profonde que soit l'empreinte qu'elle ait reçue, n'aurait-elle pas besoin d'être rafraîchie par l'aspect même des lieux qui l'ont frappée jadis? Si j'étais à la place de M. Fromentin, je n'hésiterais pas, et j'irais demander à l'Orient les forces nouvelles qu'il n'a jamais refusées à ceux qui savent l'interroger. D'un nouveau voyage nous verrions revenir quelque équivalent au *Berger kabyle,* qui est encore jusqu'ici l'œuvre la plus importante de M. Fromentin. Lorsque Antée se sentait épuisé, il touchait la terre et reprenait sa vigueur. Dans cette vieille historiette, il y a un enseignement dont il faut savoir profiter.

Je ne veux point quitter l'Algérie sans parler de M. Huguet, qui en rapporte deux agréables tableaux, exécutés dans un joli sentiment de la vérité. C'est gris de perle, clair, lumineux, et d'un aspect vivant où l'on reconnaît la nature prise sur le fait; on peut reprocher à l'artiste d'avoir trop étendu ses premiers plans, ce qui nuit à l'exactitude de la perspective. Les figures sont plutôt indiquées que terminées. Il est facile de voir que M. Huguet se défie encore de lui-même, car sur les treize personnages que montre sa *Caravane,* un seul laisse apercevoir son visage de profil perdu; tous les autres cachent leurs traits avec un soin trop jaloux pour n'être pas volontaire. Quoi qu'il en soit de ces critiques de détail, l'impression de l'ensemble est bonne; les colorations sont justes, les rapports du terrain et des étoffes sont régulièrement observés; si M. Huguet veut consentir à serrer sa manière et ne pas se contenter d'un à peu près, il pourra nous montrer des tableaux remarquables et dignes d'être loués sans réserve.

Contrairement à M. Huguet, M. Edmond Hédouin n'a pas reculé devant la minutieuse exécution des personnages qui se promènent dans *une Allée des Tuileries.* C'est un charmant tableau, tout moderne, éclairé par de jolis éffets de soleil, et qui serait irréprochable si les arbres n'étaient peints d'une brosse plus molle qu'il ne convient. Ils semblent appartenir à la convention plutôt qu'à la nature, et par leur facture trop lâchée ne s'harmonisent pas avec les figures, qui sont traitées de main de maître. Profitant de l'éclat des modes actuelles et les utilisant au point de vue pittoresque, M. Hédouin a représenté une allée des Tuileries, telle que nous pouvons la voir tous les jours, avec les jeunes élégantes qui viennent y faire admirer leur toilette, les enfans qui jouent, les vieillards qui cherchent un rayon de soleil, les tristes gouvernantes anglaises qui, assises au pied des marronniers, rêvent à des choses indécises tout en surveillant les *babies* confiés à leurs soins. C'est à la fois exact et gracieux, d'un coloris plein de ressources, d'un relief peu accentué et d'un aspect extrêmement plaisant. La lumière abonde sans être criarde, et les personnages ont un style élégant et familier qui est du meilleur goût; de plus, par son ordonnance même, la composition est concentrée et se déroule avec une largeur qui dénonce un artiste réfléchi.

Si M. Français pouvait, une bonne fois pour toutes, se débarrasser d'une sorte de lourdeur de main qui paraît lui être essentielle, il augmenterait singulièrement son talent et prendrait sans contestation rang à la tête de nos paysagistes. Nul ne dessine comme lui, il a un sentiment très précis de la couleur et de ses lois; mais souvent, trop souvent, il affaiblit ses tableaux par la pesanteur même de l'exécution. Les *Nouvelles Fouilles de Pompéi* sont une toile conçue dans un excellent esprit, et où le ciel, qui est d'une extrême finesse, prouve que M. Français, quand il le veut sérieusement, peut donner à sa brosse toute la légèreté désirable. Pourquoi les terrains des premiers plans sont-ils si lourdement touchés et viennent-ils affaiblir la savante harmonie de toute la composition? La tonalité générale a pour point de départ deux murailles peintes en bleu et en rouge; pas une fois elle ne s'éloigne de la gamme voulue, et elle donne à tout ce tableau une sorte d'aspect musical qui est à la fois très doux et très puissant. Semblables à des canéphores, les femmes portent sur leur tête les paniers pleins de cendres déblayées; toute la ville ensevelie jadis et aujourd'hui rendue au jour apparaît avec ses murs effondrés, ses toits enlevés, ses colonnes encore debout, les aloès poussés sur ses ruines, les vignes qui envahissent ses pignons écroulés. Au fond apparaît la mer, brillante sous le soleil; une brume lumineuse, qui ne surprendra aucun de ceux qui connaissent les environs de Naples, noie de ses teintes nacrées l'horizon lointain où se profile la pure silhouette des promontoires bleuâtres. C'est encore un excellent tableau que M. Français peut ajouter à son œuvre, déjà considérable; mais il ne fait pas oublier l'*Orphée*, dont nous attendons toujours le pendant.

Dans la peinture de paysage, il ne me reste plus à indiquer que *la Chapelle de la Vierge dans l'église Saint-Marc, à Venise*, tableau d'intérieur très chaudement peint par M. Lucas, qui semble avoir emprunté aux maîtres vénitiens quelque chose de leur belle entente de la lumière; le *Requêter* de M. Lapierre, qui, malgré ses ciels toujours un peu trop fouettés, a des qualités très sérieuses et une harmonie rose du plus gracieux effet, et enfin une aquarelle de

M. Harpignies; c'est certainement une des plus remarquables que
j'aie vues. Elle est intitulée *Route sur le Monte-Mario, à Rome.*
C'est d'une franchise extraordinaire, sans *ficelles*, sans petits
moyens; c'est net, précis comme la nature elle-même et d'une largeur peu commune. Un chemin qui monte, des arbres, un ciel
lointain, et c'est tout. L'harmonie générale est teinte neutre et un
peu triste, mais il y a là une sûreté de main et une vigueur d'exécution rapide qu'on ne saurait trop approuver et recommander.
L'Angleterre nous avait seule offert jusqu'à ce jour des exemples
d'aquarelles si magistralement enlevées:

Les artistes dont j'ai eu à m'occuper jusqu'à présent appartiennent, sauf de très rares exceptions, à un temps qui n'est déjà plus.
C'est dans une époque cruellement dédaignée aujourd'hui qu'ils
ont puisé les idées qui les soutiennent et leur permettent de lutter
seuls encore contre le courant fatal. L'impulsion qu'ils ont reçue
jadis, pendant des jours où les pensées s'échangeaient librement
dans des discussions imposantes, a été assez forte pour durer encore. Grâce à eux, grâce à leur puissante éducation, nous avons
eu quelques noms à citer, quelques œuvres à louer, et nous avons
pu nous consoler du spectacle affligeant qu'offre l'ensemble de tant
de médiocrités; mais quand ils ne seront plus, qui les remplacera?
On ne peut le prévoir. Les morts laissent dans les rangs un vide
que l'on ne remplit pas. Ne se présentera-t-il donc pas un jeune
homme qui puisse donner une espérance? Dans la lice, il n'y a que de
vieux athlètes; hors d'eux, je ne vois guère que des enfans débiles
qui remplacent l'énergie par l'outrecuidance et le savoir par le grotesque. L'an dernier, c'était parmi les *refusés* qu'il fallait chercher
leurs œuvres; aujourd'hui plus libéralement elles font partie du
Salon. On ne saurait trop louer le jury d'avoir pris ce parti. Il a
fait preuve de grande indulgence en acceptant ces tableaux, qu'on
ne sait comment désigner, et il a fait preuve d'esprit en les plaçant
sous les regards immédiats du public : ces sortes de choses, en effet,
sont bonnes à *exposer*; il n'est pas inutile de montrer des ilotes.
Dans cette sorte d'école nouvelle, outrageusement injurieuse pour
l'art, il suffit donc de ne savoir ni composer, ni dessiner, ni peindre pour faire parler de soi; la recherche de sept *tons blancs* et de
quatre *tons noirs* opposés les uns aux autres est le dernier mot du
beau; le reste importe peu. Dans les grandes compositions, on agit
plus simplement encore : on peint ses amis buvant quelques verres
de vin, pendant que la Vérité elle-même vient voir comment et combien on se moque d'elle. Si ce n'était que puéril, on pourrait en rire;
mais c'est profondément triste, car il y a là une tendance qui semble
être le résultat des habitudes nouvelles de la nation. Voilà, en fait

d'art et d'artistes, ce que notre époque a produit. Si à cela on ajoute
une certaine propension malsaine à choisir de préférence des sujets
égrillards, on aura un bilan qui peut, avec certitude, faire prédire
la prochaine banqueroute de l'école française. De Rome même, de la
villa Médicis, on envoie des *jeunes Filles endormies* qui pourraient
servir d'enseigne à la boutique de M. Purgon. C'est vers l'Allemagne
et vers la Belgique qu'il faudra nous tourner pour trouver des maîtres, et une de nos gloires pacifiques est sur le point de disparaître.
A quoi donc attribuer un si douloureux état de choses? Est-ce qu'on
ne protège pas assez les artistes? Mais jamais, à aucune époque, les
prix dont on paie leurs œuvres, — les ventes en font foi, — ne
sont arrivés à un chiffre aussi considérable. Entre tous, les artistes sont privilégiés, car nulle liberté ne leur fait défaut. La sculpture et la peinture n'inspirent aucune défiance, elles ne sont point
subversives, elles n'excitent point à la haine des citoyens entre
eux, elles n'attaquent point la constitution. L'administration leur
est favorable, le budget leur fait une part importante. On achète
et on récompense. Le peintre et le sculpteur sont médaillés et dé-
corés comme de vieux soldats. C'est au mieux, et j'approuve des
deux mains. Et cependant le mal fait des progrès que rien n'arrête;
les plus indifférens s'inquiètent et se disent : L'art français va-t-il
donc disparaître? Quel souffle malsain de langueur et de faiblesse
a donc passé sur les artistes? D'où vient l'atonie qui les endort,
l'énervement qui les étreint? A qui la faute? à qui remonte la responsabilité? La cause n'est point particulière, elle est générale. Il
y a cinquante et un ans déjà qu'un homme d'un grand talent a répondu à toutes ces questions et que Benjamin Constant a écrit la
phrase suivante qu'il n'hésiterait pas à signer encore aujourd'hui :
« L'indépendance de la pensée est aussi nécessaire, même à la littérature légère, aux sciences et aux arts, que l'air à la vie physique.
L'on pourrait aussi bien faire travailler des hommes sous une pompe
pneumatique, en disant qu'on n'exige pas d'eux qu'ils respirent,
mais qu'ils remuent les bras et les jambes, que maintenir l'activité
de l'esprit sur un sujet donné en l'empêchant de s'exercer sur les
objets importans qui lui rendent son énergie parce qu'ils lui rappellent sa dignité. »

MAXIME DU CAMP.

LA

SCIENCE ET LA FOI

Méditations sur l'essence de la religion chrétienne, par M. Guizot.
1 vol in-8°, 1864

Au temps déjà loin de nous où la vie politique semblait en ce
pays la principale affaire, lorsque M. Guizot, à toute heure sur la
brèche, défendant sa cause pied à pied, usait à ce labeur ses forces
et sa vie, plus d'une fois nous l'avions entendu souhaiter, non pas
que la lutte cessât, mais que la mort ne l'y vînt pas surprendre, l'esprit tourné vers ces questions d'un jour. Il demandait comme faveur suprême, comme dernier terme de son ambition, le temps de
songer au départ, quelques années de calme et de retraite pour
méditer à loisir, et raviver en lui par les leçons de l'âge mûr les
croyances de la jeunesse. Ce qu'il réclamait là, ce n'était que pour
lui, pour le seul intérêt de sa propre conscience ; rien alors ne faisait pressentir que dans le champ des idées métaphysiques et religieuses il y eût bientôt aussi des combats à livrer. La guerre, de
ce côté, semblait presque endormie : non que le doute et l'incrédulité eussent mis bas les armes; ils poursuivaient leur œuvre accoutumée, mais sans bruit, sans éclat, sans succès apparent; c'était
comme une trêve qui peu à peu avait laissé les convictions chrétiennes se ranimer, grandir et gagner du terrain. La preuve en
éclata dans ces sombres journées où le flot populaire qui venait de
tant détruire, s'inclina devant les choses saintes, devant les ministres du culte, comme soumis et subjugué par un respect inattendu.
Résultat naturel de la lutte acharnée, mais purement politique, qui

s'était continuée depuis plus de quinze ans. Les assaillans n'avaient pas fait deux sièges à la fois, et le pouvoir était la cible où s'étaient dirigés tous les coups.

Il n'en est plus de même aujourd'hui. Le pouvoir est muni d'une armure qui décourage les agresseurs, et mieux il est couvert, plus ce qui reste vulnérable, soit à côté, soit au-dessus de lui, est exposé et compromis. L'esprit d'audace et d'agression se dédommage, comme il peut, de l'abstention forcée que la politique lui impose. Il voit qu'en matière religieuse la place est moins gardée, il s'y sent plus à l'aise et serré de moins prés; de là des témérités d'un ordre tout nouveau qui scandalisent les croyans, et dont les plus indifférens s'étonnent pour peu qu'ils se rappellent le calme précédent. Ce ne sont plus maintenant des hommes, des ministres, ce n'est plus un gouvernement, c'est Dieu qu'on bat en brèche! Nous ne demandons pas, notez bien, que le pouvoir ajoute, même au profit des vérités que nous vénérons le plus, la moindre restriction nouvelle aux droits de la libre pensée. Nous constatons un fait, pas autre chose. Aussi bien ces attaques ne valent peut-être pas tout l'émoi qu'elles causent. Si vives, si nombreuses, si bien combinées qu'elles soient, elles n'ébranleront pas l'édifice et serviront plutôt à le mieux affermir en appelant à son secours des défenseurs plus éclairés et des gardiens plus vigilans; mais elles n'en sont pas moins un grand sujet de trouble. Cette inquiétude, ce malaise, ces craintes vagues que les agitations de la vie politique semblaient naguère pouvoir seules provoquer, nous les voyons renaître de ces débats nouveaux dans le sein des familles, au fond des consciences. Ce ne sont plus cette fois les intérêts qui prennent peur, ce sont les âmes qui s'émeuvent. La crise en apparence est moins rude, moins vive; elle est au fond plus grave, plus menaçante, et nul dans ce conflit ne peut rester indifférent.

Aussi voilà M. Guizot qui en veut prendre sa part et qui entre dans la mêlée. Il est de ceux qui à certaines heures et sur certains sujets ne sont pas maîtres de se taire. Qu'en politique il s'efface et s'abstienne, qu'il regarde passer les choses d'aujourd'hui sans dire tout haut ce qu'il en pense, rien de mieux, sa dette en politique est amplement payée : tout au plus se doit-il à lui-même, aussi bien qu'à sa cause, de rétablir le véritable sens, la vraie physionomie des choses qu'il a faites. Mettre en lumière ses vues, ses intentions, ses actes, les expliquer, les commenter, on pourrait presque dire les compléter de son vivant, donner le ton, la note · juste à ses futurs historiens, achever ses *Mémoires* en un mot, il y a là un devoir qu'il a raison de ne pas ajourner. Ce n'en était pas moins à d'autres fins et en vue d'une œuvre encore plus haute qu'il convoitait il y a vingt ans, pour la fin de sa vie, la solitude et le repos. Son vœu est exaucé. Ces jours de calme et de retraite, il les a vus venir, non pas à l'heure qu'il eût voulu et encore moins aux conditions qu'il eût choisies, mais tels que pour sa gloire il les pouvait rêver, dignes, respectés, féconds, pleins de sève et d'ardeur : heureuse arrière-saison, où les souvenirs du monde, les échos de la politique ne sont plus que le délassement d'une âme incessamment aux prises avec de plus sérieux problèmes. C'est là, dans ces hauteurs, dans ces régions sereines, pendant qu'il s'interroge sur ses croyances et sur sa destinée, que la guerre l'est venue chercher, non la guerre personnelle et corps à corps comme autrefois, un autre genre de guerre moins directe, plus générale, et néanmoins peut-être plus provocante encore. Il n'est pas homme à refuser la lutte. Sous le poids des années qu'il porte vaillamment, plus fort, plus résolu, plus jeune que jamais, le voilà descendu dans l'arène ; il sera militant jusqu'au bout.

Que vient-il faire ? quel est son plan ? sur quel terrain se place-t-il ? Le volume qui est là sous nos yeux répond à ces questions. Ce n'est qu'un premier volume, mais à lui seul il forme un tout, il est une œuvre qu'on ne peut étudier de trop près, qu'on ne peut mettre en trop vive lumière. Les développemens, les additions, les supplémens de preuves que trois autres volumes apporteront bientôt, donneront sans doute à l'ouvrage une base plus large et plus solide encore ; tel qu'il est, nous le tenons, sans autre commentaire, pour une réponse efficace aux attaques de tout genre récemment dirigées contre les fondemens des croyances chrétiennes, ou pour mieux dire contre l'essence même de toute religion.

Avant d'entrer au fond du livre, qu'on nous permette quelques mots sur la forme. Ce n'est pas du style que nous voulons parler. On n'apprend plus rien à personne en disant aujourd'hui que, depuis qu'il en a le temps et qu'il en prend la peine, M. Guizot écrit aussi bien qu'il parlait. Si donc dans ces *Méditations* il porte à un degré nouveau, plus haut peut-être que dans ses *Mémoires* mêmes, l'art de vêtir sa pensée d'un langage excellent, savamment travaillé, sans efforts ni recherches, vrai de couleur, sobre d'effets, toujours clair et jamais banal, toujours ferme et souvent énergique, il n'y a rien là d'extraordinaire, rien qui ne soit conforme à cette loi de progrès continu qui depuis bien des années déjà semble régir sa plume. Quelque chose de plus neuf, de plus particulier nous apparait ici. Le livre au fond est une controverse, mais une controverse d'un genre absolument nouveau ; c'est de la polémique plus que courtoise, de la polémique *impersonnelle*. Assurément l'auteur s'est montré de tout temps plein d'égards pour ses contradicteurs ; il a toujours admis que de très bonne foi on pouvait être d'un autre avis que lui, et même à la tribune, au plus fort de la lutte, ses adversaires les plus habituels n'étaient pas les personnes, ce n'étaient vraiment que les idées; mais enfin les gens qu'il combattait alors, il les appelait sans scrupule par leurs noms : ici c'est autre chose, pas un nom propre, la guerre est anonyme. En changeant d'atmosphère, en passant de la terre au ciel pour ainsi dire, ou tout au moins de la tribune à la chaire, de la politique à l'Évangile, il change de méthode et fait un pas de plus. Il prétend s'affranchir tout à fait des personnes, qui, selon lui, ne sont qu'un embarras et enveniment les questions. Il oublie donc, ou du moins il ne veut pas nous dire quels sont ses adversaires; il les réfute, il ne les nomme pas.

N'est-ce là que du savoir-vivre, de la réserve, du bon goût? C'est quelque chose de plus encore. Sans doute, à ne parler ainsi que des idées et non de ceux qui les professent, on perd un grand moyen d'action. Dans les matières abstraites, quelques noms propres, introduits çà et là, sont d'un puissant secours : ils éveillent et piquent l'attention, ils sèment l'intérêt et la vie; mais ce qu'on gagne d'un côté, souvent on le perd de l'autre. L'intervention de ces noms propres, n'eût-elle rien d'irritant, risque toujours d'amoindrir le débat. Les questions se réduisent à la mesure de ceux qui les soutiennent. Mieux vaut prendre un parti tranché et tenir les personnes absolument dans l'ombre. M. Guizot s'en trouve bien. Nulle part dans son livre il n'y a sujet de regretter l'attrait et la vivacité d'une polémique plus directe, et cette urbanité, ces noms omis, sans rien changer au fond des choses et sans rien atténuer, répandent dans l'ouvrage une gravité calme, presque un parfum de tolérance qui met en confiance le lecteur et le dispose à se laisser convaincre. Il est vrai qu'on ne soutient ainsi ce genre de polémique qu'en suppléant par la grandeur des vues au défaut de passion dans la lutte. Il faut prendre son vol, monter au plus haut des questions, tout dominer, tout éclaircir. Tel est aussi le caractère de ces *Méditations*. Élévation du point de vue, largeur du plan, clarté du style, voilà ce qui leur imprime un vrai cachet d'originalité.

Ce n'est pas de la théologie que prétend faire M. Guizot. Il n'écrit pas pour les docteurs. Il ne disserte pas sur des textes, sur des points de doctrine; il ne cherche pas à résoudre de scolastiques difficultés; encore moins veut-il mêler sa voix à des débats de circonstance, descendre aux questions du jour, et suivre pas à pas dans ses diverses phases la crise dont le monde chrétien est agité en ce moment. Ce sont des questions plus profondes et plus permanentes qu'il entend aborder; il veut mettre en lumière la vérité

du christianisme dans son essence même, dans ses dogmes fondamentaux, ou, si l'on veut, dans sa simplicité, dans sa grandeur natives, en dehors de tout commentaire, de toute interprétation, de
tout travail humain, par conséquent aussi avant toute dissidence,
tout schisme, toute hérésie. C'est l'idée pure du christianisme qu'il
entreprend d'exposer, pour en mieux démontrer les divins caractères.

Tel est son but. Que fait-il pour l'atteindre? C'est au livre lui-
même qu'on le doit demander. Ici, en quelques pages, que pour-
rions-nous en dire? Comment analyser une œuvre dont on serait
tenté de citer chaque phrase? et d'un autre côté donner beaucoup
d'extraits, c'est mutiler un livre et le faire mal connaître. Tâchons
donc seulement d'en dire assez pour inspirer à ceux qui nous li-
ront le désir beaucoup plus profitable de lire surtout M. Guizot.

I.

Le début et la base de ces *Méditations*, ce qu'avant tout l'auteur
tient à mettre hors de doute, c'est une vérité bien connue, mais
qu'au temps où nous sommes il n'est pas inutile de promulguer
encore. Cette vérité est que le genre humain, depuis qu'il existe et
partout où il existe, se préoccupe de certaines questions qui lui
sont, on peut dire, personnelles; questions de destinée, de vie plutôt que de science, questions qu'invinciblement il aspire à résoudre.
Et par exemple pourquoi l'homme est-il en ce monde, et ce monde
lui-même, pourquoi existe-t-il? D'où viennent-ils, où vont-ils l'un
et l'autre? Qui les a faits? Ont-ils un créateur intelligent et libre?
Ne sont-ils qu'un produit d'aveugles élémens? S'ils sont créés, si
nous avons un père, pourquoi ce père, en nous donnant la vie, nous
la rend-il parfois si dure et si amère? Pourquoi le mal? pourquoi
la souffrance et la mort? L'espoir d'un sort meilleur au-delà de ce
monde n'est-il que la chimère de quelques malheureux, et la prière,
ce cri de l'âme en détresse, n'est-elle qu'un bruit stérile, une parole jetée au vent?

Ces questions et bien d'autres encore qui les développent et les
complètent, non-seulement le genre humain s'en préoccupe depuis
qu'il est sur terre, mais seul il peut s'en occuper. Elles ne s'adressent qu'à lui : parmi tous les êtres vivans, seul il les sait comprendre, et seul il s'en émeut. Triste et beau privilége, incontestable
signe de sa royauté terrestre, son tourment et sa gloire à la fois!

C'est cet ensemble de questions, ou plutôt de mystères, que
M. Guizot place en tête de ses *Méditations*, et qu'il résume en ces
deux mots : « problèmes naturels. » L'homme en effet les tient de sa

nature, il ne les crée ni ne les invente, il les subit. Ce qui ne veut pas dire que pour l'espèce humaine en général, pour cette foule qui vit au jour le jour, qui va, qui vient et qui s'agite, vaquant à ses affaires, courant à ses plaisirs, ces problèmes ne soient le plus souvent obscurs, confus, sans forme ni contours, enveloppés d'une sorte de brume, pressentis plutôt qu'aperçus; mais il n'est pas un homme dans cette foule même, pas un, sachons-le bien, si peu éclairé ou si distrait qu'on le suppose, qui, un jour au moins dans sa vie, pour peu qu'il ait vécu, pour peu qu'il ait souffert, n'ait entrevu ces questions redoutables et ressenti l'ardent besoin de les voir résolues. Distinguez, tant qu'il vous plaira, entre les races, entre les sexes, entre les âges, entre les degrés de civilisation; coupez, divisez par zones, par climats, ce globe et ses habitans : vous noterez sans doute plus d'une différence dans la manière dont ces problèmes s'imposent à l'âme humaine, vous les verrez plus ou moins menaçans, plus ou moins écoutés, mais partout et chez tous vous en trouverez trace. C'est une loi d'instinct, une loi générale, de tous les temps, de tous les lieux.

Si tel est notre lot, si ces questions sont là qui pèsent sur nos têtes, ces questions, le grand fardeau des âmes, comme dit M. Guizot, ne faut-il pas forcément que nous tentions de les résoudre? Ce n'est de notre part ni vaine curiosité, ni capricieux penchant, ni frivole habitude : c'est un besoin tout aussi sérieux, tout aussi naturel que ces problèmes le sont eux-mêmes, besoin de respirer en quelque sorte, de soulever un poids qui nous oppresse; il nous faut à tout prix des réponses, il nous en faut : qui nous les donnera?

La foi ou la raison? les religions ou la philosophie? Tout à l'heure on verra dans quelle mesure et jusqu'à quelle limite la raison, la science, les sources purement humaines suffisent à nous abreuver; dès à présent, vous pouvez dire que depuis les premiers temps des sociétés humaines, c'est aux religions, aux sources réputées divines et acceptées comme telles par la foi, que l'humanité demande ces indispensables réponses.

On voit dès lors quel intérêt s'attache à cette question des problèmes naturels. Qui osera nous dire que les religions procèdent d'un besoin factice et temporaire dont peu à peu les hommes s'affranchiront, si les problèmes auxquels elles correspondent sont inbérens au genre humain et ne peuvent périr qu'avec lui? Aussi le travail constant, le mot d'ordre de tout système, matérialiste ou panthéiste, est-il de dénaturer les caractères de ces problèmes, d'en faire de simples accidens, purement individuels, des effets de tempérament, des résultats de circonstance. Jusqu'à ces derniers temps, on n'allait pas plus loin. On n'osait pas nier, contre des té-

moignages par trop universels, l'existence persévérante des pro_
blèmes eux-mêmes. On en déguisait la portée sans aspirer à les
détruire. Maintenant on fait un pas de plus. Pour avoir bon marché
des réponses, on prétend supprimer les questions. C'est là le trait
particulier, la touche originale d'un système qui fait bruit aujour_
d'hui, bien qu'il se borne à reproduire des tentatives plus d'une
fois avortées, mais qui a du moins ce genre de nouveauté, cet avantage sur ses confrères, issus comme lui du panthéisme, qu'il n'est
pas nébuleux, et dit nettement les choses, sans équivoque, avec une
franchise bien souvent salutaire, qui s'annonce et s'affiche jusque
dans le nom qu'il se donne. C'est le positivisme dont nous voulons
parler ; c'est lui qui, du plus grand sérieux du monde, se promet,
pour peu qu'on lui prête attention, de délivrer l'humanité de ces
malencontreux problèmes qui la tourmentent aujourd'hui.

Son remède est bien simple ; il dit au genre humain : Pourquoi
chercher ainsi d'où vous venez, où vous allez ? Vous n'en saurez
jamais un mot. Prenez-en donc votre parti. Laissez là ces chimères ;
vivez, instruisez-vous, étudiez l'*évolution* des choses, c'est-à-dire
les causes purement secondes et leur enchaînement : la science, sur
ce sujet, a des merveilles à vous dire ; mais les causes finales et les
causes premières, notre origine et notre fin, le commencement et le
but de ce monde, pures rêveries, paroles vides de sens ! La perfection de l'homme et de l'état social est de n'en tenir aucun compte.
L'esprit s'éclaire d'autant plus qu'il laisse dans une obscurité plus
grande vos prétendus problèmes naturels. Ces problèmes sont une
maladie, le moyen d'en guérir est de n'y pas penser.

N'y pas penser ! proposition candide ! merveilleuse ignorance des
éternelles lois de la nature humaine ! Notre siècle, dit-on, incline à
ces idées ; n'en soyons pas inquiets. On ne prend pas les hommes
en leur parlant si clair, pas plus que don Juan n'ébranle Sgana-
relle par ses sermons sur « deux et deux sont quatre. » Le remède
au positivisme, ce n'est pas seulement qu'il tente l'impossible, c'est
qu'il le dit naïvement. Supposons même que par miracle il vienne à
triompher, supposons que pour lui complaire l'homme renonce à
tout souci de ces problèmes qui l'assiégent, à tout désir de les sonder, à toute solution religieuse ou seulement métaphysique, à tout
élan vers l'infini, combien croit-on que cela durera ? Jamais deux
jours de suite l'esprit humain ne souffrira qu'on le mutile, qu'on
l'emprisonne ainsi. Fussiez-vous tout-puissant, il vous échappera,
il bondira hors de l'enceinte où vous l'aurez parqué, il vous dira
comme le poète :

Je ne puis, l'infini malgré moi me tourmente.

Ainsi, quoi qu'il arrive, ce n'est pas le positivisme qui nous déli-
vrera des problèmes naturels. Après comme avant son passage, les
mystères de notre destinée préoccuperont le genre humain.

En face de cette tentative, M. Guizot nous en signale une autre
d'un ordre tout différent, moins téméraire en apparence, mais aspirant aussi non pas à supprimer, à éluder les problèmes naturels. Ce n'est pas un système, c'est un état de l'âme assez fréquent chez certaines personnes de nature et d'esprit élevés, c'est la
tendance à substituer ce qu'on appelle le sentiment religieux aux
religions proprement dites. On ne méconnaît pas les grands mystères de cette vie, on les tient même pour très sérieux et très
embarrassans; mais au lieu de solutions précises, de réponses catégoriques qu'il faudrait demander à des dogmes trop arrêtés ou trop
impérieux, on se borne, comme équivalens, à de fréquentes rêveries, à de longues contemplations. C'est là, dit-on, la religion des
esprits éclairés : point de solutions, des émotions. Le contraste est
complet avec le positivisme. Celui-ci vous recommande, comme
hygiène morale, de ne jamais penser aux choses invisibles; on vous
invite ici à y penser beaucoup, à y penser toujours, sauf à n'en
rien conclure.

Eh bien! le genre humain ne peut se contenter de ces façons
d'entendre les secrets de sa destinée. Il lui faut autre chose que
les aveugles négations des uns et que les vagues aspirations des
autres. L'homme n'est pas seulement esprit ou sentiment, il est à
la fois l'un et l'autre. Il lui faut des réponses et non pas de beaux
rêves, de vraies réponses qui parlent à son intelligence en même
temps qu'à son cœur, qui lui tracent sa route, soutiennent son
courage, animent son espoir, enflamment son amour. Tout un système puissant et bien lié, tout un système de faits, de préceptes,
de dogmes donnant satisfaction à tous les grands désirs que nous
portons en nous, voilà l'idéal à trouver. Cherchons : c'est pour chacun de nous la question capitale, la question d'être ou de n'être
pas. Nous l'avons déjà dit, deux sources se présentent, l'une purement humaine, l'autre à demi divine; la première suffit-elle? Essayons.

II.

Si la science peut répondre aux appels de notre âme, si par ses
propres forces, par ses propres lumières elle nous révèle le but de
cette vie, nous fait voir clairement l'origine et la fin des choses,
c'est pour le mieux; il faut s'en tenir à la science, sans rien demander de plus. Ce guide exact et sûr, nous l'avons sous la main; pour-

quoi chercher hors de nous-mêmes d'aventureux secours, d'inexplicables révélations? Tout le monde, il est vrai, ne peut pas être
savant, mais tout le monde croit à la science. Pour peu qu'elle
exhibe ses preuves, les plus rebelles sont forcés de se rendre. Point
de schisme chez elle, point d'hérésie durable. Si parfois les savans
se querellent, ce qu'ils font aussi bien, presque mieux que les autres
hommes, le *holà* est bientôt mis entre eux : on prend une cornue,
un microscope, une balance, on analyse, on pèse, on mesure, on
compare, et voilà le procès terminé ; jusqu'à de nouveaux faits,
l'arrêt est souverain. Quelle admirable perspective s'ouvre donc à
l'humanité, si ces questions occultes qui la troublent, la science
désormais les éclaircit et les résout, si par l'action du temps, par
la loi du progrès, nous possédons enfin un moyen si commode de
mettre fin à nos perplexités, si le fruit du divin savoir, l'ancien
fruit défendu, nous pouvons maintenant le cueillir sans péril, et
sans déchoir nous en rassasier !

Par malheur, tout cela n'est qu'un rêve. D'abord l'autorité de la
science n'est pas, il s'en faut bien, toujours incontestée. Selon les
sujets qu'elle traite, elle a plus ou moins de crédit. S'agit-il des
choses naturelles, physiques, mathématiques, point de difficulté,
ses décisions font loi ; est-ce au contraire hors du monde visible,
dans l'intérieur de l'âme qu'elle porte ses regards, d'interminables
controverses s'élèvent aussitôt : on lui conteste jusqu'à son droit
de s'appeler science ; on veut ne voir en elle qu'un art conjectural,
et la moitié du temps son principal effort consiste à démontrer
qu'elle a droit d'être crue. Or c'est précisément à ce genre de
science qu'ici nous avons affaire. Les questions dont l'homme se
tourmente ne sont pas des problèmes d'algèbre ou de chimie, ce
sont d'autres mystères, des secrets du monde invisible. Ainsi ne
comptez pas sur les solutions sans réplique que vous espériez tout
à l'heure ; la science dans ces régions de la métaphysique n'a rien
de tel à vous offrir.

Peut-elle au moins s'y donner carrière en liberté et sans limite ?
Non, une barrière infranchissable l'arrête et l'emprisonne aussi bien
dans le champ de l'invisible qu'au sein de la nature physique et
matérielle. Toute science, quelle qu'elle soit, a pour terme fatal
l'étendue des choses finies. Jusqu'à cette limite, tout tombe sous sa
prise ; au-delà, tout lui échappe. Et peut-il en être autrement ? Produit de notre esprit, qui lui-même est fini, comment la science humaine serait-elle autre chose que l'éclaircissement du fini ? L'induction, il est vrai, nous transporte d'un bond à l'extrême frontière
de ce monde, au seuil de l'infini pour ainsi dire, et les données de
l'induction sont à bon droit réputées scientifiques ; mais que fait-

elle, cette merveilleuse faculté, cette lumière de la science? Pas autre chose que de nous mettre en face de l'abime inconnu fermé à nos regards. Elle nous le montre en perspective, nous en fait assez voir pour nous convaincre qu'il existe, pas assez pour que nous en sachions rien d'exact ni de précis, rien de pratique ni d'expérimental, rien de scientifique en un mot. L'invisible fini, c'est-à-dire l'âme humaine, le domaine du *moi* humain, la science peut l'atteindre; l'invisible infini, l'âme suprême et créatrice, lui échappe absolument. Or c'est tout justement cette sorte d'invisible qu'il s'agirait de pénétrer et de connaître à fond, si l'on devait jamais scientifiquement résoudre les grands problèmes qui touchent à notre destinée. Il est donc impossible, c'est plus qu'une illusion, c'est un non-sens, à notre avis, d'attendre de la science humaine la solution de ces questions.

Est-ce à dire que la philosophie, car c'est d'elle qu'il s'agit ici, soit impuissante à nous parler des problèmes naturels; qu'elle n'ait rien à nous dire de notre destinée, de nos devoirs, de nos espérances? Non certes. Elle a qualité, elle a droit de traiter ces questions; de les traiter, entendons-nous, non pas de les résoudre. Le plus hardi spiritualisme, dans son plus noble élan, ne peut franchir l'abîme: il en peut seulement éclairer les abords. Noble tâche, après tout! Une saine philosophie, qui s'abstient de vaines hypothèses, qui donne ce qu'elle peut donner, la preuve manifeste qu'un ordre invisible existe, que derrière ces mystérieux problèmes il y a des réalités, qu'ils nous inquiètent à bon droit, que nous avons raison de vouloir les résoudre, ce n'est là ni un stérile savoir ni pour le genre humain un médiocre secours. Aussitôt que le spiritualisme devient florissant quelque part, ne fût-ce que dans un groupe de généreux esprits, le parfum s'en répand, et peu à peu, de proche en proche, tout un peuple en ressent l'influence, toute une société se ranime, s'épure, s'élève, s'ennoblit. Aussi la religion, ne craignons pas de le lui dire, est-elle mal conseillée et manque-t-elle de prudence non moins que de justice lorsqu'au lieu d'accepter le concours du spiritualisme, de l'accueillir comme un auxiliaire naturel, de voir en lui une sorte d'avant-garde qui lui prépare les esprits et lui aplanit les voies, elle le tient à distance presque avec jalousie, le combat, le harcèle, le prend entre deux feux, lui prodiguant le même blâme, les mêmes sévérités qu'aux doctrines les plus perverses et aux plus aveugles erreurs. Sans ces regrettables méprises, peut-être ne verrions-nous pas certaines représailles, certains excès de confiance, certains oublis de ses propres limites, que le spiritualisme n'évite pas toujours, car s'il convient d'être juste envers lui, on n'a pas tort non plus de le tenir en bride.

M. Guizot, en véritable ami, lui rend franchement ce service. Personne avant lui peut-être n'avait tracé d'une main aussi sûre la délimitation de la science philosophique; jamais, tout en revendi-
quant pour elle de plus sincères respects et en soutenant mieux son
autorité légitime, on n'avait plus nettement marqué le point précis qu'elle ne saurait franchir.

Plus d'un spiritualiste en gémira peut-être. — Vous nous décou-
ragez, diront-ils. Si vous voulez que nous luttions, que nous défen-
dions contre tant d'adversaires les invisibles vérités, ne nous enle-
vez pas nos armes; ne dites pas d'avance jusqu'où nous pouvons
aller; laissez-nous l'espérance qu'un jour, sous nos efforts, cette
porte de l'infini, où nous frappons depuis tant de siècles, finira par
s'ouvrir.

— Si depuis tant de siècles, pourrait-il leur répondre, vous aviez
fait seulement quelques progrès, on en pourrait espérer d'autres; on
n'aurait pas droit de vous dire, sur le ton prophétique : « Vous irez
jusque-là, pas plus loin. » Mais les progrès de la métaphysique, où
sont-ils? Qui les a vus? Progrès de forme, c'est possible; plus de clarté
peut-être, plus de méthode. Les grands génies des temps modernes
ont en ce sens ajouté quelque chose au fonds que leur avaient légué les grands génies du monde ancien : ce fonds n'en est pas
moins resté toujours le même. Qui oserait aujourd'hui se vanter
d'en savoir plus sur l'infini que Socrate, Aristote et Platon? Autant
les sciences naturelles semblent nées pour grandir, faibles d'abord,
et peu à peu, de conquête en conquête, se créant un empire toujours plus étendu et plus incontesté, autant les sciences métaphysiques, grandes à leur naissance et bientôt stationnaires, sont évidemment faites pour ne jamais atteindre, quoique toujours actives,
le but qu'elles poursuivront toujours. Si quelque chose achève de
mettre en évidence cette immobilité nécessaire de la métaphysique,
c'est la constante réapparition des quatre ou cinq grands systèmes
qui résument à eux seuls tous les milliers d'autres systèmes qu'a
jamais inventés, qu'inventera jamais l'esprit humain. Dès les premiers débuts de la philosophie, vous les voyez éclore; à chaque
grande époque, vous les voyez renaître, toujours les mêmes, sous
d'apparentes diversités, toujours incomplets et partiels, toujours à
moitié vrais, à moitié faux, comme le premier jour. Que veut dire
cet éternel retour des mêmes tentatives, aboutissant toujours au
même résultat, sinon l'éternelle impuissance de faire seulement un
pas de plus? Évidemment l'homme a reçu d'en haut, une fois pour
toutes et dès les premiers temps, le peu qu'il sait de métaphysique,
et le travail humain, le travail scientifique, n'y peut rien ajouter.

Si donc vous comptiez sur la science pour percer le mystère des problèmes naturels, votre espoir est déçu. Vous voyez ce qu'on peut en attendre : pas autre chose que de vagues notions, fortifiées, il est vrai, par la ferme assurance que ces problèmes ne sont pas illusoires, qu'ils reposent sur un fond solide, sur de sérieuses réalités.

Est-ce assez? cette sorte de satisfaction suffit-elle à votre âme? Qu'importe que certains esprits, rompus à la philosophie, comprenant tout à demi-mot, s'en tiennent à ces préliminaires, que ce demi-jour les contente, qu'ils n'aient besoin ni d'autre guide, ni d'autre frein, pour traverser la vie, même aux jours des plus rudes épreuves? Nous voulons bien admettre ce qu'ils nous disent d'eux, mais qu'en conclure? Combien en comptez-vous d'esprits de cette trempe? C'est l'exception la plus rare. L'immense majorité des hommes, le genre humain proprement dit ne vit pas d'un pareil régime, il est trop étranger à l'esprit philosophique; il a trop peu le sens de l'invisible. Toute abstraction est un grimoire pour lui. Et en supposant même que ces vagues réponses, issues de la science, fussent de forme plus accessible, le fond n'en serait pas moins pour la plupart des hommes sans couleur ni vertu, et de tous les secours le plus insuffisant.

Que va donc faire le genre humain si, d'une part, il ne peut se passer de réponses précises, de notions dogmatiques sur l'invisible infini, et si, de l'autre, la science est son seul moyen d'en tenter la conquête; s'il aspire à des vérités hors de toute expérience, et si l'expérience est son unique loi; si, en un mot, il ne reconnaît et n'accepte que les faits qu'il observe, constate et vérifie lui-même? Comment sortir de cette impasse?

III.

Le moyen est trouvé. L'homme a le don de croire non-seulement à ce qu'il voit, à ce qu'il sait par lui-même, mais à ce qu'il ne voit pas, à ce qu'il ne sait que par ouï-dire. Il admet, il affirme de confiance, souvent même sans moyen de contrôle, sans vérification possible, les choses qui lui sont attestées, à la seule condition que le témoin lui semble compétent et sincère. Ainsi l'autorité du témoignage, voilà ce qui constitue la foi, aussi bien la foi proprement dite, la croyance aux vérités divines, que la foi purement humaine, la confiance dans le savoir d'autrui. C'est, du petit au grand, le même acte d'intelligence; seulement, lorsqu'il s'agit des choses de ce monde, l'autorité du témoin s'établit aisément, il n'est besoin de justifier que de sa clairvoyance et de sa véracité, tandis que pour les choses surhumaines il faut qu'il soit lui-même surhumain, qu'il en donne la preuve, qu'on sente à la façon dont il parle du ciel qu'il le connaît et qu'il l'habite, qu'il en descend directement. S'il

n'est qu'un homme, il est sans titre. Il faut des signes manifestes
de sa mission, de son autorité, des signes insolites et incompré-
hensibles, commandant le respect, forçant les convictions, des actes
impossibles à la puissance humaine, des faits miraculeux.

Telle est la condition suprême et nécessaire de toute solution des
problèmes naturels, ou, ce qui revient au même, de toute grande
et vraie religion. Il faut l'apparition sur terre d'un être évidemment
divin, manifestant par des miracles le caractère de sa mission et
son droit à être obéi. Miracle et religion sont donc deux termes
corrélatifs, deux termes inséparables : n'essayez pas de garder l'un
en vous débarrassant de l'autre, la tentative est chimérique. Si vous
opérez ce divorce, tout va s'évanouir. La religion sans les miracles
n'est plus qu'une doctrine humaine, une simple philosophie qui n'a
plus droit de pénétrer dans les mystères de l'infini, ou qui n'en
peut rien dire que par voie d'hypothèse, sans prestige et sans autorité.

Il n'y a donc pas de milieu, il faut admettre les miracles. Voilà la
pierre d'achoppement.

Passe encore, direz-vous, quand ce monde était jeune, quand
l'homme ignorant et novice n'avait pas expérimenté pendant le
cours de tant de siècles la fixité des lois de la nature! Il pouvait
supposer qu'une puissance occulte, à certains jours et pour certains
desseins, se jouait de ces lois, les suspendait à volonté; mais aujour-
d'hui, à l'âge où nous voici, savans comme nous sommes, comment
plier notre raison à ces crédulités? comment donner à la science cet
injurieux démenti?

— Vous vous croyez donc bien savans? Vous pensez donc connaître à fond toutes les lois de la nature? Parce que de temps en
temps vous lui dérobez des secrets plus ou moins merveilleux,
vous voilà convaincus qu'elle vous a dit son dernier mot! Étrange
outrecuidance! Regardez en arrière, oui, vous avez raison, vous
venez de parcourir une distance immense; regardez en avant, le
but est aussi loin que du temps de vos pères, la distance à franchir
reste toujours la même, vous n'avez point avancé d'un pas. Loin
d'ajouter à votre présomption, ces progrès de votre savoir devraient ne rendre que plus profond le sentiment de votre ignorance.
Plus vous aurez fait de conquêtes, plus votre impuissance radicale
éclatera dans tout son jour. Et vous osez nous dire, comme si vous
le saviez, ce que les lois de ce monde permettent ou ne permettent
pas, tandis qu'à chaque instant des faits nouveaux, inattendus, constatés par vous-mêmes, déroutent vos calculs, déjouent vos prévisions et dérogent aux lois que vous teniez la veille pour absolues et
éternelles!

Sans doute un ordre général et permanent règne en ce monde;

mais que cet ordre dans ses moindres détails soit fatalement déterminé, que rien ne le puisse altérer, qu'il doive à tout jamais
rester toujours le même, vous ne le savez pas plus que nous, ou
plutôt vous êtes, comme nous, le vivant témoignage qu'un inflexible
mécanisme ne règle pas tout ici-bas.

Que faites-vous en effet, vous, faible atome, imperceptible créature, pendant que vous défendez au maître souverain, au grand
ordonnateur des choses, le moindre écart, une infraction quelconque aux lois qu'il a créées? Ne les violez-vous pas, ces lois, dans la
mesure de votre puissance, chaque jour, à toute heure et de toute
façon? Cet arbre, cette plante, que l'ordre naturel fait fleurir en été,
vous les couvrez de fleurs en hiver; vous changez la saveur, la
forme de ces fruits, la couleur de ces fleurs; vous contournez ces
branches, ces rameaux, vous les faites pousser, grandir contre nature. Et ce n'est pas seulement sur la végétation, sur les objets
inanimés que vous exercez vos caprices; combien d'êtres vivans
sont par vous transformés, détournés de leur voie régulière! combien subissent par votre fantaisie les missions les plus inattendues,
les plus étranges destinées! Ce ne sont là sans doute que de petits
miracles; mais, proportion gardée, les plus grands se font-ils autrement? Les uns comme les autres sont des infractions volontaires
à l'ordre apparent de la nature : l'ordre réel en est-il altéré? L'enchaînement des effets et des causes est-il interrompu parce que nos
jardiniers font certaines boutures, inventent et composent d'inexplicables variétés? Non; pourquoi dès lors ne pas admettre que
dans un étage au-dessus, dans un ordre plus général, d'autres
genres de perturbations, des guérisons subites, des transformations
incroyables, des actes de volonté ou d'intuition sans exemple, se
puissent accomplir sans que l'ordre universel soit menacé ni compromis? Tout dépend du degré de puissance que vous attribuez à
l'auteur de ces actes, à celui qui, tenant toute chose en sa main,
peut aussi bien produire l'exception que la règle.

Pour nier absolument la possibilité des miracles contre le sentiment du genre humain, qui de tout temps, par instinct, par nature,
s'est obstiné à y ajouter foi, vous n'avez qu'un moyen : supprimer
Dieu, professer l'athéisme, soit l'athéisme pur et simple dans sa
grossière crudité, soit cet autre athéisme plus délicat, mieux déguisé, plus en vogue aujourd'hui, qui fait à Dieu l'honneur de prononcer son nom sans lui donner d'autre besogne que la garde servile et le spectacle inerte des mondes qu'il a créés, mais qu'il ne
gouverne pas. Si c'est ainsi qu'il faut comprendre Dieu, si le fatalisme est la loi de ce monde, ne parlons plus miracles, ne parlons
plus surnaturel, tout est jugé; qu'il n'en soit pas question. Si au
contraire, descendant en vous-même, vous vous sentez intelligent

et libre, demandez-vous d'où vous tenez ces admirables dons, la liberté, l'intelligence! Vous viennent-ils de vous-même? Est-ce en vous qu'ils sont nés, et seulement pour vous? Les possédez-vous tout entiers? Ne proviennent-ils pas d'une source plus haute, plus abondante et plus parfaite, de la source suprême, de Dieu même en un mot? Or si Dieu, si la toute-puissance est à la fois l'intelligence souveraine et la souveraine liberté, comment oser lui interdire de se mêler des choses d'ici-bas, de suivre du regard les êtres qu'il a créés, de veiller à leurs destinées, et au besoin de leur manifester par quelque coup d'éclat ses solennelles volontés? Il le peut à coup sûr, puisqu'il est libre et tout-puissant. L'idée de Dieu ainsi conçue, l'idée du Dieu complet, du Dieu vivant, la question se transforme : ce qui devient inadmissible, ce n'est plus d'établir la possibilité des miracles, c'est d'en prouver l'impossibilité.

Aussi nos grands critiques d'aujourd'hui, ceux-là du moins qui sont vraiment habiles, n'ont garde de tenter cette démonstration. Ils attaquent autrement les faits surnaturels, non pas comme impossibles, comme insuffisamment prouvés; au lieu de les nier, ils tentent d'infirmer l'autorité de ceux qui les attestent. Quels témoins leur faudrait-il donc? Notez qu'en matière d'histoire, lorsqu'il s'agit de faits réputés naturels, même de faits extraordinaires et plus ou moins douteux, la preuve testimoniale, la tradition leur paraît suffisante, et en effet, dans la plupart des cas, que deviendrait l'histoire, si cette sorte de preuve n'était pas admissible? Mais pour les faits surnaturels ils sont bien moins accommodans. Il leur faut d'autres garanties. C'est la preuve authentique, en bonne forme, dûment libellée qu'ils déclarent exigible : sans quoi point de croyance. Ils n'offrent de se rendre qu'à cette condition. D'où il suit que la Divinité, chaque fois qu'elle se proposerait de porter quelque atteinte aux lois de la nature, serait tenue d'en notifier avis à ses contradicteurs. Ceux-ci produiraient leurs témoins; l'opération serait faite en leur présence, et le miracle consommé, on dresserait procès-verbal. — Vous croyez que nous voulons rire, ou tout au moins que nous exagérons : nous ne sommes qu'un écho fidèle, et nous pourrions citer la page où ce système est exposé comme unique moyen de remettre en crédit les miracles. N'insistons pas : cette façon d'exiger des preuves impossibles, de se déclarer prêt à croire tout en mettant à sa croyance de chimériques conditions, est-ce autre chose qu'un subterfuge, un moyen d'éluder ce qu'on n'ose pas résoudre, et de détruire par la pratique ce qu'en principe on semble concéder?

Quant à ceux qui, plus francs, moins diplomates, peut-être aussi moins avisés, nomment les choses par leur nom, et proclament hautement comme un dogme nouveau, comme le grand principe de la critique régénérée, la négation absolue des faits surnaturels, il faut voir de quel ton, de quel air, avec quel magnifique dédain ils vous prennent en pitié, vous, esprits assez simples pour croire que le Tout-Puissant pourrait bien être aussi intelligent et libre! Comme ils vous signifient qu'entre eux et vous tout commerce est rompu, que vous n'avez rien à faire de leurs livres, attendu que, ne prenant souci ni de vos censures ni de votre approbation, ce n'est pas pour vous qu'ils écrivent. On serait bien tenté de rendre avec usure ces superbes dédains; mais il y a mieux à faire. Nous avons montré tout à l'heure que l'homme dans les limites de sa puissance et de sa liberté peut modifier les lois de la nature; voyons maintenant si Dieu dans sa sphère infinie n'a pas aussi même pouvoir, s'il n'en a pas donné quelque éclatant exemple.

Il en est un qui par ordre de date et d'évidence domine tous les autres. Ce n'est pas un de ces faits dont la preuve ne nous est parvenue que par récit, par témoignage, soit écrits, soit traditionnels. Tous les récits se peuvent contester, tous les témoins se peuvent récuser; ici le fait parle lui-même, directement, il est patent, irréfutable. C'est l'histoire de nos premiers parens, du commencement de notre race, car notre race a commencé : ceci ne fait pas question. Il n'en est pas de l'homme comme de l'univers, aucun sophiste n'oserait dire que l'homme ait existé de toute éternité. La science sur ce point est d'accord avec la tradition, et détermine à des signes certains l'époque où cette terre a pu être habitable. L'homme a donc pris naissance un certain jour, et il est né, cela va sans dire, tout autrement qu'on ne naît aujourd'hui, premier de son espèce, sans père ni mère par conséquent. Dès lors les lois de la nature, pour cette fois du moins, n'ont point eu leur effet. Une puissance supérieure, agissant à sa guise, a opéré, en dehors de ces lois, plus simplement, plus promptement, et le monde a vu s'accomplir un fait évidemment, nécessairement surnaturel.

Voilà pourquoi certains savans se donnent tant de peine, et depuis si longtemps, pour trouver un moyen plausible d'expliquer scientifiquement, comme un fait naturel, cette naissance du premier homme. Les uns voudraient que le mot de l'énigme fût dans la transformation des espèces : singulière façon d'échapper au miracle que de tomber dans la chimère! Si quelque chose en effet est prouvé et devient chaque jour de plus grande évidence, à mesure que le monde vieillit, c'est que la conservation des espèces est un principe constitutif de tout être vivant. Essayez d'enfreindre cette loi, vous en serez pour votre peine. Les croisemens entre espèces voisines et les variétés qu'ils produisent ne sont-ils pas frappés au bout d'un certain temps d'une infaillible stérilité? Ces tentatives impuissantes, ces simulacres de créations aussitôt avortées, ne sont-

ils pas le signe manifeste que toute création véritable d'une espèce vraiment nouvelle est interdite à l'homme? Et vous voulez que
dans les premiers âges, dans les temps d'ignorance, ces sortes de
transformations se soient accomplies sans effort, lorsqu'aujourd'hui
malgré la perfection des instrumens et des méthodes, malgré les
secours de tout genre que nous tenons de la science, elles sont radicalement impossibles! Essayez donc de faire un homme. C'est une
affaire de temps, dites-vous : soit; commencez toujours, qu'on vous
voie à l'ouvrage, et mettez-y le temps, mettez-y des milliards de
siècles, jamais du plus intelligent des singes vous ne ferez un
homme, même le plus borné.

Ce rêve évanoui, on en invente un autre. De la transformation des
espèces, on se rabat sur les générations spontanées, toujours avec
même intention, pour établir qu'on peut faire naître un homme avec
ou sans parens, que la nature, selon les circonstances, peut employer
l'un ou l'autre moyen, et que l'un n'est pas plus miraculeux que
l'autre. On sait, sur ce sujet, à quel degré de démonstration rigoureuse et de lumineuse évidence la science est parvenue, quelles expériences solennelles ont établi la vanité de cette conjecture trop
souvent reproduite et prise au trop grand sérieux ; mais à supposer
même que le doute fût encore possible et qu'on pût croire à l'éclosion
de petits êtres naissant d'eux-mêmes, sans germes ni générateur,
en quoi ce mode de production serait-il du moindre secours pour
la question qui nous occupe, pour expliquer et rendre naturelle la
naissance du premier homme? Quelle est la prétention suprême de
la génération spontanée, ou, pour mieux dire, de ceux qui la pa-
tronnent? En quel état se vantent-ils de pouvoir mettre un homme
au monde? A l'état d'embryon, de fœtus, ou tout au plus de nouveau-né. Personne encore ne s'est permis de croire à l'éclosion subite d'un adulte, d'un homme fait, en possession de sa taille, de sa
force et de ses facultés. Or c'est pourtant ainsi que le nouvel habitant de la terre a dû s'y trouver jeté ; c'est à la condition de pousser
d'un seul jet, d'être né homme et vigoureux, qu'il a pu vivre, se
défendre, s'alimenter, se perpétuer et devenir le père du genre
humain. Faites-le naître à l'état d'enfance, sans mère pour le protéger, le réchauffer et le nourrir, il périra le second jour de faim, de
froid, ou dévoré. La génération spontanée, fût-elle donc sortie victorieuse des épreuves où elle a succombé, fût-elle cent fois reconnue possible, ne servirait encore de rien pour éclaircir notre problème. Le seul moyen de le résoudre, le seul qui soit satisfaisant,
même pour la raison, c'est d'avouer franchement qu'il y a là quelque chose de supérieur et d'étranger aux lois de la nature. Pour
expliquer l'apparition sur terre du premier homme, il faut nécessairement l'homme de la Genèse, fait de la main du Créateur.

Ceci n'est point un jeu d'esprit, un artifice, un paradoxe, c'est de la pure vérité. On peut refuser d'y croire, mais à la condition de n'y point regarder. Tout esprit sain, de bonne foi, capable d'attention, étudiant froidement la question, est invinciblement forcé de la résoudre comme l'a résolue la Genèse. Il peut conserver des doutes sur l'exactitude matérielle de certains mots et de certains détails, mais le fait principal, le fait surnaturel, l'intervention d'un créateur, il faut que sa raison l'adopte comme l'explication la meilleure et la plus sensée, la seule explication possible de cet autre fait nécessaire, la naissance d'un homme dans la force de l'âge, ou tout au moins adolescent.

Voilà donc un miracle bien et dûment prouvé. N'y eût-il au monde que celui-là, c'en serait assez pour justifier la croyance au surnaturel, infirmer tout système d'absolu fatalisme, démontrer la liberté divine, et mettre l'homme à son vrai rang; mais, il faut bien le dire, si, depuis qu'elle existe, l'espèce humaine n'avait eu d'autre preuve de la sollicitude de son créateur que cet acte miraculeux par lequel elle a pris naissance, si d'autres communications, d'autres secours, d'autres clartés ne lui étaient pas venus d'en haut, que saurait-elle aujourd'hui des mystères de sa destinée, de tous ces grands problèmes qui l'assiégent et la préoccupent? Elle en aurait à peine quelques notions confuses, et le monde n'aurait encore vu naître que de grossières ébauches de religion.

La création de l'homme, en effet, ne suffit pas à révéler sa propre raison d'être. Elle n'est pas un de ces miracles d'où jaillit la lumière pour éclairer le monde; c'est une manifestation de la puissance divine, ce n'est pas un enseignement de ses volontés. Tout à l'heure au contraire nous verrons apparaître un autre fait non moins mystérieux qui parlera plus clairement. Ce ne sera plus au sortir du chaos, sur la terre à peine affermie, mais en pleine civilisation, à l'époque la plus historique, la plus ouverte aux regards, que ce nouveau miracle aura lieu. Les ténèbres seront dissipées, et le jour se fera dans les cœurs : bienfaisante clarté, longtemps promise et attendue, sorte de complément de la création de l'homme, ou plutôt vraie création nouvelle, apportant à l'humanité, avec l'amour et le pardon célestes, des réponses à toutes ses questions, des solutions à tous ses doutes.

Pendant la longue série de siècles qui sépare ces deux mystères, ces deux grands faits surnaturels, la création et la rédemption de l'homme, le genre humain, réduit à ses propres lumières, n'en poursuit pas moins sans relâche la recherche des vérités divines et le secret de sa destinée; mais il marche au hasard, il tâtonne, il s'égare. Chaque peuple, sur chaque coin de terre, résout l'énigme à sa façon, chacun se forge son idole; c'est un incohérent spectacle,

et de tous ces cultes informes et bizarres, parfois impurs et monstrueux, il n'en est pas un seul qui donne à l'homme la solution complète et sérieuse des problèmes moraux dont il est poursuivi. Ces
prétendues réponses ne répondent à rien, et ne sont qu'un amas
d'erreurs et de contradictions.

Est-ce donc à de telles fins que l'homme a été créé? En le fabri-
quant de ses mains, en lui enseignant lui-même dans un commerce intime l'usage de ses facultés, le Créateur ne l'a-t-il pas
formé à voir, aimer, servir la vérité? Oui, et de là ces lueurs in-
stinctives dont reste dotée notre race; mais en même temps que
l'intelligence l'homme a reçu la liberté, cet autre don, ce don suprême qui l'assimile à son auteur et lui impose, avec l'honneur de
la personnalité morale, le fardeau de la responsabilité. Mis à l'é-
preuve, l'homme a donc pu choisir, et il a mal choisi; il a failli, il
est tombé. Évidemment un trouble immense, un désaccord profond
a dû suivre sa faute, et le père offensé a retiré sa grâce au fils dés-
obéissant : ils se sont éloignés l'un de l'autre, le coupable parce
qu'il a craint son juge, le juge par horreur du péché; mais sous le
juge reste le père. L'exil sera-t-il donc éternel? Non, la promesse en
est faite à ceux-là mêmes dont la faute est punie, et l'heure de la
miséricorde est annoncée d'avance, dès l'instant même du châtiment.

Tout n'est donc pas rompu entre le Créateur et cette race infidèle; un lien va subsister, une poignée de dignes serviteurs va
garder le bienfait de son paternel commerce. En doutez-vous?
Comment expliquer autrement, lorsque pendant plusieurs milliers
d'années l'espèce humaine tout entière, en tous lieux et sous tous
les climats, s'incline, se prosterne devant les forces de la nature,
les déifie et les adore, comment expliquer, disons-nous, qu'un petit groupe d'hommes, un seul, reste fidèle à l'idée d'un seul Dieu?
— Question de race, dites-vous, question plus générale qu'on ne
pense, sémitique et non pas hébraïque. — Prenez garde; une philologie vraiment impartiale et incontestablement savante affirme
aujourd'hui le contraire. La preuve en est donnée, c'est aux Juifs
seulement qu'appartient le monothéisme, fait unique, isolé, que la
raison ne défend pas de croire providentiel, puisqu'il est tout au
moins extraordinaire et merveilleux. Ainsi, pendant que l'antique
alliance entre l'homme et son créateur se perpétue sur un seul point
du globe, point presque imperceptible dans l'immense famille humaine, pendant que la vérité divine, encore voilée et incomplète,
mais sans mélange impur, se révèle comme en confidence et dans
une sorte d'*a parte* à la modeste peuplade choisie pour les desseins de Dieu, tout le reste du monde, en matière religieuse, est
livré au hasard et marche à l'abandon.

Pourquoi donc seulement en matière religieuse? Parce que c'est là que la faute a eu lieu. C'est par la science du divin, de l'infini, de ces mystères dont nul regard ne peut sans Dieu sonder la pro-·fondeur, que follement l'homme a voulu se faire égal à Dieu. Quant à la science du fini, la science purement humaine, c'est autre chose : Dieu n'en est pas jaloux. Aussi que dit-il au rebelle en l'exilant et en le châtiant? Travaille, c'est-à-dire exerce non-seulement tes bras, mais ton esprit; sois habile, inventif, puissant, fais des chefs-d'œuvre; monte aussi haut que par toi-même ta pensée peut monter : deviens Homère, Pindare, Eschyle ou Phidias, Ictinus ou Platon. Je te permets tout, sauf d'atteindre sans moi jusqu'aux choses divines. Là tu trébucheras, tant que tu n'auras pas pour te montrer la route le secours que je t'ai promis. Tu seras idolâtre; ta raison, ta science, ton bon sens même ne t'en sauveront pas.

N'est-ce pas en effet quelque chose d'étrange, dans ce monde de l'antiquité, que l'extrême infériorité des religions, eu égard aux autres conceptions de l'intelligence humaine? Ne voyez que les arts, les lettres, la philosophie; l'humanité ne peut pas aller plus haut. Vous êtes au sommet de la civilisation. Tout ce que la jeunesse et l'expérience réunies peuvent enfanter de noble et de parfait, vous le voyez éclore : ces coups d'essai sont des œuvres de maître qui vivront jusqu'aux derniers siècles et resteront inimitables. Maintenant retournez-vous, voyez les religions, interrogez les prêtres, quelle étonnante disparate! Vous vous croyez chez des peuples enfans. Jamais d'un même sol, d'un même temps, d'une même société, vous n'avez vu sortir des fruits si peu semblables. D'un côté la raison, la mesure, la justesse, l'amour du vrai, de l'autre l'excès presque stupide ou du mensonge ou de la crédulité. Sous ces fables puériles percent bien çà et là de grands enseignemens, débris de la primitive alliance entre Dieu et sa créature; mais ce ne sont que vérités éparses noyées dans un torrent d'erreurs. Le grand défaut, l'infirmité de ces religions antiques, ce n'est pas seulement le symbolisme qui leur sert d'enveloppe, c'est avant tout l'obscurité et la stérilité du fond. Elles ne sont pas capables de dire un mot net et lucide des problèmes de notre destinée. Loin d'en ouvrir l'accès à la masse des hommes, elles semblent prendre à tâche de les cacher aux yeux sous une couche épaisse d'énigmes et de superstitions.

Et c'est là cependant la seule nourriture morale qu'ait reçue pendant des milliers d'années ce genre humain, évidemment puni et séparé de Dieu! Il avait bien, comme compensation, pour lui parler devoir, à défaut de ses prêtres, des sectes, des écoles, des livres philosophiques; mais à combien d'élus profitait ce secours? Les meilleurs, les plus purs, les plus grands philosophes, par qui sont-ils compris? jusqu'où porte leur voix? En dehors de la banlieue d'Athènes, la parole de Socrate lui-même ne pouvait ni relever une âme, ni briser une chaîne, ni faire germer une vertu. Et que disons-nous sa parole! sa mort même, une admirable mort, la mort d'un juste, reste inféconde et ignorée!

L'heure devenait critique : la société païenne entrait dans sa dernière phase et tentait son dernier effort; l'empire venait de naître, et, bien qu'il dût offrir au monde, dans sa longue carrière, à côté de spectacles hideux, bien des jours de repos et même de grandeur, on peut dire sans exagération, sans parti-pris, que dès le règne de Tibère l'expérience était faite : tous les moyens humains de racheter l'espèce humaine étaient visiblement à bout. C'est alors que, non loin des lieux où les traditions primitives plaçaient la création de l'homme, sous ce ciel d'Orient témoin du premier miracle allait s'accomplir le second. Une voix douce, humble, modeste et souveraine en même temps fait entendre aux peuples de Judée des paroles inconnues jusque-là, des paroles de paix, d'amour, de sacrifice, de miséricordieux pardon. Cette voix, d'où vient-elle? Quel est cet homme qui dit aux malheureux : « Venez à moi, je vous soulagerai, je porterai avec vous vos fardeaux? » Il touche de sa main les malades, et les malades sont guéris. Il rend la parole aux muets, il fait voir les aveugles et entendre les sourds. Ce n'est rien encore que cela. Cet homme sait à fond l'énigme de ce monde; il sait le vrai but de la vie et le vrai moyen de l'atteindre. Tous ces problèmes naturels, désespoir de la raison humaine, il les résout, il les explique sans effort et sans hésitation. Ce qu'il dit du monde invisible, il ne l'a pas seulement conçu, ses yeux l'ont vu, il le raconte comme un témoin fraîchement arrivé. Aussi ce qu'il en dit est simple, intelligible à tous, aux femmes, aux enfans aussi bien qu'aux docteurs. D'où lui vient ce prodigieux savoir? De quels maîtres, de quelles leçons? Dès sa plus tendre enfance, avant les leçons et les maîtres, il en savait déjà plus que la synagogue. Des études, il n'en a jamais fait. Il a travaillé de ses mains, gagnant son pain au jour le jour. Ainsi ne cherchez pas sur terre, son maître évidemment est au plus haut des cieux.

N'est-ce pas là ce témoin dont nous avons parlé plus haut, ce témoin surhumain, ce témoin nécessaire à toute solution des problèmes naturels et à l'établissement de vrais dogmes religieux? Dire qu'un tel homme est plus qu'un homme, qu'il est un être à part, supérieur à l'humanité, ce n'est pas assez dire : il faut voir ce qu'il est. Ouvrez donc ces récits, ces narrations candides qui vous gardent le souvenir de sa mission publique, de sa prédication à travers la Judée; ouvrez ces Évangiles où sont inscrits dans le moindre détail ses actes, ses paroles, ses travaux, ses souffrances et son agonie sans pareille; voyez ce qu'il y dit de lui-même : se donne-t-il seu-

lement pour prophète? se croit-il simplement inspiré? Non, il se
dit fils de Dieu, non pas comme aurait pu le dire tout autre homme
à sa place, en souvenir d'Adam, non, fils de Dieu, dans l'acception
du mot la plus franche et la plus littérale, fils né de Dieu directement, fils engendré et de même substance.

Essayez de forcer, de torturer les textes, pour leur en faire dire
moins, vous n'y parviendrez pas. Les textes sont formels, ils sont
nombreux, sans équivoque. Pour refuser de croire à la divinité de
cet homme, vous n'avez qu'à choisir entre ces deux moyens : attaquer son propre témoignage, si vous tenez pour vrais les Évangiles,
ou bien mettre en soupçon les Évangiles eux-mêmes.

Attaquer son propre témoignage, c'est-à-dire supposer que, par
défaut de clairvoyance, il aura pu de bonne foi se méprendre sur
son origine, ou bien encore que, par intention frauduleuse, il s'est
attribué sciemment une fausse qualification. Dans les deux cas, tout
l'édifice croule. Cet être dont les lumières incomparables vous for-
çaient à lui donner place au-dessus de l'humanité, le voilà qui
n'est pas capable de discerner son propre père. Et d'un autre côté
ce moraliste inimitable, ce chaste et beau modèle de toutes les vertus, le voilà qui vous devient suspect d'une plate supercherie. Point
de milieu : il faut que ce mortel soit fils de Dieu, comme il le dit,
ou qu'il descende au dernier rang, parmi les dupes innocentes ou
les charlatans imposteurs.

Est-ce au contraire aux Évangiles eux-mêmes que vous vous at-
taquez? Rien n'est moins difficile, si vous restez à la surface. Armez-
vous d'ironie, provoquez le sourire, ne traitez rien à fond, vous aurez pour un temps la partie belle et les rieurs pour vous ; mais si
vous prétendez approfondir les choses et prendre, au nom de la
science, les allures de l'impartialité, comme il vous faudra reconnaître que la plupart des faits évangéliques sont historiquement
établis, qu'il n'y a là ni mythe ni légende, que le lieu, le temps,
les personnes sont absolument hors de doute, de quel droit irez-
vous refuser confiance à telle série de faits lorsque telle autre, adoptée par vous, ne repose ni sur des preuves plus directes, ni sur de
meilleurs témoignages, et n'a d'autre supériorité qu'une prétendue
vraisemblance dont vous réglez la mesure? Rien de plus arbitraire
et de moins scientifique que cette façon de faire son choix, de décider que tel évangéliste mérite tout crédit quand il se borne à citer des discours, mais qu'il n'est plus croyable dès qu'il fait lui-
même un récit; que tel autre au contraire falsifie les discours qu'il
rapporte, mais qu'il dit certains faits avec l'accent d'un témoin
oculaire. Tout cela n'est que pure fantaisie. Ce qu'il y a de certain,
c'est que les Évangiles, de si près qu'on les serre, résistent à la
critique et demeurent à jamais d'indestructibles documens. Quel

est le livre d'Hérodote ou la décade de Tite-Live qui porte aussi
profondément un caractère de bonne foi et de véracité que les récits de saint Matthieu et les souvenirs de saint Jean? Ne vous prenez pas corps à corps avec ces deux apôtres, ces cœurs simples et
droits qui disent franchement ce qu'ils ont vu de leurs yeux et entendu de leurs oreilles. Si vous, qui n'étiez pas là et qui n'avez rien
vu, vous vous croyez le droit de leur faire la leçon, de leur dire, en
vertu de vos lois scientifiques, comment, à leur insu, tout a dû se
passer, et par quel art, quel subterfuge, leur adorable maître les a
pendant deux ans pieusement mystifiés, sachez bien quel danger
vous attend : ce ne sont pas seulement les orthodoxes, les fidèles
qui se révolteront et vous crieront : *Haro.* Du milieu de vos rangs,
du sein de vos amis, des contradicteurs moins suspects, des voix
plus redoutables, de libres penseurs s'il en fut, mais sincèrement
perplexes et profondément honnêtes, vous donneront aussi d'absolus démentis (1).

Après tout, supposons qu'ils se trompent, et que le héros de ce
grand drame ne soit vraiment qu'un thaumaturge habile, qu'y ga-
gnez-vous? Êtes-vous pour cela délivré des miracles? Vous avez au
contraire un miracle de plus, et bien autrement grand que tous les
autres : il vous faut expliquer ce fait inconcevable, que la plus
transcendante critique est impuissante à supprimer, l'établissement
du christianisme dans l'empire romain. Prenez l'Évangile à la lettre,
acceptez sans réserves ces faits surnaturels, ces guérisons, ces
exorcismes, ces élémens pacifiés, ces lois de la nature violées ou
suspendues; ce n'est pas trop, ce n'est presque pas assez pour rendre intelligibles les progrès triomphans d'une telle doctrine dans
un tel temps, dans une telle société. Il ne fallait pas moins que le
souffle des miracles pour ébranler ainsi le monde, renverser toutes
les idées reçues, changer de fond en comble l'état moral et social
des peuples, et leur ouvrir des horizons non pas seulement plus
larges et plus purs, mais absolument nouveaux. — Si donc vous
dites vrai, si cette immense révolution repose sur une comédie, s'il
faut tenir pour faux ces miracles partiels qui entourent et expli-

(1) « L'âme humaine, comme on l'a dit, est assez grande pour renfermer tous les
contrastes. Il y a place dans un Mahomet ou un Cromwell pour le fanatisme à la fois et
la duplicité, pour la sincérité et l'hypocrisie. Reste à savoir si cette analogie doit être
étendue au fondateur du christianisme. *Je n'hésite pas à le nier.* Son caractère, à le
considérer impartialement, répugne à toute supposition de ce genre. Il y a dans la
simplicité de Jésus, dans sa naïveté, sa candeur, dans le sentiment religieux qui le
possède si complétement, dans l'absence chez lui de toute préoccupation personnelle,
de toute fin égoïste, de toute politique, il y a en un mot, dans tout ce que nous savons
de sa personne, quelque chose qui repousse absolument les rapprochemens historiques
par lesquels M. Renan s'est laissé guider. » — M. Edmond Scherer, *Mélanges d'histoire
religieuse,* p. 93-94.

quent le miracle principal, qui le précèdent, le préparent et semblent lui frayer la voie, qu'en résultera-t-il? Vous n'aurez pas détruit le miracle principal, il n'en sera que plus miraculeux.

IV.

Ne perdons pas de vue notre point de départ. Nous cherchions un moyen pratique et populaire de résoudre les grands problèmes de notre destinée, et nous avons acquis la preuve que, pour suffire à cette tâche, la science humaine fait d'inutiles efforts; nous avons vu qu'il n'existe pour l'homme qu'un moyen de toucher le but, que les solutions véritables, c'est de la foi qu'il les doit attendre, de ce don merveilleux qui sous l'autorité d'un témoignage surhumain lui fait croire avec certitude aux choses que ni les yeux du corps ni les yeux de l'esprit ne peuvent directement atteindre. Le témoignage qui sert de base aux convictions chrétiennes a-t-il l'autorité voulue? En d'autres termes, est-il vraiment divin? Nous croyons l'avoir établi, et la moindre lecture d'une seule page des Évangiles le démontre encore mieux que nous. Aussi voyez l'admirable harmonie du système chrétien, et quelles réponses aussi claires que sublimes il oppose à tous ces problèmes restés si longtemps insolubles! C'est par cette aptitude à percer les mystères, à lire dans l'invisible, à démêler l'inextricable, non moins que par sa miraculeuse victoire, que le christianisme démontre et le vrai caractère de sa propre origine et la sincérité de son divin fondateur.

Il nous souvient à ce sujet d'une page touchante qu'on nous permettra de citer; elle est d'un homme qui naguère, ici même, recevait un éloquent tribut de regrets et d'éloges, et dont tous les amis de la saine philosophie portent encore le deuil après plus de vingt ans. Dans une leçon restée célèbre, à propos de ces mêmes problèmes de la destinée humaine, M. Jouffroy parlait ainsi : « Il y a, disait-il, un petit livre qu'on fait apprendre aux enfans et sur lequel on les interroge à l'église; lisez ce petit livre, qui est le catéchisme, vous y trouverez une solution de toutes les questions que j'ai posées, de toutes sans exception. Demandez au chrétien d'où vient l'espèce humaine, il le sait; où elle va, il le sait; comment elle va, il le sait. Demandez à ce pauvre enfant, qui de sa vie n'y a songé, pourquoi il est ici-bas, ce qu'il deviendra après sa mort, il vous fera une réponse sublime qu'il ne comprendra pas, mais qui n'en est pas moins admirable. Demandez-lui comment le monde a été créé, et à quelle fin; pourquoi Dieu y a mis des animaux, des plantes; comment la terre a été peuplée; si c'est par une seule famille ou par plusieurs; pourquoi les hommes parlent plusieurs langues, pourquoi ils souffrent, pourquoi ils se battent, et comment

tout cela finira, il le sait. Origine du monde, origine de l'espèce,
question des races, destinée de l'homme en cette vie et en l'autre,
rapports de l'homme avec Dieu, devoirs de l'homme envers ses
semblables, droits de l'homme sur la création, il n'ignore de rien,
et quand il sera grand, il n'hésitera pas davantage sur le droit naturel, sur le droit politique, sur le droit des gens, car tout cela
sort, tout cela découle avec clarté et comme de soi-même du christianisme. Voilà ce que j'appelle une grande religion : je la reconnais
à ce signe, qu'elle ne laisse sans réponse aucune des questions qui
intéressent l'humanité (1). »

Nous aimons à relire ces paroles d'un maître et d'un ami, qui, à
son jeune âge, s'était nourri des vérités chrétiennes, et qui peut-
être les eût encore goûtées si les épreuves de la vie s'étaient prolongées pour lui. Il faut se garder sans doute de prêter à ceux qui
ne sont plus nos propres sentimens, mais il est bien permis de garder de leur âme un fidèle et complet souvenir. Même au temps où
Jouffroy portait le poids du doute, lorsqu'il laissait sa plume nous
dire avec complaisance comment les dogmes finissent, il eût fallu
bien peu de chose pour qu'il apprît à ses dépens comment ils se
perpétuent! La croyance a ses mauvais jours; ses rangs se déciment
parfois, l'armée semble se fondre : elle ne saurait périr. Pour remplacer les déserteurs, pour la recruter sans cesse, n'y a-t-il pas les
douleurs, les misères de ce monde, le besoin de prier et la soif
d'espérance?

Laissons là ce doux et profond penseur dont nous aimons à
suivre à travers le passé la lumineuse trace ; revenons au grand et
ferme esprit qui aujourd'hui nous occupe et à qui tant de liens et
tant de souvenirs nous attachent aussi. Sans l'avoir suivi pas à pas,
nous ne l'avons pas perdu de vue. Nous avons cotoyé son œuvre
en essayant d'en exprimer l'esprit. Il faudrait maintenant revenir
en détail sur chacune de ces méditations. Que de choses nous ont
échappé! Que de traits de lumière, que d'aperçus, que de pensées!
Nous avons tout au plus rendu compte de la partie du livre où les
limites de la science, la croyance au surnaturel et surtout la merveilleuse concordance entre les dogmes chrétiens et les problèmes
religieux que l'homme apporte en naissant, sont exposées avec tant
de grandeur et tant d'autorité. Ce que Jouffroy, dans la page que
nous avons citée, indique d'un simple trait, M. Guizot l'établit par
preuves convaincantes en mettant chaque dogme vis-à-vis du problème auquel il correspond. Personne encore n'avait donné à l'harmonieuse relation de ces demandes et de ces réponses un tel caractère d'évidence. Ce sont aussi deux morceaux qui demanderaient

---

(1) *Mélanges philosophiques,* par M. Th. Jouffroy, 1 vol. in-8°, 1833, p. 470.

un examen à part que les deux méditations sur la révélation et sur l'inspiration des livres saints. Il y a là des idées d'une rare sagesse, des distinctions qui font la juste part à l'ignorance humaine sans que le vrai caractère d'inspiration qui brille dans les saints livres puisse en souffrir la moindre atteinte. Mais le principal honneur de cette œuvre, ce qui lui donne à la fois sa plus franche couleur et son parfum le plus prononcé, ce sont les deux dernières méditations, *Dieu selon la Bible, Jésus-Christ selon l'Évangile*.

Ces deux tableaux sont de style différent comme les deux sujets le commandent. Rien de plus hardi, de plus abrupt, de plus vraiment biblique que le portrait du Dieu des Hébreux, de ce Dieu qui « n'a point de biographie, point d'aventures personnelles, » à qui rien n'arrive, chez qui rien ne change, toujours et invariablement le même, immuable au sein de la diversité et du mouvement universel. « Je suis celui qui suis. » Il n'a pas autre chose à vous dire de lui-même, c'est sa définition, son histoire; nul n'en peut savoir rien de plus, comme aussi nul ne le peut voir, et malheur s'il était visible! Son regard donnerait la mort. Entre l'homme et lui quel abîme!

Aussi la distance est grande pour passer d'un tel Dieu au Dieu selon l'Évangile, de Jéhovah à Jésus-Christ. Quelle nouveauté, quelle métamorphose! Le Dieu solitaire sort de son unité; il se complète tout en restant lui-même; le Dieu courroucé dépose sa colère, il s'émeut, s'attendrit, s'humanise; il rend à l'homme son amour, il l'aime assez pour se charger lui-même de racheter sa faute dans le sang de son fils, c'est-à-dire dans son propre sang. C'est la victime, ce fils obéissant jusqu'à la mort, qu'il s'agit de nous peindre. Portrait sublime, essayé bien des fois, et toujours vainement. Dirons-nous que M. Guizot a touché ce but impossible? Non, mais il a pour l'atteindre essayé de moyens heureux. Il nous fait successivement passer devant son divin modèle, en lui prêtant, s'il est permis d'ainsi parler, les poses qui laissent le mieux voir les plus touchans aspects de cette incomparable figure. Il le met en présence tantôt de ses seuls disciples, de son troupeau d'élite et d'affection, tantôt de la foule assemblée au pied de la montagne, au bord du lac ou dans le temple, tantôt de femmes pécheresses ou de chastes matrones, tantôt de simples enfans. Dans chacun de ces cadres, il recueille, il rassemble, il anime, en les réunissant, les traits épars de Jésus-Christ. Son talent sobre et contenu, puissant par la raison, éclatant dans la lutte, semble, au contact de tant de sympathie et d'une charité si tendre, s'enrichir de cordes nouvelles, et ce n'est pas seulement d'une éloquence émue, c'est d'un genre d'émotion plus douce et plus pénétrante que vous ressentez l'influence en achevant ces pages profondément chrétiennes.

Aussi nous comprenons l'heureux effet que sur certaines âmes ce livre a déjà produit. Ce n'est pas jusqu'aux masses que l'influence en peut descendre. Ce style, ces pensées, cet accent, n'ont jamais aspiré aux succès populaires; mais depuis les hauteurs moyennes jusqu'aux sommets de notre société combien d'âmes flottantes à qui ce guide inattendu peut apporter secours! C'est un chrétien comme il en faut pour opérer ce genre de guérisons : il n'est pas homme du métier, il n'a ni robe ni soutane; c'est un volontaire de la foi, et de plus il déclare avoir connu lui-même les anxiétés du doute et les avoir vaincues; chacun peut donc faire comme lui. Derrière les pas d'un homme qui dans le domaine de la pensée occupe une telle place, qui a donné de telles preuves de liberté d'esprit et de haute raison, on se hasarde volontiers, et pour certains catholiques intelligens, mais attiédis, ce n'est pas un médiocre aiguillon que de voir de pareils exemples de soumission et de foi venir d'un protestant.

Il est encore un service plus grand, plus général, que ces *Méditations* nous semblent avoir rendu. Depuis huit ou dix mois qu'elles ont vu le jour, ne vous paraît-il pas que la polémique anti-chrétienne a quelque peu baissé de ton? On aurait pu s'attendre à l'explosion de certaines colères : il n'en a rien été. Les critiques les plus véhémens se sont tenus sur la réserve, et le moyen d'attaque a surtout consisté dans la conspiration du silence. De là une sorte de détente, au moins momentanée. Bien des causes sans doute y contribuaient d'avance, ne fût-ce que l'excès même de l'attaque et les impertinences de certains assaillans; mais le livre, disons mieux, l'acte de M. Guizot a, selon nous, sa bonne part dans ce désarmement. Une profession de foi si nette et si vigoureuse ne peut pas être attaquée mollement. Pour répondre à un homme qui franchement se dit chrétien, il faut avoir pris son parti soi-même et déclarer tout haut qu'on est anti-chrétien. Or aujourd'hui ceux qui le sont le plus n'aiment pas toujours à le dire. C'est quelque chose de bien tranché : notre temps se plaît aux demi-teintes; il a le goût des nuances; on lui fait baisser pavillon en arborant une couleur. Voilà comment le christianisme lui-même recueille un certain profit du peu de bruit qu'on fait autour de ces *Méditations*. Ce n'est pas pour l'auteur le moindre prix de ses efforts. Qu'il continue du même ton, dussent ses adversaires persévérer dans le silence; il les embarrassera de plus en plus, tandis qu'il donnera de plus en plus force et courage à ceux qui penchent du bon côté.

L. VITET.

LA

QUESTION PÉNITENTIAIRE

EN 1865

L'A PEINE DE MORT. — LA LIBERTÉ PRÉPARATOIRE DES CONDAMNÉS.

De l'Amélioration de la loi criminelle, par M. Bonneville de Marsangy, conseiller
à la cour impériale de Paris, 2 vol.

La question de la réforme pénitentiaire existe-t-elle encore? ou
bien, au silence qui s'est fait autour d'elle depuis fort longtemps,
a-t-on pu croire que décidément elle devait être rangée parmi
celles qui, après avoir occupé un moment les esprits, disparaissent
sans retour? Il n'en est rien heureusement, et je n'en voudrais d'autre
preuve que le récent et remarquable ouvrage de M. Bonneville de
Marsangy, conseiller à la cour impériale, où cette question revit tout
entière. Pour peu que l'on veuille d'ailleurs considérer à quel point
elle est liée par des rapports intimes et nécessaires aux vicissitudes
et au progrès du mouvement social, on s'aperçoit aisément qu'elle
est de celles que l'on peut bien négliger quelquefois, que l'on néglige même beaucoup trop, mais auxquelles, bon gré, mal gré, il faut
cependant toujours revenir. L'on y revient surtout lorsque, après
la période de lassitude et d'engourdissement qui suit tout essai de
réforme éconduit ou avorté, on est surpris tout à coup et comme
réveillé en sursaut par cette affreuse certitude que, pendant ce
temps, le mal, loin de se ralentir, a pris des proportions de plus
en plus effrayantes. Chacun s'émeut alors ou paraît s'émouvoir; on
déplore le passé, on s'inquiète de l'avenir, on s'étonne que, soit

oubli, soit défaillance, l'œuvre utile ait subi une aussi longue et aussi fâcheuse interruption. Peut-être même est-on bien près d'être convaincu que de nouveaux retards seraient de nature à compromettre gravement des intérêts de premier ordre. N'est-ce pas bien là en effet, — sinon, trait pour trait, l'histoire même, — du moins une assez fidèle image de l'évolution qui tend à s'accomplir dans les esprits? Qu'on en juge par quelques faits.

Le mouvement de réforme pénitentiaire, qui ne remonte guère au-delà de 1830, devint assez général, on le sait, vers la fin du dernier règne. Il suffirait, pour en donner une juste idée, de signaler les hommes recommandables à plus d'un titre qui s'y engagèrent alors le plus résolûment. Parmi eux, il conviendrait de citer en première ligne M. le président Bérenger, d'autant plus que, comme aux jours les plus actifs et les mieux remplis de sa vie judiciaire et politique, le problème pénitentiaire est encore aujourd'hui l'une des plus chères préoccupations de sa noble et laborieuse vieillesse. A côté de ce nom si respecté viendraient se placer les noms de MM. de Tocqueville et Gustave de Beaumont, entourés depuis de tant d'éclat. Il ne faudrait pas oublier non plus ceux de MM. Charles Lucas et Moreau Christophe, alors inspecteurs-généraux des prisons, qui, malgré l'extrême divergence de leurs vues, apportèrent l'un et l'autre à cette polémique le très utile tribut de lumières puisées aux meilleures sources. C'est ainsi sans doute que le mouvement finit par pénétrer dans les régions officielles et même dans les conseils du gouvernement. En France comme en Angleterre, on voulait entrer dans la voie si grandement ouverte par les États-Unis, et dans des proportions plus restreintes par quelques cantons suisses, ceux notamment de Genève et de Lausanne. Aussi dès 1847 avait-on saisi la chambre des pairs d'un projet de loi qui consacrait les plus notables et les plus utiles innovations; mais au moment même où ce projet allait être enfin soumis à la discussion, il disparut dans le tumulte et le désordre des événemens de 1848. A dater de cette époque, on rencontre bien çà et là encore quelques améliorations de détail, mais sur les réformes fondamentales rien ne s'offre qui mérite d'être signalé.

Cependant, si je ne m'abuse, les amis persévérans de la réforme peuvent enfin se croire à la veille d'un retour longtemps attendu, et il semble, en vérité, que les motifs si sérieux d'utilité sociale qui avaient inspiré leurs premiers efforts tendent à reprendre un légitime ascendant sur les esprits. Ne serait-ce pas que pendant ce long intervalle de torpeur et d'inertie on aurait du moins recueilli, d'une expérience qui, après tout, ne pouvait être entièrement perdue, cette forte et utile leçon, que l'heure des expédiens et des palliatifs est passée, et que désormais, si l'on veut en finir avec un

système de répression intrinsèquement vicieux, il ne faudra rien
moins que la virile résolution de s'engager à tout prix, et par un
effort suprême, dans une voie nouvelle? Ce sentiment au surplus,
on le voit poindre et apparaître dès 1830, à l'origine même de la
question. Pourquoi ne dirais-je pas que j'eus alors l'occasion de
l'exprimer moi-même dans un livre qui n'a pas échappé à sa destinée, en tombant, avec beaucoup d'autres du même temps et sur
le même sujet, dans un profond oubli? Trente ans se sont écoulés,
et voilà que je retrouve chez un magistrat très éclairé sans contredit, on ne peut plus compétent, les mêmes doléances et les mêmes
appréhensions. Ainsi, et bien mieux sans doute que je ne l'ai fait
alors, M. le conseiller Bonneville signale l'insuffisance avérée des
modes actuels de répression, et par suite l'impérieuse nécessité
d'y pourvoir au plus vite et sans hésiter. Ce n'est pas tout : s'emparant à son tour de l'avenir, il se met curieusement à la recherche
des moyens les plus propres à rendre une certaine vigueur à l'intimidation préventive, tandis qu'ils auraient en outre cette autre et
singulière vertu de concourir plus efficacement à la réforme morale
des condamnés.

Voilà bien le but : il serait difficile de l'indiquer avec plus de
clarté et de précision. Parmi les moyens proposés pour l'atteindre,
il en est deux, — l'abolition des circonstances atténuantes facultatives et la liberté préparatoire des condamnés, — sur lesquels
M. Bonneville insiste plus particulièrement : c'est bien là que viennent se résumer en effet ses plus chères espérances, et rien certes
ne se comprend mieux, car si ce n'est pas absolument toute la question, du moins est-il très vrai que l'on touche ainsi à ce qu'elle offre
de plus neuf et de plus délicat. Peut-être est-il bon d'ajouter, ne
serait-ce que pour conserver au débat sa physionomie la plus vraie,
que M. Bonneville y entre avec une prudence si étudiée et tant de
circonspection, qu'il se montre en définitive bien plus enclin à fortifier ce qui existe par des dispositions accessoires et complémentaires
qu'à tenter les innovations profondes et hardies dont peut-être tel
autre, même sans en être par trop ému, ne craindrait pas d'accepter la responsabilité. Ce rapprochement met donc en présence deux
systèmes qui, tout en visant aux mêmes fins, diffèrent néanmoins,
et beaucoup, par les procédés : si l'on pèche d'un côté par un excès
de réserve, peut-être de l'autre serait-on bien près de céder à l'entraînement d'une trop vive ardeur. Ni les uns ni les autres ne devraient cependant oublier que le mieux en toutes choses est de se
garder des opinions extrêmes, car ce n'est pas à elles que revient
en général l'honneur des meilleures solutions.

Quoi qu'il en soit, l'antagonisme des deux systèmes ainsi définis
et caractérisés marque nettement le point exact où la question pé-

nitentiaire vient aboutir en dernière analyse, et désormais on la
verra bien certainement osciller entre ces deux tendances; c'est bien
là que se rencontre son plus grand et peut-être son unique intérêt.
Aussi est-ce à ce titre qu'elle sera l'objet plus spécial de notre examen. Pour en fixer nettement le point de départ, il importe de montrer tout d'abord les vices et les déplorables résultats du régime
actuel.

S'il est un fait malheureusement trop vérifié, c'est que le nombre
des délits s'est fort accru dans ces derniers temps. Ainsi il aurait à
peu près doublé pendant les vingt-cinq dernières années. Il est cependant vrai qu'à les prendre dans leur ensemble on signale, à
partir de 1852, une certaine décroissance; mais vient-on à les
analyser, l'on remarque à l'instant même que cette décroissance,
loin d'être un sujet de sécurité, doit exciter au contraire les plus
vives inquiétudes. Si elle existe pour les délits d'une certaine nature tels que les délits forestiers, les délits de chasse, la mendicité
et les délits politiques, il en est tout autrement quand il s'agit des
délits beaucoup plus graves d'abus de confiance, de tromperie sur
la nature et la qualité des marchandises vendues, etc. Le nombre
de ces délits, qui n'était, en 1852, que de 3,763, s'est élevé, en
1856, à 10,780. On remarque aussi que les délits de rébellion et
d'outrage envers les agens de l'autorité, qui avaient un peu diminué de 1852 à 1854, sont en pleine recrudescence depuis 1855.
On est enfin forcé de reconnaître, et ce n'est pas le côté le moins
affligeant de la statistique, que cela est vrai surtout des crimes et
délits contre les mœurs. Ainsi, pour les infanticides, la proportion
d'accroissement est, depuis vingt-cinq ans, de 45 pour 100, et,
pendant la même période, de 48 pour 100 pour les viols et les attentats à la pudeur sur les adultes.

A la suite de ce tableau, et pour l'éclairer d'autant, il importe de
remarquer que, dans les dernières années, le jury s'est montré plus
sévère pour les délits contre la propriété que pour les délits contre
les personnes, et de plus que les grands attentats ont été moins fréquens. Si, comme on n'en peut douter, ces deux observations sont
vraies dans leur plus grande généralité, c'est que très certainement,
parmi les causes des faits qui en sont l'objet, on en rencontre qui
affectent elles-mêmes, sous ce rapport, un caractère très général et
très absolu, comme serait par exemple celle qui ressortirait de
l'état des mœurs ou d'une certaine disposition des esprits : or ne
serait-ce pas précisément le trait capital et distinctif de la situation?
Si l'on suppose en effet que le goût et le sentiment d'un certain
bien-être matériel soient, comme on le dit, prédominans à ce point
que tout dans la vie, même les plus douces affections et les devoirs
les plus saints, tende désormais à se subordonner à des calculs

étroits et froidement positifs, il sera évident par cela même que les
délits contre la propriété, qui menacent ou troublent directement
cette sorte de bien-être, deviendront l'objet d'une répression très
sévère, tandis qu'il en sera autrement pour les délits contre les
personnes, surtout lorsqu'ils ne sortiront pas de cet ordre moyen
où des offenses fort graves en elles-mêmes au point de vue de la
moralité ne menacent pas cependant d'une manière trop éclatante
la sécurité individuelle. Où serait en effet à ce point de vue, peut-
on se dire et ne se dit-on que trop, où serait la nécessité de tendre
son effort jusqu'à la plus âpre vertu, et pourquoi ne pas s'en tenir,
sans trop de souci, à une répression telle quelle, mais cependant
toujours fort tempérée? Cela est d'autant plus commode qu'en pareil cas on peut toujours, et on n'y manque guère, couvrir sa faiblesse de ces semblans d'humanité ou de philanthropie, sorte de
monnaie courante dont peut-être on ne fut jamais moins avare!

C'est donc en descendant cette pente si facile que la répression
elle-même vient se placer sous le niveau fatal de je ne sais quelle
mollesse chaque jour et en toutes choses plus fortement accusée;
mais vienne un de ces grands crimes contre les personnes qui portent au loin l'épouvante, à l'instant même et par suite de la même
impulsion, on verra l'instinct du danger se dresser dans toute sa
force, d'autant plus impitoyable sans doute que l'égoïsme est plus
profond. Aussi peut-on être certain que dans ce cas la répression
atteindra toujours la plus extrême limite; M. Bonneville en fait la
remarque à l'occasion des *vols suivis d'assassinat* et des *empoisonnemens*. Les condamnations pour ces sortes de crimes, qui n'avaient
été, de 1826 à 1840, que de 21, se sont élevées à 33 de 1841 à
1850, et en 1859 elles ont atteint le chiffre de 51.

Ce premier aperçu sur le mouvement de la criminalité et de la
répression, tiré de la disposition des esprits, suffit bien, ce me
semble, pour expliquer comment et pourquoi la répression est en
général et comparativement plus sévère pour les délits contre la
propriété que pour les délits contre les personnes. Quelle que soit
au demeurant la proportion numérique entre ces divers délits, toujours est-il qu'ils ont pris dans ces derniers temps un accroissement
dont il y a lieu de s'inquiéter; que sera-ce donc si l'attention se porte
sur les récidives, dont le rapport direct avec l'efficacité, soit préventive, soit moralisatrice des divers modes de répression, est sans
contredit d'une bien plus grande évidence? Le nombre des récidives,
qui n'était en 1851 que de 28,548, a été en moyenne de 47,600
pour les années 1861, 62 et 63. Il résulte en outre des derniers tableaux que parmi les récidivistes 12,000 avaient été précédemment
condamnés aux travaux forcés, à la réclusion ou à un emprisonnement de plus d'un an; l'on en conclut fort justement que du moins

à leur égard la première peine avait été appliquée avec une certaine rigueur. On peut remarquer enfin, ce qui est beaucoup plus grave, qu'au moment où le jury s'est montré ainsi plus ferme, la progression des récidives n'en a pas moins marché parallèlement et coïncidé en quelque sorte avec ce redoublement de sévérité.

Cette rapide analyse des élémens divers de la criminalité, tels qu'ils se sont produits dans ces derniers temps, permettra de suivre plus aisément, et sans doute aussi avec plus d'intérêt, ce qui va être dit des réformes proposées pour modifier un état de choses dont il importait de bien constater avant tout la gravité. Parmi ces réformes se présentent tout d'abord et en première ligne celles spécialement indiquées par M. Bonneville et déjà signalées comme dignes d'une attention toute particulière. L'une, on se le rappelle, aurait pour objet l'abolition ou tout au moins une nouvelle réglementation de la faculté de déclarer l'existence des circonstances atténuantes : l'on y gagnerait, dit-on, une plus grande puissance d'intimidation. L'autre introduirait une grave innovation dans la discipline des maisons de détention en offrant aux condamnés la perspective de la liberté préparatoire avant l'entier accomplissement de leur peine ; on affirme que cette liberté tendrait à l'amendement moral des condamnés, et pourrait faciliter ainsi leur reclassement dans la société. On croit enfin que ces deux réformes auraient pour résultat de réduire notablement le nombre des récidives. Il ne reste plus maintenant qu'à les soumettre l'une et l'autre à un examen attentif.

I.

Il y a déjà longtemps que, dans un certain monde, la critique des dispositions de l'article 463 du code pénal, relatif aux circonstances atténuantes, paraît une chose convenue et sur laquelle il n'y a plus à revenir. Il ne faudrait pas trop s'en étonner : c'est qu'ici plus qu'en toute autre matière l'abus est bien près de l'usage, et que de l'un à l'autre le sentier est étroit et glissant ; les chutes sont donc faciles et, si l'on veut, beaucoup trop fréquentes. Puis, ce qui n'est pas non plus de nature à favoriser l'immunité de l'abus, en tant qu'il échapperait aux regards, c'est qu'il tend à se produire sous des formes si piquantes, que chacun, chemin faisant, y regarde et se plaît à y regarder. Aussi, pour ceux qui font profession de raconter les débats des procès criminels, quelle heureuse fortune de pouvoir égayer ou, si l'on aime mieux, intéresser la foule par le contraste, quelquefois très original, je l'avoue, des faits d'audience de la couleur la plus noire avec des condamnations d'une bénignité à peu près inexplicable ! Or tout le monde est un

peu de la foule en pareil cas, les oisifs d'abord, qui ne sont pas ceux
qui font le moins de bruit, puis les esprits légers ou frondeurs.
et combien d'autres encore! Il arrive ainsi que de prime abord la
question des circonstances atténuantes ne laisse pas que d'être
assez mal menée.

Est-ce tout? Non sans doute, et voici qui est assurément beaucoup plus grave. Après de longs et vains efforts pour restituer à la
répression une efficacité à peu près suffisante, lorsque l'on est à bout
de moyens et d'expédiens, et que le sol lui-même semble se dérober
sous nos pas, n'éprouverait-on pas un immense soulagement à pouvoir, au milieu de ce sauve-qui-peut général des esprits, s'abriter
enfin derrière cette commode et facile allégation que le mal dont on
a si longtemps cherché la cause n'est après tout imputable, pour la
plus grande part du moins, qu'à la trop fréquente admission des circonstances atténuantes? Voilà précisément ce que l'on a dit, et Dieu
sait si depuis on s'est lassé de le répéter : ce fut comme une merveilleuse découverte; on aurait tant aimé à y croire, que, comme
il arrive toujours, on y crut bientôt. C'est ainsi que de proche en
proche on a vu des jurisconsultes, des criminalistes, même des
magistrats se prendre à cette idée ou à cette illusion avec d'autant
plus de vivacité que pour eux, si cette dernière explication leur
manquait, c'était à désespérer de l'avenir. Je dois dire que M. Bonneville est lui-même assez vivement entré dans cette voie, à ce
point qu'on aurait pu tout d'abord penser qu'il s'agit bien pour lui
de la suppression radicale des circonstances atténuantes. Cependant, quand il se rapproche davantage de la difficulté, il ne parle
plus que de la réglementation de ces circonstances, et peut-être
serait-il finalement d'avis que l'abolition n'en serait utile qu'envers
les récidivistes; mais sur ce dernier point il est très décidé.

Quoi qu'il en soit, et à prendre en ce moment la question à son
point de vue le plus général, l'on peut, je crois, affirmer que toutes
les difficultés, soit de principe, soit d'application, sont dominées
d'abord par cette première vérité, qu'en bonne police sociale il n'est
pas de meilleure sauvegarde de tout ordre et de toute sécurité que
l'intimidation préventive, — puis par cette autre vérité, non moins
irrécusable, que cette intimidation naît de la certitude du châtiment bien plus que de la sévérité de la peine. Ce fut l'heureuse
inspiration de la réforme de 1832. Soit que les peines ne fussent
plus à cette époque en rapport avec la nature ou la gravité des
offenses, soit que les juges et le jury, trop enclins à s'effrayer de
cette disproportion, fussent entrés dans des voies d'indulgence qui
dans beaucoup de cas n'allaient à rien moins qu'à l'impunité, toujours est-il que l'on crut alors qu'il importait beaucoup de rétablir,
au moyen de circonstances atténuantes facultatives, un équilibre

depuis longtemps rompu. L'événement justifia cette prévision, car à partir de 1832 la marche de la justice criminelle fut plus ferme, et le nombre des condamnations augmenta d'une manière sensible.

Cependant, après un certain nombre d'années et par un singulier retour, la situation avait complétement changé; c'est que, sans aucun doute, d'autres causes avaient agi, et je n'en dis un mot que pour protester encore une fois contre cette opinion déjà combattue : c'est que pour contenir ou modérer le mouvement progressif des récidives, il suffirait d'appliquer plus rigoureusement la loi pénale. Puis je me demande si, avant de rechercher jusqu'à quel point une répression plus sévère produirait les résultats dont on parle, il ne conviendrait pas de s'adresser une autre question : cet accroissement de rigueur est-il possible? Bien assurément de plus logique et de plus naturel, car c'est bien là que se trouve la véritable difficulté, la seule, à vrai dire : on le voit bien quand on serre le sujet de plus près et qu'on y pénètre davantage. Il faut donc la prendre dans ces termes et s'y tenir sans chercher plus longtemps à la méconnaître ou à l'éluder. Voici comment la question pourrait être posée : « si, dans l'état actuel des mœurs et des esprits, l'on excitait la magistrature et le jury à une application beaucoup plus sévère de la loi pénale, obéiraient-ils à cette impulsion, et serait-il permis de compter sur leur persévérante et inébranlable fermeté? » Eh bien! je déclare, sans hésiter, que je suis loin de le croire. Il faudrait pour cela retrouver partout, et dans une forte mesure, ce sentiment sain et profond de foi et d'honnêteté dans lequel la virilité des mœurs et l'énergie du caractère viennent se retremper comme à leur source. Or ce sentiment, loin de renaître et de se fortifier, ne tend-il pas au contraire à s'affaiblir chaque jour davantage, et ne peut-on pas dire que de nos jours et en toutes choses là est le principe même de nos irrésolutions et de nos défaillances? C'est le cri universel. Entre un nombre infini de témoignages, je n'en citerai que deux.

Dès 1839, M. de Gérando, honnête et excellent observateur, disait déjà que les dispositions d'horreur pour le crime, de respect pour les lois morales étaient tombées dans un affaissement général. Il ajoutait ceci : « Les notions du juste et de l'injuste sont altérées dans l'esprit de la multitude; elles le sont même dans la classe instruite et élevée, à un degré moindre sans doute, mais elles le sont en réalité dans l'esprit de chacun de nous. Là est le mal, là est la cause vraie et première de l'augmentation des crimes et de l'énervation de notre système répressif. » Plus récemment, dans le rapport sur la statistique de 1850, M. le garde des sceaux, après s'être demandé si au point de vue moral la société s'est améliorée comme au point de vue matériel et intellectuel, faisait cette réponse : « Que

l'étude attentive des comptes généraux de la justice criminelle
ne permet pas de l'admettre. Soit que la culture du cœur n'ait pas
été l'objet de la même sollicitude que celle de l'esprit, et que l'*éducation* ait marché en sens inverse de l'*instruction*, soit que la diffusion des richesses ait, au détriment de la morale publique, développé la passion des jouissances matérielles, il est bien évident que
le respect de la loi et des grands principes sur lesquels la société
repose a été s'affaiblissant!... »

Rien de plus vrai et de mieux dit, et c'est plus qu'il n'en faut
assurément pour assigner sa véritable cause à la trop fréquente
admission des circonstances atténuantes. Voudrait-on encore cependant, et malgré tout, les supprimer ; on n'aurait pas, je pense,
la prétention de faire disparaître ainsi du même coup cette disposition générale des esprits qui vient d'être caractérisée avec tant
de justesse et une si grande autorité. Personne n'y peut malheureusement rien : elle subsistera donc, quoi que l'on fasse, avec ou
sans les circonstances atténuantes. Seulement dans ce dernier cas
elle se fera bien plus vivement sentir. S'il est vrai en effet que,
malgré l'allégement qui en résulte pour leur conscience, les jurés et
les juges n'inclinent que trop encore vers les acquittemens absolus,
que sera-ce donc si on vient à les mettre aux prises avec cette rude
alternative ou d'une indulgence sans limites ou de la plus extrême
rigueur! On créerait ainsi, il faut en convenir, une situation bien
violente et bien tendue, et pour en être singulièrement effrayé il
suffirait du plus simple retour sur les nécessités les plus élémentaires d'une bonne justice, à moins cependant que l'on ne veuille
admettre qu'avec l'abolition des circonstances atténuantes la faiblesse des juges et des jurés cessera comme par enchantement, ou,
si on l'aime mieux, que le devoir, quoique devenu plus difficile, sera
néanmoins mieux rempli. Lorsqu'une logique rigoureuse conduit
les questions à de pareils termes, le mieux, je crois, est de s'arrêter. Je n'insiste donc pas, et je me borne à dire qu'un seul fait
est certain en tout ceci, c'est que si l'on replaçait les choses au point
où elles étaient avant la réforme de 1832, on reverrait bientôt, et
même selon toute apparence, à un degré beaucoup plus inquiétant,
ce que l'on n'avait que trop vu jusque-là.

Tel est, je crois, le véritable et dernier mot de la question. J'a-
joute qu'il en serait d'autant plus ainsi qu'il s'agirait de crimes atteints par des peines très sévères, et plus particulièrement de ceux
qui sont punis par la peine capitale : je suis convaincu que, dans
ce dernier cas, les chances d'impunité seraient énormes. Que les
adversaires de cette peine soient tout prêts à se réjouir d'un résultat qui conduirait à l'abolition complète, je le comprends sans
peine ; mais aussi quel sujet de profonde anxiété pour ceux qui ne

pourraient voir dans cette abolition qu'une très grande et très funeste erreur!

Me voilà donc encore une fois, et sans trop le vouloir, en présence de cette redoutable question; elle est trop de mon sujet néanmoins pour que je ne doive pas m'en expliquer ici même et avant d'aller plus loin. Il m'a semblé d'ailleurs qu'au moment où dans plus d'un pays se préparent de prochains et rudes assauts contre la peine de mort (1), il siérait mal à un vieil athlète de déserter ou de paraître déserter une cause dont il fut un jour le soldat heureux (2).

Que les esprits les plus élevés et les plus nobles cœurs se passionnent contre le principe même d'une peine irréparable dans ses effets, et que les croyans surtout éprouvent une religieuse terreur à la seule idée de la justice humaine s'interposant entre Dieu et le repentir, et allant ainsi frapper du même coup les criminels dans leur destinée périssable et dans celle qui ne l'est pas, qui pourrait s'en étonner? Peut-être même faudrait-il plaindre ceux dont la conscience sur ce point n'aurait pas été agitée par des doutes sérieux et d'honnêtes scrupules; mais enfin, et quoi qu'il en soit, il a bien fallu cependant, après cette longue et ardente controverse, où tout a été dit, prendre un parti, ne serait-ce que pour ramener la question à ses termes véritables, qui peuvent, je pense, se formuler de la sorte :

La peine de mort est-elle absolument nécessaire à la défense de la société?

Dans quelle mesure cette nécessité existe-t-elle?

Il est bien entendu qu'en posant ainsi la question je suppose *à priori* qu'il va de soi, pour les adversaires comme pour les défenseurs de la peine de mort, que dès qu'on en reconnaît la nécessité, on tient par là même cette peine pour légitime. Je crois en effet que personne aujourd'hui, je parle des hommes sérieux, ne voudrait avoir sur ce point un autre avis (3). Non, on ne va pas jusque-là, au moins explicitement et à front découvert; on préfère se renfermer dans cette simple assertion, que la peine de mort est loin d'être aussi nécessaire que le prétendent ses partisans, et qu'à tout

(1) Parlement de Turin, — haute commission instituée en Angleterre pour l'examen de la question, — adoption d'une motion relative à la peine de mort par la diète du grand-duché de Saxe-Weimar, — pétition au sénat français. — On jugera si le récent débat soulevé sur cette question au sein du corps législatif (discussion de l'adresse) a pu et dû changer notre conviction; qu'il me soit du moins permis de dire que, malgré de très belles et très éloquentes paroles, telle n'est pas l'impression que j'en ai reçue.

(2) Assemblée constituante, 1849.

(3) Lord John Russell, dans une publication récente, paraît bien incliner vers l'abolition de la peine de mort, mais sans admettre que l'on puisse en contester la légitimité : il fait au contraire sur ce point les réserves les plus expresses.

prendre l'abolition de cette peine serait, pour la paix commune et la sécurité de chacun, d'un bien moindre intérêt qu'on ne le suppose. Cela dit, la question de principe se trouve, ce me semble, à peu près dégagée; la difficulté désormais est tout entière dans l'analyse des faits et dans l'appréciation sagement mesurée des rapports que cette analyse déterminera entre l'utilité de la peine et l'intérêt essentiellement prédominant de la société. Si donc il résulte de cette double étude une présomption de nécessité élevée à un tel degré de puissance que le péril social soit reconnu imminent, l'on devra reconnaître aussi que dans ce cas et en soi la peine est effectivement légitime. Je sais très bien qu'il peut être fort difficile de marquer le point précis qui signale une telle nécessité; je sais aussi que, sous le vif aigüillon de cette difficulté, les esprits s'agitent et les imaginations s'enflamment. Tenons-nous plus près des choses cependant, et cherchons-en la plus exacte vérité dans ces notions de bon sens pratique et de sage expérience que l'on devrait bien, à l'exemple des plus grands esprits, se résigner enfin à considérer comme le principe et la source des meilleurs enseignemens.

Or, si l'on se place à ce dernier point de vue, et puisqu'il s'agit après tout de cette terrible présomption de nécessité dont on vient de parler, il importe essentiellement que la loi criminelle en spécifie toutes les circonstances et tous les élémens avec le soin le plus scrupuleux; il faut encore qu'elle soit très attentive à multiplier les garanties à l'aide desquelles cette présomption, se développant et se fortifiant de plus en plus, vient à se confondre en quelque sorte avec la certitude même. Ces élémens seront de deux sortes. Les uns se rapporteront aux formes d'instruction et de procédure destinées à régler la vérification et la constatation des faits; on devra donc, et par-dessus tout, y tenir grand compte de toutes les conditions propres à assurer les droits d'une libre défense. Les autres auront trait à la délimitation précise et à l'exacte nomenclature des faits qui, par leur nature et leur gravité, seraient considérés comme passibles de la peine de mort. Cette nomenclature, dans aucun cas et sous aucun prétexte, ne pourrait s'étendre à des crimes qui ne porteraient pas à la paix sociale de profondes et irréparables atteintes : cette prudente restriction constituerait assurément une garantie d'un très grand poids. Enfin il y aurait fort à se préoccuper aussi de la juridiction même à laquelle serait remis le pouvoir d'apprécier dans sa pleine et souveraine indépendance les circonstances du fait incriminé. Une magistrature incessamment renouvelée, dégagée de toute prévention et de toute influence, placée en présence du crime et de l'accusé avec les impressions qui agitent au moment même la société tout entière, constituerait à son tour

une nouvelle garantie, et la plus notable à coup sûr: cette magistrature, n'est-ce pas le jury même?

En esquissant ainsi à grands traits ces premiers aperçus, je n'ai
guère que retracé l'histoire même de nos lois. J'en fais la remarque
avec un certain orgueil, et surtout en grande paix de conscience.
N'est-on pas en effet en droit de se demander si, lorsque la peine
de mort est prononcée sous l'influence directe de ces garanties si
nombreuses et si diverses, il n'en résulte pas une présomption suffisante non-seulement de la justice de la sentence, mais encore de
sa nécessité? Ne peut-on pas, à meilleur droit encore, se demander
si cette présomption n'acquiert pas, pour tout homme d'un sens
droit et de bonne foi, un irrésistible degré de certitude lorsque le
jury en n'admettant pas les circonstances atténuantes, le chef de
l'état en n'exerçant pas le droit de grâce, ont itérativement reconnu, chacun à part soi et à un point de vue différent, que, dans
le cas donné, l'application de la peine dans toute sa rigueur importe essentiellement à la sécurité publique?

Notre loi criminelle, où se combinent ainsi dans une très juste
mesure la défense de l'intérêt social et le respect de la vie humaine, me paraît donc résumer très sagement, en les plaçant à une
immense distance de leur point de départ, les véritables progrès de
la civilisation en ce qu'ils ont de meilleur et de plus tutélaire, progrès d'ailleurs tellement marqués, surtout dans ces derniers temps,
qu'on a vu les condamnations capitales, qui en 1854 étaient de 79,
descendre en 1862 au chiffre de 31, — de 31 à 20 en 1863, et enfin
à 9 en 1864; encore pour celles-ci y a-t-il eu quatre commutations
à titre de grâce.

Mais voici que l'on s'empresse de dire que cette très notable diminution s'explique par une diminution correspondante dans le
nombre des crimes atteints par cette peine; soit, j'ajoute seulement
que la diminution de ces crimes ne peut s'expliquer à son tour que
par l'effet même de la puissance d'intimidation de la peine qui leur
est applicable : résultat d'autant plus naturel et d'autant plus obligé,
dirai-je encore, que cette intimidation s'exerce dans un milieu où
le sentiment à peu près exclusif de l'amour de soi, le goût effréné
du bien-être, la passion sans contre-poids des jouissances matérielles, prédominent davantage. Or n'est-ce point là l'état même
de notre société aujourd'hui, et n'est-il pas trop visible qu'elle se
meut dans ces conditions de faiblesse et de langueur qui tendent sans
cesse à amollir les âmes et à énerver les caractères? Je le crois fermement, et c'est pour cela qu'à mon sens il n'est rien de plus simple et de plus naturel que de voir s'éteindre dès lors pour le mal
comme pour le bien, dans le mouvement des passions humaines,

ces frénétiques ardeurs dont les plus téméraires aventures et les périls extrêmes sont comme l'aliment? Et c'est précisément ce qui arrive, même pour les malfaiteurs, je devrais dire surtout pour les malfaiteurs. Ils sont assez de leur temps pour en refléter, en les exagérant, les plus mauvais côtés, et sous ce rapport l'on peut justement supposer que la préoccupation de la peine de mort leur est d'autant plus importune qu'ils pratiquent avec plus de suite une certaine prudence très fort à leur usage, celle qui se règle uniquement sur la supputation froidement calculée de toutes les chances contraires, et principalement sur l'énormité de l'enjeu; c'est cette prudence qui tend à les éloigner et qui seule les éloigne très réellement des crimes passibles de la peine capitale. J'avoue que pour mon compte il m'est impossible de trouver ailleurs une explication un peu raisonnable de la diminution chaque jour plus sensible de ces sortes de crimes; chacun sent bien qu'il ne faut la demander ni à la religion, ni au respect de la morale, ni à un sentiment d'honneur plus général et plus vif, ni à une plus grande modération dans les désirs, ni à de moindres ressources dans les moyens d'exécution, ni à telle autre cause que ce soit; la diminution des crimes qu'atteint la peine de mort est donc bien le fait de cette sorte de prudence que je viens de définir.

Et maintenant encore un mot. S'il est vrai, comme on vient de le voir, que, sous l'influence sensible et directe de la peine de mort, le mouvement de la criminalité à l'endroit des faits passibles de cette peine ait été successivement réduit à des proportions vraiment inespérées, ne serait-ce pas la moins excusable des témérités que de supprimer un frein si excellemment salutaire pour livrer la société affaiblie et désarmée à tous les hasards d'une cruelle et sanglante expérience? Et n'est-ce pas à nous qu'il appartiendrait alors de renvoyer aux adversaires de la peine de mort cette formidable question de responsabilité, leur éternelle menace et la plus violente de leurs objurgations?

Cependant ils ne se tiennent pas encore pour battus, même sur ce terrain, et après avoir longtemps nié le droit social en tant qu'il s'appliquerait à la peine de mort, les voilà qui font volte-face et s'appuient précisément sur l'impuissance préventive de cette peine pour la déclarer illégitime! C'est ainsi qu'à titre d'exemple ils exhument de nos annales criminelles, en remontant un peu haut, les noms de Lacenaire pour l'assassinat suivi de vol, de Castaing pour l'empoisonnement, et à ne parler que d'hier, dans le même ordre de crimes, les noms de Latour dans l'Ariége et de Lapommerais à Paris; j'ajoute que c'est aussi l'une des raisons sur lesquelles les abolitionistes anglais insistent le plus.

Qu'est-ce à dire cependant, et pourquoi ces exemples et ces rap-

prochemens? Qui donc a jamais prétendu qu'il suffisait d'inscrire dans
la loi la peine de mort pour que, par là même, le retour des crimes
auxquels elle serait applicable fût à jamais impossible? Personne
assurément n'a jamais pu avoir cette pensée : ce n'est point de cela
qu'il s'agit, mais bien et uniquement de savoir si, de ce qu'il se
commet encore des crimes emportant la peine capitale, il y a lieu
de conclure à l'impuissance absolue de cette peine. Or, pour de
telles questions, le mieux serait sans doute, à mon avis du moins.
de s'en tenir au simple bon sens, un peu aidé, si l'on veut, par la
connaissance même la plus superficielle du cœur humain. Que si
cependant on s'obstinait à en chercher ailleurs la solution et à invoquer particulièrement l'expérience (1), peut-être me serait-il permis alors d'évoquer à mon tour de vieux souvenirs : je dirais donc
que parmi les hommes que leurs fonctions avaient le plus rapprochés des malfaiteurs je n'en ai pas, dans le cours d'une bien longue
carrière, rencontré un seul qui n'attribuât à la peine de mort une
grande puissance préventive et même la seule, à leurs yeux, réellement efficace; excellens observateurs cependant et admirablement
placés pour bien voir. Il y a peu de jours encore que l'un des plus
habiles et des plus considérables n'hésitait pas à s'engager autant
que jamais sur la question avec cette foi pleine et entière que rien
jusqu'ici n'a pu ébranler.

Si j'osais invoquer mon propre témoignage, j'ajouterais que plus
d'une fois aussi il m'a été donné de surprendre le même sentiment
chez quelques-uns de ces grands coupables que la pratique la plus
familière de la vie et des habitudes des malfaiteurs avait dès longtemps initiés à leurs impulsions les plus intimes et les plus vraies :
je n'en citerai qu'un seul, mais le plus fameux entre tous sans contredit, ce même Lacenaire dont je viens de prononcer le nom. Allant
droit au cœur même de la difficulté, sans se perdre dans de vains
discours, et prenant pour exemple une des circonstances les plus
mémorables de sa vie de malfaiteur, il racontait donc un jour, et à

(1) Je ne considère pas comme pouvant sous ce rapport faire autorité l'opinion de deux
ou trois gouverneurs des plus petits états de l'Amérique du Nord (Rhode-Island, Mi-
chigan et Wisconsin), non plus que celle de quelques jurisconsultes de très petits états
allemands (Anhalt-Dessau, Nassau et Oldenbourg), qui écrivent tous sur ce texte à leurs
amis, ceux-ci, bien entendu, partisans déclarés de l'abolition. On voit que des deux côtés
de l'Atlantique la base d'une prétendue expérience, réduite à ces termes, serait bien
étroite, mais il paraît de plus qu'à défaut de statistique régulière ou pour toute autre
cause, les élémens n'en peuvent même pas être soum s à un controle sérieux; puis il
semblera t que, du moins sur certains des points indiqués, cette prétendue expérience,
d'une date si récente, est très sujette à contestation. Dans tous les cas, fût-elle ancienne, notoire et même très vérifiée, il n'en faudrait pas moins reconnaître qu'elle
se serait accomplie dans des conditions tellement éloignées de celles qui règlent les
courans si complexes et si divers de nos grands états européens, qu'on ne pourrait, en
ce qui les concerne, en tirer aucune induction légitime et acceptable.

une heure bien solennelle, qu'il avait eu le plus grand mal à trouver parmi ses co-détenus de Poissy un complice qui voulût consentir à être de moitié dans l'exécution d'un crime qu'il préparait de
longue main. Il disait encore que, rendu à la liberté et privé du
concours de ce complice, il avait essuyé derechef d'innombrables
refus de la part des malfaiteurs les plus renommés par leur audace,
et précisément parce qu'il y allait de leur tête; que c'était enfin à
grand'peine, par un coup de fortune, que, le jour du crime approchant, il était parvenu à en raccoler un, mais un seul, et encore
celui-ci était-il déjà compromis dans un crime passible de la peine
capitale, ce que l'on appelait alors l'assassinat de la Boule-Rouge.
Que l'on veuille bien remarquer cependant qu'il s'agissait ici de
Lacenaire, si puissant parmi les siens, proposant d'ailleurs avec tout
l'ascendant de son esprit une combinaison si ingénieuse et d'une
exécution si aisée que, pour en empêcher le succès, il ne fallut rien
moins que la circonstance fortuite la plus inouie et la plus imprévue; affaire superbe d'ailleurs, selon lui : on devait, après une forte
recette de fin de mois, s'emparer du portefeuille d'un garçon de la
Banque attiré dans une maison isolée du Marais au fond d'une cour.

C'est ici qu'il faut faire un retour sur soi-même, s'interroger
avec bonne foi et se demander, en descendant au plus profond de
sa conscience, s'il n'est pas de toute évidence que, la peine de mort
n'existant pas, on eût vu accourir à la voix de cet homme tout un
monde de malfaiteurs impatiens de s'engager à sa suite. — Mais
point jusqu'à l'assassinat! dira-t-on peut-être. — Pourquoi pas? Je
réponds au contraire et sans hésiter : Oui, très certainement et très
logiquement, jusqu'à l'assassinat, car enfin, même avec l'assassinat
de plus, la différence dans la peine eût été fort peu de chose, et l'on
y aurait gagné, ce qui était beaucoup, de faire disparaître un très
bon témoin, le plus redoutable sans contredit. Le calcul, il faut l'a-
vouer, est d'une simplicité et d'une rectitude qui font vraiment peur.

J'en aurais fini sur ce point, si je ne devais, malgré une assez
vive répugnance, dire quelques mots du crime d'empoisonnement;
mais il le faut absolument, car aucun autre n'appartient davantage
à la question. Qu'il soit en effet, entre tous, celui pour lequel la
menace de la peine de mort agit avec le plus de force et d'opportunité, cela ne peut faire l'objet d'un doute. La raison en est fort simple:
c'est qu'il est plus particulièrement le crime des mauvaises natures,
de ces natures hypocrites et cauteleuses, sans courage et sans élan,
se traînant dans les voies souterraines des plus sordides calculs et
des combinaisons les plus astucieuses; elles fuient surtout le jour
et la lumière, et l'image de la mort par l'échafaud les remplit d'é_
pouvante. Rien de plus vrai, mais d'un autre côté il est également

vrai que ces natures hideuses n'ont d'autre ambition que celle de
l'or, d'autre rêve que celui des jouissances qu'il procure, rêve sombre, ardent, inexorable. Aussi est-ce dans un tel milieu que l'on
peut voir et que l'on ne voit que trop en effet à quel point la trop
longue attente des héritages pèse quelquefois, et bien lourdement,
sur des désirs toujours frémissans, et à quel point aussi d'autres
passions irritées par l'obstacle peuvent s'exalter jusqu'aux plus sinistres égaremens. Et voilà sans doute comment, sous l'impulsion
d'une première idée, repoussée d'abord avec une certaine horreur,
mais bientôt plus familière, plus tard enfin tyrannique, on en vient
à mesurer d'un œil sec l'abîme ouvert entre une convoitise ardente
et les expédiens les plus épouvantables, si bien que tout finit par
se réduire à une question de prudence. Or, sur cette pente et à ce
point de vue, l'obstacle pourra souvent paraître bien léger, tandis
que d'un autre côté on s'enivrera de cette affreuse confiance, trop
fréquemment justifiée, que de tous les crimes l'empoisonnement est
celui qui offre après tout les plus grandes chances d'impunité. Tout
tend ainsi, au gré des passions les plus diverses, à un tel paroxysme
de cupidité fébrile ou de fureur jalouse, que, pour contenir désormais ces passions et y faire obstacle, il n'y a vraiment plus qu'un
seul contre-poids, la terreur de la peine de mort. Ceci doit être de
la dernière évidence.

On le voit donc, de quelque côté que l'on porte ses regards, la
peine de mort est une triste, mais impérieuse nécessité. Comment
se fait-il cependant que des hommes considérables protestent encore aujourd'hui contre cette nécessité, et que parmi eux l'on doive
citer lord John Russell? On s'en étonnerait beaucoup moins sans
doute, si, s'éloignant en ceci des sentiers battus qui vont mal à sa
forte nature, il ne faisait que céder au désir généreux, mais bien décevant, de rendre hommage à ce grand principe de l'inviolabilité de
la vie humaine, devant lequel l'intérêt social lui-même doit, dit-on,
fléchir; mais rien de pareil, et en réalité tel n'est pas son sentiment. Pour lui, on en a déjà fait la remarque, la peine de mort
est légitime, si elle est nécessaire. Serait-ce donc la toute-puissance
de l'un de ces grands mouvemens d'opinion auxquels les esprits les
plus fermes ne parviennent pas toujours à résister? Pas davantage;
le noble lord n'est pas de ceux qui règlent leurs actes et leurs opinions sur de telles impulsions. Puis il ne faudrait pas croire non
plus que le mouvement soit si général, même en Angleterre, que la
peine de mort n'y compte désormais que de rares et faibles défenseurs. A Dieu ne plaise, et le contraire est heureusement vrai : on
a bien pu le voir à la séance de la chambre des communes du 3 mai
1864, où sir George Grey, secrétaire d'état de l'intérieur, fort peu

touché sans doute des objections secondaires qui comme toujours avaient envahi le débat, n'hésita pas à prendre position et à se retrancher dans cette affirmation si sensée et si péremptoire, que la peine de mort doit être maintenue *pour son caractère particulier d'intimidation.* Je cite ses propres paroles, qui furent d'ailleurs parfaitement acceptées par la majorité. Telle est donc en définitive la sage conclusion que, malgré une contradiction plus bruyante que solide, **on** peut, sans trop d'effort, tirer du mouvement des esprits en Angleterre.

J'en voudrais tirer à mon tour cette autre conclusion, fort admise au surplus par les abolitionistes, et qui rentre directement dans mon sujet : c'est que l'intimidation préventive, si particulièrement propre à la peine de mort, serait directement affaiblie, sinon compromise, par la suppression des circonstances atténuantes facultatives, puisque, du moins pour la plupart des crimes, cette suppression aurait pour premier effet d'ouvrir aux malfaiteurs de nouvelles perspectives d'impunité : or ce serait un très grand mal. Je suis donc ainsi ramené à dire, et c'est un des points sur lesquels je devais le plus insister, qu'il y a peu de sagesse à trop décrier les dispositions de l'article 463 du code pénal. Il résulte en effet assez victorieusement, ce me semble, de tout ce qui précède que la faculté qu'il confère aux juges et au jury d'atténuer les peines occupe une place éminemment utile dans l'économie de nos lois criminelles, soit parce qu'elle en règle et en modifie l'application par des tempéramens sagement appropriés à l'état général des mœurs et des esprits, soit parce qu'elle réduit beaucoup les chances d'impunité en imprimant à la répression une marche plus ferme et plus assurée. Aussi y aurait-il autant d'injustice que d'imprudence à classer encore cette faculté de modérer les peines, comme on n'en a que trop pris l'habitude, parmi les causes les plus actives du mouvement de recrudescence des récidives : il faut oser dire au contraire, et dire bien haut, que tout ce que l'on tenterait de ce côté ne pourrait ni arrêter ni entraver ce mouvement; il faut oser dire encore, avec non moins d'insistance et d'autorité, qu'on ne pourra réellement le modérer et le contenir que par la réforme même de notre institution criminelle : à un régime usé et impuissant il faut de toute nécessité substituer un régime nouveau prenant sa force et sa vertu dans un autre principe. Ce principe, quel est-il? et comment faudrait-il procéder pour en obtenir les meilleurs résultats?

II.

Quand on considère attentivement la nature des peines et la diversité de leurs modes d'application, on reconnaît bientôt qu'il n'y a en réalité que deux systèmes en présence : celui de l'isolement cellulaire et celui de la détention en commun. Il convient de dire cependant que ces deux systèmes comportent l'un et l'autre des modifications qui peuvent les rapprocher plus ou moins, ou bien au contraire marquer entre eux une séparation vraiment radicale. C'est ainsi qu'aux États-Unis, où est né le système cellulaire, celui d'Auburn (New-York) n'est pas celui de Pittsburg ou Chery-Hill (Philadelphie), puisque dans ce dernier pénitencier c'est l'isolement de jour et de nuit, tandis qu'à Auburn c'est l'isolement de nuit avec le travail en commun pendant le jour. De même encore le régime de la détention en commun, qui domine en France et en Angleterre, est loin d'être le même dans les deux pays, puisque l'isolement absolu au début de la peine et la transportation, qui a lieu après un certain temps de détention en commun, n'y existent pas au même degré, ou y sont soumis à des conditions différentes.

L'on a cru longtemps, et peut-être croit-on encore, que l'on trouverait précisément dans des combinaisons intermédiaires, qui emprunteraient plus ou moins à l'un ou à l'autre de ces systèmes, la meilleure règle disciplinaire; mais on peut dire aujourd'hui qu'à ce point de vue tout a été tellement expérimenté et avec si peu de succès, qu'il y a tout lieu de croire que de nouvelles tentatives ne pourraient que se confondre avec celles qui les ont précédées, et qu'elles auraient indubitablement le même sort. Telle ne paraît pas être cependant l'opinion de M. Bonneville : il croit que, soit au point de vue préventif, soit au point de vue moralisateur, la liberté préparatoire des condamnés produirait les meilleurs effets. Ce serait donc encore un essai à tenter dans cette voie des combinaisons intermédiaires. Il part de ce premier principe, que la peine en soi cesse d'être légitime du jour où le condamné est moralement amendé, et puis, par voie de conséquence et au point de vue social, que de ce jour aussi il importe de le rendre à la liberté. Cette donnée première est peut-être bien absolue; mais passons. Pourquoi d'ailleurs se montrer difficile, s'il est vrai, comme on le dit, que la libération anticipée des condamnés offre de telles garanties et produit de tels résultats au point de vue de leur amendement, qu'avec elle il n'y a plus à craindre leur retour à des habitudes criminelles? Je n'hésite donc pas à tout admettre, principe et conséquences, mais, bien entendu, sous la réserve très formelle qu'il sera bien clairement démontré que les condamnés sont en effet véritablement amendés au moment où ils sont rendus provisoirement à la liberté. Je serai d'autant plus inflexible sur ce point qu'à mes yeux c'est bien là qu'est la base même du système, ou, pour mieux dire, le système tout entier. Il n'y a donc pas lieu de s'étonner si M. Bonneville précise les élémens de cette réforme avec un soin particulier et une rare sollicitude. Ainsi il pose tout d'abord cette règle générale, que la liberté préparatoire pourra toujours être révoquée; puis, descendant à quelques détails, il indique qu'elle le sera particulièrement, si le libéré commet de nouvelles fautes, s'il quitte sans avertissement la résidence qui lui a été assignée, s'il ne justifie pas d'un travail assidu et pouvant suffire à son existence, ou bien encore si des habitudes de dissipation ou le commerce de personnes suspectes élèvent contre sa conduite ou la sincérité de ses dispositions morales des suspicions légitimes : le condamné perd alors ses droits à la liberté provisoire, il est réintégré dans la maison de détention pour y subir le reste de sa peine.

Je reconnais volontiers que la liberté préparatoire, concédée sous de pareilles garanties, pourra, dans certains cas et jusqu'à un certain point, maintenir le libéré dans la voie d'une conduite prudente et réservée, du moins jusqu'à l'entier accomplissement de sa peine; mais il faut bien que l'on m'accorde aussi qu'avec la liberté ainsi entendue et pratiquée, la question de l'amendement moral des condamnés reste intacte, en ce sens qu'après tout cette liberté ne fait jusque-là que se combiner avec les apparences d'une conduite extérieurement irréprochable : rien de plus, rien de moins. Or il est évident que cette manière d'être du condamné, fût-elle, en ce qui concerne la discipline, exempte de toute sorte de fautes, ne suffirait pas cependant pour prouver l'amendement; il faut de plus, et tel est aussi le sentiment de M. Bonneville, que non-seulement le condamné montre un grand zèle pour toutes les choses bonnes et utiles, particulièrement pour l'instruction morale et religieuse, mais encore que sa conduite soit telle qu'elle indique à la fois un sincère repentir pour les fautes passées et de non moins sincères aspirations vers un honnête avenir.

Sur ce terrain, on serait, il me semble, bien près de s'entendre. Je remarque cependant qu'il n'a été rien dit encore du mode de constatation de cet heureux amendement, si longtemps inespéré. non plus que des effets qui doivent le suivre : je me trompe, M. Bonneville tranche la question en affirmant sans hésiter que l'amendement moral des condamnés ressortira avec un degré suffisant de certitude des témoignagnes réunis du directeur, de l'aumônier, de la commission de surveillance, sans préjudice du contrôle du préfet, et au besoin de celui du ministre. C'est net et péremptoire, je n'en suis pas surpris, car c'est bien à peu près tout ce qui pouvait être dit sur ce point, l'un des plus délicats sans contredit de la difficulté.

Poursuivant l'apologie du système, M. Bonneville ajoute qu'il serait encore fortifié par l'attribution au condamné, à sa sortie, d'un pécule assez considérable pour la satisfaction de ses besoins pendant un certain temps : la transition entre la prison et le reclassement du libéré dans la société serait ainsi plus facile et à l'abri des dangers qu'une pénurie trop prochaine pourrait susciter. Il fait remarquer enfin que dans les termes de cet amendement on organiserait plus facilement le patronage des industriels et des cultivateurs, désormais en meilleure disposition, sans aucun doute, pour employer des sujets dignes, ou pouvant le paraître, de leur bienveillance. Voilà le système tout entier, peut-être devrais-je dire l'idéal même du système, tant j'ai eu à cœur d'en réunir les traits et les élémens divers dans l'ordre le plus harmonieux et le plus sympathique. Ce n'est donc pas sans un vif regret, et malgré mon sincère désir de partager les espérances de M. Bonneville, sans doute ses dernières espérances, que j'aperçois, à travers ces combinaisons si ingénieuses et si bien ordonnées, l'écueil fatal où le système vient se briser. Cet écueil, le voici.

On dit que l'amendement moral des condamnés sera suffisamment constaté par les témoignages des préposés de la maison de détention. Si j'osais à mon tour affirmer sur ce point toute ma pensée, je répondrais très nettement que tous les modes de constatation, quels qu'ils soient, s'ils ne reposent que sur cette base, seront partout et toujours également fallacieux et impropres, je ne dis pas à donner la certitude absolue, ce serait trop exiger, mais même à nous en rapprocher à un degré quelque peu satisfaisant. C'est qu'en effet les témoignages dont on parle procèdent tous, et au même titre, de simples appréciations, et se meuvent dans le domaine si vague et si inconsistant des vraisemblances et des conjectures! On croit enfin, pour tout dire en un mot, à l'amendement moral des condamnés sur de simples apparences; on le veut si bien ainsi, qu'on ne songe même pas à se demander, ce qui cependant s'offre naturellement à l'esprit, si cet amendement, envisagé d'abord dans son principe, puis dans ses effets, n'aurait pas en soi une cause morale quelconque qui en serait à la fois la justification et l'honneur, s'il n'en subirait pas à un certain degré l'influence, si cette influence ne serait pas à son tour plus ou moins attestée par des faits d'une certaine nature et d'un certain caractère. C'est bien par là cependant, et même par là seulement, si je ne me trompe, que l'on pénétrerait plus ou moins au fond des choses, et que l'on pourrait être sur la trace de la vérité. Ainsi par exemple, dans cet ordre d'idées, ne serait-il pas avant tout très essentiel de vérifier si ce qu'on appelle la bonne conduite des condamnés dans la maison de détention n'aurait pas son principe, et son principe unique, dans un intérêt de pur égoïsme, intérêt direct, impérieux, avéré, se suffisant pleinement, en dehors de tout élément de résipiscence et de moralité? Ne faudrait-il pas rechercher d'autre part si cette conduite ne serait réputée bonne par ceux qui en rendent témoignage qu'à un point de vue négatif, comme strictement conforme à la discipline, et non point parce qu'elle tendrait ouvertement au bien par des actes désintéressés, et, s'il se pouvait, par le sacrifice? Cependant ce serait bien là, en fait d'amendement, la véritable pierre de touche. Or poser ainsi la question, c'est la résoudre.

Voici en effet que l'on offre à des condamnés la perspective d'une libération anticipée avec pécule à leur sortie : il va de soi que cette prime, comme on l'appelle, ne peut que leur plaire beaucoup et les attirer fortement. Néanmoins l'idée de leur amendement moral s'est-elle offerte en ce moment à leur esprit, ou l'a-t-elle seulement effleuré? Aucunement. Cette idée en effet ne peut être elle-même, et le système le suppose, que la conséquence d'une réforme déjà accomplie, ou tout au moins d'un commencement de réforme. Si donc les condamnés optent alors, et le plus souvent sans hésiter, pour ce qu'on appelle la bonne conduite, ce sera tout simplement sous l'impulsion d'un calcul d'utilité propre et directe très avidement saisi, surtout par les plus intelligens et les plus énergiques. C'est l'évidence même. Il n'est pas moins hors de doute qu'une fois ainsi engagés, ils soutiendront jusqu'au bout la gageure avec une invariable persistance. Le calcul n'est bon qu'à cette condition; ils le savent bien, ils savent bien aussi qu'il réussira d'autant mieux qu'il sera couvert par des formes plus habilement et plus ingénieusement hypocrites. C'est là désormais leur unique préoccupation. C'est assez dire que les impulsions de repentir et de retour au bien dont on parle tant auraient alors grand'peine à se faire jour dans des esprits naturellement fermés à tout ce qui tendrait à les éloigner de ce premier sentiment d'égoïsme exclusif et jaloux. Ne peut-on pas d'ailleurs se demander à un autre point de vue comment et à quel propos, sous la double contrainte de la séquestration et de la discipline, ces impulsions pourraient agir et se déployer? On ne voit vraiment pas quel en serait l'objet : c'est qu'en effet il ne faut rien moins que la pleine et entière liberté de bien ou de mal faire, et c'est là le plus grand honneur de l'humanité, pour imprimer à nos actions le sceau d'une moralité pure et vraie. Or où serait ici cette liberté?

Si donc, et je me résume ainsi, on se bornait à dire que, sous l'influence de la promesse de la liberté préparatoire et du pécule de sortie, il est probable qu'un plus grand nombre de condamnés se distingueront à l'avenir dans nos maisons de détention par des habitudes d'ordre et de régularité, rien de mieux. Je serais très disposé à l'admettre pour les plus habiles et les plus avisés, je pourrais même dire que ceci est vieux comme le monde, et il n'est pas un seul des directeurs entendus dans les enquêtes ouvertes de-

puis si longtemps qui n'ait à l'instant même reconnu à ces traits
les prisonniers les plus dangereux ; mais vient-on à parler de retour volontaire à une vie laborieuse et honnête, d'instincts criminels déracinés, de mauvaises passions éteintes, de.repentir sincère,
de régénération morale en un mot, j'avoue que je demeure confondu. Et ce serait à mes yeux une bien grande témérité que de
fonder un système tout entier de discipline répressive sur la supposition assurément très gratuite d'un semblable résultat, d'autant
plus qu'il n'y aurait lieu d'en tenir compte, même en l'admettant,
que si le fait se produisait, non pas accidentellement et de loin en
loin, mais fréquemment, successivement, et dans de certaines conditions de permanence et de pérennité. Si ces conditions manquent,
il n'y a pas de système, ou, ce qui est même chose, le système est
stérile et sans action véritable.

Enfin, et pour aller tout d'un trait au fond même des choses,
comment se faire à cette idée, que bientôt dans cette atmosphère
si impure des prisons on verrait des âmes jusque-là profondément
endurcies et desséchées céder néanmoins à de plus douces influences et s'épanouir en quelque sorte au souffle vivifiant du repentir, tandis que c'est l'éternelle leçon de l'histoire que, même
dans les circonstances les plus favorables, au sein de la population
la plus honnête et sous l'empire des exemples les plus touchans,
c'est de la religion seule que l'on peut, aux heures les plus propices, et à grand'peine encore, attendre de tels miracles ?

Par quelque côté que l'on envisage la question de la liberté préparatoire, on arrive donc à reconnaître que, du moins dans le système de la détention en commun, rien n'est plus incertain et plus
problématique, même dans les données les plus favorables, que
l'amendement moral des condamnés. Or il est aisé de voir que, sans
l'amendement moral, la liberté préparatoire, loin d'être un moyen
de bon ordre et de sécurité, devient un danger d'autant plus grand
que la perversité du condamné se serait ainsi retrempée et aigrie dans
l'impatience d'une longue hypocrisie et d'une contrainte odieuse.

On annonce cependant que ce régime a été l'objet de récentes et
très heureuses expériences dans un pays voisin ; cela est peu probable assurément, mais n'importe, l'assertion vient de trop haut
pour qu'on puisse lui refuser l'honneur d'un examen, fort rapide
.sans doute, mais très loyal et très sincère.

III.

Rien de plus curieux et de plus instructif que l'histoire de la déportation des condamnés pour crimes en Angleterre : elle commence en 1785 et ne paraît pas près de finir. Je n'en prendrai que

quelques traits parmi ceux qui touchent directement à mon sujet.
Ainsi lord Bathurst, alors membre du cabinet, disait déjà en 1819
que « la terreur qu'inspirait d'abord la déportation diminuait d'une
manière générale, et que les crimes s'accroissaient dans la même
proportion (*they have increased beyond all calculations*)... » En
1832, une commission parlementaire affirmait à son tour que « la
peine de la déportation en Australie ne suffisait pas pour détourner
du crime, qu'on a vu des exemples de crimes commis dans le seul
dessein d'y être envoyé, et enfin que tous les efforts tentés pour
arrêter l'accroissement rapide et progressif des crimes, soit en
amendant les lois, soit en établissant une police plus active, avaient
été impuissans. » M. l'amiral Laplace, qui dans son voyage de 1831
autour du monde avait vu les choses de près, le vénérable Barbé-
Marbois, d'un esprit si élevé et si judicieux, plus tard MM. de Tocqueville et G. de Beaumont, et enfin M. Jules de la Pilorgerie dans
son beau travail sur Botany-Bay, n'avaient pas hésité à frapper le
système pratiqué en Australie de la même réprobation. Ce système
résista néanmoins longtemps encore à toutes les attaques, quoique
l'on fût chaque jour de plus en plus convaincu qu'il était infecté
d'un vice fondamental et irrémédiable ; malheureusement tel est le
sort de cette question, que c'est précisément lorsqu'apparaît le plus
clairement l'urgente nécessité de la résoudre que l'énergie fait défaut, et qu'on ne sait guère que l'éluder. Ce n'est donc qu'en 1847
que sir George Grey proposa de substituer à la déportation un système nouveau, d'après lequel les condamnés devaient subir toute
leur peine en Angleterre et puis émigrer, une fois la peine subie.

Sir George Grey répondait ainsi du même coup aux deux difficultés de la situation : par la détention en Angleterre, il espérait restituer à la peine une force d'intimidation que la transportation ne
comportait pas ou ne comportait plus ; par l'émigration après l'accomplissement de la peine, il voulait prévenir le danger d'une trop
grande accumulation de libérés sur le sol du royaume-uni, — grand
danger assurément, comme on ne le voit que trop aujourd'hui. Sa
proposition fut, sous ce dernier rapport, gravement modifiée par la
loi du 6 août 1853, qui se résume dans les points suivans : 1° neuf
mois de cellule absolue, 2° un certain temps de travail en commun
dans une maison de détention, 3° le droit pour tout condamné d'obtenir la remise provisoire et conditionnelle d'une partie de la peine
au moyen d'un *ticket of leave* (licence de liberté) qui l'autorise à
travailler dans les colonies, ou même dans le royaume-uni, en état
de liberté provisoire. Une circulaire de lord Grey, du 29 juin 1857,
régla les divers degrés de la remise facultative de la peine : un
sixième pour une condamnation de trois ans, un cinquième pour
cinq ans, un quart pour six ans, un tiers pour quinze et plus.

Les résultats parurent assez favorables jusqu'en 1856, puisque sur 5,049 *convicts* on ne compta que 404 relaps, soit 8 pour cent. Ne serait-ce pas que, d'octobre 1853 à décembre 1856, les libérations étaient tellement rapprochées de cette dernière date qu'il se serait ainsi écoulé trop peu de temps après la sortie des prisonniers pour qu'on eût rien obtenu de concluant ou même de bien significatif dans cette première épreuve? Cela est d'autant plus probable qu'à mesure qu'on avance, le nombre des récidives dépasse de beaucoup ce premier chiffre; c'est ce que l'on a remarqué surtout en 1859, année où la proportion des récidives s'éleva de 8 à 28 pour 100 : on alla même bientôt au-delà de ce dernier chiffre. Cette progression incessante fut en outre caractérisée par des faits d'une singulière gravité. Je n'en citerai qu'un : parmi les 850 *convicts* impliqués dans la formidable révolte des prisonniers de Chatam, 640 étaient notés pour leur bonne et très bonne conduite, et 73 pour une conduite exemplaire, si bien qu'au moment de l'émeute ils étaient tous sur le point de recevoir leurs *tickets of leave*.

La situation n'était donc plus tolérable; il y eut alors en Angleterre un cri de profonde et universelle terreur, force fut au gouvernement d'aviser. En conséquence, il institua le 29 décembre 1862 une haute commission chargée d'examiner la question sous toutes ses faces; cette commission fut composée des hommes les plus considérables et les plus compétens, parmi lesquels il suffira de citer les lords Grey, Naas et Craword, sir J. Pakington, sir J. Cookburn, *lord chief-justice,* sir J. Russell, *recorder* de la cité de Londres, etc. Après s'être livrée aux études les plus approfondies, la commission signala parmi les causes du mal : 1° l'accumulation des *convicts* libérés par suite du ralentissement de la transportation, 2° les vices de la répression actuellement en vigueur. C'était bien là en effet le vrai des choses et le vif de la difficulté.

Tel a donc été en 1864, après les essais les plus divers, tentés et poursuivis avec une remarquable énergie sur tous les points du globe, le dernier mot de la libre et fière Angleterre sur cette question vitale. Or il est manifeste que ce dernier mot la place entre un double écueil. Veut-elle échapper au péril de l'accumulation des *convicts* libérés, ce qui, d'après la haute commission, serait la première cause du mal, elle ne le peut qu'en revenant à la transportation; mais il est notoire que cette peine n'a pas d'action préventive, et l'on sait d'ailleurs que les colonies refusent maintenant de recevoir les *convicts* de la métropole, si même elles ne prennent le parti de les lui renvoyer sans plus de façons. Veut-elle au contraire, à défaut de la transportation, corriger et modifier les procédes vicieux, dit-elle, de la répression actuellement en vigueur, ce qui serait la seconde cause du mal, — alors elle se retrouve en présence de la détention en commun, et il serait peu sage, ce semble, après tant de mécomptes et de déceptions, de vouloir demander encore à ce régime une force d'intimidation, une puissance répressive qui lui manquent ou à peu près.

Que faire donc, et comment sortir de cette situation difficile? Chose inouie, — et vraiment j'éprouve à le dire une certaine confusion, — la commission revient pleinement à ce régime de la déportation, discrédité depuis plus de quarante ans, et qui hier encore semblait condamné sans retour; elle y revient à ce point que, tandis que depuis 1853 la déportation n'était restrictivement applicable qu'aux condamnés à quatorze ans et plus, elle l'autorise derechef pour tous les condamnés, quelle que soit la durée de la peine. On doit cependant ajouter qu'elle paraît tenir beaucoup à ce que les colonies pénales soient rejetées à l'avenir dans l'Australie occidentale; serait-ce donc que tous les autres points leur sont fermés, ou ne serait-ce pas plutôt que désormais le degré de latitude deviendrait en cette matière la règle et la mesure d'une plus grande ou d'une moindre efficacité? Triste spectacle assurément, et que l'on aurait, sans aucun doute, épargné à l'Angleterre, si le moindre indice avait permis de supposer que l'expédient nouveau de la liberté préparatoire était appelé à exercer une influence quelconque sur le mouvement de la criminalité et des récidives. Le seul fait du retour à la transportation dit donc et très hautement que la commission n'a rien vu de ce côté, ni même rien entrevu de sérieux et d'efficace : il importe fort peu, après cela, qu'elle essaie de soutenir le contraire, et que même, dans un moment d'oubli ou d'entraînement, elle ose affirmer que les *tickets of leave* doivent être considérés comme une chose sage et excellente en soi (1).

Lord Grey avait en somme bien raison de dire, il y a déjà longtemps, que le *ticket of leave* ne prouve point la réforme, et que celui qui l'a reçu n'est pas moins sujet à faillir que tout autre condamné libéré. Et avec combien plus de raison encore, puisque les faits

_____

(1) Cela importe d'autant moins qu'au moment même où la commission parlait ainsi, elle était obligée de reconnaître que depuis douze ans que le régime de la liberté préparatoire est pratiqué en Angleterre, les choses en sont venues à ce point que toutes les conditions d'ordre et de sécurité y ont reçu, plus qu'en aucun autre pays du monde, les plus rudes atteintes. Il n'est personne en effet en Angleterre qui ne sache, ne dise ou n'écrive que l'on y est aujourd'hui en présence d'une véritable armée de malfaiteurs (130,000 *convicts*) exercée, organisée, pleine de résolution. Il n'est personne non plus qui ne se demande avec une morne anxiété si longtemps encore, comme on l'a vu il y a quelques mois à peine, les habitans honnêtes de Londres seront obligés de s'armer pour défendre leur vie contre ces terribles garrotteurs presque toujours recrutés, soit dit en passant, parmi ces excellens prisonniers libérés avant l'heure sur la foi ou la présomption de leur amendement.

avaient parlé, lord Carnavon déclarait-il à la chambre des lords,
le 23 février 1864, qu'il ne pouvait que beaucoup regretter que,
dans le bill soumis en ce moment aux communes, l'on proposât de
continuer le système des *tickets!* Excellentes paroles, aussi simples
que vraies, et si peu écoutées cependant qu'il semble qu'à peine
dites, elles étaient déjà tombées dans l'oubli, comme ces rumeurs
éphémères qui meurent en naissant, tant il est vrai que si à Paris
comme à Londres la pensée s'égare un instant, et comme par hasard, sur ce grave sujet, ce n'est que pour fuir et se dérober aussitôt, cherchant curieusement un prétexte où elle puisse abriter,
ne fût-ce qu'un jour, sa responsabilité! Or ce qui manque le moins
dans ce monde, ce sont les prétextes. Voici donc celui qui a cours
à cette heure. Le système de la libération provisoire pris en lui-
même serait parfait, dit-on; seulement jusqu'ici il aurait été très
mollement et très inhabilement pratiqué. Pour le remettre en honneur, il suffirait de renforcer les lois pénales, et il conviendrait surtout de les appliquer plus rigoureusement; puis enfin, et c'est ce qui
a toujours manqué, on devrait exécuter avec le zèle le plus soutenu
toutes les règles destinées à garantir la très exacte application du
système. C'est à cette condition qu'il a eu un plein succès en Irlande
pendant qu'il échouait misérablement en Angleterre. Cette explication, qui tend d'autant plus à se répandre que toutes les autres font
défaut, est à peu près acceptée par le lord *chief-justice*, qui paraît
croire en effet que ce retour à une plus grande sévérité dispo-
serait mieux le condamné à l'amendement. Pour notre part, il nous
faut chez le condamné quelque chose de plus qu'une simple disposition. La haute commission elle-même, il faut le reconnaître,
pense là-dessus comme nous. Pour elle, la base du système serait
le très sérieux et très réel amendement moral des condamnés. Ceci
ne comporte ni équivoque ni incertitude. Seulement, après avoir
ainsi posé le principe, la commission est forcée d'avouer que, pour
obtenir cet amendement, elle ne peut compter que sur la perspective offerte aux condamnés d'abréger la durée de leur détention par
leur travail et leur bonne conduite. Cette perspective serait, dit-
elle, le plus énergique stimulant qui puisse agir sur leur esprit. En
Angleterre comme en France, il semble donc qu'on ait systématiquement résolu de ne jamais aller au-delà de cette idée; tout part
de là et tout y ramène, et peut-être pourrait-on dire, sans trop
se tromper, qu'on s'y attache d'autant plus que l'idée en elle-
même est plus inconsistante, et qu'on s'en défie davantage. Aussi
sommes-nous convaincu que c'est précisément sous l'empire de
cet entraînement que M. Bonneville proposa en 1855 d'étendre
le bienfait de la libération préparatoire, non plus seulement au

tiers de la peine, mais à la moitié, ramenant ainsi, dit-il, l'influence de la prime rémunératoire à sa plus haute puissance régénératrice; mais alors pourquoi s'arrêter en si beau chemin, et ne
pas porter plus loin encore cette puissance si bienfaisante, en étendant la réduction de la durée de la peine de la moitié aux deux tiers
d'abord, puis, s'il le fallait, des deux tiers aux trois quarts, etc.? Il
est très certain que l'attrait de la prime produirait ainsi des effets
que chacun peut sans doute caractériser comme il l'entend, mais
dans tous les cas tellement décisifs, qu'à part les détenus frappés
d'un incurable idiotisme, on les verrait tous entrer dans cette voie
fort aplanie d'une bonne conduite disciplinaire. Et alors quel spectacle édifiant que celui des maisons de détention! quel ordre parfait, quel respect scrupuleux pour la règle! Quant à l'amendement
moral des condamnés, il n'y aurait pas trop à s'en inquiéter, puisqu'il est admis qu'on en trouve le signe irrécusable dans leur bonne
conduite au sein des maisons de détention. C'est donc toujours, je
le répète encore, le même point de départ, le même parallogisme,
et toujours aussi, comme point central où viennent aboutir tous les
efforts et toutes les visées, l'invariable et décevante chimère de l'a-
mendement des condamnés.

Avant d'en finir sur ce point, et puisque j'ai relevé incidemment
ce que l'on allègue de la pratique plus heureuse en Irlande du système de la liberté préparatoire, j'en dois dire quelques mots. Il peut
être vrai en effet, dans une certaine mesure, que ce système ait eu
jusqu'ici une meilleure fortune en Irlande qu'en Angleterre, et je
crois qu'on en peut donner quelques raisons; mais faut-il donc pour
cela le glorifier? Gardons-nous-en bien. En Irlande comme ailleurs,
sauf quelques accidens plus favorables de localité, de tempérament
et peut-être de religion, le système ne change pas de caractère et
de nature; au fond, il reste ce qu'il est. On peut cependant faire remarquer que dans ce pays le système débute par dix mois de cellule tellement absolue que l'isolement n'y est pas même tempéré
par le travail, tandis que d'un autre côté on y répand avec une intarissable abondance le bienfait de l'instruction religieuse la plus
sympathique. Tout est donc parfait jusque-là et se rapproche tellement des conditions les plus vitales de la discipline cellulaire,
que l'on peut aisément en conclure que c'est par là même sans
doute que l'on est parvenu à recueillir ou du moins à préparer
quelques-uns des bons effets de cette discipline; c'est déjà quelque
chose, si bien qu'en apercevant à travers ces premières lueurs une
fugitive étincelle de vérité, on ne peut se défendre d'une secrète
joie.

Malheureusement après cette première tentative ou ce premier

effort on retombe presque aussitôt dans le système de la détention
en commun; il est bon de dire cependant qu'on pratique ce système en Irlande avec plus de sévérité que partout ailleurs. En effet
les condamnés y sont divisés en quatre catégories, et ils passent de
l'une à l'autre d'après leurs notes, et suivant qu'ils ont obtenu un
nombre de marques plus ou moins considérable. Ce n'est d'ailleurs
qu'après avoir traversé ces catégories qu'ils sont enfin admis dans
les prisons intermédiaires; puis, une fois là, on leur abandonne
tout le produit de leur travail comme pécule de sortie. Quelquefois même, avant de leur délivrer les *tickets of leave,* on les autorise à chercher du travail au dehors, ce qui facilitera, au jour
de leur mise en liberté, leurs relations avec les maîtres. Il arrive
aussi qu'on en place quelques-uns pour un certain temps chez des
industriels ou des cultivateurs. Après toutes ces épreuves, où les
suit la pieuse sollicitude du prêtre catholique, ils obtiennent enfin
la liberté préparatoire, toujours révocable en cas de nouvelles fautes
ou même de simple inconduite.

Le système, comme on le voit, ne laisse pas que d'être très fortement lié dans toutes ses parties. Il est de plus très ponctuellement
exécuté en Irlande, ce qui fait qu'ici du moins on ne rencontre aucun
des prétextes allégués en Angleterre pour expliquer l'inefficacité de
ce système, particulièrement au point de vue des récidives. Si donc
et malgré tout les résultats sous ce dernier rapport ne sont guère
meilleurs en Irlande qu'en Angleterre, il faudra nécessairement en
conclure que le régime de la détention en commun, quels qu'en
soient les combinaisons et les tempéramens, est définitivement
jugé.

Quelques mots encore sur ce point. Les prisons intermédiaires de
Lusk et Smithfield (et ce sont les seules en Irlande) ne reçoivent
annuellement qu'un très petit nombre d'individus, chacune cent
au plus, et parmi ceux-ci peu obtiennent le *ticket of leave.* C'est
à peine si l'on en compte cent cinquante à Dublin et dans les environs; l'amendement se trouverait donc restreint à un petit nombre
de condamnés; partant, son influence sur les récidives serait tellement bornée, que le système de la détention en commun ne pourrait pas en être affecté d'une manière sensible dans ses effets généraux. Quoi qu'il en soit, voici quelques détails statistiques qu'il
peut être bon de relever : à partir de 1856, époque de l'établissement des prisons intermédiaires, il y a eu 4,643 *convicts* libérés
avec ou sans *tickets;* on en a repris un certain nombre, parmi lesquels figurent dans la proportion de 7 sur 10 les condamnés porteurs de *tickets* révoqués. Quant à ceux, au nombre de 1,800, dont
les *tickets* n'avaient pas été révoqués, 75 seulement (4 pour 100)

auraient encouru une nouvelle condamnation. M. Bonneville fait remarquer que le nombre si restreint des révocations de licence (*4* pour 100) s'explique par cette simple raison, qu'on n'accorde les *tickets* qu'à ceux qui ont donné des gages suffisans d'amendement; je crains qu'il n'y ait là une confusion : le chiffre de *4* pour 100 ne me paraît s'appliquer en effet qu'aux licenciés *non révoqués* tombés en récidive et non point aux licenciés porteurs de *tickets révoqués*, puisqu'on voit ceux-ci figurer au chiffre total des libérés réincarcérés dans la proportion de 7 sur 10; ce qui certes suffit, et au-delà, pour démontrer péremptoirement l'inefficacité du système, car enfin les porteurs de *tickets* révoqués, auxquels ce chiffre est applicable, sont de tout point récidivistes au même titre que les autres, et ils accusent exactement la même moralité. Cependant ils avaient passé par les quatre classes ou catégories, et ils avaient eu, à toutes les phases de la répression, des notes excellentes. D'autre part, quand on leur délivra les *tickets*, leur amendement n'était pas à l'état de simple présomption; pour tous les agens, directeurs, aumôniers ou autres, ayant charge de vérifier et de prononcer, c'était un véritable amendement, très pertinemment et très attentivement constaté. Eh bien! il est démontré, non pas pour un ou pour quelques-uns, mais pour le plus grand nombre de ces libérés, qu'en réalité cet amendement n'existait pas. En Irlande comme en Angleterre, le système pèche donc par la base même. Si cependant on veut à toute force, et plus spécialement pour les natures faibles et moyennes, qu'au début l'encellulement absolu, un régime plus sévère ensuite à tous les degrés de la détention, enfin l'action plus marquée du prêtre catholique sur un croyant plus respectueux et mieux disposé, puissent exercer en Irlande une certaine influence, je ne conteste pas qu'il y ait en ceci quelque fonds de vérité. Je crois cependant, malgré les affirmations contraires, qu'il est difficile d'avoir dès à présent à ce sujet un avis suffisamment motivé; mais qu'importe? Je m'en tiens à ce point que le résultat, quel qu'il soit, ne pourrait, dans tous les cas, intéresser qu'un très petit nombre d'élus. J'ajoute, et sur ceci ma conviction est entière, que le système de la détention en commun eût-ii même atteint, comme en Irlande, son plus haut degré de perfectionnement, n'en serait pas moins, et très particulièrement dans un pays qu'il est inutile de nommer, dépourvu de toute efficacité régénératrice vis-à-vis de la grande masse des malfaiteurs: dès lors il n'affecterait qu'imperceptiblement le nombre des récidives.

Le prestige de la liberté préparatoire tombe donc à son tour, comme déjà s'étaient évanouies toutes les espérances fondées sur

l'abolition des circonstances atténuantes; le système de la détention en commun reste avec tous ses dangers. Derrière ce système,
pour qui sait et veut voir, il y aura toujours la vieille et intraitable
perversité des malfaiteurs, seulement plus ou moins doublée de
colère et d'hypocrisie. Si tout cela est vrai, n'est-on pas irrésistiblement attiré vers un système nouveau, et ce système ne doit-il
pas être ou plutôt n'est-il pas nécessairement l'emprisonnement
cellulaire? Il le faut bien, car ce n'est pas arbitrairement, mais sous
l'influence directe et nécessaire des faits que la question se pose
ainsi. Le moment semblerait donc venu d'étudier très attentivement les élémens essentiels et les diverses conditions de ce nouveau système, et de reprendre ainsi une œuvre violemment interrompue. Peut-être doit-on cependant se demander si, pour
aborder avec plus de succès cette étude, il ne conviendrait pas d'attendre que les questions incidentes qui peuvent en ce moment entraver ou ralentir le mouvement de la réforme, celles précisément
que nous venons de parcourir, soient mieux comprises et surtout
plus sagement résolues. Il y aurait à procéder ainsi, je crois, quelque opportunité. Puis ne peut-il pas se faire, et quant à moi j'y
compte beaucoup, que les excitations, chaque jour plus vives, du
sentiment public, en marquant plus distinctement le but, deviennent à la fois un signe favorable et un puissant encouragement?
Sous une pareille impulsion, les œuvres marchent vite et tendent
plus sûrement à leurs fins. Ceci se sent et se comprend à merveille.
    Est-ce à dire cependant qu'il faille jusque-là s'en tenir à un si-
lence profond, et n'y aurait-il pas au contraire une grande convenance, sinon même une véritable utilité, à reprendre et à débattre
sans cesse cette question? Je le crois. On voudrait d'ailleurs s'abstenir que ce serait impossible. C'est qu'en effet, pour peu que l'on
touche à ce sujet, le système cellulaire sait y faire aussitôt sa place.
Ainsi, à ne parler que de M. Bonneville, que de fois, quoiqu'il semble s'en éloigner en ce moment, ne peut-on pas surprendre même
dans son dernier ouvrage, et à ne pas s'y tromper, l'expression fur-
tive ou involontaire d'un très vif regret et peut-être d'une véritable
prédilection! Je me bornerai à citer ce peu de mots : « Quoi qu'on
puisse imaginer et tenter, on ne fera jamais de nos prisons en
commun des sanctuaires d'épuration morale, des écoles de vertu et
d'honneur; *ce résultat n'eût été, dans une certaine mesure, possible
qu'avec le régime cellulaire, dont*, ajoute-t-il, *nous avons malheureusement* abandonné l'idée, faute d'avoir su la réaliser dans des
conditions convenables d'économie et d'humanité (1). » L'aveu est

(1) Tome II, page 34.

précieux sans doute, mais n'est-ce pas la vérité même? Que parle-t-on d'ailleurs d'économie et d'humanité? Vivons-nous donc dans un temps où l'épargne soit si fort en honneur, ou bien ne serait-ce pas, comme on l'a dit beaucoup trop, que les dépenses les plus utiles auraient eu plus d'une fois à subir le contre-coup de vaines magnificences? A Dieu ne plaise! On peut aussi faire remarquer que si l'application générale du système cellulaire exige à l'origine des avances considérables, il n'est pas moins vrai, d'un autre côté, que cette dépense première serait successivement amortie par l'économie qui résulterait tout d'abord du ralentissement de la criminalité, sans parler même de cette autre économie encore plus notable que procurerait la diminution à tous les degrés de la durée des peines. Ceci est élémentaire et n'a jamais fait l'objet d'un doute.

Quant aux conditions d'humanité dont les premiers essais du régime cellulaire n'auraient pas tenu suffisamment compte, il serait bien temps aussi de s'entendre sur ce point. Serait-ce, comme on l'a tant dit et répété, que ce système s'attaque à la vie même des détenus ou réagit contre leur raison jusqu'à l'hébétement? Je croyais en vérité que l'on était revenu de toutes ces exagérations : les hommes les plus compétens et les plus autorisés en ont fait depuis longtemps justice; puis de tels reproches seraient peut-être en ce moment assez intempestifs. Je veux bien ne pas admettre dans toute leur gravité les rumeurs, cependant fort répandues, sur les effets de la transportation de nos condamnés à Cayenne : mais on en peut toujours retenir, et, je crois, sans trop de témérité, que ces effets accusent une mortalité bien supérieure à celle que, dans les hypothèses les plus excessives, on voudrait imputer au régime de la cellule.

Que si l'on veut dire seulement que ce dernier régime comporte des souffrances aiguës, qu'il crée un isolement qui glace et fait peur, qu'il livre l'âme des condamnés, au commencement surtout, à de poignantes angoisses, tout cela peut être vrai : dût-on même encourir le reproche de barbarie, il faut oser dire encore qu'il est bon et très bon, dans une certaine mesure, qu'il en soit ainsi, puisqu'après tout c'est là qu'est la force du système. Il ne faudrait pas cependant, même à ce point de vue, se laisser aller à de trop folles appréhensions; il ne faudrait pas oublier surtout que plus l'isolement de détenu à détenu sera complet et absolu, plus aussi devront être nombreux et fréquens les rapports des prisonniers avec le directeur, l'aumônier, les parens et les visiteurs honnêtes. De la sorte, la peine pour le plus grand nombre, pour les moins mauvais particulièrement, ce qui serait d'une justice toute providentielle, ne tarderait pas à être supportable sans cesser d'être

afflictive; puis, s'il est vrai, comme on n'en peut douter, que cette
faculté ou cette puissance de sociabilité qui est notre nature même
soit d'autant plus avide d'expansion chez les détenus de la cellule
qu'elle est plus durement refoulée, ne serait-ce donc rien que de la
voir bientôt, au lieu de s'exercer et de se répandre comme autrefois
au milieu de malfaiteurs qui ne peuvent que la pervertir, prendre
au contraire insensiblement, et de proche en proche, l'empreinte
plus favorable de communications saines et sympathiques? Qui peut
dire que sous cette action incessante, que rien d'ailleurs ne viendrait troubler, on ne verrait pas éclore enfin dans ces consciences
arrachées à leur sombre endurcissement, sinon régénérées, le
germe fécond et béni d'un sincère retour au bien? N'arriverait-il
pas alors aussi, à chaque nouveau pas des condamnés dans cette
voie, que par un juste retour, et dans une proportion en rapport
exact avec le progrès même de la réforme morale, l'action douloureuse de l'isolement perdrait tous les jours de son amertume? Et
tout cela, qu'on veuille bien le remarquer, par l'effet propre et naturel de la peine, sans qu'ici on puisse jamais, par le fait même de
l'homme, s'égarer dans des calculs suspects ou des combinaisons
équivoques! Toutes les fois que je rencontre cet aspect vraiment admirable et si consolant du système cellulaire, je me sens, je l'a-
voue, très vivement ému : c'est qu'il me semble sans doute, — et
tout est là, qu'on y songe bien, — que l'on est ainsi sur la trace
même de la réforme et de l'amendement véritable des condamnés.
Ce n'est qu'une trace, je l'accorde; mais l'empreinte en est vive, et
je ne sais pas en détacher mes regards. Est-ce donc de la détention
en commun que l'on pourrait jamais attendre de telles promesses
ou de telles espérances?

Il est un autre point, très considérable aussi, où l'emprisonnement cellulaire ne craint pas davantage la comparaison. C'est une
très juste et très heureuse idée de M. Bonneville que celle qui
tend à ménager au dehors au condamné des relations de travail et
de patronage avant l'entier accomplissement de sa peine. M. Bonneville aime à faire remarquer d'ailleurs que cette idée peut être
également appliquée dans les deux systèmes de la détention en
commun et de l'emprisonnement cellulaire; ce n'est pas dire assez,
car il est manifeste que le travail extérieur et le patronage seront
bien plus accessibles dans le système de l'isolement. Cela s'explique
par cette raison toute simple, que la confiance du patron est d'autant plus grande qu'il a plus de motifs de croire que celui qui sera
tout à l'heure admis à son foyer aura moins subi l'influence si dangereuse des communications entre prisonniers. Or il n'est pas besoin de dire que dans la détention en commun ils se voient tous, se

connaissent, vivent des mêmes souvenirs, s'animent aux mêmes espérances, et bientôt peut-être seront lancés encore une fois dans le même tourbillon, tandis que l'un des traits les plus vifs et les plus insignes du régime cellulaire serait que les détenus n'auraient jamais échangé, ni même pu échanger une seule parole ou un seul regard.

L'isolement absolu des détenus peut donc seul faciliter leurs rapports avec les patrons du dehors; c'est beaucoup assurément, et cependant ce n'est encore que le moindre de ses avantages. On le voit bien, pour peu que l'on veuille pousser plus loin la comparaison entre les deux systèmes. Ici d'ailleurs les faits parlent si clairement et portent en eux-mêmes des enseignemens d'une telle évidence qu'il suffit de les énoncer. Ainsi n'est-ce pas une chose notoire que l'effet le plus certain et le plus direct de la détention en commun est d'endurcir de plus en plus les détenus dans leurs habitudes premières et de développer leurs plus mauvais penchans? N'est-il pas avéré encore qu'il arrive ainsi, par un entraînement bien naturel, que les plus corrompus tendent sans cesse à ramener ceux qui le sont le moins à leur niveau, et qu'ils n'y parviennent que trop? On ne peut pas ignorer non plus que c'est dans ce milieu que se forment ou se préparent ces terribles associations de malfaiteurs avec lesquelles la société aura plus tard à compter. Les rapports familiers et usuels des détenus en sont comme le principe et l'aliment. On se voit, on se compte, on se compare, la valeur et l'aptitude de chacun sont bientôt et très exactement cotées. Celui-ci, par son énergie et son audace, est plus propre aux entreprises hardies; cet autre, plein de finesse et d'astuce, semble né pour les combinaisons habiles et raffinées : c'est de cette façon que les projets de toute sorte s'élaborent et mûrissent. On est donc prêt, et il ne s'agit plus que d'attendre l'occasion. Est-on bien venu à s'étonner après cela du nombre toujours croissant des récidives? Il est tout simplement le produit net de la détention en commun.

Voilà la part directe de l'intérêt qui doit prédominer ici, l'intérêt général d'ordre et de sûreté. Voici maintenant quelle serait celle, qu'il ne faudrait pas absolument négliger, de l'intérêt des détenus eux-mêmes à un point de vue purement personnel : c'est qu'il y a là, quoi qu'on puisse dire, un devoir de tutelle et de protection qui a bien aussi ses très légitimes exigences. On le verra bien vite, si l'on veut descendre à quelques détails. Un détenu par exemple a commis une première faute; ce n'était peut-être qu'un entraînement de jeunesse, le fait d'ailleurs n'engageait ni l'honneur ni la probité. Au point de vue de la moralité, le mal n'était donc pas irréparable : eh bien! il peut le devenir, et il le deviendra, cela ne se voit que trop, par l'effet de la détention en commun. Et qu'on ne s'y trompe pas, le nombre de ceux qui peuvent être rangés dans cette catégorie est beaucoup plus grand qu'on ne le pense d'ordinaire. Pour en être convaincu, on n'a qu'à se reporter aux chiffres suivans : d'après le compte de la justice criminelle de 1863, sur 165,514 prévenus jugés en police correctionnelle dans le cours de cette année, 62,783 n'ont été condamnés qu'à une simple amende (je reconnais qu'il est très probable que sur ce chiffre énorme il y a eu très peu de détentions préventives, je passe donc); puis 75,941 ont été condamnés à un emprisonnement de moins d'un an. Or on aura beau vouloir réduire la proportion, jamais cependant on ne pourra faire que sur un nombre aussi considérable il n'en reste encore beaucoup qui appartiennent à la situation exception- nellement favorable que je viens d'indiquer. Que serait-ce donc si, passant de prévenus qui ont été condamnés à une simple amende ou à un emprisonnement de moins d'un an, on vient à considérer, toujours d'après le compte de 1863, le nombre des accusés acquittés par la cour d'assises (1,144) et des prévenus acquittés par les tri- bunaux correctionnels (13,762)! Ne sera-t-on pas encore plus au- torisé à dire que, si bon marché que l'on veuille faire de la pré- somption légale d'innocence qui leur est acquise, il faudra cependant et de toute nécessité reconnaître que, pour un grand nombre du moins, cette présomption est la vérité même? Or, s'il en est ainsi, les uns et les autres n'ont-ils pas le droit de se plaindre, ceux-là de subir leur peine, ceux-ci leur détention préventive, à côté de ces malfaiteurs éhontés dont le contact est si douloureux et si avi- lissant? Je sais bien que l'on a dit quelquefois qu'après tout il ne s'agit ici que d'un déplaisir, très vif, si l'on veut, mais de rien de plus : c'est en prendre, ce me semble, bien aisément son parti; mais n'y a-t-il que cela? Pour peu que l'on veuille porter plus loin ses regards, qui donc ignore que, rendus plus tard à la liberté, les détenus dont nous parlons auront à subir l'affreuse présence de ces anciens compagnons de captivité, qui ne leur épargneront ni les injures amères, ni les menaces violentes, ni les exactions incessam-- ment renouvelées, et d'autant plus renouvelées sans doute qu'ils se recommanderaient par un plus grand amour du travail et la con- duite la plus irréprochable? Il est de règle en effet que, lorsqu'il s'agit de leurs pareils, les malfaiteurs sont toujours prêts à tout pardonner, sauf le retour au bien. La détention en commun est donc, à tout prendre, la plus lourde et la plus funeste aggravation de peine qui se puisse imaginer : d'un côté, malheur souvent irrépa- rable pour ceux qui la subissent, de l'autre grand péril pour la so- ciété, gravement atteinte à son tour dans sa sécurité, et qui expie sans doute alors l'oubli de ce devoir de tutelle et de protection qu'il ne lui est pas permis de négliger, même envers ceux qui ont failli. Et n'est-ce point là vraiment un juste effet de cette loi supérieure et providentielle de solidarité qui relie entre elles toutes les obligations morales, et que l'on ne méconnaît jamais impunément?

Si pourtant l'on vient à dire que de tels résultats, si déplorables qu'ils soient, bien qu'atténués déjà par les dernières lois sur la détention préventive et la liberté provisoire, sont après tout inséparables de l'action même de la justice, impuissante à classer *à priori*, selon des présomptions d'innocence ou de moralité, ceux qui lui sont déférés, je l'accorde volontiers, et rien à mes yeux n'est plus vrai; mais à l'instant même il faut reconnaître aussi que rien au monde ne peut mieux démontrer non-seulement l'utilité relative, mais l'étroite et absolue nécessité de l'emprisonnement cellulaire, puisqu'en définitive il est ainsi très péremptoirement prouvé qu'il peut seul prévenir de semblables énormités. J'ai donc eu raison d'affirmer que, sous ces divers rapports, cet emprisonnement est hors de toute comparaison avec le régime de la détention en commun.

En résumé, chacun à cette heure peut voir, ce me semble, ou du moins entrevoir que c'est bien exclusivement dans l'emprisonnement cellulaire que se rencontrent, et à un haut degré, les plus solides élémens d'une intimidation réellement préventive et de l'amendement moral des détenus. On le verra bien mieux encore le jour, puisse-t-il être prochain! où un ami de la réforme à qui ne manqueraient ni les lumières ni l'expérience aura l'heureuse fortune de poser enfin d'une main sûre les bases premières du système, et surtout d'indiquer avec une exacte et judicieuse précision les modes d'application le plus sagement appropriés à nos habitudes et à nos mœurs. Grande et belle œuvre assurément, grande par son utilité propre et directe, plus grande encore peut-être parce qu'elle répondrait à l'un des besoins du temps en élevant ainsi l'institution criminelle, le suprême abri de l'ordre, à ces fortes et saines conditions d'intimidation efficace et de moralisation relative jusque-là inconnues ou inespérées!

S. AYLIES.

LE SENNAHEIT

SOUVENIRS D'UN VOYAGE DANS LE DÉSERT NUBIEN.

On sait que l'Abyssinie est un vaste plateau dont la pointe la plus avancée vers le nord surplombe le *sahel* ou littoral de la Mer-Rouge d'une hauteur de près de sept mille pieds. A quelques lieues de ce plateau s'élève sur un îlot madréporique la petite ville de Massouah, exposée à toutes les influences d'une température énergiquement caractérisée par ce proverbe anglo-indien : « Pondichéry est un bain chaud, Aden une fournaise, Massouah l'enfer. » Malgré sa fâcheuse réputation au point de vue du climat, cette ville de huit mille âmes n'en jouit pas moins comme centre commercial d'une célébrité toute particulière en Égypte aussi bien qu'en Abyssinie; elle la doit à son port, le plus animé, le plus important de la Mer-Rouge après celui de Djeddah. Massouah mérite aussi à un autre titre d'attirer l'attention du voyageur. La région de huit lieues d'étendue qui forme en face de l'îlot où elle s'élève les rampes inférieures du plateau abyssin est occupée par trois ou quatre tribus qui peuvent compter parmi les populations les plus originales de cette partie de l'Orient. Divisées en trois grandes fractions, — les Bogos, les Halhal et les Menza, — et possédant une cinquantaine de villages, ces tribus, restées indépendantes entre l'Égypte et l'Abyssinie, et qui forment des républiques pastorales régies par des institutions assez analogues à celles des primitives sociétés italiques, appellent par une touchante illusion d'amour-propre national leur pays le *Sennaheit,* c'est-à-dire « le beau pays, » le pays par excellence.

J'étais arrivé à Massouah à la fin de l'automne de 1863 et dans des circonstances dont j'ai déjà dit quelques mots ici (1). La vue

(1) Voyez la *Revue* du 1ᵉʳ novembre et du 1ᵉʳ décembre 1864.

des pentes abruptes du Sennaheit, que j'apercevais distinctement
à travers les grilles de mon *moucharaby*, n'avait pas tardé à éveiller en moi un vif désir d'explorer cette région si voisine de ma résidence temporaire, et sur laquelle on n'a encore que de trop rares
notions. Il n'y a pas plus de sept ans en effet qu'un voyageur français, M. de Courval, traversait ce pays, jusque-là aussi ignoré des
Européens que le centre de l'Afrique. Son intéressante relation,
publiée en même temps qu'une remarquable monographie d'un
jeune voyageur suisse (1), attirait alors un moment l'attention sur
ces contrées. Un peu plus tard, en 1862, le duc Ernest de Saxe-
Cobourg allait, suivi de toute une cour, y chercher des émotions
cynégétiques, et cette rapide excursion agitait même assez les populations africaines pour inspirer au négus d'Abyssinie des inquiétudes sur les projets politiques d'un beau-frère de la reine Victoria.
Aux renseignemens recueillis par ces premiers visiteurs du Sennaheit ne pouvait-on joindre des données plus précises, et n'y avait-il
pas encore plus d'un détail intéressant à recueillir sur les populations du « beau pays » et sur leur territoire? Telle est la question
que je me posai après quelques jours passés à Massouah, et à laquelle
je répondis en formant la résolution de visiter au plus tôt le Sennaheit. Il ne me restait qu'à trouver un guide, un compagnon de
voyage, et mon choix fut bien vite fait.

   A l'époque de mon séjour à Massouah s'y trouvait le père Giovanni Stella, un lazariste italien qui desservait la mission de Keren
dans le pays des Bogos. Le père Giovanni se disposait précisément
à retourner au siége de sa mission. C'est avec ce digne cicérone,
connaissant à fond la langue, les usages, les chroniques du Sennaheit, que je résolus de faire le voyage. Le père Stella était désigné
sur toute cette partie de la frontière abyssine sous le nom familier
d'*abouna Johannes*, « notre père Jean. » A l'époque où l'Abyssinie
s'était fermée à la propagande religieuse européenne, en 1855, il
s'était fixé au village de Keren, au milieu de la tribu des Bogos,
dont la situation demi-indépendante lui offrait pour sa personne et
son œuvre une sécurité relative. Au rebours de la plupart de ses
confrères, qui commencent par des distributions de bibles ou de médailles au lieu de songer aux réformes morales qui sont la base la
plus nécessaire de l'apostolat, il avait d'abord laissé là le dogme et
tenté de civiliser les Bogos, tribus livrées jusqu'alors à toutes les
violences d'un état social fort rudimentaire et d'une anarchie qui
datait de la décadence de l'empire abyssin. Il réussit, à force de
patience, à grouper six ou sept villages en un petit état reconnaissant son autorité morale; il supprima les *vendette*, qui décimaient

(1) M. Werner Munzinger, de Soleure, auteur de *Sitten und Recht der Bogos* (1859) et
de *Ost Afrikanische Studien* (1864).

les familles, et vit peu à peu son arbitrage s'étendre sur un rayon de quarante à cinquante lieues pour toutes ces affaires litigieuses de vols, de maraudes, de pâturages contestés, qui faisaient couler le sang pendant des générations entières. Cette dictature d'opinion avait même fini par inquiéter le suzerain du Sennaheit, le négus. Il avait invité le père Stella à venir le voir à Gondar, lui promettant un bon accueil. Le jeune missionnaire n'avait pas osé répondre selon sa pensée, qui était celle du renard de la fable invité chez le lion. Prétextant des affaires pressantes, il était venu passer six mois à Massouah pour se faire oublier; mais il jugeait à la fin de 1863 le moment venu de retourner chez les Bogos, et je n'avais garde de le contredire sur ce point.

Le voyage que nous allions faire allait me permettre d'observer successivement les trois grands groupes de population dont j'ai parlé plus haut. Sur notre route se trouvaient d'abord l'oasis de Desset et le territoire des Menza, puis venaient le pays des Halhal avec le vallon d'Aïn, enfin Keren et le pays des Bogos. En réalité, la contrée que nous allions parcourir se distingue assez peu du désert. Pierreux et monotone, le terrain n'est coupé çà et là que par quelques bas-fonds où croît une herbe maigre et rare, que le bétail des nomades broute à grand'peine. Ce misérable coin de terre excite cependant la convoitise des grands états voisins : la Porte y prélève un tribut sur les nomades, qui sont en même temps exposés aux incursions des cavaliers abyssins. Notre première étape sur la route de ce désert devait être le gros village de Monkoullo, à une heure et demie de Massouah, et c'est là, par une belle journée de décembre, que nous allâmes faire une halte que la monotonie de ce séjour ne nous engagea pas à prolonger.

[.]

Monkoullo est bâti sur le torrent de ce nom au point même où, sortant d'un fouillis de collines argileuses qui en circonscrivent le bassin, il s'épanche et se perd dans une plaine aride, sablonneuse, semée d'euphorbes nains et de maigres mimosas. La population, comme celle des hameaux voisins, est d'origine bédouine, la proximité d'une ville commerçante l'a seule décidée à changer ses habitudes nomades contre les mille petites industries dont vivent les banlieues; mais la portion la plus riche des habitans de Monkoullo se compose des négocians indigènes de Massouah, qui tous y ont une villa, — une *bastide,* comme on dirait à Marseille, — et qui chaque soir quittent, vers quatre heures, leurs bureaux ou leurs salles du bazar pour faire à pied les six kilomètres qui séparent la cité de cette sorte de faubourg. On reste surpris que des Orientaux soient capables d'accomplir sept cents fois par an ce trajet d'un ennui mortel. Ils y trouvent, il est vrai, plusieurs compensations : d'abord celle d'une promenade hygiénique qui les délasse de huit heures d'immobilité forcée, puis l'avantage d'une vie en famille plus agréable et moins coûteuse que sur l'aride et brûlant rocher de Massouah, où l'eau seule coûte par jour, dans une maison aisée, 4 et 5 piastres (de 80 cent. à 1 fr.). Leur seule dépense pour se rendre sur la terre ferme, le prix du passage en bac, n'a rien d'ailleurs de bien ruineux pour ces commerçans économes : elle est de 5 *paras* par tête (3 centimes). La bourgade de Monkoullo, si chère aux négocians de Massouah, relève directement du gouvernement ou *kaïmakamie* de cette ville; elle paie en conséquence un impôt assez lourd et subit une petite garnison d'Albanais à la solde du kaïmakan. Ces hommes au teint bronzé, mal vêtus, et dont la rencontre au tournant des collines à l'heure de l'*acham* (1) n'est pas toujours rassurante, sont pourtant ici chargés de représenter l'administration de l'impôt; mais il ne faut point attendre d'eux la protection que doit toute police bien faite à l'administré. Ils n'ont, par exemple, jamais pris le souci de rechercher les auteurs des meurtres et des incendies qui désolent ce canton. J'ai vu, quatre soirées de suite, le feu dévorer une vingtaine de maisons de Monkoullo. L'Albanais profite même souvent de ces désastres pour entraîner à l'écart quelques femmes en pleurs et les dépouiller des bijoux d'or et d'argent qu'elles portent au nez, au cou et aux poignets.

Le bourg de Monkoullo n'offre, comme on le voit, à un Européen qu'assez peu de distractions. La chasse y est fort maigre et se réduit à quelques lièvres faméliques et à des gazelles de cette fine et jolie espèce que les Bédouins appellent, je ne sais pourquoi, *beni-israël*. J'aurais aimé, si j'en avais eu le loisir, à me faire raconter les chroniques du désert par les gens du lieu, population mixte venue de tous les cantons voisins et présentant assez fidèlement le type bédouin un peu adouci par une existence sédentaire. C'est une race laborieuse, active, et sachant « gagner sa vie. » Les hommes s'enfoncent à plusieurs heures de marche dans l'intérieur des terres pour chercher le long des torrens un peu de fourrage et de bois mort qu'ils revendent aux Massouanis; les jeunes filles, de dix à seize ans, chargent sur leurs épaules une outre pleine de l'excellente eau de Monkoullo et vont la vendre à la ville, voyage pénible de 12 à 14 kilomètres, aller et retour, qui leur rapporte une piastre, à peine vingt centimes. Cette fatigue quotidienne n'altère ni leur bonne humeur, ni leur gentillesse native; elles sont presque toutes fort jolies, petites, bien faites, avec de grands yeux d'un

(1) Prière du soir.

brun velouté en harmonie avec le cuivre rouge de leur teint. Leur sang abyssin, légèrement mêlé d'arabe, se reconnaît à leurs fines extrémités et à leurs cheveux d'un noir brillant dont les tresses flottent parfois jusque sur leur visage et leur donnent un air ébouriffé qui ne leur messied pas trop. Lestes, trottant menu, éveillées sans effronterie, elles n'ont aucune ressemblance avec les fillettes indolentes de Massouah et sont les vraies grisettes du pays.

Le 19 décembre 1863, nous quittâmes Monkoullo, et moins de trois heures de marche nous menèrent le soir du même jour au torrent de Desset à travers un pays ondulé, que dominent beaucoup de petits plateaux d'un niveau parfait, imitant assez bien par leurs coupures à pans quadrangulaires et par leur profil nos ouvrages de fortification moderne. La route côtoie le petit vallon de l'Oued-Debo, fertilisé par un torrent qui chaque automne y apporte une part d'alluvion entraînée du flanc des montagnes de Bedou, et où les Bédouins sèment alors leur *doura*. Le torrent du Desset et la rivière de l'Oued-Debo donnent une fécondité relative à une petite plaine basse, boisée, où s'est fondé dans des circonstances qui méritent d'être connues le village d'Embirami. Il y a une trentaine d'années, quand la domination égyptienne se consolida sérieusement dans la Haute-Nubie, les préfets égyptiens de Kassala voulurent soumettre à l'impôt toutes les tribus de cette région, notamment une petite tribu de *fogara* (de *marabouts*, dirait-on en Algérie) appelée *Ad Cheikh*, et habituellement campée dans le lit du Barka, près de Bicha. Le chef de ces *fogara*, Cheikh-Mohammed, était précisément un homme très vénéré dans toute la province, un de ces apôtres du Koran, comme l'islamisme, fort dégénéré, n'en compte plus guère dans l'Afrique orientale. Dévoré d'un zèle infatigable, il parcourait sans cesse toute cette lisière, où le christianisme, récemment encore en vigueur, a laissé les ruines de ses couvens et de ses basiliques. Indigné de la prétention des nouveaux maîtres du Soudan, il émigra avec ses disciples les plus fervens, vint camper dans la banlieue de Massouah, où il bâtit Embirami, et adressa de là à Constantinople des réclamations énergiques qui eurent un plein succès. Le sultan prescrivit à son vassal de respecter le privilège d'une tribu sacrée, et ce privilège, aujourd'hui encore, subsiste pour la tribu mère et pour ses membres émigrés. Le vieux cheikh, presque adoré à Massouah, ne tint plus à retourner chez ses ouailles du Barka : il les fit gouverner par son fils aîné et resta à Embirami, où vont le visiter et lui demander sa bénédiction tous les voyageurs musulmans de Massouah et de cent lieues à l'intérieur.

Desset, dans la langue du pays, veut dire île. Cette oasis est en effet une longue île formée par deux bras du torrent de même nom, et couverte d'une épaisse forêt de mimosas et de tamaris.

Les indigènes prétendent que bien longtemps avant l'islam il y avait eu à Desset une ville peuplée par une nation riche et puissante, appelée *Rôm*, que la richesse avait enflé et endurci le cœur de ce peuple, qui avait fini par méconnaître Dieu lui-même. Le châtiment ne s'était pas fait attendre : la ville corrompue avait disparu, et il n'était resté que des monceaux de pierres recouvrant les cendres des impies. On m'affirmait que je trouverais sur le terrain les tombeaux des Rôm et de deux de leurs sultans. Aussi, à peine campé, mon premier soin fut de regarder autour de moi. Au nord se dressait un plateau carré, et sur les angles sud-ouest et sud-est on pouvait distinguer de nombreux *tumuli* du milieu desquels s'élevait une construction bizarre, pareille à un blockhaus microscopique : c'était la *tombe du roi* (*Koubet es sultan*). Le style de ce monument ne ressemblait en aucune façon à celui des sépultures modernes chez les diverses tribus de la Haute-Nubie. Il était à demi écroulé : une sorte de chattière me permit de me glisser en rampant dans l'intérieur, où je ne trouvai rien de remarquable. Sur les hauteurs voisines se dressaient dans le même alignement, au nord et au sud, des groupes et des monumens du même genre. Les tombeaux de Desset ont fourni aux nomades le texte de plusieurs légendes d'une véritable poésie. A en croire les indigènes, quiconque passe la nuit au pied de ces tombeaux reçoit l'inspiration poétique. Un jour, un homme étranger au pays fut surpris par les ténèbres près du tombeau royal et s'étendit sur le socle : aussitôt il entendit un grand murmure, comme celui d'un campement qui rentre le soir à la *zériba;* mais ce n'était qu'un murmure, et ses yeux ne voyaient rien. Il distingua seulement la voix d'un ancien qui demandait aux jeunes gens : « A-t-on préparé ce qu'il faut pour héberger cet étranger? A-t-on cuit la *lougma* qu'il doit manger? A-t-on trait le lait qu'il doit boire? » Les Rôm, dit la même tradition, étaient un peuple riche, qui avait tous les Bédouins des alentours pour vassaux. Il n'y a pas cent ans que le dernier des Rôm est mort. Avant d'expirer, il a fait son chant funèbre. Il était assis sur une pierre à l'ombre d'un tamaris, et il improvisait; un Bédouin s'était caché dans l'arbre en voyant venir le géant (car les Rôm étaient d'une taille surhumaine). Le colosse le vit et lui dit doucement : « Ne crains rien, mais écoute et grave dans ton souvenir le chant que je vais chanter, afin de le redire en mémoire du dernier Rôm, quand il ne sera plus. » Cette chanson est encore connue de quelques vieillards du Sennaheit; mais on n'en possède que la traduction, car les Rôm avaient une langue particulière qui a péri avec eux.

Il y a sur cette légende deux observations à faire : la première, c'est que le Sennaheit est indiqué dans la plus ancienne carte spé-

ciale d'Abyssinie (celle de Tellez) sous le nom de *Roma;* la seconde,
que les Grecs du bas-empire se sont toujours nommés eux-mêmes
Romains (Ῥωμαῖοι). La conséquence, ce me semble, est fort naturelle. On sait à quel degré de richesse et d'importance était arrivée, sous les Ptolémées, la colonie grecque d'Adulis. Du temps des
Romains et au commencement du bas-empire, elle n'était pas encore déchue, et on ignore les événemens qui lui enlevèrent sa suprématie dans ces parages. Quand on compare les traditions relatives aux Rôm à celles qui ont cours sur Adulis parmi les nomades,
on se demande si les Adulitains, isolés de l'Europe par la conquête
musulmane, chassés peut-être d'Adulis par les Arabes, ne se seraient pas repliés sur l'intérieur, où, mêlés aux indigènes, ils se
seraient peu à peu éthiopisés, tout en conservant une existence politique distincte jusqu'à un temps assez rapproché de nous. C'est
une hypothèse que l'on peut soumettre en toute discrétion aux érudits.

Après une journée de marche, on arrive de l'oasis de Desset à
l'aiguade d'Amba, mare sombre et profonde abritée par une de ces
montagnes coniques qui ressemblent à ce que les Abyssins nomment
des *ambas* ou citadelles. D'une station voisine, Mai-Aualid (Eau
des Vierges), on découvre les pics sourcilleux qui abritent une des
populations les plus importantes du Sennaheit, je veux parler des
Menza.

Les Menza se disent venus des bords de la mer et descendans
des Européens. Leur type, classique et correct, ne dément pas trop
l'origine qu'ils s'attribuent. Disséminés sur un territoire aussi vaste
qu'un de nos départemens, ils ne dépassent pas le chiffre de quinze
mille âmes, réparties en deux groupes, les Beit-Ibrahé et les Beit-
Echakan. Ils acceptent la suzeraineté de l'Abyssinie en ce sens que
leurs *kantibas* (chefs) reçoivent l'investiture du négus et lui paient un
léger tribut. Ils se disent chrétiens par tradition, mais n'en savent
pas plus sur le christianisme que les autres populations du Sennaheit. Un missionnaire qui les visita il y a quelques années leur
demanda quelle était leur religion : ils répondirent qu'ils étaient
chrétiens. A ce mot, il leur montra un crucifix; ils ne savaient ce
que c'était; le voyageur dut leur expliquer qu'ignorant le mystère
de la croix, ils ne pouvaient être chrétiens. « Nous sommes chrétiens,
répliquèrent-ils, et si vous pouviez ranimer les os de nos pères pour
les interroger, ils vous feraient la même réponse. » Les Menza furent
attaqués en 1850 par Hassan, un prince musulman fanatique que le
gouvernement turc avait réduit quatre ans auparavant à un rôle fort
subalterne, et qui voulait retrouver dans les montagnes d'Abyssinie la principauté presque absolue que la Porte lui avait enlevée
sur la Mer-Rouge. Suivi de tous les vagabonds du désert, il se jeta

à l'improviste sur Gheled, le principal village des Beit-Ibrahé, qui
se défendirent bravement, mais furent accablés par le nombre. Leur
kantiba, tombé au pouvoir de ces brigands, fut emmené à Massouah,
où tout fut mis en œuvre, promesses et menaces, pour le faire musulman; il resta inébranlable, passa plusieurs mois en prison, et
finit par recouvrer sa liberté au prix d'une grosse rançon et en laissant son petit-fils en otage. Ces tentatives de conversion par le
sabre se renouvelèrent les années suivantes, et auraient fini par
triompher de la constance des Menza sans l'intervention inattendue de deux agens consulaires français et anglais, MM. Deleye et
Plowden, qui, à l'occasion d'une nouvelle agression du naïb, appuyé du kaïmakan, adressèrent le 20 novembre 1854 au satrape de
Massouah une protestation collective des plus fermes. Ils ne se
bornèrent pas d'ailleurs à de vaines paroles : ils se rendirent au
camp du naïb, qui était déjà entré en campagne, et, y trouvant
des captives chrétiennes destinées au bazar de Massouah, ils les
firent mettre en liberté. Grâce à cette intervention énergique, les
Menza n'ont plus eu à subir de nouvelles agressions du prince Hassan; mais ils ont à se défendre contre d'autres ennemis, contre les
Abyssins de l'Hamazène par exemple, qui, peu de temps avant
mon passage, avaient *razzié* le village de Beit-Echakan. On citait
à cette occasion un mot presque romain d'un vieux *choumaglié* (1),
nommé Djad-Oued-Agaba, à qui l'on vint annoncer que son fils
avait été tué dans l'affaire. « N'a-t-il tué personne? » demanda
Djad. Et comme on lui répondit qu'il avait tué deux des agresseurs :
« Tout est bien, dit-il; il n'est pas parti sans un bon souper (*senni
darrèra.*) » Le *kantiba* d'Echakan, Daër-Oued-Echâl, est aussi
une figure originale. Un jour que le pays souffrait d'une sécheresse prolongée, il tira deux coups de pistolet contre les nuages,
qui semblèrent lui obéir, car une demi-heure après ils versaient
un véritable déluge sur la plaine. A quelque temps de là, Daër vint
dans le pays des Bogos, où l'on se plaignait aussi d'une grande sécheresse. Entendant ces plaintes, il regarda fièrement le ciel et
lui dit : « Ne me connais-tu pas? Je suis l'homme aux deux coups
de pistolet! » Un autre jour, il disait à un Européen en qui il avait
assez de confiance : « Il y a parmi nous un ancien dire, c'est que
les *Francs* posséderont ces pays-ci. Est-ce que les temps ne sont
pas venus? »

Tout en recueillant ces détails anecdotiques sur les Menza, j'ob-
servais leur pays, et mon attention était particulièrement appelée
sur une fort belle montagne de moyenne hauteur, mais que l'abaissement des sommités voisines fait paraître comme un petit Olympe.

_____

(1) Ainsi s'appelle la classe noble dans la peuplade des Menza.

On la nomme, je ne sais pourquoi, le Kantiba (1). Entre ce chaî-
non et le plateau se développe une fort belle vallée, de deux à trois
lieues de large et de dix au moins de long, que les indigènes appellent Motad; elle est plus connue cependant sous le nom d'Ailet,
qui est celui de son principal village, groupe de cinq cents huttes
habitées par deux mille Bédouins devenus sédentaires. La plaine
d'Ailet est formée d'un fort bon terrain de pâture, et pourrait aisément nourrir le triple de sa population bovine, si l'on forait de nombreux puits dans un sol qui recouvre partout des eaux abondantes.
Les Bédouins d'Ailet ont conservé un genre d'alimentation que Strabon attribue à leurs ancêtres les Troglodytes : ils sont très friands
de sauterelles. Huit jours avant mon voyage, quand un vol immense
de ces formidables ravageurs s'abattit de l'Abyssinie sur les maigres
montagnes d'Ailet, la population de la bourgade émigra en masse,
chargée de sacs et d'outres, dans la direction du fléau vivant. Ces
braves gens n'étaient pas du reste les seuls à la curée : tous les
grands oiseaux insectivores, principalement les pintades, s'en donnaient à cœur joie. Je n'ai pas eu le loisir de vérifier si l'acridopha-
gie donne aux Bédouins l'affreuse maladie dont il est question dans
les livres; mais jusqu'à plus ample information on a le droit d'en
douter.

Je quittai Maï-Audlid dans l'après-midi, approvisionné d'eau
pour vingt-quatre heures. La plaine de Cheb, où l'on s'engage
en sortant du torrent, est un désert de quarante kilomètres de traversée, plat, nu, avec quelques bandes de sol cultivable utilisé
par les Menza ou par des fractions de tribus nomades du nord. Ces
Nubiens, qui passent pour indolens et stupides, ont tiré parti avec
une activité vraiment remarquable des rares portions de terre arable
que la nature leur a laissées. Si jamais on vient à dresser la carte
agronomique de ces régions, le signe qui indiquera les terres culti-
vables n'y apparaîtra que de loin en loin, presque toujours dans
des dépressions où quelque agent physique aura produit le dépôt
d'un peu d'humus alluvionnel. Ces terrains sont tous très friables,
d'un brun clair qui passe au rouge brique dans le voisinage des
roches ferrugineuses; bien que peu meubles en apparence, ils ont
une force productive due évidemment à une action atmosphérique
supérieure à celle de nos climats. Le nomade y sème sa *doura* par
un procédé fort élémentaire et qui mérite d'être décrit. Quand les
premières pluies (celles que l'on appelle l'*arrosage*) ont préparé le
terrain, le semeur, armé d'une sorte de pieu effilé, creuse à des
distances égales des trous d'un pied de profondeur; sa femme, qui

(1) Ce mot abyssin a désigné primitivement, à ce qu'il paraît, un roi de second
ordre; aujourd'hui le *kantiba* est seulement un maire de village nommé par le négus
et différent du *tchèka*, maire choisi par les habitans.

le suit, jette dans chaque trou un grain de doura; le bienfaisant
kharif, la saison des grandes pluies estivales, fera le reste. De ce
que cette culture exige peu de labeur, il n'en faut pas conclure
que le nomade se refuse aux travaux pénibles des champs. Il ne
marchande point avec la fatigue quand les circonstances l'exigent,
par exemple au Sennâr, où il obtient de puissantes récoltes de sé-
same et de coton dans des terrains où certes le spéculateur n'irait
pas les chercher. L'activité de l'Européen peut être appelée à transformer le magnifique bassin du Fleuve-Blanc, improductif tant qu'il
restera entre les mains de ce grand enfant qu'on appelle le nègre;
mais, soit dit en passant, elle n'a rien à faire dans la région dont
je parle ici, et qui est depuis des milliers d'années le domaine pro-
videntiellement désigné à la race laborieuse et fière qui l'occupe
encore aujourd'hui.

Vers le milieu de la plaine de Cheb s'élève un pic isolé nommé
Ghehenab, au pied duquel passe un énorme torrent où les caravanes stationnent d'habitude. Elles y trouvent de l'eau dans la
saison des pluies, et en tout temps du bois mort charrié par les
eaux des montagnes voisines, et qu'il est inutile de chercher sur
tout autre point de cette plaine maudite. Un autre avantage de cet
endroit, c'est qu'on y a pour lit le sable fin des bords du torrent
au lieu du dur gravier du steppe. Il faut cependant éviter de se
coucher sur ce sable durant les mois qui suivent le *kharif*, lorsqu'il recèle une eau abondante dans ses couches inférieures, et
menace l'imprudent dormeur de fièvres ataxiques. En toute autre
saison, c'est une couche relativement comfortable et sûre; le reflet
blanc des sables, perceptible même durant les nuits sombres, écarte
en effet les hyènes, les léopards et autres animaux maraudeurs qui
rôdent autour des campemens; on n'a de plus à craindre aucun
des insectes redoutables ou dégoûtans, le scorpion, le *kheim*, le
termite, et toute la dévorante famille des fourmis. Je dormis donc
admirablement dans le sable de ce torrent qui se nomme Maï-Oulé,
tout près d'un petit monument commémoratif d'une légende héroïque et récente. Il y a peu d'années, un pasteur nommé Abdallah
Nefer combattit là un énorme lion qu'il parvint à terrasser; mais il
avait reçu dans cette terrible lutte de mortelles blessures, et quand
ses amis vinrent à son secours, ils relevèrent deux cadavres, le vainqueur et le vaincu. Tous deux furent ensevelis en cet endroit, parmi
les mimosas, à l'ombre desquels s'élèvent deux petits monumens
rustiques et pittoresques dont l'un s'appelle le *kaber d'Abdallah*,
l'autre le *kaber du lion*.

Des bords du Maï-Oulé, on arrive en quelques heures au pied de
la chaîne de Menza. Il y a là un cimetière, nommé Matzomar, qui
rappelle de tragiques souvenirs : c'est là que repose toute une pe-

tite tribu samharienne, surprise et massacrée en janvier 1849 par
l'armée du chef tigréen Kokobié. Mes serviteurs abyssins passent la
tête haute devant ce témoin muet des exploits sanglans de leurs
compatriotes; notre petite servante Desta, qui est justement du Tigré, raconte le massacre avec des airs aussi triomphans que si elle
avait à elle seule remporté la victoire. Quelques instans après, en
tournant le monticule où s'adosse le cimetière, nous voyons s'ouvrir un large vallon sillonné d'une belle eau courante qui disparaît
souvent parmi les masses d'*arundo donax* et d'autres graminées.
Dès lors nous laissons derrière nous l'aridité, le désert, les terres
basses, avec leurs éternels mimosas, la misère et la servitude, la
vraie Nubie enfin; nous touchons à l'Abyssinie, aux montagnes qui
cachent dans leurs flancs noirs les sources vives et les peuples libres.

II.

Ce vallon s'appelle Aïn. Il sépare les Menza d'une tribu puissante
et peu visitée, les Halhal, qui règne sur la plus grande partie du
Samhar et dont la frontière nord n'est pas bien déterminée. Selon
leurs propres récits, les Halhal ont émigré de l'Abyssinie, il y a environ deux siècles, sous la conduite d'un certain Asgadé, et se sont
établis là sur un petit plateau qui ressemble à un dos de mule,
d'où son nom d'*Asgadé-Bagla* (la Mule-d'Asgadé). Ils étaient encore chrétiens il y a deux générations; aujourd'hui même, malgré
leur islamisme à peu près nominal, ils observent religieusement
le repos du dimanche et figurent des croix sur la porte de leurs
huttes. Les habitudes d'une vie nomade, l'exemple de leurs voisins,
un peu de contrainte matérielle, amenèrent une apostasie qui a eu
les plus fâcheuses conséquences, même au point de vue de leurs
intérêts. Une fois musulmanes, les tribus de cette zone n'eurent plus
aucun moyen de récuser le joug des petits ou grands états musulmans qui les entourent, et qui cherchent à les rançonner au nom
du vice-roi d'Égypte.

Aïn était précisément occupé par une fraction des Halhal quand
nous y passâmes. Les notables du lieu vinrent, comme de grands
enfans, tourner autour de nous dès que nous eûmes établi notre
camp sous l'ombre opaque d'un magnifique bouquet d'arbres. Ils
se plaignaient à voix basse « que les Francs, depuis quelque temps,
ne se gênassent guère pour passer et repasser dans leur torrent; »
mais il n'y eut pas d'autre démonstration hostile, et ils se bornèrent à nous demander un peu de café. Ils portaient le costume des
gens du Samhar, le long vêtement blanc avec bordure rouge ou
bleue, et non la toge (*kouarè, chama*) des Abyssins. Dans le Sen-

naheit du reste, le *kouaré* abyssin, qui donne au premier paysan
venu un air de tribun romain, n'est porté que par les novateurs,
les dandies, si on me permet ce mot. Fatigué des allées et venues
de ces importuns visiteurs, je trouvai plus attrayant de sortir des
hautes herbes et de gravir la montagne voisine pour dire un dernier adieu au triste pays que je quittais. Je fus agréablement surpris de voir le steppe du Cheb sous un aspect tout nouveau: Le désert le plus laid et le plus vulgaire devient à certains momens un
admirable fond de tableau, et ses longues lignes plates, monotones,
empruntent une sorte de majesté au voisinage de montagnes durement fouillées par le ciseau du divin sculpteur. Terminé à l'horizon par une ligne mince d'un bleu turquoise, qui n'était rien moins
que la Mer-Rouge, le steppe montrait un peu sur la gauche quinze
ou vingt montagnes éparpillées à sa surface, vagues solidifiées de
quelque tempête géologique : on les nomme Kafer-Allah. Mon œil
suivait au milieu d'elles le cours sinueux du Lebqa, marqué par les
forêts de mimosas qui l'ombragent; quant au doux et abondant
ruisseau d'Aïn, dès qu'il a quitté ses galets bleus et cessé de ronger
le pied des montagnes pour entrer dans le steppe, il disparaît dans
les sables, comme toutes les eaux courantes que verse le plateau
abyssin, et dont pas une ne rejoint la Mer-Rouge (1).

Au sortir d'Aïn, nous avions à remonter pendant trois grands
jours la vallée. Dans un épais fouillis de montagnes brunes, calcinées,
serpentent quelques centaines de ravins abrupts dont le réseau,
très confus pour l'œil du passant, se simplifie beaucoup pour l'observateur qui escalade quelque pic atteignant 1,200 mètres d'altitude. L'on voit alors tous ces ravins converger vers quelques
vallons collecteurs un peu plus larges que les autres et se réunissant eux-mêmes à une grande artère. L'artère que je suivais se
nomme le Lebqa : il y a peu de panoramas dans l'Afrique orientale qui puissent lutter de majesté sauvage avec les quinze ou vingt
tableaux que cette route enchantée déroule sous les yeux. Je faisais généralement deux ascensions par jour, car on marchait sans
se fatiguer, l'eau se rencontrant à chaque pas et nous dispensant
des étapes forcées. Partis à six heures, nous faisions halte sous le
premier ombrage venu. Les bagages étaient déchargés en un clin
d'œil; mon *kavas* Ahmed étendait sur le sable la grande peau de
bœuf et le *martaba* (coussin) qui formaient ma literie: la petite
servante Desta remplissait la cafetière; le père Stella allumait son

(1) Malgré quelques affirmations contraires, je ne crois pas que cette mer étrange
reçoive une goutte d'eau douce sur un seul point de son immense littoral. J'en excepte,
bien entendu, le canal d'eau douce du Caire à Suez, bienfait incomparable que l'Égypte
n'a pas assez apprécié.

bouri, narghilé rustique du pays. Dix minutes après, nous dé-
gustions le breuvage odorant du *kaffa*, plongés dans l'ineffable
béatitude que comprennent ceux qui ont savouré le plaisir d'une
marche dans la *khala* (1), et surtout de la halte qui la suit. J'em-
brassais d'un coup d'œil rapide l'horizon ambiant, je choisissais
dans le rayon d'un kilomètre la montagne la plus haute ou la
plus propre à me servir d'observatoire, et j'allais m'y poster. Dieu
sait toutes les lésions que la griffe de chat du *kiter*, le poignard
dentelé de l'aloès faisaient à ma peau et à mes vêtemens dans ces
excursions de touriste à travers la forêt nubienne! Mais aussi avec
quel bonheur, arrivé au terme de ma course, je respirais à pleins
poumons, en contemplant d'un regard avide le panorama qui se
déroulait sous mes pieds! C'était un vaste plan topographique en
relief, dont l'apparente confusion disparaissait à la hauteur où
j'étais placé pour me montrer chaque montagne avec ses nervures
vigoureuses et saillantes, ses flancs creusés comme ceux des *bar-
rancos* de la Nouvelle-Espagne, et de loin en loin quelques cirques où les eaux entraînent un peu d'humus qui se couvre en hiver
d'une herbe indigente. Rarement je voyais fumer dans ces dépressions les toits de quelque petit village : on dirait que les deux tribus limitrophes se sont éloignées par un accord tacite de ce tor-
rent-frontière, qui ne leur fournit que trop d'occasions de querelles
et de rencontres sanglantes autant que futiles.

Ce massif de hautes montagnes où nous étions engagés depuis
Aïn se prolonge jusqu'à Mahbar pendant près d'un jour et demi de
marche; par momens, le talus qui surplombait le Lebqa se changeait
en un mur à pic, dans les anfractuosités duquel grouillait toute une
tribu de singes qui nous regardaient passer avec une sorte de stupéfaction silencieuse et grotesque. Un de nos hommes ayant eu la
fantaisie d'envoyer un coup de fusil « dans le tas, » la détonation,
répercutée par tous les échos de la gorge, fut aussitôt couverte par
un effroyable concert de clameurs et de malédictions renforcées de
grimaces ignobles. Mansfield Parkyns, qui a quelquefois assisté à
pareil vacarme, avoue y avoir trouvé comme un écho des « com-
mères de Billingsgate, » assimilation peu flatteuse, il faut en convenir, pour les dames de la halle de Londres.

Le cirque étranglé de Fetzahet-Ankoa, où il y a toujours de l'eau,
marque à peu près la fin de ces défilés. Dix minutes après, aux
hautes et tristes montagnes succèdent des collines qui *moutonnent*
dans un désordre assez pittoresque, et entre lesquelles coulent,
parmi les *donax* d'un vert éclatant qui reposent doucement la vue

(1) La langue arabe a plusieurs mots pour exprimer le désert : *atmour* est le désert
nu, sans une poignée d'herbe; *khala* est la solitude avec quelques arbres ou buissons
clairsemés; *raba* est la forêt vierge.

fatiguée par les sables, les eaux limpides du Mahbar. Plus loin, des hauteurs abruptes et le torrent rétréci avertissent le voyageur qu'on approche de la ligne de faîte qui sépare le bassin du Lebqa du pays des Bogos. C'est ainsi que nous franchîmes successivement les cirques, sévères et charmans d'aspect, où sont les puits de Kotba et de Cogay. Ces lieux boisés sont fréquentés par les lions, et deux soirs de suite le roi de la *khala* vint nous donner d'assez chaudes alertes, tournant autour de nos mules, que ce voisinage suspect plongeait dans des terreurs frénétiques. Le dénoûment était toujours invariablement le même : les hommes de garde poussaient quelques cris, et le lion s'en allait lentement, la tête basse, rugir à cinquante pas plus loin. Le lion nubien est l'égal, comme taille, comme vigueur et courage, du lion classique de l'Atlas : il est heureux pour les pasteurs qu'il n'ait pas le sentiment de sa force, car rien ne tiendrait devant lui. Il ne m'est jamais apparu que comme un maraudeur, et les bestiaux mêmes n'en ont pas toujours peur. On voyait à Kassala, il y a six ou huit ans, un bon vieux bœuf qui avait décousu le plus beau lion de l'oasis en combat singulier. Un coup de griffe à l'épaule avait rendu le brave ruminant invalide. Son maître, qui était riche et assez sentimental, n'avait pas eu le cœur de l'abattre et le conservait pieusement à l'étable; un de ses admirateurs avait même poussé la sympathie jusqu'à lui passer à la corne un mince bracelet d'or.

A trois heures du puits de Cogay, à l'origine même du torrent, nous prîmes un sentier qui nous mena en pente douce au col de Massalit, d'où nous pûmes contempler à notre aise la plaine splendide où l'Aïnsaba coule dans un cirque ovale de cinq à huit lieues de diamètre. Quand je dis qu'il coule, j'abuse un peu d'un terme géographique, car cette belle rivière n'a d'eaux courantes que pendant les trois mois des pluies estivales. Elle commence au sud sur le plateau abyssin, tombe, au bout de quatre ou cinq heures, dans une faille abrupte, d'où elle s'échappe à travers de basses montagnes pour venir fertiliser le bassin ovale dont j'ai parlé. La végétation variée, touffue, désordonnée, qui couvre ses rives, a quelque chose de tropical par son abondance non moins que par l'insalubrité qu'elle dégage quand les pluies ont cessé. Aussi les Bogos et les Bedjouk, qui exploitent cette plaine, ne partagent point les illusions agricoles qu'elle a inspirées à quelques touristes de passage, et évitent non-seulement de cultiver, mais même de camper trop près du lit fiévreux de l'Aïnsaba. Ils y amènent volontiers leur bétail le jour, mais la nuit ils cèdent la place aux lions et aux hyènes.

Nous coupâmes la plaine en diagonale, et, franchissant le très pittoresque défilé de Tsabab, formé par les monts Ghelindi et Ras-Harmadz (la Tête-de-Buffle), entre les flancs boisés desquels passe l'Aïnsaba, nous nous engageâmes dans une seconde plaine, moins belle comme végétation, mais plus salubre, à en juger par les nombreux villages qui en couvraient les ondulations. Une rustique église, bâtie à l'entrée du plus gros de ces villages, m'indiqua que j'étais arrivé au terme de mon court voyage. Ce village était en effet Keren, chef-lieu de la tribu des Bogos. Nous fûmes salués par des cris de joie, des coups de fusil, toute une fantasia dont la spontanéité me donna la mesure de la popularité du père Stella parmi ces bonnes gens. Un quart d'heure après, nous étions installés chez lui, et nous goûtions son hospitalité patriarcale.

Keren aligne ses trois cents maisons au pied d'une grosse masse de granit appelée Zevan, la plus pittoresque, mais non la plus haute des six ou sept montagnes qui font de cette plaine un cirque de quatre lieues de long, rayé par une trentaine de torrens qui finissent par se réunir en un seul et aller se perdre, à l'ombre d'une belle forêt, dans l'Aïnsaba. On devine que mon premier soin fut de faire connaissance avec ces fiers sommets d'où ma vue inquiète pouvait interroger un horizon de quinze à vingt lieues de rayon, soit qu'elle se portât au sud vers la sierra crénelée des hautes montagnes de l'Hamazène, soit qu'elle se reposât au couchant sur la muraille unie du Debra-Salé aux nombreux cloîtres disparus, soit enfin qu'à travers une large fissure elle embrassât le splendide désert de Barka jusqu'au triple pain de sucre de Takaïl, dont la silhouette bleu foncé tranchait nettement, quoique sans dureté, sur l'azur lumineux du ciel. Fatigantes et délicieuses excursions qui me firent trouver trop courtes les journées que je passais à Keren et qu'accidentaient parfois de bizarres rencontres! Un jour que je descendais de roc en roc la pente du Mont-Lalamba, mon regard distrait tomba sur une grosse racine que j'allais fouler aux pieds et qui me parut d'une couleur étrange. Je regardai plus attentivement, et je vis la prétendue racine se terminer, trois ou quatre pieds plus loin, par une grosse tête plate, dressée à seize pouces de terre, et qui fixait sur moi deux petits yeux brillans, d'un air effaré, presque scandalisé, tellement comique que je ne pus m'empêcher de rire. C'était un serpent. Le reptile intimidé glissa parmi les rochers, et je ne le revis plus. Le lendemain, descendant un petit sentier à chèvres le long de l'Aïtaber, je dérangeai brusquement un jeune léopard de belle venue qui dormait au soleil, et qui ne fit que trois sauts jusqu'à sa tanière, où il se blottit tout entier. Du reste, dans ce pays, la bête fauve est timide et l'homme est brave; j'en eus la preuve la nuit même qui suivit mon arrivée. Un lion assaillit un troupeau que gardaient deux jeunes garçons de quatorze à quinze ans, et saisit une chèvre. Un des deux pâtres, armé d'un bâton, courut au voleur et lui appliqua quelques coups sur la croupe, ce que voyant, le lion lâcha la chèvre, se

jeta sur le garçon et le terrassa. L'autre pâtre, qui n'avait pas
même un bâton, se précipita au secours de son camarade, et, saisissant le lion à deux poings par la crinière, il lui tirait la tête en arrière pour lui faire lâcher prise. Fort heureusement pour ce vaillant
jeune homme, un voisin accourut au bruit et tua le lion à coups de
lance. On vint appeler le père Stella pour donner ses soins au blessé,
qui mourut quelques jours après.

III.

L'étude de la contrée se complétait pour moi par celle de ses habitans, de leurs mœurs, de leur état social, de leur histoire. Ce
qui, au premier abord, me surprit au plus haut degré, ce fut de
trouver chez ces pasteurs de la *khala* l'organisation patricienne et
romaine que, d'après des idées toutes faites, je m'étais accoutumé
à regarder comme inséparable d'un état social très avancé. Au Sennaheit, les *quirites* sont représentés par les *choumaglié* (anciens),
chefs d'anciennes familles dont chacun a, comme à Rome, un certain nombre de *cliens*, qu'on appelle ici les *tigré*. Ce dernier mot
me fait supposer que ces plébéiens sont des réfugiés venus du Tigré,
et accueillis dans les tribus à la condition de rester dépendans des
familles qui les ont reçus. Leur état m'a semblé une combinaison du
servage adouci du temps de nos Carolingiens et du fermage moderne. Le *tigré* dépend de son suzerain sans lui appartenir; le
choumaglié n'a pas le droit de le vendre. S'il est mécontent, il peut
passer à un autre suzerain; mais il ne peut cesser d'être vassal de
quelqu'un, car, comme il n'y a pas dans ce pays de francs-tenan-
ciers, il deviendrait alors *choumaglié*, ce qui serait le renversement
de la constitution sociale. Les *tigré* paient à leurs seigneurs une
redevance qui ne peut changer, quelle que soit la hausse ou la
baisse des denrées, et une certaine dîme sur le produit de leurs
troupeaux, car ils ont le droit de posséder; je ne sache pourtant
pas qu'il y en ait aucun de riche. Lorsqu'un *tigré* meurt sans héritiers (collatéraux ni descendans), c'est son suzerain qui hérite :
s'il n'a pas d'enfans, mais qu'il ait des collatéraux, ceux-ci héritent,
et le seigneur n'a droit qu'à une vache. En revanche, ce dernier a
un devoir de protection à remplir envers son client : si le *tigré* est
volé, maltraité, tué, le *choumaglié* est tenu de poursuivre rigoureusement l'indemnité dans les deux premiers cas, et le « sang »
ou talion dans le troisième. S'il néglige ce devoir, il est déshonoré
et perd son droit de suzeraineté sur le *tigré* et ses descendans.
Ce système de devoirs réciproques est fort logique dans une société pastorale où l'état, n'existant pas, doit être remplacé par la
famille, état type qui se suffit à lui-même et doit servir de base

et de modèle à tout. Aussi la famille, la parenté joue-t-elle ici un rôle puissant et perpétuel. Le père a strictement le droit de mettre à mort ses enfans ou de les vendre, mais je n'ai pas besoin d'ajouter que les mœurs, plus douces que les lois, l'ont fait tomber à peu près en désuétude. Pour plus de sécurité, les familles se groupent pour former la sous-tribu, où la solidarité est un peu moins grande; elle est encore plus faible dans la tribu, sauf dans les questions générales, comme une guerre ou un droit de pâture à défendre. Le droit d'aînesse est le corollaire naturel d'une société aristocratique; aussi existe-t-il en Sennaheit. Au décès d'un *chou-maglié*, son fils aîné hérite du rustique mobilier, des vêtemens du défunt, de l'épée (elle est longue, à deux tranchans et à croisière, comme chez nous au moyen âge), des vaches blanches du troupeau, des animaux de selle et de charge, des terres et des *tigré*. Si le *choumaglié* est marié, ses fils d'un autre lit ont le droit d'épouser sa veuve sans qu'il y ait là pour les Bogos l'ombre d'un inceste. Par une disposition spéciale et qui a quelque chose de touchant, la maison paternelle est le lot particulier du plus jeune des fils: les autres fils se partagent le reste. Quant aux filles, elles n'ont droit à rien; il est vrai qu'elles se marient presque toutes très jeunes.

Une nécessité des sociétés patriarcales et fractionnées comme celle-ci, où la justice criminelle n'a aucune sanction générale, c'est la fameuse *loi du sang*, qui règne sous divers noms, mais basée sur les mêmes principes, en toute contrée où l'état n'intervient point dans les offenses privées. En Algérie, on l'appelle la *dia*, au Montenegro la *krvarina*; en Corse et en Sardaigne, c'est la *vendetta*, si chère aux dramaturges. Au Sennaheit, on reconnaît deux sortes de *sang*, savoir le *sang entier* et le *demi-sang*. Le premier se doit toutes les fois qu'il y a eu un meurtre volontaire, quelle que soit la victime. La séduction et à plus forte raison la violence faite à une femme, quelques cas particuliers encore, notamment la rupture d'une promesse de mariage, sont assimilés à un meurtre. Le *demi-sang* est dû pour toute blessure qui a fait couler le sang ou causé une lésion grave, pour un accident mortel occasionné par une arme ou quelque instrument tranchant sans la volonté du propriétaire: enfin l'homme qui tue sa femme doit la moitié du prix du sang au père de la victime. Le sang d'un *choumaglié* est estimé cent trente-deux vaches, plus une mule et une natte; celui d'un *tigré*, quatre-vingt-treize vaches, dont un tiers revient à son suzerain.

On remarque ici un sentiment que l'on chercherait en vain dans toutes les coutumes analogues de l'Afrique et de l'Orient, c'est le sentiment de l'honneur dans l'acception un peu conventionnelle que les sociétés européennes donnent à ce mot. Ainsi l'outrage à la vertu d'une femme, qu'elle soit complice ou non, est estimé à l'égal du meurtre d'un homme libre. On ne trouvera jamais rien de semblable dans la société musulmane la plus policée, où la femme, qu'elle soit vêtue de soie brochée d'or ou bien de toile grossière, n'est qu'un agent de plaisir ou de maternité. Parmi les Danagla (Nubiens de la vallée du Nil), une fille ne se marie le plus souvent qu'après un ou plusieurs cas de maternité irrégulière, qui, bïen loin de la faire mépriser, ajoutent à son prix aux yeux des épouseurs : on appelle cela d'une expression bien arabe et bien africaine, « donner des aides au frère de son père » (c'est-à-dire au chef de la famille). Dans une classe plus relevée, chez les riches commerçans du midi du Kordofan, un marchand qui va rejoindre sa caravane confie sa maison et sa femme à un ami qui est habituellement son associé, et le charge de le suppléer sans scrupule au harem; si l'ami en question récuse ou néglige cette étrange suppléance, il se fait une ennemie mortelle de la femme dédaignée, et souvent le mari lui-même lui en garde rancune. Du pasteur bogos qui marche nu-tête et nu-pieds, ou de ce *taghir* kordofâni qui entend presque aussi bien que nous les recherches variées du comfort, lequel est le plus civilisé, le plus digne, le plus véritablement homme? Il semble vraiment que notre civilisation européenne et chrétienne ait ajouté au cerveau humain des cases supplémentaires que l'islamisme a supprimées.

Le besoin de solidarité a créé chez les Bogos et dans toute la Nubie un usage curieux, celui des *adhari*, que je définirais ainsi : l'hospitalité moyennant compensation. Le voyageur qui visite une localité doit, dans son intérêt, s'y choisir un hôte, qui est tenu de lui fournir le logement, le bois et le feu pour sa cuisine, et de lui servir de garant et de protecteur en toute circonstance et dans toutes les difficultés qui lui surviendraient. Ce patron a en retour un droit fixe sur les affaires que traite l'étranger; je parle d'affaires, parce que c'est le but ordinaire des gens qui voyagent en Nubie. L'an dernier, un jeune Suisse, M. Émile G..., qui chassait l'éléphant dans ce pays, ayant cru pouvoir se passer d'*adhari*, dut à cette économie mal entendue de faire une campagne presque stérile. La plupart des éléphans qu'il atteignit s'en allaient mourir au loin dans la *khala*, et c'était autant de perdu pour le chasseur, qui, faute d'*adhari*, n'avait aucun recours contre les indigènes qui trouvaient et s'appropriaient les animaux qu'il avait frappés.

L'histoire des Bogos est relativement moderne et pourtant presque légendaire. Il y a quatre siècles, dit-on, leur premier ancêtre connu, Ghevra-Terke, vivait aux bords du Takazzé chez les Agaus, l'un des peuples primitifs de l'Abyssinie. Ghevra-Terke, ayant eu

le malheur de tuer son frère ou un de ses proches parens, dut fuir
avec ses deux fils, Seguina et Korsokor, ainsi que ses nombreux
amis, et il émigra dans le Sennaheit, qui était alors inhabité. Il
s'établit avec les siens sur le petit plateau d'Achira, où l'on montre
encore aujourd'hui son tombeau, entouré d'un millier d'autres sépultures. Ses petits-fils descendirent peu à peu dans la plaine et
furent la souche d'une tribu qui, en grandissant, se partagea en
deux groupes, les fils de Seguina et ceux de Korsokor, subdivisés
eux-mêmes en sept ou huit fractions. Ces généalogies pastorales
ont un grand rapport avec l'histoire des tribus arabes, Ammon,
Edom, Moab et autres de laBible, et l'on retrouve les mêmes circonstances dans une histoire qui semblerait devoir être bien différente,
celle des Guègues ou montagnards de l'Albanie septentrionale.
Partout des habitudes identiques ont amené identité d'événemens.
Aujourd'hui les Bogos comptent environ dix-huit mille âmes réparties dans dix-sept villages des deux côtés de l'Aïnsaba. La division historique subsiste toujours : les Ad-Seguina habitent le nord-
est, les Ad-Korsokor le sud et le couchant du plateau. Je visitai
rapidement trois ou quatre villages, et je constatai partout une
certaine aisance relative. Toute la richesse des Bogos est en troupeaux, bœufs, mules, chèvres. J'ai vu peu de chevaux, encore moins
de chameaux, pas de moutons. Une cinquantaine de bêtes à cornes
forment une *mokta* ou troupeau, sorte d'unité type pour l'estimation
de la propriété. On dit qu'un homme a deux *moktas*, comme on dit
chez nous : « Il a quatre mille livres de rente, il est à l'aise. »
Il était bien difficile que ce petit peuple isolé de tout état puissant ne tentât point la cupidité des gouverneurs égyptiens de la
province de Taka, sans cesse préoccupés d'accroître l'étendue du
territoire soumis à leurs déprédations. En 1850, un de ces préfets-
bandits, Elias-Bey, envahit le Sennaheit jusqu'à l'Aïnsaba, et trouva
Keren complétement désert; les Bogos, avertis, avaient eu le temps
de se sauver avec leur bétail dans les montagnes. Quatre ans plus
tard eut lieu la seconde attaque, dont les conséquences ont dû déterminer l'Égypte à empêcher le retour de ces lâches brigandages.
Un Turc à demi sauvage, Khosrew-Bey, joignit à ses réguliers l'é-
cume de la population pillarde de la province de Taka, et cette noble
croisade se rua au cri de *sus aux chrétiens!* contre le Sennaheit. Le
plateau fut abordé par deux points à la fois, la gorge d'Incometri et
celle de Djoufa. Les Bogos furent pris comme dans un filet; la résistance ne servit qu'à faire tuer une cinquantaine de leurs plus braves
guerriers. Mogareh, qui était alors leur capitale, située à une heure
au nord de Keren, fut brûlé, et trois cent quatre-vingts captifs
(presque tous jeunes femmes et enfans) furent emmenés par les
bandits, ainsi que près de soixante *moktas*. Khosrew retourna rapi-

dement à Kassala, pendant que les Bogos rentraient dans leur village incendié. Le père Stella, installé chez eux depuis une année environ, était absent le jour de l'attentat; il prit hardiment son parti, se rendit près de Khosrew, et lui demanda, par-devant les juges de Kassala, réparation de cette *ghazaoua* sans excuse. Le Turc répondit grossièrement et refusa de reconnaître au lazariste aucun caractère officiel. Le père Stella s'adressa dès lors aux consuls de France et d'Angleterre. Le premier, par un motif de susceptibilité exagérée, se récusa; mais le consul anglais, M. Walter Plowden, profita de cette maladresse pour accroître aux yeux des chrétiens abyssins et des musulmans nubiens le prestige de son gouvernement. Porteur d'une adresse des Bogos à la reine Victoria, il se rendit lui-même en Égypte pour l'appuyer. Le consul-général de France s'intéressa énergiquement à l'affaire; justice fut obtenue sur tous les points. Khosrew fut destitué; les captifs furent rendus à leurs familles, à l'exception d'une vingtaine que l'on parvint à sou-traire en les cachant dans les harems ou en les dirigeant sur Djeddah, Sodome sacrée qui ne rend jamais ce qui tombe dans ses fanges. On laissa dormir deux ou trois ans la question de la restitution des *moktas* volées; mais à la fin, grâce à deux hommes énergiques qui parlaient haut parce qu'ils se sentaient appuyés, les consuls-généraux Sabatier et de Beauval, le gouvernement égyptien consentit à payer 17,000 francs d'indemnité, représentant à peu près le tiers de la valeur du bétail enlevé. Je fus chargé, par ordre supérieur, de présider à la répartition de cette somme. Tous les *choumaglié* des villages de Keren, Djoufa, Ona, Achala, Deghi, Tantarwa, qui avaient été victimes du pillage de 1854, se réunirent à Keren, dressèrent les états de pertes, et la somme fut publiquement répartie à raison d'un talari et quart (6 fr. 50 c.) par tête de bétail perdu. La publicité de l'opération rendait impossible toute fraude des *choumaglié* au détriment des petits propriétaires qu'ils représentaient et qui avaient voix au chapitre. Il y eut force discussions, absolument comme chez nous dans une commission de répartiteurs; mais tout finit par s'arranger à merveille. Il fallait voir éclater la joie de ces bonnes gens : que de fêtes furent célébrées! que de belles chansons on improvisa en l'honneur de la France et de son représentant!

L'improvisation poétique est une faculté propre aux Bogos, et dont le développement est facilité aussi bien par la richesse de leur langue harmonieuse que par les habitudes contemplatives nées de la vie pastorale. J'ai pu étudier de près le procédé des improvisateurs en renom. Dans une réunion joyeuse, dans l'animation des causeries qui s'engagent le soir autour des feux d'un campement, un homme se lève, se retire sous un arbre, rumine entre ses dents une mélodie sans paroles, puis lance tout d'un coup dix ou vingt vers sur une seule rime, récités ou plutôt psalmodiés avec une certaine emphase et une grande sobriété de gestes, après quoi il retombe dans sa méditation, récite huit ou dix fois le dernier vers comme moyen mnémonique, commence un nouveau récitatif poétique, et continue ainsi jusqu'à la fin. Il peut paraître étonnant que des élucubrations qui ont si peu coûté restent dans la mémoire des auteurs; rien n'est pourtant plus réel. Quant au mérite poétique de ces improvisations, j'étais peu compétent pour en juger; on m'en a pourtant traduit qui méritaient d'être conservées, notamment un chant historique qui retrace l'invasion de Khosrew, et où j'ai remarqué une énumération des tribus accourues à la curée qui a quelque chose d'homérique.

Il y a plus : un bandit qui veut emporter de haute lutte la considération publique doit être capable de chanter lui-même ses exploits. Un vieux maraudeur, fort connu sur la frontière des Bogos, et qui, dans une escarmouche avec nos gens, avait reçu une balle dans le gras de la jambe, me fut signalé comme le plus grand poète et le premier voleur de la province : il paraissait très fier de cette double gloire. C'était un très grand vieillard allègre, bien fait, avec une figure noble, patriarcale, douce, de grands yeux pleins de feu. Ces mœurs singulières sont éternelles au désert : quand Antar ou Kouroglou avait vaincu un ennemi ou détroussé une caravane, il montait sur un rocher et improvisait deux ou trois strophes triomphantes.

Dans les cérémonies funéraires, les Bogos chantent des distiques courts et souvent improvisés sur des airs qui n'ont généralement rien de lugubre. Les chants d'adieu de ces peuples, qui n'ont qu'une idée vague de la vie future, n'ont pourtant rien de la douleur sombre, farouche du *vocero* des Corses ou du *coronach* des *highlanders*. On peut en juger par ce distique, que je prends au hasard, sur la mort d'une toute jeune fille :

Schuken tetewaouel
Mai la chemmal tetraoue.

« La gazelle se rafraîchit à l'aurore, et *boit* à pleins poumons la brise des montagnes »

Si, après la leçon donnée aux pillards nubiens de 1854, une agression éclatante de leur part n'est plus à craindre pour les Bogos, les violences de détail n'ont guère diminué. Il faut savoir que parmi les Bédouins musulmans sujets de l'Égypte et voisins des Bogos règne plus que jamais une abominable industrie protégée par la demi-complicité des autorités : je veux parler des vols d'enfants. Il y a sur toute la frontière une classe de rôdeurs qui ne font guère qu'épier les jeunes garçons qui gardent les troupeaux, les petites filles qui vont ramasser le bois mort; ils ont ordinairement sous la main des chevaux ou des chameaux, grâce auxquels ils regagnent bien vite leur tribu. Ils vont de là aux bazars de Kassala ou de Souakin, où ils réussissent d'autant plus aisément à placer leur marchandise que la race bogos est remarquablement belle de formes, souple et intelligente. Un crime de ce genre avait été commis à Keren peu avant mon arrivée. A dix minutes du village, entre deux énormes montagnes, s'ouvre un grand ravin boisé nommé Incometri, véritable coupe-gorge souvent peuplé d'ombres suspectes. Quelques bandits beni-amers y avaient surpris un homme de Keren désarmé, accompagné de ses filles, toutes jeunes encore. Il pouvait fuir, mais l'une des petites filles n'eût pu le suivre; il s'arrêta pour l'emporter dans ses bras, fut rejoint par les malfaiteurs et lâchement assassiné. Les orphelines furent emmenées et vendues dans le Barka; elles furent rachetées presque aussitôt par des passans qui avaient retrouvé leur trace.

Mon retour de Keren à Massouah se fit par la route que j'ai déjà décrite, et ne présenta aucun incident qui mérite d'être raconté. Le voyage dont je viens de résumer les souvenirs a donc été, en somme, assez rapide; mais il ne faut pas croire qu'il ne m'ait laissé dans la mémoire qu'une impression fugitive. On se trompe chez nous sur le caractère et le genre de vie des populations qui habitent cette partie de l'Afrique. On les range parmi les sociétés primitives, et on leur applique volontiers les conclusions absolues des théoriciens qui, sans être sortis de l'Europe, raisonnent à perte de vue sur la question des races. Pour les uns, l'homme primitif est le demi-dieu figuré aux métopes du Parthénon; pour les autres, c'est le singe grêle et ventru qui usurpe le nom d'homme au fond de l'Australie. Les Bogos ne représentent ni l'innocence de l'âge d'or ni la dégradation ou la sauvagerie des peuples barbares. Leur nature est très vivace et très sympathique; comme le pays qu'ils habitent, ils ont une sorte de noblesse native et originale qu'il est impossible de méconnaître. Déjà d'ailleurs la civilisation occidentale a pénétré dans ces régions, où l'on commence à prononcer avec sympathie le nom de la France. Bientôt cette civilisation fera disparaître les rugosités qui, là comme partout ailleurs, déparent les grandeurs propres à la vie barbare. Après avoir vu, sur ce théâtre lointain et obscur, ce que peut, dans une région presque inconnue de l'Afrique, l'influence française, j'ai l'espoir qu'elle ne cessera pas de s'y étendre et de s'y affermir.

Guillaume Lejean.

CHRONIQUE DE LA QUINZAINE

31 mai 1865.

Nous ne nous dissimulons point qu'il n'est guère aisé de porter un jugement sur l'incident éclatant et délicat qui vient de conduire le prince Napoléon Jérôme à se démettre de ses fonctions de vice-président du conseil
privé et de président de la prochaine exposition universelle. Le discours
prononcé à Ajaccio peut être jugé à deux points de vue : au point de vue
des idées exprimées dans ce discours, au point de vue de la situation personnelle de l'orateur lui-même. C'est la situation du prince Napoléon qui
a motivé la grave réprimande adressée publiquement par l'empereur à son
cousin. Il est certain que, par le nom qu'il porte, par la position qu'il occupe dans le voisinage du trône, et surtout par le poste de la vice-prési-
dence du conseil privé, auquel il avait été récemment appelé, le prince
Napoléon était associé d'aussi près que possible au gouvernement de l'empereur. Les charges les plus directes des grandeurs, ce sont les responsabilités communes qu'elles imposent et les bornes ornées et dorées qu'elles
mettent à la liberté personnelle de ceux qui en jouissent. Personne ne sera
surpris qu'étant ce qu'il est, le prince Napoléon ne puisse agir et parler
comme un citoyen ordinaire. Toute velléité d'initiative et de singularité de
sa part, le gouvernement gardant le silence, engagerait la dynastie et le
pouvoir. L'empereur était donc le juge naturel de l'effusion très curieuse
à laquelle son cousin a cru pouvoir s'abandonner à propos de l'inauguration du monument élevé en l'honneur de la première génération des Napo-
léonides dans le pays qui fut le berceau de cette race extraordinaire. A ce
point de vue, le discours du prince Napoléon relève d'une juridiction intime et supérieure, placée à une telle distance au-dessus de nous, que les
plus simples bienséances nous interdisent d'en discuter les arrêts. Le public, en une telle affaire, est incompétent comme juge, et n'a qu'un rôle
de spectateur. Il s'agit là, comme l'a fort nettement établi l'empereur, de
l'unité de volonté et d'action du gouvernement, d'une question de disci-

pline de famille. L'empereur a prononcé que la présence, la conduite et les discours de son cousin n'ont point répondu à ses espérances, et n'ont pas témoigné de l'union qui doit régner dans la famille impériale; il a déclaré que le programme politique placé par le prince sous l'égide de Napoléon Ier ne peut servir qu'aux ennemis de son gouvernement. Le jugement est sévère, mais il est sans appel. La publicité ne peut que l'enregistrer.

Nous sommes d'autant plus d'accord avec l'empereur sur le principe de l'unité d'action et de volonté du gouvernement que ce principe n'est le privilége d'aucune forme politique particulière, et qu'il est d'une application aussi nécessaire sous un régime parlementaire ou républicain que sous un régime absolu. La discipline de famille nous paraît également être une règle ou plutôt une convenance naturelle incontestable. A ce sujet, nous exprimerons un étonnement, sinon un regret, c'est qu'il ne suffise point à cette discipline d'être préventive, et qu'elle ait besoin, comme on l'a vu en cette dernière occasion, de devenir en quelque sorte répressive. Tranchons le mot : nous sommes surpris que le langage que le prince Napoléon Jérôme devait tenir à l'inauguration du monument d'Ajaccio n'ait point été l'objet d'une entente préalable entre le prince et l'empereur, entre le prince et le gouvernement. La bonne discipline, celle qui évite les éclats pénibles, est prévoyante et prend ses précautions. Ici, nous pouvons le dire sans manquer de respect à personne, pas plus au prince qu'au gouvernement, la précaution était indiquée par la plus simple prudence La circonstance était grande, importante, et touchait aux plus hauts intérêts moraux du gouvernement, puisqu'il s'agissait de célébrer la merveilleuse mémoire du fondateur de la dynastie napoléonienne et celle de ses frères; l'orateur était connu avec les qualités et les inconvéniens de sa saillante originalité: c'était le prince Napoléon. Enfin le prince avait écrit sa harangue d'avance, cela est évident à la contexture du discours, qui n'a rien d'une improvisation soudaine, dans lequel on ne saurait voir que la dictée impétueuse d'un homme nerveux empêtré dans un travail de citations qu'il brouille et débrouille et chiffonne par poignées. Nous le répétons, la cérémonie était imposante; aux yeux du gouvernement surtout, elle devait prendre un caractère singulier de poésie politique. Les quatre fils de Charles Bonaparte et de Mme Lœtitia, — ces pauvres cadets sortis de la petite Corse à peine conquise par les Français, — mêlés par le génie d'un prodigieux capitaine à l'empire du monde, après avoir pris, perdu et repris le gouvernement de la France, allaient se dresser en marbres historiques aux lieux mêmes qui rappellent la modestie de leurs commencemens; toute l'histoire de cette fortune sans égale et du génie de son fondateur jaillissait éblouissante, sous le ciel bleu et dans l'amphithéâtre des montagnes de Corse, de ce rapprochement des origines et des destinées. Ces statues ne parlaient-elles point? ne racontaient-elles point un passé de

succès et de revers sans exemple? Dans leur contenance impassible, n'é-
taient-elles point pleines de questions sur le sens, la portée et l'avenir de
l'œuvre napoléonienne, sur le développement politique de la France et de
la révolution? Nous ne comprenons point que l'on ait imaginé que le fils
d'un frère de Napoléon, à moins d'être préparé par une stricte diète officielle, pût résister à l'émotion et à l'entraînement d'une situation semblable. C'était le prince Napoléon qui devait être le témoin et l'orateur de
cette apothéose. Or les idées du prince n'étaient ignorées de personne.
Ses discours prononcés au sénat ont appris à tout le monde comment il
interprète l'œuvre de Napoléon; si l'on a un reproche à lui adresser, ce
n'est point de manquer de franchise quand il prend la parole; on sait combien il est indifférent au danger de choquer ceux qui ne pensent point
comme lui, et quel âpre plaisir il semble prendre au contraire à les étonner, à les brusquer, à les provoquer par la pétulance et les trivialités hardies de son langage. Cependant par une rare fortune il arrivait cette fois
que ce périlleux improvisateur n'avait pas voulu jouer la portée de son
discours au hasard de l'inspiration du lieu et du moment. Il avait arrêté
d'avance son interprétation méditée et solennelle de l'œuvre napoléonienne; cet orateur abrupt, aux mouvemens brisés, aux élans farouches,
s'était lui-même mis en garde et avait écrit la page qu'il allait donner à
l'histoire, et le gouvernement avait omis de prendre connaissance de cette
page avant qu'elle fût présentée au public! Le gouvernement peut dire
qu'il a péché par excès de confiance; mais une confiance trop abandonnée
n'est guère compatible avec le maintien d'une stricte discipline.

Si la lettre de l'empereur au prince Napoléon nous laisse un regret, c'est
qu'elle interdit ou plutôt qu'elle rend inutile la discussion du fond même
du discours du prince. Ce discours offre en effet des thèmes importans et à
notre avis d'un grand intérêt actuel à la polémique politique. Sans parler
des nombreuses questions de politique étrangère touchées par le prince,
n'eût-il pas été utile de vérifier par la discussion cet idéal de Napoléon libéral tracé par son neveu avec tant de complaisance, et cette théorie du
progrès vers la liberté par la dictature, progrès durant lequel le prince
place une période transitoire où la nation doit faire le sacrifice du *self-
government,* quoique, suivant le prince, elle doive y jouir encore de la
pleine liberté de penser et d'écrire? La liberté, il faut le dire, n'a été que
le côté utopique du système napoléonien. Le premier empereur ne s'est
occupé de la liberté que pendant la période sitôt évanouie des cent-jours
et dans les cruelles méditations de Sainte-Hélène. La liberté n'a donc jamais été pour lui une affaire pratique sur laquelle se soit véritablement
exercée l'action de son génie, et tout ce qu'il a pu dire après coup à ce sujet n'a fait que léguer à l'avenir un problème dont les termes viennent
d'être posés à nouveau par le prince Napoléon, mais qui n'est point résolu
encore, et qui excite les doutes et l'impatience des générations contempo-

raines. Certes nous sommes de l'avis de l'empereur : Napoléon se présente
à l'histoire par plusieurs côtés, et l'on s'exposerait à mal reproduire cette
curieuse figure, si on ne l'étudiait que sous un seul aspect. Il y a eu dans
le seul Napoléon plusieurs hommes, le général Bonaparte des guerres d'Italie, le premier consul, l'empereur dans l'ivresse de la victoire et du pouvoir, l'homme des cent-jours, l'homme de Sainte-Hélène. L'esprit humain,
dans l'appréciation des grands hommes, n'est point armé des procédés de
cette invention nouvelle qu'on nomme la photo-sculpture, et qui, saisissant
à la fois tous les aspects d'un modèle, fournit au praticien les élémens
d'une statue exacte. D'ailleurs les phases du génie sont successives, et tout
en admettant qu'il y ait eu plusieurs hommes dans Napoléon, la question
est encore de savoir à quel moment il faut prendre Napoléon pour le
trouver dans la maturité de sa raison et de son âme. Quant à nous, nous
en ferons l'aveu, ayant à faire ce choix, nous ferions comme le prince Napoléon : nous préférerions à l'empereur infatué des faveurs de la fortune
et des miracles de la force le grand homme touché par les revers, à la fois
dompté et éclairé par l'expérience, l'homme des cent-jours et de Sainte-
Hélène. Qu'on ne s'y trompe point : la France a fait le même choix que
nous. La popularité napoléonienne s'est bien plus attachée au Bonaparte
des cent-jours et de Sainte-Hélène, au grand homme malheureux qui a reconnu trop tard les abus et les maux du pouvoir absolu, les droits et les
avantages de la liberté, qu'à l'empereur de 1809 et de 1812, étourdi de la
toute-puissance. Tous ces esprits généreux et cultivés qui, durant la restauration et le régime de 1830, travaillèrent à l'apothéose de Napoléon,
avaient devant les yeux l'idéal libéral que l'empereur abattu avait eu la
puissance de faire jaillir du rocher de Sainte-Hélène. C'était cette même
image du libéralisme napoléonien que les héritiers de Bonaparte nous présentaient dans leurs écrits. Ce n'est donc point manquer de respect et de
fidélité envers la mémoire de Napoléon que de rattacher sa tradition aux
aveux et aux effusions de sa captivité, de demander en son nom la réalisation d'un programme qu'il ne lui a point été donné d'accomplir, et
dont il n'a pu tracer que les grandes lignes. Il est vrai que le libéralisme
des cent-jours et de Sainte-Hélène, n'ayant point eu l'épreuve des faits, a
laissé dans le monde un grand nombre d'incrédules. C'est avec ces sceptiques déterminés que le prince Napoléon essayait d'engager la lutte. Il serait oiseux d'entamer aujourd'hui le débat après la lettre de l'empereur, et
la question ajournée demeurera jusqu'à nouvel ordre indécise.

Que ce grave incident ait donné une commotion à l'esprit public, on ne
saurait le nier. Ce n'est point la seule préoccupation qui ait agité l'opinion
depuis quinze jours. Nous ne parlons point de l'actif et brillant voyage de
l'empereur en Algérie : nous ne connaîtrons les grands résultats de cette
utile excursion qu'après le retour de l'empereur et l'exposé des mesures
que le souverain prépare sans doute pour le développement de notre co-

lonie africaine. De ce côté, nous ne devons avoir que de riantes espérances; mais il y a dans nos affaires un point difficile qui a récemment réveillé toutes les inquiétudes de l'opinion : nous voulons parler de la situation et de l'avenir de notre entreprise mexicaine.

Nous sommes, pour notre part, assez peu émus des faits qui ont excité les dernières alarmes. Nous ne voyons point que notre situation au Mexique puisse être mise en péril, ni bientôt ni jamais, par les plans d'émigration volontaire que des spéculateurs politiques ou mercantiles s'aviseront d'exposer et de propager.parmi les populations des États-Unis. Ce n'est point dans ces échauffourées, dont l'avortement est inévitable, que réside la véritable difficulté de la question mexicaine. Nous avons déploré et blâmé l'expédition du Mexique; cependant, puisque la France est malheureusement engagée dans cette entreprise, notre devoir n'est pas seulement de faire des vœux pour que nous en sortions aussi honorablement que possible : nous devons rechercher et discuter la politique qui peut nous en dégager avec le plus de sûreté.

Tout adversaires que nous avons été de l'expédition du Mexique, nous ne méconnaissons point ce qu'il y avait de légitime dans le sentiment qui a conduit le gouvernement à tenter cette expédition. La cause permanente des griefs que la France avait contre le Mexique était celle-ci : il n'y avait pas au Mexique, depuis bien des années, un gouvernement dont on pût mettre la responsabilité à l'épreuve pour obtenir la réparation des criantes injustices subies par nos nationaux. A nos réclamations incessantes, les gouvernemens mexicains opposaient une fin de non-recevoir invincible, leur radicale impuissance. Il n'y a qu'avec les gouvernemens qui sont en état de répondre des injustices commises par leurs sujets envers les étrangers que l'on peut avoir ces rapports internationaux que comporte la civilisation. Le vœu de la France, le vœu de tous les états civilisés du monde est qu'il existe au Mexique un gouvernement qui puisse répondre des infractions commises par ses sujets dans leurs rapports avec les étrangers contre la justice et le droit des gens.

Le gouvernement français a fait plus que ressentir ce besoin et exprimer ce vœu. Ne trouvant pas au Mexique de gouvernement capable de remplir les devoirs de la responsabilité internationale, il a pris la tâche de créer dans ce pays de ses propres mains un gouvernement qui fût en mesure de les remplir. En tout temps et partout, une telle œuvre est des plus difficiles : elle dépasse la mesure des devoirs d'un état pour la protection de ses nationaux établis à l'étranger. Il n'est pas dans le droit naturel des citoyens qui vont s'établir, pour y chercher fortune, dans une contrée barbare ou livrée à l'anarchie, de compter que les escadres et les armées de leur pays seront obligées de venir à leur profit rétablir l'ordre dans cette contrée et y fonder au besoin un gouvernement régulier. La bonne politique pratiquée par les états civilisés dans les questions de cette nature est d'attendre les occasions, et d'arracher, quand ils le peuvent, par de promptes et décisives démonstrations de force, les réparations qui leur sont dues. Aucun principe de devoir et d'honneur ne les oblige à pousser la protection de leurs sujets à l'étranger jusqu'à renverser les gouvernemens dont ils ont à se plaindre et à les remplacer par des régimes nouveaux. La France a pu croire qu'elle donnait satisfaction à un intérêt élevé en renversant la république au Mexique et en y créant une monarchie; mais en agissant ainsi elle n'obéissait ni à un devoir ni à une obligation d'honneur. Cette entreprise, ne pouvant s'élever au-dessus de la sphère des intérêts, devait et doit être soumise aux conditions qui régissent toutes les affaires d'intérêt. Il fallait et il faut mettre en balance l'intérêt qu'a la France à créer au Mexique un gouvernement civilisé et responsable avec les moyens raisonnables et pratiques de succès que comporte une telle entreprise, avec les charges que l'emploi de ces moyens peut nous imposer, avec les avantages ou les inconvéniens directs ou indirects attachés à l'accomplissement de notre dessein. C'est cette comparaison des difficultés et des moyens d'action, c'est cette exacte balance des intérêts qu'il fallait avoir présentes à l'esprit avant d'entreprendre l'affaire du Mexique, et que nous ne devons pas perdre de vue pendant que nous la poursuivons.

Or aujourd'hui le grand fait qui vient de s'accomplir en Amérique, le triomphe de l'Union et la fin de la guerre civile, mettent en évidence une des plus grandes difficultés et un des plus vastes intérêts que l'on doive prendre en considération dans la question du Mexique. Nous ne voulons rien exagérer, mais il est nécessaire de se rendre un compte précis de la difficulté et de l'intérêt que la situation présente des États-Unis apporte dans la question mexicaine. Personne ne nous contredira si nous disons que jamais l'idée de fonder un empire au Mexique ne fût venue à l'esprit du gouvernement français avant la crise qui a éclaté il y a quatre ans au sein de l'Union américaine; on peut avancer avec une égale assurance que, si l'expédition du Mexique était encore à faire, on aurait garde de l'entreprendre aujourd'hui après le rétablissement de l'intégrité de l'Union et les merveilleuses preuves de vitalité et de puissance que vient de donner la république américaine. Les États-Unis ayant leur sécurité intérieure et la liberté de leurs mouvemens au dehors, si la France avait eu le dessein de faire quelque chose au Mexique, à coup sûr elle n'y eût pas fait un empire, et en tout cas elle eût compris que la première puissance avec laquelle elle eût dû se concerter était non l'Espagne ni même l'Angleterre, mais les États-Unis. Nous n'avons pas en Amérique un seul intérêt qui puisse être mis en balance avec l'alliance de l'Union américaine, pas un intérêt qui ne doive céder à l'intérêt supérieur qui nous prescrit de ne point susciter gratuitement et de gaîté de cœur des causes de mésintelligence entre nous et notre allié le plus naturel, le peuple américain. Napoléon, quand il céda la Louisiane aux États-Unis, eut l'intuition supérieure

de cet intérêt fondamental de la France en Amérique. On n'a point songé
à cela en 1862; on a agi comme si la grande république était vouée à un
déchirement irréparable. Il faut y réfléchir aujourd'hui, non avec une
inquiétude indigne du courage et de la puissance de la France, mais avec
une attention sérieuse et une intelligence virile des difficultés devant lesquelles nous nous trouvons.

Il demeurait douteux, même sans la paix des États-Unis, que le gouvernement de l'empereur Maximilien pût avant longtemps subsister en s'appuyant uniquement sur des forces mexicaines, et se passer du concours
d'une armée française. Il est certain aujourd'hui que rien de durable ne
pourra être fondé au Mexique sans le concert de la France et des États-
Unis. Nous ne croyons point que le gouvernement américain soit animé
d'intentions hostiles contre la France; les paroles de sympathie chaleureuse
pour notre nation que le président Johnson a adressées à M. de Montholon
ont confirmé nos espérances. Le gouvernement américain s'appliquera,
nous en sommes convaincus, avec une sollicitude sincère, dans la mesure
de son pouvoir, à prévenir tout incident dont la France au Mexique pourrait être légitimement blessée; mais nous craindrions que l'on ne se fît illusion, si l'on croyait qu'il pût pratiquer au Mexique une autre politique
que celle de l'attente et de la neutralité. Il n'est pas vraisemblable que la
république américaine veuille jamais reconnaître un empire improvisé
sur sa frontière par des armes européennes. Il n'est pas probable que
M. Seward, qui n'admettait point dans les documens officiels le titre impérial de l'archiduc Maximilien, lorsque les angoisses de la guerre civile
duraient encore, se montre plus facile aujourd'hui que la république est
pacifiée. En tout cas, il faudrait que l'établissement de l'empire fût un fait
accompli pour espérer de le faire reconnaître par l'Amérique. Tant que
Juarez et ses troupes tiendront la campagne, il n'y a pas à attendre autre
chose des États-Unis que la neutralité. Or il y a lieu de redouter que le
rétablissement de la paix en Amérique et la neutralité des États-Unis n'en-
couragent l'opiniâtreté et la résistance mobile et capricieuse des juaristes.
Nous ne nous effrayons point des émigrations américaines au Mexique;
cependant il sera bien difficile au gouvernement américain de les empêcher complétement, quand même il mettrait le plus grand zèle à faire observer par ses nationaux les devoirs de la neutralité. Et qui aurait en Europe le droit de s'en étonner? En dépit des devoirs de la neutralité, n'avons-
nous pas vu les chantiers britanniques et les équipages anglais armer les
corsaires confédérés, et un port français n'a-t-il pas eu le triste honneur
de construire le dernier vaisseau de course de la rébellion esclavagiste?

Dans cet état de choses, même en ayant le droit de compter à présent
sur les dispositions franchement amicales du gouvernement américain, les
difficultés de notre entreprise mexicaine grandissent et commencent à éclater à tous les yeux. On est fondé à craindre qu'au lieu de s'abattre, la ré-

sistance des juaristes ne reçoive une impulsion naturelle des événemens qui viennent de s'accomplir en Amérique, et ne puise dans des ressources irrégulières venues du dehors de nouveaux élémens de durée. La perspective qui s'ouvrirait à la France, si nous restions dans les erremens des dernières années, serait donc de continuer des efforts et des sacrifices qui ont grandement dépassé depuis longtemps l'importance du but que nous voulions atteindre; en supposant même le succès final obtenu, au bout d'un espace de temps qu'il faut calculer par des années dont personne n'oserait fixer d'avance le nombre, à quoi serait-on arrivé? A fonder un établissement précaire, qui serait toujours mal vu des États-Unis, qui ne nous rendrait jamais une compensation suffisante des hommes et de l'argent que nous y aurions engloutis.

Les sages politiques doivent se conformer au tour des événemens. Il semble donc que les changemens qui viennent de s'opérer dans l'Amérique du Nord doivent être pris en considération par notre gouvernement; c'est le moment pour lui de réviser et de modifier au besoin sa politique mexicaine. Il faudrait retirer soigneusement à cette politique tout ce qui pourrait en faire sortir plus tard des causes d'antagonisme entre la France et les États-Unis. Il faudrait la remanier de telle sorte qu'elle pût admettre le concert de la France et de l'Union américaine. Un principe commun, la nécessité d'organiser au Mexique un gouvernement qui fût vraiment responsable des actes de sa police intérieure et garantît la sécurité des relations commerciales, pourrait devenir la base du concert et le point de départ d'arrangemens qui, en se prêtant aux circonstances, aideraient à dégager l'action de la France. Il importe de prendre son parti promptement dans cette révision de la politique française au Mexique. Si l'on hésite, si l'on perd du temps, si l'on s'abandonne à la surprise des incidens, si l'on ne rassure pas les esprits en leur montrant une voie raisonnablement et nettement tracée, l'affaire du Mexique nous condamnera à une sorte de fièvre intermittente dont les accès seront marqués par les arrivages des paquebots transatlantiques.

Les événemens américains nous ont envoyé, il faut l'espérer, avec la nouvelle de la capture de M. Jefferson Davis, la dernière péripétie émouvante qu'ils puissent produire. Le président des confédérés, l'esprit orgueilleux et intolérant qui n'a pas voulu supporter l'effet légal du mouvement des institutions américaines la première fois que ce mouvement retirait le pouvoir des mains de son parti, le conservateur outré qui, sur la simple menace d'un échec pour l'intérêt aristocratique qu'il représentait, n'a point hésité à tenter la destruction de la glorieuse république au gouvernement de laquelle il avait pris une si grande part, l'homme impérieux qui a été l'âme de la rébellion, le puissant organisateur qui a rassemblé miraculeusement les ressources qui ont permis à son pays de prolonger avec des chances parfois si brillantes une lutte impossible,

M. Jefferson Davis, après avoir assisté à la ruine totale de sa cause, a subi l'humiliation la plus cruelle qui pût l'atteindre : il est tombé au pouvoir du gouvernement vainqueur. Le procès de M. Jefferson Davis fournira une page sévère, mais utile à l'histoire des États-Unis. Ce procès fera connaitre les ressorts secrets de l'insurrection sécessioniste; mais la plus grande instruction qui en sortira sera la fixation juridique du principe qui place l'autorité nationale au-dessus des doctrines outrées du fédéralisme et de cette revendication des *state-rights,* à l'aide de laquelle, depuis Jefferson, les esprits extrêmes voulaient faire sortir de la souveraineté des états le droit absolu de séparation. Cet élément de dissolution a été extirpé de la constitution américaine par la grande guerre qui vient de finir, il sera totalement détruit par le procès de M. Jefferson Davis. On doit vivement espérer que ce grand enseignement constitutionnel ne sera point terni par la cruauté des châtimens. Les États-Unis ne voudront pas rester en arrière de l'Europe libérale, où les mœurs repoussent l'application de la peine de mort aux crimes politiques. Ils ont considéré la sécession comme une rébellion, mais les nécessités de la guerre les ont obligés à appliquer aux séparatistes les règles du droit de la guerre et non les lois qui punissent la trahison de la patrie. M. Lincoln, M. Seward n'ont point hésité à négocier avec les envoyés de M. Jefferson Davis comme avec des belligérans. On n'envoie pas au supplice les hommes avec qui l'on a consenti à négocier. Puis, quoiqu'elle fût destructive de l'unité nationale, la doctrine des *state-rights,* poussée jusqu'au droit de séparation, n'est point l'invention de M. Jefferson Davis; elle est née avant lui : il l'a trouvée dans l'atmosphère politique des États-Unis, où elle avait été mise en circulation depuis l'origine par des citoyens éminens. Le peuple américain reviendra, nous n'en doutons point, aux sentimens de généreuse clémence qui l'animaient avant l'assassinat de M. Lincoln. Il réfléchira que le sang des supplices n'est point le baptême d'une heureuse paix; il comprendra que le chef de la rébellion du sud a déjà ressenti la peine la plus douloureuse que puisse éprouver un esprit et un cœur de cette trempe en survivant à l'impuissance de ses efforts et au désastre irréparable de sa cause.

Le parti libéral, qui n'a point l'habitude d'être du côté du succès, peut réclamer comme une victoire pour ses idées le triomphe de la cause américaine. Il a aussi le droit de se fier à ses espérances en voyant le tour heureux que les choses prennent en Italie. La translation de la capitale à Florence est accomplie. Ce grand déménagement du gouvernement a coïncidé à Florence avec le jubilé de Dante, magnifiquement célébré. Il n'est plus guère resté à Turin, retardataire de quelques jours, que l'habile et prévoyant ministre des finances, M. Sella, lequel, par le succès de son emprunt et de ses autres opérations, a mis l'Italie en état d'attendre avec des ressources suffisantes l'échéance de la convention du 15 septembre. L'opi-

nion, exprimée par nous depuis longtemps, qui soutient que l'Italie et la
papauté sauront s'entendre et résoudre les doutes de la question romaine,
lorsque cette question ne sera plus compliquée par une intervention étrangère, commence à être confirmée par des faits que tout le monde accueille
avec autant de satisfaction que de curiosité. Cette opinion a conquis un
adhérent qui a eu hâte de lever le boisseau dès qu'il a aperçu la lumière.
Nous voulons parler de M. de Persigny. L'ancien ministre a mis à profit son
trip récent en Italie. Il est revenu émerveillé de ses découvertes et a tenu
à faire part de sa joie à M. le président Troplong et au public. Nous ne savons point si les membres du conseil privé ont le droit de prendre, sans
infraction à la discipline gouvernementale, sous forme de brochures, des
initiatives d'appréciation qui seraient peut-être répréhensibles sous forme
de discours; nous n'hesitons point cependant à complimenter M. de Persigny de ses vues sur la solution de la question romaine, dût-il, pour les
avoir exprimées, s'exposer à la grave censure de M. Boniface. Cependant le
fait considérable en Italie est toujours la négociation ouverte entre le pape
et le roi Victor-Emmanuel sur les affaires ecclésiastiques, négociation qui
a été interrompue avant la clôture de la session, qui va être reprise dans
quelques jours, et qui sera sans doute menée à bonne fin avant la réunion du parlement. Ces premiers pourparlers, cette reprise des relations
entre le pape et le roi d'Italie sont un événement dont il est impossible
de méconnaître l'importance. En dépit des fautes politiques qu'il a pu
commettre et qui ont eu leur cause soit dans sa situation, soit dans la
marche violente des événemens de son règne, Pie IX a conservé dans la
sympathie générale de ses contemporains une place qui n'est jamais aussi
volontiers accordée qu'aux hommes de bonne intention. Avec la droiture
de sa conscience, il est impossible que le pape ne fasse point passer ses
devoirs de chef spirituel avant ses prétentions et ses griefs de souverain
temporel. Veiller à l'intérêt des consciences qui lui sont confiées est son
premier, son plus prochain devoir, et il est trop honnête homme pour laisser en souffrance les intérêts spirituels de son église sous le vain prétexte
de la conservation de ses intérêts temporels. Pie IX est évidemment à la
veille d'imiter envers l'Italie la conduite que le pape Léon XII tint envers
les républiques espagnoles de l'Amérique du sud. Ces républiques n'étaient
point reconnues par leur ancienne métropole, qui avait jusque-là nommé
leurs évêques; elles ne reconnaissaient plus au gouvernement espagnol le
droit de leur envoyer des évêques, et les siéges demeuraient vacans. Malgré ses principes légitimistes, Léon XII n'hésita point; il pourvut aux
évêchés de l'Amérique méridionale sans avoir égard aux prétentions du
roi d'Espagne. Un cas semblable se présente en Italie; les anciens souverains de la péninsule sont dépossédés : faudra-t-il, en l'honneur des dynasties et des pouvoirs déchus, laisser les diocèses sans pasteurs et voir
impassiblement s'éteindre en quelque sorte l'épiscopat autour de Rome?

Un pape vraiment religieux ne pouvait s'abandonner à cette extrémité. Pie IX sent que les intérêts de la religion lui commandent d'oublier les prétentions des anciens princes, les siennes même, et d'entrer en arrangement avec le souverain effectif de l'Italie, afin de pourvoir au maintien et au recrutement de la hiérarchie catholique. L'arrangement qu'il s'agit de conclure est entouré de difficultés, nous n'en doutons point, aussi bien pour le roi d'Italie que pour le pape; mais des deux côtés les intérêts qui leur conseillent la conciliation sont d'un ordre si élevé, que des deux parts, nous l'espérons, toutes les concessions nécessaires seront accordées avec sincérité. Quoi qu'il en soit du détail d'une négociation qui demeure encore inconnue au public, le grand fait, c'est que le roi d'Italie, le vivant symbole de l'unité italienne, et le souverain pontife traitent ensemble, le roi avec respect et déférence, le pape avec une bonté paternelle et cette joie intime que donne au cœur le sentiment de l'accomplissement d'un devoir. Il y a dans ce spectacle un soulagement pour les consciences, un gage rassurant pour les esprits qui attendaient avec crainte l'échéance critique de la convention de septembre, et pour la reconstitution de la nation italienne une promesse positive d'affermissement.

Il est un grand pays dont on parle peu depuis quelque temps et aux progrès duquel on s'intéresserait volontiers, si son gouvernement obéissait enfin aux inspirations d'une générosité hardie : c'est l'Autriche. Est-on en Autriche à la veille d'un de ces élans qui rajeunissent et fortifient les gouvernemens et leurs peuples? Nous le souhaitons et nous l'espérons. En Autriche aujourd'hui, la question hongroise occupe seule les esprits. Il ne s'agirait plus d'un de ces accommodemens compliqués de clauses chicanières qui ont si souvent avorté, mais d'une réconciliation définitive. C'est la Hongrie qui a vraiment fait appel à l'empereur. Le congrès agricole de Hongrie eut récemment l'idée d'envoyer à Vienne une députation qui devait inviter le souverain à venir examiner sur place la situation du pays. Ce congrès agricole n'est point une réunion de magnats indifférens, c'est comme une représentation spontanée des forces et des intérêts de la Hongrie. L'empereur, en acceptant cette invitation et en promettant de se rendre à Pesth à l'occasion des courses, a éveillé parmi les Hongrois de grandes espérances qui ne seront point contrariées, il faut l'espérer, par une de ces fâcheuses influences ministérielles dont les services ont été depuis quatre ans si stériles pour la maison d'Autriche. L'empereur a annoncé qu'il recevrait à Ofen une députation de l'académie, et il paraît certain que M. Deak, le grand patriote hongrois, en fera partie. On assure que toutes les commissions militaires qui fonctionnent encore en Hongrie, et dont il y a peu de mois la publicité européenne enregistrait les déplorables rigueurs, vont être révoquées. Une sorte d'entretien amical va donc s'engager entre l'empereur et des hommes qui sont la représentation morale, sinon légale, de la Hongrie. Il y a là une noble occasion de s'entendre, il y a des symptômes qui excitent l'attention et autorisent l'espérance de tous ceux en Europe qui sont prêts à applaudir aux beaux mouvemens. C'est le cas pour les ministres autrichiens de montrer s'ils ont quelque profondeur dans l'esprit et quelque force dans le caractère. Nous attendons à cette épreuve les hommes politiques de tous les partis, M. de Schmerling, le comte Mensdorf, le prince Esterhazy; mais cette rencontre solennelle offre surtout à l'empereur d'Autriche un beau rôle, le motif de l'un de ces élans à la Marie-Thérèse qui autrefois, dans les momens critiques, étaient l'inspiration heureuse des princes de la maison d'Autriche, et faisaient vibrer autour d'eux de vaillantes et honnêtes sympathies. Ce ne sont point seulement les intérêts de l'empire qui demandent que l'Autriche cesse de traîner tristement la Hongrie après elle comme un corps enchaîné; c'est l'Europe éclairée qui supplie l'empereur de n'écouter que sa générosité et de rendre pour ainsi dire à la vie animée des peuples de notre continent cette race expansive, brillante et chevaleresque, naturellement appelée à représenter, à défendre et à propager notre civilisation commune dans ses avant-postes sur l'Orient.

L'Autriche a laissé il y a deux ans échapper, par son indécision dans la question de Pologne, une de ces rares occasions où il est donné à des gouvernemens éprouvés de se retremper dans la vie libérale. La Pologne a encore une fois succombé; après l'échec des combats pour l'indépendance, après l'avortement des négociations diplomatiques, la Pologne reprend sa vie morale dans les écrits de ses enfans et de ses amis, dans les œuvres qui retracent ses souffrances et son histoire. Un des plus chauds et plus distingués défenseurs de la cause polonaise, notre ami M. de Mazade, vient d'ajouter à cette histoire une page intéressante et instructive en publiant la correspondance particulière et les conversations du prince Adam Czartoryski et de l'empereur Alexandre Ier. Ce fut l'illusion de ce remarquable et persévérant patriote, le prince Adam, de croire que sa patrie pouvait devoir son rétablissement à un empereur de Russie. Hélas! l'illusion dura peu, et les dernières cruautés du gouvernement qui a employé et comblé d'honneurs Mouravief ne permettront point qu'elle renaisse jamais.

E. FORCADE.

ESSAIS ET NOTICES.

HOMERE DÉIFIE, DESSIN DE M. INGRES.

L'illustre chef de notre école de peinture vient de terminer une œuvre digne d'être comptée parmi les témoignages les plus importans que l'art du xixe siècle aura légués à l'avenir. Je n'exagère rien. Bien qu'il ne s'agisse

ici ni d'une vaste peinture monumentale, ni même d'un tableau, bien que
les moyens d'exécution choisis par M. Ingres se réduisent à l'emploi du
crayon et de l'encre de chine, l'invention grandiose et les détails ingénieux de la scène où il nous montre *Homère deifié,* l'alliance dans les
formes d'une énergie et d'une finesse dont il semble que le génie grec ait
seul possédé le secret, tout concourt à relever l'importance de ce simple
dessin, qui ne mesure peut-être pas plus d'un mètre dans un sens et de
quatre-vingts centimètres dans l'autre; tout lui donne, au milieu de nos
déclamations ou de nos bavardages pittoresques, une éloquence d'autant
plus sûre qu'elle est plus sobre dans les termes, plus indépendante des procédés ordinaires de la rhétorique.

On sait de reste ce que vaut, au double point de vue de l'invention
et du style, le tableau représentant *l'Apothéose d'Homère* que M. Ingres
peignait en 1827 pour la décoration d'une des salles du musée Charles X.
Même après *l'École d'Athènes* et *le Parnasse* de Raphaël, cette assemblée
des héros de l'intelligence humaine était retracée par le pinceau avec une
dignité à la hauteur d'un pareil thème; même après les chefs-d'œuvre de
l'antiquité et de la renaissance, l'œuvre moderne réussissait à mettre en
lumière quelques côtés encore inaperçus du beau et du vrai. En entrepre-
nant de réviser, à près de quarante ans d'intervalle, cette composition célèbre, en désavouant pour ainsi dire la gloire d'un ouvrage consacré par
le temps et par l'admiration de tous, M. Ingres ne semblait-il pas entrer
bien imprudemment en lutte avec lui-même et courir le risque d'affaiblir
par des redites ou par des développemens inutiles ce qu'il avait une fois si
nettement défini? Le plus rapide coup d'œil sur cette seconde édition de
la pensée du maitre suffit néanmoins pour en faire comprendre l'opportunité et pour nous révéler non-seulement d'insignes améliorations dans le
texte, mais dans le fond même des inspirations un surcroît d'abondance et
de certitude.

Et d'abord l'ordonnance des figures groupées autour d'Homère, ce qu'on
pourrait appeler l'aspect architectonique de ces groupes, a pris dans le
dessin une aisance et un caractère de vraisemblance qui, sans compromettre la majesté nécessaire du sujet, achèvent d'en vivifier et d'en assou-
plir les dehors. Quoique le nombre des personnages représentés primitivement ait été ici presque doublé, les quatre-vingts figures environ dont
se compose la nouvelle scène forment dans l'ensemble des lignes moins
compactes, moins étroitement enchevêtrées que les lignes qui réunissent
les unes aux autres les figures tracées autrefois sur la toile. Tout en exprimant la foule, elles gardent chacune un rôle et une importance propres, parce que l'espace où elles se meuvent, plutôt occupé que rempli,
permet aux attitudes de s'affirmer davantage, aux gestes de se développer,
aux contours de se continuer sans excès d'envahissement sur les objets
voisins ou de se rapprocher de ceux-ci sans qu'il en résulte ni choc vio-

lent, ni conflit. Partout en un mot l'air circule mieux, l'équilibre pittoresque se constitue plus naturellement, grâce au parti qu'a pris le maître
d'élargir relativement son cadre et d'adopter, pour la distribution des divers groupes, deux plans parfaitement distincts rappelant à peu près les
dispositions du théâtre antique.

L'un, sorte de *proscenium* entouré d'un pœcile dont les murs sont ornés
de peintures reproduisant les compositions de Flaxman sur l'*Iliade* et sur
l'*Odyssée,* sert à la fois de soubassement au temple dédié à Homère, de
piédestal au trône sur lequel le « divin aveugle » est assis, de plate-forme
pour les deux chœurs rangés de chaque côté de ce trône et représentant.
dans l'ordre chronologique, les aînés de la race homérique. L'autre, réservé aux derniers descendans du poète, correspond à la place qu'occupait l'orchestre dans le théâtre antique, et un autel s'y élève de même au
centre, portant le nom du dieu auquel il est consacré. A la droite et à la
gauche de la scène, des personnages appartenant aux époques intermédiaires s'étagent sur des degrés qui mettent en communication le plan
supérieur et le plan inférieur, et conduisent ainsi le regard des figures
qui résument la tradition homérique dans l'antiquité aux figures qui en
perpétuent le souvenir jusque dans les temps modernes. Enfin, aux quatre
angles du champ que peuple cette foule illustre, quatre groupes principaux
rappellent et personnifient les siècles glorieux entre tous dans l'histoire
des lettres et des arts. Au-dessous de Périclès, debout auprès de Phidias,
de Socrate et d'Aspasie, Louis XIV, assis au milieu d'un cortége de grands
hommes, s'efface presque pour faire place à Bossuet, à Colbert, à Racine
et surtout à Molière, dont la figure, dominant toutes les autres, forme le
sommet de la pyramide que les lignes dessinent dans cette partie de la
composition. En regard du roi de France, les trois Médicis, Côme, Laurent
et Léon X, ont à leurs côtés les érudits et les artistes que le xve siècle vit
naître pour l'honneur éternel de l'Italie, tandis que, faisant face aux philosophes et aux artistes grecs qui accompagnent Périclès, les poètes latins
du siècle d'Auguste attestent la gloire littéraire de Rome avant l'ère que
le christianisme allait ouvrir.

Si la nouvelle œuvre de M. Ingres avait eu pour objet de nous donner le
résumé complet des progrès intellectuels de l'humanité, s'il s'était agi de
représenter Homère comme le fondateur d'une dynastie à laquelle appartiennent, par droit de génie, tous ceux que la postérité a classés parmi les
penseurs ou les artistes souverains, sans doute on pourrait remarquer plus
d'une omission dans les noms, plus d'une lacune dans les exemples proposés à notre vénération. Ainsi, comment Shakspeare et Pascal, comment
Léonard de Vinci et Mozart se trouveraient-ils exclus de ce panthéon où
siégent, entre autres hôtes infiniment moins dignes d'y être admis, Pope,
l'abbé Barthélemy et Mme Dacier? En s'imposant la tâche qu'il vient de
mener à fin, M. Ingres toutefois n'a nullement entendu dispenser l'immor-

talité à tous les grands hommes ni célébrer tous les genres de mérite : il a voulu seulement proclamer, en même temps que la gloire incomparable d'Homère, l'autorité des enseignemens que celui-ci a laissés au monde et l'influence que, depuis près de trois mille ans, ces leçons n'ont cessé d'exercer ; il a voulu, en groupant autour du poète grec par excellence les écrivains, les artistes de tous les âges que les souvenirs de la Grèce ont le plus habituellement inspirés, indiquer à sa source le flot de ces traditions qui depuis tant de siècles portent la fécondité avec elles, et qui seules, à ses yeux, peuvent épancher encore dans le domaine de l'art la vie et le progrès.

Le dessin de M. Ingres est donc, à vrai dire, un manifeste en l'honneur de l'art antique et de ceux qui en ont été les fidèles sectateurs ; c'est, aussi bien qu'un hommage à des talens d'élite, l'affirmation formelle d'une doctrine et un acte de foi. Il convient de l'accepter comme tel, sans demander compte au maître de certains choix trop indulgens que lui auront dictés ses prédilections personnelles, ni de quelques évictions sévères peut-être jusqu'à la rigueur. Parmi celles-ci pourtant, il en est une à laquelle il semble bien difficile de se résigner et plus difficile encore de souscrire : dans cette assemblée des plus pieux disciples de l'art antique, André Chénier ne figure pas. Qu'elle soit, ainsi qu'il faut le croire, le résultat d'un oubli, l'absence en pareil lieu d'un pareil homme n'en a pas moins de quoi nous étonner, et, sans parler des titres qui recommandaient en général une aussi noble mémoire, comment s'expliquer que le chantre du *Jeune malade* ait pu échapper au souvenir du peintre de *Stratonice* ?

Quant à l'exécution matérielle, — si tant est que le mot soit applicable à des formes d'expression sous lesquelles percent partout un sentiment exquis du beau, un amour passionné du vrai, mais du vrai dans son acception la plus haute, — quant au rôle du dessin proprement dit, du modelé, de la physionomie extérieure des choses dans cette œuvre si fortement pensée et moralement si éloquente, il faudrait, pour en signaler les mérites, analyser chaque figure, s'arrêter à chacun des détails qui précisent l'âge ou le tempérament d'un homme, les habitudes d'un corps ou les caractères d'un vêtement, les mœurs et jusqu'aux modes d'une époque. Quel art varié en raison des différens types qu'il s'agissait de reproduire ! quelle souplesse de style dans l'interprétation des apparences les plus contraires ! En même temps quelle habileté à faire tourner ces élémens en désaccord au profit de l'harmonie générale ! Un autre que le peintre qui avait su jadis rapprocher sans invraisemblance les draperies épiques d'une muse des habits bourgeois de Cherubini, un autre aurait-il trouvé le secret de contenter le regard et de persuader l'esprit en réunissant dans le même cadre, en représentant côte à côte, avec leurs allures ou leurs costumes disparates, les habitués des portiques d'Athènes et les hôtes du palais de Versailles, les amis de Mécène et les néo-platoniciens amis de

Laurent de Médicis? Nulle part mieux qu'ici M. Ingres n'a usé du don qu'il
a reçu, et qu'aucun peintre avant lui n'avait possédé au même degré, de
s'assimiler tous les exemples du passé, d'en ressusciter toutes les formes,
comme s'il avait coudoyé les hommes dont il retrace les images et vu de
ses yeux ce que son imagination devine.

Jamais non plus cet instinct de la vérité historique ne s'était concilié
sous la main du maître avec une docilité plus sincère aux enseignemens
directs de la nature. Telle petite tête rappelant par la fermeté et la délicatesse des contours l'exécution d'un camée a reçu, dans le modelé intérieur, certains accens de vie, certaines touches décisives, qui laissent la
réalité se faire jour et palpiter sous la correction idéale des apparences.
Telle figure, solennelle au premier aspect comme une statue antique, est
pourvue dans les détails d'une grâce simple, vraisemblable, presque familière, qui anime cette majesté en l'assouplissant et définit un individu là où
quelque talent moins franc ou moins sagace se serait contenté de reproduire une fois de plus les formules consacrées d'un type. Que l'on examine
par exemple, entre bien d'autres dignes d'admiration au même titre, deux
figures, Aspasie et Anacréon, qui n'existaient pas dans le tableau primitif,
ou le groupe, si heureusement développé dans la composition nouvelle,
que forment les trois tragiques, Eschyle, Sophocle, Euripide. Quoi de plus
noble, mais aussi quoi de moins académique que cette jeune femme enveloppée de draperies dont l'immobilité sans caprice, sans inconséquence
pour ainsi dire, semble se souvenir du mouvement qui a précédé et faire
pressentir le mouvement qui va suivre? Et dans ce vieillard souriant de sa
défaite, sous le poids encore léger pour ses épaules des tourmens que lui
inflige l'Amour, dans chacun de ces trois poètes au torse nu comme celui
d'un dieu de l'Olympe, mais d'une nudité tout humaine par la flexibilité
des muscles ou les dépressions que l'âge y a creusées, ne verra-t-on qu'une
pure imitation de la statuaire, qu'une contrefaçon érudite des monumens
anciens? Non, indépendamment de certaines beautés renouvelées des traditions de l'art grec, il y a là quelque chose d'imprévu, de pris sur le vif,
de personnellement trouvé; il y a là l'expression d'une véracité sans peur,
aussi bien que l'empreinte d'un goût et d'un savoir dus à une longue familiarité avec les grands modèles.

Ce mélange de science profonde et de bonne foi est, au reste, ce qui
caractérise en général la manière de M. Ingres; c'est ce qui en constitue le
mérite supérieur et la principale originalité. Avant le peintre de l'*Œdipe,*
de *Romulus vainqueur d'Acron,* de *Virgile lisant l'Énéide,* et de tant d'autres scènes du même ordre où l'antique est comme rajeuni par des traits
hardis de vérité, les maîtres appartenant à notre école avaient ou sacrifié
les enseignemens de la nature à l'étude absolue de l'antiquité ou défiguré
l'antiquité en essayant d'en accommoder les souvenirs aux exigences de
l'art moderne. Le grand Poussin lui-même, malgré sa raison souveraine,

malgré la clairvoyance et la vigueur de sa pensée, Poussin quelquefois semble
s'être préoccupé outre mesure de la crainte d'avilir son style en y intro-
duisant certains tours empruntés du fait immédiat. La recherche de l'expression majestueuse ne laisse pas de faire tort, sous son pinceau, à l'expression vive ou naturelle, tandis que Puget, ou, vers le milieu du siècle
suivant, Doyen et quelques autres gens habiles élargirent si bien dans
leurs ouvrages la part de la réalité contemporaine que l'antique n'y eut
plus que la place d'un élément accessoire ou la signification d'une étiquette. Survint David, qui, à force de réagir contre les profanateurs de la
beauté classique, exila presque du domaine de l'art tout ce qui n'avait pas
exclusivement pour objet la glorification de celle-ci, — jusqu'au jour où
un nouveau mouvement d'idées entraîna, au nom de la vérité, la peinture
française dans le champ des innovations à outrance et des aventures. Il était
réservé à M. Ingres d'associer pour la première fois avec une équité parfaite, de réconcilier deux principes jusqu'alors en divorce complet dans
notre école. Non-seulement le dessin d'*Homère* s'ajoute comme un témoignage de plus aux témoignages sur ce point successivement produits; mais,
tout en confirmant l'autorité de ces preuves, il porte en soi je ne sais quel
rayonnement, je ne sais quelle séve de poésie qui, moins qu'ailleurs peut-
être, permettent à l'admiration d'hésiter et à l'esprit du spectateur de se
méprendre sur la force intime, sur l'ample sérénité des inspirations.

Est-il besoin de dire après cela que, loin de paraître lassée par les travaux
qu'elle n'a cessé d'accomplir depuis le commencement du siècle, la main
qui vient de tracer ce nouveau chef-d'œuvre n'a jamais été ni plus déliée,
ni plus ferme? Faut-il regarder avec surprise, faut-il même mesurer le
long intervalle qui sépare, dans la vie du peintre d'*Homère,* l'époque des
débuts de celle où il achève d'attester ainsi sa fécondité et sa vigueur?
Autant vaudrait s'étonner de voir un chêne dès longtemps enraciné dans le
sol dont il est l'honneur croître encore et reverdir d'année en année. L'âge
qui pour des talens d'une autre essence serait celui de la vieillesse n'est
pour le talent de M. Ingres que l'âge de la maturité. Oublions donc les
quatre-vingt-quatre ans du maître, puisque ses œuvres n'en dénoncent rien,
ou, s'il nous arrive de nous les rappeler en dépit d'elles, que ce soit pour
saluer avec un surcroît d'admiration et de respect les preuves de l'éternelle jeunesse, de l'inaltérable santé de son génie.

Qu'il nous soit permis toutefois en terminant d'exprimer un regret. Une
œuvre de cette importance et de ce caractère, une protestation aussi fière
contre les humbles inclinations ou les erreurs auxquelles nous cédons trop
souvent, une telle œuvre aurait dû apparaître en face même des témoignages suspects dont il lui appartient de faire justice, en face surtout des
talens de bonne volonté qu'elle peut si bien achever de convaincre, si
puissamment encourager. Ce que nous aurions souhaité pour elle, pour
l'honneur de notre école, pour les progrès du goût dans notre pays, c'est

le grand jour du Salon, c'est une publicité sans limites, au lieu de cette lumière restreinte qui l'éclaire aujourd'hui et de cette hospitalité domestique dont quelques privilégiés seulement sont appelés à recevoir la faveur. Quelle plus opportune et plus utile leçon qu'un pareil exemple, s'il était donné sur la place publique en quelque sorte, au milieu ou plutôt au-dessus de la mêlée où s'entre-choquent les intérêts et les partis, au milieu de tant d'efforts en sens contraire pour tirer à soi un lambeau de succès, pour conquérir vaille que vaille une notoriété éphémère? Quel plus sûr moyen de ramener ceux qui s'égarent, de faire vraiment acte de maître, c'est-à-dire d'assurer le triomphe des grands principes qu'on représente et la défaite des petites doctrines, des petites ambitions qui s'agitent ou se prélassent là où elles trouvent le champ libre et l'opinion disposée à les accueillir, faute de mieux? Certes, au degré de gloire où il est depuis longtemps parvenu, M. Ingres n'a que faire d'un nouveau succès personnel. Une victoire de plus remportée au Salon ne saurait rien ajouter aux respects unanimes qui environnent son nom; mais, en dehors d'un surcroît de célébrité inutile ou impossible, cette victoire pourrait avoir des conséquences fécondes. Elle enseignerait aux uns, elle rappellerait aux autres à quelles conditions et en vertu de quelles lois l'art s'élève au-dessus d'une industrie futile. En réduisant à leur juste valeur, par l'éloquence du contraste, les tours d'adresse ou les fantaisies pittoresques dont nous consentons parfois à être les dupes, elle en anéantirait l'influence présente et en discréditerait l'imitation pour l'avenir. Les bons exemples en matière d'art ont leur contagion, comme les exemples décevans ou malsains. Il ne suffit pas, je le sais, d'un chef-d'œuvre pour en susciter d'autres, il ne suffit pas qu'un grand artiste se produise pour que des rivaux à sa taille surgissent instantanément autour de lui. Toutefois, que ce chef-d'œuvre apparaisse et que ce maître vienne à nous, c'en est assez pour que les usurpations soient par cela même combattues et démasquées, pour que le courage soit rendu à ceux qui n'osaient s'engager ou qui faiblissaient dans la lutte; c'en est assez pour que les esprits en quête du bien trouvent un guide, les croyances qui se forment un élément de conviction, et les opinions qui chancellent un point d'appui.

HENRI DELABORDE.

UNE CARTE DE L'AFRIQUE ROMAINE (1).

En parcourant certaines parties de l'Algérie, on rencontre de nombreux vestiges de la domination romaine : ici un mur d'enceinte à puissantes assises, là un aqueduc dont il ne reste plus que quelques arches qui se pro-

(1) Carte de l'Afrique sous la domination des Romains dressée au Dépôt de la guerre, d'après les travaux de M. F. Lacroix, par M. Nau de Champlouis, capitaine au corps impérial d'état-major. Paris, Imprimerie impériale, 1854; deuxième tirage, 1865.

filent vigoureusement sur l'horizon; ailleurs un pont, les ruines d'un temple, ou, comme le prétendu tombeau de Syphax, un monument symbolique dont on ne comprend pas la destination. Le plus souvent, ces restes d'une autre époque se réduisent à des pierres taillées qui jonchent le sol; mais elles sont abondantes à tel point, surtout dans la province de Constantine, que des colons européens en ont pu bâtir leurs maisons. D'autre part, les écrivains de l'antiquité romaine qui ont parlé de l'Afrique septentrionale et dont les ouvrages ont survécu jusqu'à nos jours, Pline, Strabon, Ptolémée, l'auteur inconnu de l'*Itinéraire d'Antonin*, nous ont laissé la description géographique de ces provinces, tandis que les historiens du temps enregistraient les grands événemens dont elles ont été le théâtre. Lorsque, après bien des siècles d'occupation barbare, le pays a été conquis de nouveau par un peuple éclairé et qu'on y a retrouvé les traces encore fraîches d'une ancienne civilisation, on s'est préoccupé d'identifier les ruines de l'époque actuelle avec les noms des lieux que les auteurs avaient transmis. Il serait trop long d'analyser les méthodes suivies pour un travail de ce genre, travail qui n'a de valeur, on le comprend, que par l'esprit critique et judicieux des savans qui l'entreprennent. Les inscriptions lapidaires, la description des lieux, l'évaluation des distances, quelquefois l'homonymie des noms, en forment les principaux élémens. Quand ces recherches historiques sont suffisamment avancées, il devient utile d'en fixer les résultats sur le papier, afin d'appeler le contrôle et de servir de guide pour de nouvelles investigations. C'est là le but que se sont proposé les auteurs de la carte dont il s'agit ici.

La *Carte de l'Afrique sous la domination des Romains* représente en longitude tout l'espace qui est compris entre l'Atlantique et l'Égypte, cette dernière contrée, qui tient une place à part dans l'histoire du monde, ayant été laissée de côté. En latitude, elle s'étend des bords de la Méditerranée jusqu'au 27e degré. Elle renferme donc les premières régions du Sahara, *deserta sitis regio,* où les armées romaines avaient pénétré, ce dont on serait tenté de douter, si le fait n'était attesté par des autorités irrécusables; mais c'est sur la Mauritanie césarienne et la Numidie, ce qui constitue aujourd'hui l'Algérie, que principalement l'intérêt se concentre. A chacune des villes créées depuis l'occupation française correspond une ville ancienne, quelquefois inconnue, quelquefois fameuse dans l'histoire. Constantine est l'antique Cirta, déjà puissante sous les rois numides et capitale de la province. Icosium, une modeste colonie romaine dont le nom est à peine cité par les annalistes, occupait l'emplacement d'Alger, tandis que, à vingt lieues de là, Iol Cæsarea, métropole de la Mauritanie, est remplacée par la petite ville de Cherchell. Ceci ne prouve-t-il pas que la destinée des villes tient beaucoup à leur situation topographique? Constantine, entourée de tous côtés par un ravin qui la rend inexpugnable, dut être en tout temps une position importante. Alger, au contraire, n'a dû sa fortune qu'à des travaux faits de main d'homme, qui, sur une côte sans abri, ont transformé un mouillage dangereux en un excellent port. Les officiers qui, pendant les premières années de la conquête, eurent le périlleux honneur de marquer sur le terrain le lieu où les villes nouvelles devaient être édifiées se sont trop souvent peut-être laissé guider par les restes de l'occupation romaine. Batna, Sétif, Aumale, en sont des preuves manifestes, et, pour cette dernière localité au moins, on peut douter que le choix ait été judicieux. Ce qui nous sépare des Romains au point de vue des mœurs et des institutions est assez évident pour qu'il soit inutile d'expliquer que les colonies et municipes de l'antiquité, vraies places de guerre, ne sont pas toujours situés comme il convient à la population de notre époque, qui doit se proposer principalement de mettre en valeur les richesses agricoles ou minérales du pays. Ne devons-nous pas regretter aussi qu'on n'ait pas fait revivre en quelques lieux les noms de l'antiquité en place de dénominations banales empruntées au calendrier, ce qui n'est qu'indifférent, ou, ce qui est un inconvénient plus sérieux, à la géographie de la mère patrie?

La nouvelle carte de l'Afrique romaine est le résumé graphique d'une somme de travail vraiment considérable. Les recherches archéologiques qui lui ont servi de base sont dues surtout à M. Frédéric Lacroix, qui, après avoir rempli des fonctions importantes en Algérie, consacra plus de douze années à coordonner les travaux déjà recueillis par les voyageurs. Après la mort de ce savant, l'œuvre fut continuée par M. Nau de Champlouis, capitaine d'état-major, auquel revient le mérite d'avoir donné à ces études une forme définitive. Envisagée au point de vue historique, c'est sans contredit une entreprise d'une haute valeur, et qui, si elle n'est encore complète, servira du moins à poser l'état de la science et à guider de nouveaux explorateurs (1).

Après avoir embrassé dans un seul cadre la totalité de la surface que les Romains occupèrent dans l'Afrique septentrionale, il est à désirer que M. de Champlouis, profitant de l'expérience qu'il possède déjà en ces matières, nous donne un tableau plus détaillé des provinces qui nous intéressent le plus. En ne s'occupant pas de la Libye, de la Cyrénaïque et de la Mauritanie tingitane, qui nous sont, après tout, peu connues, en se bornant à l'Algérie, qu'il serait possible alors de représenter à plus grande échelle, ne pourrait-il tracer un figuré plus complet de l'occupation romaine, indiquer la plupart des ruines encore apparentes, sinon toutes, sauf à ne pas imposer de nom aux localités dont la synonymie est encore dou-

(1) Sous le rapport matériel, j'oserai dire que cette carte, malgré l'élégance du dessin topographique, n'est pas au niveau des travaux si remarquables que le Dépôt de la guerre a l'habitude d'éditer. Imprimée en cinq couleurs, en sorte que les montagnes, les eaux, les noms anciens et les noms modernes sont figurés par des teintes différentes, elle n'a pas la finesse de gravure et la netteté qui plaisent à l'œil et rendent l'étude facile.

teuse, peindre en quelque sorte par la fréquence du trait l'intensité, si je
puis m'exprimer ainsi, de la colonisation ancienne? A voir la carte d'ensemble, on dirait presque, et c'est un défaut sensible, que les Romains ont
laissé autant de marques de leur passage dans chacune des trois provinces
de l'Algérie, ce qui est en contradiction évidente avec les traditions historiques et avec les débris dont le sol est couvert. Les voies de communication, qui n'ont pas été indiquées, seraient aussi le complément indispensable d'une représentation exacte, quand bien même la direction en serait
encore incertaine.

Déjà célèbre sous la domination carthaginoise, conquise par les Romains
après la chute de Carthage, devenue bientôt, sous le nom de « province
d'Afrique, » le grenier de Rome et l'un des commandemens les plus importans de l'empire, demeurée plus romaine que l'Italie, avec Apulée, Tertullien et saint Augustin, à l'époque où les barbares portaient le trouble en
Occident, arrachée par Bélisaire à la domination des Vandales, qui n'avait
eu qu'un siècle de durée, l'Algérie a pendant huit cents ans appartenu aux
Romains, et ne leur a été enlevée que par l'invasion arabe, dans les dernières années du vii⁰ siècle. Peut-on s'étonner qu'elle ait conservé la forte
empreinte des maîtres du monde? Les mahométans, en vrais pasteurs nomades qu'ils sont, ont laissé subsister à côté d'eux les vestiges de l'ancien
temps. A qui n'est-il pas arrivé, en voyageant dans ce beau pays, de camper un soir auprès d'une ruine romaine imposante de grandeur et de solidité? On allume un grand feu, la joie du bivac, un feu où l'on fait flamber
des arbres entiers avec leurs branches et leurs feuilles. Tous les Arabes
du voisinage s'assemblent autour de ce vaste brasier; ils amènent un *tha-
leb,* un savant, qui sait par cœur les versets du Coran et les psalmodie d'un
ton grave, avec accompagnement d'une sorte de guitare à deux cordes
dont joue un jeune garçon. Étendu non loin de là sur la pelouse où la
flamme projette des lueurs vagues et intermittentes, caressé par la brise
de mer qui arrive chargée de senteurs balsamiques, on se sent entraîné
vers le passé par ce spectacle et par ces monumens d'un autre âge. On
écoute, sans y comprendre un mot, cette étrange poésie orientale dont
l'harmonie seule a encore un charme. C'est ainsi, se dit-on, qu'il y a trois
mille ans, dans les montagnes de l'Ionie, les rhapsodes récitaient aux peuplades ignorantes les chants de l'*Iliade* et de l'*Odyssée.* Nous autres, Scythes
égarés sur ces rivages, ne sommes-nous pas bien petits, avec nos mœurs
journalières et notre langue versatile, en présence de ces monumens témoins indestructibles du passé, de cette poésie immuable et de ces peuples aux vêtemens bibliques plus immuables encore?   H. BLERZY.

V. DE MARS.

M. SYLVESTRE

LETTRE XVe. — DE PIERRE A PHILIPPE.

Vaubuisson, 5 avril 1864.

La vie est décidément sinon une chose gaie, comme le prétend mon optimiste, du moins une chose romanesque : me voilà épris de *ma voisine*. Je l'appelle ainsi, bien que tout un vallon nous sépare ; mais, comme je n'y connais que deux personnes, elle et M. Sylvestre, et qu'elle est plus près que lui à la portée de ma vue, elle sera ma voisine, à moins que tu n'aimes mieux que je l'appelle par son nom, car je le sais, c'est Mlle Vallier.

Je parcourais les bois avec l'ermite, qui m'intéresse de plus en plus, lorsqu'à peu de distance au-dessus de la maisonnette mystérieuse nous nous sommes trouvés en face d'une assez jolie fille, ni grande ni petite, d'un blond cendré, très blanche, légèrement rosée, jeune, vingt ans au plus, vêtue avec propreté et à la mode, en demoiselle pauvre et soigneuse qui ne s'abandonne pas. A la grâce indicible de la personne, car son charme est surtout dans ce quelque chose qui ne se décrit pas, et à une certaine capeline blanche et rouge bordée de noir, mais qui cette fois était relevée sur le front et laissait voir tout le visage, je reconnus ma sympathique porteuse d'amphore. Elle ne fut pas effarouchée de la rencontre, car elle vint droit à nous d'un air souriant et tendit ses deux mains gantées de noir, et toutes petites, à M. Sylvestre, en lui demandant avec

---

(1) Voyez la livraison du 1er juin.

intérêt de ses nouvelles. Il la remercia en des termes affectueux et
respectueux, en lui demandant à son tour des nouvelles de *la malade*. — Il y a un peu de mieux, répondit-elle d'une voix adorable
et qui va à l'âme. J'espère que, dans quelques jours, je pourrai lui
faire faire une petite promenade. Elle est encore trop faible, mais
elle dort mieux, et j'espère que le printemps ne se passera pas trop
mal.

En parlant, elle caressait la tête de Farfadet, qui paraissait la
connaître et l'aimer.

— Est-ce que vous veniez chez moi? lui demanda encore M. Sylvestre.

— Non, cher monsieur, c'est trop loin. Je ne peux pas quitter
mon enfant si longtemps. Je vais chercher du lait pour elle au
moulin, et j'ai pris le chemin des écoliers pour faire dix minutes
d'exercice.

— Ah! vous en êtes trop privée! dit M. Sylvestre; j'ai peur qu'au
métier que vous faites vous ne tombiez malade aussi.

— Non, non, je ne serai pas malade, je n'en ai pas le temps. —
Et avec un sourire de mélancolie enjouée, tout en serrant encore la
main du vieillard, elle me salua sans me regarder, mais avec politesse, et continua son chemin. Farfadet parut irrésolu et regarda
son maître. Alors celui-ci, avec un sérieux incomparable, lui dit :
— Allez! accompagnez cette demoiselle, ne la laissez pas seule, et
revenez chez nous quand elle sera rentrée chez elle. — En vérité,
le chien parut comprendre, car il s'élança sans hésiter sur les traces
de la jeune fille, et nous ne le revîmes plus.

— Voilà une ravissante personne! dis-je à M. Sylvestre; je sais
où elle demeure, je l'avais déjà vue à la source.

— Oubliez où elle demeure, si vous êtes un homme sérieux, répondit vivement le vieillard. Cette fille est ce qu'il y a de plus respectable au monde, et quiconque troublerait son repos ou ferait
seulement parler d'elle deviendrait l'ennemi de Dieu!

— Je ne sais pas si je suis un homme sérieux, monsieur Sylvestre, mais je crois être un honnête homme. Soyez donc tranquille, et dites-moi ce qui motive votre estime pour elle, afin que
mon respect lui soit d'autant plus assuré.

— Mlle Vallier est venue ici il y a deux ans; elle-même m'a raconté son histoire, et, comme il n'y a aucun secret, je peux vous
la dire. Ses parens étaient fort riches. A la suite de spéculations
que je croirais volontiers véreuses, d'après ce qu'elle m'en a dit
sans les comprendre, son père, ruiné, est mort de chagrin. Fille
unique, elle a fait honneur à tout et s'est trouvée, à dix-huit ans, à
la tête de douze cents francs de rente. C'est court pour une jeune

personne habituée à l'opulence. Elle ne s'est pas découragée, et elle commençait à donner des leçons de musique à Paris, quand une petite bonne étrangère avec qui elle avait été élevée, et qui était comme elle sans famille et sans ressources, est tombée gravement malade. Savez-vous ce qu'a fait Mlle Vallier? Elle a quitté ses leçons et elle a cherché un village où elle pût faire respirer un bon air à sa compagne. Quelqu'un du pays avec qui le hasard l'avait mise en relations lui a vanté le climat doux et tiède de notre vallée. Tout le monde n'a pas le moyen d'aller à Nice ou à Cannes. Heureusement il y a partout des petits coins où l'on peut se passer du luxe des grands voyages. Mlle Vallier a donc loué la petite maison que vous savez, comptant y passer quelques semaines; mais la jeune malade était presque condamnée pour un anévrisme au cœur, et quand la chose a été constatée, on a dit à Mlle Vallier que le seul moyen de prolonger la vie de la pauvre enfant était de la garder dans les conditions passables où elle se trouve, et de lui interdire toute espèce de fatigue et d'inquiétude. Dès lors elles se sont fixées ici. La malade s'en va lentement. Sa maîtresse est devenue sa servante : c'est elle qui fait tout dans le petit ménage. Vous l'avez vue portant de l'eau, un autre jour vous pourrez la voir portant du bois ou lavant elle-même les hardes de sa compagne. Tout le jour elle travaille, et la nuit elle veille quand l'autre ne dort pas, ce qui arrive si souvent que je ne sais pas comment celle qui doit mourir n'a pas encore tué celle qui doit vivre. C'était une rose éclatante quand elle a commencé ce dur labeur; à présent, c'est une rose pâlie, et ses yeux, agrandis de moitié, sont plus beaux, j'en conviens, mais ils m'inquiètent. Enfin, que voulez-vous? le sacrifice de soi est une chose rationnelle et bonne; mais quand il dépasse les forces de l'individu, on ne peut s'empêcher de blâmer l'arrangement social.

J'évitai la discussion sur le socialisme, qui est le grand dada de mon vieux ami; je ne songeais qu'à Mlle Vallier. — Croyez-vous, lui dis-je, que ce sacrifice de la personne soit si nécessaire? Si cette aimable fille gagnait deux ou trois mille francs à Paris, elle aurait de quoi payer une femme exclusivement chargée ici de la malade. Ce serait encore très beau d'y consacrer le tiers ou la moitié de son revenu.

— Oh! oui-da, les soins mercenaires?

— Ne croyez-vous pas que chez les femmes du peuple on trouve de ces dévouemens payés qui deviennent, grâce à la bonté de certaines natures, des dévouemens réels?

— Certes je le crois et je le sais; mais il faut, pour s'y fier, avoir été à même de les éprouver. D'ailleurs les malades sont des enfans gâtés, et la petite, qui adore sa maîtresse, mourrait peut-être le jour où elle la verrait partir.

— A quoi donc servent les prix Monthyon, si Mlle Vallier succombe à la peine?

— Les prix Monthyon ne s'obtiennent pas sans protection, mon cher enfant, et la protection va rarement chercher les gens qui se cachent. Ah! si l'on savait combien d'héroïsmes ignorés méritent l'assistance, l'insuffisance de ces petits secours deviendrait risible.

Je ne pus empêcher M. Sylvestre de revenir à son mécontentement contre la société. C'est là où il cesse d'être optimiste, et je dus lui soumettre quelques objections. Tu sais que je ne comprends pas le blâme déversé à un état général qui n'est que le résultat de l'imperfection des individus. Il me semble que, pour réaliser le rêve de la fraternité universelle, il faut commencer par inculquer l'idée de fraternité à tous les hommes. C'est bête comme tout, mais je trouve encore plus bête qu'on veuille s'y prendre autrement, et même j'avouai à M. Sylvestre que vouloir imposer des lois idéales à un peuple positif me paraissait inique et sauvage. C'est la doctrine du terrorisme : *fraternité ou la mort;* c'est aussi celle de l'inquisition : *hors l'église point de salut.* La vertu et la foi décrétées ne sont plus la foi et la vertu; elles deviennent haïssables. Il faut donc laisser aux individus le loisir de comprendre les avantages de l'association et le droit de la fonder eux-mêmes quand les temps seront venus. Ceci ne fait pas le compte des convertisseurs, qui veulent recueillir le fruit personnel, gloire, pouvoir ou influence, profit quelconque de leur prédication orgueilleuse, ou qui se plaisent tout au moins à jouer le rôle d'apôtres purifiés au milieu d'une société souillée. La réponse de M. Sylvestre ne m'a pas fait changer d'avis; mais elle m'a frappé quand même par des aperçus très justes.

— On a raison, dit-il, de se moquer des orgueilleux et de se méfier des ambitieux; mais il ne faudrait pas regarder comme tels tous ceux qui demandent avec impatience le règne de la vérité. Tenez, moi qui vis tout seul par besoin et par goût, moi qui ne me laisserais pas imposer la promiscuité d'une association forcée, je ne vois pourtant pas de progrès réel pour le genre humain hors de l'idée d'association. Je n'ai pas de système à présenter. Je m'amuse à en faire quelquefois, mais ils ne verront jamais le jour. Les panacées auxquelles personne ne croit sont nuisibles parce qu'elles sont ridicules. Aucun de nous d'ailleurs ne peut prévoir la forme qui conviendra à l'association le jour où elle sera décrétée par le consentement unanime; ce jour fût-il proche, demain est déjà l'inconnu pour l'homme d'aujourd'hui. Je ne suis donc point pour les cités bâties sur les nuages; mais je dis d'une façon générale que tous nos maux ont un remède, parce que ces maux viennent du scepticisme et de l'apathie. Puisque la France paraît aimer les dictateurs, je ne vois pas pourquoi une minorité avancée ne serait pas représentée par un groupe d'hommes, par un seul homme, si vous voulez, qui s'appuierait sur elle pour lancer en avant cette roue toujours embourbée du progrès. L'initiation n'est pas la persécution, et avec votre respect exagéré pour la liberté individuelle il suffirait de la protestation de quelques imbéciles pour empêcher l'univers de marcher.

Je ne veux pas parler du temps présent, ajouta-t-il, ce serait tomber dans la discussion politique, qui ne mène à rien parce qu'elle ne voit que le moment présent; mais je vous dis que nous devrions tous être socialistes comme je l'entends, c'est-à-dire résolus à tout souffrir individuellement plutôt que de décréter la durée indéfinie de la souffrance des autres. Le jour où chacun de nous aurait le cœur assez grand pour dire : Je veux bien être malheureux à la place de tous, tous seraient heureux sans exception. Ne dites pas que je prêche la vertu impossible. Je prêche l'intérêt personnel aussi bien que l'intérêt général; il y a là une étroite solidarité. Vous croyez, vous, que le triomphe de la raison amènera infailliblement la lumière sur cette solidarité? J'en suis sûr comme vous; mais que la raison est une chose difficile et longue à acquérir sans l'élan du sentiment! Le cœur est bien un autre civilisateur que l'esprit! C'est l'Apollon vainqueur des monstres qui monte un char de feu! Songez que nous datons de 89, une nuit de délire enthousiaste. C'est qu'en une nuit, en une heure, l'émotion fait le chemin qu'un siècle de réflexion n'a pu faire. Je vous estime fort pour votre sagesse, mon cher enfant; mais je vous trouve un peu vieux pour moi, et je suis étonné d'avoir à vous exciter quand je devrais être rajeuni et gourmandé par vous.

Il y a du vrai dans ce que dit l'ermite. Nous ne sommes pas de notre âge; mais à qui la faute? Au temps où nous vivons. Ce n'est pas de César, c'est du doute que nous pouvons dire : *Hæc otia fecit!* Nous avons une rude mission à remplir; on a bercé notre enfance de trop de systèmes, on nous a étourdis de controverses. On nous a abrutis de sophismes et de vérités jetés ensemble dans l'inextricable mêlée de 48, et comme nous avons été trop émus pour y voir clair, comme aujourd'hui nous sommes encore trop jeunes pour faire le triage, nous attendons et nous nous méfions de tout ce qui n'est pas nous. M. Sylvestre avoue que c'est notre droit, et que si nous souffrons d'avoir à exercer, dans l'âge des illusions, un droit si rigide, c'est la faute du délire de nos devanciers.

Ce qui n'empêche pas l'incorrigible enthousiaste de me reprocher ma froideur et mon hésitation. Sa gaîté charmante rend du reste nos discussions très cordiales. L'autre jour il a décidé qu'étant le moins mûr de nous deux il m'appellerait *son papa,* et que c'était à moi de l'appeler *mon petit.*

Tout cela anime ma solitude, et réellement, bien que je n'abuse pas du voisinage, je ne suis plus seul depuis que je sens à quatre pas de moi ce personnage si vivant, si étrange, si expansif quand il s'agit de ses opinions et de ses idées, si mystérieux, si hermétiquement fermé quant aux faits de sa vie passée. Voilà pourquoi je te disais, en commençant ma lettre, que la réalité était quelquefois plus romanesque que les romans. Nous voici trois ermites dispersés dans le rayon d'une lieue, Sylvestre, Mlle Vallier et moi, tous trois ruinés, car je vois bien que le vieux a vécu dans l'opulence, et il lui échappe des mots comme ceux-ci en racontant des anecdotes : Ma voiture, mes gens, ma maison. Tous trois, nous embrassons l'état de pauvreté volontairement, car Mlle Vallier aurait pu, à ce qu'il paraît, sauver un meilleur débris de sa fortune, si elle eût été moins scrupuleuse, et à l'heure qu'il est elle aurait peut-être tiré un meilleur parti de son courage, de ses talens et de son activité sans un dévouement personnel à toute épreuve; quant à M. Sylvestre, je crois voir qu'on ne s'est pas trompé en me disant qu'il pourrait être mieux et qu'il est maniaque de fierté. Belle manie! et qui établit, que Mlle Vallier le veuille ou non, un lien de fraternité romanesque entre nous trois. Nous ne nous connaissons pas, socialement parlant, nous ne savons même pas nos vrais noms, car Mlle Vallier, pour peu qu'elle partage l'orgueil des riches déchus qui veulent se soustraire à la commisération blessante de leurs anciens égaux, a peut-être aussi pris un nom de guerre. Ainsi nous sommes trois ténébreux personnages dont la destinée a fait trois disciples de l'indigence pudique, déesse des pauvres honteux! Peut-être cette même destinée doit-elle faire de nous trois amis.

LETTRE XVIe. — DE PIERRE A PHILIPPE.

Vaubuisson, 15 avril.

Tu as mal interprété cette parole : *me voilà épris de ma voisine.* Je peux te la répéter, te dire même que je suis *épris* tout à fait, sans compromettre ni sa vertu, ni mon repos, ni ta sécurité. Je ne suis pas plus amoureux d'elle que ma fenêtre n'est amoureuse de la sienne, et mes soupirs ne traverseront pas tous ces prés et tous ces arbres qui nous séparent, pour troubler le calme de ses nuits méritantes et chastes. L'amour comme tu l'entends, — et je reconnais hautement que ce serait le seul amour digne de cette honnête et digne personne, — n'est pas le fait de ton ami Pierre. D'abord cela ne lui est point permis. Il faudrait avoir une fortune, une aisance quelconque, tout au moins un état assuré à mettre aux pieds d'une compagne si éprouvée déjà. Ensuite il faudrait un *cœur de jeune homme,* et ce cœur-là ne bat pas dans ma poitrine. Que veux-tu! je suis de mon temps, et ce temps n'est plus aux grandes passions. J'ai été à même d'en concevoir tout comme un autre, mais les autres n'en avaient pas autour de moi. Ils se mariaient pour faire une fin ou un commencement d'existence sûre ou commode, ou bien ils prenaient leurs maîtresses au sérieux, et c'étaient là de grosses, mais non de grandes passions : les femmes des autres, ou celles de tout le monde! Moi, je n'ai jamais pu faire un drame ni un roman, pas même une petite nouvelle avec l'histoire de mes plaisirs. Je les ai subis plutôt que cherchés. Je me suis débarrassé de mon ignorance comme d'un fardeau, d'un étouffement : je n'ai pas trouvé moyen d'aimer.

Est-ce l'indigence de mon âme, la stérilité de mon imagination qui en sont cause? C'est si honteux à avouer que personne ne l'avoue. Moi, je veux bien l'avouer, si cela est; mais le fait est que je n'en sais rien. Ce que je sais, c'est que l'amour que j'ai connu ne m'a pas appris la tendresse et qu'il m'a disposé à l'oubli facile. Peut-être aussi ma première curiosité légitime, mon premier rêve de famille ont-ils été froissés par l'aspect de l'affreuse Mlle Aubry et de son ignoble père; mais que ce soit ou non ma faute, je n'ai point aimé et je crois que je ne saurais plus aimer. Le culte des idées positives m'a détourné du culte d'Astarté. Toute idolâtrie m'est devenue suspecte, et la littérature romantique nous a gâté les femmes. Elles ont voulu trouver des *René* et des *Antony* dans leurs amans, des *Othello* dans leurs époux, et, n'en trouvant point, elles sont devenues, de guerre lasse, aussi positives que nous. C'est tant pis pour elles! Il eût mieux valu se faire une idée juste des amours faciles ou de la sérieuse amitié conjugale. Elles et nous tombant d'un excès dans l'autre, la rupture s'est faite. L'amour s'est envolé. Bon voyage!

Donc je suis honnêtement et chastement *épris* de Mlle Vallier, et je t'avais bien prédit que les trois ermites du val de Vaubuisson deviendraient un trio d'amis. Voici l'aventure.

Je passais devant le moulin des Grez, une petite usine assez rustique située à un kilomètre au-dessous du village de même nom. Tu sais que j'ai là une connaissance, un gros meunier bon enfant qui voudrait bien être aussi mon ami, uniquement pour savoir qui je suis. Il m'arrête au passage, me reproche de n'avoir pas encore regardé fonctionner sa machine à bluter, et m'invite à voir au moins traire ses vaches. Tous les petits propriétaires ont ici des vaches de race suisse ou bretonne, fort jolies bêtes d'un ton chaud, rayées de noir ou mouchetées de blanc, petites cornes, larges fanons et fines jambes. L'étable ouverte nous envoyait une bonne odeur d'animaux propres et de litière fraîche. J'entre avec lui, je regarde les mères et leurs petits, j'écoute la biographie de chaque tête de bétail, et je ne remarque pas les femmes qui tiraient le lait, — elles sont ici généralement laides, hommasses, fortes comme des charretiers et sans caractère de physionomie, — quand tout à coup je vois, accroupie près de moi, presque sous mes pieds, une personne bien mise et délicate qui de ses doigts fins à ongles roses trait proprement et adroitement une vache blanche. Un chapeau de paille ombrageait les traits; mais cette jolie main et l'attitude toujours heureuse sans être cherchée, la souplesse du mouvement, ce je ne sais quoi d'harmonieux, de noble et de touchant dans la pose, — c'était bien Mlle Vallier. Sans voir ses traits, on la reconnaîtrait entre mille. Je m'éloignais par discrétion; mais en se relevant elle me vit, me reconnut aussi tout de suite, je ne sais comment, car elle ne m'avait pas encore regardé, et, sans embarras ni surprise, elle vint à moi, tenant avec aisance son petit vase de fer-blanc plein de la belle crème mousseuse et chaude destinée à sa malade. — Monsieur, me dit-elle, il y a trois jours que je n'ai aperçu M. Sylvestre. L'avez-vous vu? savez-vous s'il se porte bien?

— Non, en vérité, mademoiselle. Êtes-vous inquiète de lui? J'y cours!

— Vous ferez bien, monsieur. Ce pauvre homme est si seul! et je ne peux pas y aller, moi. Allez-y bien vite.

— Comment vous ferai-je savoir de ses nouvelles?

— S'il est gravement malade, faites-le-moi dire par le premier passant venu. Tout le monde est obligeant ici. Si l'on ne me dit rien, je comprendrai qu'il n'y a rien d'inquiétant. Ah! attendez. S'il a besoin qu'on le garde, avertissez Mme Laroze, la femme de l'aubergiste des Grez, la première maison du bourg, en entrant, à gauche. C'est une bien bonne femme, et qui aime M. Sylvestre.

— Je l'aime aussi, mademoiselle, et vous pouvez compter que s'il est malade, je ne le quitterai pas.

Vingt minutes plus tard j'étais à l'ermitage. M. Sylvestre est enrhumé, il a eu un mouvement de fièvre. Il n'est pas sorti, afin de guérir plus vite; mais il s'est moqué de mon inquiétude, il a causé gaîment avec moi, et il n'a jamais voulu me permettre de rester près de lui. Toutefois j'ai engagé Mme Laroze à l'aller voir dans la

soirée, et j'y retournerai demain de bonne heure. J'ai fait dire à
Mlle Vallier d'être tranquille. Je ne me suis pas permis de le lui
écrire.

Elle est bien charmante. La bonté est écrite dans toutes les lignes
de son aimable figure. Être amoureux d'elle me ferait l'effet d'un
sacrilége.

LETTRE XVIIe. — DE PIERRE A PHILIPPE.

Vaubuisson, 20 avril.

Je ne reviens pas de ma surprise, je tombe du haut des tours de
Notre-Dame! Non, je tombe de la lune! Mlle Vallier... Mais je suis
romancier,... ou je ne le suis pas! En tout cas, j'aspire à l'être, et
je ne vais pas te commencer mon roman par la fin, ni t'en dire le
secret avant d'avoir alléché ta curiosité. Écoute.

Avant-hier, M. Sylvestre allait très bien. Hier, j'ai fait avec lui
ma tournée mensuelle à Paris, car j'ai trouvé son plan fort bon, et
je l'adopte. N'ayant pas le moyen de nous abonner aux journaux et
revues, nous irons douze fois par an tâter le pouls à la civilisation
et constater les pas qu'elle fait en avant ou en arrière. Dans l'intervalle, nous savons en gros les événemens principaux, lui par les
nouvellistes du cabaret de Mme Laroze, moi par les communications
bénévoles de l'instituteur primaire de Vaubuisson, avec qui je
m'arrête quelquefois à causer pendant quelques instans.

Comme nous ne voulons pas coucher à Paris, M. Sylvestre et
moi, nous n'avons pas trop de notre après-midi pour notre séance
au cabinet de lecture. Nous sommes convenus de nous partager la
besogne, et que l'un ferait à l'autre, après coup, le résumé verbal
de son exploration littéraire ou scientifique, car M. Sylvestre, sans
être savant, est assez au niveau du mouvement des sciences et des
connaissances pour en extraire toujours la tendance philosophique
d'une façon très ingénieuse. C'est véritablement un homme de
grande valeur ou de grand prestige, et s'il y a dans son genre de
vie quelque chose de fou, il est impossible de ne pas trouver des
lueurs de sagesse dans toutes ses paroles.

J'étais curieux de voir si mon ermite avait des affaires, des amis,
des relations à Paris. Je n'ai pas saisi la moindre trace de tout cela.
Il passe inconnu, inaperçu à travers la grande ville. Il n'y fait visite
à personne, il n'y mange nulle part. Il achète un petit pain en
passant devant le premier boulanger venu et le grignote en marchant. Il n'a jamais soif. Il fait à pied des courses fabuleuses, et je
crois qu'il va plus vite que les omnibus. Il ne regarde jamais ni à
droite ni à gauche. Je ne l'ai vu adresser la parole qu'à un vieux

bouquiniste qui m'a paru connaître sa figure, mais nullement son nom.

Moi, je m'efforcerais volontiers d'arriver à cet *incognito* si commode : il n'y a pas moyen. J'affecte bien de ne pas voir les gens afin de ne pas les saluer, mais on m'arrête en chemin, et, à moins d'être grossier, il me faut échanger quelques paroles. On me demande si j'ai obtenu mon emploi dans les chemins de fer. Je réponds que ça va bien, réponse machiavélique dont la vertu est infaillible sur les amis. — Alors, tu es content? tu n'as besoin de rien? Tu sais, si tu as besoin de quelque chose...

— Rien, merci, et je me sauve.

J'ai rencontré Duport, je suis condamné à le rencontrer. — Je sais de tes nouvelles, m'a-t-il dit d'un air malin. Il paraît que tu voulais épouser Mlle Jeanne, et que ta fuite est un désespoir d'amour.

— Qui dit cela? Ta femme?

— Non, il paraît que c'est un ami de ton oncle.

— Je n'ai pas donné aux amis de mon oncle le droit de me déshonorer.

— Allons! encore tes scrupules?... Bah! j'aurais bien épousé Mlle Jeanne, moi, si je n'avais pas trouvé mieux. Elle est diablement belle. On flanque la maman à la porte, et tout est dit.

— Je ne trouve pas. Bonsoir, je ne suis pas seul.

— Tiens? tu te promènes avec ton portier? Drôle d'idée!

— Tais-toi donc! c'est un vieux savant!

— Ah! c'est donc ça?... Bonsoir! bien du plaisir!

'e rattrape le père Sylvestre, et nous nous perdons dans la foule.

Quand le chemin de fer nous a déposés hier à la gare de Vaubuisson, il était neuf heures du soir. Rentrer chez moi n'était qu'une promenade; mais le vieillard avait une bonne lieue à faire; il tombait une petite pluie fine, et il n'est guère vêtu. Je l'ai engagé à venir passer la nuit chez moi, bien que je ne sois pas chez moi; mais les Diamant m'eussent approuvé de tout leur cœur. Impossible de faire consentir ce vieil entêté à découcher. J'ai voulu lui prêter mon pardessus. Il m'a envoyé paître. — Un pardessus! à mon âge! Allons donc! c'est bon pour vous, *papa!* — Et le voilà parti en riant et en courant à travers la campagne humide et sombre.

J'étais tout de même inquiet de *mon fils* de soixante-treize ans, et ce matin je suis sorti plus tôt que de coutume pour aller le voir. Son rhume l'avait repris, il grelottait la fièvre, et criait, tout en riant, par suite des douleurs lancinantes d'un point de côté. Je l'ai forcé de se coucher, je l'ai réchauffé, et il s'est endormi un peu brusquement. Puis sont venus les rêves, l'étouffement et un peu de délire. Je voulais le garder, et pourtant avertir Mme Laroze, et demander un médecin. Je guettais par la fenêtre les gens qui passent quelquefois sur le sentier. Il ne passait personne. Farfadet était fort inquiet; il paraissait comprendre ma situation. Une idée bizarre me traversa l'esprit. Si ce chien comprend la parole, ou du moins certaines paroles à son usage, je pouvais bien tenter une expérience, et, me rappelant la manière de procéder de son maître, je saisis un moment d'attention bien marquée de sa part, un de ces momens où deux yeux de chien se fixent sur vous comme deux points d'interrogation, et je lui dis gravement : « Allez chez madame Laroze, et ramenez-la ici. » En même temps je lui montrais la porte, et son maître alternativement. Chose merveilleuse, il ne se le fit pas dire deux fois et s'élança pour partir; je le rappelai, j'écrivis au crayon, sur un bout de papier : *Un médecin pour M. Sylvestre;* je passai l'avis dans son collier, et je lui ouvris la porte.

Moins d'un quart d'heure après, je l'entendis gratter. Il revenait seul, mais le billet n'était plus dans le collier, et il avait l'air triomphant. Je sortis pour voir si quelqu'un venait derrière lui. Au bout de cinq minutes, je vis apparaître, non Mme Laroze, mais Mlle Vallier. Le chien ne connaît pas bien les noms; il interprète à sa manière et d'après sa logique personnelle, vu qu'il connaît les meilleurs amis de son maître. Il est beaucoup plus intelligent que s'il entendait notre langue.

— Est-il bien mal? me dit Mlle Vallier en doublant le pas.

— Non, pas encore, mais cela pourrait devenir sérieux. Puisque vous voilà, je vais chercher un médecin. Veuillez me dire...

— Allez chez moi; il est dix heures un quart; à dix heures et demie le médecin y sera. Il l'a promis, il est très exact. Ma malade est chargée de lui dire qu'on l'attend ici, mais je ne crois pas qu'il y soit jamais venu. Il ne faut pas qu'il perde son temps à chercher. Courez au-devant de lui et amenez-le.

J'obéis, laissant M. Sylvestre aux soins de sa jeune amie.

Nous ne nous étions dit, elle et moi, ni bonjour ni adieu, ni monsieur ni mademoiselle; nous n'avions pas pris le temps d'échanger un salut, nous étions là autour de notre malade comme frère et sœur, ou tout au moins comme deux amis de vieille date.

En deux enjambées, car on va vite à la descente, j'étais à la porte de Mlle Vallier. Elle était ouverte, je frappai quand même, une voix d'homme me cria d'entrer. Il n'y avait pas de temps à perdre ni de scrupules à garder; je pénétrai dans le sanctuaire.

Un jeune médecin, à figure honnête et douce, était penché sur un hamac où semblait expirer une fillette dont je ne pus, à première vue, déterminer l'âge et le type. Elle était d'un ton effrayant, jaune verdâtre avec de grands yeux vitreux, le nez trop petit, court et serré aux narines, les lèvres entièrement blanches, amincies et comme séchées autour des dents brillantes. Elle voulut parler en me voyant. Elle savait ce qui m'amenait; mais, en proie à une crise, elle ne pouvait se faire entendre. Je me hâtai de dire de quelle part je venais, et elle hâta par signes le départ du médecin.

— Oui, je sais, dit-il en s'adressant à moi; l'ermite! mais tout à l'heure! je ne puis abandonner...

— Il faut, il faut! bégaya la malade. Maîtresse l'a dit, allez!... Moi, très bien,... rien du tout!

— Au fait, me dit le médecin tout bas en me prenant à part, il n'y a guère d'espoir ici, mais il y en a sans doute d'où vous venez. J'y cours, ne me conduisez pas. Je connais le bois et l'ancienne Chartreuse comme ma poche. Puisque vous êtes de bon cœur et de bonne volonté, restez ici un quart d'heure. Ne laissez pas parler la malade avant cinq minutes, ne la laissez pas s'étendre ni se rouler dans son hamac. Soutenez-la assise, et malgré elle, s'il le faut. Faites-lui boire ce que j'ai préparé dans la tasse, mais seulement quand l'étouffement sera tout à fait passé. Après cela, elle en sera quitte pour aujourd'hui, pour plusieurs jours peut-être, et vous pourrez la laisser. Elle n'est pas au dernier période de son mal, mais elle souhaite la mort quand elle souffre, et elle se couche sur la poitrine, espérant étouffer. L'accès passé, elle est plus raisonnable, et comme chez tous les malades la résignation revient avec l'espoir.

Me voilà donc resté seul avec cette moribonde et remplissant auprès d'elle le rôle de ^{Mlle} Vallier. Soit que l'accès fût passé, soit que l'étrangeté de la circonstance fît diversion au mal, la petite malade demeura très calme, en silence, bien assise, et disposée à obéir aux prescriptions du médecin. Je m'étais placé à la tête du hamac et je la regardais avec surprise, car je m'apercevais enfin que c'était une négresse blanchie par la maladie et devenue presque jolie, autant du moins qu'un spectre peut représenter l'idée de la beauté. Je regardai aussi la chambre où nous nous trouvions. C'était une espèce de salon pauvre. Un autre hamac était roulé contre la muraille. Quelques chaises de paille, une table à ouvrage très jolie, un bureau très simple, un piano, un grand fauteuil moelleux, quelques objets de peu de valeur, mais étranges dans ce dortoir de jeunes filles : des échantillons minéralogiques sur une petite étagère, un casse-tête de sauvage, un collier de griffes d'ours, une paire de pistolets. Je ne sais quels souvenirs vagues semblaient

s'attacher à la vue de ces objets, et mes yeux se fixaient machinalement sur la bordure en plumes du hamac où reposait la malade,
comme si, dans une existence antérieure, je me fusse déjà trouvé
auprès de ce hamac dans des circonstances quelconques.

Tout à coup la malade se retourna vers moi comme pour me parler, et moi, pour lui épargner un effort, j'avançai ma chaise.

— Est-ce que vous me connaissez? lui dis-je, frappé de l'attention qu'elle mettait à me regarder.

— Non, dit-elle. Jamais vu! C'est vous, M. Pierre?

— Oui, je m'appelle ainsi, et vous?

— Moi, Zoé. Bien malade, vous voyez!

— Mais vous guérirez!

— Vous bien bon! dit-elle en secouant sa tête crépue d'un air
d'incrédulité.

— Vous voilà mieux?

— Moi, bien. Il ne faut pas dire à maîtresse que j'ai eu une crise.
J'étais bien quand elle est sortie.

— Je crois qu'il ne faudrait pas parler, vous!

— Oh! si fait. Parler d'elle! Si bonne! Il faut être son ami!

— Je le suis déjà, son ami très respectueux et très dévoué.

— *Tâchez,* car maîtresse ne veut pas d'ami, — elle a tort!

— Mais l'ermite?

— Celui-là, oui! mais trop vieux; il va mourir.

— J'espère que non.

— Dites-moi, vous bien pauvre aussi?

— Tout à fait pauvre.

— Nous presque tout à fait; après avoir été si riches!

— Dans quel pays?

— A Rio-Janeiro, à Paris et à Saint-Malo.

— A Saint-Malo?

— Oui, le père à maîtresse avait grand château et beaucoup de
domestiques. Mon père à moi était là... Oh! méchant maître, méchant et voleur! il a tout perdu, et c'était bien fait; il avait fait
mourir pauvre père noir! — Et se redressant avec énergie : — Oui,
mourir pour s'amuser, ajouta-t-elle. Il le faisait tomber, danser,
sauter comme une bête, pour montrer beau et bon noir obéissant,
et pauvre père s'est cassé quelque chose dans l'estomac; mais Dieu
a puni, le maître est mort après huit jours! Alors jeune maîtresse
m'a dit : — Nous plus rien, plus d'argent, plus de père, ni toi, ni
moi; toi malade! allons-nous-en ensemble. On t'a tué le père, moi,
je te ferai vivre. Moi, je serai ta mère; toi, tu me berçais dans le
hamac, moi, je te bercerai. Et nous voilà comme ça. Elle est malade pour moi, elle a de la peine, et si le médecin était son vrai
ami, il me ferait vite mourir! mais il ne veut pas, et si je me fai-

sais mourir, moi, maîtresse ne m'aimerait plus, elle l'a dit. Aussi je veux bien attendre. Donnez-moi cette chose qu'il faut boire.

J'étais saisi d'étonnement et d'émotion. — Zoé, lui dis-je en lui présentant la tasse et en la soutenant pour l'aider à boire, votre méchant maître ne s'appelait pas Vallier?

— Si fait, c'était son vrai nom, que mademoiselle a repris; mais il se faisait appeler Célestin Aubry, pour cacher beaucoup de mal qu'il avait fait sous son autre nom.

— Mais avait-il deux filles?

— Une seule, Esmeralda, Aldine, comme on l'appelle, ma maîtresse.

En ce moment, Mlle Vallier rentra. Le médecin l'avait avertie, elle ne fut donc pas surprise de me trouver là, et elle n'en parut ni honteuse ni inquiète. Avec une franchise calme et vraiment sainte, elle me tendit la main. — Vous soignez ma pauvre enfant? dit-elle. Merci. Vous êtes très bon! Pour votre récompense, apprenez que M. Sylvestre n'aura, j'espère, rien de bien grave. J'ai laissé le médecin et Mme Laroze près de lui; mais vous ferez bien d'y retourner, si vous pouvez, et de lui porter quelques objets qu'il n'a pas. Tenez, une bonne couverture, nous en avons assez pour nous,... et puis du sucre... Attendez! il lui faut encore une veilleuse, du linge, du sirop... Nous avons là de bon miel, du tilleul et des violettes pour la tisane; je vais vous arranger tout cela dans un panier.

Elle emballa son envoi avec adresse et promptitude, tout en me demandant à voix basse si la crise de Zoé avait été bien grave; puis elle me dit encore merci, et m'accompagna, sans pruderie, sans mystère, jusqu'au bas de l'escalier, en me recommandant de ne pas laisser parler M. Sylvestre. Il avait une espèce de fluxion de poitrine, mais très douce et facile à combattre.

Ainsi Mlle Vallier n'est autre que Mlle Aubry! Le petit monstre trapu et rougeaud que j'ai aperçu il y a quatre ans est devenu cette charmante fille, d'une tournure si élégante, d'un ton si fin, d'une grâce si accomplie! J'aurais pu la voir et la fréquenter dix ans sans la reconnaître. Rien du passé ne subsiste plus en elle. Si fait pourtant, c'est bien le type vulgaire qui m'avait frappé, car elle n'est pas jolie comme type. Elle a le nez rond, sans distinction, la bouche grande, avec des lèvres trop retroussées. Elle a aussi le menton trop court et les pommettes trop saillantes. A tout prendre, elle est peut-être laide, mais une de ces laides qui effacent les belles et les font trouver insipides. Ses yeux, que je n'avais jamais vus, puisqu'ils étaient fermés quand je surpris son sommeil, sont deux lumières, deux émeraudes pâles, de celles qu'on appelle aigues-marines, car ils sont de la couleur de la mer quand elle passe du vert au bleu. M. Sylvestre s'afflige de les voir agrandis par la fatigue et un peu

creusés; mais qu'ils sont beaux ainsi, limpides, intelligens et affectueux! Ses cheveux ont perdu les tons dorés de l'enfance; ils sont
presque châtains, et d'une souplesse, d'une abondance remarquable. La taille s'est élancée, toute la personne a grandi de deux ou
trois pouces; enfin, le malheur, l'expérience et la vertu aidant, la
magote que j'ai dédaignée a subi une métamorphose complète. Elle
est devenue une vierge suave, une délicieuse et généreuse fille devant laquelle je me prosternerais de bon cœur.

C'est de chez l'ermite, à la lueur de sa petite lampe à l'huile de
pétrole, que je t'écris tout cela, car je me suis installé près de lui.
On n'a qu'un *fils*, il faut bien le soigner. Il va aussi bien que possible. Je sens que je l'aime comme si je l'avais toujours connu, et
j'en peux dire autant de Mlle Aldine, car je suis volontiers de l'avis
de Béranger, que la femme idéale ne doit être ni une maîtresse ni
une esclave, mais une amie.

LETTRE XVIIIe. — DE PIERRE A PHILIPPE.

25 avril, à l'Ermitage.

Nos malades ne vont pas trop bien. Zoé est si affaiblie par sa
dernière crise que sa maîtresse ne peut la quitter, et M. Sylvestre
est si peu raisonnable que je ne dois pas le quitter non plus.
Mme Laroze y met un grand cœur, mais elle est accaparée par ses
pratiques, et son cabaret ne désemplit guère. Depuis cinq jours, je
n'ai été qu'une fois à Vaubuisson, pour chercher un peu de linge,
un peu d'argent, et tranquilliser la mère Agathe sur mon compte.
En passant, j'ai pu donner à Mlle Vallier des nouvelles de l'ermite,
et je l'ai fait d'une manière ingénieuse, pour empêcher les mauvaises langues d'incriminer nos relations. Bien qu'il ne passe pas
beaucoup de monde sur son chemin, on peut toujours être observé
par les gens qui travaillent dans la campagne, et, tout affables
qu'ils sont, je les crois aussi curieux et aussi soupçonneux que des
bourgeois de petite ville. J'ai donc avisé une vieille femme qui lavait au déversoir de la source, et j'ai réclamé d'elle un service. Elle
a consenti, sans se faire prier, à appeler Mlle Vallier et à lui demander de se mettre à sa fenêtre. Dès qu'Aldine s'est montrée, je
lui ai rendu compte de l'état de M. Sylvestre en peu de mots, en
présence de la vieille, et je me suis éloigné avec les plus profonds
saluts que j'aie jamais faits. Aldine a compris ma mise en scène, et
son bon sourire m'en a su gré.

— Eh bien! m'a dit la vieille en me suivant quand la fenêtre a
été refermée, si vous connaissez *la musicienne*, pourquoi donc ne
montez-vous pas lui parler? Vous êtes donc bien pressé?

— Je ne monte pas pour qu'on ne croie pas que je me permets

de lui faire la cour. N'est-ce pas, ma bonne dame, que j'ai raison?

— Oh! par exemple, si vous le prenez comme ça, oui! Vous avez des sentimens, et le monde est si jacasse! Ça serait dommage de faire du tort à une personne dont on n'a jamais trouvé rien à dire.

— Vous l'appelez la musicienne : est-ce qu'elle joue du piano quelquefois?

— Oui, pour amuser sa pauvre moricaude! Elle joue tout doucement. Ah! dame, elle joue bien, oui! Si elle n'avait pas cette petite sur les bras, elle gagnerait quelque chose dans le pays. On l'a déjà demandée bien des fois à Vaubuisson et au château de La Tilleraie, — vous savez, derrière la colline, à deux pas d'ici?

— Chez M. Gédéon Nuñez?

— C'est ça! Des riches! Ils viennent l'été, et il y a des petits enfans. Un jour que M. Gédéon passait ici, il a entendu Mlle Vallier qui *sonnait* des airs. Il a écouté, et il a dit que c'était du premier numéro. On a envoyé de grands laquais pour lui demander de venir donner des leçons, mais elle a dit qu'elle ne pouvait pas. C'est malheureux, ça, parce que cette demoiselle n'a pas plus qu'il ne faut. C'est obligé de regarder à tout, et pourtant ça se tient bien, c'est propre, c'est gentil, c'est honnête, et ça trouve encore le moyen de faire du bien aux autres; mais vous, monsieur, sans être trop curieuse, pourquoi donc demeurez-vous dans notre endroit?

— Je demeure assez loin, ma bonne dame.

— Oh! vous demeurez là en face; il n'y a pas une portée de canon, comme dirait le garde champêtre, qui est un ancien militaire.

— J'y demeure en passant.

— Vous trouvez donc le pays à votre idée? ou si c'est que vous voulez acheter la maison Diamant?

— Non, je suis l'ami des Diamant, et je suis chez eux pour rétablir ma santé.

— Voyez-vous! Vous n'avez pas l'air trop malade pourtant!

— Il y a des figures si trompeuses!

Elle me suivait toujours. Pour me soustraire à ses questions, je dus tripler le pas.

M. Sylvestre est calme et divague peu. Ses rêveries sont inintelligibles. Il murmure à voix basse, en souriant toujours; mais il dort trop. La poitrine se dégage, mais le cerveau se prend de plus en plus, et le médecin essaiera demain un traitement plus énergique, si cet état persiste.

26. — Mon vieux ami a passé une mauvaise nuit, très agitée. Deux fois il a voulu se lever et s'en aller à la pêche, assurant qu'il faisait grand jour et que le temps était propice. J'ai réussi aisément à le retenir, il est fort doux et ne se plaint de rien; mais il ne dort

plus et ne me reconnaît pas toujours. Le médecin n'est pas content. J'ai suivi toutes ses prescriptions, j'en attends l'effet. Mme Laroze veille avec moi. Je suis brisé de fatigue; il y a quatre nuits que je n'ai dormi.

27. — Ce matin, je me suis aperçu que le sommeil m'avait vaincu, en entendant une voix douce qui remplissait comme d'une mélodie la chambre de mon malade. Mlle Vallier causait à voix basse avec Mme Laroze. Je m'étais jeté tout habillé sur une botte d'herbes sèches. Je ne sais quel instinct de honte m'a fait refermer les yeux. J'ai entendu que Mme Laroze me plaignait, tout en disant que le malade avait passé une meilleure nuit, et qu'il fallait me renvoyer prendre vingt-quatre heures de vrai repos chez moi. — Oui, oui, a répondu Mlle Vallier, je veillerai cette nuit-ci avec votre belle-sœur, que j'ai vue en passant et qui m'a dit être libre. Zoé va beaucoup mieux. Sa tante est venue la voir et passera huit jours chez nous.

— Elle a donc une tante, votre négresse? une noire aussi?

— Oui, elle est cuisinière à Versailles. Elle a obtenu une semaine de congé. Me voilà plus tranquille, et je pourrai m'occuper de M. Sylvestre.

— Est-ce que vous connaissiez ce jeune homme avant qu'il ne vienne au pays? dit Mme Laroze en me désignant.

— Non, je ne le connais pas. Il a l'air bon et bien élevé.

— Vous ne savez pas d'où il sort?

— Je n'ai pas songé à le demander à M. Sylvestre.

— Vous n'êtes guère curieuse, je sais ça.

— Je n'ai pas le temps de l'être.

— Sans doute que M. Sylvestre sait quelque chose de lui; mais lui, il ne connaît M. Sylvestre que depuis un mois ou deux.

— Ah! dit Mlle Vallier avec surprise, je croyais qu'ils se connaissaient davantage! Alors ce jeune homme a d'autant plus de mérite à le soigner si bien.

— Si vous pensez qu'il est honnête comme il en a l'air, je peux vous laisser avec lui, car je ne vous cache pas que je fais bien faute chez moi.

— Allez, madame Laroze, mais envoyez-moi votre belle-sœur le plus tôt possible pour que je puisse rendre la liberté à ce pauvre garçon. Laissons-le dormir en attendant. Il doit en avoir besoin.

— Et puis les hommes! reprit Mme Laroze en s'en allant, ça ne sait guère veiller. Ça n'est pas comme nous,... comme vous surtout qui ne dormez jamais une bonne nuit! A présent que vous pourriez vous reposer un peu de votre malade, vous voilà auprès de ce vieux!

— Que voulez-vous? c'est comme cela! répondit Aldine avec son ton résigné et enjoué quand même.

Je n'osai feindre de dormir plus longtemps, et pendant que Mlle Vallier reconduisait Mme Laroze, je me secouai et me remis sur mes pieds en toute hâte; mais, avant qu'elle ne m'eût engagé à partir, le médecin arriva et me prescrivit de rester. Il trouvait M. Sylvestre bien affaibli. Si la nature n'opérait pas une forte réaction, il ne passerait pas la journée, et quelle réaction espérer à soixante-treize ans, après cette vie de fatigue et de misère? — Eh bien! il se trompait, le jeune médecin! La réaction s'est faite au bout de deux heures. Les sueurs sont venues, la tête s'est dégagée, M. Sylvestre a retrouvé toute sa raison et s'est étonné de nous voir là. Il ne se savait pas malade. Le médecin est revenu le soir, il dit que notre ami est sauvé; mais il faut l'empêcher de se découvrir en dormant et ne pas le quitter d'une minute. Mlle Vallier reste avec l'autre femme. Je t'écris de la cuisine, et je remonte pour les relayer. Je suis content, je ne suis plus fatigué. Je ne m'endormirai plus. Farfadet a compris notre joie, et après avoir sollicité et obtenu un regard de son maître, il a consenti à manger. Ah! le chien du pauvre! celui-là aussi a des affections et des dévouemens qu'on ignore!

28. — Un accès de fièvre à quatre heures du matin. Le malade s'est assis sur son lit et nous a dit d'étranges choses. « Toi (il s'adressait à moi), tu es le représentant des fourmis, et tu me pries de te recommander au grand Être; mais ta demande n'est pas raisonnable. Tu veux que la fourmi ait la notion de ses rapports avec le reste de l'univers : à quoi bon? N'a-t-elle pas la notion admirable de tout ce qui convient à son espèce? N'a-t-elle pas la prévoyance, la patience, la mémoire, l'activité, l'industrie, la science des faits, l'économie, l'ordre, le courage? Va, la fourmi est un grand peuple, et si les hommes s'imaginent qu'elle n'a pas la notion du *moi* et du *non-moi*, laisse-les dire. Ils sont loin d'avoir des notions complètes sur leurs rapports avec ce qui les entoure, et tu ne dois pas les envier. Ils se vantent de lire dans les étoiles, ils sont incapables de lire dans le merveilleux intellect d'une fourmi. Ce serait plus intéressant que de savoir la métallurgie de Sirius! Mais ils ne peuvent pas!... »

Il s'est ensuite adressé à son chien, qu'il prenait pour un homme malade. « Tu as peur de mourir? lui disait-il; tu crois que ton âme sera punie des erreurs de ton intelligence? C'est possible; mais tu n'en sauras rien, et tu revivras quand même avec l'espérance. Tu crains de comparaître devant le grand justicier? Insensé! tu ne le verras jamais, car tel que tu le conçois il n'existe pas. Sa justice ne peut pas être faite comme la nôtre, qui réprime et châtie. Châtier! la plus grande douleur qui puisse être infligée à l'amour! Non, non, Dieu ne la connaît pas, Dieu serait trop malheureux! »

Et comme Mlle Vallier l'engageait à se calmer : — Je suis calme, répondit-il; où sont ceux qui m'ont fait du mal? Je ne les connais plus, j'ai tout oublié.

Il s'est endormi paisible, et ce matin il est tout à fait hors de danger. Nous lui avons administré le fébrifuge prescrit. Mme Laroze reviendra veiller ce soir, Mlle Vallier retournera chez elle; mais moi, quoi qu'on puisse me dire, je ne quitterai l'ermite que quand il sera debout.

Cette maladie mortelle dont je le vois triompher après avoir traversé avec tant de douceur et de sérénité des crises voisines de l'agonie m'a donné beaucoup à réfléchir. A mon âge, on ne songe, je crois, jamais à la mort, et d'ailleurs je ne m'étais jamais trouvé au chevet d'un mourant. Quelle chose facile et simple que cet affaissement rapide, ces rêves sans terreur, ce sommeil d'enfant par lequel on entre dans l'éternelle nuit sans en avoir conscience! Il est vrai que, pour avoir la mort douce, il faut peut-être avoir les doux instincts et les riantes illusions de mon ermite. Heureux ceux qui croient! Il ne faut pourtant pas convenir de cela, si leur croyance est un mensonge. La vérité n'est-elle pas le bien suprême, et faut-il lui préférer le bonheur?

29 avril.

La fièvre a tenté de reparaître cette nuit, mais elle a avorté sous la mystérieuse et puissante influence de la quinine. Le malade a eu seulement, de quatre à six heures du matin, un peu d'excitation avec beaucoup de lucidité. Il m'a appelé près de lui en me disant : — Je ne peux plus dormir. Je ne sens plus rien de cette maladie; combien donc a-t-elle duré?

— Huit jours.

— Tout cela! Ces huit jours ont passé pour moi comme une heure, pourtant tout ce que j'ai rêvé est incroyable; mais ce n'était pas ennuyeux, et le temps m'a paru court. M'a-t-on beaucoup drogué?

— Le moins possible.

— C'est encore trop, car si on ne m'eût rien fait, je serais debout maintenant sans perte de forces, ou endormi pour toujours sans combat et sans fatigue.

— Vous ne croyez pas à la médecine?

— Si fait, j'y crois comme à une chose empirique qui nous sauve à la condition de nous épuiser. C'est tant pis pour nous lorsque nous n'avons pas la force de supporter le remède. C'est peut-être tant pis aussi lorsqu'il nous tire d'un mauvais pas pour nous laisser dans un mauvais chemin le reste de notre vie.

— Craignez-vous donc de ne pas guérir complétement? J'espère que vous vous trompez; on répond de vous.

— Moi, je réponds d'y faire mon possible en ne changeant rien à mes habitudes et en reprenant ma vie active; mais il n'en est pas moins vrai que, si vous m'eussiez laissé lutter tout seul contre mon mal, je m'en fusse plus vite débarrassé dans un sens ou dans l'autre.

— Alors vous en voulez un peu à vos amis d'avoir agi pour vous comme ils agiraient pour eux-mêmes?

— Non pas! La médecine trouvera peu à peu le moyen de tout guérir sans rien tuer en nous. Il faut bien qu'elle expérimente sur nous, et que nous nous soumettions à payer ses tâtonnemens. Nous lui appartenons à nos risques et périls, comme nos volontés, nos intelligences et notre dévouement appartiennent à tout progrès. Je me suis dit cela en voyant le médecin près de moi. J'ai pensé à la mort, dont je n'avais pas encore eu l'avertissement dans mon sommeil, et je me suis dit : Allons! voici le creuset! j'en sortirai or ou poussière. J'eusse mieux aimé me passer de cela et n'avoir affaire qu'à dame nature, qui est plus maligne qu'on ne croit; mais il ne faut ni vivre ni mourir en égoïste, et nous allons voir l'effet des poisons. Si ce jeune médecin me tue, il saura qu'il faut ménager la dose à un autre, et ses autres malades le trouveront plus prudent!

« Savez-vous, dit-il encore après une pause, que je crois avoir un peu vu, pendant quelques instans, de l'autre côté de la colline de la vie? Vous me demanderez comme c'était fait par là? Mon Dieu, c'était fait comme mon propre esprit voulait que ce fût fait, et ce sera vraisemblablement ainsi, car nos instincts sont des révélations. Chacun rêve son paradis à sa manière, c'est son droit. Le seul droit qu'il n'ait pas, c'est de vouloir imposer aux autres la forme que sa vie présente imprime d'avance à sa vie future. Chacun va où il veut aller, car si la mort n'était pas la délivrance, elle ne serait pas un bien. Dieu merci, elle est un bien pour ceux qui en acceptent les lois et les conséquences. Donc l'amant de la liberté s'y plonge, et s'en relève avec le sentiment de la liberté. Voilà pourquoi ce que j'en ai aperçu, quand je me suis trouvé à la limite, était fort de mon goût. C'était, comme je vous l'ai dit sans métaphore, le revers de la colline. Seulement il avait un aspect nouveau. Le ravin était plus profond, les rochers plus imposans, les bois d'une altitude plus majestueuse, j'aime le grand; mais il n'y avait rien d'extraordinaire, rien de fantastique dans mon Éden. C'était bien la nature telle que je la connais, et la nature de nos climats telle que je la préfère. C'était simple, c'était bon et vrai. Il y avait aussi de jolis menus détails, car le grand n'est majestueux qu'à la condition d'avoir à ses côtés le délicat et le gracieux. Quelles belles fleurs il y avait là, sur les pentes sableuses! des di-

gitales, des orchidées, des parisettes, des jacobées... et des graminées!... mon Dieu, tout ce que nous connaissons, car je n'ai jamais
demandé plus et mieux que ce que j'aime et apprécie en ce monde.
C'était peut-être le même monde, qui sait? Je ne demande pas à le
quitter, moi! Il est aussi habitable, aussi riche et aussi perfectible
que les autres. Seulement j'avoue que je le voyais déjà en grande
voie de perfectionnement. Les arbres n'étaient pas mutilés, les fleurs
n'étaient pas foulées aux pieds. Il y avait un torrent étroit, cristallin, tour à tour impétueux et caressant, bondissant en cascatelles,
ou endormi parmi les herbes, ou habillant sur les cailloux, — et il
n'était pas emprisonné par des écluses, ni souillé par les détritus
des usines. A vrai dire, il n'y avait pas d'usines, et je n'ai pas
aperçu d'habitations. Sans doute elles étaient cachées pou. ne pas
gâter l'agreste physionomie du ravin, et si l'industrie régnait sur
ce monde paisible, elle se tenait à distance, respectant les sanctuaires de la nature et conservant avec amour ses grâces et ses
splendeurs, comme nous respectons aujourd'hui ces jardins paysagers que l'on crée pour remplacer et reconstruire artificiellement la
nature qui s'en va. C'était bien agréable, je vous assure, le jardin
naturel que j'ai entrevu! Il y avait de jeunes bouleaux en robes de
satin blanc et de vieux chênes aux bras étendus tout couverts de
mousses blondes. Je crois avoir aperçu des chevreuils qui ne fuyaient
pas, des perdrix et des faisans qui ne se sauvaient pas devant Farfadet, car il était là, mon chien, et j'ai bien vu qu'il avait aussi une
âme. Quant à vous dire comment la mienne était habillée et à travers quels organes je pensais, je ne le pourrais pas. Je n'y songeais
nullement, je ne m'inquiétais de rien. Je ne me trouvais pas emprisonné, je me déplaçais sans effort, et j'attendais... Quoi? Je ne
saurais le dire, car vous m'avez mis, je crois, des sinapismes qui
m'ont fait rentrer brusquement dans ma chambre et dans ma peau.
Mais vous ne me teniez pas encore; je suis reparti au bout d'un instant, et je me suis trouvé dans un crépuscule, sur un beau lac où
je nageais comme un cygne, comme une oie si vous voulez; je ne
demande pas à mieux nager que ça! Je voyais au loin des formes
confuses, mes nouveaux semblables probablement, car mon cœur
s'élança vers eux avec un transport de confiance et d'amitié que je
ne saurais rendre, et j'allais me joindre à eux, les interroger, les
connaître... Vous m'avez dérangé, tout s'est évanoui. Ah! on ne sait
pas de quelles solutions désirées on prive un malade quand on le
tourmente pour le ranimer. Dans ce moment-là, vous disiez : Mon
Dieu, qu'il est calme! n'est-il pas mort? Je vous ai entendu; alors
j'ai accepté la sentence en me disant : Peut-être faut-il être ce
qu'ils appellent mort, c'est-à-dire endormi pour un certain temps.
Peut-être le paradis des gens humbles comme moi commence-t-il

par un bon et long repos de la notion de la vie. Peut-être, à ceux
qui ne sont pas bien pressés et qui ne doutent pas du tout, faut-il
un ou deux siècles pour retrouver cette notion dans une société
meilleure, dans un monde où la nature aura reconstitué sa beauté
première, et les hommes la droiture native de leurs instincts, éclairée par le soleil de la science et de la poésie. Pourquoi non? S'il
faut mettre les choses au pis, pourquoi l'être que je suis ne se dis-
soudrait-il pas en une multitude d'êtres sans conscience du *moi* que
je suis, pour se reconstituer lentement en un être qui serait encore
moi, tout en étant un être meilleur que moi? Qui sait? et qu'importe, puisque tout est bien, ou doit devenir bien? Et là-dessus
j'ai vu une chose que vous avez pu voir dans la réalité : au commencement du printemps comme en automne, il y a sur nos collines d'épaisses brumes gris de perle qui descendent jusqu'au niveau de la plaine, effaçant, avalant pour ainsi dire les rochers, les
arbres et les villages. Quand cette nuée moelleuse est sur Vaubuisson, je la vois d'ici, et je la compare à un gros oiseau qui s'accroupit sur les demeures de l'homme comme une couveuse sur ses œufs.
Tout bruit cesse alors, toute lumière s'éteint. Dans mon rêve, je
me sentis pris sous la nuée, et je me dis en fermant les yeux : La
voilà, c'est la fin du jour, c'est la mort de l'homme ; elle est douce
et maternelle comme le sein qui couve les germes de la vie nouvelle
sous le duvet de l'amour.

Puis il ajouta en riant : — Qu'est-ce qui dit qu'elle est un martyre? C'est tout bonnement un édredon!

Cet homme est heureux jusque dans les bras de la mort! Étrange
organisation, étrange confiance!

LETTRE XIXᵉ. — PIERRE A PHILIPPE.

1ᵉʳ mai, toujours à l'Ermitage.

Tout allait bien, mais une visite mystérieuse a jeté un trouble
profond dans cette âme si forte. Un soir, comme il reposait et que
je m'apprêtais à allumer la lampe, on a frappé doucement à la
porte. J'ai ouvert à une femme voilée, assez grande et toute vêtue
de blanc avec une simplicité de haute allure. Elle ne m'a rien dit,
elle a été droit au lit du vieillard et s'est agenouillée en lui baisant
les mains. — Ah! c'est toi! s'est-il écrié, que viens-tu faire ici? et
se tournant vers moi : Laissez-nous, mon enfant! laissez-nous bien
seuls, et fermez les portes.

J'ai obéi. Je suis descendu à la cuisine. Une autre femme, très
volumineuse et cachée aussi par un double voile, était assise devant le feu. Un grand laquais se tenait debout à la porte. La grosse

femme avait une robe noire très simple, mais d'une ampleur trois fois aristocratique. Elle s'était levée comme pour me questionner sur l'état du malade; mais tout à coup, comme si elle eût reconnu en moi une figure qu'elle ne souhaitait pas rencontrer, elle me tourna le dos. Je ne crus pas devoir me montrer curieux, je sortis. Farfadet, que je voulus emmener, ne consentit pas à me suivre. Il resta sur l'escalier, inquiet et mécontent, grommelant tout bas. Je fis quelques pas dehors. Le jour éclairait encore un peu. Je vis au bas du sentier une voiture brillante, un gros cocher, deux chevaux fringans et une ombre noire, debout à quelque distance. Je ne crus pas devoir m'éloigner de l'ermitage. J'étais un peu méfiant, un peu soucieux, comme Farfadet. Au bout de dix minutes, je le vis venir à moi comme pour m'appeler, et je rentrai, résolu à être impoli plutôt que de laisser tourmenter mon malade, lequel ne m'avait pas semblé accueillir cette visite avec beaucoup de joie. Je me croisai avec les deux femmes, qui sortaient suivies de leur laquais. Il me sembla que la plus grande, qui avait la démarche élégante et jeune, étouffait des larmes, et j'entendis la voix de l'autre, — une voix qui ne m'est peut-être pas inconnue, lui dire : *Alors, c'est toujours la même chose? il ne veut pas?*

Elles passèrent, et je trouvai M. Sylvestre absorbé. Quand il me vit, il me demanda si la femme qui était entrée chez lui était venue seule. Je ne pus prévoir que je dusse le tromper, je lui dis qu'une autre femme avait attendu en bas. — Quoi! s'écria-t-il, elle a osé entrer ici! ah! je voyais bien qu'on me mentait! Mon ami, si je retombais malade, jurez-moi que personne d'étranger, personne, entendez-vous, n'approchera de moi. Jurez-moi que vous me ferez mourir en paix! — Et au bout d'un instant il ajouta : — J'ai peut-être tort. L'enfant m'aime! et elle est bonne! Mais non! il ne faut pas accepter ce qui est mal! Il faut protester jusqu'à la dernière heure!... Ah! mon ami, il est bien cruel de ne pouvoir pardonner! — Et il fondit en larmes.

Il me sembla qu'il avait besoin de s'épancher, et je lui dis que, si ses peines pouvaient être adoucies par mon affection, j'étais à lui corps et âme.

— Je le sais, dit-il en me prenant la main; vous êtes de ces athées comme j'en connais quelques-uns, dont l'âme a la religion de l'humanité d'autant plus fervente qu'elle n'en admet pas d'autre. Je vous ai jugé dès le premier jour, et bien jugé, car je ne me trompe plus; à force de vivre de déceptions, je suis devenu clairvoyant malgré ma bienveillance excessive. Vous m'aimez aussi, car vous avez trouvé en moi la sincérité. Eh bien! sachez que votre ami a été bien malheureux, que son cœur a été mille fois brisé et qu'il y reste des plaies incurables. C'est pourquoi je ne veux pas croire à la colère de Dieu contre les fous et les pervers. Dieu ne doit pas souffrir ce que je souffre. Il pardonne tout, lui qui peut tout renouveler! Mais nous, pauvres justiciers d'un jour, il faut bien que nous disions à ceux qui nous assassinent : — Soyez punis en cette vie par le mépris, puisque vous ne l'êtes pas par le remords! — Puis il parla par phrases entrecoupées : — J'ai eu des enfans, une fille... Mais à quoi bon y songer? elle mourra, et peut-être au seuil de l'autre vie apercevra-t-elle une lumière... On peut toujours se purifier, même après! L'expiation est l'éternelle source de rajeunissement. Qui sait si je n'ai pas été un tigre, moi, dans quelque existence lointaine dont la bonté de Dieu m'a ôté le souvenir et retiré la fatalité? Et puis on expie peut-être pour les autres; dans le dogme chrétien, il y a une chose qui me plaît, c'est cette âme aimante qui croit épuiser en elle toutes les douleurs de l'humanité. Et qui sait si ces larmes que je répands n'ont pas une vertu mystérieuse? Vous qui les recueillez, souvenez-vous d'un vieillard immolé qui souffrait beaucoup et qui vous faisait pitié. Si jamais vous êtes tenté de souiller des cheveux blancs, vous vous rappellerez ce que vous voyez ici.

En parlant ainsi, il pleurait et avouait sans honte sa faiblesse.

— Ces larmes vous soulagent peut-être, lui dis-je; mais il ne faudrait pas aller jusqu'à la fatigue. Pouvez-vous faire un effort pour vous distraire de vos peines?

— Oui, dit-il, je veux essayer. Je ne voudrais pas *remourir* en pensant à ces choses de la vie présente; elles sont trop sombres, et vous allez m'aider à chasser les spectres de mon monde intérieur. Parlez-moi de vous; ayez confiance en moi. Dites-moi qui vous êtes et d'où vous venez.

Je n'hésitai pas à lui raconter en quelques mots ma courte et vulgaire existence sans nommer personne et sans entrer dans d'inutiles détails. Il m'écouta avec attention, et comme j'étais forcé, après avoir effleuré l'histoire des deux premières tentatives de mariage de mon oncle à mon égard, d'être un peu plus explicite sur la troisième, cause encore brûlante de notre rupture, il dit vivement : Où était la honte de ce mariage? Quelle était cette mère infâme dont la fille innocente n'a pu trouver grâce devant vous?

— Me trouvez-vous trop rigide? C'était une ancienne courtisane.

— Comment la nommait-on? Mlle Irène peut-être?

— L'avez-vous connue?

— J'ai ouï parler d'elle autrefois. C'était elle, n'est-ce pas?

— C'était elle. Me blâmez-vous?...

— Non, certes! A présent, ne me parlez plus, j'ai besoin de réfléchir.

Il appuya sa tête dans ses mains, parut rêver et finit par s'endormir; mais sa nuit n'a pas été bonne, son sommeil était entre-coupé de sanglots étouffés et de soupirs déchirans. Heureusement Mlle Vallier est arrivée de bonne heure, et sa présence a paru le calmer par enchantement. Celle-ci est un ange! a-t-il dit à plusieurs reprises, et il portait à son cœur les mains de la jeune fille comme si elles eussent fermé ses blessures.

Il a raison, Mlle Aldine est un ange. Depuis la maladie de notre ami, je me suis sérieusement lié avec elle, et j'espère qu'elle a de l'estime pour moi. Je ne t'ai pas parlé de nos entretiens à voix basse au chevet du malade. Il n'eût pas été bien d'en vouloir trop savourer la douceur, tant que j'ai été sous le poids de l'inquiétude. Si la crise de cette nuit n'a pas de suites, je t'en parlerai demain, car à travers toutes ces angoisses j'ai bien eu quelques rayons de soleil.

LETTRE XXe. — DE PIERRE A PHILIPPE.

Vaubuisson, 5 mai.

Me voilà revenu à mon gîte. Après de légères rechutes, mon ermite est sur pied, et j'ai vu que l'habitude d'être seul était en lui si invétérée, qu'un excès d'assiduité le gênerait. Il m'a fait promettre pourtant d'aller au moins tous les deux jours passer deux ou trois heures près de lui, car il aime aussi la société, pourvu qu'elle ne soit pas imprévue et tenace.

Je retrouve avec un certain plaisir ma petite chambre, ma jolie vue, et mon travail commencé, que je relis et dont je ne suis pas mécontent. J'aperçois que j'ai été sinon influencé, du moins très impressionné par l'idéalisme du cher Sylvestre, et que j'ai tenu compte de la solidité de certaines de ses objections. Il est heureux pour moi d'avoir mis par hasard la main sur l'homme qui pouvait me les présenter et me montrer plus qu'aucun autre l'étendue de mon sujet.

Je t'ai promis de te parler de Mlle Vallier, et au ton de mes lettres tu vois que je peux le faire sans que ma conscience me reproche rien. Je ne lui ai pas dit un seul mot, adressé un seul regard qui pussent porter *le trouble dans son âme*. J'en suis fâché pour toi, mon unique lecteur; mais mon roman, qui a eu le loisir d'arriver de la première rencontre au premier embrasement, n'a pas encore fait jaillir la moindre étincelle. C'est froid, mais c'est logique. C'est ainsi que cela doit être entre un garçon honnête et une fille sage. S'il en était autrement, l'un des deux serait coupable : ou le garçon coupable d'impertinence et de légèreté, ou la jeune fille coupable d'imprudence et de coquetterie. Donc le roman de l'amour n'aura ici ni commencement ni fin; mais le roman d'amitié,

car l'amitié comporte parfaitement le romanesque, est en bonne voie
et a marché vite. Le moyen qu'il en fût autrement? J'y ai été de
tout cœur, et ma voisine y est venue en toute confiance.

C'est une belle chose que la confiance, sais-tu! et le plaisir de
l'inspirer vaut peut-être bien celui de faire naître l'émotion. Il n'y
a pas grand mérite à accélérer les battemens d'un cœur féminin et
à appeler la rougeur sur les joues d'une vierge. Le premier sot venu
peut se vanter d'un pareil triomphe; mais rassurer sa conscience en
obtenant son estime, c'est moins commun, et j'aime les rôles déli- ·
cats et sûrs.

Il faut dire aussi que si les hommes ne sont pas tous dignes d'inspirer la confiance en amitié, les femmes ne sont probablement pas
toutes capables de l'éprouver. Pour croire aisément à la loyauté, il
faut être très loyal soi-même, il faut n'avoir aucune arrière-pensée,
et je suis certain à présent que Mlle Vallier est une de ces natures
saintement tranquilles que les épreuves de la vie ont armées de
pied en cap contre les puériles vanités et les tentations mauvaises.
Elle a encore la candeur de l'enfance dans les yeux et dans le sourire, on voit que chez elle la passion n'a rien ravagé, peut-être rien
effleuré du tout; mais on voit aussi dans l'attitude aisée et instinctivement fière, dans la liberté de l'accent et de la démarche, dans la ·
spontanéité des réponses, qu'elle sent en elle une force vraie et que
ce serait tant pis pour le lâche ou l'idiot qui espérerait la tromper.

Elle ne cherche pas l'esprit, elle en a pourtant : un esprit doux et
sage, indulgent et naturellement gai. Mais elle a plus que cela, elle
a une raison cultivée, elle a lu et réfléchi dans sa solitude, elle est
très instruite pour une femme, et elle a des côtés d'intelligence très
sérieux. Elle a aussi des idées, et on voit bien que deux ans de causerie et d'épanchement avec M. Sylvestre ont passé par là. Elle a
une sorte de culte pour ce vieillard, et si elle est destinée à avoir
une imperfection, ce sera d'avoir trop vu par ses yeux et d'avoir
trop accepté par enthousiasme des opinions toutes faites. Ma protestation contre ces théories nuira-t-elle à notre amitié? Peut-être
que non, car M. Sylvestre est dans la pratique un apôtre de tolérance.

J'ai eu, parmi quelques autres, une très intéressante journée où,
en présence de notre ami, elle a raconté de point en point toute sa
vie. J'essaierai de te la résumer sans tenir compte des questions et
des interruptions qui ont provoqué les développemens. Je fais donc
parler Aldine sans espérer rendre la bonhomie et la simplicité de
son récit.

« Je n'ai pas souvenir de mon père au commencement de ma vie.
J'avais deux ou trois ans quand il repartit pour le Brésil, où il
avait fait déjà de belles affaires : du moins il le disait à ma mère;

mais il ne nous laissa pas de quoi l'attendre, car il resta plus de dix ans absent, et donnant si peu de ses nouvelles, qu'à la fin ma mère crut qu'il était mort. Elle n'avait pas été heureuse avec lui, il était emporté, inconstant dans ses entreprises et prodigue quand il avait de l'argent. Il avait mangé la petite dot qu'elle lui avait apportée, et quand mon frère et moi nous lui faisions des questions, elle nous disait : « En vérité, mes enfans, je ne peux pas trop vous répondre. Votre père a toujours tant couru et voyagé que je ne le connais pas beaucoup. Il ne faut pourtant pas l'accuser d'oubli. Peut-être nous a-t-il envoyé des lettres et des secours qui n'arrivent pas. »

« Ma mère, n'ayant plus rien pour vivre, avait emprunté les fonds nécessaires pour monter le premier établissement qui lui avait paru offrir des chances de succès dans notre pays; nous habitions Rouen. Elle inspirait de la confiance; elle était active et rangée. Elle monta un établissement de bains où elle fit promptement d'assez bonnes affaires pour s'acquitter et pour s'assurer un revenu honorable. Elle nous mit en pension et ne négligea rien pour nous faire bien élever.

« Voyant ma mère presque tous les jours et me sentant aimée par tout ce qui m'entourait, j'ai eu une enfance heureuse; mais un jour mon père reparut avec un navire, des trésors et des esclaves. Ce fut pour nous, enfans, une surprise, un éblouissement, un conte de fées; mais notre joie ne fut pas longue. Mon père était incompréhensible. Il nous aimait sans doute, mais il avait, sur l'autorité du père de famille, du mari, du maître et de l'homme riche, des idées si étranges que nous en étions abasourdis. Il ne nous témoignait aucune affection, critiquait notre manière d'être, nous trouvait mal élevés dans nos pensions, et il nous signifia d'avoir à le suivre à Paris, où il voulait s'établir et mener le train qui convenait, disait-il, à sa position.

« Ma mère, qui l'avait d'abord accueilli avec joie, s'attrista subitement, tomba malade et mourut peu de semaines après notre arrivée à Paris.

« Mon père ne nous laissa pas voir son affliction et nous laissa à la nôtre. Il paraissait absorbé par mille occupations importantes que nous ne comprenions pas. Au bout de deux mois, que nous passâmes à pleurer ensemble, mon pauvre frère et moi, nous vîmes un grand luxe se déployer tout à coup autour de nous. De l'hôtel garni où nous étions descendus, on nous conduisit à un vieil hôtel de la Place Royale, où d'immenses appartemens étaient remplis de curiosités et d'objets riches ou étranges qui nous faisaient un peu peur. Il y avait des têtes de sauvages embaumées et momifiées avec des coquillages dans les yeux et de longs cheveux noirs, qui pendant bien longtemps m'empêchèrent de dormir.

« Nous vîmes arriver là toute sorte de gens qui vendaient ou achetaient ces choses sans nom, depuis de grands seigneurs jusqu'à de petits Juifs, tout un monde qui nous était étranger et ne faisait pas la moindre attention à nous. L'ennui nous rongeait, on ne nous permettait pas de toucher à rien, ni de sortir de l'appartement, ni de faire le moindre bruit. Mon frère attendait avec impatience qu'on songeât à le remettre au collége. Moi, je n'osais demander à aller en pension, pourtant j'en mourais d'envie. Enfin mon père se décida à faire reprendre l'éducation de son fils, qui était studieux, intelligent et doux; mais le malheur était sur nous : un jour de sortie, mon pauvre frère commit une faute bien légère, et mon père, qui était prompt à la menace, fit mine de vouloir le frapper. L'enfant effrayé recula jusqu'au bord d'un escalier de service où il roula à la renverse. Il resta malade et contrefait, et on dut le confier aux soins d'un médecin spécial qui promit de le guérir et de le redresser, mais qui ne put que prolonger un peu sa vie et le nourrir d'espérances.

« Mon père fut sans doute très affligé de ce malheur, mais son chagrin se manifesta par des accès de colère et de dureté qui m'épouvantaient. Ses habitudes de commandement tournèrent à une frénésie inquiétante, et je crois bien qu'à partir de ce moment il perdit la raison. Ce qu'il y a de certain, c'est qu'il est mort fou, et je dois le dire pour le faire absoudre d'avance de tout ce que j'ai souffert de bizarre auprès de lui.

« D'abord il me reprocha ma laideur et prétendit qu'il y avait de ma faute, parce que j'étais maigre et chétive, et que j'entretenais ma maigreur par une activité bourgeoise, mesquine, déplacée chez la fille d'un millionnaire. J'étais laborieuse, il me voulut nonchalante; j'aimais à m'instruire, il me voulut ignorante. Je dus me soumettre à ne rien faire, à passer ma vie dans un hamac, bonne couchette pour la nuit, mais qui devient un supplice quand on est astreint par ordre à y compter les heures de la journée. J'aimais les soins du ménage, il me les interdit absolument. Je ne tenais pas à la parure, il me couvrit de diamans, luxe ridicule et déplacé chez une jeune fille. Je voulais porter le deuil de ma mère, il m'en empêcha. Il me permettait à peine de faire de la musique un instant et d'ouvrir un livre à la dérobée. J'étais fort soumise, j'avais grand'peur de lui; mais quand ma mère fut morte et mon frère estropié, la colère me vint au cœur, et j'essayai de me révolter. Je souhaitais que mon père me tuât, et je le menaçai de me tuer moi-même. Savez-vous ce que, dans son délire, il imagina pour me réduire à merci? J'aimais beaucoup Zoé, la petite servante noire qu'il m'avait donnée.

« — Je ne veux ni vous tuer ni vous faire souffrir, me dit-il. Je veux vous marier, et comme vous êtes horrible, il n'y a que la fraîcheur de vos joues qui vous fera accepter. Il faut vous dire en passant que, comme j'étais fort pâle, il me forçait à mettre tous les matins une épaisse teinte de rouge de Chine. — Je ne vous battrai donc pas comme vous le mériteriez, continua-t-il; mais toutes les fois que vous essaierez seulement de désobéir, je ferai battre sous vos yeux Zoé par son père, et s'il ne la bat ferme, je la battrai moi-même. Quant à vous jeter par la fenêtre, essayez si vous voulez, mais je vous jure que Zoé prendra immédiatement le même chemin que vous, et qu'avant d'être en bas vous la recevrez sur la tête.

« Je sais bien à présent qu'il ne l'eût pas fait; mais j'étais assez simple pour le croire, et cette manière d'inventer des menaces terribles et fantastiques était le vrai moyen de me rendre folle ou stupide. »

Pendant que Mlle Vallier racontait ces choses, je pensais tout bas: — C'est donc là le pauvre petit être que j'ai vu, dans son développement arrêté par un régime féroce, avec des joues ridiculement fardées et des bras chargés de pierreries, condamné à dormir sous peine de torture morale! Et je me suis moqué de ce pauvre être, je l'ai raillé, méprisé, presque haï, croyant faire acte d'indépendance, de désintéressement et de fierté! Voilà comme la destinée nous mène et nous trahit! Ah! si j'avais pu deviner, — je ne dis pas la suave beauté qui devait se développer chez cette petite fille, — mais la beauté morale de son âme, et tout ce que son sommeil accablé couvait de douleurs profondes, de dévouemens sublimes et de bonté sympathique, je l'eusse prise dans mes bras, je l'eusse arrachée à ce vampire, je l'eusse sauvée, cachée, élevée comme ma fille, et aujourd'hui j'aurais un état, car j'aurais travaillé pour elle, et je pourrais lui dire : « Sois ma femme! car, aussi vrai que je ne suis pas un Amadis et un don Quichotte, je suis un brave garçon qui met sa gloire à te protéger. Oublions ton indigne père et méprisons son indigne fortune, car qui sait mieux que moi combien les enfans sont innocens des fautes de leur famille? »

Ce grand fonds d'inconnu qui est dans la vie, et que nous appelons le hasard, en a ordonné autrement. Me voilà en face d'un avenir qui n'offre rien de solide, et presque au dépourvu dans le présent, car la maladie de mon ermite, la perte de mon temps, les remèdes et les petits adoucissemens que, malgré lui et à son insu, j'ai apportés à sa misère, ont fort entamé ma réserve... Me voilà, dis-je, nullement découragé ni inquiet pour mon compte, mais réellement incapable de me charger d'une femme et de voir sans effroi arriver des enfans. J'ai passé à côté du bonheur sans le pressentir, et cette adorable compagne qui eût réalisé toutes les vagues aspirations de ma stérile jeunesse ne pourra trouver en moi l'appui de sa faiblesse et la consolation de son passé!

Mais je continue l'histoire de cette chère personne, et je ne dois pas oublier un incident que j'étais très curieux de sonder. Je lui ai demandé pourquoi, lorsqu'elle était à Paris, elle ne s'était pas mariée, n'importe comment, et sans réflexion, pour échapper à la domination de ce père insensé.

— Je n'ai été tentée qu'une fois, m'a-t-elle répondu, de prendre ce parti-là; mais j'ai reçu une rude leçon qui m'a rendue circonspecte. C'est ma seule aventure, la voici.

« Un jour, mon père me dit : « Tâchez de ne pas être trop sotte, et vous serez mariée dans quinze jours. Vous avez vu chez nous le vieux M. Piermont? Il a un neveu beau et bien fait, pas riche, mais de haute famille, qui doit venir après-demain. » Zoé, à qui je racontai la nouvelle, sauta de joie. — Maîtresse, vous m'emmènerez, vous prendrez pauvre père noir avec vous. Vous nous rachèterez au maître, bien cher s'il le faut, mais vous ne nous laisserez pas ici! — Vous pensez bien que je promettais tout et ne doutais de rien. Quant à mon fiancé, oh! je l'adorais d'avance, car je ne lui demandais, pour être adoré, que de ne pas faire battre mes amis et de ne pas trop me battre moi-même. Ah! que les hommes donneraient le bonheur à bon marché à de pauvres filles dans certaines positions intolérables! On m'avait dit que le neveu de M. Piermont était beau et de bonne famille, je voyais en lui un prince, peut-être un dieu. Que voulez-vous, j'avais un peu plus de quinze ans, je n'avais jamais pensé au mariage : ce devait être le paradis de la liberté!

« Au lieu de venir le surlendemain, le vieux M. Piermont, qui était pressé de conclure, amena son neveu le lendemain, et comme mon père ne s'y attendait pas, comme je n'étais pas avertie, et que j'avais passé la nuit à babiller avec Zoé sur les perfections présumées de mon fiancé, je dormais tout de bon dans le hamac quand il arriva. Zoé, qui me berçait, s'endormit aussi, et nous n'entendîmes rien de ce qui se passait dans le salon voisin. Tout à coup les voix s'élevèrent, la porte était ouverte. Je fis signe à Zoé de ne pas bouger. Nous ne dormions plus, nous écoutions. Une voix jeune disait : « Jamais, mon oncle! Cette fille est un monstre, et son père... » Je ne vous répéterai pas le mot, mais imaginez ce qu'il y a de pis! « Jamais, disait le neveu, — car c'était bien lui, — jamais un honnête homme n'épousera Mlle Aubry! »

« — Tais-toi! tais-toi! sortons, pas d'esclandre ici! répondit l'oncle. — Et il l'emmena brusquement. Je m'étais élancée du hamac pour l'apercevoir; l'oncle le poussa le premier hors du salon, je ne vis que le dos de l'oncle. Je n'ai jamais su le nom du jeune homme.

« Mon père m'annonça qu'il était venu et qu'il reviendrait le lendemain. Je savais bien qu'il ne reviendrait pas, et je n'en dis rien. Il ne revint jamais.

« Vous pensez bien que, repoussée ainsi et qualifiée de monstre, je me le tins pour dit. Je n'ai plus jamais songé au mariage, et, mon père n'ayant plus rencontré pour moi de parti selon ses vues, je me suis applaudie de ne pas risquer d'être mariée de force à un malhonnête homme.

« — Vous devez en vouloir pourtant, lui dis-je, à ce grossier personnage qui vous avait si mal regardée par le trou de la serrure et qui disait si haut des choses que vous ne deviez pas entendre.

« — Eh bien! pas du tout, répondit ^{Mlle} Vallier, et même, je veux vous le dire, c'est si naïf! j'ai aimé de tout mon cœur d'enfant cet inconnu dont la dure parole était restée dans mon oreille. Cette parole m'éclaira pour la première fois sur ma situation. Je n'avais jamais pensé que ce fût une honte d'épouser une fortune dont on ne savait pas l'origine. Je me rappelai alors des mots échappés à ma mère, j'observai les manières des gens qui venaient chez nous. Je compris qu'il y avait eu dans la vie délirante de mon père des erreurs ou des fautes, et je me mis à souffrir de ma richesse comme les autres souffrent en rougissant de leur pauvreté. Pendant plus d'un an, j'ai pensé à ce fier jeune homme qui m'avait avec raison trouvée si affreuse et peut-être si grotesque. Pouvais-je lui en savoir mauvais gré? Je me trouvais laide aussi. Quelles eussent été ma honte et mon infortune si, au lieu de cette nature hautaine et franche, on m'eût présenté un ambitieux sans scrupule qui m'eût épousée pour ma dot, que j'eusse aimé ingénument, et qui m'eût abandonnée ou tenue sous ses pieds! Mon père m'opprimait, mais mon cœur ne saignait pas trop de son manque d'affection. Je ne me piquais pas d'une tendresse hypocrite pour lui. Je n'avais jamais reçu ses caresses, je ne connaissais de lui que ses excentricités redoutables. Je les subissais comme un ouragan sous lequel on se courbe sans vaines malédictions. Si je l'eusse connu bon et paternel, j'aurais souffert mille fois davantage de son égarement.

« Peu de temps après l'aventure que je vous ai dite, mon père acheta une terre aux environs de Saint-Malo. Il y fit de grandes dépenses, prétendant tripler son revenu. Il s'y ruina et en vint à une telle exaspération qu'il voulut battre ses régisseurs et ses paysans. A la suite d'une querelle où ils se révoltèrent, on le rapporta chez nous blessé et mourant. Il ne survécut pas six mois à mon frère. Il ne survécut pas huit jours au père de Zoé, mort aussi par suite d'une obéissance trop passive à ses terribles fantaisies.

« M. Sylvestre vous a dit que j'avais réussi à payer toutes les dettes de mon père. Sa situation était si embrouillée que la lutte durerait encore, si j'avais voulu lutter; mais je fus prise d'un si grand dégoût devant cette liquidation, que j'abandonnai tout aux soins d'un honnête avoué du pays et déclarai que je m'en tenais à ce qui pouvait rester de l'héritage de ma mère. C'était une petite rente qui ne me fut pas contestée, mais que j'abandonnerai aussi, s'il le faut, dans quelques mois, à ma majorité. On m'assure pourtant que les créanciers ne perdront rien, et que je conserverai ce débris. J'ai cherché fortune à Paris, où deux ou trois femmes excellentes s'intéressaient à moi et avaient commencé à me trouver des leçons; mais Zoé est tombée malade. J'aurais pu payer sa tante pour la soigner et rester libre; mais aurais-je gagné l'équivalent de cette dépense? Et si je l'eusse fait, à quoi bon quitter cette enfant qui n'aime que moi au monde, et qui, tout en se résignant, mourrait de chagrin sans moi? Vous voyez que cela ne se peut pas. Si je dois la perdre, au moins elle aura été aussi heureuse et aussi choyée qu'il dépendait de moi qu'elle le fût. »

J'ai été sur le point de répondre à la confiance de Mlle Vallier par la mienne, et de lui dire que j'étais ce neveu de M. Piermont dont elle avait daigné garder un si bon et si généreux souvenir. Je n'ai pas osé, par la raison qu'elle m'avait parlé de cet inconnu avec une certaine vivacité touchante qui m'avait fait un peu battre le cœur. Il m'a semblé que sa pudeur serait froissée de me voir profiter en quelque sorte de l'abandon plein de charme avec lequel elle venait de me parler de moi-même. Comme je n'ai pas dit mon nom à M. Sylvestre, qui ne me l'a pas demandé, comme je lui ai parlé de M. Aubry sans le désigner et sans le dépeindre, Aldine peut ignorer encore longtemps qui je suis. Si quelque hasard le lui apprend, elle me saura gré de ma réserve et en comprendra les motifs.

Quel malheur pourtant que je ne sois pas riche et romanesque! Comme ces deux rencontres bizarres avec Aldine et la confidence qu'elle m'a faite gaîment de son amour d'enfant pour moi, — car c'était de l'amour en somme, toute jeune fille aime l'homme qu'elle rêve et qu'elle attend! — comme tout cela était bien disposé pour nous lancer dans une passion charmante! O réalité, ma souveraine, vous êtes maussade et revêche, il faut en convenir, et votre sceptre est une verge de fer, surtout quand on a vingt-cinq ans, un cœur tout neuf et de l'imagination tout comme un autre!

LETTRE XXIᵉ. — DE PHILIPPE A PIERRE.

Volvic, 20 mai.

Tu diras ce que tu voudras, mon ami Pierre, tu es amoureux de Mlle Vallier, et le roman que tu regrettes de ne pouvoir entamer est

en pleine voie d'exécution. Eh bien! tant mieux! pourquoi t'en défendre? Du moment que tu peux estimer et respecter cette digne
personne, du moment qu'elle mérite d'occuper ainsi ton cœur et ton
esprit, tout ce que tu vas entreprendre d'héroïque pour elle sera du
travail intellectuel, de la dépense morale, du temps et de la volonté
bien placés et bien employés. Je compte beaucoup sur cette passion, car c'en sera une, pour échauffer ton âme et la ramener à des
habitudes moins sceptiques; mais dépêche-toi de rajeunir et d'aimer, car moi qui n'ai pas vieilli encore et qui suis tout croyant, si
je vais te voir et que tu te drapes encore dans le manteau de l'indifférence, je te déclare que je prends feu, que je guéris la négresse,
que j'emmène ces deux pauvres enfans dans ma montagne, et que
je mets aux pieds d'Aldine mes trente ans, mon cœur ingénu, mes
bras solides, mon humble science, mon honorable état et les quatre
mille francs que, l'une dans l'autre et Dieu aidant, je gagne à présent
chaque année. Ce n'est pas brillant; mais ma clientèle augmente
toujours, et ma robuste santé peut accepter encore plus de travail
et de fatigue que je n'en ai. Et puis... et puis! L'inconnu ne me fait
pas peur. Tu as la prévoyance du riche, toi, de l'homme qui n'a
manqué de rien et qui, n'ayant plus rien, veut se relever et ne pas
risquer un nouveau désastre. Le pauvre a un autre genre de prévision : il sait que, parti de rien, il est devenu quelque chose en ris-
quant tout, et pour conquérir le bonheur, auquel il est payé pour
croire, il est prêt à traverser encore de rudes épreuves. Il compte
sur cette Providence qu'on vous a appris à méconnaître en vous
montrant des portefeuilles garnis d'inscriptions de rentes et en vous
disant : La Providence? elle est là! — Eh bien! non, elle n'y est
pas! L'argent se perd ou s'épuise, l'espoir et la volonté se renouvellent.

Tout cela, c'est pour te dire que la première femme pauvre et
vertueuse que j'aimerai sera ma femme, si elle m'aime, et, je te le
crie du fond du cœur, cher enfant, fais ainsi : aime Mlle Vallier, elle
est prête à t'aimer, si elle ne t'aime déjà; ne combats pas tes bons
instincts, travaille sous l'empire de l'amour et sous l'inspiration de
la foi! Oui, crois à l'amour, si tu ne peux croire à autre chose; ce
sera la clé de l'édifice. L'émotion ouvrira les écluses de ton talent,
et tu seras un poète, un philosophe ou un artiste, parce que tu
seras un homme.

S'il en est ainsi, comme je l'espère et le souhaite, je te promets
de chérir Mlle Vallier comme ma sœur; mais, comme il faudra un
aliment à mon enthousiasme, je me rejetterai sur l'ermite, que
j'adore déjà, vu que je sens en lui le résumé idéalisé de tous mes
penchans et de toutes mes croyances.

Tu manques d'argent, je parie. Je t'en envoie un peu, ce sont mes économies. Si tu n'en as pas besoin, emploies-en adroitement une partie à soutenir M. Sylvestre, et si c'est impossible, garde-le-moi. Je n'en ai que faire maintenant, je te le jure. Ma mère ne manque de rien, nous sommes riches.

LETTRE XXIIᵉ. — DE PIERRE A PHILIPPE.

Vaubuisson, 25 mai.

Mon ami Philippe, tu es un singulier mentor! Tu me prêches l'effort héroïque qui doit me soustraire au dénûment, et tu m'envoies de l'argent, le dissolvant par excellence, l'hôte perfide qui dit à la paresse : Dors encore un peu, je suis là! — Et en même temps tu me fais un sermon sur l'étroite prévoyance des riches. Tu me foudroies et tu me gâtes. Et puis tu me menaces d'enlever Aldine, si je ne me dépêche de mettre à ses pieds mon présent et mon avenir, sans te souvenir qu'à l'heure qu'il est, elle est douze cents fois plus riche que moi, ayant un revenu de douze cents francs, tandis que je n'ai pas encore un franc de rente! Tu bats la campagne; mais que c'est beau et bon d'être fou comme toi!

N'importe, je me défends. Je ne toucherai pas à tes cent écus, car M. Sylvestre est redevenu trop lucide pour souffrir que je change un iota à son plan d'existence. Je ne chercherai pas non plus à me faire aimer de ma charmante voisine, car, si je suis un cerveau creux et un incapable, comme cela est fort possible, je serais par-dessus le marché un misérable de troubler son repos et de compromettre sa bonne renommée pour lui apporter ma misère et ma honte. Donc elle ne saura rien de mes sentimens pour elle, et si je l'aime comme tu le prétends, je n'en veux encore rien savoir moi-même.

Je travaille avec acharnement. J'ai eu avec M. Sylvestre une discussion où j'avoue qu'il m'a vaincu sur certains points. Je crois encore qu'il donne trop d'importance à la solidarité humaine, comme tous ceux de son école; mais il a pourtant augmenté à mes yeux cette importance, et la chaleur de sa conviction m'a paru avoir la valeur d'un solide argument. J'y reviendrai, je veux d'abord y réfléchir.

GEORGE SAND.

(*La troisième partie au prochain nᵒ.*)

LE MONT-ROSE

ET

LES ALPES PENNINES

SOUVENIRS DE VOYAGE.

Il n'y a pas longtemps que l'homme connaît ou plutôt qu'il a commencé de connaître le relief de la planète qu'il habite. Ce qu'il ignorait surtout jadis, c'était la direction des chaînes de montagnes, la hauteur relative de leurs points culminans, la forme de leurs massifs, les plis et les lignes de faîte qui en déterminent le contour. L'orographie est une science toute moderne. Quoique les Alpes s'é-lèvent au centre de l'Europe civilisée, jusque vers la fin du siècle dernier la géographie aurait pu inscrire sur une grande partie du territoire qu'elles occupent *terra incognita* avec presque autant de raison que sur les espaces inexplorés de l'Australie ou de l'Afrique équatoriale. Ces monts au profil dentelé, ces pics argentés qui en-serrent les vertes plaines de la Lombardie de leur cadre splendide et qu'on peut dénombrer un à un du haut du dôme de Milan ou du campanile de Venise, nul ne les avait visités, sauf le pâtre ignorant qui l'été y conduisait ses moutons, ou le chasseur qui y poursui-vait le chamois. En Suisse même, où on les voyait de plus près, on ne possédait aucun de ces élémens de nombre et de mesure qui donnent à l'esprit la connaissance des choses en y imprimant une image exacte et conforme à la réalité. Dans un livre très curieux, qui est comme le premier modèle de ces albums illustrés si répan-dus aujourd'hui, et qui date de 1712, *les Délices de la Suisse*, l'au-teur, Gottlieb Kypseler, de Munster, affirme que les plus hautes montagnes des Alpes sont le Schreckhorn, le Grimsel, le Saint-Bernard et le Saint-Gothard, et il ajoute que jamais on ne parviendra ni à les gravir ni à les mesurer. Dès cette époque pourtant, Jean Scheuchzer (1), professeur à Zurich, avait parcouru les Alpes dans un intérêt scientifique de 1702 à 1711. Le premier il était parvenu à déterminer quelques hauteurs au moyen du baromètre, mais il ne s'était point écarté des grandes voies de communication, et il n'avait point songé un instant à s'élever sur les sommités culminantes, qu'il considérait comme inaccessibles.

Pour comprendre à quel point l'on ignorait la structure véritable des massifs et des rides de soulèvement qui constituent le relief de la croûte terrestre, il suffit de jeter un coup d'œil sur une carte qui date du siècle dernier. Les chaînes de montagnes sont représentées par une série de petits monticules isolés, vus de profil, ayant chacun son ombre portée, sans lien qui les rattache les uns aux autres et présentant une série de dépressions qui forment autant de cols qu'il y a d'intervalles entre deux sommets dessinés au hasard. Le cours des rivières et la direction des vallées sont assez fidèlement représentés, parce qu'on a pu en suivre les détours, tandis que les hauteurs sont tracées suivant la fantaisie du graveur, parce que le géographe n'en connaît pas mieux que lui la structure et les ramifications.

Cette ignorance à peu près complète de la forme extérieure des régions montagneuses ne doit pas nous surprendre. Rien de plus difficile que d'apprécier la masse des grandes chaînes, la hauteur des cimes, la ligne des faîtes. L'habitant des plaines ou des collines, habitué à embrasser d'un regard de vastes étendues de pays, ne peut s'imaginer les obstacles que présentent à l'observateur ces prodigieuses inégalités, ces murs à pic, ces croupes puissantes qui bordent les routes suivies par le voyageur. Engagé dans les ravins étroits où serpentent presque toujours les chemins praticables, on peut marcher des journées entières sans soupçonner la configuration réelle du canton qu'on traverse. Un rocher vertical de quelques centaines de pieds vous empêche d'apercevoir une crête très rapprochée qui en mesure des milliers. On contemple

(1) Quand on pense à l'époque où parut l'ouvrage de Scheuchzer (1723), on est frappé de la grande quantité de données exactes et d'observations bien faites qu'il renferme sur l'économie rurale, la botanique, la physique et la topographie. Il est écrit en latin et intitulé Οὐρεσιφοίτης *helveticus sive itinera per Helvetiæ alpinas regiones facta annis 1702, 1703, 1704, 1705, 1706, 1707, 1709, 1710, 1711*. Il est orné de gravures sur acier exécutées à Leyde, où le livre fut imprimé aux frais des membres de la Société royale de Londres. Quelques-uns de ces dessins sont extrèmement naïfs, d'autres sont très exacts, celui par exemple qui représente le pont du Diable et qui est gravé, comme dit le texte, *sumptibus D. Isaaci Newton, equitis aurati, societatis regalis præsidis*, etc.

avec stupeur au-dessus de sa tête, perdus dans les nues, des habitations, un clocher; on ne s'explique pas que l'homme puisse résider à ces hauteurs vertigineuses; on gravit jusque-là, et l'on voit alors que ces villages sont assis sur des plateaux couverts d'épais herbages et même de moissons jaunissantes, et que bien au-dessus se dressent d'effroyables escarpemens, dominés à leur tour par des pics beaucoup plus élevés encore. Tout pour la vue est incertitude et déception. Ces sommets neigeux qui se détachent là-bas sur le bleu profond du ciel, à quelle distance se trouvent-ils? à quelle hauteur atteignent-ils? se relient-ils à ces cimes en apparence si voisines, ou en sont-ils séparés par quelque profonde vallée? Comment le déterminer, et d'ailleurs qui autrefois aurait cherché à le faire?

Avant ce siècle-ci, les gens à l'esprit cultivé n'aimaient pas les montagnes. Ils les trouvaient formidables, horribles; elles leur inspiraient une invincible terreur; on les croyait habitées par des monstres en rapport avec le sauvage chaos de ces lieux désolés. Le docte Scheuchzer lui-même insère au commencement de son ouvrage l'image authentique des dragons qui hantaient le Mont-Pilate près de Lucerne, les environs de Grindelwald et les forêts solitaires de Glaris. Fallait-il franchir les Alpes pour passer en Italie, on se hâtait de traverser les cols qui y mènent, et l'on remerciait Dieu d'avoir échappé aux mille dangers auxquels on croyait avoir été exposé. Le sentiment esthétique ne se plaisait alors qu'aux aspects de la nature asservie, *embellie* par la main de l'homme. C'est un savant, de Saussure, qui le premier a su rendre ou du moins fait sentir la beauté des Alpes. Lisez les autres écrivains du xviiie siècle, Rousseau lui-même, qui décrit avec tant de vérité et de poésie les paysages de la région inférieure, et vous n'y trouverez que des phrases banales et des épithètes vagues. Pour arriver au mot juste, au ton vrai, il leur manquait ce que rien ne remplace, la connaissance des choses. C'est au moyen de données exactes, de nombres et de mesures, que la science communique à l'esprit le pouvoir de comprendre et par conséquent de décrire les formes de la matière où semble apparaître l'infini dans l'espace et dans le temps.

Aussi est-ce la géologie surtout qui nous a fait connaître, qui nous a fait aimer les montagnes. Depuis qu'on entrevoit leur origine, leur mode de formation, on saisit la raison d'être de leur structure, de leur direction, de leur enchevêtrement. Ce ne sont plus à nos yeux des masses informes, des amas gigantesques de rochers muets, ce sont des témoins éloquens qui nous parlent des époques où l'espèce humaine n'était pas encore, et qui nous racontent l'histoire de la planète que nous habitons. Un autre ordre de faits a con-

tribué aussi à faire goûter la poésie des hautes régions. Il y a une
quarantaine d'années, la littérature s'est violemment soustraite au
joug des traditions classiques. A la suite de Shakspeare et de Goethe, elle s'est complue aux émotions profondes, aux audacieuses
percées sur l'inconnu, sur l'infini. Quoi qu'on ait dit, les âmes
étaient vraiment envahies alors par une secrète mélancolie, par un
sourd mécontentement du présent, qui les soulevait au-dessus de la
vie bourgeoise et journalière. L'école romantique a fait son temps,
mais elle a laissé sa vive empreinte sur les hommes de notre époque. Or il est certain qu'à la nuance de sentimens qu'elle a développée devaient convenir les aspects des Alpes, l'austère solitude
de leurs champs de glace, l'immensité de leurs horizons, la majesté
des dernières cimes, les luttes grandioses des élémens, tout cet ensemble de spectacles nouveaux qui vous arrachent aux préoccupations égoïstes pour vous initier aux jouissances désintéressées d'un
monde supérieur. Depuis que Schiller a évoqué aux bords du lac
des Quatre-Cantons la grande figure de Guillaume Tell et que Byron a conduit son Manfred sur les plus hauts escarpemens de la
Gemmi, un nombre sans cesse croissant de voyageurs s'empresse
chaque été de visiter les Alpes. Töpffer et bien d'autres après lui
se sont moqués de ce troupeau de touristes qui viennent, comme le
dit l'auteur des *Menus Propos*, déflorer « l'antique Suisse, cette
belle et pudique vierge dont la beauté ignorée de la foule faisait
battre le cœur de quelques vrais amans; » mais pourquoi donc se
plaindre de ce mouvement, qui a sa cause profonde dans les tendances les plus nobles de notre époque? Si les hommes de la génération actuelle accourent en foule vers les montagnes, qu'on fuyait
jadis avec épouvante, c'est que la science et les lettres les y ont
conviés.

Grâce à ce goût, aussi général que nouveau, les massifs du Mont-
Blanc et du Berner-Oberland ont été explorés en tous sens, et sont
maintenant bien connus; mais, naguère encore, il n'en était pas de
même de la chaîne que domine le Mont-Rose. Depuis la visite de
Saussure en 1789, ce magnifique groupe avait été complétement
négligé, sauf les pentes méridionales gravies par le colonel von
Welden, Zumstein, Parrot et le curé Gnifetti. Ce n'est que depuis
une vingtaine d'années que le côté septentrional a été abordé par
les savans suisses Desor, Studer, Agassiz et Ulrich, et c'est plus récemment encore que les beaux travaux des frères Schlagintweit et
les récits des touristes anglais en ont donné une description à peu
près complète (1). On s'est servi de ces différens travaux, en rappe-

_____

(1) La bibliographie du Mont-Rose, sa *littérature*, comme diraient les Allemands,

lant aussi quelques souvenirs personnels, pour essayer de faire connaître ici une région explorée et en quelque sorte découverte dans ces derniers temps.

I.

Entre la vallée de la Dora-Baltea, en Piémont, qui court vers l'orient, et celle du Rhône, en Suisse, qui se prolonge dans une direction parallèle, mais vers l'occident, se dresse un puissant massif de montagnes qu'on appelle les Alpes pennines. Cette partie de la grande chaîne des Alpes qui forme l'enceinte de l'Italie de ce côté commence au passage du Grand-Saint-Bernard et finit au passage du Simplon. Le Mont-Rose en marque le point culminant. La structure de ce massif présente le type parfait d'une grande ride de soulèvement. Au milieu, dans la direction de l'est à l'ouest, se profile l'arête principale qui détermine le partage des eaux entre le bassin de l'Adriatique et le bassin de la Méditerranée. Des deux côtés partent de formidables contre-forts, les uns allant directement vers le sud, les autres vers le nord, semblables aux arcs-boutans qui soutiennent le vaisseau d'une cathédrale, aux vertèbres qui se relient à l'épine dorsale d'un cétacé ou aux côtes qui s'attachent à la quille d'un navire. Et, qu'on le remarque bien, ces comparaisons, nous ne les multiplions pas au hasard : elles révèlent une loi géométrique qui s'impose aux œuvres architectoniques de l'homme comme aux lentes formations de la nature. Entre ces contre-forts se creusent des gorges étroites et profondes qui coupent à angle droit la vallée de la Doire ou celle du Rhône, et qui toutes se terminent, là où elles viennent aboutir à l'arête centrale, par des glaciers et des champs de neige. Ce sont, du côté du Valais, les vals d'Entremont, de Bagne, d'Hérémence, d'Anniviers, de Saint-Nicolas et de Saas, du côté italien le val Anzasca, le val Sesia, le val Lesa, le val Tournanche et le val Pelline.

Les sommets non-seulement de la ride principale, mais même

comprend déjà un certain nombre de publications parmi lesquelles plusieurs offrent un grand intérêt. Il faut citer en tête le magnifique ouvrage avec atlas de MM. Schlagintweit, *Neue Untersuchungen uber die physicalische Geographie und die Geologie der Alpen;* puis M. Ulrich, *Die Seitenthaler des Wallis und der Monte-Rosa;* — Desor, *Journal d'une course aux glaciers du Mont-Rose et du Mont-Cervin* (1840); — Briquet, *Ascensions aux pics du Mont-Rose* (1861); — *A Lady's tour round Monte-Rosa;* — *The Tour of Mont-Blanc and of Monte-Rosa,* by J. Forbes; — *The italian Valleys of the Pennine Alps,* by rev. S. W. King; — *Mountaineering in 1861,* by J. Tyndal F. R. S.; — *Peaks, passes and glaciers,* by John Ball; — *Voyage dans les Alpes,* par Saussure; — Ludwig von Welden, *der Monte-Rosa;* Gnifetti, paroco d'Alagna, *Nozioni topographiche sul Monte-Rosa.*

ceux de ses contre-forts, dépassent les cimes les plus élevées des Alpes bernoises : treize d'entre eux sont plus hauts que la Jungfrau. Tandis que le Mont-Blanc surgit isolé, humiliant ses voisins, qui s'abaissent devant lui, le Mont-Rose est semblable à un souverain trônant au milieu de ses pairs, tous revêtus de leurs blancs manteaux d'hermine éternelle. Comme le haut de ce massif plonge dans cette froide zone de l'atmosphère où les neiges ne fondent plus, il existe là tout un monde de glaciers superposés et reliés les uns aux autres. Les frères Schlagintweit en ont compté cent trente-cinq dans les Alpes pennines, dont quinze primaires et cent vingt secondaires. Ce sont d'immenses espaces de glaces et de *névés* dont rien n'approche en Europe ni comme étendue, ni comme altitude moyenne.

C'est précisément parce que le Mont-Rose est entouré de toute une cour de gigantesques satellites qu'il a si longtemps échappé aux regards. Du côté de la Suisse, il est invisible. Au passage de la Gemmi, on montrait au voyageur de grandes masses neigeuses qu'on disait être le Mont-Rose; on sait maintenant que ce sont les pics du Weisshorn, le sommet de l'un des contre-forts septentrionaux, qui du reste ne le cède que de 300 pieds à la cime principale. Ebel, toujours si exact, affirme à tort qu'on aperçoit le Mont-Rose du cimetière de Vispach, à l'entrée de la vallée de Zermatt : ce qu'on voit de là, ce sont les crêtes blanches du Balferin, la dernière sommité du contre-fort de Saas, du côté du nord. Ce n'est que sur le revers italien, des bords du Lac-Majeur, du haut du Monterone, au-dessus de Baveno, qu'on peut admirer de loin les belles masses de la montagne centrale, revêtues des teintes rosées du soleil couchant qui lui ont fait donner probablement le nom qu'elle porte (1). Si l'on veut cependant l'examiner de plus près, il faut s'enfoncer dans l'une de ces gorges étroites qui, partant de la vallée du Rhône ou de celle de la Doire, vous conduisent jusqu'au pied même du souverain des Alpes pennines. Lorsqu'on arrive du nord, c'est à Viège, ou Vispach en allemand, qu'il faut quitter la grande route du Simplon. Viège, comme Brieg, sa voisine, a déjà un certain caractère italien; on devine qu'on est sur le chemin de l'Italie. De grandes maisons blanches, aux fenêtres étroites et aux galeries voûtées, un vieux château assis à côté de l'église, sur un point élevé qui commande tout le bourg, lui donnent un air d'importance et de dignité. *Vispa nobilis,* disent les anciennes chroniques, et en effet un grand nombre d'anciennes familles du Haut-Valais habi-

---

(1) On a fait dériver le nom du Mont-Rose du mot celtique *ros,* signifiant promontoire, et aussi de la configuration de ses cimes, rangées en forme de rose; mais ces étymologies paraissent peu fondées.

taient jadis ce village, déchu aujourd'hui, que menace sans cesse
le fougueux torrent de la Visp, et que le terrible tremblement de
terre de 1855 a ébranlé jusque dans ses fondemens.

La vallée de Saint-Nicolas, dans laquelle on pénètre en quittant
Viège, offre à l'entrée un aspect très riant. La végétation est riche
de couleurs, gracieuse de formes. Sur des terrasses construites en
grosses pierres et disposées en pentes obliques, croissent des vignes. De magnifiques noyers ombragent les vergers et les habitations. Les bouleaux accrochés aux premiers escarpemens agitent
leur léger feuillage au-dessus des touffes épaisses de la sabine,
qui rampe à leurs pieds. Une multitude d'arbustes divers à baies
rouges, l'épine-vinette, le sorbier ordinaire et à gros fruits, l'ar-
gousier à feuilles glauques, parsèment la verdure de leurs perles
de corail. Les sapins et les pins *cembros* couvrent les croupes plus
élevées d'un manteau épais de vert sombre, couronné du blanc
immaculé des neiges éternelles. On voit que la Visp est un torrent
nourri par de puissans glaciers, car elle a enlevé toutes les terres
végétales du fond de la vallée qu'elle occupe dans toute sa largeur.
Par endroits, les flancs écorchés des parois qui l'encaissent offrent
au géologue de curieuses superpositions de roches stratifiées : ce
sont des schistes talqueux et chlorités, bizarrement entrecoupés de
couches de calcaire dolomitique et de serpentine.

Le massif des Alpes valaisanes est constitué presque tout entier
de ces roches mystérieuses dont l'origine est encore mal expliquée
et que l'on a nommées *métamorphiques*. On suppose qu'elles ont
été formées, comme les calcaires et les autres terrains de sédiment,
de matériaux désagrégés et déposés peu à peu au fond des mers,
et que, soulevées plus tard, elles ont pris le grain cristallin qui
les distingue sous l'influence de la chaleur intérieure du globe et
par suite de réactions chimiques inconnues. Elles ressemblent aux
roches d'origine neptunienne en ce qu'elles présentent des feuil-
lets et des lamelles qui indiquent des dépôts opérés sous les eaux,
et d'autre part elles se rapprochent de la contexture des roches
d'origine ignée par l'apparence vitrifiée. Ce sont en deux mots
des sédimens recuits. Quelques savans prétendent cependant que
les roches métamorphiques ne méritent pas ce nom, et qu'elles
ont été formées directement, comme les granits, par la solidifica-
tion de la matière en fusion. L'apparence feuilletée qu'elles présentent proviendrait seulement d'une différence dans le mode de
cristallisation. Les deux roches métamorphiques qui dominent dans
le groupe des Alpes valaisanes sont le mica-schiste et le gneiss. Le
mica-schiste se reconnaît facilement aux paillettes de mica qui brillent au soleil dans le sable des glaciers et qui saupoudrent toutes

les plantes de cette région au point que, même dans les herbiers, on les retrouve encore comme imprégnées d'une légère poussière de diamant. Le gneiss ressemble beaucoup au granit, dont il contient à peu près tous les élémens; mais il est lamelleux et feuilleté au lieu d'être grenu, et l'on n'y distingue pas ces beaux cristaux de quartz et de feldspath qui donnent au granit une texture si reconnaissable.

La première fois que je pénétrai dans la vallée de Saint-Nicolas, elle ne m'apparut pas sous ces couleurs riantes que je lui trouvai plus tard, quand je la revis illuminée et tout étincelante au soleil de midi. Nous étions arrivés à Viège après être entrés la veille dans le Valais par le glacier du Gries, qui ouvre un passage à l'extrémité de la vallée italienne de Formazza. Nous partîmes à six heures pour Stalden; nous avions deux lieues à faire, et en marchant vite on pouvait arriver avant la nuit close, quoiqu'on fût déjà en septembre, et que dans ces gorges dirigées du nord au sud le soleil disparaisse derrière les hautes arêtes longtemps avant de descendre sous l'horizon. Bientôt d'ailleurs le ciel s'obscurcit, de gros nuages tout gorgés d'eau accouraient à notre rencontre et formaient au-dessus de nos têtes un rideau livide qui interceptait les derniers rayons du jour. Quand nous arrivâmes à Neuebrücke, l'obscurité était déjà complète. Neuebrücke est un de ces sites qui présentent au paysagiste un tableau tout fait. Lignes, couleurs, avant-plan, fond, tout est disposé à souhait. On est encore dans la zone moyenne dont l'art peut rendre les aspects, et l'on a cependant des échappées sur ces hautes régions qui attirent l'imagination et que le pinceau peut faire deviner en quelques touches. Un pont hardi franchit la Visp de son léger plein-cintre; il s'appuie des deux côtés sur de magnifiques rochers noirs qu'égaie par endroits le vert tendre des fougères : à gauche, quelques granges en troncs de mélèzes brunis par le temps; à droite, des chalets que surmontent une chapelle et quelques noyers au tronc bas et noueux; au-dessous, le torrent qui écume; tout au fond, des parois abruptes et un coin du glacier de Balferin. Toppfer, dans ses *Nouveaux voyages en zigzag*, a fait un croquis fidèle de ce coin ravissant. Bien entendu nous ne vîmes rien de tout cela en y passant la première fois. La nuit était venue, et la pluie tombait à grosses gouttes, drues et tièdes. De Neuebrücke à Stalden, le sentier suit la rive gauche du torrent. Nous avancions avec précaution, le bâton sans cesse appuyé contre la paroi du rocher que nous avions à notre droite et guidés par cette traînée légèrement lumineuse que les eaux en mouvement projettent toujours dans les ténèbres. Tout à coup il nous sembla entrer dans une caverne. Ces confuses lueurs même disparurent;

nous étions engagés sous une voûte épaisse de verdure et à peu de distance nous entendions le bruit de mille cascatelles et de mille ruisseaux s'écoulant avec rapidité sur les pierres. Il fallait avancer néanmoins, car nous sentions avec nos bâtons que le chemin se dirigeait de ce côté. Encore quelques pas, et nous nous trouvâmes au milieu même de ces chutes d'eau qui tombaient tout autour de nous et qui nous mouillaient jusqu'aux os de leurs rejaillisse- mens. Où étions-nous? Comment le sentier que nous suivions nous avait-il conduits sous cette cascade, qui nous barrait le chemin? La position devenait critique. Partout de l'eau menant grand bruit dans les ténèbres, à nos pieds sous forme de petits torrens, et sur nos têtes en cascatelles, sans compter celle qui tombait du ciel à flots. Nous étions comme sous une écluse, et le lieu semblait mal choisi pour y passer la nuit après une rude journée de marche. Nous allions tenter de retourner sur nos pas à tâtons, quand apparut une lumière éclairant vaguement, à travers les nappes humides, des chalets qui paraissaient abandonnés : nous devions être à Stal- den; mais Stalden était-il donc posé au milieu d'une cataracte? Je hélai la lumière; elle disparut comme un feu follet. Nous sa- vions du moins où nous étions et nous avançâmes bravement à tra- vers le torrent d'eau qui nous inondait et nous perçait de part en part. Enfin voici une fenêtre éclairée; nous frappons, on ouvre, et nous nous réfugions dans la bonne petite auberge rustique *Zur Traube*, un vrai chalet en grosse charpente de mélèze. Un bon feu, un souper suffisant et un lit quelconque après un bain forcé, voilà ce dont un voyageur à pied peut seul apprécier les délices. Le lendemain, j'eus l'explication de ces cascades qui nous avaient tant étonnés et si bien trempés. Un ruisseau gonflé par l'averse traversait la rue principale, et toutes les gouttières y lançaient les flots d'eau qui tombaient du ciel.

Par le beau temps, Stalden est un village charmant enfoui dans les noyers et dans les vignes que l'on conduit en gracieux festons tout autour des chalets. Près de la fontaine publique, on remarque un cep dont le tronc a plus d'un pied de diamètre. C'est le der- nier endroit où croît la vigne. A Stalden, la vallée se bifurque. Par la gauche, on va à Saas et au col du Monte-Moro, par la droite à Zermatt et au col du Théodule, et des deux côtés on passe en Italie en franchissant le niveau des neiges permanentes. L'arête qui sé- pare les deux bras de la vallée se redresse en un gigantesque rem- part qui, dans ses pics les plus élevés, atteint à peu près la hauteur du Mont-Rose lui-même. Cette crête magnifique, le Saasgrath, est formée par une série de sommets qui l'emportent sur les plus fières cimes du reste de la Suisse. Après le Balferin viennent à la suite

les deux dents aiguës du Mischabel (14,020 et 14,032 pieds), l'Al-
lelinhorn (12,498 pieds), le Rympfischhorn (12,905 pieds), et le
Strahlhorn (12,966 pieds). Ce puissant contre-fort se soude au
Mont-Rose par la *Cima-di-Jazzi* (13,240 pieds), et les neuf sommités de la montagne principale semblent n'être que le prolongement de la même ligne de faîtes, car elles se trouvent placées dans
la même direction, du nord au sud, coupant à angle droit la grande
ride des Alpes valaisanes. Les neiges qui couvrent tout le haut de
l'éperon du Saasgrath s'épanchent dans les deux vallées parallèles,
que la montagne divise, et forment douze glaciers qui gonflent de
leurs eaux les deux bras de la Visp. Ceux-ci se réunissent près de
Stalden dans un abîme de 400 pieds de profondeur, que franchit un
pont vertigineux.

Au sortir de Stalden, le sentier qui conduit à Zermatt s'élève sur
la hauteur de droite. Il est impossible de suivre les bords du torrent, car il coule dans une fente étroite où il disparaît. Le caractère de la vallée change complétement. Elle n'a plus de fond; les
deux pentes opposées se rejoignent en formant un angle tout à fait
aigu : ce n'est plus qu'une fissure produite par une immense dis-
location de la croûte solide du globe. Un village s'est cependant
accroché à cette déclivité abrupte : c'est Emd, dont le clocher blanc
se détache sur les masses sombres des rochers et des pins. La situation de ce village a donné lieu à un proverbe caractéristique. Les
coqs d'Emd, dit-on, ne peuvent s'y tenir qu'armés d'éperons, et
quand le chapeau du curé est enlevé par le vent, il roule dans la
Visp.

En deux heures et demie de marche, on arrive de Stalden à Saint-
Nicolas, le village principal de la vallée. Il a beaucoup souffert du
tremblement de terre de 1855. Toutes les maisons de pierre furent
renversées et plusieurs chalets en bois dévorés par l'incendie. D'immenses blocs de rocher détachés des hauteurs qui dominent le hameau ont failli l'écraser dans leur chute : on les voit encore à moitié
enfouis dans le sol tourbeux des prairies voisines. Quelques-uns ne
se sont arrêtés qu'à une vingtaine de mètres des habitations. Pendant quatre ans, les ébranlemens du sol se sont prolongés. Partout
ces phénomènes géologiques troublent profondément l'homme, qui
croit qu'il va être englouti dans les abîmes de la matière en fusion;
mais ils sont bien plus terribles dans les gorges de montagnes, où
des parois entières peuvent se détacher et tout anéantir. A différens
endroits, on distingue encore aujourd'hui les éboulemens qui ont
interrompu le sentier et qui forcent le voyageur à chercher un passage sur l'autre rive du torrent. Ceux qui ont assisté à cette formidable convulsion de la nature en ont conservé une ineffaçable im-

pression. C'était, a raconté l'un d'eux (1), un spectacle dont il est impossible de se faire quelque idée. Le sol tremblait comme s'il eût voulu s'entr'ouvrir; un tonnerre souterrain et continu dominait la voix tumultueuse de la Visp. La pluie tombait, et un opaque rideau de nuages donnait à la vallée entière une apparence de lugubre mystère. Cachées aux regards par les vapeurs, les cimes des montagnes retentissaient de roulemens rauques et d'éclatantes détonations. Les rochers, précipités dans les gorges, se heurtaient et se brisaient avec un bruit effroyable ou s'élançaient en sifflant à travers la route. « De Saint-Nicolas à Stalden, dit un autre témoin oculaire de ce bouleversement, j'ai couru sans regarder ni devant ni derrière moi. Je me figure que c'est ainsi qu'on s'élance à un combat. A chaque instant, il me fallait d'un saut franchir une échancrure faite au sentier. A tout moment, je voyais passer une avalanche de pierres ou bondir un rocher. » Nous considérons la terre comme un domaine définitivement acquis; mais le sol qui tremble et s'entr'ouvre nous avertit que nous vivons seulement dans l'intervalle de repos qui s'écoule entre deux grandes convulsions géologiques.

Deux lieues et demie plus loin, on arrive à Randah, dont la position est une des plus extraordinaires qu'on connaisse. Situé à 4,400 pieds au-dessus du niveau de la mer, ce village est dominé à droite et à gauche par deux pics de 14,000 pieds de haut, — d'un côté le Mischabel, de l'autre le Weisshorn, — de sorte qu'il se trouve au fond d'un ravin dont les deux parois ont environ 9,500 pieds de hauteur. Rien n'indique ces prodigieux escarpemens, qu'on ne rencontre peut-être nulle part ailleurs. Les maisons sont disséminées au milieu d'une verte prairie, et l'on est si près des deux contre-forts qu'on n'en aperçoit pas les sommets. On voit seulement un glacier suspendu au-dessus de la Visp à une formidable hauteur, avec un angle d'inclinaison d'environ 40 degrés. On comprend aussitôt que c'est là l'ennemi qui chaque jour menace, véritable épée de Damoclès dont la chute peut tout anéantir, car, comme on le sait, ces torrens congelés se meuvent et descendent sans cesse, et l'on s'explique à peine que celui-ci ne glisse pas sur une pente aussi raide. Déjà deux fois cela est arrivé. En 1636, le glacier du Weisshorn tomba et écrasa le village. En 1819, le 27 décembre, une partie de ce même glacier se détacha et roula dans la vallée. Randah ne fut pas atteint par ses débris; mais la commotion de l'air fut si violente et la pression de l'atmosphère si forte que les habitations, les chalets, les granges, furent enlevés comme par une trombe et transportés, tout disloqués, à une grande distance. Non loin de Randah, on peut

(1) Voyez la *Bibliothèque universelle de Genève,* tome XXX (1855).

visiter un endroit appelé Wildi, où les eaux qui viennent du glacier de Kien coulent parmi d'énormes blocs de pierre. D'après la tradition, ces masses, descendues des sommets du Mischabel, auraient enseveli tout un village sans que personne pût s'en échapper.

Après qu'on a dépassé Täsch et les petits torrens qui s'écoulent du Täscher-Gletscher, la vallée se resserre encore davantage. De sombres forêts de pins couvrent les flancs du défilé. La Visp mugit et se brise au fond d'un abîme où elle disparaît aux regards. La gorge semble sans issue. Enfin on traverse un pont en mélèze qui tremble sous vos pas, et on aperçoit le clocher aigu de Zermatt et ses deux grands hôtels au milieu d'une magnifique pelouse verte. Quand nous y arrivâmes, je cherchai à découvrir la pyramide du Cervin (en allemand *Matterhorn*), dont j'avais examiné à Genève les belles photographies. Je voyais s'élever au-dessus du village une immense paroi de rocher dont la crête, horizontale comme celle d'un mur, était couverte d'une épaisse corniche de neige. Une grande masse noire sortait de cette corniche blanche, mais qu'elle était loin de ce que j'attendais! Le ciel n'était pas tout à fait pur; il n'y avait point cependant de nuages assez épais pour cacher un sommet aussi rapproché que devait l'être le Cervin. Je crus à une déception, quoique l'aspect des œuvres de la nature en réserve moins que la vue des monumens.

Le lendemain, un soleil radieux m'appelle de bonne heure à la fenêtre, et enfin la voilà devant moi, la glorieuse pyramide dardant au plus profond du ciel bleu sa cime aiguë. Je l'admirai, pénétré de je ne sais quel indéfinissable sentiment mêlé de respect et de crainte. L'ingénieux critique anglais Ruskin [1] prétend que le Cervin est le type idéal de la montagne, tant sa forme a de grandeur et d'harmonie. Nul sommet ne répond mieux, il faut en convenir, à l'idée qu'on se fait d'une montagne, et quand on l'a vu, son profil dur et fier se grave dans la mémoire en traits ineffaçables. Les autres sommités, la Jungfrau, le Mont-Rose, le Mont-Blanc, ne sont que les points culminans d'une haute arête qu'ils ne semblent guère dépasser, et d'abord il faut les chercher pour les reconnaître. Le Cervin au contraire s'élance dans les nues, isolé et dominant de plus de six mille pieds les champs de neige qui s'étalent à sa base. On a donné à certains pics aigus le nom de *dent*; nul ne le mérite mieux que lui. Il ressemble à une dent canine, à un croc de bête fauve, ou plutôt encore à ces dents de squales antédiluviens qu'on trouve dans les terrains de la période secondaire. On dirait une vague de la mer primordiale de granit en fusion, soulevée dans

_____

[1] Voyez, au sujet des travaux d'esthétique de M. Ruskin, la *Revue* du 1ᵉʳ juillet 1860.

les airs et solidifiée au moment où elle allait retomber en volute.
Elle ne se relève pas en étages successifs : elle jaillit. C'est un obélisque triangulaire de 13,800 pieds de hauteur, si effilé, si abrupt,
que la neige ne peut s'y déposer, sauf sur les moulures horizontales
qui marquent les strates superposées. La crête concave de ce pic
étrange surplombe, et les deux arêtes qui en dessinent le profil dé-
chiqueté forment un angle très aigu. Le Cervin paraît complètement inaccessible. Rien qu'à le regarder, on éprouve le vertige. Solitaire et farouche, il semble défier l'homme de jamais poser le pied
sur son front inviolé, que l'aigle seul peut effleurer d'un coup d'aile.
Ses flancs sont teints de couleurs variées. Jusque près de la cime,
ils sont d'un vert noirâtre, rayé des blanches stries de la neige attachée aux saillies parallèles des couches. Dans la partie supérieure,
le gneiss et le mica-schiste prennent des tons bruns, isabelle et rou-
geâtres en raison des molécules ferrugineuses qui s'oxydent à la
surface. Par endroits, des serpentines schisteuses et des chlorites
dessinent des voûtes d'un vert clair et vif dans la paroi brune où
elles paraissent avoir été injectées. La nuit, ces nuances s'effacent,
et il ne reste qu'un cône noir, dont la silhouette seule se dessine;
mais cette masse est peut-être encore plus belle alors, quand,
sombre et menaçante parmi les neiges argentées des glaciers environnans, elle surgit isolée dans son implacable majesté (1).

Si l'on demandait aux géologues à quoi ressemble le Cervin, j'imagine qu'ils répondraient volontiers à un immense point d'interrogation. Et en effet quelle est l'origine de cette prodigieuse pyramide?
Comment s'est-elle formée? Quel agent a sculpté ses parois à pic
et aiguisé son sommet en fer de lance? Quelle force a pu découper
si nettement ces murailles perpendiculaires? On serait tenté, je le
répète, de croire que c'est un jet de matière liquéfiée lancée du sein
du globe et pétrifiée en un prisme immense; mais au flanc de la montagne on aperçoit les lignes de stratification et les couches de différentes couleurs qui la constituent. Ces couches sont même presque
horizontales et plongent vers le sud sous un angle très peu incliné.
La montagne n'est donc pas formée, comme beaucoup d'autres hauts
sommets tels que le Mont-Blanc, le Finsteraarhorn ou le Weisshorn, de masses redressées et reposant sur leur tranche. Alors faudrait-il admettre avec les partisans du système de l'érosion, et ainsi
que le soutient M. Tyndall, que ce sont les influences atmosphéri-
ques et l'eau qui, en creusant les vallées, ont aussi enlevé peu à

(1) Du côté du nord, il est absolument impossible même d'essayer de gravir le Cervin; du côté du sud, cettte montagne se rattache à la grande arête du centre par des
pentes moins verticales. Aussi est-ce de ce côté qu'un Anglais, M. Tyndall, a tenté
récemment de l'aborder.

peu la masse énorme de matériaux par lesquels le Cervin se reliait d'abord aux montagnes voisines? Cette double action expliquerait-elle l'isolement de l'énorme pyramide? Pour effriter la roche cristalline, pour la désagréger lentement et pour emporter tous les débris de ce lent travail de décomposition, dont il n'y a plus trace aujourd'hui, il faudrait des millions d'années sans doute; mais quand il s'agit de phénomènes des époques géologiques, le temps ne manque point, et pour la commodité des hypothèses on peut prendre sans invraisemblance des myriades de siècles dans les abîmes sans limites du passé. Aussi n'est-ce point là réellement la difficulté qui empêche d'appliquer au Cervin la théorie de l'érosion. Ce qui s'y oppose, semble-t-il, c'est la forme même de ce cône sans pareil. Pour se rendre compte du relief que les eaux peuvent donner au sol, il suffit d'examiner l'effet qu'elles produisent sur les terrassemens nouveaux. L'eau, en s'écoulant, creuse un petit vallon central; à droite et à gauche, elle ouvre des rainures latérales, lesquelles à leur tour reçoivent des deux côtés de petits creux, et toutes ces ramifications ressemblent un peu aux divisions multiples de certaines feuilles de fougère. Il paraît donc incontestable que les eaux achèvent de dessiner le relief du globe en modelant les vallées, les ravins, les gorges et les petits replis où descendent maintenant ruisseaux, torrens, rivières et fleuves. Toutefois, l'effet invariable de l'érosion étant d'arrondir les aspérités, d'adoucir les pentes, de niveler les inégalités, on comprendrait difficilement qu'elle ait pu tailler ces murs à pic, que l'on dirait coupés au fil d'une gigantesque épée. Une autre explication paraît plus plausible. Le Cervin, les crêtes du Mont-Rose et les montagnes voisines auraient constitué d'abord un immense massif de roches métamorphiques, un vaste plateau soulevé à une hauteur de 14,000 pieds au-dessus du niveau de la mer. Plus tard cette voûte solide, reposant sur le noyau en fusion du globe, se serait fracturée et disloquée par suite du retrait amené par le refroidissement. Elle se serait divisée en morceaux d'étendue inégale, en *voussoirs* énormes ayant chacun un mouvement libre et indépendant. Quelques-uns de ces voussoirs seraient restés en place en se relevant légèrement du côté du nord, comme l'indique la pente des couches qui inclinent vers le sud-ouest, sous un angle d'environ vingt degrés. D'autres pièces de l'écorce terrestre se seraient affaissées, ouvrant ainsi de profondes vallées et laissant à nu les parois perpendiculaires du Cervin et les pentes abruptes du Mont-Rose. Ces sommets majestueux seraient donc les ruines d'un soulèvement primordial opéré par la force élastique du feu intérieur et modelé ensuite dans ses formes actuelles par l'action séculaire de l'air et des eaux. Tel est à peu près le système que propose le savant professeur Studer dans son ouvrage classique sur la géologie de la Suisse, et à moins que de nouvelles découvertes ne viennent le renverser, c'est celui qu'on accepte le plus volontiers après une étude de la question faite sur les lieux.

II.

De Zermatt même, on n'aperçoit parmi toutes les montagnes qui entourent la vallée que le Cervin. Les premières croupes boisées sont déjà si hautes qu'elles dérobent complètement les plus hauts sommets. Pour bien en saisir l'ensemble, il faut monter au Gorner-Grat. Le Gorner-Grat est une arête latérale qui sort du contre-fort principal du Saaser-Grat à la Cima-di-Jazzi, et qui descend vers Zermatt parallèlement au massif du Mont-Rose. On s'élève d'abord doucement par de beaux pâturages le long du torrent qui sort du grand glacier de Gorner. Bientôt on entre dans une magnifique forêt de mélèzes et de pins cembros. Leurs vieux troncs tordus et ravagés par les ans s'accrochent aux rochers par d'immenses racines qui suivent dans les crevasses les veines de terre végétale. Une montée rapide conduit aux chalets d'Augstkumme, où la végétation arborescente cesse vers 6,500 pieds d'altitude. Là commence le pâturage alpestre. Par un sentier en zigzag, on gravit la croupe où le propriétaire de l'hôtel du *Mont-Rose*, M. Seiler, a bâti une succursale de sa maison à 7,500 pieds au-dessus du niveau de la mer, c'est-à-dire à 2,000 pieds plus haut que le fameux Rigi-Culm. On y est aussi bien que dans la vallée, c'est-à-dire parfaitement, et le confort de la vie civilisée, transporté sur ces sommets, aux limites des frimas éternels, est tout autrement apprécié qu'au sein des grandes villes.

De l'hôtel du Riffel, il faut encore une heure et demie de montée par des pentes assez douces où fleurissent les dernières plantes alpines pour arriver au plus haut point du Gorner-Grat, à 9,759 pieds. Le panorama qui se déroule alors à la vue est écrasant de grandeur, et il surpasse incomparablement les aspects les plus vantés qu'offrent les autres parties des Alpes. Pour s'en faire une idée, qu'on se figure la vallée de Chamounix remplie tout entière d'une énorme mer de glace qui, partant du col de Balme, recevrait tour à tour les divers glaciers qui descendent du massif du Mont-Blanc. Ici, entre la grande chaîne du Mont-Rose et l'arête du Gorner-Grat, sur laquelle se trouve le spectateur, s'ouvre une gorge de quatre lieues de longueur et d'une lieue de largeur. A l'est, elle commence au passage du Weissthor, le col le plus élevé de l'Europe, et elle finit, à l'ouest, près de Zermatt, où elle débouche dans là vallée de la Visp. Tout le fond de cette gorge est occupé par la mer de glace du Gorner, qui reçoit des sommets environnans neuf glaciers, rivières solidifiées, mais mouvantes, reconnaissables, même après qu'elles se sont réunies au fleuve principal, par les moraines qu'elles entraînent avec elles. Voici l'aspect de la crête splendide qu'on a devant soi en regardant vers le sud : à gauche, dominant le col du Weissthor, s'élève, au-dessus d'une vaste plaine de neige d'une pente très douce, un petit cône parfaitement blanc : c'est la Cima-di-Jazzi, nœud de jonction de la chaîne centrale des Alpes et des deux éperons qui l'arc-boutent au sud et au nord. Au-delà de la Cima-di-Jazzi, la crête s'abaisse de nouveau en un col qui est l'ancien Weissthor, aujourd'hui abandonné à cause des dangers qu'il présente. Une immense paroi de rochers noirs surgit ici des neiges et soutient une puissante masse à double cime : c'est là le Mont-Rose, avec deux de ses neuf sommets, les seuls visibles du côté du Valais, la Nord-Ende et la Hochste-Spitze, dont la première mesure 14,153 pieds, et la seconde 14,284. Vient ensuite une nouvelle dépression d'où descendent en cascades congelées les flots éblouissans d'un glacier, le Gränz-Gletscher. Plus loin, une coupole arrondie, presque toute couverte de neige, et les deux pics argentés qui l'accompagnent s'appellent le Lyskam (13,874 pieds) et les Jumeaux. Après un large relèvement, amas énorme de rocs et de glaces qu'on a très bien nommé le Breithorn (la Large-Corne), la ligne de faîte s'abaisse brusquement et forme le col de Saint-Théodule, par où l'on passe en Piémont en s'élevant à 10,322 pieds et en marchant pendant cinq heures sur le glacier. Le Cervin, toujours incomparable, ferme de ce côté le défilé de ces colosses. En se retournant, on aperçoit encore les points culminans des deux contre-forts qui encadrent la vallée de Zermatt, le Mischabel et le Weisshorn, et au loin les plus hautes cimes des Alpes bernoises détachent leur profil éclatant sur l'azur foncé du ciel. La vue de ce cirque immense de hautes montagnes produit une impression profonde, et ce qui l'augmente encore, c'est l'isolement du lieu où l'on se trouve. On domine le glacier à pic d'une hauteur d'environ 1,500 pieds; il est là, étalé à vos regards, comme une carte topographique. On peut compter ses crevasses, les blocs de ses nombreuses moraines médianes, les petits ruisseaux qui coulent à la surface comme des filets d'argent, et de temps en temps on entend les craquemens sourds qui annoncent que la masse poursuit lentement son mouvement de descente. Chose singulière, je vis là plusieurs personnes regarder du haut de cette paroi verticale le précipice où le moindre faux pas les aurait inévitablement jetées, sans éprouver aucun vertige, quoiqu'elles ne pussent monter au sommet d'une tour sans en ressentir de très violens. Sans doute l'immensité des objets qui vous entourent diminue la proportion des abîmes au fond desquels on plonge les regards. L'œil habitué à des élévations de plusieurs milliers de mètres ne s'effraie plus d'une hauteur même perpendiculaire d'un millier de pieds. J'en ai fait moi-même l'expérience dans la Suisse saxonne, au haut du rocher de la Bastei, qui ne surplombe l'Elbe que de 1,100 pieds : j'y éprouvai un sentiment de malaise que je n'avais jamais ressenti dans les Alpes au sommet d'escarpemens bien autrement formidables.

Quoique le Corner-Grat ait près de 10,000 pieds de haut, les dalles désagrégées du gneiss qui le constituent sont souvent dégagées de neige pendant les mois de juillet et d'août. Cela tient au niveau très élevé de la zone des neiges permanentes dans tout le massif du Mont-Rose. Du côté du Valais, cette zone commence à une altitude environ de 9,000 pieds, et sur le revers italien elle ne descend guère plus bas que 9,200 ou 9,300 pieds. Il en résulte qu'on trouve ici des chalets d'été à une altitude exceptionnelle dans les Alpes. Les chalets de Gabiet, près du col d'Ollen, sont situés à 7,300 pieds, — ceux de Felik, aux bords du Lys-Gletscher, à 7,800 pieds, et ceux de Fluh-Alp, au-dessus de Zermatt, près du glacier de Findelen, à 7,942 pieds. Dans le village même de Zermatt, la température moyenne est déjà rude; elle ne s'élève pas même à 5 degrés du thermomètre centigrade. Ce n'est pas que le froid soit extraordinairement vif l'hiver, mais il dure longtemps. La terre est couverte de neige durant six mois, du 1er novembre au 1er mai. La première coupe de foin se fait d'ordinaire vers le 1er juillet. Le seigle ne mûrit pas avant le 20 août et l'orge avant le 1er septembre. La limite extrême des céréales va jusqu'à 6,100 pieds sur les croupes qui dominent immédiatement Zermatt, et celle des conifères à environ 6,900 pieds. Toute végétation cependant ne s'arrête point là; quelques plantes phanérogames montent encore bien plus haut et croissent à plus de 2,000 pieds au-dessus du niveau des neiges éternelles. Les frères Schlagintweit en ont trouvé plus de dix espèces sur une paroi de rocher, au passage du Weissthor, à 11,138 pieds, et quelques-unes encore au-delà, sur une arête de gneiss, aux pentes mêmes du Mont-Rose, à 11,462 pieds, c'est-à-dire à plus de 2,000 pieds plus haut que la cabane des Grands-Mulets, aux flancs du Mont-Blanc. Ces petites plantes ont de fortes racines qu'elles enfoncent dans les fissures des rochers et un gros collet, entouré souvent d'une sorte de bourre, qui protège la vie végétative. Pendant leur été de deux mois, elles se hâtent de fleurir et de mûrir leurs graines, puis elles s'endorment pour dix longs mois sous un épais manteau de neige. Sur les hauteurs où elles croissent, la température moyenne de l'année est de — 7 degrés, celle même de l'été est de — 1 degré. Pendant le jour, ces plantes, douées d'une vitalité si étrange, absorbent avidement la chaleur intense que développe la réverbération du soleil contre les parois où elles s'accrochent; mais toutes les nuits il gèle, et il faut qu'elles aient une constitution bien robuste pour résister à ces variations extrêmes de température, même pendant la floraison. Parmi ces derniers représentans de la vie végétale dans la région des glaces éternelles, on remarque la chrysanthème alpine, la renoncule glaciale, deux espèces de saxifrages, le seneçon à fleur unique, deux gentianes et la silène acaule (1). Bien plus haut que les plantes à fleurs visibles, on trouve encore quelques cryptogames (2) qui sont comme la moisissure des rochers, auxquels ils donnent les plus belles teintes. On en a reconnu au sommet du Mont-Rose, et jusqu'à ce jour on ne sait pas encore au-delà de quelle limite ces végétations inférieures cessent de rencontrer les conditions nécessaires à leur sourde existence.

On peut choisir Zermatt comme le meilleur point de départ pour des excursions variées dans la région des Alpes pennines qui est dominée par le Mont-Rose. Veut-on connaître les grands aspects et goûter les profondes impressions dont on jouit sur les hauts sommets sans tenter la rude entreprise d'une ascension à la cime principale, on peut gravir la Cima-di-Jazzi, d'une hauteur de 13,240 pieds, qui dépasse ainsi les plus hauts points des Alpes bernoises et même le Finsteraarhorn, ce pic redouté qu'on n'a escaladé que trois ou quatre fois. L'excursion à la Cima-di-Jazzi ne présente aucun danger. Néanmoins, pour la faire, il faut disposer des forces nécessaires à une marche de huit à neuf heures sur la neige, tantôt durcie par les gelées de la nuit, tantôt amollie par les rayons du soleil, et il est indispensable de porter un voile vert ou des lunettes bleues, si l'on veut éviter l'inflammation produite par l'insupportable éclat de l'immense névé sur lequel on s'élève. On va coucher à l'hôtel du Riffel, et l'on part à trois heures du matin, afin de faire la montée avant que la neige ne soit trop molle. Au sommet, on a la même vue qu'au Gorner-Grat; mais ce qui augmente singulièrement l'effet, c'est qu'on plonge à pic sur le cirque de Macugnaga, qui

(1) Voici le nom des plantes trouvées par MM. Schlagintweit au passage du Weissthor : *Gentiana imbricata, Ranonculus glacialis, Senecio uniflorus, Saxifraga muscoides et compacta, Eritrichium nanum, Chrysanthemum alpinum, Poa alpina et P. laxa.*

(2) *Parmelia elegans* et *P. muralis, Cetraria nivalis* et *Umbilicaria virginis,* ainsi nommée parce qu'on l'a trouvée au sommet de la Jungfrau.

s'ouvre sous vous à une profondeur de 9,000 pieds. La Cima-di-Jazzi est le seul endroit des Alpes où l'on puisse monter aussi haut avec aussi peu de périls et de fatigues. Il est une autre ascension plus facile et qui offre également une vue admirable, c'est celle d'un cône de rochers qui s'élève au pied du Cervin, le Hornli. A l'endroit où la vallée de Zermatt vient s'arrêter à la base de la grande arête des Alpes valaisanes, elle se bifurque, et ses deux branches, détachées à angle droit comme celles d'un T, se dirigent l'une à l'est, l'autre à l'ouest. Le fond de la première est occupé par le grand glacier de Gorner avec ses neuf affluens, et le fond de la seconde par le glacier de Zmutt, qui reçoit aussi sept affluens. Le Hornli est le point culminant du promontoire qui s'avance entre ces deux mers de glace. Le glacier de Gorner est le plus grand des Alpes après celui d'Aletsch : il mesure en superficie 50 millions de mètres carrés. On a constaté qu'il avance tous les ans d'environ une trentaine de pieds. La masse entière est poussée en avant (1) et gagne du terrain sur le beau pâturage où l'extrémité aboutit. Le glacier agit comme le soc d'une immense charrue écorchant la terre végétale et rasant les chalets qu'il rencontre. Toute la partie inférieure se hérisse en aiguilles magnifiques teintées de ce bleu verdâtre dont il est impossible de rendre la douceur. Le torrent, formé par la fonte des neiges, sort d'une voûte de glace, comme l'Arveiron et le Rhône. L'altitude est de 5,672 pieds au-dessus du niveau de la mer. Le glacier de Grindelwald descend jusqu'à 3,940 pieds, et celui des Bois à Chamounix à 3,440.

Tandis que le glacier de Gorner ne porte presque point de débris de rochers sur ses vagues transparentes, le glacier de Zmutt en est tout couvert. M. Ruskin en a parfaitement rendu l'aspect. « Pendant trois milles, dit-il, toute sa surface disparaît sous une couche de blocs de gneiss rougeâtre et d'autres roches cristallines feuilletées, les uns tombés du Cervin, les autres descendus du Weisshorn ou de la dent d'Erin. Ces pierres peu usées couvrent la glace d'une sorte de macadam de quatre à cinq pieds d'épaisseur. A mesure qu'on monte, la glace apparaît et s'étend en larges plaines blanches et en vallons à peine coupés de crevasses, sauf immédiatement sous le Cervin; elle forme alors une sorte d'avenue silen-

---

(1) Tous les glaciers se meuvent et descendent la pente du terrain sur lequel ils reposent avec une vitesse très appréciable; mais à mesure qu'ils atteignent une zone moins élevée et plus chaude, l'extrémité se fond peu à peu. Si la fonte détruit plus de glace que le mouvement de descente n'en amène, le glacier recule; dans le cas contraire, il avance. Certains glaciers avancent et reculent alternativement par périodes à peu près égales, comme le glacier d'Allelin dans la vallée de Saas. Tous gagnent du terrain pendant les années froides et en perdent durant les années chaudes.

cieuse et morne, pavée tout entière de marbre blanc, assez large pour livrer passage à une nombreuse armée, mais muette comme la voie des tombeaux dans une cité morte et bordée des deux côtés de gigantesques falaises d'un rouge effacé, qui semblent dans l'éloignement aussi aériennes que le ciel d'un bleu foncé sur lequel elles se détachent. Toute la scène est si immobile, si éloignée non-seulement de la présence de l'homme, mais même de sa pensée, si destituée de toute vie végétale ou animale, si incommensurable dans sa splendeur solitaire et dans la majesté de la mort, qu'on croirait voir un monde d'où l'homme a disparu depuis longtemps et où les derniers des archanges, après avoir élevé ces grandes montagnes comme leurs monumens funéraires, se sont couchés pour jouir de l'éternel repos, chacun enveloppé d'un blanc linceul. »

III.

Maintenant qu'on connaît l'aspect que présente le groupe central des Alpes pennines, il faut voir par quelle série d'efforts persévérans et d'entreprises périlleuses on est parvenu à en gravir les derniers sommets, à mesurer la hauteur, à mieux saisir la configuration et la constitution géologique de ces monts.

Dans la vallée de Zermatt, le Mont-Rose avait toujours été considéré comme inaccessible. Pour la première fois, le 13 août 1847, deux professeurs français, MM. Ordinaire et Puiseux, de Besançon, essayèrent d'en atteindre le sommet. Ils allèrent coucher le premier jour de l'autre côté du glacier de Gorner, à un endroit appelé *Ob dem See*, près d'un petit lac formé par l'eau des neiges fondues dans un entonnoir de glace vive. Le second jour, ils atteignirent l'arête élevée qui réunit la cime la plus septentrionale, la *Nord-Ende*, à la cime la plus élevée, la *Höchste-Spitze*. Ils étaient alors à une hauteur d'environ 14,000 pieds; mais là se dressait devant eux un dernier cône à parois presque verticales qu'ils n'essayèrent même point de gravir. Les premiers qui parvinrent à escalader cette formidable pyramide furent les guides qui accompagnèrent M. le professeur Ulrich, de Zurich, le 12 août 1848. En 1849, M. Ulrich et le savant géologue M. Studer essayèrent d'atteindre la cime de la Nord-Ende, qu'ils croyaient plus abordable. Ils arrivèrent sans accident à la crête où s'étaient arrêtés MM. Puiseux et Ordinaire. Après quelques momens de repos, ils se mirent en marche en suivant l'arête étroite qui seule pouvait les conduire au sommet de la Nord-Ende. Des deux côtés, un effroyable abîme s'ouvrait, et, pour se retenir en cas de chute, tous s'étaient attachés à une même corde. Le guide le plus brave et le plus expérimenté, Jean Madutz, s'avançait en tête. Bientôt il fallut tailler à coups de hache des marches dans la glace glissante et dure. Quoique le ciel fût splendide, le froid était très vif, et de temps à autre le vent soufflait par rafales furieuses. Pas à pas, lentement et avec les plus grandes précautions, on se rapprochait du but; mais il arriva un moment où les mains engourdies de Madutz ne purent plus tenir la hache. Sans entailler la glace, il était impossible d'aller plus loin sur un faîte plus aigu que celui d'un toit d'église gothique. Force fut donc de renoncer à l'audacieuse entreprise.

Les premiers représentans de la science qui atteignirent la Höchste-Spitze furent MM. Adolphe et Hermann Schlagintweit, bien connus par leurs beaux travaux sur les montagnes de l'Himalaya. Ils partirent de Zermatt le 21 août 1851, et allèrent passer la nuit sur le pâturage à moutons de Gadmen, situé à l'altitude de 8,475 pieds, aux bords du glacier de Gorner, juste en face des pentes neigeuses du Mont-Rose. C'est là aussi qu'avaient bivouaqué MM. Ulrich et Studer. Des tiges desséchées de rhododendron permirent d'entretenir du feu pendant la nuit. Le ciel était d'une pureté admirable, et le thermomètre descendit à 3 degrés au-dessous du point de congélation. Trois guides accompagnaient les deux savans. A quatre heures du matin, on était déjà en marche. Le glacier de Gorner n'offrant pas de grandes crevasses en cet endroit, on le franchit sans difficulté. Après avoir dépassé le petit lac creusé au pied même des déclivités glacées du Mont-Rose, il fallut aborder celles-ci. Elles sont traversées par de longues et profondes crevasses; l'expédition les franchit sur les ponts fragiles que forment les neiges durcies au-dessus de ces gouffres béans. A mesure qu'on montait, l'inclinaison devenait plus forte et la marche plus fatigante. Bientôt d'énormes masses de glaces et de neiges, des *séracs*, comme on les appelle à Chamounix, semblèrent barrer le passage. C'étaient les débris d'épouvantables avalanches récemment tombées des parois abruptes de la Nord-Ende. On parvint à franchir ce dangereux passage, tantôt en rampant sous les voûtes de ces ruines branlantes, tantôt en gravissant les blocs de glace la hache à la main. On approchait du haut du névé, quand tout à coup le guide qui marchait en tête tomba dans une crevasse. Grâce à la corde qui rattachait tous les voyageurs les uns aux autres, on parvint à le sauver; mais la commotion avait été si forte qu'il eut de la peine à se remettre. A dix heures du matin, on atteignit la crête où s'étaient arrêtés MM. Ulrich et Studer. Restait à escalader la dernière pyramide, qui dominait encore ce faîte de 348 pieds. C'était une rude entreprise, qui exigeait la force et l'adresse d'un chasseur de chamois et une tête à l'abri du vertige. La paroi était à peu près verticale. On de-

vait s'y hisser en se servant des mains autant que des pieds, avec
un précipice effroyable à droite et à gauche. Les rochers auxquels
on s'accrochait étaient couverts de glace, qu'il fallait faire sauter à
coups de hache afin d'y trouver quelque prise. Les voyageurs furent même réduits à se faire des points d'appui momentanés en en-
fonçant les ciseaux dont ils étaient munis dans les fentes des pierres.
On peut imaginer les difficultés de cette dernière escalade en songeant qu'il leur fallut deux heures d'efforts incessans pour s'élever
de 300 pieds. Enfin ils arrivèrent au sommet quelques minutes
après midi. Ils virent alors qu'ils n'avaient pas encore atteint la
toute dernière cime, la *Aller-höchste-Spitze,* qui les dominait d'une
vingtaine de pieds, et qui de ce côté semblait complétement inabor-
dable.

Le sommet où ils se trouvaient avait à peine quelques mètres
carrés : les parois de mica-schiste plongeaient à pic de tous côtés,
sauf vers l'arête aiguë qu'ils avaient gravie. L'altitude était de
4,640 mètres ou 14,283 pieds. Le thermomètre marquait cinq degrés
au-dessous de zéro. Le ciel était parfaitement clair, et cependant les
plaines de la Lombardie se perdaient dans une brume bleuâtre qui
empêchait de distinguer les localités. On n'apercevait le fond d'aucune vallée, sauf les beaux pâturages de Macugnaga à une profondeur presque verticale de 10,000 pieds. On y distinguait les chalets
et les sapins, mais réduits à des proportions microscopiques par la
distance. Tout autour s'élevait une quantité innombrable de sommités semblables aux vagues d'une mer pétrifiée, plus basses vers
le sud, mais groupées vers le nord en un prodigieux massif que ter-
minaient les pics du Mischabel et du Weisshorn. Du Mont-Blanc à
l'Ortlerspitz en Tyrol, on pouvait suivre le grand soulèvement des
Alpes qui borne l'Italie de ce côté. Descendus de la dangereuse aiguille, MM. Schlagintweit s'arrêtèrent encore quelques heures à
l'endroit où ils avaient laissé leurs instrumens, afin d'y faire les
observations et les mesurages nécessaires. En revenant, l'expédition suivit une nouvelle direction, espérant éviter les *séracs* et les
crevasses, extrêmement difficiles à franchir lorsque le soleil a ra-
molli la neige. Tout allait bien quand subitement les explorateurs
se trouvèrent arrêtés court par une déclivité presque à pic entre-
coupée de profondes fissures. On perdit une heure et demie à chercher un endroit où l'on pût descendre. Le soir approchait, et continuer à marcher sur ces pentes glacées pendant l'obscurité, c'était
s'exposer à une mort presque certaine. Enfin on avisa un couloir
qui descendait de la terrasse où l'on se trouvait à un plateau de
neige inférieur. L'inclinaison était effrayante, — de 60 à 62 degrés! Ce couloir pouvait aboutir à une crevasse où la glissade au-

rait englouti les voyageurs; mais il n'y avait pas à hésiter, c'é-
tait la seule issue. Ils s'attachèrent à la corde, et, se laissant dé-
valer, ils arrivèrent en bas sans accident. Il était déjà sept heures
du soir quand ils atteignirent la terre ferme au pâturage de Gadmen. Comme l'hôtel du Riffel n'existait pas encore, ils furent obligés de descendre jusqu'aux chalets d'été d'Augstkumme, qu'ils
n'atteignirent qu'à onze heures. La course entière avait duré dix-
neuf heures. MM. Schlagintweit en avaient rapporté une série d'observations physiques, géologiques et trigonométriques du plus grand
intérêt qu'ils ont consignées dans leur bel ouvrage sur les Alpes.

Ce n'est qu'en 1855 que la plus haute cime, la *Aller-höchste-
Spitze*, fut enfin gravie par des Anglais, les frères Smith, de Yarmouth. Ils découvrirent une route nouvelle, que suivit avec succès
dès le lendemain M. Kennedy, de l'université de Cambridge, président de l'*Alpine Club* de Londres (1), avec M. Tyndall, l'un des
plus audacieux de ces *ascensionistes* que chaque année l'Angleterre
envoie à l'assaut des pics les plus inaccessibles des Alpes. Le voyageur qui suit cette route arrive au plus haut sommet en attaquant
la dernière pyramide rocheuse par le sud-ouest, au lieu de l'aborder par le nord-est, comme on l'avait fait précédemment. Il n'atteint le but que par une vertigineuse escalade sur une arête aiguë
formée de pierres désagrégées et de gros blocs redressés, sur lesquels il faut s'élever, tantôt en s'y cramponnant des pieds et des
mains, tantôt en se faisant hisser au moyen de cordes tenues par
les guides.

On le voit, l'ascension du Mont-Rose exige plus de force, plus
d'adresse, plus de sang-froid que celle du Mont-Blanc; mais elle est
moins périlleuse, parce que l'on a moins à redouter les crevasses
cachées, les avalanches et le glissement des neiges, ces dangers où
peuvent succomber les montagnards les plus prévoyans et les plus
aguerris. Maintenant qu'on peut passer la nuit à l'hôtel du Riffel, à
l'altitude de 7,500 pieds, on n'a plus à gravir le lendemain que
7,000 pieds environ, et en partant le matin à trois heures, on peut
rentrer avant la nuit close, après quatorze ou quinze heures de
marche. Quand plusieurs voyageurs se réunissent, un guide suffit
pour chacun d'eux, de manière que les frais ne s'élèvent qu'à une
soixantaine de francs. Aussi les ascensions sont-elles chaque année

---

(1) Il s'est formé à Londres, sous le nom d'*Alpine Club,* une société composée de ceux
qui se plaisent aux excursions dans les hautes montagnes. M. John Ball, l'un des pré-
sidens de la société, a publié différens recueils d'ascensions exécutées par des membres
de l'*Alpine Club.* En Suisse, une association du même genre vient de se constituer, et
elle a publié une sorte d'annuaire si intéressant que l'édition a été enlevée en quelques
semaines.

très fréquentes. Déjà des dames même ont accompli cette formidable escalade, qu'on jugeait impossible autrefois. Deux de ces intrépides jeunes filles anglaises qu'on retrouve sous toutes les latitudes prêtes à braver toutes les fatigues et tous les périls, miss Howse en 1861 et miss Walker en 1862, ont mis le pied sur la *Aller-höchste-Spitze*.

Le seul pic de tout le groupe dont aucun mortel n'a encore foulé le sommet est le Cervin. Personne même n'avait essayé de le gravir, tant l'entreprise paraissait vaine. Récemment pourtant il s'est trouvé quelqu'un pour tenter l'impossible, et ce n'est pas un montagnard, un chasseur de chamois, un guide émérite, c'est un homme de cabinet, un savant, un professeur de physique, M. Tyndall. Le professeur Tyndall, membre de la Société royale de Londres, est l'un des premiers physiciens de l'Angleterre; il s'est fait un nom dans le monde scientifique par ses belles découvertes sur la puissance calorifique des rayons obscurs, mais dans la région alpestre de la Suisse on ne connaît en lui que le vigoureux et intrépide *ascensioniste* qui le premier a gravi la cime de l'inaccessible Weisshorn (1), qui a bivaqué et passé la nuit au sommet du Mont-Blanc, et qui s'est distingué par mainte autre prouesse à faire reculer les plus hardis montagnards. Les guides ne parlent de lui et de M. Kennedy qu'avec respect; ils s'inclinent au nom de ces Anglais qui leur ont appris à ne pas reculer devant les plus redoutables sommets.

En 1860, M. Tyndall avait tenté d'escalader le Cervin du côté du Breuil, en compagnie de M. Vaughan Hawkins; mais, quoique aidés par les guides les plus expérimentés, ils avaient été obligés de s'arrêter parmi des précipices sans issue. En 1861, il étudia la montagne, mais ne put l'attaquer. Enfin en 1862 il résolut de ne rien négliger pour mener à fin la chanceuse entreprise. Il emporta de Londres des appareils faits avec les matières les plus résistantes et les plus légères, des cordes, des crampons, une petite échelle. Enfin il consacra trois semaines à préparer ses muscles à la lutte qu'il allait entreprendre avec le géant des Alpes. Il s'*entraîna* à la façon des jockeys et des chevaux de course. Comme il le dit lui-même avec l'énergique précision du physicien, il brûla dans l'oxygène des

(1) L'ascension du Weisshorn est un des exploits les plus rudes et les plus hasardeux accomplis dans les Alpes. Le récit fait frémir. Le Weisshorn, haut de 13,900 pieds, est le point culminant du contre-fort qui borde la vallée de Zermatt vers l'ouest. C'est une pyramide triangulaire un peu moins aiguë que le Cervin, puisque la neige y reste attachée, mais dont les parois sont beaucoup plus verticales que celles du Mont-Rose ou du Mont-Blanc. L'expédition de M. Tyndall, en compagnie de Benen et d'un montagnard de Randah nommé Wenger, dura vingt heures, et chacune de ces heures fut remplie par des marches sans repos, par des efforts surhumains.·

hautes montagnes la graisse accumulée dans ses membres par dix mois de vie sédentaire dans l'atmosphère épaisse du laboratoire. Il se baigna dans l'air pur des glaciers, au sommet du Wetterhorn, du Galenstock et des pics d'Aletsch; il habitua ses yeux aux vertiges de l'abîme et ses jarrets aux fatigues de l'escalade. Chaque jour, il sentait grandir sa force physique et morale; ses muscles, sans cesse exercés, comme ceux de l'athlète antique, étaient devenus aussi durs que l'acier et aussi élastiques qu'un ressort : il voulait être sûr de faire tout ce qui est possible à l'homme et de n'être arrêté par aucune sorte de faiblesse.

Qu'on veuille bien le remarquer, c'est en ceci que réside l'une des causes de la puissance de l'Angleterre. Ce que fait l'Anglais, il veut le bien faire. Que le but soit grand ou petit, il y applique toutes les forces physiques et intellectuelles dont il est doué. L'objet fût-il insignifiant en lui-même, il ne s'y adonne pas moins tout entier. Il ne mesure pas l'effort à la valeur de la fin qu'il veut atteindre, mais au plaisir, à l'orgueil, si l'on veut, de vaincre l'obstacle. Comme disent les Allemands, il est *einseitig*, il ne voit les choses que d'un côté; mais par ce côté il les saisit et les étreint avec une prise incroyable et ainsi surmonte tout. Qu'il s'agisse de pêcher des truites ou d'établir des chemins de fer, de former une race de lapins à longues oreilles ou de construire des vaisseaux cuirassés, de la chose la plus sérieuse ou la plus futile, il y appliquera le même soin, la même prévoyance, la même persévérance, et en tout il excellera. Là où d'autres échoueront, il réussira, d'abord parce qu'il sera mieux pourvu de tout ce qu'exige la nature de l'entre- . prise, ensuite parce qu'il saura mieux vouloir.

La persistance jusqu'à l'entêtement héroïque, voilà la qualité essentielle de l'Anglo-Saxon. *We shall try again*, essayons encore, tel est le mot d'ordre qui a conduit l'Américain du nord à la victoire malgré tant de revers, et qui a soutenu les escaladeurs du Cervin dans leurs entreprises désespérées. Voici un trait où se révèle le caractère de la race. Au moment où M. Tyndall allait attaquer la formidable pyramide, un autre Anglais, M. Whymper, l'avait précédé. Arrivé au Breuil, sur le revers méridional, M. Whymper avait pris à son service trois des plus hardis chasseurs de chamois. Il avait dressé sa tente sur le plus haut épaulement de la montagne, et chaque matin, quand le temps le permettait, il essayait quelque nouveau chemin. Découragés et effrayés de ses folles imprudences, ses guides l'abandonnèrent successivement. Resté seul, il persista jusqu'à ce qu'ayant glissé un jour il roula d'une hauteur de 100 pieds et tomba tout brisé sur les rochers. Le porteur qui lui amenait ses vivres le trouva presque expirant. On le transporta au chalet du

Breuil, où il garda le lit pendant quinze jours. Ses forces revenues, il remonta deux fois encore à l'assaut, mais en vain; ses muscles lacérés le trahirent, et il partit en se promettant de revenir l'année suivante. Je passai au Breuil peu de temps après son départ, et j'y lus sur le livre des étrangers une sorte de testament ainsi conçu : « Je laisse ici ma tente et tous mes appareils à la disposition du voyageur *anglais* qui voudra tenter l'ascension du Matterhorn. »

M. Tyndall avait amené avec lui deux guides en qui il avait pleine confiance, l'un, Benen, qu'il considérait comme le plus brave cœur et le plus vigoureux jarret des Alpes bernoises, son compagnon du Weisshorn, et un autre nommé Walters, qui était digne de lui servir de second. Il prit au Breuil, comme porteurs, deux chasseurs de chamois du nom de Carrel. La tente de M. Whymper, déjà dressée à une très respectable hauteur, était à la disposition de M. Tyndall. Le vainqueur du Weisshorn partit donc avec ses quatre compagnons par une belle journée du mois d'août 1863 pour aller rejoindre le lieu du bivac. Le Cervin se relie au contre-fort des Alpes valaisanes qui borde le val Tournanche du côté de l'ouest, où il forme le nœud de soulèvement au point de jonction; mais la ligne de faîte aux abords du pic se creuse en une formidable brèche. C'est par là qu'ils abordèrent la montagne. Ils franchirent prudemment le couloir glacé où M. Whymper avait failli se tuer et atteignirent l'arête qui dessine l'angle de la pyramide. Ils étaient obligés de la suivre sans jamais la quitter à cause des pierres qui, détachées des parois plus élevées, descendaient bondissant et sifflant avec la vitesse furieuse et redoutable d'un boulet de canon.

Ils arrivèrent au bivac vers le coucher du soleil. L'un des porteurs, Carrel, qui avait servi dans les *bersaglieri* de l'armée italienne, bâtit avec des pierres détachées une sorte de plate-forme pour y établir la tente, car l'arête était si aiguë qu'elle n'offrait pas un mètre carré qui fût de plain-pied. Bientôt le brouillard, ce mortel ennemi des grimpeurs de montagnes, s'éleva du fond de la vallée, suspendant à tous les promontoires ses draperies humides. Par momens le vent les déchirait en lambeaux, les uns montant verticalement vers le zénith, d'autres emportés horizontalement vers le passage du Théodule. Parfois des courans contraires se disputaient ces nuages tourmentés et les roulaient en immenses spirales blanches. Des trouées s'y ouvraient alors, à travers lesquelles on voyait les pâturages du Breuil dorés par les derniers rayons du soleil. La nuit fut paisible; le silence n'était troublé que par le retentissement des pierres et des rochers qui descendaient le couloir voisin avec le bruit d'une salve d'artillerie. La chute de ces fragmens annonçait que les élémens continuaient sur le Cervin leur œuvre éter-

nelle de désagrégation. La pluie, la gelée entament la roche la plus
dure; elle se fend et s'effrite : emportés par leurs poids, les débris
se précipitent. Jamais le travail de destruction ne s'arrête; tout
s'écroule et tombe. Les pics restés debout ne sont que les ruines
des monumens soulevés, il y a des millions d'années, par les forces
vives de la planète adolescente.

A deux heures, la petite troupe était debout. L'obélisque menaçant élevait au-dessus de leurs têtes dans l'air maintenant serein
ses parois verticales. L'aspect n'était guère encourageant. Nul ne
se faisait illusion sur les chances contraires que présentait l'audacieuse entreprise, mais tous étaient décidés à ne reculer que devant
une impossibilité bien démontrée. Au point du jour, ils se mirent
en marche. Quand il s'agit de montagnes relativement arrondies
comme le Mont-Blanc ou le Mont-Rose, on s'élève peu à peu sur les
glaciers et sur le névé; mais lorsqu'il faut escalader une dent si
aiguë que la neige même n'y peut adhérer, la difficulté est d'une
tout autre nature. Le seul moyen de monter est alors de gravir
l'une des arêtes qui dessinent le profil de la montagne. C'est ce que
firent M. Tyndall et ses compagnons. L'arête qu'ils suivaient n'é-
tait pas coupée régulièrement. Les masses désagrégées du gneiss
formaient des tours, des murs, des bastions énormes, qu'il fallait
successivement prendre d'assaut. Tout à coup se dresse devant eux
une paroi complétement perpendiculaire qui barre le chemin. Aucun moyen, semble-t-il, de l'escalader : il va falloir redescendre,
car à droite et à gauche s'ouvrent des précipices à pic de plusieurs
milliers de pieds de profondeur. On fera néanmoins une tentative
désespérée. La paroi droite présente par intervalles de petits re-
bords et des corniches; aux unes les doigts peuvent s'accrocher;
sur les autres, on peut appuyer l'extrémité du pied. On s'attache à
la corde. Walters est le premier, Benen le suit. Il s'élève en mettant les doigts dans une fissure où il parvient ensuite à introduire
ses souliers ferrés. L'épaule de Benen lui sert de point d'appui. Il
arrive à une première corniche où il attache la corde; Benen l'y
rejoint. Ils grimpent ainsi adhérant au rocher vertical et s'y cramponnant d'une main crispée, avec l'énergie que donne la vue de la
mort certaine à la moindre faiblesse d'un muscle fatigué, car leur
corps est suspendu au-dessus de l'abîme. Enfin un dernier effort
les porte au sommet de cette épouvantable muraille. La pente de
l'arête s'adoucit alors, et l'ascension est moins périlleuse. Déjà
même l'un des sommets devient visible; le succès paraît assuré. Un
sourire de satisfaction, aiguisé d'une pointe de dédain, illumine le
visage de Benen : « Victoire! s'écrie-t-il; avant une heure, Zermatt
verra notre bannière plantée sur la plus haute cime. »

Ils continuèrent à monter pleins d'ardeur et de joie. Ils atteignirent bientôt le premier sommet et y fixèrent un drapeau. « Le dernier morceau sera peut-être un peu dur, » dit Walters. Tous avaient
eu la même pensée, mais on était mécontent de l'entendre exprimer tout haut. A mesure qu'on approchait de ce dernier sommet, la
difficulté d'y arriver apparaissait plus formidable. Une arête tran-
chante comme le faîte d'un toit reliait la cime inférieure à la cime
la plus haute, qui surplombe Zermatt; mais cette arête aboutissait
à une paroi verticale, et c'était le seul moyen d'approcher du sommet, car à droite et à gauche c'était le vide, un abîme de 4,000 pieds
de profondeur. Trois des guides murmurèrent sourdement : « C'est
impossible. » Benen seul se taisait. « Ne pouvons-nous au moins
nous hasarder sur l'arête? » demanda M. Tyndall. On s'y avança
avec précaution jusqu'à ce qu'on arrivât à une entaille qui découpait l'arête à pic. Il aurait fallu descendre le long de cette brèche,
reprendre le faîte, et alors on se serait trouvé au pied de la dernière paroi perpendiculaire, qui paraissait absolument inaccessible.
Ils s'assirent, la tête baissée. La cime était là si près d'eux! Le
Cervin a 13,795 pieds, ils étaient à 13,600 pieds; il ne leur en
restait qu'environ 200 à gravir pour atteindre cette cime orgueilleuse qui semblait les défier. Que faire? Battre en retraite après
être monté si haut, c'était bien amer. Benen grondait comme un
lion à qui sa proie échappe. Enfin il fallut s'avouer vaincu; à moins
d'emprunter les ailes de l'aigle, impossible, semblait-il, d'aller
plus haut.

Les guides essayèrent de rejeter sur M. Tyndall la responsabilité
de la retraite : il s'y refusa. « Descendez ou montez, répondit-il imperturbablement, et je vous suivrai : où vous irez, j'irai. » Benen
réfléchit, chercha des yeux un moyen d'aller plus avant, et, n'en
trouvant point, donna enfin le signal du départ (1). Le retour s'o-
péra plus facilement que la montée, parce qu'arrivés au mur à pic
qu'ils avaient escaladé avec tant de peine le matin, ils fixèrent la
corde et se laissèrent glisser le long des flancs de la montagne.
Une décharge de grêlons les assaillit avant qu'ils eussent atteint le
Breuil, comme si le Cervin, indigné qu'on eût osé attenter à sa
sauvage majesté, eût voulu punir les audacieux mortels qui avaient
prétendu poser le pied sur son front inviolé.

(1) Dans son simple et mâle récit (*Saturday Review*, 8 août 1863), M. Tyndall ajoute :
« Benen parla de difficultés, mais non d'impossibilité. Peut-être étions-nous fatigués. Si
les autres guides n'avaient pas été découragés, Benen se serait aventuré plus loin; mais
de plus braves et de plus adroits que nous feront peut-être ce que nous n'avons su
faire. » Jusqu'à ce jour du moins, ces explorateurs plus braves et plus adroits ne se sont
pas encore rencontrés.

IV.

Rien ne montre mieux la situation extraordinaire de Zermatt que la difficulté d'en sortir, à moins de retourner sur ses pas en descendant la Visp. On sort de presque toutes les vallées de la Suisse en franchissant des passages de 6,000 à 7,000 pieds, comme le col de Balme ou celui du Bonhomme, par lesquels on peut descendre dans la vallée de Chamounix. Ici le passage le plus bas, celui de Saint-Théodule, va à 10,322 pieds. Les autres sont bien plus hauts et plus difficiles. Pour aller à Macugnaga, il faut passer par le Weissthor (la Porte-Blanche), le col le plus élevé de l'Europe, à 11,138 pieds, c'est-à-dire à près de 800 pieds plus haut que le fameux col du Géant, dans le massif du Mont-Blanc. Veut-on gagner la vallée parallèle de Saas, on doit prendre par l'Adler-Pass (le Col des Aigles), en montant par le magnifique et dangereux glacier de Findelen, où a péri le capitaine van Groote d'une mort si tragique (1). Le col de Zinal, qui conduit dans le val d'Anniviers, exige encore plus de vigueur et d'adresse, car à un certain endroit il faut grimper à une corde à nœuds pour gagner une corniche qui surplombe, et ailleurs on doit s'accrocher à une chaîne de fer fixée dans le rocher pour franchir une paroi perpendiculaire. En 1862, voulant aller en Italie, nous nous décidâmes pour le Théodule, le plus remarquable de tous ces cols, parce qu'il passe entre l'incomparable obélisque du Cervin et la masse splendide du Breithorn. Nous avions pris un porteur du val Tournanche et un guide de Chamounix rentrant chez lui. Ce guide s'appelait Payot; je n'ai jamais vu d'homme d'une apparence aussi robuste : il était trapu

(1) L'accident qui coûta la vie à Édouard van Groote, officier de la marine russe, dont on voit la tombe à côté de la petite église de Zermatt, indique bien la nature des périls que présentent les glaciers. Pour atteindre l'*Adler-Pass*, il s'était engagé sur le glacier de Findelen. Comme ce glacier est très crevassé, il s'était attaché à une corde dont ses deux guides tenaient chacun une extrémité. Au moment où il passait sur une crevasse cachée par la neige, celle-ci céda sous son poids, et il fut lancé dans l'abime. La corde, sans doute trop vieille, se coupa des deux côtés sur le tranchant des glaces, et le malheureux tomba dans la fente à près de quatre-vingts pieds de profondeur. Il n'était pas mort, il n'avait même aucun membre brisé, mais son corps était fortement serré entre les parois de la crevasse, et il avait la tête en bas. Il expliqua très bien sa position à l'un des guides, tandis que l'autre allait aux chalets de Findelen chercher du secours. Quatre heures après, quand on arriva, il vivait encore; il allait être sauvé. On attacha les cordes les unes aux autres, on les laissa filer au fond de la crevasse : hélas! elles n'arrivaient pas jusqu'à l'infortuné, toujours de plus en plus pressé dans sa tombe de glace. Il fallut descendre jusqu'à Zermatt pour avoir des cordes plus longues; mais on revint trop tard. La compression, le sang accumulé au cerveau et le froid avaient achevé cet homme vigoureux, qui se vit ainsi mourir d'une mort horrible après s'être cru déjà rendu à la vie et à la lumière.

et carré comme un cube de granit et léger comme un chamois. Nous partîmes à quatre heures du matin. L'air était pur, les étoiles brillaient, et cependant le Cervin était invisible. Après avoir franchi le torrent qui descend du glacier de Zmutt, le sentier s'élève doucement sur les prairies en pente et parmi les beaux mélèzes qui y forment des groupes dont les troupeaux recherchent l'ombre pendant la chaleur du jour. Après une heure et demie de montée, la végétation arborescente s'arrête; on aborde le pâturage alpestre, l'alpe à moutons. Nous gravîmes alors l'éperon qui sépare le glacier de Furke du glacier de Saint-Théodule jusqu'au moment où, pour atteindre le passage, il fallut s'engager sur ce dernier glacier. Il était alors sept heures. Le soleil, qui s'élevait lentement au-dessus de la Cima-di-Jazzi, éclairait un spectacle sans pareil. Au-dessus de nos têtes, le ciel·était d'un bleu morne et presque noir. Le soleil sans rayons découpait sur les sombres profondeurs de l'azur son disque blafard. On pouvait aisément y fixer le regard; on aurait dit qu'il allait s'éteindre. Cet astre mourant et ce ciel sinistre jetaient dans l'âme une vague tristesse et une mystérieuse appréhension, comme si l'on allait assister à quelque grande révolution cosmique. A droite, sous nos pieds, se déroulait l'immense fleuve glacé descendant du Weissthor et du Mont-Rose avec ses nombreuses moraines médianes. Les grands pics de la chaîne centrale, la Nord-Ende, le Lyskam, les Jumeaux, le dominaient et y déchargeaient leurs affluens de glaces et de neige. Les crêtes blanches du Weisshorn et du Mischabel étincelaient, et entre elles s'ouvrait, comme une fente étroite et obscure, la vallée de Zermatt.

Du côté du col, l'aspect était plus extraordinaire encore et tout à fait différent. Le vent soufflant d'Italie y accumulait des masses gigantesques de nuages livides. Ces nuages, poussés par l'impétuosité du courant d'air, se recourbaient en volutes et déferlaient du côté nord sur le glacier, comme d'énormes vagues qui se brisaient en retombant. Quelques-unes venaient se déchirer contre le promontoire du Cervin, qu'elles enveloppaient de leur écume. Sur le revers septentrional, où nous étions arrêtés, l'air était si sec que les lambeaux de ces vagues brisées étaient aussitôt absorbés et s'évanouissaient sans même tracer la moindre strate sur l'azur noir et sinistre du ciel. Les nuées disparues et pour ainsi dire dévorées étaient constamment remplacées par d'autres colonnes qui s'élevaient du val Tournanche, comme une armée de géans poussant à l'assaut ses légions sans cesse renaissantes. Je me rappelai en ce moment ce tableau épique de Kaulbach, où les âmes des guerriers huns et romains couchés sur le champ de bataille continuent le combat sous forme de nuages, et, fantômes armés, se heurtent dans

les airs en un choc formidable. Que sont les fureurs de l'océan sou-
levant des vagues d'une trentaine de pieds contre des falaises de
200 pieds auprès de ces lames colossales de 4 à 5,000 pieds venant
déferler contre un pic de 14,000 pieds, qu'ils ensevelissent sous
leurs vapeurs condensées? Les conflits des nuages et les tempêtes
dans les hautes régions peuvent seuls donner une idée des cataclysmes du monde primitif, parce que l'atmosphère est le seul élément qui ait encore conservé la forme gazeuse qu'avaient autrefois
l'eau et tous les corps, vaporisés alors par la chaleur et liquéfiés
ou solidifiés aujourd'hui par le refroidissement universel.

Avant d'aborder le glacier, nous nous attachâmes, mes deux compagnons et moi, ainsi que les deux guides, à une longue corde, afin
de pouvoir retirer des crevasses celui qui viendrait à y tomber.
Payot s'avançait le premier, sondant le terrain avec son *alpenstock*
(bâton des Alpes). Quelques jours auparavant, il était tombé une
grande quantité de neige qui cachait les crevasses et rendait cette
précaution nécessaire. La marche était fatigante. La surface de la
neige, imparfaitement gelée, ne pouvait nous supporter, et nous y
tombions jusqu'aux genoux à travers cette croûte légère de glace.
Parfois on enfonçait jusqu'à mi-corps et l'on sentait ses pieds passer dans le vide; mais avec l'aide de la corde on se retrouvait bientôt sorti de la fente, qui sans cela aurait pu nous engloutir. Nous
nous élevions lentement sur une immense plaine de neige d'une
blancheur éblouissante, très unie et à peine inclinée. Nous étions
encore dans cette partie du glacier qu'éclairait la lumière du soleil
sans rayons; mais en approchant du col nous fûmes atteints par les
rejaillissemens des vagues de vapeur qui s'y brisaient, et bientôt
nous y fûmes complétement engagés. A l'instant même, nous ne
distinguâmes plus rien; nous étions plongés dans une brume épaisse
d'une teinte lactée, et un givre aigu nous fouettait le visage. L'océan
de nuages dont nous admirions naguère les mouvemens grandioses
nous avait engloutis dans les tourbillons de ses flots. On ne voyait
plus à deux pas devant soi. Payot nous guidait en suivant quelques
traces encore visibles sur la neige. Tout à coup le son de la corne
des Alpes retentit à notre droite. Nous nous dirigeâmes de ce côté.
Une figure humaine d'abord, puis une hutte de pierres émergèrent
du brouillard; nous avions atteint le sommet du col. Ce grossier
chalet, bâti sur un rocher, au milieu d'une mer de glace, comme
sur un écueil de l'océan polaire, est pendant deux mois dégagé de
neige; mais nous l'y trouvâmes complétement enseveli, quoiqu'on
ne fût qu'au commencement de septembre. Deux hommes y séjournent depuis juillet jusqu'en septembre, pour vendre quelques
rafraîchissemens aux voyageurs. Grande fut notre surprise, en nous

glissant dans ce sombre réduit, d'y trouver une jeune femme séchant à un feu mal allumé ses vêtemens tout percés d'eau ou raidis de verglas. Nous apprîmes par les guides que c'était une demoiselle anglaise qui voyageait seule. Elle venait du sommet du Mont-Blanc et elle était en route pour la cime du Mont-Rose, qu'elle escalada en effet quelques jours après. Elle s'appelait miss Walker. Un instant après, nous la vîmes partir. Elle avait deux guides; l'un marchait devant, l'autre derrière elle, et une grosse corde nouée autour de sa taille élancée l'attachait à ces deux robustes montagnards. Elle marchait d'un pas rapide, quoiqu'elle enfonçât dans la neige, et elle disparut aussitôt, engloutie dans l'épais brouillard et dans les flots de grésil fouettés par la tempête. Il était environ onze heures du matin. Par suite du mauvais état du glacier, nous avions mis sept heures à arriver au col. En moins de trois heures, nous descendîmes au Breuil après avoir passé près du fort que les Piémontais construisirent autrefois sur ces hauteurs pour se défendre des incursions des Valaisans. C'est certainement l'ouvrage militaire le plus élevé de l'Europe, car il se trouve à l'altitude de 9,790 pieds, c'est-à-dire à 400 pieds plus haut que la cabane des Grands-Mulets, où bivouaquent ceux qui gravissent le Mont-Blanc.

De pareilles excursions laissent dans l'esprit de profondes impressions, car elles vous mettent en présence des phénomènes les plus gigantesques que la nature présente encore sur notre globe, et elles font surgir mille questions redoutables. A mesure qu'on monte, la vie s'éteint, et l'on arrive enfin dans ces régions glacées où seule la loi de la pesanteur exerce encore son empire, l'universelle loi qui semble constituer l'essence dernière des corps, qui, au plus profond des cieux, enchaîne les unes aux autres les étoiles doubles et relie la poussière cosmique des nébuleuses. Cependant cette loi de la pesanteur entraîne toutes les molécules vers les lieux inférieurs; les débris des montagnes, les rochers, réduits par la trituration en sable fin et en imperceptibles paillettes, vont peu à peu combler les mers. Jadis la force centrale soulevait ces sédimens, tantôt par des poussées séculaires comme maintenant encore, tantôt par les éjaculations violentes et les brusques dislocations des convulsions plutoniennes; mais le feu baisse dans les flancs de la planète vieillie, et si elle n'a plus l'énergie de redresser les couches qui se forment actuellement, tout sera donc un jour nivelé, tout sera uniforme et plat, suivant la mystérieuse parole de la Bible : *toute montagne sera abaissée, et toute vallée sera comblée.* Et si, comme tout le prouve, la terre se refroidit constamment, ces champs de glaces et de neige qu'on trouve sur les hauteurs nous offrent la morne image de ce que sera un jour la terre entière. Les roches

qui constituent les plaines et les montagnes sont ce que la minéra-
logie appelle des sels. Or, dans ces sels formés d'un oxyde et d'un
acide, l'oxygène est un des élémens principaux, et l'on a calculé que
ce gaz si léger, ce principe de toute vie, entre pour moitié dans le
poids des matériaux dont est faite la croûte terrestre. L'oxygène encore répandu dans l'atmosphère se solidifiera donc aussi à son tour.
Les animaux, les plantes empruntent une partie de leur subsistance
à l'air, et en mourant ajoutent leur dépouille à la croûte terrestre.
Sans cesse les couches solides s'accroissent aux dépens des couches
gazeuses. Ainsi le froid nous gagne, l'atmosphère se dépose sur le
sol en se pétrifiant, et le temps viendra où la terre, semblable à
son froid satellite, roulera dans les cieux, planète morte et privée à
jamais de cette faune variée, de cette flore épanouie qui l'embellis-
sent aujourd'hui. Avant que ne soient accomplis l'aplatissement général et l'universelle congélation, l'humanité aura depuis longtemps
disparu; mais si c'est d'une telle mort que finissent les planètes,
ainsi devront mourir aussi les soleils et une à une s'éteindront les
étoiles, comme les flambeaux qu'on souffle quand la fête est terminée. Tout a commencé par le feu, par l'expansion, par le rayonnement, par la lumière; tout doit aboutir au froid, à l'inertie, à la
glace, aux ténèbres éternelles. Drame étrange et lugubre s'il n'y
avait rien au-dessus de la matière qui se transforme et *devient!*
L'infinité des mondes et l'éternité des siècles n'y changent rien,
car par la pensée nous pouvons saisir la marche de la pièce, et, le
rideau tombé, les corps célestes peuvent durer toujours, dans l'absence de toute vie et de toute lumière. Au lieu du progrès indéfini,
c'est la réalisation du cauchemar de Byron intitulé *Darkness :* — *It
was a dream, but it was not all a dream;* « c'était un rêve, mais ce
n'était pas tout à fait un rêve. » Telles sont les insondables perspectives qui, d'interrogation en interrogation, s'ouvrent devant l'esprit
épouvanté, tant la vue des hautes montagnes l'entraîne invinciblement à rechercher l'origine et la fin des choses et à remonter le cours
des âges. Les ruines des monumens de l'homme vous transportent
en arrière à quelques siècles, mais les ruines des monumens de la
nature parlent de millions de siècles.

V.

Le principal intérêt que présente le versant septentrional des
Alpes pennines, c'est la majesté et la variété de ses aspects, car la
plupart de ces vallées sont très peu habitées. Quelques-unes d'entre elles, comme la plus grande partie du Turtmann-Thal, ne sont
visitées que pendant l'été par les pâtres qui y conduisent leurs

troupeaux. La vallée voisine, celle d'Anniviers, où l'on admire le magnifique glacier de Zinal, qui descend du Weisshorn, et le pic à cimes jumelles, le Besso, est occupée par une population primitive qui a conservé les habitudes nomades des races antiques. Les quelques voyageurs qui parcourent cette région encore ignorée s'étonnent de rencontrer tant de demeures abandonnées. C'est que les rares familles qui vivent dans ces montagnes possèdent plusieurs habitations à différentes altitudes, où elles résident tour à tour suivant la saison, depuis les marges des glaciers où elles mènent leurs moutons jusqu'à l'entrée de la vallée, au-delà de la sombre gorge de Pontis, où elles vont exploiter les petits vignobles qu'elles possèdent dans la région chaude. Le val d'Herens et son hameau principal Evolena offrent les mêmes mœurs patriarcales; on y parle un patois français très étrange, qui, avec ses locutions anciennes, pourrait donner lieu à une intéressante étude philologique.

Sur le revers méridional, la population est plus nombreuse et plus aisée, parce que le fond des vallées, qui descend plus bas, est réchauffé par le soleil du midi. Chose remarquable, les populations qui occupent tout le versant italien du Mont-Rose sont de race germanique : on dirait que le flot humain, pressé au nord, a débordé au-dessus de l'arête de partage. C'est sans doute pour s'opposer à ces envahissemens des tribus allemandes qu'a été bâti le fort Saint-Théodule au passage du Cervin, et, s'il en est ainsi, ce n'a pas été une précaution inutile, car le val Tournanche appartient exclusivement à la race latine. Les habitans d'origine germanique qui occupent les quatre vallées aboutissant au massif du Mont-Rose sont très actifs et très intelligens. Ils ne se contentent pas des produits de l'économie pastorale et du revenu de leurs alpes; tous les hommes ont un métier qu'ils vont exercer loin de leurs hameaux, où ils ne reviennent que l'hiver, et chaque vallée a son métier spécial. Dans le val Chalant, tous sont scieurs de long, et ils descendent en Lombardie, où ils gagnent de bonnes journées. Dans le val de Lys, les jeunes gens s'adonnent au commerce, et partent pour l'Allemagne, où ils font, semble-t-il, de très bonnes affaires, car à chaque instant on rencontre dans cette vallée de vastes et somptueux chalets qui annoncent une grande aisance et beaucoup de goût. Dans le val Sesia, on travaille le plâtre et le stuc, et on les revêt de ces fresques à couleurs éclatantes qui charment l'œil des Italiens. Le métier va parfois jusqu'à l'art, et cela date de loin, car sur le mur extérieur de l'église de Riva, sous le portique, se trouve une fresque d'un peintre du xvie siècle, Melchior de Enricis, qu'on attribuerait volontiers au pinceau d'un bon maître de l'école milanaise. Enfin, dans le val Anzasca, on s'occupe de mines, et l'on fouille le quartz de la montagne pour en tirer de l'or. Plusieurs des mines d'or du Mont-Rose sont abandonnées ou ne sont exploitées qu'à perte. Dans une seule, celle de Pestarena, les travaux se font sur une grande échelle et donnent, paraît-il, de bons résultats. Du temps de Saussure, les produits étaient plus abondans et répandaient une remarquable aisance dans ces hautes régions. Les frères Vincent, les premiers qui ont escaladé la cime méridionale du Mont-Rose, qui porte leur nom (1), ont exploité une veine aurifère aux bords du glacier de Garstelet, à l'énorme hauteur de 9,734 pieds, et c'est en résidant dans la hutte de pierres élevée en cet endroit que les frères Schlagintweit ont pu faire leurs belles observations météorologiques. Malgré tant de mécomptes, la race des chercheurs d'or n'est pas éteinte; seulement ils ont le bon esprit de mettre leurs mines en actions. La seule difficulté est non de trouver le précieux minerai, mais l'Anglais (*il signor Inglese*) qui doit fournir le capital indispensable à l'exploitation. Quand nous passâmes à Alagna, on nous offrit une mine d'or pour un prix fort minime; mais tout alentour les bâtimens en ruine et les galeries abandonnées indiquaient assez le sort qui attend ceux qui seraient tentés de se lancer en pareille aventure. C'eût été le cas de citer la fable du *Lion malade et du Renard.*

Les vallées du versant italien ne présentent pas de contre-forts aussi majestueux que le Saasgrath ou l'éperon du Weisshorn du côté nord, mais elles ont un caractère qui frappe vivement l'imagination. Elles débouchent dans la chaude et humide vallée de la Doire, toute parée de la luxuriante végétation du midi, de vignes suspendues en guirlandes à des colonnes de serpentine, de maïs arrosés élevant à douze pieds de hauteur leurs feuilles des tropiques et leurs épis énormes. On passe ainsi en un seul jour des régions glacées, où toute vie a cessé, dans une terre si pleine de force végétative et si chargée de gaz épais qu'elle donne à la plante une croissance extraordinaire. Qu'on descende du Théodule

---

(1) Les neuf cimes du Mont-Rose sont, en allant du nord au sud : la Nord-Ende (14,153 pieds), la Hœchste-Spitze (14,284 pieds), la Zumstein-Spitze (14,064 pieds), la Signal-Kuppe (14,044 pieds), la Parrot Spitze (13,668 pieds), la Ludwigshœhe (13,550 pieds), le Schwarzhorn (13,222 pieds), le Balmenhorn (13,068 pieds), et la Vincent-Pyramide (13,003 pieds). — La Zumstein-Spitze a été gravie pour la première fois par M. Zumstein, de Gressoney; le Parrot-Spitze par le docteur Parrot, savant allemand connu par ses travaux géodésiques dans le Caucase; le Signal-Kuppe par M. Gnifetti, curé d'Alagna; la Ludwigshœhe par M. Ludwig von Welden, auteur de l'excellent travail intitulé *Der Monte-Rosa eine topographische und natur historische Skizze.* M. Briquet a publié dans la *Bibliothèque universelle de Genève* (1861) un résumé très complet des ascensions aux pics du Mont-Rose entreprises par le revers méridional. Voyez aussi *Nozioni topographiche del Monte-Rosa,* per Giovanni Gnifetti, paroco d'Alagna.

vers la ville si pittoresque de Châtillon ou qu'on remonte du fort
de Bard dans le val de Lys, jamais on ne se lasse de ce contraste.
Là-haut nul être vivant, l'inertie et le froid éternels; ici les noyers
et les immenses châtaigniers couvrant les collines de leur ombrage
épais, mille fleurs aux couleurs éclatantes, des oiseaux dans les
arbres, des papillons dans les prairies, de charmans lézards verts
sur tous les murs et de grandes vipères coupant parfois les sentiers,
en un mot toutes les manifestations d'une vie intense. L'homme
seul ne prospère pas dans cet air trop lourd; il se déforme et s'ani-
malise jusqu'à devenir cet être hideux qu'on rencontre avec dégoût
dans toute la vallée d'Aost.

Autant la population est laide et dégradée dans cette atmosphère
affadissante qui ne convient qu'aux végétaux, autant elle est énergique et belle dans les vallées supérieures qui aboutissent au massif
central. Dans le val de Lys, à Gressoney-Saint-Jean (1), les femmes
sont superbes d'allure; presque toutes portent un jupon de laine
rouge qui retombe à gros plis et une veste bleue qui dessine leur
taille élancée et souple. Leur démarche a cette fierté que la statuaire prête aux déesses antiques. Le rude travail qu'elles font en
l'absence des hommes n'a ni alourdi leurs traits d'une exquise
finesse, ni courbé leur imposante stature. Saussure fut très frappé
de la vigueur extraordinaire de ces amazones du Mont-Rose; elles
portaient ses lourdes caisses d'échantillons minéralogiques là où ne
pouvaient arriver les mulets. Elles réunissent parfois la force d'un
portefaix à la grâce d'une princesse d'Homère.

Pour bien se rendre compte du relief du massif, il faut faire ce
que l'on appelle le tour du Mont-Rose. On franchit alors successivement par une série de cols tous les contre-forts qui arc-boutent le
nœud central de soulèvement. En descendant du Théodule, on arrive
par le passage des Cimes-Blanches (9,300 pieds) à Saint-Jacques
d'Ayas dans le val Chalant. Le col de Betta-Furka (8,406 pieds)
mène ensuite dans le val de Lys, à Gressoney, d'où l'on passe par
le col d'Ollen (8,956 pieds) dans le val Sesia. D'Alagna, neuf heures
de marche vous conduisent par le col du Turlo (8,526 pieds) dans
le val Quarazza d'abord, puis dans le val Anzasca, à Macugnaga; de
là on revient à Zermatt par le Weissthor en profitant d'une dépression de la ligne de faîte du Mont-Rose lui-même, mais non sans
quelques difficultés, car du côté italien il faut escalader un préci-

---

(1) Il est un bien petit détail, mais dont l'intérêt n'échappera pas au voyageur : c'est
que dans la plupart de ces hameaux on rencontre de très bonnes auberges, surtout à
Gressoney, chez le syndic Lenty, en vue de la belle montagne de Lyskam. On est étonné
de retrouver au fond de ces vallées perdues, où tout arrive à dos de mulet, le *comfort*
des grandes villes. Les familles italiennes commencent à y faire leur *villeggiatura*.

pice couvert de glace et de neige, plus raide que le toit d'une cathédrale et d'une hauteur vertigineuse. Les Anglaises y passent néanmoins. Le soir, en arrivant chez Lochmatter, le fameux guide qui tient l'auberge du *Monte-Rosa* à Macugnaga, nous trouvâmes au souper un jeune couple en voyage de noces qui avait choisi ce chemin pour entrer en Italie.

C'est à Macugnaga seulement qu'on peut se faire une idée des vraies proportions du géant des Alpes pennines. Tandis que du côté de Zermatt il descend par étages successifs jusqu'au niveau du Corner-Gletscher, ici ses parois verticales se précipitent à pic, d'une hauteur de 9,000 pieds, depuis ses quatre cimes visibles de ce point jusqu'au glacier qui s'étale à sa base. Nulle part, pas même, dit-on, dans les Cordillières, on ne rencontre d'aussi formidables escarpemens. Ce coin des Alpes est d'un aspect prodigieux. Le Rothhorn, la Cima-di-Jazzi, la Nord-Ende, la Hochste-Spitze, la Zumstein-Spitze, le Signal-Kuppe, la Cima-delle-Loccie et le Pizzo-Bianco, rangés en cercle, forment un cirque ou plutôt un entonnoir de rocs presque perpendiculaires dont le fond est occupé par un glacier aussi plane que la surface d'une baie congelée. Ce glacier, alimenté par les névés des cimes environnantes, pousse dans la vallée deux bras que sépare une ancienne moraine, composée de blocs immenses et ombragée de beaux mélèzes. Du haut de ce promontoire, justement appelé *Belvedere,* on embrasse dans son ensemble ce sublime tableau, dont aucune parole ne peut rendre la sauvage majesté.

Mais si l'on veut contempler et étudier de près ce monde merveilleux des neiges éternelles et des glaciers en mouvement, il faut passer le col du Monte-Moro et pénétrer dans la vallée de Saas. La gorge qui s'ouvre au revers oriental du Mont-Blanc a reçu le nom de l'*Allée blanche* à cause du grand nombre de glaciers qui y descendent. La partie supérieure de la vallée de Saas mérite bien mieux ce nom, parce qu'ici les fleuves glacés qui s'y déversent ne sont point cachés, comme près du lac de Combal, par leurs moraines latérales; ils roulent jusqu'au bord du sentier que suit le voyageur leurs blanches pyramides. Il y a plus : l'un de ces glaciers, celui d'Allelin, a poussé ses masses jusqu'à l'autre côté de la vallée, arrêtant ainsi l'écoulement des eaux par une digue de glace et donnant naissance à un lac, le Mattmark-See. Un émissaire ouvert sous cette barricade laisse passer une partie de l'eau provenant de la fonte des neiges; mais ce dangereux passage menace sans cesse les régions inférieures d'un désastre semblable à celui que le glacier de Getroz infligea en 1818 à la vallée de Bagne, quand un lac ainsi formé dégorgea en une demi-heure ses 500 millions de mètres cubes d'eau accumulée, emportant tout, maisons, bétail, hameaux, forêts, terre végétale, avec la rapidité de la foudre. Il y a un demi-siècle, le glacier de Schwarzberg barrait aussi la vallée, comme le prouvent les deux gigantesques blocs erratiques de gabbro vert qu'il a déposés en se retirant, vers 1828, non loin de l'endroit où s'élève maintenant une auberge, près du lac de Mattmark. A quatre lieues plus bas, un autre glacier présente encore une particularité très curieuse. Le glacier de Fee, qui descend des pics de l'Alphubel et du Mischabel, entoure complètement de ses flots pétrifiés une alpe revêtue des plus beaux pâturages, où les troupeaux vont paître pendant les chaleurs de l'été. Le col même du Monte-Moro est recouvert au nord et au sud par un petit glacier naissant. C'était autrefois un passage très fréquenté que prit, dit-on, Ludovic le More en fuyant Milan et auquel il a laissé son nom. Par endroits, on voit encore de larges dalles disposées en gradins pour permettre, semble-t-il, aux bêtes de somme de gravir la pente. C'était la voie la plus courte pour aller du Valais à Milan, et les courriers la suivaient. Les neiges et les glaces ont maintenant coupé et détruit le sentier. Quand nous y passâmes, mes compagnons, dont les souliers n'étaient pas armés de clous assez saillans, firent l'expérience des difficultés que présente la marche sur un glacier même peu incliné. Il avait plu la veille et fortement gelé la nuit, de sorte que la glace du col était revêtue d'une couche de verglas très dure et très glissante. L'un d'entre nous perdit pied, tomba et descendit comme sur une montagne russe, jusqu'à ce que son guide l'arrêtât dans sa glissade. Il fallut faire des entailles avec la hache pour faciliter la descente. Il n'y a point de danger sérieux pourtant, parce qu'il n'y a pas de crevasses. C'est donc dans la vallée de Saas mieux que partout ailleurs qu'on peut voir s'accomplir les intéressans phénomènes qu'offrent les glaciers, leur mouvement continu de descente d'abord, et ensuite leur mouvement alternatif d'avancement et de recul pendant certaines périodes, — la façon dont ils polissent la roche et y gravent ces stries qui, reconnues en tant d'endroits, ont conduit les géologues à admettre pour toute l'Europe une époque glaciaire, — la manière dont ils transportent les blocs erratiques, etc. A Saas, on loge dans le chalet du curé Imseng, connu dans toute la contrée par ses ascensions périlleuses et ses chasses au chamois. Quoiqu'il vieillisse, il a encore le jarret vigoureux, et sa vieille expérience est utile à consulter. De Saas, cinq heures de marche vous ramènent à Visp, c'est-à-dire au point de départ.

Le poète américain Longfellow a écrit un chant sublime, intitulé *Excelsior,* mot d'ordre héroïque qu'avait adopté un régiment de New-

York dans la guerre qui vient d'affliger l'Amérique. Un jeune homme s'avance dans une haute vallée des Alpes : « Où vas-tu? » lui dit-on. Il répond : *Excelsior*. Une jeune fille, un vieillard, lui représentent les mille dangers qui l'attendent, toujours il répète : *Excelsior*. C'est bien là le sentiment qu'on éprouve en visitant ces régions : on voudrait monter partout, monter toujours, jusqu'aux dernières cimes. Des esprits chagrins se sont demandé à quoi pouvaient servir ces aventureuses expéditions où l'on risque sa vie et celle des guides qui vous accompagnent.—C'est, disent-ils, un sentiment blâmable que cette vanité puérile d'inscrire son nom sur la liste de ceux qui ont gravi quelque pic jusque-là inaccessible.—Ils se trompent en parlant ainsi. Tous ceux qui ont éprouvé ces sensations de vie pleine et de sereine satisfaction que donne le spectacle des hautes montagnes peuvent affirmer que ce sont de plus nobles tendances qui attirent chaque année un si grand nombre de voyageurs dans la région supérieure des Alpes. C'est tantôt le mâle plaisir de surmonter les difficultés des ascensions et de braver les terreurs des abîmes grâce aux forces d'une volonté ferme, d'une tête aguerrie et d'un corps endurci à la fatigue, tantôt le besoin de se retremper dans l'air vivifiant des glaciers et dans les impressions simples de l'existence primitive où la nature seule, et non la société, vous résiste, vous charme et vous absorbe tour à tour, tantôt le désir d'étudier l'histoire de la formation de notre terre dans les colossales ruines où l'on peut deviner la marche de ses révolutions successives. Nous l'avons dit, l'infini attire l'homme moderne; mais il ne se contente plus de l'entendre dans l'abstraction des idées métaphysiques : il veut le saisir, le palper pour ainsi dire dans les débris qui lui rappellent l'infinité des siècles écoulés et l'innombrable variété des êtres disparus et des races éteintes. Or tout ce qui nous arrache à nous-mêmes, tout ce qui nous met en face des lois de l'ordre universel et nous les fait comprendre est vraiment salutaire. De telles contemplations agrandissent l'horizon intellectuel et nous rendent meilleurs. Ce n'est pas sans raison que les religions de l'Orient plaçaient leurs lieux de culte sur les hauteurs. On s'y élève comme de soi-même dans la région de l'absolu. Les images incarnées dans le vocabulaire de toutes les langues révèlent cette croyance instinctive de l'humanité qu'il y a une relation profonde entre les idées d'élévation et celles de pureté, de noblesse, de sainteté, d'éminence en tout genre. L'expérience vérifie l'exactitude de cette synonymie, car nul ne revient d'une excursion dans les montagnes sans se sentir l'âme plus dégagée des préoccupations étroites et l'esprit plus ouvert aux vues générales.

Émile de Laveleye.

L'AGRICULTURE

ET

LES TRAVAUX PUBLICS EN GRÈCE

DESSÉCHEMENT DU LAC COPAÏS. — CHEMIN DE FER DE VONITZA

« J'ai toujours eu la conviction que tels sont les chefs d'un état, tel est l'état lui-même. Or quelques-uns, qui dans Athènes sont à la tête des affaires, se disent forcés par la pauvreté du peuple à se conduire injustement, tout en prétendant connaître aussi bien que les autres hommes les lois de l'équité. Je me suis proposé d'examiner par quels moyens les citoyens pourraient subsister des ressources qu'offre leur propre pays, persuadé que, si ce projet réussissait, on mettrait un terme à la pauvreté et aux soupçons des Grecs (1). » Ce conseil de la sagesse antique n'a rien perdu de son à-propos. Développer les élémens de prospérité que possède le pays, le faire subsister de ses propres ressources, afin d'arracher les Grecs à leur pauvreté et à leurs soupçons, c'est-à-dire à leurs discordes civiles, tel est le problème que Xénophon soumettait aux réflexions de ses contemporains, et de la solution duquel dépendent une fois encore, et plus que jamais, les destinées de la Grèce. Aussi, tandis que la *grande idée* réclamait l'affranchissement de la race grecque par les armes, un système plus sage s'efforçait-il d'assigner à la nation sa véritable tâche en la pressant de se régénérer par un travail pacifique et civilisateur, de se relever de son abaissement et

(1) Xénophon, *Des Revenus*, chap. 1er.

de sa ruine avant de songer à de nouvelles conquêtes. Malheureusement, tandis que la *grande idée* jetait dans le pays de profondes racines et s'emparait puissamment des esprits, parce qu'elle flattait les passions les plus violentes des masses, le système des transformations intérieures et des améliorations matérielles ne comptait que de rares apôtres, recrutés, il est vrai, parmi les patriotes les plus sincères et les plus désintéressés; mais, si ces derniers ne trouvaient de soutien à l'intérieur ni dans les instincts de la nation, ni dans les sympathies du gouvernement, en revanche ils étaient fortement appuyés au dehors par les encouragemens et le concours persévérant des puissances protectrices. Ces puissances n'ont cessé en effet, depuis l'affranchissement de la Grèce, de protester contre ses velléités imprudentes et prématurées d'agrandissement territorial, et de lui prêcher les saines doctrines du progrès économique et de la paix intérieure.

« La question grecque est une question d'économie politique, » disait en 1860 lord Russell au comte Bloudof, aujourd'hui ministre de Russie près la cour d'Athènes. Plus tard, lord Palmerston, répliquant à une adresse des négocians de la colonie grecque établie à Londres, insistait sur cette pensée, que la Grèce allait désormais marcher d'un pas ferme dans la carrière du progrès intérieur et apporter une attention sérieuse au développement de ses propres ressources (1). Lorsque les Iles-Ioniennes furent rendues à la Grèce, les interpellations provoquées dans la chambre des communes par la démolition des fortifications de Corfou (2) amenèrent cette réponse de M. Gladstone : « Comme j'aime sincèrement les Grecs, je désire les voir abandonner tout rêve chimérique, résister à toute tentation d'envahissement, s'occuper avec une attention soutenue des industries pacifiques, travailler à la conciliation des partis, développer avec calme les ressources du pays, et renoncer aux exploits militaires, vers lesquels la nation se laisserait infailliblement entraîner, si elle avait jamais en sa possession des forteresses comptant, comme celles de Corfou, parmi les plus importantes et les plus considérables de l'Europe. »

La France a de son côté constamment exprimé les mêmes vœux et adressé les mêmes conseils. « Que votre gouvernement donne au pays l'aisance qui moralise et calme, disait M. Drouyn de Lhuÿs à M. Phocion Roque, alors chargé d'affaires de Grèce à Paris (1854), et il peut compter sur le concours empressé de la France. » Deux ans plus tard, le gouvernement français se disposait à don-

_____

(1) « Memorandum of viscount Palmerston's verbal answer to the address that was presented to his lordship by a deputation of 16 greek merchants at Cambridge-House on the 27 july 1863. »

(2) Séance du 18 mars 1864.

ner à la Grèce la preuve la plus effective de sa sympathie en lui
abandonnant pendant un certain nombre d'années les annuités de
l'emprunt de 60 millions contracté en 1832 et solidairement garanti
par les trois cours protectrices, à la condition expresse que les fonds
provenant de cette concession seraient exclusivement affectés à des
travaux d'utilité publique, à des encouragemens donnés à l'industrie
et à l'agriculture. Par malheur, ce bon vouloir, également partagé
à Londres et à Saint-Pétersbourg, échoua devant l'inertie du gouvernement grec et le peu de confiance qu'on pouvait avoir dans le
bon emploi de ces fonds. Une commission instituée par les trois
puissances pour étudier l'état des finances helléniques constata
que, si la Grèce était insolvable et son trésor obéré, il fallait s'en
prendre uniquement aux vices de l'administration, « attendu, dit
le rapport présenté par cette commission, qu'à mesure que les ressources du trésor s'accroissent, les dépenses prennent un essor
proportionnel, sans que l'on puisse trouver dans la situation du
pays, soit en travaux d'utilité publique, soit en encouragemens
donnés à l'industrie, ou par toute autre initiative venant de l'état,
une compensation suffisante aux sacrifices faits annuellement par
les puissances protectrices (1). »

Et cependant la France avait depuis longtemps tracé au gouvernement grec la seule ligne de conduite qu'il eût à suivre. Nous la
trouvons indiquée sous la forme la plus éloquente et la plus persuasive dans les instructions données par M. Guizot à M. Piscatory,
ministre de France à Athènes; nous ne croyons point inutile d'en
citer ici les passages les plus saillans, car ces instructions s'imposent encore d'elles-mêmes à la méditation des hommes d'état de la
Grèce. « La France n'a qu'une seule chose à demander à la Grèce,
écrivait M. Guizot, en retour de tout ce qu'elle a fait pour elle. Qu'elle
sache développer les ressources infinies renfermées dans son sein;
que, par une administration habile, prudente, active, elle s'élève
peu à peu, sans secousse, sans encourir de dangereux hasards, au
degré de prospérité et de force nécessaire pour occuper dans le
monde la place à laquelle la destine le mouvement naturel de la
politique, nous serons pleinement satisfaits... Vous ne sauriez trop
le répéter, il faut que la Grèce ait enfin une administration active
et efficace; il faut qu'elle mette de l'ordre dans son système financier, qu'elle exploite ses ressources trop longtemps négligées... Il
faut que le gouvernement, comprenant mieux ses intérêts et ceux
du pays, cherche la force et la puissance dans le développement
de la prospérité publique, au lieu de s'abandonner, comme il y a

_____
(1) « General report of the commission appointed at Athens to examine into the
financial condition of Greece, presented to the house of lords by command of her ma-
jesty, 1860. »

paru trop souvent disposé, à des velléités d'agrandissement extérieur, dangereuses chimères fondées sur une complète ignorance des
nécessités actuelles de la politique et des obstacles absolus qu'elle
mettrait à de tels projets (1). » Si ce programme eût été suivi, la
Grèce aurait échappé sûrement aux crises financières et politiques
qui ont un instant compromis ses destinées, et dont elle ne peut
éviter le retour que par la pratique franche et persévérante de ces
salutaires enseignemens.

La Russie elle-même, jusqu'à présent sobre de sages conseils,
est venue enfin associer ses remontrances à celles des deux autres
cours. « Que la Grèce s'adonne aux arts pacifiques et à l'industrie,
a dit récemment le comte Bloudof, doyen du corps diplomatique à
Athènes (2); on verra bientôt renaître, au pied de l'Acropole et sous
le plus beau ciel du monde, un édifice social capable de rivaliser
de splendeur avec les ruines superbes qui dominent la ville, et du
sein desquelles les Euménides, entourées du triste cortége des discordes civiles, s'enfuiront surprises et le visage voilé. »

Nous avons nous-même, et en esquissant la physionomie d'une
province demi-barbare (3), voulu indiquer le caractère des transformations intérieures auxquelles la Grèce doit désormais consacrer son activité. Après avoir montré combien il reste à faire au
gouvernement pour affermir le progrès moral et le bien-être physique des populations, et après avoir reproduit quelques-unes des
sollicitations pressantes par lesquelles tant de voix éloquentes et
sympathiques ont essayé de déterminer la Grèce à s'adonner au
développement de ses ressources matérielles, nous croyons utile
de faire connaître aussi quelles sont ces ressources, quels élémens
nombreux et réels de prospérité possède ce pays, que les Grecs modernes nous ont trop habitués à considérer comme frappé d'une
stérilité irrémédiable et condamné par la nature à une éternelle
pauvreté. Aujourd'hui d'ailleurs c'est une sorte de renaissance industrielle qui commence en Grèce. Au pied des rochers arides et
des hautes cimes escarpées qui dessinent d'une façon si pittoresque
et en même temps si harmonieuse les lignes supérieures du paysage
grec, s'étendent de vastes plaines et de larges vallées dont le sol,
livré par l'incurie des habitans et de l'administration à la merci
des torrens et des inondations, est cependant doué d'une merveilleuse fertilité, propre aux genres de culture les plus variés, ne demandant à l'homme qu'un travail modéré pour laisser éclore toutes
les richesses dont il renferme le principe dans son sein. Les Grecs
modernes ont follement négligé ces germes de prospérité; mais en

---

(1) Dépêche du 23 mai 1843.
(2) Allocution au roi à l'occasion du jour de l'an.
(3) *Le Magne et les Mainotes,* dans la *Revue* du 1ᵉʳ mars 1865.

ce moment même, au milieu de la crise que subit le pays, des tendances plus pratiques, des aspirations et des préoccupations plus
sérieuses se manifestent ouvertement. Ce fait mérite d'être signalé;
il se révèle par les nombreux projets industriels, financiers, agricoles, qui, mis en avant depuis quelques années et poursuivis avec
persévérance et sans bruit derrière les agitations de la foule, à travers les épisodes anarchiques de la dernière révolution, apparaissent enfin au grand jour et sont à la veille de s'exécuter (1).

Parmi ces projets, deux surtout, — l'un concernant le desséchement du lac Copaïs, l'autre la construction d'un chemin de fer du
golfe de Vonitza à celui de Volo, avec embranchement sur la Livadie, la Béotie et l'Attique, — sont l'objet de négociations actives :
ils serviront de base à cette étude et nous fourniront l'occasion de
passer en revue les élémens de prospérité, les richesses naturelles,
les ressources de tout genre que possède la Grèce, et qui offrent
aux promoteurs de ces entreprises de légitimes garanties de succès.
Ces travaux, appelés à renouveler et à régénérer le pays, rencon-
treront-ils la faveur qu'ils méritent auprès des populations ignorantes et demi-barbares qui occupent l'intérieur du royaume? Nous
ne voulons pas en douter. Si ces populations incultes, il est vrai,
mais pleines d'intelligence et d'imagination, se montrent en effet
rebelles à un labeur lent, obscur, de longue haleine, elles se laisseront au contraire aisément séduire par le spectacle inattendu de
l'industrie moderne appliquant ses puissans moyens à une transformation de leur territoire.

I.

La Livadie, portion septentrionale de l'ancienne Béotie, était, au
dire de Strabon, appelée à commander un jour au reste de l'Hellade à cause de la fertilité de ses montagnes et de ses vallées ainsi
que de sa situation géographique, qui la met en communication
directe d'un côté avec le Levant par le canal de Négrepont, de
l'autre avec l'Occident par le golfe de Corinthe. C'est encore une
des provinces du royaume hellénique où se rencontrent les germes
de la plus grande richesse, et c'est là certainement que la grande

---

(1) Mentionnons en passant l'établissement d'une société de crédit foncier qui, récemment fondée à Athènes sous le nom de Κτηματικὴ τράπεζα, prêtera un utile concours aux entreprises dont nous voulons parler. Nous lui souhaitons un succès égal à
celui dont jouit la Banque nationale, Ἐθνικὴ τράπεζα, qui fonctionne depuis bon nombre
d'années sur le modèle de la Banque de France, et qui, par l'habileté exceptionnelle de
son directeur, M. Stavros, par la solidité de ses opérations, qu'attestent les dividendes
de 14 à 15 pour 100 régulièrement distribués chaque année à ses actionnaires, enfin
par les incontestables services qu'elle rend chaque jour au pays, mérite de figurer au
premier rang des institutions financières de ce genre.

agriculture prendra son essor pour se répandre ensuite sur le reste de la Grèce. Le desséchement du lac Copaïs, qui couvre de ses eaux marécageuses toute la partie basse de la contrée, livrerait aux cultivateurs une vaste étendue de terrain remarquable par sa fertilité et réaliserait en peu de temps les prévisions du géographe ancien. Aussi les réformateurs de la Grèce voudraient-ils avec raison donner par cette entreprise le signal des transformations intérieures auxquelles ils s'efforcent de convier le pays. La nature et la variété des produits du sol de la Livadie sont déjà pour cette province une source de prospérité relative; le maïs, le riz, la garance, le tabac, le coton réussissent merveilleusement jusque sur les bords de l'immense marais. La culture du coton principalement, stimulée par la guerre d'Amérique, a pris depuis quelques années en Livadie. comme dans toute la Grèce, un développement considérable, bien que les cultivateurs actuels aient eu à lutter contre les difficultés créées par la modicité de leurs ressources, par le déplorable état des voies de communication et par l'absence de toute initiative de la part des gouvernemens précédens. Le lac Copaïs, qui occupe une superficie de 25,000 hectares et que côtoie la route de Thèbes à Livadie, est borné au nord par les premiers contre-forts du Parnasse, à l'ouest par les penchans agrestes de l'Hélicon, au sud et à l'est par les monts Ptoüs. Il se trouve ainsi fermé de toutes parts et séparé, par des montagnes d'un accès difficile ou par des rochers inabordables, de la plaine de Thèbes et de la mer, avec laquelle il ne possède aucune communication apparente.

L'Hélicon était autrefois célèbre par ses belles forêts, ses sources limpides, ses cascades et ses fleurs; la nature lui avait prodigué des faveurs dont elle s'était montrée avare à l'égard de beaucoup d'autres contrées de la Grèce. Aussi les anciens avaient-ils consacré aux Muses, orné de temples et de statues, rehaussé du prestige des plus gracieuses traditions de la ·mythologie ce séjour attrayant que fréquentaient les artistes, les sages et les poètes. Bien que l'Hélicon soit singulièrement déchu de son ancienne splendeur et qu'on n'y retrouve plus ni le bois mystérieux des nymphes Piérides, ni la grotte des Lybéthriades, ni la source de l'Hippocrène, il n'en forme pas moins l'une des régions les plus heureuses de l'Hellade moderne. Les vallées que la montagne projette à l'orient vers le Copaïs, à l'occident vers le golfe de Corinthe, sont pour la plupart profondes, boisées, arrosées parfois par des sources d'eaux vives, abondantes en pâturages, variées par d'harmonieux accidens de terrain, pleines de sites alpestres. Elles exercent un véritable charme sur le voyageur qui vient de quitter l'aride plaine de Thèbes et les oliviers poudreux de l'Attique. L'Hélicon s'abaisse peu à peu jusque sur les confins du Copaïs, où il se termine en un vaste hémicycle par une série de pentes douces, fertiles, peuplées d'assez nombreux villages. En face, du côté de la mer, le paysage offre un contraste frappant. Le mont Ptoüs élève de toutes parts une barrière de rochers abrupts qui s'avancent en promontoires aigus dans le marécage et forment des anses multipliées. Enfermées entre les vertes collines de l'Hélicon et les parois verticales du Ptoüs, les eaux, que des inondations régulières déversent dans la plaine, ne sont que très imparfaitement absorbées par l'évaporation atmosphérique ou par des issues souterraines d'une très faible activité. Ces issues, dont les orifices apparaissent comme des cavernes sur le flanc des rochers, sont le résultat des bouleversemens successifs éprouvés par le globe terrestre; la roche du Ptoüs est formée d'un calcaire très compacte et très dur, dont les diverses couches ont été agitées et soulevées lors des révolutions primitives de la nature à la suite desquelles a surgi le relief brusquement accidenté de cette contrée. Ces cataclysmes ont produit entre les diverses couches du rocher des vides plus ou moins considérables, ici de simples fissures, là de véritables gouffres, que l'éboulement des roches supérieures, les détritus animaux et végétaux, entraînés par les eaux qui s'y sont précipitées, sont venus ensuite obstruer partiellement. Ces issues sont désignées communément sous leur ancien nom de *katavothres* (1); on en compte jusqu'à vingt-trois sur la ligne des rochers qui séparent le lac de la mer et de la plaine de Thèbes. Le plus actif de ces émissaires est celui dont on aperçoit l'ouverture non loin du col de Képhalari, qui s'élève à une petite distance de Topolias (ancienne Copæ). Les anciens avaient conçu la pensée de dessécher le marais en favorisant l'écoulement des eaux, et l'on reconnaît dans le voisinage de presque tous les katavothres des vestiges de travaux entrepris par eux pour imiter le travail de la nature et pour achever l'œuvre ébauchée par elle. Le Kephalari, à cause de sa proximité de la mer et de la quantité d'eau plus considérable absorbée par ses cavités, paraît avoir spécialement attiré leur attention. Sur le sommet du col qui porte ce nom, l'on remarque les traces de seize puits au moyen desquels ils essayèrent soit de creuser un canal artificiel, soit de pénétrer dans le canal souterrain pour l'élargir et le déblayer. Ces travaux, qui remontent à une haute antiquité, puisque Strabon les regardait déjà comme fort anciens et ne pouvait leur assigner une date précise, ne paraissent pas d'ailleurs avoir été poussés fort loin. Un savant ingénieur, M. Sauvage (2), les considère comme de simples essais interrompus par l'impuissance à laquelle ceux qui les tentèrent furent bientôt

(1) Καταϐόθρα.
(2) Aujourd'hui directeur des chemins de fer de l'Est.

réduits, faute de moyens efficaces pour attaquer une roche aussi dure. Les Romains peut-être ne se seraient point laissé décourager par ces difficultés, et auraient opposé aux résistances de la nature les efforts de leur volonté et de leur énergie; mais le génie des Grecs n'était pas fait pour s'obstiner aux laborieuses entreprises de ce genre, il se prêtait moins aux travaux pratiques qu'aux sublimes conceptions et aux grandes œuvres de l'art. Leur tentative n'en atteste que plus fortement combien la nécessité de cette opération et les avantages qui doivent en résulter avaient frappé les esprits dès cette époque reculée.

La disposition intérieure des katavothres est restée longtemps enveloppée de mystère. L'accès en est difficile, et les habitans du pays n'osaient guère s'aventurer près de ces cavernes peuplées par leur imagination de fantômes et de mauvais esprits. En 1856, à la suite de deux années de grande sécheresse, M. Bulgaris, alors ministre de l'intérieur, voulut faire visiter minutieusement les katavothres et le marécage accidentellement assaini. Quatre cents ouvriers furent envoyés d'Athènes au Copaïs. On trouva par exemple à l'entrée du grand katavothre de Képhalari une belle et spacieuse caverne dont la voûte va en s'abaissant peu à peu; à 90 mètres de l'ouverture, un étranglement se produit, et il n'existe plus qu'une étroite fissure qu'un homme peut parcourir sur une longueur de 25 mètres environ, tantôt ployé, tantôt debout. Au-delà, toute exploration devient impossible. L'intérieur des autres émissaires présente la même configuration dans des proportions moins considérables. Après avoir sondé et élargi quelques fissures, enlevé quelques blocs de rocher, on reconnut l'impossibilité de procéder efficacement au curage de ces souterrains à cause des difficultés de toute nature et des dépenses exorbitantes qu'entraînerait une telle opération pour un résultat douteux et sans cesse compromis par de nouveaux éboulemens. En revanche, il fut constaté que la plaine du Copaïs, mise à nu presque partout par une sécheresse exceptionnelle, est parfaitement unie, et que le sol, une fois débarrassé de la couche de vase entretenue par la stagnation des eaux, n'offre aucun des caractères constitutifs d'un marécage proprement dit (1).

(1) Depuis longtemps déjà, un philhellène distingué, M. Adolphe d'Eichthal, avait, à ses frais, envoyé en Grèce M. Sauvage avec tout le personnel nécessaire pour explorer la plaine et étudier la question du desséchement. Les résultats de cette étude ont été consignés par M. Sauvage dans un remarquable mémoire qui, après être resté quatorze ans enfoui dans les cartons ministériels, a été enfin publié en 1863 par ordre du gouvernement grec, qui l'a pris pour base d'un projet de loi sur l'assainissement de ces marais. Les données essentielles sur lesquelles repose ce mémoire n'ont pas varié. Les seules modifications qu'on pourrait y introduire aujourd'hui sont celles que les progrès de la science et de récentes découvertes apporteront naturellement au moment de l'exé-

C'est au mois d'août que nous avons traversé la plaine du Copaïs. A ce moment de l'été, les eaux étant en partie retirées, une
végétation active revêt le marécage d'une parure trompeuse. Après
avoir passé la nuit à Mavromati, charmant village situé sur une
colline au pied de laquelle nous avions salué la veille, en venant
de Thèbes, les ruines de l'antique Thespies, nous descendîmes
vers la plaine par un sentier étroit, rapide, serpentant sous un
berceau d'arbustes, plein de charme pour le touriste, mais fort
redouté des agriculteurs de la Livadie, qui, pour transporter leurs
produits à Athènes et au Pirée, n'ont eu pendant longtemps d'autre
voie de communication que cette échelle scabreuse, à moins de
s'embarquer à Chalcis en se résignant à un long détour et à une
navigation souvent dangereuse sur les côtes de la Béotie et de l'Attique. Tout récemment, une grande route entre Athènes et Chalcis
vient de s'achever, elle est parcourue régulièrement par des *leo-
phores* (1), sortes de diligences qui rendront à cette partie de la
Grèce d'inappréciables services.

Considéré du haut des montagnes qui l'encadrent, le marais du
Copaïs, couvert pendant la belle saison d'une épaisse couche de
verdure, offre l'aspect de la plus luxuriante prairie et réjouit le regard, abusé par la distance sur la nature de cette végétation. Çà et
là, au fond d'une anse, derrière une masse touffue, de larges flaques
d'eau reflètent le vif azur du ciel, miroitent au soleil, et animent le
paysage, que limitent majestueusement au nord les pics sévères du
Parnasse, et à l'est les hautes cimes accidentées de l'Eubée bleuis-
sant à l'horizon. Une fois dans la plaine, on reconnaît bientôt le
marécage sous une forêt de joncs, de roseaux, de larges fleurs aquatiques aux couleurs éclatantes, aux émanations malsaines, avec ses
eaux fangeuses et la fièvre qui décime les populations riveraines.

Le Copaïs se divise en trois zones bien distinctes. La première se
compose du marais proprement dit, toujours imbibé d'eau, inabor-
dable, nourrissant des anguilles très renommées dans tout le Levant, occupant une surface de 15,000 hectares environ. La seconde,
de près de 9,000 hectares, se divise elle-même en deux parties,

cution des travaux proposés. M. Sauvage et M. d'Eichthal s'étaient occupés aussi de l'é-
largissement et du creusement du détroit de l'Euripe, qui sépare l'île d Eubée de la
terre ferme. Cette passe était infranchissable, car elle n'offrait qu'une largeur de 13 mètres et une profondeur de 2 mètres au plus. Les navires en destination de Salonique et
de Constantinople étaient contraints de tourner l'île en doublant avec de grandes difficultés le cap d'Oro, constamment assiégé par des vents du nord furieux. A la suite de
travaux achevés en 1855, le canal de Négrepont a été livré tout entier à la navigation.
L'Euripe a aujourd'hui une largeur de 22 mètres et une profondeur de 6ᵐ,50. En outre
un pont tournant, construit à Marseille, a été jeté sur le détroit et réunit l'Eubée à la
terre ferme.

(1) Λεωφορεῖον.

l'une dont les cultivateurs s'emparent avec le plus grand profit lorsqu'une sécheresse exceptionnelle permet aux eaux de se retirer plus
tôt que de coutume, l'autre qui reste toujours tellement humide et
tellement couverte de plantes marécageuses, qu'elle se refuse à
toute espèce de culture. Lorsque les chaleurs de l'été ont pénétré
sous cette végétation exubérante et échauffé le sol, les pasteurs
mettent le feu aux roseaux, et leurs troupeaux viennent brouter
avidement la jeune pousse, qui reparaît aussitôt après la combus-
tion. La troisième zone enfin comprend les terres cultivées; elle est
de beaucoup la plus étroite, car elle ne compte guère que 5 ou
6,000 hectares et une population de 3,500 âmes, qui, loin d'augmenter, se maintient à peine à ce chiffre à cause des ravages que la
fièvre exerce sur elle. L'état possède plus de la moitié de cette zone
et la totalité des deux autres; il tire de ce domaine un revenu qui
ne dépasse pas 70 ou 75,000 drachmes (1).

Trois rivières principales, le Mélas, l'Hercyne, le Céphise, versent leurs eaux dans le bassin du Copaïs. Le Mélas ou Mavropota-
mos (fleuve noir) prend sa source à 2,000 mètres au nord du lac,
et doit son nom à la couleur sombre de ses eaux profondes et va-
seuses. Il se jette, aux environs de Topolias, dans le Copaïs, où il
trouve une pente à peine sensible, et où il se fraie difficilement un
chemin à travers la masse de roseaux et de plantes qui encombrent
son cours et le forcent à tracer de nombreuses sinuosités. Le Céphise descend des hauteurs lointaines de la Dryopie, et sur un parcours de 25 kilomètres environ il recueille le produit de nombreux
affluens, torrens et rivières. Il se jette dans le Copaïs à une petite
distance au-dessous du Mélas, au fond de la petite baie de Skripou,
dénomination barbare qui a remplacé le nom célèbre d'Orchomène.
L'Hercyne enfin, qui a son embouchure à l'extrémité nord-ouest
du lac, sort des hauts rochers de Livadie. Cette rivière est formée
par deux sources fameuses dans l'antiquité sous le nom de *Léthé* et
de *Mnémosyne*, situées à côté de l'antre non moins fameux de Tro-
phonius, qu'on voit encore, et où résidait un redoutable oracle. On
ne s'adressait pas impunément à ce dieu : ceux qui l'avaient consulté, après avoir subi d'effrayantes épreuves, sortaient de l'antre,
suivant le témoignage de l'historien Pausanias, l'esprit si profondément troublé qu'ils étaient pour le reste de leurs jours condamnés
à une invincible tristesse ou à de folles terreurs. La ville de Livadie, que l'Hercyne baigne de son onde limpide et glaciale, est l'une
des plus pittoresques et des plus gracieusement situées de la Grèce.
Séparée de la plaine marécageuse par une ligne de rochers peu
élevés, elle s'étale en amphithéâtre sur un versant rapide et offre

_____

(1) La drachme, δραχμή, équivaut à 90 centimes.

les contrastes les plus séduisans. La ville haute est assise sur des roches massives et bizarres dont les arêtes surgissent au-dessus des maisons et se confondent avec les ruines d'une forteresse bâtie par les Catalans. Là, de profondes crevasses, d'humides anfractuosités, des formes tourmentées, fatiguent le regard, en même temps que le souvenir des sombres traditions de l'oracle attriste la pensée. Plus bas, la scène change et s'anime : dans les rues, propres et bordées de bazars à l'entrée desquels flottent des étoffes aux vives couleurs, circule une population affairée et joyeuse qui jouit à bon droit par toute la Grèce d'une grande réputation de douceur et d'hospitalité. Des minarets sveltes, d'une élégance tout orientale, à la pointe à moitié dédorée, s'élancent par-dessus les lourdes coupoles des églises byzantines. Des cyprès, des peupliers, des platanes, ombragent les toits et les terrasses. Le torrent qui roule à travers la ville suffirait seul à la remplir de vie et de poésie, et fait entendre sa voix, douée de mille timbres divers, tristes et grandioses, argentins et joyeux, suivant la hauteur de ses diverses chutes. Dans la plaine, il se transforme en une douce et calme rivière dont le flot transparent baigne une longue file d'habitations où respire l'aisance. Il fait tourner de nombreux moulins et poursuit sa course vers le Copaïs sous un berceau de verdure. La ville de Livadie offre donc un aspect bien différent de celui de la plupart des autres villes de la Grèce, où le spectacle de la pauvreté, de la paresse et de l'ignorance du peuple cause une pénible impression au voyageur. Les habitans possèdent presque tous quelques terres sur les bords du lac ou dans les vallées voisines; ils s'adonnent avec succès à l'agriculture; l'habitude du travail élève et adoucit leurs mœurs. Lorsque les projets dont se préoccupe le gouvernement seront réalisés, cette ville sera la première à en recueillir les bénéfices et deviendra l'une des plus florissantes du royaume. Elle sera l'entrepôt de tous les produits de la plaine. le centre d'un trafic et le point de départ d'une exportation qui ne tarderont pas à atteindre des proportions considérables, le siège de plus d'une industrie qui trouvera dans l'onde rapide et intarissable de l'Hercyne un moteur puissant et économique.

Le double phénomène de l'inondation qui pendant l'hiver transforme la plaine du Copaïs en un lac vaste et profond, et du retrait des eaux qui, en s'opérant imparfaitement pendant l'été, fait du lac un marais, s'accomplit par périodes régulières. Les pluies, plus abondantes dans cette région que dans les autres contrées de la Grèce, commencent généralement au mois d'octobre, augmentent dans les mois de novembre et de décembre, et atteignent leur plus grande intensité pendant le mois de janvier; elles diminuent ensuite graduellement et cessent vers le milieu du mois de mars.

Pendant cette saison, le Céphise, qui vient de loin, et qui recueille sur son parcours de nombreux affluens, grossit et diminue à plusieurs reprises, mais lentement chaque fois, progressivement, tout à fait comme nos grandes rivières. L'Hercyne au contraire possède l'allure brusque, furieuse, inattendue, des torrens ; elle se gonfle démesurément à chaque pluie, baisse presque subitement, et compte deux ou trois crues par mois, chacune de deux ou trois jours. Quant au Mélas, dont le parcours est très limité, il ne s'élève pas beaucoup au-dessus de son niveau habituel. Au volume d'eau considérable que ces trois rivières versent dans la plaine, il faut ajouter le tribut des pluies qui tombent sur le lac lui-même et celui des torrens qui se précipitent de toutes les montagnes environnantes. Lorsqu'en outre le vent impétueux et tiède qui vient des gorges de la Phocide, et que les habitans appellent le *Mégas,* souffle prématurément et fait fondre plus tôt que de coutume les neiges du Parnasse, l'inondation atteint des proportions inaccoutumées.

Pendant la première période de l'inondation, les étroites fissures intérieures du Ptoüs livrent aux eaux, lorsque celles-ci ont atteint le niveau de leurs orifices, un débouché presque suffisant; mais bientôt le lac s'emplit outre mesure, envahit la seconde zone, sur laquelle les bergers, quelques jours auparavant, conduisaient encore leurs troupeaux, et monte rapidement à une hauteur de 6 à 8 mètres au-dessus des katavothres les plus élevés, ainsi qu'on peut le constater aisément par l'empreinte que les eaux ont tracée sur les parois du rocher. A partir du mois de mars, les pluies cessent, les sources torrentielles tarissent, et, tandis qu'une partie des eaux s'écoule par la voie souterraine des émissaires naturels, une autre partie est restituée à l'atmosphère par l'évaporation. Ce n'est cependant qu'au mois d'août que l'inondation a complétement achevé son mouvement de retraite, et que le lac est transformé en marais par la stagnation des eaux, dont le niveau s'est abaissé au-dessous des katavothres les moins élevés. Alors, du sein de ces eaux fangeuses, les joncs et les roseaux mille fois variés, les fleurs et les plantes marécageuses de toute sorte, croissent avec une rapidité et une abondance qui tiennent du prodige.

Assainir et dessécher complétement le marais, faire sortir des fruits utiles et multipliés de ce sol dont la fertilité se révèle aujourd'hui par l'exubérance même d'une végétation nuisible, telle est la pensée dont l'initiative appartient aux anciens Grecs, et que les modernes ont reprise avec tous les moyens de succès dont leurs ancêtres étaient privés. Les riches perspectives qu'ouvrirait l'exécution de ce projet ont tenté les Turcs eux-mêmes; on nous a raconté qu'un riche aga de Livadie eut la témérité méritoire de commencer

quelques travaux du côté de la plaine de Thèbes. Les vieillards du
pays se souviennent d'avoir vu cet homme à la tête d'une troupe
de raïas armés de pieux, de pioches et de poudre, attaquer de toute
son énergie la roche compacte du Ptoüs, encourageant ses travailleurs du geste et de la voix, battant des mains et distribuant des
récompenses chaque fois que ses mineurs inexpérimentés faisaient
sauter un quartier de pierre. Il dut bientôt cependant reconnaître
son impuissance et renoncer à une entreprise au-dessus de sa
science et de ses forces. A voir les traces peu profondes laissées
par cette tentative puérilement conduite, on serait tenté de sourire, si elle n'était après tout le témoignage d'une noble et généreuse inspiration. Les travaux par lesquels il sera nécessaire de
procéder à l'assainissement de la plaine du Copaïs sont lumineuse-
ment indiqués dans le mémoire de M. Sauvage. Ils n'offrent plus
aujourd'hui de telles difficultés et n'exigent pas de telles dépenses
qu'une compagnie ne puisse avoir la hardiesse de les entreprendre,
avec la certitude d'obtenir les résultats les plus avantageux (1).

Il faut écarter l'idée, séduisante au premier abord, d'utiliser les
canaux souterrains ébauchés par la nature. La trop grande élévation de l'orifice au-dessus du niveau des basses eaux, l'exiguïte,
l'irrégularité, la direction inconnue des fissures intérieures de la
montagne, des frais exorbitans, un résultat incertain, s'opposent à
l'exécution d'un tel projet. La seule opération réellement utile et
praticable consiste à donner aux eaux du lac une issue spéciale par
la voie la plus courte possible, à travers les rochers qui séparent le
Copaïs de la mer. La nature semble avoir indiqué le col de Képhalari
comme le point le plus favorable à cette opération. En effet, c'est à
cet endroit que la muraille à percer offre le moins d'épaisseur, et
de plus de l'autre côté du col se trouve un ravin large, encaissé,
profond, se précipitant avec une pente rapide vers le canal de Négrepont, creusé tout exprès pour emporter les eaux à la mer sans
exiger aucun travail de la part des hommes. Au pied du Képhalari,
la plaine est à 97 mètres au-dessus du niveau de la mer; le sommet

(1) Le desséchement du Copaïs a été l'objet d'un texte de loi qui allait être voté par
la dernière assemblée constituante d'Athènes au moment où elle a été dissoute. Ce projet
sera présenté l'un des premiers à la prochaine assemblée. Deux compagnies, l'une française, l'autre anglaise, ont depuis longtemps demandé la concession des travaux du Copaïs. On assure que la société hellénique de crédit foncier, à la tête de laquelle se
trouve un capitaliste, M. E. Baltazzi, dont le nom est très honorablement connu dans
les hautes sphères financières de l'Orient, se propose de se charger elle-même du desséchement du Copaïs On croit également que la moitié au moins des actions de cette
entreprise sera prise dans le pays, non-seulement par les Grecs aisés, mais par les paysans eux-mêmes, empressés de coopérer ainsi à des travaux dont ils commencent à apprécier les bienfaits. N'est-ce pas là un symptôme de plus à noter des préoccupations
sérieuses, des dispositions sages et pratiques qui distinguent maintenant le peuple grec?

du col est à 147 mètres ; la différence de 50 mètres, qui indique
la distance de la plaine au sommet du col, éloigne la pensée de
pratiquer une tranchée à ciel ouvert. Il faudra donc, pour procurer
aux eaux du marécage une issue unique, percer à cet endroit, à
travers le calcaire très dur du Ptoüs, un souterrain dont la longueur sera de 1,600 mètres environ. M. Sauvage, à l'époque où il
rédigeait son mémoire, évaluait la dépense à 1,600,000 francs, la
durée du travail à quatre années, en supposant qu'un chantier de
mille ouvriers lui fût affecté; mais on doit croire aujourd'hui que
les engins découverts depuis cette époque, les machines d'une formidable puissance, telles que celles qui sont employées au percement des Alpes, pourront s'appliquer à la perforation du Ptoüs, et
diminueront dans une proportion notable l'espace de temps et le
nombre de bras nécessaires à ce travail. Une fois l'émissaire général creusé jusqu'à l'entrée du ravin qui, de l'autre côté de la montagne, lui servira de prolongement naturel vers la mer, il s'agira
de rallier à son embouchure toutes les eaux du Copaïs. Le Mélas s'y
rendra facilement lorsqu'on l'aura débarrassé de la masse de roseaux et de plantes qui encombrent son cours, et que, pour lui
donner une pente plus rapide, on aura approfondi son lit en quelques endroits. Le Céphise sera jeté dans le Mélas au moyen d'une
courte tranchée. Quant à l'Hercyne, son embouchure sera le point
de départ de travaux plus importans et plus considérables, la tête
d'un canal de ceinture à grande section qui, s'emparant des eaux
de cette rivière, fera le tour du lac pour rejoindre l'émissaire général et recueillera dans ce trajet tous les affluens torrentiels qui descendent des montagnes. En même temps de nombreuses fosses
auxiliaires, destinées à vider entièrement l'intérieur de la plaine,
viendront se souder de toutes parts à cette artère principale, tandis qu'un vaste système de canaux d'irrigation empêchera qu'un
excès de sécheresse ne succède aux funestes effets de la stagnation
des eaux (1).

Le desséchement progressif des lacs et des marais qui occupent
en Grèce de grandes et nombreuses étendues de terrain (2) paraît
devoir être l'une des causes les plus certaines de la richesse future
de ce pays. Des desséchemens partiels, entrepris sur une petite
échelle, non-seulement en Livadie, mais en Élide et en Eubée, par

---

(1) La dépense nécessaire à l'exécution de tous ces travaux, y compris le percemènt
du grand émissaire, est évaluée aujourd'hui à 9 millions.

(2) Nous citerons entre autres les plaines d'Athènes, de Marathon, de Corinthe, de
Missolonghi, et surtout le lac marécageux de Phénéos dans l'intérieur du Péloponèse, à
30 kilomètres environ du golfe de Corinthe. A cause de la distance et des obstacles qui
le séparent du golfe, on a proposé récemment de le dessécher par voie d'absorption mécanique. Il occupe une superficie à peu près égale à celle du Copaïs.

des cultivateurs isolés, pourvus seulement de modiques ressources, ont presque toujours doublé, souvent triplé le capital de ceux qui les ont entrepris (1). Ce résultat donne la mesure des avantages immenses qu'on doit attendre de cette opération une fois érigée en système et largement pratiquée. Le desséchement du Copaïs à lui seul livrera à l'agriculture 20,000 hectares d'une terre prodigieusement fertile, noire, appelée par les Grecs λιβάδεια, saturée des plus riches principes, propre à porter les fruits les plus variés. Le riz, le maïs, le tabac, la garance, le coton, quoique l'objet d'une culture restreinte et souvent inexpérimentée, réussissent admirablement sur le sol des bords du lac et sur celui que les habitans mettent en rapport accidentellement, lorsqu'une sécheresse exceptionnelle leur permet d'empiéter sur le domaine habituel du marécage. Le coton surtout, conjointement avec la soie, qui vient en abondance déjà en Messénie et dans divers districts du Péloponèse, sera l'un des élémens les plus féconds de la fortune de la Grèce. D'après une étude faite par M. Éric Cargular, vice-consul d'Angleterre à Athènes, le coton était sous la domination turque l'objet d'une culture assez assidue; celui de la Livadie, dont la qualité est supérieure, aurait été le premier introduit à Manchester, où il continue à être recherché aujourd'hui. Abandonnée depuis la guerre de l'indépendance, reprise avec une certaine vigueur en 1861 à la suite de la guerre d'Amérique, cette culture a fait depuis cette époque de grands et rapides progrès. Les chiffres officiels donnés par M. Cargular portent l'exportation du coton à une somme de 1,500,000 drachmes pour l'année 1862; cette somme était triplée dès l'année suivante. Enfin en 1864 la culture du coton occupait en Grèce une surface de 75,000 stremmes ou 7,500 hectares (2), dans lesquels la Livadie entrait pour plus d'un tiers, et la somme produite par cette culture dépassait 15 millions. La rapidité de cette progression n'est-elle pas un témoignage des excellentes aptitudes et des dispositions sérieuses du peuple grec, une preuve de la fortune réservée à toutes les entreprises qui auront pour but d'exploiter les richesses de ce sol?

Les terres assainies du Copaïs pourront, suivant le calcul de l'habile ingénieur français, occuper et nourrir une population de 30,000 âmes; la moitié de ce chiffre au moins sera nécessaire à

(1) On nous a même cité l'exemple de quelques paysans qui sont parvenus, par des moyens tout à fait élémentaires, à dessécher quelques parcelles de terrain sur les bords du Copaïs, et qui, avec une dépense de 20 drachmes par *stremme*, ont réussi à former des terres d'une qualité supérieure, qui ne valent pas moins aujourd'hui de 300 drachmes par *stremme*. — Le *stremme* équivaut au dixième de l'hectare.

(2) Le rapport de M. Cargular divise ainsi cette culture sur le sol de la Grèce : Livadie, 35,000 stremmes; Phthiotide, 20,000; Thèbes, 15,000; le Valtos, 5,000; Péloponèse, 15,000; Cyclades, 10,000.

l'exploitation de ce territoire. Aujourd'hui les habitans disséminés
sur les bords fiévreux du lac ne dépassent point le nombre de
3,500 ou 4,000. Il faut bien croire que quelques peuplades des
environs abandonneront leurs sommités arides et leurs roches escarpées, et se laisseront attirer dans la plaine par la perspective
d'une existence plus aisée; mais ces déplacemens ne répondront
pas aux exigences d'une culture aussi étendue. Où donc la Grèce
trouvera-t-elle les élémens de cet accroissement de population
nécessaire? Ce sera non dans son sein, très insuffisamment peuplé,
mais dans la Turquie même, parmi les populations chrétiennes de
la Macédoine, de l'Épire, de la Thessalie, qu'elle les recrutera. Ces
tribus forment une population laborieuse et représentent seules en
Turquie l'activité, l'intelligence, la vie; elles aspirent toutes au
bienfait de l'indépendance et cultivent à regret un sol qui ne leur
appartient pas. Soumises à un joug barbare, condamnées aux mille
tribulations des raïas, incertaines du lendemain, exposées à perdre
à chaque instant le fruit de leurs labeurs par le caprice, le fanatisme ou l'avidité d'un officier de la Sublime-Porte, elles ne demanderont pas mieux que de transporter leurs pénates sur le sol
de la Grèce affranchie le jour où celle-ci leur fera entendre un sérieux appel, et pourra, en les établissant sur des terres salubres et
fertiles, leur assurer un travail productif en même temps que la
liberté. Déjà un fait pareil s'est passé non loin de là, dans l'île
d'Eubée, où un grand nombre de familles grecques de la Macédoine et de l'Épire sont venues se fixer après les guerres de l'indépendance et plus tard à la suite de l'insurrection de 1854. Il n'est
pas douteux que ce mouvement d'immigration de la Grèce asservie
au sein de la Grèce libre ne se reproduise et ne prenne une ferme
consistance, lorsque les grands travaux dont nous parlons auront,
dans les étroites limites même du royaume actuel, créé de nouveaux espaces et ouvert de nouveaux domaines à l'activité des
hommes. Favoriser ce mouvement par tous les moyens possibles,
offrir à cette portion de la race grecque qui gémit encore sous le
joug musulman des foyers, des champs, en échange de la servitude, l'appeler tout à la fois à jouir du bienfait de l'émancipation
et à coopérer à l'œuvre de la régénération nationale, transplanter
sur son propre territoire les derniers germes de vie que possède
encore l'empire ottoman, n'est-ce pas la guerre la plus redoutable
et la plus dangereuse pour son adversaire, la plus fructueuse pour
elle-même, que la Grèce puisse déclarer à son éternelle ennemie?

II.

Il est une question d'utilité publique qui, dans l'état actuel de la Grèce, accompagne et domine toutes les autres, c'est celle des voies de communication. Que servirait en effet de dessécher le Copaïs et d'accomplir les autres grands travaux dont on se préoccupe, si les provinces au profit desquelles ils doivent s'exécuter restaient, comme aujourd'hui, séparées des provinces limitrophes par des sentiers souvent impraticables, toujours difficiles à parcourir, et si elles n'étaient dotées de voies de communication rapides et économiques? Les seules routes à peu près carrossables que nous ayons pu suivre en Grèce n'atteignent pas à elles toutes une longueur de 100 kilomètres; dans l'intérieur du pays, on ne rencontre que des chemins accessibles seulement aux piétons et aux mulets, constamment coupés pendant l'été par les orages, pendant l'hiver par les torrens et les éboulemens. On conçoit le préjudice mortel qu'un tel état de choses apporte au développement de l'industrie et de l'agriculture, soit par la difficulté et la lenteur des relations et des échanges, soit par l'excessive cherté des transports. Il en coûte plus, nous a-t-on dit, pour transporter un sac de blé de Livadie au Pirée que pour le faire venir d'Odessa au même port. Il ne paraît pas que la Grèce ancienne ait été beaucoup plus favorisée sous ce rapport que la Grèce moderne; on a pu lire en effet, dans une très intéressante étude sur l'art romain récemment publiée par la *Revue* (1), que « les Grecs entamaient les rochers sur une petite largeur, laissaient les roues du char creuser leur ornière, et s'en allaient cahotés fièrement par les montagnes et les vallées. » Ils ne font pas autrement aujourd'hui, et encore le char antique ne trouverait-il plus assez de place pour passer sur les chemins actuels.

La question des voies de communication est pour la Grèce une question vitale, elle intéresse au plus haut point non-seulement l'industrie et l'agriculture, mais la sécurité publique même; les bandits en effet sont singulièrement encouragés par l'impossibilité de toute circulation régulière à l'intérieur du pays et par le grand nombre de sentiers étroits, de défilés scabreux au détour desquels ils dressent impunément leurs embuscades aux voyageurs comme aux détachemens de troupes envoyés de temps à autre à leur poursuite. Un ministre de France à Athènes dont le nom est attaché aux principaux essais d'améliorations matérielles tentées sous le dernier règne, M. de Lagrenée, fit de vains efforts pour déterminer le gou-

---

(1) *Un Préjugé sur l'art romain*, par M. E. Beulé, de l'Académie des inscriptions, livraison du 15 mars 1865.

vernement grec à tracer des routes, à jeter des ponts sur les torrens et les rivières. Ses conseils et ses remontrances ne purent vaincre un aveuglement qui commence enfin à se dissiper aujourd'hui. En même temps que les entreprises agricoles, dont le dessèchement du lac Copaïs nous a offert le plus saillant exemple, divers projets de chemins de fer occupent l'opinion publique, et trouvent auprès d'elle une faveur qu'ils n'auraient pas rencontrée il y a quelques années. Plusieurs compagnies offrent au gouvernement des conditions soumises à une discussion sérieuse, et sillonnent la carte si accidentée de la Grèce de leurs nombreux tracés. Il est donc permis de prévoir dès à présent le jour où ces deux modes puissans de rénovation, l'agriculture et les chemins de fer, corollaires obligés, indispensables auxiliaires l'un de l'autre, seront mis simultanément en pratique et s'empareront de l'activité de la nation.

Le projet d'un chemin de fer de Vonitza au golfe de Volo est celui qui excite le plus particulièrement la sollicitude du gouvernement et l'attention des capitalistes. Ce chemin tracera de l'occident à l'orient une ligne à peu près parallèle aux frontières sinueuses de la Grèce; il traversera l'Acarnanie, une partie de l'Étolie et les vallées méridionales de la Phthiotide, projettera, d'un point facile à trouver sur son parcours, un long embranchement sur l'Attique par la Livadie et la Béotie, et rendra une vie nouvelle à ce pays, dont les forces semblent avoir été épuisées par les sacrifices accomplis le jour de son héroïque réveil. Avant d'énumérer les avantages politiques et économiques promis à la Grèce par l'exécution de ce tracé, il faut indiquer d'abord le pittoresque itinéraire que suivront les rapides locomotives à travers des contrées abandonnées, où l'homme aujourd'hui peut à peine se frayer un passage. On achèvera ainsi de faire connaître les ressources que possède la Grèce, et par cela même les élémens sur lesquels repose le succès d'une entreprise qui contribuera puissamment à la régénérer.

Vonitza, l'ancienne Échinos, tête de ligne de ce chemin, est un petit port situé sur la rive méridionale du golfe d'Arta ou d'Ambracie, à la naissance du promontoire qui portait l'antique ville d'Anactorium et qui fait face à un autre promontoire célèbre, celui d'Actium. De Vonitza, chef-lieu actuel de l'Acarnanie, la voie ferrée descendra vers le sud, rejoindra l'Acheloüs ou Aspropotamos, qui sépare cette province de l'Étolie; puis, ayant traversé ce fleuve, elle remontera vers Karpénisi, au nord de l'Étolie, longera les rampes du mont Callidrome, et, se dirigeant sur celles du mont Othryx, passera dans le riche bassin du Sperchius ou Hellada. Enfin, après avoir franchi dans la dernière partie de son parcours les riches vallées de la Phthiotide, elle aboutira à Ptéléon, sur les bords du golfe de Volo ou Pélasgique. Une rapide esquisse indiquant la physionomie générale de ces contrées, le caractère des habitans, les diverses productions du territoire, fera comprendre les bienfaits multipliés que devra la Grèce à ce tracé (1).

Lorsque, après avoir traversé la plaine marécageuse de Missolonghi et les pentes du mont Aracynthe, je vis se dérouler devant moi, il y a quelques années, le panorama des montagnes majestueuses de l'Étolie et de l'Acarnanie, je fus saisi d'étonnement et d'admiration : partout une fraîche verdure, de superbes forêts échelonnées les unes au-dessus des autres, des pâturages, des lacs, des rivières. Au sortir des ravins abrupts du Péloponèse, de ses vallons arides, de ses campagnes torréfiées par un soleil ardent, de ses paysages taillés dans le roc, éclatans de couleur et de lumière, il me semblait, en entrant dans cette nouvelle région de la Grèce, que je devenais le jouet d'un rêve, tant la nature s'y montre sous un aspect inattendu. Sur le seuil des forêts imposantes de la Haute-Acarnanie, je cédais à une sorte de religieuse émotion, telle que les anciens l'éprouvaient lorsqu'ils se rendaient en pèlerinage au mystérieux bois de Dodone. La population de ce pays est douée, elle aussi, d'une physionomie particulière; elle est à demi sauvage, de haute taille, de formes athlétiques, d'une beauté pleine de noblesse et de régularité, mais empreinte d'une dureté farouche. Elle possède tous les traits et tout le caractère d'une race primitive, et l'on s'accorde en effet à dire que les élémens de l'antique race hellénique se sont conservés chez elle, comme chez les Maïnotes, plus purs que chez la plupart des autres populations de la Grèce. Pendant tout le temps de la domination turque, elle est restée en état de guerre; aujourd'hui elle vit de brigandage. Sous ce rapport, les forêts de l'Acarnanie et les roches escarpées du Magne offrent entre elles une singulière analogie. Il semble que l'indépendance nationale et la barbarie se soient réfugiées ensemble à ces deux extrémités de la Grèce, pour y lutter, dans d'inexpugnables asiles, l'une contre les envahissemens de la conquête,

(1) En Italie comme en Grèce, on a compris l'importance de cette voie nouvelle, et chacun appelle avec impatience le moment où une connexion féconde pourra s'établir entre les chemins de fer grecs et ceux du sud de la péninsule italique. C'est ce que prouve une lettre de Florence rendue publique (elle a paru dans le *Moniteur* du 1er juin), et dont nous citerons le passage suivant : « Bien que le trajet entre Bari et Brindisi ne soit pas très considérable, 120 kilomètres environ, l'importance que l'on apporte à cet embranchement est aisée à concevoir. Brindisi fut une des principales stations navales de Rome; c'est là qu'aboutissait la voie Appienne; c'est par là que les héritiers de Romulus allèrent recueillir la tradition de Périclès; c'est par là que Frédéric II de Souabe, le souverain artiste et le croisé sceptique, embarqua sa fortune, alors qu'il allait réclamer la sainte couronne des Lusignan. Ce port, aujourd'hui ruiné, peut être rétabli, et cette entreprise sera le complément nécessaire de la grande voie ferrée qui, dans quelques jours, va s'étendre sur toute la longueur de la péninsule et doit être, dans un prochain avenir, le grand chemin de l'Orient. »

l'autre contre ceux de la civilisation; mais, tandis que l'aspect désolé du Magne, l'aridité de son sol, l'âpreté de ses paysages, expliquent bien les farouches instincts et les sauvages coutumes de ses
tribus guerrières, on est au contraire surpris que la merveilleuse
fécondité de l'Acarnanie n'ait point développé chez ses habitans l'a-
mour du travail et le goût du bien-être. La nature en effet a doté
l'Acarnanie de tout ce qui peut rendre une province florissante; il a
fallu des siècles d'oppression et de décadence, l'épuisement engendré par une résistance désespérée, pour plonger l'homme dans
la barbarie au milieu même des élémens de richesse et de prospérité que cette contrée renferme. Cette impression, que nous avons
gardée de notre excursion dans ce pays, se trouve confirmée par
le témoignage d'un ancien membre de l'école française d'Athènes,
M. L. Heuzey, qui a fait de cette partie de la Grèce une étude spéciale et approfondie. « Il ne faut pas, dit-il, juger de la fertilité
de l'Acarnanie par l'état peu avancé où s'y trouve aujourd'hui l'a-
griculture; les historiens nous la représentent comme un pays autrefois riche et cultivé. La puissante végétation dont s'est revêtue
cette terre laissée à elle-même témoigne de sa vertu... La partie
la plus abandonnée du royaume deviendra peut-être une de ses
plus riches provinces, dès que l'homme s'y trouvera en force pour
réduire une nature sauvage (1). »

L'Acarnanie se divise en deux parties bien distinctes, le Valtos au
nord, le Xéroméros au midi. Le Valtos, qui touche à l'Épire, correspond à l'ancienne Amphilochie que Thucydide désignait comme
une contrée dangereuse, propre aux surprises à main armée, avec
des chemins embarrassés de bois et de ravins sans issue. On ne
peut guère en effet se figurer un pays plus difficile à parcourir,
plus favorable aux coups de main, aux embuscades et à la guerre
de partisans. Les montagnes, déchirées par un dédale de torrens et
de crevasses profondes, sont couvertes les unes de forêts presque
impénétrables, les autres de gigantesques fougères; il serait imprudent de s'y aventurer sans le secours d'un guide expérimenté,
car cette végétation luxuriante cache à chaque pas des précipices
béans ou des rampes inaccessibles. Aussi l'Acarnanie a-t-elle opposé aux Turcs une résistance énergique, et fourni à la Grèce quelques-uns de ses plus célèbres et de ses plus belliqueux armatoles.
Aujourd'hui les klephtes, tels que les Birbos, les Dracos, le Scara-
lambas, viennent abriter leur tête mise à prix dans ce pays, dont
les difficultés les dérobent à toute poursuite, et d'où ils peuvent,
sans être inquiétés, passer en Turquie pour y trouver une sécurité

(1) *Le Mont-Olympe et l'Acarnanie,* par L. Heuzey, ancien membre de l'école française d'Athènes ; Paris, 1860, p. 234.

plus complète encore. Le sol du Valtos se prêterait cependant aux productions les plus fructueuses et les plus variées. La vigne et le blé y réussissent admirablement sur les rares parcelles de terrain où ils sont cultivés; l'olivier y croît naturellement et atteint des proportions gigantesques, une durée plus que séculaire; les plateaux et les collines que les bois n'ont pas envahis n'attendent que l'intervention de l'homme pour fournir d'abondantes récoltes: l'oranger et le citronnier fleurissent dans le creux des vallées; les forêts surtout, yeuses et chênes de toutes les espèces, seraient la source d'une inépuisable richesse, si le gouvernement se décidait enfin à les exploiter. Au commencement de ce siècle, la France, maîtresse de ces provinces en même temps que des Sept-Iles et comprenant tout le parti qu'elle pouvait tirer de ces forêts, confia à M. Roque, délégué de la chambre de commerce de Marseille, et à M. Lasalle, autrefois consul dans ces parages, la mission de pratiquer en Acarnanie des abatis pour les chantiers maritimes de Toulon. Cette tentative d'exploitation commençait à porter les plus heureux fruits, lorsque la fin de l'occupation française y mit un terme. Le souvenir s'en est perpétué dans le pays, mais l'exemple n'a pas été suivi.

Ces forêts appartiennent presque en totalité à l'état, qui n'en tire aucun revenu, et la Grèce, loin de jouir de ce véritable trésor, va chercher ses bois de construction en Turquie et en Autriche, ainsi qu'on peut le voir par la liste des importations dans l'exposé du mouvement commercial que le ministère des finances publie chaque année. On a peine à comprendre qu'un gouvernement renonce ainsi aveuglément aux bénéfices d'une exploitation qui aurait le double avantage d'affranchir le pays d'un lourd tribut payé à l'étranger et de pousser dans la voie de la civilisation des peuplades qui, retranchées maintenant dans leur isolement, renonceraient peu à peu à leur genre de vie barbare, si la cognée du bûcheron entamait un jour leurs solitudes. Pour le moment, le seul trafic auquel se livrent ces peuplades est celui de la vallonée, βάλανοι. On appelle ainsi la capsule qui enveloppe le gland du plus fort et du plus beau des chênes, *quercus ægilops,* qui croît par toute la Grèce avec une prodigieuse vigueur et enfonce dans le rocher même ses puissantes racines. La vallonée sert à divers usages de l'industrie, et la Grèce en exporte une quantité considérable, recueillie surtout dans les bois de l'Étolie et de l'Acarnanie. En automne, cette capsule précieuse tombe d'elle-même de la branche et couvre le sol d'une couche épaisse. Les paysans envahissent alors les bois en foule pour ramasser la vallonée; hommes et femmes en chargent leurs épaules et vont la vendre dans les ports aux négocians étrangers. Le moderne Acarnanien, qui n'aspire guère qu'à l'indépen-

dance et à l'oisiveté la plus complète, retire de cette vente les
ressources nécessaires à l'existence telle qu'il la comprend. Si ces
ressources s'épuisent avant le retour de la saison d'automne, si la
poudre ou le gibier lui manque, il fait comme les premiers Pélasges,
ses ancêtres : il se nourrit de glands et de maïs. Ce détail donne
la mesure du degré de barbarie où ces hommes sont plongés. Ils
vivent au fond des bois, dans un isolement farouche, éloignés les
uns des autres; leurs chétives *kalyves* ou chaumières sont disséminées dans les épais fourrés, ou sur des escarpemens dont ils
connaissent seuls l'invisible abord; leur unique point de ralliement
est le *pyrgos* du capitaine, redoutable personnage qui exerce sur
eux une autorité sans partage, et dont la voix est d'autant plus sûrement écoutée qu'elle ne s'élève guère que pour donner aux membres épars de la tribu le signal de la guerre ou du brigandage. Hors
de là, les guerriers de l'Acarnanie, comme ceux du pays de Maïna,
occupent leurs loisirs à vider de sanglantes querelles de famille
à famille, de village à village; mais ces guerres intestines n'ont
pas eu le même retentissement que celles du Magne, parce qu'elles
se poursuivent dans l'ombre et le silence des forêts. Un trait distingue essentiellement les klephtes acarnaniens des Maïnotes, c'est
l'amour de la poésie. Les Acarnaniens sont tous improvisateurs, ils
ont chanté et chantent encore avec enthousiasme les exploits des
héros qu'ils ont fournis aux annales de l'indépendance: quelques-uns
de leurs chants sont ce que la poésie populaire de la Grèce possède
de plus dramatique et de plus énergiquement accentué. Cet instinct
poétique, qui survit en eux à la plupart des autres instincts de
l'homme civilisé, n'est-il pas un gage de retour à un état meilleur,
et ne semble-t-il pas promettre que leur intelligence, susceptible,
comme la terre féconde qu'ils habitent, d'une fructueuse culture,
reprendra son essor aussitôt qu'on essaiera de lui donner une éducation salutaire? Une sorte de progrès s'est manifestée déjà parmi
ces populations. Depuis que les événemens de 1854 ont définitivement écarté des frontières grecques toute chance de guerre, les
tribus de l'Acarnanie et de l'Étolie commencent à comprendre que
le moment est venu de mettre bas les armes; quelques terres ont
été défrichées et plantées de vignes; quelques champs, labourés et
semés de blé; les résultats obtenus par ces premiers essais de culture prouvent combien ce climat et ce sol sont prêts à favoriser les
entreprises et à rémunérer généreusement les travaux des hommes.

Le Xéroméros se distingue surtout du Valtos par l'étendue des
horizons. De hautes montagnes, non moins imposantes que celles
du Valtos, occupent le centre du pays. Au pied de ces massifs ro-
cheux s'étendent deux vastes plaines entrecoupées de collines peu
élevées; l'une se déploie autour de Vonitza et borde cette partie

du golfe d'Ambracie; l'autre se termine à l'entrée du golfe de Corinthe et se perd insensiblement dans la mer par une succession
de grandes lagunes qui côtoient le rivage jusqu'à Missolonghi. Le
Xéroméros, *pays sec* (1), doit son nom à la nature toute particulière du sol dont il est formé. Ce sol n'est point une terre argi-
leuse et grasse comme celle du Valtos, c'est une sorte de terrain
calcaire, blanchâtre, semblable à une roche friable et spongieuse.
Il ne retient pas l'eau, et le Xéroméros est privé de sources et
de rivières. Les eaux du ciel et celles des torrens qui descendent
de la Haute-Acarnanie sont absorbées aussitôt par cette terre po-
reuse, et forment, à une profondeur peu considérable, des nappes
d'eau souterraines qui renvoient à la surface extérieure une humi-
dité suffisante pour entretenir la végétation. Ces nappes d'eau se
réunissent en trois lacs principaux au pied de la chaîne du Valtos; le lac d'Ambracie, très rapproché du golfe de ce nom, est le
plus considérable; viennent ensuite, en descendant au midi et à
des niveaux inférieurs, le grand Ozéros ou lac Rios et le petit Ozéros. Ce dernier est situé sur les bords de l'Acheloüs, qui se jette
un peu plus bas dans le golfe de Corinthe. Ces trois lacs commu-
niquent entre eux par des voies souterraines et se déversent les uns
dans les autres; le petit Ozéros, qui reçoit le tribut des deux lacs
supérieurs, écoule ses eaux constamment et par de nombreux courans dans le fleuve Acheloüs. Les collines du Xéroméros portent
quelques vignes d'excellente nature; dans les plaines, près des
villes et des villages, on remarque çà et là de beaux champs de blé,
témoignages de la puissance productive de cette terre, premiers
avant-coureurs d'un état plus prospère et d'une civilisation plus
avancée.

Il existe entre les habitans du Xéroméros et ceux du Valtos les
mêmes analogies et les mêmes dissemblances qu'entre les guerriers
du Haut-Magne et les brigands du Kakovouni. Les hommes du Valtos et ceux du Xéroméros sont les mêmes au fond. Seulement les
Xéromérites, animés à toutes les époques de leur histoire d'un violent amour de la liberté, montrent des traits d'une beauté moins
farouche. Leurs familles, plus étroitement unies que celles du Valtos, ont formé des villages plus considérables. des agglomérations
plus compactes. Les Xéromérites sont donc sur la pente de la civilisation; ils ont fait un pas au-devant d'elle, et, pour se jeter complétement entre ses bras, ils n'attendent qu'une impulsion, des
exemples, des encouragemens, qu'ils trouveront à coup sûr dans
l'exécution des grandes entreprises dont leur pays ne tardera pas
à être le théâtre.

(1) De ξηρός, sec, et μέρος, portion, contrée.

Ce n'est pas à son importance actuelle, mais à sa situation géographique, que le petit port de Vonitza doit d'être désigné comme la meilleure tête de ligne du chemin de fer projeté. Vonitza est en effet l'un des points des frontières helléniques les plus rapprochés du continent européen. Lorsque le réseau sud des chemins de fer italiens atteindra l'extrémité de la péninsule, la Grèce, actuellement isolée, pour ainsi dire, de notre continent par une longue navigation que rendent souvent dangereuse les violentes tempêtes du golfe de Lion et celles plus redoutables encore du cap Matapan, n'en sera plus séparée que par une courte traversée entre Vonitza et Otrante ou Brindisi. A moitié chemin se trouve Corfou, la métropole des Sept-Iles. La voie ferrée aboutissant au port de Vonitza, que ne fréquentent guère aujourd'hui que des barques de pêcheurs et de petits navires de cabotage, aura donc l'immense avantage de lier étroitement la Grèce au mouvement de la grande circulation européenne, et de créer entre le royaume et les îles une communication prompte, facile, journalière, par conséquent des liens plus solides, de plus fréquens échanges, des relations plus intimes. Le tracé que nous avons à suivre, serrant de près le rivage, nous conduit en premier lieu au village de Balibey et longe de riches salines, qui, mieux entretenues et plus rigoureusement surveillées, seraient d'un bon revenu pour l'état (1). A Balibey, le chemin tournera assez brusquement vers le midi, descendra sur le bord des lacs dont nous avons parlé et au pied des montagnes qui occupent le centre du Xéroméros, entraînant ainsi à travers l'une des plus belles régions de la Grèce le voyageur, aux yeux émerveillés duquel se déroulera l'imposant panorama des chaînes superposées du Valtos et de l'Étolie. Entre le grand et le petit Ozéros, la ligne, obliquant à l'est, rejoindra le fleuve Acheloüs près des ruines de l'antique Stratos, autrefois capitale de l'Acarnanie. La station principale de cette

(1) La Grèce possède des salines sur presque toutes ses côtes. Jusqu'à ce jour, le gouvernement n'en a exploité qu'un petit nombre à peine suffisant à la consommation intérieure; si, par une circonstance fortuite, le sel extrait n'atteint pas la quantité nécessaire, il faut recourir au sel étranger, frappé d'un droit considérable. On a calculé que les salines, si elles étaient toutes exploitées, produiraient une quantité quintuple de celle qu'exigent les besoins de la consommation. Le sel extrait des salines est entassé en plein air en amas de 120,000 kilog. environ. On entoure le tas de broussailles auxquelles on met le feu; il se forme ainsi autour du tas un enduit solide et résistant qui le préserve de l'influence des pluies. Cet enduit peut durer efficacement pendant deux ou trois ans; en renouvelant l'embrasement au bout de ce temps-là, l'amas de sel pourrait rester indéfiniment en place. On évite ainsi tous frais de transport et d'emmagasinage. Le sel revient au gouvernement à 18 centimes environ les 100 kilogrammes. Des négocians en ont offert jusqu'à 1 fr. 30 cent. pour l'exportation. Malgré l'énorme bénéfice que de tels marchés lui auraient assuré, l'ancien gouvernement a toujours repoussé ces offres.

portion du parcours sera Katouna, village entouré de montagnes et voisin des belles forêts de Mérida (1). Il y a quelques années, sur le plateau élevé qui domine ce village, le sol s'enflamma spontanément et ne cessa de brûler pendant plusieurs mois. Un officier du génie, M. Nicolaïdis, fut chargé de procéder à l'extinction de ce feu, qui inspirait aux populations tout à la fois une crainte fondée et des terreurs superstitieuses. Cette circonstance, la nature du sol de la montagne, la propriété singulière que possèdent les eaux du petit lac d'Aétos, non loin de Katouna, de colorer en noir les étoffes qu'on y laisse tremper, propriété attribuée aux principes métalliques qu'elles renferment, tous ces indices déterminèrent un examen sérieux et des fouilles approfondies dans les environs de Katouna. On ne tarda pas à y découvrir un riche gisement de houille, dont l'existence, depuis longtemps soupçonnée, n'avait encore été l'objet d'aucune recherche active. Cette découverte faite, on ne songea nullement à en tirer parti. Il est cependant constant que tout ce massif de montagnes représente un magnifique bassin bouiller. La Grèce possède ailleurs d'autres mines de houille. La plus importante et la seule exploitée est celle de Koumi, en Eubée. Suivant un rapport adressé en 1857 à l'amiral Bouët-Villaumez par M. de Bastard, lieutenant de vaisseau, chargé d'expérimenter le charbon de Koumi, ce charbon est doué des plus précieuses qualités. Reconnu tout d'abord comme un excellent combustible pour la navigation à vapeur, essayé ensuite à la forge, il a produit sur le fer des soudures supérieures à toutes celles qu'on obtient avec d'autres charbons de terre. Les expériences ont démontré même que l'absence totale de soufre et la grande pureté de cette houille, presque comparable à celle du charbon de bois, peuvent la rendre très propre aux usines destinées à l'affinage du fer. Le bassin houiller de Koumi occupe une vaste étendue; mais il n'a encore été attaqué que sur un seul point, à Koumi même. Quant au mode d'extraction, un document officiel nous le fait connaître. « Actuellement, écrivait en février 1857 un officier grec chargé de l'inspection de cette mine (2), l'état y emploie un officier du train d'artillerie pour la surveillance, et cinq ouvriers, dont un forgeron et un menuisier, occupés à la réparation des outils. Il ne reste donc pour l'extraction que trois ouvriers mineurs; mais par suite de l'air vicié des souterrains et à cause de la nature même du travail, tantôt l'un, tantôt l'autre de ces ouvriers est toujours malade, en sorte qu'il ne faut compter qu'un travail de deux ouvriers seulement. » Depuis cette époque, rien n'a été changé à ce déplorable

(1) Ces forêts couvrent les montagnes situées au centre du Xéroméros.
(2) Rapport adressé par M. A. Panos, capitaine du génie, à M. le ministre des finances de Grèce.

état de choses, et cette féconde source de revenu est restée vouée à une complète stérilité (1). Les charbons de Katouna sont comparables à ceux de Koumi. Il y a donc là toute une industrie à créer, industrie qui répondra merveilleusement, sur les lieux mêmes, aux exigences de la locomotion à vapeur, et qui prendra un développement d'autant plus certain et rapide que le nouveau gouvernement est disposé à céder à la compagnie du chemin de fer l'exploitation des mines existant sur le parcours de la ligne (2).

Stratos, où nous a conduits notre itinéraire, deviendra le centre d'un mouvement important entre la Haute et la Basse-Acarnanie, entre les habitans des montagnes et les riverains du golfe de Corinthe. De là, remontant droit au nord, le chemin longera la rive gauche de l'Acheloüs jusqu'au confluent de ce fleuve avec la rivière Megdowa. A cet endroit, il se jettera définitivement dans la direction de l'orient, et après avoir tourné les contre-forts accidentés du mont Callidrome il passera à Karpénisi, ville principale du nord de l'Étolie, rendez-vous des pâtres et centre de leur commerce. Nous n'avons rien dit encore de ces pâtres, dont les troupeaux forment actuellement la seule richesse de cette partie de la Grèce. Ils méritent cependant une mention particulière, car ils constituent un peuple à part au milieu du peuple grec. Celui-ci les appelle *valaques* ou *albanovlaques*, Ἀρϐανιτόϐλαχοι, ou encore *karagounis*, du nom de la capote grossière qui leur sert de vêtement. Ces pâtres sont nomades; ils n'appartiennent à aucune province, et l'ethnologie n'a pas encore bien clairement défini leur origine. Ils séjournent en été sur les plus hautes cimes avec leurs troupeaux et leurs familles, descendent dans les vallées aussitôt que les premières neiges ralentissent la végétation sur les sommets, puis ils passent des vallées dans les plaines, où ils campent pendant l'hiver. Dès les premiers jours du printemps, ils s'ébranlent de nouveau et reprennent lentement le chemin des hauteurs. Descendant et remontant sans cesse au gré des saisons, ils obéissent à un mouvement de va-et-vient périodique, régulier, semblable en quelque sorte à celui des grandes marées. Ils ont leurs lois, leurs mœurs, leur langue, très différentes de celles des Grecs. Soumis à leurs chefs, ils traitent par leur intermédiaire avec le gouvernement, qui, se bornant à prélever un modique impôt sur chaque tête de bétail, leur cède

(1) Sous le dernier règne, un riche capitaliste grec, M. Pappoudof, avait demandé avec insistance la concession de ces mines, proposant d'y employer les criminels condamnés aux travaux forcés. Ses offres ne furent point écoutées.

(2) Il existe aussi des gisemens de houille en Béotie et dans la province de Corinthe. La Grèce possède en outre des soufres sur plusieurs points de l'île de Milos et à Méthana, province de Trézène, et des sulfures de plomb argentifère à Sériphos et à Zéa, ancienne Céos, deux îles du groupe des Cyclades.

le droit de pâture dans les forêts et sur les terres incultes de l'état à la condition de ne plus pousser leurs pérégrinations hors des limites du royaume; mais comment s'assurer que, l'été venu, ces tribus, possédées par la passion du changement, ne franchiront pas les frontières helléniques et ne s'en iront pas, contrairement à leur promesse, chercher une fraîcheur plus grande et de nouveaux horizons sur les alpes plus élevées de l'Épire et de la Thessalie? Le paysan grec s'imagine volontiers qu'un mobile mystérieux préside à leurs perpétuelles migrations, et que c'est à cause d'un crime commis à l'origine par quelqu'un de leurs ancêtres qu'ils sont condamnés aux tristesses et aux fatigues d'une destinée errante. Il croit que ces hommes puisent dans leurs lointains voyages la connaissance de l'avenir et la science des sortilèges, qu'ils guérissent ou font naître les maladies à leur gré, et qu'ils s'entretiennent familièrement avec les êtres surnaturels. Nous avons souvent rencontré de ces pasteurs au moment où l'automne commençait à les chasser des hauteurs; assis sur les rochers, surveillant leurs troupeaux, plongés en apparence dans une rêverie profonde, ils semblaient ne pas nous apercevoir, et s'il nous arrivait de leur demander notre chemin, ils nous l'indiquaient du doigt sans mot dire. Ils savent pratiquer cependant l'hospitalité et reçoivent avec sympathie le voyageur sous leur tente noire, faite de poil de chèvre grossièrement tissé par leurs femmes. Pour le lait et le *yaourt* (1), seule nourriture qu'ils puissent lui offrir, ils n'acceptent jamais aucun paiement, persuadés que l'argent qui leur viendrait ainsi leur porterait malheur.

Ces nomades ne sont pas seuls en Grèce à élever des troupeaux. Les habitans de l'Acarnanie et de l'Étolie s'adonnent volontiers à cette éducation, qui ne contrarie nullement leurs goûts d'indépendance et d'oisiveté. Il y a dans ces provinces certains villages qui possèdent jusqu'à dix mille têtes de bétail. Tous ces pasteurs, nomades ou sédentaires, se réunissent à certaines époques de l'année à Karpénisi et y font, pendant quelques semaines, un commerce considérable de laines et de bestiaux. Ces sortes de foires sont aussi l'occasion de nombreux échanges entre les habitans de tous les districts environnans, qui accourent en foule à ces rendez-vous commerciaux, accompagnés de fêtes populaires et appelés par les Grecs *panighyri*.

Au sortir de cette station importante, le chemin de fer passe du bassin de l'Acheloüs dans celui du Sperchius, et s'enfonce de plus en plus dans la région des hautes montagnes, pour atteindre Lamia, capitale de la Phthiotide. C'est la portion la plus difficile

(1) Sorte de lait caillé dont l'usage est très répandu en Orient.

du tracé; les montagnes de l'Étolie offrent de brusques accidens de terrain; elles sont séparées entre elles par des gorges étroites, profondes, très rapprochées les unes des autres. Il y a là des travaux d'art plus nombreux à exécuter, des tunnels à percer, des ponts à jeter, des rampes à franchir à l'aide d'une traction puissante. Ces difficultés s'aplanissent aux approches des larges vallées qui débouchent dans la partie basse de la Phthiotide, sur la limite de laquelle est située la ville de Lamia, que les Turcs appelaient Zydin ou Zéitoun. Lamia touche à la frontière; elle a tout à fait conservé l'aspect d'une ville turque avec ses minarets, ses cyprès, ses nombreux bazars. En même temps le caractère actif et industrieux de sa population lui donne une physionomie analogue à celle de Livadie. Lamia est destinée, comme celle-ci, à un avenir florissant, car la Phthiotide, outre la richesse de ses bois, a pour élémens de prospérité le riz, le maïs, le coton, qui réussissent admirablement dans ses fertiles vallées, et dont la culture gagnera de nombreux terrains qui sont à assainir. A Lamia se tient un marché aux chevaux très renommé. Ces chevaux sont élevés en Thessalie, et forment une race petite, maigre, sobre, nerveuse, aux jarrets d'acier; nous avons eu plus d'une fois l'occasion d'apprécier ses rares et énergiques qualités sur les scabreux sentiers que nous avons parcourus.

De Lamia à Ptéléon, sur le golfe de Volo, le chemin ne rencontre plus d'obstacles sérieux. Le parcours de Vonitza au golfe de Volo, dont nous n'avons voulu indiquer que les principales étapes, sera de 300 kilomètres environ, et la dépense est évaluée approximativement à 90 millions. L'embranchement sur l'Attique, à travers la Livadie et le Copaïs, complément nécessaire de cette voie, devra franchir une distance qui serait à peu près égale, si les mêmes obstacles se présentaient, mais qui se trouvera en réalité bien moindre, parce que les accidens de terrain seront moins considérables, et que les plaines du Copaïs et de la Béotie fourniront de longues lignes droites à parcourir.

La Grèce possède donc les élémens d'une très grande prospérité matérielle, fondée principalement sur la fécondité de son sol, la variété de ses produits, le vaste champ qu'elle offre aux travaux de l'agriculture; on ne peut douter que ces élémens ne se développent avec rapidité lorsque le pays sera livré à une circulation facile et régulière. La vivifiante influence des chemins de fer sur les contrées qu'ils parcourent est un fait trop évidemment acquis à l'expérience, pour qu'il soit utile d'y insister ici. Cette influence se fera sentir en Grèce aussi puissamment que partout ailleurs; les peuplades de l'Acarnanie elle-même la subiront invinciblement lorsque l'industrie moderne aura définitivement entamé leurs solitudes et tracé dans leurs forêts, jusqu'à présent inexplorées, la voie du progrès et de la civilisation. Quelque rapidement qu'elle s'opère, cette transformation ne peut toutefois être l'œuvre d'un jour. La Grèce est un pays neuf où il faut beaucoup créer, beaucoup réformer aussi, et les bénéfices sur lesquels doivent compter les capitalistes qui entreprendront la construction des voies ferrées ne seront pas immédiatement réalisables. Le gouvernement, dont l'intérêt se confond essentiellement avec celui de la nation, doit donc assurer à ces entreprises toutes les conditions que peut réclamer une légitime prudence, par exemple une garantie d'intérêt proportionnée aux chances à courir et aux difficultés à vaincre. Jusqu'à ce jour, cette garantie, nécessaire non-seulement comme appui matériel, mais comme appui moral, a été refusée sous prétexte que tous les revenus dont l'état peut disposer sont acquis au paiement de la dette nationale et ne peuvent être détournés pour aucun autre usage (1). La connaissance des bienfaits dont les chemins de fer doteront la Grèce, la certitude des ressources nouvelles qu'ils fourniront au trésor par l'accroissement de la richesse publique, combattent victorieusement ce scrupule. Le tribut important de taxes de toute sorte, impôts, contributions, droits d'entrée, de sortie et de transit, que ces chemins apporteront aux recettes du trésor, ne contribuera-t-il pas dans une proportion considérable à couvrir une garantie d'intérêt qui, au taux de 6 pour 100 (2), serait de 5 millions et demi à 6 millions, si les dépenses de la voie ferrée de Vonitza au golfe de Volo s'élèvent, comme on l'a calculé, à 90 ou 100 millions? Mais en outre cette ligne permettra au gouvernement de réaliser certaines économies dont nous voulons indiquer les plus importantes. Et d'abord, longeant les frontières, soudée sur tout son parcours à une multitude de routes et de chemins vicinaux que les provinces et les communes ne tarderont pas à construire pour se lier à cette grande artère, la voie ferrée sera l'instrument le plus actif de la répression du brigandage et le plus puissant auxiliaire de la sécurité publique, en faveur de laquelle l'état dépense toutes les années plusieurs millions en pure perte. Le brigandage, fléau qui a de tous temps désolé la Grèce, et qui, en passant pour ainsi dire dans les mœurs de la nation, n'a pas peu con-

(1) Ce refus a seul arrêté jusqu'ici MM. Wilde et Xénos, capitalistes anglais, qui ont demandé la concession des chemins de fer grecs et sont encore actuellement en instance auprès du gouvernement. Ils proposent en même temps de percer l'isthme de Corinthe.

(2) La Turquie accorde une garantie de 9 pour 100, le gouvernement du prince Couza 7 1/4 pour 100. A Athènes pas plus qu'à Constantinople ou à Bucharest, on ne doit s'attendre à trouver des capitaux au taux de Paris, de Londres ou de Bruxelles.

tribué à retarder son développement matériel, peut aujourd'hui s'exercer presque impunément, grâce à l'état d'abandon et d'isolement où se trouve l'intérieur du pays, à la facilité que les klephtes ont de passer la frontière, à la complicité fréquente de quelques peuplades ignorantes et misérables. Le gouvernement grec a toujours déclaré, dans ses documens officiels, que la répression du brigandage sur les frontières seulement nécessite l'entretien de 2,500 hommes de troupes régulières et lui coûte par an plus de deux millions. Et encore ces 2,500 hommes ne peuvent-ils s'acquitter de leur mission que très imparfaitement. Répartis en postes trop éloignés les uns des autres pour s'assister mutuellement et pour exercer une surveillance efficace, obligés de parcourir des chemins impraticables, des sentiers où ils s'égarent sans cesse par leur ignorance des lieux ou par la mauvaise volonté de leurs guides, il leur faut plusieurs jours pour se mettre sur la trace des bandes qui leur sont signalées, et ils arrivent le plus ordinairement quand celles-ci sont en sûreté hors du territoire grec. Lorsque la Grèce possédera un chemin de fer serrant de près ses frontières dans tout leur développement de l'est à l'ouest, on a calculé que l'effectif des troupes employées à la répression du brigandage dans cette partie du royaume pourra être diminué des deux tiers, et la dépense réduite à cinq ou six cent mille drachmes. Quatre ou cinq cents hommes bien équipés et bien disciplinés, transportés en cinq ou six heures d'un bout de la ligne à l'autre, rempliront efficacement un service auquel des forces quintuples ne peuvent suffire aujourd'hui. Non-seulement ce chemin formera un obstacle que les klephtes les plus audacieux auront de la peine à franchir; mais, en activant la circulation sur toute la surface de la Grèce, en favorisant sur son parcours la formation de centres de population multipliés, laborieux, particulièrement intéressés au maintien de l'ordre, il détruira peu à peu le penchant inné du peuple à la *klephtourie* et affermira ainsi la sécurité publique sur une base de plus en plus solide.

Les chemins de fer ouvriront à la Grèce une autre source d'économies en offrant une lucrative carrière à cette jeunesse active, intelligente, mais dénuée de ressources, qui encombre les abords de tous les ministères et sollicite avidement les emplois les plus humbles comme les plus élevés. Les solliciteurs sont pour la Grèce une plaie presque aussi cruelle que les klephtes; leur multitude est telle que le gouvernement est obligé d'entretenir dans les administrations publiques un personnel deux fois plus nombreux que les besoins réels du service ne l'exigent (1), et encore faut-il renouve-

(1) Le rapport de la commission du budget de 1864 proposait déjà une réduction de

ler à chaque instant ce personnel afin de faire place aux mécontens
et de donner à chacun son tour, suivant ce dicton populaire : Ἔφαγεν
αὐτὸς, ἇς φάγη καὶ ἄλλος (1), que la nécessité a érigé en axiome
gouvernemental (2). En appelant à de nouveaux emplois et en dirigeant vers un but pratique toutes ces activités, qui, faute de trouver aujourd'hui à s'exercer dans le domaine de l'industrie et des
travaux utiles, se jettent avec ardeur dans celui de la politique, où
le conflit de leurs ambitions engendre de perpétuels orages, les
grandes entreprises que la Grèce verra bientôt s'exécuter auront le
double avantage d'alléger le trésor d'une immense charge et de
faire disparaître un élément permanent d'agitation et de discordes
civiles. La garantie d'intérêt qu'exigeront toujours les capitalistes
sérieux ne constituera donc pas pour les finances grecques un sacrifice, mais une avance largement compensée par la réalisation
immédiate de fortes économies et par l'accomplissement progressif
des plus salutaires réformes.

L'état, possesseur à lui seul des trois quarts du sol du royaume,
dont il ne tire à peu près aucun revenu, se trouve par le fait en
mesure d'offrir aux compagnies de chemins de fer des avantages
tout particuliers. En premier lieu, ainsi que le proposait en 1860
M. E. Argyropoulos dans un mémoire fort judicieux adressé au
ministre de l'intérieur, l'état, en sa qualité de propriétaire, consen-
tira à s'exproprier lui-même gratuitement du terrain sur lequel
reposera la voie ferrée. Il cédera de plus à la compagnie l'exploitation des mines de lignite situées sur le parcours du chemin, telles
que celles de Katouna et de la Béotie, celles même de Koumi, qui,

dépenses de 2 millions, réduction portant exclusivement sur le personnel administratif
et militaire. Si, même dans l'état actuel des choses, on admet la possibilité d'effectuer
une telle réduction, l'on comprend que le chiffre ainsi obtenu sera bien plus élevé lorsqu'une nouvelle portion de ce personnel pourra être reportée dans les administrations
financières, agricoles, industrielles.

(1) « Celui-ci a mangé, il faut que l'autre mange aussi. »

(2) « Quinze ministres des finances se sont succédé aux affaires depuis 1843... Ces
ministres ont eu leurs cliens et leurs amis, et ceux-ci doivent prendre la place des
cliens et des amis du prédécesseur, entretenant ainsi cette ardeur de tous les Grecs à
rechercher les fonctions publiques. Est-il besoin de déduire les conséquences de cette
instabilité des fonctionnaires dans un pays où le manque d'hommes expérimentés se fait
sentir, quand les nations les plus favorisées reconnaissent que l'éducation administrative ne s'improvise pas, et qu'elles ne sauraient avoir un personnel de rechange? » Nous
trouvons cette remarque d'une parfaite justesse dans le rapport de M. de Plœuc, qui
représentait le gouvernement français dans la commission financière formée par les trois
puissances protectrices. Ce rapport fait partie d'un ensemble de travaux dont la *Revue*
s'est déjà occupée (n° du 15 juillet 1862, — *la Grèce sous le roi Othon*, par M. René
de Courcy). Les études ainsi commencées ne cessent de se poursuivre, et le sympathique
intérêt que le ministre des affaires étrangères de France, M. Drouyn de Lhuys, porte à
la Grèce a laissé plus d'une trace dans les documens que nous avons pu consulter.

par le pont jeté sur le détroit de l'Euripe, se trouveront dans le rayon de l'embranchement dirigé vers l'Attique. Enfin on accordera aux entrepreneurs la faculté de couper leurs bois de construction dans les belles forêts que la ligne traversera. Outre le terrain gratuitement concédé, la compagnie trouvera donc sur place des bois de qualité supérieure et un excellent combustible qui ne lui coûteront que les frais d'abatis et d'extraction. Ces concessions précieuses ne la placeront-elles pas dans des conditions d'économie et de succès bien faites pour diminuer l'incertitude de l'avenir?

Une fois le principe de l'aliénation des terres nationales adopté en faveur des grandes compagnies industrielles ou agricoles, l'état se trouvera sans doute entraîné à l'étendre en faveur des particuliers. Lorsque le gouvernement grec remplaça la domination turque, les immenses propriétés du sultan en Grèce, celles des pachas et des sujets musulmans dépossédés par le nouvel ordre de choses, celles aussi qui avaient appartenu à d'anciennes familles anéanties sur les champs de bataille, furent attribuées à l'état et formèrent le gage de la créance contractée par la Grèce envers l'Europe, gage improductif, car le gouvernement ne sut ni vendre ces terres, ni les distribuer à des travailleurs intéressés à les faire fructifier (1). Et cependant l'état n'a-t-il pas un intérêt immense à augmenter le plus possible le nombre des propriétaires et à favoriser de tout son pouvoir la formation d'une puissante classe agricole qui, appliquée au développement des forces productives du pays, ferait participer le trésor public à sa propre richesse et serait un appui certain pour l'ordre public et la stabilité des institutions? C'est ce que le nouveau gouvernement paraît comprendre; il a pris, devant la dernière assemblée, l'heureuse initiative d'un projet de loi autorisant sur de larges bases l'aliénation du domaine public. Cette réforme en entraînera inévitablement une autre portant sur le mode de prélèvement de l'impôt foncier. Le fisc prélève encore la dîme en nature; ce système, contre lequel les représentans des puissances étrangères se sont constamment élevés (2), entraîne d'incalculables abus:

(1) Les terres appartenant à l'état ne peuvent s'affermer que d'année en année. Avec ce système, il est évident qu'aucun agriculteur ne risque, pour un bail aussi court, les frais de plantations et de constructions nécessaires pour l'amélioration du sol et pour une mise en rapport sérieuse.

(2) La commission financière insistait sur l'urgence pour la Grèce d'une réforme radicale de l'impôt foncier et sur la nécessité d'écarter de sa législation le principe du prélèvement de la dîme en nature, qui favorise les fraudes et la négligence des contribuables, en même temps que les infidélités des collecteurs de la dîme abandonnés à eux-mêmes, et qui nuit ainsi d'une façon irrémédiable à la rentrée régulière des revenus de l'état. Cette commission constatait que pendant deux années seulement (1856 et 1857) les pertes causées au trésor hellénique par ce mode vicieux de perception

abus de confiance des agens fiscaux vis-à-vis du trésor, abus d'autorité de ces mêmes agens vis-à-vis des contribuables. Une fois que la propriété privée aura pu acquérir en Grèce des proportions plus importantes et plus normales, le prélèvement de l'impôt en nature deviendra tout à fait impraticable, et le gouvernement se verra forcé d'adopter enfin le système en vigueur chez tous les peuples civilisés.

La question des chemins de fer n'intéresse pas la Grèce seulement au point de vue matériel; ce mode de circulation est appelé à exercer sa bienfaisante influence sur les lois, les finances, l'administration, l'esprit public enfin, qui s'apaisera et s'élèvera sans aucun doute quand l'augmentation du bien-être général aura suivi de près, comme on doit l'espérer, le rapprochement du royaume hellénique de notre continent. En outre, sans souhaiter à la Grèce une centralisation. excessive, contre les dangers de laquelle l'opinion publique commence à s'élever énergiquement aujourd'hui, on doit désirer qu'une union plus étroite s'établisse entre les diverses provinces du royaume, qu'une fusion plus réelle s'opère entre les diverses parties qui le composent. On sait en combien de territoires et de petites républiques hostiles les unes aux autres la Grèce ancienne était divisée; les traces de cette division, qui fut toujours pour le pays une cause de faiblesse, n'ont pas encore disparu. Athènes et Sparte sont rivales; le Péloponèse et la Roumélie ont donné plus d'une fois le triste spectacle de leurs dissensions; l'esprit provincial est partout porté à l'excès. Le chemin de fer, en aplanissant les difficultés naturelles qui isolent les provinces les unes des autres, en excitant entre elles de fréquens échanges et de nombreuses transactions, fera disparaître peu à peu les rivalités traditionnelles, les divergences d'intérêts, les dissemblances de mœurs; il procurera ainsi à la nation une force de cohésion qui lui manque. Enfin, par sa proximité des frontières, il sera comme un trait d'union entre la Grèce asservie et la Grèce libre, et il favorisera singulièrement le mouvement d'immigration de l'une vers l'autre, mouvement sur lequel il faut compter dans une certaine mesure pour accroître et renouveler la population du royaume.

La Grèce est donc enfin à la veille d'accomplir une grande révolution économique, destinée à réparer les maux du passé et à mettre le sceau à l'œuvre de sa régénération. Les entreprises de toute sorte qui seront les agens décisifs de cette révolution n'attendent plus,

s'étaient élevées à plus de 2 millions sur un seul produit, le raisin de Corinthe. Le rapporteur de la commission se plaît du reste à reconnaître qu'à l'exception des lois sur l'impôt et sur le mode de perception, ce ne sont pas les bonnes lois qui manquent à la Grèce, mais les hommes pour les exécuter.

pour entrer définitivement en voie d'exécution, que la sanction des projets de loi qui les concernent et qui sont présentés à la nouvelle chambre. C'est incontestablement à l'indestructible vitalité de son antique génie que la Grèce doit de n'avoir pas péri pendant les quatre siècles de servitude qu'elle a traversés. Ce génie s'est opiniâtrément transmis d'une génération à l'autre en inspirant au peuple conquis la force de toutes les résistances et de tous les sacrifices, l'inébranlable confiance dans son droit imprescriptible, l'invincible pressentiment de la délivrance. Malgré les mélanges que la race hellénique a subis, la Grèce moderne est tout entière animée de l'âme antique; mais elle est arrivée à une période de sa renaissance où les seules forces de son ancien génie ne suffisent plus à l'achèvement de sa régénération et au développement de sa destinée. Sans abdiquer les vertus qui lui sont propres, sans se dépouiller des traits distinctifs qui témoignent fièrement de son origine, la Grèce doit aujourd'hui modifier l'esprit qui l'anime et le rajeunir au contact de la civilisation moderne, sous peine de passer à la décrépitude sans avoir traversé l'âge mûr, d'arriver à la décadence avant d'avoir connu le progrès. On se demande, il est vrai, si une telle modification ne sera pas à quelques égards désavantageuse à la Grèce. Ne risque-t-elle pas d'affaiblir le viril tempérament de sa race, d'émousser ses mâles qualités, la vigueur de ses convictions religieuses, la sobriété de ses mœurs, sa passion pour l'indépendance? Ceux qui ont de telles inquiétudes ignorent que la nature elle-même a soustrait la Grèce à ce péril. La Grèce en effet ne sera jamais un de ces grands centres de production industrielle et manufacturière au sein desquels les peuples s'énervent, s'amollissent et se démoralisent. C'est surtout par l'agriculture, par l'exploitation des richesses dont la nature a si généreusement doté son sol, qu'elle doit monter un jour au rang des nations les plus prospères. La vie agricole, seule appelée à dominer en Grèce, développée par l'introduction des procédés de l'industrie moderne, qui lui serviront de puissans auxiliaires, excitée par une circulation facile, prompte, économique, tout en arrachant le peuple à son indigence et à sa barbarie, ne lui enlèvera aucune des grandes qualités qui lui sont propres; elle maintiendra au contraire dans toute leur énergie les principaux attributs de son antique génie, son fervent patriotisme, sa foi vive, ses aptitudes guerrières, et par-dessus tout son ardent amour de la liberté.

E. YEMENIZ.

SAINT HIPPOLYTE

ET

LA SOCIÉTÉ CHRÉTIENNE DE ROME

AU COMMENCEMENT DU IIIᵉ SIÈCLE.

I. Ἱππολύτου κατὰ πασῶν αἱρέσεων ἔλεγχος (Hippolyte, *Réfutation de toutes les hérésies*), édition de MM. L. Duncker et F. E Schneidewin, avec variantes et version latine; Gœttingue 1859. — II. *Hippolytus und seine Zeit* (*Hippolyte et son temps*), par le baron C. C. J. de Bunsen. — III. *Hippolytus und Kallistus*, par J. Dœllinger. — IV. *Hippolytus und die römischen Zeitgenossen* (*Hippolyte et ses contemporains romains*), par le docteur Volkmar.

I.

Il y a près de quatorze ans déjà que le livre retrouvé *sur les hérésies* fut publié pour la première fois, et on peut encore en parler comme d'une découverte récente. Ce livre, attribué à un saint, à cet Hippolyte que l'on connaissait vaguement comme un polémiste religieux de la première moitié du IIIᵉ siècle, fit grande sensation dans le monde théologique. La vive controverse qu'il suscita, à peine apaisée aujourd'hui, a jeté assez de lumière sur les problèmes qu'il pose à la critique pour que le moment soit venu d'en parler à ces lecteurs toujours plus nombreux qui aiment à suivre la marche des sciences religieuses. C'est d'ailleurs une bonne occasion de montrer à l'œuvre cette critique historique dont on a tellement peur qu'on finira par en faire une puissance de premier ordre. Il y aurait d'abord à raconter l'histoire extérieure du livre, le genre d'intérêt qu'il éveille, les efforts de la science pour lui arracher le secret de ses origines. On passerait ensuite à un examen plus spécial, aux intéressans détails que nous donne cet ouvrage sur les débats intérieurs de l'église de Rome au commencement du iiie siècle, aux réflexions enfin qu'il suggère sur l'état des croyances chrétiennes à cette époque, encore si mal connue naguère, mais que l'érudition contemporaine éclaire désormais d'un jour, sinon complet, du moins suffisant pour avancer en toute sécurité.

C'est à M. E. Miller, de l'Institut de France, que l'Europe savante est redevable de la première publication du livre d'Hippolyte. Parmi les manuscrits grecs achetés au Mont-Athos en 1842, par ordre de M. Villemain, et déposés à la Bibliothèque royale, il s'en trouvait un, intitulé *De toutes les hérésies*, sans date et sans nom d'auteur. Cette anonymité, le mauvais état du texte, le préjugé inspiré par un titre qui est celui de nombreuses et misérables compilations, le peu d'ancienneté du manuscrit, qui ne doit guère remonter plus haut que le xive siècle, tout cela fit qu'on le laissa pendant assez longtemps aussi tranquille dans sa case parisienne qu'il l'avait été depuis des siècles dans le *trésor* du couvent grec d'où l'on venait de le tirer. Cependant, vers 1845, les yeux exercés de M. Miller furent frappés, en le parcourant comme par hasard, de certains mérites qui ne permettaient plus de le traiter en condamné à l'obscurité perpétuelle. Il y avait dans ce texte des fragmens de Pindare, de poètes grecs inconnus, de philosophes dont nous ne possédons rien ou presque rien. Cela seul suffisait pour affriander un fin connaisseur ; l'examen fut poursuivi, et le résultat fut qu'on avait entre les mains un document de première valeur pour l'histoire de l'église et du dogme chrétien au commencement du iiie siècle. Il est à regretter qu'une prompte publication faite en France même n'ait pas assuré à notre pays l'honneur sans partage de la résurrection d'un pareil monument de l'antiquité chrétienne; mais, pour des motifs qu'il est malaisé de discuter, il fallut attendre jusqu'en 1851 et s'adresser à l'étranger pour trouver un éditeur. C'est l'université d'Oxford qui reçut ce beau cadeau des mains de M. Miller. Déjà on s'était aperçu que l'ouvrage retrouvé était la continuation d'un livre inachevé ordinairement rangé parmi les œuvres d'Origène et connu sous le nom de *Philosophoumena*. M. Miller, qui avait remarqué cette connexion avec beaucoup de sagacité, crut que le tout devait être attribué au fameux théologien d'Alexandrie, et donna à son édition d'Oxford le titre de *Philosophoumena d'Origène*. On peut le dire en toute assurance aujourd'hui, ce titre reposait sur une erreur, du reste fort excusable chez un savant qui n'a pas fait son étude spéciale de l'histoire des dogmes. Le vrai titre à donner à l'ouvrage est celui de *Réfutation de toutes les hérésies*. Il est surprenant qu'à Oxford même on n'ait pas immédiatement réclamé contre le titre erroné; mais ne soyons

pas trop sévères et sachons gré seulement à la vieille université de
n'avoir pas estimé trop dangereuse une publication portant un nom
aussi mal noté que celui d'Origène dans les fastes de l'orthodoxie.

Malgré le bruit que faisait alors la grande exposition universelle,
le livre fut remarqué. Non-seulement on y glanait des fragmens
inédits d'anciens auteurs grecs, on y puisait de plus des données
toutes nouvelles sur les divers mouvemens de la pensée religieuse
au IIe siècle de notre ère. Le gnosticisme, cette effrayante fourmilière d'hérésies, dont nous avons tâché, dans un précédent travail (1), de décrire la nature et l'importance, s'y trouvait dépeint
d'une main beaucoup plus ferme et savante que celle d'Irénée,
beaucoup moins passionnée que celle de Tertullien. De là rectification de plus d'une idée qu'on s'était faite auparavant faute de renseignemens suffisamment clairs sur cette étrange foison de systèmes. On y trouvait des détails circonstanciés sur des sectes dont
on connaissait à peine le nom, et qui cependant devaient avoir eu
de l'importance. En particulier, une des branches principales de
l'unitarisme chrétien des premiers temps, celle qui eut pour représentant classique Sabellius, cet unitarisme qui tend à confondre les
deux personnes du Christ et de Dieu pour maintenir l'unité réelle
de la Divinité, était l'objet d'une critique approfondie, jetant un
jour tout nouveau sur son origine et son histoire. Chose étonnante,
s'il fallait en croire le livre retrouvé, deux évêques de Rome dont
on ne savait rien jusqu'ici, Zéphyrin (200-218) et Calliste (218-
223), auraient ouvertement professé cette doctrine, si sévèrement
condamnée plus tard. Enfin on pouvait y recueillir des détails pris
sur le vif par un contemporain parfaitement renseigné sur la vie
intime des chrétiens de Rome aux environs de l'an 200.

L'auteur annonce lui-même son dessein de réfuter péremptoirement les hérésies, qu'il a, dit-il, combattues auparavant sous une
forme plus abrégée. Maintenant il veut les ruiner entièrement en
exposant tout au long ces funestes doctrines, et surtout en montrant que les hérésies ne sont autre chose que des décalques des
systèmes philosophiques du paganisme ou des doctrines sacerdo-
tales de certaines corporations lointaines, telles que les druides
gaulois et les brahmanes de l'Inde. Le premier livre est donc consacré à reproduire les principales doctrines philosophiques de la
Grèce antique (2); le second et le troisième malheureusement nous

(1) Voyez l'article sur *Irénée* dans la *Revue* du 15 février 1865.
(2) Entre autres données intéressantes, signalons le premier système cosmogonique
fondé sur la découverte des fossiles. Xénophane de Colophon (vers le VIe siècle avant
Jésus-Christ) savait qu'on trouvait des coquilles marines dans les entrailles de la terre
et sur les hautes montagnes. On avait découvert de son temps des empreintes de poisson
dans les pierres extraites des carrières de Sicile et au sommet d'un mont dans l'île de

manquent. Toutefois on peut deviner, en s'aidant des indications
éparses dans le reste de l'ouvrage, que le second livre s'occupait
des mystères païens, et le troisième des systèmes astrologiques. Le
quatrième, continuation de celui-ci, est tout rempli de très curieux
détails sur l'art des Chaldéens, devins et magiciens du temps. On
voit que l'auteur s'est donné beaucoup de peine pour pénétrer le secret des jongleries dont les thaumaturges de l'époque éblouissaient
leurs nombreuses dupes. Il paraît que certaines sectes s'étaient approprié ces moyens suspects d'exercer du prestige sur les âmes faibles. Parfois les explications que l'écrivain grec en donne auraient
bien besoin d'être expliquées elles-mêmes; parfois aussi on y trouve
des recettes dont nos prestidigitateurs feraient peut-être leur profit. Il sait par exemple comment il faut s'y prendre pour que le foie
encore palpitant d'une victime paraisse aux spectateurs empreint de
lettres formant un mot fatidique. Il connaît des mélanges liquides
dont il suffit de s'humecter les mains pour que l'on puisse impunément les plonger dans la poix bouillante ou manier des charbons
ardens. Il prétend qu'une mixture de cire et de teinture d'orcanète
posée sur de l'encens qui brûle se résout en une liqueur de sang. Il
décrit et explique de véritables scènes de spiritisme, et ce qui prouve
qu'il n'y a jamais rien de bien nouveau sous le soleil, c'est qu'il
doit déjà combattre des exégètes complaisans qui voulaient à tout
prix qu'Aratus et Moïse fussent parfaitement d'accord dans leur manière de raconter la création. C'est à partir du cinquième livre que
l'auteur arrive enfin à ces hérésies qu'il a promis de démolir de
telle façon qu'il n'en reste rien. Le gnosticisme et ses nombreuses
variétés remplissent ce livre et les trois suivans. Au neuvième livre,
il s'attaque à des doctrines moins éloignées de la sienne, mais qu'il
déteste, dirait-on, plus encore, car son ton, relativement modéré
jusqu'alors, devient âpre et violent. On serait tenté de croire que
c'est surtout en vue de l'hérésie de Noet, de Sabellius, de Calliste,
qu'il a rédigé son livre. C'est qu'il s'agit là d'une doctrine qui a
triomphé longtemps sous ses yeux, dans sa propre église, malgré
ses énergiques efforts : il s'agit de cette doctrine unitaire dont nous
avons déjà parlé, et peut-être de secrètes blessures d'amour-propre
se joignent-elles au zèle orthodoxe pour la lui rendre odieuse. C'est
surtout dans ce livre que se trouvent de précieux renseignemens
sur l'état intérieur de l'église chrétienne à Rome au commencement
du IIIᵉ siècle. S'il faut ajouter foi aux assertions de l'auteur, non-
seulement les évêques de Rome Zéphyrin et Calliste auraient été hérétiques au premier chef, mais encore leur caractère moral aurait

Paros. C'est sur de tels phénomènes qu'il basait sa théorie d'un mélange primitif de la
ᵗerre et de la mer.

laissé énormément à désirer, et même le second ne serait arrivé à l'épiscopat qu'après une vie criminelle et des intrigues méprisables. L'auteur a vécu de leur temps, tout près d'eux, et c'est après la mort de Calliste qu'il écrit. Enfin le dixième et dernier livre résume tout l'ouvrage en reprenant une à une les hérésies déjà combattues, et se termine par une profession de foi où l'auteur oppose en toute sécurité son orthodoxie aux erreurs de tout genre qu'il croit avoir réfutées.

Qui donc peut avoir été l'auteur de cet ouvrage d'un contenu si remarquable? Personne, parmi les théologiens de profession, ne voulut admettre que ce fût Origène. Déjà auparavant on avait de fortes raisons de douter de l'authenticité de ces *Philosophoumena*, ordinairement rangés parmi ses œuvres; la découverte du livre qui les aurait continués ne fit qu'aggraver les soupçons. Ce n'est ni le style ni surtout la doctrine du grand Alexandrin. Par exemple, l'auteur se prononce, comme Tertullien, pour la théorie spéculative d'après laquelle le Verbe serait sorti de Dieu à un moment précis de la durée. D'après Origène au contraire, la génération du Verbe, comme celle de toutes les âmes rationnelles, est éternelle. Origène, nous le savons par Eusèbe, n'a passé à Rome qu'un court espace de temps antérieurement aux faits principaux relatés dans l'ouvrage découvert; l'auteur de cet ouvrage au contraire a évidemment vécu longtemps à Rome, s'est trouvé mêlé personnellement aux dissensions religieuses de l'église de cette ville, et il a écrit sous l'impression encore toute fraîche de ces longs débats. La paternité de l'écrit fut donc d'une commune voix absolument refusée à Origène. Quel était alors le vrai père?

La critique allemande se trouvait à son poste. MM. Jacobi, Duncker, de Bunsen, travaillaient chacun à la solution du problème et parvenaient à un résultat identique, du moins quant au nom de l'auteur. Comme on a pu s'en assurer, le livre sur les hérésies contient des indications qui limitent assez étroitement le champ de la recherche. Il a été écrit certainement, dans la première moitié du IIIe siècle, par un chrétien de Rome ayant voix dans les conseils de l'église, en possession d'une véritable éducation philosophique et littéraire, et il serait bien étrange que son nom eût complétement disparu de la mémoire de l'église, quand on pense surtout à l'extrême pénurie de l'église occidentale en fait de grands théologiens pendant les trois premiers siècles de notre ère. La question ainsi resserrée, il n'y a que deux noms parmi ceux dont la tradition historique ait souvenance qui puissent entrer ici en ligne de compte, — Caïus, un presbytre romain qui s'est signalé en écrivant contre les montanistes et contre le gnostique Cérinthe, — Hippolyte, auteur de nombreux écrits perdus pour la plupart, mais dont l'historien Eusèbe (1) nous a conservé une liste assez nombreuse, qu'il dit lui-même incomplète. Ce fut en faveur d'Hippolyte que MM. Jacobi, Duncker, de Bunsen, se prononcèrent, et ce dernier avec une verve, un éclat qui, joint à la haute position qu'il occupait alors à Londres, prit les proportions d'un événement. Ce fut même quelque chose de très piquant.

M. de Bunsen, une des figures les plus originales et les plus respectables de notre siècle, était alors ambassadeur de Prusse en Angleterre. Homme d'état éminent, mais de plus érudit de premier ordre, il utilisait les loisirs que lui laissait sa mission pour faire l'éducation théologique de l'Angleterre. Auparavant il avait passé de longues années à Rome, d'abord en compagnie de l'illustre Niebuhr, puis comme représentant de son pays près du saint-siège. Là, il avait pu donner libre cours à sa passion pour les études d'archéologie religieuse; il avait en particulier fait de véritables fouilles sur le terrain des anciennes liturgies, et même, obéissant à un penchant très prononcé pour le mysticisme, il avait fait usage de ses découvertes pour organiser un service liturgique assez compliqué dans la chapelle protestante qu'il avait ouverte à l'hôtel de l'ambassade prussienne. Ce goût des cérémonies ecclésiastiques et sa préférence marquée pour le système épiscopal l'avaient fait très bien accueillir à Londres par les partisans de la haute église. Les infortunés étaient bien loin de se douter que cet admirateur de l'épiscopat, cet ami intime du pieux roi qui venait de fonder l'évêché anglo-prussien de Jérusalem, ce parfait *gentleman* qui alliait la bonhomie, la rondeur allemande à la plus exquise amabilité de l'homme de cour, introduisait tout doucement le venin de la critique dans les veines vénérables de l'église établie. Ce n'est pourtant pas qu'il y mît la moindre malice. M. de Bunsen appartenait à cette génération allemande sortie des fortes commotions du commencement de ce siècle, qui eut l'art d'introduire le rationalisme à large dose dans les formules et les institutions religieuses en apparence les plus rebelles à une pareille opération. Plus il avança vers le terme de sa belle vie, plus il rompit avec ses velléités romantiques. Les excès de la réaction qui suivit les terreurs de 1848 firent même de lui un libéral déterminé : ses *Signes des Temps* furent le premier grand coup porté au système politico-religieux qui célébrait son triomphe dans la conclusion du concordat autrichien. Si j'ose ajouter un détail tout personnel, je dirai que, parmi mes papiers les plus précieux, je compte une lettre écrite peu de temps avant sa mort par le noble vieillard, lettre où il m'exprimait ses chaudes

_____
(1) *Hist. eccl.*, VI, 22.

sympathies pour les idées religieuses énoncées par moi dans la *Revue* (1).

Toutefois en 1852 M. de Bunsen n'en était pas encore là, bien que sa *seconde manière* parût déjà dans les écrits qu'il composait en anglais et, chose assez bizarre, qu'il faisait traduire par d'autres dans sa langue maternelle. Il se déclarait incapable d'écrire un même livre dans les deux langues, bien qu'il les possédât parfaitement l'une et l'autre; mais, je l'ai dit, il avait surtout à cœur de réformer la théologie anglaise, de la rendre moins routinière, moins défiante vis-à-vis de la critique allemande, moins contraire aussi à des évidences peut-être embarrassantes pour les théories du XVIIᵉ siècle, mais auxquelles il faut pourtant se résigner, parce que ce sont des *stubborn things,* des choses têtues, comme le sont toujours des faits constatés et démontrés. Ce fut avec un enthousiasme vraiment juvénile qu'il s'empara de l'excellente occasion qui s'offrait à lui de donner une leçon de haute théologie à son aristocratique auditoire. Tout s'y prêtait. Il s'agissait d'un très ancien auteur chrétien imprimé aux frais de l'université d'Oxford et de son temps placé sur les sommets de la hiérarchie ecclésiastique, de plus orthodoxe zélé pour la conservation des saines doctrines, pénétré d'une sainte horreur de l'hérésie, et, pour combler la mesure, en guerre ouverte avec deux papes contemporains! Si la haute église n'avait pas été contente, elle eût été bien difficile. Il est vrai que l'orthodoxie du vieux controversiste romain différait sensiblement de ce qu'on appelle de ce nom en Angleterre, et que, ne pouvant en conscience signer les trente-neuf articles, il eût couru grand risque d'être exclu des chaires de l'église anglicane : encore fallait-il voir; on ne pouvait pas éconduire sans forme de procès un visiteur si bien présenté! D'ailleurs son introducteur affirmait qu'il suffisait de parcourir son livre pour être en état de réfuter péremptoirement « le roman » élaboré à Tubingue sur les origines du christianisme, et cela n'était pas à dédaigner.

L'ouvrage en quatre volumes que M. de Bunsen publia en anglais sous le titre de *Hippolytus and his Age* fit donc grand bruit et éclipsa pour un temps les travaux moins brillans consacrés au même sujet. Voici en résumé comment M. de Bunsen établissait qu'Hippolyte, le saint canonisé dont la fête se célèbre chaque année le 13 août, est l'auteur du livre retrouvé par M. Miller. D'abord Eusèbe, Jérôme et la Chronique pascale font de lui un contemporain de l'évêque romain Zéphyrin, et affirment d'un commun accord qu'il a écrit un livre *contre toutes les hérésies.* Le patriarche

_____

(1) Voyez dans la livraison du 1ᵉʳ novembre 1859 l'étude sur la *renaissance des idées religieuses en France.*

Photius, qui notait chaque jour avec ses réflexions les lectures qu'il avait faites dans sa riche bibliothèque byzantine, dit qu'il a lu un traité d'Hippolyte où celui-ci combat trente-deux hérésies (dans notre livre, il y en a trente-quatre; mais M. de Bunsen croyait pouvoir en retrancher deux et n'en être que plus exact). Ensuite l'auteur nous apprend lui-même, vers la fin de son ouvrage, qu'il a composé un traité philosophique sur *l'essence de l'univers*, et nous savons encore par le même Photius que ce traité s'intitulait aussi tout simplement : *De l'Univers*. C'est ici que l'archéologie vient en aide à la critique. Dans une salle du Vatican se trouve une statue de marbre déterrée au xvie siècle, et qui représente un homme assis sur une cathèdre ou siège d'honneur. Cette statue passe pour celle d'Hippolyte, et non sans raison. Le dos du siège porte des inscriptions grecques dans lesquelles on reconnaît un catalogue d'ouvrages fort semblable à celui qu'Eusèbe et Jérôme nous ont transmis sous le nom d'Hippolyte, en particulier un *canon pascal*, c'est-à-dire un indicateur des jours sur lesquels doit tomber chaque année la fête de Pâques, embrassant une période de sept fois seize années, précisément comme celui que ces deux écrivains lui attribuent. Cette statue, qui doit être du ive siècle, a été trouvée sur l'emplacement d'un ancien cimetière, tout près du tombeau de saint Laurent, au martyre duquel, selon la tradition, Hippolyte fut associé. Il n'est donc pas douteux que cette statue ait été sculptée en l'honneur d'Hippolyte, lors même qu'il serait difficile de penser qu'elle reproduit ses traits réels. Eh bien! parmi les écrits dont les titres sont gravés sur le dos de la cathèdre s'en trouve un intitulé : *De l'Univers*.

Mais comment se fait-il, continue M. de Bunsen, qu'Hippolyte, puisque c'est lui, s'attribue la dignité épiscopale, écrive comme un habitant de Rome, fasse même partie du clergé chrétien de la capitale de l'empire, et que pourtant son nom n'apparaisse sur aucune liste pontificale? — A cela le noble écrivain répondait par une hypothèse ingénieuse, mais un peu téméraire. D'après plusieurs anciens auteurs, disait-il, Hippolyte a été évêque de Porto, ce port de mer que Claude fit creuser à cause des ensablemens qui rendaient celui d'Ostie toujours moins accessible. Porto n'était qu'à quelques lieues de Rome, et très probablement son évêque était en même temps presbytre ou membre du presbytérat romain, où il siégeait comme si Porto eût été une paroisse de Rome.

Telle fut l'explication de M. de Bunsen, et l'on verra qu'il avait du premier coup serré d'assez près la vérité. Seulement, trop enchanté de sa découverte, il s'en exagéra la valeur. D'abord il présenta sa combinaison comme très solide, ce qu'elle n'était pas. Partant de là, il se mit à décrire, avec une prolixité parfois un peu fatigante, l'état des idées et des croyances au temps d'Hippolyte, de façon à bien montrer aux épiscopaux anglais ce qu'était, ce que croyait au IIIᵉ siècle un évêque fidèle, en lutte avec des papes au nom de l'orthodoxie compromise. Hippolyte devint, sous sa plume enthousiaste, une sorte de théologien idéal, de chrétien modèle, qui avait tout bien dit et tout bien fait. Il y joignit des dissertations assez longues, avec documens à l'appui, sur les anciennes liturgies, et toute une exposition philosophique de la vérité religieuse telle qu'il la concevait. Enfin il eut l'idée bizarre de faire parler Hippolyte lui-même, il le ressuscita en idée, lui fit faire le voyage de Londres pour lui montrer la grande exposition, et mit dans la bouche du vieil évêque du IIIᵉ siècle tout ce qu'un savant baron allemand peut avoir à dire au public anglais du XIXᵉ. Tout cela, malgré le ton très religieux, très croyant, de tout l'ouvrage, malgré le soin que l'auteur avait pris de faire observer que, s'il fallait taxer de rationalisme toute immixtion de la raison dans l'ordre religieux, Dieu lui-même serait le premier des rationalistes, tout cela exhalait une si forte odeur d'hérésie que les nerfs, toujours facilement irritables, de l'orthodoxie britannique en furent tout en émoi. Seule parmi les organes notables de l'opinion, la *Revue de Westminster* osa émettre un jugement favorable à l'ensemble du livre, ce qui était tout le contraire d'une recommandation aux yeux du public bien pensant. La haute et la basse église murmurèrent, et plus d'une voix cria au blasphème.

Cependant, on ne peut le nier, c'est à partir du séjour de M. de Bunsen à Londres que s'est dessiné ce mouvement de réforme théologique dont les *Essays and Reviews* et les ouvrages de l'évêque Colenso ont été dans ces dernières années les manifestations les plus saillantes, et qui fait aujourd'hui le désespoir des conservateurs tenaces des vieilles traditions anglicanes. Ce mouvement sans doute est dû encore à d'autres causes ainsi qu'à d'autres hommes, mais il est de fait que la personnalité sympathique de l'homme d'état théologien que l'Allemagne avait envoyé à l'Angleterre a beaucoup contribué à l'accélérer et à le fortifier. Voyez donc à quoi servent les cordons sanitaires que les sociétés religieuses sont souvent trop enclines à dresser autour d'elles et par quels chemins impossibles à prévoir la contagion des idées peut se glisser dans les enceintes les mieux gardées! C'était bien la peine d'élever les étudians en *divinity* d'Oxford et de Cambridge dans une sainte horreur ou, pour mieux dire, dans le suprême dédain des travaux critiques de l'Allemagne, pour qu'un baron allemand, grand amateur de liturgies et autres antiquités inoffensives, s'en vînt semer l'ivraie à pleines mains dans le champ du Seigneur!

L'Allemagne de son côté voulut savoir si le savant ambassadeur avait en réalité dénoué le nœud proposé à la critique. Plusieurs théologiens adoptèrent son explication dans ce qu'elle avait d'essentiel, mais trouvèrent qu'elle péchait par beaucoup de détails imaginaires et de preuves arbitrairement déduites. D'autres allèrent plus loin, et, comme on pouvait s'y attendre, l'opposition déclarée vint des deux côtés dont M. de Bunsen avait cru trop facilement triompher au moyen du livre récemment découvert, c'est-à-dire du côté de Tubingue et du côté catholique.

A Tubingue, MM. Baur et Zeller n'eurent pas de peine à faire ressortir l'aspect romanesque des combinaisons auxquelles M. de Bunsen avait dû recourir pour donner du corps à son explication. — Vous dites, lui fut-il objecté, qu'Hippolyte était sans doute à la fois évêque à Porto et presbytre à Rome; mais c'est une monstruosité historique qu'une pareille hypothèse! Jamais pareille chose ne s'est vue, n'a pu se voir au IIIe siècle. Vous prétendez que les descriptions qu'il fait des systèmes gnostiques, les citations qu'il emprunte aux ouvrages composés par les chefs d'écoles hérétiques démontrent que le quatrième évangile était écrit depuis longtemps quand ceux-ci commencèrent à enseigner; mais comment n'avez-vous pas vu que votre auteur ne sait pas distinguer entre les chefs d'école et leurs disciples, qu'à chaque instant il cite textuellement des passages d'autrui avec le mot sacramentel φησί, *dit-il*, sans qu'il soit possible de déterminer quel est cet autrui? Vous affirmez que Photius a lu cette réfutation des hérésies en dix livres et qu'il l'attribue à Hippolyte; mais Photius nous dit que ce qu'il a lu est un petit livre, βιϐλιδάριον, dans lequel on comptait trente-deux hérésies, commençant par celle du faux messie Dosithée, se terminant par celle de Noet, et dont l'auteur n'admettait pas que l'épître aux Hébreux fût de l'apôtre Paul; or le livre retrouvé est considérable, il réfute trente-quatre hérésies, ne commence pas par Dosithée, ne finit pas par Noet et ne dit rien de l'épître aux Hébreux. Et quant à la fameuse statue, quel fond voulez-vous faire d'un pareil témoignage? Est-ce qu'au IIIe siècle on élevait des statues de marbre aux auteurs chrétiens? D'ailleurs, parmi les ouvrages dont le nom est gravé sur la base, il n'y a rien qui ressemble à la *Réfutation de toutes les hérésies*. Vous croyez parvenir à votre but par un détour, vous relevez sur le dos de la cathèdre le traité *De l'Univers* que Photius a connu aussi: mais Photius dit en toutes lettres que ce traité est l'œuvre de celui qui a composé un autre écrit anti-hérétique intitulé *le Labyrinthe*, et que l'auteur du *Labyrinthe* est Caïus, contemporain, lui aussi, de Zéphyrin et connu comme adversaire en titre de plusieurs hérésies de la même époque. C'est lui, c'est Caïus qui est le véritable auteur du livre découvert, et il est inutile d'en chercher d'autres.

Tel fut en gros le langage que l'on tint à Tubingue; mais s'il fallut avouer que les objections alléguées contre le système de M. de Bunsen étaient très fortes, on dut pourtant reprocher aux célèbres critiques des bords du Neckar d'avoir conclu un peu trop hâtivement du passage de Photius que Caïus était l'auteur du traité intitulé *le Labyrinthe*. Examiné de près, ce passage signifie seulement que l'auteur du *Labyrinthe* est aussi celui du traité *De l'Univers*, que *le Labyrinthe* a été attribué à Caïus, mais que Photius lui-même ne se porte en aucune façon garant de cette opinion, qui lui paraît douteuse. Malgré les objections de Tubingue, la balance ne cessa donc pas de pencher en faveur d'Hippolyte, bien que plus d'un nuage planât sur sa personne et son livre. Du reste, que l'auteur fût Hippolyte ou Caïus, les révélations à charge des deux évêques Zéphyrin et Calliste n'étaient pas moins accablantes. C'est au point qu'en France M. Lenormant essaya, avec plus de zèle que de bonheur, de reprendre pour son compte l'hypothèse qui attribuait le livre à Origène : on pouvait ne pas trop se soucier, pensait-il, des accusations d'un homme notoirement hostile à la doctrine de l'église. Cette tentative n'eut aucun succès, et du côté catholique on éprouva le besoin de compulser à nouveau les pièces du procès.

Celui qui s'en chargea, et qui s'acquitta de cette tâche avec beaucoup de talent, fut M. Dœllinger, théologien fort distingué de Munich, dont le nom a marqué, il y a quelques années, lors des premières discussions relatives au pouvoir temporel de la papauté. On sait que M. Dœllinger ne craignît pas d'envisager en face l'hypothèse de la disparition de ce pouvoir et même d'affirmer qu'elle n'aurait rien d'essentiellement fâcheux pour l'intérêt bien entendu de l'église romaine. Cette manière, hardie pour un prêtre, d'envisager la question lui valut à Rome de sévères réprimandes, et il dut se rétracter, disent ses adversaires, s'expliquer, disent ses amis, afin de ne plus porter ombrage à la susceptibilité ultramontaine. Toutefois il est douteux qu'il réussisse jamais à se laver entièrement des soupçons que son libéralisme relatif inspire aux absolutistes du Vatican. La théologie et la philosophie de Munich leur sont antipathiques. En peu d'années, on a vu des hommes tels que MM. Carrière, Huber, Froschammer, Lasaulx, Pichler, déférés l'un après l'autre aux censures pontificales. Nous n'avons pas à intervenir dans ce débat, si ce n'est pour regretter au nom de la science et du libéralisme européen qu'une telle pression soit exercée sur des savans et des écrivains qui font penser au vers virgilien :

Si Pergama dextra
Defendi possent...

Ce qui est certain, c'est que M. Dœllinger est un écrivain fort savant, d'une impartialité remarquable dans les limites que sa foi lui prescrit, et dont les ouvrages de controverse diffèrent essentiellement de ces élucubrations superficielles et injurieuses que les zélateurs de la tradition ecclésiastique opposent si souvent, avec une naïveté qui confond, aux travaux les plus sérieux de la critique. Il y a du plaisir et du profit à discuter avec M. Dœllinger. On reste avec lui sur le terrain de la politesse, on trouve en lui un vrai connaisseur de l'antiquité chrétienne, comprenant la valeur des découvertes nouvelles et tout disposé à leur concéder beaucoup à la seule condition que les bases de la foi catholique resteront intactes. Quelle position prit-il dans le débat qui nous occupe?

Au point de vue de l'anti-romanisme, M. de Bunsen avait fait coup double. Il avait à la fois démonétisé un saint et noté d'hérésie deux papes. Le saint Hippolyte du calendrier romain n'était plus qu'un rebelle, un ennemi déclaré de deux évêques romains, ses contemporains, et deux papes auraient professé de damnables erreurs sur la Trinité. M. Dœllinger tomba d'accord qu'il n'y avait pas moyen d'attribuer le livre à Origène; il reconnut qu'il était bien d'Hippolyte, comme l'avait dit M. de Bunsen; puis, forcé de faire un choix, des deux inconvéniens il choisit le moindre, il abandonna le saint pour sauver les deux papes, et il s'expliqua dans un ouvrage d'une lecture facile et instructive intitulé *Hippolytus und Kallistus*. La partie la mieux traitée de cet ouvrage est sans contredit celle où l'auteur porte le flambeau d'une fine et libre critique sur la légende de saint Hippolyte. Ce travail faisait défaut à l'œuvre de M. de Bunsen. Il en résulte qu'il faut distinguer au moins cinq Hippolytes qui sont venus se fondre dans une personnalité historique, en lui donnant, par cette fusion, les traits les plus incohérens. La tradition la plus ancienne, la seule qui puisse passer pour historique, parle simplement d'un *presbytre Hippolyte* qui fut exilé en Sardaigne en 235, en compagnie de l'évêque de Rome Pontien. — Puis il est un autre Hippolyte, officier de l'armée impériale, chargé de garder saint Laurent pendant les jours qui précédèrent le martyre de celui-ci, et qui, gagné à l'église chrétienne par son prisonnier, fut condamné à mort à son tour; mais il dut à son nom et aux réminiscences mythologiques du magistrat qui avait prononcé l'arrêt d'être attaché à des chevaux sauvages qui le mirent en pièces. M. Dœllinger ne met pas en doute que cette légende ne soit née dans l'imagination populaire d'une confusion naïve entre le fils de Thésée et l'Hippolyte de la tradition chrétienne. Cette confusion put avoir pour cause première quelque peinture, quelque fresque représentant la mort d'Hippolyte, et que le poète Prudence (vers 400) paraît avoir vue dans le voisinage d'une église dédiée à saint Laurent, car il décrit quelque chose qui y ressemble beaucoup dans l'hymne qu'il composa en l'honneur de saint Hipolyte. Le nom de la compagne légendaire du martyr Hippolyte, *Concordia*, fait aussi penser à une peinture allégorique voisine de la première. — Un autre saint Hippolyte, d'origine orientale cette fois, sous le règne de Claude (c'est-à-dire dans un temps où tout au plus quelques chrétiens pouvaient se trouver dans Rome et où il n'était pas question de persécutions sanglantes), aurait joué un rôle saillant lors du supplice d'une princesse impériale non moins imaginaire, sainte Chryse ou sainte Aurée, horriblement martyrisée et finalement jetée à la mer près d'Ostie avec une pierre attachée à son cou. Le corps de Chryse surnagea miraculeusement, et le diacre Hippolyte, l'ayant retirée de l'eau, l'enterra pieusement devant les portes d'Ostie, après quoi, condamné à son tour, il aurait été noyé par ordre du préfet dans les fossés de la petite ville de Porto. M. Dœllinger n'a pas de peine à montrer combien toute cette légende est apocryphe. C'est elle pourtant, uniquement elle, qui a donné lieu à la tradition d'après laquelle saint Hippolyte aurait été évêque de Porto. — Il y a de plus un saint Hippolyte d'Antioche, un autre saint arabe du même nom (seulement ce nom se change en celui d'*Abulides*), d'autres encore, tous sans la moindre réalité historique. — Enfin il y a le saint Hippolyte du poète Prudence, qui n'est qu'une variante de celui que nous avons indiqué en second lieu. Seulement sa légende contient un trait remarquable, qui n'a pu être inventé pour glorifier le saint : Hippolyte, selon Prudence, aurait été *novatien*, c'est-à-dire partisan de l'évêque schismatique Novatianus, qui, vers l'an 250, se mit à la tête du parti de la rigidité disciplinaire et fut le rival du pape Corneille. Il y a là un anachronisme évident, le véritable Hippolyte ayant été déporté en Sardaigne quinze ans avant le schisme de Novatien; mais il pourrait y avoir aussi le souvenir défiguré d'une réalité que M. Dœllinger se flatte d'avoir devinée.

En tout cas, il a atteint le but qu'il se proposait en démêlant si laborieusement le cycle de légendes formées autour du nom d'Hippolyte. Il en résulte que rien n'appuie historiquement les suppositions de M. de Bunsen sur sa dignité épiscopale à Porto jointe à son titre de membre du presbytérat romain. Comme pourtant l'auteur de la *Réfutation des hérésies* paraît s'attribuer le rang d'évêque et a certainement vécu à Rome, M. Dœllinger ne voit qu'un moyen de dissiper ces apparences contradictoires, c'est d'admettre qu'Hippolyte a été un évêque dissident, l'auteur d'un schisme qui aurait éclaté sous Calliste, probablement en suite du dépit que lui faisait éprouver l'élévation de ce dernier à l'épiscopat légitime par le suffrage du peuple chrétien de Rome. C'est ce qui explique la passion avec laquelle Hippolyte a cherché à discréditer son heureux rival, les accusations d'hérésie et d'immoralité qu'il lui jette à la face, ainsi qu'à son prédécesseur et patron Zéphyrin, le souvenir confus transmis au poète Prudence de sa position schismatique, enfin son exil en Sardaigne en compagnie de l'évêque Pontien, car le schisme aurait duré, après la mort de Calliste, jusqu'en 235, et l'autorité impériale aurait jugé à propos de mettre fin aux troubles en déportant les chefs des deux partis. Si donc la mémoire du saint, qui se repentit peut-être en Sardaigne, ressort gravement atteinte de cette explication, celle des deux papes calomniés se trouve lavée des reproches que faisait peser sur elle l'*odium theologicum* d'un compétiteur éconduit.

M. Dœllinger, contrairement à l'avis des théologiens de Tubingue, fait grand cas de la statue d'Hippolyte, conservée au Vatican, et même elle lui fournit la preuve principale que c'est bien Hippolyte qui a écrit la *Réfutation des hérésies*. Sans aller jusqu'à en faire le portrait en pied d'Hippolyte, il pense qu'elle fut sculptée en son honneur, peu d'années après sa mort, par un de ses chauds partisans, et qu'elle nous renseigne parfaitement sur le costume et l'attitude d'un évêque chrétien de la première moitié du iiie siècle. Ce serait le plus ancien monument chrétien de ce genre.

Telles furent les trois hypothèses principales auxquelles donna lieu la découverte de M. Miller : le livre est d'Hippolyte, évêque de Porto et presbytre de Rome, dit M. de Bunsen; il est de Caïus, dit-on à Tubingue; il est d'Hippolyte, évêque schismatique et antipape, dit-on à Munich. Nous avons fait grâce au lecteur de mille détails subtils de la discussion qui avait précédé et qui suivit ces trois explications. Par exemple on devrait se demander pourquoi Théodoret, au ve siècle, cite des fragmens entiers de l'œuvre d'Hippolyte sans le nommer, sans même accuser connaissance des autres parties de l'ouvrage; pourquoi on avait attribué à Origène le premier des dix livres qui le composent; quel rapport enfin il peut y avoir entre l'œuvre d'Hippolyte et un traité latin annexé à la *Prescription* de Tertullien, traité qui présente d'étroites analogies avec l'ouvrage du controversiste romain. Cherchons maintenant à résumer les résultats que l'on peut considérer comme acquis.

C'est bien Hippolyte qui est l'auteur de la *Réfutation des hérésies*; mais ce livre, écrit en grec et d'une lecture laborieuse, fut assez négligé, vite oublié dans l'Occident latin, qui n'était pas grand clerc à cette époque et n'avait qu'un goût médiocre pour les recherches philosophiques. Le jour peu flatteur sous lequel il montrait deux évêques romains ne dut pas le recommander à leurs successeurs; d'ailleurs il avait été précédé, Hippolyte le dit lui-même, par un exposé plus succinct, moins philosophique, moins compromettant aussi des différentes doctrines hérétiques. Ce petit ouvrage fut plus recherché en Occident. C'est là ce *petit livre*, combattant trente-deux hérésies, que Photius a lu, sachant bien qu'il était d'Hippolyte, et qui se retrouve dans le traité attribué à Tertullien. Quant à la grande *Réfutation*, en Orient même, où elle fut plus répandue qu'en Occident, il semble qu'une certaine défaveur l'ait suivie, comme si des bruits suspects en eussent rendu la lecture peu recommandable. Ce qui est certain, c'est qu'il s'en détacha des parties bonnes à consulter, formant un tout par elles-mêmes, et qui circulèrent anonymes. Ainsi le premier livre, qui offrait un tableau abrégé des divers systèmes philosophiques de la Grèce, fut recherché et désigné par le nom de *Philosophoumena*. C'est d'ailleurs par ce mot que l'auteur lui-même désignait le commencement de son ouvrage. Dans l'ignorance où l'on était de la véritable source de ces considérations, on les attribua au grand théologien philosophe d'Alexandrie, à Origène, à qui l'on prêtait aisément tout ce qui, dans la littérature chrétienne du IIIe siècle, dénotait une connaissance quelque peu approfondie de la philosophie grecque. Ainsi s'établit la coutume de reproduire les *Philosophoumena* dans ses œuvres complètes. De même le dixième livre, celui qui résume tout l'ouvrage, se détacha de l'ensemble, et c'est lui que Théodoret a reproduit en partie, sans savoir de qui il était; c'est lui que Photius a lu sous le titre de *Labyrinthe* (ce dixième livre commence par ce mot, qui veut faire allusion au caractère obscur des doctrines hérétiques où l'on s'égare), et qu'on attribua à Caïus, à qui on trouvait aussi fort commode de faire remonter les compositions anti-hérétiques d'origine romaine. La *Réfutation* tout entière ne fut copiée que rarement, et c'est une merveille qu'on en ait découvert un manuscrit, d'ailleurs incomplet, et dont le texte, écrit par une main malhabile, réclame de nombreuses corrections.

Voilà donc l'histoire du livre énigmatique reconstituée avec bien de la peine, mais avec une vraisemblance qui satisfait l'esprit, car tous les termes de l'équation à résoudre se retrouvent dans la solution. Restent pourtant deux points sur lesquels la critique n'a peut-être pas dit son dernier mot : c'est la statue d'Hippolyte et la position qu'il prit à Rome vis-à-vis des évêques Zéphyrin et Calliste.

Quant à la statue, il faut reconnaître, avec MM. de Bunsen et Dœllinger, qu'elle a bien certainement été consacrée à la mémoire d'Hippolyte par un chrétien ou des chrétiens de Rome qui l'avaient en grande vénération. La comparaison des titres d'ouvrages indiqués sur la base avec les listes reproduites par Eusèbe et Jérôme ne permet pas d'hésiter; mais je ne saurais admettre avec l'honorable chanoine de Munich qu'elle ait reçu cette destination peu de temps après la mort de celui qu'elle est censée représenter. Le canon

pascal gravé sur la base va jusqu'en 333; mais on a pu l'inscrire
quand même il ne servait plus à rien, comme rappelant l'un des
titres d'Hippolyte à la reconnaissance des chrétiens. M. Winckelmann, s'appuyant sur des raisons d'archéologie, pense, il est vrai,
que la statue doit remonter au IIIe siècle, et je n'ai rien à objecter
à cette opinion d'un juge fort compétent; mais cela ne prouve nullement qu'elle ait été destinée dès l'origine à représenter un chrétien, ni surtout un ecclésiastique. La bonne gravure que M. de Bunsen a mise en tête de son ouvrage, *Hippolyte et son temps*, permet
de s'en faire une idée exacte. C'est la représentation d'un rhéteur,
ou d'un philosophe, ou d'un poète; ce n'est ni celle d'un presbytre, ni celle d'un évêque. On sait que l'art chrétien, très simple à
son origine, consista surtout en emblèmes, en symboles mystérieux, en hiéroglyphes qui n'étaient pas compris de la masse
païenne. Pas un seul signe de ce genre ne se trouve sur la statue.
Elle est d'un dessin pur et correct, la tête est belle et grave, la
pose noble. Le personnage assis, comme s'il allait commencer un
discours, porte le pallium grec et la toge romaine. La cathèdre sur
laquelle il est assis a pour support apparent un sphynx de chaque
côté. Où peut-on reconnaître dans tout cela le moindre signe, le
moindre emblème chrétien? Je faisais récemment part de mes doutes
à un professeur de Leyde dont toute l'Europe savante connaît et admire l'érudition, M. le docteur Cobet : il les confirma de la manière
la plus complète et me rendit attentif à un fait trop peu connu, dont
l'ignorance ou l'oubli a été la cause de bien des erreurs dans le champ
de l'archéologie; je veux parler de la coutume, endémique depuis
Constantin, de métamorphoser les anciennes statues par un simple
changement d'inscription. Le savant professeur me citait à ce propos les très curieux détails que renferment plusieurs discours de
Dion Chrysostôme, qui compare déjà les statues de son temps à des
acteurs changeant de personnage et de caractère. On alla parfois
jusqu'à inscrire les noms de Nestor et de Priam sur le socle de statues qui représentaient de jeunes hommes, et il semble bien que le
fameux saint Pierre de Rome n'est pas autre chose qu'un Jupiter
métamorphosé de la sorte. La conversion de la statue d'un philosophe païen en statue d'Hippolyte pourrait donc fort bien dater de
l'époque de Constantin. C'est alors que le souvenir d'Hippolyte, à
qui sa rigidité morale, son martyre, peut-être aussi son opposition
à des pasteurs ne plaisant pas à toutes leurs brebis, avaient valu
des admirateurs chaleureux au sein du peuple chrétien, prit peu à
peu les proportions de l'apothéose que nous voyons s'accomplir
dans l'hymne de Prudence à la fin du IVe siècle. Ce qui me confirme
dans cette opinion, c'est l'observation même faite par M. Dœllinger
qu'à partir de la translation du siège de l'empire à Byzance, le grec,

jusqu'alors usité presque exclusivement dans l'église romaine, devint promptement hors d'usage dans la vieille capitale. Or, tandis que la statue dénote une main habile et soigneuse, l'inscription est mal gravée, présente des fautes grossières, et semble être l'œuvre d'un homme qui n'était pas familier avec les mots grecs qu'il voulait reproduire; mais, si défectueuse que soit l'exécution matérielle, le catalogue d'ouvrages gravé sur la cathèdre n'en est pas moins celui que les admirateurs d'Hippolyte acceptaient comme exact au IVᵉ siècle, et à ce point de vue la statue demeure un témoignage fort important, irréfragable même, en faveur de l'opinion qui fait de lui l'auteur de la *Réfutation*.

Quant à la position d'Hippolyte dans l'église romaine de son temps, M. Dœllinger et les critiques de Tubingue ont parfaitement raison de repousser l'hypothèse, trop facilement admise par M. de Bunsen, de son double titre d'évêque de Porto et de membre du presbytérat romain; mais celle qu'adopte le savant chanoine de Munich, la supposition qu'Hippolyte aurait fait schisme à Rome, n'est pas plus solide. Ce schisme aurait duré longtemps, puisque, datant de l'élévation de Calliste à l'épiscopat, il se serait prolongé, après la mort de celui-ci, jusqu'au moment où Hippolyte et l'évêque Pontien furent déportés ensemble en Sardaigne (218-235). Comment donc se peut-il qu'aucune trace n'en perce dans l'histoire? Comment le nom d'Hippolyte ne se rencontre-t-il dans aucun catalogue d'hérésies? Comment Tertullien, qui aurait eu ses raisons de sympathiser avec un pareil schisme, n'en souffle-t-il pas un mot dans ses véhémentes objurgations contre les évêques romains? Comment surtout le grand schisme novatien, qui éclate à Rome quinze ans après le départ d'Hippolyte et dont nous connaissons fort bien les particularités par les écrits de Cyprien et autres documens, peut-il donner lieu à des controverses, à des correspondances passionnées, sans que la moindre allusion soit faite de part ou d'autre à un mouvement qui dans l'hypothèse de M. Dœllinger aurait été tout semblable? Dans l'un et l'autre cas en effet, il se serait agi d'une dissidence formée à Rome par les partisans de la rigidité disciplinaire. Tout cela dépasse les bornes du vraisemblable. Il est vrai que M. Dœllinger croit pouvoir appuyer son opinion sur les déclarations du livre lui-même. Hippolyte, dit-il, se décerne à lui-même la dignité épiscopale, car il s'attribue la succession apostolique, la *sacrificature souveraine* (ἀρχιερατεία) dans l'église; il parle de Calliste, non comme de l'évêque des chrétiens de Rome, mais comme d'un chef d'école (διδασκαλεῖον); il lui reproche d'avoir reçu à la communion de l'église des pécheurs scandaleux que lui et ses amis en avaient repoussés, etc. Seulement nous nous permettrons de demander à notre tour pourquoi Hippolyte ne déclare pas une bonne fois, en toutes lettres, qu'il est l'évêque, le seul véritable évêque de Rome, et que Calliste ne l'est pas. A quel titre se plaindrait-il, s'il a fait schisme, de ce que les excommuniés de son église sont accueillis dans une autre? Pourquoi reproche-t-il simplement à son adversaire d'être un chef d'école, si à ses yeux il est un hérésiarque dans toute la force de ce terme? Pourquoi enfin le chronographe de 354, cet annaliste sérieux qui nous apprend qu'Hippolyte et l'évêque Pontien partirent ensemble (1) pour l'exil meurtrier des mines de Sardaigne, désigne-t-il avec intention Hippolyte comme presbytre? Aurait-il désigné de cette manière à côté d'un pape un évêque schismatique et hérétique?

M. Dœllinger et M. de Bunsen ont donné chacun dans cette illusion qui consiste à reporter sur une époque d'organisation pénible et lente, où les institutions sont encore mal définies, les procédés d'un temps où les jurisprudences sont fixées, les titres et les pouvoirs qui en dérivent nettement déterminés. Certainement la dignité épiscopale au commencement du IIIe siècle était déjà fort élevée au-dessus du simple pouvoir presbytéral, avec lequel dans l'origine elle était confondue. Cela n'empêche pas qu'aux yeux d'Irénée il n'y a pas encore de différence spécifique entre les presbytres et les évêques, et Hippolyte, qui a lu Irénée, qui le cite, qu'on a même regardé comme son disciple, n'appelle jamais l'évêque de Lyon autrement que « le bienheureux presbytre Irénée. » L'opposition qu'il se voyait dans le cas de déclarer successivement à deux évêques ne pouvait faire de lui un partisan bien chaud de cette omnipotence épiscopale vers laquelle on marchait alors à grands pas, et ses expressions s'en ressentent, soit qu'il parle de lui-même, soit qu'il ait en vue ses adversaires. Bien loin d'exalter leur dignité, il tend à la restreindre. En revanche il aime à relever la sienne, profitant des libertés d'un temps où le membre d'un collège presbytéral pouvait encore se décerner ces attributions de *haute sacrificature*, de *successeur des apôtres*, qui furent plus tard exclusivement réservées à l'épiscopat. Plus de cent ans auparavant, la lettre de Clément de Rome aux Corinthiens assimilait les presbytres aux sacrificateurs de l'ordre lévitique. Disons plutôt qu'Hippolyte a été l'un de ces opposans systématiques, incommodes, avec

(1) Voici ce passage, d'un latin fort peu cicéronien : *Eo tempore (a. 235) Pontianus episcopus et Hippolytus presbyter exoles sunt deportati in Sardinia in insula nociva Severo et Quintino cons. In eadem insula discinctus est IIII kl. oct. et loco ejus ordinatus est Antheros XI kl. dec. cons.*, etc. C'est-à-dire : « En ce temps-là (235), sous le consulat de Severus et de Quintinus, Pontien, évêque, et Hippolyte, presbytre, furent exilés et déportés en Sardaigne, dans une île meurtrière. Dans la même île, Pontien fut déposé le 4e des kalendes d'octobre, et le 11e des kalendes de décembre Anthérus fut ordonné à sa place. » Au lieu de *discinctus,* dont le sens est fort obscur, M. Mommsen voudrait qu'on lût *defunctus* (il mourut), et ce serait beaucoup plus naturel.

lesquels il est difficile de vivre, mais qui ne sortent pas de la constitution. La manière dont il parle des montanistes est tout à fait celle d'un homme qui leur donne raison sous bien des rapports, mais qui n'aime pas leur tendance séparatiste. Si Hippolyte n'a pas été excommunié par Calliste, c'est sans doute que, tout en n'ayant pas pour lui la majorité, il était à la tête d'une minorité puissante qu'il fallait ménager. On peut avec M. Dœllinger penser que jusqu'à la fin son humeur resta la même, et j'admettrai volontiers avec lui que son exil en compagnie de l'évêque Pontien dans les premiers jours du règne de Maximin le Thrace, qui était encore fort occupé en Allemagne, exil par conséquent décrété par quelque magistrat urbain, fut un de ces moyens que l'administration césarienne aimait à employer quand elle espérait faire la paix en imposant le silence. C'est une erreur de croire qu'avant Constantin l'autorité temporelle ne se mêla jamais des débats intérieurs de l'église chrétienne : elle intervint pour forcer Paul de Samosate à quitter Antioche, et en 309 l'empereur Maxence exilait le pape Marcellus parce qu'il se montrait trop sévère pour ceux qui avaient faibli dans les persécutions.

II.

Nous arrivons enfin aux renseignemens qu'Hippolyte nous offre sur l'état de l'église romaine de son temps, et qui, après avoir nui pendant des siècles à la propagation de son livre, sont aujourd'hui le principal attrait qui le fasse lire.

Après avoir décrit dans huit grands chapitres les systèmes des philosophes grecs et des gnostiques, Hippolyte s'attaque à des hérésies d'un genre particulier, car elles sont dans l'église, elles s'y prélassent en quelque sorte. Ce sont principalement celles qui concernent la personne du Christ, et pour représentans à Rome elles n'ont pas moins que des évêques. Calliste surtout doit être dénoncé à l'indignation de l'église chrétienne, tant pour son caractère, indigne de sa haute position, que pour les funestes erreurs qu'il a professées. Voici son histoire.

Sous le règne de Commode (180-193) (1), vivait un chrétien

(1) Pour aider le lecteur à s'orienter dans la suite de ce récit, je reproduis la liste des évêques de Rome parallèlement à celle des empereurs — depuis Éleuthère, contemporain d'Irénée, jusqu'à Pontien, compagnon d'exil d'Hippolyte :

177-190 Éleuthère	180-193 Commode.
190-200 Victor......	193 Pertinax.
	193-211 Septime Sévère.
200-218 Zéphyrin................	211-217 Caracalla.
218-223 Calliste	217-218 Macrin.
, 223-230 Urbain.................	218-222 Héliogabale.
230-235 Pontien.	222-235 Alexandre Sévère.

nommé Carpophore, attaché à la maison impériale. Parmi ses esclaves s'en trouvait un du nom de Calliste, qu'il croyait habile et
fidèle, puisqu'il lui confia une somme d'argent importante avec
l'ordre de la faire valoir dans des opérations de banque. Calliste
s'établit au Marché-aux-Poissons (*piscina publica*), et devint au
bout de quelque temps dépositaire de fonds que lui remettaient
des chrétiens, particulièrement des veuves chrétiennes, à qui le
nom de son maître inspirait grande confiance; mais il en abusa au
point de gaspiller tout ce qu'on lui avait prêté. Bientôt Carpophore
fut instruit des méfaits de Calliste. Le dépositaire infidèle, redou-
tant le courroux de son maître, s'enfuit précipitamment vers Porto,
où il trouva un navire prêt à prendre la mer, et sur lequel il s'embarqua sur-le-champ, décidé à fuir n'importe où, pourvu qu'il s'é-
loignât de Rome. Cependant Carpophore était déjà sur ses traces,
et le navire était encore au milieu du port, que Calliste le reconnut, se dirigeant vers lui. Alors il se crut perdu et se jeta à la mer.
Repêché par des matelots et ramené à Rome, il fut condamné par
son maître au *pistrinum*, c'est-à-dire à tourner la meule. C'était,
on le sait, une punition très redoutée des esclaves, et non sans
cause, car ce genre de travail était un véritable supplice, peu même
y résistaient longtemps; mais Calliste eut l'art de se tirer de là. Il
sut intéresser quelques chrétiens à son sort en leur laissant entendre qu'il avait caché de l'argent chez certaines personnes, et
qu'il pourrait rembourser ses créanciers, s'il sortait jamais de cet
enfer du *pistrinum*. Carpophore, à la prière instante des créanciers, qui lui représentaient qu'ils avaient confié leur argent à Calliste parce qu'ils le savaient son serviteur, consentit à l'élargissement du misérable et même se désista de toute revendication pour
son propre compte. Le fait est que Calliste n'avait rien caché. Se
voyant toujours gardé à vue, menacé d'être renvoyé à la meule, il
revint à ses désirs de mort, et, sous prétexte de rencontrer ses débiteurs, il eut l'étrange idée d'aller faire du bruit au beau milieu
d'une synagogue juive un jour de sabbat, s'écriant tout haut qu'il
était chrétien. Les Juifs en colère le traduisirent devant le préfet
de la ville, Fuscianus, requérant qu'il fût sévèrement châtié pour
avoir ainsi troublé un culte reconnu par la loi romaine. Là-dessus
Carpophore survint et tâcha d'éclairer Fuscianus sur le passé de
son esclave et ses véritables intentions; mais Fuscianus, cédant aux
instances redoublées des Juifs, qui ne voulaient rien croire de tout
cela, fit battre de verges Calliste et le condamna aux travaux forcés
dans l'île de Sardaigne. Remarquons ici que, d'après la loi romaine,
l'esclave condamné par l'autorité civile à une peine d'homme libre
était émancipé par le fait même, si plus tard il rentrait dans la vie

ordinaire : il avait cessé d'appartenir à son maître, étant devenu
servus pœnœ.

En Sardaigne, Calliste se rencontra avec des chrétiens victimes
des persécutions antérieures. Quelque temps après, la belle Marcia,
favorite de Commode, fut saisie du désir de faire quelque bien à
l'église chrétienne, dont elle aimait beaucoup les doctrines. Elle fit
donc venir au palais l'évêque Victor et lui demanda une liste nomi-
native des confesseurs relégués en Sardaigne. Celui-ci la lui donna,
mais se garda bien d'y inscrire le nom de Calliste, dont il connaissait la vie antérieure, et qu'on ne pouvait, à aucun titre, ranger
parmi les martyrs. Marcia, s'étant fait délivrer par Commode des
lettres de grâce, en chargea l'eunuque Hyacinthe, chrétien lui-
même et presbytre de l'église, qui passa en Sardaigne et fit mettre
en liberté tous ceux qu'on avait désignés à sa maîtresse. Calliste
alors se dit victime d'une erreur, pria, supplia et fit tant que Hyacinthe crut bien faire de prendre sur lui de le ramener avec les
autres.

Le voilà donc de retour à Rome, le voilà libre. Victor, l'évêque
romain, fut médiocrement charmé de le revoir, mais il eut pitié de
lui, et comme l'ancien maître de Calliste paraissait fort peu disposé
à supporter patiemment son séjour à Rome, l'évêque l'envoya demeurer à Antium en lui allouant pour vivre une petite rente mensuelle. C'est de là qu'après la mort de Victor, son successeur Zéphyrin, dont Calliste avait su capter la confiance, le fit venir à Rome, et,
chose surprenante, lui confia des pouvoirs étendus dans l'église, en
particulier la direction du cimetière qui plus tard porta son nom (1).
Sa fortune ecclésiastique marcha depuis lors d'un pas rapide.

Tel est le récit d'Hippolyte. En bonne justice, il faut accorder à
M. Dœllinger qu'il y a plus d'une chose louche dans ce tissu d'événemens qui se pressent. Non-seulement le portrait de Calliste n'est
évidemment pas flatté, mais encore tout ne s'explique pas très bien.
Ce qu'on a surtout de la peine à comprendre, c'est que Calliste,
voulant mourir, s'expose bénévolement au terrible supplice des esclaves, à la crucifixion, en allant faire du tapage au beau milieu
d'une synagogue juive dans l'idée qu'on le traduira devant des juges
et que ceux-ci le condamneront à mort. Si j'étais l'avocat chargé
de sa défense, je chercherais et peut-être bien je réussirais à prouver qu'il avait réellement des débiteurs parmi les israélites, qu'il
était allé les trouver à la synagogue pour être sûr de les rencontrer, et qu'il n'avait fait du bruit que parce qu'on refusait de le

---

(1) C'est encore un de ces détails d'archéologie romaine dont nous devons l'explication
au livre d'Hippolyte.

payer. Qui sait, après tout, entre quelles mains il était tombé dans ses premières spéculations? Mais de là à blanchir complétement Calliste, comme le voudrait M. Dœllinger, il y a fort loin, et tout en me défiant des évidentes rancunes d'Hippolyte je ne puis oublier qu'il raconte des faits dont il a été témoin, dans un temps, dans une ville, dans une église où vivaient encore des hommes parfaitement en état de contrôler ses assertions. Si l'on se demande comment il se peut qu'un tel homme ait pu devenir par la suite l'*alter ego* d'un évêque romain qui devait le connaître, plus encore le favori du peuple chrétien, qui finit par le nommer son évêque, je répondrai d'abord que Calliste, d'après tout ce que nous en savons, devait être un homme très habile et un fort beau parleur, que probablement, quand il se peignait lui-même, sa palette n'était pas chargée précisément des mêmes couleurs que lorsque son adversaire tenait le pinceau, qu'enfin les évêques étaient alors nommés par le suffrage universel, et que, sans vouloir en médire, on doit bien avouer que ce genre de suffrage n'est pas toujours à l'abri des surprises.

Du reste Hippolyte n'y va point par deux chemins pour expliquer l'empire que Calliste sut acquérir sur l'esprit de Zéphyrin. Celui-ci, nous dit-il, était un ignorant, un illettré, peu au fait de la discipline ecclésiastique, et, qui plus est, un avare. Profitant adroitement de son faible, Calliste lui procurait de bonnes occasions, des cadeaux, des requêtes qu'il aurait dû repousser au nom des prescriptions disciplinaires, mais auxquelles il acquiesçait par cupidité. En même temps Calliste abusait de son ignorance théologique pour le pousser à des déclarations doctrinales qui semaient la zizanie dans la communauté; puis il allait trouver les partis opposés, et, parlant à chacun d'eux un langage différent, il se faisait des partisans de tous les côtés, car il ambitionnait secrètement de succéder à Zéphyrin, et pour cela briguait la faveur générale. C'est ainsi que, selon ceux à qui il avait affaire, il était tantôt *sabellien*, tantôt de l'avis contraire.

Mais qu'était-ce donc qu'un sabellien? Pour répondre à cette question, il faut interrompre un moment notre récit et remonter assez haut dans l'histoire du dogme de la divinité de Jésus-Christ.

Rien de moins arrêté, rien de moins formulé que les premières croyances chrétiennes au sujet de la personne de Jésus-Christ. Sans parler de l'idée que le Fils de l'homme se faisait de lui-même, il est visible que les divers auteurs du Nouveau Testament se rendent compte de différentes manières du *divinum quid* que tous reconnaissent en lui, et que toute conscience chrétienne, disons même religieuse, reconnaît avec eux; mais sur cette base encore si peu définie quelle variété de points de vue! Des trois premiers évangiles, l'un ignore la naissance miraculeuse et ne dépasse pas l'idée, qui paraît avoir été la plus ancienne, d'après laquelle la divine supériorité du Christ se rattache à la descente du Saint-Esprit sur lui lors de son baptême au Jourdain. Les deux autres, tout en portant encore plus d'une trace de ce premier point de vue, présentent Jésus comme un homme miraculeusement conçu dans le sein de sa mère, mais ils n'ont pas encore la moindre notion de sa préexistence. L'Apocalypse divinise le Christ après sa mort en ce sens que, pour prix de sa parfaite obéissance, il reçoit de Dieu la participation aux attributs divins. Paul et son école font un grand pas de plus : le Christ pour eux est encore un homme, mais un homme à part, aussi unique dans sa spécialité qu'Adam l'a été dans la sienne. Lui et Adam forment en quelque sorte les deux pôles, l'un terrestre et animal, l'autre céleste et spirituel, du développement historique de l'humanité. De là ce parallélisme des deux Adams, qui tient une si grande place dans la théologie paulinienne, et qui engendre la belle théorie mystique d'après laquelle la même révolution qui s'accomplit dans l'histoire de l'humanité se répète ou doit se répéter en chacun de nous : chacun de nous en effet doit faire mourir le vieil Adam, son être charnel, égoïste, animal, pour qu'en lui naisse le Christ, l'homme céleste, l'homme de l'esprit. La personne du Christ tend donc désormais à planer au-dessus de l'humanité comme le principe de la vie morale et religieuse, et si Paul lui-même n'a pas positivement enseigné sa préexistence individuelle, il est certain que ses disciples n'ont pas tardé à la proclamer. Dès lors on peut suivre dans les écrits des premiers pères ce que j'appellerai les ondulations de cette théorie encore flottante, mais dont la tendance bien claire est de satisfaire le sentiment chrétien en divinisant autant que possible celui dont la grandeur spirituelle éblouit toujours plus ceux qui la contemplent.

Sur cette route, la pensée chrétienne se rencontra bientôt avec un courant de philosophie spéculative qui semblait fait tout exprès pour elle. Il avait sa source dans les hauteurs du platonisme, dans la théorie des idées; puis, le judaïsme alexandrin, Philon en tête, avait systématiquement creusé son lit et aligné ses rives. Cette élévation continue de la personne du Christ vers la divinité absolue devait infailliblement l'amener au point où elle ne ferait plus qu'un avec ce Verbe alexandrin, cette Idée des idées, ce « second Dieu » personnel, sorti un jour du sein même de Dieu pour donner à la matière informe l'empreinte de l'esprit organisateur et à l'humanité, façonnée corporellement par lui, les facultés spirituelles qui font de l'homme, du moins de l'homme qui les cultive, une image de la Divinité. C'est dans le quatrième évangile que s'accomplit, pendant la première moitié du IIe siècle, cette évolution remarquable de la théologie chrétienne qui devait avoir de si graves conséquences. Ce furent les noces du platonisme et de l'église, et, si l'on ne peut dire que cette union ait été fort paisible, toujours est-il qu'elle a duré bien longtemps, qu'elle a été très féconde, et que le divorce n'est pas encore sorti des disputes fréquentes dont elle est la cause. Une étroite parenté rattacha aussi la théorie du Verbe au sentiment grandissant de la catholicité et au désir de lui donner une forme visible par la constitution d'une église catholique, une par la doctrine, la discipline et le culte. Au Verbe, seul parfait révélateur de Dieu, dont seul il connaît de près les secrets, correspond l'église catholique, seule dépositaire de son éternelle et immuable révélation. Ne l'oublions jamais pourtant, si nous voulons comprendre cette genèse historique de l'église et de l'orthodoxie dans les trois premiers siècles, ni les choses ni les hommes ne marchent comme un régiment. Le dogme est encore trop flottant, les autorités chargées de le maintenir ou de le décréter trop peu reconnues. A côté des idées et des institutions destinées à triompher plus tard, il faut s'attendre à ce que longtemps encore des points de vue très opposés, des manières fort peu orthodoxes d'entendre la vérité chrétienne s'affirment, se prolongent dans l'intérieur même de l'église, sans toujours qu'on ait une conscience claire de cet antagonisme et sans qu'il y ait rupture ecclésiastique, officielle, entre les partis en lutte.

Ainsi, tout le long du IIe et du IIIe siècle, l'unitarisme, c'est-à-dire l'opinion qui refuse de faire la moindre brèche à l'unité divine en stipulant l'existence d'un être distinct de Dieu et pourtant coessentiel avec Dieu, — l'unitarisme, dis-je, s'affiche dans l'église et même résiste parfois avec succès aux progrès du dogme contraire. Si d'une part, à mesure que l'église se recrutait parmi les païens, on voyait augmenter le nombre des chrétiens moins susceptibles que les Juifs à l'endroit des théories compromettantes pour le monothéisme rigide, de l'autre le principe de l'unité de Dieu était si souvent le motif déterminant de l'entrée dans l'église que beaucoup d'anciens polythéistes y regardaient à deux fois avant d'accepter un dogme qui ramenait en fait une pluralité de personnes divines, — d'autant plus que, si l'orthodoxie des futurs grands conciles avait trouvé sa pierre de fondation : *Jésus est le Verbe personnel de Dieu*, on était encore loin du temps où l'église affirmerait en outre que le Fils est égal au Père, et que le Fils et le Père, distincts quant aux personnes, ne sont pourtant qu'un seul Dieu. A la fin du IIe siècle, Irénée, Tertullien, Clément d'Alexandrie et Hippolyte, nous pouvons l'ajouter aujourd'hui, sont tous partisans déclarés de la théorie du Verbe personnel, mais non moins unanimes à proclamer sa subordination, son infériorité relativement au Père. C'est bien certainement pour eux un Dieu de second ordre.

La question de l'unitarisme nous ramène à cette société chrétienne du IIIe siècle à Rome où nous introduit le livre d'Hippolyte. A cette époque, l'unitarisme, d'après les déclarations formelles de Tertullien et d'Hippolyte, possédait encore les sympathies de la masse chrétienne; mais il était loin d'être homogène, et il se partageait en deux branches bien distinctes. L'une, qui ressemble beaucoup à l'unitarisme moderne, voulait sauver l'unité divine en ne reconnaissant entre Jésus et Dieu qu'un rapport d'unité morale, d'amour et d'obéissance, dont l'expression théologique est fournie par l'idée chrétienne du Saint-Esprit communiqué par le Père céleste à son bien-aimé. C'est cette branche de l'unitarisme qui eut pour représentans Théodote de Byzance, Artémon, Bérylle de Bostra, et surtout, depuis 260, le brillant évêque d'Antioche, Paul de Samosate, l'ami de la reine Zénobie, grand homme calomnié dont la vie mériterait une étude à part. Ce genre d'unitarisme existait encore à Rome au temps d'Hippolyte, mais il avait déjà perdu du terrain. L'évêque Victor avait même excommunié Théodote. Il est visible que c'est l'autre branche de l'unitarisme primitif, celle qui se rattache aux noms de Praxéas, de Noet de Smyrne et surtout de Sabellius, qui, depuis Victor, jouit à Rome de la prépondérance, au point même que les évêques Zéphyrin et Calliste se déclarèrent publiquement en sa faveur. Cet unitarisme, qu'on a plus tard nommé *sabellien,* maintenait l'unité divine en supprimant autant que possible et même complétement toute distinction de personne entre Jésus et Dieu, entre le Fils et le Père, et réduisait leurs différences à de simples modes, manières d'être ou noms d'un seul et même être personnel. On peut s'apercevoir, en étudiant de près les représentans de cette tendance, qu'elle pouvait revêtir deux formes, l'une populaire, assez grossière, qui disait tout bonnement que Jésus était le Créateur lui-même apparu sous forme humaine, ayant souffert la douleur et la mort, l'autre plus philosophique et donnant aisément dans le panthéisme. Aussi Hippolyte, toujours empressé à rattacher chaque hérésie à une école philosophique déterminée, reproche-t-il à ces unitaires d'être des disciples d'Héraclite. On se rappelle sans doute que ce philosophe d'Éphèse enseignait déjà vers la 49e olympiade des principes qui ressemblent singulièrement à ceux du système hégélien. L'univers était, selon lui, l'unité générale dans laquelle se résolvent les oppositions simultanées ou successives, de sorte que la désharmonie est la condition de l'harmonie absolue, et qu'au fond les contraires ne sont que les modes passagers de manifestation de l'identité éternelle. Ainsi l'univers pouvait être à la fois périssable et impérissable, temporaire et éternel. De même Noet pensait que la même personne pouvait réunir des attributs contraires, — l'infini en tant que *père*, être invisible, sans commencement, immortel, et précisément le contraire en tant que *fils*. Sabellius avait donné au système une couleur encore plus philosophique. Il distinguait en Dieu une monade et une triade. Tout ce qui est n'avait, selon lui, d'existence que dans la triade, qui, du sein obscur de la monade, se déploie en Père, en Fils, en Saint-Esprit, selon le moment de l'histoire que l'on considère. La monade, c'est donc Dieu muet, inintelligible, inactif, purement abstrait. Le Verbe n'est autre chose que le principe de mouvement immanent à la Divinité et la faisant sortir du silence éternel. Par conséquent, l'existence réelle de Dieu se confond avec celle du monde, et l'histoire du monde se confond avec l'histoire de Dieu. La période du Père est celle de l'Ancien Testament, celle du Fils est l'incarnation; dans la troisième, Dieu, comme Saint-Esprit, vit dans l'ensemble des fidèles. Chacune de ces modifications de l'essence divine, une fois son œuvre spéciale terminée, rentre et disparaît dans le sein de la monade.

La doctrine de Noet de Smyrne fut répandue à Rome par ses disciples Épigone et Cléomène avec l'approbation et le concours de l'évêque Zéphyrin. Sabellius, encore jeune, se trouvait en même temps à Rome, et c'est un détail intéressant dont nous devons la connaissance au livre d'Hippolyte. Les deux partis tâchaient d'attirer ce jeune homme, qui sans doute promettait beaucoup, et Hippolyte prétend que s'il avait été seul à l'entretenir, il l'eût dirigé dans la bonne voie. Malheureusement Calliste, encore coadjuteur de Zéphyrin, l'entraînait par ses mauvais conseils vers le parti de Cléomène. Quant au vieux Zéphyrin, il ne songeait guère à subtiliser sur le dogme; il disait ingénument au peuple : « Je ne connais qu'un seul Dieu, Jésus-Christ, et nul autre que lui, un seul Dieu qui est né et qui a souffert. » Toutefois Calliste avait soin d'ajouter, en se retranchant derrière la distinction plus apparente que réelle autorisée par la théorie sabellienne : « Ce n'est pas le Père qui est mort, c'est le Fils. » Hippolyte et les siens luttaient tant qu'ils pouvaient contre cette doctrine, à leurs yeux pernicieuse; mais Calliste, fort de l'assentiment populaire, « vomissant le venin qu'il avait au fond des entrailles, » disait publiquement aux partisans du Verbe personnel et Dieu subordonné : « Vous êtes des *dithéistes!* »

Cependant Zéphyrin mourut, et au grand chagrin d'Hippolyte les suffrages du peuple élevèrent Calliste à la dignité épiscopale. Il est

bien à croire que ce ne fut pas précisément sur la question dogmatique, mais bien plutôt sur la question disciplinaire que se fit l'é-
lection, c'est-à-dire qu'on chercha moins à nommer un évêque
orthodoxe qu'à nommer un évêque indulgent pour bien des fautes
que la discipline primitive condamnait rigoureusement. Il paraît
pourtant que l'opinion dogmatique d'Hippolyte gagnait du terrain
à Rome, car, à peine évêque, Calliste, toujours fidèle à sa tactique,
crut devoir faire une concession grave au parti de l'opposition en
excommuniant Sabellius, qui se retira en Orient, où l'histoire ecclésiastique le retrouve, vers 250, presbytre à Ptolémaïs, prêchant
sans obstacle et même avec beaucoup de succès sa doctrine particulière. Calliste avait trouvé un biais pour distinguer sa doctrine
de celle de Sabellius. Le Père et le Fils, disait-il, sont, non pas deux
personnes distinctes, comme le voudrait Hippolyte, ni deux modes
successifs de la Divinité, comme l'entend Sabellius, mais deux dé-
terminations d'un seul et même esprit, à la fois visible en tant que
Fils et invisible en tant que Père, de sorte qu'il se croyait en état
de repousser le reproche qu'on lui faisait d'enseigner que le Père
avait souffert. « Non, disait-il, le Père n'a pas souffert, mais il a
compati avec le Fils, » subtilité pure évidemment, car la question
était toujours de savoir s'il y avait, oui ou non, deux êtres personnels et distincts dans le Père et dans le Fils. Si l'on disait oui,
Calliste était dithéiste comme ses adversaires; si l'on disait non,
c'était une seule et même personne qui avait souffert; mais cette
subtilité lui permettait d'évincer Sabellius et de faire des avances
à la doctrine encore populaire de Théodote, d'après laquelle la
descente de l'Esprit au baptême du Jourdain avait fait de l'homme-
Jésus l'incarnation du Fils. Du reste on peut voir ici, comme dans
tout ce débat, combien la notion de personnalité était vague dans
les intelligences.

Hippolyte n'en fut pas plus touché et reprocha à Calliste d'avoir
accouplé les deux hérésies de Sabellius et de Théodote. En même
temps il lui fait d'autres reproches plus graves encore. Il l'accuse
de s'être mis en opposition avec l'église chrétienne par une indulgence immorale pour les pécheurs scandaleux. Il ne leur demandait, dit-il, que d'adhérer à son parti : à cette condition, tout leur
était pardonné. Il cherchait de toutes manières à augmenter l'absolutisme épiscopal. Il répandait les plus funestes maximes, entre
autres celles-ci : « un évêque ne peut jamais être déposé, quand
même il commet un péché mortel ; on peut recevoir un évêque, un
presbytre, un diacre, lors même qu'ils seraient mariés pour la seconde ou la troisième fois, » chose contraire à la règle antérieure
qui interdisait les secondes noces aux fonctionnaires de l'église.

comme fait encore aujourd'hui l'église d'Orient. Il comparait complaisamment l'église au champ de la parabole, où l'ivraie doit pousser impunément, mêlée au bon grain, ou bien à l'arche de Noé, où les animaux purs et impurs avaient été également admis. Cette indulgence extrême fit que les mœurs chrétiennes se relâchèrent d'une façon déplorable. N'alla-t-il pas jusqu'à permettre aux patriciennes de vivre en concubinage avec des esclaves ou des hommes de condition inférieure, si, restées dans le célibat et ne voulant pas perdre leur rang par une mésalliance, elles ne pouvaient donner un autre cours à leur impudique ardeur ! Le résultat fut qu'on vit des femmes dites chrétiennes imiter les infâmes débordemens des matrones païennes et recourir à l'art des avortemens pour faire disparaitre les suites de leurs honteuses faiblesses.

Telles sont les terribles accusations qu'Hippolyte ne craint pas de lancer contre l'évêque Calliste. Encore ne faudrait-il pas les admettre sans réserve ; mais il paraît difficile de croire qu'il aurait tout inventé. Laissons là les avortemens, dont après tout Calliste n'est pas responsable. L'indulgence accordée aux unions illicites est un fait bien précis et a, malheureusement pour la mémoire du trop complaisant évêque, un rapport étroit avec ce que nous savons par d'autres sources sur les mœurs de la société romaine à cette époque. C'est commettre un anachronisme évident que de s'imaginer qu'en autorisant de pareilles unions Calliste voulait combattre l'institution de l'esclavage. Au surplus, nous trouvons dans cette partie du livre d'Hippolyte la confirmation de ce que l'histoire du second siècle, étudiée de près comme elle l'a été ces dernières années, nous avait fait découvrir : c'est que l'autorité épiscopale n'a remporté sa victoire définitive qu'en se montrant plus indulgente que l'ancienne discipline ne l'eût permis et que les exaltés, montanistes et autres, ne l'eussent voulu. Voilà ce qui nous explique pourquoi le poète Prudence, recueillant sur Hippolyte des traditions déjà fort altérées, fit de lui un *novatien*, c'est-à-dire un adhérent d'une secte rigoriste qui ne se forma qu'après sa mort.

La suite donna tout à la fois tort et raison aux deux adversaires. Sous le rapport du dogme, Hippolyte est bien plus orthodoxe que Calliste. Il est évidemment dans le courant, dans la lignée orthodoxe. Il y est avec Tertullien, Irénée, Clément d'Alexandrie, car c'est leur doctrine, c'est la sienne qui, développée, corrigée et augmentée par Athanase, triomphera à Nicée ; mais sur le chapitre de la rigueur morale Hippolyte eut tort devant l'église. Celle-ci, et pour cause, se prononça toujours plus en faveur des pouvoirs indulgens. Il le fallait, sous peine de rester une minorité impuissante. On ne voit pas qu'après la mort de Calliste Hippolyte ait réussi à se con-

cilier la faveur populaire. Pourtant ses vues dogmatiques durent
gagner du terrain ; mais sa sévérité morale dut toujours éloigner
les gens. Presbytre il avait vécu, presbytre il mourut dans cette île
de Sardaigne, au climat meurtrier, où il fut déporté à un âge déjà
avancé. Cela n'empêcha pas toutefois le peuple chrétien de Rome
de garder pieusement la mémoire de cette figure austère qui a
quelque chose d'un théologien de notre Port-Royal. Le peuple plus
d'une fois a donné place dans son panthéon à ceux dont il ne vou
lait pas, de leur vivant, à cause de leur rigidité, et de même que
les deux sœurs montanistes Perpétue et Félicité restèrent dans la
mémoire des chrétiens d'Afrique, malgré leur hérésie, entourées
d'une auréole de perfection qui en fit des saintes universellement
reconnues, de même Hippolyte, malgré sa violente opposition à l'é-
piscopat de son temps, devint l'un des saints les plus honorés du
calendrier romain.

III.

Il est bien établi maintenant que les trois premiers siècles de l'é-
glise sont loin d'avoir été une période de pureté religieuse et morale
immaculée. Il en est de cet âge d'or comme de tous les autres, c'est
une illusion de l'âge mûr ayant oublié l'enfance. Le fait est qu'alors
comme dans tous les temps les principes chrétiens durent plus à
leur excellence interne qu'aux vertus de leurs représentans atti-
trés. Il se dégage de tous ces personnages qu'Hippolyte met en
scène une atmosphère fort peu édifiante. Sans parler de la conduite
équivoque de Zéphyrin et de Calliste, ce Carpophore qui se livre à
des opérations de banque par l'intermédiaire de son esclave sans
vouloir engager sa responsabilité, cette Marcia, favorite de Commode, qu'elle contribue à faire assassiner pour prévenir, il est vrai,
son propre supplice, ces mœurs dissolues qui cherchent déjà des
accommodemens avec le ciel, ces intrigues dont l'épiscopat est le
but, tout cela révèle une situation morale qu'on ne saurait trouver
bien réjouissante. Le malicieux raisonnement du Juif de Boccace,
devenu chrétien à Rome *à cause* des abus qui tueraient le christianisme s'il n'était divin, avait son côté vrai bien avant le XIVᵉ siècle.
Du moment que l'église devenait grande puissance, il n'en pouvait
guère être autrement. Il ne faut pas croire que le désintéressement
seul inspirait dans un tel temps le désir de représenter une église
qu'aucune loi ne protégeait encore, et qui souvent était la proie de
l'intolérance païenne. D'abord la persécution fut loin d'être continue. Il y eut des périodes de calme profond à peine interrompu par
quelques actes isolés de violence ou d'arbitraire ; mais, sous le ré-

gime impérial, toutes les classes de la population y étaient exposées, et on avait fini par s'y habituer. Parfois même on peut voir que l'église chrétienne était déjà fort bien en cour. Ce fut le cas sous Commode, sous Héliogabale, sous Alexandre Sévère. Les femmes surtout se montraient bien disposées pour elle, et sous un régime absolu ce n'est pas peu dire. Il est difficile de préciser la force numérique de la communauté chrétienne de Rome pendant le IIIᵉ siècle; nous savons seulement par une lettre de l'évêque Corneille, conservée par Eusèbe, qu'en 251 l'église de Rome était dirigée par quarante-six presbytres subordonnés à l'évêque, et qu'elle avait à sa charge au moins quinze cents assistés. Cela supposerait un chiffre approximatif de quarante à cinquante mille âmes, sans compter le nombre déjà grand de païens qui, sans renoncer encore à la religion traditionnelle, sympathisaient du dehors avec le christianisme. Devenir chef d'une telle communauté, ce n'était déjà plus se sacrifier par humilité ni renoncer aux grandeurs de la terre.

Il ne faut donc pas s'étonner de ce qu'au sein d'une église aussi importante, au centre même du luxe et du dévergondage païen, les mœurs chrétiennes souffrissent déjà d'un relâchement regrettable. Calliste avait raison de s'appuyer sur la parabole de l'ivraie et du bon grain pour dire qu'un tel état de choses n'était nullement un motif de croire l'église perdue. Son tort était plutôt de présenter un malheur inévitable comme un état de choses normal. Rien de plus dangereux que de donner droit de cité à l'immoralité en la couvrant du manteau ecclésiastique. Hippolyte à son tour se méprenait sur les conditions du progrès de l'église quand, à l'exemple des montanistes avant lui et des novatiens qui lui devaient succéder, il prétendait renfermer l'église dans les étroites barrières de la discipline primitive. Le sens pratique a dû lui manquer, tandis que son heureux compétiteur Calliste doit l'avoir possédé à un degré remarquable. Son ouvrage, écrit d'un style correct, mais sans élégance, souvent lourd même, divisé d'une façon très méthodique, abondant en résumés, répétitions, récapitulations, etc., rappelle à s'y méprendre le cours d'un professeur allemand. C'est l'œuvre d'un homme consciencieux, mais étroit, dépourvu d'aisance, qui fait dépendre le salut de ses lecteurs du degré d'exactitude avec laquelle ils se rappelleront le cours en dix chapitres qu'il leur fait sur la vérité dogmatique. Pour donner une idée de sa manière et aussi du point de vue où en était alors ce qui fut plus tard l'orthodoxie, nous ne pouvons faire mieux que de reproduire la dernière page de son livre, qui suit une sorte de confession de foi où il s'efforce d'opposer la vraie doctrine aux erreurs qu'il a décrites et combattues.

Après avoir proclamé l'unité de Dieu, créateur absolu des choses, dont il ramène les élémens à quatre, le feu et l'esprit, l'eau et la terre, il raconte comment Dieu promulgua ou proféra, à l'état de Verbe extérieur et personnel, la conception de l'univers qu'il possédait auparavant en lui-même, à l'état intérieur et impersonnel, puis comment ce Verbe, serviteur obéissant du Père, façonna tout ce qui existe au moyen des quatre élémens simples. La formation de l'homme être libre et moral couronna cette activité créatrice, et depuis lors le Verbe n'a cessé d'instruire l'humanité, d'abord obscurément par l'organe de Moïse et des prophètes, en dernier lieu clairement et complétement en se revêtant d'un corps dans le sein d'une vierge. C'est ainsi qu'il a régénéré la substance humaine, consentant à partager nos besoins, nos souffrances, et purifiant notre nature en la portant à travers tous les âges de la vie (1).

« ..... Telle est, continue-t-il, la vraie doctrine de la Divinité, ô Grecs et Barbares, Chaldéens et Assyriens, Égyptiens et Libyens, Indiens et Éthiopiens, Celtes, et vous, Latins, qui commandez au monde, et vous tous, habitans de l'Europe, de l'Asie et de la Libye. Je suis votre conseiller à tous, en ce sens que, disciple du Verbe ami des hommes et ami moi-même des hommes, je vous invite à apprendre auprès de nous quel est le vrai Dieu, quelle est son œuvre bien ordonnée, à ne pas vous adonner aux sophismes des discoureurs artificieux ni aux vaines promesses des hérétiques trompeurs, mais à aimer la simplicité grave et concise de la vérité. En apprenant à la connaître, vous éviterez le feu du jugement qui vous menace et l'aspect effrayant de ce ténébreux Tartare où ne reluit pas la parole du Verbe. Vous éviterez l'ardeur éternelle de l'étang brûlant de la Géhenne, le visage toujours menaçant des anges maudits qui habitent les enfers, et le ver rongeur de la substance corporelle, s'attachant, comme à sa nourriture, au corps embrasé. Si tu apprends à connaître le vrai Dieu, tu fuiras toutes ces horreurs, tu auras un corps immortel, incorruptible, associé à ton âme, tu obtiendras le royaume des cieux. Ancien habitant de la terre, mais ayant connu le roi des cieux, tu participeras à la vie de Dieu, tu seras héritier avec Christ, tu ne seras plus exposé aux convoitises, aux souffrances, aux maladies, car tu seras devenu dieu. Les maux dont tu as souffert étant homme provenaient de ta nature humaine; mais Dieu a promis que tu deviendrais possesseur de ce qui est conforme à la nature divine. Tu deviendras dieu en naissant à l'immortalité. Connaître le Dieu qui t'a fait, c'est la vraie mise en pratique du *connais-toi toi-même!*... Si tu obéis à ces augustes préceptes, et que, devenant bon, tu sois imitateur de celui qui est bon, tu lui seras fait semblable, et tu seras honoré par lui, car ce n'est

(1) Dans cette dernière idée, on reconnaît la prétention de l'école johannique, partagée par Irénée, et qu'un passage du quatrième évangile semble appuyer (Jean, VIII, 57). D'après cette école, Jésus aurait vécu beaucoup plus longtemps que les données des évangiles plus anciens ne permettent de le croire. Cette prétention, inadmissible historiquement, rentre dans la transfiguration idéaliste que l'école johannique fit subir à l'histoire évangélique.

pas un pauvre Dieu (οὐ γὰρ πτωχεύει θεός) que celui qui t'a fait dieu à sa
gloire. »

Ainsi se termine le livre d'Hippolyte, et je ne vois pas du tout
pourquoi on a voulu que la fin réelle nous manquât. Que reste-t-il
à promettre à l'homme devenu dieu? On a pu remarquer, en parcourant cette profession de foi, qu'Hippolyte partage pleinement le
point de vue orthodoxe pur d'après lequel il ne suffit pas pour le
salut de réunir les dispositions du cœur auxquelles l'Évangile le
promet, qu'il faut avant tout connaître la vérité dogmatique. Malheur à vous, si vous comprenez autrement qu'Hippolyte la vérité
religieuse! Vous n'avez pas d'autre perspective que le Tartare et
son étang de feu. C'est au point qu'il n'envisage pas même la possibilité, pourtant démontrée par les faits, d'une vie sainte et pure
associée en toute bonne foi à des erreurs théologiques. Cela se voit
pourtant dans le monde.

C'est un argument bien dangereux que celui-là : « ou tu seras
orthodoxe, ou tu seras damné! » Même abstraction faite de sa valeur logique, qui est mince, il faut toujours craindre, quand on est
orthodoxe aujourd'hui, d'être hérétique demain. Ne parlons pas de
tout ce qui, au point de vue de l'orthodoxie ultérieure, manquerait
à la profession d'Hippolyte pour la mettre à l'abri de l'index. Bornons-nous à ses affirmations. On l'eût bien étonné, si on lui eût dit
que cent ans après lui, aux yeux même de ses continuateurs, des
idées pareilles aux siennes devaient mener droit en enfer ceux qui
auraient l'impiété de les partager. Comment donc! Un Verbe né
dans le temps, inférieur au Père, simple exécuteur de ses ordres!...
Mais dès le ive siècle il n'en fallait pas tant pour faire bondir d'indignation un disciple d'Athanase, et si la prescription de la vénération populaire n'eût protégé son nom, Hippolyte eût été certainement rejoindre Calliste et Sabellius, Arius et Paul de Samosate,
tous les hérésiarques passés et futurs, dans ces lieux terribles que
chaque intolérance a successivement peuplés de tous ceux qui lui
déplaisaient. A chaque pas de nos études sur l'antiquité chrétienne,
nous retrouvons donc des preuves nouvelles de la faute à jamais
déplorable que commit l'église chrétienne du ive siècle, lorsqu'elle
donna au dogme, à l'expression intellectuelle de la vérité, une pareille prépondérance. Le temps, avec son inexorable logique, dissout l'un après l'autre les dogmes les plus résistans en apparence.
Il n'y a que le christianisme intérieur, celui du cœur aimant Dieu,
de la conscience vivifiée par l'exemple et l'esprit du Christ, il n'y
a que ce christianisme qui défie le pouvoir dissolvant de la durée,
et, disons-le à la gloire de Jésus, c'est bien là aussi qu'il a placé
le centre de gravité de sa religion éternelle

Il est certain que l'esprit de l'Évangile est infiniment plus original que le dogme chrétien, chose ondoyante et bien moins une qu'on ne le croit souvent. On ne peut s'empêcher de sourire quand, après avoir lu de longs chapitres destinés à écraser une foule d'hérésies en montrant que chacune d'elles n'est que l'écho d'une philosophie non chrétienne, on arrive à cette profession de foi qu'il faut adopter *sous peine d'enfer*, et qui elle-même est toute saturée d'idées, d'expressions, de points de vue fournis uniquement par la philosophie. Il est évident qu'une telle profession de foi n'a pu venir qu'après tout le travail du platonisme alexandrin et tout ce que celui-ci suppose. Je ne parle pas seulement de cette physique particulière, fille des rêveries antiques, d'après laquelle le monde serait formé tout entier des quatre substances simples, le feu et l'esprit, l'eau et la terre. Ceci pourrait disparaître sans dommage pour la théologie personnelle d'Hippolyte; mais le mot et l'idée du Verbe, ce Verbe d'abord intérieur à Dieu et impersonnel, puis extérieur et personnel, ce Verbe qui contient les idées générales du monde et qui le façonne d'après elles, qui éclaire, moralise les hommes et les fait participer à la vie divine,... est-ce donc que tout cela n'a pas été enseigné avant l'Évangile? Tout cela ne porte-t-il pas au front le cachet bien accusé d'un système, d'une école, et les vignerons de Capernaüm, les bateliers de Bethsaïda eussent-ils compris un mot à pareil langage? O saint Hippolyte, que vous êtes platonicien! Et comme vous nous avez bien montré, sans vous en douter, vous si désireux de séparer la doctrine révélée des pauvres tâtonnemens de la sagesse humaine, qu'en définitive le dogme et la dogmatique ne sont jamais, ne peuvent jamais être autre chose qu'une application plus ou moins heureuse de la pensée philosophique aux faits constitutifs de l'Évangile et de la vie chrétienne!

M. de Bunsen a trop facilement cru que le livre d'Hippolyte ferait des ravages, soit dans les consciences catholiques, soit parmi les adhérens de l'école de Tubingue. En fait, ce livre n'a, que je sache, ni converti ni perverti personne; mais il est une tendance, une prétention, une œuvre de prédilection de notre siècle à laquelle il a donné raison de la manière la plus éclatante. En nous montrant une fois de plus les fluctuations et les variations du dogme au sein de l'église primitive, en nous les décrivant avec l'autorité du témoin oculaire, Hippolyte est venu consacrer, pour tout esprit impartial, le bon droit de la critique moderne, et quand il ne résulterait que cela de la découverte de M. Miller, ce serait déjà bien assez pour s'en applaudir.

ALBERT RÉVILLE.

LAURENCE STERNE

D'APRÈS SON NOUVEAU BIOGRAPHE

The Life of Laurence Sterne, by M. Percy Fitzgerald, 2 vol. in-8° ; London, Chapman and Hall 1864.

On a souvent agité la question de savoir quel était dans l'ordre littéraire et poétique le plus grand des hommes de génie, mais personne jusqu'à ce jour ne s'est encore avisé de retourner cette même question et de demander quel était le plus petit. C'est peut-être qu'en toute chose il est aussi facile de déterminer le point extrême de la grandeur que difficile de déterminer le point extrême de la petitesse. Quelques noms, trois ou quatre au plus, suffisent pour épuiser la liste de ceux qui se disputent le sommet de la montagne sacrée; mais combien serait nombreuse la liste de ceux qui auraient le droit de s'en disputer la base! Et cependant, peut-être par cela même que la liste est trop nombreuse, il est très difficile de choisir dans cette foule et de décider quel est l'infiniment petit, l'homme qui a été tout près de n'avoir pas de génie, celui après lequel le simple talent commence immédiatement, l'humble hysope qui, tout séparé qu'il soit du cèdre par une incommensurable distance, n'en appartient pas moins à la même famille, et qui, dans les fentes du mur où sa faiblesse se cramponne, célèbre dans le même langage la beauté de la création divine. On peut nommer un Goldsmith, un Bernardin de Saint-Pierre, d'autres encore; mais pour nous, si nous avions à citer un nom, c'est celui de Laurence Sterne que nous choisirions. Nous ne croyons pas que le microscope critique puisse découvrir au-delà de Sterne quelque chose qui ressemble

encore à du génie. L'auteur de *Tristram Shandy* marque vraiment
la ligne imperceptible, la frontière idéale qui sépare deux ordres
d'intelligences et de vie morale : après lui, le génie n'est plus;
avant lui, il n'est pas encore. C'est si bien le plus petit des hommes
de génie, qu'un de ses caractères, le plus prononcé peut-être et le
plus original, est précisément cette gracieuse indécision par laquelle la nature, qui hait les transitions brusques, marque les
frontières de ses différens royaumes et ses passages d'un état à un
autre. Cette matière pierreuse s'épanouit comme une fleur, cette
plante respire comme un animal; elle a des racines qui se meuvent
comme des pieds, des feuilles qui se replient sous le toucher avec
une sensibilité nerveuse. Avez-vous vu parfois les bizarres et charmantes méduses nager à la surface des flots? Qui pourrait dire à
quelle province de la vie elles appartiennent? Vous hésitez à les
nommer des fleurs et des plantes, vous hésitez à les nommer des
animaux, et si, pour mettre un terme à cette indécision, vous les
tirez de l'élément humide où elles fleurissent et se meuvent, vous
ne trouvez plus qu'une gelée incolore qui se résout bien vite en
quelques pâles gouttes d'eau. Rien n'indique qu'un être quelconque
ait vécu la minute précédente, si ce n'est une douleur cuisante à
la main qui a touché ce rêve évanoui. Ces charmantes méduses à
la vie indécise sont l'emblème le plus vrai qu'on puisse trouver du
génie de Sterne. Ce génie existe-t-il? n'existe-t-il pas? Tout à
l'heure, à la page précédente, on l'apercevait très distinctement,
étalant dans une belle lumière ses formes capricieuses, ses tendres
couleurs, et maintenant l'heureuse illusion a disparu et a comme
plongé sous l'eau profonde. Mais non, le voilà bien encore plus
loin qui perce subitement les obscurités d'un texte prolixe, ou se
se dégage triomphant d'un amas de citations prétentieuses et d'é-
quivoques plaisanteries. L'indécision se poursuit ainsi de page en
page jusqu'à épuisement complet de l'œuvre du fantasque écrivain,
et resterait aussi entière à la fin de la lecture qu'au commencement,
n'était une certaine démangeaison à la fois cuisante et légère, tout
à fait semblable à celle que laissent les méduses lorsqu'elles se sont
résolues en eau; et qui vous avertit que le génie a passé près de
vous et vous a touché. Si votre intelligence ne sait que penser,
votre sensibilité est mieux instruite; consultez-la, et elle dissipera
vos doutes. Oui, vous dira-t-elle, c'était bien un vrai fils de la vie
et de la nature qui m'a touchée, car la nature et la vie se sont ré-
veillées en moi à son contact. Le simple talent n'opère pas sur moi
de tels miracles, et c'est à d'autres facultés qu'il s'adresse pour obtenir cette approbation froidement judicieuse suivie d'un si rapide
oubli que ses œuvres inspirent. A la vérité, ce génie doit être bien

petit et bien faible pour m'avoir laissé dans une telle indécision, car d'ordinaire l'émotion qu'il apporte révèle sa présence avec la clarté de l'évidence même ; mais qu'il y ait là un atome, une molécule, une étincelle du grand soleil où s'allume l'inspiration véritable, voilà qui n'est point douteux. Que ce soit le dernier des hommes de la race inspirée, c'est possible ; mais certainement c'est un homme appartenant à cette grande race.

Un atome, une étincelle, voilà en effet le génie de Sterne. Tout chez lui est à l'état microscopique, petits personnages, petits caractères, petite philosophie, petites méthodes. Et les émotions qu'il fait naître sont du même ordre que ses peintures et ses récits ; son petit monde de figurines réveille en nous tout un petit peuple de sentimens microscopiques. Mon Dieu ! comme ses acteurs sont exigus ! Serait-ce cependant parce qu'il leur faut peu de place qu'ils se logent si bien dans la mémoire ? Toujours est-il qu'une fois qu'ils y ont pénétré, ils n'en sortent plus, et que l'oncle Toby, M. Shandy, le caporal Trim, le docteur Slop, l'âne de Lyon et celui de Nampont, restent dans le souvenir aussi obstinément que les héros les plus renommés du drame et du roman. Il n'est pas en son pouvoir d'ouvrir en vous le réservoir des larmes et de les faire couler à flots : tout ce qu'il peut faire, c'est d'en amener au bord de vos paupières une ou deux qu'il va chercher, on ne sait comment, dans de petits lacs intérieurs que lui seul connaît ; mais ces quelques larmes sont de vraies larmes, telles que le génie seul sait en attirer dans les yeux nobles, et non cette rosée banale que les productions de la sentimentalité font jaillir des yeux du vulgaire. Il n'a pas davantage la force de frapper de grands coups : il se contente de vous pincer finement comme pourrait le faire une main d'enfant ; mais, chose curieuse, la douleur de cette meurtrissure persiste avec une obstination singulière qui rappelle ces blessures imperceptibles et tenaces que font, au dire des savans en démonologie, les fées et les lutins à ceux dont ils veulent tirer vengeance. Sa plaisanterie non plus ne vous atteint point par un de ces chocs vigoureux et immédiats, par une de ces secousses d'hilarité où se reconnaît la force des grands auteurs comiques ; non, il se contente de vous effleurer lentement comme avec une barbe de plume, et cependant il y a un moment où le rire ainsi sollicité devient vraiment irrésistible... Mais n'anticipons pas davantage sur la description de ce génie, et venons immédiatement au livre qui fait le sujet des pages présentes.

M. Percy Fitzgerald s'est imposé la tâche aimable d'élever un monument littéraire à la mémoire de Sterne, et il a écrit deux très longs volumes remplis des détails les plus minutieux. Aucun genre

de recherche ne lui a coûté; il a súivi fidèlement Sterne à travers
toutes les étapes de sa vie à la fois si paisible et si agitée; il a mis
ses pieds dans toutes les traces qu'avaient laissées les pas de son auteur favori; il a consulté tous les registres de paroisse pour connaître
les dates exactes des plus petits faits, les livres de ménage pour
connaître la valeur exacte de telle dépense domestique, les souvenirs locaux pour mettre d'accord la tradition orale et les documens
écrits; il a interrogé les lieux où s'écoula sa vie pour savoir si ces
témoins muets pourraient lui révéler quelques-unes des particularités de son génie. Quiconque a pu lui livrer un autographe, un
dessin, une lettre inédite de Sterne, a été le bienvenu. Il est résulté de ces recherches, entreprises avec une patience amoureuse,
un livre des plus intéressans, auquel nous reprocherons cependant
deux petits défauts. Le premier s'adresse à la forme adoptée par
l'auteur, qui s'est trop scrupuleusement appliqué selon nous à imiter le genre de narration pittoresque mis à la mode par Thomas
Carlyle. Ce genre convient merveilleusement à certains sujets d'histoire ou de grande littérature, mais il s'adapte mal à un sujet où se
succèdent les petits tableaux de l'idylle, du vaudeville, de l'anecdote de la vie mondaine. Le second porte sur l'étendue de l'œuvre.
Deux volumes de prés de cinq cents pages chacun sur l'auteur de
Tristram Shandy et du *Voyage sentimental*, c'est beaucoup, c'est
trop, et il nous semble qu'un seul aurait suffi pour condenser tout
ce que la vie de Sterne offre de réellement curieux. La personne
de Sterne remplit mal deux gros volumes, et l'on pourrait dire que
le gentil ecclésiastique est là dedans comme dans une soutane trop
large. Sterne, ne l'oublions pas, n'est après tout que l'auteur de
deux livres ingénieux; aucun des grands intérêts humains ne l'a préoccupé; il n'a été mêlé à aucune grande querelle religieuse, philosophique ou littéraire; il n'a été acteur dans aucun événement important pour notre race, il n'a même imposé au goût de son pays
aucune direction nouvelle; en un mot, il n'a pas eu de rôle extérieur,
public, historique. Reste donc l'individu, l'*homme Sterne, the man
Sterne*, comme disait brutalement le docteur Samuel Johnson; mais
ici encore l'étoffe est mince et de médiocre largeur. La plus grande
partie de cette existence s'est écoulée assez obscurément dans quelques paroisses du Yorkshire. Sterne était déjà avancé en âge lorsque
la fantaisie lui prit de devenir auteur. Ce n'est guère qu'à partir de la
publication de *Tristram Shandy* qu'il se mêla beaucoup aux hommes
et aux choses, et cette publication, qui date de 1760, fut suivie d'assez près par la mort de l'auteur, arrivée en 1768. Il n'y a donc dans
cette existence que huit années de pleine lumière, et encore l'intérêt de ces huit années est-il comme tari et desséché par la maladie

et la perspective de la mort prochaine. Le meilleur de l'activité de Sterne pendant ces années de célébrité est employé aux soins et aux préoccupations d'une santé toujours chancelante. M. Fitzgerald aurait donc pu, sans que son livre y perdît rien, abréger sa tâche de moitié; mais, cela une fois dit pour l'acquit de notre conscience de critique, il ne nous reste plus qu'à exprimer notre reconnaissance envers l'auteur pour l'instruction réelle qu'il nous a donnée et pour les matériaux rassemblés avec tant de soin dont il a mis notre curiosité et celle de tout ami des lettres en mesure de profiter. Essayons avec son aide de présenter au lecteur le portrait fidèle d'un des plus beaux esprits du dernier siècle et du plus étrange ecclésiastique qui fut jamais dans aucun pays chrétien.

Ce bel esprit incontestable et ce très contestable ecclésiastique portait un nom très répandu à la fois en Angleterre et en Irlande, et ici, appliquant les méthodes capricieuses de l'auteur du *Voyage sentimental*, nous demanderons la permission de faire, en manière de préface, une réflexion qui, n'étant pas sans analogie avec la théorie de M. Shandy père sur l'influence des noms de baptême, ne paraîtra pas déplacée en pareil sujet. Si jamais mortel fut affublé par le hasard de la naissance du nom qui semblait le moins lui convenir, à coup sûr c'est le gentil Laurence. Ouvrez en effet le premier dictionnaire anglais venu, et vous y verrez que le mot *stern* signifie sévère, austère, rigoureux. Ne trouvez-vous pas qu'il y a dans ce nom une ironique et bouffonne antiphrase, et qu'il désigne l'auteur de *Tristram Shandy* à peu près avec autant d'exactitude que le nom d'Euménides désignait les furies antiques. C'est une des jolies malices du hasard. Voilà un nom qui aurait convenu à merveille au plus opiniâtre des *yeomen* saxons ou au plus morose des puritains de Cromwell; eh bien! la fortune va s'amuser à l'appliquer comme étiquette sur le bel esprit le plus vif, le plus capricieux, le plus volage et pour tout dire le plus polisson qui soit jamais né dans les trois royaumes. Son nom exprime tout juste le contraire de ce qu'il fut, en sorte qu'on peut dire qu'il fut baptisé à rebours par la fortune. Quel présage, ô monsieur Shandy! Est-ce que votre théorie si ingénieuse sur les noms de baptême va se vérifier encore sur les noms propres, et cet enfant ainsi nommé à rebours est-il donc destiné à tout faire à rebours? *Alas! poor Yorick!*

Il sortait d'une de ces familles appartenant à cette classe si nombreuse de la *gentry* qui a formé de tout temps la grande force de résistance, le lest politique de la solide Angleterre. Cette famille des Sterne était si nombreuse, et avait poussé des branches dans tant de directions opposées, qu'on a quelque peine à s'y recon-

naître, même avec son arbre généalogique sous les yeux et les
explications minutieusement précises du nouvel historien de son
plus remarquable rejeton. Qu'il suffise au lecteur de savoir que le
jeune Laurence était l'arrière-petit-fils du docteur Richard Sterne,
célèbre, pendant les guerres de la révolution, par son attachement
au parti du roi, et qui mourut en 1683 archevêque d'York. Richard
Sterne semble avoir porté vaillamment le poids d'une vie pleine de
troubles. Il appartenait à l'université de Cambridge, lorsqu'éclata
la querelle entre le roi et le parlement, et il se rangea hardiment et
ostensiblement du côté des cavaliers. Il assista son patron, l'archevêque Laud, sur l'échafaud, envoya l'argenterie de l'université au
camp de Charles Ier, et en fit tant qu'il s'attira l'animosité de Cromwell, fut encaissé à bord d'un navire avec d'autres théologiens de
son parti, et courut un moment le risque d'être vendu comme
esclave aux pirates algériens. Relâché après dix jours de souffrances sans nom, le docteur Sterne fut laissé libre de gagner sa
vie comme maître d'école en attendant des jours meilleurs : ils arrivèrent avec la restauration, qui le fit d'abord évêque de Carlisle
et enfin archevêque d'York. Il a été jugé avec sévérité par les théologiens du parti opposé au sien. L'oracle des presbytériens à cette
époque, Richard Baxter, celui-là même qui soutint avec une si
tranquille dignité les insultes de Jeffries dans les scènes de réaction qui signalèrent l'inauguration du règne de Jacques II, a parlé
de lui en ces termes, où se réfléchit son caractère bien connu, à la
fois doux et morose, mais qui cependant peuvent être pris comme
un demi-éloge : « Parmi les évêques, il n'y en avait pas dont le
visage promît davantage; mais il n'avait pas la moitié de la charité
qui convenait à un si grave prélat et d'un aspect aussi ascétique. »
Plus amer que le jugement du docteur non conformiste est celui de
l'évêque Burnet, le plus whig des anglicans de l'époque. « Sterne
mourut, dit-il, dans sa quatre-vingt-sixième année. C'était un ecclésiastique d'âcre et mauvais caractère, qui ne pensait qu'à l'en-
richissement de sa famille. » Quoi qu'il en soit de ces jugemens,
dictés en partie par l'animosité politique, les faits plaident en faveur de l'archevêque Sterne, et montrent en lui, sinon un grand
zèle mystique, au moins une bienfaisance pratique qui s'accorde
parfaitement avec ce que nous savons de son rôle public. Jeune,
lorsqu'il n'était encore que *master* du collége de Jésus à l'université
de Cambridge, l'usage des orgues commençant à s'introduire dans
le service religieux, il avait fait don à son collége d'un de ces instrumens. Longtemps après, devenu archevêque, il se souvint de
sa vieille université, et la gratifia d'une rente annuelle de 40 livres
pour l'éducation de quatre étudians. On le voit encore contribuer à

la réédification de la cathédrale de Saint-Paul, travailler à la révision du *Common prayer book*, et on l'a soupçonné d'être l'auteur anonyme et encore inconnu de ce livre célèbre de morale religieuse qui porte pour titre *le Devoir complet de l'Homme* (*the whole Duty of Man*). Cet archevêque, qui fut béni d'une nombreuse postérité, — il eut treize enfans, dont cinq seulement survécurent ou sont connus, — est l'aïeul du lieutenant Roger Sterne, prototype du fameux oncle Toby et père de Tristram-Laurence-Yorick, le voyageur sentimental, regardé par ses compatriotes comme le digne successeur de Swift en scandale et en talent, et baptisé par les Français du xviiie siècle du nom de Rabelais de l'Angleterre.

Afin de ne pas fatiguer le lecteur de détails pour lesquels sa mémoire n'aurait pas de place, je me bornerai à ce seul nom de l'archevêque Sterne, en rappelant toutefois qu'une bonne moitié au moins du *Tristram Shandy* ne peut se comprendre qu'à la condition d'être considérée comme une chronique domestique d'une ancienne famille de bourgeoisie anglaise mêlée depuis plusieurs générations aux querelles politiques du pays, et ayant assez vécu pour connaître plusieurs fois les vicissitudes de la fortune. Vieilles anecdotes de famille transmises de père en fils, reliques touchantes et comiques, vieilles recettes de remèdes conservées précieusement sur des chiffons de papier jaunis par le temps, opinions biscornues et originales fondées sur quelque aventure immémoriale ou quelque lointaine expérience, toutes ces excentricités remplissent le *Tristram Shandy* et font un des charmes principaux du livre. Il y a là des ustensiles de ménage qui sont centenaires, des plaisanteries qui sont octogénaires et des douleurs qui ont plus que l'âge déjà respectable de M. Shandy et de l'oncle Toby. Le *lillibullero* que sifflote entre ses dents le vieux vétéran des guerres de Marlborough, c'est le même chant satirique que Thomas, comte de Wharton, fit courir contre Tyrconnel, nommé lord-lieutenant d'Irlande. Cette opinion prédestinatienne : « chaque balle a son billet, » que le caporal Trim rappelait à l'aurore du règne de George III, remonte jusqu'à Guillaume d'Orange, à qui elle appartient. Ces bottes à genouillères dans lesquelles le même caporal Trim taille innocemment deux simulacres de canons pour le simulacre de forteresse de l'oncle Toby ont une histoire, et une longue histoire. « Par le ciel! s'écria mon père en se levant de sa chaise et en jurant, il n'y avait pas d'objet en ma possession auquel j'attachasse un aussi grand prix que ces bottes à genouillères. C'étaient les bottes de notre arrière-grand-père, frère Toby! elles étaient *héréditaires.* — En ce cas, répondit mon oncle Toby, je crains fort que Trim n'ait coupé court à toute transmission ultérieure. — Je n'ai coupé·que les tiges, plaise à votre honneur! dit Trim. — Je hais les *perpétuités* autant qu'homme au monde, s'écria mon père, mais ces bottes à genouillères, s'écria-t-il, souriant au milieu de sa colère, étaient dans la famille depuis les guerres civiles, frère; sir Roger Shandy les portait à la bataille de Marston Moor. Je déclare que je ne les aurais pas données pour dix livres. » Il est difficile que M. William Shandy et l'oncle Toby eussent jamais connu leur tante Dinah, qui, quelque soixante ans auparavant, avait épousé son cocher, et cependant cette anecdote hantait comme un souvenir importun la cervelle de l'excellent vieux soldat, et M. Shandy ne pouvait s'empêcher de bondir toutes les fois qu'il entendait son frère mentionner ce nom. Ainsi c'est à son origine que Sterne doit ces lumières mêlées d'ombre qui enveloppent ses personnages, c'est au passé qu'il doit ce clair-obscur qui illumine ses intérieurs bourgeois, et qui permet à ses petits tableaux de genre de soutenir la comparaison avec les meilleures toiles de l'école hollandaise.

Soit que la fortune laissée par l'archevêque Richard, divisée, puis redivisée encore, ait fini par se réduire en atomes chez quelques-uns des membres de sa famille, soit que, selon l'ancienne coutume, on ait chargé la Providence de la fortune des cadets, nous trouvons en 1711 son petit-fils Roger Sterne simple enseigne dans l'armée des Flandres, au régiment de Chudleigh, n'ayant pour vivre que sa mince paie de 3 shillings et 2 pence 1/2 par jour (4 francs de notre monnaie), et fortement endetté envers une manière de fournisseur ou de cantinier de l'armée, d'origine irlandaise, du nom de Nuttle. Ce Nuttle avait une belle-fille, Agnès, veuve d'un ancien capitaine Hebert ou Herbert. L'enseigne Roger vit peut-être dans cette veuve un moyen de se délivrer des importunités du beau-père, et dans l'automne de 1711 il l'épousa à Bouchain en Belgique, où son régiment tenait garnison. La précédente union avait sans doute à peine entamé chez la veuve sa puissance de parturition, et Roger Sterne avait sans doute aussi hérité de la fécondité de son grand-père, car à partir de ce mariage sa vie fut celle des pauvres officiers de toute nation que nous voyons traîner après eux une femme toujours en travail d'enfant ou en travail de nourrice. Dans toutes les garnisons où son devoir l'arrête, sa femme lui donne un nouveau-né : en 1712, à Lille en Flandre, la petite Marie, sœur aînée de Sterne ; en 1713, à Clonmel en Irlande, le célèbre Laurence, et ainsi de suite jusqu'au jour où le hasard du service militaire mit entre les époux l'étendue de l'Océan, et où l'enseigne, alors lieutenant, trouva son dernier et éternel casernement à Port-Antonio, dans la partie nord de la Jamaïque.

Le petit Laurence Sterne était né au carillon de la paix d'Utrecht, sous des auspices à la fois joyeux et tristes, et sans doute le sourire avec lequel son père accueillit sa venue au monde était mouillé d'une larme, ni plus ni moins que le sourire d'Andromaque. Et ici encore se vérifie la justesse des opinions de M. Shandy sur la fatalité des circonstances dans lesquelles les enfans viennent au monde. Ce sourire paternel, ce sourire doux et triste que Sterne rencontra à sa naissance, fut la lumière qui éclaira sa vie et son talent, et dont il ressentit toujours l'influence. C'était alors la coutume de licencier après la guerre les régimens dont on n'avait plus un besoin absolu, et le régiment de Chudleigh fut au nombre de ceux que la paix d'Utrecht fit juger temporairement inutiles. Roger Sterne se trouvait donc, pour prix de ses fatigues, jeté sur le pavé avec une femme et deux enfans! Que faire? Le Nuttle n'était pas tendre, et ne semblait pas disposé à renouveler la dette que Roger avait échangée contre la personne de sa belle-fille. Après quelques hésitations, l'enseigne se décida à aller frapper à la porte de son riche parent, Richard Sterne d'Elvington, dans le Yorkshire, qui généreusement reçut sous son toit les époux errans. Là, d'heureuses nouvelles vinrent les trouver : le régiment de Chudleigh était rétabli, et la petite barque du pauvre ménage se trouvait ainsi remise à flot; mais, à partir de ce moment, que de marches et de déplacemens! Mistress Agnès doit passer à faire et à défaire les malles de la famille tout le temps qu'elle ne donne pas à la tâche conjugale et à l'œuvre importante de la perpétuation de la race des Sterne. Nous ne les suivrons pas dans leurs diverses garnisons de Dublin à Exeter, d'Exeter à Dublin, puis à Wicklow, non plus que dans la petite expédition du Vigo. Un pareil travail serait presque aussi fatigant pour nous que ce vagabondage obligé le fut pour les deux époux, et nous n'avons pas comme eux, pour nous l'imposer, l'obligation du devoir.

Tous ces détails de garnison et de vie militaire sont aujourd'hui pour nous sans intérêt, et cependant il en faut tenir grand compte, car ils ont exercé une influence considérable sur le développement du génie de Sterne. Ses yeux se sont ouverts sur des scènes de caserne, et les premiers récits qui ont frappé ses oreilles, ce sont des histoires de régiment, des aventures d'officiers à demi-solde, des facéties de vétérans. Voilà les élémens qui furent offerts par la fatalité de la fortune à sa jeune curiosité, et tous les lecteurs de *Tristram Shandy* savent si son génie en a su bien profiter. Les meilleures pages de son roman, ses plus ingénieux épisodes, ses plus sympathiques personnages sont dus à ces souvenirs et à ces émotions de l'enfance. C'est dans cette vie de régiment, près de son père et de ses compagnons d'armes, qu'il a pu connaître et surprendre ces végétations singulières et touchantes d'honneur et d'humanité que le métier militaire fait plus que tout autre germer dans les cœurs bien nés. Cet oncle Tobie, si bon, si inoffensif, si innocent, c'est le lieutenant Sterne lui-même, que vous auriez pu impunément tromper dix fois de suite, au dire de son fils, si neuf n'avaient pas suffi à votre dessein. Ce caporal Trim, qui a trouvé ses invalides auprès de son vieux capitaine, exista en réalité; il se nommait James Butler; il était, comme Trim, d'origine irlandaise, et plus d'une fois il avait porté dans ses bras le petit Laurey. Ce lieutenant Lefebvre à l'agonie si touchante, Sterne en avait entendu raconter l'histoire à son père. Ce fameux bonnet espagnol, ce *montero cap* que Trim conserve avec tant de soin comme une de ses plus précieuses richesses, vient en droite ligne de l'expédition du Vigo. L'histoire du frère de Trim, détenu en Espagne dans les cachots de l'inquisition, a aussi son origine dans quelqu'une de ces expéditions auxquelles l'ambition d'Élisabeth Farnèse obligea l'Angleterre. Puis, comme les parens les plus prudens sont enclins à oublier souvent combien l'intelligence de certains enfans est précoce, et comme les serviteurs dans le laisser-aller de leur conversation populaire ne font pas toujours attention à qui les écoute, les oreilles du jeune Laurence avaient retenu plus d'une scabreuse histoire de garnison racontée aux heures où sa présence était mise en oubli ou n'était pas soupçonnée. L'histoire de la béguine des Flandres et bien d'autres de l'espèce la plus équivoque n'ont sans doute pas d'autre origine que quelques-unes de ces conversations de caserne écoutées avec une indiscrète avidité par un enfant à l'esprit trop éveillé. De cette éducation d'enfance, il resta chez Sterne une extrême sympathie pour le caractère moral du soldat, qui subsista jusqu'à la fin de ses jours et qui trouva pour s'exprimer la délicatesse la plus ingénieuse et la plus pathétique sensibilité. Cet amour se fait jour jusque dans le *Voyage sentimental,* dont deux des plus jolis épisodes sont à coup sûr l'anecdote de ce chevalier de Saint-Louis qui vend des petits pâtés pour vivre à la porte du château de Versailles et celle de l'épée du marquis d'E. On a accusé Laurence d'avoir été envers sa mère un fils ingrat, et tout à l'heure nous verrons ce qu'il faut penser de cette accusation; mais ce qu'on peut affirmer en toute assurance, c'est qu'il fut singulièrement fidèle au souvenir de son père, car le *Tristram Shandy* n'est en un sens qu'un monument élevé à la mémoire du lieutenant Roger, et certes jamais la tendresse filiale ne trouva une expression plus touchante et plus respectueuse.

Le lieutenant Roger Sterne eut une fin triste et singulière, tout à fait *shandéenne* et qui ressemble à un des caprices de l'imagination de son fils. Il était, ainsi que nous l'avons dit, d'humeur douce et inoffensive; toutefois il était soldat, et il avait en conséquence ses susceptibilités et ses éclats de colère. Pendant le siége de Gibraltar, en 1727, il se prend un jour de querelle avec un certain capitaine Philips à propos d'une oie. Cette oie est un des beaux exemples qu'on puisse citer des particularités grotesques qui ont été l'origine première d'un nombre infini de disputes. De combien de duels, et des plus acharnés, s'il vous plaît, cette oie, sous une forme ou sous une autre, n'a-t-elle pas été le prétexte! On ne sait pas au juste comment ce fatal volatile détermina le duel, qui, s'il en faut croire la légende, fut excentrique jusqu'au bout. La rencontre des deux adversaires eut lieu, dit-on, dans une chambre, et le capitaine Philips poussa le lieutenant Sterne avec tant de vigueur que la pointe de son épée, dont il le perça de part en part, vint s'enfoncer dans le mur. Ainsi fixé à la manière des papillons dans un carton d'entomologiste, le lieutenant Sterne conserva assez de force et de présence d'esprit pour prier poliment son adversaire d'essuyer soigneusement le plâtre qui s'était attaché à l'extrémité de son épée avant de la lui retirer du corps. Le lieutenant survécut cependant à cette perforation, mais avec une constitution altérée, et ce ne fut qu'en 1731 qu'il rendit le dernier soupir à Port-Antonio, dans la Jamaïque, où son régiment fut envoyé après le siége de Gibraltar.

Pendant ce temps, le petit Laurence Sterne avait grandi, sans autre aventure qu'un accident qui faillit priver le xviiie siècle d'une de ses plus vives figures. Pendant que son père tenait garnison à Wicklow, en Irlande, il visitait fréquemment le presbytère d'un certain M. Fetherston, parent de sa mère et vicaire d'Anamoë. Un jour l'enfant, jouant près d'un moulin, tomba dans le canal au moment même où la roue était en mouvement, laquelle roue, au lieu de l'écraser ou de l'envoyer faire une promenade dans les airs, se contenta de le pousser affectueusement par-dessus l'écluse. Grâce à ce salut miraculeux, M. Laurence fut pendant quelques jours un personnage, et tous les paysans des environs vinrent voir par curiosité le bambin qu'avait épargné ce moulin, qu'on montre encore, paraît-il, à Anamoë.

Avant de partir pour le siège de Gibraltar, en 1727, son père l'avait placé à l'école d'Halifax, dans le Yorkshire, école dont son oncle Richard Sterne était un des gouverneurs. Ce qu'était à cette époque le jeune écolier, nous pouvons nous le figurer aisément par les portraits de l'homme fait qui nous restent de lui et qui nous représentent une physionomie si conforme au caractère de son génie, car les traits de Sterne changèrent peu, et il semble avoir conservé toute sa vie le visage de son enfance. Cette physionomie est

un des plus gracieux caprices qui nous soient connus de cette artiste
inépuisable en inspirations, la nature. Qui donc n'a présente au souvenir la mine espiègle de Sterne avec ses grands yeux éveillés, ses
traits irréguliers et mobiles admirablement disposés pour la mimi-
que, son nez railleur, ses lèvres faites pour le sourire et la moue,
— l'ensemble le plus gentiment grimacier qui se puisse concevoir ?
Il est à peu près inutile de demander si un pareil enfant présenta
le type accompli de l'écolier appliqué et laborieux, de ce qu'on appelle au collège le bon sujet. La régularité pesante du travail convenait peu à un esprit composé d'élémens aussi subtils et mercu-
riels que le sien; cependant il n'était point un paresseux, il lisait
beaucoup, mais il n'aimait à travailler que lorsqu'il lui plaisait, et,
dit la légende universitaire, une fois tous les quinze jours. Une
anecdote qu'il nous a lui-même conservée sur ces années de collège
mérite d'être mentionnée comme la preuve qu'en dépit de son peu
d'application, des yeux clairvoyans pouvaient apercevoir en lui dès
cette époque les talens de l'homme futur. Un jour qu'on avait re-
blanchi à la chaux les murs de la salle d'étude, le jeune Laurence
s'avisa de grimper à une des échelles oubliées par les ouvriers et
d'inscrire son nom en grandes capitales sur cette surface remise à
neuf. Irrité de ce méfait, un des *ushers*, ce que nous appellerions un
des maîtres d'étude, se mit en devoir de faire subir au coupable la
peine du fouet; mais le directeur de l'école, au grand étonnement
de tous, blâma ce traitement et déclara que ce nom de Laurence
Sterne resterait sur la muraille pour rappeler qu'un futur homme
de génie avait été élevé dans le collège. Le nouvel historien de Sterne
fait remarquer assez justement qu'il est douteux que le professeur
au nom inconnu qui augurait si bien de l'avenir de Laurence ait
vécu assez pour voir se réaliser son pronostic, car ce n'est qu'aux
approches de la cinquantaine qu'il plut au capricieux Yorick de déchirer sa robe de prêtre et de montrer qu'elle recouvrait un des
arlequins les plus lestes, les plus ingénieux, les plus fertiles en ressources qui aient jamais effleuré les épaules de l'humanité de leur
batte légère, et par-dessous leur masque noir fait la grimace à l'hypocrisie et à la sottise.

Son père mourut pendant qu'il était encore à Halifax, laissant sa
famille sans ressources; mais son avenir ne souffrit en rien de cet
événement. Son riche cousin, Richard Sterne, qui s'était si généreusement conduit envers l'enseigne, déclara qu'il servirait de père à
l'enfant, et tint parole. Un de ses oncles, Jacques Sterne, archidiacre
d'York, whig aussi âpre que son grand-père l'archevêque avait été
tory ardent, ecclésiastique aux allures violentes et aux poursuites
mondaines, *pluraliste* célèbre, qui s'entendait comme pas un à pra-

tiquer le cumul, se chargea aussi de pousser sa fortune. Enfin Cambridge ne pouvait refuser au descendant de l'archevêque qui avait été maître du collège de Jésus une partie de la rente dont l'aïeul de Sterne avait doté l'université pour l'éducation des écoliers pauvres. La vie de l'université fut à peu de chose près la répétition de celle du collège : beaucoup de lectures, un travail peu régulier, et quelque dissipation. C'est là qu'il forma une intimité qui a tenu dans sa vie une grande place, et qui a exercé peut-être sur sa destinée une influence fatale, avec un de ses camarades d'université qui se nommait Hall Stevenson, celui-là même que l'on voit, sous le nom d'Eugenius, traverser le *Tristram Shandy* comme conseiller du vicaire Yorick. Un autre de ses camarades était le poète Gray, l'auteur si fameux autrefois de l'élégie *le Cimetière de village*, petit chef-d'œuvre qui lui conserve encore l'ombre d'un nom, ombre rêveuse et mélancolique comme son talent même; mais Gray, qui était tout à fait pauvre et d'humeur studieuse, se mêlait peu à ces gais compagnons, et le nom de Laurence s'était si complétement effacé de sa mémoire, que lorsque, bien des années après, ce nom fut devenu célèbre, il ne se rappelait pas l'avoir jamais connu. Pauvre Gray! puisque je rencontre ici ton doux souvenir, je ne puis m'empêcher de me détourner un instant de mon sujet, et de m'autoriser de la méthode *shandyenne* des digressions pour te saluer en passant. L'oncle Toby, qui pour prix de sa bravoure avait recueilli une retraite obscure et une blessure à l'aine, ne prêche pas plus éloquemment la vanité de la gloire militaire que toi la vanité de la gloire littéraire. Que reste-t-il de toi, si studieux, si érudit, si curieux de toute bonne et originale littérature? Longtemps avant que nos critiques et chercheurs modernes eussent cru découvrir les beautés des poèmes barbares, tu étais un connaisseur en littérature scandinave et en littérature galloise, et ta muse à l'éducation classique, pieusement fidèle à son origine septentrionale, aimait à mêler à sa couronne de fleurs latines les glaïeuls et les nénufars du Nord. Tu avais cependant demandé bien peu à la postérité, et tu avais fait ton bagage bien mince : cinq ou six petits poèmes, parmi lesquels étaient deux chefs-d'œuvre! mais cette modestie même n'a pu te sauver de l'oubli. Un instant tu fus célèbre, et tes mânes durent tressaillir d'orgueil le jour où un grand enchanteur qui savait à peine le nom de Spenser, Chateaubriand, te fit une si large place dans l'histoire de la littérature de ton pays. Et aujourd'hui voilà qu'on pourrait presque t'appliquer les fameux vers de ton élégie sur les Miltons inconnus et les Cromwells sans gloire qui dorment dans la paix du néant! Combien ton sort est fréquent! Les souvenirs évoquent les souvenirs, et ton nom prononcé rappelle à la mémoire celui d'un de tes frères en rêverie, ton contemporain et ton compa-

triote, le poète Collins, auteur comme toi d'un chef-d'œuvre, une
ode au soir, où toute la musique du crépuscule a été exprimée. Qui
donc connaît aujourd'hui l'*ode au soir* de Collins? Aussi peu de personnes qu'il y en aura dans quelque cent ans qui connaîtront l'oncle ✝
Toby et le caporal Trim eux-mêmes!

> Quam multa in sylvis autumni frigore primo
> Lapsa cadunt folia...

Nous venons de voir Laurence généreusement adopté par sa famille, et ici nous poserons la question si controversée : Sterne fut-il
un fils ingrat? car la véritable réponse se trouve, croyons-nous,
dans cette adoption. Un fait seul est certain, c'est qu'à partir de la
mort du lieutenant Roger mistress Sterne se trouve complétement
séparée de son fils et qu'on n'en entend plus parler. Tout ce qu'on
sait d'elle, c'est qu'elle tenait une petite école en Irlande. Plus de
vingt ans après l'ordination de Sterne et à la veille de sa grande
célébrité, en 1758, on la voit reparaître un instant, dans des circonstances fort malheureuses, pour implorer le secours de son fils,
qui lui est très affectueusement accordé; puis, après cette rapide
apparition, elle rentre de nouveau dans la nuit. Que s'était-il passé
pendant ces vingt années entre la mère et le fils? Nous ne le savons
pas, et en l'absence de documens il est absolument impossible de
dire quelle a été la conduite de Sterne. Nous ferons remarquer que
l'obscurité qui recouvre ces relations entre la mère et le fils s'étend
à tous les autres épisodes de la vie de Sterne pendant ces vingt années. Chose curieuse, à l'exception de quatre lettres écrites à l'é-
poque qui précéda immédiatement son mariage et adressées à cette
miss Élisabeth Lumley qui devait devenir sa femme, la correspondance de Sterne depuis sa jeunesse jusqu'à sa célébrité a été perdue tout entière. Si nous possédions cette correspondance, nous
pourrions nous prononcer en connaissance de cause, car nous y li-
rions la justification ou la condamnation de Sterne; mais en l'absence de tout document comment oser soutenir une accusation aussi
cruelle, qui ne repose sur aucun autre témoignage que celui d'Horace Walpole, bel esprit peu porté à l'indulgence, et qui aurait pu
garder pour lui-même une bonne partie du reproche de sécheresse
qu'il adressait à Sterne? L'accusation de Walpole repose sur un fait
malheureusement vrai, mais qu'il est facile d'expliquer. « Je tiens
d'une autorité irrécusable, dit-il, que sa mère, qui avait ouvert une
école, s'étant endettée par suite des extravagances d'une de ses
filles, aurait pourri en prison, si les parens des écoliers n'avaient
ouvert une souscription en sa faveur. Son fils était trop sentimental pour avoir aucune sensibilité. Un âne mort était pour lui plus

important qu'une mère vivante. » L'épigramme finale est jolie, mais porte à faux, car il est douteux que lorsque Sterne écrivit l'épisode de l'âne mort, sa mère vécût encore. Quant au fait de la souscription, il n'a rien de déshonorant pour Sterne, car il est antérieur à sa célébrité d'écrivain, et ce n'est qu'à la suite du succès obtenu par *Tristram Shandy* que sa vie cessa d'être aussi étroite qu'elle l'avait été jusqu'alors. Il n'y a donc rien d'étonnant à ce qu'il n'ait pu à lui tout seul, chargé pour son propre compte des soins d'une famille, suffire à solder la dette dont parle Walpole. Ce qui serait tout à fait coupable, c'est qu'il n'eût pas fait tout ce qu'il pouvait en pareille circonstance, et cela est peu probable, car, quelque temps après, nous voyons la mère venir dans le Yorkshire pour consulter son fils, qui écrit cette phrase, extraite par M. Fitzgerald d'une des lettres par lui retrouvées : « J'espère que l'affaire de ma pauvre mère est cette fois finie à notre satisfaction, et, j'en ai la confiance, à la sienne propre. » Reste le fait de la longue séparation de la mère et du fils, mais l'adoption du jeune Laurence par les Sterne suffit pour l'expliquer, et l'on n'a qu'à regarder ce qui se passe dans les familles bourgeoises en pareil cas pour tout comprendre. Il est évident que la veuve de l'enseigne Roger ne fut jamais qu'une étrangère pour les Sterne. Son fils faisait partie de leur famille, non pas elle; en se chargeant de son éducation et de sa carrière, ils le séparaient d'elle et disaient ostensiblement : L'enfant est à nous, non à vous. Ainsi qu'il arrive en de telles circonstances, la pauvre veuve rendit, comme un dépôt qui ne lui appartenait pas, l'enfant à la famille de son père, et il est même permis de croire qu'elle le fit avec joie, heureuse dans son malheur de cette séparation qui préservait son fils de l'indigence; puis elle s'éloigna de cette famille, qui l'aurait toujours vue avec froideur, et elle se retira en Irlande, là où elle avait encore conservé quelques-uns des siens. L'orgueil des Sterne d'une part, le bon cœur et le bon sens de la mère de l'autre, opérèrent sans doute cette séparation, dans laquelle Laurence ne fut pour rien à l'origine. L'éloignement et le temps firent le reste! Telle est probablement la vérité sur cette disparition de mistress Sterne, et M. Fitzgerald, dans son ingénieux plaidoyer en faveur de Laurence, n'a pas assez aperçu que la justification de son auteur favori est dans cette adoption qui ne laissait libres de suivre leur cours normal ni les sentimens de la mère, ni les sentimens du fils.

Sterne se trouvait tout naturellement désigné pour l'église; sa pauvreté ne lui laissait guère le choix d'une autre carrière, et c'était en outre dans l'église qu'il avait ses appuis les plus solides. En conséquence, à sa sortie de l'université, il fut ordonné prêtre (août 1738), et aussitôt après, par les soins de son oncle l'âpre ar-

chidiacre whig, muni du vicariat de Sutton et du titre de prében-
dier d'York. Trois ans plus tard, en 1741, il s'attachait au pied le
boulet qu'il devait traîner toute sa vie, c'est-à-dire sa femme, l'insignifiante et quelque peu maussade Élisabeth Lumley. Ce mariage
était pourtant du genre de ceux qui sont dits d'inclination, et Laurence l'avait désiré avec autant de constance et d'ardeur que lui en
permettait sa capricieuse nature. C'est dans la société de ses riches cousins du Yorkshire qu'il avait rencontré cette Élisabeth Lumley, fille d'un *clergyman*, personne assez médiocre et d'esprit et de
visage, s'il faut en croire les témoignages de M. Fitzgerald et de
Nathaniel Hawthorne, qui, en fouillant la boutique d'un bouquiniste, avait rencontré un portrait de mistress Sterne frappant de
vulgarité; mais elle était jeune alors, et elle avait cette gentillesse
du diable que la nature, comme une tendre mère, accorde dans
leur printemps à presque tous ses enfans, afin qu'il n'en soit aucun qui reste sans attraits sur les cœurs. C'est par cette gentillesse
qu'elle plut à Sterne, qui de sa vie ne semble avoir compris la
vraie beauté et se laissa toujours prendre aux visages *intéressans*.
En outre elle avait une jolie voix et passait pour bonne musicienne;
or Sterne adorait la musique et jouait lui-même du violoncelle.
Bref, pour une cause ou pour une autre, Sterne s'en éprit, et cette
passion dura plusieurs années. Nous avons quelques-unes de ses
lettres d'amour; ce sont de jolies lettres, fort bien écrites, toutes
dans le ton de cette sentimentalité qui commençait à être dans l'air
à cette époque et que lui-même devait tant contribuer à mettre à la
mode, parsemées de quelques exagérations puériles qui font sourire. On a là sous une forme tout à fait gentille l'éternelle histoire
des illusions de l'amour. Sterne, le capricieux Sterne, se promet
une éternité de bonheur avec cette inoffensive et banale personne!
Vous plairait-il d'entendre Sterne se duper lui-même? Alors dans
tout l'éclat de la jeunesse, il possède une sincérité de tendresse qui
est destinée à passer bien vite, car si sa femme n'eut jamais que
la beauté du diable, on peut dire que lui n'eut jamais que la candeur du diable, une candeur qui fut tout à fait comme ce genre de
beauté, un simple déjeuner de soleil. Regardons-le pendant que la
rosée de la jeunesse n'est pas encore desséchée.

« Oui, je me déroberai au monde, et pas une langue babillarde ne dira
où je suis, et Écho même ne chuchotera pas le nom de ma retraite. Laisse
ton imagination se peindre cette retraite comme un petit cottage doré
du soleil, sur le flanc d'une colline romantique. — Et penses-tu que je
laisserai derrière moi l'amour et l'amitié? Non; ils seront mes compagnons
dans la solitude, s'asseyant quand je m'assiérai, se levant quand je me
lèverai, sous la forme de mon aimable Lumley. Nous serons aussi heureux

et aussi innocens que nos premiers parens dans le paradis avant que l'archi-démon pénétrât dans cette scène indescriptible. Dans notre solitude, les plus tendres affections auront de l'espace pour s'épanouir, s'étendre, et produire ces fruits que l'envie, l'ambition et la malice ont toujours tués en germe. Que les tempêtes et les ouragans du monde déchaînent leur rage à distance, cette désolation est par-delà notre horizon de paix. Ma Lumley a vu un polyanthus fleurir en décembre : c'est qu'un mur ami l'avait protégé contre le froid piquant. Aucune influence planétaire ne viendra nous atteindre, excepté celle qui gouverne et chérit les plus douces fleurs. Dieu nous protége! Combien cette perspective est délicieuse en pensée! Nous bâtirons et nous planterons comme nous l'entendrons; nous ne torturerons pas la simplicité par l'art : la nature nous enseignera à vivre, elle sera l'alchimiste qui mêlera pour nous toutes les bonnes choses de la vie en un même breuvage salubre. La sombre famille du souci et de la méfiance sera bannie de notre habitation par ta tendre et tutélaire divinité, et nous chanterons en chœur nos chants de gratitude, et nous nous réjouirons jusqu'à la fin de notre pèlerinage. »

Mais, pendant qu'il baptise de noms romantiques fort baroques les retraites où il va causer avec sa bien-aimée et qu'il se livre à tous les enfantillages de l'amour (1), miss Lumley doit quitter le Yorkshire pour le comté de Stafford, résidence de sa famille. Ce sont alors des plaintes, des lamentations, des désespoirs à demi touchans, à demi risibles, où, sous l'amant sincère, le futur comédien de sentiment apparaît le plus naïvement du monde.

« La bonne miss S... (une amie commune des deux amans dont le nom est resté inconnu), avec les appréhensions du meilleur des cœurs, pensant que j'étais malade, insista pour que j'allasse la trouver. Comment se fait-il, ma chère Lumley, que je n'aie jamais pu voir le visage de cette mutuelle amie sans me sentir déchiré? Elle me fit rester une heure avec elle, et dans ce court espace de temps j'éclatai en larmes une douzaine de fois successivement et avec de tels transports de passion qu'elle fut obligée de quitter l'appartement et de s'en aller *sympathiser avec moi dans sa chambre de toilette* (c'est-à-dire de s'en aller pleurer pour son compte et à part). J'ai pleuré pour vous, me dit-elle sur le ton de la plus douce pitié, car je connais depuis longtemps le cœur de la pauvre Lumley, et il est aussi tendre que le vôtre, et son chagrin est aussi cuisant, sa constance aussi grande, *ses vertus aussi héroïques.* Le ciel ne vous a pas rapprochés l'un

---

(1) La nature de Sterne est fort compliquée. Il est à la fois très sec et d'une sensibilité très fine. Il avait une mémoire vraiment charmante qui retenait avec une délicatesse extrême les plus petits riens de son existence. Ainsi cet homme, qui aima si peu sa femme, avait, comme un vrai poète qu'il était, conservé les souvenirs des petites circonstances qui avaient accompagné son amour, et quelque vingt ans après, il se rappela le nom d'*Estella* qu'il avait donné à ce cottage où il faisait la cour à miss Lumley, et le plaça dans *Tristram Shandy,* dont un personnage s'appelle *le curé d'Estella.*

de l'autre pour être malheureux. Je ne pus lui répondre que par un regard de sympathie reconnaissante et un profond soupir, et je retournai à votre logement, que j'ai loué jusqu'à votre retour, pour me résigner à mon malheur. Fanny m'avait préparé à souper, — elle est tout attention pour moi, — mais je me mis à table avec des larmes, une sauce bien amère, ma Lumley; c'est pourtant la seule dont je pusse assaisonner mon repas, car au moment où elle commença à servir ma petite table, mon cœur m'abandonna. Une assiette solitaire, un seul couteau, une seule fourchette, un seul verre! je donnai mille regards pensifs et pénétrans à cette chaise que tu as si souvent honorée de tes charmes dans ces repas tranquilles et _sentimentaux,_ puis je posai ma fourchette et mon couteau, et je pris mon mouchoir, et j'en couvris mon visage, et je pleurai comme un enfant. C'est ce que je fais à ce moment même, ma Lumley, car, en prenant la plume, mon pouls bat plus vite, ma figure pâle brille de fièvre, et les larmes tombent sur le papier pendant que je trace le nom de Lumley. »

Nous venons de voir une des averses de sensibilité de ce cœur aux ondées rapides et fréquentes qui fut un avril perpétuel; voici maintenant une de ses matinées de soleil. C'est une invitation au retour dans le ton du meilleur Sterne. Le style un peu vieillot en est encore charmant :

« Les villes populeuses et les sociétés affairées peuvent plaire à ceux qui sont gais et insoucians, mais la solitude est la meilleure nourrice de la sagesse. Il me semble que je vois en ce moment ma contemplative jeune amie occupée dans son jardin à épier les approches graduelles du printemps. Le perce-neige et la primevère, ces premiers et bienvenus visiteurs, jaillissent sous tes pieds. Flore et Pomone te considèrent déjà comme leur suivante, et dans peu de temps te chargeront de leurs plus doux fruits. La race emplumée t'appartient tout entière, et avec elle une musique qui ne doit rien à l'art commencera bientôt à saluer joyeusement tes promenades du matin et du soir. Cependant, aussi doux que tout cela puisse être, reviens, reviens, les oiseaux du Yorkshire accorderont aussi bien leurs instrumens et chanteront aussi mélodieusement que ceux du Staffordshire. Adieu, ma bien-aimée, trop à toi pour mon repos. »

Miss Lumley revint, mais dans un état de santé qui fit craindre un instant à Laurence qu'elle ne lui fût enlevée pour toujours. Dans la courte esquisse qu'il traça de sa vie pour l'instruction de sa fille Lydia quelques jours avant sa mort, il nous a conservé sur cette maladie une touchante anecdote. « Un soir que j'étais assis près de son lit, le cœur presque brisé de la voir si malade, elle me dit : Mon cher Laurey, je ne serai jamais à vous, car je crois en vérité que je n'ai pas longtemps à vivre! Mais je vous ai laissé jusqu'à un shilling de ma fortune. Puis elle me montra son testament. » Miss Lumley ne mourut pas, et cette petite fortune dont elle voulait faire Sterne héritier servit vingt ans plus tard à payer

en grande partie les dettes laissées par lui. Outre cette fortune,
elle apportait encore à Sterne le bénéfice du vicariat de Stillington,
qu'un ami de sa famille lui avait promis comme cadeau de noces, en
sorte que ce mariage d'inclination fut en même temps pour l'heureux Yorick une excellente affaire pratique.

Ce que fut ce mariage, une pièce écrite vingt-six ans plus tard
vous le dira, si vous la lisez avec soin. C'est une lettre en latin macaronique adressée à son ami Stevenson en 1767, par conséquent
un peu moins d'un an avant sa mort (1). La pièce est amusante,
mais il y a là une légèreté qui fait mal. On y reconnaît par trop
celui à propos de qui l'évêque Warburton, qui l'aimait pourtant
beaucoup, écrivait un jour : « Je crains bien qu'il ne soit un incorrigible polisson. » Fi, monsieur Yorick! Une pareille lettre serait
coupable pour tout homme; mais, de la part d'un ecclésiastique,
marié, père de famille, qui a déjà senti sur lui s'appesantir la main
de la mort et qui touche à l'éternité, elle est presque criminelle.

En dépit des ingénieux plaidoyers de M. Fitzgerald, on peut dire
sans crainte d'altérer la vérité que Sterne fut un mari détestable.

(1) Nous croyons devoir donner ici le texte de cette pièce même; une traduction
teindrait l'étincelle de réelle drôlerie qui l'anime. En outre, en nous bornant au texte
nous obtenons le double avantage de ne pas priver d'une pièce des plus amusantes ceux
de nos lecteurs qui ont le droit de comprendre, et d'éviter une légère occasion de scandale à ceux qui ont au contraire le devoir de ne pas comprendre.

« Literas vestras lepidissimas, mi consobrine, consobrinis meis omnibus carior, accepi
die Veneris; sed posta non rediebat versus Aquilonem eo die, aliter scripsissem prout
desiderabas. Nescio quid est materia cum me, sed sum fatigatus et ægrotus de meâ
uxore plus quam unquam — et sum possessus cum diabolo qui pellet me in urbem — et
tu es possessus cum eodem malo spiritu qui te tenet in deserto esse tentatum ancillis
tuis, et perturbatum uxore tuâ — crede mihi, mi Antoni, quod isthæc non est via ad
salutem sive hodiernam, sive eternam; num tu incipis cogitare de pecuniâ, quæ, ut ait
sanctus Paulus, est radix omnium malorum, et non satis dicis in corde tuo, ego Anto-
nius de Castello Infirmo, sum jam quadraginta et plus annos natus, et explevi octavum
meum lustrum, et tempus est me curare, et meipsum Antonium facere hominem felicem
et liberum, et mihimet ipsi benefacere, ut exhortatur Salomon, qui dicit quòd nihil est
melius in hàc vità quàm quòd homo vivat festivè et quòd edat et bibat, et bono fruatur
quia hoc est sua portio et dos in hoc mundo. — Nunc te scire vellemus, quòd non debeo
esse reprehendi pro festinando eundo ad Londinum, quia Deus est testis, quòd non pro-
pero præ gloria, et pro me ostendere; nam diabolus iste qui me intravit, non est diabolus vanus, ut consobrinus suus Lucifer — sed est diabolus amabundus, qui non vult
sinere me esse solum; nam cùm non cumbenbo cum uxore meâ, sum mentulatior quàm
par est — et sum mortaliter in amore — et sum fatuus; ergo tu me, mi care Antoni,
excusabis, quoniam tu fuisti in amore, et per mare et per terras ivisti et festinàsti sicut
diabolus, eodem te propellente diabolo. Habeo multa ad te scribere — sed scribo hanc
epistolam in domo coffeatariâ et plenâ sociorum strepitosorum, qui non permittent me
cogitare unam cogitationem. — Saluta amicum Panty meum, cujus literis respondebo —
saluta amicos in domo Gisbrosensi, et oro, credas me vinculo consobrinitatis et amoris
ad te, mi Antoni, devinctissimum. »

Cependant la calomnie ne s'est pas contentée de la prise énorme que lui donnait la conduite de Sterne, et elle a trouvé moyen d'exagérer encore ses torts. Il ne lui a pas suffi qu'il ait été infidèle à tort et à travers, elle a encore voulu qu'il ait laissé sa femme et sa fille dans le dénûment pendant qu'il courait les aventures en France et en Italie, ou qu'il faisait la roue dans les salons de Londres. Rien n'est moins vrai. Si mistress Sterne n'eut jamais une grande part du cœur de son mari, elle eut toujours en revanche une très grande part de sa bourse, et si on examinait de près les comptes du ménage, en tenant compte de la différence de valeur de l'argent entre cette époque et la nôtre, on trouverait peut-être qu'elle ne vécut pas non plus avec une grande économie. Cette calomnie était réfutée presque dès le lendemain de la mort de Sterne par la publication que sa veuve et sa fille, un peu à court d'argent, firent de sa correspondance en 1775, et cependant telle est la force du mensonge une fois répandu, que ladite calomnie dure comme si l'on n'avait pas les lettres adressées à sa famille et surtout celles adressées aux banquiers Foley et Panchaud. Ces lettres se rapportent exclusivement, il est vrai, aux dernières années de la vie de Sterne; mais on peut en induire sans aucune témérité que sa conduite envers sa femme, au moins en ce qui touchait aux soins matériels, fut en tout temps irréprochable. Cette correspondance commence à l'époque où Sterne fut appelé en France pour la première fois par les soins de sa santé. Obligé d'y séjourner plus longtemps qu'il ne pensait, il écrit à sa fille et à sa femme de venir le rejoindre. Il n'est pas de précautions qu'il ne leur recommande tendrement de prendre; il n'est pas de petit objet d'utilité domestique dont il ne les invite soigneusement à se munir. « J'espère que cette terrible chaleur sera tombée au moment où vous vous mettrez en route. Toutefois je vous prie de prendre bien garde de vous échauffer le sang en voyageant; marchez tout doucement lorsque vous trouverez que la chaleur est trop forte... Je suis impatient de vous voir toutes les deux après une si longue séparation, ma chère femme et mon cher enfant; écrivez-moi une ligne tout directement afin que je puisse faire ce que vous me recommanderez, et que je vous tienne des logemens prêts. » — « J'espère que vous êtes convaincue de la nécessité d'emporter avec vous 300 livres, surtout si vous considérez que Lydia doit avoir deux légers *négligés,* que vous aurez besoin d'une robe ou deux; quant aux toiles peintes, achetez-les en ville, parce qu'elles sont beaucoup plus admirées lorsqu'elles sont anglaises que lorsqu'elles sont françaises. Mistress H... m'écrit pour me dire que vous vous trompez, si vous croyez acheter la soie meilleur marché à Toulouse qu'à Paris... Dans ce pays, sachez-le, il ne faut pas faire d'économie sur la garde-robe (il a la vue perçante et nous juge bien), et si vous dînez d'un oignon et que vous demeuriez dans un grenier au septième étage, il n'en doit rien paraître à vos vêtemens, car c'est d'après eux que vous êtes bien ou mal vu. » Les recommandations recommencent avec chaque lettre nouvelle; ce n'est point là le fait d'un bien méchant homme, on en conviendra. Les époux se fixent à Toulouse, puis à Montpellier, et nous voyons Sterne prendre tous les soins imaginables pour que son ménage ne manque de rien pendant deux longues années. Enfin il dut quitter sa femme et sa fille pour le voyage en Italie en 1764, et il les laissa dans le midi de la France, où elles séjournèrent jusqu'à la fin de 1767; pendant cette longue absence, il ne cessa un seul instant de veiller sur elles. Chacune de ses lettres est un bon pour 20 livres, pour 50 livres, pour 100 livres; l'une d'elles contient ce détail curieux : « Mistress Sterne ne compte pas dépenser plus de 5,000 livres françaises par an; mais entre nous 20 livres sterling de plus ou de moins ne font pas une différence. » On conviendra qu'une femme à qui son mari permettait de dépasser pour ses dépenses annuelles et celles de sa fille la somme énorme pour l'époque de 5,000 francs n'a jamais pu se plaindre qu'il la laissât mourir de faim.

N'a-t-on pas dit aussi qu'il était mauvais père, et cela tout simplement parce qu'on avait appris qu'il employait sa petite Lydia à recopier les pages de la seconde partie du *Tristram Shandy?* Làdessus violens murmures de tous les pharisiens d'Angleterre. Comprend-on un père assez dépourvu de sens moral pour insulter à ce point à la pudeur de sa fille! Faire copier à un enfant les pages du livre le plus immoral qu'on ait écrit!—Eh bien! à considérer la chose froidement, ce crime n'est pas même une faute. *Tristram Shandy* est rempli d'indécences, cela est certain; mais ces indécences sont enveloppées et entortillées de telle sorte que c'est à peine si les yeux de l'homme le plus expérimenté peuvent les surprendre : miss Lydia pouvait donc en copier les pages sans que son innocence en souffrît plus que si elle avait copié son *prayer book.* Il est vrai de dire que c'est une de ces choses qu'on ne fait pas, même quand on est sûr, comme dans le cas présent, qu'elles ne peuvent avoir aucun résultat mauvais. C'est pour soi qu'on ne les fait pas, pour éviter d'insulter, non pas à une pudeur qui ne court aucun risque, mais à sa propre pudeur. Or peu d'hommes sont capables de cet excès de délicatesse morale, et Sterne en était moins capable que tout autre, car il n'eut jamais aucune candeur ni aucun sens de cette bienséance qu'on peut appeler la politesse du parfait honnête homme envers son âme. Croirait-on par exemple que dans les lettres à sa Lydia, devenue une grande jeune fille, il pousse l'oubli de toute conve-

nance jusqu'à l'entretenir avec une complaisance extrême des
charmes d'âme et de visage de la fameuse Elisa Draper? Mais, cette
réserve faite, il faut reconnaître que Sterne se montre dans ses lettres un très tendre père. Il aime sa Lydia, comme sa nature le rendait capable de l'aimer, c'est-à-dire avec trop d'indulgence et de
familiarité. Ce n'est pas là, on s'en doute bien, l'amour paternel
des âmes nobles et fortes, ce n'est qu'un grand enfant qui en aime
un autre plus petit; mais pouvait-on demander davantage à ce cœur
étourdi? Il y a un vrai plaisir à rendre cette justice au pauvre Laurence; on a tant de raisons d'être sévère pour lui!

Mais le mariage a d'autres devoirs que ceux qui regardent les
soins matériels du ménage, et ces autres devoirs, Sterne les éluda
toujours ou les viola ouvertement. Nous ne savons pas quelle fut sa
conduite pendant les vingt premières années de son mariage; mais
au moment où les ténèbres se dissipent, à l'époque de la publication de *Tristram Shandy,* nous trouvons Sterne en coquetterie réglée avec une jeune dame d'origine française, appartenant à une
famille huguenote dont les biens avaient été confisqués pour cause
de religion. Cette jeune dame, qui habitait York avec sa mère, se
nommait miss Catherine Béranger de Fourmantelle. M. Fitzgerald
prétend que ces relations se bornèrent à une passion platonique du
genre enjoué, à ce qu'on appelle aujourd'hui en Angleterre une
flirtation. Sterne, dit-il, fut fidèle dans cette affaire à son tempérament de *sentimentaliste,* à cette constitution de dilettante de l'a-
mour qui lui faisait écrire : « Il faut que j'aie toujours quelque Dul-
cinée en tête. » Je ne demande pas mieux que de le croire; je me
permettrai seulement de faire remarquer que cette passion platonique a un singulier ton et parle un singulier langage. Ce n'est pas
parce qu'il tutoie la *chère, chère Kitty,* comme il appelle miss Catherine; une des manies de Sterne était invariablement de tutoyer
les objets de ses passions : il tutoie Elisa Draper, il tutoie même
lady Percy, grande dame pour laquelle il eut un de ces caprices de
tête qui le prenaient si souvent, et à qui il écrit la plus insensée
et la plus rusée des lettres, lettre qui commence par ces mots incroyables : « Chère belle dame, quel torchon tu as fait de mon
âme! » Mais que penser d'une passion platonique qui s'exprime
dans des termes pareils à ceux-ci : « Si ce billet vous trouve encore au lit, vous êtes une petite paresseuse, *une petite coquine de
dormeuse* (1)? » — « Qu'est-ce que la douceur du miel comparée

_____

(1) J'ai traduit poliment. Le texte porte *a lazy, sleepy little slut. Slut* a une vilaine
signification, et si en français c'est un terme d'amitié que d'appeler un enfant petit
gamin ou petit polisson, ce serait une insulte que d'appeler ainsi un jeune homme de
vingt ans. Ce sera bien pis si, au lieu d'être adressée à un jeune homme, une telle expres-

à toi, qui es plus douce que toutes les fleurs d'où il se tire? » —
« Je vous aime à la folie, Kitty, et je vous aimerai pour l'éternité. »
Qu'est-ce qu'une passion platonique qui s'exprime par les cadeaux
les plus bizarrement choisis, pots de miel, vin de Calcavalla, etc.,
cadeaux qui sont suivis d'invitations pressantes d'inventer quelque
excuse plausible de rester chez elle tel ou tel jour dans la soirée? Voici qui est plus significatif encore. Sterne écrivait le *Tristram Shandy* pendant qu'il était amoureux de miss Kitty, et c'est à
elle qu'il fait allusion dans le dix-huitième chapitre de son second
livre et dans d'autres encore sous le nom de Jenny. J'ouvre ce dix-
huitième chapitre, et j'y trouve ce détail, qui indique des relations
d'une nature si étroite que j'avais toujours cru qu'il était une manière de compliment payé par le sentimental Sterne, dans un jour
de regain de tendresse conjugale, à l'économie bien entendue de sa
femme. « Il ne s'est pas écoulé plus d'une semaine jusqu'à ce jour
où j'écris le présent livre pour l'édification de la postérité, — jour
qui est le 9 mars 1759, depuis que ma *chère*, *chère* Jenny, observant que je prenais un air quelque peu grave pendant qu'elle marchandait une étoffe de soie de 25 shillings l'aune, dit au marchand
qu'elle était fâchée de lui avoir donné tant de tracas, et immédiatement quitta la place et s'acheta une étoffe de 10 pence l'aune. »
M. Fitzgerald, qui cite le même passage, en tire la conclusion qu'il
témoigne de relations *graves* et paternelles d'un côté et presque
respectueuses de l'autre, tant il y a de manières différentes de lire
une même chose! Ces relations en effet ont, en un sens, un caractère grave, car elles font dire à Sterne mille incongruités; elles
vont jusqu'à lui faire espérer la mort de sa femme. « Je n'ai qu'un
obstacle à mon bonheur, et celui-là, vous le connaissez aussi bien
que moi... Dieu ouvrira une porte qui nous permettra un jour d'être
beaucoup plus près l'un de l'autre. » En tout cas, cette *gravité* n'é-
tait ni pédantesque ni morose, et s'accommodait assez bien du badinage, ainsi qu'en témoigne le petit billet suivant :

« Ma chère Kitty, je vous ai envoyé un pot de confitures et un pot de
miel; aucun des deux n'est de moitié aussi doux que vous-même. Cependant
n'en tirez pas vanité, et ne vous avisez pas, sur ce caractère de douceur
que je vous assigne, de devenir aigre, car si cela vous arrive, je vous en-
verrai un pot de cornichons pour vous adoucir (par voie de contraste) et
vous rappeler à vous-même. Mais quels que soient les changemens que
vous subissiez, croyez que je suis inaltérablement à vous, et pour parler

sion est adressée à une jeune femme; alors elle ne peut être qu'une de ces deux choses,
ou la plus méprisante des insultes, ou le témoignage de relations du genre le moins
sévère. Il est vrai que Sterne appliquait ce mot même à sa fille. « Lydia, écrit-il, est
la plus accomplie petite *coquine* qui se puisse voir. »

comme votre devise, ma chère Kitty, un ami qui ne changera *pas que en* mourant (*sic*) (1). »

Ce serment d'amour éternel, nous l'avons déjà vu faire à miss Lumley; il était au nombre des manies de Sterne. Toutes les fois qu'il était amoureux, ce devait être pour l'éternité.

J'ai dit il y a un instant que nous ne savions presque rien de la vie de Sterne pendant les vingt premières années de son mariage. Hélas! nous voudrions en savoir moins encore. Pour un esprit aussi éveillé que le sien, la vie sédentaire dans une paroisse de campagne, en compagnie d'une femme tant soit peu maussade, devait être un pénible supplice; aussi le voyons-nous s'échapper le plus souvent qu'il peut, à York, à Scarborough, la ville d'eaux alors à la mode, où il aimait à se promener en voiture sur la plage, en ayant soin qu'une des roues baignât dans la mer, à Crazy-Castle, le bien nommé, *Castellum infirmorum*, comme traduit ingénieusement Sterne dans l'épître macaronique que nous avons citée, un vrai logis de fous et de *toqués*. Le propriétaire de ce château était ce Hall Stevenson, camarade de Sterne à l'université de Cambridge, qui sous le nom d'Eugenius donne de si bons conseils à Yorick dans le *Tristram Shandy*. C'était un gentilhomme d'humeur excentrique, convulsivement gai, brusquement mélancolique, si amusant que mistress Sterne, qui ne le voyait jamais sans un froncement de sourcils, ne pouvait s'empêcher de l'aimer, si morose qu'il en oubliait parfois les devoirs de la plus simple politesse, et qu'il s'enfermait des matinées entières dans sa chambre pendant que son château était plein de ses amis. Il prétendait qu'il était malade lorsque le vent soufflait de l'est, et tous les matins il consultait sa girouette pour savoir s'il aurait le droit de se bien porter ce jour-là. Une fois que le vent soufflait très fortement de cet est maudit, Sterne chargea un polisson des environs de fixer la girouette pendant la nuit dans la direction opposée; le lendemain, Stevenson se portait à merveille et se montrait le plus gai des compagnons, bénissant le vent du sud ou du nord qui lui faisait cette belle humeur. Dans ce château se trouvait une bibliothèque riche en livres de ces vieilles et excentriques littératures anglaise et française, et Sterne aimait à y passer de longues heures, amassant sans le savoir de nombreux matériaux pour son *Tristram Shandy* à la si amusante érudition. Malheureusement tous les plaisirs de Crazy-Castle n'étaient pas aussi innocens. Hall Stevenson était l'auteur d'un volume de poésies licencieuses qu'il semble avoir imitées de nos vieux poètes, intitulé *Crazy tales* (*Contes du château de Crazy* ou *contes fous;* ce titre

(1) Ce salut final est en français dans l'original.

contient une manière de calembour), et ses mœurs, dit-on, valaient ses écrits. Il passait pour avoir fait partie d'une sorte de société d'excentriques connue sous le nom de l'*ordre des douze moines de Medmenham*; ce qui est certain, c'est qu'il avait établi dans son château une succursale de cet ordre bizarre, qui s'était intitulée la société des *démoniaques*, et dont les membres, tous hommes d'esprit et, à part leurs excentricités, tous hommes de bonne compagnie, célébraient des festins aux appellations saugrenues et s'affublaient de sobriquets facétieux. Ainsi Hall Stevenson, supérieur de l'ordre, se nommait le *cousin Antoine*; Sterne était connu sous le nom de l'*Oiseau noir* (*Blackbird*); un certain révérend Lascelles sous celui de *Panty*, diminutif de Pantagruel, etc. Un homme d'esprit était peut-être à sa place dans de telles réunions, mais à coup sûr un ecclésiastique n'y était pas à la sienne, et Sterne eut toute sa vie le tort irréparable et qui pèse sur son aimable mémoire d'oublier qu'il était ecclésiastique avant d'être homme d'esprit.

C'est sans doute à Crazy-Castle, près de son ami Hall Stevenson, qu'il apprit les principes sur lesquels repose ce genre de plaisanterie équivoque et obscure qui éclata dans le *Tristram Shandy* avec une effronterie spirituelle dont le monde des lettres n'avait pas eu d'exemple jusqu'alors. Arrêtons-nous un instant devant cette forme de plaisanterie; elle est curieuse à définir et à décrire. Nous avons prononcé tout à l'heure le mot de principes, et en effet le badinage de Sterne pourrait s'enseigner comme une science ou comme un art, en un nombre déterminé de leçons, et il est facile d'en établir la théorie mécanique. On a parlé beaucoup de l'*humour* de Sterne, et le caractère de ses écrits a même contribué à fixer parmi nous le sens qu'on doit attacher à ce mot. Sterne en effet mérite le nom d'humoriste pour sa sensibilité, qui est très vraie, très fine, très riche en beaux caprices, mais non pour son esprit, qui est plus ingénieux que naïf, et plus artificiel que spontané. Qui dit *humour* dit esprit de tempérament, — traduction exacte de ce mot, si controversé et souvent appliqué à tort et à travers, — par conséquent spontanéité, candeur, naïveté, bonhomie, *génialité*. Or Sterne ne possède au plus petit degré aucune de ces qualités. Il aimait à se recommander de Rabelais et de Cervantes, qu'il avait pris pour patrons, mais qu'il est loin de la courageuse franchise du premier et du rire loyal du second! Avec les hommes qui possèdent le véritable *humour* ou la véritable force comique, nous savons toujours exactement pourquoi nous rions; avec Sterne, nous ne le savons jamais avec précision, et nous rions plutôt de ce que nous devinons que de ce qu'il nous raconte et nous fait voir. Le rire chez lui ne sort pas des choses qui le font naître en apparence; il sort de la confusion dans laquelle notre

esprit se trouve jeté par l'abondance de non-sens drolatiques qui
tombe sur lui comme une averse, et il arrive lentement, sollicité
par une sorte de titillation à la fois amusante et insupportable.
Sterne peut parler très longtemps avant que nous soupçonnions
que nous avons une raison de rire, et lorsqu'à la fin nous nous déci-
dons à éclater, nous serions souvent fort embarrassés de l'expliquer
autrement, sinon que l'auteur paraît prendre tant de plaisir aux
choses qu'il débite, qu'il nous a communiqué la contagion de cette
gaîté qui le possède. Cependant, lorsqu'on examine attentivement
cette magie drolatique, on trouve qu'elle repose sur deux procédés
qui la réduisent à un simple escamotage. Le premier, qui est très
connu, consiste à accoler deux histoires de sens différens de manière que l'une des deux apparaisse ou disparaisse sous l'autre selon
la lumière sous laquelle vous regarderez la narration. C'est comme
un récit qui changerait de sens selon la manière dont vous tiendriez
le livre. Vous le posez à plat, et vous y lisez une certaine histoire fort
jolie d'ordinaire, et qui se suffit parfaitement à elle-même; mais, si
vous levez la page, vous en apercevez une seconde qui surgit mysté-
rieusement derrière les caractères d'imprimerie, qui prennent alors
la transparence d'un rideau de fine gaze. Ce procédé, qui constitue
un badinage parfaitement innocent ou un acte parfaitement coupable, est bien connu des honorables industriels qui font servir les
arts du dessin à des fins que la loi ne voit pas d'un bon œil. Le second procédé sur lequel repose le mécanisme de la plaisanterie de
Sterne est d'une application plus délicate et demande un esprit
plus délié : il consiste à imprimer à l'esprit du lecteur par une secousse légère une direction telle qu'il soit amené à regarder forcément d'un certain côté et à s'arrêter sur un ordre de pensées qui
n'est pas l'ordre de pensées que vous déroulez devant lui. Ainsi
vous lui parlez du soleil et de la lune, et pendant tout le temps qu'il
vous écoutera il pensera forcément au royaume du Congo. Sterne
renouvelle auprès de chacun de ses lecteurs, avec une adresse sans
égale, la plaisanterie qu'il se permit à l'égard de son ami Hall Stevenson : il change la girouette de leur esprit et les fait regarder du
côté sud tandis que le vent souffle du nord.

Pendant mes dernières lectures de Sterne, je ne pouvais m'empêcher de trouver que parmi les jugemens si sévères que Thackeray
avait portés sur l'ingénieux Yorick, il en était un qui était la vérité
même, au moins quant à ce qui concerne son mode de plaisanterie,
et correspondait exactement aux deux sentimens qu'il fait naître à
la fois. « Voyez-vous là-bas ce grand garçon maigre, poitrinaire?
Quel polisson dissolu! mais quel génie il a! Donnez-lui solidement
le fouet, et puis donnez-lui une médaille d'or, il mérite l'un et

l'autre. » Tel est à peu près le sens de ce jugement, que nous citons de mémoire; c'est celui d'un maître. On injurierait volontiers Sterne au moment même où on ne peut s'empêcher d'admirer l'art extraordinaire avec lequel sont filées ses histoires et ses dissertations scabreuses. A chaque instant, on le surprend disant ou insinuant de telles choses qu'on a envie de lui appliquer certaine plaisante aventure du *Voyage sentimental* et de lui crier comme les spectateurs du parterre de l'Opéra-Comique : « Haut les mains, monsieur l'abbé! » Mais quelle finesse incomparable! Jamais Mignon n'exécuta sa danse des œufs avec une adresse pareille à celle de Sterne exécutant ses cabrioles au milieu de toute sorte de sujets défendus. Un rideau qu'un vent léger ouvre et referme, une libellule rasant la surface de l'eau, un écureuil parcourant une forêt sur les cimes qu'il effleure à peine de ses bonds, un chat se promenant sans rien casser au milieu d'un encombrement de porcelaines, fournissent des comparaisons à peine suffisantes pour rendre l'incroyable légèreté du talent de Sterne. Vous rappelez-vous le conte de Slawkenbergius, l'histoire de la béguine des Flandres, le conciliabule de Phutatorius, Gastripheres et compagnie, l'anecdote de la fille de chambre aux *égaremens de l'esprit et du cœur* dans le *Voyage sentimental*, et tant d'autres épisodes qu'on pourrait appeler les chefs-d'œuvre de l'équivoque? Sterne est roi dans cet art du double-entendu et du sous-entendu. Les dons de Dieu sont là, employés, il est vrai, à une tâche que le diable n'aurait garde de désavouer, mais ils sont bien là.

Ce mérite reconnu, nous nous permettrons de dire, en dépit de M. Fitzgerald, que cette forme de plaisanterie accuse chez celui qui l'employa une dépravation réelle. Il n'y a pas de génie qui tienne, on ne badine pas ainsi. Le cynisme au moins a la franchise du courage; mais la plaisanterie de Sterne est comme honteuse d'elle-même et recule devant les conséquences du but qu'elle poursuit : il y entre de l'hypocrisie autant que de la malice. On peut dire qu'une certaine pusillanimité malfaisante est l'âme d'un pareil badinage, car ce qu'il veut, c'est vous scandaliser sans vous donner le droit de vous plaindre. Il nous semble aussi à certains momens porter je ne sais quel caractère sinistre qui nous rappelle les joueurs d'orgue de l'attentat Fualdès; on croit entendre sous cette musique fantasque les cris d'une victime qu'on égorge, et en effet il y a une victime égorgée, la décence.

Ceux qui accusent Sterne à outrance et ceux qui l'excusent tout à fait se trompent également. Les juges trop sévères, comme Thackeray, oublient que celui qu'ils condamnent fut, non un homme, mais un enfant, et les juges trop indulgens oublient que cet enfant n'eut jamais les attributs de l'enfance, l'innocence et la candeur. Il y a en anglais une expression intraduisible qui seule peut bien peindre Sterne : *knowing? It is a knowing imp*; c'est un petit nain qui en sait trop long. Il se flattait le jour où, pour justifier ses écrits du reproche d'indécence, il montrait un enfant nu qui se roulait sur un tapis en disant : « Voici l'image de mon livre. » Son génie ne fut jamais un enfant nu; un enfant en chemise, à la bonne heure!

C'est en l'année 1760 que Tristram Shandy vint au monde, ou, pour parler plus exactement, c'est en cette année que mistress Shandy, prise des douleurs de l'enfantement, se mit au lit en attendant que le fidèle Obadiah eût amené l'accoucheur Slop, car il ne parut d'abord que deux petits volumes, et à la fin du deuxième Tristram n'était pas encore né. Les autres volumes se succédèrent par couples, d'année en année, jusqu'à la mort de l'auteur, qui laissa ce livre à l'état de fragment, aussi bien que le *Voyage senti- mental,* dont la première partie seule a été achevée. Nous ne sa- vons rien des raisons qui poussèrent Sterne à sortir d'un repos qu'il avait gardé jusqu'à l'âge de cinquante ans. Jamais on n'a- vait aperçu en lui aucune vanité d'auteur, ni aucune démangeaison d'écrire; seulement, aux approches de *Tristram,* il s'était révélé subitement comme écrivain satirique, non pas, il est vrai, à l'An- gleterre et au monde, mais à son comté, par un pamphlet assez vif dirigé contre un certain docteur Topham à propos d'une querelle de sacristie. Peut-être éprouva-t-il tout simplement le besoin de verser sur le papier les impressions de ses lectures, les rêveries de ses solitudes, les observations morales de tout genre qu'un esprit aussi bien doué n'avait pas manqué d'amasser pendant ces vingt longues années. Le *Tristram Shandy* en effet porte bien ce caractère de fouillis qui résulte d'un encombrement de richesses diverses, et on peut vraiment dire qu'il ressemble à une chambre mal faite et dans laquelle on ne peut mettre de l'ordre à cause du grand nombre d'objets qui s'y sont accumulés. Peut-être cependant la vraie raison qui le porta à écrire n'a-t-elle jamais été dite ni même aperçue de personne. Il est très probable qu'au moment où il entreprit *Tris- tram Shandy,* la célébrité lui était devenue nécessaire, et qu'il sen- tait le besoin d'avoir des ailes pour échapper à son comté d'York et s'envoler dans le vaste monde. Si personne ne soupçonnait encore que Sterne contenait un écrivain, chacun savait depuis longtemps qu'il contenait un bel esprit, et un bel esprit des plus railleurs, des plus mordans et des plus imprudens. Il est évident que pen- dant ces vingt années Sterne avait travaillé, sans trop en avoir con- science, à s'assembler une armée considérable d'ennemis par ses malices et ses bons mots, et qu'un matin en se réveillant il se vit cerné et traqué par leurs bandes furieuses. On n'a peut-être jamais assez remarqué l'importance du célèbre avertissement d'Eugenius à Yorick, qui se trouve justement au début du *Tristram Shandy*, et qui trahit une préoccupation singulièrement vive. Un auteur américain a fait un joli conte sur un homme qui monte en ballon pour échapper à ses créanciers : *Tristram Shandy* fut le ballon dans lequel Sterne monta pour échapper aux docteurs Topham et aux docteurs Burton, aux Phutatorius et aux Slop de tout genre qu'il ne pouvait manquer d'avoir soulevés contre lui.

S'il en fut ainsi, on peut dire que Sterne triompha; il triompha, non sans beaucoup de horions et sans présenter quelque peu le spectacle du docteur Slop au début du *Tristram*. Le public rit et battit des mains, malgré les froncemens de sourcil du sévère Johnson, malgré les critiques acerbes du doux Goldsmith, malgré les pamphlets de *Grub street* et les invectives assez bien justifiées des fanatiques. Le succès fut immense, et en dépit des critiques l'Angleterre, par ses acclamations réitérées, s'obstina à reconnaître dans Sterne l'un de ses plus vrais enfans. Son jugement fut celui de ce vieux lord Bathurst qui quelques années plus tard chatouilla si agréablement la vanité de Sterne, et Londres lui dit comme l'ancien ami des beaux esprits du temps de la reine Anne : « C'est moi dont vos Pope et vos Swift ont tant parlé en vers et en prose. J'ai vécu toute ma vie avec des génies de cet ordre, mais je leur ai survécu, et, désespérant de rencontrer jamais leurs pareils, j'avais réglé mes comptes et fermé mes livres déjà depuis quelque temps; mais vous avez allumé en moi le désir de les rouvrir une fois encore avant de mourir; venez dîner avec moi. »

Sterne se rendit à l'invitation de Londres; il y fut le lion du monde fashionable, et son succès ne se ralentit pas un instant jusqu'à sa mort. David Garrick, le grand comédien, se fit son introducteur dans la société, lui ouvrit la porte de ces plaisirs qui lui étaient si chers, et le protégea contre ses ennemis. On ne peut rencontrer le nom de Garrick sans dire l'estime singulière qu'inspire cet homme remarquable, qui doit avoir été aussi éminent par le caractère que par les talens, pour avoir occupé dans une société comme la société anglaise du xviiie siècle une place aussi haute. Il vécut familièrement avec tout ce que l'Angleterre comptait de personnes nobles ou illustres, renommées par la vertu et le talent, et jamais il ne se trouva inférieur à ses amitiés. Le fait d'avoir été l'ami non-seulement de je ne sais combien de lords et de membres de l'église, mais d'hommes de caractères aussi divers que Fielding, Hogarth, Samuel Johnson, Goldsmith, Joshua Reynolds, Sterne, Warburton, témoigne hautement qu'il y avait en lui un homme moral plus grand encore que le comédien. Ses relations avec Sterne,

qu'il aimait beaucoup, révèlent un caractère à la fois ferme et bon.
Après la publication de la première partie du *Tristram*, les ennemis d'Yorick firent courir le bruit qu'il se proposait, dans la seconde, de ridiculiser le docteur Warburton, qui venait justement
d'être promu au siége épiscopal de Glocester. Le caractère altier
de l'évêque était bien connu, et Sterne, craignant que cette rumeur
calomnieuse ne le rendît son ennemi, pria Garrick de la démentir
auprès de lui. Garrick se chargea avec empressement de la commission et gagna à Yorick l'amitié de l'évêque, qui, à partir de
cette époque, n'épargna ni les marques de faveur à son concitoyen
dans la république des lettres, ni les remontrances doucement
paternelles à son inférieur ecclésiastique. Nous possédons deux des
lettres de Warburton à Sterne ; elles sont très belles, très dignes,
et l'une d'elles contient en termes d'une grande élévation la confirmation du jugement que nous portions tout à l'heure sur le caractère de Garrick. Lorsqu'il dut partir pour la France, Sterne,
après avoir établi son budget, eut envie d'emporter avec lui vingt
livres de plus, et pria Garrick de les lui prêter. Trois ans après, il
était toujours en France, et les vingt livres n'étaient pas encore
rendues à Garrick, qui s'apprêtait à venir à son tour visiter notre
pays. Pressé d'argent, il écrivit à un ami commun de les faire
réclamer, mais avec quels ménagemens ! « Je vous en prie, recom-
mandez-lui bien d'éviter d'être dur avec Sterne. » Un bon sens mâle
se mêlait à cette bonté, et un jour que Sterne, oubliant le péché
dont il se rendait si souvent coupable, disait étourdiment, en parlant d'un homme accusé de se mal conduire envers sa femme, qu'on
devrait le pendre à la porte de sa maison, Garrick, le regardant
sévèrement, lui imposa silence par ces quelques mots : « Sterne,
vous vivez en garni (*Sterne, you live in lodgings*). »

Cette réplique de Garrick nous fournit l'occasion de placer ici
une petite remarque qui plaide en faveur du caractère de Sterne.
Oublieux comme il l'était et de ses devoirs d'homme et de ses devoirs d'ecclésiastique, il ne portait dans son inconduite aucun endurcissement de cœur. Il était singulièrement sensible au reproche,
et une riposte qui portait coup réduisait immédiatement au silence
cet homme de tant d'esprit. Un jour dans un salon il se vantait
trop bruyamment d'une malice peu convenable commise à l'égard
d'une pauvre vieille femme du peuple qui, trouvant sans doute que
son vicaire prêchait bien et prenant plaisir à l'entendre, s'était ap-
prochée plusieurs fois de lui à l'issue du service divin pour lui demander dans laquelle de ses deux paroisses il prêcherait son prochain sermon. A la fin, dit Sterne impatienté, je préparai un sermon
tout exprès pour ma vieille femme sur ce texte : « J'acquiescerai

à la demande de cette pauvre veuve, de peur que par ses perpétuelles visites elle ne finisse par m'importuner. — Mais comment donc, Sterne! dit un des assistans, vous avez oublié le membre de phrase qui avait la meilleure application : Je ferai cela, quoique je ne craigne pas Dieu et que je n'aie pas égard à l'homme. » Sterne ne répondit pas et resta silencieux tout le reste de la soirée. Quelques semaines avant sa mort, il dînait chez les époux James, ses amis et ceux d'Élisa Draper. Une vieille dame lui reprocha sévèrement la licence coupable de ses écrits; il écouta les reproches tête basse, et la douleur qu'il en ressentit contribua, dit-on, à hâter sa mort.

A partir de la publication de *Tristram Shandy*, la vie de Londres devint indispensable à Sterne. Aussi le voyons-nous retourner le plus souvent qu'il peut dans la capitale, et nous l'y rencontrons dans toute sorte de lieux où un ecclésiastique ne devrait pas se trouver, au théâtre de son ami Garrick, aux soirées du Ranelagh. Les invitations à dîner pleuvent sur lui. « L'homme Sterne, m'a-t-on dit, a pour quinze jours d'invitations d'avance, » écrit Samuel Johnson. « On vous retient à dîner une quinzaine d'avance dans les maisons où il dîne, » écrit de son côté son ancien condisciple Gray. Il obtient de Hogarth un frontispice pour la seconde édition de *Tristram Shandy*, Joshua Reynolds fait son portrait, ce portrait parlant que nous connaissons. On baptise une nouvelle salade du nom de *shandy salad*, et aux *steeple-chases* on remarque que quelques-uns des chevaux sont appelés *Tristram Shandy*; mais le plus singulier succès du livre, c'est qu'il valut à l'auteur un troisième bénéfice ecclésiastique. O justice distributive! voilà un livre qui méritait à l'auteur la plus forte des pensions dont pût disposer la couronne en même temps que la privation de ses bénéfices ecclésiastiques. Il avait déjà deux paroisses qu'il desservait avec un zèle religieux médiocre; que fait-on? On lui en donne une troisième, celle de Coxwould, qu'il fera administrer par un suppléant et dans laquelle il ne résidera pas six mois pendant tout le reste de sa vie.

Nous connaissons déjà la plupart des caractères du livre qui valut à Sterne une telle ovation; cependant il nous reste à expliquer le plus important, celui qui vraiment lui a donné de survivre aux caprices de la mode, qui lui maintient et lui maintiendra la durée. *Tristram Shandy* contient toute une philosophie, une philosophie dont la théorie inflexible du libre arbitre s'accommode assez mal, mais que l'expérience pratique de la vie reconnaît comme trop fondée. Cette philosophie peut se résumer dans cette courte formule : l'infiniment petit gouverne le monde. Il y a bien des années, dans un *essai* que nous avions placé sous le patronage de Sterne, devinant sans doute que ses destinées seraient semblables aux histoires interrompues

du caporal Trim et de l'oncle Toby, — car il devait être le premier
d'une longue série et il n'a pas eu de suite (1), — nous avions déjà
mis en lumière l'originalité de la philosophie *shandyenne*. « Sterne,
disions-nous après quelques critiques assez vives, a un mérite qui
rachète amplement ses défauts ; on peut dire qu'il a découvert
d'instinct une branche très importante des sciences morales, encore peu cultivée, mais qui le deviendra toujours davantage à
mesure que la société deviendra plus raffinée et plus compliquée,
l'entomologie morale. Nul mieux que Sterne n'a vu l'invisible et
saisi l'insaisissable, nul n'a mieux compris les mobiles bizarres et
occultes des actions humaines et les mystérieux secrets du cœur
humain. » M. Shandy est fataliste à la manière de Pascal, lorsqu'il dit : Si le nez de Cléopâtre eût été plus long, l'histoire du
monde eût été changée. Le fond de sa doctrine n'est donc pas absolument nouveau ; mais ce qui est nouveau et original, ce sont les
applications qu'il en fait et la manière dont il l'expose. Nous tei-
gnons tous de nos couleurs les doctrines que nous adoptons, et
ainsi fait M. Shandy de cette vieille doctrine du scepticisme fataliste à laquelle il communique l'excentricité de son caractère. Nous
n'avons pas affaire ici à un grand esprit simple et noble comme
Pascal, mais à un *squire* campagnard à demi dégrossi par une culture qui est d'un autre siècle, et dont les opinions, bizarrement
contournées et déformées par une expérience étroite, ont acquis
dans sa solitude rustique une tournure paradoxale. Avec lui, la
théorie des grands effets produits par les petites causes prend un
air de science occulte et devient une sorte d'astrologie judiciaire
qui place les influences bonnes ou mauvaises de nos destinées non
dans les astres, mais dans des circonstances en apparence fortuites
qui sont déterminées par des mobiles qu'il est presque impossible
d'apercevoir, ou qui se rattachent à des lois secrètes que la nature
nous dérobera toujours. Par exemple, c'est une fatalité de premier
ordre que de naître avec un nez camus. Faites tout ce que vous
voudrez : si vous naissez avec un nez camus ou écrasé, vous ne serez
jamais un homme remarquable. Consultons l'histoire, et nous verrons que tous les grands hommes ont eu le nez aquilin. Pourquoi
cette injustice de la nature? Nous ne le saurons jamais ; tout ce
que nous pouvons faire, c'est de prendre nos précautions pour conjurer cette fatalité lorsqu'elle n'est pas absolue. Voici un enfant qui
est formé avec un nez droit ; l'accoucheur, par maladresse ou ignorance, le lui écrase à sa venue au monde : il fait à cet enfant un tort

(1) Voyez la *Revue* du 15 juillet 1859, *les Petits secrets du cœur, une Conversion
excentrique.*

irréparable, car il crée une fatalité qui n'existait pas pour lui. Autre exemple, pris non plus dans la nature, mais dans les circonstances qui dépendent de notre volonté. On ne saurait être assez prudent, assez attentif, dans le choix des noms de baptême, car les noms ont une influence favorable, funeste ou neutre. Vous vous appelez César ou Pompée : ce nom va soutenir votre fortune; vous vous appelez Jacques ou Thomas : il ne vous arrivera pas d'accident, mais vous n'irez jamais loin; vous vous appelez Nicodème ou Tristram, et vous voilà désignés pour l'insignifiance ou le malheur. La tante Dinah avait épousé son cocher. — C'est la faute de son nom, ce n'est pas la sienne, disait M. Shandy; comment avec un pareil nom ne lui serait-il pas arrivé quelque énorme accident? Voilà qui est bien bizarre! dites-vous; prenez garde que dans tout cela il n'y a de bizarre que la forme. Regardez bien autour de vous, et vous trouverez que les opinions de M. Shandy sont fondées sur l'observation la plus fine du cœur humain et la plus judicieuse du train du monde. L'ordre moral connaît, aussi bien que la nature, cette tyrannie des circonstances parasites et cette force d'attraction et d'agrégation des molécules infinitésimales que décrivent les physiologistes.

Voici qui est plus profond encore. Si nous sommes étonnés des excentricités du hasard, c'est faute d'être assez savans dans la vraie constitution de la nature humaine. La raison et la liberté sont les reines du monde, disent les philosophes. Oui, en apparence; mais en réalité? L'âme humaine a une belle façade, bien ordonnée, il en faut convenir : ses actions sont déterminées par des causes avouables, les institutions qui les condamnent ou les sanctionnent sont l'œuvre de la raison même; mais franchissez ce vestibule, que l'homme ne dépasse presque jamais, — car il ne connaît pas son propre logis, — et vous trouverez que cette raison si fière, qui prétend ne relever que d'elle-même, a été mise en mouvement par l'imagination, qui traîtreusement, pour justifier ses caprices ou ses passions, a fait choix d'un certain nombre de circonstances acceptables et déterminé judicieusement l'heure de son action. Marchez toujours, et par derrière l'imagination vous découvrirez tout au fond de vous-même une faculté qui n'a pas encore de nom. Faut-il l'appeler folie, ou faut-il croire que c'est l'âme de l'enfance qui s'est réfugiée dans cette retraite inaccessible, lorsqu'elle a été refoulée par les années, et qui continue à jouer avec les hochets du premier âge? Cette faculté, Sterne l'appelle *dada* ou *hobby-horse*. Nous avons tous notre *dada*, et si nous pouvions voir clair dans le fond de nous-mêmes, nous serions étonnés de découvrir que l'enfance a persisté sous l'âge mûr ou la vieillesse. N'est-ce pas un véritable enfant que l'oncle Toby avec ses forteresses en miniature,

garnies de canons coupés dans de vieilles bottes à genouillères,
ses travaux de siège et ses simulacres d'attaque et de défense?
Il ne diffère pas d'un enfant même par les jouets. Et ce caporal
Trim qui partage les innocentes folies de son maître avec plus de
candeur et de sérieux que Sancho ne partagea jamais celles de don
Quichotte, n'est-il pas aussi un vieil enfant? Ainsi le pouvoir de
notre raison et de notre liberté n'est qu'un pouvoir *officiel;* les titres sont à elle, mais la réalité du pouvoir appartient à cette faculté
enfantine du *hobby-horse* ou du *dada,* et il en est du gouvernement de notre âme comme du gouvernement de ces ménages où le
père, roi apparent, est gouverné par la mère, qui à son tour est
gouvernée par l'enfant. Le *dada* est le mobile déterminant de nos
actions, et la lubie est reine du monde.

Au point de vue de l'art, le *Tristram Shandy* offre de grands
défauts, dont les deux principaux sont une intermittence d'inspiration sans égale et ce que j'appellerai, faute d'un autre mot, une
sorte de *lazzaronisme* qui est le plus déplaisant du monde. On dit
que la pantomime irlandaise est la plus vive après la pantomime
napolitaine, et que rien ne rappelle le *lazzarone* comme le mendiant
des rues de Dublin ou de Cork. Or on sait que Sterne avait par sa
mère du sang irlandais dans les veines, et on ne le saurait pas
qu'on devinerait à sa gesticulation effrénée qu'il est de race mêlée.
Il n'a rien, à aucun degré, de cette grave tenue anglaise qui repousse la pantomime; il n'a rien non plus de cette forte jovialité
anglaise qui distingue le talent de Fielding par exemple, de ce rire
semblable à celui d'un homme robuste, qui soulève le ventre en
laissant les membres immobiles, de cette gaîté qui se sauve par sa
masse de ses propres exagérations et trouve dans sa pesanteur son
centre de gravité et son aplomb. Sterne manque entièrement de ce
lest, et la trop grande facilité qu'il éprouve à se mouvoir lui fait
multiplier à l'excès les gambades et les gestes. Un lazzarone ne se
livre pas à une plus vive pantomime pour obtenir une aumône que
Sterne pour gagner l'affection de son lecteur, affection qu'il lui paie,
dès qu'il l'a conquise, par une grimace irrévérencieuse que ne dés-
avouerait pas le plus endurci des polissons parisiens. L'autre défaut,
l'intermittence d'inspiration, est encore plus accusé et fait de la lecture de ces pages amusantes un travail des plus pénibles. L'esprit de
Sterne disparaît tout à coup et sombre comme un homme qui se
noie ou comme un mur qui s'écroule. Une sortie éloquente est subitement écrasée par une avalanche de non-sens, et ses plus beaux
épisodes sont trop souvent comme des oasis entourées d'un désert
de chapitres stériles; mais au milieu de ces sables mêmes il se rencontre des richesses enfouies et recouvertes, il y a des pages où

Sterne a du génie pendant dix lignes, pendant cinq lignes, pendant une seule ligne, et où il est médiocre, même nul, tout le reste du temps.

Il est vrai que cette intermittence d'inspiration trouve une excuse dans la nature même des dons de Sterne. Sterne n'a pas, à proprement parler, d'imagination ni de puissance de réflexion; il n'invente pas, il se souvient. Lisez avec attention le *Tristram Shandy*, et vous vous convaincrez que toutes les fois que Sterne est médiocre, c'est qu'il essaie de raconter autre chose que ce qu'il a vu ou senti. Si nous connaissions jour par jour sa vie, nous trouverions non-seulement que tous ses originaux ont été peints d'après nature, mais que toutes ses pages excellentes ont été d'abord écrites pour ainsi dire dans la réalité extérieure. Chose curieuse à dire, le grand mérite de ce talent si artificiel dans ses digressions, si tourmenté, si compliqué, si peu naïf dans son allure générale, c'est la vérité. Ses petits tableaux sont fidèles à la réalité jusqu'au scrupule et ont le même genre de poétique exactitude que nous rencontrons dans les tableaux hollandais. Comme chez les Hollandais, nous admirons l'art avec lequel l'auteur sait peindre également toutes les parties de ses tableaux et l'équilibre qu'il sait garder entre la partie purement matérielle de ses petits drames, c'est-à-dire la scène, les décors, les accessoires, et la partie vivante, c'est-à-dire les personnages. Une tasse, un tapis, une cage, un pot de fleurs, Sterne n'oublie rien, pas plus que Miéris, Metzu, Terburg ou Van Ostade; tous ces petits objets se détachent sur sa toile avec un relief étonnant. Je le demande, aujourd'hui que les peintures hollandaises sont si fort à la mode, et que les Hobbema se paient des sommes si énormes, à quel prix ne monteraient pas les petits tableaux de Sterne, si par un coup de baguette magique on pouvait transformer ces pages écrites en toiles peintes!

Nous avons été sévère pour les défauts de Sterne, mais il est juste de dire que ces défauts tenaient surtout à une cause qui tendait à disparaître avec les années. Sterne, comme nous l'avons vu, avait commencé à écrire très tard; on a beau avoir de l'esprit, le métier d'écrivain demande un long apprentissage, et Sterne n'en avait jamais fait. N'oublions pas aussi que sept rapides années composent toute la carrière littéraire de Sterne, une des plus courtes que l'on connaisse. Qu'aurait-il fait s'il avait vécu? Quoique ce soit un âge bien avancé que cinquante ans pour jeter sa gourme d'écrivain, Sterne l'avait jetée pourtant dans les premières parties du *Tristram*, car déjà dans les dernières le progrès est très sensible, et dans le *Voyage sentimental*, qui fut écrit durant les mois qui précédèrent la mort de l'auteur, la transformation est complète.

Avec le *Voyage sentimental*, nous avons à faire à un véritable chef-d'œuvre. Je viens de le relire deux fois de suite, c'est dans son genre la perfection même. Le livre n'a pas la portée du *Tristram Shandy* peut-être, quoique sous son apparente futilité il cache une réelle profondeur; mais la composition et la forme en sont autrement irréprochables, et la donnée première, quoique moins forte que celle de son aîné, est plus originale en ce sens qu'elle sort plus directement de la nature de l'auteur. Le *Voyage sentimental*, c'est du plus pur Sterne, du Sterne filtré, clarifié, réduit à l'état d'essence. Le *Tristram Shandy* a une tradition, il se rattache en partie à toute une vieille littérature oubliée. Le Burton de l'*Anatomie de la mélancolie*, sir Thomas Browne, Rabelais, Beroalde de Verville, et je ne sais combien de vieux médecins et de vieux théologiens y ont collaboré avec Sterne; mais le *Voyage sentimental* se rapporte directement à Sterne et n'appartient qu'à lui seul. L'idée de ce livre est une de ces trouvailles heureuses qui classent immédiatement un auteur parmi les hommes originaux. Non, s'est dit Sterne, je ne voyagerai pas comme ces singuliers touristes qui, avant de s'embarquer, semblent déposer leur cœur dans leur maison, arrêter jusqu'à leur retour la circulation de leur sang, pour qui le voyage équivaut à une suspension des fonctions de la vie, et que les pays étrangers voient transformés en automates contemplatifs. Non, pendant que le bateau, la diligence ou la chaise de poste m'emporteront, mon pouls continuera de battre, mon cœur malade de soupirer et de désirer, mon âme de rêver. Vous savez s'il a gentiment tenu sa résolution, vous tous qui avez lu le *Voyage sentimental*. Il n'y a dans toute la littérature de voyages qu'un autre livre qui soit sorti d'une idée aussi originale; j'ai nommé les *Reisebilder* d'Henri Heine.

Je ne connais pas de livre qui porte plus vivement l'empreinte du xviiie siècle que le *Voyage sentimental*, et qui fasse revivre à ce point devant nous la France de l'ancien régime. Nos propres compatriotes, romanciers et faiseurs de mémoires de l'époque eux-mêmes, nous en disent moins long. Toute la France coquette, frivole, élégante de Louis XV passe sous nos yeux dans ces esquisses légères. Vous vous rappelez — car comment les oublier quand on les a vues une fois? — toute cette succession de vives et aimables petites figures : le moine franciscain de Calais, la belle dame de *la désobligeante*, le valet Lafleur, la fille de chambre des *égaremens de l'esprit et du cœur*, Marie de Moulins, le chevalier de Saint-Louis marchand de petits pâtés, le mendiant si poli qui salue toutes les dames qu'il rencontre, la gantière qui indique à Yorick le chemin de l'Opéra-Comique, le postillon, le coiffeur parisien, et, pour clore noblement la liste, le marquis d'E..., qui, avant de se résoudre à réparer sa fortune par le négoce, dépose son épée au parlement de Rennes? Comme tout ce petit monde nous transporte loin du docteur Slop et de M. Shandy, et comme la réalité de ce brumeux Yorkshire parait brutale à côté de la réalité de ce xviiie siècle français! Je parlais tout à l'heure des talens d'artiste de Sterne; ils sont bien plus étendus et bien plus flexibles qu'on ne le dit communément. Tandis que dans le *Tristram Shandy* il rivalise avec l'art hollandais pour la précision et le fini des peintures, dans le *Voyage sentimental* il rivalise avec l'art français du xviiie siècle. Les porcelaines de vieux Sèvres n'ont pas une pâte plus légère et plus tendre que la matière de ses récits, les pastels de Latour plus de délicatesse que ses portraits, les peintures de Watteau une couleur plus fantasque, et les peintures de Chardin une plus aimable vérité que ses petits tableaux. Mais si vous voulez mieux comprendre combien le talent de Sterne comme peintre est étendu, relisez, dans la dernière partie de *Tristram Shandy*, le récit du voyage dans le midi de la France, et dans ce voyage l'épisode des jeunes paysannes languedociennes qui dansent au son du tambourin d'un petit paysan boiteux. Personnes, paysage, tout est nouveau pour l'imagination de l'auteur; mais sa vive sensibilité aspire à l'instant même l'âme de cette scène, lui révèle le caractère des pays du midi, et il trace sans effort une description qui, épurée d'une ou deux petites taches, égalerait une idylle antique. Lorsqu'il en vient à citer ce passage, Thackeray, qui a été pour Sterne un juge si dur, ne peut s'empêcher de saluer un maître dans l'art de peindre et de sentir.

Un maître dans l'art de sentir! On a contesté la sensibilité de Sterne; elle est pourtant très réelle : seulement elle demande à être bien définie et expliquée. Quand on dit que Sterne est sensible, cela ne veut pas dire qu'il éprouve des émotions profondes, sérieuses et durables; cela veut dire qu'il possède des sens très fins, susceptibles de prendre la fleur et le parfum de toutes les émotions qu'il rencontre sur sa route. Cette sensibilité est mobile, passagère et oublieuse : elle change d'objet à chaque instant et n'est émue qu'un instant; mais pendant cette minute elle a été aussi sincère que si son émotion avait duré des années. Son défaut, ce n'est pas le manque de sincérité, c'est plutôt une sorte de sécheresse qui se traduit par un facile oubli; il se passe dans le tempérament de Sterne quelque chose de comparable à ces phénomènes des journées d'été sèches et chaudes chargées d'une électricité qui n'aboutit pas à l'orage, et qu'on appelle éclairs de chaleur. Ceux qui ont nié cette sensibilité s'appuyaient d'ordinaire sur la prétendue misère dans laquelle Sterne aurait laissé sa femme et sa fille;

mais comme nous savons maintenant que cette misère est une fable, nous ne trouvons plus rien de blâmable dans les larmes qu'il a versées sur l'âne de Nampont, et nous ne voyons rien de mal à ce qu'il ait fait manger des macarons à l'âne de Lyon, les seuls probablement que le pauvre baudet ait mangés dans toute son existence. . Cet acte nous semble même tout à fait conforme à cette loi de la bienveillance qui nous ordonne de choisir nos dons de manière à offrir toujours à une personne la chose qu'elle peut se procurer le moins facilement. En bonne conscience, puisque Sterne voulait donner un plaisir à cet âne, il ne devait pas lui offrir une botte de foin ou de chardons, aliment qu'il pouvait se procurer sans lui, et ceux que ces fameux macarons ont scandalisés si fort ont tout simplement prouvé qu'ils connaissaient moins bien les lois de la politesse que le curé Yorick.

Quant au jugement qu'il a montré dans le *Voyage sentimental*, il est des plus perçans. Il a très bien vu et compris notre caractère national. Rappelez-vous ses anecdotes de salon, de théâtre, rappelez-vous surtout le fameux passage sur les trois âges de la coquette française, et placez hardiment les meilleurs de ces épisodes à côté des *Lettres persanes*; ils peuvent tenir leur place à côté de ce dangereux voisinage, et certes c'est le plus grand éloge que nous puissions en faire.

En même temps que Sterne publiait les deuxième et troisième parties du *Tristram Shandy*, il publiait la collection des sermons qu'il avait prononcés pendant les vingt années de son ministère, pensant avec raison que le succès du premier de ces livres rejaillirait sur le second. Voilà un singulier passeport pour un volume de sermons que ce livre qui contient la célèbre malédiction d'Ernulphus, la non moins célèbre déclaration des docteurs français sur un cas difficile de baptême et le conciliabule des théologiens anglicans! Il est vrai que par compensation Trim y lit un sermon sur la conscience, et que Sterne y figure assez honorablement sous le pseudonyme du vicaire Yorick. L'idée d'avoir accolé ensemble ses sermons et son *Tristram* peint Sterne au naturel; cet acte d'étourderie est le symbole de toute sa vie.

Nous avons lu la plus grande partie de ces sermons, qui sont au nombre de quarante-cinq. Ils méritaient la publication, car ils ont un vrai mérite littéraire. Une de leurs qualités est d'être extrêmement courts, une autre est d'être parfaitement clairs et de porter en général sur des questions de morale accessibles à toutes les intelligences; mais ces qualités ne les sauvent pas d'une certaine froideur qui provient de l'absence du zèle chrétien. N'y cherchez pas un atome d'onction religieuse, un souffle d'enthousiasme mys-

tique, un élan de foi profonde. M. Fitzgerald les a fort bien nommés
des *sermons dramatiques;* ce sont en effet des exercices littéraires
et philosophiques qui sentent leur futur romancier. D'ordinaire,
Sterne évite de prendre des textes trop abstraits et trop purement
moraux, il préfère choisir une anecdote, un personnage dans l'un
ou l'autre des deux Testamens. Il ne pénètre pas d'emblée dans
les questions morales, il y pénètre à la suite des caractères qu'il
choisit pour guides, et il ne voit d'elles que les parties qui se rattachent à ces caractères. Ainsi dans l'histoire de Joseph il sera
frappé par ce fait qu'après la mort de Jacob ses fils, depuis longtemps pardonnés par Joseph, eurent peur cependant qu'il ne voulût
se venger d'eux; alors il se mettra à réfléchir sur la difficulté que
l'offenseur en général éprouve à croire au pardon et sur les raisons qui le portent à ce doute, et il écrira un sermon qui est la pa-
raphrase de ce proverbe italien : *chi offende non perdona.* Une
autre fois il se prend à réfléchir que le patriarche Jacob a été sans
contredit l'homme le plus malheureux de la terre, et il en fait un
exemple d'édification pour les chrétiens qui se plaignent trop légèrement des maux de la vie, mais cela à la dernière extrémité, et
lorsqu'il a considéré tout à loisir la beauté dramatique de cette
histoire. C'est ainsi encore qu'ayant pris pour sujet l'histoire du
lévite d'Éphraïm, il s'oubliera tout à fait à expliquer et à justifier la
conduite du lévite. Ce sermon, un des plus étranges qu'on ait jamais prêchés dans une église chrétienne, est, comme on le voit,
d'un caractère tout à fait *shandyen.* Si l'on me demandait de nommer le plus remarquable de ces sermons, où le plaisir littéraire et
la curiosité psychologique trouvent mieux leur compte que la ferveur religieuse, j'indiquerais celui qu'il prêcha sur le caractère de
Shimei, cet insulteur hébraïque que la Bible nous montre poursuivant le roi David en lui jetant de la poussière dans un de ses jours
de détresse et accourant un des premiers à sa rencontre dès qu'Ab-
salon est vaincu. A propos de ce caractère, qu'il connaissait si bien,
Sterne s'élève à une véritable éloquence : « Il n'y a pas de caractère qui ait sur les affaires du monde une aussi détestable influence
que celui de Shimei,... et aussi longtemps que des âmes indignes
seront aussi des âmes ambitieuses, c'est un caractère dont nous ne
manquerons jamais. Oh! il infeste la cour, les camps, le cabinet,
il infeste l'église : allez où vous voudrez, dans chaque quartier,
dans chaque profession, vous trouverez un Shimei suivant les
roues du favori de la fortune à travers la boue épaisse et l'argile
fangeuse. » Ce sont quelques pages très belles, et qui valent la peine
d'être lues.

Quand on examine attentivement le caractère de Sterne, on comprend avec quelle facilité la calomnie a trouvé prise sur lui. Ses qualités sont d'un ordre tout différent de ses défauts. Ses défauts, pleins d'expression et de vivacité, sont tout en dehors et se résument sous ce nom générique : étourderie; ses qualités au contraire sont réservées, presque modestes, sans bruit ni fracas. En outre sa nature était composée d'une foule de petits contrastes, trop subtils pour être saisis par la plupart des hommes, qui, n'ayant ni le temps ni la volonté de regarder un caractère à la loupe avant de le juger, absolvent ou condamnent en bloc sur ce qui est le plus apparent. Après tout ce que nous avons dit de la conduite et des mœurs de Sterne, de la tournure de son esprit et du caractère de ses écrits, vous ne feriez aucune difficulté, n'est-il pas vrai? de conclure qu'il fut ce qu'on appelle un mauvais ecclésiastique. Eh bien! prenez garde; je n'oserais dire que votre conclusion serait le contraire de la vérité, mais elle irait certainement au-delà de la vérité. Le mauvais prêtre par excellence, ce n'est pas le cynique, c'est l'hypocrite, et il n'entra jamais une parcelle d'hypocrisie dans la nature de Sterne. M. Fitzgerald nous rapporte un fait qui est tout à son honneur. Tandis que d'autres ministres de l'église établie, Horne Tooke par exemple, cherchaient à cacher leur profession lorsqu'ils étaient à l'étranger, ce Sterne, qui avait des allures si légères, qui s'oubliait si volontiers à causer avec les gantières et les filles de chambre, se présenta toujours en France et en Italie dans son costume rigide de *gentleman* ecclésiastique. Il est très difficile de dire quelle était la mesure de la foi de Sterne, mais rien n'autorise à le taxer d'incrédulité, car la liberté extrême de son esprit, qui seule pourrait justifier cette accusation, s'est toujours arrêtée devant les croyances qu'il était chargé de représenter. Je n'ai trouvé dans ses écrits aucune trace réelle d'incrédulité si ce n'est, dans les dernières parties du *Tristram Shandy*, un mot fort singulier sur la durée probable du christianisme qui arrête court le lecteur; mais après examen il se trouve que ce mot exprime la plus honorable des appréhensions, car il identifie la ruine de l'âme humaine avec la ruine du christianisme. Même dans ses badinages les plus mondains, comme dans sa conversation avec la belle coquette qui approche de l'âge du déisme, sa frivolité ne lui fait pas perdre une certaine réserve essentielle, et il sait sauvegarder habilement les droits de la religion révélée et son caractère ecclésiastique par une flatterie galante. Les sentimens religieux ne sont pas absens du *Tristram Shandy*, et dans ses lettres ils se font jour plus d'une fois. A la vérité, il n'a pas épargné les ridicules ecclésiastiques plus que les autres, et même, ainsi qu'il était assez naturel à un homme qui les avait vus de très près, il les a flagellés avec une

prédilection toute particulière; mais c'est là un fait d'irrévérence et
non pas d'incrédulité. Je crois que ce qu'on peut dire de plus vrai
sur ce chapitre des croyances de Sterne, c'est qu'il n'aimait ni les
théologiens, comme le prouve le *Tristram Shandy*, ni la théologie,
comme le prouvent ses *Sermons*. Aller plus loin serait imprudent
et injuste, car il est irréprochablement orthodoxe dans les parties de
la doctrine chrétienne qu'il expose, et s'il était hérétique ou incrédule dans celles qu'il n'expose pas, nous n'en savons rien, puisqu'il
ne l'a jamais dit.

Reste le chapitre des mœurs; eh bien! ici encore on peut plaider
les circonstances atténuantes, et M. Fitzgerald s'est acquitté de
cette tâche délicate avec une habile insistance. D'abord Sterne
exerçait une profession pour laquelle la nature ne l'avait pas fait,
ensuite il n'était ni meilleur ni pire que la foule des ministres anglicans de cette époque, qui est une phase de tiédeur religieuse et
de relâchement moral dans l'église établie. Ministres joueurs, ministres duellistes, ministres mondains et coureurs d'aventures abon-
daient alors. C'était le temps où un ancien corsaire montait sur le
trône épiscopal, où un Horne Tooke se faisait publiquement l'apo-
logiste de Wilkes, où un docteur Dodd expiait sur la potence ses
criminelles folies (1). Ces excuses sont excellentes, cependant elles
ne sont pas sans réplique. Sans doute Sterne portait un habit gênant
pour son caractère, mais combien d'autres sont dans le même cas
qui n'obtiendraient pas de nous la même indulgence! C'est l'esprit
de Sterne qui plaide auprès de nous en sa faveur; mais essayez un
instant de l'en dépouiller, et cherchez s'il sera encore intéressant.
Quant à l'excuse tirée des mœurs du clergé du temps, M. Fitzgerald
s'est chargé de l'atténuer lui-même en faisant remarquer que c'était
cependant parmi ce clergé que Goldsmith avait trouvé le prototype
du vicaire de Wakefield, et ce n'est pas sur une exception isolée
qu'il a pu peindre un pareil caractère. Le mal fait toujours du bruit
et le bien en fait rarement, c'est pourquoi on a pu compter les ministres joueurs ou duellistes de l'époque, tandis que l'obscurité a
recouvert les existences honorables et décentes de ceux qui obser-
vèrent fidèlement les mœurs de leur profession. Pour ne citer qu'un
exemple, n'est-ce pas dans ces mêmes années où Sterne menait à
grandes guides la vie mondaine qu'un jeune ministre qui se pré-

---

(1) Ce qu'il y a de plus admirable chez les hypocrites, ce n'est pas leur dissimulation, c'est leur effronterie; ce n'est pas leur habileté à cacher leurs vices, c'est leur
audace à condamner ceux d'autrui. Les ovations faites à *Tristram Shandy* furent, comme
on le pense bien, mêlées de nombreuses récriminations, et un de ceux qui se scandali-
sèrent le plus fut précisément ce docteur Dodd, qui écrivit contre Sterne une épître en
vers pleine de l'indignation la plus sévère.

sente avec le nom modeste de Gilbert White devant une postérité aussi restreinte que fut limité pendant sa vie le cercle de ses connaissances s'établissait obscurément dans une paroisse du Hampshire pour n'en plus sortir jamais, et y assemblait brin à brin, pendant trente ans, les matériaux de sa jolie petite *Histoire naturelle de Selborne?*

Sterne avait toujours été de constitution phthisique; lorsqu'il était jeune encore, un vaisseau s'était rompu dans sa poitrine, et sa santé, qui depuis avait toujours été compromise, se trouva tout à fait chancelante après qu'il eut écrit les premières parties du *Tristram Shandy.* Deux ans plus tard, le mal avait fait de tels progrès qu'il fallut aviser. Il se décida à partir pour ce voyage de France qui nous a valu le *Voyage sentimental,* et à dater de ce moment (1762) jusqu'à sa mort (1768) sa vie ne fut plus qu'un va et vient perpétuel. Il était parti pour chercher la santé; c'est la mort qu'il rencontra sous la forme du plaisir. Les aventures du *Voyage sentimental,* à supposer qu'il n'y en ait que la moitié de vraies, nous renseignent sur la manière singulière dont il se soignait. La vie de Londres recommence à Paris, et pendant tout un hiver il fut un des *lions* de notre société élégante. Les dîners, les fêtes, les spectacles, ne lui laissèrent pas une minute pour accomplir les prescriptions de la faculté. Chez le baron d'Holbach, il fit la connaissance de Diderot, qui, tout entier à l'anglomanie du moment, lui remit une liste, fort curieuse dans sa confusion, de livres anglais qu'il le chargea de lui procurer : « toutes les œuvres de Pope, les œuvres dramatiques de Cibber et la vie de Cibber, Chaucer, les sermons de Tillotson et toutes les œuvres de Locke. » Un singulier mélange, et qui prouve que l'anglomanie de Diderot était aussi ardente que peu éclairée : Chaucer en particulier y fait une étrange figure entre Cibber et Tillotson; c'est à peu près comme si un Anglais, voulant s'instruire dans la littérature française, vous demandait de lui procurer le théâtre de Néricault Destouches, le *roman de la Rose* et les sermons de Massillon. Une autre de ses connaissances parisiennes fut Crébillon fils, avec lequel il fit une convention des plus curieuses, qui ne fut pas tenue, — incident heureux pour la réputation de Sterne, malheureux pour le divertissement de la postérité. Crébillon devait lui écrire une lettre de critique sur les incongruités de son *Tristram Shandy,* et Sterne devait riposter par une récrimination contre la licence des romans de Crébillon. Enfin il se décida à partir pour le midi de la France, où il appela sa femme et sa fille. Le ménage s'établit d'abord à Toulouse, puis à Montpellier. En 1765, Sterne retourna en Angleterre, et de là fit route pour l'Italie, laissant sa famille dans le midi de la France, où elle séjourna jusqu'aux approches de sa mort, en 1767 (1).

Au commencement de 1767, Sterne revint à Londres. Pendant qu'il était en Italie, la fortune lui apportait des Indes la dernière aventure amoureuse de sa vie sous la forme d'une jeune dame poitrinaire, la fameuse Elisa, femme de M. Draper, conseiller de Bombay, deux fois célébrée, et par Yorick et par notre insupportable Raynal. Elle était née dans les Indes de parens anglais, et elle tenait de sa naissance cette faiblesse de complexion qui distingue les enfans de sang européen condamnés à grandir sous ce climat meurtrier. Son mari, craignant pour sa santé, l'avait envoyée en Angleterre; elle avait alors vingt-cinq ans. Sterne la rencontra chez des amis communs, les époux James, et comme à ce moment il avait du loisir, ayant achevé et livré à l'impression la neuvième partie de son *Tristram*, et que de plus la dame possédait ce genre de beauté intéressante qui le captiva toute sa vie, il se décida à en devenir amoureux. Je dis qu'il se décida, parce qu'en effet cet amour ne

(1) Sterne a consigné les aventures les plus intéressantes de ce séjour de trois années en France dans le *Voyage sentimental*. Ces *mémoires* ont une tournure trop romanesque pour qu'on leur accorde aucune authenticité autobiographique; ce sont des histoires arrangées, mais la plupart ont un fondement vrai. M. Fitzgerald, dans plusieurs chapitres de son livre, nous donne des renseignemens curieux sur quelques-uns des acteurs de ce joli livre. Mlle Jeanneton par exemple, la fille de l'aubergiste Varennes, de Montreuil, dont Sterne orthographie le nom *Janatone*, selon la prononciation anglaise, était encore fort jolie dix-huit ans après sa conversation avec Sterne, et de la langue la mieux pendue, au dire de m'stress Thrale, l'amie de Johnson. Lafleur, le fameux Lafleur, a existé en réalité; c'était un assez mauvais garnement dont les talens étaient des plus singuliers (il battait du tambour et jouait du violon); il avait été présenté à Sterne par ledit Varennes, l'aubergiste de Montreuil. Quelque vingt ans après la mort d'Yorick, ce Lafleur vint à Londres, se présenta à plusieurs des amis de son maître et leur raconta une foule de particularités plus ou moins fondées. M. Fitzgerald croit que ce revenant ne fut qu'un faux Démétrius du véritable Lafleur; cependant quelques-uns des détails qu'il donna s'accordent bien avec le caractère d'Yorick. Selon ce Lafleur, faux ou vrai, le sansonnet du *Voyage sentimental* aurait existé, et Sterne lui en aurait fait présent. « Seulement, disait-il, je ne l'ai jamais entendu parler; peut-être avait-il perdu la voix. » M. Dessein a été un personnage. Propriétaire de l'hôtel d'Angleterre à Calais, il a vu passer plusieurs générations de voyageurs illustres, et il avait fait une grande fortune à laquelle n'avait pas peu contribué la renommée que lui avaient value les premières scènes du *Voyage sentimental*. Lui-même se vantait de cette bonne fortune avec une effronterie sans égale. Un voyageur lui demandait un jour s'il avait connu Yorick. « Ah! oui, votre compatriote, M. Sterne, un grand, un très grand homme; il me fait passer avec lui à la postérité. Il a gagné beaucoup d'argent avec son *Voyage sentimental*, mais moi, par le moyen de ce livre, j'en ai gagné plus que lui avec tous ses ouvrages réunis. Ah! ah! — Prenant alors une des attitudes de Tristram, il plaça son index contre son cœur, disant : *qu'en pensez-vous?* puis disparut d'un air de mystère. » Mais il ne s'était pas contenté de profiter de la célébrité que lui avait donnée Sterne, il exploitait son nom sans pudeur. Quarante ans après le *Voyage sentimental*, on montrait encore la chambre d'Yorick; or l'hôtel avait été brûlé et reconstruit deux ans après sa mort.

vint que par degrés et qu'il ne ressentit d'abord qu'une pure sympathie compatissante pour son état maladif. Cette sympathie, avi-
vée peut-être par un certain retour sur son propre état, — il se
mourait lui-même de la même maladie qu'Élisa, la phthisie, — se
changea bientôt en un sentiment plus tendre. Élisa partagea-t-elle
ce sentiment et le paya-t-elle de retour? Je le crois, et elle y eut
d'autant moins de peine que cette fois ce fut bien purement et simplement de la part de Sterne une passion platonique. Lisez attentivement les lettres si connues d'Yorick à Élisa, sans vous laisser
éblouir par leur allure légèrement désordonnée, par leur sentimentalité qui ne hait pas l'emphase, et vous n'y trouverez pas une étincelle de passion. En revanche, vous y trouverez le témoignage
d'une véritable affection. Le cœur est touché, cela est incontestable;
mais ce cœur est un cœur paternel, protecteur, qui, dans ses plus
chaudes effusions, est impuissant à trouver d'autres accens que
ceux de l'amitié. Prises comme expression d'un amour passionné,
ces lettres sont ridicules, fausses et presque froides; prises comme
expression de cette sympathie affectueuse qui touche à l'amour,
elles sont très vraies et très sincères. Cette affection fut réciproque,
nous le croyons; Élisa fut flattée d'être l'objet de l'attention d'un
homme aussi célèbre, et de son côté Sterne, qui touchait à sa cin-
quante-septième année, fut heureux de réveiller un écho dans un
cœur jeune; mais il est évident que tous les gages de cet amour se
bornèrent à ce fameux portrait d'Élisa en simple mousseline que
Sterne avait préféré aux autres portraits en costumes plus riches.
Un fait à noter, c'est que cette affection éveillait chez Sterne la jalousie et la rancune. Le bruit de cette aventure s'étant répandu,
quelques personnes amies d'Élisa essayèrent de la mettre en garde
contre le sentimental Yorick; Sterne ne put leur pardonner cette
démarche assez naturelle, et les poursuit dans ses lettres de ses
invectives les plus acerbes. On le voit aussi très inquiet à propos
d'un jeune officier qui, lors de son retour aux Indes, devait faire la
traversée avec elle, et il n'augure rien de bon de la présence de
« cet amoureux fils de Mars. » Ces détails cependant n'altèrent en
rien le caractère principal de cette passion, qui est celui d'une vivacité affectueuse, désintéressée de toute autre ambition que celle de
la pure amitié.

Ce fut le dernier éclair de la vie d'Yorick. Élisa, rappelée par
son mari, dut bientôt partir pour les Indes, et presque aussitôt après
son départ la maladie d'Yorick fit des progrès inquiétans. Alors il
tomba dans un abattement moral qui alla toujours croissant, et il fit
sur sa vie passée les plus tristes retours. Sa dernière lettre, écrite à
mistress James, est un long sanglot qui attendrit comme l'adieu
suprême d'un enfant.

« Votre pauvre ami est à peine capable d'écrire, la pleurésie l'a conduit
aux portes de la mort cette semaine, j'ai été saigné trois fois jeudi, et vendredi on m'a appliqué les vésicatoires. Le médecin dit que je suis mieux ;
Dieu le sait ! pour moi je me sens bien plus mal, et si je me rétablis, il me
faudra bien longtemps pour regagner mes forces. J'ai eu besoin de reposer
ma tête une douzaine de fois avant d'arriver à moitié de cette lettre.
M. James a été assez bon pour venir me voir hier. J'ai senti à sa vue des
émotions que je ne puis décrire, et il me fit grand plaisir en me parlant
beaucoup de vous. Chère mistress James, priez-le de venir demain ou le
jour suivant, car peut-être je n'ai pas beaucoup de jours ni d'heures à
vivre. J'ai besoin de lui demander une grâce si je me trouve plus mal, — ce
que je demande de vous si je sors vainqueur de cette lutte, — ma tête s'en
va, c'est un mauvais présage. — Ne pleurez pas, ma chère dame, vos larmes
sont trop précieuses pour les répandre sur moi ; mettez-les en bouteille et
puissiez-vous ne jamais la déboucher ! La plus chère, la plus tendre, la plus
généreuse des femmes, puissent la santé, le bonheur et la joie vous accompagner toujours ! Si je meurs, gardez mon souvenir et oubliez les folies que
vous avez si souvent condamnées et dans lesquelles mon cœur, et non ma
tête, m'a jeté. Si mon enfant, ma Lydia, avait besoin d'une mère, puis-je
espérer, — si elle reste orpheline, — que vous la prendrez sur votre sein ?
Vous êtes la seule femme au monde sur laquelle je puisse compter pour
une aussi bienfaisante action. Je lui ai écrit il y a une quinzaine, je lui ai
dit ce qu'elle trouvera en vous, j'en ai confiance. M. James sera un père pour
elle ; il la protégera contre toute insulte, car il porte une épée avec laquelle
il a servi son pays et qu'il saurait tirer du fourreau pour la défense de l'innocence. Recommandez-moi à lui comme je vous recommande maintenant
à l'être qui tient sous sa garde la bonne et sensible partie de l'humanité. »

Sa fin fut étrange et terrible, et fait un contraste singulier avec
sa vie. On dirait un cinquième acte de mélodrame servant de conclusion à une gaie mascarade. Par une fatalité des plus bizarres,
Yorick se trouvait seul au moment où la mort le surprit. Il avait
renvoyé à Coxwould sa femme et sa fille, attendant, disait-il, qu'il
fût rétabli pour aller les rejoindre. Deux jours après avoir écrit la
lettre qu'on vient de lire, il se plaignit d'avoir froid aux pieds, et
une garde-malade était en train de les frictionner lorsqu'un laquais
entra pour chercher de ses nouvelles de la part de plusieurs de ses
amis qui dînaient dans une maison voisine. Il arriva juste à temps
pour voir Yorick étendre convulsivement le bras, l'entendre dire
d'une voix faible : *elle est arrivée,* et le dépouiller sans craindre de
résistance des boutons d'or de ses manchettes. Ayant ainsi accompli son message, il alla rapporter à ses maîtres ce qu'il avait vu.
« Nous pouvons presque entendre d'ici le panégyrique d'après le
repas, dit M. Fitzgerald. Garrick et Hume doivent avoir raconté ses
escapades parisiennes et avoir déploré avec le chagrin d'hommes
qui sortent de table que le pire ennemi d'Yorick fut lui-même.
M. James doit avoir dit quelque chose en faveur de son bon cœur.

Puis le bordeaux passa à la ronde, et lord March recommença sans doute à chanter les louanges de la Rena et de Zamperini. » Deux seuls amis, son libraire Becket et probablement le commodore James, l'accompagnèrent à sa dernière demeure, dans un cimetière nouvellement ouvert près de Tyburn. C'est là que ses restes furent déposés, mais pour peu de temps. A cette époque, les vols de cadavres étaient fréquens, et deux jours après l'enterrement le corps d'Yorick, enlevé par des larrons sinistres, était envoyé à Cambridge, vendu au professeur d'anatomie du collège de la Trinité et reconnu lorsque la dissection était presque complète. Ainsi, pendant que ses amis et sa famille le croyaient dormant à Londres, Yorick, voyageant après sa mort, rentrait par une porte bien étrange dans cette université d'où il était sorti près de trente ans auparavant. La destinée couronnait par une fantaisie macabre cette existence pleine de gais caprices et de lumineuses folies. Une fois encore la théorie de M. Shandy sur les noms et surnoms se vérifiait. Pourquoi Sterne était-il allé choisir ce surnom d'Yorick, le bouffon du roi de Danemark, dont les fossoyeurs font rouler le crâne avec leur bêche et sur lequel philosophise le mélancolique Hamlet?

Et l'autre partie de lui-même, a-t-elle rencontré des aventures aussi étranges? Il serait curieux de savoir ce qu'est devenue l'âme d'Yorick, et quelle réception a été faite à ce singulier ministre de Dieu dans le royaume de l'éternité. Trop léger et trop inoffensif pour être condamné, trop profane pour être excusé, que peuvent avoir décidé à son égard les ministres de la justice divine? Voilà une âme faite pour embarrasser la jurisprudence céleste! Mais sans doute l'ange qui effaça d'une de ses larmes le juron de l'oncle Tobie l'a couvert de sa protection et l'a conduit dans quelque place réservée où sont réunis les gens d'esprit de sa profession qui, comme lui, trouvèrent leur habit un fardeau trop pesant. C'est en telle compagnie que l'imagination aime à supposer qu'il habite pour l'éternité, s'entretenant avec le chanoine Francesco Berni, qui lui récite quelques-unes de ses histoires salées recouvertes de son beau langage florentin, écoutant Paul de Gondi lui raconter les deux ou trois duels inutiles entrepris pour se délivrer de sa soutane, dissertant avec le curé Rabelais, son maître, qui lui parle de théologie mieux que Phutatorius, de médecine mieux que le docteur Slop, d'invention fantasque mieux qu'il n'en pourrait parler lui-même, et apprenant enfin du doyen de saint Patrick, qui lui refait sous une forme plus éloquente et plus mâle le discours d'Eugénius, que le malheur de sa vie a été de ne pas connaître assez profondément la nature des Yahos.

ÉMILE MONTÉGUT.

LE

CERVEAU ET LA PENSÉE

I.

DONNÉES PHYSIOLOGIQUES.

POIDS ET FORMES DU CERVEAU. — TRAVAUX DE MM. FLOURENS,
LÉLUT, LEURET, GRATIOLET, ETC.

Il faut être juste envers tout le monde, même envers le docteur
Gall. Quelque discrédit qu'il ait encouru par ses présomptueuses
hypothèses, il n'en est pas moins, au dire des savans les plus
compétens, l'un des fondateurs de l'anatomie du cerveau. Si chimérique même qu'ait paru la phrénologie, et quoiqu'il s'y soit
mêlé beaucoup de charlatanisme, c'est elle cependant qui a été
le point de départ et qui a donné le signal des belles études expérimentales de notre temps sur les rapports du cerveau et de la
pensée. Sans doute Haller, Sœmmering, et avant eux Willis, avaient
abordé ces difficiles problèmes; mais Gall, par ses sérieuses découvertes aussi bien que par son aventureux système, leur a donné
un puissant élan, et depuis cette époque un très grand nombre de
recherches importantes ont été faites dans cette voie. Tout en dé-
sirant de meilleurs résultats encore, on doit reconnaître que ces recherches sont toutes nouvelles, et que, tels qu'ils sont, les résultats
déjà obtenus ont un véritable intérêt. Peut-être aussi, comme le
pensent quelques-uns, est-il dans la nature des choses que les
études des anatomistes rencontrent toujours en ces matières une

ou plusieurs inconnues, et cela même serait déjà un fait important à constater. Quoi qu'il en soit, rien n'est plus intéressant pour la philosophie que de rechercher où la science a pu arriver dans cette voie si nouvelle, si obscure, si délicate. On lui a si souvent reproché de se renfermer en elle-même, de ne point prendre part aux travaux qui se font à côté d'elle et qui touchent de si près à ses études, qu'on voudra bien lui permettre, malgré son incompétence anatomique, de recueillir dans les écrits des maîtres les plus autorisés tout ce qui peut l'intéresser, et intéresser les esprits cultivés dans ce genre de recherches.

Les physiologistes positifs ont l'habitude de reprocher aux philosophes de ne pas aborder ces questions avec assez d'impartialité : ils leur reprochent de partir de certaines idées préconçues, de certaines hypothèses métaphysiques, et, au nom de ces hypothèses, d'opposer une sorte de fin de non-recevoir à toutes les recherches expérimentales sur les conditions physiologiques de la pensée. On leur reproche d'être toujours disposés à altérer les faits, à les plier à leurs désirs ou à leurs craintes, de taire ceux-ci, d'exagérer ceux-là, afin que leur dogme favori, à savoir l'existence de l'âme, sorte triomphant de l'épreuve que lui font subir l'anatomie et la physiologie. Je n'examine pas si ces reproches sont fondés ; mais, en supposant qu'ils le fussent, on pourrait facilement renvoyer l'objection à ceux qui la font, car il leur arrive souvent à eux-mêmes, en vertu d'un préjugé contraire, de tomber dans l'erreur inverse : ils sont autant prévenus contre l'existence de l'âme que les autres en faveur de cette existence ; ils arrangent aussi les choses pour les accommoder à leur hypothèse favorite, et si quelqu'un fait par hasard allusion à quelque être métaphysique distinct des organes, ils l'arrêtent aussitôt en lui disant que cela n'est pas scientifique. Mais quoi ! s'il y a une âme, rien n'est plus scientifique que de dire qu'il y en a une ; rien n'est moins scientifique que de dire qu'il n'y en a pas. Je veux bien que dans l'examen des faits on ne suppose rien d'avance ; mais la condition doit être égale de part et d'autre. Celui qui ne croit qu'à la matière ne doit pas s'attribuer à lui-même le monopole de la vérité scientifique et renvoyer au pays des chimères celui qui croit à l'esprit. On peut nous demander de suspendre notre jugement ; mais cette suspension ne doit être un avantage pour personne, et l'on ne doit point profiter d'un armistice pour prendre pied dans un pays disputé.

Telles sont les règles de bonne méthode et de sérieuse impartialité qui nous guideront dans ces recherches sur *le cerveau et la pensée*, où nous essaierons de faire connaître les travaux les plus récens et les plus autorisés qui traitent de ce grand sujet. Je n'ai pas besoin de dire que dans cet ordre d'études un des premiers noms qui se présentent est celui de M. Flourens. Il est précisément un de ceux que les fausses doctrines de Gall ont sollicités à rechercher la vérité par des méthodes plus scientifiques; il est l'un des premiers qui aient appliqué à cette question difficile la méthode expérimentale. Je n'ai pas à décider si les ingénieuses expériences qu'il a instituées sont aussi décisives qu'il le dit, et je laisse volontiers les savans se prononcer sur ce point; mais on ne peut contester qu'il ne soit entré dans la vraie voie, et même qu'il n'ait établi certains faits importans avec beaucoup de solidité; en un mot, il est impossible de traiter du cerveau et de la pensée sans tenir compte de ses recherches. Les livres dans lesquels il les a résumées et popularisées sont d'une lecture instructive et attachante : on y trouvera, sous une forme agréable, toutes les principales données de la question (1).

Un autre savant, le docteur Lélut, de l'Institut, s'est aussi fait une place dans la science par ses belles études sur la physiologie de la pensée, et il a publié récemment un intéressant ouvrage sur ce sujet, suivi de quelques mémoires spéciaux pleins de faits curieux. L'ouvrage de la *Physiologie de la pensée* est écrit dans un très bon esprit, dans cet esprit de circonspection et de doute que l'on peut appeler l'esprit socratique. Peut-être même cet esprit y est-il un peu trop accusé, peut-être est-il bien près de dégénérer en scepticisme. Le traité du docteur Lélut, tout excellent qu'il est, a l'inconvénient de décourager le lecteur, de provoquer chez lui une disposition au doute qui, poussée trop loin, serait fâcheuse. Nous n'en considérons pas moins le livre de M. Lélut, surtout les mémoires qui y sont joints, comme une des sources les plus précieuses à consulter pour les philosophes physiologistes et les physiologistes philosophes.

Mais l'ouvrage le plus riche et le plus complet sur la matière qui nous occupe est le grand ouvrage de MM. Leuret et Gratiolet, intitulé : *Anatomie comparée du système nerveux chez les animaux et chez l'homme dans ses rapports avec le développement de l'intelligence.* Le premier volume, qui traite des animaux, est de M. Leuret; le second volume, consacré à l'homme, est de Gratiolet : l'un et l'autre esprits éminens, originaux, versés dans la connaissance des faits, et sans préjugés systématiques. Le second volume surtout intéressera les philosophes par des analyses psychologiques

(1) Outre son livre classique, *Recherches expérimentales sur les propriétes et les fonctions du système nerveux*, M. Flourens a publié sous forme populaire plusieurs ouvrages qui se rapportent à notre sujet : *De la Vie et de l'Intelligence; De l'Instinct et de l'Intelligence des animaux; De la Phrénologie et études vraies sur le cerveau.*

fines et neuves sur les sens, l'imagination, les rêves, les hallucinations. Ce n'est pas d'ailleurs le seul travail de Gratiolet que nous
ayons consulté. Outre ses deux belles leçons aux conférences de la
Sorbonne, l'une sur le rôle de l'homme dans la création, l'autre sur
la physionomie, il faut lire l'intéressante discussion qui a eu lieu
en 1862 à la Société d'anthropologie entre lui et M. Broca, précisément sur les fonctions du cerveau (1). Celui-ci, esprit net, rigoureux,
sans déclamation, mais un peu systématique, incline à exagérer
les rapports physiologiques du cerveau et de la pensée. Gratiolet
au contraire, non moins positif, non moins versé dans la connaissance des faits, ayant même apporté à la science des observations
nouvelles, est le premier à voir les lacunes de ces faits et les mystères qu'ils laissent subsister. Spiritualiste convaincu, il n'hésitait
pas à faire la part de l'âme dans le problème de la pensée, et ne
craignait pas de se laisser traiter de métaphysicien. Esprit sévère
et élevé, inventif et penseur, Gratiolet à ces qualités éminentes en
joignait une autre qui ne les déparait pas, l'éloquence. Tel était
l'homme distingué qu'une mort subite et lamentable vient récemment d'enlever à la science anatomique et à la haute philosophie
naturelle.

Dans un tout autre esprit, un savant éminent de l'Allemagne,
M. Ch. Vogt, professeur à Genève, a publié des *Leçons sur l'homme,
sa place dans la création,* dont il vient de paraître une traduction
française par M. Moulinié. Ce livre est certainement d'une science
profonde; mais il est trop passionné. L'auteur paraît être plus préoccupé d'être désagréable à l'église que de résoudre un problème
spéculatif. Il tombe lui-même sous les objections qu'il fait à ses
adversaires, et on sent qu'il est sous le joug d'une idée préconçue,
ce qui affaiblit beaucoup l'autorité de ses paroles. La science ne
doit pas être sans doute la servante de la théologie; mais elle n'en
doit pas être l'ennemie : son rôle est de ne pas s'en occuper. L'hostilité la compromet autant que la servitude. Néanmoins le livre de
M. Vogt mérite l'examen, et il serait à désirer, pour l'instruction
du public, qu'un naturaliste autorisé voulût bien en faire une appréciation impartiale.

Nous ne devons pas oublier toute une classe d'ouvrages qui doivent être lus et étudiés par tous ceux qu'attire le grand problème
des rapports du cerveau et de la pensée. Ce sont les ouvrages relatifs à la folie. Il serait trop long de les énumérer tous. Outre les
grands et classiques traités de Pinel, d'Esquirol, de Georget, je
signalerai surtout, parmi les publications qui touchent de plus près

(1) Voir *Bulletin de la Société d'anthropologie,* t. I et II.

à la psychologie, le *Traitement moral de la folie,* par M. Leuret, ouvrage très contesté par les praticiens, mais qui indique un esprit vigoureux, décidé, plein d'originalité et de nerf; *les Hallucinations,* par M. Brière de Boismont, mine inépuisable de faits curieux, œuvre d'une psychologie ingénieuse, mais qui laisse quelquefois désirer une critique historique plus sévère; la *Folie lucide* du docteur Trélat, l'un des livres qui, sans aucune théorie, donne le plus à réfléchir par la triste singularité des faits qui y sont révélés; la *Psychologie morbide* de M. Moreau de Tours, essai paradoxal et piquant, qui excite la pensée en l'irritant, et qui n'est d'ailleurs que l'exagération de la thèse spirituelle soutenue par le docteur Lélut dans ses deux ouvrages du *Démon de Socrate* et de *l'Amulette de Pascal.* Enfin je citerai encore la *Phrénologie spiritualiste* du docteur Castle, tentative curieuse où la phrénologie essaie de se régénérer par la psychologie.

Tandis que certains physiologistes portaient leurs études jusque sur les confins de la philosophie, il est juste de dire que les philosophes de leur côté essayaient une marche en sens inverse. Déjà notre maître si regretté, M. Adolphe Garnier, dans son livre si ingénieux et si exact sur *la Psychologie et la Phrénologie comparées,* avait ouvert cette voie. De jeunes philosophes se sont mis sur ses traces : un surtout s'est signalé dans cette direction, M. Albert Lemoine. Son livre sur *le Sommeil,* un autre sur *l'Aliéné,* un troisième sur *l'Ame et le Corps,* témoignent d'un esprit très sagace, très philosophique, qui, sans faux positivisme, est cependant très attentif à la recherche des faits, et qui en même temps, sans déclamation spiritualiste, est très ferme sur les principes. Enfin, puisque nous parlons ici de l'alliance de la physiologie et de la psychologie, signalons une société scientifique établie depuis une vingtaine d'années, et qui a précisément pour but d'accomplir et de consolider cette alliance : je veux parler de la *Société médico-psychologique.* Cette société publie des annales trimestrielles, où se trouvent de nombreux mémoires dignes du plus haut intérêt.

Nous n'avons voulu mentionner ici que les ouvrages et les écrivains qui se sont placés au double point de vue de la physiologie et de la psychologie, et qui n'ont point séparé l'étude des organes de celle de la pensée. S'il ne s'agissait en effet que de physiologie pure, nous aurions dû avant tout autre rappeler le nom de M. Claude Bernard et son livre sur *le Système nerveux.* Ce grand physiologiste, qui représente aujourd'hui avec tant d'éclat la science française, ce noble esprit, qui unit avec tant d'aisance le bon sens et la profondeur, est désormais le maître et le guide de tous ceux qui veulent pénétrer dans les replis de ce labyrinthe obscur que l'on appelle le système nerveux; mais ce sont là de trop grandes profondeurs pour notre ignorance. D'ailleurs M. Claude Bernard ne s'est point occupé particulièrement de la question qui nous intéresse : pour dire la vérité, il ne la croit pas mûre pour la science. Il aime à dire que ce sera la question du vingtième siècle, et peut-être, dans son for intérieur, ce fin penseur la renvoie-t-il encore plus loin. Néanmoins les philosophes ont précisément la faiblesse d'aimer les questions qui sont encore à l'état de nébuleuses; ils aiment ces problèmes où il y a du pour et du contre, comme donnant plus à faire à l'activité propre de l'esprit; je soupçonne même qu'on les contrarierait, si des démonstrations irrésistibles les privaient du plaisir de la controverse et de la dispute. Quoi qu'il en soit, allons au fait, et cherchons à résumer dans une première étude, je ne dirai pas notre science, mais notre ignorance sur le siége et les conditions organiques de l'intelligence humaine.

I.

On sait l'admiration qu'inspirait à Voltaire le troisième chant du poème de Lucrèce. C'est dans ce chant que le grand poète expose les rapports de l'âme et du corps, la dépendance où l'une est de l'autre, l'influence de l'âge, des maladies, de toutes les causes extérieures sur les progrès, les changemens, les défaillances de la pensée. « Dans l'enfance, dit-il, le corps est faible et délicat; il est habité par une pensée également faible. L'âge, en fortifiant les membres, mûrit l'intelligence et augmente la vigueur de l'âme. Ensuite, quand l'effort puissant des années a courbé le corps, émoussé les organes, épuisé les forces, le jugement chancelle, et l'esprit s'embarrasse comme la langue. Enfin tout s'éteint, tout disparaît à la fois. N'est-il pas naturel que l'âme se décompose alors, et se dissipe comme une fumée dans les airs, puisque nous la voyons comme le corps naître, s'accroître et succomber à la fatigue des ans? » Ces beaux vers d'un accent si grand et si triste résument toute la science des rapports du physique et du moral, et Cabanis, dans son célèbre ouvrage, n'a fait autre chose que développer, en multipliant les faits, les argumens de Lucrèce. Il n'entre pas dans notre pensée d'embrasser ce problème dans son inextricable complexité. L'influence de l'âge, des tempéramens, des climats, de la maladie ou de la santé, les affections mentales, le sommeil et ses annexes, telles sont les vastes questions où se rencontrent le médecin et le philosophe, où l'on cherche à surprendre l'influence réciproque du physique sur le moral, du moral sur le physique; mais comme toutes les actions physiologiques et nerveuses viennent se concentrer dans le cerveau, que le cerveau paraît être l'organe propre et immédiat de l'âme, c'est en définitive en lui que s'opère l'union des deux substances, et si l'on peut surprendre quelque chose de cette mystérieuse union, c'est lui qu'il faut étudier en premier lieu.

Ici quelques explications très élémentaires sur l'appareil encéphalique sont nécessaires pour introduire le lecteur dans la discussion qui va suivre. On appelle encéphale toute la portion du centre nerveux contenue dans la cavité du crâne. C'est, nous disent les anatomistes, une substance molle, grisâtre, blanchâtre, irrégulièrement aplatie dans une partie de son étendue, dont l'extrémité postérieure est plus grosse que l'extrémité antérieure. On divise généralement l'encéphale en trois parties : la moelle allongée, le cervelet et le cerveau. La moelle allongée est cette partie de l'encéphale qui lie le cerveau et le cervelet à la moelle épinière; elle est analogue à celle-ci par la couleur, blanche à l'extérieur et grise à l'intérieur, ce qui est le contraire du cerveau. Elle comprend elle-même plusieurs organes distincts, dont la description serait trop compliquée, et dont il suffira de connaître les noms. Ce sont le bulbe, la protubérance annulaire, les pédoncules cérébraux et cérébelleux, les tubercules quadrijumeaux et la valvule de Vieussens. Quelques-uns bornent la moelle allongée au bulbe tout seul, c'est-à-dire au prolongement de la moelle épinière, et rattachent les autres parties au cerveau. Le cervelet est cette portion de l'encéphale située à la partie inférieure et postérieure du crâne, au-dessous du cerveau et en arrière de la moelle allongée. Il a la forme d'un ellipsoïde aplati de haut en bas, arrondi dans les contours, et plus mince sur les bords que dans le milieu. Reste enfin le cerveau, expression dont on se sert souvent assez improprement pour désigner l'encéphale tout entier. Dans le sens propre, il désigne cette portion de l'encéphale qui remplit la plus grande partie de la cavité crânienne, et qui est distincte du cervelet, de la moelle allongée et de leurs annexes; il est le renflement le plus considérable formé par l'axe médullo-encéphalique : sa forme est celle d'un ovoïde irrégulier, plus renflé vers le milieu de sa longueur, et il se compose de deux moitiés désignées sous le nom d'hémisphères, réunies entre elles par un noyau central que l'on appelle le corps calleux. Ces hémisphères sont fictivement divisés dans le sens de la longueur en trois parties que l'on appelle lobes antérieurs, moyens et postérieurs du cerveau. Il nous reste à dire que la substance du cerveau est de deux couleurs, l'une grise et l'autre blanche. La partie grise enveloppe la partie blanche, et forme comme l'écorce du cerveau; de là le nom de substance grise ou substance corticale. La substance blanche est interne, et ne peut être découverte que par la dissection. Nous nous bornerons à ces indications, nous réservant d'ajouter chemin faisant les explications nécessaires. Disons seulement que ces premiers détails ne donnent que l'idée la plus grossière de l'extrême complexité de l'organisation cérébrale : l'encéphale est un des organes les plus compliqués du corps humain, et la dissection en est très longue et très difficile (1).

Que le cerveau soit l'organe de la pensée et de l'intelligence, c'est ce qui paraît suffisamment attesté par le fait que nous sentons notre pensée dans la tête, que la contention du travail intellectuel nous y cause de la douleur, que toute affection cérébrale empêche ou altère les fonctions intellectuelles. Cette vérité fondamentale a d'ailleurs été mise hors de doute par les expériences si connues de M. Flourens. Que l'on enlève à un animal, une poule ou un pigeon par exemple, les deux hémisphères cérébraux, l'animal ne meurt pas pour cela : toutes les fonctions de la vie organique continuent à s'exercer; mais il perd tous ses sens, il ne voit plus, il n'entend plus; il perd tous ses instincts, il ne sait plus ni se défendre, ni s'abriter, ni fuir, ni manger, et s'il continue de vivre, c'est à la condition que l'on introduise mécaniquement de la nourriture dans son bec. Enfin il perd toute intelligence, toute perception, toute volition, toute action spontanée.

Si le cerveau est l'organe de la pensée et des fonctions intellectuelles, il semble naturel que l'on puisse mesurer l'intelligence des différentes espèces animales en comparant leur cerveau, et les faits donnent jusqu'à un certain point raison à cette conjecture. En effet, dans les animaux inférieurs, tels que les zoophytes, qui sont privés de cerveau et qui, selon toute apparence, n'ont pas même de système nerveux, nous ne remarquons, suivant Gall, aucun instinct, aucune aptitude industrielle, à peine quelques penchans analogues à ceux des plantes. Avec les ganglions et le système nerveux ganglionnaire commence la sensibilité, liée aux phénomènes du mouvement : c'est ce qu'on remarque chez les mollusques, réduits à une sorte de vie végétative. A mesure que le système nerveux se perfectionne (c'est toujours Gall qui parle) et que paraît un petit cerveau au-dessus de l'œsophage, paraissent aussi quelques instincts, quelques aptitudes innées. Que le cerveau se perfectionne davantage, ainsi que les organes des sens, et vous rencontrerez les mer-

(1) Notre ami et médecin M. le docteur Millard, dont la science est aussi sûre que la main, a bien voulu faire devant nous une dissection, et, comme on dit, une *démonstration* du cerveau : c'est une opération des plus délicates, et j'ajoute un spectacle des plus intéressans. Pour la description anatomique du cerveau, consulter, outre le livre de Gratiolet, la *Névrologie* de Hirschfeld avec les planches de Leveillé.

veilleux instincts des abeilles et des fourmis. De degré en degré vous arrivez aux poissons, aux amphibies, dans lesquels le cerveau (c'est-à-dire les deux hémisphères) est déjà visible, et présente à un degré rudimentaire la forme qu'il conservera dans toute la série des vertébrés. Peu à peu le cerveau augmente de dimensions et se perfectionne quant à la structure à mesure que l'on passe des poissons aux oiseaux, des oiseaux aux mammifères, et que dans cette dernière classe on remonte la série des espèces dans l'ordre de leurs facultés intellectuelles.

Cette gradation corrélative ne peut sans doute pas être niée lorsqu'on se borne à des faits très généraux; mais on est très embarrassé pour déterminer la circonstance précise qui assure la supériorité d'un cerveau sur un autre, de l'intelligence d'une espèce sur l'intelligence d'une autre espèce. On est d'abord conduit à penser que cette circonstance est le volume ou plutôt la masse des cerveaux (1), car c'est une loi assez générale de la physiologie que la force des organes est proportionnelle à leur masse, et ainsi, par exemple, les plus gros muscles sont les plus forts. On a donc pensé à peser les cerveaux aux différens degrés de la série animale, et à comparer cette échelle de poids avec l'échelle d'intelligence des différentes espèces. Or cette comparaison ne donne pas des résultats très satisfaisans, car s'il est un grand nombre d'animaux où la loi paraît se vérifier, il est des exceptions capitales et inexplicables. Le chien par exemple, nous dit Leuret, n'a pas plus de cervelle que le mouton, et il en a moins que le bœuf. Le cerveau de l'éléphant (2) pèse trois fois plus que le cerveau humain. La baleine et plusieurs autres cétacés ont également un cerveau supérieur à celui de l'homme. Gall, très opposé à la méthode des pesées, considérait ces exceptions comme tout à fait décisives contre l'hypothèse qui mesure la pensée par la masse cérébrale.

Mais ici une question très délicate se présente. Lorsque l'on pèse des cerveaux pour y chercher une indication sur l'intelligence respective des animaux, doit-on se contenter du poids absolu des cerveaux comparés? Ne faudrait-il pas tenir compte, dans cette comparaison, de la taille et de la grandeur des animaux? Par exemple, est-il bien étonnant que l'éléphant, qui est un animal bien plus

---

(1) Les physiologistes emploient indifféremment les expressions de *volume* ou de *masse,* quoiqu'elles ne soient pas synonymes, l'une étant relative aux dimensions et l'autre à la quantité de matière; mais en général les organes de même espèce contiennent d'autant plus de matière qu'ils sont plus gros : le volume étant ainsi proportionnel à la masse, on peut prendre l'un pour l'autre sans inconvénient.

(2) Il s'agit des hémisphères cérébraux, ce qui est très important à signaler.

considérable que l'homme, ait un cerveau beaucoup plus gros? Ce
n'est donc pas le poids absolu du cerveau qu'il faut considérer,
mais le poids relatif à la masse du corps. D'après cette nouvelle
mesure, on dira que l'animal qui a le plus de cerveau comparativement à la masse de son corps aura le plus d'intelligence. Cette
méthode, employée, je crois, pour la première fois par Haller, a
été un moment très à la mode; Andrieux y fait allusion dans un
de ses jolis contes. « Le cerveau d'un âne, dit-il, ne fait que la
250ᵉ partie de son corps, tandis que celui de la souris des champs
en fait la 31ᵉ : aussi une souris a-t-elle une petite mine assez spirituelle. »

Quelque rationnelle que paraisse cette méthode, elle me semble
soulever quelques objections. Je comprends que l'on compare un
organe au reste du corps lorsque les fonctions de cet organe ont
précisément rapport au corps tout entier; par exemple, le système
musculaire ayant pour fonction de mouvoir le corps, si l'on veut en
mesurer la force, il faut évidemment comparer le poids des muscles au poids du corps, car c'est dans cette relation même que consiste leur fonction. Mais quelle relation y a-t-il entre la taille corporelle et l'intelligence? Deux animaux ayant, par hypothèse, une
même masse de cerveau, pourquoi cette masse serait-elle plus propre aux fonctions intellectuelles parce que l'animal serait plus petit? En quoi cette différence de taille, qui n'a rien à voir avec le
cerveau, pourrait-elle augmenter ou diminuer les fonctions de celui-ci? S'il en était ainsi, un individu dont l'embonpoint varierait
(le poids du cerveau restant le même) serait donc plus ou moins
intelligent selon qu'il serait plus ou moins gros, et l'on deviendrait
plus spirituel à mesure que l'on maigrirait davantage.

A la vérité, on donne de cette théorie du poids relatif une raison
qui n'est pas méprisable : c'est que l'encéphale en général, même
les hémisphères cérébraux en particulier, ne sont pas seulement
des organes d'intelligence, et qu'ils sont aussi en rapport avec les
sensations, avec les mouvemens. Il suit de là qu'entre deux cerveaux égaux, celui qui habitera le plus grand corps, ayant plus à
faire pour le mouvoir, aura moins de loisir en quelque sorte pour les
fonctions intellectuelles, ou bien, si l'on admet quelque localisation
de fonctions, une plus grande partie de la masse étant employée au
gouvernement de la vie matérielle, il en reste moins pour l'intelligence. Je comprends et j'apprécie la valeur de cette considération;
mais on voit aussi combien elle jette d'obscurité et d'incertitude sur
tout le débat, car tant qu'on n'aura pas spécifié quelle est la partie
du cerveau qui exerce les fonctions motrices et sensitives, on ne
peut pas s'assurer que cette partie soit plus ou moins grande dans

telle ou telle espèce, la taille n'étant elle-même qu'une indication très insuffisante : de ce qu'un animal est plus gros, il ne s'ensuit pas que son cerveau contienne plus de force motrice qu'un plus petit, ni plus de finesse sensorielle. Par conséquent, devant deux cerveaux égaux, n'ayant aucune mesure qui nous permette de défalquer la portion affectée aux sensations et aux mouvemens, nous n'avons que très peu de moyens d'apprécier ce qui reste pour l'exercice de l'intelligence.

Quoi qu'il en soit, la méthode du poids relatif, comme celle du poids absolu, donne également des résultats très équivoques, et même les faits exceptionnels et contraires sont encore plus nombreux que pour le poids absolu, car d'après cette mesure l'homme serait inférieur à plusieurs espèces de singes (le saïmiri, le saï, le ouistiti), et surtout à beaucoup d'oiseaux, et en particulier au moineau, à la mésange, au serin (1). Le chien serait inférieur à la chauve-souris, et le cheval au lapin (2).

Une autre méthode consiste à comparer le poids du cerveau, non plus au corps tout entier, mais au reste de l'encéphale, par exemple au cervelet ou à la moelle allongée; mêmes incertitudes, mêmes contradictions que pour les cas précédens. L'homme, selon cette méthode, serait à peine supérieur au canard, à la corneille, au sanglier, au cheval et au chien. Il serait à côté du bœuf et au-dessous du sapajou.

Enfin on propose de peser non-seulement le cerveau, mais le système nerveux tout entier, la moelle, les nerfs sensoriels, les nerfs moteurs et les nerfs sensitifs; mais qui pourrait faire un pareil travail? Les nerfs n'ayant pas tous la même dignité, il faudrait, dit Gratiolet, « déterminer le poids relatif de chacun d'eux. » Ne voit-on pas dans quel abîme on s'engage, et la méthode des pesées n'est-elle pas convaincue par là même d'impuissance et de grossièreté? Gratiolet, qui a si profondément étudié toutes ces questions, n'hésitait pas à la condamner très énergiquement. « J'ai regret de dire, s'écriait-il, que Cuvier, qui un des premiers a pesé comparativement l'encéphale des animaux, a donné un mauvais exemple à cet égard. Cet exemple a malheureusement été suivi par Leuret lui-même. *Tout ce travail qui n'est point aisé serait à recommencer.* Il faudrait, après avoir pris mesure de la quantité totale de l'encéphale, déterminer pour quelle part le cervelet, les tubercules quadrijumeaux, les hémisphères, les lobes olfactifs, seraient dans cette somme. Mais quoi! tous les cervelets, tous les hémisphères ne

(1) Cuvier, *Anatomie comparée*, t. II, p. 149.
(2) Leuret, p. 576.

sont pas semblables. Il faudrait encore tenir compte dans chaque organe de la proportion de ses parties composantes. Je ne connais point de sujet plus compliqué, de question plus difficile. »

Le poids du cerveau, soit absolu, soit relatif, étant un symptôme si difficile à déterminer et d'une signification si douteuse, on a proposé un autre critérium pour mesurer l'intelligence par son appareil organique. On a dit qu'il fallait moins considérer le poids que la forme et le type. Gratiolet insistait beaucoup sur cette considération; mais ce nouveau critérium présente lui-même de nombreuses difficultés. Si la forme est ce qu'il y a de plus essentiel dans le cerveau, il sera permis, à défaut d'autres moyens, de prendre le cerveau humain comme le type le plus parfait, puisque c'est l'homme qui est l'animal le plus intelligent. Gratiolet adoptait ce principe, et pour lui l'unité de mesure en quelque sorte était le cerveau d'un homme adulte de la race caucasique. On est par là conduit à supposer que les animaux seront plus intelligens à mesure que leur cerveau ressemblera plus au cerveau humain; mais cette règle est loin d'être sans exception.

S'il en était ainsi en effet, l'embranchement des vertébrés, qui conserve jusque dans ses derniers représentans un même type de cerveau, devrait être absolument supérieur en intelligence à tous les autres embranchemens où le cerveau, quand il existe, appartient à un type tout différent de celui du cerveau humain. Ce n'est pourtant point ce qui a lieu. « Dans l'ordre intellectuel, dit Leuret, passer des insectes aux poissons, ce n'est pas monter, c'est descendre; dans l'ordre organique, c'est suivre le perfectionnement du système nerveux. En effet tout ce que nous savons des mœurs, des habitudes, des instincts propres aux poissons, nous oblige à regarder ces animaux comme généralement inférieurs aux insectes, et à les placer fort au-dessous des fourmis et des abeilles, tandis que leur système nerveux, comme celui de tous les vertébrés, offre de nombreux caractères qui le rapprochent du système nerveux de l'homme. » De cette considération, Leuret conclut, à l'inverse de Gratiolet, « qu'il ne faut pas attribuer à la forme de la substance encéphalique une très grande importance (1). » Sans sortir de l'ordre des mammifères, il est très difficile d'attribuer une valeur absolue à la forme cérébrale, car s'il est vrai que le singe a un type de cerveau tout à fait semblable à celui de l'homme, en revanche, nous dit Lyell, « l'intelligence extraordinaire du chien et de l'éléphant, quoique le type de leur cerveau s'éloigne tant de celui de l'homme, cette intelligence est là pour nous convaincre que nous sommes

(1) Leuret, *Anatomie comparée*, t. Ier, ch. III, p. 136 et p. 221.

bien loin de comprendre la nature réelle des relations qui existent entre l'intelligence et la structure du cerveau (1). »

M. Lélut combat également la doctrine qui fait de la forme cérébrale la mesure et le signe de l'intelligence. Il rapporte cette parole du vieil anatomiste Vésale, « que ce n'est point le crâne qui suit la forme du cerveau, mais le cerveau qui suit la forme du crâne, » et, résumant les travaux de MM. Lafargue (2) et Bouvier (3), il établit que le crâne lui-même reçoit la forme qu'exigeaient le genre de vie de l'animal, et par suite le genre de ses mouvemens. « Le cerveau et le crâne sont étroits et pointus quand l'animal fouisseur doit se servir de son front et de son museau pour creuser la terre, larges au contraire quand il lui faut pour se nourrir, pour voir et pour entendre, une large bouche, de vastes yeux, de vastes oreilles, entrainant le reste du crâne dans le sens bilatéral; développés en arrière, hérissés de crêtes osseuses, lorsque les exigences de l'équilibre ou celles du mouvement nécessitent elles-mêmes une telle forme (4). »

Il faut remarquer d'ailleurs qu'il est difficile de comprendre *à priori*, comme le dit avec justesse M. Lélut, quelle relation il peut y avoir entre une forme quelconque du cerveau et la puissance intellectuelle. Dans les fonctions mécaniques, la forme a une signification évidente, et on comprend très bien par exemple que les dents, selon leur structure, sont propres à broyer ou à couper; on comprend l'importance de la forme pour « le tube digestif, les leviers osseux ou musculaires des membres, les parties articulaires du coude ou du genou. » Mais quel rapport imaginer entre la forme ronde, carrée, ovale ou pointue du cerveau et la mémoire, l'imagination, le jugement, la raison?

Une dernière difficulté contre l'hypothèse d'une corrélation déterminée entre la forme et les fonctions du cerveau se tirera du fait même qui paraît le plus favorable à cette hypothèse, — la similitude du cerveau chez le singe et chez l'homme. On trouve en effet que l'animal qui a le plus d'intelligence, à savoir le singe, est précisément celui qui se rapproche le plus de l'homme par la forme du cerveau. Rien de mieux; mais après avoir expliqué la similitude, il faut expliquer les différences. Ici certains anatomistes se sont crus obligés, pour sauver la dignité et la supériorité de l'espèce humaine, de trouver dans le cerveau de l'homme des caractères particuliers et

(1) Lyell, *de l'Ancienneté de l'homme*, ch. XXIV, tr. franc., p. 532.

(2) *Appréciation de la doctrine phrénologique.* — *Archives de médecine*, 1838.

(3) *Mémoire sur la forme du crâne dans son rapport avec le développement de l'intelligence.* — *Bulletin de l'Académie de médecine*, 9 avril 1839.

(4) Lélut, *Physiologie de la pensée*, t. Ier, ch. x, p. 328, et t. II, *Mémoire sur les rapports du cerveau et de la pensée*.

significatifs qui manqueraient au cerveau du singe. Le système de
M. Darwin est venu ajouter une excitation étrange à ces sortes de
recherches, car cette hypothèse n'irait à rien moins, quoique l'auteur ne s'explique pas sur ce point, qu'à faire de l'homme, comme
on l'a dit, un singe perfectionné. Cette conséquence, que M. Darwin avait tue et écartée par discrétion et par prudence, a été depuis ouvertement professée. M. Lyell n'en est pas trop effrayé, et
M. Ch. Vogt en est ravi. Les *Leçons sur l'homme* sont un plaidoyer
passionné en faveur de la parenté de l'homme et du singe. On
comprend que tout le monde n'ait pas été également satisfait de
cette belle généalogie. De là, je le répète, de grands efforts pour
distinguer anatomiquement le singe de l'homme. Deux anatomistes
célèbres se sont distingués dans cette recherche, Owen en Angleterre, Gratiolet parmi nous; mais le premier va beaucoup plus loin
que le second, et admet des caractères distinctifs que celui-ci n'a
pas reconnus. Owen a trouvé un grand adversaire en Angleterre
dans M. Huxley, et Gratiolet est fort combattu dans le livre de
M. Vogt.

Je ne puis entrer dans le détail de ces discussions, qui sont du
ressort exclusif des anatomistes. Je dirai volontiers que l'impression qui m'en est restée est plutôt favorable à ceux qui assimilent
le cerveau du singe au cerveau de l'homme qu'à ceux qui veulent
y voir deux types absolument différens (1); mais maintenant la
difficulté reste aussi grande qu'auparavant. Comment deux cerveaux aussi semblables correspondent-ils à des facultés intellectuelles si inégales? On invoque le volume et le poids. Le cerveau
du singe est en effet moins gros que celui de l'homme; mais on a
vu que ce caractère était insuffisant, puisque le cerveau de l'éléphant est de beaucoup plus gros et plus lourd que celui de l'homme.
Il y a plus, si l'on prend le poids relatif, il est des singes, par
exemple les ouistitis, qui sont mieux partagés que nous. Qui ne
voit les faux-fuyans perpétuels que l'on emploie dans cette question? Si le poids fait défaut, on invoque la forme; si la forme fait
défaut, on invoque le poids : tantôt on parle du poids absolu, tantôt du poids relatif. Faut-il chercher la solution dans une résultante
du poids et de la forme? Cela est possible; mais qui l'a démontré?

On a essayé de résoudre la difficulté par un autre moyen. C'est
en comparant le singe aux races inférieures de l'humanité, en

---

(1) Cependant un caractère vraiment distinctif paraît subsister. Il a été signalé par
Gratiolet : il consiste en ce que, chez les singes, le lobe moyen du cerveau paraît et
s'achève avant le lobe frontal, tandis que chez l'homme les circonvolutions frontales
apparaissent les premières, et celles du lobe moyen ne se dessinent qu'en dernier lieu.
Gratiolet se servait de cet argument contre la doctrine de M. Darwin.

montrant que l'intelligence va en se dégradant toujours dans les
diverses races humaines, et qu'aux plus bas degrés elle est à peine
supérieure à celle du singe ou de quelque autre animal. Je ne voudrais pas être obligé d'aborder incidemment une question des plus
difficiles et des plus complexes, celle des différences de l'homme
et de l'animal. Cette question mérite d'être examinée en elle-même
et non comme un épisode. Deux mots seulement pour répondre à
l'objection précédente. En admettant (ce qui du reste ne peut être
contesté) que certaines races ont moins d'aptitude que d'autres à la
civilisation, et restent dans un état très inférieur, on ne peut nier
que dans ces races elles-mêmes tel ou tel individu ne soit capable
de s'élever au niveau moyen des autres races, et quelquefois même
à un rang très distingué. C'est ce qui est prouvé pour la race nègre;
c'est ce qui serait prouvé sans doute aussi pour d'autres races, si
elles étaient depuis plus longtemps en contact avec la nôtre, et si les
blancs s'occupaient de les améliorer, au lieu de les corrompre et de
les exterminer. M. de Quatrefages, dans ses travaux sur l'unité de
l'espèce humaine, a montré que l'on avait beaucoup exagéré la stu-
pidité des races australiennes. Nous lisions dernièrement dans la
Revue même le récit d'un courageux voyageur américain qui a
passé deux ans dans le commerce intime des Esquimaux, partageant
leurs mœurs, leur vie, leur langue. Un tel fait n'indique-t-il pas
qu'il y a entre les degrés les plus distans de l'espèce humaine un
lien fraternel? car qui eût pu supporter une pareille existence avec
une famille de singes? Nous voyons d'ailleurs dans cette histoire,
par l'exemple du bon Ebierbing et de sa femme Tookoolito, surtout
de celle-ci, que ces humbles créatures ont une certaine aptitude à
la civilisation qui ne demanderait qu'à être cultivée (1).

D'ailleurs, pour pouvoir nier d'une manière absolue l'aptitude de
telle ou telle race à la civilisation, il faudrait faire des expériences
qui n'ont pas été convenablement faites, parce qu'elles sont très
difficiles. Il faudrait, par exemple, choisir chez ces races sauvages
et infirmes un enfant à la mamelle, et, le transportant en Europe,
l'instruire à la manière des nôtres et voir s'il pourrait s'élever au
niveau de nos propres enfans. Je n'hésite pas à penser que dans ces
conditions un enfant de n'importe quelle race (à moins qu'il n'ap-
partînt à une variété maladive (2), ce dont il faudrait tenir compte),
ne fût susceptible d'un développement intellectuel peu différent de
celui des autres races (3); mais, sans faire de telles hypothèses, on

(1) Voyez la *Revue* du 1er mai.

(2) Voyez, sur les variétés maladives, le livre curieux et original du docteur Morel sur
les *Dégénérescences dans l'espèce humaine,* Paris, 1857, avec atlas.

(3) J'ajoute que, pour que l'expérience fût complète, il faudrait un couple et poursuivre les mêmes études sur plusieurs générations en évitant tout croisement.

peut déjà conclure des faits mêmes que nous connaissons que dans
toute race il peut y avoir tel individu capable de s'élever au niveau
moyen de l'espèce humaine. Toute race contient donc en puissance
ce niveau moyen. Or c'est là, ce me semble, un caractère distinctif
qui sépare l'espèce humaine de toute autre, car jamais, dans aucune famille de singes, on ne trouvera d'individu s'élevant au-dessus
d'une imitation grossière et mécanique des actes humains.

Je reviens maintenant à ma première question : le singe étant si
inférieur à l'homme par l'intelligence, comment lui est-il si semblable par l'organisation? M. Vogt s'étonne que certains naturalistes,
ne considérant que les différences corporelles, trouvent à peine de
quoi faire du genre humain une famille distincte, tandis qu'à considérer les différences morales et intellectuelles ils en feraient volontiers un règne à part; mais c'est précisément cette antinomie qui
doit étonner et faire réfléchir tous ceux qui n'ont pas de parti-pris,
et n'ont pas pour leur propre système cette foi aveugle qu'ils reprochent aux autres. M. Ch. Vogt nous dit avec ce ton de mépris bien
peu digne d'un savant : « La gent philosophe, qui n'a vu de singes
que dans les ménageries et les jardins zoologiques, monte sur ses
grands chevaux, et en appelle à l'esprit, à l'âme, à la conscience
et à la raison! » Sans monter sur nos grands chevaux, nous dirons
à M. Vogt : La race nègre a donné un correspondant à l'Institut;
connaissez-vous beaucoup de singes dont on puisse en dire autant?

Je suis d'avis que l'on ne doit pas mêler les questions morales et
sociales aux questions zoologiques; je voudrais cependant que l'histoire naturelle ne montrât pas une trop grande indifférence, et que
par sa prétendue impartialité elle ne blessât pas trop l'humanité.
Je n'aime pas entendre un naturaliste dire : « Il nous sera fort égal
que le démocrate des états du sud trouve dans les résultats de nos
recherches la confirmation ou la condamnation de ses prétentions.»
Après tout, pour être savant, on n'en est pas moins homme. Ne
parlez pas de l'esclavage, si vous voulez, c'est votre droit; mais, si
vous en parlez, ne venez pas dire qu'il vous est égal qu'on se serve
de vos argumens en faveur de l'iniquité! J'ajouterai que sans vouloir mêler la morale à la science, ni juger la valeur d'une dissection
anatomique par ses conséquences sociales et religieuses, il est permis cependant, en présence de certains zoologistes si pressés de
rabaisser l'homme au singe et de se servir, pour le succès de leur
thèse, de l'exemple du nègre, que cette thèse intéresse particulièrement, il est permis, dis-je, de demander d'où vient cette répulsion universelle que l'humanité civilisée éprouve aujourd'hui contre
l'esclavage. Cette répulsion elle-même n'est-elle pas un fait? Notre
race commence à reconnaître des sœurs dans les races inférieures;
la conscience humaine franchit la question zoologique et la tranche

instinctivement : voilà le grand spectacle que présente l'humanité dans le monde entier. Expliquez-nous cela. C'est là du sentiment, répondra-t-on; mais, encore une fois, ce sentiment est un fait qui doit avoir sa raison d'être dans l'identité de nature des êtres qui l'éprouvent. Pourquoi ne puis-je supporter l'idée de l'esclavage du noir, lorsque je vois sans aucun scrupule l'esclavage du bœuf ou de l'âne? Peu m'importe la question d'origine : je ne cherche pas si un seul couple a donné naissance à l'espèce tout entière; ce qui m'importe, c'est qu'il y a un lien commun entre toutes les branches de l'humanité, et un intervalle immense entre les derniers des hommes et les premiers des singes, intervalle qui ne s'explique pas suffisamment par la différence de leur organisation encéphalique.

Nous n'avons parlé jusqu'ici que de la forme du cerveau en général. Il y aurait maintenant à examiner quelles sont les conditions particulières de structure indiquées comme caractéristiques du développement intellectuel. Trop de détails sur ce sujet ne conviendraient pas à cette étude, plus philosophique après tout qu'anatomique; mais nous ne devons pas omettre deux des conditions les plus importantes qui ont été signalées : le développement du cerveau d'avant en arrière, — la présence, l'absence, le plus ou moins de complication des circonvolutions cérébrales. Commençons par ce dernier caractère, qui est le plus important et le plus controversé.

Tout le monde a pu observer sur la cervelle de certains animaux des plis variés et irréguliers, semblables à ceux que fait une étoffe que l'on presse doucement avec la main. Ces plis donnent naissance à des saillies et à des creux que l'on a comparés à des collines et à des vallées. Les collines ou saillies s'appellent circonvolutions; les vallées ou creux s'appellent anfractuosités. Les phrénologistes ont rendu célèbres les circonvolutions du cerveau, manifestées, selon eux, par les bosses du crâne, en localisant dans chacune d'elles des facultés différentes. En laissant de côté ici la question des localisations, disons seulement que ces circonvolutions paraissent liées au développement de l'intelligence. Un naturaliste distingué, Desmoulins, a essayé d'établir cette loi : que l'étendue et la force de l'intelligence sont en raison du nombre des circonvolutions; quelques-uns ajoutent : et de la profondeur des anfractuosités. M. Flourens paraît donner raison à cette opinion. Les rongeurs, nous dit-il, sont les moins intelligens des mammifères : point de circonvolutions. Les ruminans, plus intelligens que les rongeurs, ont des circonvolutions. Les pachydermes, plus intelligens que les ruminans, en ont davantage, et ainsi de suite de plus en plus chez les carnassiers, les singes, les orangs, enfin chez l'homme, le plus riche de tous les animaux en circonvolutions cérébrales.

La doctrine de Desmoulins n'est pas nouvelle. Déjà, dans l'antiquité, Érasistrate l'avait défendue, et il expliquait la supériorité intellectuelle de l'homme par le nombre de ses circonvolutions. Galien
lui répondait : « Je ne partage pas votre avis, car d'après cette règle
les ânes, étant des animaux brutes et stupides, devraient avoir un
cerveau tout à fait uni, tandis qu'ils ont beaucoup de circonvolutions. » Leuret de son côté, tout en reconnaissant la valeur du critérium proposé par Desmoulins, montre qu'il n'est pas rigoureusement
significatif. Il conteste en particulier cette proposition de M. Flourens, que les ruminans ont moins de circonvolutions que les carnassiers. Au contraire l'avantage est tout entier du côté des premiers;
or on ne conteste pas qu'ils ne soient très inférieurs aux autres en
intelligence. « Pour la forme générale, pour le nombre et l'étendue
des sous-divisions, pour l'arrangement des circonvolutions, le mouton approche de l'éléphant beaucoup plus près que le chien. Les
éléphans et les singes ont par leur nature des facultés qui les élèvent au-dessus de la plupart des mammifères. Admettons qu'ils
tiennent cette supériorité des circonvolutions supplémentaires dont
leur cerveau s'est enrichi; mais les chevaux et les chiens, privés
des circonvolutions dont il s'agit, montent par l'éducation au-dessus du singe et de l'éléphant : où faudra-t-il placer leurs facultés
nouvelles (1)? » Un dernier fait remarquable, attesté et par Leuret
et par Gratiolet, c'est que pour l'étendue et le nombre des circonvolutions l'éléphant est au-dessus de l'homme. Enfin la loi de
Desmoulins doit être soumise, suivant M. Baillarger, à un nouvel
examen. C'est ce qu'il a fait lui-même dans un savant mémoire (2)
où il établit, contre l'opinion reçue, que le degré du développement de l'intelligence, loin d'être en raison directe de l'étendue
relative de la surface du cerveau, semble bien plutôt en raison inverse (3).

L'autre condition, à laquelle on attache avec raison une grande
importance comme caractéristique de l'intelligence chez les animaux, c'est le développement du cerveau d'avant en arrière. Plus

(1) Leuret, p. 577.

(2) De l'Étendue et de la Surface du Cerveau dans son rapport avec le développement
de l'intelligence. — Bulletin de l'Académie de médecine, 1845. — Annales médico-psy-
chologiques, t. VI.

(3) Il y a, dit M. Baillarger, à tenir compte de cette loi, « que les volumes des corps
semblables sont entre eux comme les cubes de leurs diamètres, tandis que leurs surfaces sont entre elles comme les carrés de ces diamètres. » En d'autres termes, dans le
grossissement des corps, la surface croît dans un moindre rapport que le volume. Si les
dimensions d'un corps passent de 2 mètres à 3 mètres, la surface passe de 4 mètres carrés à 9 mètres carrés, le volume de 8 mètres cubes à 27 mètres cubes. Il suit de là
évidemment que le cerveau de l'homme a une surface proportionnelle beaucoup moins
grande que celle des mammifères inférieurs.

le cerveau cache les autres parties de l'encéphale, plus l'animal est intelligent. — Chez les rongeurs, dit M. Flourens, les hémisphères ne recouvrent même pas les tubercules quadrijumeaux ; dans les ruminans, ils les recouvrent ; dans les pachydermes, ils atteignent le cervelet ; dans les orangs, ils recouvrent le cervelet ; dans l'homme, ils le dépassent. Or nous savons par Frédéric Cuvier que l'ordre d'intelligence chez les mammifères est précisément celui que nous venons d'indiquer : à savoir les rongeurs, les ruminans, les pachydermes, les carnassiers, les singes et l'homme. M. Leuret reconnaît aussi qu'il y a là un fait qui mérite d'être pris en grande considération, et il est très vrai que tous les animaux dont le cervelet est recouvert par le cerveau sont des animaux intelligens, et que beaucoup d'autres, où il est découvert, sont plus ou moins stupides. Cependant il ne faudrait pas voir là, suivant lui, l'expression d'une loi, car, d'après ce nouveau critérium, le renard et le chien seraient placés au même rang que le mouton, et fort en arrière du phoque et de la loutre ; le singe d'ailleurs serait aussi bien partagé que l'homme et même quelquefois l'emporterait sur lui. Ce n'est donc pas encore là un fait auquel on puisse attribuer une valeur décisive et absolue.

II.

Si maintenant, au lieu de suivre la série animale en général, nous nous renfermons dans l'espèce humaine, nous trouverons encore, comme tout à l'heure, un certain nombre de faits qui accusent une corrélation incontestable entre le cerveau et la pensée, mais aussi beaucoup de faits contradictoires et embarrassans.

D'abord, il est un point sur lequel on s'accorde, c'est que sans cerveau il n'y a pas de pensée : c'est ce que prouve suffisamment l'exemple des monstres acéphales. En second lieu, ce qui n'est pas davantage contestable, c'est qu'au-dessous d'une certaine limite de volume cérébral la pensée est également comme si elle n'était pas. Suivant M. Lélut, cette limite, au point de vue du développement du crâne pris dans sa grande circonférence horizontale, est de 16 à 17 pouces, et au point de vue de la pesanteur du cerveau d'environ 1,000 grammes. Au-dessous de ce poids, un cerveau humain est fatalement condamné à l'idiotisme et à l'imbécillité.

Il n'est pas tout à fait aussi bien établi que le poids et la consistance du cerveau augmentent et décroissent avec l'âge. Voici comment Gall nous décrit cette évolution. Dans l'enfant nouveau-né, le cerveau ne manifeste aucune fibrille nerveuse : c'est une sorte de pulpe, de gélatine molle, noyée dans les vaisseaux sanguins. Puis les fibres commencent à se montrer d'abord dans les parties postérieures et moyennes, ensuite dans les parties antérieures. Au bout de quelques mois au contraire, les parties antérieures et supérieures se développent avec plus d'énergie que les autres parties, et alors commencent pour l'enfant l'attention, la réflexion, le langage, en un mot les facultés vraiment rationnelles. Le cerveau va toujours croissant et se développant jusqu'à ce qu'il ait atteint sa perfection, ce qui a lieu entre trente et quarante ans. Alors il y a un point d'arrêt pendant lequel il semble que le cerveau reste stationnaire, puis il commence à décroître; il s'amaigrit, se rapetisse, s'amollit; les circonvolutions se rapprochent et s'effacent. Affaissé enfin, le cerveau revient en quelque sorte à l'état d'où il est parti.

Je n'oserais pas contester ce tableau si saisissant et si spécieux, et qui paraît vrai dans sa généralité; mais d'une part Gall voyait tout avec son imagination, et d'un autre côté, quand on a quelque expérience de ces questions, on sait qu'il est bien rare que les faits s'y présentent avec cette parfaite simplicité. Ainsi, pour nous en tenir à la question de poids, nous trouvons de singuliers dissentimens entre les observateurs. Il s'agit de fixer le moment où le cerveau atteint son poids maximum. Suivant Sœmmering, ce serait à l'âge de trois ans, ce qui est vraiment inadmissible. Suivant Wenzel, ce serait entre 6 et 7 ans, suivant Tiedemann entre 7 et 8, etc. On peut choisir. Enfin, d'après Sims, le poids du cerveau irait croissant jusqu'à l'âge de 20 ans, diminuerait de 20 à 30, reprendrait son élan de 30 à 50, et décroîtrait à partir de cet âge. Cette loi extraordinaire, qui suppose une diminution cérébrale de 20 à 30 ans, doit être l'effet d'une illusion de l'opérateur ou s'expliquer par quelque circonstance particulière (1). Gratiolet cependant incline de son côté à penser « que le cerveau croît toujours, au moins dans les races caucasiques, depuis la première enfance jusqu'à la décrépitude. » Il n'y aurait point par conséquent de décroissance. On voit par tous ces faits que l'on ne sait pas encore très bien, quoi qu'en dise le docteur Gall, le rapport du développement du cerveau avec le développement de l'âge.

On a ensuite comparé le poids du cerveau dans les deux sexes, et l'on a cru trouver que les femmes ont en général la cervelle plus légère que les hommes, ce qui s'explique, disent les peu galans physiologistes, par l'infériorité de leur culture intellectuelle. Il est

---

(1) MM. Broca et Gratiolet sont d'accord pour supposer que le fait peut s'expliquer par l'existence des hydrocéphales, très nombreux dans le bas âge, et dont un grand nombre meurent avant vingt ans. Ce seraient eux qui augmenteraient ainsi la moyenne de la première période.

fâcheux que les femmes ne pèsent pas à leur tour des cerveaux; peut-être verrions-nous alors les rôles renversés. Au reste l'opinion qui attribue à l'homme plus de cerveau qu'à la femme est très ancienne, et on la trouve, dit-on, dans Aristote; mais tous les physiologistes n'ont pas été de cet avis. Meckel prétend que, relativement aux nerfs et au corps entier, c'est chez la femme que l'on trouve le cerveau le plus volumineux. M. Cruveilhier soutient, de son côté, que le cerveau est indépendant du sexe. M. Parchappe au contraire affirme « que l'encéphale de la femme est plus petit que celui de l'homme, sans être sensiblement plus grand par rapport à la masse du corps : il ne compense donc pas son infériorité absolue par une supériorité relative. » Enfin Gratiolet n'a pas une opinion particulière sur ce sujet; seulement il hésite à se prononcer sur la question d'inégalité intellectuelle, et pour lui la diversité des fonctions n'entraîne pas nécessairement l'idée d'une infériorité absolue.

Vient ensuite la comparaison des différentes races humaines. Ici il n'est plus guère possible de peser directement des cerveaux, car on n'a pas facilement à sa disposition un cerveau de Chinois, de nègre ou de Hottentot; mais à défaut de cerveaux on a des crânes, et au lieu de peser les uns, on prend la mesure des autres (1). Seulement c'est là une méthode bien inférieure à la précédente pour l'exactitude et la précision, plus loin encore du résultat qu'on veut obtenir. Gratiolet juge cette méthode avec une extrême sévérité. « D'autres, disait-il, emplissent des crânes de millet desséché qu'ils pèsent ensuite, et, comparant les poids obtenus, ils s'imaginent avoir découvert la mesure de la capacité intellectuelle des différentes races. Pauvres gens qui, s'ils le pouvaient, pèseraient dans leurs balances Paris et Londres, Vienne et Constantinople, Pétersbourg et Berlin, et d'une égalité de poids, si elle existait, concluraient à la similitude des langues, des caractères, des industries! »

Cette méthode si défectueuse paraît cependant avoir fourni quelques résultats importans, et M. le docteur Broca affirme que le degré de capacité des crânes correspond au degré d'intelligence des différentes races. Ainsi tous les auteurs ont trouvé la tête plus grosse chez les caucasiques que chez les Mongols, chez les Mongols que chez les nègres, chez les nègres d'Afrique que chez ceux d'Océanie.

---

(1) On a trois méthodes pour mesurer la capacité des crânes : la première consiste à les remplir de grains de millet, et à peser la masse de grains que chacun peut contenir; la seconde consiste à introduire de l'eau dans le crâne soigneusement bouché, et à peser également l'eau. Ces deux méthodes sont très inexactes. La troisième, qui est la méthode Morton, d'après le nom du naturaliste américain qui s'en est servi le premier, consiste à remplir le crâne de petit plomb de chasse à grains parfaitement égaux; on vide ensuite le plomb dans un cylindre gradué qui donne la mesure cherchée. Suivant M. Broca, ce procédé est d'une exactitude très suffisante.

Les nègres d'Afrique occupent la moyenne entre les Européens et
les Australiens. Or n'est-ce pas là précisément la gradation du développement intellectuel dans les différentes races? La race blanche ou caucasique est supérieure à la race mongole; au moins
elle le croit, et elle est en train de le lui prouver. La race mongo-
lique est supérieure à la race noire, et dans celle-ci l'intelligence
du nègre d'Amérique ou d'Afrique est encore supérieure à celle
des Australiens. Outre ces faits généraux, M. Broca en cite deux
autres qu'il emprunte aux recherches personnelles de Gratiolet.
Celui-ci a découvert que les sutures du crâne (1) ne se soudent que
très tard dans les races supérieures, ce qui permet au crâne de
grandir, et à l'encéphale de s'accroître avec lui. Chez les races inférieures au contraire, la soudure des os du crâne n'en permet pas
l'expansion, et le cerveau, enfermé comme une ville dans ses murailles, ne peut pas s'agrandir. Un second fait non moins curieux,
c'est que dans les races inférieures les sutures antérieures du crâne
se ferment avant les postérieures, d'où il suit que le développement des lobes antérieurs du cerveau s'arrête plus tôt, fait très favorable à l'hypothèse qui place l'intelligence dans la partie frontale
du cerveau; mais ceci touche à la question des localisations, que
nous ne voulons pas entamer dans cette étude.

Gratiolet accepte tous les faits signalés par M. Broca, mais il
les interprète différemment. Le développement du cerveau est un
phénomène tout dynamique et le signe d'une vitalité plus grande :
une petite tête dont le cerveau s'accroît encore est dans une condition meilleure pour l'éducation de l'intelligence qu'une tête plus
grande dont le développement est arrêté. En définitive, Gratiolet
résume sa pensée en ces termes significatifs : « Au-dessus du poids
nous mettons la forme, au-dessus de la forme nous mettons l'énergie vitale, la puissance intrinsèque du cerveau. » M. Lélut exprime
la même idée en disant que ce qui importe dans le cerveau, c'est
moins la quantité que la qualité.

D'après cette manière de voir, on doit préjuger que Gratiolet
était très opposé à la méthode qui tendrait à mesurer l'intelligence
des hommes, et surtout des hommes supérieurs, par le poids de
leur cerveau. « Quel dommage, dit-il ironiquement, que la méthode
des pesées soit si incertaine! Nous aurions des intelligences de
1,000 grammes, de 1,500 grammes, de 1,800 grammes! Mais ce
n'est pas tout à fait aussi simple. » C'est ici surtout que le débat
entre les deux contradicteurs devient très pressant. Quelques faits

---

(1) Le crâne est composé de trois pièces distinctes; les lignes qui les unissent sont
appelées *sutures*. A un certain âge, ces pièces se soudent et n'en forment plus qu'une :
c'est ce phénomène qui a lieu plus ou moins tard, selon les races et les individus.

très saillans paraissent, à vrai dire, autoriser l'hypothèse que Gratiolet condamne si sévèrement. On nous raconte que lorsqu'on ouvrit le crâne de Pascal, on y découvrit (ce sont les expressions mêmes des médecins) « une abondance de cervelle extraordinaire. » Malheureusement on ne pensa pas à la peser. Le premier cerveau illustre qui ait été pesé est celui de Cromwell, que l'on nous donne comme étant de 2,231 grammes, celui de Byron serait de 2,238 grammes; mais ces deux chiffres dépassent tellement la moyenne, qui varie entre 1,300 ou 1,400 grammes (1), que M. Lélut n'hésite pas à les déclarer apocryphes. « Ce sont là, dit-il, des cerveaux fantastiques. » En réduisant le second, avec M. Wagner, à 1,807 grammes, on a encore un poids « très supérieur à la moyenne, à savoir d'au moins 400 grammes. » Le cerveau de Cuvier était également très considérable, car on le donne comme de 1,829 grammes (2). Tels sont les faits favorables à l'hypothèse qui mesure la pensée au poids. Voici les faits contraires.

M. Wagner, célèbre anatomiste de Gœttingue, a recueilli dans un travail fort curieux toutes les pesées de cerveaux positives que la science peut fournir à l'heure qu'il est, et il a ainsi rassemblé 964 pesées parfaitement authentiques (3). Or, sur ce tableau, où figurent un certain nombre d'hommes supérieurs ou très distingués, Cuvier et Byron sont seuls au premier rang. Gauss, l'illustre géomètre, n'est que le 33e, Dupuytren le 52e, Hermann le philologue le 92e, Haussmann le minéralogiste le 158e. D'autres sont placés plus haut; mais il se trouve que Lejeune-Dirichlet, l'élève de Gauss, et qui n'est pas son égal pour le génie, est précisément avant lui. Enfin Fuchs le chimiste est le 32e. Il semble résulter de ces rapprochemens que la supériorité de l'esprit n'assure pas le premier rang dans l'ordre des poids cérébraux.

M. Broca discute ces différens faits avec beaucoup de sagacité et d'adresse, et il essaie de leur faire perdre une partie de leur valeur. Il fait remarquer que sur les huit hommes supérieurs de M. Wagner, il y en a cinq dont il a lui-même pesé les cerveaux, et qui étaient ses collègues à l'université de Gœttingue. « Or, nous dit M. Broca, les hommes de génie sont rares partout; il n'est pas probable qu'il en soit mort cinq en cinq ans, rien qu'à l'université de Gœttingue. » La possession d'une chaire universitaire ne prouve pas nécessairement le génie. On peut déployer de l'intelligence d'une autre manière que dans les sciences. Les hommes qui ne

(1) 1328 selon M. Parchappe, 1424 selon Huschke.

(2) M. Lélut croit qu'il a été mal pesé. Voyez *Physiologie de la pensée*, t. I, note.

(3) Ce tableau à la vérité contient un très grand nombre de cerveaux malades, dont, défalcation faite, il reste seulement, suivant M. Broca, 347 cas normaux.

sont pas arrivés à la célébrité ne sont pas toujours pour cela inférieurs à d'autres. D'après ces principes, M. Broca dit qu'il ne faudrait faire entrer en ligne de compte que les génies créateurs et
originaux. Or, sur la liste de M. Wagner, il ne reconnaît ce caractère qu'à M. Gauss, géomètre vraiment hors ligne; mais le cerveau
de Gauss était encore de 12 pour 100 supérieur à la moyenne, et
d'ailleurs il est mort à soixante-dix-huit ans, c'est-à-dire à l'âge
où le cerveau décroît.

A ces objections on a répondu que si le cerveau de Gauss dépasse quelque peu la moyenne, il n'en est pas moins toutefois inférieur de 400 grammes au cerveau de Cuvier. Que signifie alors
l'énormité de cervelle de celui-ci? On peut donc être un génie créateur de premier ordre sans avoir besoin de tant de cerveau. L'argument est certainement très fort, et M. Broca ne l'a pas affaibli.
Ce n'est pas d'ailleurs le seul fait significatif de la liste de M. Wagner. Haussmann, placé le 119e sur' cette liste, et dont le cerveau
était au-dessous de la moyenne, n'était pas un homme vulgaire :
c'était un minéralogiste très distingué, occupant un rang élevé dans
la science. Il y a encore un nom illustre auquel on ne peut refuser
le génie, c'est Dupuytren; or il n'est que le 52e, et son cerveau est
inférieur de 450 grammes à celui de Cuvier. A ces exemples on
peut ajouter, avec M. Lélut, celui de Raphaël, celui de Voltaire,
dont la petite tête est assez connue, celui de Napoléon, dont le crâne
mesurait une circonférence à peine au-dessus de la moyenne. Gratiolet cite encore le cerveau de Schiller, dont les dimensions, me-
surées par Carus, ne dépassent pas les conditions ordinaires. Enfin
il cite le crâne de Descartes, qui est assez petit, mais dont l'authenticité n'est peut-être pas suffisamment établie (1).

Un seul fait ressort de ces débats, c'est que l'on est loin d'être
arrivé à des conclusions précises en cette matière. Sans doute le
poids exceptionnel du cerveau de Byron et de celui de Cuvier donne
à réfléchir; mais les exceptions sont trop importantes pour que l'on
puisse trouver dans la mesure du crâne les élémens d'une loi positive.

Une expérience en sens inverse de celles qui viennent d'être résumées a été faite sur le cerveau et sur le crâne des idiots. C'est
au docteur Lélut que l'on doit les recherches les plus précises et

(1) Ce crâne, qui est au Muséum, a été donné à la France par Berzélius, qui l'avait
acheté à une vente publique. Religieusement conservé en Suède dans une famille de
cartésiens, il est couvert d'inscriptions qui attestent son origine. Cependant l'auteur
d'études scandinaves bien connues des lecteurs de la *Revue,* mon collègue et ami
M. Geffroy, m'assure que l'on montre encore à l'heure qu'il est à Stockholm le crâne
de Descartes.

les plus instructives sur ce point. Le détail de ces recherches ne peut trouver place ici : donnons-en seulement les conclusions. La première est celle-ci : en tenant compte de la taille, qui est beaucoup moindre chez les idiots, le développement cérébral moyen est au moins aussi considérable chez ces derniers que chez les autres hommes. A ceux qui prétendent que l'intelligence réside surtout dans la partie antérieure du cerveau, M. Lélut répond que la partie la plus développée du cerveau chez les idiots ou imbéciles est la partie frontale; la partie occipitale est au contraire la plus rétrécie. Enfin, si l'on considère la forme du crâne, et par conséquent du cerveau, comme plus significative que le poids, il nous apprend que les idiots ont au moins autant que les autres hommes cette forme de tête allongée qui, depuis Vésale, est généralement attribuée à une plus forte intelligence. Ces trois propositions sont au nombre des plus importantes que la science positive ait établies en cette question, et il ne paraît pas qu'elles aient été depuis ni contestées, ni ébranlées. Elles nous montrent de quelle circonspection on doit user lorsqu'on prétend évaluer dans des balances grossières et avec des poids matériels cette chose impalpable, légère et ailée que l'on nomme intelligence!

En recueillant ainsi toutes les contradictions de la science sur le poids et la forme du cerveau dans leurs rapports avec l'intelligence, aurions-nous la prétention d'établir que la pensée n'a nul rapport avec l'organisation matérielle, qu'elle vit libre et indépendante sans avoir besoin d'organes pour s'exercer et se développer? Non certes; mais après tout il faut prendre les choses telles qu'elles sont, et, comme on dit, ne pas en mettre plus qu'il n'y en a. Les relations générales entre l'entendement et le cerveau sont incontestables; mais toutes les fois que l'on veut préciser, mettre le doigt sur la circonstance décisive, on rencontre des pierres d'achoppement qu'on ne peut écarter. S'il en est ainsi, il serait sage et à propos de ne pas tant triompher, comme le font les matérialistes : non-seulement les raisons psychologiques et morales les condamnent irrévocablement, mais, même en physiologie, leur doctrine n'est qu'une hypothèse, qui laisse échapper un grand nombre de faits. Tous les bons observateurs sont d'accord pour reconnaître que, parmi les conditions physiologiques, il y en a qui nous échappent, et qu'il reste toujours dans ce problème une ou plusieurs inconnues. Pourquoi l'une de ces inconnues ne serait-elle pas l'âme elle-même? L'un des savans les plus hardiment engagés dans les voies nouvelles, M. Lyell, n'hésite pas cependant à écrire : « Nous ne devons pas considérer comme admis que chaque amélioration des facultés de l'âme dépende d'un perfectionnement de la structure

du corps, car pourquoi l'âme, c'est-à-dire l'ensemble des plus
hautes facultés morales et intellectuelles, n'aurait-elle pas la première place au lieu de la seconde dans le plan d'un développement
progressif (1)? »

Dans le plus beau peut-être de ses dialogues, Platon, après avoir
mis dans la bouche de Socrate une admirable démonstration de
l'âme et de la vie future, fait parler un adversaire qui demande à
Socrate si l'âme ne serait pas semblable à l'harmonie d'une lyre,
plus belle, plus grande, plus divine que la lyre elle-même, et qui
cependant n'est rien en dehors de la lyre, se brise et s'évanouit
avec elle. Ainsi pensent ceux pour qui l'âme n'est que la résultante
des actions cérébrales; mais qui ne voit qu'une lyre ne tire pas
d'elle-même et par sa propre vertu les accens qui nous enchantent,
— et que tout instrument suppose un musicien? Pour nous, l'âme
est ce musicien, et le cerveau est l'instrument qu'elle fait vibrer.
Je sais que Broussais s'est beaucoup moqué de cette hypothèse
d'un petit musicien caché au fond d'un cerveau; mais n'est-il pas
plus étrange et plus plaisant de supposer un instrument qui tout
seul et spontanément exécuterait, bien plus, composerait des sym-
phonies magnifiques? Sans prendre à la lettre cette hypothèse, qui
n'est après tout qu'une comparaison, nous pouvons nous en servir
comme d'un moyen commode de représenter les phénomènes observés.

Et d'abord nous voyons parfaitement bien que, quel que soit le
génie d'un musicien, s'il n'a aucun instrument à sa disposition, pas
même la voix humaine, il ne pourra nous donner aucun témoignage
de son génie; ce génie même n'aurait jamais pu naître ou se développer. Nous voyons par là comment une âme qui se trouverait
liée au corps d'un monstre acéphale ne pourrait par aucun moyen
manifester ses puissances innées, ni même en avoir conscience :
cette âme serait donc comme si elle n'était pas. Nous voyons de
plus qu'un excellent musicien qui aurait un trop mauvais instrument à sa disposition ne pourrait donner qu'une idée très imparfaite de son talent. Il n'est pas moins clair que deux musiciens qui,
à mérite égal, auraient à se faire entendre sur deux instrumens
inégaux paraîtraient être l'un à l'autre dans le rapport de leurs instrumens. Ainsi deux âmes qui auraient intrinsèquement et en puissance la même aptitude à penser seront cependant diversifiées par
la différence du cerveau. Enfin un excellent musicien ayant un
excellent instrument atteindra au plus haut degré de l'exécution
musicale. En un mot, s'il n'y avait pas d'autres faits que ceux que

_____

(1) Lyell, *Ancienneté de l'homme*, ch. xxiv, trad. franç., p. 523.

nous venons de signaler, on pourrait conclure d'une manière à peu près sûre de l'instrument au musicien, comme du cerveau à la pensée, mesurer le génie musical par la valeur de l'instrument, comme les matérialistes mesurent le génie intellectuel par le poids, la forme, la qualité des fibres du cerveau.

Mais il y a d'autres faits que les précédens. Nous voyons par exemple un musicien médiocre ne produire qu'un effet médiocre avec un excellent instrument, et au contraire un excellent musicien produire un admirable effet avec un instrument médiocre. Ici le génie ne se mesure plus à l'instrument matériel. Nous voyons les lésions de l'instrument compensées par le génie de l'exécutant, tel instrument malade et blessé devenir encore une source de merveilleuse émotion entre les mains d'un artiste ému et sublime. Nous voyons un Paganini obtenir sur la corde unique d'un violon des effets qu'un artiste vulgaire chercherait en vain sur un instrument complet, fût-il l'œuvre du plus habile des luthiers; nous voyons Duprez sans voix effacer par l'âme tous ses successeurs. Dans tous ces faits, il est constant que le génie ne se mesure pas, comme tout à l'heure, par la valeur et l'intégrité de l'instrument dont il se sert. Le génie sera la quantité inconnue qui troublera tous les calculs. Il en est ainsi pour l'âme et le cerveau : celui-ci pourra être dans un grand nombre de cas, et à juger les choses très grossièrement, la mesure et l'expression de celle-là; mais il arrivera aussi que les rapports seront renversés et qu'on ne trouvera pas dans l'instrument une mesure exacte pour apprécier la valeur de l'artiste intérieur qui lui est uni. De là les irrégularités, les exceptions que les physiologistes rencontrent toutes les fois qu'ils veulent soumettre à des lois rigoureuses les rapports du cerveau et de la pensée. La force intérieure, secrète, première, leur échappe, et ils n'atteignent que des symboles grossiers et imparfaits.

Nous n'avons pas au reste terminé l'enquête que nous nous étions proposé d'instruire sur la nature des relations que l'on a pu surprendre entre le cerveau et la pensée : il se présente encore des côtés assez importans de la question à interroger. La question de la folie, celle des localisations cérébrales appellent notre examen. Ce sera l'objet d'une prochaine étude.

PAUL JANET, de l'Institut.

LA

CAMPAGNE DE GEORGIE

ET

LA FIN DE LA GUERRE AMÉRICAINE [1]

———

Le trait caractéristique du plan d'opérations arrêté par les généraux unionistes pour la campagne de 1864 aux États-Unis fut la concentration de deux vastes armées fédérales qui devaient toutes les deux prendre l'offensive. L'une, sous le commandement immédiat du lieutenant-général Grant, fut assemblée sur le Rapidan, en Virginie : elle devait s'emparer de Richmond. L'autre, prenant le nom de « grande division du Mississipi, » se concentra sur les rives du Cumberland et du Tennessee : elle faisait face au sud, c'est-à-dire à la Georgie. Le commandement supérieur de cette armée, qui avait été placée antérieurement sous les ordres des généraux Thomas, Scofield et Mac-Pherson, fut confié au général Sherman.

La position géographique de la Georgie, le rôle important que joua cet état lors du mouvement séparatiste, son système développé de chemins de fer, ses richesses ainsi que le chiffre de sa population noire, tout indiquait comme essentiellement utile un mouvement dans cette direction. Les forces disponibles pour tenter cet essai étaient suffisantes, et une seule

(1) La campagne du général Sherman en Georgie n'a pas été seulement un des épisodes les plus remarquables de la guerre américaine, elle a eu sur la marche des événemens militaires dans cette dernière période une action décisive. A ce titre, un récit de cette campagne mérite encore de fixer l'attention, même après le dénoûment de la guerre, surtout lorsqu'il émane d'un officier d'état-major du général Grant, qui était sur le théâtre des opérations qu'il raconte, et qui a même été blessé dans les derniers combats livrés devant Petersburg.

question était de nature à faire hésiter le général en chef : c'était la *question de l'estomac,* pour employer une expression proverbiale facile à comprendre en tout pays, — en d'autres termes les moyens d'assurer, pendant la longue marche qu'il fallait prévoir, l'approvisionnement de l'armée.

Quelques-unes des théories. les plus connues sur l'art de la guerre ne trouvent point à s'appliquer en Amérique, où la population est comparativement si éparpillée. L'état de Georgie, sur une surface de cinquante-huit mille milles carrés, compte seulement un million d'habitans, c'est-à-dire environ dix-sept mille âmes par mille carré. Il n'y a donc pas grand'chose à obtenir des habitans dans une pareille contrée, surtout pour une armée qui poursuit l'ennemi en retraite. Le manque de routes contribue encore à retarder notablement la marche. Une journée de pluie détrempe ce sol vierge, qui se change en une surface mouvante et transforme de modestes ruisseaux en larges et profondes rivières. La partie nord de la Georgie est aussi montagneuse que boisée, mais on ne rencontre que des cours d'eau insignifians avant d'atteindre la région cotonnière et les plaines qui entourent Atlanta.

Comme les noirs forment environ une moitié de la population de la Georgie, la campagne projetée ne pouvait manquer d'intéresser considérablement les Georgiens, attachés à la cause du sud. En effet, depuis le commencement de la guerre, le prix des esclaves avait singulièrement haussé, et un enfant de l'un ou de l'autre sexe de sept à huit ans se vendait de 3 à 400 dollars. Cependant aucun effort sérieux ne fut tenté par les confédérés pour s'opposer à la marche de Sherman.

En jetant un coup d'œil sur le vaste théâtre de la guerre, il est impossible de ne point être frappé de l'importance de la longue ligne qui s'étend des rives du Cumberland près de Nashville jusqu'à l'Atlantique. Percer cette ligne, comme s'était proposé de le faire Sherman, c'était séparer la confédération en deux, c'était la tenir par les vivres. Les points stratégiques de cette ligne sont évidemment Nashville, Chatanooga, Atlanta, Augusta et Charleston, échelonnés sur une étendue de six cents milles. Dans la précédente campagne, conduite par le général Rosecrans, les forces fédérales, partant de Nashville, avaient pu atteindre Chatanooga et s'assurer cette importante place. Chatanooga est située sur la rive gauche du Tennessee, environ à égale distance (cent cinquante milles) de Nashville et d'Atlanta.

Ce que voulait d'abord Sherman, c'était s'emparer d'Atlanta, place importante autant par sa position centrale que par les nombreux réseaux de chemins de fer qui y aboutissent. Grâce à la formidable puissance maritime des États-Unis et à la présence d'une grande flotte autour de Charleston, il n'eût point été difficile d'établir une base d'action sur les côtes et d'envahir la ligne ennemie par deux points opposés, de manière à menacer ensemble Charleston et Savannah dès le début; mais une expédition dirigée des côtes dans l'intérieur eût nécessité l'emploi d'une puissante armée de terre, dont la concentration, dans les circonstances où se faisait la guerre, eût été impossible. Peu de personnes s'imaginèrent que Sherman, un général comparativement obscur et négligé à dessein pendant la première année de la guerre, adopterait un système exempt des fautes radicales qui avaient jusque-là eu de si fâcheux résultats, qu'il s'emparerait presque sans effort d'Atlanta, se rendrait maître, grâce à une marche hardie, de Savannah, de Chatanooga, de bien d'autres places, et qu'il irait même jusqu'à inquiéter le général Lee dans ses retranchemens devant Petersburg. Ainsi il arriva que la campagne de Georgie, qui était seulement destinée à seconder celle de Virginie, devint de fait la principale.

Conformément aux ordres du général Grant, le commandant en chef Sherman, laissant d'abord de côté Chatanooga, mit son armée en mouvement le 5 mai 1864, date fixée aussi pour la marche en avant de l'armée du Potomac. Ses forces se montaient environ à 100,000 hommes avec deux cent cinquante pièces de canon. L'artillerie, qui toujours est une espèce d'obstacle, principalement sur de mauvaises routes comme celles que Sherman avait devant lui, était donc représentée en proportion assez modérée. L'ennemi, sous le général Johnstone, était au reste inférieur de moitié sous ce rapport, mais il avait l'avantage en cavalerie, et, comme l'armée unioniste devait s'approvisionner par le chemin de fer, que l'on réparait à mesure qu'elle s'avançait, cette supériorité en cavalerie était d'un immense avantage, ainsi que l'on peut facilement le comprendre. Rien n'est aussi aisé que de détruire un chemin de fer sur les derrières d'une armée. Ajoutons que les deux généraux opposés connaissaient d'une manière parfaitement exacte leurs forces respectives.

L'armée confédérée était campée dans le voisinage de Dalton, environ à quarante milles de Chatanooga, et occupait une très bonne position garnie de montagnes, de rochers, entourée de marais et protégée par des fortifications. Pour surmonter de pareilles difficultés, il fallait dès le début, et c'est ce que remarqua Sherman, recourir à un expédient stratégique. Pendant que le gros de son armée opérait devant Dalton, deux corps, sous les ordres du général Mac-Pherson, exécutèrent une manœuvre tournante à quelque dix milles sur les derrières de l'ennemi, menaçant de la sorte sa ligne de communication. Le général confédéré se trouva donc obligé de se replier sur Resaca, position également très forte. De nouvelles manœuvres, non moins habiles que les premières, vinrent encore cependant le contraindre à continuer son mouvement de retraite. Le 16e corps fut envoyé sur les derrières de l'ennemi par la gauche, pendant qu'une colonne de cavalerie s'ouvrait un passage sur ses derrières par la droite et menaçait plusieurs petites places d'armes situées dans l'intérieur. Une attaque partielle, mais vigoureuse, dirigée par le général Hooker, assurait au même moment à l'armée fédérale l'occupation d'un groupe considérable de montagnes. Dans ces circonstances, le général Johnstone fit ce qu'il y avait de plus prudent pour lui : à la faveur de l'obscurité, il se retira, pendant la nuit du 15 mai, jusqu'à Kingston, située à soixante milles d'Atlanta. L'armée confédérée se trouvait alors aussi près d'Atlanta que de la position qu'elle occupait primitivement à Dalton, et à l'approche des fédéraux Johnstone fut obligé de traverser la rivière d'Etowah, brûlant les ponts derrière lui (20 mai 1864).

Sur les bords de cette rivière, le général Sherman fit une halte de deux jours pour renouveler ses provisions et ses munitions. Les fortes positions gardées par l'ennemi sur la rive opposée, et qui portaient le nom de « défilé d'Altoona, » nécessitaient un mouvement de flanc qui devait écarter l'armée du chemin de fer, et qui rendait doublement indispensable l'accumulation des matériaux de guerre. En moins de quarante-huit heures, les wagons furent chargés des provisions nécessaires pour vingt jours. Il faut convenir que le département de la guerre de Washington déploya en cette circonstance une énergie inaccoutumée et facilita autant qu'il était en son pouvoir le succès de la campagne de Georgie. D'immenses approvisionnemens avaient été accumulés à Nashville, de là transportés à Chatanooga, et grâce au mode d'opérer de Sherman, les puissantes locomotives, traînant à leur suite d'innombrables wagons chargés de provisions, pouvaient suivre l'armée pas à pas. Les pontons, qui faisaient partie du train d'équipage, facilitaient considérablement le passage des petites rivières traversant la ligne d'opération.

Le 23 mai, les troupes, formées en trois colonnes, furent mises en mouvement, appuyant sur la droite, dans la direction de Dalton. Le général Mac-Pherson, formant l'aile droite, tenait l'avant-garde ; le général Thomas avait le centre, et le général Scofield l'aile gauche. Après trois jours de marche à travers un pays montagneux et boisé, les colonnes rencontrèrent l'ennemi à un point appelé « New Hope Church » (Église de la Nouvelle-Espérance), où bifurquent les routes conduisant à Altoona et à Dalton. Le général Johnstone avait réussi à s'emparer de ce point stratégique avant l'arrivée des unionistes. Un essai fut tenté par le général Hooker (25 mai) pour enlever cette position ; il échoua, et l'attaque du général Howard, deux jours plus tard, n'eut pas plus de succès. À la suite de ces infructueux essais, le général Sherman exécuta avec lenteur, mais fermeté, et durant plusieurs semaines, une manœuvre des plus importantes. Il s'agissait de changer graduellement de direction sur la gauche, de manière à tourner le flanc droit de l'ennemi, et d'atteindre le chemin de fer en-deçà d'Altoona. Cette manœuvre, vigoureusement soutenue par la cavalerie sous les ordres du général Stoneman, fut exécutée avec un plein succès vers le 1er juin.

Cet important défilé d'Altoona fut bientôt converti par Sherman en « base secondaire » ou « place d'armes avancée, » et l'armée continua prudemment sa marche dans la direction des monts Kenesaw et de Marietta, ville située à vingt-cinq milles d'Atlanta. Ces monts marquaient le point le plus élevé de la ligne d'opérations, qui allait des bords du Tennessee aux côtes de l'Océan. La Montagne-des-Pins (*Pine-Mountain*), la Montagne-Kenesaw et la Montagne-Perdue (*Lost-Mountain*), forment, disait le général Sherman dans son rapport sur cette opération, un triangle, — *Pine-Mountain* représentant le sommet, *Kenesaw* et *Lost-Mountain* la base, — qui domine la ville de Marietta et le chemin de fer en-deçà du Chattahochee. La position était puissamment fortifiée, car les lignes ennemies s'étendaient du chemin de fer jusqu'au *Lost-Mountain*.

Après plusieurs engagemens, les troupes unionistes se rendirent maîtresses de deux sommets et obligèrent l'ennemi de concentrer ses lignes vers *Kenesaw-Mountain*. Sherman résolut d'enlever d'assaut cette dernière position (27 juin), espérant percer le centre et la droite ennemis et les isoler de leur ligne de retraite. Cette tentative n'eut point de succès, et coûta 3,000 hommes à l'armée. Enfin un autre essai tenté pour tourner l'aile gauche de l'ennemi réussit complétement, le général Johnstone ayant abandonné sa forte position et traversé le Chattahochee, la plus large rivière qui se trouvât sur la ligne. De cette rivière aux retranchemens d'Atlanta, les forces unionistes ne rencontraient plus d'obstacle naturel, et grâce à la rapidité de ses mouvemens, Sherman put jeter deux corps d'armée rapidement au-delà et sur la rive opposée. Le général Johnstone avait compris, on n'en saurait douter, la grande importance de cette ligne de défense; en effet, il avait préparé une « tête de pont » pour se garder contre une attaque de front; mais ses forces étaient trop réduites pour lui permettre d'envoyer sans imprudence des détachemens s'opposer aux manœuvres de flanc.

Le général Sherman, maître des deux rives du Chattahochee, accorda quelques jours de repos à son armée. Presque en même temps le général Johnstone était relevé de son commandement (17 juillet) et remplacé par le général Hood. Le nouveau commandant confédéré ne fut pas long à prendre l'offensive. Ralliant ses troupes à une heure avancée dans l'après-midi du 20 juillet, il attaqua avec furie le centre fédéral, mais il fut repoussé avec une perte de 5,000 hommes. Deux jours plus tard, une autre attaque fut également repoussée. Les pertes de l'armée unioniste dans cette affaire se montaient environ à 4,000 hommes, celles de l'ennemi à peu près au double. Ce fut le dernier grand effort que tenta le général Hood.

Surveillant l'armée rebelle pendant plusieurs jours dans ses fortes positions retranchées, le général Sherman résolut de capturer Atlanta en opérant contre les lignes de communication de l'ennemi, c'est-à-dire le chemin de fer d'Atlanta et de West-Point conduisant vers l'ouest à Macon, et le chemin de fer d'Atlanta et de Macon se dirigeant plus avant vers le sud. Un corps, le 20e, sous le général Slocum, reçut ordre de reculer et de garder la tête de pont sur le Chattahochee, pendant que le reste de l'armée, divisé en trois colonnes sous le commandement des généraux Thomas, Scofield et Howard, se retirait doucement vers l'ouest, faisant une conversion à gauche en approchant des lignes de chemin de fer en-deçà d'Atlanta. Cette grande manœuvre commença le 29 juillet.

Le général Hood, qui prévoyait évidemment quelque tentative sur ses lignes de communication et qui avait avec deux corps occupé Jonesboro (à vingt milles d'Atlanta, sur la ligne d'Atlanta et de Macon), attaqua brusquement la colonne unioniste de droite; mais le général Howard repoussa l'attaque, et à l'approche des deux autres colonnes, les rebelles se retirèrent vers le sud (1er septembre). En même temps on entendit dans la direction d'Atlanta le bruit d'explosions qui annonçaient l'évacuation de cette ville. Le général Slocum, qui du Chattahochee suivait la marche des événemens, fit avancer sa colonne et prit possession de la ville abandonnée (2 septembre). Une bonne occasion de détruire l'armée divisée de Hood était ainsi perdue; mais le véritable but de la campagne était atteint, et cela avec un très faible sacrifice. Il n'est certainement pas facile de comprendre pourquoi le général Hood replia ses forces sur Jonesboro, s'il n'avait point l'intention d'y livrer une bataille, et pourquoi il n'essaya point de défendre jusqu'à la dernière extrémité, avec le restant de son armée, les lignes fortifiées qui entouraient Atlanta.

Le succès de cette campagne de quatre mois du général Sherman à travers une ligne d'opération de cent cinquante milles est dû, comme l'on peut aisément s'en convaincre, à ses habiles manœuvres. Cet emploi de la stratégie était chose presque inconnue dans les opérations des armées américaines. L'effet moral de ces succès fut considérable sur les populations du sud, qui avaient été incessamment amusées par la prédiction de l'imminente ruine de Sherman. Le général victorieux ordonna aux habitans d'Atlanta d'abandonner la ville, dont il s'appliqua aussitôt à faire une véritable place d'armes et un vaste entrepôt. Les locomotives, traînant à leur suite des centaines de wagons, furent promptes à transporter dans ce nouveau centre d'opérations d'immenses quantités d'approvisionnemens. Il est bon de remarquer en passant que les armées américaines ont acquis une habileté surprenante en ce qui concerne la destruction et la réparation des chemins de fer, talent qui n'est surpassé que par celui qu'elles montrent aussi dans le percement des tranchées. L'armée du Potomac a mérité même à ce titre d'être comparée à une « seconde nature. » Il n'est pas rare de voir des soldats se creuser instinctivement des trous en terre pour s'y abriter, et cela au plus fort du combat, sans ordre aucun.

Pendant que le général unioniste était activement occupé à rassembler ses provisions et ses munitions dans Atlanta, Hood se préparait à opérer sur ses derrières, et là commence le second acte du grand drame militaire de la Georgie. Ce qui est curieux dans cette nouvelle série d'opérations, c'est que les deux armées dirigèrent leurs premiers mouvemens vers des points diamétralement opposés, Hood poussant au nord, vers Chatanooga, Sherman s'avançant davantage vers le sud. Si le général Sherman, indifférent quant aux projets de son adversaire sur ses lignes de communication, était décidé à poursuivre ses succès, il devait naturellement se diriger soit vers l'est, sur le chemin de fer d'Atlanta à Charleston, soit directement vers le sud, en suivant la ligne de Macon à Savannah. Chacune de ces routes l'eût rapproché de la mer, de manière à le mettre en communication avec la flotte qui maintenait le blocus de Charleston. Un mouvement sur Macon et Savannah, ou sur Augusta et Charleston, exigeait également une marche de trois cents milles. La route par Augusta se recommandait toutefois comme atteignant plus directement les communications avec Richmond. Quant au général Hood, son but, ainsi qu'il fut démontré plus tard, était la prise de Nashville, projet qui nécessitait également une marche de trois cents milles. Les conditions entre les deux généraux étaient donc égales relativement à la distance à parcourir; mais sous d'autres rapports elles différaient complétement, ainsi qu'on le verra par la suite.

Le général Hood, avec une armée d'environ 45,000 hommes d'infanterie, commença d'opérer sur les flancs de Sherman vers le 20 septembre, repassa le Chattahochee, brûlant les ponts derrière lui, puis, tournant sur la droite, marcha vers le chemin de fer, qu'il détruisit à mesure qu'il s'avançait vers le nord. Pendant ce temps, la cavalerie rebelle de Forrest traversait le Tennessee en-deçà de Chatanooga, dans l'intention de démolir la branche du chemin de fer joignant Nashville à Alabama, ainsi que la ligne directe entre Nashville et Chatanooga. Les lignes de communication des forces unionistes furent ainsi sérieusement menacées, quoiqu'un danger imminent fût évité, grâce à la circonspection et au talent militaire du commandant fédéral, qui avait établi sur le parcours du chemin de fer plusieurs points d'appui et y avait amassé de nombreux matériaux de guerre.

La place d'armes la plus proche d'Atlanta était le défilé d'Altoona, que le général Hood tenta d'emporter durant sa marche (5 octobre); mais, quoiqu'il n'y eût dans cette place qu'une faible garnison de 2,000 hommes sous le général Corse, les attaques de l'ennemi furent repoussées. Laissant Altoona par derrière, Hood tenta d'occuper Resaca. Cette fois encore il échoua. Pendant ce temps, Sherman, ayant réparé le chemin de fer et construit de nouveaux ponts, mit en mouvement le gros de son armée, laissant un seul corps à Atlanta, et bientôt il attaquait les derrières de son adversaire. Dans ces circonstances, le général Hood fut obligé d'abandonner le chemin de fer et de changer de direction sur la gauche. Il s'avança donc vers le nord, cherchant évidemment à s'approcher des rives du Tennessee et à opérer sa jonction avec le général Forrest, qui était à cette époque tenu en échec par la cavalerie unioniste, sous les ordres du général Rousseau.

Empêchant Hood de se rapprocher du chemin de fer ainsi que d'Atlanta, Sherman expédia un corps, sous le commandement du général Thomas, vers Nashville, avec ordre d'y concentrer toutes les troupes disponibles, pendant que, revenant sur ses pas avec le reste de son armée, il entreprenait une marche rapide vers Atlanta, détruisant le chemin de fer derrière lui. Le général Hood n'était point préparé à ce soudain changement de front. Ayant fait reposer ses hommes et réduit Atlanta en cendres, Sherman dirigea ses colonnes vers le sud. Les bagages superflus ainsi qu'une partie de l'artillerie avaient été envoyés à Chatanooga et à Nashville.

L'armée, se séparant de sa base et de ses lignes de communication, fut alors divisée en deux ailes : la droite sous les ordres du général Howard, la gauche commandée par le général Slocum. Cette première division était composée des 15e et 17e corps d'armée, sous les généraux Osterhaus et Blair, la seconde des 14e et 20e corps, commandés par les généraux Davis et Williams. Chaque corps était en moyenne de 14,000 à 16,000 hommes; on avait donc un ensemble de 58,000 hommes. Chaque corps avait également de douze à dix-huit pièces de 12. Le total de l'artillerie, formant cinquante-huit pièces, représentait une pièce par 1,000 hommes. La cavalerie, sous le général Kilpatrick, comptait 5,000 hommes avec huit pièces de canon; 2,000 wagons, attelés de 6 mulets chacun, complétaient le train; 200 ambulances étaient chargées du transport des malades et des blessés, ainsi que des approvisionnemens médicaux.

L'objet principal de cette expédition était naturellement de gagner le plus de terrain possible et d'atteindre les côtes au plus tôt, et si l'on prend en considération le manque de bonnes routes, une marche rapide, ainsi qu'on l'entend en Europe, n'était point toujours chose aisée à exécuter. Presque chaque division s'avançait par des chemins différens, formant quelquefois un front qui atteignait cinquante milles de large, ce qui forçait les troupes de traverser forêts et marais, les obligeant à construire des centaines de ces chemins appelés en Amérique *corduroy roads* et formés de troncs d'arbres disposés les uns à côté des autres, comme les planches du rude parquet des écuries. C'est seulement au milieu de la vase et des marais que l'homme apprécie cette grande abondance de forêts qui caractérise le territoire américain. Les soldats fédéraux, spécialement ceux de l'ouest, montrent au reste une grande habileté dans la construction de ces routes. Cet immense front marchant donnait de remarquables facilités pour fourrager. Un ordre spécial, où se montrait toute la prévoyance de Sherman, expliqua la manière dont l'armée devait fourrager et subvenir à ses besoins.

L'armée quitta Atlanta le 16 novembre, emportant dix jours de rations. L'aile gauche suivait le chemin de fer d'Augusta, qui était détruit à mesure que les troupes s'avançaient; l'aile droite suivait la ligne de Macon, semblant menacer cette place, l'un des principaux dépôts de l'armée re-

belle, de même que Miledgville, la capitale de la Georgie. Ce ne fut qu'à
quatre-vingts milles d'Atlanta et à quelques milles de Macon que la cavalerie, précédant l'aile droite, rencontra la cavalerie ennemie, soutenue par
quelques régimens de milice; mais l'ennemi fut aisément défait, avec l'assistance de la brigade Walcott, du 15e corps d'armée. Cette escarmouche,
ainsi qu'une autre de même nature près de la rivière Ogeechee, fut la seule
résistance que rencontra l'armée unioniste jusqu'à son arrivée aux défenses extérieures de Savannah.

Macon, que l'ennemi, tremblant pour sa sécurité, avait mis en état de
défense, fut dédaigné par Sherman, qui, pour déguiser davantage son projet d'atteindre Savannah, chargea la cavalerie de faire une démonstration
contre Augusta. En même temps les colonnes furent rassemblées, et le gros
de l'armée descendit rapidement l'étroite péninsule formée par les rivières
Savannah et Ogeechee. Aux approches de Savannah, une colonne fut envoyée pour détruire le chemin de fer qui se dirigeait sur Charleston,
pendant que l'autre colonne s'avançait contre le fort Mac-Allister, commandant l'Ogeechee, le seul obstacle qui empêchât de communiquer avec
l'escadre de l'amiral Dahlgreen.

Les forces réunies dans Savannah, et s'élevant au chiffre de douze mille
hommes environ, étaient placées sous le commandement du général Hardee. Suffisantes pour repousser toute attaque contre les défenses de la
place, elles étaient trop considérables pour pouvoir y subsister. Sherman
prit ses dispositions pour aplanir l'obstacle qui s'élevait entre lui et l'escadre, et l'empêchait de serrer la main à l'amiral Dahlgreen. Le 15 décembre, le général Hood avait perdu une bataille devant Nashville; mais
le général Hardee préféra ne pas courir les chances d'un combat hors de
Savannah. La division Hezen, ayant traversé la rivière, attaqua le fort avec
fureur; Hardee, jugeant inutile de prolonger la résistance, abandonna
bientôt Savannah à sa destinée, et Sherman put saluer la mer avec un enthousiasme que l'on comprendra sans peine. Les confédérés laissaient dans
Savannah bon nombre de canons et, ce qui était plus précieux, de grandes
quantités de coton. Il serait impossible de donner quelque idée de la joie
produite dans le nord par le succès de cette expédition, qui ne contribua
pas médiocrement à décourager les populations du sud.

La marche de Sherman était maintenant toute tracée. Il se dirigeait vers
l'est, vers Charleston et Wilmington, pour arriver plus tard sur Richmond.
La destruction de quelques lignes de chemins de fer dans l'intérieur de la
Caroline du sud suffit pour livrer à Sherman Charleston, le berceau de la
rébellion. La défaite du général Hood par le général Thomas permit en
même temps à ce dernier de détacher un corps (sous Scofield), qui fut
promptement expédié sur les côtes de la Caroline du nord, pour opérer
avec le corps d'armée du général Terry. Avant que le général Scofield fût
arrivé au rendez-vous, le général Terry s'était emparé, avec l'aide de la

flotte, du fort Fisher, ouvrant de la sorte le chemin de Wilmington. Cette ville, située à deux cents milles de Richmond, partagea bientôt le sort de Savannah et de Charleston. Les généraux Scofield et Terry avaient dès ce moment à leur disposition le chemin de fer de Weldon, si nécessaire à l'armée de Lee. De son côté, Sherman pénétrait à Colombia (17 février 1865), c'est-à-dire au cœur de la Caroline du sud, que Beauregard évacuait en toute hâte, se retirant vers Charlotte, dans la direction du nord. Le général Sherman ne crut pas devoir le poursuivre, et se détermina à marcher en droite ligne dans la direction de l'est, de manière à effectuer aussi promptement que possible sa jonction avec les colonnes de Scofield et de Terry. Ce nouveau plan de campagne l'obligeait à se diriger vers Fayetteville, place située sur la rive gauche de la rivière Cape-Fear. A Fayetteville, il devait trouver une rivière navigable qui le mettrait en communication avec Wilmington, petite ville transformée en place d'armes pour notre armée. C'est de Wilmington que s'avançait vers Sherman le général Terry. Le général Scofield avait mis, lui aussi, son armée en mouvement; il quittait Newborn et se dirigeait davantage vers l'est, opérant sur une ligne directe contre Richmond.

Vers le 11 mars, Sherman paraissait devant Fayetteville après une marche de cent cinquante milles. A son approche, les confédérés, sous les ordres du général Hardee, se hâtèrent d'abandonner cette importante place avec tout son matériel de guerre. Ce point stratégique étant gagné, le général Sherman se trouvait à une distance de deux cents milles de l'armée du général Grant, et sur le point d'effectuer sa jonction avec les deux autres colonnes opérant sur les côtés de cette armée. Il avait en face de lui le général confédéré Johnstone, dont les troupes étaient disséminées sur une trop vaste étendue de terrain pour qu'on pût attendre d'elles une résistance sérieuse. Le général Johnstone commit cependant la faute d'essayer des manœuvres inutiles contre la puissante armée de Sherman, au lieu de se retirer rapidement et d'attaquer une des deux autres colonnes qui s'avançaient et qu'il lui eût été facile d'anéantir, leur force étant de beaucoup inférieure.

Après s'être reposé deux jours à Fayetteville et avoir établi des communications avec les deux autres généraux unionistes, Sherman se remit en marche, divisant son armée en deux colonnes et la dirigeant sur Goldsboro, point important sur le chemin de fer de Weldon et Richmond, et situé à environ soixante milles de Fayetteville. Pendant ce temps, le général Scofield s'approchait aussi de Goldsboro, et le général Terry suivait la même direction presque parallèlement à l'armée de Sherman. A un endroit nommé Aversboro, Sherman eut à repousser une tentative de résistance du général Hardee, qui, après avoir évacué Fayetteville, s'était retiré sur la rive gauche de la rivière Cape-Fear. Il continua sa marche, à laquelle l'ennemi ne s'opposa plus que faiblement, et ne négligea point toutefois de masquer

ses mouvemens par des démonstrations de son aile gauche et de sa cavalerie contre Raleigh, la capitale de la Caroline du nord, située environ à
soixante milles de Goldsboro.

Sur ces entrefaites, le général Johnstone, ayant rassemblé ses forces disséminées, se détermina à tomber sur l'aile gauche de l'armée envahissante,
commandée par le général Slocum, et l'attaqua soudainement à Dentonville
(18 mars); mais le général unioniste, quoique ayant affaire à des forces de
beaucoup supérieures aux siennes, repoussa l'attaque ce premier jour,
donnant de cette manière à l'aile droite, commandée par le général Howard, le temps de faire volte-face et d'accourir sur le théâtre de l'action.
L'ennemi, voyant la concentration des forces unionistes, ne s'aventura pas
à renouveler l'attaque le jour suivant. Scofield avait d'ailleurs pris possession de Goldsboro, et Johnstone était menacé sur ses derrières. Il dut se
retirer sur Raleigh, et Sherman négligea de l'y attaquer pour marcher sans
retard sur Goldsboro (21 mars), place qu'il avait désignée comme le centre
de ses opérations futures.

Notre armée, qui de Savannah avait exécuté une marche de plus de
quatre cents milles, put se reposer à Goldsboro et attendre l'arrivée de divers effets de campement. La grande division du Mississipi n'était plus
alors qu'à cent quarante milles environ des armées retranchées de Grant
et de Lee. Chacun comprenait qu'on touchait à l'heure décisive, et malgré
la distance qui séparait encore Sherman de Richmond, son action se faisait
déjà sentir à la capitale rebelle, dont les approvisionnemens devenaient de
jour en jour plus rares. Le papier-monnaie confédéré était descendu au
taux le plus bas. D'un autre côté, les désertions dans l'armée rebelle prenaient des proportions de plus en plus alarmantes pour les gens du sud.
Depuis un mois, chaque jour qui s'écoulait envoyait dans nos lignes des
douzaines de déserteurs à l'uniforme gris marron. Les Caroliniens du nord
semblaient plus particulièrement pressés de rejoindre les lignes unionistes.
Sous de pareils auspices, la victoire ne semblait guère devoir favoriser Lee
devant Petersburg, et encore plus faibles étaient les chances de succès de
Johnstone contre Sherman.

Pourquoi Lee n'avait-il pas essayé en temps utile de se retirer de ses retranchemens et de rejoindre Johnstone de manière à pouvoir écraser Sherman, ou pourquoi Johnstone n'avait-il pas reçu l'ordre de joindre l'armée
de Lee et de tenter de concert une attaque contre Grant? Les imprudences
commises par les confédérés à cette heure décisive sont vraiment inexplicables. Réduit par ces imprudences mêmes à tenter un tour de force, le
général Lee attaqua de nuit (25 mars) la droite de nos lignes. Le fort
Steadman et plusieurs redoutes gardées par le 9e corps d'armée furent enlevés assez rapidement; mais il ne fut certes pas aussi aisé pour l'ennemi
de conserver les points ainsi gagnés, et avant le lever de l'aurore il fut
contraint de se retirer, laissant entre nos mains 1,200 prisonniers. C'était

au tour de Grant de prendre l'offensive avec ses forces prépondérantes, et pour agir il n'attendait plus que l'arrivée du gros de la cavalerie sous les ordres du général Sheridan, qui avait précédemment gardé la vallée de la Shenandoah, par laquelle les confédérés avaient fréquemment menacé de se porter sur Washington. Il était nécessaire sous plus d'un rapport d'appeler Sheridan et sa cavalerie à Petersburg. L'armée du Potomac, habituée à faire la guerre dans des retranchemens, avait besoin d'un auxiliaire propre à un nouveau système d'opérations. La cavalerie de Sheridan avait d'ailleurs pour elle le prestige de nombreuses victoires, et son commandant lui-même possédait un heureux coup d'œil, une entière confiance en lui-même et une grande énergie. En un mot, Sheridan avait toutes les qualités requises pour faire réussir le mouvement projeté. Je dois noter à ce propos un fait caractéristique : c'est que la cavalerie et l'infanterie vivaient en état de divorce sous le drapeau unioniste avant que Sheridan prît le commandement de la première des deux armes, et sût rapprocher cavaliers et fantassins dans un noble sentiment de fraternité militaire.

A peine Sheridan se présentait-il à City-Point, sur la rive droite du James-River (28 mars), qu'il recevait du général Grant l'ordre d'atteindre par un circuit l'extrême gauche de l'ennemi sur le chemin de fer du Southside, c'est-à-dire la ligne conduisant à Danville et la seule communication que possédât Lee avec le sud. Après plusieurs combats, Sheridan, assisté par le 5ᵉ corps, parvint (1ᵉʳ avril) à déloger l'ennemi de ses fortes positions près de Burkoville, appelées *Five-Forks*. La jonction entre les armées de Johnstone et de Lee était dès lors rendue impossible. Le gros de notre armée, auquel avait été joint le 24ᵉ corps, sous le général Ord, transféré de la rive nord de la rivière James, attaqua et força les lignes ennemies. Le résultat de ces succès fut l'évacuation de Petersburg et de Richmond (3 avril).

Lee devait être naturellement embarrassé sur le choix de sa ligne de retraite. S'il ne cédait pas encore, c'était moins pour tenter de nouveau la fortune avec ses forces réduites et démoralisées que pour obtenir de meilleures conditions dans le cas d'une reddition déjà prévue. Cette situation se dessina mieux encore après l'affaire du 6 avril, lorsque Sheridan, ayant attaqué une des colonnes qui battaient en retraite, captura six généraux et fit près de 6,000 prisonniers. Les quarante-huit heures qui suivirent amenèrent la reddition de l'armée rebelle. Une capitulation fut signée le 9 avril entre les généraux Lee et Grant. Quant au général Jonhstone, il n'avait d'autre alternative que de suivre l'exemple de Lee et de se rendre à Sherman. C'est ce qu'il fit. Déjà plusieurs corps de l'armée confédérée s'étaient débandés. La guerre avait cessé de fait, sans que le général Sherman se rendît bien compte encore de la gravité des coups que ses manœuvres habiles et hardies avaient portés à la confédération.

Un des traits curieux des manœuvres qu'on vient de raconter, c'est la part qu'eut dans les principaux succès de Sherman la destruction des chemins de fer. Avec quelle rapidité tombèrent, par suite de la suppression des voies rapides, les villes fortifiées du sud! Après s'être défendu contre un bombardement de trois ans, opéré par une formidable escadre de navires cuirassés, Charleston succomba pour avoir perdu quelques milles de chemins de fer! Quelle singulière race de soldats que ces destructeurs de *rail-ways* conduits à la victoire par Sherman! et quel curieux exemple d'audace américaine!

La guerre est donc terminée maintenant. Qui ne se réjouira des succès de la grande et libérale république américaine? Et qui pourra hésiter, en lisant le récit des dernières opérations militaires, à reconnaître l'influence qu'ont exercée sur la marche des événemens les efforts si heureusement combinés de Grant et de Sherman? Grant au reste avait de bonne heure compris ce que valait Sherman. C'est en partie à lui que ce dernier, méconnu, regardé comme un excentrique alors que commandait Mac-Clellan, est redevable de son élévation graduelle. Après la campagne d'Atlanta, c'est encore le général Grant qui, dans une lettre écrite à ce sujet, présentait Sherman comme n'ayant que très peu d'égaux et pas de supérieur dans l'histoire militaire. Ce langage dans son exagération même prouve le noble désintéressement du général Grant. Il montre aussi ce que valent les hommes auxquels a été réservé l'honneur de terminer la guerre américaine.

ÉMERIC SZABAD,

Officier d'état-major du général Grant.

CHRONIQUE DE LA QUINZAINE

———

14 juin 1865.

La matière des finances publiques n'encourage point les fantaisies enchanteresses de l'esprit d'utopie. Nous le savons, et pourtant il est un rêve que nous ne pouvons nous empêcher d'évoquer de temps en temps avec complaisance à propos des finances françaises. Nous rêvons qu'un beau jour un ministre hardi autant que sage, tout en conservant le système de comptabilité récemment introduit, — le budget ordinaire, le budget spécial, le budget extraordinaire, dûment balancés par un budget rectificatif, — se présente en fin de compte à la chambre avec un excédant des recettes sur les dépenses égal, pour prendre un chiffre qui ne soit point une hypothèse excessive et arbitraire, aux 126 millions qui, après l'annulation des rentes rachetées, vont former la dotation normale et nominale de l'amortissement. Se figure-t-on un budget combiné de telle sorte qu'il pût ménager à la chambre et au pays une ressource disponible de 126 millions? Nous supposons que le ministre des finances de nos rêves, en apportant ce résultat, l'exposerait comme le point de départ d'un système rationnel et régulier destiné à se reproduire et à se renouveler d'année en année. Il dirait au pays : « Maintenant que nous avons un excédant qui, à proprement parler, n'exprime que l'équilibre normal, puisqu'il représente seulement la dotation légale de l'amortissement, il importe de partir du bon pied, et de ne plus retomber dans la confusion des dépenses déréglées, des arriérés, des déficits, des expédiens empiriques et des emprunts francs ou déguisés. La dépense devra désormais se contenir dans les bornes de la recette. Nous devons nous interdire tout engagement financier encouru à l'aventure ; au lieu d'escompter l'avenir comme des besoigneux et de nous soumettre aux difficultés et aux dégoûts d'une gêne incessante, nous emploierons les ressources du présent et les ressources vraisemblablement croissantes de l'avenir comme des riches qui disposent avec assurance et

profit d'un bien certain et possédé d'avance. Nous ne méconnaîtrons plus
désormais les bonnes règles, et, dans une société sensible à l'honneur et à
la gloire, nous formons le dessein de maintenir dans sa puissante et féconde intégrité le point d'honneur financier. » Pour mettre en vigueur ce
système, le ministre proposerait l'emploi de son excédant. « Que faut-il
faire, dirait-il, de ces 126 millions? En stricte justice, ils appartiennent à
l'amortissement; mais l'amortissement est tombé depuis dix-sept ans en
désuétude, les amortisseurs rigoristes ne sont plus à la mode. La mode
est souvent injuste et insensée, mais il est quelquefois dangereux de lui
rompre trop brusquement en visière. Aujourd'hui elle encourage les exci-
tateurs des travaux publics. Le plus prudent serait de faire de notre surplus un usage éclectique. Partageons-le en trois lots : consacrons-en un
tiers à racheter de la rente, un tiers au ministère des travaux publics, un
tiers au dégrèvement des impôts de consommation, et prenons la résolution d'appliquer désormais l'accroissement et les reliquats disponibles de
nos recettes suivant la méthode qui concourt le plus efficacement au développement de la richesse générale et du revenu public. »

Continuons notre songe, et représentons-nous l'effet qu'un exposé financier annonçant non-seulement un excédant disponible, mais le dessein de
revenir à l'amortissement de la dette et de n'entreprendre des dépenses
extraordinaires que dans la mesure des excédans disponibles, produirait
sur le marché financier et sur l'ensemble des intérêts économiques du
pays. A un état d'anxiété sourde, de malaise ou de marasme succéderait
dans le public financier un vif sentiment de soulagement, de satisfaction,
de sécurité. On serait débarrassé de ce souci vexant qui fait que l'on est
toujours à se demander s'il est bien sûr que les ressources précaires sur la
foi desquelles on a engagé des dépenses extraordinaires seront réalisées, si
l'on est bien sûr que les annulations de crédit sur lesquelles on compte
se produiront, si l'on est bien sûr que le Mexique nous paiera, s'il n'y aura
pas un découvert, s'il ne faudra pas augmenter la dette flottante, s'il ne
sera pas nécessaire d'emprunter encore : doutes funestes au crédit public,
car ils le font souffrir d'un mal futur, d'un mal hypothétique, d'un mal
redouté, comme si c'était un mal certain et présent. Le budget strict et
régulier dont nous parlons remplacerait par une féconde confiance une
inquiétude maladive. On verrait clair alors devant soi, on ne craindrait
plus l'enflure périlleuse de la dette flottante, on ne serait plus sous la fascination désagréable du spectre d'un prochain emprunt. Le crédit public
se relèverait avec vigueur, la rente de l'état monterait vivement, les capitaux engagés dans tous les placemens acquerraient une plus-value générale; la richesse du pays reprendrait une activité et une efficacité plus
grandes par le sentiment même qu'elle aurait de son augmentation intrinsèque, et l'esprit d'entreprise, l'industrie privée, dans leur élan naturel,
mèneraient à fin des œuvres plus pressantes, plus nombreuses et plus sû-

rement reproductrices que celles que nos ministres des travaux publics ont l'ambition passionnée d'accomplir eux-mêmes.

Faut-il que nous renoncions à notre hypothèse comme à une chimère trop éloignée de la région du réel et du possible? En vérité, c'est bien plutôt quand nous regardons la réalité que nous croyons rêver. Quoi! on se résigne à subir tant d'ennuis financiers, on s'expose à des périls que des accidens pourraient rendre très graves, on consent à voir les intérêts économiques de la France souffrir d'une inquiète langueur qui paralyse à un certain degré l'activité de nos richesses, et cela pour une disproportion, très médiocre après tout, qu'on laisse subsister d'année en année entre le revenu et la dépense! Il s'agit tout au plus d'une somme de 200 millions suivant les uns, d'une somme inférieure suivant d'autres, c'est-à-dire, dans un budget de plus de 2 milliards, d'une misère, que l'on engage en dépenses au-dessus du revenu réel et certain, que l'on couvre avec des recettes accidentelles, incertaines, précaires, et au pis aller avec la dette flottante. On est cependant en présence d'un revenu annuel qui suit une progression constante d'accroissement; si l'on avait la moindre patience, si pour engager certaines dépenses qui ne forment que la vingtième partie du budget, qui n'ont point un caractère de nécessité inexorable, on voulait bien, au lieu d'hypothéquer d'avance l'augmentation très prochaine du revenu, attendre pendant très peu de temps que cette augmentation fût réalisée, on se mettrait d'aplomb dans cette situation régulière et solide où les dépenses seraient toujours couvertes par des recettes certaines, situation dans laquelle on verrait tout de suite se produire des excédans considérables de ressources dont on pourrait bientôt faire profiter soit les créanciers de l'état par des rachats de rentes, soit les contribuables par des réductions de taxes, soit les travaux publics par des allocations positives. Le problème du rétablissement de l'équilibre financier et de l'affermissement de la confiance nécessaire à l'activité et à la prospérité des affaires se réduit donc à demander un peu de patience, une patience très courte, aux promoteurs ou aux ordonnateurs de certaines dépenses. Il suffirait, pour se mettre à flot, de prendre la résolution de dépenser pour une seule année une centaine de millions de moins, la valeur de la moitié d'un budget extraordinaire ajouté à un budget rectificatif; il suffirait, en termes de diète médicale, de sauter un repas. Que cela ne soit pas possible, voilà ce qui nous surpasse, et le fait devant lequel nous croyons véritablement rêver.

Il est étrange qu'on ne veuille pas comprendre l'influence heureuse et on pourrait dire magique qu'un bon budget, un budget où la dépense serait couverte par une recette régulière et certaine, exercerait, non-seulement sur la sécurité politique, mais sur la prospérité des intérêts économiques du pays. Nous avons entendu depuis quelques années avancer mille absurdités sur les moyens d'animer les affaires industrielles : les uns attendent ce miracle de la baisse artificielle de l'intérêt, les autres de la création ou de l'action dirigeante de certaines sociétés de crédit. Ceux-ci veulent des travaux publics toujours, des travaux publics partout; ces braves gens, relevant leur langage industriel de je ne sais quel baragouin militaire, demandent la grande campagne de la paix, et réclament, pour organiser les glorieuses batailles de l'industrie, le grand emprunt, le milliard de la paix. Certes il y a un moyen plus court, plus facile, un moyen infaillible de donner aux capitaux le stimulant que l'on cherche. Il ne s'agit pas d'emprunter un milliard, il s'agit pour une année de dépenser cent millions de moins; il s'agit d'attendre un an pour que l'augmentation naturelle de la recette fournisse une ressource certaine, assurée d'avance, à la dépense minime qu'on aura eu le courage et le bon sens d'ajourner. Un budget fondé sur cette simple règle de prudence et se présentant comme l'inauguration d'un système auquel le point d'honneur financier de la France serait attaché répandrait partout l'aise et la confiance; il ferait monter de 10 pour 100 les fonds publics, et, par une large élasticité rendue au capital national, il accomplirait avec simplicité un prodige que l'on attendrait vainement de l'action des institutions de crédit ou des systèmes insensés qui pensent rendre la paix féconde en l'obérant de dettes. Au lieu d'escompter l'avenir à un an ou à deux ans d'échéance au profit du présent, il faudrait au contraire mettre le présent en état de faire à l'avenir une petite avance. On n'escompte jamais impunément des ressources futures, quelque assurées qu'elles soient. L'opinion publique fait exactement la contre-partie de l'opération d'un gouvernement qui se plaît à hypothéquer l'avenir. Vous croyez vous enrichir dans le présent en anticipant sur vos ressources prochaines! Puéril et vain calcul : au même instant, cette force positive d'opinion qui constitue le crédit vous reprend au centuple ce que vous croyez avoir acquis. Elle déprécie votre valeur dans la proportion où vous vous confiez aux incertitudes et à l'inconnu de l'avenir, et, cette dépréciation atteignant par contagion toutes les branches de la richesse publique, il se trouve que, pour avoir emprunté une minime ressource aux chances futures, vous vous êtes fait et vous faites aux intérêts économiques du pays un mal profond et retentissant.

La solution de nos difficultés financières, c'est l'histoire de l'œuf de Christophe Colomb. Il n'y a là aucun mystère, aucun sortilége; il suffira, pour faire tenir le budget en équilibre, de prendre pour une année le parti de dépenser 100 millions de moins, d'attendre un an que la recette ait rejoint et dépassé la dépense. Il n'y a pas d'autre solution, et tous les retards que l'on mettra à y recourir seront funestes et aggraveront gratuitement les difficultés que l'on a créées. On nous fait espérer que nous arriverons à cette solution, c'est-à-dire à un excédant régulier des recettes sur les dépenses, dans trois années. L'honorable M. Vuitry, dont le talent distingué serait si bien fait pour exposer les mesures de progrès économique que rendrait possibles un budget correctement et solidement aligné, vient d'assigner, dans la discussion générale des budgets, ce terme à nos espérances. Il faisait remarquer que depuis 1862 le budget ordinaire fournit des excédans de recette qui vont couvrir une portion toujours croissante des dépenses du budget extraordinaire. Ces excédans étaient de 66 millions en 1862; ils sont en 1865 de 138 millions, c'est-à-dire un peu supérieurs aux ressources de l'amortissement. Si, a-t-il dit, on suit pendant trois ans encore une progression semblable, l'excédant du budget ordinaire porté au budget extraordinaire s'élèvera à 200 millions. Alors, en admettant que les dépenses n'augmentent point, on aura un excédant de recettes d'une cinquantaine de millions que l'on pourra employer soit à développer les travaux publics, soit à réduire certains impôts, soit à amortir la dette. Il faut donc encore trois ans, selon le ministre qui assurément, avec M. Fould, a le plus à cœur l'alignement du budget, il faut trois ans pour que nous arrivions à un excédant. Ce n'est pas tout, il faut surtout que pendant la même période les dépenses n'augmentent pas. Il faudrait aussi, suivant nous, que l'on conservât la disponibilité des augmentations du revenu ordinaire. Or voici que par le nouveau projet de loi des travaux publics non-seulement on aliène des forêts de l'état, mais on engage pendant une série d'années les augmentations du revenu. Devant une telle perspective, la promesse de M. Vuitry devient irréalisable, et son renvoi à trois ans prend le caractère d'un ajournement indéfini. À nos yeux, la déclaration de M. Vuitry, émise dans la pensée de rassurer les esprits, quand on songe aux conditions dont elle est accompagnée, ne peut au contraire que les frapper de découragement. Nous ne savons pas de témoignage qui démontre avec plus de force qu'il est nécessaire de recourir au seul remède efficace, c'est-à-dire à une réduction radicale et prompte des dépenses.

C'est à cette conclusion énergique et sage qu'aboutit la discussion magnifique soutenue par M. Thiers. Jamais la lucidité merveilleuse qui illumine l'éloquence de cet homme d'état n'a rendu au pays un plus grand service. Sans doute les regrettables tendances de la politique financière avaient été plus d'une fois signalées. Nos lecteurs n'ont point oublié les travaux approfondis publiés dans la *Revue* sur cette question par M. Casimir Perier, les études très précises et très substantielles sur les budgets comparés de la France et de l'Angleterre que M. Victor Bonnet reproduit aujourd'hui dans un intéressant volume, *le Crédit et les Finances;* mais les vives et claires démonstrations de M. Thiers ont imprimé pour ainsi dire en traits ineffaçables sur la conscience publique les faits qui constituent notre situation financière. Nous avons un revenu ordinaire, en impôts perçus, qui varie entre 1,900 et 1,930 millions, et nous faisons depuis quatre ans une dépense qui varie entre 2 milliards 200 et 2 milliards 300 millions. Nous décomposons nos dépenses en trois budgets, le budget ordinaire, le budget extraordinaire, le budget rectificatif. Ce sont ces deux derniers

budgets qui représentent à peu près la différence entre nos recettes régulières et certaines et nos dépenses effectives. Or il y a dans le budget
rectificatif des dépenses qui pourraient et devraient être prévues dans le
budget ordinaire; il y a aussi dans le budget extraordinaire des dépenses
qui ont un caractère de constance et de suite : à des dépenses de cette
nature, qui pourraient être prévues ou qui ont un caractère incontestable
de durée, il devrait être pourvu, comme aux dépenses du budget ordinaire, par des ressources régulières, certaines, constantes. L'imprudence
que M. Thiers reproche à notre politique financière, c'est que cette politique, pour couvrir ces dépenses, détourne d'abord de leur emploi naturel
la totalité des ressources de l'amortissement et n'applique à solder le surplus que des ressources accidentelles, précaires et douteuses. Agir ainsi,
c'est à la fois, par la suspension devenue permanente de l'amortissement,
traiter injustement les créanciers de l'état et causer un dommage plus
grave encore au crédit public. C'est en outre s'exposer à des déficits qui
iront d'abord peser sur la dette flottante et ensuite sur le grand-livre. On
peut présenter des chiffres légèrement différens et discuter sur des détails,
mais voilà bien les traits généraux et incontestables de notre situation
financière. Nous ne voyons pas pourquoi M. Thiers se plaint du système
de comptabilité introduit par M. Fould; ce système nous paraît essentiellement propre à bien montrer au public où sont les abus et les dangers, et à faire sentir à une chambre éclairée le point et le moment où sa
responsabilité s'engage. Il groupe en masses, et conformément à leurs divisions naturelles, les élémens des budgets, et il laisse voir avec une pleine
clarté les fautes commises soit dans l'exagération des dépenses, soit dans
l'affectation des ressources. Il nous a toujours semblé qu'en adoptant ce
système M. Fould avait voulu mettre nettement la chambre en présence de
sa responsabilité. Pour que ce résultat fût atteint, il suffisait qu'un esprit
attentif, ingénieux, pénétrant, voulût bien étudier et analyser le budget à
la clarté de cette méthode. C'est ce que M. Thiers vient de faire avec une
souveraine puissance d'élucidation. Ses derniers discours marqueront
comme un événement dans notre histoire financière. Nous sommes convaincus que les démonstrations qu'ils ont apportées donneront à l'avenir,
au ministre des finances d'abord, à la chambre ensuite, une grande force
pour résister à des entraînemens dangereux qui, après l'expérience de ces
quatre dernières années, deviendraient absolument inexcusables.

Ce grand débat financier est aussi pour la France un grand enseignement
politique. Tous les esprits éclairés savent que la plénitude des prérogatives dont les assemblées représentatives doivent jouir n'est point la conception arbitraire d'une théorie, qu'elle est au contraire le résultat qu'une
longue série de fautes, de luttes, d'événemens, a fait sortir de l'expérience
des peuples modernes. Il est possible cependant que les générations contemporaines aient besoin de nouvelles leçons pour acquérir cette convic-

tion ; il est possible qu'elles aient besoin d'apprendre expérimentalement l'utilité et la nécessité des garanties représentatives. Nos difficultés financières actuelles rouvrent les horizons de cette éducation politique ; elles montrent combien il serait nécessaire que les prérogatives du corps législatif fussent ou étendues ou exercées avec une vigilance plus jalouse. Nos difficultés financières proviennent de deux causes, d'une impulsion trop vive et trop mal concertée donnée aux travaux publics et de l'expédition du Mexique. Une certaine école semble avoir persuadé au pouvoir que la paix a ses victoires comme la guerre, et que ces victoires se remportent dans les campagnes de travaux publics. Quant à l'idée de fonder au Mexique un empire latin sous le gouvernement d'un archiduc autrichien, nous ne voyons ni le parti ni l'école qui peut l'avoir inspirée. Voilà les deux causes qui, agissant ensemble, nous font une situation financière si tendue. Autrefois c'était des chambres que venait l'excitation aux travaux publics : le gouvernement avait grand'peine de ce côté à se défendre contre l'entraînement des députés ; aujourd'hui c'est le gouvernement qui est le promoteur des grands travaux, et nous n'avons plus pour le retenir qu'à compter sur l'intelligence financière et la fermeté de la chambre. Non content de partager déjà avec le Mexique notre budget extraordinaire, le ministère des travaux publics demande 350 millions par un projet spécial qui absorbera, outre les forêts vendues, les accroissemens de revenu de plusieurs années. Quant au Mexique, sauf un petit nombre d'esprits dont les prévisions étaient taxées de malveillance, qui eût prévu, lors des modestes débuts de l'entreprise, ce qu'il nous a déjà coûté et ce qu'il nous coûtera encore? L'affaire du Mexique commença l'année même où M. Fould nous apporta ses projets de réforme financière, au moment où s'achevait l'opération de l'unification de la dette, au lendemain du jour où les rentiers, confians dans la promesse d'économies qui devaient augmenter le taux de capitalisation du 3 pour 100, venaient de faire au trésor un cadeau gratuit de 150 millions. Qui eût pu croire, au moment où ce don héroïque était sollicité pour soustraire l'état et le crédit public à la nécessité d'un emprunt, que le double ou le triple de cette somme devait être dévoré en si peu de temps par l'entreprise du Mexique? S'il eût été donné à une chambre représentative qui aurait voté l'unification de la dette et la soulte de se prononcer d'avance en pleine connaissance des choses, en pleine liberté, sur une entreprise politique telle que l'expédition mexicaine, il n'est pas douteux que cette chambre eût aperçu ce qu'il y avait de contradictoire entre la politique financière qu'on venait d'inaugurer et la politique extérieure dans laquelle on allait s'aventurer, et qu'ayant le choix, elle eût préféré l'intérêt de la bonne économie des finances aux chances d'une guerre lointaine ; mais ce n'est plus du passé qu'il est question aujourd'hui : c'est à l'avenir qu'il faut songer.

La discussion des budgets a donc été cette année une préparation toute naturelle à la discussion de la question du Mexique. M. Jules Favre est entré dans le fond du débat avec sa vigueur et son éloquence accoutumées. M. Rouher, suivant son habitude aussi, a fait bonne contenance; mais il ne pouvait résulter de cette controverse instructive pour le pays aucune conclusion immédiate et décisive. Il n'y a que deux choses possibles : ou bien le gouvernement est résolu à pousser l'expérience jusqu'au bout, ou il se réserve de profiter des circonstances pour combiner avec les États-Unis quelque plan qui lui permette de se dégager honorablement de cette regrettable entreprise. C'est cette seconde solution que nous avons recommandée depuis le rétablissement de la paix aux États-Unis; si le gouvernement était enclin à l'adopter, il mettrait dès à présent avec autant de résolution que d'activité sa diplomatie à la besogne, et nous comprenons qu'il se garderait de faire part au public de son dessein et de ses démarches. Que si au contraire on s'obstine à vouloir fonder un empire soi-disant latin à côté de la grande république anglo-saxonne, on se précipite les yeux fermés dans l'inconnu, et le moindre des périls auxquels on s'expose est de charger nos finances pendant une période indéfinie. Dans cette hypothèse en effet, il n'est plus permis de compter sur le prompt rappel de notre armée expéditionnaire, il n'est plus permis non plus d'espérer que le gouvernement impérial du Mexique pourra demander au crédit des ressources qui lui sont indispensables, à moins que la France ne consente à garantir franchement sa solvabilité. Des deux façons on ne peut qu'entrevoir des sacrifices obligés pour nos finances. Qui serait en état aujourd'hui de fixer l'époque où l'empereur Maximilien pourra se passer de nos soldats et de notre argent? Nous avons entendu dire que notre corps expéditionnaire devra rester au Mexique cinq ans encore. Si une telle assertion sortait d'une bouche officielle, elle ferait bondir le corps législatif et désespérerait l'opinion. Qu'on y songe pourtant : l'empereur Maximilien ne pourra se passer de la protection de nos troupes tant qu'il n'aura pas constitué une armée mexicaine disciplinée, sûre, et qui soit capable de faire respecter son autorité dans toute l'étendue de cette contrée immense. Est-ce trop ou plutôt est-ce assez de cinq ans pour changer complétement les mœurs politiques d'un peuple, pour lui former une armée solide et fidèle? Soyons raisonnables et justes : si nous abandonnons Maximilien avant que la rénovation du Mexique soit accomplie, ne faisons-nous pas de lui un Iturbide, un Santa-Anna, laissé à la merci de la première conspiration militaire venue? On ne saurait trop insister sur toutes les issues probables de la question mexicaine, car enfin il serait indigne de nous de nous livrer au hasard en nous fiant à l'imprévu : il faut prendre un parti, quel qu'il soit; il faut bien que la France sache où elle va et ce qu'elle fait.

Le voyage de l'empereur en Algérie, brillamment conduit, s'est heureusement terminé. Le retour du chef de l'état à Paris a été précédé de l'acceptation des démissions du prince Napoléon et d'une mesure aimable envers la presse, à laquelle l'impératrice a eu la gracieuse coquetterie d'attacher son nom. Les peines administratives appliquées aux journaux ont été levées. Espérons que cette amnistie est le prélude d'une politique plus libérale, et que le jour n'est point éloigné où la presse, recouvrant ses droits, recevra un traitement plus digne de l'esprit français que celui auquel on l'a soumise depuis treize ans. L'excursion de l'empereur a eu ce premier et heureux résultat de ranimer les espérances de nos colons algériens. Nous allons voir sous peu les fruits politiques du voyage de l'empereur. L'Algérie a coûté cher sans doute à nos finances, elle nous a coûté si cher qu'elle a guéri la France de l'envie de se faire une autre Algérie à deux mille lieues de ses rivages; mais depuis longtemps la France a pris son parti de garder cette colonie, qui est si voisine d'elle, qui lui fait vis-à-vis sur l'autre bord de la Méditerranée, et à laquelle nous lient de si beaux souvenirs militaires. L'Algérie, c'est la jeunesse de l'armée française contemporaine, et il n'est pas de sacrifices que nous ne nous imposions volontiers pour porter au degré de prospérité dont elle est capable cette France d'Afrique. Aussi attendons-nous avec confiance l'exposé des projets que l'empereur doit avoir préparés. Déjà avec le voyage impérial a coïncidé la création d'une société destinée à entretenir un courant de capitaux entre la métropole et la colonie; l'état, nous ne savons pourquoi, demande à cette compagnie un prêt de 100 millions qu'il lui remboursera en cinquante annuités. Voilà encore un de ces emprunts indirects que le gouvernement préfère, sans qu'on en voie la raison, aux emprunts directs. La discussion nous éclairera sans doute sur le mérite d'une combinaison qui ne se liait pas nécessairement avec une compagnie créée pour commanditer la production algérienne.

Un autre souverain s'est mis récemment en voyage : nous voulons parler de l'empereur d'Autriche et de son excursion en Hongrie. Nous n'avons point à regretter la bonne opinion que nous avions eue des résultats probables de ce voyage. Il paraît que les Hongrois et l'empereur d'Autriche se félicitent mutuellement de cette cordiale et bruyante rencontre. Le « eljen, » le hourrah de l'enthousiasme hongrois, accueille l'empereur, qui entend sans s'effaroucher le rhythme guerrier de la marche de Rakokczy. L'empereur s'est entretenu avec les premiers citoyens du pays, réunis en députation; on a remarqué, entre autres, sa conversation avec M. Deak, l'homme en qui se personnifie la tradition des droits politiques de la Hongrie. On parle d'amnistie, de réconciliation, de l'intention manifestée par l'empereur de se faire couronner roi de Hongrie. La cérémonie du couronnement est précédée de l'acceptation de la loi fondamentale du pays, du diplôme: ainsi le veut la tradition hongroise. Parler de couronnement, c'est annoncer quelque chose qui ressemble à l'acceptation du diplôme, au pacte, renouvelé à chaque sacre, qui faisait de la vieille royauté hon-

groise·une royauté consentie, une monarchie limitée. Si l'accord peut se
conclure, les meilleurs patriotes de Hongrie n'hésiteront point à accepter
des amendemens aux dispositions de leurs vieilles lois, qui ne sont plus
compatibles avec l'époque actuelle. Ce qui est évident d'après les correspondances de Pesth, c'est que des deux parts on veut le rapprochement,
on est pénétré de l'esprit de conciliation et l'on croit toucher à une ère
nouvelle. Il y a bien un doute qui çà et là surnage, la crainte qu'au sein du
cabinet une influence trop germanique, et que les Hongrois regardent
comme leur étant hostile, ne réussisse à neutraliser les bonnes dispositions de l'empereur. Nous espérons, quant à nous, que c'est cette influence
qui sera paralysée. Si la réconciliation s'opère, l'empereur d'Autriche y
gagnera sans doute beaucoup : il aura fait là une campagne plus utile aux
intérêts de sa puissance que celle des duchés, il aura noué au cœur même
d'un des plus valeureux de ses peuples une alliance intime qui vaut mieux
que toutes les compensations que l'Autriche pourrait solliciter ou espérer
de la Prusse; mais la Hongrie aurait à tirer, elle aussi, grand profit de
cet heureux changement. En s'unissant à l'empereur, la Hongrie prendra
certainement une large part dans le gouvernement constitutionnel de l'empire. La Hongrie, les événemens de l'histoire et la géographie l'ont ainsi
voulu, ne peut entrer en relations avec l'Europe qu'à travers le système
autrichien; en acceptant cet intermédiaire, la Hongrie le pénètre, s'en
empare, et peut donner la main à l'Europe libérale. C'est donc une belle
occasion qui s'offre à elle aujourd'hui, et personne ne la blâmera, si elle
ne la laisse point échapper.

En Prusse, M. de Bismark est toujours en scène. Cet homme d'état intéresse les spectateurs étrangers par la singularité de ses mouvemens. On
est frappé de la vivacité et du contraste de ses actes. À de certaines heures,
il a l'aspect d'un homme d'état tout à fait moderne; en d'autres momens, il a l'air d'un ministre gothique, et on lui décernerait volontiers, en
guise de couronne, une perruque à marteaux. Après telle action de lui
qu'on est forcé de blâmer absolument, vient de sa part telle démarche
que l'on approuverait de bon cœur. Nous n'avons plus à parler de sa politique à propos du Slesvig-Holstein; nous la laissons apprécier par les
grands politiques qui ont déployé tant d'habileté et de finesse pour laisser
écraser le pauvre Danemark, et qui doivent être aujourd'hui très fiers en
effet d'avoir si bien travaillé pour le roi de Prusse. M. de Bismark vient de
compliquer d'une algarade personnelle le lent et incompréhensible imbroglio qu'il joue avec la seconde chambre prussienne. La chambre a rejeté son projet d'emprunt pour les dépenses de la campagne des duchés et
n'a point approuvé ses plans maritimes. On sait que depuis 1848 l'idée d'a-
voir une flotte fédérale est le jouet favori du libéralisme allemand. M. de
Bismark montre le jouet et promet Kiel, pensant devenir populaire; à d'autres! on ne veut pas une marine de sa façon, et la chambre, sur la propo-

sition d'une commission spéciale, vote un tout autre système que le ministre refuse à son tour. Altercation, gros mots. M. de Bismark a en face de lui un brave homme, un honnête professeur de médecine, M. Wirchow, président de la commission. M. de Bismark le compare à l'homme qui donna le premier coup de marteau sur le navire démoli avant d'être achevé que le parlement de Francfort avait commencé à construire pour doter l'Allemagne d'une marine fédérale. M. Wirchow tient la comparaison pour offensante et y répond par un démenti. Voilà M. de Bismark enchanté; il se souvient qu'il est major de milice en même temps que ministre; l'honneur militaire lui prescrit d'obtenir une réparation par les armes; il propose à M. Wirchow un duel. La chambre interdit à l'honorable député de répondre à la provocation ministérielle, et M. de Bismark se venge en mettant aux trousses de M. Wirchow des agens de police en permanence qui suivent l'honnête docteur jusqu'à la porte de l'hôpital où il va faire sa clinique. Tout cela devient incompréhensible à force de puérilité, d'absurdité, de mauvais goût. Un homme d'état qui a les yeux sur l'Europe et que l'Europe regarde peut-il compromettre ainsi de gaîté de cœur son caractère dans de pareilles misères? On hausse les épaules. Changeons de spectacle, et nous verrons M. de Bismark agir en homme politique éclairé et distingué : c'est lorsqu'il a la pensée de négocier un traité de commerce entre le Zollverein et l'Italie, et que, se sentant arrêté par les fins de non-recevoir formalistes des petits gouvernemens allemands, qui ne veulent point reconnaître le roi d'Italie, il combat dans une circulaire remarquable une prétention ridicule et contraire aux intérêts ainsi qu'au bon sens des peuples allemands.

Il faut louer le gouvernement italien de n'avoir fait aucune concession aux offensantes pointilleries des princes légitimistes d'Allemagne. Le souverain de l'Italie ne peut dissimuler dans le protocole d'un traité le titre qui lui a été décerné par la nation, et sous lequel la nation a voulu elle-même placer ses actes publics. On concevrait que l'Italie eût quelques condescendances en matière de formes dans une négociation semblable à celle qu'elle poursuit avec le saint-père, dans laquelle de grands avantages moraux peuvent être obtenus au prix de quelques ménagemens pour des scrupules respectables; mais l'Italie ne doit que le dédain à de petits princes qui affectent de ne point la reconnaître, et qui se piquent d'être plus ortho-doxes en fait de légitimité que le chef de leur propre ligue commerciale, que le roi de Prusse en personne.

Aux États-Unis, la pacification est définitivement achevée. La capitulation de Kirby Smith a rétabli l'autorité fédérale dans les états situés à l'ouest du Mississipi qui s'étaient unis à la rébellion séparatiste. La république a maintenant deux grandes affaires intérieures : le jugement de Jefferson Davis et des autres principaux rebelles, et la réorganisation sociale et politique des états reconquis à l'Union. Les procès politiques qui

vont commencer sont la triste suite de la guerre civile. Il faudra déplorer
les arrêts prononcés contre les accusés, si par leur sévérité ils viennent à
ressembler à des représailles inspirées par une passion de vengeance : l'intérêt politique de ces procès résidera surtout dans la fixation judiciaire
des devoirs de fidélité qui lient les citoyens envers l'Union à l'encontre de
ce droit de séparation dont la revendication a failli dissoudre la grande
république. Dans cette épreuve judiciaire, ce qui doit être frappé de mort,
c'est non des hommes, mais la doctrine des *state rights* poussée jusqu'au
droit d'insurrection, doctrine destructive de la nationalité américaine.
Quant à la réorganisation politique et sociale, à la reconstruction, comme
on dit aux États-Unis, c'est une œuvre bien difficile, et qui ne sera pas
promptement achevée. La tendance et le désir manifeste de M. Johnson
seraient d'organiser dans les états confédérés les élémens tels quels de
gouvernement qui peuvent y subsister encore. Ainsi dans la Virginie, dans
la Caroline du nord, il provoque l'élection de conventions qui auront à
se prononcer sur les nouvelles constitutions à donner à ces états. Les
difficultés de cette tâche se révèlent tout de suite. M. Johnson n'a appelé que la population blanche à choisir les membres de ces conventions.
C'était peut-être la façon d'agir la plus conservatrice; mais l'exclusion des
noirs dans ces élections a excité les protestations violentes de l'ancien
parti abolitioniste et de son orateur le plus populaire, M. Wendell Philips.
Les dispositions témoignées par les électeurs de la Virginie et de la Caroline ne sont point encourageantes; on assure que les électeurs virginiens
repoussent de la candidature les citoyens qui, durant la guerre, étaient
restés fidèles à l'Union, et ne portent leurs voix que sur des séparatistes.
Il y aura bien des chocs, bien des tiraillemens, et on ne peut guère espérer
d'arriver à la reconstruction des états qu'après de nombreux et lents tâtonnemens. Quelques hommes distingués, le général Sherman entre autres, comme il vient de le déclarer dans un intéressant exposé qu'il a fait
de ses dernières opérations devant la commission d'enquête de la guerre,
avaient cru tout d'abord que la reconstruction aurait pu se faire, en même
temps que les capitulations militaires, dans un sincère élan de réconciliation cordiale. Le général Sherman assure que les généraux confédérés avec
lesquels il a été en contact paraissaient avoir pris leur parti de la défaite
de leur cause, et se montraient disposés à une réconciliation semblable;
mais ces beaux mouvemens, en admettant qu'ils puissent avoir des effets
durables, ne sont possibles qu'à un moment : une fois l'occasion passée,
avec la force d'impulsion qui lui était propre, elle ne se représente plus.
Et ici l'occasion s'est évanouie devant cet attentat de Booth, qui a réveillé
toutes les passions et toutes les haines, et qui a été si funeste au sud.

E. FORCADE.

ESSAIS ET NOTICES.

—

TROIS FEMMES DE LA RÉVOLUTION (1).

Trois publications nouvelles, — les livres de M. de Lescure sur la princesse de Lamballe, de M. Chéron de Villiers sur Charlotte Corday, et d'un biographe anonyme sur la marquise de Montagu, — ont rappelé l'attention sur trois femmes qui donnèrent à l'une des plus tragiques époques de notre histoire les plus nobles exemples de force morale. Embellies par le double charme de la grâce et de la bonté, elles paraissaient réservées à la vie la plus tranquille, la plus heureuse, quand, précipitées au milieu de terribles catastrophes, elles passèrent en un jour de la timidité de l'enfant au stoïcisme du héros. L'une, victime volontaire, qui s'offre en holocauste pour apaiser le courroux du ciel, subit avec une angélique douceur le martyre du dévouement et de l'amitié; l'autre sacrifie sa vie dans l'espoir d'arracher la France à une tyrannie sanguinaire; la troisième doit son illustration récente à des épreuves quelquefois aussi cruelles que la mort même, à l'exil et à la pauvreté. Dans chacune de ces destinées, on retrouve les contrastes qui marquèrent alors l'histoire de la société française tout entière, d'abord des songes enchanteurs, puis un affreux réveil. Qu'on remonte aux jours qui précédèrent ce terrible moment du réveil. Dans la bourgeoisie aussi bien que dans la noblesse, en France comme à Paris, et à Paris comme à la cour, on n'avait à la bouche que les mots de justice et d'honneur, de tolérance et de liberté. C'était un vrai délire de bienveillance et d'espoir. « Comme l'astrologue de la fable, on tombait dans un puits en regardant les astres (2). » La princesse de Lamballe à Trianon, Charlotte Corday dans l'Abbaye-aux-Dames de Caen, Mme de Montagu à l'hôtel de Noailles, partageaient les mêmes illusions sur l'avenir de l'humanité. Le temps semblait venu où disparaîtraient tous les préjugés, toutes les hontes et toutes les misères. Mme de Lamballe était grande-maîtresse d'une loge maçonnique dont Marie-Antoinette disait : « Dieu y est dans toutes les bouches; on y fait beaucoup de charités. On élève les enfans des membres pauvres ou décédés, on marie leurs filles. Il n'y a pas de mal à tout cela... Je crois, après tout, qu'on pourrait faire du bien sans tant de cérémonies; mais il faut laisser à chacun sa manière : pourvu qu'on fasse le bien, qu'importe (3) ? » La bienfaisance, la sensibilité, étaient alors à la

___

(1) *La Princesse de Lamballe,* par M. de Lescure; — *Marie-Anne-Charlotte de Corday d'Armont,* par M. Chéron de Villiers; — *Anne-Paule-Dominique de Noailles, marquise de Montagu.*

(2) *Vie de la princesse de Poix,* 1 volume tiré à peu d'exemplaires, par la vicomtesse de Noailles, née en 1791, morte en 1851.

(3) Lettre de Marie-Antoinette à sa sœur Marie-Christine, 26 février 1781.

mode. Charlotte Corday, unissant dans une même admiration les œuvres de Plutarque et de Jean-Jacques Rousseau, rêvait « une république aux vertus austères, aux dévouemens sublimes, aux actions généreuses. » Quant à Mme de Montagu, petite-fille du maréchal de Noailles et fille du duc d'Ayen, elle vivait au milieu de cette brillante société où « le goût ancien était l'interprète élégant des idées nouvelles. » Deux de ses beaux-frères appartenaient à cette pléiade de paladins philosophes qui avaient été en Amérique les chevaliers de la démocratie. C'étaient le vicomte de Noailles et le marquis de Lafayette. « Ceux qui ont vécu dans ce temps, a dit Mme de Staël, ne sauraient s'empêcher d'avouer qu'on n'a jamais vu tant de vie ni d'esprit nulle part. » Sans rien perdre de sa grâce, la conversation française s'enrichissait de débats sérieux sur les sujets les plus élevés. Les contrastes les plus piquans se manifestaient en toute chose, comme le remarque si bien le comte de Ségur dans ses mémoires ; on parlait d'indépendance dans les camps, de démocratie chez les nobles, de philosophie dans les bals, de morale dans les boudoirs. La jeune noblesse française n'avait jamais eu plus d'entrain, plus d'éclat ; elle passait tour à tour du prestige des mœurs féodales aux douceurs de l'égalité plébéienne ; elle se passionnait pour les mœurs nouvelles, les clubs, les courses de chevaux, les ballons, le magnétisme : elle n'était pas éloignée de l'espoir que la baguette de Mesmer deviendrait le remède universel qui guérirait tous les maux de l'humanité. Sans doute, dans cette aristocratie qui envisageait l'avenir d'un œil si joyeux, si confiant, il y avait bien des inconséquences, bien des puérilités ; mais en revanche quelle foi dans le progrès, quel respect pour la toute-puissance de la philosophie, quel culte pour les œuvres des princes de la pensée ! Les cahiers de la noblesse, rédigés dans les bailliages à la veille des états-généraux, demandaient des droits civils et politiques plus étendus que ceux que la révolution nous a laissés. Les jeunes seigneurs de la cour étaient les premiers à fronder le vieil orgueil féodal. La royauté elle-même prenait l'horreur de l'étiquette, et Marie-Antoinette jouait *le Barbier de Séville.*

Parmi les femmes de cette cour si brillante, il n'y en avait peut-être pas de plus sympathique et de plus digne de respect que la princesse de Lamballe. Née à Turin, le 8 septembre 1749, Marie-Thérèse-Louise de Savoie-Carignan avait épousé, à l'âge de dix-sept ans, un jeune homme qui n'en avait que dix-neuf, le duc de Lamballe, fils du vertueux duc de Penthièvre et dernier rejeton de la descendance illégitime de Louis XIV. Veuve au bout de quelques mois de mariage, elle consacra sa vie à entourer de soins son beau-père. Belle, riche, honorée, portant à la fois les deux noms les plus illustres du monde, celui de Savoie et celui de Bourbon, il lui aurait été facile de contracter un second mariage dans les plus brillantes conditions. Elle préféra rester fidèle à un souvenir, et pleura un mari indigne d'elle, comme s'il avait été le meilleur des époux. Pieuse de cette piété douce qui est pour le cœur d'une femme une poésie et une sauvegarde, elle chercha la consolation dans une existence recueillie, dans un continuel sacrifice de soi-même. M. de Lescure trace un touchant tableau de cette période de la vie de la princesse, et l'on comprend facilement la sympathie qu'elle devait inspirer à la reine. Aux yeux de Marie-Antoinette, dont l'imagination allemande était aussi tendre que rêveuse, la mélancolie de la jeune veuve était un grand charme. Par une sorte d'intuition, elle devina tout ce qu'il y avait de dévouement dans le cœur de Mᵐᵉ de Lamballe et la nomma surintendante de sa maison.

L'horizon cependant n'avait pas tardé à s'assombrir. Mᵐᵉ de Lamballe, qui, à l'époque de la grande faveur des Polignac, s'était tenue à l'écart et ne quittait plus guère les châteaux du duc de Penthièvre, reparut auprès de la reine dès que la reine fut en danger. Elle était à Eu lorsqu'elle apprit ce qui s'était passé à Versailles le 5 octobre 1790. « Il faut que je parte sur-le-champ, » s'écria-t-elle. Le lendemain même, elle arrivait à Paris et s'enfermait avec la famille royale dans le palais des Tuileries, devenu une prison. Au moment de la fuite à Varennes, elle se rendit en Angleterre. Marie-Antoinette voulut l'empêcher de remettre le pied sur le sol de France; mais elle n'obéit pas. En vain la reine lui écrivait-elle le 22 août 1791 : « Je suis heureuse, ma chère Lamballe, de vous savoir en sûreté dans l'état affreux de nos affaires; ne revenez point. Je sais bien que votre cœur est fidèle, et je ne veux pas que vous reveniez; je vous porte à tous malheur... N'ajoutez pas à mes inquiétudes personnelles l'inquiétude pour ce que j'aime. » Et, au milieu de ses douleurs, la reine se souvenait des beaux jours passés. « L'heureux temps, mon cher cœur, écrivait-elle encore, que celui où nous lisions, où nous causions, où nous nous promenions ensemble, sans cri de populace!.. Non, encore une fois, ne revenez pas. Ne vous jetez pas dans la gueule du tigre! » La princesse de Lamballe n'écouta que son cœur. Elle fit son testament, et revint auprès de son amie en novembre 1791. Dès lors elle était à ce poste de dévouement et de danger qu'elle ne devait quitter que pour mourir. C'est ainsi que cette femme si faible, si délicate, qui redoutait le parfum d'un bouquet de violettes, et dont Mᵐᵉ de Genlis tournait en ridicule les défaillances et les évanouissemens, s'enhardissait par le péril et montrait plus d'intelligence, plus de véritable énergie que toute cette noblesse qui, sous prétexte de défendre le roi, l'abandonnait. Sans doute, quand on songe à l'horrible fin réservée à ceux qui restèrent, on n'a pas le courage de blâmer ceux qui partirent. Il faut d'ailleurs le reconnaître, un grand nombre d'émigrés, en quittant la France, croyaient faire acte de dévouement à la cause royale. La biographie de Mᵐᵉ de Montagu fournit à cet égard d'intéressans détails. Elle représente très bien les controverses brûlantes que la question de l'émigration suscitait au sein de la noblesse. Tandis que les uns, comme M. de Montagu, soutenaient avec raison que la fuite était la plus grande faute que pussent commettre les amis du roi, d'autres, comme son père, M. de Beaune, répondaient avec une non moindre énergie que Louis XVI n'était plus libre, que les princes

ses frères savaient mieux que personne ce qui convenait à son service, que
dans de pareils temps la patrie était là où est l'honneur. La royauté, qui
à bout de ressources devait placer son dernier espoir dans l'émigration, en
avait d'abord compris tout le danger. La reine souffrait plus que personne
de la légèreté de cette noblesse imprévoyante qui émigrait par mode, et
comme pour une partie de plaisir. Les fugitifs se faisaient au début les illusions les plus étranges; M. de Metternich a raconté qu'il leur entendait
dire à tous : « Il y en a pour quinze jours. » Pendant ce temps, la reine
écrivait : « Les frères du roi sont entourés d'ambitieux et de brouillons
qui ne peuvent que nous perdre après s'être perdus eux-mêmes, car ils ne
veulent pas écouter ceux qui ont notre confiance sous prétexte qu'ils n'ont
pas la leur, et les émigrans armés sont ce qu'il y a de plus triste en ce moment. »

Autant l'infortunée reine était affligée de la conduite des émigrés, autant
elle était reconnaissante de l'abnégation héroïque de Mme de Lamballe.
« Quel bonheur que d'être aimée pour soi-même! lui écrivait-elle dans un
élan de gratitude. Votre attachement avec celui de quelques amis fait ma
force. Non, ne le croyez pas, je ne manquerai pas de courage. Mon cœur
est à vous jusqu'à mon dernier souffle de vie. » Plus le dénoûment approche, plus ces deux femmes, exaltées par les épreuves et sanctifiées par
l'adversité, montrent d'élévation de sentimens et de fermeté de caractère.
Marie-Antoinette écrit au comte de Mercy-Argenteau : « Jamais je ne con-
sentirai à rien d'indigne de moi. C'est dans le malheur qu'on sent davantage ce qu'on est. » La princesse de Lamballe dit à Mme de La Rochejaquelein : « Plus le danger augmente, plus je me sens de force. Je suis prête à
mourir. Je ne crains rien. » Le 20 juin, quand la foule envahit les Tuileries, quand la reine veut se précipiter au-devant des piques en s'écriant :
« Ma place est auprès du roi, » une voix lui dit avec douceur : « Votre
place est auprès de vos enfans. » Cette voix, c'est celle de Mme de Lamballe. Cette fidèle servante de l'infortune s'associe à toutes les angoisses de
l'agonie de la royauté. Elle suit la famille royale au Temple. Elle ne la
quitte que pour être jetée dans la prison de la Force, où l'attendent les
bourreaux. Ils lui ordonnent de jurer la liberté, l'égalité, la haine du roi,
de la reine et de la royauté. « Je jurerai facilement les deux premiers sermens, dit-elle; je ne puis jurer le dernier, il n'est pas dans mon cœur. » Un
assistant lui dit tout bas : « Jurez donc! Si vous ne jurez pas, vous êtes
morte. » Elle ne répond rien, lève ses deux mains à la hauteur de ses
yeux, et fait un pas vers le guichet. Une voix crie : « Qu'on élargisse
madame! » Cette phrase est le signal de la mort.

La princesse de Lamballe et Charlotte Corday se ressemblent par l'esprit de sacrifice et d'abnégation. Toutes deux se sont dévouées, l'une à la
reine, l'autre à la patrie. Si Mme de Lamballe est venue volontairement se
jeter dans le gouffre qui devait la dévorer, Charlotte Corday, parée comme
Judith « de la merveilleuse beauté dont le Seigneur lui avait fait présent, »

a sacrifié sans regret cette beauté, cette jeunesse et cette espérance. Sans doute elle s'est trompée, car l'homicide n'est pas permis, même contre les plus féroces contempteurs de l'humanité. On a eu raison de le dire : « Personne n'a le droit de se mettre seul, soit comme vengeur de la liberté, soit comme redresseur du destin, à la place de tout un peuple, presque à la place de l'histoire. Un coup de poignard est une usurpation. » Le meurtre de Marat, ce meurtre que Charlotte Corday dans sa prison avait appelé « la préparation de la paix, » n'eut d'autre résultat que de faire redoubler les cruautés des terroristes; mais si la froide raison condamne Charlotte, assurément le cœur l'absout. Elle trouvait dans la Bible et plus encore dans les souvenirs de l'antiquité païenne, dont elle s'était nourrie, une justification si éclatante, elle écouta si religieusement le cri de sa conscience, elle fut si simple, si modeste, si courageuse devant la mort, que l'on comprend l'enthousiasme d'Adam Lux la glorifiant en face même des bourreaux et payant de sa tête l'audacieux héroïsme de ce tribut d'admiration.

Dans un ouvrage qui a près de cinq cents pages, M. Chéron de Villiers, complétant les informations déjà données dans la *Revue* (1) par M. Casimir Perier, vient de retracer les moindres détails de la vie et de la mort de cette femme extraordinaire. Ce livre est une biographie qui n'a peut-être qu'un défaut, c'est d'être trop circonstanciée, trop complète. Cependant, s'il est vrai de dire qu'un pareil système de récit est à l'histoire ce que la photographie est à la grande peinture, on ne peut s'empêcher de reconnaître qu'il attache le lecteur par un incontestable prestige de vie et de réalité. Quoi de plus curieux que d'étudier tout ce qui montre comment la résolution de l'héroïne se grava dans le fond de son cœur, tout ce qui fait comprendre par quelle succession d'idées et de sentimens cette jeune fille qui n'était jamais venue à Paris, qui vivait ignorée dans le recueillement d'une modeste retraite, sans autre société que celle d'une parente sexagénaire, fit preuve comme par miracle d'une si intrépide énergie?

Marie-Anne-Charlotte de Corday d'Armont était née le 27 juillet 1768 à Saint-Saturnin des Ligneries, près d'Argentan. Sa famille appartenait à la plus ancienne noblesse normande et tirait son nom de la terre de Corday, située dans la commune de Boussay, non loin de Saint-Saturnin des Ligneries. Autrefois riche et puissante, elle était déchue de sa splendeur; au moment de la naissance de Charlotte, ses parens occupaient une maisonnette couverte en chaume, comme les petites fermes normandes, avec une cour, quelques arbres, un puits, et pour clôture un mur couvert de lierre. Son père était si pauvre qu'il dut consentir à se séparer de plusieurs de ses enfans pour les confier à des parens généreux qui voulurent bien se charger gratuitement de leur éducation. Charlotte est envoyée à Vicques auprès de son oncle, l'abbé de Corday, curé de ce village. Elle passe plusieurs années dans le presbytère, qui existe encore sur le bord du chemin de Jort à Mor-

(1) Voyez la *Revue* du 1er avril 1862.

teaux. Elle apprend à lire dans un vieil exemplaire des œuvres du grand Corneille. Son quadrisaïeul avait épousé une nièce de l'auteur de *Cinna*. Les premières impressions que reçut le cœur de Charlotte furent celles de la religion et de l'héroïsme. Elle ne devait jamais les oublier. Elle avait quatorze ans quand elle perdit sa mère. Elle fut alors gratuitement accueillie à l'Abbaye-aux-Dames de Caen par l'abbesse, Mme de Belzunce. Le neveu de l'abbesse, M. de Belzunce, major en second du régiment de Bourbon-Infanterie, s'éprit de Charlotte et voulut demander sa main; mais au moment où la jeune fille touchait au bonheur, M. de Belzunce, à la suite d'une collision entre son régiment et des bandes révolutionnaires, tombait sous les coups d'assassins. Sa tête était portée au bout d'une pique, son cœur arraché de la poitrine et brûlé sur des charbons ardens. Après avoir perdu son fiancé, la malheureuse jeune fille ne tarda pas à perdre son asile. Les couvens ayant été supprimés, elle dut quitter cette Abbaye-aux-Dames qui avait abrité sa douleur. C'est alors qu'elle arriva à l'improviste chez une vieille parente, Mme de Bretteville, qui habitait à Caen une ancienne et sombre maison, d'une architecture à demi gothique, qu'on appelait le Grand-Manoir. M. Chéron de Villiers peint très bien l'étonnement de cette dame, qui, suivant ses propres expressions, ne connaissait « ni d'Ève ni d'Adam » la nouvelle venue. Elle ne lui en accorda pas moins l'hospitalité, et Charlotte ne devait quitter le Grand-Manoir que pour aller frapper Marat.

Quel temps que celui où une pareille jeune fille saisissait un poignard, et quelle tempête d'indignation dut agiter ce tendre cœur! Charlotte, qui avait rêvé une république idéale, qui en 1791 refusait de boire à la santé du roi en disant : « Je le crois vertueux, mais un roi faible ne peut être bon, il ne peut empêcher les malheurs de son peuple, » Charlotte fut accablée de la douleur la plus profonde en apprenant le supplice de l'infortuné monarque. M. Chéron de Villiers a publié pour la première fois une lettre qu'elle écrivit le 28 janvier 1793 à une de ses amies, Mlle Rose Fougeras du Fayot. « Vous savez l'affreuse nouvelle, ma bonne Rose; votre cœur, comme mon cœur, a tressailli d'indignation. Voilà donc notre pauvre France livrée aux misérables qui nous ont déjà fait tant de mal! Dieu sait où cela s'arrêtera... Tout ce qu'on peut rêver d'affreux se trouve dans l'avenir que nous préparent de tels événemens... J'en suis presque réduite à envier le sort de ceux de nos parens qui ont quitté le sol de la patrie, tant je désespère pour nous de voir revenir cette tranquillité que j'avais espérée il n'y a pas encore longtemps. Tous ces hommes qui devaient nous donner la liberté l'ont assassinée; ce ne sont que des bourreaux. Pleurons sur le sort de notre pauvre France. » Charlotte avait-elle déjà la pensée de sa résolution terrible? Peut-être, car elle ajoutait dans la même lettre : « Tous mes amis sont persécutés. Ma tante est l'objet de toute sorte de tracasseries depuis qu'on a su qu'elle avait donné asile à Delphin quand il a passé en Angleterre. J'en ferais autant que lui, si je le pouvais; mais *Dieu nous retient ici pour d'autres destinées.* »

Depuis ce moment jusqu'à l'heure suprême, on remarque dans le cœur de la jeune fille une gradation de douleur et de colère. Déjà l'idée du sacrifice a germé dans son âme. « On ne meurt qu'une fois, a-t-elle dit, et ce qui me rassure contre les horreurs de notre situation, c'est que personne ne perdra en me perdant. » Lorsque les girondins viennent chercher à Caen un refuge, elle croit voir en eux les sauveurs de la patrie. Elle n'a pas, comme on l'a dit à tort, d'amour pour Barbaroux, mais elle s'exalte à cette parole ardente et colorée. L'idée que pour terminer la guerre civile il suffirait de la main d'une femme s'empare de son imagination, de son cœur. Personnifiant dans un seul homme toutes les hontes, tous les crimes : « Non! s'écrie-t-elle, il ne sera pas dit qu'un Marat a régné sur la France. » Au moment où elle va se mettre en route pour Paris, elle écrit à son père qu'elle se rend en Angleterre. « Je vous dois obéissance, mon cher papa; cependant je pars sans votre permission, je pars sans vous voir, parce que j'en aurais trop de douleur. Je vais en Angleterre, parce que je ne crois pas qu'on puisse vivre en France heureux et tranquille de bien longtemps. En partant, je mets cette lettre à la poste pour vous, et quand vous la recevrez, je ne serai plus en ce pays. Le ciel nous refuse le bonheur de vivre ensemble, comme il nous en a refusé d'autres. Il sera peut-être plus clément pour notre patrie. »

La patrie! c'est désormais sa seule pensée. Elle ne doute pas un seul instant de la légitimité de l'acte qu'elle est sur le point d'accomplir. « Si je suis coupable, écrit-elle avant de frapper Marat, Alcide l'était-il donc lorsqu'il détruisit les monstres? mais en rencontra-t-il de si odieux? » À cette âme intrépide rien ne paraît plus naturel que le dévouement qui va jusqu'à la mort. Le sacrifice de sa vie lui semble une chose toute simple. Elle s'étonne sincèrement de l'admiration qu'elle inspire. Elle a la conviction qu'en poignardant Marat elle a rempli un devoir sacré. Il se fait aussitôt en elle une sorte d'apaisement. Jamais il n'y a eu sur son visage plus de calme, plus de sérénité. Conduite à la prison de l'Abbaye, dans la chambre précédemment occupée par Mme Roland, — Mme Roland qui, dans ses mémoires, l'appelle une héroïne digne d'un meilleur siècle, — elle montre tant de résignation, tant de simplicité, tant de douceur que ses geôliers eux-mêmes en sont émus. « Je suis on ne peut mieux dans ma prison, écrit-elle le lendemain de la mort de Marat (1); les concierges sont les meilleures gens du monde... Je jouis délicieusement de la paix, ajoute-t-elle, il n'est point de dévouement dont on ne retire plus de jouissance qu'il n'en coûte à s'y décider (2). » Elle renonce à la vie sans un regret, sans un murmure. Elle ne veut pas être pleurée. Elle ne demande qu'un prompt oubli. A ses yeux, « l'affliction de ses amis déshonorerait sa mémoire. »

Autant elle a été calme dans sa prison, autant elle se montre noble et

(1) Lettre à Barbaroux, 14 juillet 1793.
(2) Seconde lettre à Barbaroux, 16 juillet 1793.

fière devant ses juges. « J'étais républicaine bien avant la révolution, leur dit-elle, et je n'ai jamais manqué d'énergie. — Qu'entendez-vous par énergie? — La résolution que prennent ceux qui mettent l'intérêt particulier de côté et savent se sacrifier pour la patrie. » Elle n'a qu'une crainte, c'est que son défenseur Chauveau-Lagarde n'essaie de plaider la folie : elle ne veut pas être justifiée; elle accepte devant les hommes et devant Dieu la responsabilité de son action. Elle vient d'être condamnée à mort; elle se tourne du côté de Chauveau-Lagarde. « Je vous remercie bien, lui dit-elle, du courage avec lequel vous m'avez défendue d'une manière digne de vous et de moi. Ces messieurs me confisquent mon bien, mais je veux vous donner un plus grand témoignage de ma reconnaissance, je vous prie de payer pour moi ce que je dois à la prison, et je compte sur votre générosité. » Portant la chemise rouge des assassins, elle gravit d'un pas ferme les degrés de la charrette fatale. « Vous trouvez que c'est bien long, n'est-ce pas? lui dit Sanson, l'exécuteur des hautes-œuvres. — Bah! lui répond-elle. Nous sommes toujours sûrs d'arriver. » A l'heure où le soleil se couche derrière les arbres des Champs-Élysées, la charrette arrive sur la place de la Révolution. Sanson veut se placer devant Charlotte pour l'empêcher de voir la guillotine; mais elle se penche et lui dit : « J'ai bien le droit d'être curieuse, je n'en ai jamais vu. » Au moment où elle monte sur l'échafaud, plus calme, plus impassible que jamais, on entend des voix qui murmurent : « Quel dommage! si jeune et si belle! » Elle salue la foule avec un doux sourire, et de son propre mouvement place la tête sur la bascule. « Elle nous tue, dit Vergniaud, déjà emprisonné; mais elle nous apprend à mourir. »

S'il ne fut pas donné à la marquise de Montagu, comme à la princesse de Lamballe et à Charlotte Corday, d'offrir sa vie en holocauste, elle tient du moins un noble rang parmi ces femmes du dernier siècle qui ont montré à la France, aussi bien qu'aux nations étrangères, le spectacle d'un courage au niveau des plus grands malheurs. Emportée sur la terre d'exil par le flot révolutionnaire, elle est venue en aide aux misères innombrables de l'émigration, et par son initiative individuelle elle a prouvé que, comme la foi, la charité fait des miracles. Elle a été grande par la résignation, par la bonté, par le cœur. L'histoire de la marquise de Montagu n'était d'abord qu'un recueil de souvenirs de famille qui n'était point destiné au public; mais ce livre, tiré à un nombre très restreint d'exemplaires et réservé pour ainsi dire à un petit cénacle, a paru si touchant aux rares lecteurs qui en avaient eu connaissance, que l'auteur, tout en refusant de dire son nom, a consenti à faire vendre l'ouvrage au profit des pauvres.

La vertu de cette sainte femme ne procède pas de la même source que le courage de Charlotte Corday. M. Chéron de Villiers insiste, je le sais, sur les sentimens religieux de son héroïne, sur l'éducation chrétienne qu'elle reçut de son oncle, l'abbé de Corday, sur la piété qu'elle témoignait à l'Abbaye-aux-Dames de Caen, sur sa profonde répulsion pour les ecclésiastiques assermentés, les *intrus*, comme elle les appelle dans ses lettres, sur son indignation contre ces lâches paysans qui la veille allaient à la messe et le lendemain auraient vendu leur curé. Il soutient que si, avant de mourir, elle refusa de se confesser, ce fut, comme Marie-Antoinette, parce que ses principes lui défendaient de recevoir le pardon du Seigneur par l'intermédiaire d'un prêtre assermenté. Quelle que soit l'opinion qu'on se forme à cet égard, il n'en est pas moins vrai que l'action qui a immortalisé Charlotte n'a rien de chrétien, et qu'elle relève directement des souvenirs de l'antiquité païenne, si répandus et si puissans à cette époque. Mme de Montagu au contraire et son aïeule la maréchale de Noailles, sa mère la duchesse d'Ayen, sa sœur la vicomtesse de Noailles, mortes toutes trois à la même heure sur le même échafaud, sont des figures chrétiennes. Elles n'ont pas le stoïcisme impassible de Charlotte Corday, elles s'attendrissent. C'est bien moins la patrie humaine que la patrie céleste qui préoccupe leur cœur. Elles n'ont aucune pensée de colère ou de vengeance; elles s'élèvent par un élan de piété à cette mansuétude suprême, à cette sérénité céleste qui est l'idéal de la vertu chrétienne, et au lieu de songer à frapper leurs ennemis, elles leur pardonnent du fond de l'âme. C'est le sentiment chrétien qui aida Mme de Montagu à supporter l'amertume de l'exil, la vie sans foyer, la misère qui use la santé et les forces. C'est le sentiment chrétien qui lui fit accepter sans murmure contre la Providence une des plus grandes douleurs que l'imagination puisse concevoir.

Pendant que Mme de Montagu était à l'étranger, son aïeule la maréchale de Noailles, sa mère la duchesse d'Ayen, et sa sœur aînée la vicomtesse de Noailles, étaient restées en France. Elles fermèrent les yeux au vieux maréchal, qui mourut à Saint-Germain en août 1793. Malgré l'abnégation admirable avec laquelle il avait provoqué aux états-généraux la renonciation de la noblesse à ses priviléges, le vicomte de Noailles était proscrit. Réfugié à Londres, il y attendait sa femme, tout prêt à s'embarquer avec elle pour les États-Unis. La vicomtesse avait des moyens de fuite assurés; mais elle différa son départ pour assister son aïeul mourant. Ces trois femmes, arrêtées en octobre et d'abord détenues dans leur propre maison, par suite de la loi des suspects, avaient été transférées en avril 1794 à la prison du Luxembourg. Elles y avaient trouvé le maréchal et la maréchale de Mouchy et la veuve de Philippe-Égalité, la vertueuse fille du duc de Penthièvre, gravement malade, couchant sur un grabat, sans pouvoir se procurer un lit de sangle. La vicomtesse de Noailles faisait les lits, lavait la vaisselle. Au dire d'une des compagnes de sa captivité, « elle s'attachait le soir un cordon au bras, et de l'autre côté au lit de sa grand'mère, pour que celle-ci l'éveillât, si elle avait besoin d'elle. Elle relevait aussi sa mère auprès de la duchesse d'Orléans, et chacune à son tour passait là nuit au chevet de l'auguste malade. »

Pendant ce temps, Mme de Montagu, alors en Suisse, était en proie aux

plus sombres pressentimens sur le sort des trois captives. Le 27 juillet
1794, elle écrivait les lignes suivantes : « Éveillée de grand matin dans la
vive appréhension d'un malheur dont je ne puis mesurer l'étendue, m'attendant à toute heure à apprendre la mort de ma mère et celle de quelques-
uns des êtres qui, avec elle, sont les plus chers à mon cœur, je cherche
en vain à remonter mon courage. Je suis sans force et sans vertu pour un
tel sacrifice. O mon âme, vous laisserez-vous toujours dominer par les mouvemens d'une nature lâche que la mort effraie, parce qu'elle n'est pas faite,
comme vous, pour l'immortalité?... Tu crains, malheureuse fille, de n'avoir
plus de mère, cette mère à qui tu aurais souhaité, si tu l'avais osé, une
vie éternelle en ce monde si peu digne d'elle?... O mon Dieu, réunissez-
moi à elle ou fortifiez-moi! Que jamais je ne quitte cette ombre chérie, et
qu'après avoir été si longtemps sanctifiée par sa vie, je sois encore sanctifiée par sa mort, puisque c'est à sa mort qu'il faut me préparer! »

Le lendemain, Mme de Montagu se mettait en route pour le pays de Vaud,
où elle allait rejoindre son père, le duc d'Ayen. Tout à coup elle aperçoit
un char-à-bancs qui, dans un nuage de poussière, s'avançait avec vitesse.
Dans cette voiture était son père. Il avait les traits si altérés qu'elle ne le
reconnut qu'à la voix. En proie à une anxiété inexprimable, elle s'élance
hors de la voiture et s'adosse contre un arbre, en demandant à Dieu de ne
pas l'abandonner. Son père lui dit alors qu'il n'était pas sans inquiétude
sur le sort de la maréchale de Noailles, de Mme d'Ayen, et même de la vicomtesse de Noailles. À ces mots, Mme de Montagu comprit toute l'affreuse
vérité. « Mon Dieu! s'écria-t-elle, mon Dieu! soumettons-nous. » Puis,
comme elle parlait de la piété, du courage de sa mère, elle se rappela une
hymne que cette femme admirable avait coutume de dire dans les jours de
douleur, et d'une voix étouffée par les sanglots elle récita le *Magnificat*.

Il y a peu de récits aussi pathétiques que celui des derniers instans et
du supplice des trois victimes. Quoi de plus touchant que ce billet de la
vicomtesse de Noailles à ses trois enfans : « Adieu, Alexis, Alfred, Eu-
phémie!... Souvenez-vous de votre mère, et que son unique vœu a été de
vous enfanter pour l'éternité. J'espère vous retrouver dans le sein de Dieu,
et je vous donne à tous mes dernières bénédictions. » Ne préférez-vous pas
ce langage à celui de Charlotte Corday demandant à ses parens et à ses
amis de l'oublier? La même femme d'ailleurs qui a versé des torrens de
larmes en pensant à sa famille, à ses enfans, aura l'œil sec quand il faudra
gravir les marches de l'échafaud. Quelques heures avant le supplice,
Mme d'Ayen engageait sa fille, la vicomtesse de Noailles, à prendre un peu
de repos : « À quoi bon, répondit-elle, se reposer à la veille de l'éternité? »

Pendant que les trois femmes étaient encore détenues dans leur propre
maison, à l'hôtel de Noailles, d'où elles furent, nous l'avons déjà dit, transférées à la prison du Luxembourg, le père Carrichon, un de ces prêtres
courageux qui, sous les vêtemens du siècle, continuaient à remplir leur
saint ministère, était venu leur apporter des consolations religieuses. La

vicomtesse de Noailles lui avait alors demandé s'il consentirait à les accompagner jusqu'au pied de la guillotine. Il leur avait promis que, quoi qu'il pût arriver, il se mêlerait, pour les bénir, à la populace qui serait autour de l'échafaud. Il ajouta qu'il porterait ce jour-là un habit bleu foncé avec une carmagnole rouge, et qu'elles le reconnaîtraient à ce signe. Le 22 juillet au matin, le père Carrichon voit entrer chez lui les enfans de Mme de Noailles avec leur précepteur. « C'en est fait, lui dit ce dernier, c'en est fait, mon ami, ces dames sont au tribunal révolutionnaire. Je viens vous sommer de tenir la parole que vous leur avez donnée. » La foule était si compacte que le prêtre crut un instant ne pouvoir rejoindre la charrette; mais, un orage ayant éclaté, la foule se dispersa, et, trempé de sueur et de pluie, il put approcher du tombereau. Les trois victimes le reconnurent sous le déguisement convenu, et au moment où il les bénit, à la lueur des éclairs, au bruit de la foudre, elles baissèrent la tête avec un air de contrition et d'espérance. « Quelqu'un qui serait venu dans ce moment pour délivrer ces dames de la mort, dit le biographe de Mme de Montagu, leur eût peut-être causé moins de joie que ne leur en donnait la vue de ce vieux prêtre qui ne venait que pour les aider à mourir. Elles ne tenaient plus à ce monde que par le désir d'en sortir, comme elles y avaient vécu, humblement et chrétiennement. » La vieille maréchale de Noailles, ayant mis pied à terre, s'assit, à cause de son grand âge, sur un banc de bois, près de la guillotine; puis, après avoir pris un instant de repos, elle en monta les marches. Elle mourut la première; ce fut ensuite le tour de sa fille, puis de sa petite-fille. Trois générations périssaient en un jour. Comme sa mère, la vicomtesse de Noailles exhortait ses compagnons de supplice, et particulièrement un jeune homme qu'elle avait entendu blasphémer. Déjà elle avait le pied sur l'escalier sanglant, quand, se tournant encore une fois du côté de ce jeune homme : « En grâce, lui dit-elle d'une voix suppliante, en grâce, dites pardon! » Ce fut sa dernière parole.

Il serait difficile de peindre la douleur dont de pareilles nouvelles accablèrent l'âme de la marquise de Montagu. L'abbé Edgeworth, le confesseur de Louis XVI, ayant lu une lettre où elle se reprochait l'excès de son affliction comme une défaillance de sa foi, lui adressa par écrit les plus nobles consolations. Il lui rappelait que le Christ lui-même n'avait pas craint de répandre des larmes, qu'il y avait attaché une béatitude spéciale en disant : « Bienheureux ceux qui pleurent! » C'est le langage qui convenait à Mme de Montagu, à cette femme qui aurait pu prononcer les paroles de sa sœur aînée, Mme de Lafayette : « Dieu m'a préservée de la révolte contre lui; mais je n'eusse pas supporté l'apparence d'une consolation humaine. » La biographie de Mme de Montagu ne lui est pas consacrée à elle seule; elle nous fait connaître aussi cette sœur si dévouée et si bonne, Mme de Lafayette, à laquelle les plus grands ennemis politiques de son mari furent toujours forcés d'accorder une respectueuse admiration. Transférée de prison en prison, à l'époque la plus sanglante de la terreur, Mme de Lafayette attendait la mort quand le 9 thermidor vint rouvrir les prisons pour tout le monde, excepté pour elle. Le nom de Lafayette était devenu le plus odieux de tous aux républicains terroristes, qui regardaient comme un traître l'homme qui avait refusé de s'engager avec eux dans la voie du crime. De nouveau transférée en diverses maisons d'arrêt et enfermée avec les montagnards, elle ne fut rendue à la liberté que le 2 février 1795. A peine libre, elle avait recherché, comme une faveur suprême, une autre captivité. Son mari était alors incarcéré, par ordre de l'Autriche, dans la citadelle d'Oll-mütz. Elle se rendit à Vienne et n'obtint que très difficilement de l'empereur le droit de s'enfermer dans la même prison que son époux. En apercevant les tours de la forteresse, elle récita le cantique de Tobie : « Seigneur, vous châtiez et vous sauvez; vous conduisez au tombeau et vous en ramenez. Rendez grâces au Seigneur, enfans d'Israël, et louez-le devant les nations. » Depuis dix-huit mois, le général de Lafayette était tenu au secret. Depuis dix-huit mois, il ignorait absolument si sa femme et ses filles existaient encore. Il savait vaguement qu'il y avait eu une terreur, mais il ne connaissait le nom d'aucune des victimes. Qu'on juge de son étonnement, de sa joie, quand, sans préparation aucune, il vit entrer dans sa prison sa femme et ses deux filles. « Je ne sais pas, écrivait Mme de Lafayette la veille de cette réunion tant désirée, je ne sais pas comment on supporte ce que nous allons éprouver. » Cependant la santé de la captive volontaire ne tarda pas à s'altérer de la manière la plus grave. Elle demanda la permission d'aller passer quelques jours à Vienne pour y consulter un médecin. Non-seulement elle essuya un refus, mais on lui déclara que, si elle quittait un instant la prison de son mari, elle n'y rentrerait plus. Son choix ne pouvait être douteux. Elle resta.

Les portes d'Ollmütz ne s'ouvrirent que le 19 septembre 1797, par suite de l'exécution d'une clause spéciale du traité de Campo-Formio. Le 10 octobre, les prisonniers arrivaient à Witmold, où ils retrouvaient Mme de Montagu. Les idées de M. de Lafayette n'avaient en rien changé. Calme, impassible, sans rancune contre les personnes ou les partis, il parlait de la révolution comme il aurait parlé de l'antiquité grecque ou romaine. La terreur à ses yeux n'était qu'un accident, et il pensait que l'histoire des naufrages ne doit pas décourager les bons marins. Cet homme aux convictions inébranlables avait supporté tour à tour avec la même philosophie la richesse et la pauvreté, la faveur et la haine populaire. Enthousiaste incorruptible, comme l'appellent les mémoires du marquis de Bouillé, ayant dans ses idées cette confiance aveugle, irrésistible, que les uns traitent d'entêtement, les autres d'héroïsme, aussi calme en sortant de la citadelle d'Ollmütz qu'en y entrant, aussi courageux devant les jacobins que devant les potentats, homme d'action doctrinaire et révolutionnaire, grand seigneur apportant dans les camps de la démocratie quelque chose de l'orgueil du rang et de la naissance, M. de Lafayette avait vu sans trouble, sans émotion, s'écrouler l'édifice social. Rien n'avait pu le guérir de ses nobles espérances. En 1791, au moment où Louis XVI venait d'accepter la constitution, il écrivait dans la naïveté de sa joie (et Mᵐᵉ de Montagu, en lisant cette lettre pleine d'illusions si vite dissipées, ne pouvait retenir ses larmes) : « Je jouis en amant de la liberté et de l'égalité du changement qui a mis tous les citoyens au même niveau, et qui ne respecte que les autorités légales. Je ne puis vous dire avec quelle délectation je me courbe devant un maire de village... Je mets autant de plaisir et peut-être d'amour-propre au repos absolu que j'en ai mis depuis quinze ans à l'action qui, toujours dirigée vers le même but et couronnée par le succès, ne me laisse de rôle que celui de laboureur. » Ses méditations dans la citadelle d'Ollmütz n'avaient eu d'autre résultat que de rendre sa foi politique plus profonde encore; il ne regrettait aucun de ses actes, aucune de ses paroles, et le biographe de la marquise de Montagu nous le montre à cette époque tout disposé à « se rembarquer au premier jour, si l'occasion s'en présentait, sur les quatre planches un peu rajustées du radeau de 1791. »

Revenue à Paris en 1800, Mᵐᵉ de Montagu obtint la radiation de nombreux émigrés. « Des émigrés qui ne l'avaient vue et ne la connaissaient que de nom, ou du moins que par ses bonnes œuvres, lui tendaient les bras du fond de l'exil, comme à une personne à qui tout bien était facile. » Son retour au village de Plauzat fut une fête. À partir de ce moment, sa vie ne fut plus qu'un exemple de vertus privées et de dévouement à la famille, à l'amitié et à l'indigence. Elle mourut à l'âge de soixante-douze ans, en 1839.

Le livre consacré à la mémoire de Mᵐᵉ de Montagu offre une de ces lectures qui retrempent et fortifient l'âme. Le sentiment que fait naître cet ouvrage est celui qui doit présider aux jugemens sur la révolution. Il faut en effet qu'aux ardentes controverses dont cette terrible époque a été le prétexte ou la cause succède aujourd'hui une pensée de recueillement et d'apaisement. Au lieu de s'irriter, la postérité s'attendrit. Elle songe moins aux excès qui ont déshonoré la France qu'aux exemples d'héroïsme qui l'ont ennoblie. Concevant une admiration profonde et comme une sorte de gratitude pour les âmes d'élite dont les vertus ont relevé la nature humaine outragée, notre génération comprend la beauté de cette parole évangélique de Mᵐᵉ de Montagu, disant, à la nouvelle des massacres de septembre : « Le courage des victimes m'inspire des sentimens de joie et de reconnaissance qui surpassent l'horreur du forfait. » I. DE SAINT-AMAND.

La Vie des steppes kirghises, descriptions, récits et contes, par Bronıslas Zaleskı (1).

Nous recommandons à tout le monde, mais plus spécialement à trois classes de personnes, aux artistes, aux curieux de recherches ethnographiques et aux blasés imaginatifs toujours en quête d'émotions nouvelles, le très remarquable album d'eaux-fortes qu'un gentilhomme polonais, déporté pendant neuf années dans les steppes kirghises, a publié, il y a

(1) Album in-4°, Paris, Vasseur, 1865.

quelques mois, sur ces contrées arides et désolées. M. Bronislas Zaleski a
accompagné ses eaux-fortes, qui sont au nombre de vingt-deux, d'un texte
simple, précis et vigoureux, où il a résumé, sans pédantisme et sans rhétorique, les nombreux détails qu'il a recueillis sur les mœurs et l'histoire
des populations kirghises, les nombreuses impressions de toute nature que
la vie et le paysage du désert ont laissées en lui pendant ce long séjour.
La modestie du narrateur ne nuit en rien à la poésie de son récit, car ces
pages sobres abondent en détails pittoresques, en analogies qui font rêver.
Que pensez-vous par exemple de cette comparaison entre les steppes et la
mer? N'est-ce pas que, pour un étranger qui essaie de s'exprimer dans notre
langue au retour d'une captivité de neuf années chez les Kirghises, cela
est nettement et expressivement dit? « On compare les steppes à la mer,
et non sans raison : c'est la même immensité de l'espace que limite seulement l'horizon. Les ouragans de la steppe ressemblent aux orages sur mer,
les mirages y sont pareils à une *fata morgana,* et enfin l'air y est sillonné
de bandes d'oiseaux blancs semblables aux oiseaux de mer. Si le steppe
rappelle la mer, les Kirghises ont des analogies avec les marins. Comme
eux, hâlés par les vents et les rayons du soleil, ils parlent en élevant la
voix et crient même très fort, ainsi que des gens qui ont à se parler pendant les orages et les ouragans. En accomplissant leurs voyages sur le dos
des chameaux, vraies barques des steppes, ils éprouvent un certain balancement équivalant au roulis; ils se dirigent d'après les étoiles, et, grâce à
leur vue très perçante, ils distinguent aisément les objets les plus éloignés, comme s'ils se servaient de lunettes d'approche. Si l'on veut chercher
d'autres points de comparaison, on peut en trouver de nouveaux dans la
rencontre de deux voyageurs, qui dans la steppe est une vraie fête, célébrée
avec une satisfaction pareille à celle que ressentent deux navires quand ils
se croisent sur l'océan; ils se sont aperçus de loin, et, tout en se rapprochant l'un de l'autre, ils commencent par s'interroger à l'aide de signaux,
afin de savoir s'ils ont devant eux un ami ou un étranger, puis ils s'avancent
toujours; ceux-ci replient leurs voiles pour un moment; ceux-là, sans descendre de cheval, de même que deux équipages, s'informent des ports qu'on
a quittés, se demandent de quel *aoul* ils viennent, où ils vont, quelle route
a été suivie, s'il n'y a pas à craindre de voleurs et de corsaires; puis chacun continue son chemin. » Les traits de ce genre abondent; celui-là suffira pour donner une idée du mérite de ce texte de quelques pages.

Les eaux-fortes reproduisent sous tous ses aspects et dans toute son
écrasante tristesse le paysage de ces steppes qu'ont foulées les armées
tartares, près desquelles Gengis-Khan établit un jour la capitale provisoire
de son mouvant empire, et où campa la horde d'or victorieuse de la Russie. Le paysage, avons-nous dit? mais ne faudrait-il pas chercher dans le
vocabulaire de la métaphysique plutôt que dans le vocabulaire de la peinture un nom pour caractériser ce vide profond, cet espace sans limites, ce
néant composé de deux infinis, un infini pour ainsi dire mathématique,
une surface plate et nue comme une surface géométrique, et un infini lumineux? Il était fort difficile de faire saisir la poésie de ce néant, et cependant M. Zaleski y a réussi. On sent qu'il en est venu à aimer la terre
de sa captivité, que la toute-puissante habitude a fini par lui faire décou-

vrir un charme secret dans l'horreur même de cette région inhospitalière. Aussi cette sympathie l'a-t-elle rendu capable de nous communiquer dans ses eaux-fortes le frisson que ce morne infini avait communiqué à sa chair, la torpeur et l'ennui sombre que ces plaines d'une monotonie grandiose avaient imposés à son imagination. *La Kibitka ou tente kirghise,* qui représente un campement tartare au complet, avec sa population d'hommes, d'enfans, de femmes et d'animaux, fait bien saisir entre autres l'horreur propre à ce désert. Quelque nombreuse que soit la famille, quelque nombreux que soient les troupeaux, le caractère du désert n'en est pas changé, et sa solitude triomphe pour ainsi dire de l'impuissance de cette fourmilière vivante à peupler son vide et à troubler son silence imposant. Aussi quelle joie lorsqu'il se rencontre dans cette aridité un détail quelconque qui parle d'ombre et de fraîcheur, lorsqu'une source, un arbre, viennent rappeler l'imagination de cette sensation du vide et de la solitude à des sensations d'un ordre moins puissant, mais plus douces au cœur de l'homme! Telles sont les sensations que procurent les planches qui représentent *l'Arbre vénéré des Kirghises, le lac Djalantach, l'Irghiz* et quelques autres encore. M. Zaleski a mis dans ces planches avec la fraîcheur de l'ombre et des eaux l'espèce de joie qu'il a dû ressentir lorsqu'après des journées de marche il s'est trouvé en présence de ces bienfaisantes divinités du désert, arbres, lacs ou fleuves. L'artiste ici ne fait pour ainsi dire qu'un avec le voyageur; il exprime avec d'autant plus de douceur le sentiment de l'ombre et de la fraîcheur qu'il a plus fortement exprimé tout à l'heure le sentiment de l'espace sans abris et de la lumière sans nuances; mais ces répits durent peu, et l'horreur revient bientôt plus sinistre, plus tyrannique qu'auparavant. Citons, parmi les planches les plus saisissantes, celles qui représentent le *Rocher du moine*, véritable décoration faite pour une scène de roman lugubre dans le goût de Lewis et de Maturin, et les paysages de *l'Oust-Ourt,* la région la plus maudite de cette terre maudite, désert de craie et d'argile, véritable séjour de damnés, où les plus chétives floraisons sont inconnues, et que la vie n'a pas encore visitée, — paysages qui torturent l'imagination comme tout ce qui est inachevé, et donnent l'idée d'une contrée en construction que les divins ouvriers de la nature, appelés à d'autres tâches, auraient abandonnée au milieu de leur travail. Une certaine monotonie naîtrait à la longue de cette persistance dans l'horreur; mais M. Zaleski a su se borner. Il s'est arrêté juste au nombre de planches nécessaires pour nous faire comprendre et épuiser toute la poésie de son sujet sans nous gâter cette poésie par une insistance qui aurait fini par engendrer l'ennui. ÉMILE MONTÉGUT.

La question des origines du christianisme a donné lieu depuis quelque temps à une multitude de travaux critiques et historiques. Il appartenait en effet à une époque de recherches et d'érudition comme la nôtre de dégager et de mettre en lumière les commencemens d'une doctrine religieuse qui a occupé et occupe encore une si grande place dans le monde. Parmi les critiques, les uns s'attachent particulièrement à la période de préparation, c'est-à-dire au caractère des hommes et des événemens qui ont précédé la venue du Messie; d'autres se prennent à la vie et aux

maximes du Christ lui-même; d'autres enfin, comme M. Stap, l'auteur d'un
volume d'essais qui nous paraissent se distinguer à plus d'un titre des récentes études d'histoire religieuse (1), observent de préférence les premiers développemens du christianisme naissant, et s'efforcent, par des
procédés et dans un esprit purement scientifiques, d'établir la nature
réelle et la véritable portée de ses dogmes et de ses mouvemens primitifs.
Le livre de M. Stap, *les Origines du Christianisme,* n'est donc pas une
œuvre de polémique : c'est un travail de paix et de recueillement, un
examen impartial et tout historique. L'auteur eût pu, comme Montaigne,
ouvrir ses études par cette épigraphe : *Ceci est un livre de bonne foi,* car
l'amour de la vérité préside manifestement à toutes les recherches de
M. Stap. L'ouvrage se divise en six dissertations : la première, relative à
l'autorité des traditions et des documens historiques, introduit le lecteur
au fin fond de cette antiquité chrétienne où régnaient, en l'absence de
tout sens critique, une bonne foi robuste, une crédulité naïve et une
puissance d'imagination qui devaient produire des merveilles. Telle était
la disposition des esprits, lorsque Eusèbe, au commencement du ive siècle,
entreprit le premier de réunir les annales éparses de l'église. Non moins
naïf que ses contemporains, le compilateur semble avoir grossi l'histoire
officielle et classique de cette période primitive au moyen de mythes, de
légendes, d'erreurs fondues pêle-mêle avec la réalité. On n'a pas cependant ici à suivre l'auteur dans ses discussions; il suffira de dire que la
seconde étude de son livre, celle qui est consacrée à l'apôtre Paul et aux
judéo-chrétiens, est de beaucoup la plus intéressante et la plus originale.
Ce mot de judéo-chrétiens attire tout de suite l'attention : selon M. Stap,
le christianisme primitif ne fut pour les continuateurs immédiats du maître
qu'un judaïsme arrivé à son parfait épanouissement par l'avénement du
Messie, une sorte de secte nouvelle au sein de l'ancienne théocratie juive,
une réunion de véritables Israélites qui, sans renoncer à la loi mosaïque,
s'accordaient à reconnaître que Jésus mis à mort et ressuscité était bien
le Christ, celui qui, dans un bref délai, devait revenir prendre possession
du trône de David et accomplir toutes les prophéties. Plus tard paraît Paul,
l'apôtre des gentils, l'évangélisateur des *incirconcis,* et voilà dès lors deux
évangiles, deux églises en présence : d'une part, l'église des apôtres Pierre,
Jacques et Jean, demeurés fidèles au christianisme des circoncis; de l'autre,
l'église large et hospitalière de Paul, laquelle s'ouvre indistinctement aux
fidèles et aux infidèles, aux gentils et aux Juifs. On ne lira pas sans intérêt
dans l'ouvrage de M. Stap le récit de ce schisme et de cette lutte; on y verra
comment des principes universalistes de Paul, combinés avec les traditions
judaïsantes, naquit l'église catholique. Ce chapitre sur Paul est, avec l'é-
tude de l'Évangile de Jean, le morceau le plus important du volume après
le chapitre qui concerne Paul. Le fond du livre est donc substantiel; la
forme seule est défectueuse : elle n'a pas encore cette netteté, cette souplesse d'allure dont a besoin par-dessus tout le langage de la critique et
de la discussion.   JULES GOURDAULT.

(1) *Les Origines du Christianisme,* par M. A. Stap; Librairie internationale.

————————

                                        V. DE MARS.

TABLE DES MATIÈRES

DU

CINQUANTE-SEPTIÈME VOLUME

SECONDE PÉRIODE. — XXXVe ANNÉE.

MAI — JUIN 1865.

33

Paris. — J. CLAYE, Imprimeur, 7 rue Saint-Benoit.